中共毕节市七星关区委党史研究室
毕节市七星关区地方志编纂委员会办公室 编

七星关区史志人物选

QI XING GUAN QU SHI ZHI REN WU XUAN

唐光启 主编

方志出版社

图书在版编目（CIP）数据

七星关区史志人物选 / 中共毕节市七星关区委党史研究室（毕节市七星关区地方志编纂委员会办公室）编 . -- 北京：方志出版社，2018.1
ISBN 978-7-5144-2984-8

Ⅰ．①七… Ⅱ．①中… Ⅲ．①人物—生平事迹—中国—现代 Ⅳ．① K820.7

中国版本图书馆 CIP 数据核字（2018）第038004号

七星关区史志人物选

编　　者：中共毕节市七星关区委党史研究室
（毕节市七星关区地方志编纂委员会办公室）
责任编辑：黄　彦

出 版 人：冀祥德
出 版 者：方志出版社
地址　北京市朝阳区潘家园东里9号（国家方志馆4层）
邮编　100021
网址　http://www.fzph.org
发　　行：方志出版社图书经销中心
电话（010）67110500
经　　销：各地新华书店
印　　刷：云南速盈印刷有限公司

开　　本：889×1194　　1/16
印　　张：47.5
字　　数：1342千字
版　　次：2018年1月第1版　　2018年1月第1次印刷
印　　数：0001~2500册

ISBN 978-7-5144-2984-8　　定价：388.00元

顾问委员会

主　　任　吴学香

副 主 任　吕开邦　陈永阶

成　　员　黄绍臣　陶正华　邱长辉　熊和先

汪寿先　聂绍伦　李声亮

编纂委员会

名誉主任　崔英魁　胡敬斌　周　延　吴贤耀

主　　任　叶　荣　李　萍

副 主 任　姜玲玲

成　　员　刘　永　丁世远　吴道国　赵　敏　龙明元　陈翔宇　聂登远

陈　跃　胡　莎　徐　明　熊　宁　陈家贵　张　健　杨　艳

黎秀禹　申开科　陈　畅　李　兵　聂　婷　雷　燕　徐　庆

胡　欣　刘　贵　林露青　张静梅　李　和　张达宇　唐光启

谢　洪　陈秋平　张　浩　樊　博　崔国庆　姜　维　王正莲

史大学　李永红　丁文华　顾　堃　徐永东　毛家兴　廖康富

张建波　徐善权　姜　勇　司静频　丁昭海　桂亚兰　张铁军

胡大为　汪　翔　孙　浩　陈亮欢　梁　鸿　宋尚万　张正伦

肖玉明　张珍龙　胡锦怀　林　勇　卯　洪　夏　冬　张万泽

钟　华　邓　涛　王　磊　成名伟　孟天贵　沈成林　董玉祥

赵　乾　付　煜　张志德　柏　侠　李明亮　雷　春　张守伟

各镇（乡）党委书记，镇（乡）长

各街道办事处党工委书记、主任

编辑部

主　　编　唐光启

副 主 编　张正禄　周遵鹏　谢正发　陈国才　余泽江

编　　辑　李佑唐　谢安义　孔维勇　徐延娇　赵　敏　胡妍娟

校　　对　谢正发　陈国才　余泽江　孔维勇　李佑唐　胡妍娟

编　　务　杨伯祥　杨　杰

图片提供　周遵鹏　赵　敏

凡 例

一、本书类似地方志之人物志，但不称人物志，不受生不立传限制，定名为《七星关区史志人物选》(以下简称“人物选”)。

二、本人物选分简介和名录两类，即：征集到翔实资料者，列入简介篇；其他则列入名录篇。

三、入选人物为出生于毕节县(含今七星关区、金海湖新区之小坝、梨树、岔河)域内及曾在此域内任职的外籍者，另酌收部分在本域内有影响的各界人士。

四、入选人物分类为：

(一)中共重要历史人物和爱国民主人士。

(二)老红军、八路军、南下干部。

(三)革命烈士、战斗英雄、立二等功及以上者。

(四)任副县(处、团)级及以上党政军群职务者。

(五)省级及以上党代表、人民代表、政协委员。

(六)受省(部)级及以上命名表彰者。

(七)教授及相当职称的专业技术人员和享受省政府、国务院特殊津贴人员，获省(部)级及以上(不含民间组织及临时机构)一、二、三等奖或冠、亚、季军者。

(八)清华、北大学生、国内外博士生。

(九)民营企业家。

(十)百岁老人。

五、入选人物上限时间为：第(一)(二)(三)类，1934年1月起；其余为1949年11月28日起；下限时间为2015年12月31日。

六、本人物选均以姓氏笔画排列和以第三人称撰写，其余文体、纪年、文字和数字的书写等，均参照地方史志编写通则统一规定执行。

七、根据区委主要领导的意见，区四大班子现任领导成员不列入本书收编范围。

八、经本书顾委会、编委会和编辑部反复审议，将书名《七星关区名人录》改为《七星关区史志人物选》。

序　一

《七星关区史志人物选》同广大读者见面了，这是我区文化生活和史志工作中的一件大事、喜事，可喜可贺！

《七星关区史志人物选》一书，是根据我区党史地方志工作“十三五”规划安排，经区委、区政府研究决定征编出版的。目的是使全区广大党员和干部群众了解七星关区的历史和仁人志士，以此加强对全区广大党员和干部群众尤其是广大青少年的理想信念教育、革命传统教育、爱国主义教育、职业道德教育和传统美德教育，使之继承革命先烈（先辈）遗志，发扬光荣革命传统，弘扬伟大长征精神、革命老区精神和毕节试验区精神，自觉践行社会主义核心价值观，激发广大党员、干部尤其是领导干部树立正确的世界观、人生观、价值观和权力观，不断强化政治意识、大局意识、核心意识和看齐意识，忠于职守、勤政为民、秉公办事、依法行政、廉洁自律，为我区经济社会发展做出积极贡献。

七星关区是毕节试验区政治、经济、文化中心，是毕节市委、市政府所在地，地处川黔滇三省结合部，历史文化悠久、物产资源丰富、自然气候宜人、地理位置独特、人民勤劳朴实、社会和谐安定，可谓山美水美人美，山清水秀、人杰地灵。在近、现代史上，许多仁人志士，为我区的沿革、繁荣、昌盛以及革命、解放、建设和改革、发展、稳定做出了不可磨灭的贡献，为我区人民描绘了一幅幅生动真实的美丽画卷，谱写了一部部可歌可颂的辉煌篇章，留下了一笔笔极其宝贵的精神财富。

七星关区建置沿革源远流长，原为毕节县、毕节市（县级）。毕节之名始于元代，元代建驿，明代设卫，清代设县，民国时期仍为县制。中华人民共和国成立后，继续沿用“毕节县”之名。1993年12月，经国务院批准，撤销毕节县，设立毕节市。2011年10月，经国务院批准，撤销毕节地区，设立毕节市（地级），同时，撤销原毕节市，设立七星关区（县级）。

七星关是革命老区、红色热土。1934年1月，林青、缪正元、秦天真在毕节成立了中共贵州地下党的第一个党支部——中共毕节支部，是贵州省中共地下党组织的发源地。1938年贵州省地下党组织创办原毕节邻里小学，这是贵州省唯一的一所抗大式学校，为贵州省的革命发展培养了许多中坚骨干。1935年2月，中央政治局在我区林口镇“鸡鸣三省”村召开了具有深远历史意义的常委分工会议，史称“鸡鸣三省会议”，会议成功地完成了遵义会议决定而尚未完成的中央最高层组织调整任务，进一步巩固和加强了毛泽东同志在党和红军中的领导地位，开始形成了以毛泽东同志为核心的第一代党中央领导集体。1936年2月，红二、红六军团长征到达毕节，创建了黔西北革命根据地，建立了中华苏维埃人民共和国川滇黔省革命委员会及各级人民政权，创建了“贵州抗日救国军”及40多支地方抗日武装，在七星关播下了革命火种，点燃了革命火炬，铸就了“坚定信念，百折不挠；艰苦奋斗，坚忍不拔；无私奉献，勇于牺牲；拥军爱民，患难与共”的毕节革命老区精神，动员和组织了5000多名优秀儿女参加红军。这段历史被称为红军长征途中革命战果最为丰硕、扩红成绩最为突出的“黄金时代”，七星关区也因此被誉为“三省红都”。

七星关区经济社会发展迅速。近年来，特别是“十二五”以来，全区人民在中央、省、市的坚强领导下，紧紧围绕“开发扶贫、生态建设、人口控制”三大主题，大力弘扬“深化改革、锐意进取、埋头苦干、同心攻坚”的毕节试验区精神，全面推进经济建设、政治建设、社会建设、文化建设、生态文明建设以及党的建设，在各行各业、各条战线都取得重大成就。2016年，全区地区生产总值完成324亿元，城镇常住居民人均可支配收入完成26656元，农村常住居民人均可支配收入完成8026元。

《七星关区史志人物选》是一部洋洋百万余字的宏篇巨著。该书资料翔实、内容丰富、分类准确、层次清楚、主题鲜明、中心突出、文风清新、详略得当、语言通俗、文字精练，其信息内容全面、完整、真实、准确、系统、规范，体现了政治性、广泛性、代表性、先进性、真实性、资料性和可读性价值。全书共140万字，收录1070人，分为十大类别。

在中共毕节地下党重要党史人物和知名爱国民主人士类别中，以林青、邓止戈、秦天真、缪正元、徐健生等为代表的中共毕节地下党领导人，为毕节乃至贵州的革命和解放事业做出不可磨灭的贡献；以周素园、孙师武、李仲群等为代表的毕节知名爱国民主人士，为毕节的统一战线工作做出重要贡献。在老红军、八路军、南下干部类别中，以刘斌文、罗永昌、汪宏、刘仁、李绍武等为代表的老红军，离乡背井，南征北战，不畏牺牲，浴血奋战，为党和人民的事业做出巨大贡献；以王振国、白云祥、郝相亭等为代表的南下干部，历尽千辛，战胜万难，南下西进，奔赴毕节，为毕节的解放事业、接管建政以及社会主义革命和建设做出重要贡献。在革命烈士类别中，以夏曦、范敬章、阮俊臣、赵文海、陶树清、尹存善、高树彬、马正邦、刘近廉等为代表的革命烈士，为中国人民的革命和建设事业抛头颅、洒热血，献出宝贵的生命，用生命和鲜血为党和人民的事业谱写了一首首壮丽的诗篇。他们的英名将彪炳千秋，流芳百世。

在其他各个类别中，有副县（处、团）以上干部，有省级以上党代表、人民代表、政协委员，有受省部级以上表彰人员，有各类专业人才，有清华、北大学生和国内外博士生，有优秀民营企业家，有百岁老人。其内容各有侧重，各具特色，具有代表性、广泛性和先进性，展现了我区精英荟萃、人才辈出，事业承前启后、继往开来的新面貌。

党史地方志工作是党委和政府的一项重要工作。多年来史志部门的同志和全区广大史志工作者树立了使命感、增强了事业心，爱岗敬业、忠于职守，甘于清贫、乐于奉献，安心、静心、热心、用心干好本职工作，充分发挥史志“存史录志、传承文明、资政育人、服务现实”的重要作用，为全面完成我区史志工作“十三五”规划，全面开创我区史志工作新局面做出了积极贡献，是值得肯定的。

征编出版《七星关区史志人物选》，是一项功在当代、利在千秋的事业，也是史志部门的一项重要工作。通过征编出版该书，实事求是、客观公正地载录革命先烈、前辈以及其他上述各类人员的基本情况、重要履历和主要业绩，让世人学习和发扬他们优良的传统和作风，继承和弘扬他们高尚的精神和品质，为了解我区人才成长历史、丰富人才资源宝库、推动各项社会事业发展提供有效服务。就是要“用党的伟大成就激励人，用党的优良传统教育人，用党的成功经验启迪人，用党的历史教训警示人，用党的光辉形象塑造人，用党的优秀人才引领人”，切实把我区的人才优势转化为资源优势。此书在征编过程中，得到省、市直机关以及各镇（乡）街道和区直各部门的密切配合和大力支持，在此，我们谨代表区委、区政府，向所有关心、支持本书征编工作的领导、专家、学者及社会各界人士表示衷心的感谢！向亲自参与审稿的老领导、老同志致以崇高的敬意！向全体编纂人员表示亲切的慰问！

2017年是“十三五”规划的重要一年，也是我区决胜贫困、同步小康的关键之年。区委、区政府将团结和带领全区158万各族人民，深入学习党的十九大精神和习近平总书记系列重要讲话精神，特别是对毕节试验区的重要批示精神，全面贯彻落实省第十二次党代会和市第二次党代会精神，坚守“两条底线”、深化“三大主题”、建设“四个高地”，围绕“全党抓经济、重点抓招商、精准抓脱贫、全域抓旅游、突出抓城建、全面建小康”的工作思路，进一步解放思想、更新观念、同心同德、负重拼搏，实现全区经济社会持续健康发展。

让我们紧密团结在以习近平同志为核心的党中央周围，高举中国特色社会主义伟大旗帜，团结带领全区各族人民，自力更生、艰苦奋斗、攻坚克难、奋力进取，为建设富裕和谐美丽七星关，实现决胜贫困、同步小康的宏伟目标而努力奋斗！

修志清苦，著书辛劳，书成可贺，命笔为序。

中共毕节市委常委、七星关区委书记　崔英魁

中共七星关区委副书记、区人民政府区长　胡敬斌

2017年8月1日

序 二

2011年10月22日，国务院批复撤销毕节地区设毕节市，原县级毕节市更名七星关区。

在七星关区设立五周年之际，根据区党史地方志工作“十三五”规划安排，经区委、区政府领导同意征编出版的《七星关区史志人物选》一书，经过广大征、编、撰人员辛勤的劳动，付梓问世了。这是一项精心组织、涵盖广泛、兼顾全盘、系统庞大的文字工程，是一部凝结了征编顾问委员会、编委会和有关单位部门、个人心血和智慧的鸿篇巨著；更是全区经济社会高速发展和文化事业兴旺繁荣的力证，是精神文明建设的重要成果和全区人民的厚重财富；也是全区人文史上一件倍值庆贺的大事、喜事！在此，谨向所有征、编、撰人员和关心、支持本书编写工作的同志们表示崇高的敬意！

古老而神奇的七星关，因其七峰自然造型宛若北斗而得名，地处川滇黔三省要冲，历史悠久，文化厚重，与娄山关、胜境关齐名，为贵州省三大名关之一，山川景色秀丽、物产资源丰富，养育了一百多万各族儿女，是毕节市政治、经济、文化中心。相传，蜀汉建兴三年，诸葛亮南征至此点七星灯祭祀，乞上苍保佑其顺利到达目的地而安定西南。明洪武十四年征南大将军傅友德于此建立十里两城，五里两屯。1936年2月，中国工农红军二、六军团长征过此地，建立“中华苏维埃人民共和国川滇黔省革命委员会”和“贵州抗日救国军”，为这片土地遗留下许多革命遗迹，孕育了深厚的红色文化。入编本书的1100多人，有1934年1月以来中共贵州省地下党第一个党支部——毕节支部建立以来的党史人物和爱国民主人士，老红军、老八路、南下干部、革命烈士、战斗英雄、荣立二等功及以上人员。有1949年11月28日毕节解放至2015年12月31日之间的副县（团）及以上党、政、军、统、群干部，省级以上党代表、人大代表和政协委员；受省委、省政府及国家部委以上表彰的人员；享受国务院、省政府特殊津补贴的专家；正教授及相应职称的专业技术人员；作品获得省级及以上奖项的作家、艺术家；在国家级体育比赛中获铜奖以上者；历届考取清华大学、北京大学和获得国内、国外博士学位者；对社会及公益事业有突出贡献的民营企业家，省级及以上商会会长、副会长、秘书长；百岁老人。

这些入编者，是各行各业的佼佼者，是引领人民推动时代发展前进的英雄好汉、领头羊和排头兵，为古老的七星关区增添了靓丽的光彩和无穷的活力，在经济社会发展进程中留下了浓墨重彩的一笔，是名副其实的功臣和名人。他们的光辉业绩熠熠生辉，永载史册。

本书在征编过程中，博采宏微，求真存实，客观公正、全面系统地记述和评价了现代历史中，特别是中华人民共和国成立以来活跃在七星关区这片热土上的优秀人物。入编人员都是土生土长的七星关人或长期工作、生活在七星关的外籍人，他们亲历和见证了七星关区从贫穷落后到奋起拼搏、繁荣昌盛的重要历程。采编人员紧紧抓住人与事、人与史的结合点，通过写人、写物、写史，赞颂改革者、创新者、创业者，树立时代标杆和时代先锋，力求反映七星关区发展、改革、前进的风雨历程和翻天覆地的变化。着力讴歌在中国共产党领导下，特别是党的十一届三中全会以来改革开放的伟大进程、社会发展的巨大成就和人民生活的新变化、新面貌。

《七星关区史志人物选》的征集出版，是一件功在当代、利在千秋的大事，对于存史、育人、资政都具有深远的意义，将会起到启迪人、教育人、激励人、鼓舞人的重大作用，可为下一代成长接班提供鲜活的实例和成功经验，教育和感召后人为七星关区实现小康梦和中华民族伟大复兴，不忘初心，永远前进！

值得浓墨重彩点赞的是，《七星关区史志人物选》的征编出版工作，得到了区委、区政府的高度重视和大力支持。区委、区政府把充分发挥好各类人才的作用，作为推动经济社会大发展的客观需要和关键问题摆在重要议事日程，列为重要目标任务，充分体现了党委、政府爱才惜才、尊重人才的高度自觉和最高境界。在区委、区政府的正确领导下，此书的出版问世，必将成为宣传、展示七星关区的一张文化名片，成为推动精准扶贫，提速赶超，加快发展，实现小康和伟大复兴梦想的强大动力。

当前，我们正处在一个大变革、大发展，可以有大作为的伟大时代，作为中国人，深感骄傲和自豪。我们要紧密团结在以习近平同志为核心的党中央周围，认真学习习近平总书记系列重要讲话，以高尚无私的家国情怀，无愧苍天不负民的胸怀，在各自岗位上勤勤恳恳、兢兢业业，把脱贫攻坚作为“学”与“做”的重点，众志成城，共同为小康梦、中华民族伟大复兴的中国梦做出自身应有的贡献。

原贵州省毕节地区行政公署专员
毕节地区人大工委主任　吴学香

2017年8月1日

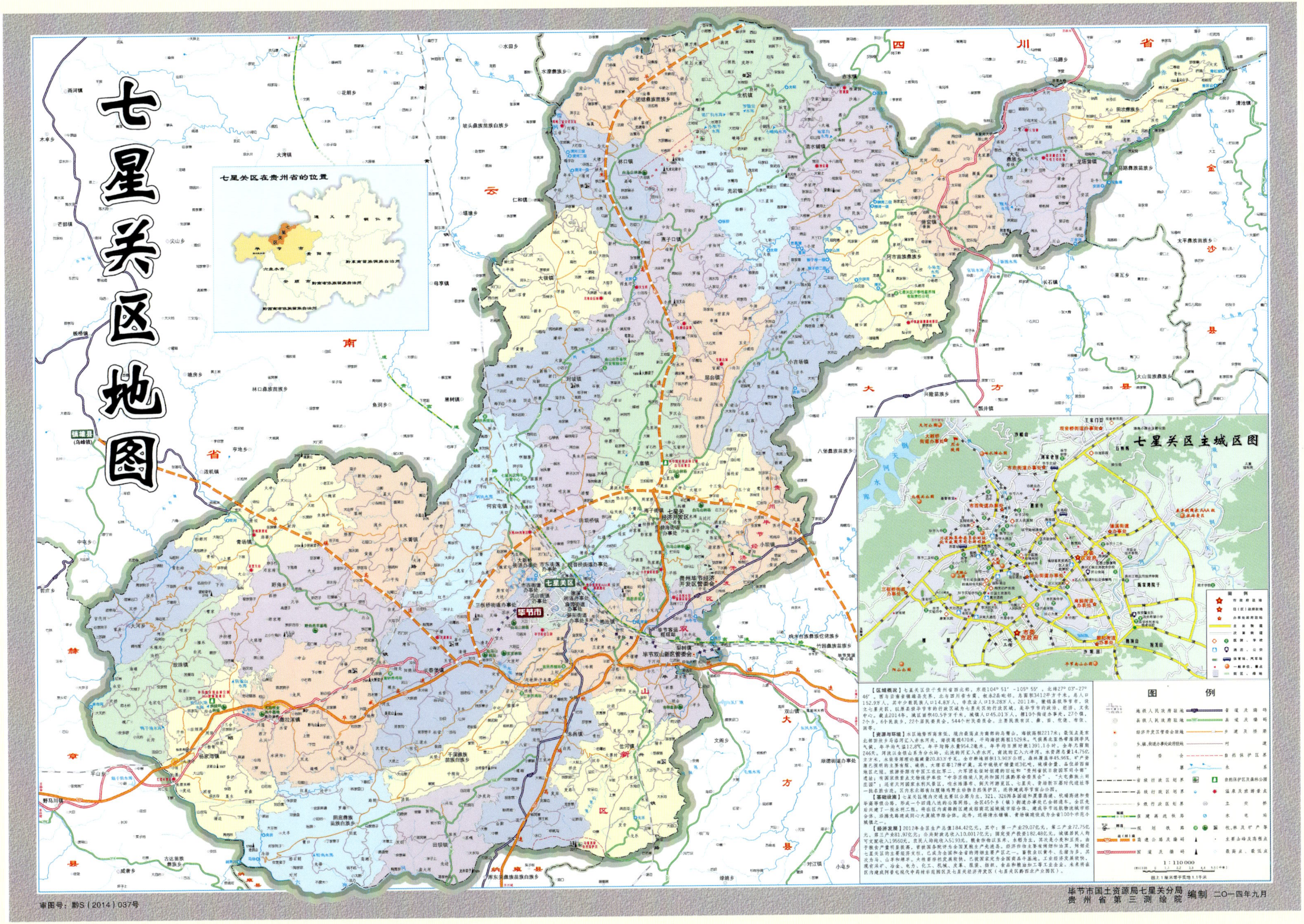
七星关区地图
七星关区在贵州省的位置
七星关区主城区图
图例
四川省
云南省
大方县
纳雍县
毕节市
七星关区
审图号：黔S（2014）037号
毕节市国土资源局七星关分局
贵州省第三测绘院
编制 二〇一四年九月

顾问委员会成员与编辑部全体人员合影

前排左起：徐延娇　聂绍伦　陈永阶　吴学香　吕开邦　邱长辉　熊和先　汪寿先　赵　敏　胡妍娟
后排左起：杨　杰　杨伯祥　余泽江　张正禄　唐光启　谢正发　陈国才　李佑唐　周遵鹏　孔维勇　谢安义

顾问委员会成员

左起：聂绍伦　陈永阶　吴学香　吕开邦　邱长辉　熊和先　汪寿先

编辑部全体人员合影

前排左起：余泽江　张正禄　唐光启　谢正发　陈国才　周遵鹏　李佑唐
后排左起：杨　杰　杨伯祥　徐延娇　孔维勇　谢安义　赵　敏　胡妍娟

审稿会

审稿会

审稿会

顾问委员会主任吴学香在审稿会上讲话

顾问委员会副主任吕开邦、陈永阶在审稿会上

主编唐光启介绍情况

史志办领导班子审阅书稿　　左起：周遵鹏（副主任）唐光启（主任）张正禄（副主任）

目　录

二 老红军 八路军 南下干部

三　革命烈士　战斗英雄 立功人员

四　副县（处、团）级及以上人员

五 省级以上党代表 人大代表 政协委员

六 受省部级以上表彰人员

七　专业技术人才

八　清华北大学生　博士生

九　民营企业家

十　百岁老人

七星关区史志人物选

QI XING GUAN QU
SHI ZHI REN WU XUAN

一　中共党史重要人物　爱国民主人士

四　画

王芸生

王芸生，贵州省毕节县人。生时不详，1934年8月，经秦天真介绍，加入中国共产党，1950年5月13日牺牲。

1939年春，省工委派王芸生到毕节工作，接任中共毕节县工委书记（1939年2月至1941年1月）。王芸生到毕节后，以经商为掩护，从事革命活动。他将自家房子典当，解决资金问题，组建了一个生产合作社，在社员中组织读书会，学习马列著作，传播进步思想。1939年冬，王芸生到贵阳向上级汇报了毕节的情况，然后回毕节继续开展革命活动。1939年年末，王芸生转移到毕节城郊殷官屯开办农场进行掩护，开展革命活动。1941年1月，由于叛徒出卖，县工委书记王芸生、县工委委员邱在模及党员邱在陵、阮明伦等在邱家花园被捕，进步人士孙师武等也相继被捕。至此，毕节县工委及所属党组织均遭严重破坏。王芸生被捕后，在得知敌人已从叛徒口中得知并掌握地下党员名单的情况下，为保护同志、应付敌人，向敌人假自首，通过探监送饭人员向狱中被捕的党员传递字条，要他们也向敌人假自首，争取出狱，保全生命，以便开展革命活动。王芸生出狱后，到炉山县，掌握了一支100多人（枪）的武装，迎接解放军解放炉山县，并将部队交解放军改编为炉山县大队。后回到贵阳市继续从事革命活动。1950年5月13日，王芸生等去贵阳北郊小关侦察土匪曹绍华隐藏的汽油下落时，不幸被土匪逮捕并杀害于小关。贵阳市委得知后，派军队剿灭了土匪，并将王芸生等4人的遗体安葬在贵州省国家工作人员公墓内。

邓止戈

邓止戈（1906—1993），字国忠，四川省筠连县人。

1927年大革命失败后，白色恐怖笼罩着全国。这时，他毅然申请加入中国共产党，在国民党军队中做兵运工作，策动武装起义。1929年至1931年春，先后在潼南参加旷继勋组织的武装起义。后在涪陵、丰都、江津、合川等地先后四次策动国民党地方部队起义，亲率部队人员参加忠县、丰都、涪陵边区游击队二路和三路的武装斗争。1933年夏，遭四川军阀通缉，由川入黔。经组织介绍与贵州地下党员林青接头，一起在贵州开展革命活动。

1935年1月，中央红军长征到达遵义，经中共中央批准成立中共贵州省工作委员会，其任委员，负责军事工作。在川、滇、黔边区组织武装斗争，配合中央红军的行动，牵制敌人，让红军北上抗日。同时负责毕节地下党的组织领导工作。1935年冬进入毕节开展工作。1936年2月，贺龙、任弼时、萧克、王震领导的红二、六军团进入黔西北。他早已策动的席大明、阮俊臣、周质夫三支武装部队调入境内坐视待令。当红军先头部队进入大定县城，即派交通员联络，率部队在城区迎接红军进驻毕节。2月6日，所部与红二、六军团在毕节会师，整编成立贵州抗日救国军，请周素园出任司令，其任参谋长，率部随红军长征，编入红六军团，先任十八师新兵团参谋长，后任军团司令部参谋。经过爬雪山、过草地，直到甘南，在艰苦的环境中保持了高度的革命斗志。7月，因伤改任军政治部总务处处长，后到延安抗日军政大学学习。次年7月调任陕北工学大队长兼军事科主任，为培养抗日军政干部做了许多有益的工作。

1938年1月，中共中央决定派他担任中共贵州省工委书记，领导全省党组织开展抗日民族统一战线工作。到任后认真执行中央的路线、方针、政策，发展党员壮大力量；团结进步力量，开展上层人士的统战工作。同时先后输送秦天真、徐健生等贵州地下党领导人、革命青年到延安学习，参加前线抗日。1940年9月，在平越被捕入狱，不久越狱回到革命队伍。次年，中共南方局调他回延安，参加中央党校学习。1946年调华东局工作，为华东地区解放战争的胜利做出了贡献。

1949年，邓止戈奉命随解放军解放上海，任华东人民革命大学三部副主任。不久，调西南服务团率领第四大队随解放军进军四川。1949年至1966年，先后任西南人民革命大学教育长，西南局宣传部办公室主任、理论处长，西南局党校副校长，中央党校第七中级学校教育长、副校长，中共遂宁县委书记，中国科学院四川分院副院长，四川省政协常委等职。“文化大革命”中虽受到林彪、“四人帮”诬陷和迫害，直致伤残，但他仍坚持正义，同“四人帮”一伙进行坚决的斗争，拥护中共十一届三中全会的决议，继续学习马列主义、毛泽东思想，发挥余热。1984—1986年两次到毕节视察，看望战友，寄语深情。参加落实所属地下党员的政策、撰写党史资料，继续为党工作，为后人留下宝贵的精神财富。在反对资产阶级自由化的斗争中，旗帜鲜明地站在中共的立场上，关心国家大事，显示出老共产党员、老红军干部的崇高品质。

邓止戈自1927年参加革命后，数十年如一日，始终以党和人民的事业为重，襟怀坦荡，坚持原则，任劳任怨，艰苦朴素，清正廉洁，保持了共产党员的高风亮节。他对毕节社会的发展、人民的觉醒起到促进作用，毕节人民永远不会忘记这位老革命。他不愧是中国共产党的优秀党员，久经考验的忠诚的共产主义战士。于1993年逝世，享年87岁。

尹司农

尹司农（1917—2000），贵州省毕节县（今七星关区）人，出身于小业主家庭。1933年初中毕业时，与同学宁起枷结伴外出找工作，林青劝其不要出走，但同路的11人一定要去上海，林青便写了多封介绍信让其带到上海找工作关系。

1934年年初，林青、缪正元、秦天真在毕节成立中共毕节党支部，以书信通知尹司农从上海回毕节参加活动。是年9月，其回毕节，便同宁起枷一起参加活动，将宁起昆等组成的“读书会”更名为“我们的读书室”，共同出资购买进步书刊。

1934年冬，他结识由周恩来领导的中共中央特科组织先期派到毕节的卢育生，经常在一起谈论时势，选定林绍铭家为定期集会地点。

1935年冬到1936年春，毕节成了中央红军和国民党军争夺的中心。尹司农协助卢育生做了许多工作，顺利完成中共中央交给的调动敌人的任务，有效地牵制敌人，掩护红二、六军团北上抗日。

1936年5月，卢育生完成在毕节的任务后，带其一同回到上海，做营救莫雄的工作。抗日战争爆发后，尹司农被派到重庆新四川通讯社，在原任毕节专署情报组组长贾绍谊的领导下，凭记者身份出入行营，白天采访新闻，晚上抄写被押共产党员交代的自传，传给卢育生。

1937年“西安事变”后，通讯社社长贾绍谊被捕，尹司农回上海，被派到救国会工作。后到中共中央军委的严希纯在上海警察局防护团工作。“8・13”上海抗战开始，被派到国民党军队做情报工作。后到战地服务团以“全国救国会”名义，在胡宗南军部工作。卢育生指示尹司农在国民党军队中长期潜伏，利用合法身份，获取情报，向党组织密报。XX年被驻陕西凤翔师部选送黄埔军校15期学习，集体参加国民党，学习无线电通讯技术。毕业后分配到山西陈铁14军83师任通讯参谋。受卢育生的指示，在洛阳获取一批通讯材料，通过同乡同学李代泽运送给新四军和抗日军队，装备通信设备，初立首功，并在所在的14军培养报务员时东生作为助手，把国民党军队偷袭、进攻八路军的时间、目标告知八路军，让陈铁14军、刘戡93军几次进攻扑空。此事被洛阳第一战区长官部电台察觉，即成为轰动“14军电台与延安通信案”，10余人被杀。他大难不死，随即进入陆军大学西北参谋班9期学习。1945年，山西阳城通信案发生，他掩护时东生安全转移，被察觉有联系不能回十四军。接卢育生指示回贵州，于是与同学李代泽、康福权一道回毕节。同李代泽发起组成“毕节在乡军官会”，帮助退役军人就业，为社会服务。投资筹建“八一三”饭店。在活动中结识一些军政要人。1945年年底，他先进入毕节保安司令部任参谋，支持康福权收集彝族土司枪支，在红军活动的“鸡鸣三省”一带建立民族武装，保卫家乡。专员廖兴序将其在保安司令部的参谋职务撤销，后又进入警备司令部任参谋。又因揭露军人的腐败，得罪司令，被迫离开司令部。1945年，日军投降，抗战结束，突遭贵毕师管区联合逮捕，送重庆中央军事委员会军法司监狱，受审时以逃离14军罪被判刑。1946年，得到新四川通讯社社长、14军炮兵营营长、黄埔同学王安民的营救和军长罗广文的保释，交14军“调服劳役”。时值国共两党和谈，第三方面人士张澜、沈钧儒推动建立联合政府。军长罗广文将其释放，留任后方，担任无线电训练班教育主任，训练营、连、排级干部。1948年训练结束后，率学员到河南息县军部报到，被新任军长熊绥春任命为通讯营营长。全军配美国新式装备，准备打仗。他随即改任“附员”，派在参谋处作战科帮助工作。1948年11月初，14军奉命从河南到江苏救援黄百韬兵团。行军途中，在安徽宿县镇上休息，突被解放军特工部队冲锋扫射，全部被歼，只剩他和军长，即与下属部队联系进入地堡。军长熊绥春走投无路，对黄维不满，大发雷霆。他趁机策动熊起义，熊二话不说，给他一枪，打中大腿。他立即还一枪，击毙了熊，电告警卫营营长杨绍臣，称军长阵亡，自己受伤。杨系毕节同乡，立即处理此事，电告隐离的副军长谷炳奎，安置尹司农在百姓家养伤。1949年，罗广文第四兵团在成都起义，杨绍臣给他换上便衣，让其出走。在逃往家乡的路上，先到上海找卢育生家住处，无法找到，失去与组织联系。

1949年1月，他到南京找联系人，意外遇上幼年同学吴向初（中共党员），得知南京政府准备迁都广州，逃往台湾，以李宗仁代总统应付国共和谈，何应钦将出任行政院长，要在家乡贵州成立两个师，328师在遵义组建，张涛任师长，343师在安顺组建，项荣还任师长。在吴向初的指引下，他以贵州同乡、黄埔同学的关系结识了帮张涛组建班底的王光伟，应王相约参加了张涛所部。吴向初授意他开展策动工作，到职不到一年，张涛升任89军军长，他由中校科长升任上校参谋主任，代理参谋长，成为张涛重要幕僚。是年12月1日，张涛与他从普安到晴隆师部视察河防工事，召开团以上干部会议，讨论部队前途问题，有的主张去越南缅甸，纷争不休，无果而散。晚上张涛与他独谈，他列举多例，建议张涛率部起义，这样，无论是89军领导人，还是贵州起义的领导人，都将留名青史。张涛思索后，便问他，共产党内有熟人吗？他便答秦天真是同学，陈曾固是李光勋的同学，答应联络起义。于是进行策应联系。12月3日，龚键其带来贵阳军管会赵健民的信，要张联系所有友邻部队起义，派员到贵阳洽谈。嗣后19兵团王伯勋、49军王景渊、兴仁绥靖区司令谭本良、毕节司令刘鹤鸣等保安团队云集普安，12月10日联名通电起义。他以随行代表携带资料，于12月11日到达贵阳洽谈。其间接待谈判代表系17军敌工部部长王乐亭，陪见领导苏振华、秦天真。23日，新华社作了报道，宣布起义成功。31日，他带着中共二野司令员刘伯承、政委邓小平、贵州军区政委苏振华的指示回部队，完成参与策反的任务。

从贵阳起程回部队时，苏振华、秦天真告知，“要谨防叛变”。1950年2月，解放军接管89军代表团抵达军部，首先找他了解情况。代表团与89军主客之间磨合关系后，原担任警卫师的982团将师部围起来，要杀解放军代表，叛变果然发生，随行军代表全部被杀害。中共贵州省委立即决定，平叛剿匪开始，将89军余部合编为5兵团独立一、二团，集中在贵定整训，6月整训结束。尹司农任独立一团副团长，后任150团副团长，率部在镇远分区曾宪辉领导下，在天柱等县开展剿匪。

1952年，尹司农从省军区下放基层。1954年在遵义速成中学转业，被安排到遵义县供销社推销股工作。1956年调任油脂公司副经理，选为县人民代表。1957年4月，任县粮食局副局长、县政协委员。“反右”斗争中被撤职。1978年党的十一届三中全会后，于1981年继任县粮局副局长。1981年至1993年被选为省六、七届人大代表。1984年任遵义市（县级）政协副主席，1988年为贵州省黄埔同学会顾问，1990年明确副厅级待遇，1991年聘为贵州省政府参事。2000年逝世，享年83岁。

五　画

冯为孝

冯为孝，又名憬行。贵州省毕节县（今七星关区）人，于1921年出生在毕节城关，大学文化，中共党员。

1938年在毕节读初中时积极参加中共毕节地下党组织领导的抗日救国活动，并参加地下党组织的学习小组，开始阅读马列著作和其他革命书刊。1940年到贵阳读高中，继续参加中共贵阳地下党领导的革命活动。1942年1月，他从贵阳携带中共地下党抨击国民党政府1941年12月26日日军占领香港前夕遗弃在香港的中国文化界名人的传单到毕节散发，被国民党毕节当局逮捕，关押、监禁半年。由于国民党当局未掌握他与地下党联系的证据，经亲友杨继和等三家商号作担保假释。次年7月改名冯憬行，转学四川成都继续读高中。1945年9月考入云南大学化学系。之后参加中共云南地下党组织领导的学生运动，于1946年被选任云南大学学生自治会主席、昆明学生联合会三人常委。1947年4月加入中国共产党。1947年秋，中共云南地下党组织发动“助学”运动。由于国民党特务秘密逮捕云大学生何丽芳，激起全市大、中、小学生的愤怒，学生运动演变为“反饥饿、反内战、反迫害”的运动，学生罢课上街游行。冯为孝带头上街演说，暴露身份后被特务发现追捕。11月，隐姓埋名到路南县圭山区、陆良县龙海山区进行地下活动。曾任中共龙海山区地下党支部组织委员，参与创建游击根据地和云南人民讨蒋自救军第1纵队。

1948年3月，冯为孝在龙海山区组织的革命武装部队中，任云南人民讨蒋自救军第1纵队1支队6大队教导员。7月下旬，1支队决定进入越南北部河阳（河江）同桂滇边纵主力会师。冯为孝任自救军司令部代表与越南河江省苗王谈判，让部队在河阳休整3个月。1支队因染上疟疾，有400人长眠越南国土。他带领的6大队初到河阳村时有110余人，10月16日回师云南时只有80余人，经过频繁的战斗，加之牺牲、饥饿与折磨，部分伤员留在庶民家里养病，年底只剩二三十人同行。1949年1月与其他大队合队前行，到达丘北县双龙营区长马山后，冯为孝生病，安置在长马山养病，康复后回队。1949年2月，中共中央批准云南人民讨蒋自救军改名为中国人民解放军滇桂黔边区纵队。是年4月，“边纵”解放了丘北县，冯为孝任县委书记兼县长。8月，担任“边纵”与国民党云南省政府主席卢汉谈判代表，后被敌人逮捕入狱，11月获释，与中共昆明党组织取得联系，仍令其坚持与卢汉谈判，争取卢汉起义。12月9日卢汉宣布起义，冯为孝任“边纵”司令部驻昆明办事处内务负责人。云南省解放后，于1950年至1951年任云南省威信县县长。1952年任昭通行署秘书、专区干部农场副场长、专署文教卫党组书记、地委整风整社工作队队长等职。在“文革”中受到冲击。1974年5月先后任昭通地区文化馆馆长、云南省农展馆资料组长。1977年9月任云南农业机械管理局处长。粉碎“四人帮”后予以平反，完全恢复政治名誉。1983年8月享受副厅级待遇离休。之后，发挥余热，撰写党史、军史等资料，安度晚年。

宁汉戈

宁汉戈（1914—1997），贵州省毕节县（今七星关区）人，出生在毕节城区威宁路，中共党员。

从小在家乡读书，成年时受到早年参加革命的林青、缪正元、卢育生等人的影响，思想进步，积极参加反蒋抗日宣传活动。于1937年加入中国共产党，由党组织派往中共思南县工委与肖次瞻、熊大潭一起负责县委工作。1939年秋，中共贵州省工委安排一批共产党员和进步青年到国民党贵州省政府农村合作委员会开办的训练班学习。宁汉戈被组织调到贵阳参加学习两个月后，由中共贵州省工委负责人秦天真安排到威宁县开展地下党的工作。1940年1月，宁汉戈到威宁县任县农村合作室主任，带领进步青年分别深入农村，发动农民创办信用、生产、运输、消费合作社，向农民宣传抗日战争的形势和中国共产党的抗日方针。他尽力完成党组织交给的任务，办了几个信用社。在现今的赫章葛布办了一个羊毛织布生产合作社，在威宁女子小学结识宋方和威宣公路工程师浦光宗等云南省工委派来威宁开展工作的党员，共同把女子小学作为抗日宣传、开展地下工作的阵地。正当地下工作开展顺利、着手发展党员、建立中共威宁地下党组织时，中共思南党组织由于叛徒告密遭到敌人的破坏，1940年8月，宁汉戈被国民党逮捕入狱，受尽酷刑，经多方营救越狱脱险。他历尽艰辛，穿越深山老林，途经滇东北奎香、盐津和川南筠连、高县、宜宾到达重庆，与党组织取得联系，又开始新的地下斗争生涯。由党组织安排在重庆、甘肃省等地做秘密工作。1945年到延安学习，1948年冬被分配到山东济南工作。解放后，任山东省实验中学校长，后任山东省教育厅副厅长等职。宁汉戈是毕节早年参加革命有作为的青年之一。他一生爱好文艺创作，1991年写赞颂毕节革命先烈——林青的叙事诗《草原之鹰》，在山东出版发行，表达了他对老领导、老战友的心声。1997年病故，享年83岁。

六 画

刘端彦

刘端彦（1912—1951），贵州省毕节县（今七星关区）人，生于毕节城区，幼年入学读书，成年从事商业工作。在毕节县城创办君再来旅社，附设食堂、澡塘等一条龙服务，深受南来北往的顾客喜爱。后办毕节砖瓦窑、碾坊，毕节新纪盐号，毕节电厂等企业，对发展毕节的社会经济起了一定的作用，是当时毕节颇有影响的民族资本企业家。

中年时期，刘端彦与社会进步人士有广泛的接触，特别受周素园影响较深，思想日趋进步。周素园从延安带回毛泽东的亲笔信都交给他代管。解放后完好交还周素园，现存毕节市博物馆。其间，他多次接触中共贵州省工委交通委员徐健生、云南民主联军司令常绍群等著名进步人士，妥善保管他们交“君再来旅社”的枪支。一次县警察局派员搜查其保存的枪支和送往迎来的客人，因来不及转移而被捕，其妻葛天瑞用大洋收买当局而获释。又一次，徐健生由贵阳来毕节住在君再来旅社，国民党省党部得知后，令毕节县党部书记周道凌密捕徐健生，刘端彦得知消息。

由于他是毕节颇有名望的民族资本家，为人开明而具有社会公德，曾被选为毕节县参议员。临近解放时，其族兄、原县参议长刘端绪辞职后，推其代理参议长。毕节解放前夕，他与周素园组织人民群众迎接解放军入城，被选为毕节县支前委员会副主任。为解放军过境参加成都大会战，筹备了大批粮饷，曾受到党政军领导的表扬。解放军接管毕节后，他将县参议的档案、枪支等物全部移交解放军，并动员自己结识的区乡地富交粮、交枪，主动投靠人民政府，为新生的革命政权做了大量有益的工作。1951年刘端彦被人诬陷为组织特务活动而被冤处死刑。1981年时任中共贵州省委副书记的徐健生来毕检查工作，亲问此事，经毕节地区中级人民法院于1988年5月23日以〔87〕刑监字第36号刑事判决书撤销原刑事判决，改判为投诚人员。他的不白之冤，得以甄别平反。

刘端绪

刘端绪（1908？），贵州省毕节县城关人。青年时代，考入贵州崇武学校，毕业后在部队历任连长、营长、副团长。抗日战争爆发，和好友李祖民（黔军团长、解放后任省政协委员）带领部队参加台儿庄战斗，打击日本侵略军，建有一定功绩。尔后察觉蒋介石对黔军某些部队另眼相看，不能与蒋介石嫡系部队享受同等待遇，故灰心丧气，解甲还乡。在从军期间，曾借军营掩护过过境地下党员安全过境。解放后，贵州省原副省长秦天真给其儿女的信中说："你父亲是个好人，同情支持革命，但为生计关系，不得不在旧社会找个栖身之地。曾任毕节县政府科长、黔西北行署毕节保安司令部参谋长，毕节县参议长。"

1949年11月，中国人民解放军进军贵州，时任保安团团长、272师师长罗湘培、专员廖兴序等一伙纠集部队，准备与解放军负隅顽抗，委任刘端绪要职，他毅然拒绝，并辞去参议长职务，只身一人跑到贵阳，与秦天真、徐健生等好友会面，直到毕节解放，才从贵阳返回毕节，被邀参加第一届毕节县各族各届代表大会。

刘端绪在国民政府任职期间，办事公道，同情穷人，不欺压百姓。逢年过节都要与刘熙乙等人商量，发放部分钱粮寒衣，救济穷苦民众，受到人民群众的好评。

他一生同情和支持共产党领导的革命活动，先后和地下党员秦天真、徐健生、宋达谦等人交往至深，并受进步思想熏陶。家里藏有进步书籍《资本论》《论持久战》《打倒中国的四大家族》等书。在日常生活中教孩子们唱抗战歌曲，鼓励孩子们爱国爱家，仇视日本帝国主义。

1936年暑假，徐健生再次来到毕节，与爱国人士刘端绪和地下党员李伯芬、王锡桢，发展巩固"毕节草原艺术研究社"组建"毕节民众俱乐部"。周素园任名誉主任，他任主任委员，以"民力球队""猛鸢球队"为掩护，进行党的地下活动，确保抗日宣传工作顺利开展。时有几百名进步青年受到教育，提高了对共产党和红军的认识，报名参加了红军北上抗日。解放前夕，他去贵阳之前，得知秦天真的儿子秦心诚被国民党抓进牢房，便立即与周稚久等地方知名人士多方协商，将其从狱中救出，保护了革命者的后代。

他一向思想进步。20世纪50年代初期，教育子女"站稳革命立场，努力学习，做一个毛泽东时代的好学生，做一个新民主主义时期的好干部"。其儿女铭记他的教诲，没有辜负希望，在党和政府的教育培养下，在各自的岗位上努力工作，勤勤恳恳地为人民服务，受到党和政府的表彰及同志们的赞扬。

"刘端绪是毕节地下党的老朋友，德高望重的老共产党员"，秦天真的肺腑之言，对他的功绩作了正确的评价。

刘熙乙

刘熙乙（1906—1952），原名光远，贵州省毕节县（今七星关区）人，1906年生于毕节朱昌镇白泥井一个贫困农民家庭，幼年仅读过3年私塾。

1929年，年仅15岁就开始长途购销香烟、火柴（洋火）等商品。有时也背着一些盐、烟、肥皂等走乡串寨，生意逐渐扩大。他曾到过重庆、武汉等城市考察，借以开阔眼界，积累资本。考察学习后，为适应经济的发展，搞活市场，就采取集资入股的办法开设新生百货店。针对毕节社会需求购销实用商品，依照渝、汉商店模式上架陈设，生意越做越兴隆，积累资本一年比一年多。1936年，开办“新记盐号”，由于经营得法，优惠脚夫（运盐人），盐号从未断缺货源，“新记盐号”也就成为毕节最大的一家盐号。盐法变更后，改为官督商办，他被公推为贵州永边销区官盐运销售营业处毕节分处经理。在此期间，他又另设义生字号企业，专经鸦片生意，时间不长，却积累了大量资金，成了商业巨子。1939年，又被推选为永岸盐号贵阳办事处经理，这又带来了新的发展机遇，不久被委任为贵州永边销区官盐运销营业总经理处的总经理。任此职后，对自己所经营的企业进行改革创新，对用人待遇、员工福利等，一改旧时制度，把企业效益与员工的工资福利挂钩。这一创举深得员工的拥护，其他企业也跟着推行。川滇公路修竣后，他的永岸盐号立即组成车队运盐，降低成本，保证供应，缓解人民群众吃盐难的问题，大大减轻了人民的负担。他又进一步改进经营管理，经常培训财会人员和业务骨干，提高业务水平，同时改善员工居住条件，员工把企业当成自己的家，因而赢利日增。

1941年，在地方长官王伯雄与在国民党中央担任要职的何应钦的支持下，其接管了“贵州仁边”销区官盐营业总处的经营权，逐渐成为黔中巨商。为得到更大的发展，又创办“济时商号”，经营棉纱、布匹；创办“中兴企业公司”，以运销土特产为主；创办聚康银行，遍设分支机构；创办南明烟厂，生产卷烟；创办泰和酒厂、恒毅淀粉厂等。凡有利于国计民生之事都办。他的企业遍设于渝、汉、沪、粤以及柳州、梧州、长沙、衡阳、昆明等地，成为西南巨商之一。为开展好业务，每天夜间电话指挥各地到深夜，凌晨两点尚不能入睡。各地报告，员工来信，企业之间往来信函等，他都要处理。根据当时秘书曾雅云、刘安甫统计，每天公私函件多达400余件，刘熙乙都要一一审阅批办。

他发达后，不忘国家，不忘群众，更不忘家乡父老。1943年抗日战争期间，他响应号召，独自捐献训练空军用的滑翔机一架，并以其父刘维周之名命名为“维周号”。1944年，日寇侵入黔南独山，汤恩伯（国民党军上将）准备焚烧贵阳。此时，中央银行的现金只供军费和中央机关疏散之用，不顾市民，贵阳人心惶惶。他毅然决定调集所属企业资金运交中央银行，分拨各行付现以安民心。他还表示，“日寇不到阁云关，我决不离开贵阳，一旦离开贵阳就到鸭池河一带组织民间武装力量抗击敌人。”

他对失散的难民、妇老孤儿极为关注，出资组建“难民收容所”，收容孤儿数百名。建议当局发动群众领养，为缓解社会压力，他自己领养10名。目睹家乡教育落后状况，他于1940年至1942年筹资创办了毕节私立弘毅中学和宋伍小学。弘毅中学是毕节当时最好的中学（即现在的毕节一中）。他为解决贫困子女入学难的问题，拨出款项以其父刘维周之名成立“维周助学基金会”，资助贫困学生入学并资助两名高才生留学美国。在贵阳期间，为增强百姓体质，又于1942年在省立民教公馆内以其父的名义修建“维周球场”。捐款建花溪“清华中学”和贵阳大厦中学。1946年出资兴办《力报》等。对家乡，他每年年终向生活穷困的父老乡亲散发“济腊米”（即腊月过春节的过年米）。毕节县府或社团组织到贵阳参赛的文体人员，每有接应款待，礼送返回。为此，省参议会议长平刚先生（进步人士）评论说：“熙乙很会攒钱，也很善于用钱。”

他虽为商人，但时时处处都讲民主，反对暴政，反对贪官横行。1946年国民党召开所谓“制宪国大代表会”时，谷正刚召集贵州军政界头目参加的所谓“贵州大团结会议”，其目的就是要拥其兄谷正伦为贵州省主席。1946年，杨森任贵州省主席后，任命刘熙乙为贵州银行总经理，统管全省金融企业。

1948年，谷正伦接替杨森任贵州省主席期间，刘熙乙主办的《力报》即时刊登并发布人民解放军南下的消息和当时新华社文章，将他和社长李思齐被早已怀恨在心的谷正伦以“为匪张目”的罪名逮捕，关押达100多天。在关押期间，谷正伦指使其心腹霸占了他的聚康银行和制蛋厂。其余企业也受不同程度的打击，所有企业仅剩南明烟厂一家。他被保出狱后，对国民党的反动统治极为不满，与原《力报》社长李思齐和马怀麟、肖奇富等人发动“二一六”息烽、修文两县边境的农民暴动，反对国民党的独裁统治。谷正伦欲将其置之死地而后快，便下令省保安司令韩文焕逮捕除之。他得知消息后，在有关方面的支持帮助下逃往成都，幸免于难。

解放后，他回到贵阳，在党和政府的支持下，继续创办工业，先后建立新民麻袋厂、宏达针织厂，重新整理恢复南明烟厂等。正当他信心百倍地在共产党的领导下大干一场的时候，突患脑溢血，抢救无效，于1952年2月逝世，时年仅47岁。

许明杰

许明杰（1926—1953），1926年11月1日出生于贵州省毕节县（今七星关区）林口镇渭河村，初小文化，1949年参加川南地下党。

许明杰7岁在林口小学读书，16岁在林口小学教书，通过地下党员周显文的关系，认识川南地下党负责人罗昭，经罗昭介绍，加入了中国共产党，属川南地下党支部。每次罗昭从四川来毕节，与毕节中共地下党联系工作，均由许明杰负责其安全保卫工作，一直到解放。1953年3月26日，许明杰病逝于林口。

孙　煊

孙煊（1918—1944），字善松，号煊，乳名树槐，1918年生于贵州省毕节县海子街小坝汉屯（今属金海湖新区）。7岁进入私塾读书，10岁诵读古文，14岁能用文言著述成篇，童年时代在同学中因品学兼优而出众。15岁时考入毅成中学初中二年级学习。在此期间，结识了徐健生、周晓山等进步青年，经常与他们在一起阅读进步书刊、谈论国事，初步接受了进步思想的熏陶。1937年“8·13”后，根据地下党组织的安排，正在读高二的他在徐健生（地下党员）的带领下奔赴延安，进入抗大第四期学习，同年年底经徐健生介绍光荣加入中国共产党。由于生活条件异常艰苦，加上劳累过度，不幸染上肺结核病。1938年10月奉命回家乡治病。到毕节后，根据省工委的安排，与其叔孙师武一道开展革命活动。

为了培养青年一代，建立革命活动联络地，掩护地下党员和爱国进步人士，他提议创办一所学校，用延安抗大精神培养教育进步青年。经与孙师武商议，由孙师武出面找孙氏家族中一批有威望的长者，提出利用家族的部分祭祀田租和孙氏宗祠现成的房舍创办学校。得到赞同后随即召开会议，决定从祭祀田租中每年拨出70石粮（计3.5万斤谷子）作为学校经费和教师工资，孙煊为建校委员，负责建校事宜。叔侄二人向族人募集了400多块大洋作建校经费，他提议学校取名为“毕节中屯邻里小学”（“邻里”取“列宁”的谐音），1939年春季正式招生。

学校有7间教室、6间宿舍、1个礼堂、1个操场和1个篮球场，由孙师武任校长，孙煊任教导主任，负责教师招聘、招生及课程安排等工作。共有教师11人，其中孙煊、邱在陵、李一民等是地下党员。学校招收300多人，设一至六年级6个班，开设国文、算术、历史、地理、时事、音乐、体育、美术、劳动等课程，还按延安抗大办学方针，教师生唱《义勇军进行曲》《黄河颂》《我们在太行山上》等革命歌曲，订阅《新华日报》《群众》《火花》《抗战读本》等进步书刊。时事课由孙煊讲革命理论和抗日救国等国内外大事，劳动课由教师带领学生种地种菜，农忙时帮农户收割栽种。在孙煊叔侄的努力下，学校越办越好，影响越来越大，中屯周边数十里及大定县所辖的响水等地都有慕名前来就读的学生。学校的这些课程，是旧学校只知“之乎者也”、主张“两耳不闻窗外事，一心只读圣贤书”的老迂夫们闻所未闻的。学校师生经过新思想、新文化、新观念的教育和培养，不少人后来成为革命队伍的领导和骨干。

孙煊等在邻里小学用延安精神培养教育进步青年，传播革命思想，很快为全县所知。学校虽地处偏僻，交通不便，但在那血雨腥风的年代也并不是一片净土。1940年国民党发动第二次反共高潮时，伪县政府于1940年12月在学校逮捕了孙师武，孙煊有幸逃出，从此流亡天涯，学校被查封，只得停办。1941年年底，隐蔽于毕节城郊北镇关的孙煊由于被出卖，被国民党逮捕，送往贵阳关押在云南会馆。长期的逃亡生活加上监狱酷刑的折磨，孙煊的身体遭受了严重的摧残，旧病复发，病情严重，经家族出面找熟人保释后回到毕节治病。经过一段时间的治疗，身体逐渐康复的孙煊重操旧业，受聘于豫章小学任教导主任兼国文、音乐教师，同时负责编辑《教学做合一》（月刊）。1944年葛发声任长春乡乡长后，邀孙煊前往任副乡长兼文教干事。不久，孙煊患上伤寒病，只得回毕节医治，终因医治无效，于1944年冬月初一病逝。

孙煊的一生是短暂的，但他追求真理，宣传革命，宣传抗日救亡运动，为培养青年一代呕心沥血的精神，将永远为后人赞颂。

孙师武

孙师武（1909—2005），贵州省毕节县（今金海湖新区）人，出生于毕节小坝汉屯一个富裕的农村家庭，从小在家乡就读私塾，年长后被送县城插班读模范小学毕业，随后长途跋涉远离家乡到贵阳模范中学就读初、高中。此间结识了在贵阳读书的秦天真、徐健生、王锡祯等一批思想进步、寻求革命真理、一心救国救民的毕节同学。同时结识著名的政治教师田君亮、历史教师朱穆白、国文教师李淑园，深受这些教师爱国爱民的思想熏陶，常和秦天真、徐健生一起谈论国家大事，逐渐认识到国民党及贵州军阀的腐败，清醒地了解了共产党的革命主张，产生了追求革命的理想，走上革命道路，成为爱国民主人士。

1931年“九一八”事变发生后，贵阳各校的学生不愿当亡国奴，纷纷起来进行抗日救国宣传，上街游行。他同秦天真、徐健生等人冲锋在前，带队组建“贵州学生抗日救国团”，领导学生上街游行示威，向执政者请愿救国，并喊出了“惩办奸商，捣毁日货”的口号，一直站在秦、徐一边，在政治上志同道合，建立了深厚的革命友谊，情如手足，一同开展抗日救亡活动。

1933年冬，贵州地下党的先行者林青奉中共党组织之命，同缪正元一起从上海回毕节开展党的工作。孙师武放寒假从贵阳回家，正准备同秦、徐安排由筑返毕学生开展宣传活动的时候，结识了林青、缪正元2人，共同商议，确定成立草原艺术研究社，扩大抗日救亡宣传，为毕节党支部的建立打下基础。他积极参加活动，并负责后勤保障工作，接受党组织对他的考验。他下定决心跟着党走，严格执行贵州地下党组织领导人林青、邓止戈、秦天真、徐健生等人的命令，把生死置之度外，为党、为人民做了许多工作。

1934年至1935年7月，他一直同中共贵州地下党的领导人林青、缪正元、秦天真、徐健生住在贵阳忠烈街8号从事省工委机关工作，结识了省工委委员邓止戈、刘茂隆及许多革命志士，主动为开会站岗放哨，周密细致地保护着共产党人的安全。1935年“七一九”事变，贵州地下党组织主要领导人林青被国民党抓捕后，共产党员分散隐蔽活动，他提议秦天真离开贵阳到广西梧州找葛天回（时任广西大学教授），以报考广西大学为掩护，建立贵州地下党的联络点，达到隐蔽活动的目的。紧接着，他置在广西大学读书的学业而不顾，同徐健生、刘茂隆等人在广西浪迹天涯，结识了革命者胡风、章靳以等人，受尽了艰辛，锤炼了革命意志。西安事变后，贵州地下党领导人返回贵阳，他遵照党组织的指示，回毕节搞文化宣传工作，同徐健生创办群益书店，以股东身份开展工作，常到贵阳从熊蕴竹开设的生活书店订购马列著作和革命书刊运到毕节，受到进步青年的拥护。此时他又牵头创办了七月文具用品社和抗大式的邻里小学，先后邀请一批地下党员任教，从根本上保护了毕节地下党的革命活动。

1940年12月18日，因孙煊、邱在先等先后被捕，他也以“共产党犯罪嫌疑”被国民党反动当局逮捕，关进监狱，受尽严刑拷打。但他与敌周旋，守口如瓶，没有供出任何一个党员，被释放回，继续从事革命工作，仍以特殊的身份联络转移地下党人。1941年11月，在他结婚的第七天，国民党当局又再次逮捕他，不久，转送贵阳接受国民党特务的审讯。敌人行使种种威胁利诱至刑讯逼供，他坚贞不屈，最后以“政治犯”罪名押送重庆武云山集中营囚禁，同徐中行（乔石）、何纪民住一牢房。抗日战争胜利后，在中共党组织的营救和全国人民的声援下，获得释放，重见光明。

他自参加革命后，一生交给党安排，为党和人民的解放事业，做了许多可歌可泣的事迹，主动放弃家庭享受和读大学的机会，将读大学的资金转给共产党组织进行革命活动；提供秦天真、徐健生、刘茂隆等地下党领导人四处奔走和护送到延安所需的部分经费；其后创办邻里小学，让出祠堂，资助费用，保护地下党员，进行革命教育，造就一代革命青年，至今仍为人敬仰。

孙师武精神高尚，品质优秀。他为保护革命志士，放弃特殊的家庭生活，以特殊的身份保护地下党员；为新中国的建立默默无闻地奋斗一生，不求名，不图利，毕节人民有口皆碑，正如家祭所言：“遥想三十年代，国势衰微，军阀割据，民不聊生。公学业未竟，毅然投笔，情笃秦徐，义趋马列，受命于党，责任乃系，舍家取义。”于2005年逝世，享年95岁。

孙善述

孙善述（1923—1948），贵州省毕节县（今金海湖新区）人，1923年生于毕节小坝汉屯村。1939年就读于地下党创办的邻里小学，是邻里小学创办时的高年级学生。当时受地下党员孙煊、李一民、邱在陵和进步人士孙师武的影响，思想进步。以后进入县城弘毅中学和毕节附中读书，其间与进步青年秦心诚（秦天真之子）思想相通，曾两次相约去革命圣地延安投身革命。1945年他与秦心诚等到重庆寻找贵州地下党组织，得知秦天真已去延安后，找到毕节地下党转移到重庆的宁起枷，要求组织帮助他们去延安。后因时局变化，日本投降，抗战胜利，便同秦心诚等人一道进入重庆沙坪坝蜀都中学高中学习。在重庆读书期间积极参与学生运动。内战爆发后，他与一些进步人士去国民党政府请愿，要求停止内战，喊出：“反对内战”“要和平”“要民主”的口号，并参加重庆学生声援北平“沈崇事件”大游行，要求美军从中国滚出去。他亲自到重庆青年中学向毕节籍的学生宣传马列，讲解形势，传播革命思想。他的革命行为引起学校的注意，结果遭到重庆市教育局勒令退学。离开蜀都中学后，他又进入重庆进步人士创办的社会大学学习。不久这个学校又被查封，他只好转回毕节。在家乡他发动群众，开展反对国民党抓兵派款的斗争。因家里与保长发生冲突，又离家到县城，遇到安顺来毕开展革命活动的地下党员胡博，以及秦心诚、杨榕等，向其介绍了重庆的革命形势和滕九荣返回贵州准备在松桃建立游击武装的情况，于是3人相约去松桃，通过滕九荣的关系，受聘于冷水乡小学当教员。

就在这时，曾在重庆和滕九荣一道进行地下活动的地下党员董啸眉、周陵群二人来冷水乡活动，住在滕九荣家。后来被冷水乡乡长发觉，就说滕九荣窝藏共产党，董、周认为是孙善述泄漏了党的秘密，认为他是叛徒，决定将其除掉。于是宋、先二人便通知他来德江，将其诱入一个洞中活活刺死，时年26岁。

解放后，章立（德江特委书记）回忆当年地下斗争的情况时说：“我一生中错杀了孙善述，亲自杀孙善述的宋、二人也因此被批判斗争，受到了组织处理。”1991年，松桃县委研究决定明确孙善述是一个好同志，将宋、先二人的论断，给予否定。孙善述同志多年沉冤终于得以昭雪。

七　画

杨　杰

杨杰（1914—1989），贵州省毕节县（今七星关区）人，1914年生于毕节县杨家塘。在弘毅中学（今毕节一中）读书期间，在老师秦天真、邱在先等人的启发下，接受了革命思想，参加革命。

1933年秋，邓止戈通过黄大陆的关系打入驻毕节军阀犹禹九部任参谋，之前在贵阳与进行革命活动的林青、缪正元、秦天真认识，并相互信任，林青、秦天真也向邓止戈介绍许多毕节情况，邓止戈来毕节后，便与教师邱在先和学生杨杰等人取得联系。1935年8月，邓止戈第二次来毕节，发展了原培养的一些入党积极分子，10月杨杰等人经邓止戈等人的介绍，加入中国共产党，在毕节城建立又一个党支部，继续开展抗日救亡宣传活动，由邓止戈任书记，杨杰任组织委员，邱在先任宣传委员。

在党支部的领导下，毕节的革命活动蓬勃发展起来。1935年冬，毕节地下党日益壮大，与此同时，地下党还通过艰苦卓绝的工作，相继与席大明、周质夫、阮俊臣等取得联系，掌握这些武装，并在中央特科成员、打入毕节行政督察专员公署任总务科长和保安司令参谋长的地下党员卢育生等人的配合下，于1936年2月巧妙地控制了毕节局势，为红六军团占领毕节做好充分准备。此时，杨杰等人在邓止戈的领导下，积极组织原草原艺术研究社全体成员200多人，组成若干小组，分头深入毕节城内商店、餐馆和群众中进行宣传工作，为红军在毕节的休整和补充打下良好的群众基础。

1936年2月，红军被迫撤离毕节北上，为此，党员杨杰、康庆长、邱在先等为避免暴露，分别找社会职业作掩护，隐蔽待机活动。迫于毕节地下党的活动异常艰难，杨杰离开毕节，1947年辗转到成都，化名杨慎物，投靠自己的好友刘希翼，当时刘的兄弟为国民党国大代表，可以为他作掩护。去成都不久，又到了湖北宜昌，在这里他认识了进步女青年罗起秀，当年结婚。

在白色恐怖下，杨杰出生入死，为革命真理坚贞不屈。中华人民共和国成立后，他回到毕节，积极投身于社会主义建设事业，兢兢业业，率先垂范，任劳任怨。在毕节地区农机厂工作期间，他积极配合地委、行署和党史业务部门，为党史工作提供了很多党史资料，为抢救党史活资料，挖掘和保护党史资料积极做工作。担任地方领导职务后，他从不摆架子，平易近人，工作中经常深入群众调查研究。光荣离休后，始终以共产党员的标准严格要求自己，为社会主义现代化建设事业，为毕节市经济发展和社会进步建言献策，积极发挥余热。1989年逝世，享年75岁。

杨砥中

杨砥中（1908—1965），彝族，贵州省毕节县（今七星关区）人，1908年出生于毕节县林口，爱国民主人士。

1935年，任县保安大队队长。任职期间，认识中共贵州省工委交通员、在毕节负责党组织建设的徐健生，并结为知交。受徐的影响，杨砥中对共产党的宗旨有所认识，成为地下党的外围朋友。1936年，中国工农红军二、六军团长征到达毕节，他令所属部队撤离不准干扰红军，为红军顺利进驻毕节提供了条件。1938年年初，徐健生在海子街区田坝桥开展革命活动，宣传共产党的抗日主张。对此，国民党县政府召开秘密会议，决定逮捕徐健生。会议一散，杨砥中立即骑马跑到田坝桥告知正在宣传抗日活动的徐健生，要徐迅速离开，并提供方便，使之得以脱险，顺利转移到达延安。是年，抗日战争正处在生死存亡关键时刻，国际盟军支援中国人民的各种物资，必须经滇缅公路运入大后方。当时正在赶修四川通往云南的战略要道——川滇公路。可是修路民工在赤威段发生流行疾病，有50%的民工生病，不时出现死亡。国民党当局不管民工的死活，只顾工程进度。他见此情景，主动出资在工地设医疗诊所，免费给民工治疗。

1940年，林口街民被土匪洗劫，部分房屋被烧毁，灾民生活无着落。他开仓赈济，每人每天发半升苞谷，并解决油、盐、炭火问题，让灾民维持生活。灾民建房需要木料，他允许佃户们在自己租种的地内或他家山林中砍用，直到重建家园为止。冬天他又给灾民和附近贫民发布匹、衣服，以资避寒渡过难关。

1942年，他与族人杨维宇、内亲陇体芳，筹资在威宁县石门坎创办贵州省的第一所民族中学，校长为朱焕章，董事长由杨砥中自任。招收汉、彝、回、苗等民族学生，毕业后少数民族学生直接升入国立边疆大学深造。

1944年，贵阳建立八路军办事处，党中央、毛泽东派徐特立来黔检查指导工作。经安排，徐特立就住在杨砥中的公馆内，出入都乘坐他的车子。在其掩护下，徐特立安全地在贵阳完成检查任务。

杨砥中虽然出身于封建地主（土目）家庭，但在徐健生等地下党人的影响下，思想进步，作风开明，自我带头，号召族人废除封建土司礼教，不准称呼老爷，对手下人员及家庭帮工，不准苛刻打骂，违者严惩。

为提高西南彝、苗民族的社会地位，他辞去县保安大队队长职务，活动于云南、四川、西康（当时的西康省）等地。同高玉柱、喻杰才被推为西南边疆民族代表团代表，赴京去国民政府请愿。在请愿中，杨砥中被推为驻京代表，在南京设立办事处，为川、黔、滇、康等省的少数民族学生提供赴京就读和考学的方便。同时对就读于国立边疆学校的民族学生给予经济支持。1947年，被推选为边胞国大代表，常活动于川、滇、黔、康等省的少数民族地区，以合法的身份，利用各种场合，揭露国民党推行的民族歧视政策，为争取少数民族的平等待遇、促进民族地区文化发展做出了应有的贡献。

解放后，党和政府安排他到西南军政委员会民族事务委员会工作。他拥护共产党的领导，积极从事彝史的研究工作，搜集整理了大量的资料。1954年调西南民族学院研究室，继续从事彝史的研究。在广征博采的基础上，为彝史的编辑、出版积累了大量的第一手资料，成绩显著。1957年，受“反右”扩大化的影响，被定为“反革命”。1958年逮捕判刑，1965年病故于狱中。1980年经毕节地区中级人民法院复查，裁定无罪，否定了原判事实。1981年，中共西南民族学院委员会纠正了1957年的错误，给杨砥中平反，恢复其爱国民主人士的荣誉。杨砥中于1965年逝世，时年57岁。

李万春

李万春，贵州省毕节县（今七星关区）人，1919年7月17日出生于毕节县城，爱国民主人士。

在伯父李郁荪的影响下，以“言必信、行笃敬”为做人标准，随父亲到镇雄镇威区清丈分处填写清丈执照，求取低薪生活，取信于老板。1939年秋，分处长陈多三带他去昆明为其缮写文件，9月底写完后失业。1940年年初考入西南联合大学事务组收发室工作，专收发教授们由英、美等国寄来的信件。当时西南联大无法投送的《新华日报》很多，他抓紧阅读，了解中国共产党领导的新四军在敌后的发展壮大、国民党的腐败无能等情况，懂得抗战必胜的道理，有了投向革命的信念。1942年考入云南省财政人员训练所，1943年春毕业，先在云南省财政厅工作，后调侨民商业银行。其间，参加了董康成立的“读书会”，先后学习《马克思主义的三个来源和三个组成部分》等文，思想受到启发，树立了革命的理想信念。

1945年12月1日西南联大发生“一二·一”惨案。他组织银行同事周振东、李建国一同写挽联前去祭吊死难革命烈士。由于“读书会”与联大中国民主同盟有联系，董康动员李万春写申请加入民盟。1946年5月经闻一多、冯素陶介绍加入中国民主同盟。经过编组，被选为小组长。小组成立时冯素陶到会讲话，训示大家热爱祖国、热爱人民，拥护祖国统一，建立人民当家做主的国家。不久，发生“七·一五”事件，国民党特务用无声手枪杀害民盟中央常委李公朴先生，震惊全国，共产党领导的许多进步团体强烈痛斥国民党的卑鄙行为。在云南大学会泽园召开的追悼大会上，闻一多愤怒声讨了特务的罪行，被国民党追踪枪杀。李万春自始至终参加了这场斗争，做了许多营救闻一多家人的工作，体现了他忠于组织，热爱祖国，拥护共产党的政治主张和进步思想，他是当时毕节在外有作为的进步青年之一。1946年李公朴、闻一多事件后，昆明处于黑暗时期，但许多大、中、小学生不畏强暴，仍然上街示威游行，投入“反内战，反饥饿，反迫害”的革命斗争。民盟转入暗中支持学生的活动，拥护共产党的政治主张。李万春受组织的派遣常到云大策划学生的活动，工作卓有成效。

云南解放后，经民盟组织介绍，他到开远十三军文工团创作组工作。后到云南革大学习，毕业后分配到昆洛公路工程处负责粮库工作。参加修建澜沧、孟连、铜矿、勐丰等公路，前后工作了12年，后调景洪县养护段工作。他在景洪期间，帮助发展民盟成员，成立支部，被选为景洪县第六届、第七届、第八届政协委员。1984年经批准离休，回毕节定居，组织手续转到贵州民盟省委。1987年毕节师专梁兰组建毕节支部，他以老盟员身份帮助工作，介绍李学高入盟，参加成立大会。1996年动笔，将自己收集到的抗日资料编著一部《中国抗日史稿》，共计257万字。

李代泽

李代泽（1917—1984），号百川，贵州省毕节县（今七星关区）人，于1917年生于毕节城关广惠路一个以卖布匹为生的小商贩家庭，毕节草原艺术研究社骨干，地下党工作人员。

1924年3月，李代泽在毕节城关男小入学读书，思维敏捷，成绩名列前茅。1933年1月，以优秀的成绩在毕节县立中学毕业，有才子之称。由于家庭贫困，不忍心让其母过度辛劳，年满16岁辍学回家，受聘于母校担任小学教师。是年，以林青、缪正元、秦天真、熊蕴竹等共产党人为首组织毕节草原艺术研究社。李代泽受其进步思想、抗日热诚的影响，参加了毕节草原艺术研究社，积极参加各项活动，以歌舞、戏剧的形式宣传抗日主张。

1936年10月，在亲友的支持扶助下，到“南京大同补习学校”勤工俭学，学习高中数、理、化和外语。学习期间，目睹国民政府腐败无能、外夷嚣张跋扈的多起令人发指的事件，于是抱着满腔爱国热忱和抵御日寇外侮的决心，毅然投笔从戎，考入黄埔军校，主攻通信专业，取得优异成绩。黄埔军校毕业后，首先到国民党陆军通讯兵第一团见习三个月，然后分配到陆军通讯兵第3团1营2连3排任中尉排长。任职期间，以报效祖国之心参与对日寇作战。

1942年，因作战英勇，战功卓著，被授予“中正剑”佩剑军官，特调国民党第一战区司令长官部担任通讯专业团级军训教官。是时，中共特科卢育生指示在国民党军中的中共地下党员尹司农，设法运送通信器材到八路军部队，尹司农通过在洛阳任职的李代泽找到关系，把材料运走，共同完成了这一重大任务。

1943年秋，因在抗日战争中受伤，李代泽与同学尹司农一起返回老家养病，仍念念不忘保家卫国，上阵杀敌。共同发起组织“毕节在乡军官会”，帮助退役军官就业，为社会服务。共同筹资开设“八一三”饭店，为军界服务。在刘安甫的推荐下，李代泽受聘于刘熙乙创办的毕节弘毅中学，担任军训考勤教官。其间，他又动员了十几名热血青年报名参军，奔赴抗日前线。因母亲年老体弱多病需要照顾，李代泽不再返回部队，被安排到贵州省第四行政（毕节地区）督察专员公署任国民党区分部副书记兼保安司令部上校参谋。

1946年以后，李代泽因不满国民党军政界的贪污腐化和挑起内战的卑劣行为，毅然转学经商，并倡导服务桑梓必须从救贫救愚着手。开设毕节行健文教用品社，以传播进步书刊为目的，出售马克思的《资本论》和《新华日报》《力报》等，兼营文具纸张。其目的是适应社会人士学习与公务急需，非谋利性质。因此，素有爱国爱民、属共产党外围的进步青年之称的李代泽，难逃厄运，临毕节解放前被国民党督察专员公署专员抓捕入狱，幸得众亲友营救及时，免于劫难。

毕节解放后，李代泽积极参加各种公益活动和社会活动，向毕节一中无偿捐赠各种科技文艺书籍1000余册。1950年，工商界推举其作为毕节县第一任政协委员，先后在统战部、工商联合会、土产委员会任职，曾任毕节抗美援朝后援会的主任委员。同时，积极筹组联营企业，真诚拥护中国共产党的领导，服从工商政策法令，团结分散经营的个体商贩同业，共同走上“争取利用、接受限制、自觉履行”的社会主义集体经济的光明道路。他首先创办毕节第一家利群机制卷烟厂，厂址设在东关坡，烟草基地在头步桥。当时生产的产品规格有20支一盒的软包装和50支一盒的铁筒包装烟。分别有“金鼎山”“银鼎山”和“斗鸡”三种品牌。另则，为了促销产品，在每包香烟里放入一张“水泊梁山英雄好汉”的彩印图片，谁要是把一百零八将都收齐了，就可以兑换一条软装香烟或一筒50支的精装铁筒香烟。后因抗美援朝，美国断绝了包装香烟的卷烟纸的供应（当时，这种特殊的卷烟纸只能从美国进口），烟厂被迫关闭。接着，他又创办了毕节第一家“勤毅”百联商店，亲自担任经理。当时，国家正在进行“扫除文盲”的活动，每家每户都要准备一块小黑板，而市场又没有这种商品。如果用木板自制，市场没有小包装的油漆卖。他就倡议“方便群众，做一分钱的生意”，要求商店全体职工，把各自家中各种大大小小的玻璃瓶收集起来，把商店里20千克一桶的油漆分装成小包装的油漆供应广大群众。“一分钱的生意”给百联商店带来了商机，群众在商店可以买到一根针、一根线、一颗纽扣，商店也获得了利润，做到店主、群众双满意，推动了毕节社会经济的发展。

1957年，提倡商店职工学习苏联穿花衣服、花裤子。在统战部“整风”运动会上他发言道：“学习苏联老大哥，应该学习他们的优点、长处，不应去学别人怎样吃饭、穿衣，要不然连自己应该怎样走路都忘记了。”当时被认为是反对学习苏联，有历史问题，受错误处理而入狱。1975年大赦返乡，回到家中。十一届三中全会后，得到平反。首先恢复了他的政协委员称号，参政议政，并回到他亲手创办的勤毅百联商店（后改名为国营棉布百货商店）。在政协会议的提案中，经他提议修建毕节县百货大楼，将毕节县百货商店更名为“毕节县百货公司”。在工作中，他通过对公司广大青年职工的了解，发现职工文化程度普遍偏低，这使他产生了“扶贫不如扶智”“授人以鱼，不如授人以渔”的想法。为了夯实公司的发展后劲，已经退休的他，在公司免费办起了文化补习班。从备课、上课、刻蜡纸、印讲义、批改作业和试卷等，他都亲历亲为，所上的文科、理科一人承担，发挥他博学多能的才智，为公司尽力到“春蚕到死丝方尽，蜡炬成灰泪始干”。临终前，还有半张蜡纸没有刻完。

李代泽一生富有才学，刚正不阿，从民国时期到中华人民共和国成立，忠心为国为民，历经坎坷，但业绩长存，受到社会的好评。1984年逝世，享年67岁。

李仲群

李仲群（1891—1973），又名宴春，贵州省毕节县（今七星关区）人。

李仲群幼时天资聪敏，入学读书，学业名列班级前茅。14岁应童生试，取为廪生。因文墨出众，邑人称为“神童”。继后进入新学，1911年毕业于贵阳优级师范选科。历任兴义初级师范、毕节成达小学、贵阳模范中学、南明中学教员和毕节师范传习所所长。尔后从政，被委任四川省长寿县县长，目睹社会动荡和国民党所为，不愿致仕辞职回乡。爱国民主人士。

李仲群回乡后，教书育人，思想进步。1931年任毕节县县立中学校长时，即主张男女合校，提倡学生自治，按新课程教学，受到社会各界好评。1933年，他聘请进步青年教师秦天真等人到校任教。秦天真在学校内组织学生阅读进步书刊和革命书籍，从事革命活动等。他有时出台演讲，赞许和支持学生的革命行动。1935年夏，中共贵州省工委委员邓止戈来毕节组建武装，在校开展革命活动，发展进步学生入党。他暗中支持，组织学生讲演。次年冬，国民党派“别动队”进入学校，禁止学生正义活动。他公开反对，不久即被当局免职，闲居家中，闭门读书。

1947年，毕节弘毅中学校董会请他出任校长。他显示进步而富有的才华，以“求实、民主、自治”为兴办学校的方针，深受社会贤达、师生的拥护。是时，素有民主校风的弘毅中学，早被国民党注意，毕节专署指派视察陈文彬（中统特务）到校任历史教师，实则监视学生的言行，于是激起师生的反感。“学生自治会”理事长任叔轩以陈授课无能、误人子弟为由，发动全校学生罢课。李仲群态度鲜明，支持学生的行动，迫使陈文彬离校，使学生安然学习。

毕节解放后，一向爱党、爱国的李仲群受到保护，继任毕节一中校长，选为毕节县各族各界人民代表会议副主席。毕节县政治协商会议建立后，被选为县政协副主席、省人民代表等。“文化大革命”中受到冲击，仍致力于教育。

他博学多才，毕生致力于教育事业，拥护中国共产党，为国家培养大批有用的高、中级专业人才，为农村输送具有初、高中文化的建设人才，被人们称为地方有特殊贡献的教育家。1973年病逝于毕节县城，享年82岁。

李高吉

李高吉（1890—1990），女，贵州省毕节县（今七星关区）人，出生于毕节长春下伍溪，从小性格刚强。幼年丧父，16岁嫁与城内孙家，24岁失去丈夫，勤劳务实，维持一家生计。

1934年1月，贵州地下党的第一个党支部在毕节诞生，她和数十名男女青年成为党的外围力量，在艰苦斗争的岁月里，为革命挺身而出，视死如归，常受有识之士的称赞。

1935年8月，中共贵州省工委邓止戈来毕节组建武装，迎接红军，她认识了邓止戈。党组织觉得她出身贫寒，可作依靠力量。于是常安排她送信到阴底、杨家湾，与安岳阶、席大明部联系。她风雨无阻，出生入死，为省工委在黔西北组建革命武装做出了贡献。

1936年2月，红二、六军团进占毕节。她挺身而出，走在前面，来回为红军传递情报，组织穷人张贴标语，打土豪、分浮财，留下大小板，深得人心，受到王震、夏曦等军团首长的接见，并要求参加红军。毕节县苏维埃革命委员会成立后，夏曦、邓止戈分配她到革委会工作，任妇委主任，向妇女开展宣传工作，动员参加革命。她组织妇女在毕节女子小学为红军赶制军服，帮助安置伤员，为军团首长传递书信，在魏云皋家为军团政治部印文件、传单，负责首长的安全警卫工作等。贵州抗日救国军成立后，她身兼两处的工作，常到福音堂、安息会、文庙等地为首长送信联络，成为首长信任的工作骨干。红军在毕节的27天，她四处奔走，动员穷苦青年参军参战。红军快离开毕节时，她参加大游行，高呼：打倒日本帝国主义！打倒蒋介石！拥护中国共产党！成为一个名副其实的红军战士，随红军到七星关，因平山堡战斗，连指导员周南山负重伤，夏曦命令她在后方负责照料伤员。她肩负重任，和周扮成假夫妻，取名孙祖平，行程几夜，冒死回城护养伤员。嗣后，周南山在养伤中被国民党专署抓进监狱，她也被抓进监狱。受尽严刑拷打、非人的折磨后，被旅长安恩甫视为穷女子有小孩，免死而释放。出狱后，她四处求人营救红军周南山。通过魏云皋的帮助，终于救出周南山，完成军团首长交给的任务。

1937年7月，抗日战争全面爆发，周南山决定找部队，参加全国抗战。她前思后想，决定不陪同前往，在后方做力所能及的工作，照顾孩子。谁知专署保安队派人监视她的行踪，无法开展革命活动。于是她便给邻里帮人为生，暗地参加毕节地下党的活动。1949年11月毕节解放，她积极参加迎接解放军接管毕节。在党和政府的领导下，她参与清匪反霸斗争。其后，将自己的独生子送去抗美援朝。1952年移居贵阳，儿子在前方光荣牺牲。李高吉抹去泪水，化悲痛为力量，在党组织的关怀下，被选为贵阳市人民代表、市府路第七居委会主任。她数十年如一日，忠诚老实，勤勤恳恳为党、为人民做了不少舍生忘死的大事，可称巾帼英雄。

晚年，邓止戈等领导人在贵阳接见她，称赞她一生为党做了很多有益的工作，毕节人民不会忘记她，逝年寿百岁。

肖吉人

肖吉人（1889—1952），贵州省毕节县（今七星关区）人，1889年出生于毕节县署街一书香门第之家，爱国民主人士。幼年就读于外祖葛子惠创办的淑范小学，后于1920年考入贵州公立政法大学堂。在校学习成绩优异，名列前茅，常赴修文参拜阳明祠，学习王阳明学说，深得师长的赞许，被选为学生自治会干事，组织学生参加各种运动。大学毕业后，于民国初年被委任镇远县、清溪县县长。1927—1930年先后任省民政厅、财政厅秘书。其间常到黔东南、黔南、黔北等地，深入区、乡，体察民情，深知时局弊端。1944年，毕节创办政训所，肖吉人受时任省教育厅厅长梅宗圻之委托到毕节任教。自编《乡土教材》，执施其事，颇有业绩，被委任毕节县第一任教育局局长。此间，他热爱家乡，决心以教育兴县，邀集社会贤达，筹资办学，在城区兴办男女小学、蜀益小学、三楚小学。尔后在江西旅毕同乡会和会馆的资助下，将万寿宫改作校址，创办豫章小学并任校长。同时，开办乡村小学，照顾贫困子女入学。其间，他注重对女子的职业教育，聘用能人为师，招收70余名女生附设半工半读的职业班，开设语文、数学等文化课程，下设缝纫、刺绣等专业。时任县长刘钊魂补助女职业班30元大洋以示支持。学校提倡实业救国，支援前方抗日，成立董事会，肖吉人任董事长，在双井寺创办民生工厂，生产毛巾、棉布、棉袜等产品支援前线。

1936年，肖吉人任毕节专署秘书。1940年，他以江西会馆为基础，倡议筹办毕节私立弘毅中学，得到当局支持。毕节著名民营企业家刘熙乙、刘裕远积极出资，成立学校董事会，刘熙乙被公推为董事长，肖吉人任校长，共同邀请毕节社会名人周稚九、李仲群、刘端绪、邹守仁等人参与创办。选址大横街丁字路口处，将原祖师庙旧殿堂3间改修为办公室，新修木结构楼房，上下5间作教师校舍，在两旁另建木结构的大教室，可容纳学生数百名。聘用李仲群、周贞一、马敏中、左珩荪、朱淑君等人任教，开设国家规定的所有功课。同时，演讲抗日将士左权等将军的先进事迹，引导学生热爱祖国，痛恨日本。提倡劳动创造世界，勉励同学加入正义事业，使马正邦等进步青年成为学生的优秀代表。时任校长的肖吉人不仅提倡实业办学，还举办各种文体活动，宣传抗日救国，教唱《黄河大合唱》等著名歌曲，引导学生积极向上，走向为国为民的道路。红军长征到达毕节时，毕节抗日救国会主席肖绍斋组织“晨呼队”上街游行，沿途高呼“打倒日本帝国主义！中华民族万岁”等口号，教唱《国际歌》，激发学生爱国、爱民，从事抗日宣传，使当时的弘毅中学成为黔西北享有盛名的学校。1947年由李仲群接任校长，肖吉人改任毕节师范学校校长，继后任毕节县中校长，于1950年送走解放后的第一届毕业生。

肖吉人，一个教育世家出身的知名民主人士和教育工作者，先从政开展抗日救国，成为知名民主人士，后从事教育，把毕生的精力贡献在家乡的教育事业上，直到生命垂危的时刻还在为夜校的工人上课，实属难能可贵。著有毕节《史地述要》一书。于1952年3月因病逝世，享年63岁。

肖绍斋

肖绍斋（？—1941），贵州省毕节县（今七星关区）人，生于毕节城关，爱国民主人士。幼年读书，因家境贫寒，青年时投身清朝新军营当学兵。清宣统三年（1911）辛亥革命爆发，他参加了推翻清制光复贵州的起义。民国5年（1916）袁世凯复辟帝制，他又随蔡锷部入川参加讨伐袁世凯的护国战争，回毕后任警官。因不满时政，离职从事手工艺劳动，以谋生计。后又被聘为县立“丙级”小学体育和图画教师。他工作勤恳，教学有方，对学生要求严格，深受学生和家长的爱戴和尊敬。

1936年，中国工农红军二、六军团长征途经毕节，他积极组织和带领群众欢迎红军入城，给红军带路，组织群众参加红军召集的宣传会，发动群众支援红军。红军在毕期间，被各界人士推选为毕节抗日救国会主席，为宣传抗日，发动群众做了许多有益的工作。

红军北上抗日后，他以教师身份为掩护，坚持从事革命活动，经常组织学生开展爱国活动，组织宣传八路军在前线打胜仗的消息，组织话剧团演出抗日话剧，慰问抗日战士家属等。在这段时间里，他仅以微薄收入维持全家生活。

1941年，肖绍斋由于贫病交加，病逝于家中。他为毕节的抗日救亡、地下革命做出的积极有益的工作，毕节人民永远不会忘记。

邱在先

邱在先，贵州省毕节县（今七星关区）人。生卒年月不详。

20世纪20年代末30年代初，邱在先为寻求革命真理，外出求学。在外地，他接触到很多革命志士，懂得了共产党主张，参加了一些进步活动，后因日本帝国主义的侵略和国民党反动政府血腥镇压主张抗日的共产党人及进步人士，他只好回到毕节，在弘毅中学任教。邱在先利用毕节民众日益高涨的抗日热潮，积极做毕节知名人士、毕节弘毅中学校长李仲群等人的工作，向进步师生灌输新思想、新文化，宣传中国共产党的主张，积极开展十月革命和苏联文学的讨论研究。1933年冬，参加了毕节草原艺术研究社，并成为主要骨干。

1935年1月，中共贵州省工委成立。8月，省工委委员邓止戈根据党中央的指示和省工委的安排，来毕节争取抗日武装，发展党员。邱在先向邓止戈汇报了毕节草原研究社坚持开展抗日救国运动的基本情况，得到邓止戈的肯定。同年，徐健生根据省工委的指示，到毕节开展党的组织清理工作，邱在先参加了清理委员会，通过考察，1935年10月，发展邱在先入党。毕节又一个中共地下党支部宣告成立，邓止戈任书记，邱在先任宣传委员。1937年11月，党员已发展到20多名，便划分为4个党支部，熊蕴竹、邱在先等人为一个支部，熊、邱分别任支部正、副书记。

1938年2月，经省工委批准，中共毕节县工委正式成立，邱在先任书记（1938年1月至1939年2月），熊蕴竹任副书记。下设4个党支部，直接领导和开展毕节的革命活动。

邱在先任毕节县工委书记期间，除领导各支部开展正常工作（即培养党员对象，发展党的组织，过好组织生活）外，主要抓了两件大事：继续加强对群益书店的领导，并在群益书店建立党支部，开展革命活动；利用“孩子剧团”开展抗日宣传。通过邱在先的关系，部分县工委的地下党员参加“孩子剧团”，开展革命活动。1938年8月，邱在先等在贵阳高家后院会晤秦天真，向秦汇报工作，秦天真代表省工委作了指示。邱在先回毕节后，认真执行省工委的指示。1938年年末，群益书店的活动引起了国民党毕节县党部的怀疑，为防止敌人的破坏，1939年1月，根据省工委的安排，决定调县工委书记邱在先到大定开展工作，由王芸生从贵阳到毕节接替县工委书记职务。1939年7月，群益书店将邱在先等人的股金退出，另租用房子成立七月文具体育用品社（简称“七月书店”）。1941年，由于叛徒出卖，邱在先由大定转到贵阳后被捕，在贵阳关押一年多后被释放。释放后，邱在先向党组织陈述了自己的情况并得到了组织上的信任，被安排在毕师任教。

沈泽新

沈泽新（1885—1950），号春圃，贵州省毕节县（今七星关区）人，爱国民主人士。

沈泽新从小师从周素园，受其进步思想影响，学识、人品以师为楷模，熟读诗书，是清末毕邑最后一期庠生。民国初年，曾出任清溪县县长。他为政清廉，在任期间受到县民的好评。卸职回毕后，出任毕节县财委会委员长，为地方理财。他廉洁奉公，不贪不占，不徇私情，被尊为“堂堂正正做人，清清白白做事”的人。他系民事于一身，常以“国事大于家事”训诫儿女，要求“好儿女应立志报效国家、服务人民”。1940年命子沈德钧弃学从军，战斗在抗击日寇的前沿阵地，转战中缅边境地区。当时毕节《西黔日报》曾以醒目标题“毕节士绅沈春圃送子从军”作了报道，各界人士给予好评，对毕节山城人民的觉醒起到了很好的示范作用。由此，毕节投奔抗日战场的热血青年有数千人。

沈泽新是一位与时俱进而富有见识的人。毕节解放时，他深刻认识到“只有中国共产党才能救中国”的道理，在周素园影响下，组织人民群众欢迎解放军入城。其子沈德锜、沈德钊和女儿沈德滋等先后参加革命工作，实现其“报效国家、服务人民”的诺言。1950年，沈春圃曾以开明人士身份出席毕节县召开的第一届各族各界人民代表大会，参政议政，热心于革命和建设事业。时任省政府副主席的周素园曾来信邀他赴省共事，因年高有病辞谢未往。

沈泽新一生虽为人正派，光明磊落，族人或乡人有事，乐于帮助，济困扶危，调处纷争，公道正派，在人民群众中享有“处世公道”之誉。1950年逝世，享年65岁。

余若瑔

余若瑔（1870—1934），字达父，贵州省毕节县（今七星关区）人，彝族，知名爱国民主人士。

余若瑔少时，勤奋读书，与周素园同受业于本县进士葛子惠门下，学业大进。

光绪甲辰、乙已年间（1904—1905年），其兄余若煌在四川永宁道尹赵尔丰任内任襄办，因赵性情残暴，不愿与之长期共事，被赵寻隙陷害入狱，抄没家产。余若瑔因长兄身陷囹圄，营救无策，决计负笈出洋。1906年春率兄余若煌子余健光等东渡日本留学，余若瑔考入日本佛山大学攻读法政。时值孙中山领导的中国同盟会在东京成立，遂全力支持孙中山革命活动，并支持余健光加入同盟会，在孙中山领导下开展革命活动。

1911年，辛亥革命成功，以张有麟、周素园为首的自治学社领导贵州起义，余若瑔积极支持，拥护共和，反对帝制，立即赴贵阳与周素园商讨定黔大计。

贵州光复后，余若瑔被选为立法院议员。不久，贵州宪政党及耆老会等旧势力秘密请云南唐继尧入黔镇压革命力量，贵州革命政权被颠覆。当时余若瑔被立法院议员推选为副议长，他与议长周恭寿致函质问唐继尧，指责唐的反革命行径。唐继尧将立法院改为参议会，将周恭寿、余若瑔除名、通缉。

余若瑔被迫离省，颠沛于外，与周素园等在京聚会，揭露黔省政变情况，呼吁伸张正义。后在北京开设律师事务所，兼任法政学校教员，时人称其“学究申韩，辩媲苏张，仗义执言，耻附权贵”。数年后返回故里——毕节县大屯，闭门隐居，潜心诗文，从事著述。因兵匪频繁，乃携眷至贵阳。经周素园推荐，任省审判庭刑庭庭长。

余若瑔秉性刚直，不善阿谀奉承。周西成在贵州省执政时，余若瑔看不惯周西成所作所为，即弃官到处旅游。民国23年(1934年)王家烈任贵州省主席时，聘余若瑔为名誉顾问，余若瑔未予理睬。不久即病殁于贵阳寄寓。其灵柩运回毕节大屯白泥塘安葬，周素园为其撰碑文。

宋达兼

宋达兼(1907—1979)，又名达谦、受庸，大学文化，湖南省宁乡县人。青年时期积极投入东征、北伐，曾在武汉“北伐前敌总指挥部政工人员训练班”学习，后在湖南省国民党校结业。1927年，“马日事变”后流亡贵州。

1936年2月中国工农红军二、六军团北上抗日途经毕节时，宋达兼会见了时任工农红军政治部主任夏曦，按照红军政治部的安排，他负责统战联络和地方社会动态调查等工作，为此而留下了著名诗篇，其诗题为《在毕节见夏曦》:“马日交锋痛有余，长沙浴血恨难舒。请缨徒抱书生志，辜负登高振臂呼”。

红军离开毕节后，他仍利用合法身份宣传共产党的抗日主张，传播民主进步思想。1937年11月经徐健生、熊蕴竹介绍，在毕节加入中国共产党。他入党后，利用在毕节专署供职的合法身份，从事党的地下活动，创办《新潮月刊》，常以评论、杂文和诗词等形式宣传抗日救国和针砭时弊。在毕节期间，他还担任《西黔日报》编辑和主笔，利用报刊宣传民主与进步思想。

1940—1941年，全国各地在国民党的反动独裁统治下，白色恐怖日益加剧，人民怨声载道，包括毕节地下组织在内的贵州地下党遭到严重破坏，革命处在极为困难的时期。他根据当时中央关于“隐蔽精干，转地不转党，职业化、社会化、合法化”等指示以及大部分成员实行疏散和转移的要求，前往四川重庆。在取得重庆党组织同意的情况下，利用社会关系打入国民党军政部任中校军需，对国民党的反共举动，随时向党组织报告。1945年他相机脱离军政部转回毕节，在毕师任教。在任教中向众多青年学生传播革命思想，积极组织学生参加《黄河大合唱》等团体活动，使毕师成了传播进步思想、传播马克思主义的阵地。

1949年冬，即毕节解放前夕，他利用教师的合法身份和社会地位，积极从事地下活动，掌握敌方动态。11月底毕节解放后，他是第一个主动出面与毕节地县党政军领导人赵欲樵、孟子明、王林岗、陈健吾、牛林枫、马友庆、孙育乾等见面或取得联系的人。由于在解放前掌握敌方动态，提供情报给公安机关，使其准确地破获了几个潜伏武装特务组织，在肃清反特的斗争中发挥了一个共产党员的先锋作用。

1950年，由组织委派任毕师教导员兼政治课教师，并被选为毕节县第一届各族各界人民代表大会代表。1952年由地委调任金沙中学副校长兼教导主任。1953年调任黔西中学语文教研组组长。1957年在反右斗争中被错划为“右派”。平反后曾受聘于黔西一中从事语文教学，为学生的高考做了大量工作。为党的事业呕心沥血30余年如一日，耗尽了毕生精力，真可谓一生忠诚于党的教育事业。

他热心著述，从他写的多部日记、杂记以及文学著述原部分稿件和保存下来的100多首格律诗及数首新诗中，可看出他在党的教育和马克思主义熏陶下，投奔革命洪流的历程。现将几首影响力大的诗抄录如下：

林青同志被国民党反动派杀害后，他吟《悼李肃如》追悼：“何堪奋发有为时，噩耗惊传信复疑。壮士不归天国无，敌人狞笑友人泣。”

1938年《闻敌机轰炸贵阳报警》诗中写道：“征途初听警钟鸣，热血奔腾心不惊。无数堡垒攻不破，中华处处是长城。”

1941年在重庆所作《敌机袭渝偕友避南岸》：“眼前天地窄，阵上鬼神惊。日落群山肃，风高野火明。劫火烧不尽，江水怒无声。未展同仇志，空劳匣剑鸣。”

1944年在重庆生病治愈后写《病起感怀》：

"国破家亡身亦病，极堪惭愧一书生。万方风雨天如晦，百战诗歌气不平。不可捉摸惟楚境，最难消遣是愁情。何时剪烛谈心事，杯酒凭君共泪倾。"

1979年逝世，享年72岁。

八　画

林　青

林　青（1911—1935），姓李名远方，字肃如，号矛戈，化名刘应生，贵州省毕节县（今七星关区）人，出生于毕节城区（今市西街道中山路）一个平民家庭。

林青从小天资聪敏，胆略过人，胸有大志。小学毕业后在县城一家百货店当学徒，不堪忍受老板的虐待，愤然出走，只身到重庆一家剧团当演员，受进步思想的影响，投向革命。在中共党组织的培养下，年仅15岁的林青于1926年年底加入中国共产主义青年团。次年参加革命活动，在重庆"3·31"惨案中被捕，经党组织营救出狱后考取西南美术专科学校。他一边读书一边从事革命活动，并以优异的成绩毕业。1930年党组织派他到上海沪东团区委工作，不久转为中共党员。九一八事变后，他与同乡缪正元等人组织"朝阳音乐社"，开展抗日救亡宣传。1932年，在组织上海工人罢工时，被英租界巡捕房逮捕，以共产党嫌疑罪判刑两年，他在狱中阅读了《共产党宣言》等马列主义经典著作。1933年出狱后，由于上海党组织被破坏，经过联系由党组织派遣，他和战友缪正元回毕节家乡开展革命活动。

1933年冬，林青、缪正元与在毕中任教的老同学秦天真一起组建毕节草原艺术研究社，以思想进步的师生为基础，广泛联系劳苦大众，开展抗日救亡活动，组织地下武装。

1934年1月，在毕节建立贵州党组织第一个支部——中共毕节党支部，林青任支部书记，缪正元、秦天真为委员，提出四条行动纲领：发动武装斗争；加强对草原艺术研究社领导，推动抗日救亡活动；发展壮大党组织；继续设法与党的上级机关取得联系。

中共毕节党支部的活动，引起国民党地方当局的恐慌，其妄图将刚刚诞生的党组织扼杀在春晖的土地上，不择手段镇压革命群众。林青的弟弟被特务用砖头打死，妹妹因被调戏和受到人身攻击，被迫自杀。在家仇国恨的悲愤中，林青奋笔写道："道德被人欺骗，两种人类各在天一边，愿将满腔热血换来幸福人间。"是年6月，为保存实力，林青和支部成员、部分骨干转移到安顺、贵阳、遵义等地进行革命活动。他往返于贵阳和安顺之间，利用各种关系，以学生为主体，建立社会科学研究会、文学艺术研究会等组织，不断发展骨干分子入党，把进步青年、爱国人士吸引为党支部的外围组织。不久，贵阳一中、贵阳高中、贵阳女师、贵阳男师、贵阳达德学校先后建立党支部或党小组。同时以贵阳为中心，成立"工作委员会"，指导全省开展革命活动。此时，中央红一方面军长征进入贵州，林青为了与红军接上关系，从贵阳到榕江、思南等地，辗转遵义，在红军召开的大会上碰见在上海同狱、时任红一军团地方工作部部长、中央纵队秘书长吴亮平，即引林青会见中央组织部部长、红军总政治部地方工作部部长李维汉，向其汇报工作后，李维汉代表党中央承认贵州地下党，批准成立中共贵州省工作委员会，任命林青为省工委书记兼遵义县委书记，邓止戈、秦天真为委员。

林青回到贵阳后，召开省工委会议，传达党中央指示。会后建立以林青为首的军事小组，具体工作由秦天真负责，深入各地开展武装斗争，掩护红军过境。文武并进，印发各种传单，揭露国民党消极抗日、积极反共、围剿红军的阴谋，发动群众反抗国民党的倒行逆施，在斗争中壮大党的组织。

1935年7月19日，由于叛徒出卖，地下党设在贵阳万宝山的机关被破坏，林青被捕。在狱中，贵州保安司令韩文焕、特务头子陈惕庐亲自审问，利用封官许愿、重金利诱、严刑拷打等手段，林青始终坚贞不屈。当时帮助越狱的地下党员董亮肖让林青先走。在这生死的紧要关头，林青让战友刘雪苇（刘茂隆）先走，并对刘说，“我的脑部已打成重伤，即使出去，对革命事业也不能再做贡献了”，毅然把死留给自己。刘越狱成功后，国民党特务陈惕庐向林青下毒手。是年9月11日，林青带着脚镣手铐被押上刑车，沿途昂首高呼“打倒国民党，中国共产党万岁”等口号，大义凛然，壮烈牺牲，时年24岁。

林青是党和人民的好儿子。他15岁从事革命，24岁壮烈就义，不到10年的革命生涯中，对毕节时局、贵州的革命历史发展起了很大的推动作用，业绩长存，虽死犹生，生而为英，死而为灵。1988年9月11日，中共贵州省委、贵阳市委在森林公园广场塑像，缅怀这位伟大的共产主义战士。

周元武

周元武（1895—1935），又名周绍武，贵州省毕节县（今七星关区）林口镇鸡鸣三省村人。爱国民主人士。

据《毕节日报》登载，周元武牺牲时大义凛然，怒斥国民党：“反动派，给爷爷来个痛快的，怎待20年后，老子又是一条铁骨铮铮、响当当、锤不烂的英雄好汉！哈哈哈哈哈……”

这是1935年红军长征途经林口后不久，林口地下共产党员周元武被反动派抓捕后，在林口慷慨就义前视死如归、仰天长啸的悲壮一幕。

说起周元武的事迹，他的堂弟、鸡鸣三省村的周元安最有发言权。周元安这样讲述关于堂兄周元武的悲壮往事：

1935年2月，红军长征途经赤水河畔的川黔古盐道，来到在鸡鸣三省村巍巍悬崖下居住的农户家暂歇，并在此商讨军中事宜。

在这一带活跃的地下共产党员周元武，派其外甥探明确切消息后，拍着大腿激动不已地说：“正合我意，正合我意！”于是两人穿过密林、沿着古道，匆匆来到红军歇息的地方。

说明来意，舅甥俩便引着红军队伍来到鸡鸣三省村所在地，“据说这批红军有两三百人，他们大多就地在我家的院坝休整，还开了个小会。”周元安说。

休整完毕，周元武引着红军队伍往林口方向进发。半路，红军送了他一班枪（一般8到12支）后，再三感谢能由在这偏隅之地挑起革命大梁的人亲自带路，并叮嘱他扛好地方革命大旗。

周元武把枪支搬回来，跨古道，蹚赤水，前往云南、四川发展革命，这往返已不知多少个来回。

一向敢作敢为又谨小慎微的周元武，虽知反动派早已暗暗盯上了他这个眼中钉、肉中刺，却没想到对手陷害自己的方法如此下三烂——有一天，早有埋伏的国民党当局爪牙，其黑洞洞的枪管从鸡鸣三省村凌乱的草丛里悄悄伸出，瞄准周元武……“砰！”子弹从其后背飞进，穿到前肋未出。

周元武应声而倒，一摊鲜血浸入泥土……

开黑枪的人窃以为大功告成，迅速撤退。

醒过来的周元武被族人抬着在古盐道上赶，准备前往云南就医。

怎奈遇上雨天涨水，赤水河支流的渭河难渡，他被安置在古盐道旁悬崖上的一个洞中暂住。

敌人得知周元武没死，迅速出动更多兵丁抓人。

此时天已放晴，周元武把淋湿的衣服脱下来放在洞口的树枝上晾晒，不想却被敌人发现。

“抓活的！”敌人叫嚣道。

前来抓周元武的人，上悬崖一个，就被他用一根木棍狠狠捅下来一个；再来一个，再捅下一个……

周元武虽然剧痛难忍、精疲力竭，但是敌人依然半晌没有得逞。几个爪牙拿一夫当关万夫莫开的周元武毫无办法，头子恼羞成怒，这门那门地窃窃私语一番后，便索性坐了下来抽烟。

哪知这是他们正在施展阴谋诡计。

天色渐渐暗下来，渭河峡谷里突然传来喊声：“元武，千万不要上这帮狗腿子的当，你要好好活着，别管我！”

这是周元武的幺爷周朝宣的声音，他被五花大绑地带到周元武的洞前，几支寒光闪闪的枪顶着他的后背，另外几支瞄准周元武所在的洞口。

平日里，周元武和幺爷周朝宣，爷孙俩的关系可没得说，这居然被敌人当空子钻。

敢把脑袋别在裤腰带上耍的周元武，眼见幺爷不但被绑着还要被踢打，心乱如麻。

“周元武，你再不出来，我们就就地处决周朝宣，你也休想活！”敌人越来越叫嚣，枪口顶到周朝宣的头上。周朝宣一再哀求周元武不要出来，周元武看着幺爷受到牵连，于心难忍。

“他妈的，给老子全部退后20丈，爷爷我出来就出来！”周元武强忍剧痛高声发话。

敌人僵持不过，都往后退了。周元武穿好衣服，拄着一根棍棒走出洞口，走下悬崖。

由于伤势过重，加上天渐渐黑了，周围的事物也开始看不清，周元武被敌人布好的藤蔓阵绊倒。

这位曾经被围困在燕子口母猪箐大山上依然高唱山歌的人，这位没有让黑恶势力欺男霸女而庇护了一方安宁的人，这位在云、贵、川三省交界地带曾经为革命纵横捭阖的人，未等到他一直期许的解放，不幸落入敌网了。

“在林口行刑那天，空气像是凝固了一般，堂哥大义凛然，毫无畏惧，他壮硕的身躯和勇敢的灵魂没有向敌人屈服。”周元安说，“村里去看的人好多都还记得当时的场景。”

周元武被打了好几枪，都没死，他咬紧牙关，扭过头来，怒视着刽子手，怒视着刽子手的枪筒，吼道：“反动派，有本事给爷爷来个痛快的，怎待20年后，老子又是一条铁骨铮铮、响当当、锤不烂的英雄好汉！哈哈哈哈哈……”

“好！枪打不死你，就把你的头砍下来！”残忍的刽子手气得浑身直发抖，又一次恼羞成怒。

……

家人哭泣，百姓泪流，乡亲呜咽。

年仅40岁的周元武的尸首，被乡亲们抬回鸡鸣三省村，葬在了离村子不远的地方。

自赴一死，慷慨激昂；仰笑苍天，凛然刑场！

人如其名的周元武，留下了莽莽乌蒙山脉一样的荡气回肠之气，留下了鸡鸣三省口口相传的浩然肝胆之名！

周道立

周道立（1918—1958），贵州毕节县（今七星关区）人。1918年生于毕节县海子街周家桥。

周道立1932年学生时便加入毕节早期革命组织毕节草原艺术研究社，参加演出进步话剧《暴风雨中的七个女性》。1935年加入毕节中学学生自治会，任自治会办的半月刊主编，宣传进步思想，做革命发动工作。同年年底，经中共地下党员杨杰介绍，周道立加入中国共产党。

周道立入党后，为党做了很多有益的工作。当红军长征路过毕节时，他与杨杰、宁起昆等人组织群众迎接红军，并参加红军组织领导的“抗日救国会”，宣传抗日救国活动。1937年周道立中学毕业后，经党组织同意和委派，打入毕节县国民党党部任职。

周道立以国民党县党部职员身份潜伏，为党秘密开展工作。为了掩护自己和党组织，他曾参加“三民主义铁血革新社”，做缮写和保管机密文件工作，为党送出很多有价值的情报。1938年，周道立收到国民党贵州省党部发来抓捕贵州地下党领导人徐健生电报，周道立先将电报压下来，设法通知徐健生迅速离开毕节。等徐健生离开毕节后，周道立才将电报送县党部。待国民党特务搜捕徐健生时，徐已安全到达安顺。

1939年年初，周道立辞去县党部工作，又返回学校读书。1940年以后，他先后在中国文化服务社、大川银行、聚康银行工作，为迎接毕节解放做了大量的秘密工作。1950年转为中国人民银行毕节中心支行工作。

由于周道立长期从事地下党组织委派的秘密

工作，一直没暴露过地下党员身份，1951年清匪反霸运动中，因在国民党毕节县党部工作经历，他被错误逮捕。当时毕节地区中级人民法院以周道立监视进步青年为罪名，判处周道立有期徒刑20年。1958年，周道立在服刑期间死亡。

1985年，毕节地区中级人民法院作出对周道立改判，认定周道立为中共地下党员。其在国民党县党部工作是党组织派遣的，所参加国民党县党部之一切工作，均是对敌斗争的需要，是经党组织同意的。原认定监视的进步青年的宁起枷证实，原判是完全没有事实的捏造。法院全面推翻原判决，还周道立中共地下党员之身份和历史贡献，中共毕节地委为周道立平反昭雪，承认其党籍。

周素园

周素园（1879—1958），又名培艺，字树元、澍元，贵州省毕节县(今七星关区）人，生于毕节城区，清末贡生。知名爱国民主人士。

年轻时深痛清廷腐败，立志改良政治，寻找救国之策。曾对贵州提学使严修说："中东之役（即中日甲午之战），丧师辱国，强邻环伺，惧陷瓜分。我辈尚不亟谋改良政治以图救亡，宁再事咬文嚼字耶！"他觅读提倡新学及维修改良的书报，逐渐接受维新派的思想，主张"注意教育以开民智，提倡实力以抗外力"。1905年，在贵州路矿总公司副总经理于德楷等资助下，开始筹办《黔报》，于1907年8月17日创刊，为贵州第一份报纸。利用《黔报》宣传爱国主义，反对列强瓜分中国，唤起民众，推行政治改革。与此同时，他接受张百麟的意见，为筹建革命政党做准备。同年11月，与张百麟等发起建立贵州自治学社，为推翻清王朝反动统治，从思想上、组织上秘密进行准备。到1910年，自治学社成员发展到10万人，分社遍及全省。年底，通过同盟会贵州支部长平刚的介绍，自治学社集体参加了同盟会，成为孙中山领导下的革命团体。

1911年9月，四川爆发保路斗争，贵州也掀起反对将四国借款移为建筑贵渝铁路的斗争。他认为革命时机已成熟，和张百麟、陈永锡等商定为举行武装起义积极进行准备。同年10月10日，武昌起义成功，湖北宣布独立；接着，湖南、陕西、云南相继宣布独立。自治学社于11月3日晚发动武装起义，一举夺取政权，建立了大汉贵州军政府。军政府由都督、行政总理、枢察院三部分组成，周素园出任行政总理。

1912年3月，宪政党与刘显世勾结云南军阀唐继尧，引滇军入黔，颠覆军政府，捕杀自治学社成员。他被迫逃离贵阳，取道毕节入川。当时正值其发妻病故，他满怀悲痛，告别子女，开始了近10年的政治流亡生活。他取道武汉至北京，通电全国，揭露宪政党勾结滇军颠覆军政府的罪行，起草了《致北京政府》《致国务院》《致孙中山》《致袁世凯》等函电，并向袁世凯总统府和国务院提出控诉。他的斗争不但被当局置之不理，反被袁世凯明令通缉，被迫离京到四川。此后迫于生计，曾短期在四川省合川县署办文案，继又任北洋政府交通部顾问。1918年3月，他被奉军副总司令徐树铮任命为总司令部秘书。在徐部3年，他"欲假其力讨伐显世"（见《〈素园书牍〉第5卷跋》），但终未如愿。

1920年11月，贵州政局变化，刘显世被逐。其应贵州省省长王伯群、黔军参谋长何应钦电邀，于1921年10月回贵阳，任黔军总司令部参议，后又兼任秘书长。次年1月黔军内讧，何应钦被赶走，他辞职回毕节，准备定居。

1925年9月，回到毕节，此后10年闭门读书，总结自己亲身经历的经验教训，探索挽救国家、民族危亡的道路。不仅熟读历史和中外资产阶级先驱思想家的名著，还认真研究马列主义，思想有了新的飞跃。这个时期，日本帝国主义侵占东北三省，进逼华北，蒋介石采取不抵抗政策，祖国危在旦夕，他深痛报国无门。当1936年2月中国工农红军二、六军团到达毕节，宣传中国共产党的抗日主张，组织抗日队伍时，他虽已58

岁，仍担任贵州抗日救国军司令员，毅然离家别小，跟随红军长征。长征途中，利用旧交和社会影响，给滇军将领龙云、孙渡、鲁道元写信晓以大义，击中要害，促使滇军避免和红军作战。红二、六军团通过云南北上，他作为红军的一员，翻雪山、过草地，历尽艰辛，于1936年12月到达陕北保安，受到毛泽东、周恩来等领导人的多次接见，并同他作了长时间的谈话，鼓励他继续学习和工作。12月底到达延安。西安事变发生时，他遵照毛泽东的指示，写信给何应钦、王伯群、吴忠信、张学良、朱绍良等，以推动西安事变的和平解决。1937年国共第二次合作谈判期间，他又写信给张道藩、张继、吴忠信、冯玉祥等，以推动国共合作早日实现。

抗日战争爆发后，他被任命为八路军高级参议。不久，他身患严重疾病，久治不愈，不愿成为共产党、八路军的“累赘”，就向中共中央主席毛泽东提出回贵州继续为党工作的想法。毛泽东同意他的计划，亲笔写信慰问。临行前，毛泽东、朱德等设宴为他饯行。毛泽东对他说：“周先生，你虽没有入党，总算红军的一员，交情如此，不可以不知道历史，行前你可否简单地写一点留给我。”次日，他送了自传去，毛泽东复信说：“你以往的已足自豪了，今后更有辉煌的将来，应该是我执笔来补写。”

1937年10月，他离开延安，以八路军高级参议的身份，带着毛泽东给西南各省国民党政府领导人的亲笔信，访问国民党政府西南各省当局，要求释放政治犯，并宣传共产党团结抗日的主张，扩大政治影响。在他的动员下，代理四川省主席邓汉祥同意给法币4万元补助陕北公学经费；四川省动员委员会的张澜、胡景伊乐意把彭德怀论游击战的小册子大量翻印送给群众。在昆明，他广泛接触各界人士，曾介绍朱家壁（解放后任云南军区副司令员、少将）、黄俊（曾任北京军区后勤部卫生部部长等职）去延安学习深造；募得巨款购买云南白药2万盒，邮寄西安八路军办事处，转运前方急救伤员。从而为国民党当局所不容，云南省主席龙云对他下了逐客令。回到贵阳，国民党当局不准久留，让他回原籍。1938年，国民党政府表面委任周素园为国民参议员、省府参议等，暗中则严密监视。他从此闭门谢客，埋头读书，从事著述。这一时期贫病交加，但从不事亲友应酬，更不赴官绅宴请，艰苦度日，以待光明。解放前夕，国民党妄图将他劫持，幸早做准备，未受其害。他暗中筹划，维持毕节社会秩序，迎接解放军。

解放初，毕节各界推选他为支前委员会主任。1950年年初应中共贵州省委邀请赴贵阳，此后历任西南军政委员会委员、贵州省人民政府副主席，1951年10月出席全国政协第二次全体会议，1954年当选为全国人民代表大会代表，1955年被选为贵州省人民政府副省长。他积极拥护党的各项方针、政策，兢兢业业地工作。结合斗争实际，撰写了许多文章在报刊上发表，还写了不少提案与建议，体现了为革命事业认真负责的精神。

1958年2月1日，周素园因病逝世，享年79岁。全国人大常委会、全国政协、中共中央统战部以及国务院总理周恩来、副总理贺龙等发来唁电。省委挽联写道：“万里共长征，人民事业资匡助；一心服真理，马列宏谟有会通”。

周素园一生著作甚多，主要有《贵州民党痛史》《贵州护国护法两役战史》《贵州陆军史述要》《西行回忆录》及《素园文存》5卷，《素园书牍》14卷，《光明日记》23卷。

周稚九

周稚九（1901—1991），名琦，贵州省毕节县（今七星关区）人，生于毕节县海子街。爱国民主人士。

周稚九幼年在家乡读私塾，后入毕节官立高等小学就读。1917年，考入贵州陆军军讲武学校第二期。毕业后又进入贵州陆军步、骑、炮、工实施学校进一步深造。毕业后在黔军先后任连长、营长、副团长等职。1931—1935年先后任国民革命军25军第1师、第2师参谋长及军事训练处参谋长。

1935年1月，中国共产党领导的中央红军进入贵州，在红军“团结合作、共同抗日”的影响下，周稚九深明大义，率部队与红军接触，便节节撤退，主动为红军让路，不与红军相拼，因而被撤职。是年年底返回毕节闲居，其间，亲手创办三楚小学并出任董事长。同时参与创办弘毅中学，出任常务校董，为毕节民国时期的教育事业做出了应有的贡献。

1949年毕节解放前夕，即将垮台的国民党敌特机关逮捕进步青年秦心诚等人，周稚九爱护地方有志青年，竭力营救，利用与撤退毕节驻防的国民党19兵团司令王伯勋贵州讲武堂同学的关系，营救了秦心诚，并劝说王伯勋走陈明仁的道路，率部起义，为解放贵州立下新功。

1949年11月28日毕节解放，他随之参加革命队伍，在党的领导下，爱国爱民，长期致力于统一战线工作。历任毕节专区支前委员会委员，毕节县一、二、三、四届各界人民代表会议副主席，抗美援朝委员会毕节分会副主任。中国人民政治协商会议毕节委员会成立后，他历任一、二、三、四届政协常委、副秘书长，第五、六、七、八届政协副主席，负责文史工作。任职期间，他特别关心全县乃至外地有关的文史资料收集整理工作，亲自审阅，撰写稿件，主编出版许多有历史价值的文史书籍。《毕节县志》编委成立之初，任编委副主任，不顾年高，经常到办公室指导工作，提供民国时期的史料，为《毕节县志》的编修做出应有的贡献，为后人留下宝贵的财富，为党和人民的事业做了许多有益的工作。1991年，周稚九病逝，享年91岁。

九 画

胡玉屏

胡玉屏（1916—1949），字建耘，贵州省毕节县（今七星关区）人，生于毕节八寨坪。爱国民主人士。

胡玉屏14岁离家到大定（今大方）和黔西商号当学徒，后到云南昆明经商，其经营业务范围发展到云南的曲靖、昭通以及四川的成都、重庆等地。印度的新德里也有他的商号，是一个以发展民族经济为己任的民族工商业者。1944年是抗日战争极为艰苦的时期，他回到毕节开办达康商号，自任经理，并被民众公推为毕节县参议长。任职期间，他利用合法身份，组织人力、财力支援前线抗击日寇，为抗日民族解放战争做出了贡献。他热爱人民，积极帮助家乡兴办实业，首先投资在八寨坪创办曦和农场，发展烤烟（时称美烟）生产。随后投资在八寨坪办忠心保国民学校，并亲自担任校长，帮助有困难的家庭解决书费和学费等问题。他乐善好施，八寨坪如有困难者找到他，不论是族人或其他外姓人，他都慷慨给予资助。他所在的村寨原为比打戛（彝语），在征求族人意见后，决定将比打戛改为胡家村，至今仍沿用。他为人和蔼谦恭，尊敬长辈，济困扶危的事迹至今八寨坪有口皆碑，是一位开明绅士。1949年，他与毕节地下党取得联系，常把搜集到的情报送给地下党负责人，毕节尚未解放，他在一次送情报中死于车祸，时年仅33岁。

胡玉辉

胡玉辉，贵州省毕节县（今七星关区）人，1924年生于毕节城郊茶亭。爱国民主人士。

胡玉辉从小天资聪颖，勤奋好学，在家乡只读过私学二年和小学四年级，但能读会写，结识许多进步学者。因父母早逝，为维持生计，先后摆过烟摊、盐巴摊、书摊等，还弹过棉花。由于酷爱读书，在摆书摊时，就利用空闲时间，阅读进步书籍，如《大众哲学》《政治经济学》《列宁全集》《反杜林论》等，并与革命青年秦天真之子秦心诚、地下党员吴应杰结为知交，常在一起交谈读书心得和对时局的看法，成为毕节地下党组织的外围青年，常为革命人士传递信息。

1949年11月毕节解放，被中国人民解放军47师政治部邀请参加在文庙（今毕节市第一人民医院）召开的民主青年座谈会，会后被派往毕节地区革命干部学校第一期一中队任第六班班长。因工作需要，被提前分配到黔西县工作，后因家庭负担重，经领导批准不去黔西，1951年在毕节参加查田定产秋征工作队。1952年参加长春区土改工作队，土改结束，被评为积极分子，在全县积极分子大会上宣布为长春区人民政府文书，不久改任秘书。1955年年初任长春区民政助理员兼搞全区水利工作。1956年调毕节化工公司工作，不久又调县商业局搞统计工作。1958年调地区石油公司，带领“钢铁营”修建石油仓库。1959年响应党的号召，主动请求到燕子口区铁匠公社工作，任生产大队副队长。1960年调回毕节县服务公司任秘书。此间，先后被借调到县人口普查办公室、地区清欠办公室、地区“破四旧”办公室、县财贸办公室等单位工作，并参加海子街、小吉场的两次“四清”运动。多次被评为先进工作者、学习毛泽东著作积极分子，出席地区财贸工作代表大会，受到表彰。1969年调县落实政策办公室，曾前往山东、山西、青海等省外调，为使一大批老干部出来工作，实事求是地把那些被歪曲的历史给予正本清源，为一大批新老干部和职工解除后顾之忧，为毕节的经济发展和社会进步作出积极贡献。

由于爱好写作，胡立辉曾是《贵州日报》《上海化工商品报》通讯员，常在全国性刊物上发表文章。1985年参加北京《食品科技》杂志社编写大型工具书《中国名食百科》（此书已由山西人民出版社出版发行）。同时撰写《土地肥沃·鲜花盛开》的长篇小说。退休后又参加《毕节县志》的编写，编写县志后收集整理了不少宣传毕节的史料发表于全国有关刊物，集成50余万字《现代百科知识》一书出版发行。

胡玉辉品德高尚，公正为人，诚实可靠，与世无争。他刻苦钻研、著书立说的精神难能可贵，积累了方方面面的宝贵资料，对毕节精神文明建设、社会进步、经济发展提供有益借鉴，功不可没。毕节人民将永远记住这位潜心钻研、勇于进取，为毕节地下党工作提供过重要信息的文化人。

范建章

范建章（1905—1935），又名范敬章，贵州省毕节县（今七星关区）人。1905年8月23日出生在毕节县头步桥金钟。毕节地下党重要人物，革命烈士。

上等之人差我钱，
中等之人莫照闲，
下等之人跟我走，
一月给你块半钱。

这个口号，打击了土豪劣绅，动摇了国民党毕节当局，显示了范建章不畏强暴的革命气节。这位穷苦出身，转战疆场的共产党员，他的音容笑貌和他的革命事迹，至今仍在毕节广泛流传。

他从小过着艰苦的生活，却长得机灵健壮，七八岁时就和同村十来岁的孩子一般高。8岁丧父，10岁时，由于家庭生活艰难所迫，离开家乡，独自去大定（今大方）瓢井一家盐粤帮人做饼长达5年之久，挣钱补助母亲养活弟妹。

1923年，范建章成人后，被征入伍，在贵州军阀周西成部当兵，开始军旅生涯。1932年升任连长。经过近十年的行伍生活，他目睹了旧军队的腐败，目睹了人民生活的凄惨，目睹了日本帝国主义的铁蹄踏进中国，祖国山河破碎，而蒋介石的国民党政府却实行不抵抗主义，逐渐产生了爱国主义思想，喊出“打倒日本帝国主义和贵州军阀”的口号。1933年他率部参加贵州军阀黄果树争夺战时，乘机拉出一个连的队伍，高喊进步口号，张贴进步标语，反抗黑暗统治，一路打富济贫，途经织金回到毕节。

范建章回到毕节头步桥时，正值贵州地下党创始人林青（李远方）、缪正元与秦天真在毕节组织草原艺术研究社，开展抗日反蒋运动。范建章主动找秦天真交朋友，要求参加革命。他亲自率部在头步桥打了大户武景春家，开仓分粮，救济百姓，配合地下党人的抗日救亡活动，深得当地人民拥护。

1934年1月，贵州地下党的第一个支部在毕节诞生。为了组建武装，在黔西北开展革命斗争，打击反动统治者，中共毕节支部决定吸收范建章加入革命行列。支部成员秦天真到头步桥找范建章长谈。在人生观的叙谈中，两个人志同道合。后经介绍，范建章认识了支部书记林青，表示接受党支部的领导和政治主张，愿意拉出队伍在黔西、大定、毕节等地开展游击活动，打富济贫，唤醒民众。党支部经过一段时间的考验，由共产党员秦天真介绍范建章入党。从此，这支部队在中共党员范建章的领导下，开赴毕节对坡和镇雄县一带活动，宣传中国共产党反蒋抗日的政治主张，扩大党在川滇黔边区的影响。范建章率部在边区努力工作，号召穷人报名参军，仅两个多月的时间，部队就发展到500人左右。

1934年夏，范建章这支队伍引起了国民党毕节当局的注意，派保安团周凯部前往追剿，双方对峙月余。为寻求立足之处，以利今后之发展，范建章利用与镇雄县国民党剿匪司令陇承尧的亲戚关系，打入陇部，训练军事，保存部队实力，等候转移到贵阳、安顺开展地下革命活动的毕节党支部负责人林青、秦天真的指示。不久，川西地下党员赵裴亚奉四川省工委的指示，前往川南一带搞“军运”工作，联系打入贵州军阀侯之担驻古宋部任营长的中共地下党员胡旦元、何以弱，准备武装暴动，创建红色区域。早年认识范建章的何以弱，深知范建章对国民党蒋介石不满，向赵裴亚提出，由他到镇雄联系范建章发动兵变。早已盼望找到党组织的范建章，欣然决定率他所属4个连的武装一同起义。但是，何以弱在镇雄活动时，有一个连长走漏了消息，结果起义未成，范建章却被捕入狱，关押在镇雄县城。在狱中受到敌人严刑拷打，可他坚贞不屈，敌人没有从他的口中得到半句供词。

党组织知道范建章被捕的消息后，决定营救其出狱。经赵裴亚、何以弱、胡旦元、赵文海等人计议，事先派人做好接应准备，然后兵分三路佯攻镇雄县城，造成浩大的声势，使敌人措手不及，里应外合营救范建章。敌我双方枪声打响后，进行了长时间的鏖战。攻进监狱时，范建章率领十多人从狱里突围出来，绕过桐子林，与何以弱部汇合。为甩掉咬住不放的尾追之敌，范建章立即建议指挥人员采取“金蝉脱壳”之计，分班阻击敌人，且打且走，使敌军无法再追，减少部队伤亡，终于顺利到达目的地，转危为安，进到建武小龙滩。

部队在小龙滩驻扎休整期间，党组织开会研究，认为这次行动的影响太大，敌人很可能联合川、滇、黔三省部队“围剿”，决定部队分散隐蔽活动，避开敌人。范建章仍率队回毕节对坡一带开展反蒋抗日活动。

1935年7月，范建章为部队筹集粮饷时，被国民党毕节县县长史南侯捉住，杀害于毕节小较场，时年30岁。

十 画

秦天真

秦天真（1909—1998），贵州省毕节县（今七星关区）人，生于毕节城区秦家麻园。1931年参加革命。

1933年，秦天真高中毕业时，欣悉贺龙领导的工农红军在黔东、湘西一带活动，便带上干粮去找红军。走到龙里受敌盘查，只好经贵阳返回毕节老家，应聘从事教育工作，仍组织学生宣传抗日。创办了毕节历史上第一个男女混合学习的中学班，同时在毕节城区宣传进步思想，开展全民性的抗日救亡活动。1934年1月加入中国共产党。

入党后，由林青组建中共毕节党支部，林青任支部书记，缪正元、秦天真为支部成员。至此，贵州地下党第一个党支部在毕节诞生。党支部建立后，秦天真参加党领导的革命群众团体"草原艺术社"的各项活动，在群众中开展抗日救亡宣传；培养和介绍黔军营长范敬章加入中国共产党，成功地策动范敬章部起义，使党支部有了自己掌握的第一支革命武装。

1935年1月，党中央率领中国工农红军长征到达遵义，林青到遵义向中央负责地方工作的李维汉汇报贵州地下党的组织情况，经中共中央批准，建立中共贵州省工作委员会，由林青、邓止戈、秦天真组成，林青任书记。省工委建立后，受林青的委托，秦天真直接与中共派驻贵州的潘汉年联系，并组织人员收集国民党的机密情报交与潘汉年。事后，由他护送潘到上海中央机关；接着，按照工委分工，他负责军事小组领导工作，到安顺发展党员，建立安顺支部，在安顺、炉山一带组织农民武装，开展游击活动。

省工委于1935年8月在贵阳召开扩大会议，作出由秦天真暂时负责主持工委工作的决定。1935年9月14日，省工委书记林青在贵阳壮烈就义，贵州革命活动处于低潮。他按潘汉年留下的地址，赴广西百色和香港联络中共特派员潘汉年。在联系不到的情况下，1937年8月，他到上海找党组织，然后由上海赴西安转到延安，随后由中组部副部长李富春安排到中央党校学习培训。

1938年2月，中共中央指示，成立由邓止戈任书记，秦天真、黄大陆、李策为委员的贵州省工委，按照中央的安排，他离开延安返回贵州。回到贵州后，他和邓止戈两人便在贵阳、湄潭、思南、打鼓新场（今金沙县）、镇远等地开展活动，发展党员，建立健全党组织。

1940年3月，他奉中共中央南方局命令再赴延安。至此，结束了他在贵州6年白区工作的生涯，踏上了新的征程，于1940年6月抵达延安，再次被分配到中央党校学习。抗日战争胜利后，中央决定派他到地处山东临沂的华东局工作。1948年年初，按照党组织的安排，他带领一支3000人的干部队伍，从山东惠民地区出发，越过黄河，沿陇海路南下进入河南与安徽交界的界首县河边，向驻扎在那里的豫皖苏分局报到。为淮海战役的胜利做出了不可磨灭的贡献。淮海战役结束后，他奉调任十八军民运部部长。1949年4月，随军参加渡江战役。1949年5月，十八军奉命西进，直插浙江西北部，从安徽境内到江山县境进入江西时，兵团首长杨勇、苏振华告诉他，中央决定调贵州籍的一些领导干部回贵州工作，并确定他为贵阳市委书记兼市长。

秦天真回到贵阳任职后，改造了横贯全城的中华南路，整治了臭气熏天的贯城河。1952年夏，他带领技术人员多次考察市区两岸灾情，并因势利导，修建了黔灵湖，开辟了以黔灵山为中心的城市山水风景区。修建贵州第一条混凝土干道延安路。延安路完工后，昆明市派代表团前来参观，民政部来贵阳召开会议总结经验，表扬他所起的主导作用。

1956年，秦天真先后调任省建委主任、省交通办主任、省筑路委员会主任。1958年，他奉命筹建贵州工学院。1964年年底，贵州文教办公室成立，他奉调办公室主任。1966年在"文化大革命"中，他受到不公正待遇，甚至被拘留审查，身心受到严重摧残。后经省委审查，否定了“文化大革命”中对他的一切错误决定，对所谓历史问题彻底平反，恢复了政治名誉。1973年被任命为科教办副主任、党组副书记，主持科教办全面工作。1976年，中央调整贵州领导班子，他先后被任命为省政协常务副主席，省革委副主任、副省长，省顾委副主任等职。1983年退居二线之后，任省党史办副主任、省地方志编纂委员会主任，参与落实地下党员的政策，平反冤假错案；主持贵州省地方志的编纂工作。1998年9月逝世，享年90岁。在弥留之际，他惦念着长江流域、松花江流域和嫩江流域遭受特大洪灾的人民；惦念着自己魂牵梦萦的毕节人民，并留下遗愿将自己节约下来的11200元人民币和家里部分衣物捐赠给灾区人民；把全部藏书捐献给毕节家乡人民。他在回忆录《风雨八十年》一书中写道：“历史从来不属于任何个人”。

秦心诚

秦心诚（1928—2010），贵州省毕节县（今七星关区）人，生于毕节县城区秦家麻园。1949年3月参加革命工作，1952年10月加入中国共产党，高级工程师，1989年7月离休。秦天真之长子。

他出生于革命家庭，自幼受进步思想的影响，从青少年时代起就刻苦学习，追求进步，矢志报国。秦心诚还在学生时代，就寻找党的组织，自觉参加学生爱国运动。1949年3月，他在地下党的授意下，开设“大川堆栈”掩护地下党开展工作，在镇雄“五·九”暴动前后，曾用几十两大烟换取枪支弹药，支援武装斗争。他还参加掩护地下党伤员及家属转移，做了很多有利于革命事业的工作。

解放以后，他先后在毕节地区行署、贵阳市总工会、贵阳卷烟一厂、贵定卷烟厂、贵州省烟草公司工作。曾任工作员、技术员、助理工程师、工程师、高级工程师等职。

他信仰坚定，为人正直，团结同志，工作踏实，敬业爱岗，无论在什么工作岗位上，总是干一行、爱一行、钻一行，对自己的工作兢兢业业，任劳任怨，尽心尽力，有强烈的事业心和社会责任感，是一位忠于职守的好干部。

他工作作风踏实。在贵阳卷烟一厂工作期间，从最基层的技术员做起，积极参与技术改造和技术革新，为改进卷烟吸味，降低卷烟中的有害成分和生活成本，他与广大科研人员一道，不断改进卷烟加工发酵工艺，有效降低了卷烟焦油含量和卷烟生产成本。在梗丝膨胀技术工艺的改良上，秦心诚也有自己独到的见解，在他的努力下，贵阳卷烟一厂当时在梗丝膨胀技术工艺上走在了全国烟草行业的前列。这一新工艺的推广及应用，大大降低了卷烟生产成本。秦心诚还针对贵州当地烟叶特色，组织研发卷烟新品种，为贵州卷烟的发展做出了积极贡献。

在贵州省烟草公司科技处工作期间，秦心诚发挥自己的技术专长，经常深入基层，调查研究。他组织制定一系列工作制度，努力提高工作质量和效率，迅速打开了工作局面。他思想敏锐，思路开阔，考虑问题周到全面，组织参与了多项科研项目的研究，均取得了优异成绩。他的吃苦耐劳精神和实事求是的工作态度，得到了组织和领导的肯定，也赢得了同志们的尊重。

他离休后，仍然关心党和国家大事，时刻关注贵州“两烟”的发展，经常提出有见地的意见和建议。当四川汶川遭到特大地震，在自己行动不便的情况下，由老伴代交1000元的特殊党费，表现了一个共产党员的高尚情怀。

2010年逝世，享年82岁。

莫　雄

莫雄（1891—1980），字志昂，出生于广东省莫德县一个劳动人民家庭。幼年曾做过学徒和杂工。知名爱国民主人士。

莫雄于1907年加入孙中山组织的同盟会，1909年参加新军，进行策反工作，发展同盟会员。1911年11月广东独立，广东军政府组织北伐军，他参加北伐任排长、连长。1912年北伐军解散，回广东参加省防军。1917年防军归大元帅孙中山指挥，莫任连长，参加援闽战争，屡有战功，提任中校营长。1921年率部参讨旧桂系，并警卫中山大本营。1922年任梧州卫戍司令，接受孙中山密令，参与讨伐陈炯明等人的叛乱，立功受奖。1923年因讨陈有功，升任二师独立旅少将旅长。1925年参加第一次东征，任左翼前敌总指挥，回师广州，平定杨希闵、刘振环等人的反革命叛乱，升任粤军第四军十一师中将师长。是年，蒋介石为夺取粤军大权，突令缴械改编部队。后莫雄投张发奎部任团长，驻防广州，组织"别动队"配合张部反蒋失败，退居上海，由宋子文介绍任财政部视察，与原旧部政治部主任刘哑佛（中共党员）重逢，共同谈论纵横，受其进步思想的影响，接触了不少共产党人。莫雄向刘哑佛提出参加共产党，请严希纯作介绍，严请示地方党的领导人李克农(后军委副总参谋长)，李指示严，他是孙中山的忠实信徒，国民党老资格，为方便工作，不参加党为好。莫听后，极为高兴，以其国民党的身份，不断帮助共产党办事。

1932年，松沪抗战爆发，莫雄任税警总团团长，指挥所部与十九路军一同抗击日军。上海停战进驻海州，盐枭的官兵作恶，税收被压。经宋子文同意，出兵清剿，理顺时政，百姓交口称赞。不久被宋所迫，外出考察，闲居上海。1933年，经旧友杨永泰推荐，蒋介石任命他为江西德安督察专员兼保安司令。之后，莫雄去上海找刘哑佛，请共产党派人到德安专署工作。党组织派共产党员卢育生（志英）、刘哑佛、阮退之等人在德安剿共司令部、专署等部门工作，与上海党组织联络，传递密件，通过莫雄做了许多保护共产党员的工作。

1935年中央红军长征进入贵州，四渡赤水，组建川南游击团队，并留下伤员。蒋介石为了清剿红军，选用莫雄，指令辞去德安专员等职，到贵州接受任务，成立毕节专员公署、保安司令部，负责追剿红军留下的游击团队。3月，莫雄带江西原班人马来毕节就任专员兼保安司令、毕节县县长等职；保安副司令由随行的共产党员项与年担任。先期到达的卢育生任专署总务科科长，主任秘书由刘哑佛担任。同时接纳卢育生结识的毕节进步青年尹司农、宁起枷在专署工作。尹、宁二人深知卢的意图，秘密组织一个读书会——我们的读书室，团结毕节青年阅读《呐喊》《子夜》等进步文章或书刊，以便于卢育生同读书的进步青年接触，传播革命思想，收集情报转上海党组织。

这时，蒋介石坐镇贵阳督战，想剿灭红军。令莫在四川古蔺、云南镇雄、贵州毕节与六十三师陈光中进剿。莫感到担忧，放任地下党人刘哑佛、卢育生等内外活动。对内用酒色安抚陈光中，拖延战机；对外向红军传递情报，隐蔽转移，赢得时间，牵制敌人，让中央红军北上抗日。

1936年2月，红二、六军进入贵州，莫雄事前得知。当红军到大定(今大方)进入毕节时，莫雄将几百人的部队、官佐、职员移城外10多里的山沟驻防。9日，红二、六军顺利进入毕节，建立根据地。红军走后，蒋介石得知莫雄一枪未放，大发雷霆，下令送莫到南京军事法庭关押150天。5月，杨永泰请高级将领张发奎、薛岳、陈诚保出莫雄，然后要莫去两广策反立功。莫去时两广已统一，后到余汉谋部挂少将参议领薪度日。8月，吴铁城任广东省主席，南雄闹事，要莫去任县长，收拾残局，后又委任二十三区游击司令，平定闹事。其间，他接受八路军驻韶办事处云广英要求，向当局以头颅作保，释放寄押在南雄监狱几百名政治犯、24名共产党员，每人发1元银圆，2.5千克大米，送归原地。1938年，莫在汉口见到叶剑英，叶向其介绍西安的情况，赠毛泽东《论持久战》一书。莫看后，速印3000册分送亲友和所部学习，抗击日寇，营救共产党员黄桐华。1944—1945年，中共用莫的关系介绍一批地方人员到一些地方工作，由黄桐华、李拨材成立江北游击队、北江一支队、连江支队进行武装斗争。

日本投降后，国民党仍任莫雄为专员、"清剿"司职。时北江游击队很活跃，莫雄安排亲信刘强与游击队联系，将弹药、物资送游击队，同时把香港的存款交中共人员买胶鞋发给游击队员。1946年到广州营救了即将被处决的5位中共党员。事后，有人告北江游击队是莫雄的旧部，莫雄有通敌行为，要其离职。后经友人关照，调任省少将参议。1949年10月广州临解放，特务疑莫雄是共产党，卫戍司令李及兰被捕，莫得知后，即逃往香港。10月14日广州解放，叶剑英写信给莫雄，请回广州。莫到广州后，叶剑英传达毛泽东对莫的指示，莫很感动。11月，华南局委莫雄任北江治安委员会主任，招抚匪部。莫后任广东省政府参事、省政协常委。1955年，周恩来签发任参事室第一副主任，后又任省政协副主席等职。1956年，解放军副总参谋长李克农指示，由梁明德接莫雄到北京参加国庆观礼，李克农接见莫时，称为老朋友、老同志，并设宴款待。随后叶剑英接见，欢迎一道建设社会主义。1980年2月12日，莫雄病逝于广州市，享年89岁。

席大明

席大明（1903—1936），贵州省赫章县人。抗日救国军一支队司令员，1936年11月被国民党反动派逮捕，同年12月在毕节城大校场被枪杀。革命烈士。

随着岁月的推移和年龄的增长，席大明对纷纭变幻的时局有了较多的认识，亲眼看到了清王朝的覆没和新民国的诞生，也看到袁世凯的复辟丑剧和蒋介石的背叛恶迹。更重要的是，他开始感受到了地方豪霸相互争夺火拼的威胁，目睹人民遭此蹂躏的惨状。这种局面使他深感憎恶和焦虑，因而无意继续循规蹈矩、坐观时局。于是，年仅17岁的席大明勇敢地冲出家门，闯进了正在动乱和变革之中的社会。

1920年，席大明出于对孙中山领导创建的国民政府及其军队的信任，和其兄席大宣、堂叔席方等人前往大定（今大方）投军，在“滇黔联军”第八军第五纵队李家勋部当上了排长，不久提任副营长。后该部移驻毕节，席大明又晋升独立营营长之职。

1934年春，王家烈击败蒋介石匆忙任命的二十五军军长兼贵州省主席犹国材，再度执掌贵州军政大权。为了应付时局，他一面与两广军阀私结反蒋联盟，一面下令收编省内地方武装以扩大黔军。席大明意欲反蒋，又想借机立足，也欣然参加了。

不久，云南省主席龙云得知席大明在贵阳担任军职，便给王家烈发来电报说：“席大明为滇黔边境惯匪，久拿不获，请解法办。”当王家烈与军训处处长张铁丞和参谋长周稚九讨论此电时，周稚九再次保护席大明。周婉言迫使王家烈对龙云的要求不予理睬，使席大明幸免于难。

1935年5月，蒋介石逼迫王家烈交出贵州军政权力，勒令二十五军各部缩编为五个师。并全部调离贵州，移防长江流域各地。这次整编，中共地下党员黄大陆被编入原犹国材所部第103师任参谋长，把许多中共地下党员拉入军界担任各职；并指示席大明等“编余”人员返回家乡组织地方武装，配合全国声势浩大的反蒋抗日斗争。为了日后革命斗争的需要，黄大陆还介绍地下党贵州省工委兵运委员邓止戈在水城与席大明见了面。这次会见为后来席大明和邓止戈在毕节活动时的密切关系奠定了基础。所以，邓止戈于1983年8月重游毕节时还说：“1935年我到毕节找席大明时，我们已经是老朋友、老关系了。”

1935年11月18日，贺龙、任弼时等率领红二、六军团（即中国工农红军第二方面军），分别在湘鄂川黔根据地的刘家坪和瑞塔浦誓师突围后，先后南捣湘中、西扫贵州，经两个月的辗转奋战，于1936年2月2日全部渡过乌江上游鸭池河，军锋直指黔西。4日智取黔西县城。6日，红五师袭占大定。

席大明接到莫雄的和谈“招安”建议，深感事关重大，遂找邓止戈请示，商讨对策。邓认为：可以将计就计，以接受“招安”为名，把队伍带去毕节接应红军；但要莫雄答应首先借给子弹，拨钱发饷。席大明将此条件通知莫雄，莫慨然应允，并派其参谋长带10箱子弹和500元铸有“袁大头”的银洋，来到杨家湾，给席部官兵发了一月薪饷。邓止戈始令席部开去毕节，抓紧熟悉毕节地理，相机抢占军事要隘，迎接红军的到来。

与此同时，邓止戈用地下党与红军的联络符号写了密信，把余泽洪转交的暗号一并封入，派地下党员杨一民速送大定与红军联系。信中说："刘祖玉：小K派人来接你们，请马上来毕节（小K:上海话；刘祖玉：指红军）。"其大意是：毕节有几支地下党能够控制的地方武装，正在等待红军开来会师。此信很快送到六军团参谋长谭家述手中，随即转给军团长萧克和政委王震。2月7日，红六军团直属队偕第十六师（师长周球宝、政委晏福生）便由大定启程向毕节进发，9日直抵毕节城郊。这时，席部已在此等候三日。莫雄将自己的直属保安团布防城内；而令席部开往归花、梓童阁、头步桥一带抵御红军。席大明口称"遵命"，实则指挥所部控制了流仓桥至头步桥一线；并遣席大方营抢占了俯瞰全城的虎踞山。红军先头部队一到，席部马上出示红披毡作标志，并派出队长张兴同前去接洽引路，红军当即会意。双方对空打了几枪，表示已接上"火线"。席部便假败后撤，敞开大路，让红军长驱直入。

红军不费一枪一弹，未损一兵一卒，顺利地占领了黔西北重镇——毕节。在这里创建了红二方面军长征史上著名的黔、大、毕根据地，为后来的乌蒙山回旋战和继续北上抗日，补充了兵员，休整了部队，在乌蒙山区人民中播下了革命的火种。

席大明完成接应红军的任务后，命席大方等率主力退守杨家湾，自领百余人马屯于毕节城郊，准备与红军首长会晤。邓止戈随红军入城，首先向六军团政治部主任夏曦汇报了详细情况。根据中华苏维埃人民共和国川滇黔省革命委员会和红二、六军团首长指示，叫翟先哲（毕节人）通知席部入城。但席大明已先带数十人进至城门，被新任城防司令陈外欧误当土匪扣留。邓止戈立即将此情况报告王震，王震马上派人把席大明及所有随员放出，接到军团部给予热情接待。

此时的毕节山城和整个黔、大、毕地区，春光明媚，民心振奋。红军在这里建立苏维埃政权，宣传中国共产党的反蒋抗日主张，发动群众打土豪打当铺、动员穷苦青年参加红军、组建和训练地方游击队……搞得轰天动地，一片沸腾。席大明有生以来第一次见到这样振奋人心的情景，受到巨大的鼓舞。于是，欣然和几个红军干部并马策缰来到其部主力驻地杨家湾，通过一番宣传动员后，只留席大成领百余弟兄保卫家属安全，其余四百多人全部带到毕节，接受红军改编。到达毕节时，受到了红军指战员和街道居民的热烈欢迎。席部进城后，接受地下党指挥的周质夫、阮俊臣两部亦奉召开来毕节，三支队伍计有两千余人。川滇黔省革委和军团总指决定将其编为一支反蒋抗日武装。命名"贵州抗日救国军"，任命周孝园为司令，邓止戈为参谋长，下属分编三个支队。第一支队为席大明部，席任支队司令员。第二、三支队为周质夫、阮俊臣部，周、阮分别任支队司令员。为了加强对抗日救国军的领导和教育训练，红军派出政治干部到各支队帮助工作。到席大明支队当政治部主任的是红六军团政治部敌工部部长李国彬。

3月1日，红二、六军团跨越七星关天险，击溃平山堡土豪朱益斋所纠集的土匪武装，全部进入了赫章县（时为威宁的分县）境内，敌"追剿军"先头已跟踪追到杨家湾。席部转到杨家湾周家冲子便与"国军"相遇，双方发生激烈交火。席部在毙敌十余、获枪数支后，因寡不敌众而复退马场。三天后，"国军"全部尾追红军入赫，席部始得返回杨家湾。席大明设指挥部于黄土坡周亮成家里，继续与土豪地霸进行艰苦的武装斗争。

1936年7月，湘军陈光中所部六十三师，奉命参与"追剿"红军入黔。红军西去后，该部驻毕节"剿匪"，列席大明应予"缉办"之首。席大明得知信息后潜入毕节城内，请故交周稚九出面婉转调和，伪师长陈光中才改变了原来所拟计划。

后蒋介石调大军镇压毕节革命力量，敌人探知席大明潜入杨家湾后，迅即分兵穷搜数日："遂无成效"。但在挖嘎谢家院和野马川等地先后将席母谭长英、妻子许乔生、异母妹席银翠等人抓获押至周驿站。11月4日（即农历九月二十一日），区丁闵士熙带人到顾家院搜至黄昏，仍无所获，打算收兵。但是，周家一位妇女（人称破木老婆婆）被吓得六神无主，她惟恐担过受累而告了密。示意席大明藏在她家，闵立“功”心切，随即招回兵丁，到厩里胡乱掏粪拗板，喊席出降。席未予理采。警卫员杨龙生怒不可遏，他对席大明说：“若让他们抓住，定然白死，干脆以命相拼，打死一个够本，打死两个有赚帐！”说完便举枪向洞口扫去，果然击毙兵丁两名，再次扣动板机时，子弹没有了。半个小时后，席仍未出降。闵强令兵丁冒死下窖，始将席、杨二人抓获，杨龙生当场被敌人用保连枪扫射，壮烈牺牲！

11月5日（农历九月二十二），席大明和他的母亲谭氏等若干人，被周翰熙和李瀛州强令民夫用背架从杨家湾周驿站押（背）送毕节。

善良柔弱的席大明妻子许乔生一心想营救丈夫，获释后便上街找了信笺笔砚，趁送饭之机携入狱中，把敌人逼钱、枪可“保释”一事告知席大明并准备返回杨家湾和赫章等地，设法筹借钱、枪，以求救出席大明。

故交田贯五在贵阳得知席大明被捕的消息后，出于昔日“生死相顾”的许诺，也向杨森尽量说情。但是，席大明领导的抗日游击支队，早已被国民党反动当局统计在“省内散匪实力”表内；他的名字早被列进了应该歼灭的范围。

从被捕那天起，席大明从未停止过对蒋介石反动政府的痛斥，也从未停止过对杨汉域等刽子手指名道姓的痛骂。他染病数月，加之受尽了非人的折磨，此时仅剩皮骨相依。但是，壮士胸中的怒火，并未因此而熄灭，在游街途中，敌人用柴块子横勒着他的嘴，使他不能义正词严地说话。

在寒风如刺、雪米纷洒的毕节大校场上，在吸血成性、面目狰狞的敌人面前，在寒光刺目、积满罪恶的屠刀之下，席大明依然昂首挺胸，坦然自若，坚贞不屈，充分表现了一位革命者视死如归的浩然正气！

徐健生

徐健生（1912—1993），贵州省毕节县（今七星关区）人，生于毕节县鸭池哈郎村，于1934年4月参加革命，同年8月加入中国共产党。

徐健生曾任地下党贵阳一中党支部书记，中共贵州省工委交通特派员。1935年年底，他借寒假之机回毕节向省工委委员、毕节地下党负责人邓止戈汇报工作。在毕节得知工农红军二、六军团将向黔西北转移的消息后，与邓止戈共同召集地下党员，发动广大群众做好迎接红军的准备。

1936年暑假，徐健生再次来到毕节，与爱国知名人士刘端绪、地下党员王锡桢等发展巩固毕节草原艺术研究社并组建毕节民众俱乐部，以民力球队和猛鸢球队为掩护，进行党的地下活动。

1937年10月，按省工委指示，组织了他领导的有熊蕴竹、邱在先、邱在模、葛发声参加的“毕节地区党的组织清理委员会”，先从毕节逐步向黔西、大定、织金、威宁、水城等县展开，对党员进行审查、考核、登记；同时，将在斗争中涌现出的积极分子宁起鲲、宁起枷、周晓山、宋达廉等发展为党员，有领导、有组织、有计划地开展地下斗争。清理委员会还将清理登记党员和新发展的党员按居住条件与从事的职业划分了4个党支部。1938年11月，清理委员会召开会议，研究和讨论关于建立毕节县工委的问题。委员会一致认为，毕节地下党自建立以来，经历了严峻斗争的考验，建立县工委的条件已成熟。经过充分酝酿，一致推举邱在先、熊蕴竹、邱在模、葛发声4人组成毕节县工委，他以特派员的名义代表省工委批准毕节县工委正式成立，邱在先任书记，熊蕴竹任副书记，葛发声任组织委员，邱在模任宣传委员和妇女委员。

1938年3月，经贵州党工委决定，派徐健生、周晓山、张震声、孙煊等到延安学习，指定他到延安后代表省工委向中央汇报贵州地下党的工作情况。在学习期间，他先后担任中央党校十九班党支部书记、校党总支委员、二十六班班主任；后在延安马列学院学习并担任二班党支部组委、院党总支常委、组织科副科长，抗日军政大学三分校直属二队（东北干部训练队）总分支支委、政治指导员，延安马列学院研究室研究员，中央研究院宣传鼓动工作队队长、党支部书记、研究院秘书长、委员，中央党校三部秘书、二部支部委员，延安解放日报社党总支书记、秘书长、社委会委员。

解放战争时期，徐建生历任河北省建屏县中央机关土改工作队队长，区委书记、县委委员，河北省平山县西北坡中央党校秘书长，新华通讯社总社秘书长，中央直属机关党委委员等职。

中华人民共和国成立后，历任中共贵州省委委员、省政府委员、省政府秘书长，省委常委、省委统战部部长、省人民委员会秘书长、副省长，省一届政协主席、省委候补书记、书记处书记，省经委主任、省委宣传部部长、省财贸办主任兼党组书记，省委秘书长、省委副书记兼贵阳市委第一书记，贵阳警备区政委、省五届人大常委会主任，省顾问委员会委员、常委、主任；全国人大一、二、三、五、七届代表，中共十二大代表。

在任人大常委会主任和省顾委主任期间，对贵州旅游资源的开发极为关注。贵州有名的旅游景点黄果树、天生桥、龙宫、红枫湖、织金洞、百里杜鹃、九洞天、岳阳河、六台山、梵净山、小七孔、纳雍总溪河、毕节灵峰寺等都留下了他的足迹。他不顾年高，真情常萦山山水水，特别是对家乡黔西北的旅游资源开发，更是倾注了大量心血。他带领专家亲自到打鸡洞（织金洞）考察，为织金洞的开发立下了不朽的功勋。1984年4月，他带领有关人员前往黔西、大方，查看了黔西的金坡及大方普底的杜鹃花，之后又组织人员拍摄、采访，并和当地党政领导制定了“百里杜鹃”保护区的范围，落实保护措施。“百里杜鹃”就是他亲自命名的。对毕节灵峰寺的古玉兰、古杉，他与秦天真捐资培土，极力保护。

1993年逝世，享年82岁。

十三画

靳　云

靳云（1921—2002），贵州省毕节县（今金海湖新区）人，又名靳天鹏，1921年生于毕节小坝豪沟村，其祖父靳香廷系清末庠生，职司文林郎。靳云童年启蒙，喜读经史，历读毕节豫章小学、毕节县中、黔立学校。爱国民主人士。

抗日战争爆发，为表爱国之心，他放弃学业，毅然于1941年投笔从戎，历经黔灵保干班、南京中央警校、军政大学、南京游干班等军训，提任南京警卫团副团长、中央情报参谋主任等职。其间，曾聆听过叶剑英等中共中央驻京负责人的教导，受益颇深。抗战胜利后，靳云告假返乡。当时杨伯明、廖兴序曾邀其任边防剿匪大队长之职，他婉言谢绝，于家乡豪沟小学任教务主任，从事教育，不受地方军政干扰。其间，原部队国民党9兵团何绍周数次急电，勒令速回并任原职，故返部队。归队后，他审时度势，加入以谷正伦、韩文焕为首的反刘（刘伯龙）派，借晴隆庆功大会之机，一举除掉刘伯龙。淮海战役后期，与王光伟等6人赴长沙与解放军谈判，达成和平解放贵州的协议，双方代表王光伟、杨勇分别在协议书上签字。

返回贵州后，随部队于普安、兴义等地宣布起义，又将“长沙协议”通告全军，为和平解放滇黔奠定了良好基础。

抗美援朝期间，随杨勇司令员带队的志愿军考察团赴朝考察，从事党领导的工作，后随志愿军胜利回国。“三反”“五反”运动后期，靳云冤判10年入狱。后因有立功表现，先后记大、小功数次而获减刑3年，于1963年6月获释留场就业。

1976年3月，请假返家探亲，路经昆明车站，巧遇原部队老战友杨伯勋因公出差返北京。知其蒙冤详情后，杨伯勋除慷慨资助其500元外，并为其向有关部门申诉，获最高人民法院批复，转贵州省军区解决。1977年，时任贵州省省长苏钢亲自宣布为靳云平反，按起义人员对待，靳云得以享受离休待遇。

2002年腊月二十二日午时，因病于家中去世，享年82岁。

十四画

缪正元

缪正元(1910—1997)，又名缪伦，别名李则生，贵州省毕节县(今七星关区)人。

1927年经杨献珍(时任中共湖北省委书记)介绍加入共青团。是年年底，考入上海江湾国立劳动大学中学部公费就读。1931年，在上海接转组织关系后，在沪西共青团区委任发行部部长，参与曹狄秋主持“社会科学研究会”“觉人书店”，出版《世界音乐全集》等活动。“九一八”事变后，与在沪东区团委工作的毕节人林青(李远芳)等组织“朝阳音乐社”，通过“左联”的关系，在两区工人中演唱革命歌曲，开展抗日宣传活动。1932年因叛徒告密，被英租界巡捕房逮捕入狱。1933年英王大典，被“特赦”出狱。出狱后，白色恐怖严重，经组织派遣，决定同林青一起返毕节老家继续从事革命活动，并按照党的组织程序，由团员转为中共党员。

1933年，缪正元与战友林青从上海取道汉口，经四川回到毕节，与在毕节的革命青年秦天真、李仲群、宁启枷接上关系，共同组织革命团体“草原艺术研究社”，开展宣传活动，培养中坚力量，吸收秦天真加入中国共产党。按照党章的有关规定，成立中共贵州地下党第一个支部——毕节党支部，任支部委员。

毕节党支部成立后，缪正元同战友们一道，为推动毕节社会发展，排演抗日戏剧《火里跳舞》《敌同志》等节目，教唱《国际歌》《马赛曲》等革命歌曲，唤起民众的反抗意识，与毕节反动当局和封建残余势力做斗争，培养大批革命青年立志报国、抗击日寇。在党组织的安排下，他打入黔军103师担任电台分队长，任职期间为党中央提供许多军事情报，同时组织读书会宣传抗日，借后勤事务常跑武汉寻找党的关系。1937年103师开往抗日前线，上海失守后开往南京。12月12日，南京保卫战全军覆没，部分电台人员幸存。他和毕节人王树艺是此次战斗的幸存者，旋即转移汉口，结识友人，介绍到长江局，安排在“青救会”任总务部部长，接上组织关系。1938年5月国民党重建103师，经组织同意，他重返103师工作。103师开到广州后，汉口疏散，抗日时局更加紧张。后经组织安排，他转至西安办事处去延安。1938年10月，经西安抗大招生委员会介绍，到延安抗日军政大学学习，后又进入鲁迅艺术学院音乐系短期学习。是年调任河南华中局电台报务员、中原局刘少奇电台台长。1939年调任新四军挺进队纵队李先念部电台台长；1941年调任新四军第五师参谋处三科科长。1946年6月，参加中原突围战转战陕南。1947年北渡黄河调任晋鲁豫军区第二野战军司令部二局三科科长，参加跃进大别山战役、淮海战役和渡江战役，挺进大西南直至祖国大陆全部解放。

1950年后，在北京中央军委情报部二局机务处、中央军委技术部器材处任副处长。1960年，任中国人民解放军总参谋部三部技术保障局技术工程处处长。缪正元戎马一身，战功显赫。中央军委1955年授予他三级独立自由勋章、三级解放勋章；1988年中央军委又授予二级红星功勋金质荣誉章。

1997年2月20日，在北京逝世，享年87岁。

熊蕴竹

熊蕴竹(1918—1968),又名熊开梅,女,贵州省毕节县(今七星关区)人,1918年生于毕节城区威宁路一小商贩家庭。幼年丧父,依靠母亲抚养成人。1931年"九一八"事变,年仅13岁的她组织妇女,走上街头参加抗日救亡宣传,为前线抗日将士募捐。

1933年后,林青来毕节成立中共毕节地下党支部,组织"草原艺术社",熊冲破封建礼教对妇女的束缚,与男青年同台演进步话剧,成了毕节妇女解放运动的带头人。次年随党支部领导人林青转移安顺工作。1935年年初,中共贵州省工委成立后,被党组织派往贵阳,考入女师,秘密从事革命工作。是年3月加入中国共产党。在贵阳组织"读书会",传播进步思想,宣传党的政治主张,利用报刊为妇女解放大造舆论。1937年,受中共贵州省工委派遣,同特派员徐健生一同进行毕节、大定、黔西、威宁、水城等县党组织的清理工作,建立中共毕节县工委,任县工委副书记,对毕节时局的发展起到推动和促进作用。翌年调贵阳工作,任中共贵筑县委委员、妇女委员会组织部部长。同时担任"生活书店""读书书店"支部书记,领导贵阳女校的进步活动,开展抗日宣传,常给毕节群益书店运、寄进步书籍,联络地下党人的活动。1939年年底,国民党掀起反共高潮,贵阳的形势发生急剧变化,中共南方局通知党员疏散隐蔽。1940年4月,被调与秦天真一同到延安,在中共中央党校学习,后调任中共中央高级党校校务部秘书、校务部主任。解放战争开始,从延安调至华东地区,任中共华东局机关训练班政治教员,参加整建党调研工作,为领导机关提供许多决策依据。1947年调至江苏省,任中共淮阴地委宣传科科长,深入群众宣传中共中央关于解放战争的大政方针,做好民众工作。

1949年秋,随二野五兵团进军解放贵州。1950年年初,任贵州省妇联筹备处主任,为开创贵州妇女工作新局面做出了卓越贡献。1952年调至省工业厅任技术处长,深入所辖工厂解决生产中的实际问题,为恢复国酒贵州茅台的传统工艺做出特别贡献。后任省轻工厅副厅长。"文化大革命"中蒙受冤屈,1968年被迫害致死,时年50岁。1979年得以平反昭雪。

熊蕴竹从小富有革命思想,13岁走上街头参加革命宣传,成为毕节妇女解放运动的带头人。15岁正式参加革命,具有巾帼英雄的大无畏精神。她从家门到国门,踏遍大江南北,随军身经百战,为祖国的解放事业奉献青春年华,一生业绩,可谓毕节籍妇女界佼佼者,虽死犹生。

十六画

穆永康

穆永康(1892—1944),字守先。贵州省毕节县(今七星关区)人。1892年出生于毕节县水田坝。爱国民主人士。

穆永康早年入贵州陆军小学,从小接受革命思想教育,积极投身反封建运动,和周素园等一起在辛亥革命时参加推翻清王朝的起义,拥护贵州大汉军政府。

1912年后,穆永康入保定陆军军官学校第二期步科,毕业后在黔军袁祖铭部任连长、营长。民国10年(1921),袁祖铭任黔军总司令,穆永康任总司令部副官。次年滇军二次侵黔驱袁,穆永康奉命赴广州求援于孙中山。适汉阳兵工厂催袁祖铭提取预购之步枪5000支、子弹50万发,约定到宜都交付。穆永康受命率官兵数千人去宜都,以这批武器装备整编部队,策划反攻唐继尧之滇军。穆永康这支部队编入黔军第四军序列,刘辅卿任司令官,穆永康任参谋长。随后穆永康任步兵第七旅旅长,奉命进驻川东南。民国15年(1926),袁祖铭在湖南被湘军杀害,穆永康即脱离军队在贵阳花溪定居。

民国26年(1937)穆永康旅居柳州。6月，中共贵州省工委委员秦天真及进步人士孙师武，经广西赴上海，与穆永康会晤于柳州河东。穆永康对秦、孙二人说:“蒋介石不抗日，军阀也不抗日，周素园是文人还参加红军抗日，我作为武人难道还不抗日吗？”穆永康高度赞扬共产党抗日主张，对秦天真等为革命、为抗日救国奔走四方，倍加称赞。得知秦天真等从事革命活动缺经费，穆永康慷慨资助中共毕节支部80块大洋，并热情款待了秦天真、孙师武。

民国33年(1944)，穆永康病逝于贵阳花溪，时年52岁。

清末毕节城水东门

七星关区史志人物选

QI XING GUAN QU SHI ZHI REN WU XUAN

二 老红军 八路军 南下干部

三　画

于景安

于景安（1926—2015），山东省曹县人，初中文化，1926年9月19日出生于山东省曹县六区于庄。

1940年2月，于景安在冀鲁豫军区五分区特务连当通讯员，后历任司号员、侦察员、司号班长、通讯班长，1945年5月加入中国共产党。

1949年3月，冀鲁豫军区五分区整编为二野五兵团17军49师147团2营，于景安历任通讯班长、教导大队学员、排长、副连长、副指导员。于景安曾参加过抗日战争，为驱逐日寇立下了功勋；解放战争时期，他参加了淮海、渡江、华北、大西南解放等战役，参战时负伤被定为七级残疾。1951年6月起，历任第七步兵学校五大队二中队学员、贵州军区兴仁分区副指导员、兴仁分区盘县武装部政治干事、省军区文化速成第三小学学员、西南军区补训3团1营4连政治指导员等职。1954年5月转业，历任毕节县阴底区组织委员、区长、县委机关总支书、县公安局股长、县轻纺工业局副主任科员、主任科员。1989年9月，离休享受县级待遇，获中国人民抗日战争胜利60周年、70周年纪念章。2015年8月在毕节市医院病逝，享年89岁。

四　画

王玉秋

王玉秋（1918—？），女，江苏省沛县人，1918年生，1940年参加革命，1945年加入中国共产党，南下干部。在北方时期，从事妇女运动工作。

1949年，王玉秋随军南下西进贵州后，历任毕节县商业局股长、副局长，毕节地区农校专职党支部书记。尔后又调任毕节县供销社副主任，离休时明确为副处级待遇。

王玉秋无论在革命战争年代还是和平建设时期，都积极认真、忠心耿耿地为党为人民工作。在艰苦复杂的斗争环境中，她立场坚定、旗帜鲜明、光明磊落、是非分明，为维护党的团结统一，坚决和一切不正之风做斗争。她平易近人，和蔼可亲，经常和下属同志打成一片，关心人、体贴人。为此，人们都亲切地称呼她为“王老”。在家庭，她善于教育子女，使自己的子女各个成才。参加工作几十年，学习勤奋努力，工作任劳任怨，为党为人民做出了积极的贡献，是妇女的楷模。

王庆珠

王庆珠（1930—2011），河北威县人，初中文化，中共党员，1930年1月出生在河北省威县。1947年8月参加工作，1949年2月加入中国共产党，南下干部。

1943—1947年，王庆珠逃荒到吉林辽源煤矿当工人；1947年8月至1948年7月为辽宁军区二分区独立1团3营9连战士；1948年8月至1950年5月在东北独立1师3团3营部任通讯员；1950年6月至1951年3月在49军153师459团3营8连任副班长；1951年4月至1953年11月为公安第91师教导大队文化队学员；1953年12月至1954年8月在公安第91师27团3营10连任班长；1954年9月至1955年3月在公安第91师27团3营10连任副排长；1955年4月至1956年2月在公安第91师27团3营10连任排长；1956年2月至1956年8月为第71文化速成中学6队学员；1956年9月至1956年12月在公安军边防第27团13连任副连长；1956年12月至1958年8月任广东军区边防守备第4团2营参谋；1958年9月至1960年4月在边防守备23师104团1营1连任副连长；1960年5月至1961年4月为南京炮校2大队7中队学员；1961年5月至1963年7月在42军124师炮兵504团加农炮营1连任副连长；1963年8月至1975年5月转业在毕节县何官屯粮管所任指导员；1975年6月至1984年6月调毕节县粮食局直属库任指导员；1984年6月至1990年10月在毕节县粮食局直属库退居二线；1990年10月经组织批准离休。2011年3月在七星关区病故，享年81岁。

王庆珠自参加革命后，参加过四平战役、辽沈战役、平津战役，在战斗中英勇善战，曾担任副班长、班长、副连长、连长等，为国家和人民的解放事业做出了积极的贡献，荣获各类奖章数枚。王庆珠转业后，在工作中一如既往发扬革命战士不怕苦、不怕累的精神，兢兢业业工作，全心全意为人民服务。

王连海

王连海（1933—2012），天津市人，高小文化，1933年10月10日出生于天津市，中共党员，南下干部，1949年2月参加革命。

1949年2月，王连海在二野五兵团17军补训团三营参军当通讯员，1950年5月加入中国共产党。解放战争时期，参加淮海、渡江、华中、华南、西南解放等战役。1953年6月起，历任贵定县人武部参谋、贵州省兵役局组织动员科助理员、纳雍县人武部助理员、毕节县人武部政工科科长、毕节军分区教导队教导员、毕节县武装部副政委等职。1981年5月转业，历任毕节县工交办副主任、县经委党组成员、副主任；县轻工局党委委员兼县酒厂党总支书记。1992年8月调回县经委任副主任，1994年1月离休，享受副县级待遇，2012年12月，王连海在毕节家中病逝，享年80岁。

王忠侠

王忠侠（1912—2007），安徽省萧县人，高小文化，中共党员，1921年1月出生于安徽省萧县王寨镇，1949年8月参加革命，南下干部。

1949年8月至1957年在中国人民解放军0235部队服兵役，历任战士、班长、排长，1952年加入中国共产党。1957—1961年转业在毕节县燕子口区政府工作，1962—1972年调毕节县良种繁育场任场长，1973—1982年调毕节县橡胶厂任厂长，1982年经组织批准离休。

王忠侠长期在基层担任领导工作，为人正派，以身作则，工作认真负责，视野开阔，有改革创新精神，有较强的事业心和责任感，在良种繁育场任场长期间，经常与工人一起下田地干活，在橡胶厂期间同工人一道在车间抓生产，带领全体干部职工一起奋斗，橡胶厂被评为毕节地区唯一的“大功式”企业。

无论在部队还是在地方工作，王忠侠都一如既往爱岗敬业，不怕劳苦，把工作做得有声有色。

2007年11月18日逝世，享年95岁。

王金源

王金源（1909—1984），江西省萍乡县人，老红军。生前为毕节林口儿童福利院负责人。

1933年1月参加革命，曾在红军一方面军、中央苏维埃军事委员会通讯学校任战士、文书、校长、主任等职。是年10月，随中国工农红军从江西兴国县出发长征。1935年1月提任红一方面军军部文书。他对党和人民的事业忠心耿耿，在任何艰难困苦的环境下，处处以党和人民的利益为重，英勇顽强。红军经贵州赤水、四川叙永和古蔺县边界进入贵州省林口鸡鸣三省村后，红一方面军总司令部决定派王金源到川南游击队第一纵队司令部任文书。为发动群众反蒋抗日，他坚决服从组织决定。到游击队之后，处处以红军的模范行动影响游击队战士。他艰苦朴素，事事带头，被游击队员誉为“学习的榜样”。1935年4月，游击队在与国民党陇承尧部作战中，他不幸负伤，不能行走，由川南游击队护送至冷水河王瑞和（草药医师）家治疗。由于伤势严重，医治一年多才愈。当时部队已走远，不能跟上，便在鸡鸣三省村住下，由当地群众照顾他的生活。1937年年初，他跟当地一个种牛痘的民间医师学医以谋生计。在鸡鸣三省村生活的13年间，他没有忘记党的工作，经常出入毕节林口的苗族村寨，向人民群众宣传共产党的主张，宣传红军全心全意为人民服务的宗旨，让人民群众坚信红军一定会打回来解救劳苦大众。他每到一处，都号召人民群众团结起来，同剥削阶级做斗争。因而，与人民群众建立了深厚的感情。国民党陇承尧部多次企图害他，都被当地群众掩护脱险。毕节解放后，王金源向当地政府汇报了自己的身份和工作情况，经组织多方调查核实，确认他为老红军，并安排他任毕节林口得胜（今海戛）、柱中（今大渡）乡文书、乡长等职。他谦虚谨慎，从严要求自己，不计较个人得失，无条件服从组织决定，工作很有起色。1957年调林口区儿童福利院工作，直到1980年离职休养。1984年逝世，享年75岁。

王显华

王显华（1931—2013），云南牟定县人，初小文化，1931年8月出生于云南牟定县，1948年10月参加革命，南下干部。

1948年10月至1956年4月在东北锦州解放军43军127师380团服兵役，1956年4月至1957年11月在东北锦州解放军43军127师军官训练队学习，1956年1月加入中国共产主义青年团。1957年11月至1958年5月在东北锦州解放军43军127师军官训练团学习，1958年5月至1959年11月转业到贵州省毕节县粮食局工作，1959年11月至1960年10月调贵州省毕节县建筑公司工作，1960年10月至1964年4月调毕节县商业局工作，1964年4月至1970年1月调毕节县食品公司清水浦收购站工作，1970年1月至1982年8月调毕节县商业局蔬菜水产公司工作，1982年8月经组织批准离休。2013年3月5日在七星关区病逝，享年82岁。

王炳成

王炳成（1910—1936），原名王绍福，贵州毕节县（今七星关区）人，红军战士。1910年出生于毕节县小吉场一个贫困农民家里。他吃过苦，受过剥削。对地主恶霸和人吃人的旧社会有深仇大恨。

1936年2月，中国工农红军二、六军团长征来到大定（今大方），在瓢儿井一带斗地主，给穷人分财物，宣传革命道理。瓢儿井与小吉场山水相连，近在咫尺。王炳成听到传言，心想：“哪那有这样好的军队？”就悄悄跑到瓢儿井，看个究竟。他到瓢儿井后，看到穿着绿色军装，头戴五角星帽子的红军，正在给穷苦老百姓分粮食、分衣服。红军还在瓢儿井设医院，无偿为穷人看病。这是真的事！王炳成感动得流泪：“真有为干人做事的军队。”他立即找到红军首长，请求参加红军。首长告诉他：“红军是穷人的队伍，是为穷人翻身当家作主人战斗的。加入红军要不怕苦，不怕牺牲”。王炳成说，自己家祖祖辈辈都是穷人，受尽了剥削和压迫，愿意为解放穷人跟红军走。红军首长批准王炳成加入红军队伍。由于红军是长征，没有军装库存，王炳成只领得一顶红军军帽。红军从大定移驻毕节城，在毕节成立中华苏维埃川滇黔省革命委员会。王炳成参加在毕节城内搞宣传，贴标语，发动青年群众参加红军队伍等革命活动。几天时，红二、六军团就在毕节扩军上千人。为了让更多人知道红军的政策，组织更多青壮年参加红军，王炳成被派回家乡小吉场去发动群众。回到小吉场后，王炳成积极向群众宣传红军的政策，宣传红军为穷人、帮穷人、解放穷人的事迹，说服和动员像自己一样受苦受难的弟兄去毕节加入红军队伍。王炳成的活动，在人民群众中引起了很大的反响，也引起了当地地主反动武装的仇视。在一次外出宣传时，王炳成被地主武装抓捕，他大义凛然，勇敢斗争，决不屈服，被地主武装枪杀于梨子村城隍庙，壮烈牺牲，年仅26岁。由于当时斗争环境复杂，1936年王炳成牺牲时，其遗体被群众偷偷地掩埋。直到解放后，在当地政府组织、当地群众协助下，才找到王炳成的遗骨，重新安葬。

王振国

王振国(1920—1975)，山东省巨野县人。1920年生于山东省巨野县柳林乡王水坑村，中共党员，南下干部。生前为毕节县水电局局长。

王振国出生于贫困农民家庭，全家以务农为生。1939年，日本侵略军攻占巨野，他被本村群众选为村长。他组织游击队抗击日寇，是巨野县威震敌胆的“黑虎队”负责人。1942年，王振国由游击队转入县大队任事务长，他除完成本职工作外，常随部队上前线抗击日军。1946年，随中国人民解放军第二野战军转战黄河南北，后又南下江西。1949年11月到达毕节。

解放后，任毕节县二区（鸭池、朱昌、新张）区长。同年12月在汉屯乡（原二区辖地）带领通讯员，依靠群众，击退了数百名土匪的进攻，保卫了人民的生命财产。区委书记尹存善牺牲后，土匪更加猖狂，他常只带一名通讯员往来于鸭池、新张（鸭池区与海子街区）乡之间，组织和领导群众开展清匪反霸、政权建设等项工作。1953年以后，他先后担任区委书记、县税务局局长、商业局局长、畜牧局局长、水电局局长等职。

在任期间，他尽职尽责，廉洁奉公，体察民情。在普宜区工作时，农民群众说：“王书记是我们贫苦农民的好当家人，共产党的好干部。”在长期担任水电局局长期间，他深入实际，调查研究，走遍了全县的山山水水，提出水利建设的可行规划。水电局干部说：“凡是有水利工程的地方，无论工程大与小，都有王局长的足迹。”他还亲自组织和实施了城区电灌网工程、福集电灌工程、燕林灌溉工程、七星关电站、利民水库、渭河电站、猴子桥电站等水利水电工程的勘测设计和施工建设。他作风艰苦，平易近人，团结同志，与他工作过的同志都说：“王振国同志是一个难得的好领导。”在长期的革命斗争和经济建设中，他对党对人民做了应有的贡献。1975年2月因积劳成疾而病逝，终年55岁。

王德春

王德春，河南济源县人，高小文化，中共党员，1925年2月生于河南省济源县大峪乡陈庄，1949年5月参加工作，南下干部。

1945年年初，王德春在盐土县被保长卖给国民党54军8师22团当壮丁，在行军至广西调防时编入二营一连，到广州接受日军缴械投降。1949年夏在吴淞口被解放入伍，编入东北野战军十兵团28军84师251团一营机炮连，为战士，1950年2月加入中国共产党，在部队历任班长、副排长、排长，荣获二等功一次、三等功三次。1955年5月由福建部队调四川预备一师052部队909支队241小队任司务长；1957—1958年在凉山剿匪；1958年8月25日转业安排到毕节县贸易局、商业局工作；1960年担任毕节县五交化公司、毕节县服务公司、桥边饭店党支部书记兼经理等职；1981年9月经组织批准离休。

毛宪俊

毛宪俊，山东省济河县人。1922年10月生于山东省济河县潘甸乡，中共党员，南下干部。

1942年，毛宪俊参加革命，为县抗日大队任战士。1943年转战东北战场打击日本侵略者，在战斗中多次负伤，腰部一直留有与日本鬼子战斗负伤的弹痕。1944年调至晋冀鲁豫军分区3团为战士。1947年随军挺进大别山，然后编入第二野战军11纵队150团3营7连任战士，作战英勇顽强，提任副排长，并光荣地加入中国共产党。接着在聊城战役中担任团爆破队长，随之参加淮海战役，任侦察排长、副连长，带领全连战士英勇作战，荣立战功。1949年随部队南下过江，挺进大西南，在17军150团输训队任副队长；1952年7月在47师147团3营7连任连长，1953年在贵州省军区速成中学学习文化知识。

1954年，毛宪俊从部队转业到毕节，党组织委任他为朱昌区委副书记、区长。1962年1月调任毕节城关镇党委副书记、宋官水库副指挥长。1972年先后调任县兽医站站长、水产站站长、县畜牧局纪检组长等职，仍保持人民解放军的光荣传统、革命老前辈的优良作风，工作认真，关心群众。在兽医站工作期间，主动向上级争取经费，购买药品器材下区乡为牲畜预防注射，促进全县畜牧业的发展。任水产站站长期间，建立县鱼种场、海子街沙邵鱼种场、清水铺鱼种场时，利用贫困县补助款购进鱼苗200多万尾投放鱼塘。自繁鲤鱼1609万尾、引进草鱼鲢鱼等4908万尾，发放给53户专业养鱼户，让农民养鱼致富。1983年，为全县847户养鱼户贷款10万元，投放鱼苗2003万尾，帮助农民养鱼致富。任畜牧局纪检组长期间，大力协助局长，争取资金建办公楼和职工宿舍，购置办公设备和车辆，畜牧局出现良好的工作局面，受到职工的赞扬。

毛宪俊是一位从北到南，身经百战的老同志，在部队荣立三等功一次，先后获6次战役纪念章，系荣誉于一身；转业下地方后，努力学习文化知识、政治理论，工作勤勤恳恳，从不计较个人得失，清正廉洁，保持党的优良传统。离休后继续保持革命晚节，2005年，在纪念抗日战争胜利60周年之际，获纪念勋章一枚。

尹焕成

尹焕成（1913—1997），贵州省毕节县（今七星关区）人，生于何官屯红丰席厂坪子，中共党员，老红军。

尹焕成从小家庭较为贫寒，又因房屋被烧，其父尹永贞带着四兄妹逃荒来到毕节长春堡镇青丰村，给地主卯光汉家当长工。年仅十二三岁的尹焕成，每天都替别人背煤到毕节城关售卖。1936年年初，在毕节城关听到宣传，说红军来了，红军是共产党领导的人民军队，是为穷人打天下的队伍。于是，他毅然丢掉背篓到百花山红二、六军团驻地，参加中国工农红军，从此走上革命道路，跟随红军经历了举世闻名的长征。

参加红军后，尹焕成一直从事警卫工作。他曾先后在红二方面军六军团警卫连、中央警卫教导一连、中央警卫师等部队任过班长、排长、连长等职，并经指导员欧本文介绍加入中国共产党。在被敌军重重包围、忍饥抗寒的长征途中，他受到军团首长无微不至的关心。贺龙、任弼时等领导曾手把手地教他识字、写字。作为警卫连连长的他，时刻不忘自己的职责，在漫长的长征途中为军团首长的安全、撤退、转移等几经风险，带领全连战友英勇奋战，不怕流血牺牲，数百次打退敌军的围追阻截。到了延安后，在大生产运动中，积极参加开荒种粮，纺纱织布，自种自吃，警卫连所在的三五九旅获得大生产运动模范称号。尔后，其所在警卫连扩编为警卫师，更名为中国人民解放军公安警卫师，跟随党中央到了北京。1951年年初，因“忠心耿耿，积极努力”，被评为在保卫毛主席岗位上做出显著贡献的全师甲等模范。随后，他服从党中央的决定，首次与2个老红军、28个抗日战争时期的同志接管全国最大的文物单位——故宫。接管故宫后，凭着对毛泽东主席、党中央的忠诚，他忠心耿耿，任劳任怨，在最为复杂的政治环境中，同那些不甘心失败的敌人、特务和一切不服从管教的坏分子展开斗争，没有让故宫的任何文物、珍奇国宝流失。尹焕成在故宫博物院领导岗位退休后，本可以留北京或省城，但他毅然携家带口回到毕节，建设自己贫穷的家乡。他回到青丰村后，发扬南泥湾精神，带领村民脱贫致富，保持了一个老红军的本色，多次接受军分区、机关单位、学校厂矿邀请去对军人、干部、职工、学生进行革命传统教育，讲红军精神、红军的故事。

尹焕成的一生是平凡而光荣的一生，不愧是保卫毛主席的甲等模范。他忠于党、忠于人民、忠于祖国，为中国革命的胜利不怕抛头颅洒热血的红军精神，将永远活在毕节人民的心中。

尹焕成1997年逝世，享年84岁。

五　画

田培功

田培功（1922—1988），河南太康人，中共党员。1922年5月5日出生在河南省太康县，南下干部。

解放前，田培功的家乡十年九旱，老百姓生活极其艰难，他的父母都是十分贫苦的农民。从小他就跟随父母靠帮人干活及乞讨维生，整日过着衣不遮体、食不填腹的苦难生活。

1940年8月，田培功随父亲在河南太康街上乞讨时，被国民党部队抓了壮丁，编入国民党豫鲁纵队第二支队，同年参加抗日战争。曾任过小队长（班长）、中队长（排长）、连长等职。1945年6月由于负伤在老乡家养伤与国民党部队失散，后在河南太康家中务农。

1948年8月，田培功在太康加入了中国人民解放军，编入二野十七军特务团一营二连，为战士。参加了淮海战役，由于作战勇敢，荣获个人二等功一次；为了解放全中国，1949年4月21日，田培功随军参加了渡江战役，突破了西起湖口、东至江阴国民党长江防线。1949年5月在十七军侦察营二连任正排长。1949年5月加入中国共产党。同年11月，随部队南下解放大西南。1951年6月，在十七军侦察营二连任连长。同年10月带领本连战士解放罗甸。后随大军参加成都战役。贵州各地匪兵趁人民解放军会战成都，大肆向解放军各级人民政权进行反攻，杀害革命人士。中央军委命令二野部分部队返回贵州，开展剿匪工作，田培功所在连又回到黔南，此时罗甸县城已被土匪占领。1952年2月，田培功再次带领本连战士第二次解放罗甸，同年3月担任罗甸公安队队长。

匪患彻底清除后，人民政权得到巩固，大批军队干部需转业地方建设政权。为提高干部队伍文化水平，各部队都办了速成学习学校，1952年7月田培功被选送到贵州省军区文化速成中学学习。1954年10月，从贵州军区转业，安置到毕节县任清水铺区供销社主任；1955年10月任毕节县手工联合社主任。1957年8月，任毕节县何官屯区大坝纸厂厂长；1958年9月，任毕节县阴底区区委书记兼阴底铁厂厂长。1962年11月任毕节县城关联社主任；1963年12月受毕节县县委委派，组建毕节县建筑二社，并担任主任兼党支部书记。1977年10月调毕节县轻纺工业局工作，调研员。1982年5月离休（享受正县处级待遇）。

田培功自参加革命以来，忠于党、忠于民族的解放事业，作战勇敢、勇于献身。在频繁的战斗中不怕牺牲、不怕困难，负伤后，仍然坚持轻伤不下火线，战功累累。转业到地方后，处处以身作则，兢兢业业、任劳任怨，不争名、不争利，光明磊落、大公无私，保持和发扬了中国共产党、中国人民解放军的光荣传统。田培功戎马生涯一生、两袖清风一世，为党和人民的事业鞠躬尽瘁，死而后已。

1988年6月29日，因病在毕节去世，享年66岁。

白云祥

白云祥(1923—2004)，河南省清丰县人，1942年1月参加革命，1943年10月加入中国共产党，南下干部。

白云祥参军后，历任区中队战士、中队班长，冀鲁豫八分区四团二营四连班长，野战一纵队一旅二团二营四连班长，二野五兵团四十六师一三七团训练队区队长兼指导员。1949年10月，随西进支队到毕节后，历任毕节县二区武装干事，十七区区委副书记、书记和县委组织部副部长、县财贸部副部长、城关镇党委书记、县农具厂书记、县工交部副部长。1959年12月，调任贵阳清镇炼钢厂人事科科长。1961年10月，任毕节县城关镇党委书记，县农林政治部副主任。1966年10月起，历任毕节地区红卫造纸厂革委会主任、地区轻工供销公司书记。1983年12月离休，享受副地级待遇。

自参加革命以后，白云祥对党忠诚，在战场上勇往直前，不怕流血牺牲。曾参加过淮海战役、渡江战役和其他大小战斗若干次，在枪林弹雨中经受住了生与死的考验，为祖国的解放做出了贡献。1949年11月，在下乡征粮过程中，遭遇数十名土匪袭击。但他沉着、机智、勇敢，充分发挥枪法准的特点，将进攻的土匪打得落荒而逃，赢得胜利，保卫了许多革命同志的生命。

在初期开展的土地改革和清匪反霸工作中，他认真执行党的路线和方针政策，培养和选拔了大批优秀年轻干部，为党增添了新鲜血液，深受青年干部的赞扬。在毕节地区纸厂的筹建中，亲自参与一线建设，靠前指挥，每一块土地、每一栋楼房、每一台机器，都凝结了他的心血和汗水，为毕节造纸事业和烟叶事业的发展奠定了坚实的基础。

白云祥在每个岗位上都严于律己，艰苦奋斗，密切联系群众，以优良的革命传统教育同志和子女，始终保持勤俭高尚、务实清廉的作风。他的一生是战斗的一生，无私奉献的一生，深受人民敬仰和怀念的一生。2004年逝世，享年81岁。

宁少学

宁少学（1924~ ），山东省曹县人，小学文化，中共党员，1924年10月出生在山东省曹县，于1945年4月参军，南下干部。

宁少学1945年加入了中国共产党。曾参加过抗日战争、解放战争，退伍后到毕节县农科所工作。于1982年12月23日离休，享受副县级待遇。

宁少学曾得到过中共中央、国务院、中央军委颁发的中国人民抗日战争胜利60周年纪念章，中共中央、国务院、中央军委颁发的中国人民抗日战争胜利70周年纪念章等勋章。

六　画

巩万银

巩万银(1928—1994)，原名巩长柱，河北省南宫市人，初小文化，1928年2月1日生于河北省南宫市后双鹿村，中共党员，南下干部。

巩万银15岁时就追求革命，暗地为八路军传递情报、联络办事等，1944年4月，年仅16岁就参加了八路军，为避免汉奸及日本鬼子“扫荡”对家人的仇杀，改名巩万银，编在河北省垂杨县二区二中队当战士，成为部队“红小鬼”。1945年9月至1947年2月，在刘、邓部队八分区特务团二营四连、基干一团九连当战士，随后改编为二纵六旅16团三营九连。1948年7月在豫皖苏独立旅34团4连，同年改编为第二野战军18军53师158团2营，1949年3月加入中国共产党，在十一步校评为四等功。解放战争时期，参加淮海、渡江、华南、华中南、大西南等著名战役。1950年年初，参加中国人民解放军二野五兵团18军解放西藏及西昌平叛等战役。1950年2月在西南军政大学五分校学习军事。巩万银征北战南，从军十余年，经枪林弹雨，终化险为夷，历任副班长、班长、学员（大专）、区队长、排长等职。1956年3月转业，历任毕节县城关粮管所所长，直属仓库副主任、主任，县粮食局办公室副主任等职。1989年离休，享受县级干部待遇。

巩万银青年时代投身革命，四海为家，性格忠勇、耿直、豪爽，每次战斗表现出英勇顽强、不怕流血牺牲的大无畏精神，立过功、受过奖。战斗中胸部曾负枪伤，伤情较重，做手术时，主动提出把麻醉药留给其他伤员战友，自己不用麻药，以坚韧毅力承受无麻药外科取子弹头手术，受到首长的高度赞扬和众战友的敬佩。在晚年身患绝症时，单位领导曾多次看望他，并拿出2万元人民币给他治病做手术，他万分感激组织上的关心，再三叮嘱子女：将钱如数退回单位。表现出老党员、老干部在生命最后一刻不忘忧、不争利的光荣传统，以实际行动把自己的一生献给第二故乡——毕节这片热土。

1994年在毕节市人民医院病逝，享年66岁。

成永奎

成永奎（1911—2009），贵州省毕节县（今七星关区）人。1911年10月生于毕节县何官屯龙官桥溴水井，中共党员，老红军。

成永奎生长在贫寒农家，为求翻身解放，于1935年在毕节参加中国工农红军，1936年加入中国共产党，爬雪山过草地，出生入死，历经无数次枪林弹雨的洗礼，行程二万余里到达革命圣地延安，成为一名久经考验的坚强战士。在抗日战争和解放战争中，成永奎艰苦卓绝、忠心赤胆、英勇顽强，为人民的解放事业建立了不朽的功勋。在解放战争中受伤去上海疗养，1952年放弃在上海疗养的优越条件，响应党的号召复员回家乡，参加地方建设，不显功、不显赫、任劳任怨，直至走完光辉的人生历程。

成永奎在部队历任班长、排长、陕甘宁边区工作队队长等职，在地方曾任主任、大队支书、毕节县第三届贫下中农代表、毕节县人大代表，一生坚信党的路线，拥护党的宗旨，听从党的召唤，吃苦在前，享受在后。在其一生中，教子有方、忠孝传家、勤耕苦读、恪守诚信、忠诚于党的革命事业，保持了一位老红军的艰苦奋斗精神和一名共产党员的高风亮节。

2009年4月在毕节去世，享年98岁。

刘　云

刘云（1928—1992），河北定县人，1928年11月生，1945年4月参加革命工作，南下干部。

童年时期，刘云亲历日本侵略者对祖国的蹂躏和对自己家乡的烧杀抢掠。为了反抗日本侵略者的暴行，1941年，13岁的他与堂哥刘秀印一起参加了当地游击队儿童团，常对日本军队的碉堡、铁路进行打击和破坏。他的童年好友、儿童团团员赵立才（同音）在一次破坏日本碉堡的行动中被捕。刘云亲眼看到自己的战友被日本鬼子开膛破肚致死，更坚定了他的爱国热情和革命斗志，他于1945年4月与刘秀印一起参加了八路军打鬼子，同年年底整编到晋冀鲁豫军区野战军，1945年加入中国共产党。

在解放战争中，随军参加过京西狼窝峪战役、淮海战役、渡江战役等，在陇海铁路破坏敌人运输线的一次战斗中受伤留下终身伤残。他在战斗中冲锋陷阵，作战勇敢，多次立功。曾当过骑兵，参加过部队文工团。1949年，刘云随刘邓大军转战太行山区，挺进大别山，渡过乌江，一路南下西进到贵州毕节县，当时他在其所在部队担任连长。毕节解放后听从组织安排留在地方工作，先在六区（海子街区）任武工队指导员，组织民兵清剿残匪，经常只身潜入土匪出没之地，沉重打击敌人，敌人听到刘指导员这个名字就闻风丧胆、四处逃窜。土改结束后，刘云任十五区（汉屯区）区委书记、海子街区区委书记、毕节县副县长兼商业局局长。“文化大革命”中被严重冲击，被揪斗、挂牌游街、关牛棚，子女流离失所甚至被打致残。刘云谨记共产党员为人民服务的宗旨，深入基层，爱护群众，为人正直，为毕节的建设兢兢业业，深受老百姓爱戴，在挂牌游街过程中经常有老百姓悄悄将鸡蛋、馒头等食品塞进其口袋。恢复工作后，相继任毕节县供销社主任、商业局局长、毕节县财经办公室主任。

由于长期的战争和繁重的工作，刘云身体健康状况严重受损，晚年承受多种疾病折磨，1992年2月病逝。

刘　仁

刘　仁（1919—1943），原名刘传辉，贵州省毕节县（今七星关区）人，生于毕节城关，老红军。

1931年“九一八”事变后，毕节人民同全国一样，不断声讨日本侵略者的罪行。远在外地从事革命工作的共产党员林青由上海回毕节，组建中共毕节党支部，领导毕节人民开展抗日救亡运动。12岁的刘传辉，聪明好学，擅长书法、绘画，常在地下党领导的草原艺术研究社阅读进步书刊，聆听革命志士的演讲，接受抗日救国的革命思想。1936年2月，红军二、六军团长征进驻毕节，16岁的刘传辉毅然报名参军，改名刘仁，随军出发，在六军团政治部工作，参加乌蒙回旋战。爬雪山、过草地，经历数百次战斗，功绩突出，被吸收为中共党员。

1937年8月，被编入八路军120师359旅718团2营。是年9月随师东渡黄河，挺进晋西北抗击日寇；10月中下旬参加雁门关伏击战，同战友一道大获全胜。1938年2—4月，随军粉碎日军对晋西北的首次围攻，收复7座县城，开辟了晋西北抗日根据地。5月，随120师主力进入恒山山脉，配合晋察冀抗日根据地军民打击进犯日军，毙伤俘敌旅团长以下数千人，巩固扩大晋察冀抗日根据地。1939年随该师主力开赴冀中；4月，在河间齐会村歼敌700余人，取得平原歼灭战的胜利；9月参加灵寿县陈庄战斗，同他的战友们伏击日军，毙敌旅团长以下1200余人；10月参加著名的黄玉岭战斗，歼灭敌军旅团长以下900余人。刘仁身经百战，战功卓著，先后任359旅718团2营作战股长、营长等职，1940年年底选送中央马列学院学习，结识了在学院工作的彭海贵（解放后任铁道兵副司令员），继后彭调重庆八路军办事处工作，刘仁请彭转寄家信，其大意是：多年没有通信，我的一切都好，我想全哥（传全）移来我处同居，这里有肥沃良田可耕……待太平之年，我们还可再回故里，信里动员毕节亲友和知识青年去延安参加革命，参加抗日斗争。

1940年夏，刘仁在延安会见同乡徐健生、秦天真、熊蕴竹，叙说在革命生涯中建立的深厚情谊。刘仁在马列学院学习结束后，回359旅718团任参谋长。6—7月参加晋西北军民粉碎敌人的夏季大“扫荡”；8月参加举世闻名的百团大战。1941年，王震将军奉命率359旅开赴南泥湾开展大生产。刘仁在该旅718团协助团领导开展工作。

1943年，日寇对八路军敌后抗日根据地进行反复扫荡，刘仁英勇抗敌，身先士卒，不幸在华北战场的一次激战中身负重伤，被日军抓住后活埋，牺牲时年仅24岁。

刘鸿钧

刘鸿钧，山东省阳谷县人，1931年农历8月15日出生于山东聊城地区阳谷县金斗营乡金斗营，中共党员，大学文化，1947年8月参加革命工作，南下干部。

刘鸿钧先在冀鲁豫边区卫生学校学习，半年之后到冀鲁豫边区三分区医院当卫生员。1948年淮海战役后，抽调渡江南下。1949年到达江西景德镇，在镇医院工作，被调到镇干校当卫生员。9月，随军西进，经湖北、湖南，过雪峰山，一路步行到达贵州毕节县参与接管毕节县四大药房，组成毕节县卫生院后，被派到革命干部学校当卫生员。1951年，被抽调大方县双山、响水区的土改卫生工作队，以清匪反霸为主，兼搞卫生工作，冒寒暑，历艰辛，任劳任怨，出色地完成了任务。

1953年，到地区医院工作。由于勤学苦练，掌握了丰富的临床治病知识，从事预防、医药、健康保健、健康教育等方面的研究工作。他面对祖国医学事业的迅速发展，运用理论指导实践，探索创新，取得了优异的成绩，受到了上级和社会各界的好评。在省、县组织召开的学术研讨会上，他多次提出富有创新的建设性的学术观点，提出现代生活习惯必须严格遵守“四大基础”，把好“病从口入”关，落实好“管住嘴，迈开腿”的原则，并以实例深入浅出阐述自己的见解，令闻者折服。

1958年被保送到中山医学院学习，圆了自己多年的大学梦。四年间，他刻苦攻读，广积各种疑难杂症知识，参加医学界各种学术研讨会，撰写多篇实用而有价值的论文，发表在全国各地的医学刊物上，引起学术界的广泛关注。

1962年大学毕业，回到毕节地区医院工作，先后任外科主治医生、副院长、院长、党委书记。曾被选为毕节县人民代表和贵州省第七、八届人民代表大会代表。

1968年，任毕节地区医院副院长，分管全院的业务工作。就职伊始，他在职工中处处率先垂范，以身作则，不怕脏、累、苦，对病人处处予以关心，时时为之分忧解难，急病人之所急，想病人之所想。当时毕节燕子口区送来住院的一个肠瘘病人，吃东西时，饮食对穿对过，分泌物经常向外溢流，奇臭难闻，生命垂危。他精心给病人治疗，准时又耐心地给病人洗涤瘘道，再换敷料，病人热泪盈眶地说：“是刘院长给了我第二次生命，他的大恩大德，我永远铭记，并告诉所有亲人，也要永远铭记！”有的病人就医时因带的钱不够付医院药费为难时，他常常掏钱帮助病人，让其把药拿走。

担任院长后，他更是兢兢业业，无私奉献，带领全院职工，锐意进取，上下求索，发挥求真务实、爱岗敬业的精神及救死扶伤的人道主义作风。

刘鸿钧为了提高医院的整体水平，很重视人才的培养，设备的更新、添置。在购进一大批先进设备的同时，还分批派出医院的业务骨干去北京、上海的著名医院进修，学习先进医疗技术，让他们提升自己、服务人民。在他的组织领导下，医院的整体水平一年上一个新台阶。他承担着全区（毕节、纳雍、赫章、大方、威宁、织金、黔西、金沙）的业务指导，特别是毕节县医院，经常请教他。他凭借精干的医疗技术和渊博的医学理论予以热情指导，而且发扬扶危济困的协作精神，帮助解决医疗中遇到的疑难问题。对其他县的问题，他闻声而动，风尘仆仆地赶去帮助解决，提高县医院的业务能力，使患者尽早解除痛苦，受到病人及其家属的赞扬。

在职时是职工的榜样，离休后仍关注人民的健康。为了实现自己的夙愿——终身悬壶济世，他又动员自己的家人和其他亲人，在七星关区邱家花园创办“鸿福医院”。

刘继元

刘继元（1920— ），山东省金乡县人，1920年9月出生于山东省金乡县马庙乡玉皇庙村。中学文化，中共党员。

刘继元1942年2月参加革命工作，1944年

3月加入中国共产党。1942年2月至1949年2月任金乡县马庙区玉皇庙村农民协会主席兼民兵队长、村党支部书记、马庙区宣传委员、区前线兵站负责人。参加并领导当地抗日战争和反对蒋介石反动军队进攻山东的历次战斗。参加了淮海战役、渡江战役后，1949年9月随军南下，在江西省景德镇南市区工作。同年被编入西进南下工作团，向贵州开进。到达毕节后被分到毕节县委组织部工作；1951年奉命组建毕节县工会，任工会主席；1951年6月至1953年9月任水城县工会主席、中共水城县委组织部部长。1953年10月至1955年，在中央党校学习。1955年5月至1959年11月，任毕节地区工会第一副主席；1959年12月至1961年5月在贵昆铁路工地党委会工作，任政工组组长、纪委书记；1961年6月至1970年任毕节地区工会第一副主席；“文化大革命”中受到冲击，在“五七干校”劳动至1977年。1978年1月至1983年12月任毕节专署劳动局副局长。1983年12月，刘继元享受副地级干部待遇离休。

刘斌文

刘斌文(1919—1983)，又名刘正祥，贵州省毕节县(今七星关区)人，彝族，出生在毕节小吉场新建天生桥，老红军，中共党员。

1936年春，当中国工农红军二、六军团长征的先头部队途经毕节小吉场时，年方17岁的刘斌文便放弃挖煤度日的营生，将父母托付给两个姐姐后，毅然随军而去。在红六军团16师46团一营当战士，跟随红军部队参加了举世闻名的二万五千里长征，经过无数艰难险阻，于1936年10月与中央红军在会宁会师。部队到达陕北保安休整后，改编为八路军359旅718团。刘斌文1937年3月加入中国共产党。抗日战争期间，在八路军120师359旅任副排长、排长、连政治指导员等职务，参加了晋西临武战斗、五台山五次阻击战和“百团大战”等。1938年，在一次战斗中，身负重伤。养伤期间他曾接受过白求恩大夫的诊断治疗。伤愈后，1944年，他又参加河南蒙县战役和晋西北保卫战。在抗日最艰苦时期，他参加了南泥湾大生产运动和延安“整风”运动。1946年10月，随359旅挺进东北，战斗在林海雪原，参加围攻长春、解放辽阳、三下江南、追剿土匪谢文东等战役和战斗，为中华民族的解放做出了重要贡献。

东北解放后，他先后担任东北军区后勤部哈尔滨第302军工厂书记、厂长，东北军区后勤部生产部医院院长等职，为军队后勤建设做出了贡献。1958年，他转业到辽宁省辽阳市，历任辽阳市襄平区副区长、区委副书记，辽阳市建设局党委书记。1960年8月，辽阳遭受百年不遇的洪灾时，他身先士卒，带领机关干部和民兵不分昼夜战斗在抗洪第一线，受到广大群众的好评。

刘斌文1976年2月离休后，还经常应邀到相关单位作报告，向青年讲述党的优良传统和艰苦奋斗的历史。1982年，被辽阳市城建局、市建委誉为“先进离休干部”。

1983年4月28日病逝，享年64岁。《辽阳日报》在当年5月27日发表了《向刘斌文学习》的文章。辽阳市建设局党委给予他“革命的一生，战斗的一生，中国共产党优秀党员，人民群众学习的楷模，中国人民的好儿子”的高度评价。

齐文华

齐文华，江西省乐平县人，初中文化，1929年7月生于江西省乐平县。

1949年5月，齐文华在江西省乐平县干部训练班学习并参加革命。1949年8月至1949年11月，在西南西进支队服务团工作，进入毕节后，为毕节县干部。1949年至1952年6月，在毕节县燕子口区公所任民政助理员；1952年至1956年6月，在毕节县林口区委任宣传干事；1956年至1962年，调毕节县罐头厂做计划员；1962年10月，调大方县瓢井粮管所工作。

1962年至1972年，在大方县食品公司工作；1972年后，调毕节县物资局任采购员。1982年8月离休。

安国均

安国均(1929—？)，河南省西华县人，1929年7月7日生于河南省西华县城关区，1944年2月参加革命，是年8月加入中国共产党，初中文化。

1942年，经宋平(原中央政治局常委)、王其梅两同志介绍，在苏鲁豫边区豫东抗日中学学习。结业后，于1944年2月加入冀鲁豫边区豫东抗日纵队，历任战士、班长、代理排长、纵队特务连文化干事、副指导员、连党支部书记等职。抗日战争胜利后，历任冀鲁豫军区豫东一纵队一团五连指导员、豫皖苏军区一连指导员和二营副教导员，河南省上蔡县三区区委书记，16军48师143团二营教导员，华东第一后方医院宣传干事、指导员，政治干校指导员，卫校指导员，团政治处宣传股长，副团长。在浙江省工作期间，曾任江山县委委员、武委会主任等职。西进贵州后，任中国人民解放军贵阳军分区政治协理员、军衔奖励干事。1951年年初，任国民党八十九师起义部队军代表。罗甸县第二次解放后任县武装部副部长、副政委、县委委员等职。其后，分别在贵定军分区、大方县、毕节县人武部任职。“文化大革命”期间，曾出任中国人民解放军毕节县公安机关军事管制小组组长。离开人武部后，又任金沙、毕节两县科委副主任，1984年5月离休，享受副地级待遇。

自参加革命以来，不论在战争年代还是和平建设时期，都以共产党员的标准严格要求自己，一向认真工作。在冀鲁豫军区期间，曾荣获“冀鲁豫边区战斗英雄”“冀鲁豫军区工作模范”“豫东抗日纵队战斗英雄”等称号。在渡江战役中，荣获“16军二级渡江英雄”称号。他曾于1950年出席中国人民解放军5兵团在贵州召开的英模大会，在大会上又被推选为出席全国英模大会代表。

安国均在部队和地方工作几十年，对党对人民忠心耿耿，无私无畏。在“文化大革命”中坚持党性原则，善于保护干部。到地方工作后，廉洁奉公，勤政为民，做了许多有利于人民的事情，深得人心。

孙清堂

孙清堂，山东省成武县人，初中文化，中共党员，1926年7月5日出生在山东省成武县一个革命家庭，于1945年12月参加革命。南下干部。

孙清堂1945年在家乡加入中国人民解放军行列，同年光荣地加入了中国共产党。先后参加过解放战争中的淮海战役，渡江战役。1949年随部队到了毕节地区水城县，留在水城县建立人民政权，曾担任过县委秘书、区长、区委书记。1956年到毕节县农工部工作，后调地区农工部担任科长，1986年离休。

孙清堂先后获得了各种荣誉：2007年6月，世界名人管理科学院及世界名人资格审评委员会授予孙清堂“世界名人”勋章；2007年10月中国中外名人文化研究会授予其“共和国和谐先锋人物”称号。中共中央、国务院、中央军委先后为孙清堂颁发了庆祝建国58周年荣誉勋章、纪念中国人民抗日战争胜利60周年荣誉勋章、中国人民抗日战争胜利70周年荣誉勋章、纪念中国人民解放军建军80周年勋章等。孙清堂的父亲是一名八路军，当时的地下交通站就设在孙清堂家里，其父任交通站站长。受父亲的影响，孙清堂从小就当上了儿童团团长，长大后就参加了革命。他的事迹于2006年被收入大型文献《党魂》中。

七　画

杨作宪

杨作宪，山东省单县人，1922年12月生，1944年7月参加革命，同年加入中国共产党，中专文化，南下干部。

1944年起，杨作宪在单县先后任乡农会会长、区组织委员、工作员、区委宣传委员、区联合会主任等职。1949年3月，随军南下江西，解放赣东北后，任景德镇市政府司务长、市税务局军代表。是年9月西进贵州后，在毕节先后任专署税盐局军代表、毕节县海子街区武工队指导员。后到中共贵州省委党校学习。1950年后，任中国人民银行毕节地区中心支行股长、中共毕节地委机关党支部书记、中共毕节县海子街区区委书记、中共毕节县委农村工作部部长、中共毕节县委副书记。1956年，在中共中央重庆中级党校学习。1959年9月回任中共毕节县委副书记，其间，受“文化大革命”冲击。调任毕节地区水利电力局副局长、畜牧局副局长。1983年10月离休，享受副地级待遇。

杨作宪参加革命后，经历了抗日战争和解放战争。他作战勇敢，工作积极，常受到上级党委和首长的表彰和奖励。中华人民共和国成立后，进入毕节，在清剿国民党残余势力和土匪中，机智勇敢，遇事果断，功绩显著。在海子街区任武工队指导员期间，海子街区内土匪十分猖狂，他带领武工队奋力清剿，很快歼灭了大大小小的股匪十余起。全区社会治安及时好转，杨作宪功不可没。

在担任区委书记、县委副书记期间，他领导和分管毕节县农业生产，常深入田边地角调查研究，与农民一起劳动，使海子街区农业生产走在全地区前面，成为地委农村工作的重点区，受到省、地领导的重视。杨作宪每次上省里开会，都在省委召开的农村工作会议上作典型发言，深受领导和参会人员的好评。在实际工作中，他以身作则，带领海子街区人民修水利，改良土壤，改善生产条件，使农民得到不少实惠，受到广大人民群众的好评。

杨德福

杨德福(1927—2007)，贵州毕节县(今七星关区)人，中专文化，1927年5月出生于贵州毕节城关镇，于1948年4月参加革命，一等功臣。

1948年参加革命后，在中国人民解放军23军军部警卫连当战士；1950年9月至1951年2月为坦克26师52团教导队学员；1951年3月至1954年10月，在水陆坦克团2连任驾驶机员。杨德富参加了解放战争、渡江战役、抗美援朝等战争。在部队期间，1950年立二等功一次，1951年立二等功一次，1953年立一等功一次。

1954年11月转业回地方，在毕节县食品公司工作，1980年调商业局桥边饭店工作。1983年12月离休。于2007年9月22日在毕节病逝，享年80岁。

李　惠

李惠(1925—2010)，女，山东省金乡县人。1925年生于山东省金乡县吉术乡李固堆，1945年1月参加革命，1947年7月加入中国共产党，南下干部。

参加革命后，李惠曾在山东单县曹马区联合会任区工作员、妇女干事、宣传干事。1949年3月随军南下西进贵州来到毕节县，任毕节县长春区委妇女委员、毕节县城关镇党委组织委员和副书记，毕节县妇联主任和毕节县商业局人秘股长、副局长等职，1984年1月离休(副厅级待遇)。

李惠自参加革命工作以来，长期从事党的基层工作，忠于党的事业，坚持原则，办事公正，作风正派，全心全意为人民服务，从不居功自傲。在困难时期，特别是在“文化大革命”中受到打击迫害，从未动摇过对党的信念。对群众满腔热情，从不向组织伸手要名要利，几十年如一日，坚持在基层第一线工作，曾多次受到表彰，获建设社会主义积极分子奖章等，是党和人民的好干部。

2010年6月13日因病去世，享年85岁。

李丰满

李丰满(1931—1989)，河北省丰南县人，南下干部。

李丰满少时，跟随父亲在唐山煤矿做零活，饱受艰辛。1946年9月，以15岁的年纪加入中国人民解放军，历经解放锦州、张家口、南京、上海等著名战役，立下战功。1948年加入中国共产党。南征北战4年，成为一名解放军连指导员。1952年，随中国人民志愿军346部队入朝参加抗美援朝战争，时任三大队副指导员。1953年，负伤回国，在华北军区疗养院疗养，后转院到贵州军区疗养院休养。出院后留在贵州工作，分配到毕节，将自己的一生奉献给毕节山区。

1954年起，李丰满先后任毕节专区专卖事业管理处副主任(副县级)、毕节县服务局党支部书记、毕节县商业局罐头厂党支部书记。1961年，调任毕节县商业局局长。时值国家三年自然灾害时期，他为全县人民解决物资紧缺、计划储备、商品供应等重大民生问题呕心沥血，夜以继日地工作，成效斐然，受到广大干部和人民群众的好评。

1963年调任毕节县财政局局长。连任20年，为全县理财当家，肩上的责任和使命十分重大。他以坚韧不拔、自强不息的精神，运用在部队速成的文化知识，刻苦学习财政管理业务、上级制定的制度，结合毕节的县情、民情，含辛茹苦地理财，兢兢业业地“管家”，为全县的财政运行、经济发展和人民群众的日常生活做出应有的贡献，体现了共产党员的赤子之心。

1984年，因长期积劳成疾，被诊断患有肺癌，组织上安排他转任县政协副秘书长，1985年离休。1989年病故，终年58岁。他把生命奉献在第二故乡的热土上，葬于风景如画的毕节阳山公园。墓碑上镌刻着后人对他58年人生的敬仰和赞誉：“一生正气传梓里，两袖清风遗后人。”

李少成

李少成(1921—？)，又名海昌、德海，贵州省毕节县(今七星关区)人，1921年4月出生于毕节县海子街果乐桥七里沟，中共党员，老红军。

1936年，中国工农红军长征途经毕节，14岁的李少成就参加红军，跟随红二、六军团长征，回旋乌蒙、巧渡金沙江、翻雪山、过草地，突破敌人重重封锁，顺利到达陕北。1936年10月加入中国共产党，历任红军六军团十六师四十六团三营营部警卫员、中央秘书处机要通讯员，并在毛泽东身边担任警卫员、通讯员和中央办公厅机要通讯参谋，中央警备团文工队研究员，中央纵队二师师直政治处组织干事，北京公安警卫师政治部文化科文化助理员，山西省工会宣传部宣传科副科长、科长，宣传体育部副部长，太原市工会体育部部长，太原市体校校长，太原市体委副主任等职务。1983年12月离休，享受副厅级待遇。

李少成自幼投身于党和人民的革命事业，经历了二万五千里长征生与死的考验，经受了抗日战争、解放战争血与火的洗礼，在艰苦的环境和艰难的斗争中，始终站在前沿阵地，表现出坚定的革命信念和意志，对党对人民无比忠诚。为中国人民的解放事业献出了青春年华。他不仅是战争年代的功臣，也是和平建设时期的先锋。解放后，他积极致力于部队文化建设，在新中国的文化事业发展方面做出积极贡献。

1954年3月，转业到地方工作。他发挥自身的文化专长，继续活跃在山西省宣传体育战线上，不断适应新形势的要求，努力开展各项工作。在担任太原市体委副主任期间，继续发扬优良的革命传统，认真贯彻党的各项方针政策，为体育事业的发展做出了重要贡献。离休后，他担任太原市体育总会副主席、太原市老年体协副主席及一些单项体育协会负责人等职，仍关心体育事业的发展，提出了许多有益的建议。1986年，被山西省体委授予"体育事业开拓者"称号，为体育事业做出了贡献。在工作和生活上，他始终保持一名共产党员、革命军人的本色，始终坚持党和人民的利益高于一切，严格要求自己。曾荣获三级八一勋章、独立自由勋章和解放勋章。他病重住院期间，也不愿多花国家一分钱，充分体现了一名老共产党员和革命军人的高风亮节，赢得了人民的信任和崇敬。

李汉亭

李汉亭，山东省金乡县人，1919年出生于山东省金乡县联村。中专文化，中共党员。

李汉亭1941年参加革命工作，1943年8月加入中国共产党。1941年2月至1949年任金乡县联村主任、中共金乡县城关区区委宣传委员。1949年随军南下到赣东北，任景德镇干校中队长，西进时任西南服务团中队长。同年年底到达毕节，任毕节专区干校指导员、队长。1951年至1952年任毕节县土地改革工作委员会书记。后转战到威宁指导土改工作，1952年5月至1964年3月，任威宁县委常委、组织部部长、县委副书记（其间到西南党校学习）；1964年4月至1972年任中共纳雍县委第一书记兼县人民武装部政委、纳雍县革委会副主任。1972年3月至1983年9月任毕节专署农业局局长、毕节专署战备办主任、毕节地区供销社党组书记兼主任。1983年9月享受地级待遇离休。

李存考

李存考，河南省南乐县人。1916年10月出生于河南省南乐县。小学文化，中共党员，南下干部。

李存考1945年8月参加八路军，之后改为中国人民解放军，1946年8月加入中国共产党。先后任五兵团十六军四十七师一四一团战士、班长、排长、连长。参加淮海战役、渡江战役等多次战斗，荣立各种战功十多项。1949年解放贵州赫章县后，服从革命工作需要，留在赫章组建赫章县独立营，任独立营党委书记、教导员。1952年调任毕节县人民武装部政委、党委书记。后转业到威宁县羊街组建农机厂（站），任厂（站）长。1984年5月享受正县级待遇离休。

李成文

李成文，山东省烟台市人，1921年1月生于山东省烟台市玉皇顶村。1942年7月参加革命，1943年5月加入中国共产党，南下干部。

李成文从小在家乡读平民夜校，稍成年后于1934年在烟台市裕海堂商行当学徒，受社会进步思想的影响和共产党的宣传、教育，于1942年7月参加革命，在山东栖霞县桃村区中队当战士，参加抗击日本侵略者的斗争。1945年日寇投降后，调东北一纵警卫营任保卫干事。1948年3月任机炮连副指导员。1948年6月调中国人民解放军第四野战军38军军直工兵连任指导员。1949年10月调215师644团任警卫连指导员。1950年12月提任该师645团军务股长。1953年3月调师部审干办公室工作。1955年在师部集训队学习，之后转业地方。1957年调任毕节县监委会副书记。1962年先后任毕节县手工业管理局局长、城关镇党委书记、县委组织部副部长等职。1968年抽调带领民兵修建湘黔铁路。湘黔铁路修建结束，因年高身体欠佳，调至毕节县电影公司工作，1982年离休。

李成海

李成海(1926—2001)，湖北随县人，1926年3月出生于湖北省随县。中专文化，中共党员，1945年4月参加革命，南下干部。

1945年4月12日，李成海所在新四军打垮在湖北省西草店石卡的日本军队，西草店回到人民手里的当天，其即参加新四军入伍。1945年4月至1950年10月历任新四军挺进一团三营、湖北省中强县杨自区中队、中南军区航空司令部警卫营二连等处任战士、班长、排长、副连长等职。并先后荣立一等功、二等功各一次，六次获得奖励。1948年3月加入中国共产党。1950年至1957年4月，李成海在中南军区军大二分校、公安十师二十八团通信营、二营八连、新兵营二连等处任副连长、连长；1957年4月由广东湛江转业到毕节县粮食系统工作，历任朱昌粮管所所长、县粮食局业务股股长，撒拉溪粮管所所长等职；1963年3月由粮食局调入毕节县商业局工作，任公方代表、基层股股长等职；1982年9月经组织批准离休，享受县级干部待遇。于2001年2月26日因病治疗无效在毕节去世，享年75岁。

李庆堂

李庆堂，河北省平山县人，小学文化，中共党员，1928年5月出生在河北省平山县，于1946年8月参加中国人民解放军，南下干部。

李庆堂1946年8月至1946年10月在解放军华北部队补训团当战士；1946年10月至1948年6月在华北部队一纵队一旅一团任通讯员、电话员、宣传员；1947年8月加入中国共产党。1948年6月至1949年9月，在第二野战军46师136团政治部任排级宣传员；1949年6月至1950年8月，在第二野战军16军47师师部任排级机要员；1950年8月至1952年4月，转业到毕节县委任机要员，随后到毕节行署机要股任机要员；1952年4月至1954年7月，在织金县政府任秘书兼机要员；1954年7月至1954年9月，在贵州省委党校学习；1954年9月至1956年5月，在毕节地委组织部组织科任副科长；1956年5月至1958年4月，在黔西县委组织部任副部长；1958年4月至1960年2月，在黔西县甘棠区任区委书记兼县委组织部副部长；1960年2月至1962年3月，在贵州省公安厅办公室任政治协理员（正科级）；1962年3月至1962年5月，任黔西县人事局局长；1962年5月至1967年5月，在毕节地委组织部干部科任科长；1967年5月至1968年9月，在毕节地区“五七干校”劳动；1968年9月至1969年1月，在毕节地区革委会组织组任副组长；1969年1月至1970年9月，在毕节地区“五七干校”劳动；1970年9月至1977年7月，在毕节地委组织部干部科任科长；1977年7月至1984年4月，在毕节地区人事局任局长。1984年4月至1990年10月，在毕节地委老干局任局长。1990年10月离休。离休后享受副厅级干部待遇。

李庆堂在解放战争时期，挺进大别山的艰苦岁月中，参加了无数次战斗，特别是参加了淮海、渡江两大战役，为新中国的解放尽了自己的力量。在地区组织、干部工作岗位20年，为毕节地区选用干部做了大量工作。1979年党的三中全会召开后，李庆堂当时在地区人事局局长岗位，为挽留、稳定支黔来毕节工作的知识分子和各方面人才，做了大量的思想政治工作。

李国富

李国富，河南省南阳市社旗县人，1924年8月8日出生在河南省南阳市社旗县大冯营乡李模村。初小文化，中共党员，于1947年8月参军入伍，南下干部。

李国富1947年8月，在河南省南阳参加八路军；1948年8月，在南阳六分区任班长；1950年10月，在云南0059部队三十九师115团2营4连任副排长；1952年2月，被提升为排长。1956年9月，从云南转业到毕节地区食品公司任科长；1957年10月，调毕节县长春堡区食品公司任经理；1958年10月，长春堡食品经营公司与供销社合并，李国富任经理；1959年任长春堡区供销社党支部书记兼经理；1960年3月，调长春堡区武装部任部长；1961年调长春堡食品管理所任所长兼党支部书记；1962年调长春堡供销社任主任兼党支部书记。

李国富曾参加过淮海战役等多次战役，获得多项奖励，并被授予勋章。

李绍武

李绍武（1907—1957），又名镇先，贵州省毕节县（今七星关区）人，生于毕节长春堡下伍溪，老红军。

李绍武从小在家乡启蒙读书，识字不多。16岁时被滇军军阀抓丁，在滇军部队当下士勤务兵。干了一年半后告假返乡继续务农。1935年，长征中中央红军四渡赤水时，曾在川黔边留下川南游击队、黔北游击队和黔西游击队，这些都是为准备坚持川黔边武装斗争而部署的。中央红军南渡乌江后，除黔西游击队被敌人击溃散失外，黔北游击队后与川南游击队会合成立中国工农红军川滇黔边区红军游击纵队，李绍武在1935年2月参加了这支红军游击队，并任川滇黔边区红军游击纵队的分队长。

1936年2月9日，在毕节地下党和地方武装的接应下，贺龙、任弼时、萧克、王震等率领的中国工农红军二、六军团，不费一枪一弹拿下了黔西北重镇毕节（今七星关区），在虎踞龙盘的百花山上，飘扬起“中华苏维埃共和国川滇黔省革命委员会”的猎猎大旗。紧接着，李绍武被组织派往贵州省工委从事地方民运工作，配合红二、六军团宣传动员群众进行扩红。当时有一首歌谣：“当兵就要当红军，天下工农来欢迎，指挥作战都一样，没有人来压迫人”，流传在毕节的大街小巷，激发了毕节青年踊跃参军、投身革命的热情。在很短的时间里，根据地就有5000多名英雄儿女参加红军，仅毕节县就有3000多人加入抗日队伍。

1936年3月，李绍武随红二、六军团继续长征，被编入红二军团六师十八团警卫连任警卫战士。李绍武参加了乌蒙回旋战，把30万国军拖得晕头转向，六甲阻击战，十八团打得英勇顽强，余秋里政委的胳膊被敌人一梭子弹打断，红四师的杨秀山政委紧急火线替补指挥，一颗子弹打到杨政委的左眼眶爆炸，弹片炸伤了脸，鲜血糊住眼睛，他全然不顾，继续指挥……英雄的十八团，打完前卫打后卫。一路的枪林弹雨，闯关夺隘，李绍武冲锋在前，九死一生。1936年8月，红二军团长征快走出草地时，与胡宗南的骑兵侦察部队遭遇，交战中李绍武的腿部中弹负伤。1936年9月，李绍武经历了万里长征中血与火的严峻考验，光荣地加入了中国共产党。

1937年7月，抗战爆发后，红二方面军改编为八路军120师，李绍武在120师358旅716团三连担任连长兼指导员。在抗日战争中，李绍武战斗在最前沿，与穷凶极恶的日寇面对面进行了殊死拼搏。他参加了忻口会战，首战雁门关，带领连队浴血奋战，取得了雁门关伏击战的胜利。

在开辟晋西北抗日根据地、反“扫荡”、反“蚕食”等战役中，他参加了以反袭击战术歼敌而著称的“模范的遭遇歼灭战”——滑石片战斗。1938年10月，八路军120师挺进冀中，李绍武任358旅716团1连指导员，在此期间，曾在120师教导团参加过短期培训。李绍武参加了华北敌后战场著名的齐会大捷、陈庄歼灭战、百团大战等战斗和战役。

1942年5月，李绍武任358旅供给部管理科科长（团职）。1942年12月，任358旅供给部督察处处长。1943年6月，任358旅供给部统销处处长。

1943年12月，358旅回师延安担负防守延安南大门的任务，358旅一边开展大练兵，一边开展大生产运动。李绍武任358旅供给部中心商店经理，担负筹措经费物资、组织生产、保障部队供给的工作。在长达五年的时间里，他经常带领武器装备精良的一个加强警卫排，策马往返于根据地和敌占区之间进行贸易，用部队生产的土特产换回金条和银圆以及前方急需的药品、布匹、军火、日用品等物资。这项任务责任重，风险大，五年间他率队运送了无数次金条、银圆和物资，来往账目笔笔清楚，没有丝毫的差错，而且李绍武凭借丰富的作战经验，在敌人眼皮子底下活动，总是有惊无险。

1944年，358旅在陕北富县王家角垦荒，李绍武继续担任358旅供给部中心商店经理。

1945年年初，王英（1925—2009，山西汾阳人）参加了八路军，不久在组织的撮合下，与李绍武喜结良缘。新婚燕尔的王英加入警卫排，跟随丈夫李绍武去敌占区进行贸易。一次在返回根据地的归途中发生了意外情况，通过鬼子的封锁线时，王英骑的一匹小马过河受惊，马失前蹄，将王英摔下，她随身携带的勃朗宁手枪也落入河中。武器是军人的第二生命，李绍武命令战士们带着几十匹满载辎重的马驮子继续前行，夫妻二人则和两名警卫员留下来在浑浊的河水中摸索着打捞。正在这当口，被一队巡逻的日本鬼子发现了，鬼子迅速包抄过来，情况万分紧急，几人全然不顾，继续捞枪……好在河水只淹到膝盖处，枪终于找到了！众人终于放下悬着的心，翻身上马，一溜烟地将徒步追赶的鬼子兵甩在身后，脱离了险境，鬼子兵只能眼睁睁地看着八路绝尘而去。

1947年7月，李绍武从358旅调入成立不久的晋绥九分区任贸易公司经理；1948年10月，调任山西汾西煤矿经理；1949年5月，李绍武参加解放西安后，随贺龙南下参加解放陕南、四川战役；1949年12月，李绍武作为陕南行署工作队成员负责接管原国民党政府陕西省银行西乡办事处和西乡县银行全部财产，并于1950年上半年建立中国人民银行西乡县支行，任行长。

解放后，李绍武一家开始过上了相对安定的生活。结婚已经五年的李绍武和王英夫妇一直膝下无子，时任中国人民银行西北区副行长的乔培新非常关心下属的个人问题，当他得知原因是王英由于长期营养不良导致了不孕症后，立即指示卫生部门用7袋面粉换回一种进口针剂，注射后立竿见影。1951年5月，一名男婴呱呱坠地，取名为“西贵”，寓意多重：孩子出生在陕西省西乡，王英是山西人，李绍武是贵州人，两省均作怀念纪念。

1951年11月，李绍武调回西安任西北区人民银行发行库主任，1954年，任新组建的中国人民建设银行陕西省分行副行长。1955年至1956年底在中共中央第二中级党校学习。毕业后即被任命为中国人民银行某印钞厂党委书记兼厂长。1957年1月25日，李绍武不幸牺牲，时年50岁，被中央人民政府批准为革命烈士。1957年5月18日，中央人民政府批准，毛泽东主席亲自签发家属光荣纪念证，并亲笔在荣誉证上题写“永垂不朽”的挽词，民政部为李绍武颁发革命烈士证明书。

李建周

李建周，山东省城武县人。1919年1月出生于山东省城武县白浮图乡陈楼村。1945年10月参加革命工作，同年10月加入中国共产党，南下干部。

参加革命后，李建周于1945年在山东城武县武委会工作，1947年提任武委会主任。1949年9月随军南下，任江西省湘良县武委会副主任。西进贵州后，1951年1月任毕节地区威宁县哈拉河区区长。1953年8月调任毕节县林口区区长，1956年改任副区长，1958年提任区委书记。1959年区改为大公社，继任林口公社党委书记。1960年调任毕节县综合化工厂厂长，1961年6月调任县农林水利局副局长。1963年1月任县林业站站长，1979年1月调任县苗圃站站长。1980年获全地区农业科技成果四等奖，毕节地委、行署发给荣誉证书。1982年，李建周离休。

李养魁

李养魁，山东巨野人，1921年生，中学文化。1944年参加革命，1946年5月加入中国共产党，南下干部。

在北方工作时期，曾于1944年2月至1949年2月，先后任巨野县张表区工作员和中共张表区委宣传干事、宣传委员等职。1949年3—8月，随军南下江西任乐平县五区区委宣传委员兼各口乡的乡长。1949年9月至1952年11月西进贵州后，任毕节县五区（对坡）区委宣传委员、组织委员和区委副书记、书记，其间于1950年春，带着进步人士（土目）杨方佰深入虎穴，到镇雄母享大土目、匪首陇德超部索回对坡、初都两地被匪徒抢走的牛马、粮食、衣物、枪支等物，返回对坡时群众燃放鞭炮迎接，高呼“共产党万岁！解放军万岁”。继后大股土匪集结并盘踞在长春、八寨坪、对坡等地，全县形势严峻。他率武装干部褚士轩、石秀荣、向荣富等人，深入匪区开展政治攻势，说服周清荣归顺，利用周的力量，由褚士轩统一指挥围剿土匪，但周的反动立场未变，暗中想杀李养魁等人，虽摆下许多“鸿门宴”，终被英勇善战的李养魁识破，最终收回了被土匪盘踞的对坡、八寨、燕子口等地，其战功显赫，升任区委书记。事后曾参加毕节地委组织的土改工作队赴毕节县海子街区王张行政村与汉屯行政村搞土改，任工作组大组副组长兼王张工作组组长，领导人民群众进行轰轰烈烈、扎扎实实的清匪反霸、减租退押工作，深受人民群众拥戴。1952年12月至1956年2月，任毕节县人民法院首任院长。尔后又任毕节县工商科科长。1956年3月至1982年12月，任毕节地区中级人民法院司法科科长、办公室主任、民庭庭长、审判委员会委员等职。1983年离休时，组织上明确为副地级干部待遇。近40年来，无论工作如何变动，职务如何调整，他一向忠心耿耿，始终以饱满的革命热情对待党和人民的事业。离休后还不时关心单位的工作和下属同志。他光明磊落，严于律己，宽以待人，人们常说，李养魁是一个难得的好领导、好干部。

李常兴

李常兴（1921—2010），山东省东明县人，小学文化。1921年7月生于山东省东明县，1948年3月加入中国共产党，南下干部。

1944年参加本村民兵队，于同年2月在鲁西南军分区148团一营二连参军任通讯员，1949年10月，在该部任班长、排长及三连副连长，1949年11月任贵州省军区47师18团政治处支前大队正连级中队长。他曾参加过抗日战争、解放战争。参加过淮海战役、渡江战役、华中南解放、华北解放、西南大解放等著名战役，荣立二等功。

1952年7月从正连职之职，转业到毕节县油脂公司任经理。

1953年8月至1955年6月任毕节县儿童教养院院长，1956年6月至1957年6月任撒拉溪区区长，1957年年底至1961年任大坝硫黄厂厂长、党支部书记。曾获毕节专区工业基建交通运输社会主义先进生产者，并参加贵州省工业基建交通财贸群英会。1961年2月起任毕节县农机一厂党支部书记，1982年6月离休，享受县级干部待遇。

2010年5月，李常兴在毕节家中病逝，享年89岁。他一生跟党走，听党指挥，吃苦在前，享乐在后，对党忠诚，对人民赤诚，是后人心中永恒的丰碑。

时爱华

时爱华，山东单县人，1915年3月生，1938年8月参加革命，卒时不详。1944年10月加入中国共产党，大专文化，南下干部。

时爱华1938年8月至1942年12月，参加八路军任分队长、中队长、抗大三分校学员。作战负伤致残，享受三等甲级待遇。1943年1月至1949年2月，任荣誉军人学校文书、单县完全小学校长、校党支部书记和单县沙河区工作队副队长、区长、区委委员、武工队长。1949年3月至1951年12月，随军南下，西进贵州后，任威宁县政府秘书、秘书科长，中共毕节县海子街工作队指导员、毕节县医院指导员、西南革大司法班学员。1952年至1983年，任毕节县人民法院秘书、副院长，毕节地区中级人民法院副院长、党组副书记，毕节地区革委政法小组成员、毕节行署环保办副主任和行署环保局副局长、党支部副书记。1983年3月离休时，明确享受副地级待遇。

吴庚川

吴庚川(1929—2016)，河北省滦南县人，初中文化，中共党员，1929年2月出生于河北省滦南县安各庄农场，1947年8月在河北省滦县县大队参军。1946年7月入党，且于同年10月转正，南下干部。

1948年10月至1949年8月，吴庚川在364团一连任班长，1952年6月，为师教导队正排级学员。1954年至1961年8月，在364团机枪连、卫生队历任排长、指导员（其间1959年9月，在6842部队工作）。1963年转业后在毕节县何官屯税务所任所长。1964年至1984年调毕节县工作，历任县供销社副主任、县商业局副局长等职。1985年8月离休，享受副县级待遇，2016年1月在毕节医院病逝，享年87岁。

吴清海

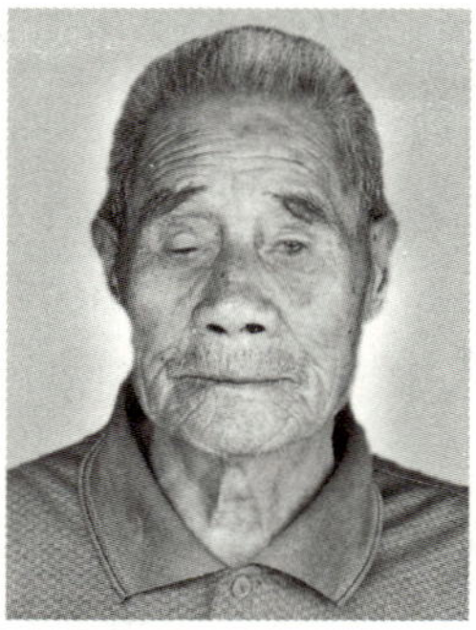

吴清海，贵州省毕节县（今七星关区）人。1920年5月出生于毕节县。

吴清海出身贫苦，1935年，中央红军路过毕节，不满15岁的吴清海就参加了红军。为了民族的独立、人民的解放，吴清海跟随红军爬雪山、过草地，经受了血与火、生与死的考验，到达延安后，被编入西进部队，历经艰辛过黑河、进西藏，在甘肃与国民党军队打仗时左腿受伤，伤势极为严重，因此无法跟上大部队。部队以为他已牺牲，吴清海也无法联系红军而流落甘肃，在当地藏族人民的帮助下，吴清海大难不死，隐姓埋名活了下来，直至1960年返回毕节老家生活。其奋勇杀敌的英雄事迹、可歌可泣的不朽功绩将永载史册，让世人铭记于心。

邹尚武

邹尚武，山东省茌平县人，1923年9月出生，1943年6月参加革命，1944年9月加入中国共产党，南下干部。

1943年6月之后，邹尚武历任本区联卫队队长，八路军班长、排长，解放军连指导员。1949年3月，随军南下江西，然后西进贵州，转业到毕节县。1952年，任中共毕节县三区组织委员兼税务所所长。1953年至1958年，任中共毕节县普宜区区委书记，后任人民银行毕节县支行行长。1959年，任中共毕节县委财贸部部长、农业银行毕节支行行长、毕节县贸易局局长、毕节县商业局局长。“文化大革命”中受冲击。恢复工作后，于1974年任毕节财贸办公室副主任、县工交办主任。1982年，选任毕节县政协副主席。1983年离休，享受副地级待遇。

邹尚武经历抗日战争和解放战争，参加许多著名的战役，立下许多战功，对抗日战争的胜利和新中国的建立做出了重要贡献。全国解放后，在社会主义革命和建设中，对毕节的经济建设做了大量的工作，为毕节经济持续发展打下良好基础，是毕节人民信任的清正廉洁的好干部。

汪　宏

汪宏（1916—2004），贵州省毕节县（今七星关区）人，1916年生于何官屯后箐白果。1936年2月参加革命，1936年8月加入中国共产党。老红军。

汪宏小时生活窘困。1936年2月红军二、六军团长征到毕节以后，派出许多红军到农村开展宣传，组织群众打土豪、分田地，动员群众参加红军。其中有一支红军队伍从白果屯过的时候，在革命队伍的宣传下，20岁的汪宏便参加红军，从此走上革命的征途。后随红军来到毕节，部队住在刘家祠堂，接受改编，编为贵州省抗日救国军独立团，当时团长叫贺礼保。在毕节住了几天，此时51团的团长贺庆积、政委刘贵生部在大方被柏辉章的队伍围住，汪宏所在团接到命令前去接应。把51团接应出来，取道双山到文阁、双华、朱昌，在小屯休息后，从宋伍经沙垮、大郎滩、治中到熊垮、马场、香炉、大垭口，经七星关到平山堡（今平山乡），在平山堡，部队又进行编队，汪宏被正式编到十八师五十二团三营九连当战士，随红军长征。

1936年2月至1954年9月期间，历任战士、班长、排长、连指导员、师民政干事。1936年4月随部队长征到云南，在云南省富民县碧鸡街战斗中左脚负伤，1945年6月在山西省离石县战斗中被地雷炸伤脑部及右手，后任边区第三分区岚离公路武工队组长。在抗美援朝时期，任四分队二十七队八十一分站助理员。1954年10月在东北转业后，被安置到辽宁省鞍山市商业局人事科，任总务副科长，工作期间，他仍然像在部队一样，严格要求自己，踏踏实实工作。1957年9月到贵州省农村工作队任监委副书记，在此期间，他经常下到农村基层进行工作调研，身担领导职务，但从不摆架子，积极投身于社会主义建设事业，兢兢业业，率先垂范，任劳任怨。1962年5月任毕节县监委副书记，1970年5月任毕节县革委民政局局长，1971年至1983年12月，任毕节县委副书记、人大常委会副主任等职。在毕节工作期间，他在政治思想上，认真学习马列主义、毛泽东思想，不断拓宽自己的知识视野，在大是大非和原则问题上，立场坚定，与党中央保持高度一致。在工作生活中，谦虚谨慎，公正无私，时时严格要求自己。1983年离休后，他仍为地方的经济建设积极工作，做出自己的贡献。

2004年逝世，享年78岁。

宋玉海

宋玉海，山东省单县人，1932年1月生，1947年11月参加革命，1948年1月加入中国共产党。

1947年11月至1950年6月，先后在单县、景德镇市教育局、毕节专署当通讯员。1950年7月至1952年12月，任毕节地区百货公司营业员。1953—1958年，任毕节地区百货公司、文化用品公司、毕节县公私合营百货公司副经理、经理，毕节县农具厂党支部书记。1959—1960年，在贵州省工业干部学校学习。1960—1977年，任中共毕节县委工交部副部长、毕节县工交办副主任、县税务局局长和工业局局长。1978年后，当选为毕节县革命委员会副主任、毕节县人民政府副县长。1984—1989年，任毕节县人民代表大会常务委员会副主任。1990年离休，享受副地级待遇。

宋玉海从小参加工作，对党和人民事业忠心耿耿，无论组织上分配什么任务都能很好地完成，是一个忠于党和人民的好干部。他为人正直，作风正派，坚持原则，为政清廉，工作任劳任怨，兢兢业业、求真务实、忠于职守，深受干部群众的好评。

宋保田

宋保田(1922—2011)，山东省聊城县人，1922年8月出生于山东省聊城县，高小文化，1947年2月参加革命，1948年12月加入中国共产党，南下干部。

1947年后历任冀鲁豫一纵队五十六团三营七连战士、班长，二野五兵团警卫连副班长，省军区建设学校学员。解放战争时期，参加淮海、渡江、华北、华中南、西南等战役。进贵州参加剿匪斗争，出席贵州省第一届各族人民代表会议，负责省军区国庆节运动大会等保卫工作。1952年转业，历任毕节县公安局股长、省公安学校学员、朱昌区公安特派员、区武装部部长、毕节县看守所所长、白马山林场管理员等职。1985年离休享受老干部待遇，2011年11月22日在毕节地区医院病逝，享年89岁。

初艳蓉

初艳蓉(1929—2003)，女，山东省单县人，高小文化，中共党员，1929年11月出生于山东省单县，于1946年参加工作，南下干部。

1946年至1948年在山东省单县芳桂集工作；1948年加入中国共产党。1949年随军南下解放贵州，1950年在毕节县城关工作；1951年至1954年在毕节县五区工作；1953年至1954年在毕节县八区工作；1955年至1957年调毕节县公安局工作；1958年至1982年调毕节县粮食局工作。1982年12月离休。于2003年6月在毕节中医院病逝，享年74岁。

张凤朝

张凤朝，山东巨野人。1927年2月生，1946年8月参加革命工作。1950年1月加入中国共产党，南下干部。

1946年9月，任巨南县教育科员、县兵站粮秣员，棠林区工作员，中共冀鲁豫三地委党校学员。1949年3月，参加南下支队三大队，任三中队管理员。是年5月，到江西乐平县任教育科员。8月西进贵州毕节，任县民政科员。

1950年4月起先后任毕节县二区、七区副区长。1952年8月，任十区(清水铺)副区长、区委副书记(主持工作)。其间领导全区清匪、反霸、减租、退押、土地改革等工作。土改后，带领全区农民投入大生产，引导农民多种经营，取得了农业大丰收。秋征时，教育农民挑选好粮烘干扬净，首先完成公粮入仓任务，支援国家社会主义建设。同时开展禁烟禁毒运动，将鸦片没收到区公所集中销毁。动员人民群众爱国爱家，支援抗美援朝。短时间内全区捐款1000多万元(旧币)上交县财政，取得良好的工作成绩，奉调毕节地委组织部任干事。1953年8月，调任毕节县城关区党委书记，人代会召开时选为区长。任职期间，组建城区手工业合作社，就地安排城镇青壮年、部分老年人就业，发展手工业生产，解决市民的衣食住行问题。同时领导市民治理街道环境，开展爱国卫生运动。城区家家户户改造厕所为三合结构，捕捉危害动物，做到无虫害。区政府与公安派出所配合，关闭妓院、烟馆，清查小偷小摸，做到夜不闭户，道不拾遗，太平无忧，受到上级领导的表扬、群众的称赞。

1954年，张凤朝调任地委农村工作部手工业合作科科长。第二年，调任专署工业科科长。1959年9月，任地委工具改革办公室主任。在任职变动频繁的岗位上，服从组织分配，认真履行自己的工作职责。1962年，提任地委办公室主任，承担重要的工作任务。1964年，调任地区交通局局长，深入区乡调查研究，改造县级公路。“文革”期间，在地区“五七干校”劳动。1969年，仍任交通局局长、党组书记。其间，组织领导了清毕公路双山至大方段的改道工程。绕开危险地段老鹰岩段，解除每年凝冻期间不能通车或肇事的现象。同时组织技术人员勘测、设计各县、区、乡公路，预算筹集资金，准修区与区之间的公路。在金沙县配合县交通局修建沙三大桥（金沙沙土至遵义三合寺公路中段），长度215米，宽6米，高176米。继后于1978年3月调任地区轻工局局长、党组第一书记。此间组建和发展了毕节制革厂，扩建毕节县皮革厂；发展了毕节大曲酒、金沙窖酒，两地的酒业曾多次被评为名酒，远销各地，驰名一时。金沙窖酒既有发展，又保持名牌。1982年调任地区建委副主任、建设局局长，主抓城市建设。后改为调研员，于1987年1月离休，享受地专级待遇。

张世芝

张世芝，毕节县林口镇鸡鸣三省村人，1935年2月与其堂弟张世民（又名张绍洲）一起在林口参加中央红军长征，爬雪山时牺牲。

张圣龙

张圣龙，山东郓城人，1926年1月生，1946年9月参加解放军，1953年3月加入中国共产党，中学文化，南下干部。

张圣龙1946年参加革命后，经历保卫山东、渡江战役、解放江西等大小战斗数十次。1949年进军贵州后转业，历任中共毕节县普宜区区委组织委员、威宁县小海子区区长、贵州地质大队一一五队队长、赫章县商业局局长、赫章县工交办副主任等职。1982年5月享受县级待遇离休。

张吉淮

张吉淮，河南林县人，1927年10月生，1946年12月参加革命工作，1947年1月加入中国共产党，南下干部。离休前任毕节市（县级）工商局局长。

张存正

张存正(1921—1959)，山东省巨野县人。1921年出生于山东省巨野县十区翟庄，出身于贫寒农家。1943年3月参加革命，1945年加入中国共产党，南下干部。

张存正参加革命后，历任民兵队长、村农协会会长、区工作组组长、区委组织干事。1949年3月，随军参加南下支队，到达江西乐平县二区后任民运干事。是年11月，参与解放毕节，在五区任民运副委员。次年参加省委党校学习，返毕节后任七区民运委员，12月，任七区副区长。1951年2月参加地委朱昌土改队任工作组组长。6月，参加毕节县六区土改，任大组长。后调七区任区长、林口区委书记兼区长。1953年继任林口区委书记。1955年8月，调任毕节县人民法院院长。

参加革命后，经历了抗日战争、解放战争，南下江西，西进贵州解放毕节，参加数十次大小战斗，历尽艰辛，为革命事业做出了应有的贡献。毕节解放后，参加清匪反霸、土地改革、“三反五反”、互助合作化等运动。他保持与人民群众的良好关系，对贫困农民有深厚朴实的阶级感情，深受老百姓的爱戴。在工作中，一心为公，深入实际，善于解决人民群众提出的问题，艰苦朴素，清正廉洁，保持共产党员的本色、人民公仆的形象给干部群众留下深刻的印象。

1959年积劳成疾去世，时年38岁。

张忠祥

张忠祥(1922—1995)，原名刘忠臣，河南省兰考县人，1922年10月出生在河南省兰考县枣营集，中共党员，南下干部。

张忠祥的家乡，解放前，十年九旱，老百姓生活极其艰难，他的父母都是十分贫苦的农民。从小他就跟随父母靠帮人干活及乞讨维生，整日过着衣不遮体、食不填腹的苦难生活。

1941年2月，张忠祥在河南濮阳街上乞讨时，被国民党(高树勋)部队抓了壮丁，编入新八军二四团二营四连，同年参加抗日战争开封战役。曾任过班长、排长等职。1945年10月由于厌恶内战、反对内战，在平汉战役中积极响应高树勋和平起义的号召，参加了起义，加入了中国人民解放军，编入晋冀鲁豫军区教导团二大队炊事班当战士。1946年6月改编为晋冀鲁豫野战军一纵队二旅八团二营五连当战士。1947年6月部队从山东阳谷强渡黄河，突破国民党军重重防线，千里挺进大别山。他在大别山正式加入了中国共产党，并受嘉奖三次。同年参加陇海、定陶、运城、晋南、豫北、鲁西南等战役。1948年5月改编为中原野战军，在一纵队二旅八团二营五连当战士。6月在中原野战军一纵队二旅八团二营五连任副班长、班长等职。参加了运城战役、高山铺战役、李家集阻击战、北向店阻击战，并在运城战役中负伤(评为三等甲级残疾军人)。同年10月，在中原野战军一纵队二旅八团二营四连任班长，参加了沈丘战役。11月6日参加了著名的淮海战役，由于作战英勇，功勋卓著，被提拔为中原野战军一纵队二大队八团二营四连副排长。1949年2月，部队改编为第二野战军，他在十六军四十七师一四一团四连任排长。为了解放全中国，4月21日张忠祥随军参加了渡江战役。人民解放军突破了西起湖口、东至江阴国民党长江防线，解放了南昌和皖、赣、浙、闽广大地区。5月他在第二野战军16军军大二大队一中队为随军学员，11月随部队南下解放大西南。1950年8月在第二野战军十六军军大二大队军事队毕业，同年任十六军四十七师一四一团二营六连副连长。1951年2月编入贵州军区毕节分区，在一四一团四连任连长。参加毕节、大定(大方)、纳雍、赫章、威宁等县的剿匪战斗。11月在赫章县剿匪中带领侦察连抓获特务头子一名，缴获各种枪支一百多支，并荣获个人二等功一次。1952年5月，任贵州军区四十九师一四一团团部管理主任(副营职)。同年十月，在贵州军区文化速成第二小学二大队学习。1953年8月，在西南军区第五文化速成中学大队学习。1954年8月在贵州军区转业，任毕节县五区(何官屯)区委书记。1957年任毕节县针织品公司经理。1972年3月任毕节县海子街区供销社主任。1979年5月在毕节县民政局工作，主持修建了毕节第一个殡仪馆。1982年9月任毕节县轻纺工业局供销公司经理、支书。1990年3月16日离休，享受正县处级待遇。

张忠祥自参加革命以来，忠于党，忠于民族的解放事业，作战勇敢、勇于献身，在频繁的战斗中不怕牺牲、不怕困难，负伤后，仍然坚持轻伤不下火线，战功累累。转业到地方后，工作处处以身作则，兢兢业业、任劳任怨、不争名、不争利、光明磊落、大公无私，保持和发扬了中国共产党、人民解放军的光荣传统。

1995年1月11日因病在毕节去世，享年73岁。

张学文

张学文，山西省偏关县人，初小文化，中共党员，于1926年10月出生在山西省偏关县。于1947年2月参加中国人民解放军。

张学文1947年参军入伍，在战争中作战勇敢，不怕牺牲。1947年加入中国共产党。1958年4月15日为加强国家社会主义建设，被中华人民共和国国防部批准转业。于1984年5月离休。曾在国防部四川省阿坝县人防部任助理员。曾担任过贵州省毕节县人民防空战备办公室副主任。在部队期间，曾多次获得奖励，并被授予勋章。

张学文在贵州省人防战备办公室工作期间，因对贵州省人防战备事业做出了特殊贡献，被贵州省人民防空战备委员会授予荣誉勋章和证书。

张绍洲

张绍洲（1910—1983），原名张世民，贵州省毕节县（今七星关区）人。1910年8月出生于今毕节市七星关区林口镇鸡鸣三省村。1935年2月，中央红军到达林口鸡鸣三省时，与堂兄张世芝（爬雪山时牺牲）一起参加中央红军长征到达陕北。中共党员，老红军。

张绍洲参加红军后，随中央红军四渡赤水、巧渡金沙江、抢渡大渡河、爬雪山、过草地、飞夺腊子口，历尽千难万险，闯过数次鬼门关，终于到达陕北。1937年2月，加入中国共产党，在八路军120师358旅715团任排长、连长、指导员等职。1945年8月，在吕梁军分区游击支队三大队任大队长。1947年10月，在吕梁军分区独立16团2营任教导员。1949年1月，在解放军第3军第8师政治部、卫生部任组织干事、教导员。1950年8月，在甘肃省威武地区山丹县任县公安局局长兼县人民检察院检察长。1952年12月，在威武地区监委任办公室负责人。1955年8月后，先后在甘肃省民勤县、古浪县任县长、县委书记。

在抗日战争中，张绍洲参加过冀中河间保卫战、枣子营反扫荡和山西临县反扫荡等许多次战斗，还参加了延安军民大生产运动。解放战争期间，曾参加著名的山西临汾战役和晋中战役。由于作战勇敢，工作积极，多次受到上级嘉奖和表彰。

中华人民共和国成立后，张绍洲转业地方，他继续发扬革命传统精神，时刻以马列主义、毛泽东思想武装自己的头脑，艰苦奋斗，努力工作，勤奋学习，不摆资格，不搞特殊，带头执行党的路线、方针和政策，实事求是，全心全意为人民服务，充分表现了老一辈革命者的优良传统和工作作风。

1970年10月离休，在甘肃省成县干休所休养；1983年2月病逝。

张荣玉

张荣玉（1930—2008），山东省宁阳县人，1930年11月出生于山东省宁阳县。1948年10月加入中国共产党，1948年12月参加中国人民解放军。初中文化，中共党员，南下干部。

张荣玉1946年1月至1946年12月参加儿童团，后参加人民解放军。1947年1月至1948年12月参加济南战役；1949年1月至1949年4月在太西军分区三营九连当战士；1949年5月至1950年10月在徐州市警二旅三营九连三排当战士；1950年11月至1951年5月在华东第三野战军98师294团二营四连当战士；1951年6月至1951年12月在鲁中南军区教导大队学习；1952年至1953年4月在华东第三野战军98师294团一营二连当战士；1953年5月至1954年3月在水利二师四团三营八连当战士；1954年4月至1955年10月在水利部第一工程总队政治部工作；1955年11月至1955年12月在水利二师工地医院工作；1956

年1月至1957年12月在水利部干部学校学习；1958年1月至1961年10月在水利部第三工程总队采砂大队工作；1961年11月至1964年11月在河北省武强县委监委会工作；1964年12月至1965年4月到贵州省毕节地委政治部待分工作；1965年5月至1974年4月在毕节县医院工作，1974年5月至1976年2月在毕节县卫生局工作。1976年3月至1980年4月在毕节县小吉场区公所工作；1980年5月至1981年3月在毕节县食品公司工作；1981年4月至1984年7月在毕节县五交化公司工作。

1984年7月，经组织批准离休。2008年8月29日，在毕节地区医院病故，享年78岁。

张振和

张振和，河北省临县人，于1929年8月28日出生在河北省临县形家湾村，1947年10月参加革命，小学文化，中共党员，南下干部。

张振和1949年入党；曾任中国人民解放军华北一纵队战士、排长，中国人民志愿军副连长、指导员，中国人民解放军4655部队319团连长。1963年8月转业到毕节县外运站和地区外运站工作(外运站先是县属，后归地区直管)。在地方工作一直任站长、党支部书记。1986年3月离职休养。一直居住在七星关区市西办事处天河路。

张振和在参加革命期间，先后参加天津战役、太原战役、张家口战役、抗美援朝。自1963年转业到地方，任毕节县、地区外运站站长、党支部书记以来，坚持党的三线建设的方针，把外运站的工作抓得有声有色。在“文化大革命”期间，受到各种打击和迫害，始终保持共产党员和革命军人坚贞不屈的精神，与林彪集团的反革命势力做不屈不挠的斗争，哪怕在被捆绑吊打、恶劣批斗的情况下，始终保持着一个共产党员的形象。

张瑞成

张瑞成(1924—2004)，河北静海县人，1924年8月出生于河北省静海县高家楼村，1949年3月参加工作，1955年1月加入中国共产党，初中文化，南下干部。

张瑞成1949年3月入伍，1950年参加解放海南岛战役，1953年至1963年7月在营建第三工程大队工作，1963年8月至1971年3月先后在毕节县杨家湾区税务所、粮管所工作，1971年3月至1984年6月在毕节县垭关煤矿工作，1984年6月经组织批准离休。

1949年3月入伍后，张瑞成在南下工作团学习四个月，转入中国人民解放军三八一团供给处服兵役，1950年参加过解放海南岛战役，立艰苦功一次；1953年8月在营建第三工程大队工作期间，一贯积极苦干，吃苦耐劳，团结同志，深入各家开展访查工作，立三等功一次。被中国人民解放军一二七师政治部授予“营建功臣”称号。1955年1月7日加入中国共产党。1960年被中国人民解放军海南军区任命为海南军区后勤部生产处助理员。1963年7月退伍转业后，被安排到毕节县杨家湾区税务所工作，1966年8月调杨家湾粮管所工作，任所长。1971年3月调毕节县垭关煤矿工作，1984年6月经组织批准离休。2004年11月22日在毕节县医院病逝，享年80岁。

张增乾

张增乾(1920—2010)，湖北省竹溪县人，高小文化，1920年6月28日生于湖北省竹溪县蒋家堰区大南清平村，以帮工、放牛、务农谋生。1947年参加中国人民解放军，中共党员，

南下干部。

张增乾1943年被国民党部队抓兵到32师通讯排，其间参加了抗日战争；1947年10月在湖北省大别山高山铺解放入伍，编入第二野战军一纵队一旅侦察连当战士；1948年12月在十六军侦察营三连任副班长，1949年4月在该营一连任班长，同月在江西省龙安县入党且于8月转正。解放战争时期，参加确山、郑州战役；在著名淮海战役相持阶段，连续40余天在火线，冒枪林弹雨，看遍地横尸，见血洒疆场。为了保护自己生命，张增乾把敌人的尸体拉来做掩体、堆战壕，一口气连打出四匣机枪子弹，阻止敌人突围。随后又参加渡江、西南、华中南等重大战役。进军贵州后参加花溪老王冲、鸭池河剿匪，在威宁县剿匪时头部负伤。1951年在侦察营一连、贵州公安师新兵连、贵阳公安八师23团警卫连分别任副排长、排长，参加公安师在花溪举办的三个月军事训练。1952年6月从贵州省25团警卫连排长之职，转业到毕节县贸易公司办事处，10月起调毕节专区合作社工作，1953年8月在省工农速成中学学习一年，1954年年底至1962年，在省合作社毕节收购站、专联社、地区畜牧厂以及供销社所属土产站、农产站工作。1963年起调毕节地区蛋粉厂工作任车间主任，1980年离休，享受老干部待遇。

2010年4月24日在毕节市血栓医院病逝，享年90岁。

陈永田

陈永田，山东省定陶人，1926年3月出生于山东省定陶县，1949年4月参加工作，初小文化，中共党员，南下干部。

陈永田1949年4月至1952年4月，在山东省乐平县公安局工作，1950年3月加入中国共产党。南下后，1952年5月至1954年10月在毕节县公安局工作；1954年10月至1956年10月调毕节县林口区政府工作；1956年11月至1978年6月调毕节县人民法院工作；1978年7月至1980年12月，调毕节县乡镇企业局供销公司任经理；1980年12月经组织批准离休。

陈志文

陈志文，山西省湖山县人，于1928年2月10日出生于山西省湖山县南村，于1944年10月参加革命，初小文化，中共党员，南下干部。

陈志文于1944年10月参加山西省湖山县游击队，1945年改编为41师121团，1947年入党。1958年转业到毕节县中级人民法院任审判员；1966年调毕节县农业机械站任支部书记；1972年调外贸局工作；1974年在毕节专区医院任办公室主任，至1991年离休。

陈志文在战争年代，曾参加过淮海战役、济南战役、莞东战役、莞西战役等，过长江、黄河，直到1958年转业地方。在中国共产党成立70周年之际，荣获优秀共产党员称号。在表彰会上，他说："我作为一名优秀老共产党员，认识到自己文化低，今后要多学习，一定严格要求自己，为党的事业贡献自己微小的力量。"

陈昌文

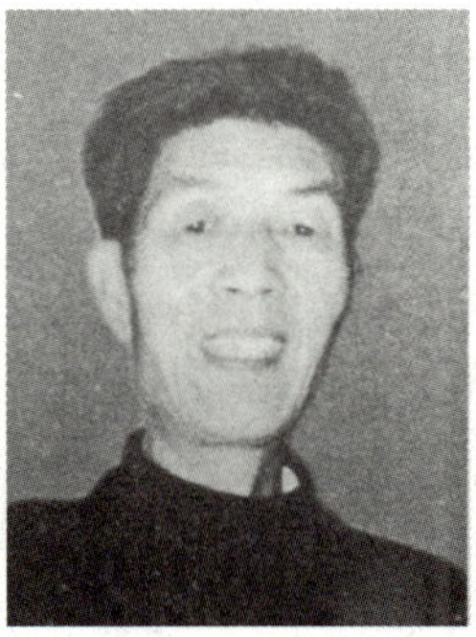

陈昌文，江西省余江县人，1933年生，中共党员，南下干部。

陈昌文从小勤奋好学，幼年丧父，随大哥陈阳文在乡下读书3年。辍学后，在印刷业当童工3年、学陶瓷技术1年。由于日寇进犯中国，时局动乱，他只得和大哥从东到西，从南到北，以卖苦力和做小生意维持母子三人的生计，从小养成正义感和反抗精神。1949年5月，年仅15岁的他，在景德镇解放的当天，一人走在街上为解放军当向导，带部队顺利占领电厂。随之报名参军，先到工人训练班任学习组长。旋即向军管会报名考取刚成立的军政革命干部学校。在校学习期间自愿参加解放大西南，被编在二中队，后调一中队搞文艺宣传。

陈昌文随中国人民解放军16军47师进军贵州毕节后，分在毕节地区青年工作联合委员会工作，下乡搞“五大任务”。后调省青年干部学校学习，其间加入共青团。结业后回毕节分在长春区搞青年工作，后任毕节县长春堡区青委会助理干部，参加地委在鸭池镇的土改工作试点、县委在长春区搞的土改工作点，任队长。工作成绩突出，于1951年光荣加入中国共产党。是年下半年调中共毕节县委组织部工作，负责举办两期农民积极分子学习班，任班主任。学习班结束后提为组织干事，受领导委托，负责选拔干部等组织部日常工作。随后任“打虎队长”，参加“三反”“五反”“肃反”“审干”等工作。1955年任中共毕节县委组织部副部长。1958年为充实农业第一线，兼任头步桥公社书记。1959年调贵钢任宣传科科长，后回毕节任中共毕节地委组织部审干办公室副主任。1963年为加强农业第一线，到撒拉溪任公社书记。1967年调县委宣传部任副部长。“文化大革命”中先后任“文化大革命”领导小组办公室主任、县革命委员会政治部主任等职。1979年后调任县物价局、地方志办公室主任，继又调市政府办公室任调研员等职。

1992年在县人民政府办公室离休后，总是念念不忘党和人民的事业，愿发挥余热，继续做一些对党和人民有益的事情，报答党对自己的恩情，为社会再做贡献。1997年，在贵阳工作的西进战友发起成立赣东北干校校史征集组，要毕节成立相应的机构。经在毕节工作的西进战友研究，成立联络组，公推其任副组长，参加全省召开的会议，回毕节以地区召开各县市校友征集资料工作会议，传达省的统一要求，展开工作。主持编写毕节地区《从赣东北到黔西北》一书，终于成功付印出版发行。

2003年，毕节市委(县级)为关心爱护老同志，组建离退休干部议事会，经代表会议推选，他出任第一副会长，不久任会长。市委调整关心下一代工作委员会班子，陈昌文任名誉主任兼宣传教育委员会主任。同时任毕节《古今人物名录》编委顾问，帮助主持召开会议，组建班子，打开工作局面。

在做好议事会工作的同时，又负责关心下一代工作委员会的工作，带领一批离退休老同志利用各种方式，深入住户扶持、教育青少年健康成长，受到家长的好评和社会贤达的赞扬。2004年被评为毕节地区“三个文明”建设中发挥余热、成绩显著者，获“全区老干部先进个人”称号，颁发奖金和荣誉证书。2005年被评为贵州省关心下一代工作先进个人、市老干部暨关心下一代先进个人；2006年6月被评为毕节市“优秀党员”，荣获奖金和证书，以奖励其在搞好安定团结、创建和谐社会中所做的贡献。

陈贵廷

陈贵廷(1922—2000)，河南省濮阳县人，于1922年7月生于河南省濮阳县十三区，1947年2月参加工作，初小文化，中共党员，南下干部。

1947年2月在冀鲁豫四分区独立一团参军，1949年8月入党，且于同年11月转正。1949年至1950年5月，在二野17军49师147团二营五连及随校一大队四中队，任通讯员、排长、学员；1952年7月，在毕节分区金沙县五区武装部任副部长；1953年至1954年8月，在分区轮训队任学员；1954年转业，1954年至1955年4月，在毕节县公安局第二派出所任所长，贵阳公安学校学员。1955年至1957年11月，在毕节县公安局派出所、看守所任所长。1982年9月离休。2000年在毕节家中病逝，享年78岁。

八 画

武镜秋

武镜秋（1903—1936），又名武祥，贵州省毕节县（今七星关区）人，生于毕节头步桥。红军战士，革命烈士。

1924年考入贵阳师范学校。课余常到“生活书店”（共产党地下组织所办）阅读进步书刊，思想进步很快，对国民党的反动统治和封建地主阶级的残酷剥削深恶痛绝。1927年毕业后回头步桥丙级小学任国文教员。他关心学生，团结同行，受到人们的尊敬。1929年夏，他目睹土豪劣绅与乡镇保甲长相互勾结，欺压人民群众，便于一天下午，趁鸭子塘（今鸭池乡辖地）赶场的机会，只身一人，抬一条板凳站在街中心上台讲演，揭露反动统治阶级的罪行。他说，“官绅、豪绅、省绅、区保长是一些吃人的毒蛇，他们弄得人民求生不能，求死不得”，并号召大家团结起来，与统治阶级做斗争。第二天，被国民党地方当局逮捕。后经乡民和学生请愿才得以出狱。出狱时，他对迎接他出狱的乡民和学生家长吟诗一首：“须眉倒竖发冲冠，捉罢臭虫又骂官。若问骨头有多硬，揭开真面与人观。”并把这首诗写在出狱时拍的一张照片上，以示对当局的不满。

1932年春，他将自己省吃俭用购买的“三背篓”书捐赠给学校，开办校内阅览室，使学生增长课外知识，将来成为社会的有用之才。由于他关爱学生，仇恨反动当局，当地乡民称赞他是“两爱一恨”的好老师。他生活俭朴，日子过得清贫。一年冬天，由于买不起棉衣，他便挥笔写道：“一件单衣夏秋冬，果然两袖满清风。闲听人语疑惑（或）信，十个教书九个穷。”以示对社会的不满。

由于他抨击和揭露统治阶级的罪行，被国民党地方当局解聘。1936年春，中国工农红军长征到达毕节，他第一个报名参加红军。从参军那天起，他便走村串寨宣传红军的纪律和共产党的主张，红军离开毕节前的几个小时，他才与家人见面。然后随军长征，在长征中他带病坚持行军，直到病情严重时，仍满怀着对革命的希望，谈笑风生，坚持到生命的最后一刻。1936年5月不幸牺牲于西康境内（今四川辖地），时年33岁。

解放后，毕节县人民政府于1951年追认武镜秋为革命烈士。

林作清

林作清（1915—1983），贵州省毕节县（今七星关区）人。生于毕节县海子街。1935年5月参加革命，1937年10月加入中国共产党，老红军。

林作清小时，家里特别贫困，他在海子街为伪队长刘正江家当长工。1935年3月间，有一天，刘正江家叫林作清送铁丝到小坝去。到了小坝，正逢红军在宣传，就叫他一道参加红军，去打土豪分田地，打富济贫，报冤报仇。随后红军宣传了三大纪律八项注意。听完后，他觉得红军是为人民服务的，是人民的队伍，便参加了红军。

从小坝出发后，经毕节、息烽等地。渡过乌江时，听说要开会，暂时不行动，他便向领导请了假，要求回家探望一下，上级发了5块银元给他作路费，他扮成老百姓，回到了毕节南箐。随后红二、红六军团来到毕节，他找到红军的供给部，说明情况，便随红军下乡搞宣传工作，不几天就发展了一百多人参加红军。他也被正式编入十六师八团二营。红军长征到达陕北后，林作青任延安红军总司令部警卫员、班长；1938年12月至1939年6月，任延安中央警卫营机枪班班长、排长；1939年6月至1946年11月，在延安担任毛泽东主席的警卫员、管理员；1946年11月至1947年2月，在延安中央党校学习；1947年2月至1948年1月，任延安绥德分区作战参谋；1948年1月至1950年1月，任第一野战军总部连长、指导员；1950年1月至1952年10月，历任毕节地区公安处治安科科长、劳改科科长；1952年10月至1953年4月，任毕节地区联营社干部科科长；1953年4月至1955年2月，在贵州省委党校学习；1955年2月至1964年2月，历任贵州省公安厅三处处长、省监狱监狱长；1964年2月光荣退休；1978年6月由退休改为离休；1983年3月，贵州省委组织部批准享受地专级干部待遇。

林作清从一个放牛娃、帮工，走上革命道路，毅然投身到滚滚的革命洪流。在战火纷飞的革命战争年代，林作清随中国工农红军克服艰难险阻，战胜重重困难，参加了长征，在国内革命战争、抗日战争、解放战争时期，参加过多次战役，出生入死、不怕牺牲、尽忠职守，荣立特等功、乙等功7次，为中国人民的解放事业做出了不可磨灭的贡献。中华人民共和国成立后，他转业到地方担任地方领导职务，积极投身于社会主义建设事业，兢兢业业，率先垂范，任劳任怨，为新中国的建设和发展做出了较大贡献。光荣离休后，林作清始终以共产党员的标准严格要求自己，为社会主义现代化建设事业，为毕节市经济发展和社会进步进言献策，积极发挥余热。

无论是在革命战争时期，还是在社会主义建设时期，林作清始终把一生交给党，踏踏实实工作，清清白白做人。在政治思想上，认真学习马列主义、毛泽东思想，在大是大非和原则问题上，立场坚定，观点明确，旗帜鲜明，与党中央保持高度一致。在工作生活中，谦虚谨慎，不骄不躁，严于律己，宽以待人，为人正派，公正无私，诚恳务实，作风严谨，体现了一名老红军、老党员、老干部的高尚情操和高风亮节。在教育子女上，对子女严格要求，严格教育，使子女健康成长。林作清不愧为优秀的共产党员，不愧为人民的好公仆。

于1983年逝世，享年68岁。

罗永昌

罗永昌(1907—1990)，贵州毕节县(今七星关)人，中共党员，老红军。

1935年中国工农红军长征途经毕节时，罗永昌参加红军，在红军长征中历任战士、班长。1936年6月加入中国共产党，8月进入红军大学学习。学习结业后，调红军77团任政治指导员。1940年3月调任四支队357旅教导员、政委。1947年4月调后方医院任政治处主任。1949年参加解放军南下西进支队任队长、大队长、政委。1950年2月调任毕节县武装部部长，后任毕节县人民政府副县长。1951年6月调赫章县参加民主联合政府的筹建工作，7月25日，经赫章县各族各界人民代表大会第一届二次会议选举为联合政府县长；9月17日，经各族各界代表会议选举为县政治协商委员会主席，领导全县的行政及统一战线工作，配合县委开展清剿残匪、反霸、土改、抗美援朝等运动。在各项运动中，他身先士卒，时时都表现出老红军的光荣传统和共产党员的高尚品德。在毕节、赫章，他为清剿残匪、建立和巩固新生的革命政权做了大量有益的工作。他善于团结同志，依靠人民群众，做好他所领导的各项工作。在工作中处处体现一个共产党员的先进性和一个老红军的光荣传统。1953年2月调省民政厅优抚科（处）任副处长、处长。1978年离休。1983年，经省委组织部批准享受副厅级待遇，1990年9月病逝，享年82岁。罗永昌逝世后，省委、省政府以及省军区和其他一些单位的党政主要负责人参加了他的追悼大会。省委、省政府所致悼词中充分肯定了罗永昌为党为人民做出的功绩，并号召全省人民向他学习。

周树芬

周树芬(1920—2010)，贵州省毕节县(今七星关区)人，1920年出生于毕节县长春堡张官屯，1935年12月参加革命，1938年6月加入中国共产党，老红军。

1935年12月至1937年，参加中国工农红军长征，先在二方面军第二军团第五师司令部司号排当司号员，后在中央援西司令部警卫大队当号手。1938年至1939年在八路军129师随营学校当学员，后任随校政治处组织干事、随校司令部队列科科员。1940年至1941年任129师一科科员，冀南军区司令部一科见习参谋。1941年至1942年12月在八路军115师供给部财经会计学校学习，学习结业后，任鲁西军区后勤部会计科科员，军械科科员。1943年至1944年在冀鲁豫陆军中学学习，毕业后，任冀鲁豫党政军爱民工队队员，濮阳县杨集区工作队队长。1945年至1948年任冀鲁豫军区招待所管理员，军区后勤部管理股股长，冀鲁豫军区第四军分区356团供给处主任，赣东北军区鄱阳军分区供给处处长。后调贵州军区贵阳军分区任供给处处长，随后转业到长顺县工作，任中共长顺县广顺区委书记兼区长。1951年至1957年任贵州省石油公司经理，贵州省商业厅审干办公室主任、副厅长。1958年至1983年任中共毕节地委委员、地委财贸部部长，毕节专署副专员等职。1983年12月离休时，明确为正地级干部。2004年组织上又明确其享受副省级待遇。

离休后，周树芬未住城市，回到老家农村居住，并经常对群众和学生进行革命传统教育，对机关工作也很重视，不时地来到机关为现任领导献计献策，他是一位生命不息、战斗不止的老红军干部，是一位艰苦朴素、勤勤恳恳、兢兢业业、谦虚谨慎、和蔼可亲、平易近人、一身正气的领导干部。在50多年的革命工作生涯中，他勤政为民，两袖清风不论在军界还是在政界，从未占过公家一分钱的便宜，也从未利用职权为亲友谋私利，更未做过有损于党和人民利益的事情。在工作上一贯深入实际，调查研究，实事求是，坚持原则，公事公办，不在亲友的身上乱插手组织上管的事。因此，他在人民群众中威望很高。他热爱人民，人民敬仰他。2010年逝世，享年90岁。

周德影

周德影(1920—2004)，山东金乡县人。1946年6月加入中国共产党，南下干部。

1940年至1942年，周德影在金乡抗日游击队当战士。1943年6月至1947年4月，在家乡先后任农会主席、民兵队长、区中队排长、区武委会干事、化雨镇镇长、化雨区武委会主任。1949年3月至1949年8月，随军南下，任江西省乐平县三区武委会主任。1949年9月至1955年11月，西进贵州，先后任毕节县朱昌区区长、中共毕节县长春区委书记。1955年12月至1957年8月，任中共毕节县监委书记、中共毕节县委常委。1957年9月至1960年1月，任中共毕节县委组织部部长、县委书记处书记。1960年2月至1962年1月，任中共毕节县何官屯区委书记。1962年2月至1967年3月，任中共毕节县委组织部部长、农村工作部部长和毕节专署农业局副局长。1967年至1970年"文革"中受冲击。1971年至1983年3月，任毕节行署农业局副局长。1983年4月离休时明确为副地级干部待遇。2004年逝世，享年84岁。

郑连更

郑连更，生于1927年4月，河北省唐县人，南下干部。

郑连更的父亲郑仁征，是白求恩医院后勤人员。大哥郑默是抗日游击队员，牺牲于地道战中。郑连更在父亲的教育培养下，从小爱党、爱人民。

郑连更少年时期先参加儿童团站岗放哨，打击日本侵略者，成年后于1946年3月加入中国人民解放军。1947年4月加入中国共产党。1946年3月至1947年5月在八路军第129师第一纵队一旅一团1营3支队当战士；1947年6月30日参加刘、邓大军12万人强渡黄河，发起“鲁西南战役”。1948年8月在第二野战军第5兵团16军46师137团一营二连任排长，参加淮海战役；1948年9月至1949年6月在第二野战军第5兵团16军46师137团一营2连任副连长；1949年7月至1952年2月先后参加贵州的剿匪战斗，转战水城、纳雍、金沙、大方、毕节等县，为解放毕节全境，做出了贡献，后在第二野战军第七步兵学校当学员；1952年转业到地方工作。1952年3月至1952年5月在毕节县工商局工作；1952年6月至1953年2月在毕节县供销社工作，任科长；1953年3月至1963年3月在威宁县供销社工作，任副主任；1963年4月至1983年2月在毕节地区农资公司工作，任经理；1983年3月以县级干部职级离休。

在解放战争期间，郑连更参加了刘、邓大军千里跃进大别山的军事战略行动，历经了鲁西南战役、陇海战役、山东羊山战役、湖北高山辅战役、淮海战役、渡江战役、四川川北战役等。参加山东、江西、湖北、湖南、四川、贵州的解放战斗和剿匪战斗，大小计百余次。在解放战争期间，以大无畏的革命精神，不怕流血牺牲，能吃苦耐劳，保持连续作战的作风，为中国人民的解放事业做出了重大贡献。转业地方工作后，虽经几次变换岗位，都能服从组织安排，在工作中兢兢业业，任劳任怨，从不计较个人得失，圆满完成各项工作任务。离休以后，坚持以一名老共产党员的标准严格要求自己，拥护党的路线、方针和政策，坚持党的基本理论、基本纲领、基本路线，关心国家大事，拥护党的改革开放政策，讲学习、讲政治、讲正气，保持宽广的胸怀，过着幸福的晚年生活。

单阳山

单阳山（1924—2013），山东省乳山市人，1924年5月出生于山东省乳山县，1940年6月参加工作，1942年加入中国共产党。大专文化，南下干部。

单阳山参加革命后历任班长、排长、副连长、连长、副营长、营长、兵役局副局长。1949年2月，随军参加南下支队，挺近大西南解放贵阳，随后前往四川参加成都会战。1950年5月，参加修文地区、毕节地区、安顺地区、盘县、望谟等地剿匪战斗。1953年到中国人民解放军军事师范学校学习，次年参加省军区教导大队教学，返毕后任毕节县兵役局副局长。1958年5月当选为毕节县人民法院院长，1979年7月调任毕节县统战部副部长。1982年7月因战伤复发离职休养。

单阳山自1940年6月参加革命后，先后参加了抗日战争、解放战争，经历了莱芜战役、孟良崮战役、济南战役、淮海战役等大小战斗数十次，历尽艰辛，为革命事业做出了应有的贡献。毕节解放后，参加了毕节地区的剿匪战斗。1955年被授予大尉军衔，获得独立自由奖章一枚、解放奖章一枚。单阳山在工作中克己奉公、清正廉洁、一心为民、实事求是，对人民群众有深厚朴实的感情，始终把人民群众的困难放在心上并想办法解决，是优秀的共产党员、人民公仆。

2013年病逝于毕节家中，享年89岁。

孟庆耕

孟庆耕（1927—2002），山东省东平县人，高小文化，1927年12月27日生于山东省东平县银山镇肖庄，中共党员，南下干部。

孟庆耕1946年4月投奔冀鲁豫二分区独立一营参军当战士，随队参战编为第二野战军11纵队32旅96团一营一连。1948年加入中国共产党，次年整编为中国人民解放军二野五兵团17军50师149团1营1连3排9班。解放战争时期，参加淮海、渡江、华北、华中南、西南解放等著名战役，随军挺进江西、湖南、广西等地。1949年8月起，分别在该团轮训队、贵阳军分区教导队、省军区第一速成小学六大队、西南军区第五速成中学一大队学文化和军事，其间调任铜仁军分区独立营一连。进军贵州后，在黔东南、黔西北等十几个县参加剿匪，完成“五大任务”，参加二次解放金沙战役，战斗时负伤不下火线。从齐鲁大地转战乌蒙大山，爬山涉水数千千米，险里脱生，历任副班长、班长、副排长、学员等职。1954年8月转业，历任毕节县粮食局仓库主任、粮食公司经理、朱昌区粮管所所长（一般区级）、戈乐白岩脚煤矿矿长、铁厂党支部书记。1959年调粮食局任粮油综合加工厂厂长、指导员兼所长、榨油厂厂长、储运股股长等职。1968年在县革委调运指挥部任指挥长，将全县车辆集中调度使用，组建毕节县车队。1973年年底回粮食局工作。1982年7月离休，享受副县级待遇，2002年7月4日在毕节地区医院病逝，享年75岁。

九 画

胡华廷

胡华廷（1912—1984），贵州省毕节县（今七星关区）人。生于田坝桥胡家院一个极为贫困的农民家庭，没有条件上学，从小在家放牛割草。成人后，勤奋务农，侍奉父母。

1936年2月，中国工农红军二、六军团在毕节建立革命根据地。从小就受封建地主阶级剥削和压迫的胡华廷，看到红军打土豪、分田地，认为“穷人要翻身，只有跟着共产党，跟着红军才有出路”。于是告别父母，参加了中国工农红军，踏上举世闻名的二万五千里长征。经过爬雪山、过草地的艰苦斗争，历时近一年，到达了陕北抗日前线。在抗击日寇侵略和解放战争中，他身经百战，屡立战功，为民族的解放事业做出了不可磨灭的贡献。

中华人民共和国成立后，1952年转业到故宫博物馆工作。在博物馆工作期间，发扬老红军的革命传统，任劳任怨，无私奉献。凡事以公为重，从不徇私。工作上严格要求自己，凡要别人做到的，自己首先做到。对子女严格教育，从不要组织特殊照顾。其子女胡国珍、胡国强均靠自身的努力参加工作。

他从不讲名利，生前对子女说：“我死后，不准花国家一分钱，不搞悼念仪式。骨灰火化后，送回贵州毕节老家安放在祖坟山上。”于1984年病逝，享年72岁。党组织将其骨灰盒安放在八宝山公墓。不久，其子胡国强遵胡华廷生前遗嘱，将其骨灰运回毕节，安放在毕节田坝桥胡氏祖坟墓地。

郝相亭

郝相亭（1919—1976），山东省金乡县人，1919年出生在山东金乡八区郝庄一个贫农家庭。1941年参加革命，同年加入中国共产党，南下干部。

郝相亭幼年丧父，生活十分艰难，11岁时就孤身一人外出讨饭，13岁起先后在宿县烟酒税务局、单县卷烟厂做小工或当学徒工。1941年在金乡县南楼新华烟厂当工人，同年加入中国共产党，并在厂内工人中组织抗日团体，进行抗日救国宣传活动。1944年后参加游击队，并任胡楼区工作队员、区农民委员。1947年在南桑楼的一次游击战中，打死日伪乡长张文栋，受到县委通报表扬，先后被提为胡楼区副区长及区委副书记、书记等职。1949年南下途中，任江西省景德镇市区工作队队长，清理反动残余势力，接管国民党政权。到达毕节后，历任毕节县工会主席兼一区分委书记和县监察委员会书记、组织部部长、工交部部长、县委副书记、县人民政府副县长等职。

在革命战争年代，他忠于党、忠于人民，尽职尽责，与敌人进行顽强的斗争，时时处处站在斗争的前列。在毕节工作期间，无论是做工会工作，还是担任党的领导职务，他都认真贯彻执行党的各项方针、政策，坚持党的群众路线。在抗美援朝运动中，他全心全意依靠工人阶级，做深入细致的思想政治工作，亲自动员、组织76名汽车驾驶员上前线，并妥善做好其家属工作，顺利完成了扩军和捐献任务。1953年以后，他左肺丧失功能，经常吐血，身体极度虚弱，组织上劝他住院治疗，但他在医院仍坚持批改公文，布置工作，听取汇报。与此相反，他对职工群众却关心备至。1953年，马车工人赵永发身患绝症，他常到医院探望，帮助解决医药费、伙食费等困难；赵病故后，他又帮助解决其家属欠债和抚恤等问题。1955年，县召开职工运动会时，有个干部家的小孩被意外事故伤了脚，他亲自用车把小孩送进医院，并送去保健食品，小孩父母深受感动。他顾全大局，团结同志，走群众路线，遇事和群众商量。他的这些好作风，已被机关干部传为佳话。在职务更迭中，他服从党组织安排，从不计较个人得失，心中想的是人民的事业。从1953年以后的20多年里，他既积极工作，又要和病魔做斗争，直到停止呼吸为止。于1976年病故，终年57岁。

赵营长

1935年2月5日下午4时左右，一支红军部队到达川、滇、黔三省交界处的重要贸易古镇——林口镇，沿着如今的“红军街”安营扎寨，进行短暂休整。

说起红军此次经停林口镇，就不得不说一下永远“客居”于此的“赵营长”了。

在林口镇林前村，被当地人称为水井坡坡的地方，有一个稍大的土堆，从外观看去并无什么特别，可当地村民夏启顺介绍说，这是当年红军长征到林口时，一名被人们称为“赵营长”的红军，因为疟疾严重而病逝于此，这个土堆，就是他的坟头。

1935年2月6日凌晨4时左右，天空还漆黑一片，在林口休整的这支红军队伍就起锅开拔了，可是直到天亮，“赵营长”也没能离开。

当时“赵营长”身上别着一把手枪，人们只知道他的职务是营长，至于全名叫什么、家在哪里，全都不得而知，因为他的战友们都走了。

村民们看到“赵营长”时，他正坐在当地一位陈姓人家的碓杆（舂谷子用的农具）上休息，他全身不停地哆嗦和抽搐，脸色煞白，神情恍惚，奄奄一息。

“懂行”的人一眼就看出来了，“赵营长”得了很严重的“打摆子”（疟疾）病，为了不被传染，路人都选择对他“敬而远之”，半步也不敢靠近，更别说去搀扶和照料。只是偶尔有个别人路过时，远远地简单地询问一两句。

“在当时，由于红军来得突然，加上国民党的宣传混淆视听，大家都分不清到底谁是好人谁是坏人，不敢在大庭广众之下冒着危险去救这样一个不相干的人。”夏启顺说，加上当时的医疗条件很有限，而“赵营长”已经病入膏肓，谁也无力回天。

1935年2月7日上午，当人们再次看到“赵营长”时，他已经永远地闭上眼睛了。

夏启顺说，他的爷爷和邻居康启衡、“柳老者”等人，看着“赵营长”的境遇，便起了怜悯之心，于是，几个人合计了一下，用绳子将其绑在木板上，合力用抬杆将他抬到背街后山。走到水井坡坡时，几个人都疲惫不堪，他们索性在路坎下挖了一个坑，草草地将“赵营长”埋葬了，这里从此就成了“赵营长”长眠的地方。

“多少手足忠魂埋骨他乡，何惜百死报家国，忍叹惜，更无语，血泪满眶。马蹄南去，人北望，草青黄，尘飞扬……”

虽然“赵营长”没能随部队一起走完波澜壮阔的二万五千里长征路，可他并没有被人们遗忘。夏启顺说，“赵营长”已被当地村民们牢记于心。

夏启顺还说，在近80年的时间里，“赵营长”的坟头并未因时间的消磨而消失，反倒是因为葬在这片“风水宝地”上，坟头越“长”越大了，就像当年那燃遍全国的革命种子一般，生根、发芽，慢慢茁壮成长。

“我们大家都有个愿望，希望相关部门能将

‘赵营长’的坟进行修缮，并在林口镇修建一座革命历史纪念馆，让后人永远记住红军在林口的那些故事。”

段明臣

段明臣（1926—2006），吉林省舒兰县人，初小文化，于1926年7月出生在吉林省舒兰县法特镇，1947年9月参加革命，南下干部。

1947年9月在吉林省舒兰县法特镇参加中国人民解放军，历任战斗组组长、副排长、排长、代理指导员等职。1948年12月加入中国共产党。1947年9月至1950年5月，随第四野战军四十三军129师三八五团参加了辽沈、平津、广东、广西和解放海南岛等战役，并在进攻围困长春（1948年4月）、辽西和海南岛战斗（1950年5月）中先后荣立大功三次和二小功五次；1956年2月荣获中华人民共和国解放奖章。1956年11月从四十三军129师三八五团（海南岛）复员分配到贵州工作，先后在原毕节县商业局、毕节县食品公司、毕节县石油煤业公司、毕节县桥边饭店任干事、革委会主任、党支部书记、经理、指导员等职。1982年离休。2006年10月7日因病在贵州毕节逝世，享年81岁。

段泽民

段泽民，河北省徐水县人，1920年出生于河北省徐水县一个农民家庭。中共党员，南下干部。

段泽民1946年8月参加革命，先后在八路军1纵队2旅炮兵营1连任战士、副班长、班长；在师政治部任敌工科干事，曾参加淮海、渡江、解放福州、解放大西南等大小战役。在革命战争中作风过硬，吃苦耐劳，临危不惧，不怕牺牲，顽强奋战，恪尽职守，为中国人民的解放事业做出了应有的贡献。

毕节解放后，任云、贵、川三省交界处剿匪指挥部副指挥长，为毕节的剿匪斗争、维护新生的革命政权立下了不朽战功。1949年11月28日起，先后任毕节县公安局干事、看守所所长、股长、副局长。1958年赴西南公安学院学习。结业后，于1962年2月任贵州省技工学校人保科副科长。是年3月，回毕节任县公安局副局长。1965年任中共龙场区委副书记。1967年任县委审干办公室副主任。1973年调县革委政治部工作，后任县委组织部副部长。1983年5月离休。

离休后，于2003年11月被选为毕节市离退休干部议事会会长，严格以一名党员的标准要求自己，积极为社会主义现代化建设发挥余热。后被市关协聘为中小学政治思想教育辅导员，多次参加对青少年进行爱国主义教育活动并作辅导讲话。同时，以议事会会长的身份积极开展其他方面的工作，为毕节的经济发展和建立和谐社会建言献策。

段泽民一生立场坚定，是非分明，谦虚谨慎，不骄不躁，严于律己，清正廉洁，公正无私，作风正派，学习勤奋，工作踏实，时刻与党中央保持一致，体现出一名老党员、老干部的高尚品德，深受毕节人民的尊敬和爱戴。

祝玉周

祝玉周，安徽省涡阳县人，高小文化，中共党员，1929年12月出生于安徽省涡阳县，1946年5月参加革命工作，中共党员，南下干部。

祝玉周1946年5月参加革命工作，1953年加入中国共产党。1946年5月至1947年5月任安徽省涡阳县刘集八路军游击队骑兵通讯员；1947年5月至1948年12月任豫皖苏专署六分区独立旅十一团三连副排长；1948年12月至1949年12月任第二野战军兵团十八军侦察营三连副排长；1949年12月至1951年12月任贵州军区政治部武工队队员；1951年12月至1952年4月任贵州省贵定县警备营警备队排长；1952年4月至1956年5月任贵州省贵定县人武部干事；1956年5月至1959年7月为昆明军区第九速成中学学员；1959年7月至1978年5月任贵州省毕节县人武部作训科副科长；1978年5月至1984年9月任安徽省师范学院保卫科副科长；1984年9月至1986年6月任贵州省毕节县轻纺工业局保卫股长，1986年6月至1991年8月任贵州省毕节县轻纺工业局主任科员；1991年8月离休。

姚念真

姚念真，江苏沛县人，1930年3月 生，1945年5月参加八路军，1949年加入中国共产党，中学文化，南下干部。

参加革命后，姚念真随山东临城县反攻大队和鲁南八师24团，扒鬼子、汉奸控制的铁路，打击日寇。日本投降后，在解放战争中，随鲁南八师和华野三纵队参加江苏泗州和山东峄县、枣庄、泰安、济宁等战役。在战斗中，英勇顽强，随即参加鲁西南拉锯战以及攻克洛阳、开封等战役，多次受到所在部队的表彰。1949年2月，加入南下支队三大队，4月在敌机投下的照明弹的照射下，乘木船驶往滚滚长江南岸，攻占了景德镇。8月，从浮梁军分区抽派到警卫连任文化干事。9月，出江西入湖北，经湖南向贵州进军。作为文化干事，为鼓舞士气，常带领部队官兵唱《解放军进行曲》《跟着毛泽东走》等歌曲，让大家知道毛泽东军队的旗帜，是带领人民打天下。在行军中，兼任二排排长。到达贵州后，进入毕节地区。1949年12月27日，被毕节军分区分到警卫连，赴赫章改编起义的王正春、韩家奎部队。

1950年年初，原起义的国民党军叛变，匪风四起，赫章县党政机关移驻毕节县长春堡。他所在警卫连随之到达长春堡。1950年5月3日，长春堡正值赶场日。驻地党政军人员正吃早饭，忽报土匪已包围了长春堡，扬言要“吃掉长春堡，拿下毕节城”。号称总司令的阮少伯聚集土匪数千人进攻长春堡。警卫连担任主战先锋，立即投入战斗，分东南西北四面阻击敌人的进攻。姚念真同6班长带领战士增援西边，顽强坚守阵地。第二天毕节军分区派一个教导队两个连兵力支援，经过激烈的战斗，打死打伤敌人200余名。警卫连付出了很大的代价，保卫了毕节、赫章两县新生的红色政权。战斗结束后，姚念真根据实情给部队办的《连队生活报》写了一篇题为《排枪一齐放，敌人着了慌》的报道，深受指战员的好评。

1950年10月至1953年3月，姚念真调任赫章县六区区长。在复杂的匪区进行清匪反霸，接收旧政权，建立新政权，常在云贵川边沿结合部地区清剿残余土匪，得到赫章县委组织部部长李超臣的肯定，评价很高。1953年土改结束不久，组织上调他到威宁县筹委会工作。在工作中，经常带工作组下乡搞调查研究，被任命为大组长。1954年6月，调毕节地区专属机关党委工作。不久，调毕节地委党校文化班任教导主任。任职期间，兼教文化课，又讲党史，讲授有声有色、生动感人，深受学员和领导的赞誉和好评。

他15岁参加革命，对党的事业忠心耿耿。他刻苦学习，追求进步，理想信念坚定。无论在艰苦的战争岁月还是在和平建设的环境中，始终如一地坚信党的领导。他主持正义，秉公办事，坚持原则，坚持真理。1956年，他在省委党校学完哲学课程后，联系本单位肃反实践，写下《哲学学习心得》理论文章并发表。在1957年年初的“整风”学习中，他对干部政策、学习苏联等问题发表了自己的看法，被一些人歪曲理解，打成“右派”，被送劳动教养。在劳动教养中，他始终认为自己的理念是正确的，是实事求是的，是自己对党忠诚的体现。在“文革”中，他坚持和“四人帮”倒行逆施的行为做坚决的斗争。他公开写稿批判江青整老帅、老将的罪行，因此被公开批判、逮捕入狱。在狱中，他坚持真理，从不妥协，坚信党的领导，确信黑暗即将过去，曙光即将到来。粉碎“四人帮”后，1980年3月，中共毕节地委给他彻底平反，恢复名誉。公安机关也退回其被抄家收去的日记本等。其恢复名誉后，被组织安排在毕节地区供销社工作，先后任行政秘书科科长、基建储运科科长。

他无怨无悔地工作，直到1985年离休。离休后，受聘担任《供销合作志》编委办公室主任，承担三个章节的撰写任务，长达数万字。2001年1月，《毕节地区志·供销合作志》由贵州人民出版社出版发行。离休后，由于参与编写《供销合作志》及其他方面的工作有功，2000年4月，中共毕节地委、毕节地区行署授予“1995—2000年两个文明建设中发挥余热、成绩显著离退休干部先进个人”光荣称号。

中央宣传部编纂的《开国将士风云录》将其在抗日战争和解放战争中，对党对人民所做的贡献作了收录；《乌蒙伏虎》《中华老年光彩人生》等刊物刊登了他的文章。这是对他坚持真理，勇于斗争的肯定。

骆勤学

骆勤学，陕西省西安市人，1927年11月1日出生在陕西省西安市长安县，1948年12月参加中国人民解放军，小学文化，中共党员，南下干部。

骆勤学参军后，在41军救护营二连当战士，1949年7月5日加入中国共产党。在部队历任战士、副班长、班长、副排长、排长、副指导员、连长等职；1949年9月参加湖南衡宝战役救护伤员；1950年7月13日被中国人民解放军41军评为一等功；1958年8月转业，在毕节县公路运输段和公路总段工作；1965年至1974年，任毕节地区公路总段劳资科科长，其间曾兼任威宁县公路养护段党支部书记和赫章县养护段支部书记。1974年至1985年任毕节公路养护总段纪委书记。1987年11月离休。

十 画

徐德芳

徐德芳（1925—2005），曾用名徐健。江西省乐平县人。1925年11月25日出生于江西省乐平县众步镇蓼坂村。初中文化，南下干部。

徐德芳读过私塾，在众步镇算是有文化的人。江西是革命老区，毛泽东、朱德等红军在江西传播的革命火种经久不息。在抗日战争、解放战争期间，乐平常有共产党领导的革命武装活动。徐德芳从小就知道共产党和红军是为人民服务的，他经常帮助革命队伍做些力所能及的事，向人民群众宣传共产党的主张。1949年，二野解放江西乐平，徐德芳随即参加人民解放军二野十六军四十七师，因他有文化，一入伍就在连队当文书和文化教员。在景德镇，他是西进干部培训班教员。部队南下到贵州省毕节县，因徐德芳的首长有几个留在毕节建立各级人民政权，于是就把他也留在毕节。1952年，徐德芳脱下军装，被安排在毕节县人民政府任秘书。他参与了毕节县剿匪、土改、镇反等运动。1954年，粮食工作被提到保卫和巩固新生人民政权关键高度，当时的粮食局局长就是由县委书记（副书记）或县长（副县长）兼任，这充分说明粮食局工作的重要性。徐德芳从县政府办公室秘书调县粮食局任统计股股长。

中华人民共和国成立之初，国家实行计划经济，对粮食实行统购统销，粮食统计工作就是给县委、县政府提供可靠的粮食数据，如果粮食数据出差错，就会导致断粮、脱销等，造成恶劣的影响。徐德芳兢兢业业工作，半点不敢马虎，有时为了一笔数据的准确性，常步行到不通公路、边远的龙场营、林口、阴底等区核实情况。他常对股里的同志说：“我们不能给县委、县政府报一个假数据，如果出现了假数据，就是对人民的犯罪。”徐德芳是这样说的，也是这样做的。几十年光明磊落，实实在在，勤勤恳恳，任劳任怨，从不趋炎附势，群众口碑甚佳。1983年，徐德芳享受县级干部待遇离休。离休后，1988年他又被聘请到县粮食局办公室参加《毕节县粮食志》的编修工作，一干就是两年。1990年，毕节县第一部部门志书《毕节县粮食志》出版付印，徐德芳才真正离休。

2005年10月25日，徐德芳因病医治无效在毕节逝世，享年80岁。

十一画

曹中林

曹中林，贵州省毕节县（今七星关区）人。文盲，于1927年3月1日出生在贵州省毕节县城区。1941年参加革命。

曹中林1941年参加抗日战争，曾在贵州、四川、北平多次参加对日作战；1950年2月参加人民解放军，在15军45师134团侦察连当侦察兵。1951年3月随15军45师134团参加抗美援朝。随军入朝参加志愿军第五次战役，战役结束后随军搬到平康玉原以北的伊山休整。1952年随15军调守五圣山山脉——桥梁山。

2003年获抗美援朝战争胜利50周年纪念章一枚；2005年获中共中央总书记、国家主席、中央军委主席胡锦涛题词签名颁发的参加过抗日战争的老同志奖章一枚；2006年获中国人民志愿军抗美援朝出国作战纪念章一枚；2007年获中国人民志愿军抗美援朝出国作战57周年纪念章一枚；2008年获抗美援朝战争胜利55周年纪念章一枚；2015年获中共中央、国务院、中央军委颁发的中国人民抗日战争胜利70周年纪念章一枚和民族英雄纪念章一枚。

曹中林在抗美援朝中，参加过上甘岭战役。上甘岭是朝鲜中部的一个小山村，是志愿军中线战略要地——五圣山前沿。其左侧是537.7高地北山，右侧是597.9高地，敌人要抢占五圣山，必须首先夺取这两个高地，要是敌人占领了五圣山，就会从中部突破志愿军防线，敌人的机械化部队就可以发挥更大的优势。所以，敌人对其“全面攻势”十分重视。敌方以美军和韩国军营7个步兵营的兵力，于10月14日凌晨分6路向志愿597.9高地和537.7高地北山阵地发起猛烈攻击。与此同时，“联守盟军”4个营的兵力，分别向44师、29师正面之391高地——上佳山、四方山，芝村南山491高地实施牵制性进攻。五圣山前沿一天落弹4500多枚。五圣山主峰下每秒钟就要落弹五六十枚，持续几十分钟后，志愿军的工事几乎完全被毁。表面阵地被敌人占领，曹中林所在连队奉命退守坑道。这些前沿阵地的各式工事是志愿军指战员用血汗抢修成的，现在被敌人占去，岂能容忍？白天到处是密集炮火，飞机、坦克狂轰滥炸连队所在地山头，黄昏后志愿军反击炮火开始，反击战激烈进行。每次反击战，侦察员同坑道里的战士冲出战壕，以勇猛精神反击，打垮了敌人，夺回了阵地。这样反复争夺343个昼夜。敌人付出了惨重代价，难以取胜，准备放弃。为此，敌人把所有的炮弹都集中到志愿军阵地上。1月下旬 某天5时许，一发燃烧弹落在曹中林身旁，把曹中林全身的皮肤都烧焦了，曹中林倒在血泊中，剧痛难忍。幸好战友们把曹中林从枪弹中救出来，后转到五圣山“坑道病房”救治。曹中林全身缠满了绷带，像白纸做的人一样，面目全非。脸肿得像饭盆，嘴张不开，更说不了话，几天几夜水米不进，生命危在旦夕。在这生死关头，一个小女孩贴近曹中林耳朵说：“如果不嫌弃，为了你的生命，我仿效母亲喂婴儿的办法，将食物放进我嘴里嚼烂，再嘴对嘴把食物送到你嘴里，直到喂饱。”后来喂药也是这种方法，要不是这个女战士有高尚情操，精心救治护理，恐怕曹中林早就在“坑道病房”里结束了20岁的生命。“全凭战友——王清珍高尚的无产阶级革命战友情谊，让我曹中林回到这美丽的世界。”曹中林在回忆中这样说道。

崔海元

崔海元，山西省榆社县人，于1927年农历三月十三日出生在山西省太原市榆社县讲堂村上村，1945年7月7日在山西省武乡县参加八路军。初中文化，中共党员，南下干部。

崔海元参军后，在八路军十二旅三十五团一营二连当战士。抗日战争胜利后，加入解放山西的战斗中；1947年调到河南铜留分区淇县大队一连；1948年2月至1949年3月在豫西军区司令部当战士；1949年3月至1950年1月在河南军区司令部当战士；1950年3月参加广西剿匪，同年8月19日加入了中国共产党，并在杞大一连担任通讯员；1951年剿匪结束后，随部队到广东省湛江市驻粤部队；1952年在广西柳州市速成小学学习（任班长）；1953年到广东省湛江市41中学速成学校学习；1952年11月至1953年3月在219师655团运输连任班长；1953年3月至1954年2月在219师655团三营十连任班长；1954年2月至1954年4月在219师655团三营十二连任排长；1955年被授予少尉军衔；1956年3月在中国人民解放军第四十一文化速成中学学校修业期满，考试合格毕业；1956年11月30日，为加强国家社会主义建设，响应号召，转业到贵州省毕节县人民法院工作。1985年在贵州毕节县人民法院离休。1992年被批准享受副县级待遇。

崔海元在其从军生涯中，曾参加在山西抗日，解放华中、华南、华北战役，广西剿匪，获得淮海战役、华北解放、解放华中南奖章；获得中国人民解放军代表团解放奖章，定为三级残废军人。

梁庆才

梁庆才（1928—1997），广东信宜人，1928年12月生，1948年12月参加中国人民解放军，1949年8月加入中国共产党，中学文化，南下干部。

梁庆才1951年转业后，任中国人民银行贵州省分行机要员、保管员；后调任中国人民银行毕节县支行库管员、股长等职。1982年离休，1997年去世，享年69岁。

十二画

蒋海燕

蒋海燕（1919—2009），江苏省丰县人，1919年3月出生于江苏省丰县，小学文化，中共党员，南下干部。

蒋海燕1939年1月加入中国共产党，同年2月参加革命工作。1939年2月至1949年2月在山东分局党校学习，后任丰县青年科科长、县政府党总支书记、县教育科科长、中共丰县城关区委书记、湖西报社通讯科科长、中共冀鲁豫三地委党校政治指导员等职。1949年3月随军南下，到赣东北任景德镇报社经理。1949年11月西进到贵州毕节，任毕节专区干校组织科科长、中共毕节地委宣传部教育科科长。1951年任毕节县土地改革工作队队长，带领工作队深入毕节县、区、乡指导和组织土改工作。毕节县土改工作结束后，又到赫章、威宁任土改工作队队长。1952年8月至1954年12月，任中共威宁县委副书记、县长、县委书记；1955年1月至1981年9月任中共毕节地委委员、农工部部长、毕节农校校长、中共毕节地委政策研究室主任、毕节农校党委书记兼校长。1981年9月至1983年12月任毕节专署副专员。1983年享受正地级待遇离休。

2009年因病逝世，享年90岁。

蒋登洲

蒋登洲，河北省威县人，于1929年9月11日出生在河北省威县，于1944年3月参加八路军。大学本科文化，中共党员，南下干部。

蒋登洲1944年3月1日在济南8分区参加八路军，1947年9月1日被分配到49师31旅卫生处，1948年6月19日加入中国共产党。1950年6月13日到贵州军区卫生部，1957年1月在毕节县工作；1955年至1957年9月到上海第二军医大学学院学习；1962年7月回到昆明军区后勤部任某医院副院长；1976年12月转业到贵州省毕节地区第一人民医院任副院长，1992年离休。

蒋登洲曾参加睢杞战役、济南战役、淮海战役、渡江战役、解放大西南等战役。在毕节地区人民医院工作期间，从事免疫学的研究工作。于2000年5月出版了《高分辨率电脉和免疫球蛋白一元论学说》等5本书。其中4本是翻译作品。将免疫球蛋白分离成克隆型水瓶，这项研究是独一无二的里程碑似的发明创造。73岁后开始学习书法，写出了自己的“一笔狂草”书体、“五体皆工”“右善狂草”。曾多次参加全国性书法比赛，屡屡获奖，金奖10次以上，特等金奖1次，特等奖一次，还获得多种荣誉称号。被聘为高级创作研究员，并入选2014年中国书画家年度人物，任副主席等职务。2015年3月1日被《北京祥云斋书画艺术传媒中心》聘为副主任。在中国共产党成立85周年之际获得优秀共产党员称号。“我作为一个老同志、老党员对党对人民很少贡献，在改革转型的新形势下要继续奋斗，将自己的余热发挥到共产主义事业中去。”蒋登洲说。

温自立

温自立，山西省灵石县人，于1924年11月23日出生在山西省灵石县。老八路，南下干部。

温自立出生于苦大仇深的家庭，从小吃尽人间苦。1940年，他的家乡来了朱德率领的八路军，领导人民抗日救国，16岁的他就参加革命，成了一名“小八路”。在抗日战争中，温自立不怕牺牲，勇敢作战，多次立功受奖。打走了日本侵略者，蒋介石又发动内战，温自立参加解放济南等战役。1950年随军南下，参与建立南方人民政权，按照组织分配，转业在毕节县防疫站工作，后调毕节地区防疫站工作，又到毕节职业学院工作至退休。不管党分配什么工作，任什么职务，温自立都勤勤恳恳，任劳任怨，一切听从党安排，一切以人民利益为重，是很受人民群众爱戴的“老革命”。他热爱毕节，退休后居住在毕节城区天河路卫生局宿舍。

谢腊腊

谢腊腊，贵州毕节县（今七星关区）林口镇街上人，生卒年月不详。红军战士。

1935年2月，红一方面军一渡赤水来到贵州省毕节县林口一个叫鸡鸣三省的地方，一些红军战士到村寨宣传红军北上抗日的主张，讲解红军宗旨。红军战士还把少有的食品接济干人。谢腊腊在走访亲戚时，遇到红军，他毅然参加红军，跟随部队长征，其后情况不详。解放后，人民政府进村入寨调查，证实谢腊腊确实参加了红军。由于长征途中环境恶劣，很多红军官兵倒在了长征路上，他们有很多人在军史上连名字都没有留下，谢腊腊就是其中一个。但是，人民是不会忘记他们的。红军战士谢腊腊的英名，永远铭刻在毕节人民心中。

十三画

雷茂兰

雷茂兰，1926年生，山东肥城人，1940年参加革命，1941年加入中国共产党，南下干部。

雷茂兰参加革命队伍后，历任肥城县大队小队长、第二野战军营长和教导员。

1949年二野部队南下、西进贵州后，雷茂兰任贵州军区织金县武工队政委。1953年至1968年，先后任毕节县龙场营区区长、中共毕节县委社会部部长、毕节专署交通建设局副局长、中共毕节地委农村工作部科长兼毕节电站站长。1968年至1977年“文革”中受冲击，下放织金县良种场工作。1978年恢复工作后，任织金县农业办公室主任、织金县人大常委会委员。1990年12月离休，享受正地级待遇。

雷茂兰在抗日战争和解放战争中，作战勇敢、顽强，曾多次立功受奖。全国解放后，服从党组织分配，安心基层工作。其为人刚直，处事果断，廉洁奉公，不徇私情，在干部群众中享有较高威望。

路占全

路占全（1916—1995），贵州省毕节县（今七星关区）人。1916年3月23日出生于毕节县撒拉溪一个贫穷的农民家庭。1936年参加革命，中共党员，老红军。

路占全从小深受压迫和剥削，吃尽了苦头。1936年2月，红军二、六军团来到毕节，建立川滇黔苏维埃人民政权。红军在杨家湾宣传北上抗日主张，宣传红军是为干人服务的，红军就是为干人翻身求解放而打仗的道理。正是血气方刚、20岁年纪的路占全，立即报名参加红军，跟随贺龙等首长，巡回乌蒙，巧渡金沙江，翻雪山，过草地，胜利到达陕北。在抗日战争、解放战争中，路占全英勇顽强，立场坚定，屡立战功。1939年在与日本侵略者激战中，他身负重伤，伤愈后，仍一直战斗在抗日前线；在解放战争中，路占全跟随部队南征北战，出生入死。1946年，在火线上加入了中国共产党。在部队，曾任班长、管理员、总务股副股长。

1950年，路占全由哈尔滨四野炮弹七厂，转业回毕节县参加剿匪和土地改革，任区委组织委员、县农业科副科长、金银山畜牧场场长等职。1973年离休，享受副厅级待遇。1995年3月18日在毕节地区医院病逝，享年79岁。

十四画

蔡书荣

蔡书荣（1928—2011年），河南省长葛县人，于1928年6月出生在河南省长葛县蔡寨村，1945年5月在老家参加八路军。初小文化，中共党员，八路军，南下干部。

蔡书荣参军入伍后，1945年5月至1945年9月在冀鲁豫军区120团当战士。1945年9月至1946年7月在冀鲁豫军区独一旅部队任副班长。1946年7月至1947年5月在鲁豫军区独一旅部队任班长。1947年5月加入冀鲁豫军区120团，在山东军区冀鲁豫独立一旅一团加入中国共产党。1947年5月至1947年9月在鲁豫军区独一旅部队任副排长。1947年9月至1948年12月在鲁豫军区独一旅任排长。1948年12月至1949年8月在鲁豫军区独一旅任副排长。1949年8月至1950年1月在17军49师145团任副连长。1950年1月至1951年11月在49师145团任连长。1951年11月至1953年8月在贵州公安总队任队长。1953年8月至1955年在省军区学习。1955年至1958年12月在毕节县人武部任助理员。1959年至1962年在毕节县罐头厂任副厂长。1963年任毕节县劳动科副科长。1964年至1983年任毕节县建设局干部。

蔡书荣自参加革命以来，参加了无数次战斗。在战斗中多次受伤，评为二等乙级残废军人，荣获过团二等功一次，营一等功一次，营二等功一次。光荣地获得过抗日战争和解放战争纪念章。他一生对工作勤勤恳恳，任劳任怨，从不计较个人得失，认真地完成党交给的各项工作。

2011年在毕节县人民医院去世，享年83岁。

蔡海如

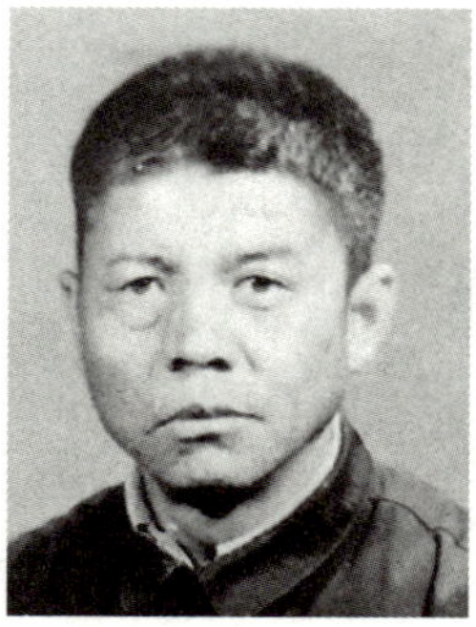

蔡海如（1927年－1997年），湖北省浠水县人，高小文化，1927年6月5日生于湖北省浠水县堰桥乡蔡家湾，篾匠出身。1948年2月因挺身站出，伸手保护亲哥，被国民党抓壮丁，同年10月在安徽省蒙城县淮海战役解放入伍，编入冀鲁豫一纵队二旅八团九连当战士，部队随后在山西省运城县改编为第二野战军16军47师141团3营9连。1949年8月在该团军训队学军事，同月在浙江省林江镇入党且于同年9月转正。解放战争时期，参加淮海、华中南、渡江、西南解放等著名战役，参加攻打浙江衢州城、江西省某县城战斗。参加渡江战役突击队二区队，因几次作战勇敢、舍生忘死打垮敌人，先后立连功、营功、团功各一次。进军贵州黔西、金沙县，任武工队战斗组组长，发动群众跟踪追击逃窜的土匪，在遭遇战中被土匪火枪打伤小腿仍奋起还击。剿匪两次，枪毙罪大恶极、杀害多名武工队员的顽匪一名，再获连功；在纳雍县羊场剿匪一次。转战南北，从军十年，征战近十次，历任班长、副排长、排长、毕节军分区教导队学员、吉场区武装政治干事、18军西进支队四大队警卫连排长、军分区轮训队分队长、遵义速成中学组长、县武装部助理员。

1958年转业，历任清水区组织委员、区委副书记、鸭池区委副书记、梨树大公社书记、鸭池区组织委员。1965年起在县委组织部、县革委生产指挥部、朱昌大坡“五七干校”、县革委清理阶级队伍和县革委斗批改办公室工作。1970年历任县农机一厂支部书记兼厂革委主任、县退安办副主任、民政局副局长、农业局党组副书记兼副局长主持工作，机构改革任调研员。和平建设时期，在军分区教导队受训，被评为团的模范党小组长；1953年11月被授予副排级军衔，1955年9月昆衡军字014号授予其正排级少尉军衔；1956年6月捐献拖拉机款40元；1978年3月，因工作成绩显著，获原毕节县委、县革委奖励；被选为毕节县第八届人民代表大会代表。1987年离休享受处县级待遇，1990年毕节老年大学毕业，1997年8月12日在家中病逝。他活到老、学到老，清风长存，留下的精神财富，将永远激励和鞭策后人。

蔡崇林

蔡崇林，江西乐平人，1930年7月生，1949年5月参加革命，1951年5月加入中国共产党，中专文化，南下干部。

1949年5月，蔡崇林考入二野五兵团军政干校学习，11月西进贵州参与解放毕节。历任毕节县五区民运干事、文书，中共毕节县委组织部干事兼县委政策研究室组长，毕节团地委常委、组织部副部长，毕节地区总工会宣传科副科长。调任六盘水市总工会宣传部副部长，中共六盘水市委统战部办公室副主任、业务科科长，六盘水市宗教事务处副主任。后调贵州省社会主义学院行政处副处长，院办公室副主任、主任等职。1991年离休。

1950年在毕期间，国民党的残余势力和土匪武装极为猖狂。在参与清剿中，统战工作极为重要。他只身到林口家嘎做上层统战人士的工作，往返多次，有勇有谋，成绩显著，荣立二等功，受到中共毕节县委、毕节县人民政府和中共毕节地委、毕节军分区的表彰。1982年，在六盘水市工作期间表现突出，荣获市直机关优秀党员称号，并受到表彰。是年，被选为中共六盘水市党代会代表，出席了会议。会后又被推举为六盘水市政协委员。后调省社会主义学院离休。

廖兴华

廖兴华(1924—1996)，贵州毕节县(今七星关区)人，于1924年6月出生于毕节城关镇，1946年1月参加革命。高小文化，中共党员。

1946年廖兴华参加革命，1954年转业到毕节县15区任区长、区委书记。1956年在合并的6区(海子街)任区长、区委书记。1966年调县食品公司任经理，1969年调县蔬菜水产公司任经理。1972年离休享受副县级待遇。1996年10月在毕节病逝，享年72岁。

熊金祥

熊金祥(1915—1985)，贵州省毕节县(今七星关区)人，生于毕节县鸭池，中共党员，老红军，原县政治协商委员会常务委员。

他出身于贫苦农民家庭，从小帮人做工维持生活，历尽艰难困苦。1936年2月，中国工农红军第二方面军第六军团北上抗日途经毕节时，他毅然参加了红军，在48师53团3营9连当战士。1936年12月入党，并任通讯班长。1939年5月在国民革命军第18集团军359旅719团3营9连任连长。1944年2月在陕西省新州新口对日作战中负伤，经医院治愈后返部队，定为三等乙级残废。1949年转业，在陕西省合水县工作。1951年12月经组织批准复员回家，在草堤乡任互助组长、乡长等职；1957年9月至1967年10月任草堤乡党委书记，在“文化大革命”中被解职。1978年9月后任县政协常务委员等职。

他在长期的革命斗争中历尽艰辛，负伤致残。在社会主义建设工作中认真负责，坚持党的原则，生活俭朴，从不摆老红军的架子，被群众誉为“老黄牛”。1985年病故，享年70岁。

十五画

潘启琛

潘启琛(1930—1982)，江西婺源人，女，1930年6月生，中学文化，1948年12月参加革命工作，1951年7月加入中国共产党，南下干部。任贵州省毕节县城关镇学校办公室负责人，1982年5月去世，终年52岁。

潘锡成

潘锡成(1903—1936)，贵州省毕节县(今七星关区)人，生于海子街小坝，牺牲前系红军游击队队长。

潘锡成出生在毕节海子街小坝一个农民家庭。1936年年初，红二、六军团经大定瓢儿井到达小坝驻扎，向群众宣传党和红军的方针、政策，组织干人打土豪，分浮财。先后在西冲、小坝等地召开动员大会，正式成立小坝游击大队，大队下设新场街、小坝、黄泥店3个中队。新场街中队下设3个分队，分别由丰夕阳、李德清、潘锡成任分队长。小坝游击队组织起来后，红军给游击队一面队旗，给每个游击队员发一个袖套。游击大队在红军的统一领导和指挥下，先后打击了潘纯益等17户土豪，缴获单针枪等武器和粮食、猪肉等物品，他们把缴获的大部分粮物分给当地劳苦群众。潘锡成带领游击队员打土豪，分浮财，打击了潘维珍、潘世黄、潘银书、邵明刚等土豪，并将躲在两合岩的土豪潘吴氏抓捕并押送到毕节关押。他组织劳苦群众与土豪劣绅进行斗争，狠狠打击了土豪劣绅的嚣张气焰。红二、红六军团奉命北上，小坝游击队多数队员随军北上。红军走后，国民党当局与地方土豪地霸武装相勾结，对游击队进行疯狂反扑，游击队队长潘锡成因带领游击队打过土豪，被视为眼中钉、肉中刺。1936年农历二月初，土豪潘甫周等纠集同伙包围了潘锡成家住房，抄了他的家，潘锡成被捕。次日，在潘家头道龙门对潘锡成进行“宣判”，潘锡成在大沙坝“刑场”被枪杀，英勇就义。时年33岁。

十七画

檀林岫

檀林岫（1925—1993），山东金乡县人，1925年8月生，1944年5月参加革命工作，1946年4月加入中国共产党，中学文化，南下干部。

1944年5月至1949年2月任金乡县孙行区联络会工作员、协隆裕商店出纳、鲜楼区公安助理员。1949年3—8月随军南下至赣东北任景德镇南市区公安分局秘书。1949年9月至1978年10月西进贵州后，历任毕节专署公安分局侦察科员，贵州省公安学校第一期学员、中队长，毕节县城关区派出所所长，毕节专署公安处政保科副科长、科长。1978年10月至1983年7月任毕节地区人民检察院科长、中共毕节地委统战部科长。1983年8月离休，享受副地级待遇。1993年2月去世，享年68岁。

魏守云

魏守云（1919—2012），山东鱼台县人，1919年9月18日出生于山东省鱼台县王庙大魏庄。初小文化，中共党员，南下干部。

魏守云出身贫寒，从小饱受当地恶霸豪强的欺凌，常为村民伸张正义，帮助贫困人家克服艰辛。日本鬼子入侵山东，山东人民奋起反抗。魏守云常参加中国共产党领导的游击队，开展打击日寇、惩处汉奸的活动。1944年年初，在抗日战争进入决战的艰苦时期，魏守云毅然参加了八路军，历任侦察员、侦察排长，在山东湖西地区一带带领人民群众坚持抗日斗争，歼灭日寇有生力量，摧毁日伪工事，破坏敌人运输线，直到抗日战争胜利结束。

1945年8月，日本帝国主义宣布无条件投降，蒋介石反动派又举起反共反人民的旗帜，发动内战。山东成了蒋介石进攻共产党领导的人民武装的重要战略要地，魏守云所在八路军改编为中国人民解放军二野部队，成了反击国民党军队的主力。魏守云参加了解放山东、淮海战役、渡江战役等战役，立下累累战功。1949年解放江西时，在景德镇被编为西进南下工作团，随即挺进贵州，一路打到毕节。出于建立各级人民政权、推进大西南完全解放的需要，魏守云被留在毕节县进行剿匪、征粮、土改等斗争。1952年任海子街区武装部部长，为当时镇反运动、稳定新生人民政权做了许多艰苦卓绝的工作。1953年调任毕节县孤儿院院长，后又调任县农具厂厂长，1959年任县木材公司经理。每次工作变动，他都坚决服从组织安排，干什么学什么，干一行爱一行，体现了一个共产党员的高尚情操。1982年，魏守云享受县处级待遇离休。2012年3月5日，魏守云因病在毕节逝世，享年93岁。

鸡鸣三省纪念碑

七星关区

史志人物选

QI XING GUAN QU
SHI ZHI REN WU XUAN

三 革命烈士 战斗英雄 立功人员

二　画

丁学武

丁学武（1958—1979），贵州省毕节县（今七星关区）人，1958年生于毕节县城关镇，1978年3月应征入伍，在解放军35105部队服役，革命烈士。1979年2月17日在中越边境自卫反击战中，英勇作战，光荣牺牲，献出了年轻生命。

丁学武在部队服役期间，学习勤奋，工作积极肯干，认真负责，思想先进。他刻苦攻读马列著作和毛泽东著作，自觉改造自己的世界观和人生观，积极投入揭批“四人帮”的斗争。他服从命令，听从指挥，严格要求自己，自觉遵守组织纪律。团结同志，助人为乐。谦虚谨慎，不骄不躁，生活艰苦朴素，作风扎实过硬，自觉苦练军事技术。在部队接受战斗任务后，针对作战特点，在应急训练中，苦练加巧练，在时间紧、任务急的情况下，能很快掌握山地作战战术。由于他事迹突出，受到广大指战员的好评，曾多次被表彰和嘉奖。1979年2月中越边境战斗打响后，丁学武所在的连负责穿插任务，在攻打麻栗坡2号高地的战斗中，他英勇顽强，机智灵活，不怕牺牲，充分发挥机枪火力优势，掩护大部队向敌人阵地冲锋，有效消灭敌人。2月17日壮烈牺牲，年仅21岁。1979年2月24日，经中国人民解放军总政治部批准，追认为革命烈士；同年3月，追记三等功。

丁昌盛

丁昌盛，贵州省毕节县（今七星关区）人，1976年9月出生，中共党员，二等功臣。

1995年12月至1998年12月，在云南省临沧边防支队南伞工作检查站服兵役。于1998年12月1日退出兵役。1998年12月至1999年6月，在家待分配。1999年6月至2002年12月，在清水铺镇水利站工作。2002年12月至2010年11月在清水铺镇农业服务中心工作。2010年12月至2013年12月，任清水铺镇兰田村支部书记。2013年12月至2015年12月，任清水铺镇水利站站长。

丁昌盛在部队服役期间，1996年10月13日，在一次缉枪缉毒工作中，缴获毒品海洛因10.5斤，被云南省武警边防总队政治部评为个人二等功一次。1998年11月3日第二次“缉抢缉毒”工作中，缴获毒品海洛因326块(共计115210克)，他再次被云南省武警边防总队政治部评为个人二等功一次。

三　画

马正邦

马正邦(1927—1949)，贵州毕节县（今七星关区）人，1927年生于毕节城关，革命烈士。

马正邦自幼好学，师范毕业后，即到豫章（今六小）小学任教。在读书期间，受进步思想影响，对国民党反动统治不满，不断与之进行针锋相对的斗争。1947年，国民党在各地竞选国大代表。毕节专员周希濂收受资本家贿赂，组织“助选团”四处游说，为刘裕远拉选票，手段恶劣。马正邦以毕师学生会主席身份，组织学生进行抵制，然后率领300余名学生罢课3天，以示抗议。周希濂到校妄图镇压学生运动，马正邦毫不示弱，当着周的面揭露当局搞假民主、不顾民意的行为，并提出一系列质询，弄得周无言可答，狼狈不堪。马正邦等还采取办墙报、写文章的方式，抨击师范校长和国民党地方当局的贪污腐败行为。

1949年，马正邦到豫章小学任教后，向学生灌输进步思想，教唱进步歌曲，并利用纪念节日的机会，拟写革命性的标语，公开张贴在学校内外。他在学生的纪念册上用“左倾是进步的”等语句作纪念，以激发学生对国民党统治的愤恨。1949年7月初，马正邦的活动震惊了国民党特务夏炎（已处决），7月中旬，马正邦被国民党特务以“共产党”罪名逮捕。敌人在狱中施以酷刑，威逼马正邦招供，但他坚贞不屈，怒视、痛骂国民党特务。1949年11月26日毕节临近解放时，马正邦被国民党毕节当局杀害于城郊大水口。牺牲时年仅22岁。

解放后不久，中共毕节地委于1949年12月14日为惨遭国民党杀害的马正邦等4位进步青年召开追悼会。1987年，贵州省人民政府追认他为革命烈士。

四　画

王　东

王东，穿青人，贵州省毕节县（今七星关区）人。1978年12月出生，2003年8月参加公安工作，大学本科文化，中共党员，一级警司，二等功臣。

自2005年从事公安宣传工作以来，王东凭着实干和奋进的精神，以昂扬的斗志和饱满的激情投入紧张的公安宣传工作中，充分发挥喉舌耳目、鼓手号角、桥梁纽带和主力军的作用，大张旗鼓地宣传各科、所、队广大民警侦查破案、打击犯罪、保护人民、恪尽职守、无私奉献的先进事迹和崇高精神，为全区公安工作和队伍正规化建设创造了良好的宣传舆论环境。由于工作成绩突出，他先后五次荣立个人三等功，五次荣获省、市、区个人嘉奖，三次被评定为市局“优秀共产党员”，2007年、2008年、2009年、2010年连续四年被评定为“优秀公务员”，2012年2月3日被毕节市公安局评为“全市优秀人民警察”。2013年9月26日被贵州省公安厅授予二等功。

2013年4月下旬，一伙抢劫出租车犯罪团伙突现毕节街头，七星关区公安局经过五天五夜的蹲点守候，于2013年4月16日凌晨2时许，将王贵、白龙、刘亚雄、王定才等7名犯罪嫌疑人一举抓获归案。随警作战一夜的王东顾不上休息，连夜撰写了新闻稿件，并于次日上午主动联系省、地、市各级新闻媒体，用抓捕时最前沿、最真实的镜头迅速抢占了新闻主渠道。新闻报道很快播出，诸多谣言不攻自破，及时挽回了不良的社会影响。

作为全局宣传“喉舌”的政工科宣传股，王东秉承着“一个典型就是一面旗帜”的指导思想，以“弘扬正气、树立警威”为工作向导，紧密结合正在开展的“万名干部下基层”“联乡驻村”“三访三评”、深化“大走访”“三问”“三解”、解放思想“十破十立”“万警进万家、惠民保平安、同步建小康”等系列活动，深入挖掘全区公安工作中的先进典型，充分发挥先进典型的示范作用，引导、激励广大民警以更加高昂的斗志和饱满的热情，积极投身到为全市大开发、大建设、大发展保驾护航之中。一方面，王东运用公安内网、政工简报、通报、表彰决定等载体，向各科、所、队及民警宣传先进典型的事迹，让各单位、各民警有学习借鉴的标杆，有奋发进取的动力；另一方面，他奔走于各新闻单位之间，积极协调各新闻媒体刊登七星关公安分局涌现出的先进典型事迹，让社会各界了解公安、钦佩公安、支持公安工作。他先后挖掘、撰写了《七星关区：四项措施织牢城区治安防控网》《海子街派出所民警用爱谱写孤儿小虎的“昨天”“今天”和“明天”》《柔情融冰构和谐，铁骨祛邪保平安》《他撇下身怀六甲的妻子走了——追记毕节市公安局七星关分局民警吴道平》等宣传先进集体和先进个人的80余篇文章，并被“人民公安报”“贵州日报”、贵州电视台、“毕节日报”“毕节公安”等媒体刊播采用。通过一系列形式多样的典型宣传报道，大大弘扬了全区公安队伍的正气和主流，有效地鼓舞了广大公安民警的斗志，调动了民警的工作积极性，激发了民警无私奉献、忘我工作的精神，同时还在群众心目中树立了人民警察“立警为公，执法为民”的高大形象，为全区公安赢得了民心，赢来了好口碑。

在王东的带领下，七星关公安分局60余名宣传通讯员活跃在公安宣传岗位上，他们尽职尽责，任劳任怨，充分发挥了毕节市公安局宣传主力军的作用。先后在中央、省、地、市级新闻媒体发稿1450余篇（条），其中被中央电视台、《人民公安报》等中央级媒体采用30余篇（条），被《贵州日报》、贵州电视台、《贵州都市报》《法制生活报》等省级新闻媒体采用180余篇（条），被《毕节日报》、毕节电视台、《乌蒙新报》《毕节公安》《毕节晚报》、七星关区电视台等市、区级新闻媒体采用1230余篇（条），超额完成了上级下达的宣传报道任务。在全市每年各县区公安局宣传工作评比中，七星关公安分局均名列榜首。

有人对王东这种忘我工作的敬业奉献精神不甚理解，认为大家都领一样的工资，何必如此卖力呢？每当听到这样的话，王东只是坦然一笑说：“既然局党委信任我，把全局的宣传重担交给我，哪怕再苦再累，也得想法把它做好、做出成绩……”就是这样简单的话语，诠释了一名公安宣传民警对工作的无私奉献精神和宽大情怀。的确，公安宣传工作是一个没有硝烟的战场，战场上没有惊天动地的感人事迹，没有侦破大、要、疑难案件的奇迹壮举，更没有奋不顾身抓捕犯罪嫌疑人的英勇情景，留下的只有宣传民警埋头苦干、默默奉献的汗水和心血。

王　军

王军，贵州省毕节县（今七星关区）人，生于1972年12月，1990年3月参加工作，2014年2月1日，被贵州省公安厅授予二等功。

2011年9月，王军在参与打黑中队办理邱木庚等团伙案中，发现该团伙还有开设赌场和系列抢劫、敲诈勒索等犯罪行为，涉嫌组织、领导、参加黑社会性质组织罪。王军立即逐级汇报，后在市公安局的统一安排部署下成立了专案组，七星关区委常委、区政法委书记、公安局局长吴安宁被委任为案件办理组组长。在吴安宁的带领下，王军等60余名侦查员对该案展开侦查。

在侦办过程中，王军发挥了特别能吃苦、特别能战斗的精神，克服种种压力和困难，配合专案组民警经过大量的调查取证最终查明，犯罪嫌疑人邱木庚（又名邱煜，小煜煜）2002年至2005年在毕节学院读大学期间，就跟随当时毕节城里在黑道上以心狠手辣著称的陈军恶势力犯罪团伙混社会，并且纠集了十八一带的邱澳、徐亚东、秦涛等20余名两劳释放人员及社会闲散人员持刀枪等作案工具在纳雍县维新镇和毕节周边的流动赌场上站岗放哨，以此聚敛钱财。2007年邱木庚、徐亚东等人因非法持有枪支罪被毕节市人民法院判处有期徒刑。2009年6月，犯罪嫌疑人邱木庚刑满释放后，不思悔改，迅速把入狱以前所带的“十八家”团伙成员邱澳、徐亚东、秦昆等人组织在一起，购买了价值一万余元上百把刀、枪、弩、箭等，自2009年7月至2010年8月短短的一年里，制定严格帮规戒律，安排小弟统一吃住、统一发放工资，每次作案之前都要事先开会研究，周密计划。为了大量敛财，邱木庚开会研究要将毕节所有开设赌场的团伙打散，让其“十八家”独家开设赌场以牟取钱财。安排小弟在朱昌到毕节城区公路上明目张胆设卡对过往拖私烟老板拦截抢劫、敲诈，多次公然组织上百人在大街上持自制炸弹、火药枪、刀等武器聚众斗殴。成员被抓后，组织人员到公安机关闹事、抢人。邱木庚及“十八家”组织在毕节城区、朱昌、鸭池、岔河一带是无人不知，无人不晓，老百姓闻之色变，十八一带晚上连货车驾驶员都不敢开车经过，严重影响了毕节城区人民的生产生活秩序，对社会造成了极其恶劣的影响。有些受害者迫于邱木庚等人淫威，被抢、被伤害了不敢报案，以前侦查员进行询问时连真实姓名都不敢讲，在询问材料上不敢签字捺印，怕被邱木庚等人打击报复，直到邱木庚等人被抓后才敢讲被伤害的情况。许多学校、企业机关、团伙成员家属纷纷到区公安局反映邱木庚祸害一方的罪行。

在专案组的正确领导下，在全体参战民警的努力下，邱木庚案件被侦破。2013年4月15日，七星关区人民法院对邱木庚等人犯组织、领导、参加黑社会性质组织等案作出判决，邱木庚犯组织、领导、参加黑社会性质组织罪、开设赌场罪、抢劫罪、敲诈勒索罪等总和判处刑期53年，执行有期徒刑53年，其余47名成员分别判处有期徒刑20年到2年不等。

由于王军在侦破该案中，坚持原则，敢战善战，成绩显著，荣立二等功一次。

王　韬

王韬，贵州省毕节县(今七星关区)人，1982年12月出生。2000年12月参加工作，中共党员，二级警司，2014年2月1日，被贵州省公安厅授予二等功。

2011年8月，王韬在打黑中队办理邱木庚等团伙案中，在继续侦查发现该团伙还有开设赌场和系列抢劫、敲诈勒索等犯罪行为，涉嫌组织、领导、参加黑社会性质组织罪。王韬立即逐级专题报告。在省公安厅和市公安局的总体部署下，成立了专案组，区委常委、区政法委书记、公安局局长吴安宁被任命为案件办理组组长。2011年9月起，在吴安宁的亲自指挥下，展开了对邱木庚案件的侦查工作。

王韬与其他专案组成员发挥了特别能吃苦、特别能战斗的精神，克服种种压力和困难，经过大量的调查取证查明了犯罪嫌疑人邱木庚的犯罪事实，使犯罪嫌疑人得到应有的惩处。

王韬执着忘我、无私奉献、顽强拼搏、不怕辛劳的工作态度，不怕危险，与专案组领导及同事共同努力，侦破邱木庚案件。荣立贵州省公安厅二等功一次。

王天文

王天文，贵州毕节县(今七星关区)人，1964年10月24日出生于贵州省毕节县，1987年7月在贵州省园艺研究所参加工作。研究生学历，中共党员，一等功荣立者。

1983年7月至1987年7月在西南农业大学园艺系果树专业学习；1987年7月至1993年11月在园艺所任研究实习员；1993年12月至1999年11月在园艺所任助理研究员；1996年至2003年任园艺所副所长；1997年9月至1999年7月在贵州大学园艺系植物学专业学习；1999年12月至2006年11月在园艺所任副研究员；2003年至2011年5月任园艺所书记、副所长；2006年12月至今在园艺所被评聘为研究员；2011年5月至2013年9月任园艺所所长，兼党委书记；2013年9月至今任园艺所所长；2015年在园艺所被评聘为二级研究员。

王天文，是贵州省蔬菜产业技术体系首席科学家，贵州大学农学院硕士生导师。主要从事蔬菜新品种选育、栽培技术研究和示范推广工作。主持或参加省级及以上项目50余项。编著著作7部，在贵州科技出版社出版；第一作者或参与发表研究论文100余篇。先后获得省成果转化一等奖1项，中华农业科技奖三等奖1项，省科技进步二等奖2项，省科技进步三等奖5项，农业部丰收奖二等奖1项，省丰收一等奖2项；专利2项，起草省级标准15个。2002年获省政府特殊津贴；2003年被评为全国农业科技年活动先进工作者，获贵州省科技兴农人才奖及贵州省第七届“青年科技奖”；2004年获中国农学会第九届青年科技奖；2005年被确定为贵州省优秀青年科技人才；2006年被评为贵州省优秀科技特派员并获二等奖，被聘为中国农村专业技术协会专家委员会委员；2007年被评为全国农业科技推广标兵，被聘为第五届贵州省农作物品种审定委员会经济作物专业组委员、贵州省黔南州首席科技特派员；2008年在抗灾救灾工作中做出突出贡献，贵州省委、省政府给予“记一等功”奖励，被评为贵州省省管专家；2012年获国务院特殊津贴。

王天祥

王天祥（1940—1966），贵州毕节县（今七星关区）人，1940年生于毕节县鸭池区王家湾村，中共党员，革命烈士。

王天祥的母亲中年早逝，他 从小与父亲王永专、大哥王定忠、兄弟王定法等一起生活。1960年3月，王天祥应征入伍，到云南省7579部队37分队服兵役。在部队期间，他认真学习文化知识，加强技能训练，虚心向老兵请教，热心帮助战友。由于表现好，思想、业务技能进步快，1962年光荣加入中国共产党。在开展“四好连队”创建活动中，受到嘉奖，荣立三等功一次，还被评为连队的“五好”战士，并提拔当上了副排长。

1966年，王天祥所在的连队奉命参加修建铁路。同年12月8日，在施工时由于隧道塌方，有几个战士被石土压在道内。王天祥明知塌方还未停止，可为了抢救战友的生命，他奋不顾身冲进去抢救战友，在救出第三个战友时，由于隧道顶上大量的石块剧烈垮塌，石块掩盖了他，当大家把他救出来时，他已经停止了呼吸，永远地离开了他深爱的这片土地，牺牲时年仅26岁。12月18日，中国人民解放军总政治部表彰了他的英雄事迹，并批准他为革命烈士。

王礼云

王礼云（1932—1953），贵州省毕节县（今七星关区）人，1930年出生于毕节县普宜区阿市乡，1950年11月参加革命，革命烈士。系中国人民志愿军47师坦克团战士，共青团员，1953年1月26日牺牲于朝鲜。时年21岁。

王芳华

王芳华（1930—1953），贵州省毕节县（今七星关区）人，1930年出生于毕节县普宜区播扎乡，1951年参加革命，革命烈士。牺牲前任中国人民志愿军543团2连副班长，1953年6月10日牺牲于朝鲜。时年23岁。

尹存善

尹存善（1925—1950），山东省鄄城县大埝乡人，革命烈士。生前为毕节县二区（辖鸭池、朱昌、新张3个乡）分委书记。

他出身于农民家庭，1938年参加由八路军、游击队、地下党组织的儿童团，担负站岗放哨任务。1939年参加革命，被分配在陈良区青委会工作。1941年加入中国共产党。

在青委会工作期间，立场坚定，爱憎分明，能和自己的亲戚及族中的地主、恶霸做无情的斗争，组织和领导各村自卫队、“模范班”“青救会”“青抗先”及民兵武装，积极开展抗日斗争，在开展村内保院作战、支援外线作战、改造村乡地形等方面都发挥了重要作用。他们一次又一次地战胜了日寇的“蚕食”政策和“大扫荡”，使“抬头见炮楼，天天听枪声”的陈良根据地完整无缺，从未陷入敌手。1945年，他领导青委会先后参加区中队阻击肖庄、肖垓据点的伪军。随后又反击包围了肖庄，攻占了肖垓，有力地配合八路军作战，取得歼敌2300余人的胜利。同年8月，他带领广大农民和青年完成了对县城日伪军的包围。

经过强大的军事和政治攻势，终于解放了鄄城县。尔后又参加了鲁西南战役、淮海战役和渡江战役，其战功赫赫有名。

1949年，随军南下，在江西整编后转到西进支队，接管贵州工作。毕节解放后，他被任命为二区（今鸭池、朱昌及海子街辖区的一部分）分委书记。当时分委会的主要任务是征粮剿匪，支援解放大西南。二区境内有白马山（今海子街辖区）、乌箐大山（今朱昌辖区）两个土匪巢穴。地主、恶霸依附土匪势力抗捐抗粮，拒绝政府分配的合理负担。尹存善与区长王振国等"一班人"，一方面深入发动群众，全面开展征粮工作，另一方面对土匪采取各个击破、分化瓦解的策略，迅速扭转了二区征粮的被动局面。

1950年3月，县内土匪日益猖獗，乌箐大山的地主、恶霸趁机抢粮，情况十分危急。为弄清匪情，他带领通讯员深入乌箐梁子脚下的木来侦察土匪行踪。当他得知土匪要袭击岔河武工队的情况后，立即赶到岔河组织力量抗击土匪。3月29日下午，他和通讯员赵友才步行到岔河陈家屋基水井边时，突遭土匪伏击，他身负重伤，仍英勇还击。最终因敌众我寡而壮烈牺牲，时年25岁。

尹存善13岁参加儿童团，为革命站岗放哨，14岁投入军旅生涯，从北到南参加许多著名战役，其战功显赫。随军南下，进军贵州解放毕节，为清剿土匪，巩固新生的红色政权，完成征粮任务，支援解放大西南献出年轻而宝贵的生命，毕节人民永远怀念他。

孔维平

孔维平，贵州毕节县（今七星关区）人，男，汉族，1963年6月出生于毕节，大学本科学历，中共党员，1981年10月参加工作，现任毕节市七星关区人大常委会财经委员会主任委员。

1981年10月至1985年10月，在中国人民解放军35302部队服役；1985年10月至1992年4月，为贵州省毕节县燕子口区沔鱼河乡政府工作人员（其间，1989年3月至4月参加地区财政局举办的财务会计培训）；1992年4月至1993年12月，为贵州省毕节县燕子口镇财政所工作人员（其间，1989年8月至1992年7月在贵州省中华会计函授学校财务会计专业学习）；1993年12月至1994年10月，贵州省毕节市燕子口镇财政所工作人员；1994年10月至1996年1月，任贵州省毕节市燕子口镇财政所副所长；1996年1月至2001年11月，任贵州省毕节市清水铺镇副镇长（其间，1997年9月至2000年6月在贵州省委党校行政文秘专业学习；1996年6月参加毕节市委党校镇乡副科级干部培训）；2001年11月至2002年3月，任贵州省毕节市水箐镇党委副书记；2002年2月至2003年3月，任贵州省毕节市水箐镇党委副书记、镇长（其间，2000年8月至2002年12月在中央党校函授学院行政管理专业学习）；2003年3月至2006年6月，任水箐镇党委书记；2006年6月至2006年10月，任贵州省毕节市委正科级组织员；2006年10月至2010年4月，任贵州省毕节市民政局党组成员、副局长、老龄委主任；2010年4月至2011年10月，任贵州省毕节市民政局党组成员、副局长；2011年10月至2011年11月，任贵州省毕节市人民政府办公室常务副主任；2011年11月至2012年6月，任贵州省毕节市七星关区人民政府办公室常务副主任；2012年6月至2015年7月，任贵州省毕节市七星关区人民政府办公室党组成员、办公室主任、应急办主任；2015年7月至2016年9月，任贵州省毕节市七星关区人民政府党组成员，办公室党组书记、办公室主任、应急办主任；2016年9月后，任贵州省毕节市人大常委会财经委员会主任委员。

他在1984年12月的对越自卫"两山"作战中荣立二等功；1991年4月被县财政局评为"先进工作者"；1991年7月被中共燕子口镇委评为"优秀共产党员"；1995年3月被市财政局评为"先进工作者"；1996年2月被毕节市人民政府评为"先进工作者"；1997年5月被毕节市委组织部评为"优秀干部"；2002年12月被毕节市人民政府评为"先进工作者"；2007年、2009年、2011年被毕节市委组织部评为"优秀干部"；2012年被毕节市委、市人民政府评为"先进工作者"；2012

年5月被毕节市委、市政府评为“先进工作者”；2013年2月被毕节市人民政府评为“先进工作者”；2013年在毕节市阿市乡“4·27”地质灾害现场救援中荣获“先进个人”。他不论是在水箐镇任党委书记，在民政局任副局长，还是任区政府办公室主任，都注重明晰工作思路，突出工作重点，找准切入点和突破口，统筹兼顾，整体推进。在任区人民政府办公室主任五年多来，他按照“强化政务，优化事务，全能服务”的工作思路，团结办公室一班人，在政务服务上求精，在综合协调上求实，在事务服务上求细，在机关建设上求新，使办公室工作达到了领导满意、基层满意、群众满意。

五 画

甘祖荣

甘祖荣(1981—2007)，贵州省毕节县(今七星关区)人。1981年出生在长春堡区垭关村冷洞组。革命烈士。

甘祖荣2001年参军，在云南省公安边防总队服役。历任战士、班长。在边防站工作期间，他牢记军人使命，不怕艰苦，不怕危险，把党和人民的事业摆在第一位，服从命令，听从指挥，时刻提高革命警惕。尤其在禁毒斗争中，苦练过硬本领，认真钻研侦察技术，决不让一个贩毒分子携带一包毒品进入国境，把牢一线禁毒关。2007年3月25日，甘祖荣参加云南省公安边防总队组织联合专案组，在中缅边境月亮石开展缉毒任务中，与一伙武装贩毒团伙发生枪战，他冲锋在前，勇猛当先，不幸被毒贩枪弹击中头部，当场壮烈牺牲，年仅26岁。

2007年3月27日，中国人民武装警察边防部队政治部批准甘祖荣为革命烈士。2007年6月26日，云南省委、省政府授予甘祖荣烈士“缉毒英雄”荣誉称号。2007年9月14日，公安部为甘祖荣烈士追记一等功。

叶 刚

叶刚(1907—1936)，原名叶芝轩，四川省叙永县人，革命烈士。

叶刚家境贫寒，幼年丧父。1917年随母投靠大定(今大方)瓢儿井外祖母家，不久，母亲病故，叶刚与外祖母相依为命。外祖母去世后，叶刚无依无靠，便到黔军当兵，后被遣散。

1936年1月，中国工农红军红二、六军团进军贵州，叶刚在修文参加红军。2月6日，红军抵达大定县城，叶刚按中华苏维埃人民共和国川滇黔省革命委员代主席陈希云的指示，联络吴明轩、黄道德30余人，于2月12日在大定成立抗日救国团，叶刚任团长，红军干部任政治部主任，团部设于西门董家米行。经过宣传动员，抗日救国团人员发展到200余人，配合红军打了几十家土豪。由于形势的变化，国民党中央军万跃煌部占领黔西县城，进逼大定。2月17日，川滇黔省革命委员会迁往毕节。2月18日，抗日救国团奉命随红五师撤出大定。

抗日救国团撤出大定县城后，从螺蛳塘分两路前进。一路由营长吴明轩率领，随红五师到毕节，一路由叶刚亲自率领，经打鸡阆、瓢儿井、小坝到毕节会师。沿途打击土豪，收缴步枪8支。在打鸡阆驻三天，叶刚走村串寨，宣传抗日，帮助当地成立游击队，发展队员。在瓢儿井驻两天，叶刚通过宣传抗日救国道理，深入发动群众，扩大队伍。由于国民党军樊嵩甫部进逼瓢儿井，叶刚从瓢儿井到小坝，遭到当地民团伏击，部队损失很大。叶刚带领救国团突围后，部队相互失去联系，身边仅有潘荣华等6人。

此时，红六军团17师在七家田、将军山(大方境)一带阻击敌人。叶刚闻讯，随即带领身边战士奔赴将军山。到海马宫一带时，万跃煌部正向红军阵地发起猛攻，飞机轮番轰炸。红17师奉命向毕节转移，叶刚未能与红军联系上。在敌机的轰炸中，又有一些战士失散。红军走后，敌人四处搜山，叶刚孤身在密林中与敌周旋，直至敌军撤退才走出密林，到毕节追赶红军。至毕节途中，被当地反动势力杀害丢入煤洞，年仅29岁。解放后，大方县人民政府将叶刚烈士遗骨取出，安葬于大海坝烈士陵园。

叶绍奎

叶绍奎（1904—1938），名玉书，又名名扬，大定（今大方县）瓢儿井人，革命烈士。

叶绍奎14岁丧父，家境贫寒，有两个弟弟被饿死，他带着尚存弟、妹逃荒要饭，帮工度日。成家后弟媳及妻又被强人霸占，在被逼无路可走的情况下，便去国民党25军当兵。1934年，在25军任连副时，对国民党的腐朽统治极为不满，便拉出所带部队在黔西炼洞场、三重堰和大定普底、百纳、大山一带进行打富济贫的活动，深得人民群众的拥护。

1936年2月，中国工农红军红二、六军团进驻毕节，组建抗日救国军，他率部参加抗日救国军（后改为中国工农红军川滇黔边区抗日先遣队），在三支队阮俊臣部任四大队队长。4月，率游击队百余人在毕节黄塘梁子及云南镇雄边境一带活动。是年秋，在云南母享和威信黄莲坝两次击败镇雄独立营陇承尧部，毙伤俘敌33人，缴获枪械38支、子弹2000余发。阮俊臣因事离开游击队后，叶绍奎率四大队在极其困难的条件下独立在毕节、镇雄一带活动。11月下旬，攻打母享，处境十分困难，经过艰难曲折的斗争，他摆脱镇雄独立营陇承尧的围追到红岩活动。1937年秋，游击队发展到400余人枪。他与三大队联系，约定11月东进大定，在百纳一带建立新的游击根据地，整训部队，将大队部改为指挥部，他任总指挥，下辖7个队，制定八条行军纪律。当他率游击队到姑开（今纳雍县境）时，游击队发展到1000余人。经过整训，指挥部改为司令部，叶绍奎任司令员，下建3个团、一个独立大队和一个特务营。部队继续前进。

1937年11月，游击队回旋于大定县境，震惊了国民党贵州省当局，省主席吴忠信急令毕节专员何朝忠清剿。何率保安队与安开阳、安开臣民团一起，配合保安二团围剿游击队。叶绍奎决定在草坪迎击敌人。11月11日晨开始战斗，下午3时结束，毙伤敌人80人，俘90余人，获步枪130支，子弹5000多发。次日，游击队向大山转移。转移途中，甘绍清拉走500多人，削弱了游击队的力量。不久，国民党又纠集万余人的部队再次围剿游击队，叶绍奎决定回师母享至红岩一带。1938年1月4日，叶绍奎率部又回到大定普底宿营。次日被国民党军包围，游击队在敌我悬殊的情况下应战失利，叶绍奎带少数人掩护部队撤走，身负重伤。游击队突围后，又在瓜仲河被保安团追上，经过激烈的枪战，叶绍奎壮烈牺牲，时年34岁。

申开明

申开明（1933—1958），贵州省毕节县（今七星关区）人，1933年出生于毕节县普宜区阿市乡，1956年3月参加革命，牺牲前系中国人民解放军0069部队3支队2分队战士，中共党员，1958年8月19日牺牲于遵义高桥乡。时年25岁。

史大志

史大志（1956—2001），贵州毕节县（今七星关区）人。1956年7月出生在贵州省毕节县海子街区海子街镇。初中文化，中共党员，二等功臣。

史大志1966年9月1日至1971年6月在五十亩读小学，1971年7月至1975年9月在五十亩读初中，1975年9月至1977年6月在朱昌中学读高中，1979年9月入伍，在昆明部队后勤某部服兵役。因在对越作战后勤保障工作中表现特别突出，荣立二等功一次。1980年12月退伍，在家务农。1993年7月安置在田坝桥镇农机站参加工作。2001年12月14日病故。

史开勇

史开勇（1956—1980），贵州毕节县（今七星关区）人，于1956年7月出生在贵州省毕节县海子街区海子街镇。初中文化，二等功臣，革命烈士。

史开勇1966年9月1日至1971年6月在五十亩小学读书，1971年7月至1975年9月在五十亩读初中。1979年9月入伍，在35206部队71分队任卫生员。

对越自卫反击作战取得预期战果后，边防部队奉命回撤。越南当局贼心不死，趁边防军撤离后，又占领一些边防边境山头。中国神圣领土罗家坪大山，者阴山，扣林山等就属于边防军撤离后，重新被越军占领的。1980年年初，史开勇所在部队奉命收复罗家坪大山。

罗家坪大山，地形险要，易守难攻。敌军在所有通道上都埋下了密密麻麻的地雷，在各个山头修筑了工事，架设有轻、重机枪，高射炮平射等武器。为了祖国和人民安宁，为了神圣领土不让敌人侵犯，边防军发扬敢于斗争、勇敢作战精神，于1980年2月7日发起了收复罗家坪大山的战斗。

越军凭借险要的地形，坚固的工事，足够的火力，密集的地雷，企图阻止边防军进攻。战斗打得激烈而残酷，敌在暗处边防军在明处，敌人在山上守边防军往山上攻，敌人占据了有利地形，这给边防军夺取敌阵地带来极大不利。边防军冒着敌人的枪林弹雨，勇猛地向敌发起冲锋。身为卫生员的史开勇，为抢救负伤的战友，战友们冲到哪里，他跟到哪里，对负伤战友进行火线救治，不幸被敌人子弹击中，壮烈牺牲。昆明军区前线指挥部给史开勇追记二等功一次。

六　画

吕文华

吕文华，贵州省毕节县（今七星关区）人。中共党员，二等功臣。

吕文华自2004年调至禁毒大队工作以来，先后任中队长、业务大队大队长。无论在什么岗位，他都时刻以一个优秀共产党员的标准来严格要求自己，干出了突出的成绩。在每一次和犯罪分子做斗争的过程中，他都不顾个人安危，冲锋在前，为其他民警做出了榜样。由于工作成绩突出，他多次受到嘉奖，荣立个人二、三等功。2015年8月17日，因破燕子口“12·13”毒品大案，被贵州省公安厅授予二等功。

吕文华在禁毒战线上一干就是11年，仅2012年就侦破涉毒案件60余起，抓获涉毒嫌疑人60余名，缴获各类毒品6000余克，摧毁零包贩毒窝点30余个，完成省厅毒品目标案件1起。2012年，在侦破“12·13”特大毒品案件过程中，吕文华不顾个人安危，冲锋在前，吃苦耐劳，无私奉献，为其他民警做出了榜样。

2012年下半年，七星关公安分局获悉：林口镇村民唐军舰长期从广东购买冰毒到本地区贩卖，数量特别大，极其狡猾的唐军舰从不露面，都是遥控其姐唐建琼帮助完成毒品交易。由于吕文华业务水平高、责任心强，前期调查过程中，他主要负责对唐军舰进行秘密监控和技术调查。面对极其狡猾的毒贩，吕文华不辞辛劳，夜以继日地跟踪守候。功夫不负有心人，一组组数据通过吕文华传到专案组民警手里，最终锁定毒犯唐军舰行踪，狡猾的狐狸终于露出尾巴。

2012年12月13日，获取唐军舰遥控其姐唐建琼将要在小商品批发市场进行毒品交易的消息后，吕文华及时向上级汇报，并赶赴现场和队友在小商品批发市场进行布控。下午3点钟，灯饰店的老板娘唐建琼从自家门市后面拎着一个口袋就直奔小商品批发市场，在一个商店门口静静地坐着，不时地东张西望，时而站起来，好像焦急地等待什么。在那里守候的侦查员更加着急，吕文华和七八个侦查员挤在一辆车上，谁也不敢出声，大家都憋着一口气，时间一分一秒地过去了，突然，一辆开着应急灯的越野车缓缓地驶向小商品批发市场，唐建琼急匆匆地向越野车走去，守候在那里的民警意识到时机已成熟。说时迟，那时快，“不许动，警察！”吕文华迅速冲上去一声断喝，和其余乔装打扮的缉毒警察将驾驶员牢牢地按在方向盘上并将车钥匙拔掉。当场抓获犯罪嫌疑人3人。

2012年2月初，吕文华和队友在工作中发现家住七星关区东安路的黎新勾结镇雄的徐勇、赫章的陈松长期从事贩卖毒品的犯罪活动后，立即向分局领导汇报并对黎新的犯罪活动进行侦查。经侦查发现，黎新长期与徐勇、陈松一起，由徐勇联系毒源，尔后两人一起或单独到昆明、泸州购买毒品海洛因、冰毒及冰毒片剂到毕节贩卖。行动诡秘，反侦察意识特别强。面对这样狡猾的对手，吕文华和同事们没有气馁，重新对案件一遍又一遍地进行梳理，几次前往遵义等地，对陈松进行秘密跟踪调查，风餐露宿，克服气候、环境诸多困难，功夫不负有心人，通过大量的工作，逐步掌握其活动规律。2012年9月16日，获悉陈松已从遵义到昆明购买毒品，很可能当天就要返回，时间非常宝贵，吕文华带领侦查员买点干粮立即驱车准备赶往六盘水胜境关对其进行拦截，在遵义和黔西警方的全力配合下，成功将黎新、陈松抓获，缴获毒品800余克。黎新一案成功告破，共缴获毒品1900余克，完成省厅一起目标案件。

吕文华只是全国千万缉毒警察的一个缩影，但正是有他这样无私奉献、踏实拼搏的基层民警为中坚和骨干，公安工作才能正常有序地开展，才能肩负起打击犯罪、保护人民的历史重任。

朱明贵

朱明贵（1928—1951），贵州省毕节县（今七星关区）人，1928年出生于毕节县普宜区中寨乡蔡家寨，1949年4月参加革命，革命烈士。牺牲前任中国人民志愿军106团副班长，1951年4月24日牺牲于朝鲜。时年23岁。

任叔轩

任叔轩（1928—1949），云南省镇雄县古芒布人，革命烈士。生前为毕节弘毅中学学生。

1947年，任叔轩考入弘毅中学高中部读书。当时该校的反蒋情绪较高，进步书刊广为流传，他很快受到进步思想的影响，常与同学议论时局，发泄对国民党反动派的不满。国民党地方当局为监视学生的行动，派特务陈文彬以教师身份暗地监视学生。为拔掉这个“钉子”，他发动并联络各班同学抵制陈所教的历史课，迫使学校逐走特务教师陈文彬。由于他思想进步，学业优良，在学校成立“学生自治会”时被选为主席。

1948年秋，他回家休假，即与成都华西大学返家进行活动的地下党员王培芳取得联系，共同商量组织武装斗争的事宜。任叔轩返校后，向友好同学透露了王在镇雄组织革命武装的信息，商议在毕节组织相应的活动。同时还与糜崇习、钟绍奎等同学分工与镇雄、毕节城乡进步人士联络。

1949年，爱国军人常绍群、越南共产党人阮雄以及起义后返乡组织迎接解放的原国民党军人朱宗武等人来到毕节。任叔轩通过朱德川（朱宗武之弟）认识了上述人员，经过交谈，大家都痛恨蒋介石的反动统治，决心跟共产党走。常绍群、朱宗武去镇雄组织反蒋爱国武装时，任叔轩也前往镇雄与王培芳取得联系。镇雄举行武装暴动的前夜，他会同毕节人钟绍奎、钟学诗、周令中等一起前往镇雄泼机，并于5月10日会见王培芳。经王介绍向民主联军政委张尚学（张承业）汇报了情况。最后确定留下任叔轩随军学习军事技术兼政治宣传工作，其余回毕节进行活动。7月他参加了攻打威信县城的战斗，并在威信街上宣传共产党的主张，号召人民打倒国民党反动派，迎接解放军到来。

1949年9月，为了工作需要，他回弘毅中学，以读书为掩护，秘密开展革命活动，触怒了国民党敌特机关，被陈文彬率领的武装特务逮捕。被捕后，受尽各种酷刑，但他坚贞不屈，没有暴露任何人。1949年11月26日被国民党反动派杀害于城郊大水口，牺牲时年仅21岁。

伍洪章

伍洪章（1930—1951），贵州省毕节县（今七星关区）人，1930年出生于毕节县普宜区柳湾乡陈家丫口，1949年4月参加革命，革命烈士。牺牲前为中国人民解放军145团3营9连战士，共青团员，1951年6月参加剿匪斗争，牺牲于贵州省册亨县。时年21岁。

刘大友

刘大友（1929—1951），贵州毕节（今七星关区）人，1929年生于毕节八寨坪，中师文化。革命烈士。

刘大友1949年从毕节师范学校毕业后，参加国民党军19兵团343师，在该师师部工作。19兵团在贵州贞丰起义后，刘大友进入西南军政大学学习，毕业后任镇远军分区140团政治部政工员。1951年在锦屏剿匪中壮烈牺牲，时年22岁。中央民政部于1953年为其颁发烈士证书。

刘永六

刘永六，贵州省毕节县（今七星关区）人，于1959年2月5日出生在贵州省毕节市七星关区田坝镇，初中学历，二等功臣。1979年1月入伍。参加了对越自卫反击战，并在战斗中荣立二等功，1980退伍回家；1980年至1985年在家务农；1985年至1986年在田坝镇供销社工作，1986年至2005年在阴底烟站工作，2006年阴底烟站同朱昌烟站合并后，刘永六下岗回家务农。

刘应康

刘应康(1921—1949)，贵州毕节(今七星关区)人，1921年生于毕节城关，革命烈士。

刘应康生前历任国民党兴仁县地方法院书记员、云南省镇雄县头屯小学教员。他出生在一个小商人家庭，青少年时在毕节、贵阳等地读书。1946年在贵阳读高中时，因反抗国民党军训教官的侮辱，被迫停学。不久，经友人介绍到兴仁县地方法院当书记员。1947年7月，中共地下党员胡博因在紫云县参加领导革命武装暴动失败，来到其兄胡创基（兴仁县地方法院书记官）处，兄嫂怕受连累，对胡博冷淡。刘应康主动与胡博接触，经交谈，他很赞赏胡博的观点，并热情接待。同时与同学、友人联络，共同支持胡的革命活动。9月初，胡博来毕从事革命活动，刘应康也离职回毕，并以刘家为从事革命活动的落脚点。

1948年9月，胡博到镇雄县头屯小学找到教书的职业后，回毕节把刘应康、陈文鼎带到头屯，决定以教书为掩护，从事地下革命活动，伺机夺取地主武装，组建游击队伍。不幸，他们来到离镇雄县城十多里处的凉水井时，被国民党军警逮捕。胡博于1949年3月被国民党秘密杀害于毕节城郊娃娃塘。刘应康、陈文鼎二人经多方营救，保释出狱。1949年9月，国民党地方当局又以刘应康与胡博的关系密切为由，再次将其逮捕。同年11月26日，刘应康被杀害于毕节城郊大水口，牺牲时年仅28岁。

1987年，经贵州省人民政府批准，追认刘应康为革命烈士。

刘近谦

刘近谦（1926—1949），贵州毕节县（今七星关区）人，1926年生于毕节城关，革命烈士。

1933年起，刘近谦先后就读于毕节男子第一小学、毕节师范学校。1944年在贵阳高中读书，受进步教师、中共地下党员宁起鲲、宁起枷及爱国人士杨和林、刘方岳的影响，思想进步，热爱祖国。1944年日军侵占独山，刘近谦弃学从戎，参加青年军。抗战胜利后，因不满蒋介石倒行逆施的做法而脱离军队，到南京考入国立戏剧专科学校。在校期间，积极参加反蒋示威游行，同时参与进步团体文艺研究会活动，撰写剧本《谁是英雄》《无定河边》等。1948年在剧专毕业时，国民党想授予刘近谦少校或中校军衔以拉拢他，他断然拒绝，不愿为国民党军队的演剧队服务，返回贵州。先后在贵阳扶风、育英两所小学任教。1949年3月返回毕节，任教于毕节弘毅中学。在学生中传播进步思想，教唱革命歌曲。

1949年夏、秋，国民党军队前往滇黔边区围剿民主联军后回到毕节。在国民党地、县反动当局组织的欢迎驻军部队的晚会上，刘近谦指挥学生唱解放区的革命歌曲《山那边呀好地方》，在第四区专员兼保安司令刘鹤鸣发表反共演讲时刘近谦愤然退出会场，引起国民党当局不满，于1949年9月将刘近谦逮捕。在狱中，他多次受刑，仍拒绝在“悔过书”上签字。他对敌人说：“我无过可悔！倒是你们作恶多端，应该赶快向人民悔过！”他始终坚贞不屈，反动当局无计可施。毕节解放前夕，刘近谦被杀害于毕节城郊大水口，时年23岁。1987年10月5日贵州省人民政府追认刘近谦为革命烈士。

刘登玉

刘登玉，贵州省毕节县（今七星关区）人，1933年3月生于毕节县，战斗英雄、二等功臣。

刘登玉从小失去父母，靠帮人维生。解放后先当儿童团团长，后当民兵，同武工队一起清匪反霸。

1950年2月，刘登玉参加中国人民解放军16军47师补训团。1951年2月，部队从毕节开往河北，他被编入64军191师572团1营2连，同月赴朝鲜作战，经历马良山、高旺山、德寺里、三店里等五次战役。1951年参加马良山和高胜山战斗时，敌机狂轰滥炸，敌方出动坦克装甲车，向志愿军发起多次进攻，他和战友们一起守住阵地，浴血奋战几天几夜，腹部受伤，荣立二等功、三等功各一次。1951年10月，他所在部队奉命攻打美军阵地——三店里。敌军在山腰设暗堡，摆三挺重机枪，严密封锁道路，志愿军发起进攻，伤亡惨重，战友们一个接着一个倒下，连长组织爆破手拿下暗堡，离总攻只有20分钟，他和战友李继明自告奋勇，拿起炸药包匍匐前进，离敌人只有3米时，战友李继明牺牲，被炸断右腿的刘登玉，在千钧一发之际，用炸烂的衣服布条绑着伤口，咬着牙关向暗堡冲去，终于完成任务，荣立二等功，获立功勋章一枚。其战功显著，被送回国，在佳木斯陆军医院住院治疗，被评为二等乙级伤残军人，在东北健康7团学习。

1953年，回贵州荣军学校学习文化，1956年初中毕业后，转业到毕节地区供销社农资公司工作，先后任党支部委员、工会副主席、仓库主任、助理经济师等职。多次被评为先进工作者、红旗手、“五好”干部、优秀共产党员，出席省、地表彰大会。1993年3月退休。

刘登玉一生勤学苦练，能诗善文，是工农分子知识化的典范。撰有《抗美援朝感赋》，编入地委党史丛书；《回忆三店里反击战》，入编北京《震撼世界一千天》；《我完成炸堡任务》，入编北京《人生难忘一瞬间》；自传收入《丰碑》，《人民功臣不停步》编入《人生难忘一千天》；名言入编《中华名人格言》等。

许天生

许天生，贵州省毕节县（今七星关区）人。1927年出生于毕节县清水区。小学文化，农民，中共党员，二等功臣。

许天生1949年12月被国民党抓兵，在国民党军第二十军当战士，1949年12月25日所在部队在成都起义，许天生参加中国人民解放军，当战士。1950年至1955年参加抗美援朝战争，1956年7月复原回乡。

许天生在部队服役期间，于1951年在抗美援朝战争的空降兵作战中荣立二等功一次，在攻打汉城李承晚指挥部的作战中两次荣立三等功。在抗美援朝构筑作战工事的工作中两次荣立战功。

许天生在抗美援朝作战中，因不怕牺牲、作战英勇，被部队多次记功，同时，荣获朝鲜人民军国际和平勋章一枚。

许少安

许少安，贵州省毕节县（今七星关区）人，1919年4月28日出生于贵州省毕节县鸭池，1946年8月参加革命，1981年3月经组织批准退休。高小文化，中共党员，一等功臣。

许少安1946年至1947年在新四军一师一团四连当战士；1947年4月至1949年5月在华东后备兵团一师一团三营九连任班长；1949年6月至1949年9月在华东军区四兵团留守处警卫排任排长；1949年10月至1950年10月在四兵团后勤部任管理员；1950年11月至1954年10月在四兵团后勤部监护营任连长。在革命斗争中荣立过一等功一次，其他战功数次。1954年11月至1956年10月在贵州荣军学校学习；1956年11月至1959年11月转业在毕节县头步公社任主任；1959年12月至1972年12月任草坪公社书记；1972年12月至1981年3月在毕节县鸭池食品站工作。1981年3月经组织批准退休。

阮俊臣

阮俊臣（1900—1941），四川古宋人。1900年农历三月二十四日出生于古宋县回龙场（今兴文县高滩乡）一个地主家庭，中共党员。曾任贵州抗日救国军第三支队司令员、中国工农红军川滇黔边区抗日先遣队司令员、贵州省游击队政委等职。革命烈士。

1905年至1916年读书，1917年后，他家屡遭匪患，叔父被抓走，花了二千两银子才赎回，长兄被匪杀害扔在万丈深渊。他满腔深仇，决心追求真理，寻找光明，为民除害。

1921年到黔军当兵。1932年冬，任黔军二旅一营营长，经人介绍认识中共四川省工委派遣到黔军搞“军运”活动的共产党员刘斯贞，并与之结拜为兄弟。从此，受到革命思想的启迪和熏陶。

1933年，阮俊臣暗中联络地方绿林首领石保川，拟定于1943年4月在古宋举行武装暴动，后因联络失误导致暴动失败。在古宋暴动失败后，回家乡金鹅池加入中共地下党员刘复初领导的“南六”游击队，开始了游击斗争。

1935年秋，奉中共川南特委和刘复初的指派，到贵州筹建游击队。是年冬，他在毕节与迎接红军来毕节的中共贵州省工委委员邓止戈取得联系，并在其领导下开展工作。1936年2月初，中国工农红军二、六军团到达毕节。同月9日，阮俊臣率部来毕节与红二、六军团会师，被编入“贵州抗日救国军”。他在第三支队任司令员，红军干部欧阳崇庭任政委（党代表）。

红二、六军团离毕长征后，按军团首长临行前的部署，率部到达川滇黔边区的黄塘梁子整训，并寻找战机，主动攻击敌人。同年3月初，所部在县境金银山屯上梁子伏击追剿红军的国民党99师14团，歼敌80余名，毙敌副团长1人，大获全胜。

1936年3月下旬，国民党暂编五旅赴毕节围剿阮部。该旅二团三营中尉陶树清与阮俊臣是拜把兄弟，阮俊臣利用这一条件，进城与陶密谈，策动起义。在阮俊臣、欧阳崇庭的策应下，陶毅然于5月10日晨率部起义，参加红军游击队，壮大了革命武装。此举震惊了国民党军政界，蒋介石、顾祝同大为恼火，即电令："二十三师于滇黔公路修建完成后，开赴驻剿。"从此，阮俊臣、欧阳崇庭、陶树清率起义队伍辗转于大定(含纳雍)、赫章、织金、水城和云南镇雄等地，与前来追剿的国民党军队及地方民团进行了殊死斗争，沿途发动群众，扩建革命武装，扩大党的影响，开辟新的游击区。

1936年6月9日，阮俊臣率部到达威信花坝与"中国工农红军川滇黔边区游击纵队"会合，改称为"中国工农红军川滇黔边区抗日先遣队"，阮俊臣任司令员，陶树清任副司令员。

6月中旬，蒋介石亲自电令川滇黔三省驻军协助暂编五旅会剿"抗日先遣队"。国民党中央军、各地方民团数万人对"先遣队"进行围剿。在重兵压境的严峻关头，部队伤亡惨重，陶树清被俘，惨遭国民党杀害。阮俊臣、欧阳崇庭率部分两路冲出敌人的包围圈，欧阳崇庭部辗转活动于纳雍、织金等地。阮俊臣率部于9月中旬在兴文县大石盘再次与"纵队"会师，并向"特委"汇报情况。"特委"为加强地方游击队的领导，任命阮俊臣为"贵州省游击支队"政委，伺机寻找已在贵州开辟游击斗争的支队长赵文海。9月底，阮部抵达威信水田寨时，时局已发生变化，国共开始第二次合作，联合抗日。阮俊臣以抗日大局为重，选调300余精兵编入暂编五旅开赴前线，余部仍坚持斗争。

1938年年初，阮俊臣被委任国民党暂编五旅贵阳招待处主任，与前往贵阳的赵文海见了面，两人密商行动计划。1940年后，国民党的反共高潮再次兴起。二人率部坚持在川滇黔边区的崇山峻岭之中开展游击斗争，为联合广泛的爱国力量，日夜奔波于毕节城乡，以县城大横街"三省堆店""刘天民诊所"为革命联络点，与川南地下党接上联系，争取毕节专署侦缉队长孙丙奎、保安大队长严继兵及队副何树全、周和轩等人的支持，获得许多重要情报。

1941年4月，阮俊臣在城内被国民党毕节专员廖兴序逮捕，施以严刑拷打。阮俊臣坚贞不屈，以死拒之。于是年农历七月二十四日，被杀害于县城大较场，时年41岁。阮俊臣不愧为一名坚强的革命战士。

汤　海

汤海，贵州省毕节县(今七星关区)人。1978年12月出生，一级警司警衔，大学本科文化，中共党员，二等功。2000年参加公安工作，2013年1月任毕节市七星关区公安局鸭池派出所所长。2005年被贵州省公安厅评为"全省禁赌先进个人"，连续多年经考核被评为"优秀公务员"，2005年被七星关区公安局评为"十佳民警"，荣获个人三等功4次。2015年7月28日，被贵州省公安厅授予"十佳派出所所长"，记个人二等功(黔公奖〔2015〕39号)。

2013年1月调任鸭池派出所所长，2013年和2014年连续两年荣获七星关区公安局集体嘉奖。2014年毕节市公安派出所建设三年攻坚战第三次检查中，鸭池派出所排名全市第一名，2014年度贵州省公安派出所建设三年攻坚战考核评分，鸭池派出所位列全省建制镇派出所第10名，综合排名全省第12名。

2014年，在汤海的带领下，鸭池派出所在区公安局组织开展的冬季严打整治行动中，取得了优异成绩。从2014年1月以来，鸭池派出所共接处警520起，出动警力1280人次，派出所受理刑事案件53起(其中可防性案件19起)，破案41起(其中可防性案件19起），刑事拘留48人，批准逮捕39人，协助刑侦等部门破案35起，抓获网上在逃人员15人。受理治安案件294起，查处278起，共行政处罚177人，调解矛盾纠纷580起。道路交通百日整顿，行政拘留无证驾车人员10人。2014年在毕节市群众安全感测评中，辖区安全感为98.06%。通过不断的整治，辖区的治安状况持续平稳，群众的满意度也节节提高。

孙 欧

孙欧，贵州省毕节县（今金海湖新区）人，1954年8月16日生于毕节县小坝中屯，初中文化，共青团员。1969年1月1日应征入伍，1969年11月26日壮烈牺牲。被追认为革命烈士。

孙欧出生于毕节县小坝中屯。童年的他，天真顽皮，机灵聪明，勤奋好学，尊重师长，善良勤劳，敬慕英雄，立志长大后要向英雄学习，积极报效祖国。在小学和初中读书时，学习认真刻苦，成绩优异，曾多次被评为“优秀生”。

1969年1月1日应征入伍后，被分配在昆明军区后勤部勐腊兵站一供应站工作。他虽然年龄小（全兵站年龄最小的一个），但机警灵活，勤奋好学，乐于助人，尊重领导。在训练中，不怕苦，不怕累，各科目成绩突出，深受领导和同志们的好评，入伍不久就被站长（相当于营长）选为通信员。1969年8月供应站奉命为出国执行任务的142野战医院医疗队配置警卫班时，他主动报名，多次找领导申请参加。得到批准后，他于当年8月底出国入寮（老挝），随142野战医院医疗队一起执行任务。在执行警卫任务中，面对敌机轰炸和敌特袭扰，他英勇无畏，不怕牺牲，机智灵活，和战友们一起沉着应战，多次完成了警卫任务。1969年11月26日，在老挝孟塞省新东线4千米处执行任务时，为保护战友，不幸壮烈牺牲。牺牲时年仅16岁。

赞英灵

少年精灵志冲天，欲将重任压嫩肩。
效国从军辞父老，奉命入寮战敌顽。
勇对敌特挥刀枪，笑对鬼怪子母弹。
出师未捷身先死，壮志难酬魂岂安！

（注：鬼怪为美军鬼怪式战斗轰炸机）

孙欧牺牲后，部队追认他为烈士。他的遗体安葬在位于老挝孟塞省老西线51千米的中国人民援老抗美烈士陵园，永远长眠在异国他乡的土地上。

七 画

杨 明

杨明，贵州毕节县（今七星关区）人，彝族，1928年1月生于毕节城区，战斗英雄，二等甲级残废军人。

1945年，杨明在毕节城被国民党抓壮丁编入国民党军师管区，训练3个月后，奔赴抗日前线，归属94军43师搜索连，在湖南武岗等县与日军作战（此战役是部队与日军最后的一次战斗）。战斗一开始，日军炮火凶猛，气焰嚣张，双方形成对峙局面。为了战胜日军，杨明所在部队穿密林，钻深沟，爬悬岩，翻陡坡，日夜行军，深入敌后作战。日军因兵力不足，粮饷不济，边打边撤。激战数日后，日军基本上不能抵抗，枪炮声逐渐稀少，败退广西，沿途执行“三光”政策。杨明所在连队8月抵达郴州机场时，军长宣布，日本侵略军已无条件投降，他随搜索连登机飞往上海。

1948年，当部队开往沈阳后，杨明所在的搜索连被调到新组建的骑兵部队。骑兵部队到了朝阳被解放军打败打散，在关卡，杨明等散兵被解放军收容。经过五天的诉苦教育，他懂得了一些革命道理，坚决要求参加解放军，打倒蒋介石，解放全中国。四野批准杨明入伍，他正式参加了中国人民解放军，随即参加辽沈战役。与国民党军作战中，杨明所在部队担任彰武、新民一带阻击从沈阳出发增援锦州守敌廖耀湘的部队。解放军经过几天的激烈战斗，解放了锦州，守敌从营口企图逃至海上。在黑山、大虎山的战斗中，杨明和支前民工扛炮弹送往3千米处的前沿。他奋勇冲锋，全班14人有的不同程度地负了伤，有的牺牲了，他本人毫发无损，为全歼廖耀湘部的12万人，立下了功勋。1949年1月14日，东北野战军向天津守敌发起总攻，拉开了平津战役的序幕。在平津战役中，杨明担任二连一班炮手，亲自向敌发射27发炮弹，准确无误，仅1小时就摧毁了敌前沿阵地的全部工事。接着，一次又一次地摧毁敌人一线、二线堡垒，使敌人的战壕像一条条僵死的黑蛇。平津战役经过29小时的战斗，胜利结束，10万敌军覆灭平津战役。部队进行休整学习、培训教育后，向西南进军，在行军路上，班长表扬杨明，说他不仅打仗勇敢，还能主动承担重任。经过辽沈、平津、宜州、西南等重大战役的考验，杨明被批准加入中国共产党。

中华人民共和国成立后，以美国为首的侵略者联合进攻朝鲜。为了抗美援朝，保家卫国，中国人民志愿军于1950年10月入朝。杨明所在的部队为第二轮入朝预备队。按志愿军指定的位置，抵达伊川、铁源、平康等地完成集结任务。在朝鲜战争中，杨明经历无数次的艰苦战役和激烈战斗。在天德山及418高地的战斗中，他先后两次负伤，仍坚持战斗，手端冲锋枪冲向敌群，右眼和头部负伤，血流满面，疼痛钻心，但他不顾一切抗击敌人。打退敌人后，全连官兵几乎全部壮烈牺牲。杨明回忆这段历史时，吟一首民歌："终身难忘十月三，寒风吹遍天德山。昼夜敌攻数十次，身负重伤心不残。"

杨明负伤后，伤口发炎流脓被送回国。转送伤员的军车经过千辛万苦，终于将他从烽火硝烟的战场集结地送回和平安宁的祖国怀抱。伤口治愈后，杨明获得多枚战斗勋章，被授予"战斗英雄"称号，获二等甲级伤残证明，到贵州荣军学校学习、疗养四年后转业到毕节工作。离休后又到毕节老年大学学习摄影等专业。他的作品《老当益壮》入选贵州老年摄影展，《思》《毕节街头小吃》入选老年摄影展，并参加1993年国际老年人全省老干大学学员摄影展。他还著有《风雨人生》一书，由原毕节地委书记、省人大常委会副主任禄文斌作序，贵州人民出版社出版发行。

杨明不论在抗日战争和解放战争中，还是在朝鲜战场上，均不愧为一名光荣的革命战士、优秀的共产党员、战功卓著的军人。

杨国兵

杨国兵，贵州毕节县（今七星关区）人。1923年出生在贵州省毕节县层台镇黎家洼村。特等功臣。

1937年抗战爆发，国民政府抓丁派款，14岁的杨国兵被强征入伍，在湖北宜昌编入国民革命军陆军121师361团2营5连，并进行了2年的军事训练。1939年冬其所在部队接到战区对日作战命令，于沙阳河畔迎敌，战斗异常激烈，经过2天2夜的激战，361团伤亡惨重，第一次上战场的他体会到了战争的残酷，但也坚定了奋勇杀敌的决心。

1940年春，杨国兵所在团行军途中，于萧家店和日军遭遇，在团长韩迪指挥下，与增援的友军一道击溃了日军的进攻。由于战斗中杨国兵表现突出，被连队提拔为上士班长。后又在田店、余阳关、鸦雀岭同日军激战。战斗惨烈，生活艰辛，到了最艰难的时期。

1944年冬，日军占领了宜昌制高点王家大坡，宜昌县城危急，杨国兵所在团接战区命令进攻王家大坡，他所在的5连和7连受命为主攻连，战斗于凌晨拂晓发起，5连进攻左侧，7连进攻右侧。拿下敌人阵地后，7连几乎全体阵亡，5连仅剩7人，他左肩也中弹负伤。此次战斗，杨国兵被副师长韩迪授予二等功，后升任上尉连长。此后，其部队从湖北转战广西，在弯田大岭又一次和日军激战，这是杨国兵参战以来最为惨烈的一战，全营几乎损失殆尽。后，部队从广西乘飞机由上海转战北平。至此，部队终于得以休整，生活也大有改观。

1949年春，杨国兵所在团调到北平，为保护古都北平不受战争破坏，加上共产党的强大攻势和民心所向，战区司令长官傅作义将军决定接受共产党的和平改编，杨国兵所在团全体官兵加入了中国人民解放军。由于杨国兵在保卫北平免遭国民党特务破坏的战斗中，立下不朽功绩，被第四野战军荣记特等功一次。

1950年，杨国兵因身患疾病，申请退伍回到层台故乡，和当地群众一起，积极投身于家乡的社会主义建设。

苏　运

苏运（1920—1976），贵州省毕节县（今七星关区）人，小学文化，1920年7月出生于贵州省毕节县小吉场。立大功人员。

苏运1946年被抓兵，参加国民党傅作义部队。1949年在平津战役中，所在部队被改编，苏运加入中国人民解放军行列。之后跟随第四野战军中南军区南下，解放南京、上海、广东、广西并参加剿匪等战斗。

1950年，美帝国主义发动侵朝战争，把战火烧到中国家门口，苏运响应中央军委号召，参加了抗美援朝战争。1953年，从朝鲜回国后退役回乡。

苏运1946年被征到国民党部队参军，编入傅作义部队。1949年在平津战役中投诚加入中国人民解放军。1950年苏运随部队南下剿匪，当部队节节胜利的时候，突然遇到敌人碉堡阻击。为减少部队伤亡，保证按时完成上级任务，部队首长命令苏运设法爆破碉堡。苏运不顾生命危险，托起炸药包向碉堡冲过去。在机枪的掩护下，经过三次冲锋，终于炸掉敌人的碉堡，歼灭敌人80余人，为部队顺利进攻扫清了障碍。剿匪战役取得胜利后，1950年8月1日，中国人民解放军第四野战军中南军区政治部，给苏运记大功一次，授予立功证书和功勋章。

1950年7月10日，“中国人民反对美国侵略台湾、朝鲜运动委员会”成立，抗美援朝运动自此开始。10月，中国人民志愿军赴朝作战，拉开了抗美援朝战争的序幕。苏运舍小家为大家，积极报名参加抗美援朝运动。在抗美援朝战争中，累立战功。1953年抗美援朝结束后，苏运随部队回国，同年申请退役回乡。

苏运回到家乡后，一直务农，没有向党和政府提过任何要求，只是以实际行动积极地支持地方恢复生活生产，支持地方经济社会发展。1976年苏运病逝于家中。

李才举

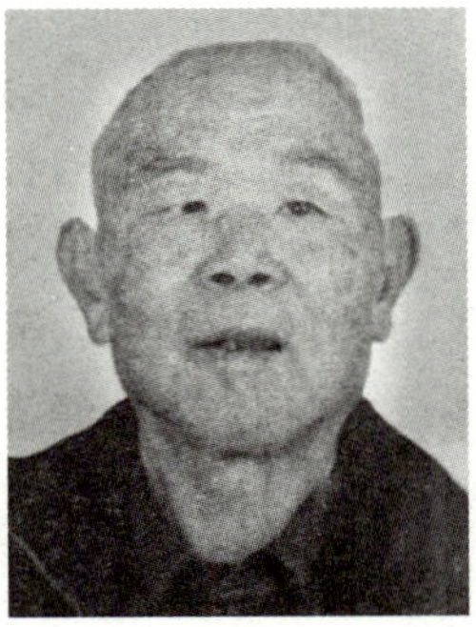

李才举（1933—2015），贵州赫章人，1933年6月生于赫章县野马川，初中文化，二等功臣。

1950年1月参加工作，同年6月参军，10月入朝作战。在部队历任文化教员、班长、排长、连长、参谋等职。参加朝鲜上甘岭等五次战役。他机智灵活，作战勇敢，发扬志愿军“一不怕苦、二不怕死”的革命英雄主义精神，荣立二等功一次、三等功两次，通令嘉奖五次，获朝鲜国际主义勋章一枚。

1957年7月，转业到毕节县电影院任经理。任职期间，他千方百计和军分区、邮电局协作，解决了用电难的问题；并在各街道设电影售票点，组织学校包场，积极开展电影日场放映，使场次逐年上升，从开始年放映720场，直至1990年放映4548场，创历史最高纪录。

1962年，创建毕节县电影管理站，李才举任第一任站长。任职期间，带领农村放映队，以生产队为基本放映点，开展深入普及放映活动。村村挂银幕，寨寨放电影，和群众“同吃、同住、同劳动、同娱乐”；跋山涉水、走村串寨，吃千家饭，睡万家床，身先士卒，以身作则。经过数十年的努力，放映场次由1962年放映986场上升到年放映4000余场，观众达590多万人次，农民人均年看映达4次以上，保证了农民群众能就近看到电影。放映单位由4个发展到65个，并创建14个简易电影院和26个售票放映点，使农民群众由在广场看转入室内看，由站着看转为坐着看，改善了看影条件，深受农民群众的赞扬，被省文化厅先后两次评为先进单位。

1993年退休后，首先和抗美援朝老战友一起搜集整理了毕节志愿军的英模事迹，主编了《壮丽史诗·巍峨丰碑》一书，由地委党研室刊印2000册，发到全区有关单位和初级中学以上作为乡土教材，对广大青少年进行爱国主义、国际主义和革命英雄主义教育，收到良好的效果。他善于学习，爱好古诗词。积极撰写诗词楹联，参加乌蒙诗社文学艺术活动，被聘为理事；先后写诗300余首，楹联100多副，发表的诗和楹联，有的曾获一、二等奖。撰写的《上甘岭巾帼英模王清珍》一文，获中央军委一等奖；《赞颂英雄刘兴文》一文，获成都军区优秀奖。李才举战功卓著，英名永存。

2015年因病逝世，终年81岁。

李龙兴

李龙兴，贵州毕节县（今七星关区）人，1972年7月生于七星关区海子街，本科学历，中共党员。贵州省“十大最美政法干警”、二等功荣立者。

李龙兴1992年高中毕业后，进入毕节市汽车运输公司当驾驶员；1996年8月至2006年12月，在原毕节市（县级市，下同）中心法律服务所从事法律服务工作，其间，自学法律专业并参加全国统一自学考试取得法律大专文凭。紧接着，又取得中央广播电视大学法学专业本科文凭。2006年12月，考入了七星关区人民检察院，在七星关区人民检察院公诉科工作，历任科员、书记员、检察员、副科长职务，2014年1月至今，任七星关区人民检察院党组成员、机关党委书记、侦查监督科科长。

李龙兴加入人民检察队伍以来，主办和参与承办的审查起诉和审查逮捕案件共计836件1793人，除保证案件质量，杜绝出现无罪案件之外，还注重对侦查活动及审判活动的法律监督，几年来共追诉漏犯43人，追诉漏事实及漏罪名89起，向公安机关发出检察建议32份，纠正违法通知书97份，向审判机关发出纠正违法行为通知书19份，提出抗诉5件9人。办案数量逐年递增20%以上。尽力使每一个案件都经得起历史的检验，让群众从中感受到公平正义的力量。

2010年2月，李龙兴接到了上级院交办的一项艰巨任务，对被媒体称为“建国以来毕节最大涉黑案”的饶芝春等58人涉黑犯罪案件进行审查起诉工作。该案创造了七星关区人民检察院建院以来受理的刑事案件中几个“之最”——影响最大，涉案人员最多，涉嫌犯罪事实最多，卷宗册数最多。

2011年年底，又办理了毕节震动一时的邱木庚等人涉黑案，该案主犯邱木庚狡猾异常，对付司法机关可谓“经验丰富”，号称毕节“黑道上大哥级人物”中学历最高的，具有较强的反侦察能力。李龙兴历经数月艰苦工作，圆满完成了该案的审查起诉及出庭支持起诉工作。在此期间，还办理了其他案件60余件。

作为基层检察工作的普通一兵，李龙兴做了他应该且必须做的工作。2012年被中共七星关区委授予“创先争优优秀共产党员”称号。连续五年被区委评为优秀公务员，荣立了一次二等功、两次三等功，被评为贵州省打黑除恶先进个人。2013年7月被评选为“贵州省十大最美政法干警”。

路虽迩，不行不至；事虽小，不为不成。这是李龙兴的座右铭。

李祥辉

李祥辉（1955—2005），贵州毕节县（今七星关区）人，中共党员，烈士。

1955年李祥辉生于毕节城关，就读三街小学毕业后考取毕节老三中。1978年2月在垭关煤矿参加工作。1980年至1987年任垭关煤矿机电队队长。1997年8月在地区煤炭管理局联合支部加入中国共产党。1987年至2005年任毕节地区矿山救护队小队长。1999年至2004年连续几年的年度考核中被评为优秀等次。

2005年8月9日上午11时40分，矿山救护队接到地区煤炭管理局的煤矿事故救援命令，称：毕节市燕子口镇一心村滑石板煤矿发生瓦斯事故，井下6人下落不明，救护队要立即赶赴现场实施救援工作。集合铃声响后，李祥辉第一个赶到，立即协助领导组织队员带齐救护设备，于下午1时30分到达事故现场，对呼吸器进行自检、互检，实施抢救。下午2时30分，5名队员在队长刘应才的带领下，下井侦察。经了解，发生事故的原因是煤与瓦斯倾出。事故煤矿的巷道断面仅有约0.6平方米，最矮处仅有0.6米，救护队员在巷道里只能匍匐前进。根据侦察情况，制定了周密的救护方案。在安排人员时，领导考虑到巷道断面小，李祥辉身材高大，未安排下井。可他坚决不答应，说："我是老队员，经验要丰富些，我必须下去。"下午6时，指挥部要求队员们吃了饭再下井。李祥辉说："救护队养兵千日，用兵一时，要抓紧时间抢救井下被困人员。"随即与战友们一起下到井下灾区。救护工作进展很顺利，连续将5名遇难人员搬运出矿井。在救护队员搬运最后一名遇难人员时，突然发生煤与瓦斯突出。在这危急时刻，李祥辉一边示意身边的余进发等战友撤退，一边用他高大强壮的身体严严堵住瓦斯突破口，瞬间在低矮狭窄的巷道中筑起了一道生命"屏障"，极大减缓了突出冲击波对战友们的冲击。当身边的战友安全撤退时，他却被巨大的冲击波冲倒在地。在倒下的一刹那，他戴的呼吸器从鼻夹脱落，矿井内严重缺氧，他因呼吸困难窒息倒在工作岗位上。他为抢救遇难人员把生的希望让给战友，献出了自己宝贵的生命，时年50岁。

李祥辉平时训练刻苦，学习认真，在抢险工作中处处身先士卒。在矿山救护队，他经历了80多次各类煤矿事故抢险和无数次的煤矿安全检查，时时发挥先锋模范作用。地区煤炭局党组写报告要求上级追认他为烈士。在报告中这样写道："李祥辉是一名热爱集体、团结同志、招之即来、来之能战、战之能胜的优秀救护指战员，在平凡的岗位上做出了不平凡的业绩，主要缘于他时刻牢记全心全意为人民服务的宗旨，努力付诸工作实践，关键时刻用生命去诠释一名共产党员的理想信念，发扬勇于牺牲的精神。"

经有关部门批准，追认李祥辉为烈士。

吴长军

吴长军，贵州毕节县（今七星关区）人，大专文化，中共党员。于1976年8月9日出生在毕节县青场区野角乡。1996年12月入伍，2013年4月到青场镇工作，2014年5月任青场镇纪委副书记。一等功臣。

吴长军入伍后，参加了1999年12月重庆"金融三乱"维稳任务；参加了重庆一届甲A足球赛执勤；参加了2002年重庆—新疆1000人武装押解任务；参加完成了重庆—西宁，重庆—万州"10·18"20万人上街打砸抢烧群体事件的维稳处置工作；参加完成了重庆合川原兵工厂邪教"法轮功"非法组织抓捕任务；参与2004年重庆天源化工厂爆炸抢险任务；参加2008年"3·14"藏区维稳任务，抓捕"藏独分子"150余人，获"藏区和平卫士"称号；参加了2008年"5·12"汶川大地震抢险救灾，步行75千米，第一时间赶到茂县现场，第一时间向党中央报告地震灾情，获"汶川大地震抢险救灾500勇士"称号，荣立一等功，获得时任四川省委书记刘奇葆通令嘉奖，并被武警重庆总队第七支队荣记"三等功"一次。

吴长军是一名优秀的共产党员和忠诚于党的武警战士，每当祖国需要时，他都以大无畏精神，一不怕苦，二不怕死，特别在西藏"3·14"维稳行动中，他不顾个人安危，面对穷凶极恶的暴徒，冲锋在前，毫不畏惧。同时严格执行党的民族政策，深入藏区做好维护稳定的工作，发动群众举报暴徒和打砸抢犯罪分子。当汶川大地震突发，灾情十分严重时，吴长军想到的是受灾群众。他积极主动申请参加"勇士队"，在地震余震不断，大路小路全震坏的恶劣环境下，和战友们靠着对人民的无限忠诚和热爱，冒着地震威胁，逢山开路，遇水强渡，昼夜不停，第一时间赶到灾情最重的茂县，第一时间向党中央、国务院、中央军委和四川省委、省政府报告了茂县灾情。迅即展开抢救伤员，安置受灾群众。他和战友们一道三天三夜没有合过眼，饿了吃口空投的干粮，渴了喝口坑里积下的雨水。没工具，他们就用双手扒，以至于两手皮烂血流。记不起抢救了多少生命，更不知道流了多少汗、多少血。灾后，吴长军又和战友们投入灾区重建工作中。

吴守才

吴守才（1933—1957），贵州省毕节县（今七星关区）人，1933年10月，生于毕节县燕子口云台星光，共青团员，革命烈士。

吴守才出生在一个苦大仇深的贫农家庭，解放前过着牛马不如的生活，好不容易熬到解放，他家分了田地和财物，才算过上了好日子。

正当吴守才和全国翻了身的穷苦大众欢天喜地庆祝解放，当家做主建设美好家园的时候，美帝国主义悍然将航母开到台湾海峡，叫嚣支持蒋介石反动派反攻大陆。更令人愤怒的是，美帝国主义竟然出兵朝鲜，把战火烧到鸭绿江边，其战机还不时入侵中国东北领空。是可忍，孰不可忍！吴守才恨得咬紧牙关："他妈的，我们才过几天幸福生活，这美帝就想让我们回到旧社会，再让我们过牛马不如的生活，再受二茬罪，我们是坚决不能答应的！"他说服家人，毅然决然报名参军。来到东北，他所在的部队突然折转头，说不去朝鲜了，要进军西藏。吴守才有些想不通，为什么不让我们去朝鲜？首长对大家说："西藏是我国固有领土，现在帝国主义和一切反动派都在极力阻挠我们解放西藏，西藏的反动分子也在闹分裂，企图将西藏从我国版图上划出去，我们能答应吗？抗美援朝重要，保卫西藏更重要。"吴守才和战友们群情激愤，他们克服千难万险，战胜高原反应和无粮无棉衣等困难，翻越昆仑山，走过戈壁滩，终于到了雪域高原，为和平解放西藏做出了卓越贡献。1953年2月，吴守才任中国人民解放军三五二九部队二七四分队班长，开往那曲地区剿匪。1957年8月26日，在那曲地区两道河县康日剿匪战斗中，吴守才光荣牺牲，把一腔热血洒在西藏高原，年仅24岁。

吴明焕

吴明焕（1929—1953），贵州毕节县（今七星关区）人，号鹏，1929年生于毕节海子街胡家院，革命烈士。

吴明焕从小喜欢学习，读过四书五经。1947年被国民党抓兵，1950年起义，参加中国人民志愿军398团2营，投入抗美援朝战争，于1953年在战斗中英勇牺牲，时年24岁。安葬于朝鲜境内。中国人民解放军总政治部于1953年7月20日行文追认吴明焕为革命烈士。1983年10月1日，中华人民共和国民政部颁发革命烈士证明书，其亲属享受烈士家属待遇。

吴亚中

吴亚中（1929—1988），贵州省毕节县（今七星关区）人，1929年生于毕节何官屯。特等功臣。

吴亚中早年毕业于毕节县中学，1950年1月参加革命。毕节地区革命干部学校第一期学生，同年结业分到纳雍县维新区任公安助理员。1950

年投诚后的国民党保安团叛变，纠集地痞流氓威胁人民政权，抢劫杀人。是年12月的一天，吴亚中带民兵徐仲全、徐怀珍到小独山侦察匪情，发现一农户门前有人杀鸡。他迅即到这家农户门前，先安排民兵警戒，然后向屋内喊话。土匪不知虚实，不敢妄动，于是依次从屋内举手出来。吴亚中他们智擒土匪12人。这次共缴获枪支12支，马刀、匕首等21件及相关文件、国民党国旗和银圆若干。不久，独二师头目熊文达妻子主动到区上报告了熊文达躲藏的处所，吴亚中和解放军立即赶赴小独山，包围鸡场垭口徐家梁子煤洞，一举将熊文达擒获。吴亚中由于清剿土匪有功，记特等功一次。

1957年的“反右”扩大化，吴亚中受到不公正待遇。1978年给予改正后，分到林业局工作。虽然受到坎坷和挫折，但吴亚中的革命精神从未减弱，在林业战线工作，直到停止呼吸。于1988年逝世，终年59岁。为表彰吴亚中的功绩，《纳雍县志》为其立传。

吴学甫

吴学甫（1937—1955），贵州毕节县（今七星关区）人，于1937年出生在青场镇粮都村丁寨组。革命烈士。

吴学甫出生在一个苦大仇深的雇农家庭，童年时代过着牛马不如的生活，6岁就帮地主家放牛、割草，经常因牛跑了和草割少了被毒打。

1949年年底，吴学甫的家乡得到解放，吴学甫才能吃上一顿饱饭。随即解放军大军下四川，国民党反动派组织土匪、还乡团向新生人民政权进行反攻。粮都成了云南镇雄和毕节交界几股土匪的集散地。在青场区武工队的组织下，12岁的吴学甫参加儿童团，为武工队搜集土匪情报，为武工队送信。

1951年，吴学甫在青场街上听到抗美援朝、保家卫国的宣传，坚决要求参军去朝鲜抗美援朝。那时他才14岁，理所当然被拒绝。1952年，15岁的吴学甫经死缠硬磨，硬是说动了接兵部队首长的心，他参军后直接被送到朝鲜战场。首长见他年纪小，就把他留在机关当通讯兵。干了几个月通讯兵，他向首长一再请战，最终上了战场。在朝鲜战争进入关键决战阶段，为了迫使美帝国主义坐下来谈判，志愿军总部决定发起抗美援朝最后一次战役。吴学甫所在营担负主攻任务。在与敌争夺313高地时，吴学甫身负重伤，肠子都被打出腹腔，他仍坚持战斗，直到完全昏迷。志愿军胜利后，打扫战场时，发现吴学甫还有呼吸，紧急将他送回国，在辽阳医院医治。终因伤势过重，伤口反复感染，1955年牺牲，年仅18岁。被追认为革命烈士。

吴祥均

吴祥均（1954—1975），贵州毕节县（今七星关区）人，1954年生于毕节县海子街区胡家院，革命烈士。

吴祥均幼年就读于王张小学，品学兼优，常受老师的表扬和学校的嘉奖。小学读完即以优异成绩考入王张初级中学，学习成绩名列前茅。1972年，正在学校读书的吴祥均响应党的号召，应征入伍，弃学从军，服役于中国人民解放军某部队，1974年升任解放军某部班长（上士），荣立三等功，常受部队嘉奖。1975年6月奉命带领全班战士举行武装泅渡的实战演习，演习中，为保护战友不幸壮烈牺牲，葬于云南省楚雄县境。牺牲后，部队追认他为革命烈士，并派员前往家中亲自将烈士证明书颁发给他的父母，其父母享受烈士家属待遇直至寿终。吴祥均牺牲时年仅21岁。

吴道平

吴道平（1979—2012），贵州省毕节县（今七星关区）人，1979年4月3日出生于贵州毕节县，

2006年4月参加公安工作，2008年4月加入中国共产党。生前系毕节市公安局七星关分局刑侦大队技术室民警。二等功臣。

2012年12月3日上午10时许，毕节市公安局七星关分局接到群众报案：七星关区清水铺镇一手机店被人入室盗窃手机数十部，价值一万余元……接到报警后，指挥中心迅速命令刑侦大队对案件展开侦破。上午11时，刑侦大队技术室民警吴道平、李超及协勤人员曹明富根据安排，从七星关城区出发，前往清水铺镇。经过三个多小时的长途颠簸，三人赶到清水铺街上，并立即对案件进行现场勘查。晚上20时许，吴道平等三人在完成勘查工作任务后，突然接到时在林口镇勘查命案现场的同事打来电话，请求协助勘查林口镇一命案现场。警情就是命令，吴道平、李超立即带领曹明富驾车直奔林口镇。次日凌晨0时，吴道平、李超、曹明富三人协助完成林口命案现场勘查任务后，由曹明富驾驶五菱宏光牌面包车搭乘吴道平、李超从林口返回七星关城区。凌晨2时38分，当车行至七星关区观音桥办事处牌坊村第五中学附近时，与一辆同向停靠在路边的农用车相撞，导致坐在副驾驶位置的民警吴道平当场因公殉职，年仅33岁。

2006年4月，吴道平从贵州警官职业学院毕业，被分配到距离城区150里之遥的原毕节市公安局清水铺派出所工作。为了维护好辖区治安稳定，在派出所警力不足的情况下，吴道平担起该镇八个村、近两万余人的管片任务。扎根基层三年的时间里，他翻山越岭，走村串寨，与辖区群众打成一片，不管是刮风下雨还是炎炎烈日，只要接到群众的报警求助，他总是第一时间赶到现场，及时为群众排忧解难。

2009年5月，吴道平从清水铺派出所调至刑侦大队一中队，成为一名专职打击刑事犯罪的侦察员。走上刑侦工作岗位后，吴道平刻苦钻研专业技能，积极主动向老刑警请教学习，努力提高自己的专业水平，勤奋好学、虚心求教的他，很快掌握了作为一名侦察员所具备的专业技能，并逐渐成为刑侦破案的行家里手。

2011年1月10日晚8时许，市民曾某在毕节市威宁路电信大楼门口被一伙青年持刀砍杀，后送医院抢救无效死亡。案件发生在距新春佳节到来不到一个月的时间，引起了山城百姓的极大恐慌。为及时消除恶劣的社会影响，还山城人民一个和谐的治安环境，作为专案组的一员，吴道平冒着凛冽寒风，踏着皑皑白雪，克服雪凝带来的重重困难，深入群众调查走访。通过两天两夜的艰苦摸排，案件终于获得重大突破，他从一知情群众口中获悉：该案的重大犯罪嫌疑人葛龙、阮培发作案后，迫于警方的压力，已驾车向六盘水方向潜逃。得知此情况后，吴道平不顾雪凝冻封路的危险，和其他专案组民警一起迅速展开追击，最终在七星关区杨家湾镇街上将驾车潜逃至此的葛、阮两个犯罪嫌疑人抓捕归案。来不及休息片刻的他连夜展开审讯，在得知另一犯罪嫌疑人胡其江已向纳雍县潜逃的情况后，又与专案组民警一起克服雪凝封山，路面结冰，车辆难行等重重困难，展开长达五个多小时的长途追击，终将逃窜至纳雍县境内的犯罪嫌疑人胡其江等5人抓获，从而一举侦破了这一发生在闹市区的恶性杀人案。2012年5月25日0时许，七星关区梨树镇二堡村八组村民李某16岁的儿子小磊（化名）被人绑架，歹徒勒索现金86万元。如此性质恶劣的特大绑架案在全区乃至全市都实属罕见。为尽快破案，消除影响，局党委抽调吴道平等20名民警组成专案组，全力对案件展开侦破。通过侦查，了解到小磊被挟持到七星关区鸭池镇红光村一带的可能性较大。晚19时许，吴道平在鸭池镇原306兵工基地门口查缉时，发现一可疑面包车迎面驶来，他正欲拦截此车，不料此车非但不停反而强行冲过关而去。考虑到歹徒猖狂，随时有可能“撕票”，吴道平不顾加班熬夜的疲劳，继续驾车循线追踪，于当晚23时许，在梨树镇居二路茶树丫口处发现了该嫌疑车辆并成功将其拦下，当场将车上两名犯罪嫌疑人胡某和邓某抓获归案。经过审讯得知受害人小磊被犯罪嫌疑人王某等人挟持在梨树镇老归化桥旁一洞内的情况后，吴道平又与其他民警一道连夜赶往藏人的山洞，成功将被挟持人员小磊成功解救，并当场抓获了该案的另两名犯罪嫌疑人王某和汪某。至此，一起震惊山城的特大绑架案不到24小时就成功告破。

据不完全统计，在刑侦一中队工作三年间，吴道平亲自组织侦破各类刑事案件420余起，依法刑事拘留91人，移送起诉95人（含直诉）。其主办的所有案件，均事实清楚、证据确凿、定性准确，无冤假错案的发生。

2012年下半年以来，七星关区发生了多起金融诈骗案，涉案金额较大。8月11日，办案人员移送了一份票据检材，要求检验票据上是否遗留有指印。吴道平利用自己钻研的照相系统专业知识，运用三种不同方法，终于在票据上清除了杂乱的背景影像，提取了一枚清晰的指印。该指印与样本指印比对后，认定了一名重大犯罪嫌疑人，为该案的侦破提供了关键有力的证据。专案组民警以此据，不到三天就成功地侦破了此案，并代破了多起诈骗案，为国家挽回经济损失数十万元。

系列金融诈骗案的侦破仅是吴道平刻苦钻研先进技术，精细勘查现场直接破获重大案件的典型代表。在从事刑侦技术工作短短的5个月时间里，吴道平利用娴熟的某照相系统，先后勘查各类案件现场130余处，检验各类痕迹物证85件，出具各类鉴定书、检验报告书62份，其中运用技术直接侦破了2012年9月30日清毕路“新贸电器”商场盗窃案、2012年9月24日野角乡杨某某住所入室盗窃案、2012年11月8日八寨镇路某某住所盗窃案、2012年10月15日流仓桥办潘某某住所盗窃案、2012年9月2日三板桥办事处活动板房盗窃案等十余起盗窃案件，通过从不同的客体上提取重要痕迹、物证，为案件诉讼提供了强有力的证据支撑。

吴道平从小就立志当警察，由于热爱警察这份职业，他干起工作就是个典型的“拼命三郎”，赡养父母、料理家务的事扔给了妻子。2008年冬天，贵州省遭遇数十年未遇的特大凝冻灾害，吴道平和同事积极投入抗灾战斗，而且一干就是50多个日日夜夜。在此期间，他年迈的母亲因为患重感冒住进了医院，吴道平很想在母亲的病榻前端茶送水，尽一份孝心，由于抗灾任务紧急，他毅然拒绝了领导批准的探视机会，委托在毕节的大哥和二哥好好照顾母亲，直到十多天后他母亲病愈出院，也只是打了几个电话问候老人家而已。

无情的车祸夺去了吴道平年轻的生命，但他生前的一言一行、一举一动，无不闪耀着对党和人民的无限忠诚、对人民公安事业的无私奉献、对广大人民群众的无限热爱、对犯罪分子的无比憎恨，在家人、战友及广大人民群众心中留下了永恒的记忆。

2013年2月，吴道平被贵州省公安厅追授二等功。

吴维德

吴维德，贵州省毕节县（今七星关区）人，中共党员，1931年出生在毕节小坝一个贫苦农民家庭，战斗英雄，二等甲级伤残军人。

吴维德小学毕业后，因家境贫困，辍学在家务农。16岁时被国民党抓去当兵，编入国民党108军。1949年年底，该军于重庆璧山起义。吴维德毅然参加了中国人民解放军，被编到50军148师442团1营2连2排5班当战士。

1950年10月随部队参加抗美援朝，是月24日夜投入战斗。第一次战役，他所在的1营从满浦急速行军，直插温井以南地域与敌军遭遇激战，毙敌20余人，俘敌80余名。第二次战役在定州晃本一线，他和战友冲入敌队攻战安心洞207高地，将敌一个连击溃。第三次战役，突破汉城外围防线，攻入汉城，俘虏美军“狼狗团”第27团不能逃窜的士兵数名后，乘胜追击，直抵三八线以北的水原，后转至汉江南岸阻止敌人进攻汉城。第四次战役，坚守“88·3”高地与反攻之敌激战6昼夜，在挫败敌人完成阻击任务后，撤回汉江以北地区与敌人展开机动作战。在一次战斗中，其左腿负伤，伤势严重，经两次手术截去了左腿，成了一名二等甲级革命伤残军人。被中国人民志愿军授予“战斗英雄”称号。

1951年9月，被送到贵州遵义荣誉军人学校学习，1953年光荣地加入中国共产党。1954年从荣军学校毕业后，被分回毕节县税务局工作，后调任毕节县第三小学、第四小学校长。其间，他拄着双拐，以坚强的意志，付出比平常人更多的精力，取得了显著的工作成绩，多次被评为毕节县先进工作者和优秀共产党员，一次被毕节地区、两次被贵州省评为复员退伍转业军人建设社会主义积极分子，荣膺共青团中央优秀辅导员称号；出席全省教育工作者群英会，受到当时在贵州视察工作的周恩来总理的接见。吴维德在参加全省伤残人运动会上，取得截肢A2级乒乓球比赛第三名。他先后当选为毕节县人民代表大会代表、县政协委员。

1985年退休后，吴维德组织毕节入朝志愿军老战士，编写出版《壮丽史诗·巍峨丰碑》一书，担任编委主任，以点滴战绩，颂扬中国人民志愿军抗美援朝作战的历史功勋，教育青少年一代树立保家卫国的理念。他发扬优良传统，弘扬革命精神，为毕节的经济发展和社会进步做出贡献。

余发富

余发富（1925—1954），贵州省毕节县（今七星关区）人，1925年生于毕节县普宜区中寨乡，1951年7月参加革命，系中国人民解放军371团9连战士，1954年2月14日牺牲于云南。时年29岁。

宋　醒

宋醒（1891—1949），字颖真，号品三，湖南宁乡人，1891年生于湖南省宁乡县珊瑚乡，革命烈士。他自幼喜文好武，在贵州讲武堂毕业后，一直任维护地方治安军职。他常着便装出巡，抓捕罪重盗匪，一经查明，即用所佩之马刀斩首，故有“宋马刀”的外号。革命烈士。

宋醒任军职期间，与国民党政见不一，常对政事发表感慨，曾将一张骑着水牛拍的照片赠给讲武堂同学吕同文（时任盘县县长）。照片后面耐人寻味地写道：“人皆骑马咱骑牛！”

他为人正派，刚直不阿，爱憎分明。1930年，出任贵阳城防司令。他常深入群众，明察暗访，并派便衣四处巡逻。有一次，青年宋××在街上拦截一女师学生，口出狂言，行为下流，猥亵女生，被宋醒派出的便衣抓获。省主席毛光祥得知后，电告宋醒要“宽大处理”。宋醒则亲自审问，核实罪行，查验人证物证后，押赴南郊执行枪决，并四处张贴“调戏妇女，执行枪决”的布告。为此得罪省主席毛光祥，毛光祥故意拿小鞋给宋醒穿。常无故训斥宋，宋不服，向毛申述：“扰乱社会治安，败坏风俗，不办怎能服众？主席要我从宽，把他毙在郊外，而不杀在大十字，已经是从宽了！”在宋的严厉治理下，贵阳社会秩序日趋安定。

1931年，宋醒接任第七旅旅长，负责黔、大、毕、威、水等县防务。在黔西，适逢部队抓获匪首杨超等5人，宋亲自审问，核实后，当即斩决杨犯于黔西街头，其余4名带回毕节。经过仔细审查，又斩决两名惯匪，另两名为胁从犯，给予宽大处理。宋所到之处，都张贴“宋醒奉命清乡，凡贪官污吏、土豪劣绅、流氓地痞、不法军人，若不革面洗心，谨防脑袋”的布告。

1932年，纳雍两派地主武装长期械斗，人民不得安宁。宋醒亲往调查，强令停止厮杀。事后，当地权势人物大宴宾客，宋派人给“盛大”宴会送去一副对联：“爆竹几声，冲破土豪面目；鸡鸭鱼肉，来自民脂民膏。”

在毕节期间，宋醒疾恶如仇恶如仇，严惩邪恶。某妇诱骗良家妇女为娼，从中渔利，宋经查实，当即枪决。毕节城郊一老妇向宋控告同村某恶霸强奸其女，宋派人侦察，现场抓获，将恶霸砍头示众。毕节县城有一百货商店买卖不公，欺骗群众，宋亲自到店调查，令其停业，予以查封。他关心士兵，爱护百姓。有一打更匠忠于职守，尽职尽责，一次适逢宋醒查夜，打更匠误以为宋是小偷(不认识宋)进行追捕。次日宋派人把打更匠找到司令部予以表扬，并奖大洋10元。他对正派人物十分敬仰，得知毕节教师赵海为人正直，教学认真，他就带着礼品登门拜访。宋醒在毕期间，好人对之敬重，坏人闻风丧胆。他的事迹一传十，十传百，邻近各县众所周知。他在毕节期间社会秩序安定，创造了“路不拾遗，夜不闭户”的良好环境。1932年冬，在军阀的争斗中他被迫离开毕节。

宋醒是爱国爱民的正直军人。1939年，他出任宁乡县抗日自卫团第三防区主任，后任宁乡自卫总队队副。1949年年初，他秘密同共产党领导的湘中游击队领导人姜亚勋(曾任湖南省政协副主席)联系，邀游击队与其夹攻国民党军队。因当时条件不成熟，宋便积极给游击队提供枪支和军事情报。不久便率领直属中队加入游击队，编为2团3大队，并领受了旗帜、印信、符号等。按照游击队的安排，宋醒仍打着国民党的旗号，以便提供军情和枪弹，使这支队伍成为埋伏在国民党内部的革命武装。1949年7月，被国民党察觉后，受到重兵围剿，在激战中身负重伤，不幸被俘，惨遭杀害。时年58岁。

1985年，广州军区为宋醒发了起义证明书，宁乡县人民政府追认他为革命烈士。

张　雄

张雄，贵州毕节县(今七星关区)人，本科文化，中共党员，1981年9月出生于青场镇新沟村。

2001年，张雄参军，在部队表现突出，多次受到师、团嘉奖。2003年，被所在部队选送到长沙工程兵学院干部专科(现国防科技大学)学习，2007年毕业，分配到驻云南省玉溪市的7720部队，先后任团参谋、团副参谋长。在指挥部队执行一项重要任务时，张雄沉着冷静，敢于担当，善于处置遇到的复杂问题，圆满完成上级赋予的光荣使命，荣获二等功一次。

张友宽

张友宽，贵州省毕节县(今七星关区)人，小学文化，中共党员，于1944年6月出生在毕节县杨家湾区放珠公社(今毕节市七星关区放珠镇)，于1964年11月参加革命，在13军38师112团4连服役，1966年加入中国共产党，1969年提干任排长，1978年1月任副连长，1980年任副营长，1984年从部队退役到毕节县工商所任指导员，1985年任城市整顿办公室主任，1985年11月任毕节市城市管理大队大队长，1993年任建设局副局长，享受正科级待遇，一等功臣。2004年7月退休。

1979年参加自卫反击战的三十八师一一二团四连副连长张友宽，在攻打三六九高地的战斗中，和一排长李仕成带领主攻排进至无名高地时，一道20多米高的断崖挡住了前进道路，轻、重火器一齐打来，情况十分紧急。张友宽命令战士迅速隐蔽，自己沉着冷静地观察敌情，然后跃到一块大石头后面，从通讯员手中接过半自动步枪，向高地半山腰环形工事里的敌人射击，接连毙敌6名，敌见势不妙，有几个蹿出工事想往山上逃跑，张友宽眼明手快，又打死两个敌人。敌人的火力减弱了，主攻排迅速绕过断崖，从西侧迂回，一阵猛打，连续攻占了无名高地和二一九高地。在继续向三六九高地突击时，敌人向一排打来燃烧弹引燃山草，又以火力封锁。连长负伤，张友宽代理连长。沉着果断指挥一排避开火区向左迂回，并迅速调整编队，自己亲自带一个组猛打猛攻，消灭了敌人轻、重机枪班。几个残敌企图再次点燃茅草，刚露头，张友宽一枪打死了一个敌人，余敌吓得慌忙逃窜。这时，其他战斗组也从两侧攻打上来，经过激战，全部占领了三六九高地，张友宽荣获一等功，1980年8月在四川抗洪救灾中因成绩显著，受到四川省人民政府嘉奖。

陆　欢

陆欢，贵州省毕节县（今七星关区）人，1988年出生于毕节县清水铺区生机镇公乡，大学学历，中共党员。2006年12月应征入伍，2015年4月退役，历任战士、副班长、班长、代理排长等。二等功臣。

2007年3月，进入中国人民解放军防空兵指挥学院学习。2008年因军事素质过硬，被选派到原步兵第40师教导大队参加“预提指挥士官”集训。汶川“5·12”特大地震发生时，他带领教导队三中队二区队在师的编程内，直属师司令部作为机动分队，于13日17时从昆明飞抵至北川。到达灾区后，还没来得及休息，便带领所在区队急行军120千米，赴唐家山堰塞湖进行灾情和水位侦查，并出色完成任务。期间还参与完成北川生命救援、“帐篷城”搭建、清理尸体、进村入户、唐家山堰塞湖泄洪、灾后重建等任务。因完成任务出色，被师党委批准火线入党，评为优秀学员。

回到原部队后，陆欢多次参加大项军事演习和军区、集团军、师、团组织的军事比武。并多次获得团个人第一名，三次被师、团评为“爱军精武标兵”，两次被团评为“优秀共产党员”。2013年，在全军组织的赴藏“使命行动——2013雪域联演联训”中，他带领一个班的战士作为成都军区唯一一支便携式导弹分队，参与组织了全军首次无氧列车输送进藏试验任务。列车在过海拔5800米的唐古拉山口时，在自身缺氧的情况下，陆欢不顾个人安危，仍然坚持把高原反应严重的战友送去医务室，并始终坚守在列车值班巡查的岗位上。在“联演联训”中，他带领导弹班开创了海拔4700米高原上使用红外源进行便携式导弹射击的先例，取得“双发齐射”和单发射均精准打击目标的成绩，他个人发射的五枚导弹全部精准命中，“空中开花”，获得全军第一名的好成绩。同时他多方面收集理论资料和实弹射击数据，结合自身经验，编写《复杂干扰环境下如何提高便携式地空导弹命中率》《便携式地空导弹在机动作战中的使用》等战研究。为习近平主席提出的强军目标做出了自己的贡献。同年11月，被原成都军区授予“低空猎手”荣誉称号，因功勋卓著被原40师政治部记二等功一次。

陈　明

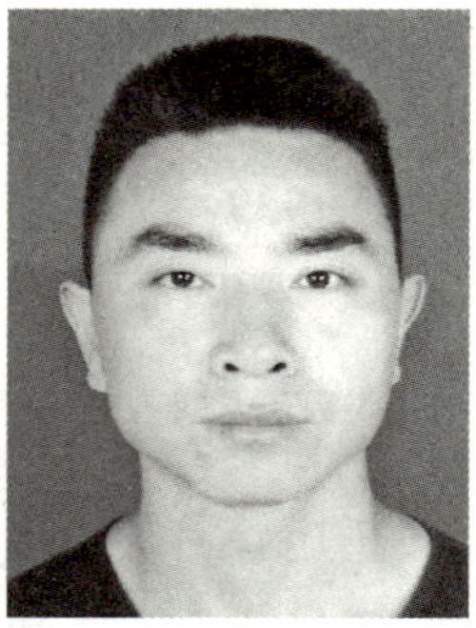

陈明，贵州毕节县（今七星关区）人。1987年4月6日出生于贵州省毕节市七星关区对坡镇沟脚村沟脚组，大专学历，中共党员。二等功臣。

陈明2005年12月应征入伍，在中国人民解放军一四九师装甲团装甲步兵营服役；历任战士、班长、士官；2011年6月加入中国共产党。陈明在部队工作突出，成绩显著，多次被评为“优秀战士”“优秀班长”“优秀士官”“优秀共产党员”。2010年12月获得一四九师荣记三等功一次；2011年11月获得中国人民解放军总政治部荣记二等功一次；2011年12月被一四九师评为全师优秀士官。

2013年12月，陈明退出现役。2014年12月被分配到七星关区民政局工作。

陈绍才

陈绍才（1924—2015年），贵州毕节县人，高小文化，1924年3月13日出生于毕节县大银镇水巴岩村。1937年仅13岁被国民党抓壮丁，1948年8月解放入伍，加入中国人民解放军第四野战军，因作战勇敢，不怕牺牲，在多次战役中英勇无畏，身先士卒，冲锋陷阵，屡立战功，获得战斗英雄光荣称号。1951年编为志愿军抗美援朝，在战斗中不畏强敌，舍生忘死，战场负伤不下火线，回国后被送荣军学校治伤、疗养、学习，定残疾等级十级。1957年转业到原毕节县民政局，参加毕节烈士陵园筹备修建，在1959年至1961年在县轻工局雨伞厂工作，在1961年至1979年在何官屯农具厂任会计，在1979年至1981年在洪山路陶瓷社任厂长，1981年在轻工公司任保管员，1995年11月经组织批准离休。

2015年4月28日，陈绍才在毕节市新街家中逝世，享年91岁。他一生光明磊落、艰苦奋斗、无私奉献，不居功，不骄傲，不给组织添麻烦，体现了革命军人的高风亮节。

陈继忠

陈继忠，贵州省毕节县（今七星关区）人，1958年生，中共党员，毕节市公安局刑侦大队副大队长，二等功臣。

陈继忠在参加公安工作30余年的时间里，带领民警相继侦破了一批大案要案，将数百名违法犯罪嫌疑人绳之以法，他也为此因公负伤十余次。由于工作成绩突出，他先后荣立个人三等功五次、嘉奖四次，数次获得“优秀共产党员”“破案能手”“严打整治斗争先进个人”等殊荣。2011年11月21日被贵州省公安厅授予二等功（黔公奖〔2011〕33号）。

2009年7月23日中午12时许，毕节市长春镇王官村村民翟某某在其住处旁被村民翟培国持斧头无故砍死。作案后的翟培国提着刀柄长达一米五的斧头躲进了附近的深山密林。毕节市公安局党委得知以上案情后，当即成立专案组，迅速对案件展开侦破。分管农村责任区刑警队的副大队长陈继忠，在案发第一时间已带领民警及警犬赶到了现场。在了解到犯罪嫌疑人翟培国作案后已逃进深山躲藏的情况后，陈继忠便带着民警、警犬对案发周边山林、公路以及其可能躲藏地方进行地毯式的搜捕。7月28日下午5时许，已在山上搜索了五天五夜的陈继忠突然接到知情群众举报：在长春堡镇裸依村金钟煤矿附近发现犯罪嫌疑人翟培国的踪迹。接报后，陈继忠立即带领民警罗太忠赶到裸依村，当即发现犯罪嫌疑人翟培国正提着一把斧头在马路上行走，由于道路两边是茂密的苞谷林，为防止翟培国跳入林中逃走，陈继忠和罗太忠决定悄悄紧跟翟培国，伺机对其实施抓捕。然而，已如惊弓之鸟的翟培国突然发现了跟在身后的陈继忠和罗太忠。情况紧急，陈继忠当即拔出手枪命令翟培国不许动，杀人恶魔翟培国叫嚣着挥舞斧头劈向民警罗太忠，千钧一发之际，从罗的身后闪出一个人，只听他大喊一声“小罗，快闪开”，随即一把将来不及躲闪的罗太忠推开，展开双臂迎上寒光闪闪的斧头……一番殊死搏斗后，身中数刀的陈继忠倒在了血泊之中。

失血过多、休克倒地的陈继忠仍死死抓住犯罪嫌疑人翟培国不放，恼羞成怒的翟培国手持利斧企图继续对陈继忠施暴，与死神擦肩而过的罗太忠见此情景，迅速拔出手枪鸣枪示警。听到枪声，路上行人迅速撤离，而翟培国仍持斧继续行凶，民警罗太忠果断开枪将其击伤成功制服，并火速将身中数刀、肌腱断裂、血流不止、休克倒地的陈继忠送往贵医附院进行抢救。

一身正气、嫉恶如仇、不畏流血牺牲是陈继忠从警30年来始终如一的优良品质。2006年11月27日晚，时任毕节市公安局刑侦二中队中队长的陈继忠，处理完一起砸车案件之后，在返家途中，看到环东路一商住楼房下面，两帮人正手持马刀及火管枪等器具进行械斗，只见夜色中刀光剑影，器械撞击声此起彼伏。见此情形，“爱管闲事”的陈继忠来不及多想，便冲上前去大吼一声：“我是警察，都给我住手……”话音未落，顿时感到右肩膀一阵剧烈疼痛，他下意识地伸手一摸，衣服已被刺破，殷红的鲜血正不断喷涌而出，陈继忠这才明白遭到歹徒暗算了。顷刻间，鲜血已将他的衣襟染得通红，陈继忠瞬间变成了一个血人，但他并未被歹徒的暴行所震慑，趔趄着向前迈了几步，再次拿出警官证表明身份：“我是公安局刑侦队的，都给我停手……”围观的群众见受伤后的陈继忠仍正气凛然，义正词严，纷纷上前协助其制止械斗的歹徒，歹徒见状，仓皇逃窜。

当战友们接到报警赶到现场时，陈继忠由于流血过多，已昏厥倒在地上，后经医院抢救才脱离生命危险。据现场目击者介绍："当时一片混乱，只见双方手里都拿着刀和火管枪相互械斗，打得一塌糊涂，如不是那个警察同志及时出现制止，不知要死伤多少人……"

2007年，陈继忠在侦查一桩轮奸案时，发现他的一个亲戚也是犯罪嫌疑人之一，于是便只身奔赴亲戚家，将该案的一名犯罪嫌疑人——自己的表弟抓捕归案。之后，亲戚朋友们就上门来求情，要他放人，并且许下数千元的"辛苦费"。陈继忠义正词严地当场拒绝，毅然将犯罪分子送进了监狱。

2005年5月19日，毕节市双树路农资公司附近一个十多岁的姑娘被人杀死……接到报案后，陈继忠立即组织民警对现场进行了勘验调查，但由于此案线索极少，一时难以找到突破口，加之受害人家属的误解，使公安机关的侦察工作陷于被动局面，案件几度陷入僵局。为尽快找到案件突破口，陈继忠不分白天黑夜，数次走访现场并和受害人生前亲朋好友，比对了上万条线索，排除了数百名嫌疑人，形成了1000多页5万余字的侦查卷宗，直至2006年6月16日下午，成功将犯罪嫌疑人王涛丽抓获归案。

陈继忠来自边远的农村，深知老百姓的疾苦，因此每时每刻都在急人民群众之所急，想人民群众之所想，及时帮助人民群众解决困难。他每年都要捐赠若干钱物，资助困难群众和贫困学生；他带领民警曾一直帮扶大新桥办事处的一户贫困人家，这户人家夫妻均是弱智，还带着两个上学的孩子。陈继忠带领民警捐资给他家盖起了瓦房，给他的孩子捐书、捐学费、找学校。截至目前，陈继忠带领中队民警已为这家贫困户捐资捐物达5000余元。在执法办案过程中，对报警求助的受害者，陈继忠总是文明接待，礼貌待人，热情服务，遇到那些被歹徒洗劫一空的受害者，他更是慷慨解囊，给他们安排食宿，解决回家的车费，帮助他们渡过难关。因此，没有哪个接触过他的人不跷起大拇指说："陈继忠是个好警官！"事实上，陈继忠并不是一个富裕的人，他同样要赡养老人，抚育子女，接济兄弟；他同样和其他公务员一样，都是靠领那点微薄的薪水生活。但他平时相当节俭，从不大手大脚地花钱享受。他常这样对别人说："我平时节约一点，在别人有困难的时候可以拿出来资助人家，在别人得到资助的同时，我心里也得以慰藉。"

陈富旭

陈富旭（1957—1979），贵州毕节县（今七星关区）人，彝族，1957年12月14日生于毕节县龙场营区田坎公社大坪大队岩脚生产队。小学文化，中共党员，革命烈士。

1966年9月至1972年7月，陈富旭在岩脚公社大坪大队小学（民校）就读；1972年8月至1978年9月，在家务农。

从小立志保家卫国的陈富旭，在家劳动时，不忘关心国家大事。1978年，他从报纸上、收音机里，得知祖国面临严重的威胁：北边有苏联数百万大军压境，南边越南不断对中国边境进行挑衅。1978年秋季征兵工作开始，陈富旭参军。10月，陈富旭应征入伍，分配到驻云南省永平县35105部队。集训3个月后，分到30150部队二营三连服役；1979年2月17日，中越自卫反击战正式打响，陈富旭被派往前线参加攻打越南康珠望山战斗。战斗结束后，转回云南省金平县大老塘公社待命；数日后，被派去参加越南境内巴沙丫口战斗，主要负责攻打越南封土县城，战斗中英勇顽强，荣获三等功。

1979年3月3日，为歼灭越南王牌师316A师，上级命令陈富旭所在连，夺取敌固守的封土县119高地。敌军凭借有利地形和各种火力配置，对中国军队进行顽强阻击，使用了高射机枪平射等非常规武器。战斗打得异常激烈。在即将夺取越南封土县境内的119高地时，陈富旭被敌机枪射中，壮烈牺牲，年仅21岁。随即被35105部队授予烈士称号；1979年4月被35105部队政治处追认为中共党员，葬于云南省金平县烈士陵园。

陈登荣

陈登荣（1947年—1968年），贵州毕节县（今七星关区）人，初小文化，于1947年3月10日出生在贵州省毕节县，于1963年1月参加中国人民解放军，革命烈士。

陈登荣1963年1月至1968年1月在中国人民解放军铁道兵八七二四部队服役，历任战士、副班长、班长等。陈登荣在参加成昆铁路修建中，勇于吃苦，哪里最危险，他就出现在哪里，哪里有困难，他就挺身而出。不幸于1968年1月12日，在一次山体塌方中，为抢救部队人员的生命和财产安全，身负重伤，后经部队医院全力抢救无效，于1968年1月18日光荣牺牲，时年21岁。铁道兵部队报请中国人民解放军总后勤部，追认陈登荣为革命烈士。

陈登荣在部队服役期间，能积极完成上级交予的各项任务，在修建成昆铁路时，发扬人民解放军一不怕苦、二不怕死的光荣传统和牺牲精神，曾受到上级组织多次表彰及嘉奖。

八 画

欧阳崇庭

欧阳崇庭（1911—1941），又名欧阳迪，江西省兴国县人，1911年10月12日生于兴国县丁龙乡杨村一个普通农民家庭。中共党员，革命烈士。生前任贵州抗日救国军三支队政委。

1929年年初，中国工农红军在赣南、闽西建立革命根据地后，他加入少年共产主义青年团，任兴国二区三乡少共书记、劳动部部长。1932年，调任兴国县苏维埃政府内务部工作，是年加入中国共产党。1933年，任兴国县苏维埃政府经济部部长。1934年，他出席了在瑞金召开的中华苏维埃第二次全国代表大会，会后调任粤赣省国民经济部部长，同年5月任中央国民经济部合作总社社长。1935年随红军长征到贵州，为钳制敌人的阻击，策应红二、六军团进入贵州，奉令留下做策应工作。

1936年1月，随中国工农红军二、六军团到达毕节，奉命留黔工作，任“贵州抗日救国军”第三支队党代表，接收到川南寻找“中国工农红军川滇黔边区游击纵队”来毕会师、建立苏区的任务。不久，红二、六军团撤离毕节，第三支队与红军失去联系。他与支队司令阮俊臣率部进入川滇黔边区的黄塘梁子一带进行整训，一面寻找“边纵”，一面发展红军游击队，开展游击斗争。为加强党对支队的领导，他积极培养骨干人员入党，并积极开展政治思想工作，对干部战士进行思想教育，提高支队的战斗力；深入群众，宣传共产党北上抗日等主张，扩大红军的影响；发动群众打土豪、分田粮，走村串寨，访贫问苦等，做了大量工作，深受群众的拥戴。

1936年5月，他和阮俊臣一起成功地争取到国民党暂编第五旅二团三营连副陶树清率部起义，壮大了支队力量。6月，与阮俊臣率部与“边纵”会师于威信花坝，合编为“中国工农红军川滇黔边区抗日先遣队”，下辖三个支队，他任一支队政委，继续率部活动于川滇黔边区，开辟新的游击区。

1936年7月，欧阳崇庭、阮俊臣、陶树清率领的队伍被敌围困，突围时失散，欧率余部在纳雍加入熊朴、宋显珍领导的绿林武装，继续从事革命活动，开展抗日救亡工作。

1938年1月，曹毅就任织金县长，因欧与曹是老乡关系，被曹委任为该县三塘区区长。从此，便以区长的合法身份为掩护，积极从事革命活动，联络支队失散人员。9月，国民党贵州省第三行政督察专员刘时范至郎岱巡视，查悉欧的身份，密告上峰。由于身份暴露，他即往贵阳找党的组织未成，转移到纳雍后赴水城加入“齐心会”（又称农民自卫会），初衷为“抗兵、抗粮、抗阻国民党政令”，后发展为“打富济贫”“反对国民党征粮、征税、征丁”，开展革命工作，发展革命武装，开辟新的游击区。他积极向会首、会员宣传党的抗日救亡等主张，引导会员开展抗暴活动，先后消灭了恶霸土司、国民党乡保长多人。“齐心会”的革命活动，引起了国民党地方当局和土豪劣绅的仇恨。国民党水城县长阮略在上峰的多次饬令下，亲督通缉“齐心会”会首王炳安和欧阳崇庭，并大举清剿“齐心会”。1939年11月，由于有人泄密，欧在纳雍以角营盘不幸被捕，关押在水城大监，受尽酷刑。1941年1月26日，在押送毕节途中，被国民党反动派杀害于水城青杠林（今水城钢铁厂北楼处），遇难时年仅30岁。后被追认为革命烈士。

单忠碧

单忠碧（1947—1973），贵州省毕节县（今七星关区）人，1947年11月生于毕节县清水铺生机（今毕节市生机镇镇江村双青组），革命烈士。

1968年参军，在中国人民解放军303部队92分队任班长，1973年7月在云南省景洪县执行革命任务中，光荣牺牲，时年36岁。后被追认为革命烈士。

郎维政

郎维政，贵州毕节县（今七星关区）人，1975年生于毕节县长春区清丰公社，大学文化，中共党员，1996年11月参加工作，任毕节市公安局七星关分局刑侦一中队副中队长（主持工作）。2014年6月23日被贵州省公安厅荣记二等功。

在2013年雷霆行动工作中，郎维政在管理好队伍的同时，坚持从实际出发，讲究实效。走进社区、村庄、街道，深入群众之中，直接面对群众，服务群众，从群众中获得破案线索。带领中队民警发扬特别能吃苦、特别能战斗、特别能奉献的精神，破获各类刑事案件710起。其中，立盗窃案件1879起，侦破443起；立诈骗案件183起，侦破37起；立抢劫案件23起，侦破26起；立抢夺案件7起，侦破8起；立强奸案件42起，侦破30起；立命案8起，侦破8起；立绑架案件1起，侦破绑架案件1起；立其他案件202起，侦破151起。全年共侦破现行案件667起，年前案件28起，外辖区案件4起，省外案件16起。全年中，刑侦一中队依法刑事拘留犯罪嫌疑人140名，打击处理犯罪嫌疑人176名，处理非正常死亡18起，帮助找回失踪妇女儿童32人，抓获网上逃犯40人（其中重点逃犯7人），跨区域协作平台发布55条，采集信息126人，上报信息研判破案典型案件3篇。

2012年11月27日凌晨，撒拉溪镇垭关煤矿财务室被人撬门入室，盗走保险柜一个，保险柜内有现金38余万元。接到报案后，郎维政便带领专案成员和技术员立即赶到案发现场，开展现场勘查和细致调查走访排查工作，围绕案发现场情况，调取煤矿内的监控录像进行分析，从监控录像上看到，在凌晨5点多钟四个男子戴着头套撬门进入财务室将保险柜扛走。当专案人员还在夜以继日侦破的时候，2012年12月5日又接到报案：长春堡镇的金桥煤矿财务室保险柜被撬开，被盗现金和物资价值35022元。犯罪分子如此猖獗，在十天之内连续作案盗窃保险柜，对社会造成了恶劣的影响。根据作案人员、盗窃目标等，此两案可并案侦查。做了大量的工作，最后锁定了犯罪嫌疑人。12月25日在市局刑侦、技侦部门的配合下，到贵州凯里将犯罪嫌疑人杨胜军、杨华军、雷健、龙胜江等四人抓获，经审讯四人交代了近两个月来到毕节金沙、黔西、七星关以及云南镇雄等地多次盗窃煤矿上保险柜的犯罪事实。至此，发生在云南、贵州两省的保险柜系列被盗案成功告破。

2013年7月7日，申时政到区公安局报案称：2013年7月4日晚上，其女儿申培从毕节市七星关区环城路十九小门口被人拐卖到广西壮族自治区钦州市钦南区。接到报案后，郎维政立即组织侦查员开展调查，根据申培发回家的短信判断，申培被带到广西壮族自治区钦州市卖淫的可能性大，郎维政立即与广西钦州警方联系，并亲自带领侦查员驾车连夜赶到广西壮族自治区钦州市。在广西钦州警方的配合下，一举将犯罪嫌疑人赵富红、胡桃、吴长龙、赵绍礼、葛健等5人抓获，解救被强迫卖淫妇女9名。

此外，郎维政还亲自参与侦破了2012年12月15日凌晨发生在七星关区野角乡大麻塘村小冲组郎才友、郎维羽将吴道朋杀死案，2013年1月7日23时许，王有福在毕节市七星关区人民公园内被人杀伤致死案；2013年4月23日杨元在七星关区大新桥小河村家中被杀死案，2013年4月12日21时犹中平在梨树镇江天水泥厂门前被伤害致死案，2013年8月26日凌晨七星关区杨家湾镇街上王君礼被抢劫致死案，2013年10月13日凌晨陈海罗在七星关区洪南路被伤害致死案，2013年11月11日晚苏海圆在毕节六中门口被伤害致死案，2013年4月周昌祥、杨琴、曾德江、刘兰等人团伙跨省流窜盗窃汽车系列案件，2013年9月15日文祥、孟贵友、蔡定科等人团伙跨省流窜盗窃汽车系列案件，2013年6月6日晚黄才在洪南路将龙自信绑架一案，2013年6月陈远东、张宏、龚永静等人团伙诈骗案，2012年12月6日，杨莲在七星关区天河路如意旅社被汪中央、吴长春、陈杰、吴超轮奸案，2012年12月22日晚，万林在七星关生机镇被李晓莺、陈永轮奸案，等等。

总之，在2013年雷霆行动工作中，郎维政作为一名一线刑警和基层领导，充分发扬了艰苦奋斗、不怕流血、不怕牺牲、顽强拼搏精神，带领中队民警昼夜奋战，破现案，在他们的共同努力下，各项工作顺利进行，超额完成了大队下达的工作任务，得到了领导的肯定和群众的好评。

郎兴周

郎兴周（1936—1972），贵州毕节县（今七星关区）人。1936年出生于毕节县青场。志愿军特等功臣。

郎兴周出身贫苦，解放后翻身分了田地，感恩党和政府，在祖国发出抗美援朝的号令后，他积极报名参军，并作为中国人民志愿军一员，跨过鸭绿江，参加朝鲜战争历次大小战斗几十次，荣立特等功一次和各类战功多次。

1955年郎兴周退役后，回家务农，发扬部队光荣传统，带领乡亲积极参加农业生产，为社会主义革命和建设做出了贡献。他有功不居功，从不因个人困难找政府，也从不向组织提任何要求，默默无闻地当好普通农民，于1972年在家中病故，时年36岁。

九 画

查伯阳

查伯阳，江西婺源县人，革命烈士。

1949年6月，查伯阳在赣东北军政干校景德镇分校学习。同年9月参加二野五兵团三大队二中队西进贵州，12月到达毕节，分配在赫章县人民政府工作。他在赫章的青山区开展政权建设与征粮工作，由于当时起义的原国民党保安团叛变，各地土匪四起，目标直指新建的人民政权，人民不得安宁。中共毕节地委为彻底消灭匪患，调整剿匪部署，确定于1950年4月将赫章县党政机关迁至毕节县长春堡区暂住。是时，查伯阳担任武工队员，在长春堡开展征粮、剿匪，组建农民协会等村级政权。

1950年5月3日，长春堡赶集，匪司令罗湘培部的阮少伯、林润、吴殿华、朱益斋等匪首率数千名土匪，分别从赫章的平山和毕节的朱昌、吴家屯等地蜂拥而入，攻打驻长春堡的赫章县党政机关及长春堡区政府。查伯阳与武工队队长齐泮龙急上戴家山抢占有利地形，边走边还击敌人，不幸在凉水井跃过一道大水沟时，中弹倒于沟内。这时土匪叫嚣："凡穿黄军装的，一律杀死。"他被追上来的土匪乱刀刺杀，壮烈牺牲。次日，股匪被中国人民解放军毕节军分区增援部队击溃后，中共赫章县委为其召开追悼大会，组织部部长李超臣主持追悼大会，将查伯阳遗体安葬于长春堡，后迁至毕节烈士陵园。

他为人诚实，忠于党和人民的事业。参加工作不到一年的时间，就从一个热血青年成长为无产阶级革命战士，为捍卫新建立的人民政权，为赫章、毕节的解放献出了年轻的生命。查伯阳的功绩，被录入中共毕节地委党史研究室、中国人民解放军二野军大五分校及毕节地区校史研究会编撰的《乌蒙伏虎》一书中。

赵　榆

赵榆（1978—1999），白族，贵州毕节县（今七星关区）人。1978年9月26日，出生在毕节县青场区青场村。革命烈士。

1996年12月，赵榆光荣入伍，到中国人民武装警察部队重庆总队一支队綦江中队服役。

赵榆入伍后，认真学习文化知识，苦练各项军事科目。服从命令，听从指挥。在1998年特大抗洪抢险中，面对惊涛骇浪，面对随时都会被洪水卷走的危险，面对生与死的考验，面对人民群众的生命财产可能在顷刻间化为泡影，他和战友们跳进激流，抛沙包，填泥土，筑堤坝。在危急的关头，他们一个扣住另一个的胳膊，筑成人体铜墙铁壁，挡住汹涌澎湃的洪水，用生命保护了大堤，保护了人民财产的安全，表现了人民战士为人民敢于牺牲的大无畏精神。在抗洪一线，他光荣地加入了中国共产党，被支队评为优秀士兵。赵榆在服役期间，时刻不忘作为一个军人的职责。他被部队挑选，作为政治思想好、军事训练强的标兵，经常到部队驻地学校帮助搞军训，给学生讲解军事知识。在学校每次军训中，他身体力行，言传身教。从思想入手，教育受训学生懂得为什么要军训，让学生们为将来长大后保卫祖国、保卫人民而训；在军事训练中，他像个标杆，摸爬滚打，常常泥一身汗一身。他用真人真样在学生们心中树立起一面旗帜，让学生们学到了军人的铁骨丹心，学到了作为一个军人应有的品德和素质。他在各学校的军训，都得到了师生们的高度评价和赞誉。

1999年1月4日晚6时，赵榆所在连队外出训练，回连队途中，路经綦江虹桥时，桥面突然垮塌，赵榆和战友们瞬间被甩下长江，因公牺牲，年仅21岁。同年被定为革命烈士。

赵文海

赵文海（1898—1941），四川纳溪人。1898年12月12日出生于四川省纳溪县坡头乡。1936年加入中国共产党，革命烈士。曾任贵州游击支队队长，1941年牺牲。

赵文海20岁时，代替其父在家乡当了民团队长，他旨在护寨安民，不与反动军阀同流合污，被土豪劣绅视为异己。1932年，当地团总勾结保商大队长借故捉拿赵文海未逞，而抄其家。他被迫率领20多名团丁进山当了“绿林”，打起“打富济贫，替天行道”的旗号，在四川文山沟一带打土豪、分浮财，深得穷苦百姓的拥护。队伍很快发展到30多人，成为一支“绿林”队伍。

1933年，四川军阀在川南招募征兵，赵文海乘机率队应招到顾晓帆部当营长，驻防古宋东皇庙。是年，中国共产党川北特委书记赵裴亚到川南开展“军运”工作，争取教育赵文海，使他很快接受了革命思想，于同年年底毅然率部起义。次年，他联合起义友军何以弱、胡旦元、陈明分等攻打云南镇雄县城，从狱中救出中共党员范建章。

1936年春，他在四川兴文炭厂找到了中国工农红军川滇黔边区游击纵队和特委，要求参加红军游击纵队。特委决定接收他随队培训。经过短期训练和考察，赵的思想进步很快，被吸收加入中国共产党。是年夏，特委派他到贵州游击队并担任三支队队长。他接受特委指示后，以贵州毕节为中心，在黔西北地区发动群众，积极开展游击斗争。

1938年春，赵文海会见了早在贵州游击支队任政委的阮俊臣。9月，赵、阮两支部队合并行动，仍称“贵州游击支队”，赵任司令员，阮任政委，下辖黄于龙、路明宣、詹绍武三个大队共千余人，500多支枪，建立以毕节的黄塘、对坡，云南威信的水田寨、镇雄的镰刀湾为中心的游击区。积极组织和发动群众抗日救国，抗捐减租，惩治贪官恶霸，开展革命活动。同年11月上旬，毕节县清水铺张家冲国民党乡长张百尧，拒绝交付支队购买的枪弹，还杀害游击队员许天文。赵文海率部前往捉拿张百尧，张闻风潜逃。他打开张家粮库，救难济贫，并将几家与张百尧沆瀣相勾结的土豪劣绅也打了，还把一面红旗插在打鼓坪子上。毕节专员兼保安司令何朝忠得知后，急调吴家屯、海子街、燕子口三个区的民团武装2000余人，昼夜开往清水铺“围剿”游击队。他指挥部队潜伏在村里，乘机出击，民团全部溃败，当即俘虏民团指挥官阮少白及其副官等60多人。他见了阮少白，风趣地说:“哟！这不是阮区长吗?欢迎！欢迎!”佯装拍手，使阮无地自容，敌人狼狈不堪。赵对被俘的团丁们进行了教育，告诫他们不要充当反动当局的帮凶。

1939年，日本侵略者入侵广西，逼近独山。赵和阮商量后决定选送600名精壮战士编入国民革命军99师独立团开赴抗日前线。他率领游击队余部到各地动员群众，筹集军费，扩大队伍，继续坚持斗争。

1941年4月，国民党毕节专员公署和镇雄、彝良、威信独立营以及地方民团秉承蒋介石消极抗日、积极反共、镇压抗日救亡运动的旨意，对支队发动了新的“围剿”。游击支队迂回转战于毕节、镇雄边境，终因弹尽粮缺，寡不敌众，陷于敌人重围。詹绍武、黄华先、阮俊臣等先后光荣牺牲。赵文海突围后也遭到毕节专员廖兴序的通缉和追捕。同年8月，他秘密前往赤水河筹集粮饷，被特务探出行踪，与其儿子赵银臣（游击队员）一起落入敌手，被特务杀害于清水铺南关村赤水河黄桷树下。赵文海牺牲时，年仅43岁，为革命事业献出了自己的生命，同时他的儿子也献出宝贵的生命。

十 画

秦 健

秦健，1962年生，大专文化，中共党员，毕节市公安局七星关分局特巡警大队大队长兼警体教官，三级警督，二等功人员。

1998年10月秦健从中国人民解放军35215部队转业到毕节市公安局，成为一名光荣的人民警察。参加公安工作以来，秦健始终牢记“全心全意为人民服务”的宗旨，满腔热忱地投入建设“平安七星关”工作中，亲自组织侦破各类案件1580余起，其中大、要案件110余起，先后将950余名违法犯罪嫌疑人绳之以法。由于工作成绩显著，他先后一次荣立个人二等功，四次荣立个人三等功，五次荣获个人嘉奖，多次被中央、省、市、区评为“治爆缉枪专项行动先进个人”“安全生产先进个人”。2012年6月已过不惑之年的秦健在参加公安部组织的“贵州特警队骨干专业培训班”赴南京培训中，表现突出，成绩优秀，被评为“优秀学员”。

2011年2月10日，毕节市公安局普宜派出所协警余泓磊在协助民警查缉吸毒人员过程中被吸毒人员杨兴裕杀害，犯罪嫌疑人行凶后，持刀潜逃。接到案情报告后，秦健迅速带领特巡大队民警赶赴现场对犯罪嫌疑人实施追捕。经过3个多小时的循线追踪，11时25分，由特警和当地群众组成的抓捕队伍将犯罪嫌疑人杨兴裕包围在一民房内，秦健随即对杨兴裕喊话，杨非常但不听劝告，反而继续持刀顽抗，并试图冲向民警。秦健当即鸣枪示警并责令杨放下凶器，杨非但不听反而继续持刀刺向民警，在这千钧一发之际，秦健果断开枪，将犯罪嫌疑人杨兴裕的大腿击伤，并成功将其抓获归案。

2009年7月14日中午12时23分，毕节市公安局特（巡）警大队接到报警电话，西安某大学的藏族女大学生娟子于一个星期前被非法传销组织骗到了毕节，并被该组织团伙控制起来。时因重感冒仍带病坚持值班备勤的特（巡）警大队教导员秦健接到警情后，来不及多想，一把拔掉手上尚在输液的针头，披上外衣迅速带领百余名特（巡）警队员，根据报案人提供的外貌特征和基本情况，在全城展开地毯式的搜索。经过五昼夜的艰苦摸底排查，7月19日，双眼红肿的秦健终于在毕节市福音堂附近“搜酷网吧”内找到了被非法传销组织人员控制住的娟子，并一举将传销组织头目抓获归案。7月22日，秦健亲自开着警车将娟子护送到贵阳龙洞堡机场，让她踏上了返回西藏的航程。

大练兵、轮值轮训活动开展以来，由于秦健以前在部队服役毕业于步兵指挥系，加上入警后多次参加省公安厅和公安部组织的“警务实战指挥教官”培训，因此他在练兵活动中扮演着基层练兵参与者和组织者的双重角色。在大练兵活动中，秦健以自己实际行动，极大地调动了广大民警的热情，推动了七星关公安分局大练兵活动的开展。由于秦健工作认真负责，训练方法得当，参训民警刻苦训练，每年均圆满地完成了上级下达的培训任务。2011年培训民警人数达到全局总警力的97.85%，通过省厅“实战必训”交叉检查组的考核，七星关分局2011年度教育训练工作名列全省前列；2012年7月25日，省厅再次派出“实战必训”检查考核组对全省各市、县、区公安局（分局）2011年以来“轮值轮训”工作开展情况集中进行复测检查，经过综合测评，七星关分局“实战必训”工作得到检查组的充分肯定和认可。

十余年的军旅生涯，磨砺出了一位出色的军官；十余年的警界生活，锻造出一位优秀的警官。从军营到警营，从军官到警官，职业变了、岗位变了，而全心全意为人民服务的宗旨始终未变。秦健在平凡的工作岗位上演绎着不平凡的精彩人生，用实际行动诠释了“忠诚、为民、奉献、公正、廉洁、奋斗”的贵州公安核心价值观。

秦　毅

秦毅，贵州省毕节县（今七星关人），1980年2月9日出生，中共党员，大学本科文化，2000年毕业于贵州省人民警察学校特警专业，2000年12月参加公安工作，现任毕节市公安局七星关区公安分局刑侦大队副大队长，分管命案及重、特大案件侦破工作，二等功人员。

从警15年，从侦查员到中队长再到副大队长，打击犯罪毫不手软；常年战斗在刑事侦查一线，面对歹徒，决不退缩；多次负伤却从不畏惧，用实际行动践行了一名人民警察的铮铮誓言。他就是秦毅。他勤奋好学、踏实肯干，在平凡的工作岗位上，以勤勤恳恳、任劳任怨的工作态度履行着一名人民警察的责任和义务；以刻苦钻研、锐意创新的工作作风展现了一名基层民警的综合素质。自参加工作以来，成功组织参与侦破2014年“3·07”抢劫杀人案、2015年“3·14”杀人案等大案要案700余起，亲自抓获犯罪嫌疑人450人，打掉各类犯罪团伙50余个。因工作成绩突出，2006年、2008年、2009年、2010年四次荣立个人三等功。2008年被省公安厅评选为“侦破命案先进个人”。多次被市、区政府评选为“优秀公务员”。2012年被省厅吸收为命案卷宗评查专家库人员。2015年在大练兵中成绩突出，被贵州省公安厅授予“全省优秀人民警察”，记个人二等功（黔公发〔2016〕2号）。

2009年元月16日晚9时许，先后有两名出租车驾驶员报案称被三名男子持刀抢劫。接警后，作为主办侦查员，秦毅同其他侦查员迅速出动，正准备扩大排查范围时，又接到报案称出租车驾驶员在郭家湾被三名男子持刀抢劫。秦毅当机立断，同其余三路民警向案发地合围。到达案发现场附近，秦毅发现了不远处的三名男子，他立即跳下车，准备上前盘查，结果三人突然拔腿就跑，其中两人慌不择路跳进河里逃窜，秦毅飞身跳入冰冷的河水中对嫌犯进行抓捕。

2014年3月8日上午，市民黄某反映：某学校女教师孙某于3月7日下午彻夜未归，无法联系。同日20时许，孙某的母亲戴某从贵阳赶到毕节，反映其接到女儿手机发来的信息，称孙某被绑架，要求家属准备现金168万元赎人，同时约定在黔西县城交易。

秦毅经过对有关人员认真细致的询问，根据受害人手机中的微信、发给其母亲勒索钱财短信的语气、犯罪嫌疑人和孙某母亲进行通话等情况分析：犯罪嫌疑人可能是孙某的熟人，遂立即兵分两路，追踪犯罪嫌疑人踪迹，最终发现一辆牌号为贵CXXX60的军绿色猎豹车载走了受害人。

结合另一路侦查员调查了解的情况，秦毅得到一重要线索，最近孙某与一名叫潘某的男子交往比较密切。最终锁定潘某有重大作案嫌疑。2014年3月11日，秦毅带领侦查员在遵义市成功将犯罪嫌疑人潘某抓获。

抓获潘某后，其辩解是争吵中失手将受害人掐死，且不提供藏匿尸体的地点。秦毅对潘某进行开导，以政策攻心，让其打消顾虑，争取宽大处理。同时，以让死者得以安息等心理攻势为突破口，制订针对性的讯问计划。经反复做工作，潘某终于交代，自己将孙某杀害后背到金沙县清池镇一荒废茅草房屋内，将孙某的衣服、鞋子脱下后烧毁，以此毁灭证据。并将孙某的尸体进行捆绑，之后移至茅草房旁边的厕所内用泥土掩埋，用杂草及木板伪装现场。

在对潘某制作完讯问笔录后，秦毅立即组织民警押解其前往金沙县清池镇寻找孙某的尸体。因潘某藏尸位置很隐蔽且地势陡峭，为了安全起见，秦毅亲自参与用绳索将嫌疑人固定后扶着嫌疑人行走到目的地，找到受害人孙某的尸体。经过大量侦查工作，潘某如实供述了自己杀害孙某的犯罪事实及所有细节，并交代了敲诈孙某家属168万元钱的犯罪事实。至此，该案成功告破。

聂 杰

聂杰，贵州省毕节县（今七星关区）人。1978年1月30日出生于毕节县城关镇蔬菜公社倒天河大队文笔小队。大专文化，中共党员，二等功臣。

聂杰于1996年12月参军，在云南省曲靖驻军35302部队服役。在新兵集训队，各项训练成绩突出，集训完毕即被团部挑选学习驾驶技术，三个月就能单独出车。在驾驶工作中，聂杰服从命令，爱车敬业，历任战士、班长、代理排长。入伍三年，年年被评为“优秀士兵”，接连荣立三次三等功。1998年5月光荣地加入了中国共产党；是年12月被转为一级士官。2000年12月转为二级士官；2004年转为三级士官。1999年、2000年、2003年、2006年分别荣立三等功各一次；年年被评为“优秀士官”。

2008年5月12日，汶川地区发生8.0级特大地震，聂杰所在部队当天就奉命赶到重灾区四川省绵阳江油市投入抗震救灾工作。

聂杰和战友们冒着六七级余震不断发生的危险，出入于摇摇晃晃、随时可能倒塌的房屋，抢救被压在废墟里的受伤人员。当时公路塌方，河溪堵塞，交通中断，信息不畅。抢救出的伤员，要运到直升机停放的地方，需过一条河流。河流被垮山巨石阻拦，又没有桥梁，更不可渡船，聂杰和战友们抬着担架，浮水一次次将伤员送过河去。天上下着大雨，山洪经常发生。一次，在抢救一位受重伤的老大爷时，聂杰和战友们托着担架，奋力在河水中前行，突然，山洪铺天盖地压过来。在最危急关头，聂杰和战友们想到的是宁可牺牲自己，也要保护好伤员。他是老兵，又是抢险突击队队长。他临危不乱，沉着指挥，用双手高举担架，用身体挡开激流，被洪流冲下几百米，呛了无数口洪水，最终战胜山洪，成功把受伤老大爷护送上岸，抬上直升机送往成都救治。

抗震救灾，一般人是想象不到其艰难和危险

的严重程度的。房屋倒塌，受伤群众被压在废墟中，机械到不了现场，即使有机械也不能使用，动用机械作业，可能会使受伤者第二次受创，造成受掩埋者伤亡。聂杰和战友们只能用双手扒开钢筋水泥板，抢救伤者。手掌手指全被磨成血糊一块，双肩扛得筋骨断裂。有时扒着扒着，余震一来，撤退不及时，上面虚而晃荡的废墟就垮下来，把聂杰他们压在废墟中。这样的情况多次发生，聂杰和战友们一心想着的是人民，全然没有自己，体现了人民军队爱人民，人民战士不畏难的英雄主义精神。

养兵千日，用兵一时。在余震不断的抗震救灾中，聂杰和战友们忍着饥渴，忍着困倦，忍着疼痛，连续几个昼夜奋战在震区。有时一天24小时顾不上喝水，顾不上吃饭，顾不上打盹。有几天，聂杰又受风寒，高烧头痛，他瞒着首长和战友，咬紧牙关，命令自己："一定要挺住！"哪里有伤员他冲向哪里，哪里最危险他第一个带头上，完全把自己的病痛和生命安危置之度外。

在抗震救灾紧要关头，党和人民也牵挂着救灾的指战员。党和国家领导人胡锦涛、温家宝等亲临灾区慰问、指导救灾工作。聂杰和战友们受到胡锦涛主席接见和看望。胡锦涛勉励他们："再接再厉，夺取抗震救灾的最后胜利！"全国人民特别是四川人民，克服重重困难，把矿泉水、方便面、干粮、新鲜蔬菜送到抢险第一线，确保参加抗震救灾官兵生活保障。聂杰和战友们把党和人民的关怀牢记心里，用以鼓励自己、鞭策自己。他还经常把部队在抗震救灾中的突出人和事，写成新闻报道，在军内外媒体发表，让全国人民、全军战友及时了解抗震救灾的进展和部队官兵的奋斗经历，收到很好的效果。

抗震救灾取得阶段性成果，聂杰在火线上荣立二等功一次。中国人民解放军总政治部、总参谋部、总后勤部、总装备部联合授予聂杰"抗震救灾新闻报道先进工作者"称号。四川省人民政府也表彰聂杰为"抗震救灾先进个人"。

随后聂杰所在部队又投入紧张的恢复重建工作中，与灾区人民一起清除废墟，建设板房，通水通电，抢修公路，架设桥梁，足足奋战了108天。

部队归建回云南后，按照军队士官管理条例，聂杰已到士官服役上限。2008年12月底，聂杰退出现役，转业安置在云南省大理州州委办公室工作。

夏　曦

夏　曦（1901—1936）又名隆梓，字蔓伯，号劳侠，湖南省益阳镇（今桃江县）人，1921年加入中国共产党，革命烈士。

夏曦历任第一次国共合作时期的国民党"二大"候补中央委员、中共"五大"中央委员、中共浙江省委书记、中国工农红军第六军团政治部主任、中共川滇黔省委委员等职。是毕节革命老区主要创建人，湘鄂西革命根据地领导人之一。1936年2月在长征途中牺牲于毕节县杨家湾七星关。

夏曦出身于私塾教师家庭，幼年读过《论语》《左转》《诗经》等书。14岁进高小时接触新思想。1917年在湖南省立第一师范学校读书，思想进步很快。五四运动爆发后，走上革命道路，参加湖南师范学生联合会组织的"救国十人团"抵制日货；参加毛泽东等发动的驱逐湖南省督军张敬尧的斗争。1919年秋，加入毛泽东、蔡和森、何叔衡等人组织的新民学会。1920年，在湖南俄罗斯研究会学习，研究俄国十月革命的经验，并成为湖南俄罗斯研究会的重要成员之一。

1920年10月，毛泽东等在长沙筹建社会主义青年团，夏曦是最早的团员与领导人之一。1921年，毛泽东出席党的"一大"。回湘后，建立中共湖南党支部，夏曦同年加入中国共产党。

1922年1月，夏曦出席在莫斯科召开的远东各国共产党及民族革命团体第一次代表大会，受到列宁的接见。同年5月5日，在长沙"马克思主义学说研究社"召开的"马克思诞辰104周年纪念大会”上，发表《共产主义与俄国》的演说。同年秋冬之交，领导师范学生组织“崇新学社”，提倡研究马克思主义，全校加入的同学达200人。同时，毛泽东创办自修大学，公开举行关于马克思学说的演讲大会，夏曦是主讲人之一。1922年夏曦从莫斯科回国后，就在湖南自修大学任教员。

1922年12月，夏曦任湖南学联干事部主任，主编学联机关刊物《湖南省学生联合会周刊》。曾发表重要论文《爱国主义与帝国主义》，宣扬爱国主义，反对列强瓜分中国。

1924年，任中共湘区委员会（后改为湖南省委）委员。孙中山联俄联共后，夏曦加入国民党，开展统战工作。1925年国民党召开“一大”，夏曦与何叔衡、李维汉等以个人身份出席在广州召开的国民党第一次全国代表大会。在次年召开的国民党“二大”会议上，夏曦被选为候补中央执行委员。

1927年5月，中国共产党在武汉召开第五次代表大会，夏曦当选为中央委员。“五大”后，中共湖南省委书记李维汉调中央工作，夏曦继任湖南省委书记；大革命失败后，他参加南昌起义，后去上海。不久受党中央派遣，赴莫斯科东方大学学习；1928年在莫斯科参加中共“六大”，回国后任江苏省委常委兼宣传部部长。

1930年3月，夏曦奉命到洪湖苏区，成立湘鄂西中央分局及临时省委，夏曦任书记。在反“围剿”、建立工农政权、组建游击队、发展经济文化事业等方面做了很多工作。

1931年中共六届四中全会后，被派往湘西根据地，任中央湘鄂西分局书记。其间，推行王明“左倾”冒险主义路线，犯了“肃反扩大化”的严重错误。

1934年，红三军转移到湘鄂川黔边区建立革命根据地，成立了“中华苏维埃人民共和国湘鄂川滇黔革命委员会”“黔东特区革命委员会”，夏曦均是主要领导成员。1934年6月19日，湘鄂西中央分局在枫香溪（今贵州德江县境内）开会纠正“肃反扩大化”的错误，夏曦在会上认识了错误，并表示在实际行动中加以改正。1934年10月，红三军与任弼时、王震、萧克率领的红六军团会师后，夏曦到红六军团任政治部主任。1934年11月，夏曦出任新成立的中共湘鄂川滇黔省委委员、军分会委员和革命委员会副主席，为建立黔东革命根据地做了大量工作。

1936年年初，红二、六军团转移到黔大毕地区创建革命根据地，夏曦协助军团领导，成立“中华苏维埃人民共和国川滇黔省革命委员会”及“中共毕节中心县委”，建立“贵州抗日救国军”及三个支队武装，动员进步青年参加红军，与邓止戈、徐健生等研究打土豪、分财浮等事宜，团结周素园等各界爱国进步人士开展革命活动。辛亥革命元老、抗日救国军司令周素园及5000多毕节优秀青年参加红军，北上抗日。

1936年2月28日，夏曦随红军离开毕节长征，途经毕节与赫章交界的七星关，涉水过河时不幸溺水牺牲，时年35岁。1985年，毕节县人民政府拨款在七星关河岸修建了“夏曦同志纪念碑”，在毕节烈士陵园建立了夏曦墓。

徐 忠

徐忠（1927—1950），江西乐平人，1949年6月参加革命工作，革命烈士。原毕节县五区民政干部。1950年4月，在小吉场清剿土匪的战斗中牺牲，年仅23岁。

徐 荣

徐荣（1929—1958），贵州省毕节县（今七星关区）人，1929年生于毕节长春堡沙坝乡。1948年参加革命，共青团员，革命烈士。徐荣生前为县水电局技术员。

徐荣出身于贫苦农民家庭，仅高小毕业就辍学务农。1948年参加革命后，曾在新四军游击队35支队、中国人民解放军26军78师任班长、工兵营教员。1950年，在抗美援朝战争中，他担任前哨工兵，为部队排除地雷。1953年回国后，又担任速成中学分队长，学习文化知识。1954年转业回乡后，积极投入社会主义建设，在农村担任过区乡水利辅导员、乡政府文书等职。

1956年，徐荣调任毕节县水利科（今水电局）技术员。他克服文化低的困难，攻读水利专业知识，担当勘察、设计与施工的任务。由他勘测、施工的林口大渡乡卫星渠道工程，经有关部门鉴定达到国家规定的标准，获国务院“最高水利建设成果”奖。他个人获国务院颁发的奖状。

徐荣经多次试验，研制黑色炸药获得成功，从而解决了水利工程所需炸药必须从外地购买的困难，减轻了国家和群众的负担。1958年8月，徐荣在一次炸药装箱过程中发生意外，不幸以身殉职，年仅29岁。中共毕节县委、县人民政府追认他为革命烈士，并号召全县干部群众学习他“全心全意为人民服务”的优秀品质。

徐国信

徐国信，贵州省毕节县（今七星关区）人，生于1971年10月16日，大专文化，1989年12月参加工作，任毕节市公安局七星关分局刑侦大队八中队民警。2013年3月18日，因侦破“5·24”绑架案，被贵州省公安厅荣记个人二等功（黔公奖〔2013〕30号）。

自1989年参加公安工作以来，徐国信不断提高自己各方面的素质，在侦查破案中，充分发扬艰苦奋斗、不怕流血、不怕牺牲、顽强拼搏、无私奉献的革命主义精神，在公安工作中创造出非凡的业绩。

2012年，不到半年时间，徐国信带领探组民警摧毁犯罪团伙5个，抓获犯罪嫌疑人40余人，破获“两抢”刑事案件50起。尤其在侦破的“5·24”绑架案中，徐国信在案件侦办过程中发挥了关键作用。

5月25日凌晨0时许，毕节市公安局七星关分局指挥中心接到报案：称梨树镇二堡村李某的儿子被人绑架。徐国信成为专案组成员，参加侦破，负责信息收集。徐国信带领民警连夜展开信息收集工作，火速赶往梨树、鸭池一带进行设卡布控，随即带领小组民警前往大方文阁、双山、归化一带进行布控。为了尽快获取有效线索，及时解救被困孩子，抓捕犯罪嫌疑人，徐国信和战友们忘记了早餐、中餐，在大方文阁、双山、归化一带展开对周围群众的调查走访，并保持与专案组的联络。已经到了傍晚7时，在归化街上，徐国信决定下车查看一下周围的情况，当他下意识地对周围的车辆进行侦查时，一可疑的银灰色面包车从对面开来，从事多年刑侦工作的徐国信一眼就看出该车的后牌照是特意被人为掩饰过的，他立即判定该车可能有问题。徐国信平静地上了自己的车，立即掉头，继而跟踪该车，并同时立即与专案组联系，准备对该车进行合围，实施盘查。其他各小组民警也迅速向指定方向围追堵截，30分钟后，在梨树镇居二路茶树丫口处，赶到的民警强行超车，将该车拦下，迅速控制了车上两名可疑人员胡某、邓某。通过突审，胡某、邓某二人终于交代其伙同王某、王某某绑架李某儿子的事实，并交代出受害人正被另两名嫌疑人挟持在梨树镇与大方县双山镇交界的老归化桥旁一洞内，专案人员在邓某的指引下立即前往，晚11时许，徐国信和随行民警迅速上前，将王某和王某某二人一举抓获，成功解救了人质，一起特大绑架案不到24小时成功告破。

徐梁柱

徐梁柱（1976—1996），1976年8月17日生于今七星关区撒拉溪镇西方村，初中文化，共青团员，1995年12月入伍。生前系武警云南临沧边防支队战士，1996年12月9日在临沧边防支队隧轩荣公安检查站因公牺牲。

高焕玲

高焕玲，女，彝族，贵州毕节县（今七星关区）人，1963年10月16日生于贵州省毕节县，本科学历，中共党员，1984年参加工作。

1984年4月至1985年3月在毕节县工商局工作；1985年3月，调入七星关区人民检察院工作，2000年12月加入中国共产党，后在岗自学获得大学本科学历。2014年，因身体健康状况不佳，辞去七星关区人民检察院民事行政检察科科长职务。

2014年，高焕玲卸任后，并没有颓唐弱志，得过且过，而是心怀大局，协助后进。把民事行政检察科以及刚成立的生态环境保护检察科工作放在首位。积极按照省院、市院的安排部署，牢固树立“抓督促起诉就是促发展”的理念，紧紧把督促起诉专项工作与化解社会矛盾、深入推进社会管理创新、服务经济社会发展稳定有机结合起来，切实履行法律赋予的监督职责，积极探索督促起诉工作的路径和方法，在当时民事行政检察科实际只有二人的情况下，亲力亲为，深入国土、环保、水利、建设、金融、人防、公产管理中心等国有资产管理部门进行走访，宣传检察机关开展督促起诉专项工作的意义和相关法律，让这些机关执法人员充分认识到不认真履行追缴国有资产职责而造成国有资产流失应当承担的法律后果，从而积极配合检察机关开展督促起诉专项工作。经过走访，为督促起诉专项工作的开展打下了坚实的基础，取得了较好的社会效果。督促相关单位起诉63件，案件范围覆盖国土、水利、环保、规划等部门，其中，针对噪音污染问题对环保部门提出2件，针对土地出让金收缴拖欠问题向国土部门提出45件，针对测绘、放线费用拖欠问题向规划部门提出10件，针对水资源费拖欠问题向水利部门提出1件，向区人防办提出督促履行职责的检察建议5件，相关部门共计采纳45件，追缴国有资产7亿余元。

此项工作，得到了当地党委、政府高度肯定，高焕玲也因此项工作的出色表现，获得贵州省检察院授予的个人“二等功”。

“站好最后一班岗，履行好自己的职责”，是高焕玲平凡人生的崇高写照。

高树彬

高树彬（1924—1950），山东省金乡县羊山集高洼村人。1940年参加革命，1945年加入中国共产党，革命烈士。生前为毕节县第五区人民政府副区长。

高树彬出身于农民家庭，幼年丧母，13岁时就接过父亲的书担，走村串寨，以卖书维生。1944年春，羊山集的地主、恶霸在日军的唆使下，组织“还乡团”，与日伪狼狈为奸，四处搜杀农会干部、积极分子。在国家与民族危急的关键时刻，他毅然丢掉书担，参加了由地下党、八路军组织的联防队，站在抗日的战斗行列，并带领联防队员追踪设伏，将日伪县商会会长、“还乡团”团长及三个爪牙除掉，为人民立了大功。

1946年，高树彬调任巨南（今巨野）县棠棣区武委会主任，面对国民党反动派的疯狂进攻，他带领群众展开游击战。1947年春，按照上级“县不离县，区不离区”的号召，带领民兵挖地道，使全区村村相连，户户相通，与国民党的“还乡团”展开殊死斗争。在棠棣区沦陷的一年多时间里，战斗频繁，环境艰苦，但他从没离开这个区，一直坚持到1948年该区获得解放。

1949年2月，他随军南下，途中经受了无数次战役的考验。5月，南下干部接管了江西景德镇，他被任命为乐平县第四区副区长。11月，他拖着负伤未愈的大腿，又踏上西进贵州的征途。毕节解放后，高树彬被分配在第五区人民政府任副区长。1950年4月10日，高树彬带领征粮队前往吉场征粮时，遭土匪伏击，被杀害于燕子口罗家坪，年仅26岁。为纪念高树彬，土匪被平定后，当地农协会为缅怀革命烈士，将他的遗体葬于燕子口区政府后山上，并在高树彬墓前立了碑，碑文为：“忠臣烈士浩气长存，立身为国虽死犹生”。

唐 伟

唐 伟（1978—2014），彝族，贵州毕节县（今七星关区）人，生于1978年11月1日，大专文化。任毕节市公安局七星关分局刑侦大队一中队中队长。由于工作成绩突出，唐伟所在的刑侦一中队被公安部四次授予“全国一级责任区刑警队”荣誉称号。他本人也多次被评为先进工作者，多次荣获嘉奖、荣立个人三等功，2011年被评为全区优秀政法工作者。2013年1月29日，被贵州省公安厅授予个人二等功（黔公奖〔2013〕4号）。

在2011年的“清网行动”工作中，腰椎轻度脱臼的唐伟，多次因劳累过度被送医院，却拒绝医生和亲友要他住院治疗的要求，始终坚持工作，直到“清网行动”最后一天，他仍然忍着剧痛带队到浙江抓获涉嫌故意伤害致人死亡的犯罪嫌疑人穆瑞宁。在“清网行动”中，他为全局追逃工作起到了重大的推动作用。

2012年，“雷霆行动”中，唐伟带领中队昼夜不息，侦破了七星关区陈平等人系列盗窃案、秦保红故意伤害致人死亡案、王虎等人特大绑架案等一批大案、要案和特大案。

5月25日凌晨0时许，梨树镇村民李某报案称：其子李磊于5月24日晚22时许被人叫走后下落不明，一小时后接到陌生人用李磊手机打来的电话，勒索86万元，否则撕票。唐伟迅速赶到队里，不顾连续熬夜加班的疲劳，立即展开大量排查。排查中，唐伟发现李磊的朋友王虎有重大嫌疑，并判断王可能将受害人带到他家附近藏匿，便连夜带队潜入鸭池镇偏僻的石桥村附近秘密调查搜索。不久，在一个人迹罕至的山洞附近发现烟头、吃剩的八宝粥、新鲜脚印和车轮印。唐伟迅速意识到，这极有可能是绑匪及受害人留下的，并判断作案人员是3人以上。在赶往大方县文阁乡查找线索的途中，专案组的车与一辆载四五名年轻人的车相向而过，唐伟忽然发现这辆车车号十分模糊。小小疑点引起高度警觉，唐伟立即指挥对该车进行堵截，同时调头追击，上演了一场激烈的警追匪大战。经过数十分钟的追逐，终于强行将可疑车成功拦下依法盘查。这时细心的唐伟发现两名可疑人员的手机上有向受害人家属要钱时使用的电话号码，同时车上还有疑似作案工具。唐伟认定二人与此案有关，立即组织侦查员将二人就地突审。在强大的压力之下，一名叫邓均元的嫌疑人交代了其与胡亮、王虎、王显林绑架李磊的犯罪事实，同时交代了人质李磊由王虎和王显林控制并看押在老贵毕路归化桥附近一山洞内。案情取得突破性进展，在专案组组长曾丽华的统一指挥下，由唐伟带队关掉车灯，摸黑开车到藏匿人质的山洞对面，披荆斩棘数小时后，以迅雷不及掩耳之势成功解救出人质，抓获了看押人质的两名绑匪，此案圆满告破。

2012年，他带领全队民警共打击处理犯罪嫌疑人221人（逮捕），破获刑事案件662起，建情报资料卡463余份，处理非正常死亡15起，帮助找回失踪人员29人，成功化解有可能酿成群体性事件的案件事件7件，并规劝、抓获网上逃犯4名，为“清网行动”工作做出了巨大贡献。

身为一名刑警，唐伟一次次攻难克险，破获了一大批大案、要案、疑难案件，严惩了犯罪，保护了群众，维护了社会的安宁和谐。在领导心中，他是破案能手；在同事心中，他是业务标兵；在群众心中，他是一个守护神。他努力把自己塑造成综合性的复合型人才，塑造了一名人民警察的光辉形象。

2014年唐伟因过度劳累，倒在工作岗位上，年仅36岁。

唐 勇

唐勇，贵州省毕节县（今七星关区）人。1969年出生在毕节县清水铺区，1991年入伍。

唐勇1991年12月至1996年12月在云南省大理市35107部队服役；服役期间，先后担任战士、班长、代理排长等。在历次执行任务中，他带领全班、全排认真完成各级首长交给的抢险救灾、国防施工、军事演练、战备训练等各项工作任务。由于军事过硬，作风优良，政治思想素质好，工作表现突出，成绩显著，先后受到各级嘉奖。1994年12月被评为“优秀士兵”；1995年8月被评为“合成专业特等射手”；1995年12月被评为“优秀士兵”，同年，荣立三等功一次，二等功一次；1996年1月被十四集团军评为“优秀士兵标兵”，记三等功一次。

唐勇1997年7月退伍安置在原毕节市粮食局下属单位清水粮站工作；1998年12月调到清水铺镇水利站工作；2002年6月至2004年6月任清水铺镇计生办副主任主持工作；2004年6月至2004年12月任清水铺镇农业服务中心主任；2004年12月至2005年11月在毕节市团结乡人武部工作；2005年11月至2008年6月在清水铺镇人武部工作，任武装干事兼纪委副书记；2008年6月至2011年11月在清水铺镇人武部工作，任党委委员、武装部部长；2011年11月至2012年8月，在七星关区清水铺镇任党委委员、武装部部长、副镇长。2012年8月至2014年1月任毕节市减灾中心副主任。2014年1月至2015年9月任毕节市减灾中心主任。2015年9月，任毕节市军队离退休干部服务管理中心主任。

唐振文

唐振文（1927—2014），贵州毕节县（今七星关区）人，1927年4月出生于毕节县城铁匠街。二等功臣。

1942年秋，唐振文毕业于毕节一小。抗日战争爆发，大批仁人志士从华北、华中、华东涌向大西南。一小教音乐的孔老师就是一位主战的进步人士，他教学生们许多抗日救亡歌曲。那些激动人心的歌词，把少年娃娃们唱得热泪滚滚，心潮澎湃，加上四面八方流亡来毕节的难民对日寇声声血、字字泪的控诉，15岁的唐振文对日本帝国主义的民族仇恨与日俱增，日益强烈。适逢新组建的抗日部队“通讯三团”来毕节招收学兵，为了实现抗日夙愿，他不顾父母反对和亲友苦劝，毅然决然参加了抗日救亡队伍。

“通讯三团”教导大队是为了配合友军，远征印、缅，抗击倭寇而组建的。唐振文他们在贵阳集训了三个月，就开往昆明。

由于迂回缅甸的道路被截断，美国盟军只好派飞机到昆明运载中国远征军去印度。唐振文他们从印度东木东码（又名汀江）下飞机，先坐火车，然后换乘轮船，再上火车，历时几天才到达位于印度腹地的榔木枷军事基地。

唐振文在榔木枷基地，开始在通讯连学发报，后来调去喂骡马，当马夫、当炮兵，又到野战医院干医务工作。

在医院里，唐振文是文体娱乐活动的积极分子。业余时间，他们就组织篮球、乒乓球赛，有时还和美、英、印军进行文体友谊赛；他还把美、英、印、中国画报集中在一个帐篷，办起了战时阅览室，让伤兵有个可以坐着看书报的地方。院长、主任对此十分满意和赞赏。

由于战局紧张，来的伤病员较多，伤病情较重。这些中国士兵为了抗击日寇，在战场上负伤或生病，转到唐振文所在的医院，自然享受到特殊的优待。

为了适应战争的需要，远征军医院奉命越过东木冬码，向飞机场靠拢，转移到缅北的第三营地，接收刚下飞机的伤病员。唐振文的工作，是在登记室，负责分配病房物资和保管伤病员的衣物。这时美军给医院赠送了一台用于消毒的压力蒸汽机，同时来了一名美军中士传授使用方法，院长决定由唐振文来学习使用这台蒸汽机。美军来赠机的少校军官同意中士留下教他三天。他们两个军人，彼此都不懂对方语言，全靠比比画画的具体操作来教、学。唐振文认真学习和理解机器原理、开关程序、注意事项、仪表温度、操作要求，等等。一教一学，不厌其烦。到了第二天，中士回美军医院就没有再来。唐振文请院长打电话给美军少校，对方说：“你们那位小唐学得很快，据中士讲，他已能单独操作了。”院长对唐振文说：“人家说你会操作了，不来教了。”这样，他只好壮着胆子操作。第一次，由于炉子余油多了，唐振文用一根竹竿远距离点火，“轰”的一声，整个机子都跳了起来。好在他早有准备，立即降温，一次开机成功。围观的战友们鼓掌祝贺，院长还给予他热情的表扬。从此，唐振文除登记保管伤病员衣物外，又担任了消毒敷料、药品、器具的工作。

1944年，唐振文被调到新六军军医处，任材料员回国驻芷江。除了负责军部直属的几百人门诊的日常药剂司药外，还要负责全军的药品器械领回分发任务。1945年7月，他刚满18岁，就被任命为四等佐司药代一等佐职。

作为一个军人，能看到自己参加的战争取得胜利，是多么的自豪、欣慰、快乐呀！8月15日，日本宣布无条件投降。不久，医院随同新六军开赴南京，接受日本帝国主义的投降。从15岁到印度，参加抗日行列到抗日战争胜利，是唐振文从少年走向青年的时期，也是他为祖国、为人民奋战的三年。

1946年，蒋介石发动内战，企图消灭中国共产党及其武装力量。唐振文所在部队调往东北，加入杜聿明部。在辽沈战役中，该部队举行起义，被改编入中国人民解放军第四野战军。在辽沈战役、平津战役及南下各战役中，唐振文在医院一直为救护伤病员工作着，被第四野战军记二等功一次、各类战功十余次。1951年，海南岛解放后，唐振文复员退伍回到毕节，被安置在毕节县供销社任会计。1992年，唐振文退休。

2014年9月，唐振文病逝在毕节城区威宁路家中，享年87岁。

陶树清

陶树清（1913—1936），贵州都匀县麻河人，革命烈士。16岁参加黔军，后在国民党暂编5旅2团3营任中尉连副。1936年5月率部起义，随后任“贵州抗日救国军第三支队”“中国工农红军川滇黔边区抗日先遣队”副司令员。革命烈士。

1936年3月，国民党中央军暂编五旅开到毕节，堵截红二、六军团、“围剿”川滇黔边区红军游击纵队时，陶树清随军到毕节，与曾在黔军共过事的阮俊臣（抗日救国军三支队队长）、毛厚平交往甚密。通过阮的关系，认识了红二、六军团派在阮部任政委的欧阳崇庭。陶树清为人正直，素有爱国之心，在士兵中有一定威望。在阮、欧的启发下，他接受了共产党的主张，愿意组织士兵起义，弃暗投明，参加红军抗日救国。

陶树清按与欧阳崇庭、阮俊臣事先商定的行动计划，趁旅长柳际民、副旅长皮光泽去贵阳之机，在欧阳崇庭的接应下，于1936年5月10日清晨率部起义，当场击毙反对起义的营、连长，没收城内一些商店的财物作军需，前往县属杨家湾与“贵州抗日救国军第三支队”会合。蒋介石得知陶率部起义后十分恼怒，电令中央军、地方民团“追剿”，扬言要“打尽杀绝陶树清及叛军”，并四处围剿。

起义部队同阮部一起从杨家湾向镇雄开进，敌军以优势兵力追击，阮、陶率部转战1个月后才与红军游击纵队会合，编为“中国工农红军川滇黔边区抗日先遣队”，阮俊臣任司令员、陶树清任副司令员、刘复初任政委，辖三个支队。“抗日先遣队”在川滇黔边区的毕节、大定、黔西、镇雄、威信、叙永等地积极开展革命活动，书写标语口号，宣传党的抗日主张，扩大党和红军的影响。为此，国民党当局大为震惊，蒋介石连续四次急电，令刘湘、龙云、柳际明和贵州部队“严行清剿，七月内彻底肃清”。于是，国民党调集了十几个团的兵力，在六、七月间发动了大规模的“三省会剿”。在敌情紧急的情况下，陶树清向特委（党委）提出三条建议：“一、加强秘密活动，缩小目标便于休整；二、对起义士兵和绿林武装要耐心教育改造，加强团结；三、开辟新游击区。”特委不仅没有采纳他的正确意见，反而认为是“动机不纯”，决定甩掉陶、阮统领的第一、二支队。1936年7月4日，部队转移到杨家湾放猪场，次日天未亮，第三支队在特委的领导下悄然离去。由于敌军的“联剿”追击，陶、阮率部转移到镇雄、威信、毕节等县境，与敌周旋，浴血奋战。

1936年8月上旬，部队几经转移，在处境相当困难的情况下，被迫兵分两路撤退。陶部退至威信小溪时，兵员大减，四处分散。镇雄独立营闻讯追来，陶树清终因寡不敌众，于9月3日在顺河不幸被俘。敌人残酷地用铁丝穿过他的锁甲骨，用车拉紧牵着，他被五花大绑押送到毕节县监狱。在狱中，他受尽折磨，坚贞不屈，与敌人进行顽强的斗争。1936年10月初，敌人对陶树清下毒手了，他被戴上脚镣，插上斩条，游街示众。面对敌人血淋淋的屠刀，他大义凛然，视死如归。在押送刑场的途中，他昂首挺胸，慷慨陈词，怒斥国民党反动派反共卖国的罪行，宣传共产党的抗日主张，把敌人的刑场变成揭露反动派的战场。在他壮烈牺牲，时年23岁。临刑前，刽子手要他跪下用刀斩首，他坚决不从，并进行面对面的斗争，敌人只好答应，不用刀砍而用枪打。当他盘膝而坐的一瞬间，惨无人道的敌人仍用屠刀砍下他的头，壮烈牺牲，时年23岁。

1986年，贵州省人民政府追认陶树清为革命烈士，立墓于毕节烈士陵园。

十一画

黄卫平

黄卫平（1958—1992），女，高中文化，1975年参加工作，小教一级教师。

她1958年生于毕节县一个普通工人家庭，1976年在毕节六小任教，1992年因抢救学生英勇牺牲，年仅34岁。

1992年4月4日9时许，毕节六小组织近千名师生前往毕节烈士陵园扫墓，当扫墓队伍行至倒天河响水滩时，一辆满载沙石的盘式拖拉机因刹车拉杆失灵，突然从坡上向队伍猛冲下来。在这千钧一发的危急关头，黄卫平不顾个人安危挺身而出，一边大声向学生疾呼“快让开！、快让开”，一边奋力组织学生疏散，大部分学生成功爬上路边土堆避险，但有一个学生当时被突如其来的状况吓得呆呆地站着，这时黄卫平急忙上去将他推上了土坡。但黄卫平却被拖拉机重重地撞倒在公路坎上，她献出了年轻而宝贵的生命。

为弘扬和表彰黄卫平的英勇事迹，2000年贵州省人民政府追认黄卫平为革命烈士，民政部2001年追认其为革命烈士。她2013年被安葬在毕节烈士陵园。

黄高俊

黄高俊（1957—1979），贵州省毕节县（今七星关区）人，1957年生于毕节，革命烈士。

由于家境不太好，父母亲把点点滴滴的爱都倾注在黄高俊的身上，即使身体有恙，也是采取硬撑的办法，尽心尽力抚养黄高俊。1959年腊月26日，春节将至，家家都在忙于过年事宜，不幸却偏偏落到了黄高俊家，父亲黄明礼染病不治而亡。在邻居的帮助下，其父入土为安。为了生计，母亲把年仅3岁的小高俊托付给二叔黄明发后，离家出走，不久在外地另嫁他人。从此，黄高俊便与二叔相依为命，其在二叔的精心呵护下慢慢长大。二叔把他送进了学校读书，直到初中毕业。

1977年1月，年近20岁的黄高俊积极响应党和政府的号召，报名参军，应征入伍，在十一军三十一师九十一团当上了解放军。在连队里，他抓住这难得的机会，认真学习《毛泽东选集》及军事理论著作，学习党的路线、方针、政策，思想政治素质得到了较大的提高。工作中虚心向老战士请教，积极进取，兢兢业业，带病坚持工作，出色完成领导交给的各项任务。他遵守部队纪律，主动帮助战友克服工作上遇到的困难，吃苦耐劳，严格要求自己，练就了过硬的技术和本领，深得首长和战友们的赞誉。

1979年，他和战友们参加了中越边境自卫反击战。在攻打二十三号高地时，连长命令他所在的排负责切断敌人退路。由于战事吃紧，后勤粮食没能及时跟上，连续两天粒米未进的黄高俊冲锋在前，带领战友们战斗在一线，他一人击毙、击伤敌人数名。3月6日，部队继续向前挺进，攻打一四九号高地时，连队命令二排占领左侧的无名高地。他率先冲向敌人阵营，机灵地向敌人的战壕靠拢，将几颗手榴弹绑在一起炸毁了敌人的战壕，炸得敌人血肉横飞，几挺重机枪变成了哑巴，为部队的前进扫清了障碍，他和战友们迅速占领了无名高地。在搜剿残敌时，黄高俊不幸头部中弹，壮烈牺牲，年仅22岁。中国人民解放军总政治部根据他平时和战场上的突出表现，追认他为中共正式党员、二等功臣，批准为革命烈士。

康海平

康海平，四川省叙永县城关区人，革命烈士。

1932年，康海平随阮俊臣参加黔军。其后，阮俊臣和中共古宋特支书记刘斯贞结为生死兄弟，受刘的影响，阮俊臣从黔军拉出队伍另组反蒋武装。1936年2月，中共贵州省工委委员邓止戈率阮俊臣部与红二、六军团会师，在红军的领导下，阮部与国民党暂编五旅驻毕节连副陶树清沟通，率部与阮合编。康海平与黄于龙同属阮部下属，一同组建贵州游击队，负责后勤联络工作，常活动于毕节林口、对坡、清水、黄塘梁子，云南镇雄母享、水田寨，四川叙永石箱子、赤水河一带，与红军留下人员和川南地下党组织的游击队联络。

1937年，在党组织的领导下，针对游击队来自穷苦人民和绿林武装成分多的问题，协助阮俊臣，加强政治教育，注重军纪整顿，明确革命方向，要求战士不拿群众一针一线，不准欺男霸女等。在严格的军事纪律管教之下，游击队走到哪里，都得到群众的支持。在部队所驻的村寨，帮人民背煤、拾柴、挑水、干农活。部队与人民结下深厚的情谊，打起仗来，老百姓掩护部队，帮助转移，使之战胜敌人。

1938年6月，他与中共毕节县工委取得联系，要求县工委支持其工作。在党中央团结抗日的旗帜下，他凭着对中国共产党的赤诚之心，加强部队建设，宣传中国共产党的抗日主张，帮助发展游击区的农业生产，等待部队外出活动的阮司令到来，组织武装反蒋。是年8月，阮俊臣从贵阳来毕与康海平联系时，队伍仍然存在，而且发展壮大。康海平、黄于龙执掌的队伍，编为一个大队，由黄于龙任大队长。在阮俊臣、赵文海的领导下，同毕节保安二团、四团打了很多恶仗。在云、贵、川三省结合部，沉重地打击了国民党顽固派，保持了革命气节。1941年，康海平所领导的革命队伍，最后虽在国民党发动的第二次反共高潮中失败，他也英勇牺牲，但在人民群众的心中，却永远留下红色记忆，并名垂史册。云南省昭通地区在烈士陵园为其修建公墓，作为永恒的纪念。

十二画

韩　磊

韩磊（字书崖），贵州省毕节县（今七星关区）人，于1986年9月出生在贵州省毕节县大屯乡，2005年12月入伍参加革命工作。大学本科文化，中共党员，二等功臣。

韩磊于2005年12月入伍，在中国人民解放军沈阳军区65355部队参加革命工作，2009年3月加入中国共产党，2008年9月至2013年6月先后在中国人民解放军南京陆军指挥学院、石家庄机械步兵学院入学深造。2014年4月转业（退伍），同年9月进入贵州省毕节市七星关区人民武装部工作。

韩磊入伍参加革命工作以来，始终保持积极的政治进取精神，刻苦勤学、爱军精武，先后在《解放军报》《国防报》《贵州日报》、全军政工网等新闻媒体发表各类文章100余篇；2006年至2009年先后被中国人民解放军65355部队（团）评为“优秀士兵”“学雷锋先进个人”“优秀新闻报道员”“2008奥运安保先进个人”；2010年被中国人民解放军65352部队（师）树为“优秀共产党员标兵”“优秀士官标兵”典型，荣立二等功一次；2011年被中国人民解放军陆军16集团军树为“爱军精武标兵”典型，荣立二等功一次；同年6月，荣获全军“士官优秀人才奖”三等奖。2015年4月参加贵州省军区装备骨干业务集训，被评为“优秀学员”。

葛传近

葛传近（1957—1979），贵州省毕节县（今七星关区）人，1957年生于毕节县朱昌区宋伍公社宋伍大队班竹林生产队（今朱昌镇）。革命烈士。

1964年9月至1965年在宋伍小学读一年级，天生好学，聪明勤奋，深得老师的喜爱。因家庭困难，第二年便辍学在家参加集体农活，1979年元月应征入伍，在中国人民解放军步兵第九十一团八二无座炮连当战士，后任副班长，1979年3月6日在中越边境自卫反击战中，他积极协助班长指挥战斗，不怕艰苦、不怕牺牲，以身作则，冲锋在前，亲自摧毁敌一个火力点，有效地支援步兵战斗，在与步兵联系抢救伤员时光荣牺牲，年仅22岁。同年4月9日，追记个人二等功，追认为中国共产党党员、革命烈士。

曾丽华

曾丽华，贵州毕节县（今七星关区）人，1963年3月出生，1982年7月参加工作，毕节市公安局七星关分局党委委员、刑侦大队大队长。中共党员，大专文化，二级警督，二等功臣。

曾丽华自担任七星关区公安分局刑侦大队大队长以来，身体力行，率先垂范，抓班子，带队伍，使队伍整体协作力、战斗力不断提高。由于工作成绩突出，他先后荣立个人二等功1次，荣立个人三等功4次，多次获得上级嘉奖，刑侦一中队被命名为全国一级刑警中队，刑侦二中队被命名为全省二级刑警中队，刑事技术室被命名为全国一级示范技术室，警犬中队被命名为一级警犬中队。

2013年在组织侦破“3・15”省厅督办特大抢劫案过程中，曾丽华身先士卒，既是指挥员，又是战斗员，带领专案组民警冲在最前面，通宵达旦地研究案情，通过信息研判，在案发第二天便锁定了犯罪嫌疑人的真实身份，继而一举将两个犯罪嫌疑人抓获归案，追缴赃款、赃物共计40余万元。公安部部长助理李伟作出批示：“此案破得好，总结经验，固化做法。”省公安厅要求对“3・15”特大抢劫案的侦破过程提炼做法，总结上报。市委常委、市政法委书记周全富亲自向曾丽华发来短信以示祝贺。

2013年3月16日11时15分左右，七星关市民张秀云（女，43岁）到毕节市公安局七星关分局刑侦大队报案称：其于2013年3月15日晚21时许，在麻园路“怡景池”洗浴中心附近，搭乘一辆自认为是非法营运的黑色轿车回家。途中，被车上的三名年轻男子用持刀威胁、捆绑等暴力手段实施抢劫，抢走现金3000余元，钻戒一只（价值20余万元）、手机一部（价值6000余元）、欧米茄牌手表一块（价值8万元）、银行卡一张，并逼迫其说出银行卡密码，取走卡上现金4万元，在七星关区三家珠宝店刷卡购买价值50余万元的珠宝首饰，共计损失90余万元。

案发当晚，曾丽华便迅速调集刑侦大队精干警力召开案情分析会，区局并成立了以吴安宁书记为组长，曾丽华为副组长，刑侦大队20余名民警为成员的专案组，全力对“3・15”特大抢劫案展开侦破。

3月16日凌晨6时许，整夜未眠的曾丽华组织专案组民警，运用“汽车租赁管理系统”查询近期类似三起抢劫案案发前后3天出租的车辆信息。通过对全市所有抢劫类案件进行梳理，并结合该案嫌疑人的特征、作案交通工具、作案手段等特点，专案组民警发现，正在侦办中的3月7日上午9时许受害人韩梅在三板桥体育场外搭乘一辆跑黑出租的面包车被抢劫案和3月5日凌晨1时许张霞从七星关区郭家湾行至五龙桥与拥军路交界处村镇发展银行门口处时，3名男子从一辆面包车上下来实施抢劫的案件，在作案手法、行走路线及作案人数、体貌特征方面极为相似，初步认定3起案件系同一伙人所为，将该3起抢劫案并案侦查。

各工作小组收集的情况迅速汇集到曾丽华的案头。在认真审阅相关调查情况后，曾丽华又带领民警上门找到受害人张秀云。根据张秀云的描述，凭借着几十年积累下来的侦察经验，曾丽华综合分析认为纳雍县人作案的可能性比较大。

专案组民警通过对顺宏汽车租赁行的贵FB3156的黑色比亚迪轿车进行历史轨迹查询，发现贵FB3156的活动轨迹与“3・15”特大抢劫案中受害人叙述的发案路段、行车路线、案情发展时间完全吻合。还进一步发现，2013年3月11日发生在六盘水市钟山区凤凰新区铁路小区的彭某某被抢劫案的案发时间与贵FB3156的活动轨迹吻合，且作案手段、作案人数与七星关区的几起抢劫案完全相似。据此，可以确定租车人吴勇是“3・15”特大抢劫案和发生在七星关区、六盘水市的这几起驾驶车辆实施抢劫案的重大嫌疑人。通过进一步排查，专案组发现，家住纳雍县维新镇的徐浩程与吴勇活动轨迹完全一致，专案组立即调取吴勇和徐浩程的相片，让受害人辨认，确定吴勇与徐浩程就是参与驾车抢劫的犯罪嫌疑人。

确定了犯罪嫌疑人的真实身份后，曾丽华迅速组织专案组民警对吴勇、徐浩程二人实施抓捕。而吴勇、徐浩程与另一个不明身份的男子已逃窜至云南省曲靖市陆良县。曾丽华连夜带领抓捕组赶赴曲靖市，狡猾的犯罪嫌疑人在专案组民警到达陆良县之前，便驾车向贵州省六盘水市方向逃窜。得到此情报后，专案组民警又马不停蹄地驱车赶赴六盘水市方向进行追捕，但狡猾的三人又连夜从六盘水市驾车回到了毕节市纳雍县。为了不打草惊蛇，曾丽华决定追捕人员先暂时撤回七星关区，重新调整抓捕思路，再伺机对吴勇、徐浩程实施抓捕。2013年3月22日专案组获悉，吴勇驾驶一辆五菱面包车正往毕节市七星关区方向行驶，得知这一线索后，曾丽华立即将专案组分成两路抓捕组，一组由教导员王扬波带队再次赶赴云南陆良县，一组由自己亲自带队赶到七星关区朱昌路口设伏，伺机抓捕吴勇。当日15时许，吴勇如期而至，被曾丽华带队的专案组民警当场抓获。另一组抓捕组于次日下午在云南省陆良县一网吧内将犯罪嫌疑人徐浩程抓获归案，追回赃物、赃款共40余万元。

经审讯，在铁证面前，犯罪嫌疑人吴勇、徐浩程对与同伙石远茂（在逃）在七星关区和六盘水市钟山区多次驾车实施抢劫的犯罪事实供认不讳，至此，震惊七星关山城的特大系列抢劫案成功告破。

除此之外，他还带领民警相继侦破了“邱木庚组织、领导、参加黑社会性质案”“1・21”李大江、李红抢劫杀人焚尸案“2・04”邵继平杀人抛尸案，杨胜军、杨华军等人流窜二省三地特大撬盗保险柜系列案等在社会上影响很大的重、特大案件。

曾宪于

曾宪于（1926—1950），贵州毕节县（今七星关区）人。1926年7月11日出生于毕节县小吉场永兴村曾家院，1942年参加革命。中专文化，革命烈士。

曾宪于1942年毕业于毕节师范学校，同年经过毕节地下党组织推荐到省干训团培训。1944年返回毕节，担任毕节县鸭池乡地下党组织建设指导员。一年后，由毕节地下党组织安排，到小吉场镇大吉乡中心校任校长。为了迎接西南解放，1947年曾宪于正处在新婚燕尔中，他舍小家顾大家，忍着和家人分别的痛苦，按照组织安排，赴云南省镇雄县参加中国共产党领导的发展地方游击队的工作，并参加了解放镇雄的历次战斗，直到全国解放才回到家乡和家人相聚。

全国解放后，曾宪于回到毕节，先在毕节县刘家祠堂学习建设各级政权知识。1950年根据组织安排，到毕节县燕子口区参加“五大任务”工作。此时，由于解放大军下川参加成都会战，毕节国民党残匪和地主武装伺机反扑。燕子口龙洞乡被土匪攻击，曾宪于奉命带几名区武工队队员前住龙洞剿匪。曾宪于等英勇奋战，土匪大队伍被击溃，顺河逃至张家寨，占领了加戛大硐。敌人凭借居高临下、崖壁险峻的有利地形，拼命向武工队射击。曾宪于冲锋在前，毫不退缩，表现了大无畏的精神。同年腊月中旬，在龙洞张家寨剿匪战斗中英勇牺牲，时年24岁。

曾宪于牺牲后，组织上考虑到燕子口是他战斗过的地方，为了让后人铭记他的丰功伟绩，决定将他葬于燕子口街后山上。匪患平息后，人民政府为曾宪于修建了烈士陵墓。至今，曾宪于烈士墓，仍然在毕节市七星关区燕子口镇镇政府后面山上，一直受到人民大众的纪念和瞻仰。

谢友开

谢友开，贵州毕节县（今七星关区）人，于1933年3月出生在今七星关区青场镇大山村半沟组。文盲，中共党员，抗美援朝二等功臣。

谢友开出生在青场一个贫农家庭，小时靠帮人维生。1948年，谢友开参加滇黔地下党组织的迎接解放游击队，后转入中国人民解放军，在云南镇雄县和贵州毕节县参加剿匪战斗。剿匪胜利结束后，1952年年初，他随部队开到华北训练。是年参加中国人民志愿军入朝作战。当时，朝鲜战场正是最激烈的时候。中国人民志愿军和朝鲜人民军并肩作战，将战线推向了南方，攻下汉城，由于金日成解放全国心切，不顾后勤保障跟不上的实际，一个劲儿将战场全面铺开，使美帝国主义有机可乘。敌人拼死反扑，志愿军和人民军后勤保障跟不上，被迫后撤。美军以为中、朝军队败退，又越过南北朝鲜分界线，占领了马粮山、上甘岭一带。谢友开部队开始参与马粮山战役。后我志愿军奉命在上甘岭死守，谢友开所在部队调到上甘岭阵地，参与坚守上甘岭的战斗，长达一个月。美军为了拿下上甘岭，进而直驱北上，把志愿军和金日成军民一起赶出朝鲜，拼命向上甘岭进攻，狂轰滥炸，将上甘岭削去三米多。谢友开和战友们白天钻进坑道，夜间向美军发动袭击，打得敌人晕头转向，不知所措。阻滞了疯狂的美军北上的进攻，为志愿军大举反攻赢得了时间。在整个上甘岭战斗中，谢友开英勇顽强，不怕流血牺牲，数次出生入死，多次负伤，一直坚持参与袭击美军拖住、美军的作战任务。在坑道里无水喝，喝过自己的尿；遇到美军投掷的毒气弹，中毒昏迷过；参加大反攻，打败了美国侵略者。上甘岭一役，使美军不得不坐下来谈判和签署停战协议。战后，谢友开荣获抗美援朝功勋章，记二等功一次。之后又参加了平康反击战役等。

1955年，谢友开回国治疗，伤愈后因家中老母亲重病无人照料，向组织申请退伍回家照顾重病老母亲。1957年，上级批准谢友开复员回家。

几十年来，谢友开一直默默地在家乡务农，从不向党和政府提任何要求。他说：“想想牺牲在异国他乡的那些战友，我能活到今天就知足了。”

谢国华

谢国华（1955—1984），贵州省毕节县（今七星关区）人，彝族，1955年生于毕节县林口区海戛乡一个贫苦农民家庭，战斗英雄、革命烈士。

谢国华早年丧父，6岁随母至镇雄坡头继父家生活。1976年，应征入伍，在中国人民解放军14军41师122团1营2连当战士，不久提任班长，参加对越自卫反击战。战前，他在包着10元人民币的手帕上写道：“如果我牺牲了，这钱就是我交的第一次党费。”

1979年2月17日对越自卫反击战打响，谢国华所在2连犹如尖刀直插敌军1187高地。途中遭

4名敌军阻击，他亲手击毙3名敌军，跟随战友歼灭1名。这时，盘踞在748高地的敌军居高临下，向部队疯狂扫射，妄图封锁进攻道路。他冲到敌人高地下歼敌7名，为部队前进扫清了障碍。18日下午，他又带领六班战士攻打敌7号高地，手臂负伤，鲜血直流，仍勇往直前。连长要其退出阵地，他始终坚持战斗，旋即右腿又负伤，他不顾伤痛，连续扔出3枚手榴弹，不幸右胸和大腿又先后负伤。当多名战友为其包扎伤口时，谢国华说“不要管我，快向连长报告”，仍带领一班人用火力顶住敌人，连长率队赶来，集中火力，消灭残敌71名。战斗结束后，谢国华被送往医院治疗。昆明军区授予他“战斗英雄”称号。在授勋大会上，司令员杨得志、政委谢振华给谢国华佩戴英雄勋章。1979年6月，谢国华光荣地加入中国共产党，提升为排长。伤愈后，应邀到其他部队和地方单位作报告，讲述战斗经历。他在自己的日记本上写道：“荣誉是人民给的，我要把获得的荣誉作动力，为祖国、为人民战斗不息。”1982年，部队批准他24天探亲假，他只在家12天就提前归队。由于天天出勤，带病苦干，连续两年被评为优秀党员和精神文明建设先进个人，先后出席师、军以及军区召开的党代会和精神文明先进分子代表大会。1983年升任副连长，谢国华认识到自己担子重了，更需要文化知识，于是就刻苦自学，在短短时间内读完初中课程，经考试合格，获得了初中毕业证书，《国防战士报》报道了谢国华刻苦学习的事迹，赞誉他“打仗是英雄，学习是模范”。

1984年年初，敌军又向老山、者阴山地区大举进犯，他主动放弃伤残干部可优先转业、安置照顾的机会，毅然申请投入还击敌军的战斗。4月23日，他临上战场时给妈妈写了一封信说：“我一旦牺牲，政府会妥善安排照顾你们的，不可提出半点额外要求。”战斗开始，他所在2连奉命攻打敌军核心阵地。5月15日凌晨，他带尖刀排冲锋在前，一下子冲破了敌人密集火力封锁线。他率战士跳跃猛冲，离主峰20米时，被铁丝网阻碍，他当机立断，接过炸药包滚到铁丝网下，炸开一个缺口，战士们飞快穿越铁丝网向主峰逼近。当尖刀排冲到距顶峰不到10米时，敌人的一发炮弹突然落在谢国华身旁爆炸，他当场壮烈牺牲。战友们义愤填膺，向敌人发起猛烈攻击，仅10分钟就占领了高地，毙敌36名，俘敌1名。战斗结束后，《国防战士报》报道了谢国华及其连队的英雄事迹，发表了《洒泪祭雄杰》的社论。部队给谢国华追记一等功，誉为“乌蒙雄鹰”“彝家雄鹰”。1984年，镇雄县人民政府向谢国华烈士的父母赠送“英雄之家”的匾额。谢国华牺牲时年仅29岁，他把年轻宝贵的生命献给保家卫国的伟大事业。

十三画

靳再坤

靳再坤，贵州毕节县（今七星关区）人。生于1925年农历六月十六日，家住贵州省毕节县龙场营卧牛河上街。志愿军特等功臣。

时光如流水，生活似逆水行舟。每每遇到难以越过的障碍，每每陷入静夜独愁的困境，靳再坤就越发地思念他的父母亲。几十年的光阴匆匆而过，靳再坤记忆中最深刻的是在年幼时父亲因一场大病与世长辞。犹如晴天霹雳，泰山压顶，他幼小的心灵留下了深深的烙印。那时，兵荒马乱，战火纷飞，民不聊生，世道沧桑，自己更是命运多舛，孤苦伶仃。到十多岁的时候，为了躲避国民党反动派抓壮丁，到处东躲西藏，整天人心惶惶，彻夜不安。有时山洞就是家，野草树叶就是食。熬啊！熬啊！始终熬不出那个世道。1948年秋天还是被国民党抓了壮丁。

1949年10月，靳再坤在广东省增城县参加了中国人民解放军，光荣地成为中南军区兼第四野战军三九二团三营十一连的一名战士。他当时的高兴劲儿无法用语言形容。心想：我作为中国人民解放军一员，一定要为全中国的解放事业贡献自己的一切，为劳苦大众能当家做主抛头颅洒热血。靳再坤始终以党和国家的利益为重，牢固树立为国献身的思想，在军事训练中苦练杀敌本领，在业务学习中刻苦努力，因而他在政治上、思想上表现突出，时刻听从上级领导的指挥，义不容辞地服从命令。

1950年，在万山群岛战斗中，身为副班长的靳再坤，以大无畏的英雄气概，冲锋在前，勇敢战斗，不怕牺牲，登上了担干岛，攻破了敌人占领的高地，击毙敌人数名，只身进入敌方碉堡俘获敌人7名。万山群岛战役胜利后，一次，上山打柴时，在岩洞内用柴刀俘获一名匪营长，并缴获冲锋枪一支，手枪一支。在顽强与敌人搏斗中，靳再坤胸部被敌人弹片击中受伤，手指被敌人弄断一个。回到部队后，由于靳再坤杀敌英勇，战功显赫，中南军区兼第四野战军，给他荣记特等功，颁发了立功证明书和纪念勋章。

1951年，中国人民解放军奔赴朝鲜战场，靳再坤雄赳赳气昂昂跨过鸭绿江，作为“最可爱的人”中国人民志愿军中的一员，参加了朝鲜战争的历次战役。

1954年11月，靳再坤退伍回家。他虽然退伍，但始终坚持思想作风不退，部队精神不变，兢兢业业、踏踏实实从事农业生产劳动。1958年担任大队民兵连长，带领人民群众深翻土地，搞好农业生产建设，时刻不忘自己是一名民兵干部，时刻保持民兵形象，严格要求自己，对工作认真负责，保持军人风风火火的形象。靳再坤的弟弟靳再权也是一名优秀的民兵，受靳再坤的影响，1959年，为保卫祖国和平，积极参军服役，当上了一名解放军战士。

湘黔铁路建设是1970年8月在毛泽东主席“三线建设要抓紧”“备战备荒为人民”的号召下，根据国务院、中央军委《关于湘黔、枝柳铁路建设会议纪要》的批示开展的一次军民联合大会战。1971年，靳再坤参加湘黔铁路大会战，任毕节县民兵团三连二排排长。他带领全排在条件十分艰苦的工作环境下，顶烈日、冒寒暑、战风雪、斗恶雨，硬是以昂扬的斗志、奋进的作风、朴实的干劲历时近两年，完成了党和人民交给的任务，为共和国建设贡献了绵薄之力。因工作务实、成绩显著，他多次获组织的奖励。

路　明

路明，贵州省毕节县（今七星关区）人。1980年2月生，中共党员，大专学历，二等功臣。

路明于2004年12月参加工作。先后担任毕节市公安局七星关分局杨家湾派出所教导员、禁毒大队打击外流贩毒中队中队长。多年的公安生涯使路明积累了丰富的侦查破案经验，他在打击违法犯罪特别是大、要案件的侦破过程中，屡立战功，先后荣立个人三等功两次，荣获“优秀公务员”称号四次、“优秀共产党员”称号三次，多次被市、区公安机关嘉奖。因2012年在侦破“12·13”毒品大案中有功，2015年被贵州省公安厅授予个人二等功（黔公奖〔2015〕44号）。

“12·13”特大贩毒案的侦破线索，来源于路明带领的外流贩毒中队。2012年6月，路明带领本中队民警赴林口、生机沿线乡镇办理外流贩毒案件时，发现毕节市七星关区林口镇林前村村民唐军舰无正当职业，长期沉迷于赌博却家境殷实、出手阔绰，种种迹象表明，唐军舰有重大贩毒嫌疑。掌握这一线索后，路明立即将此情况向大队领导和分局领导报告。经上级批准，七星关公安分局针对这一线索，成立专案组对唐军舰展开了秘密调查，由路明所在的禁毒大队担任主力军侦破此案。

领受任务后，路明带领队友多次赶赴林口及周边乡镇，围绕唐军舰的生活圈子和活动轨迹展开了秘密调查。经过将近半年的艰苦走访调查，路明和队友终于查清：唐军舰经常独自驱车赴广东购买大批量冰毒贩往贵阳、七星关等地，而且唐军舰极其狡猾，在七星关城区、贵阳等地租赁多处房屋分散藏毒，通常躲在幕后遥控指挥毒品交易，是一个蛰伏在七星关区名副其实的大毒枭。

12月13日，专案组接到可靠线索：在贵阳市贩卖毒品的朱家元、闻明携带大量现金抵达七星关区，准备向唐军舰购买大宗毒品。接到消息后，路明和队友立即赶往七星关区东客站一带布控，一切就绪，就等大鱼上钩。可是，狡猾的唐军舰始终迟迟不露面，他和朱家元、闻明电话联系好以后，就以在林口镇为老人包坟为借口，诱使其亲姐唐建琼为其“送货”，唐建琼招架不住弟弟的苦苦哀求，在明知违法的情况下，答应了唐军舰的要求。双方达成一致后，狡猾的毒贩又改变交易地点，准备在七星关区检察院旁的小商品批发市场交易。下午3点，朱家元、闻明驾驶的越野车如约出现在小商品批发市场，路明带领一组民警在不远处的猎豹车里蹲守，正当唐建琼坐上越野车关上车门，越野车刚要驶出的一刹那，路明当机立断，驾驶猎豹车立即靠上来将越野车的去路封死。越野车见势不妙，急速挂倒挡想逃离现场。情况万分紧急，路明当时不容多想，迅速拉开车门跳下车，一个箭步冲向越野车驾驶座，隔着车窗和队友将闻明牢牢地按在车上……抓获闻明等三人后，路明顾不上喝一口水，立即带领队友和特警队员驱车赶赴唐军舰可能逃窜的何关屯镇沿线围捕。蜿蜒盘悬的公路上，只见他娴熟地驾驶着猎豹车一路飞奔，终将唐军舰捉拿归案。

唐军舰归案后，路明作为骨干民警担任主审力量，与这个不可一世的大毒枭展开了一场没有硝烟的角逐。在铁的证据面前，最终使唐军舰低头认罪，攻克了“12・13”特大贩毒案最关键的中心环节。

路明从担任禁毒大队打击外流贩毒中队长以来，在工作中身先士卒，冲锋在前，英勇果敢，无私奉献，积极参与和指挥一系列大案、要案的侦破工作。先后主办重特大案件十余起，缴获毒品海洛因9000余克，摇头丸5000余粒，冰毒8000余克，“K”粉3000余克；参与侦破重大案件10起，特大案件20余起；抓获违法犯罪及吸毒人员400多名。

鲍应贵

鲍应贵（1951—1976），贵州省毕节县（今七星关区）人，1951年出生于毕节县普宜区公子河苗族乡，1973年1月参加革命，牺牲前为中国人民解放军35516部队75分队战士，中共党员，1976年4月17日牺牲于云南。时年25岁。

十四画

蔡子伦

蔡子伦，贵州毕节县（今七星关区）人。1959年11月11日出生在贵州省毕节市城关镇翠屏村，1978年12月服兵役。初中文化，二等功臣。

蔡子伦1966年至1974年，在毕节市第二小学就读小学、初中；1974年至1978年在家务农；1978年至1981年在云南永平驻军35105部队52分队服兵役；1979年3月30日在中越自卫反击战中荣立二等功；1981年至1985年在家务农；1985年至1995年在城关供销社工作；1995年至2016年在翠西社区务农。

蔡子伦退伍回乡以来，把部队的好思想、好作风带到了地方，积极投入农业生产建设，努力发展第三产业和个体经营，为家乡建设做出了较大贡献。

熊　明

熊明(1926—2015)，贵州毕节县(今七星关区)人，初小文化，1926年4月出生于黔西县渭河重新村，1949年1月参加工作。二等功臣。

熊明1947年被国民党抓壮丁，1948年在北平参加起义，1949年1月至1950年11月在四野39军17师350团当战士；1950年12月至1951年2月作为志愿军一员赴朝鲜抗美援朝，参加数十次战斗，荣立多项战功。负伤后于1953年至1956年3月在贵州荣军学校休养；1956年4月至1958年12月转业安排到毕节保险公司工作；1959年至1980年12

月在毕节县粮食局直属库工作；1982年6月经组织批准离休。2015年3月在七星关区人民医院病逝。

熊明随傅作义部队起义后，1949年参加人民解放军四野39军17师350团，北平解放后于1950年11月25日奔赴朝鲜战场，荣立二等功一次；1951年在朝鲜春川战斗中负伤。回国后，在西安陆军第三医院任班长，后到贵州荣军学校休养。在部队他英勇作战，吃苦耐劳，团结同志，听党指挥，哪里需要，就到哪里，为党和人民的解放战争做出了积极的贡献。到地方后，熊明继续保持革命军人的优良传统，在工作中发扬不怕苦、不怕牺牲的大无畏精神，认真抓好本职工作，兢兢业业为革命事业无私奉献。

十七画

魏守抬

魏守抬（曾用名：魏守招），贵州毕节县（今七星关区）人。1931年9月15日出生于毕节城德沟，小学文化，中共党员，抗美援朝二等功臣。

从1945年开始，因家中条件艰苦，14岁的他为了生存不得不到麻园村大地主秦家帮长工，主要从事放牛、割草、挑水、驼煤炭等工作，吃不饱穿不暖，还经常挨打受骂，没有一点自由可言，甚至天还没亮就被叫醒去挑水。这种生活坚持了5年之后，终于在1950年5月的一天看到了希望。当时19岁的魏守抬给地主家驼煤炭，遇到了正在做征兵宣传（抗美援朝征兵）工作的魏永勋。魏永勋对他说："愿不愿意跟着我，彻底摆脱现在的生活？"魏守抬坚定地回答道："愿意！"从此，魏守抬就踏上了抗美援朝的征程。后来他才知道，那个改变他命运的人叫中国共产党党员。

1950年5月参军后，作为新兵在辽西省训练了8个月，魏守抬成为124师371团1营2连3排12班的一名战士，于1951年1月经过沈阳、安东，冒着敌人的炮火，雄赳赳、气昂昂跨过鸭绿江，正式进入朝鲜战场。

随部队入朝后，前期主要从事宣传工作，为参战士兵鼓劲打气，提供精神食粮。在完全失去制空权，运输车辆被敌机炸坏到十不存一、运输线被严重破坏的情况下，他们仍然冒着敌人的炮火，忍饥挨饿，扛着三八式步枪，仅靠着坚强的意志、不怕牺牲的精神，跟随入朝部队从鸭绿江一直打到三八线，没有战斗任务的时候在地道里躲避敌人战机的轰炸，接到战斗命令马上出动。其间经历过10余次战斗，立过一次二等功，几次三等功。在一次战斗中，他右腿脚踝处不幸被敌人的子弹打中，光荣负伤。

1953年7月，中美韩朝签订《朝鲜停战协定》，从此抗美援朝胜利结束。之后魏守抬在某师部医院治疗腿伤，治愈后复员，安排其在铁路局工作，因思念家乡，想念父亲，毅然归毕。回乡后当过生产队队长、民兵连连长，又先后在邮政局、粮食局工作过，看其经历，无时无刻不在为国家、社会做贡献，是当之无愧的"最可爱的人"。

魏宇明

魏宇明，祖籍河南上蔡，1976年8月出生在贵州省毕节县城关，于1994年12月参加工作。大学本科文化，中共党员，二等功臣。

1994年12月至1995年2月，在成都军区步兵第三十一师炮兵团当战士；1995年2月至1995年12月，在成都军区步兵第三十一师通信营报务训练队当战士；1995年12月至1996年6月，在成都军区步兵第三十一师通信营通信连当战士；1996年6月至1998年8月，在成都军区步兵第三十一师通信营无线电连，任台长（期间于1998年2月加入中国共产党）；1998年8月至2001年7月，在中国人民解放军张家口通信学院学习；2001年7月至2005年8月在成都军区步兵第三十一师通信营无线电连，任排长、副指导员；2005年8月至2006年8月在成都军区步兵第九十二团八连任政治指导员；2006年8月至2009年9月在成都军区步兵第九十二团司令部任通信参谋、股长；2009

年9月至2011年6月在成都军区贵州陆军预备役步兵师司令部，任通信参谋、营长；2011年6月至2016年2月，任成都军区贵州省军区司令部信息化处，通信参谋；2016年2月，任贵州省军区扶贫工作队驻三都县都江镇坝辉村第一书记，并兼任都江镇党委副书记。

自入伍之日起，便刻苦训练，爱岗敬业，积极要求上进，工作业绩突出，多次荣获嘉奖，被评为优秀士兵、优秀学员、优秀共产党员、优秀机关干部等，并于1998年2月光荣加入中国共产党，于2007年荣立二等功一次。

1995年12月，圆满完成新兵报务训练工作，在结业考核中因成绩优异被评为全优学员；1998年8月至2001年7月，圆满完成张家口通信学院通信指挥专业学习任务，连续三年被评为优秀学员和学习尖子；2001年9月至11月，在国防光缆施工任务中，身先士卒、率先垂范，团结和带领所属人员勇挑重担，高标准、高质量完成施工任务，被评为优秀共产党员；2007年，圆满完成多项重大训演活动，因成绩突出被评为优秀机关干部，并荣立三等功；2009年2月，圆满完成集团军主题教育试点活动相关报告、教案和简报的编写等工作；2012年，圆满完成贵州省军区赴云南彝良抗震救灾部队通信保障任务，以及胡锦涛主席和军委首长来黔视察等重要通信保障任务；2013年，一是指导贵州省军区通信站圆满完成正规化达标建设任务，二是组织完成贵州省军区400M集群建设任务，三是牵头完成成都军区国动委第七次全会信息通信保障方案拟制和室外综合演练信息通信保障任务，并获省军区司令部嘉奖一次；2012年至2015年，连续4年因业务能力强、综合素质高、完成任务好在年终荣获省军区司令部嘉奖。

七星关

四 副县（处、团）级及以上人员

二　画

丁世远

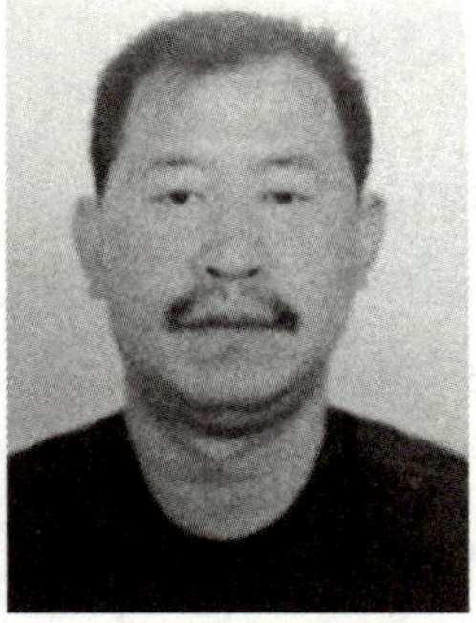

丁世远，贵州毕节县（今七星关区）人，1962年11月出生在毕节县清水铺区生机公社（今七星关区生机镇），于1981年12月参加工作。大专文化，中共党员。

1981年12月至1983年3月在贵州省毕节县委党校学习；1983年3月至1984年7月在贵州省毕节县燕子口区燕子口公社工作，1984年7月至1987年8月任贵州省毕节县燕子口区太极乡乡长（其间：1985年8月至1987年7月在贵州省毕节县委党校行政干部中专班学习），1987年8月至1989年12月任贵州省毕节县燕子口区亮岩乡党委委员、乡长、书记；1989年12月至1991年9月任贵州省毕节县燕子口区区委组织员；1991年9月至1992年1月任贵州省毕节县燕子口区区委组织员、干事；1992年1月至1993年2月任贵州省毕节县燕子口镇党委副书记。1993年2月至1995年12月调任贵州省毕节县亮岩镇党委副书记、镇长。1995年12月至1997年1月调任贵州省原毕节市（县级市，今七星关区，下同）小坝镇党委书记。1997年1月至1998年5月调任贵州省原毕节市燕子口镇党委副书记（正科级），1998年5月至1998年12月任贵州省原毕节市燕子口镇党委副书记、镇长。1998年12月至2006年12月调任贵州省原毕节市亮岩镇党委书记（其间：2003年9月至2007年1月参加贵州省委党校行政管理专业学习［函授］）。2006年12月至2008年11月任贵州省原毕节市亮岩镇党委书记、人大主席，2008年11月至2011年7月任贵州省原毕节市亮岩镇党委书记、人大主席（享受副县级待遇）。2011年7月至2011年10月调任贵州省原毕节市交通局党组书记、局长（享受副县级待遇）。2011年10月起任贵州省毕节市七星关区天河风景名胜区管理处处长。

丁世远在亮岩镇任党委书记期间，带领党委、政府一班人结合亮岩镇实际，立足当地资源优势，狠抓经济发展、基础设施建设和环境保护，把茶叶作为亮岩镇支柱产业来发展。累计种植茶叶10000余亩，为太极古茶发展奠定一定基础；加强退耕还林和荒山造林工作，累计完成退耕还林5000余亩，荒山造林7000余亩，森林覆盖率达50%以上；基础设施建设取得新突破，农民生产生活条件得到了一定的改善；在国土、交通、水利等部门的大力支持下，完成了集镇所在地道路硬化和河道治理，共修建通村公路85千米，通组公路110千米，解决群众出行难问题；解决了集镇所在地和核桃、三里田、裕群、太极等村人畜饮水困难；顺利实施了农网改造工程和通信工程；环境整治工作成效明显，村容村貌焕然一新。

2011年任天河风景名胜区管理处处长期间，完成了投资1.07亿元的天河古城一期、二期、三期285户、35600平方米现有房屋立面风貌改造，古城道路，古城广场等项目建设；完成了投资2100万元的北镇关环境综合治理项目1–3号步道和烈士陵园园路建设；完成投资7000余万元的天河古城东环线道路、桥梁及安置房建设工程；完成了投资3200万元的建成虎踞山公园任务；按要求完成倒天河周边城市棚户区改造项目前期准备工作；完成了将天河风景名胜区申报为“省级风景名胜区”申报阶段工作。

丁希文

丁希文(1939—2004)，贵州省毕节县（今七星关区）人，1939年出生于毕节海子街丁家寨。中共党员，中专文化。

1955年12月加入共青团，1958年应征入伍参加中国人民解放军，1963年

12月加入中国共产党，1967年毕业于解放军南京政治学院。在部队服役期间，历任战士、连队文书、营部书记，师、军部组织干事，团政治处主任。1982年转业下地方。在地方工作期间，历任中共毕节地委宣传部宣传科副科长，地区劳动人事局副局长，地区技术质量监督局、对外经济贸易局、地质矿产局局长、党组书记。2001年退休。

在部队的24年间，曾参加过贵昆、成昆、襄渝、青藏等铁路的修建，又参加过攀枝花钢铁基地的建设，还参与过举世闻名的援越抗美战争和抗洪抢险救灾等工作，并多次立功受奖。1982年临下地方前，还参加宝成铁路的抢修工作，被铁道部政治部记三等功一次，出席在北京召开的铁道兵英模表彰大会。中国人民解放军某部在其转业到地方的鉴定书中写道：“丁希文同志对党忠诚，为军队建设和社会主义建设奉献了青春年华，是一位称职的革命军人。”

在地方工作的20年中，先后变动工作岗位5次，从无怨言，不管到哪个部门，都能一如既往，尽职尽责，带好头，做好工作。曾连续三次被省安委会评为先进工作者，多次被评为优秀公务员、优秀共产党员。

丁希文热爱家乡。他看到家乡公路窄，村民贫困，用水、用电极为困难，便主动找有关部门联系，解决了家乡水、电、路的“三通”问题，使丁家寨村“家家通了电，户户有水吃”，进出可以走畅通无阻的公路。他还动员父母将自己承包的田拿出来修建学校，帮助村委调整农业产业结构，保护生态环境，抓好植树造林，开展多种经营，促使老家所在地户户育苗种树，取得了较好的经济效益、生态效益和社会效益。他还是一个有名的大孝子，退休后，离开舒适的城市，回到农村老母身边，侍奉老人，被乡亲父老誉为“有作为的大孝子”，深受大家好评。

于2004年病逝，享年65岁。

丁昭平

丁昭平，贵州省毕节县（今七星关区）人，于1967年11月出生在毕节县朱昌区，1989年7月参加工作。大学本科学历，中共党员。

1987年9月至1989年7月，在贵州省交通学校公路与桥梁专业学习；1989年7月至1993年7月，在贵州省威宁公路养护段当工作员（其间：1989年10月至1993年7月在大纳公路大方境工程指挥部帮助工作）；1993年7月至1994年11月，在贵州省毕节公路养护总段工程处当工作员；1994年11月至1998年11月，任贵州省毕节公路养护总段工程处副处长；1998年11月至2000年1月，任贵州省毕节公路管理局副处长（1998年12月评为工程师）；2000年1月至2000年8月，任贵州省毕节公路管理局养路工程科科长（1996年9月至2000年7月在重庆交通学院公路与城市道路工程专业学习）；2000年8月至2001年9月，任贵州省毕节公路管理局党委委员、局长助理；2001年9月至2003年6月，任贵州省毕节公路管理局副局长、党委委员；2003年6月至2005年6月，任贵州省毕节公路管理局副局长（主持工作）、党委委员；2005年6月至2013年6月，任贵州省毕节公路管理局局长、党委委员（2005年12月评为高级工程师、2002年9月至2005年7月在重庆交通学院土木工程专业学习）；2013年至2015年12月，任贵州省公路局副局长、党委委员。

丁昭平在工作中，主要取得以下业绩：（1）项目类：1998年5月至2000年1月，贵新高速公路第十二合同段第七项目处主持K248+500至K251+000段路基施工，优良工程；2000年7月至2004年1月，威宁至水城二级路改造工程，参加建设管理，一期20千米优良，二期30千米合格；2002年7月至2004年5月，主持建设管理大方黄泥塘至织金三级公路改造工程，优良工程；

2002年7月至2004年5月，主持建设管理毕节至威宁二、三级公路改造，优良工程45千米，合格工程139千米；2003年2月至2004年8月，主持建设管理毕节至威宁公路新建七星关大桥（长193米，主跨90米），优良工程；2004年8月至2005年12月，主持建设管理黄织线新建底那河大桥（长239米，主跨120米），优良工程；2008年5月至2009年10月，主持建设管理G326线新至自大方三级公路改造工程，合格工程；2008年3月至2009年6月，主持建设X703线毕节至叙永公路新建赤水河大桥建设，桥长146米，合格工程；2008年1月至11月，S307线纳雍至丰家垭口公路改造工程，合格工程；2009年8月至2010年，主持建设S211线居乐至小坝公路改造工程，合格工程；2010年12月至2011年10月，主持建设S212线煤炭包至赫章公路改造工程，合格工程；2011年5月至2012年5月，主持建设管理野坝至普底、黄泥至普底旅游公路改造工程（全省第七届旅发大会重点项目），优良工程；2012年3月至2012年12月，赫章至红花岭二级公路改造工程，优良工程；2014年全年，主持建设“四在农家、美丽乡村”基础设施建设六项行动计划之“小康路”行动计划，超额完成年度目标任务，完成年度目标任务的143%，实现建制村通畅率65%。（2）课题类：2009年11月至2012年12月，主持研究公路路面水泥稳定碎石基层就地冷再生设计与施工技术，大大缩短工期并降低成本，荣获2013年贵州省公路学会科学技术二等奖；2013年6月至2013年12月，主持编写《贵州省农村公路技术导则》，荣获2015年贵州省公路学会科学技术二等奖；2013年9月至2014年12月，主持贵州省农村公路数字化管理技术研究及应用，荣获2015年贵州省公路学会科学技术一等奖。

三　画

万守武

万守武（1920—1991），山东省东营人，1920年5月出生于山东省东营市广饶县丁庄镇万屋村（现址）。高小文化，中共党员。

1945年1月加入中国人民解放军，1945年4月在山东省寿光县加入中国共产党，1945年5月参加山东省寿光县保卫战，获国家奖励的解放奖章一枚。1945年9月山东全部解放，部队命令进军东北全歼蒋介石国民党残兵败将，为解放东北而战。1947年东北解放，1948年荣获解放东北纪念章一枚。根据中央命令，百万大军南下解放海南岛，实现中华大地统一（除台湾），1950年荣获解放海南奖章一枚。1950年11月15日中国人民解放军第四野战军司令员林彪、政治委员罗荣桓、政治部主任陶铸为其颁发了革命军人证明书。荣获（1945—1950）解放奖章一枚，解放海南岛后部队受命在广东省湛江市休整，上级决定让他到军速成学校学习文化。学习结束，1952年6月移住海南，他调到海南军区营建第四处工作。1954年1月被选为参加军区政治部所属单位代表；1954年2月17日获全国人民慰问人民解放军代表团赠纪念章一枚；1954年6月19日朱德总司令到海南军区亲切看望全体指战员，并与大尉以上军官合影留念，万守武有幸参加了该活动。1958年4月1日国防部部长签发的中国人民解放军预备役军官兵役证，记载了万守武姓名、出生年月、入党时间。广州军区司令员黄永胜、政治委员陶铸奉国防部部长彭德怀1955年9月21日命令，授予万守武大尉军衔，并记载了他在中国人民解放军的服役经历。1958年4月1日响应党的号召，为加强国家社会主义建设，从海南军区转业到贵州省毕节县。[中国人民解放军转业军人证书（昆转字第25165号，发证机关及时间为中国人民解放军贵州省毕节县人民武装部1972年1月1日）]。

1958年4月从海南军区转业到毕节县后，

1958年7月至1960年11月任毕节县手工业联合社第一主任；1960年4月至1961年10月任毕节县工业交通部部长；1960年10月调任毕节县燕子口公社书记；1962年9月至1964年6月任职毕节县粮食局党组书记，1962年9月至1965年5月任毕节县粮食局局长；1963年4月至1966年5月任毕节县财贸办公室主任；1964年5月至1965年5月任毕节县财贸粮食部部长；1970年5月至1973年5月任毕节县“文革”期间政治部副主任；1971年5月至1976年5月任中共毕节县第三届委员会委员，机构恢复后任财贸办公室主任；1973年2月任毕节县革命委员会补台常委；1976年10月至1980年6月任毕节县财贸办公室主任（其间，1976年10月任“文革”结束时的毕节县革委会常委）；1978年10月任毕节县第八届人民代表大会副主任；1981年6月至1983年12月任毕节县第九人民政府副县长。

1983年11月经毕节地委组织部批准，万守武“享受副地厅级待遇”光荣离休，1991年11月4日因病医治无效在毕节去世，享年71岁。

马兰桐

马兰桐，山东省巨野县人，1930年9月生，中共党员。

马兰桐随军到达贵州后，于1950年起，先后任毕节县公安局副局长、局长、党组书记，中共毕节县委社会部副部长、部长。1955年1月，任中共毕节县委委员、常委。1956年4月至1958年1月，任中共毕节县委副书记。1958年以后，历任猫跳河水力发电厂厂长、党委书记，贵州省水电厅电业局政治部主任、贵州电力中心调度所所长、贵州省水利电力局保卫处处长，贵州省电力工业局机关党委书记、局直属机关党委副书记。马兰桐在毕节县任公安局局长和社会部部长期间，带领广大干警在清剿残匪、建立地方政权等斗争中做了大量工作，一直被毕节人民所称道。

马昭伦

马昭伦，贵州省毕节县（今七星关区）人，1965年8月出生于毕节县普宜区阿市公社（今七星关区阿市苗族彝族乡麻窝村），大学文化，1982年11月参加工作，1987年1月加入中国共产党。

1982年11月至1984年8月，在步兵第39师工兵营服现役；1984年9月至1986年6月，在中国人民解放军长沙工程兵学院学习；1986年7月至1989年11月，任陆军第13集团军工兵团舟桥营4连排长；1989年12月至1990年11月，任陆军第13集团军工兵团舟桥营4连副连长；1990年12月至1992年6月，任毕节军分区司令部作训参谋；1992年7月至1993年1月，任毕节军分区后勤部营房助理员；1993年2月至2000年7月，任毕节军分区司令部装备参谋；2000年8月至2000年11月，任毕节军分区司令部军务动员科副科长；2000年12月至2004年3月，任毕节军分区司令部军务动员科科长；2004年4月至2012年3月，任纳雍县人武部部长（2006年4月至2012年6月，任纳雍县委常委）；2012年11月至2014年9月，任毕节市纪委第五纪工委副书记（正县级）；2014年10月，任毕节市国土资源局党组成员、纪检组长（正处级）。

马昭伦转业地方从事纪检工作期间，坚持原则，敢于担当，工作卓有成效。一是坚持抓早抓小。采取年初召开系统党风廉政建设工作部署会、开展警示教育、任前廉政谈话、提醒谈话、签订目标责任书、年终检查等形式，对落实两个责任进行安排部署和调度，确保主体责任落实。二是注重事前预防。组织一期国土资源系统300多名干部职工参加警示教育活动，对42名县（区）局长（副局长）、纪检组长（分管领导）就落实主体责任、监督责任和“一岗双责”情况进行了约谈，对15名新任科级干部进行了任前廉政谈话，对2名县局领导进行了提醒谈话。三是完善工作制度。先后制定了《落实党风廉政建设党组主体责任和纪检组监督责任意见》《党风廉政建设责任制工作任务分解意见》《切实履行国土资源系统纪检监察职责意见》《推行权力清单运行备案责任制实施意见》《违反工作纪律和作风规定行为责任追究办法》等制度。四是加强事中监管。对“三重一大”事项集体研究决策进行全程监督，督促落实党务、政务公开，全面推行权力清单运行备案制，系统15名新任、9名调整岗位、5名试用期满的科级干部和实施的3个国家级特大型地质灾害防治项目（总投资3720万元）、17个市级土地整治项目（总投资6548万元）没有不良反映。五是把纪律和规矩挺在前面。对上下班制度坚持不好的2名科级干部进行了约谈，对报送资料不及时、不规范的2个县（区）局进行了通报。六是持之以恒纠“四风”。坚持每月对局机关进行2次明察暗访，对10个县（区）局和12个乡（镇）所进行了明察暗访。带领有关人员对铜仁市碧江、江口两县（区）国土资源局进行明察暗访。七是严格执纪监督问责。对系统内违反“四风”的9人进行了严肃查处（免职1人、党内警告处分1人、行政警告处分1人、诫勉谈话3人、提醒谈话1人、电视上公开承诺1人，9人均写出书面检查并在干部职工大会上作检查）；对一个县局班子进行了诫勉谈话；对1个县局在系统内进行通报批评。八是扎实开展专项整治。按要求开展了党风廉政建设突出问题、“吃空饷”问题集中整治和民生整治铸廉行动，组织签订了《承诺书》，清收调离领导干部占用车一辆、办公室一间，清退违规借用超标车一辆。

马镇根

马镇根，贵州省毕节县（今七星关区）人，1952年农历十一月十九日生于毕节城区，中共党员。

马镇根从小天资聪颖，有理想。初中毕业时，正值知识青年上山下乡。于1968年10月27日到清水铺区耿官公社谢家大队大园子生产队插队落户。与8名男同学分在一起，其年龄仅15岁。工作任劳任怨，干活使出浑身力气，手上磨起老茧。自己学会养猪、做饭，生活很有规律。劳动之余，白天和村里青年人打球、上街赶场，晚上到农民家串门，与老年人交谈沟通，学习社会知识。在一次坡改梯劳动中，滚下20余米的坡底，没休养几天又扛起锄头参加劳动。两年的插队落户，他学会犁地、插秧、背背篼、采制茶叶、编织草鞋、缝补衣裤等活计，磨炼意志，熏陶心灵，不断成长，进步很快。

经群众评议、公社推荐，于1970年8月进入毕节三中读高中。同年12月应征入伍，被分到昆明军区后勤某仓库服役。在新兵集训中，担任副班长。他以满腔热情投入军营生活，学习讨论总是第一个发言，军事训练，严格认真、一丝不苟，野营拉练，常帮体弱战士扛枪。在翻越宜良附近的“老爷山”时，一位新战士生病，他组织6个人的担架队，轮流将其抬下山，很晚才到达宿营地。新兵集训结束后，被分到保管股任保管员，负责轻武器的收发保管，很快熟悉业务，独立工作，成绩突出，于1973年7月加入中国共产党，次年4月提升为干部。1988年任成都军区驻昆明办事处科长（副团）。

马镇根在小学就喜爱写作，考初中时以一篇《给越南小朋友的公开信》而被毕节一中录取。到部队当兵的第四天，部队政治处把高中生集中在一起收听“元旦社论”，每人写一篇体会文章，挑选6名新战士参加新闻培训，他被选参加学习，从此走上文笔之路。刚开始，连续写稿，“命中率”不高，但他不灰心，不气馁，努力阅读新闻写作书籍，分析报刊登载的文章，学习别人的写作技巧，提炼主题。学习如何写消息、写通讯，怎样才具有新闻的敏感性，很快进入角色。1971年冬，浙江养蜂人在部队营区外住养，部队给养蜂人送一些生活品，养蜂人参与部队劳动。马镇根写了一篇题为《蜜蜂飞舞传友情》的报道，反映军民关系，被《云南日报》以通栏标题刊发，后被云南、昆明广播电台和昆明军区《国防战士报》采用，走出了可喜的第一步。此后的稿件采用率逐步上升。

四 画

支 果

支果，贵州省毕节县(今七星关区)人，1963年4月14日出生于毕节。中共党员，大学本科，法学学士。

现任四川理工学院党委委员，马克思主义学院党总支书记、副院长，法学三级教授，硕士研究生导师。中国知识产权研究会会员、中国注册法律援助志愿者、四川省法学会知识产权法学研究会副会长、四川省哲学社会科学学会联合会会员、四川省高等学校高级职务评审委员会专家、四川理工学院社科联常务理事、自贡市人大立法咨询专家组组长、自贡市仲裁委员会仲裁员、自贡市中级人民法院特聘研究员。

支果在行政管理方面，历任校团委副书记、校办副主任，学生处处长、成教处处长、招办主任、党委宣传部部长等职。从事共青团工作期间，曾作为代表出席全国共青团十二大。

在教学科研方面，长期从事知识产权法以及盐业契约研究的教学科研工作，多次参加国际国内学术会议，先后出版和参编学术专著、教材6部，发表学术论文50多篇。主持和主研省、市级课题17项。负责四川省精品课程、四川省精品资源共享课程各一门，其合作专著和主持项目曾分别获得四川省第13次、第14次社会科学优秀成果奖、自贡市哲学社会科学二等奖，专业论文获自贡市第15次社会科学成果三等奖。专业论文3篇曾分别被《新华文摘》收录辑览。

支 健

支健，贵州毕节县(今七星关区)人，大专文化，中共党员，1972年11月出生于贵州毕节县吉场区梨子村，1990年参加工作，现住西藏自治区那曲县。

支健1990年12月至1994年5月，在西藏米林县驻军56023部队78分队服役。1994年7月至1997年6月，在西藏民族学院就读文秘专业。1997年7月至2008年10月，在西藏那曲地委组织部工作，历任地委组织部办公室副主任科员、办公室副主任、主任科员、地委组织部干部教育科科长。2008年11月至2011年6月，任人大那曲地区工作委员会副调研员，分管秘书科。2011年7月至2012年6月，任那曲县委常委，那曲县委宣传部部长。2012年7月至2014年11月，任西藏自治区党委直属机关工委组织部副部长。2014年12月，任西藏自治区党委直属机关工委团委书记(正县)。2015年9月，主持西藏自治区党委直属机关工委组织部工作(正县)。

支健在那曲地委工作期间撰写的全区机构改革调研报告，获自治区三等奖；所撰写的那曲地区干部死亡情况调研报告，获自治区二等奖。

在那曲县人大工作期间，被自治区授予全区“创建先进基层党组织和争做优秀共产党员”活动先进个人。

担任西藏自治区党委直属机关工委组织部副部长期间，被评为区直机关优秀公务员。

支明遂

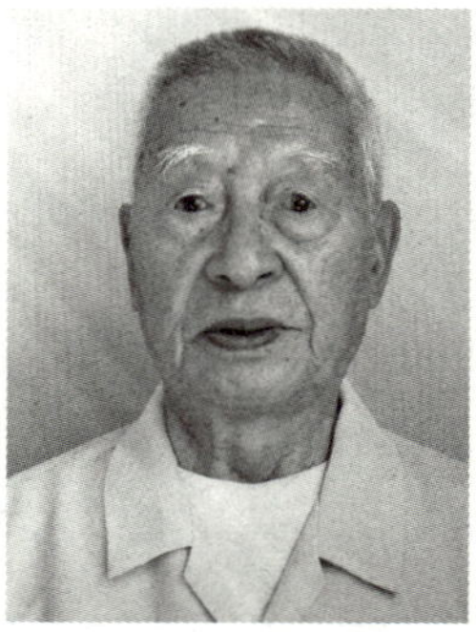

支明遂，贵州省毕节县(七星关区)人。1933年生于毕节县层台，中共党员，高级经济师。

1949年12月9日参加中国人民解放军，1950年3月在中国人民解放军西南军政大学第八分校学习，

1951年3月毕业。同年，被分配到中国人民解放军第十八军前方供给部供应科，随部队进军西藏，在西藏昌都军人商店为进藏部队提供后勤服务。1954年4月调回重庆，在西南军区学习，转业后到四川省自贡市盐务管理局工作。1956年加入中国共产党。1958年参加技术培训班学习后，被分配到自贡市轻工设计研究院从事设计工作，1961年任设计室副主任，1978年被提拔为自贡市轻工设计研究院副院长（正县级待遇）。作为高级经济师，一直从事设计工作和设计管理工作30余年，到1993年退休。工作期间组织完成工程设计项目100余项，主要有：

四川自贡市3万吨/年、5万吨/年、10万吨/年、30万吨/年真空蒸发制盐工程及相应配套1500千瓦，3000千瓦余热发电机组项目；四川五通桥5万吨/年、10万吨/年真空蒸发制盐及相应配套余热发电机组项目；四川蓬莱5万吨/年真空蒸发制盐工程；四川射洪3万吨/年真空蒸发制盐工程；四川云阳3万吨/年真空蒸发制盐工程；四川万县30万吨/年真空蒸发制盐工程及相应配套3000千瓦余热发电机组项目；江西省新干县3万吨/年真空蒸发制盐厂；江苏省淮安5万吨/年，淮阴10万吨/年真空蒸发制盐工程；河南省叶县5万吨/年、平顶山30万吨/年真空蒸发制盐工程及配套3000千瓦余热发电机组等。

以上设计项目工程，多次荣获四川省优秀设计奖，1982年荣获国家建设委员会优秀设计奖，为全国井矿盐工程事业的发展做出了重要贡献。

王 佳

王佳，贵州毕节县（今七星关区）人，于1983年7月出生在毕节县海子街区五里坪公社（今七星关区观音桥街道办事处五里坪村麻塘组），于2001年9月参加工作。大学学历，中共党员。

王佳2001年9月至2005年6月，在空军预警学院学习；2005年7月至2005年11月，在95668部队老寨站任排长；2005年11月至2007年8月，在95668部队老寨站任副站长；2007年9月至2011年3月，在95668部队蒙自站任站长；2011年3月至2013年3月，在95668部队任副营长；2013年3月至2015年8月，在95668部队任营长；2015年8月起，在95445部队情报站任站长（正团）。

王佳驻守中越、中缅、中老边境十余年，所带部队年年先进。他多次参加抗震抗旱救灾，多次参加实兵演习，因工作成绩突出荣立三等功一次，并被评为优秀基层主官标兵，多次受到上级通报表彰，连续两次破格提升使用。

王 彬

王彬，山东临沂人，1971年11月生，1991年7月参加工作，1996年1月加入中国共产党，复旦大学经济学博士，复旦大学金融学博士后，北京大学管理学博士后。

1989年9月至1993年8月，在南京信息工程大学英语专业学习（其间，1991年7月至1993年8月，担任政治辅导员）；1993年8月至2001年8月，任中国人民保险公司苏州公司外勤、办事处主任、支公司副总经理、总经理（其间，1995年9月至1998年1月，在上海财经大学研究生院国际金融学专业攻读硕士学位）；2001年8月至2004年7月，在复旦大学经济学院经济学专业世界攻读博士研究生；2004年7月至2006年11月，任复旦大学金融研究院博士后、研究员；2006年11月至2008年10月，任共青团中央中青投资公司总经理（正处级）（其间，2006年10月到至2008年10月为中组部、团中央“博士服务团”成员，挂任贵州省毕节地区行署党组成员、专员助理；2007年5月至2010年5月，获北京大学光华管理学院管理学博士后、研究员）；2008年10月至2009年7月，任贵州省毕节地区行署党组成员、专员助理，同时，挂职任县级毕节市委副书记；2009年7月至2010年2月，任贵州省毕节地区行署党组成员、专员助理，毕节市

（今七星关区）委（县级市，下同）副书记、副市长、代理市长；2010年2月至2011年6月，任贵州省毕节地区行署党组成员、专员助理，毕节市委副书记、市长；2011年6月至2011年12月，任贵州省六盘水市委常委、水城县委书记；2011年12月至2014年10月，任贵州省六盘水市委常委、水城县委书记、贵州水城经济开发区党工委书记；2014年10月任贵州省委六盘水市委常委、市政府党组副书记；2014年10月至2015年12月，任贵州省委六盘水市委常委、市政府党组副书记、市政府副市长。

王天玉

王天玉，贵州省毕节县（今七星关区）人，1926年12月出生于毕节县海子街烧杠，小学文化，中共党员，1950年12月参加工作，1955年1月加入中国共产党。

在烧杠乡参加工作时，被选为副村长。次年参加土改工作队，7月赴燕子口搞土改工作。1952年1月，调林口区任土改工作队队长。是年调海子街区工作，先后任民政助理员、区委组织委员。1956年6月，提任中共鸭池区委副书记，后任书记。1964年12月调任龙场营区委书记。1974年12月，调任毕节地区化肥厂党委核心领导小组副组长、厂革委副主任。1979年任毕节地区水泥厂党委书记，1986年任该厂副县级调研员。

王天玉出身于贫农家庭，从小跟随父亲以贩小商品养家糊口。参加革命工作后，在党的教育培养下，逐渐成长为一个合格的领导干部。他忠于党、忠于人民，一身正气、刚正不阿，作风正派，工作踏实，联系群众，关心同志，勤奋好学，廉洁奉公，处事果断。由于工作成绩突出，被地委选调到地区化肥厂工作。在化肥厂工作期间，他大胆改革，勇于创新，依靠广大干部和职工将一个长期亏损的企业扭亏为盈。行署领导为了解决地区水泥厂亏损问题，又将王天玉调去担任党委书记。在他的倡导下，率先在全厂实行工资与效益相挂钩的激励机制，大大激发了干部职工的积极性和创造性，生产效率大幅度提升。他率先在地级厂矿企业开通交通车，为职工解决了上下班难等问题；一举扭转了过去长期亏损的局面，当年盈利100多万元，成为地级厂矿的先进单位，得到领导的肯定和干部职工的好评。

在几十年的革命生涯中，他忠于党和人民的事业。在区乡任职时，工作勤恳，密切联系群众，走遍所辖区域的村村寨寨、山山水水，为发展农村经济做出了贡献，为人民群众解决了许多困难，受到大家的赞扬。在厂矿企业任职时，关心职工，勤奋好学，勇于探索企业发展的路子，敢于创新，使企业发展壮大，扭亏为盈，受到上级和职工的称赞。

王天成

王天成（1926—1983），贵州省毕节县（今金海湖新区）人，1926年出生于毕节县梨树保河。1952年参加革命，同年加入中国共产党，历任鸭池区土改干部、杨家湾公社书记、阴底区委书记、吉场区委书记、朱昌区委书记、毕节县革命委员会副主任、中国人民政治协商会议毕节县委员会副主席等职。

自参加革命以来，对党忠心耿耿，对工作踏踏实实，和人民群众同甘苦、共患难。1960年，他在倒天河水库当指挥长，带领群众修建了倒天河水库。之后又转战宋官水库、利民水库、水牛屯水库等，足迹踏遍了毕节鸭池、杨家湾、阴底、朱昌、吉场等地的山山水水，每到一个地方都和群众打成一片，没有官架子，广泛听取群众意见，帮助群众解决具体问题，从不说空话、套话、假话，讲诚信，清正廉洁，不谋私利，求真务实，作风扎实，得到领导的公认、群众的好评。

他一生艰苦奋斗、任劳任怨。在工作中全是靠双腿翻山越岭，涉水过河，导致类风湿疾病。他艰苦朴素，在担任县政协副主席期间，一家祖孙三代住一间10多平方米的旧木板房，没有一件像样的家具，更谈不上电器和新式家具，陈设简朴，生活清贫，始终保持劳动人民的本色，发扬优良传统。

王天成身居领导职位多年，始终清正廉洁，从不以权谋私。自己的4个儿女，有的从部队退役回来，他没给其安排工作，还说："我们家祖祖辈辈都是农民，你们要好好劳动，不要有思想包袱。"群众评价他："革命一生，两袖清风，是个好干部。"于1983年病逝，终年57岁。

王圣才

王圣才，贵州省毕节县（今七星关区）人。1948年11月（岁次）戊子年农历冬月二十九日出生于贵州省毕节县吉场斯栗王家坪；大专文化，中共党员。

王圣才1956年至1957年在小吉场斯栗王家坪念私塾，1958年至1965年在裕农小学读书。1966年5月4日加入中国共产主义青年团，任前进大队团支部书记。1969年5月4日光荣加入中国共产党成为正式党员。

1966年5月至1967年3月在前进大队担任卫生员，1967年3月至1968年2月在斯栗公社担任赤脚医生。1968年2月8日，响应祖国号召，应征入伍。入伍后，服役于中国人民解放军昆明军区野战第十三军陆军第三十七师步兵第一一一团。历任该团三营七连卫生员、班长、排长、政治指导员、一营副营长、营长等职。

1986年11月至1987年8月任成都军区管辖的三十七师一一一团军办静电植绒厂党委书记。

王圣才曾于1979年2月17日至3月16日参加了中越边境自卫反击战。

2月16日凌晨4时30分，奉团指命令，王圣才带领并指挥步兵第三连乘座装甲车强渡红河（西线作战全军唯一一个临时组编的水上摩托化装甲运载连），抢占敌199滩头阵地，掩护军主力部队顺利渡过红河，突破230敌前沿阵地，并向纵深发展。16日下午14时30分，奉团前指急令，带领并指挥步兵第一连攻占并固守敌211高地，配合步兵第三营第七连、八连、九连夺占敌280、281高地，直捣敌241、305高地。一连在211高地与敌激战中，共歼敌60余名（其中，击毙敌中尉军衔军官一名）。缴获敌大批武器装备、通信器材及弹药。该战斗结束，未得休整，再次奉团前指命令，迅即于17日晨6时整，带领并指挥步兵第二连实施远程战斗奔袭，直插敌核心阵地登中、边达，并乘胜追击向郎拉、郎塔、布亭等地区逃跑之敌，协同友邻部队围剿敌边防野战军345师残敌，确保军主力全歼敌王牌部队316A师。

战斗中，由于王圣才英勇善战、不怕牺牲、机智灵活、指挥果断，经三十七师党委批准火线荣立个人三等功。随之又被上级批准给予提前晋级（行政级别从21级调为20级），职务晋升（从副营长职务晋升为营长职务），可谓三级跳。南疆保卫战，从战斗打响，与敌激战，战斗结束，奉命撤军，到班师回房，历时一月零，既检验了部队，也考验和锻炼了官兵。

在部队服役期间，无论是当战士还是当干部，无论是在行政管理、军事训练、战斗执勤、三支两军、军民共建、抗震、抗洪、抢险救灾等各项工作中，王圣才均多次受到连、营、团、师、军、的嘉奖和表彰。

1987年11月20日转业。转业后，工作于重庆汽车发动机厂，后改制为重庆康明斯发动机有限公司一家中美合资企业。

1987年11月至1991年2月任重庆汽车发动机厂保卫干事；1991年3月至1998年11月任重庆康明斯发动机有限公司保卫处处长兼人民武装部部长、人防办主任；1998年11月25日在中国共产党重庆康明斯发动机有限公司第一次党员代表大会上当选为重庆康明斯发动机有限公司纪委书记。在此岗位上整整工作6年，直至2004年12月退休。

王圣才在该公司工作期间，于1991年被中国重型汽车集团授予政工师职称。其间，在自己所任职的保卫工作、武装工作、人防工作、纪检工作中，均多次被公司党委、行政，重庆市公安局，沙坪坝区公安分局，重庆警备区，沙坪坝区人武部，重庆市人防办，沙坪坝区人防办，重庆机电控股集团纪委评为先进个人并给予表彰和奖励。

2004年退休后，连续三届当选重庆康明斯发动机有限公司离退休党总支委员会书记。

王世聪

王世聪，贵州毕节县(今七星关区)人，1954年3月生于贵州省毕节县燕子口区亮岩核桃树村。大专文化，中共党员。

1971年，王世聪初中毕业，即被毕节县粮食局招工到燕子口区粮管所任职工。在粮管所，王世聪本着全心全意为人民服务的宗旨，热情地把征粮、销售工作做好，特别是在科技储粮方面，创造了燕子口区粮管所第一个“四无粮仓”。

1972年12月，在燕子口区委、区公所及粮管所的推荐下，王世聪被批准参军，到云南省玉溪军分区峨山化验中队服役，历任战士、班长、代理排长。1977年加入了中国共产党。

1978年3月，王世聪退伍回到燕子口粮管所工作。虽是回原单位，工作岗位也没变，但王世聪经部队6年历练，更加成熟。他把部队的优良传统和作风，融进粮食工作的每一个环节。时值改革开放伊始，王世聪大胆探索，勇于创新。他逐摸如何适应新形势、新变化，让计划经济的粮食工作单轨制变为多层面变革，在粮站开展便民服务和副业生产。1984年4月，他被提拔为燕子口区粮管所所长、党支部书记。

进入20世纪80年代，随着改革的不断深入，粮食工作由单纯计划经济转为多轨制经营。王世聪走在改革前列，率先在燕子口粮管所实行职工绩效分配制，彻底砸烂铁饭碗，实行两条腿走路。一条是执行国家粮油供应政策，做好粮油储备、供应工作。一条是大兴副业，广开门路为职工分流找出路。王世聪超前的思路和改革意识，与党中央改革步骤完全合拍。在改革洪流冲击下，粮食职工单一靠国家发工资的局面被打破。燕子口粮管所的做法，不仅使粮食工作广开经营渠道，也给职工增加了收入，成了毕节县粮食系统改革的一面旗帜。其做法和经验受到县、地、省的重视。1986年，贵州省粮食厅在毕节县粮食局召开现场会，推广燕子口粮管所等单位的改革经验和成果。

1987年2月，王世聪任青场区副区长。区委、区公所分配王世聪分管文卫口，重点是计划生育工作。

计划生育工作，堪称天下第一难事。王世聪是在青场区计划生育处于全县末位，受到县委、县政府批评的时候到职的。他紧紧依靠区委、区政府的集体领导，群策群力，组建区计划生育工作中队，深入乡村，广泛宣传计划生育政策，动员超生群众实行计划生育，将上环、绝育工作同步实施，有效地扼制了青场区超生超怀的局面，计划生育工作从全县落后区上升到前三名，受到了地区行署表彰。

王世聪还分管文化、教育、卫生工作。他深知，教育的重点是学校，教育的关键是老师，教育的根本是学生。为了改变农村教育环境，王世聪到处奔走，向上级申请改建乡村学校项目；找老板和成功人士集资，新建乡村学校。为了解除教师后顾之忧，他在修建教师宿舍和学校食堂上费了不少心血，让老师教书有好环境，生活有保障，稳定了教师队伍。他提出：“决不让一个适龄儿童读不起书，决不让一个学生辍学。”他召开乡、村干部会议，把适龄儿童入学率作为考核目标，和乡、村干部待遇挂起钩来。这样，青场区教育工作出现了新气象。

1990年10月，王世聪调毕节县商业局，先后任副局长、局长、党委书记。计划经济年代的商业系统，货源、资金、仓储、运输、运转资金、职工工资，全由财政负担。经营是盈是亏，与职工毫无关系。改革开放，特别是到了20世纪90年代，进入了市场经济时期，商业系统的改革进入了深水区。如何盘活国有资产，搞活商业经济，分流职工，减轻财政负担，成了商业局领导班子的重任。王世聪在诸多矛盾的激流中，迎难而上。与一班人同心协力，团结和带领广大职工，从改制入手，大胆创新，开拓前进。

改制，就是要改掉职工单一依耐国家，没有自主经营权，没有责任心，没有危机感的懒惰思想，彻底砸烂铁饭碗。这涉及一千多名职工的切身利益，动一发而带全身。王世聪紧紧依靠广大职工，先从承包经营，实行股份制抓起，进而推动了毕节县商业系统的改革不断深入发展。

2000年2月，王世聪调任毕节地区百货公司总经理、党委副书记。

毕节地区百货公司，是毕节地区商业系统最大的国营企业。在计划经济时期，地区百货公司曾经创造过无数辉煌。然而，进入市场经济时代，百货公司优势不再。如雨后春笋般的百货商店、超市、小卖部，遍布城乡角落，百货公司独家享有的市场格局，全被打破。怎样才能使处于困境的地区百货公司再展辉煌？有着改革意识和商业改革经验的王世聪，不畏难、不推责。首先，他把工作重点放在稳定职工队伍上。他谅解这些在建设新中国、巩固人民政权、发展壮大社会主义经济中，做出卓越贡献的职工面对改革冲击时的思想和情绪。他更知道不进行改革，百货公司就没有竞争力，就难以生存的实际。千头万绪，就是要让庞大的职工队伍，收入不减，生活改善。他千方百计盘活百货公司国有资产，广开门路创效益，保证职工工资发得起，年年有增长；其次是改制，把大统一大核算大经营，改为分级承包，分级核算，经营权下放到店、点，充分调动职工的经营积极性，发挥了每一个人的智慧和才能，使百货公司利润、税收、职工收入同步上升。在他和公司党政一班人的共同努力下，在公司全体职工的努力下，毕节地区百货公司在改革中不断冲刺，不断取得新成绩，获得了省商业厅的表彰。

2015年8月，王世聪退休。

王亚筑

王亚筑，女，祖籍山东省阳县，1955年12月出生于贵州省贵阳市，1973年9月参加工作，1983年6月加入中国共产党，大学文化程度，文学学士，贵阳师范学院中文系汉语言文学专业毕业，贵州师范大学生命科学学院党委书记、教授。

1973年9月至1975年12月，在贵州省毕节县第五小学任教师；1975年12月至1979年9月，任贵州省毕节县第三中学教师；1979年9月至1983年7月，在贵阳师范学院中文系汉语言文学专业学习；1983年7月至1995年9月，任贵州师范大学教育系团总支书记（其间，1993年9月评聘为讲师）；1995年9月至1995年10月，任贵州师范大学教育系党总支秘书（正科）；1995年10月至2003年2月，任贵州师范大学历史与决策科学系党总支副书记（其间，1998年4月至1998年6月在贵州省直机关党校学习；1999年12月评聘为副教授）；2003年2月至2003年8月，任贵州师范大学化学系党总支书记；2003年8月至2008年8月，任贵州师范大学生物技术与工程学院党总支书记；2008年8月至2015年12月，任贵州师范大学生命科学学院党委书记（其间，2010年评聘为教授）。

1992年被贵州师范大学授予“育人先进个人”称号；2004年获贵州省高校校报“好通讯”一等奖；2006年被授予“贵州省优秀党务工作者”“贵州师范大学优秀党务工作者”，2014年被评为贵州师范大学优秀共产党员；2009年、2011年、2012年、2013年、2015年年度考核均为优秀。

王亚筑锐意改革，勇于创新。用她的人格魅力、严慈相济的师爱关心学生，实现教育的根本功能。首创“共青团无人监考班”，被《中国青年报》《贵州日报》相继刊登；在学习党的十六大报告时，由于组织得当，措施得力，中央电视台《焦点访谈》和《贵州电视台》相继播报了王亚筑学习十六大报告的生动场面，收到了宣传贵州、宣传师大的效果；开展“滴水献爱心”帮贫济困活动，取得较好的社会效果，被《贵州都市报》追踪报道，并吸引大批社会人员参与捐赠；创建“家长联系制”，在学校和家长之间建立了沟通的桥梁，提高了家长对学校的信任度；她组织策划的优质组织生活获全省高校一等奖。

王有端

王有端（1943—2008），贵州省毕节县（今七星关区）人，1943年出生于毕节县朱昌，中师文化，中共党员。1964年毕业于毕节地区师范学校，分配到鸭池中心校教书。1979年调入朱昌中学，先任教，后任总务主任。

1984年2月，调任中共毕节县朱昌区委副书记、区长。1988年任朱昌区委书记。在任党、政主要负责人期间，注意团结班子成员一道工作，并处处以身作则，使党务、行政方面的工作有序推进，使党的各项中心工作顺利开展。每年都超额完成县委、县政府下达的社会经济发展指标。在财政税收上取得重点突破，财政收入逐年增长。在工作中，除千方百计实现当年目标外，还高度重视经济的可持续发展，不遗余力地狠抓交通、能源、水利等基础设施建设和文教、卫生、广播电视等事业的全面发展。他担任区长后，即提出“三年实现乡乡通电、通公路”的奋斗目标，并得到区委、区公所班子的认可。他主动分管亲自抓，立即组织实施。在当时电力供应高度紧张、资金严重不足的情况下，发动全区干部群众自力更生、艰苦奋斗、实干苦干，用蚂蚁啃骨头的精神，以劳力弥补资金的欠缺。积极争取地区供电所和县交通局的支持，终于如期完成了任务，把高压输电线路从毕节架设到朱昌，并分头延伸到9个乡（镇）。与此同时，把朱昌至戈乐全长25千米，朱昌至千溪全长13千米两条毛路改造成通畅的公路。从此结束全区无稳定电源、半数乡（镇）不通公路的历史。交通、电力问题的初步解决，为全区经济的持续快速发展创造了条件，也大大方便了群众的生产生活，受到广大干部群众的好评。

20世纪80年代，毕节烤烟支撑着财政收入的一半，也是农民经济收入的主要来源。他紧紧抓住烤烟生产不放松。种植面积逐年扩大，科技含量不断提高，产值、税收连年增长。全区种烟面积一度达到22000亩，收购烟叶600多万斤，产值近2000万元，税收近700万元，名列全县前茅。每年获得50万元至60万元的财税超收分成。把所得的分成主要投资到公路、学校、人畜饮水、乡村输电等民生工程中去，取得了良好的社会效益，使人民群众真正得到实惠。

1992年撤区并乡建镇，王有端调到毕节县人大常委会任党组成员。1993年县级人大换届，当选为县人大常委会副主任。在其后毕节县、市（县级）人代会两次换届中，继续当选人大常委会副主任，于2006年退休。

在40年的工作生涯中，在政治上、思想上、行动上力求与党中央保持一致，工作兢兢业业，埋头苦干；经济上清正廉洁，不占不贪，为人正直，不骄不躁，始终保持国家公职人员应有的品格，是一名好党员、好干部。

于2008年逝世，享年65岁。

王成华

王成华，贵州毕节县（今七星关区）人，1950年2月，出生于贵州省毕节县清水铺生机高刘。大学文化，中共党员。

王成华自幼好学，天资聪慧。1965年从生机小学考入燕子口中学读初中，是品学兼优的好学生。正当他满怀信心投入学习，准备将来升高中、考大学之际，“文化大革命”运动开始了，他不愿跟着瞎闹耽误青春，只得回乡参加劳动。

1968年冬季征兵开始，书读不成，王成华决心去军营，开辟自己的从军道路。经体检、政审合格，1969年1月由贵州省毕节县人民武装部批准应征入伍，在昆明军区后勤第22分部109兵站服役，历任战士、文书、班长等职务。

1970年2月，王成华被选送到昆明军区油料化工训练队，学习油料化验技术。他知道这是组织上对他的培养，是一个非常难得的奋进机会，也是自己创造人生辉煌的起点。他刻苦学习，以优异的成绩结业。同年11月，调入军区后勤362部队工作，提任油料化验员。在油料化验工作中，他精心检验，一丝不苟，为部队供给的油料把好质量关，多次受到昆明军区后勤部和362部队嘉奖。1976年，王成华提任化验室副主任；1978年，任化验室主任，保管二股股长。

1978年，越南当局加快反华步骤，在云南边境不断挑起事端，甚至大肆驱赶、迫害华人华侨，向中国境内开枪开炮，制造流血事件。奉中央军委令，为保家卫国，边防部队紧急备战。俗话说：“兵马未动，粮草先行”。备战物资源源不断从全国各地调运至云南边防，昆明军区三个汽车团担负着战备运输任务，加上边防各部队战备运输车辆、各机场飞行训练，用油量之大是可想而知的。边防备战任务能否如期完成，及时供给油料成了战备的关键。昆明军区为保障边防和各机场用油，架设了四条千里输油管道。王成华所在油库承担着向边防和各机场起始输送油料的重任。他和干部战士不分白天黑夜奋战在油库，有时两三天得不到很好的休息，顾不上吃饭，顾不上睡觉。2月17日，对越自卫反击战打响，王成华率领官兵坚守岗位，日夜不停，将战时所需油料输送到前线。保证了作战部队运输和机场所需油料，受到作战部队好评。战后，王成华荣立三等功一次，并被破格提拔为军区油料保管一大队大队长（正营）。同年7月至1981年7月，王成华被推荐选送到昆明陆军学院后训大队油化专业学习两年，获大专文凭。

军校毕业后，王成华运用所学专业知识，兢兢业业在岗位上任职，对所辖部队严格管理，对业务精益求精。1985年11月调任成都军区35426部队（油库）副主任（副团）兼业务处处长，技术九级工程师。因其工作负责，坚持原则，敢于管理，善于管理，1988年被中国人民解放军总后勤部评为“优秀基层干部”，通报全军表彰。1990年2月，王成华调入成都军区35428部队，任副主任兼业务处处长，工程师，技术八级，上校军衔。1993年2月晋升为35428部队主任。

作为部队“一把手”，王成华廉洁自律，勤奋工作。对部队官兵严格管理的同时，又从细微入手关怀官兵的进步和生活，被干部战士称为“好班长”。35428部队在1994年全军实施基地油库等级管理达标验收考核评比中被评为“三级油库”，被树立为全军典型。单位荣立“集体三等功”1次，他个人被总后勤部评为“先进个人”并在全军通报表彰。

1999年10月，王成华戍边30年，由于长期从事油料工作，积劳成疾，经组织批准从部队正团职岗位退休。现住昆明市军队离退休干部休养所。

总结自己从一个放牛娃到正团军官的经历，王成华的切身体会是：“人的一生，首先要树立奋斗目标，方能有前进的动力；无论做人、做事，官大官小，或是在各个时期处理任何问题，为革命事业尽到自己的最大努力，为人民服务做出应有的贡献，始终牢记党的教导，坚守底线，追求理想，诚实勇进，奋斗到底，就圆了自己的夙愿，就不会留下任何遗憾。”

王传钧

王传钧，贵州省毕节县（今七星关区）人，1947年出生于毕节县田坝，中共党员，大学文化，曾任省工商局党组成员、纪检组长等职。

王传钧的哥哥在赫章县教育局工作，他于

1961年离开毕节随哥哥到赫章读书。后考取毕节农校，毕业后分配到水城县玉舍区工作，先后任农技员、区秘书、副区长等职。在全国农业学大寨时期，被选派到大寨大队去参观考察。1977年到西南农学院进修两年时间。当时六盘水市农办等单位曾多次要调他，可是区委书记特别欣赏他的能力，不管哪里来调都不同意放他走。直到1983年考入六盘水市委党校，毕业后才被留在了市委办工作。在市委办，他任过秘书、秘书科长、副秘书长等职。1988年调任六盘水市纪委副书记、监察局副局长，1997年升任市纪委副书记、监察局局长，2001年4月调到省工商管理局任党组成员、纪检组长。

王传钧很关心毕节的发展，认为毕节有很多优势未发挥出来，以前是受到了交通闭塞等因素的限制，生产的一些东西不能尽快地转化成商品，矿产品和工业品不能系统、规范地开发，毕节在农副产品的综合开发上应该很好地做文章，深加工农产品，使其增值的问题也应重视。烤烟的问题目前不能丢，但为期不会太远，这个问题也要考虑到。旅游业要大力发展，毕节的很多景观都是不错的，可是外面的人还不太知道，还没有多少人来投资旅游开发。基础设施建设上，要集中有限的资金来办事，不能撒胡椒面，项目要一件一件地办成功，要有一定的期限，不能没有期限的做到哪里就算哪里。

王传钧有很多业余爱好，他曾是国家二级运动员。1964年全国举办中学生运动会，省体委要抽调他，因当时他的成绩很好，其兄建议他不要去，要他好好地读书，后来他考取了中专。他还喜欢书法和摄影，他是六盘水市书法协会会员，尤其喜欢草书。他的作品被评为全国市长诗书画优秀作品，作品入选《中国市长诗书画摄影选萃》。

王华国

王华国，穿青人，贵州大方县人，1972年4月出生在贵州省大方县猫场镇，研究生学历，中共党员。

1992年9月至1996年7月在昆明陆军学院学习；1996年7月至1998年3月在中国人民解放军十四集团军三十一师原九十一团一营三连任排长；1998年3月至1999年3月任十四集团军三十一师原九十一团二营四连副政治指导员；1999年3月至2001年3月任十四集团军三十一师装甲团坦克二营四连政治指导员；2001年3月至2003年2月任十四集团军三十一师装甲团司令部管理股政治协理员；2003年2月至2004年6月任十四集团军三十一师装甲团坦克一营政治教导员；2004年6月至2005年3月在云南大学计算机系学习（正营职学员）；2005年3月至2006年4月任十四集团军三十一师炮兵团152加榴炮营政治教导员；2006年4月至2007年9月任十四集团军三十一师装甲团政治处主任；2007年9月至2008年3月任十四集团军三十一师装甲团副政治委员；2008年3月至2009年3月在西藏军区拉萨分区代职副政委委员；2009年3月至2010年4月任十四集团军三十一师装甲团副政委委员；2010年4月至2011年12月任原贵州省毕节市（县级市，下同）人民武装部政治委员；2011年12月任贵州省毕节市七星关区委常委、区人民武装部政治委员。

王华国在部队工作期间，兢兢业业，踏实能干，曾多次受上级嘉奖，2000年12月，因工作成绩突出，荣立三等功一次；2000年12月因工作成绩突出被成都军区评为优秀基层主官。任现职以来，悉心抓好单位军政各项工作，2011年单位荣获贵州省军区军事训练先进单位、计划生育工作先进单位，2012年荣获贵州省军区党风廉政建设先进单位和民兵工作先进单位；2013年因征兵工作完成得好荣获成都军区征兵工作先进单位。个人因表现突出，被贵州省军区评为优秀团级主官。

王守海

王守海（1912—1975），山东单县人，中学文化。1939年3月加入中国共产党，1939年5月参加革命工作。

1939年5月至1949年2月，在山东单县曹马区武委会任工作队员、干事，单县二区工作队副队长，单县曹马区委宣传干事、组织委员，单县县委社会部科长、单县公安局副局长，砀山县、巨南县公安局局长。1949年3月至8月随军南下，任江西省乐平县委社会部部长、县公安局局长。1949年9月至1950年12月西进贵州后，任毕节县第一任社会工作部部长、公安局局长。1951年1月至12月任贵阳市公安局科长。1952年至1974年任贵州省公安厅劳改处狱政科长、副处长，中共毕地委党校副校长，毕节地区革委教育卫生办公室副主任等职。

王守海从北到南，多是在政法战线工作，处在斗争前沿。在毕节县公安局任职期间，在党和政府领导下做了大量工作。在接收旧政权人员、清剿残余土匪的斗争中，勤勤恳恳，做出了突出贡献。在职务变动频繁的情况下，始终保持一股革命加拼命的精神，实现了革命一生、战斗一生的誓言。于1975逝世，享年63岁。

王武荣

王武荣，贵州毕节县（今七星关区）人，大专文化，1944年8月出生于贵州省毕节城区，1961年8月参加工作，1964年8月加入中国共产党。

王武荣参加工作后历任军医、副局长、院长、副书记。1961年在四十师一八团卫生队入伍，先后担任卫生员、军医助理、军医。1971年10月转业，在毕节县公安局工作，先后担任副股长、股长、副局长职务，1984年10月当选为毕节县人民法院院长，1997年10月调任毕节地区行政公署政法委副书记，2004年8月退休。

王武荣始终保持着共产党员艰苦朴素、一心为人民服务的优良作风，积极学习党的各项方针、政策，在思想上始终与党中央保持一致。在毕节县（市）人民法院工作期间，工作勤勤恳恳、尽职尽责，坚守“公正、廉洁、为民”的原则，为了增强司法能力，提高司法水平，确保司法活动的公正与效率，保证案件质量，带领全院干警制定和完善了案件审判质量评查制度，统一评查范围、评查方式、评查载体、评查标准，从而建立起了长效性案件评查机制，提高了干警的自觉性，增强了办案责任心，杜绝了久拖不判的现象。

王学亮

王学亮，贵州毕节县（现金海湖新区）人，1963年3月出生于毕节县鸭池区梨树公社（现属金海湖新区），1981年12月参加工作。本科文化，中共党员。

1981年12月 至1983年3月在毕节县党校读书；1983年3月至1985年9月在毕节县鸭池区保河乡任工作员，梨树乡任乡长；1985年9月至1987年7月在毕节地委党校读大专班；1987年7月至1989年10月任毕节县鸭池区草坪乡乡长；1989年10月至1992年1月任毕节县鸭池区委秘书；1992年1月至1995年7月任原毕节市（县级市，下同）鸭池镇党委组织委员；1995年7月至1998年10月任原毕节市阴底乡党委书记；1998年10月至2001年10月任原毕节市纪委正科级纪检员、办公室主任；2001年10月至2006年10月任原毕节市政府办副主任；2006年10月至2010年1月任原毕节市委办公室主任；2010年1月至2012年6

月调任毕节地区纪委党风室主任；2012年6月起任毕节市督办督察局副局长。

王学亮自参加工作后，刻苦钻研各项工作业务，认真学习党的路线、方针、政策，积极完成各项目标任务，1995年被中共毕节地委评为优秀党务工作者，2014年被省委办公厅评为优秀督察员，多次评为年度优秀公务员，多次受到组织和领导的表彰。

王贤继

王贤继（1931—2007），河南省濮阳县人，1931年出生于河南省濮阳市太兴村。1947年7月参加中国共产党，1948年11月参加工作。

参加工作后，任濮阳县七区西北小区工作员。1949年随军西进，到贵州后任修文县委司务长。1950年调贵阳地委机要交通科任交通员。1951年，贵阳地委文通科与军分区合并后，任贵阳军分区军邮局组长。1952年，调毕节县人民武装部任参谋、干部科干事。1970年任毕节县人民武装部副政委、部党委委员、机关党支部书记。1981年12月，转业到毕节县委统战部任副部长、党支部书记。1985年6月离职休养。

王贤继自参加革命工作以来，服从组织分配，不骄不躁，谦虚谨慎、为人正直忠厚、工作认真负责、成绩突出。随军进入贵州省毕节县（今七星关区）后，为军队建设、巩固人民政权、清匪、肃反、经济建设等方面做了许多有益于党和人民的工作。转业到统战部后，他负责智力支边的协调工作。在工作中，他努力克服文化底子薄的困难，认真学习科学技术知识，和知识分子交朋友。他多次抱病出差，为地方积极引进技术、引进人才、引进项目。他一生艰苦朴素、克己奉公，严于律己、宽以待人，清正廉洁、正直无私，受到了干部和群众的赞誉。于2007年逝世，享年76岁。

王国珍

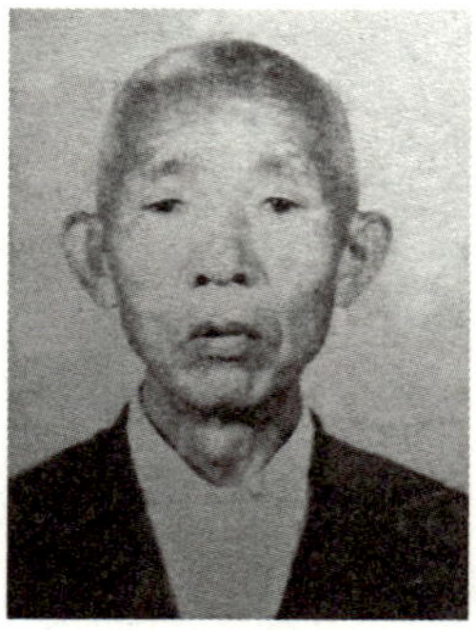

王国珍（1926—2015），贵州省毕节县（今七星关区）人，彝族，1926年8月出生于毕节普宜下火马一个农民家庭，高中文化，中共党员，1951年6月参加工作。

在家乡启蒙读书后就参加生产劳动。1949年年底，中国人民解放军解放毕节，王国珍积极参加当地的清匪反霸、减租退押等运动。1950年出席毕节县各族各界人民代表大会，被选为县政府委员。1951年6月正式参加革命工作，在燕子口区参加第二期土改；在龙场营区参加第三期土改，任工作组组长。1951年全县土地改革工作结束，中共毕节县委、毕节县人民政府召开总结表彰大会，宣布部分人员的任职，1952年6月至1955年7月，王国珍任龙场区副区长，主管农村工作，巩固土改成果。1955年7月至1956年6月任对坡区副区长，主管粮食定产、定销、定购工作。由于工作认真，“三定”任务完成很好，走在全地区前面，经地区“三定”办公室实地检查，受到通报表彰。1956年6月至1957年6月任毕节县财经办公室副主任，管理商业、供销、粮食等方面的工作。

1957年6月至1965年9月，任毕节县城关镇副镇长，分管城市建设。先后建立综合服务站、电池厂、塑料厂、锁厂、修配厂、修理厂等。所生产的鞋底、铧口、铁锅、打米机、打石机等，不仅销至全地区八个县，而且销往邻省县区。城区手工作坊越办越好，解决了许多闲散人员的就业和基本生活问题，社会治安相应很好，城区人民安居乐业。

他被选为县人大代表，参政议政，向县委和政府提供许多涉及民生的好意见，政绩突出，受到领导的肯定和市民的好评。

1965年9月至1966年10月任贵州省水城矿区二区区长，1966年10月至1972年10月任毕节县公司副经理，1972年10月至1981年6月任毕节县城关镇革命委员会副主任，1980年6月任毕节县政协副主席，1981年6月任毕节县人大常委会副主任。

1981年调到县人大常委会，分管民族和宗教工作。1982年被选为出席省人民代表大会代表。1984年光荣地加入中国共产党，工作更加出色。他认真履行职责，经常深入基层调查研究，同边远山区的穷苦人民打成一片，碰到问题就地解决，管好自己分管的工作，从不失职，表现了一个老干部的高风亮节。

王国珍投身革命工作后，始终以党的事业为重，牢固树立为人民服务的思想，谨慎谦虚，严于律己，率先垂范；始终保持坚定的政治信念和政治立场，有较强的革命事业心和政治责任感，忠于党、忠于祖国、忠于人民。作为党的一名干部，他始终保持着共产党员的优秀品质，与同志紧密团结在一起，勤勤恳恳，恪尽职守；不论在何种工作岗位、面对何种艰苦复杂的工作环境和工作条件，他从不计较个人得失，克服困难，坚决执行党的路线、方针、政策。他坚定信仰，淡泊名利，顾全大局，服从安排；他坚持原则，公道正派，光明磊落，襟怀坦荡；他勤于思考，开拓进取，求真务实，任劳任怨；他艰苦朴素，吃苦耐劳，廉洁自律，克己奉公。

王国珍参加革命工作几十年如一日，从来不办不符合政策的事，从来不做违法乱纪的事，从来不搞拉关系讲人情的事，清正廉洁，实属两袖清风，是一位有威望的少数民族干部，深受人们的赞扬和爱戴。于2015年逝世。享年89岁。

王国谟

王国谟，福建莆田人，1920年2月出生，1941年8月毕业于厦门大学。1950年2月参加革命工作。

1941年9月至1943年7月任国民党陆军学校第四分校数学教员，1943年8月至1944年8月任陆二中学校长兼国民师资培炼班班主任；1944年9月至12月任战地失业失学青年招教委员会青岩引导所教导主任；1945年2月至1949年7月，任大定中学高中数理化教员。1950年2月至1951年9月，任大方县人代会副主席兼大定中学校长（一个学期）、付税局副局长，1951年10月至1955年1月任毕节县付税局股长；1955年1月至1957年11月，错判劳改（后撤销）。1957年11月至1972年1月为贵州通用机械石土建技术员，1972年2月至1981年6月在毕节县粮食局工作。1981年6月至1984年10月，任政协毕节县第五届委员会副主席。1984年10月至1987年8月，任政协毕节县第六届委员会副主席。

王忠仁

王忠仁，贵州毕节县（今七星关区）人，1953年11月生，大学文化，1973年12月加入中国共产党，毕节市（县级市）人大常委会副主任、正县级干部。

王忠仁1970年12月应征入伍，先后在原昆明军区汽车修理连和汽车技工训练大队工作，历任战士、文书、班长、保密员、副区队长、区队长。在部队工作期间，因工作突出，先后受到嘉奖三次。

1981年11月转业到毕节县人大常委会工作，1983年9月至1985年7月考入中共毕节地委党校大专班学习。1986年1月至9月任中共毕节县小吉场区委宣传委员。1986年10月回县人大工作，1987年11月任县人大办副主任，1993年6月任县人大办主任，连续当选为毕节县第十一、十二、十三届和原毕节市（县级市，下同）第一届人大代表、常委会委员。1998年至2011年当选为毕节市（县级市）第二、三、四届人大常委会副主任。2011年当选为毕节市七星关区第一届人民代表（其间，1993年8月至1995年12月在中央党校函授学院学习［党政管理专业］）；在长期从事人大工作中，参加了历次市、乡镇人大换届选举试点工作，及时总结经验，为人大常委会拟写换届选举工作报告和实施方案，参与或主持每年人代会例会和人大常委会的会务工作，熟悉人大工作业务和法律法规，善于总结和积累经验，开拓创新，为不断健全和完善人民代表大会制度做出应有的贡献。2013年11月退休。

王炳文

王炳文，男，汉族，1946年9月生，中共党员，大专学历，家住七星关区市东办事处麻园赵家湾林业局宿舍。

1968年12月毕业于杨家塘师范学校，分配到毕节县普宜区阿市公社小阁老生产队劳动锻炼一年。由于当时全区各个公社都办有初中班，初中老师缺员，因此提前于1969年3月安排到普宜区小河小学任初中老师，1970年3月调乐都小学任教。1973年5月调普宜区委任区青年干部，1979年10月任区委秘书。1983年调毕节县委组织部工作，1985年任毕节县委组织部副部长。1989年9月至1990年7月在贵州省委党校大专专修班学习。1991年8月调大方县委工作，任大方县委常委、组织部部长。1994年10月由大方县调毕节地区林业局，任局党组成员、副局长。2007年9月退休。

王济云

王济云，云南昆明人，1947年12月出生于云南昆明，后随父迁到贵州遵义长大。大学文化，中共党员，1967年参加工作。

参加工作后，王济云历任毕节市（县级，下同）水利电力局副局长、党组书记、局长和毕节市政协副主席等职。先后被授予毕节地区科技兴农先进工作者、防汛抗旱先进个人、全国农业科技推广先进工作者、全国水利先进工作者等称号；获得毕节地区科学技术进步三等奖、毕节地区“西部大开发献计献策”活动三等奖和贵州省人民政府1992年至1994年科技兴农工作突出贡献奖等奖项。

1964年，他以优异的成绩考进贵州省水利电力学校。1967年毕业后被分配到毕节县水电局工作。走上工作岗位后，面对恶劣的环境、没有足够的工作经费、没有交通工具等困难，他凭着坚强的意志，弘扬“献身、负责、求实”的水利人精神，不辞劳苦，足迹遍及毕节县的每一个乡镇、每一条河流、每一座水库，甚至每一个山塘。1981年，因工作成绩突出，从一个技术人员被破格任命为水电局副局长。1990年，任毕节县水电局局长。

王济云任毕节县水电局局长的第一件事，就是解决群众用水难的问题。他积极申请了水电部的小水窖技术研究课题，组织专业技术人员对小水窖进行研究，建立了毕节市青场镇青松村、鸭池镇干河村和白石岩等水窖试点工程，同时将研究成果在全县推广，产生了很好的社会效益。1988年，全国政协副主席钱正英来毕节视察工作，在参观毕节县青场镇青松村水窖工程后很满意，认为小水窖工程是解决岩溶山区和少水源地区人畜饮水困难问题的有效途径。在钱正英考察毕节后，水利部相关领导和人员先后到毕节参观水窖工程，随后推荐云南、四川、广西等省区来毕节县观摩学习，省水电厅也组织全省各地（州、市）有关人员到毕节学习取经。

20世纪90年代初，毕节县虽建有大小水电站20余座，但不能很好地发挥效益。王济云带领水电局一班人经过充分考察论证后，组建了毕节市小水电管理站，将全县100千瓦以上水电站从乡镇全部归口管理，有效解决了缺乏技术人才管理的问题。由于管理得当，全市的小水电发挥了很好的效益，水电局也因此多次受到省水电厅的表彰，并将毕节经验在全省广泛推广。小水电点亮了毕节县的万家灯火，点亮了全县农民的心，为毕节的经济社会发展打下一定基础。

作为毕节市农村经济支柱的烤烟由于缺水，产量不高、质量不好。当烟农正在为烟叶产量和质量发愁时，王济云仔细研究烤烟灌溉问题，并在水利刊物上发表《万亩烤烟灌溉》一文，为毕节地区烤烟灌溉提出了切实可行的对策，在毕节县田坝桥、松林、岔河、干河等烤烟优质产区和主产区实施水浇地工程，大大增加了烟叶产量，提高了质量，促进了农民增产增收，取得了很好的社会经济效益。1993年，贵州省水电工作会议在毕节召开，与会代表参观了清水铺镇果园灌溉和松林乡的烤烟灌溉工程，一致予以好评。不久，贵州省水电厅、贵州省烟草局在毕节市召开烤烟灌溉现场会，引起了强烈反响，《贵州日报》整版报道了毕节市的水浇地灌溉工程和水窖工程。

20世纪90年代以前的毕节倒天河，冬天是一条臭水沟，夏天却是洪水肆虐。作为水电局局长的王济云下决心一定要治理好倒天河。经过努力，毕节市城区防洪工程，在1999年争取到全省第一批防洪工程资金4900余万元，对倒天河进行了治理，保障了市民生命财产安全。

1993年，为响应县委、县政府“一业为主、多种经营、以水养水”的号召，他率先在毕节市直机关组建了一个多种经营企业——毕节市三水资源开发有限公司，并以此为依托，兴建了毕节地区首个国家级水利风景区——毕节市天河公园，美化了环境，为市民提供一个娱乐、休闲的场所。

1999年至2002年，倒天河水库加高扩建工程，由省水利水电勘测设计研究院先后完成项目建议书、可行性研究报告和初步设计方案，并获省发改委、省水利厅批准立项。2003年，经长江水利委员会复审，水利部同意将毕节市倒天河水库库容从1020万立方米增加至1880万立方米，2004年获得国家投入资金，开始扩容建设。2005年，工程竣工蓄水，为毕节城区供水提供了有力保障，成为2000年后毕节地区争取到国家投资的第一个中型水库工程项目。

1996年，王济云当选为毕节市（县级市）政协副主席，仍兼任毕节市水电局局长。2001年10月到毕节市政协任驻会副主席直至2007年退休。

王树伦

王树伦，贵州省毕节县（今七星关区）人，1948年8月生于毕节城关，大学文化，中共党员。

1968年8月毕业于毕节地区农校农学专业，同年分配到毕节县阴底区农技站工作。1982年调县种子公司任副经理。1984年4月调毕节县农业局任副局长，1990年9月任局长。1993年5月当选为毕节县副县长。1994年毕节撤县设市（县级，下同），任副市长。1997年11月调贵州省种子公司任经理。2004年公司与站合并，任副站长。

自参加工作30多年来，不管是在区农技站担任技术员，还是在种子公司、农业局、政府担任领导职务，始终保持业务技术、干部本色，努力钻研业务技术，不断提高自身技术水平和素质。在完成本职工作的同时，坚持抓业务技术学习培训。先后主持并参与完成在本地有较大影响的重大农业技术试验、示范、推广项目及玉米杂交育种研究项目，并取得显著的经济效益和社会效益。从1971年起，不管是在农技站，还是在政府担任行政领导，走到哪里就把玉米育种材料带到哪里。他年年赴海南育种加代，成功地育成了抗逆性强、适应性广、产量高、制种成本低的玉米杂交种“兴中双交”“兴黔双交”，并在毕节、威宁、金沙、六盘水、贵阳、普定、晴隆及四川叙永等地较大面积推广。截至1995年年底，累计示范推广面积500多万亩。尤其是耐瘠、爬坡能力较强的贵毕302、贵毕303已成为不少地区中低产土的主栽种。杂交玉米系列配套组合育成技术，成果于1994年被国家科委列为“九五重点成果推广计划”，并获贵州省科技进步二等奖，1995年获国家科技进步奖三等奖。1997年11月，他调省种子公司工作后，建立了夏云玉米育种科研基地，为公司自主创新、自主研发、自有知识产权的品种奠定了坚实的基础。已育成经国家和省审定的玉米杂交品种10个，待审品种2个，进入国家区试品种1个，并在生产上大面积推广应用。2005年，黔兴201在云南创造了亩产1100千克的高产纪录。黔兴玉米杂交种已成为贵州省主要推广的品种，育成的品种累计推广面积1000多万亩。

多年来，他主持并参与的研究项目有：《引进兴玉一号大面积种植增产显著》获1985年毕节县科技成果三等奖；《降低制种成本，提高经济效益》获1986年毕节地区行署科技成果四等奖；《杂交玉米综合增产技术推广》获1991年农业厅丰收计划一等奖。参与完成的《贵州省毕节地区五县杂交玉米综合增产技术》获1991年农业部农牧渔业丰收奖三等奖；《玉米杂交系列配套研究与中试》获1993年毕节地区科技进步奖一等奖；《西南山区玉米系列配套杂交种的选育及应用》获1994年贵州省科技进步奖二等奖，1995年获国家科技进步奖三等奖。主持完成的《玉米大面积增产技术示范推广》分别获1996年毕节地区科技进步三等奖和贵州省星火科技奖四等奖。先后多次受到国家农业部、省农业厅，毕节地委、行署，毕节市委、市政府的表彰和奖励，被授予科技兴农先进工作者、有突出贡献的专业技术人才等。获证书共16个。

在工作中，王树伦主要发表的论文及技术报告目录有《高寒山区玉米育种理论与实践》《贵州省高寒山区玉米杂交的方向和目录》和1989年西南玉米交流材料、《毕节地区玉米杂交种的方向和目标》《黄粒玉米产量配合力分析》《玉米杂交种系列配套研究与中试》《玉米大面积综合增产技术示范推广》《西南山区玉米系列配套杂交种的选育及应用》等，先后被有关刊物采用。《山区玉米品种生态类型及杂交种的利用》被中国国际农业科技年会采用，中国出版社于1996年出版。

王树伦经过多年的勤学苦研，取得许多学术成果，为省内外农业发展做出积极贡献，有较高知名度，是一名农业技术专家。

王顺荣

王顺荣，贵州省威宁县人，彝族，1937年生于威宁县大街乡，1962年从贵州省农学院毕业，高级农艺师。历任毕节县农业局土肥站站长、县政协委员、县人大常委会副主任和督导员等职，贵州省人大第六届、第七届代表。

大学毕业后就扎根农村，当技术员，参加县委样板工作组到观音桥、茶亭等地蹲点办样板。他引进农育1744等三个矮秆稻进行试种，秋收时现场对比每亩增产300余斤。引种的阿夫等四个小麦新品种，试验成功后向全县推广应用。他亲自下田指导农民用湿润秧田育秧技术替代水秧田，达到了早育秧、育壮秧的要求。用拉绳插秧的方法替代随手插秧，达到了沟直浅稳的科学要求。把水稻稀植（6×8寸）改成合理密植（3×6寸），使全县的粮食得到增产。接着引进绿肥新品种试种成功，并选出苕子为推广的当家品种，开辟了新的有机肥源。20世纪60年代初，王顺荣反复进行化肥施用试验，科学施肥，为全县科学种田、科技进步做出贡献。

1979年，参加全国第二次土壤普查，任毕节地区试点县野外调查组副组长，负责业务技术工作。他带领队员翻山越岭、走村串寨，足迹遍及毕节县每一个角落，出色完成任务，摸清全县土壤资源，为农业生产布局和制订国民经济发展计划提供了科学依据。1982年，参加毕节县农业区划工作，任土地资源专业组组长，在土壤普查的基础上认真调查核实，基本查清全县3413.3平方千米的土地资源，为各区划专业组提供了用地依据，很快圆满完成了区划任务。1985年，目睹烤烟用肥依靠进口且供应不足的现象，他潜心钻研烤烟专用复合肥，并获成功，使全县烟叶获得丰收，为毕节农业经济发展做出了重大贡献。1986年，参加贵州省中低产田土粮食增产综合技术措施研究攻关工作，按时保质完成省下达的攻关课题，荣获省农业厅荣誉证书。1989年，作为少数民族代表参加了贵州省少数民族观礼团，赴京参加国庆40周年大庆观礼，受到了党和国家领导人的亲切接见。

王顺荣一生热爱党，热爱事业。因工作需要放弃多年夙愿留在党外工作，同时放弃优厚待遇，服从组织安排到毕节县人大工作。1993年2月20日，在下乡指导乡镇人大换届选举途中发生车祸，高位截瘫(特级残废)。由于丧失工作能力，1995年退休治病。他是毕节有突出贡献的农业技术专家和工作者，深受群众的好评。

王恩华

王恩华(1932—2010)，贵州省毕节县(今七星关区)人，1932年10月出生在毕节县海子街烧岗箐王家寨。初中文化，中共党员。

1951年11月参加革命，在毕节城关一区三街工作，在德后(后河)参加二期土改。1951年11月至1957年12月，先后任杨家湾区周驿村三期土改工作队员、组长、区青年干事、团区委副书记，区委宣传委员，县人民检察院检察员。1952年11月加入中国共产党。1955年2月至6月在中共贵州省委党校学习。1958年1月至1959年3月调中共毕节县委农工部工作。1959年4月至1964年10月，调杨家湾区工作，先后任杨家湾人民公社管理区党总书记、主任，杨家湾人民公社(区级)副主任，杨家湾区区委委员，区粮管所支书、所长，其间，在省财经干校学习。后任戛木公社书记，其间在地委党校学习，后任杨家湾区区委宣传委员。1964年11月至1965年5月，调中共阴底区任区委副书记。1965年6月至1977年6月，调任中共燕子口区委副书记、书记、区革委会主任、区革委会党的核心领导小组组长，毕节县第三届县委委员。1977年6月至1983年12月任中共毕节县委常委，兼海子街区委书记、区革委会主任，其间，1978年3月出席省第四次党代会，1980年2月至6月在地委党校学习。1983年12月至1993年9月，调毕节县人大常委会任副主任，毕节县第九届、第十届、第十一届、第十二届人民代表、常委会党组成员常委会党组副书记、副主任等职务。1993年10月退休。

他积极好学，作风严谨。幼时家境较贫，没有上学的机会。参加工作后，深感无文化之苦，便一边工作一边刻苦学习。任区粮管所所长时，已能认识约3000个常用字，能写工作报告和总结，为他后来担任领导职务打下基础。他常说，“好记性不如烂笔头”。在担任区委书记期间，区里没有交通车辆，他靠步行，翻山越岭，走遍了全区的大队、生产队，并把各地情况记录下来。每年在生产队决算分配和公社年报之后，他都要利用晚上时间加班加点，把各公社、大队、生产队的基本情况抄录下来。多数时候是自己抄录，忙不过来时，才让秘书帮忙。他在燕子口区担任区委书记12年，全区222个生产队的基本情况，从户数、人口、劳力、田土、山林面积，到交多少公粮，卖多少余粮，总收入多少，一个工(10分工)分了多少粮、多少钱等数十个内容，年年都记得清清楚楚。

在担任区领导职务期间，不以权谋私，廉洁奉公。接待上下级来人，区财政没有经费，他就自行接待，不花区公所一分钱。1974年，修建燕子口区公所大楼，驾驶员为区运材料，常在他家就餐，他没有让公家报销一分钱。他为母亲备棺木，把钱交给他人去买，嘱咐帮办人不要说是为书记买的，怕售主为难少收钱。

在工作实践中培养人才。他常说："革命不是一个人干得完的，不要怕别人超过自己，要一代一代地接得上。"在担任区委书记期间，他培养的年轻干部不计其数，其中有许多县处级以上干部。燕子口中学有一些学生想参军，他都按要求和规定一一解决。从这所中学去参军并成为将军的有两人。在动员青年参军的工作中，对家庭有顾虑的，王恩华带着秘书步行30华里，做通了其父母亲的工作，让他们高高兴兴地送儿子参军，类似事例达数十人。他为国防建设做出了积极贡献。

于2009年12月1日逝世，享年79岁。

王朝彬

王朝彬（1928—2006），山东金乡人，1928年出生在山东省金乡县一个农民家庭，中学文化，中共党员。

在青少年时代，向往光明，在进步思想影响下，于1942年参加革命工作，1943年春加入中国共产党。曾先后担任湖西专署石印局工人，湖西专署财务科、银行办事处出纳员。1949年3月随军南下，先后任江西景德镇市银行总会计，毕节地区中心支行会计股股长，水城县支行副行长，水城县支行行长兼税务局局长。1953年4月任毕节专区专卖处主任（县级），1954年4月至1956年4月，先后任毕节县支行行长、财政经济委员会主任、财贸部部长。1956年4月任毕节县委副书记兼城关区委书记，1959年1月任黔西县委书记处书记，1964年7月任黔西县委第一书记。1967年在地区"五七"干校劳动。1970年5月任黔西县革委第一副主任，1971年7月后，先后任黔西县委副书记、第二书记、第一书记。1979年8月任毕节地委委员、毕节县委第一书记，1982年1月任毕节地区行署副专员。1985年6月离休。1992年8月明确享受正厅级干部待遇。

自参加革命以来，始终坚定不移地探索真理，追求真理，坚持真理。在半个多世纪的革命生涯中，为中国的新民主主义革命、社会主义革命和社会主义建设事业呕心沥血，竭尽全力，忘我工作，贡献了毕生精力。在抗日战争、解放战争时期，出生入死，不怕牺牲，为人民的解放事业做出了积极贡献。解放后，在担任黔西县委副书记、第一书记期间，坚决执行党的决议、决定，吃苦耐劳，心系民众，经常深入基层访贫问苦，切实帮助群众解决生产生活中遇到的困难和问题，带领群众克服困难，抓好农业生产，维护社会稳定。在担任地委委员、毕节县委第一书记期间，他坚决贯彻执行党的十一届三中全会精神，带领全县干部群众解放思想，拨乱反正，认真落实家庭联产承包责任制，大力发展农业和农村经济，为毕节县政治稳定和经济社会发展做出了重要贡献。在担任行署副专员期间，他认真贯彻执行党的路线、方针、政策，坚持四项基本原则，坚持改革开放，为开创毕节地区工作新局面做了许多卓有成效的工作。他退出领导岗位后，继续关心毕节的改革和建设，经常参加地委、行署有关重要决策和有关活动，践行了共产党员为共产主义事业奋斗终生的誓言。

他对党忠心耿耿，无论是在革命战争年代，还是在和平建设时期，他始终坚信马列主义、毛泽东思想，坚信共产主义，保持坚定的革命意志和革命乐观主义精神，坚决维护党和人民的利益，维护党的威信。他襟怀坦白，爱憎分明，在原则问题上从不含糊。在"文革"期间受到错误批判，身心受到严重摧残，但他始终相信党、相信人民，坚持对党的信念不动摇，表现了一个共产党员的崇高品质。在1989年春夏之交北京政治风波中，立场坚定，旗帜鲜明地反对动乱，政治上、思想上与党中央保持高度一致；他具有坚强的党性，对党、对人民无限忠诚，时刻牢记党的宗旨。他顾全大局，服从分配，踏实工作，严于律己，为政清廉，从不计较个人得失，从不向组织提要求、讲价钱，对家属、子女严格要求，总是以自己的言行影响和教育子女，努力为党、为人民工作。他勤奋学习，善于思考，勇于探索，实事求是；他工作认真，任劳任怨；他敢于负责，敢于承担，敢于开展批评和自我批评；他光明磊落，公道正派，平易近人；他作风民主，深入实际，联系群众，理论联系实际，注重调查研究；他爱护同志，关心干部和群众的疾苦。他德高望重，受到广大党员、干部和群众的尊敬和爱戴。于2006年逝世，享年78岁。

王德江

王德江，贵州省毕节县（今七星关区）人，1929年10月出生于毕节县鸭池，1951年11月参加革命工作，1954年1月加入中国共产党。

幼年在家读书，年长后务农。1951年11月在家乡农协会工作，后任鸭池区供销社会计、主任。1954年调任区委秘书、宣传干事。1960年调任毕节县委宣传部干事、县档案馆副馆长、县委办公室秘书。

他为人诚实，工作成绩突出，1964年提任城关镇党委副书记、镇长。1978年调任毕节县人民法院院长、县纪委委员。1981年6月再次当选县法院院长。1984年10月，因年龄偏大明确为法院调研员。1986年6月经中共毕节地委明确为副县级干部，1990年11月退休。人民群众称他是一位勤政、清明、廉洁的好法官、好干部。

韦应时

韦应时，四川合江人，1935年1月1日生于四川合江，中共党员，大学本科学历。毕业于贵州农学院农学专业，1954年3月1日参加工作，1960年6月8日加入中国共产党。1995年7月1日在毕节市科协退休。

韦应时参加工作后，长期在毕节县工作，曾任中共毕节县委办公室工作员、秘书等职。1975年至1976年10月，任中共毕节县委办公室副主任；1978年9月至1981年8月，任中共毕节县委办公室主任；1981年6月至1983年12月，任毕节县人民政府副县长；1983年12月至1983年12月，任中共毕节县第三届委员会常委；1983年12月至1984年10月，任中共毕节县委副书记，毕节县人民政府县长；1984年10月至1984年12月，任中共毕节县第三届委员会书记（注：设有第一书记），毕节县人民政府县长；1984年12月至1987年5月，任中共毕节县第四届委员会书记；1987年6月至1995年7月，任中共毕节地区（市）科学技术协会党组书记、毕节地区（市）科协主席。于1995年7月在毕节市科学技术协会退休。

牛林枫

牛林枫（1920—1999）又名鸿年，河南省唐河县人。1938年9月参加革命，1940年6月加入中国共产党，大专文化。

1938年就读于陕北公学第一期，1939年在抗日军政大学一分校学习。1940年任山东省鱼台县抗日民主政府科长。1942年参加冀鲁豫行署保卫干部培训后，任湖西专署公安处股长。1944年任鱼台县公安局副局长、局长。1946年任湖西专署公安处办公室主任。1949年5月参加南下支队，到达江西后，任景德镇市公安局副局长。是年年底西进贵州，先后任毕节县县长、毕节专署教育科科长。其间，于1951年12月至1952年带队参加纳雍、威宁两县土改工作，是主持两县土改工作的领导人之一。

1952年11月至1958年先后任贵阳师范学校校长，中共贵州省委宣传部处长，贵州省文化局副局长，中共印江县委第一书记。1958年任惠水重型机床厂党委书记，1962年任贵州省农具厂党委书记。“文革”期间受冲击。1973年任险峰机床厂党委书记。1976年任贵州省科学技术协会常务副主席、党组副书记。1985年离休，享受正厅级待遇。1999年去世，享年79岁。

丹　彤

丹彤，贵州毕节县（今七星关区）人，1971年7月出生于贵州省毕节县，1993年7月参加工作。大学本科，民建会员。

1988年9月至1993年7月在北京工业大学土木工程系交通工程专业学习；1993年7月至1994年8月在贵州省毕节地区公路规划勘察设计所工作；1994年8月至1998年11月任贵州省毕节地区公路规划勘察设计所助理工程师（其间：1997年抽借到地区重点公路工程建设指挥部，1998年7月任地区重点公路工程建设指挥部工程科副科长）；1998年11月至2003年9月任贵州省毕节地区公路规划勘察设计所工程师（其间：2002年2月，被抽调任毕节地区通县油路建设工程项目业主办公室主任）；2003年9月至2004年4月，在贵州省毕节地区公路处工作（其间，2003年2月，抽调任毕节地区县际公路建设工程项目业主办公室主任）；2004年4月至2008年8月任贵州省毕节地区公路处副处长（其间，2004年12月被评为高级工程师）。2008年8月至2010年1月任贵州省毕节地区交通局总工程师；2010年1月至2012年8月任贵州省毕节地区交通运输局总工程师；2012年5月至2013年1月任毕节飞雄机场公司副总经理（兼）；2012年8月至2014年12月任贵州省毕节市交通运输局副局长（其间，2014年1月被抽调任毕节市通村水泥路建设指挥部办公室副主任）；2014年12月起任贵州省毕节市交通运输局副局长、毕节市铁路机场建设办公室主任（其间，2015年12月被抽调任毕节市高速公路铁路建设指挥部办公室主任）。

1993年7月至1996年12月，丹彤参加了贵毕公路、居二公路、金沙环城线、赫章环城线测量设计。1997年元月至2002年元月，抽借到地区重点公路工程建设指挥部参加贵毕公路毕节东出口段（含关门山隧道、三板桥大桥）、贵毕公路归化至双山段路基工程建设管理，其间，1998年7月任地区重点公路工程建设指挥部工程科副科长，负责指挥部办公室技术管理工作。2000年毕节东出口段建成，2002年贵毕公路归化至双山段路基工程建成。这些成就都与他勤奋工作、精心组织分不开。

2002年2月任毕节地区县际公路建设工程项目业主办公室主任，负责G326国道金沙至大方段改造工程，2002年年底工程完工。2003年2月至2006年元月，任毕节地区县际公路建设工程项目业主办公室主任，负责大方至纳雍、织金至纳雍、纳雍至六枝、金沙至仁怀、赫章至纳雍、赫章至可乐等公路改造，项目全部圆满竣工。

2006年开始参与通村公路及通乡油路建设管理，至2011年，全市实现100%行政村通公路，100%乡镇通油路。2011年7月，根据市委安排，到黔西县蹲点，督促黔西县兴黔大道、杜鹃大道等城市道路建设。经过努力，项目如期完工，顺利迎接全省旅发大会召开。

2012年5月，根据市委、市政府安排，丹彤兼任飞雄机场副总经理，负责机场现场建设管理和协调机场高速公路建设。机场及机场高速公路于当年12月建成，圆满完成上级交付的任务。

2013年5月至6月，按照市委的安排，到七星关区海坝（海子街至小坝）大道蹲点，督促调度工程建设，确保项目按时完成任务，顺利迎接当年全省项目观摩会的召开。2013年8月至12月，按照市委、市政府安排，到双山新区参加新区路网建设管理工作。新区职教城路网所有道路路基当年内基本完成，其中部分道路建成通车，顺利迎接当年全市项目观摩会的召开。2014年元月至2015年，按照市委、市政府安排，参与通村水泥路建设并负责技术管理工作，至2015年年底，全市基本实现村村通水泥路的目标。

2015年12月开始，按照市委安排，丹彤参与全市高速公路、铁路建设的征地拆迁、群众协调、项目前期等工作，使成贵铁路、叙毕铁路、毕镇高速、百黔高速、息黔高速、织普高速等项目建设顺利开展。

文　景

文景，贵州省毕节县（今七星关区）人，于1966年4月出生在毕节县小吉场区层台公社（今七星关区层台镇牛场村），中共党员，大学文化。

文景1984年12月加入中国共产党，1985年担任牛场村团支部书记，1986年10月至1988年7月在毕节财贸学校工业财务会计专业学习，1988年8月参加工作。1988年9月至1999年10月期间，先后在毕节地委办公室行政科、信访科任办事员、科员（其间：参加贵州省高等教育自学考试，获贵州大学法律专业大专文凭；1998年3月至1999年3月挂任威宁县炉山镇党委副书记）；1999年10月至2008年7月，先后任毕节地委办公室副科级秘书，地委办督察科副科长，地委办秘书二科副科长，地委办公室主任科员（其间：1997年8月至1999年12月在中央党校行政管理专业学习，获中央党校函授本科文凭）；2008年7月至2011年10月，任毕节地区国家保密局副局长；2011年11月至2015年12月，任中共毕节地委办公室机关党委书记、中共毕节市（地级）委办公室机关党委书记。

邓　斌

邓斌，贵州毕节县（今七星关区）人，1963年5月生于贵州省毕节市七星关区，本科学历，中共党员，1985年参加工作，1996年8月加入中国共产党。

1982年9月至1985年8月，就读于毕节师范专科学校数学专业。1985年8月至1995年4月分配到原毕节市（县级市，下同）委党校任教师，1985年4月至2003年11月调原毕节市人民检察院（今七星关区人民检察院）工作（1998年9月至2000年7月在贵州省委党校在职本科班法律专业学习）；2003年11月至2005年3月调原毕节市三板桥办事处任副主任；2005年3月至2009年8月调原毕节市人民检察院任反贪局局长；2009年7月至2012年3月任毕节市七星关区人民检察院党组成员、副检察长；2012年3月起，调任纳雍县人民检察院检察长。

邓斌总是给人睿智的感觉，一副学者的派头。谁承想他竟然是令腐败犯罪分子闻风丧胆的“大侠”。学数学的他，天生就有运筹帷幄、调兵遣将的才能。说起他，七星关区人民检察院的同事都有赞扬之词。当然，对他的赞扬，绝非溢美空谈，都是大家心底想要表达的真诚话语。

他工作有三个特点：一是认真，其实具体地说叫“较真”。做反贪局的工作，得罪人是肯定的，许多朋友都劝他不要太认真，能睁只眼闭只眼就行，可他不干。他就是两只眼睛都要睁着，还说我就是“四只眼的青蛙”，怎么样？鉴于此，许多在七星关区名望很大的人，都栽在了他的手里。二是严肃。他一到检察院，就是在反贪局，从来没有换过工作，好不容易被调到办事处，工作不到两年，便又打道回府，回到检察院，干起了老本行。可他说“干一行要爱一行”，不要见异思迁。三是温暖。“对待敌人像冬天的寒风冷酷无情，对待同志要像春天般的温暖”，雷锋的话，他铭记于心，在他的手下工作，就会感觉到温暖。当你加班加点工作时，他会陪伴着你，当你家里有什么痛苦的事情，他会陪伴在你身边，为你排忧解难。当有机会提拔你时，他会让你早点离开。

邓申军

邓申军，贵州毕节县（今七星关区）人，1973年1月2日出生于贵州省毕节县青场区初都村。本科学历，中共党员。

邓申军于1991年12月入伍，成为红河边防支队新训大队战士；1992年3月，在红河边防支队边防集训队当战士；1993年10月，在文山边防支队机动中队当战士。在边防支队服役的三年里，邓申军服从命令，听从指挥，领导叫干啥就干啥。训练中吃大苦耐大劳，不达最好成绩不松劲；在执行各项任务中，发扬敢打敢拼作风，每次都能圆满完成任务，年年被评为先进战士。

1994年9月，邓申军被选送到昆明边防指挥学校学习，任学员；毕业后，1996年7月任思茅港边防检查站业务处检查员（正排职）；1999年12月任思茅港边防检查站业务处检查员（副连职）；2002年3月任思茅港边防检查站综合办公室参谋（副连职）；2002年12月任思茅港边防检查站执勤业务科检查员（正连职）；2005年8月邓申军被提任思茅港边防检查站业务执勤业务科副科长（副营职）；2008年2月任思茅港边防检查站业务执勤科科长（正营职）；2009年7月任思茅港边防检查站情报法制科科长（正营职）；2011年3月，邓申军升任思茅港边防检查站综合办公室主任（副团职）；2014年3月，任思茅港边防检查站副站长（副团职）；2014年6月任思茅港边防检查站执勤业务科检查员（正团职）。

邓申军自入伍以来，多次组织和参加军事大比武，先后被评为优秀党员、优秀党务工作者。受嘉奖，评为标兵多次。在任武警云南省边防总队思茅边防检查站副站长期间，2002年获三等功一次，2004年获三等功一次，2011年获二等功一次。在所负责的边防业务工作中，打击边境走私和缉枪缉毒，做出了很大的贡献，成果累累，他与战友们共查获各类毒品116.4885千克，查获走私物品共计735.105吨，有力地打击了犯罪分子的嚣张气焰。

邓志华

邓志华，原名邓富贵，贵州毕节县（今七星关区）人。1948年5月出生在毕节县海子街区五里坪花牌坊（今七星关区观音桥街道办事处五里坪村邓家湾组），于1970年9月参加工作。大学本科，中共党员。

邓志华1970年9月参加工作，1972年3月加入中国共产党，历任五里坪公社秘书、党委副书记。1972年7月至1975年1月在贵州师范学院（今贵州师范大学）政教系学习；1975年1月至1977年10月在贵州师范学院（今贵州师范大学）工作；1977年10月至1984年10月在贵州省委办公厅任省委领导同志专职秘书；1984年10月至1989年2月任省委统战部干部处副处长；1989年2月至1991年9月任贵州省人民政府参事室办公室主任（正处级）；1991年9月至1996年12月任贵州省委保密办（保密局）秘书处处长；1996年12月，起任贵州省委保密委专职副主任兼省委保密办（省保密局）副主任、副局长（副厅级）。2006年8月起，主持省保密局工作，2008年9月明确为正厅级干部，同年12月底退休。

邓志华自幼勤奋好学、刻苦钻研，读书期间，学习成绩一直较好，多次被评为“三好”学生和优秀学生干部。参加工作后，工作认真负责，作风严谨，公道正派，清正廉洁，有良好的思想和工作作风。在省委办公厅、省委统战部和省保密局工作期间，经常深入基层，帮助指导工作。由于工作认真负责，1987年被省委直属机关工委评为“优秀基层党组织工作者”，1988年被省总工会评为“优秀工会积极分子”。1996年至2002年当选为省委办公厅机关党委委员。2008年当选为贵州省第十届党代会代表，同年4月光荣地出席省第十次党代表大会。

邓振才

邓振才，贵州省毕节县（今七星关区）人，1949年10月生于毕节田坝，大学学历，中共党员。

从小在家乡读书，小学毕业考取朱昌中学，1968年回乡参加农业生产，学习、劳动表现良好，1970年11月被推荐到上海同济大学路桥系路桥专业学习，毕业后被分配在毕节地区交通局工作。1984年4月任公路科科长。其间，于1986年赴织金县桂果区挂任副区长。1987年回局后，历任副局长、局机关党总支书记、地区公路处处长、助理调研员、地区公路学会理事长等职。

在工作中，发挥自己所学专业的特长，理论结合实践，刻苦钻研技术业务，对工作尽心尽力，亲手编制“七五”“八五”“九五”“十五”“八七”规划和公路扶贫计划及“交通旅游”、公路规划、养护年度计划等。他组织新建、改造公路万余千米，新建大、中型桥梁30余座，长度2400余米。其间，经常亲临现场指导，解决施工中出现的技能、技术问题，深受同行和工人的称赞。

在几十年的工作中，由于清正廉洁，成绩突出，1986年和1997年分别被地委、行署评为扶贫工作先进个人，同时被省人民政府以工代赈办公室评为十年以工代赈先进个人，获一等奖。在平时的工作中，多次受到省交通厅、省公路局的表彰，被毕节地直机关党委评为优秀共产党员。

五　画

龙义权

龙义权，贵州省毕节县（今七星关区）人，1922年2月出生在毕节海子街王张豪沟，高小文化。

1949年1月在河北省北平参加解放军，在第四野战军48军143师428团炮连当战士。1952年12月起，在河南军区炮兵营2连、中南边防公安9师炮兵营当炮手。1954年年底在广东梅县179陆军医院休养，在中南军区暂编28团2营6连当学员。1954年12月转业，因病回家。历任初级社会计、高级社财务委员、豪沟乡宣传委员、蔬菜公司食杂经理部经济民警、林口区场坝中山大队副支书。1954年起，在县食杂经理部、县农村工作组、蔬菜公司、县食品公司工作。1964年起在县商业局工作，1981年1月离休，享受老干部待遇。

龙泽玉

龙泽玉，祖籍重庆璧山，1963年1月出生在贵州省大方县城关镇，1984年8月参加工作。大学本科，中共党员。

1980年9月 至1984年7月在贵州工学院机械系机械制造工艺及设备专业学习毕业，获工学学士学位；1984年8月起在贵州省毕节地区计划委员会投资科工作；1986年9月加入中国共产党；1987年2月至1988年元月参加毕节地区扶贫工作队在织金县城关区普作乡任乡长助理；1988年4月任毕节地区计委投资科副科长，1994年5月任投资科科长；1994年9月至1996年8月在黔西县政府挂职任黔西县县长助理；1996年8月任毕节地区计划局党组成员、副局长；1998年3月至7月在贵州省委党校中青班学习；2001年5月调毕节地区赫章县工作，任赫章县委常委、副县长，分管常务工作；2002年4月任赫章县委副书记、代理县长、党组书记；2002年12月调毕节地区原毕节市（县级市，下同）工作，任毕节市委副书记、副市长、代理市长、党组书记；2003年3月至2009年6月任原毕节市市长；2009年6月调任毕节职业技术学院党委副书记、院长（副厅级）。

龙厚华

龙厚华，贵州省毕节市人，1947年生于原毕节县城关镇，祖籍四川省璧山县。1970年应征入伍，在中国人民解放军步兵121团宣传队参加工作，1972年7月加入中国共产党。1974年退伍后分配到地区医药公司工作，其间被抽调到地区财办协助分管领导做秘书工作。1977年恢复高考后，考入贵州大学历史学专业学习，获学士学位。贵大毕业后，被分配到地委宣传部工作。其后根据组织安排先后在地委讲师团、大方县委、地区经济研究室、社科联、行署、地区政协工委等部门工作，历任宣传部办公室副主任、地委讲师团副团长、大方县委副书记（挂职）、地区经济研究室副主任、地区社科联主席、行署副秘书长及秘书长、地区政协工委副主任等职。2007年7月退休。

龙厚华党性较强，服从组织安排，忠于职守，工作兢兢业业，勇于探索，廉洁自律。在部队期间因工作成绩突出，完成任务好，受团嘉奖一次。

在大学读书期间，任校学生会成员，系学生会副主席，班党支部书记、学习委员等，由于他学习刻苦、成绩优秀、工作勤奋，被评为校“三好”学生，受学校奖励。

在宣传部任职办公室副主任期间，恪尽职守，努力工作，任劳任怨，被评为优秀共产党员。在讲师团工作期间，为推动全区乡镇企业发展，参与了《乡镇企业发展手册》一书的编写工作，其间还撰写了多篇文章在《贵州日报》《贵州民族研究》等报刊发表。

在大方县挂职扶贫期间，他与队员一起，深入乡镇、村、户调查研究，有时一天步行几十里，到不通公路的村寨调研，为大方县坡脚、理化区的扶贫工作做了一些实际的基础工作，并写了调研报告和建议，被地委、行署评为扶贫工作队先进队员，给予表彰和奖励。

在经济研究室工作期间，他与经济研究室的同事一起完成了《毕节地区产业结构改造的资金研究》项目课题，该项目荣获了1992年毕节地区科学进步三等奖，受到行署奖励。其间，还承担了地委、行署交办的其他撰稿任务，尤其是与经研室的安汝鑫、汤正仁、罗晶等一起参与了毕节开发扶贫、生态建设试验区筹建的建设规划，配套政策研究等大量的文字资料准备工作，完成了试验区至2000年发展规划中总体规划的编写，并到北京参与了整个规划的论证工作，为试验区的筹建工作做出了贡献。

1989年任社科联合会主席期间，克服多种困难，充分调动单位职工和广大社科工作者的积极性，变虚为实，虚事实办。一是创刊并主编了刊物《乌蒙论檀》，为社科工作者发表科研成果提供园地，并刊发省内外部分知名专家学者的科研成果。由于刊物质量和学术性，很快就被北京图书馆和人民大学期刊资料等收藏。二是为满足部分在职人员和社会青年的再学习需求，与省社科联、民院等上级部门和院校联合开展培训工作。三是在地委、行署领导下，于1992年具体组织和实施了毕节地区首届社会科学优秀研究成果评选活动，为促进地区社科研究工作的开展起到了积极的推动作用。在这次评选中，他于1982年在《贵州民族研究》杂志上发表的论文《〈宇宙人文论〉哲学思想源流初探》荣获地区首届社会科学优秀研究成果评奖二等奖，受到行署奖励。在1993年地直创先争优活动中被评为优秀共产党员。

1995年2月调行署工作期间，一是按行署部署连续三年（1995—1997）带工作组在金沙县协助抓烤烟生产；二是按地委、行署组建驰宇烟草集团的部署，与地委研究室、烟草局、烟厂有关人员经过努力，完成集团组建的前期资料准备工作，并通过国家烟草局和省政府的论证，为驰宇集团的组建做出了努力；三是协助行署分管领导和主要领导完成了各项经济社会发展的调研、布局、政策制定、日常工作运转的各项任务；四是主持行署办公室工作期间，加强和推动了办公自动化建设，为行署定期开展政务公开做出了应有的努力，同时，组建了办公室党组，加强了行署办公室的制度建设。

2003年调政协工委工作期间，和相关处室同事一起，对区职业教育、医疗管理等问题进行了调研，提出相关提案供行署决策参考，并按省政协要求，牵头和师专、民委、苗学会等有关部门、院校、团体协作，完成了区苗族百年历史的编写任务。

龙厚华业余爱好广泛，尤其喜欢民族乐器二胡的演奏。2007年退休后，为推动民族音乐事业的发展，免费为少儿传授二胡演奏技艺，连续两年（2007—2008年）被中国民族管弦乐学会评为优秀教师。2011年，小范围举办了个人二胡专辑录制音乐会。直到现在，仍然活跃在民族乐器的推广、传播、发展活动中，为社区文化活动的开展贡献微薄之力。

龙厚群

龙厚群，女，汉族，贵州毕节市人，1956年11月生于原毕节县城关镇。祖籍四川省璧山县。1975年参加工作，中共党员，研究生文化。历任毕节地区糖酒公司党支部副书记，百货大厦党支部书记，地区纪委副、正科级纪检员及干部室副主任、地区纪委委员、干部室主任，地区纪委副书记、常务副书记，省纪委派驻省农委副厅级纪律检查员、监察专员等职。2011年当选为毕节市第一届人大常委会委员，2017年1月退休。

龙厚群于1974年在毕节一中高中毕业后，1975年“上山下乡”到水城发耳区劳动锻炼。1977年招入水城特区农机局从事会计、农机宣传培训工作。1980年参加成都农机学院师资培训班结业，1981年3月光荣加入中国共产党，1983年为照顾瘫痪母亲调入毕节地区糖酒公司业务科工作，1985年参加西南政法大学法律专业培训班结业，1986年任政工人事副科长，1988年考入毕节市委党校党政管理专业脱产大专学历班深造，在校期间因品学兼优被评为优秀党员和全优学员，受到表彰。1990年任地区糖酒公司党支部副书记，在协助书记抓好党建、干部职工教育管理的同时，积极为企业参与市场竞争、探索改革出谋划策，在深入乡村推销商品服务群众中率先垂范，受到干部职工称赞和地区商业局行文通报表扬。1991年任地区百货大厦党支部书记，认真贯彻落实国务院关于流通领域政策和主管局决策部署，团结带领班子开拓创新，扎实工作，实绩突出，得到上级党委肯定。1992年4月选调到地区纪委从事信访接待工作，认真钻研政策规定，热情接访，帮助群众解决合理诉求，为纪委机关联系群众搭建连心桥积极工作。1993年任地区纪委干部室副主任，在地纪委委员会正确领导下，认真执行干部政策，采取措施抓好系统干部教育管理培训监督和服务等方面工作，在提升干部能力素质方面做出了努力。其间，代表地区纪委参加“全省反腐倡廉”演讲比赛获优秀奖。1998年任地区纪委委员干部室主任，认真履行政工人事工作职责，在干部教育培训、监督管理、挂职锻炼、轮岗交流等方面做了大量的工作，被评为纪检监察系统先进个人并受到表彰。2000年考入省委党校经济学专业函授研究生学历班深造，撰写各类文章20余篇，被评为优秀2篇，毕业论文获优秀论文奖。

2001年至2006年任毕节地区纪委专职委员，协助副书记分管干部、宣传教育及调研法规和党风廉政建设工作。组织并参与机关机构改革、干部轮岗交流和工资改革，全区党员干部正反典型教育、廉政文化“三下乡”、廉政作品创作征集，党风廉政建设责任制推进完善及政务公开试点等工作。其间被评为优秀党员和老干工作先进个人，受到地纪委和地直机关党委表彰。

2006—2011年任地区纪委副书记，分管干部、信访、宣教调研法规工作。一是全面贯彻党的干部工作政策规定，采取多种形式加强干部纪律、作风教育，严格监督管理，强化培养培训。积极探索派驻机构发挥监督作用新机制，组建农口系统第一纪检组，负责民生项目资金监督。二是巩固大宣教格局，围绕党的历次全会精神和中央关于建立健全教育、制度、监督、惩处并重的惩治预防腐败体系精神，以颂扬中华人民共和国成立60周年，特别是试验区成立20周年为载体，开展“扬正气、促和谐、庆试验区成立20周年”廉政文化系列活动，“颂廉、崇廉、小手拉大手”系列活动，“校园廉政文化周”系列活动等，征集廉政双语歌曲450首、廉政小品40个、廉政诗词楹联199件、廉政书画800余幅，选编成册发全区。部分作品送省参赛获三等奖、优秀奖、组织奖各一个。组织开展“加强领导干部作风建设，促进廉洁从政”主题活动，播放电教片160多次。组织开展“纪念改革开放30周年、党的纪律检察机关恢复重建30周年”系列比赛活动和大型歌舞晚会，“坚持勤政廉政、促进科学发展”主题征文等系列活动，征集论文54篇。编印《毕节地区农村基层干部警示教育读本》5000余册，发250个乡镇3700多个村，得到中纪委监察报社、省纪委领导的肯定。组织创作漫画、影视等作品70多件巡展巡演。组建9个通联站，组织撰稿若干篇，加大宣传力度，宣传报道连续6年位居全省之首，被省纪委表彰。三是全面落实中央《建立健全惩治和预防腐败体系2008—2012年工作规划》、省委《实施意见》和地委《实施办法》，组织开展学习调研，上报调研文章221篇，调研信息181条中省纪委采用率达30%左右。四是组织受理举报2000多件，接访115人（次），办结率达95%。参与“三访”，处理信访问题3000件。积极探索视频接访、信访听证，解决群众合理诉求。开展“零上访乡镇创建活动”，使信访问题小事不出村，大事不出乡，均得到省纪委肯定。参与《建立矛盾纠纷排查化解长效机制课题研究》，其成果获毕节地区第二批深入学习实践科学发展观调研报告二等奖。在全区探索信访办事公开和代访，撰写《构建基层信访公开机制，营造试验区和谐如意》，先进经验受到省纪委表彰，在中纪委召开的全国信访工作联席会上作交流发言。

2012年任毕节市纪委常务副书记，分管办公室、审理、信访、党风政风室和六个纪工委。始终按照市委、市纪委常委会总体工作部署，在协助主要领导抓好工作的同时，充分发挥主观能动性，坚持抓常规、突重点、破难点、凸亮点，奋力推进所分管工作继承发展、改革创新。一是狠抓问题线索处置，“探索建立署实名举报奖励”“信访件提级初查”“办理信访案件责任追究”等5个制度，得到省纪委肯定。认真贯彻监督执纪“四种形态”，组织开展信访线索“大起底”，牵头初核400多件问题线索，做到件件有着落。二是狠抓正风肃纪，组织拟发整治作风20多个文件，在全市组成600多个督察组，深入各级机关、餐馆、酒店、茶楼、景区等，暗访严查违反中央八项规定、省市十项精神的人和事。开展违规滥发津补贴专项治理，收缴资金900余万元，督促各级建立制度100多个。开展违规购车、违反会纪，违规公款征订报纸杂志、国有资产出租出借，干部“为官不为”等专项整治，狠刹尾气检测，车辆办证等乱收费、罚款等损害群众利益的行为，群众反响较好。三是落实和推进“两个责任”，严查违反党风廉政建设责任制案件186件，对履行主体责任不力的干部进行通报批评，有效指导推进各级党委履行主体责任。参与落实中央“四种形态”大约谈工作。四是创新方式强化权力监督，组织草拟《毕节市县党政负责人向市纪委全委会述廉述责述德暂行办法》《毕节市党风廉政建设“一票否决”办法》等相关文件，督促市、县20多个部门（单位）负责人向市纪委全委会进行“三述”，指导县开展“三述”全覆盖，得到中央纪委、省纪委充分肯定。深入推进廉政风险防控机制建设工作，建立82个联系点，得到国家预防局肯定。牵头清理各类议事协调机构820个，有力推进纪检监察机关全面“三转”聚焦主业主责。五是严把廉洁自律审查关，14年以来坚持用党的纪律规定对拟提拔使用、评先选优、立功受奖、出国出境、考察培训的2213名领导干部、52个单位进行廉洁自律审查。在16年换届期间，对900余名提拔交流干部进行廉洁自律审查，有效防止"带病提拔"。六是服务巡视，强化巡察。认真做好省委巡视组巡视毕节市委及各县区巡视前对接准备，巡视中协调服务，巡视后问题整改督促及回头看以及交办的线索调查处置等相关工作。积极探索区内巡察工作机制、制度及方式，相继组建巡察组，对部分单位进行巡查监督。七是参与全市监督机制改革创新顶层设计的探索和民主特派组工作进程的推进以及制度建设等相关工作。深入乡镇村督导廉政风险防控、"三资管理""三述一评"和党政务权力公开等工作。探索市直派出纪工委监督的新方式，整合力量对200多个单位实施有效监督，切实发挥了"派"的权威和"驻"的优势，得到上级部门肯定。6个纪工委多年目标考核均为一等奖。

2016年龙厚群任省纪委监察厅派驻贵州省农委副厅级纪检监察员后，向组织申请继续留任市纪委副书记至换届，经组织批准，一如既往认真履责，直至坚持到第二届市纪委换届工作顺利结束交接完工作才离开工作了25年的岗位。

42年的工作历程，25年的纪检生涯中，她思想解放、勤奋好学、不计得失、率先垂范、乐于奉献、勇于创新、坚持原则、敢于碰硬、刚正不阿，塑造了一个普通党员的良好形象。2017年1月9日龙厚群光荣退休后，没有忘记共产党员先锋作用的发挥，听从组织安排，勇于承担起市委巡察工作组组长的重任，不辞辛劳深入乡镇村奔波在巡察工作第一线，正在为毕节大党建、大发展、大扶贫、大开发营造良好政治生态做出积极的努力和贡献。

叶逢明

叶逢明，贵州毕节县（今七星关区）人，1966年3月出生于今毕节市七星关区林口镇，1984年10月应征入伍。本科文化，中共党员。

1984年10月至1987年8月在云南14集团军步兵第41师123团服役；1987年4月入党，1987年9月至1989年7月在云南昆明陆军学院15中队步兵指挥专业学习；1989年8月至1992年4月在云南省文山军分区边防2团12连、6连服役，任排长、代理副指导员；1992年5月至1996年1月调云南省迪庆军分区独立营1连任副指导员、指导员；1996年2月至1999年10月在云南省迪庆军分区司令部侦察科、作训科任副营职参谋；1999年10月至2000年2月调贵州省毕节军分区司令部任副营职参谋；2000年3月至2002年4月调贵州省原毕节市（县级市）人民武装部任军事科科长；2002年5月至2004年10月调贵州省毕节军分区司令部任正营职参谋；2004年11月至2006年4月调贵州省原毕节市（县级市）人民武装部任副部长兼军事科科长；2006年5月至2008年2月调贵州省毕节军分区司令部任副团职参谋；2008年3月至2014年2月调贵州省赫章县人民武装部任部长、县政府党组成员；2014年2月转业安置在毕节市司法局工作，任党组成员、机关党委书记。

叶逢明1990年在担任排长期间，认真履职尽责，积极作为，主动请缨，在抓好对越防御作战的同时，带领全排官兵全力抓好阵地建设，保质保量完成点战中训练任务，出色完成了在云南老山前线松毛岭高地37号阵地的对越防御作战任务，荣立三等功一次；2008年，积极带领人武部全体干部职工和民兵预备役人员，配合13集团军37师官兵圆满完成赫章县白果镇、财神镇的抗旱救灾任务，解决了人畜饮水难题，受到县委政府和人民群众的高度赞扬，赫章县人武部被总参谋部、总政治部、总后勤部、总装备部表彰为抗旱救灾先进单位；2009年在赫章人武部担任部长期间，保质保量完成上级赋予的人武部首长机关和民兵军事训练任务，被贵州省军区表彰为军事训练先进个人；2011年，和政委积极配合，主动协调，团结带领全体干部、职工锐意进取，开拓创新，出色完成了军分区和县委、县政府安排的党委班子和干部队伍建设、正规化建设、训练管理、抢险救灾、维稳处突、征兵等各项工作任务，被贵州省军区评为“团级单位一对好主官”荣誉称号。

申时昌

申时昌，贵州毕节县（今七星关区）人，1979年8月3日出生于贵州省毕节县何官屯区对坡镇建华村，贵州省人民政府发展中心副主任，硕士研究生学历，中共党员。

申时昌从小是个勤奋好学的有志者，小学到初中，年年被评为三好学生。大学期间，2000年，获毕节学院德龙奖学金三等奖和年度奖学金一等奖。2001年，获毕节学院学风建设活动优秀个人奖和年度奖学金一等奖。2002年，获毕节学院年度奖学金二等奖，获评毕节学院优秀大学生和优秀团干部称号。2009年，获贵州大学研究生科研创新奖。2010年，获贵州大学年度奖学金一等奖。2011年，硕士研究生毕业论文获评贵州大学优秀毕业论文。

申时昌大学毕业参加工作后，由于努力工作，成绩优异，2012年、2013年、2014年、2015年被评为省政府发展研究中心年度优秀个人和优秀党员。

2012年以来，申时昌撰写的各类研究报告近百篇，得到省委、省政府主要领导批示和肯定，并参与完成了省委、省政府交办的十几项重要文件的起草工作。

申时洪

申时洪，贵州省毕节县（今七星关区）人，1943年1月出生于毕节八寨坪新街一个农民家庭。中专学历，中共党员。

申时洪的父母于1949年和1950年先后去世，弟兄四人相依为命。他在两位兄长申时崇、申时亮的关照下，1958年在八寨坪念完小学后升入海子街中学，1961年初中毕业返家务农。1964年9月考入毕节农校就读。1967年7月毕业待分配。1968年秋分配到水城县南开区农推站工作。

1968年冬，在水城县应征参加中国人民解放军，先后在人民解放军后勤第23分部机关工作，被评为“五好”战士。1971年加入中国共产党。1972年提拔为干部。1978年7月转业到中共毕节地委组织部军干办工作。党的十一届三中全会后，地委成立中共毕节地委落实政策办公室，他被调到落实政策办公室工作。他为受到错误处理的干部职工公正调查，如实上报情况，为平反冤假错案做出应有的贡献，受到表彰，被评为优秀共产党员。1979年，调到中共毕节地区纪律检查委员会工作。先后在纪律检查科、办公室工作，协助领导抓好平反干部、职工冤假错案，纠正党内不正之风。1988年，任正科级检查员。1989年调毕节地区工业学校任党委书记（副县级）。此间，正逢资产阶级自由化思潮泛滥，外地不少地方闹学潮，学校也受到影响，他全力抓好学校思想政治工作，使学校保持稳定，教学秩序正常运转，较好地行使党委书记的职责。1990年年初，调到地区农业局工作，任党组成员、纪检组长。其间，协助历届局长抓好局的各项工作，认真抓好自己分管的纪检监察工作，多次受到地纪委、地直机关工委的表彰。于2004年退休。

史　密

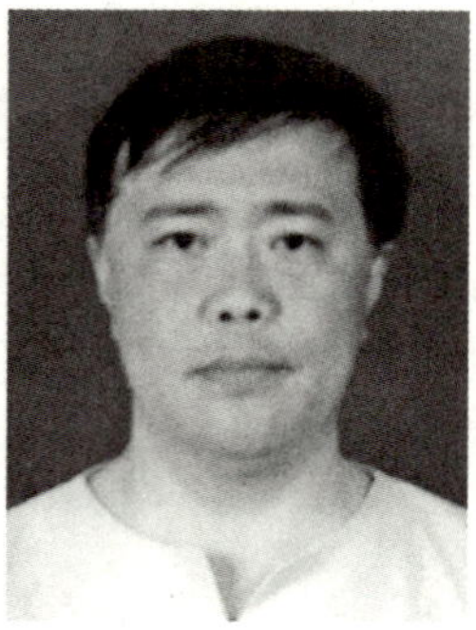

史密（原名史宓），贵州省毕节县（今七星关区）人，1957年3月27日出生于贵州贵阳。

父亲史重威，1953年毕业于西南师范大学，分配到贵阳六中任教。母亲周文华1954年毕业于四川大学，分配到贵阳医学院任教。后在毕节地区卫校任教至1988年退休，退休时为副高。

史密于1970年至1974年在毕节二中就读初中、高中。于1974年元月至1976年12月在毕节县何官屯区后箐公社石山生产队当知青。其间，表现较好，积极要求上进，1975年11月至1976年11月抽调参加毕节县社教工作队工作一年。1977年元月顶替母亲在毕节地区卫校当职员，1978年考入毕节师专化学系就读并毕业。1980年9月至1990年8月在毕节县二中高中部任教。其间，1985年6月加入中国共产党，并于1985年8月调入县教育局担任纪检员（股级），1986年至1987年由县委组织部抽调到毕节县长春堡镇担任镇党委副书记（挂职），1987年9月调回毕节二中并评为中学化学一级教师。

1990年9月调入成都市西城区区政府办公室（1991年区划改为青羊区）。1991年6月以来，先后在成都市青羊区任区委办副主任、建设局副局长、交通局副局长、国土局副局长。于2007年调入青羊区人大财经办任主任（正处级）。于2011年改任调研员。于2009年、2010年、2011年连续三年在全区的年终考评中被评为优秀档次，受记功表彰，并按规定晋升一级工资。

史开泉

史开泉，贵州省毕节县（今七星关区）人，字吏圆，1942年8月出生于毕节海子街五十亩水东门一户贫农家庭。父亲早逝，随母亲长大成人。1963年参加工作，高中文化，中共党员。

他8岁开始上学念书，1963年7月在毕节朱昌中学高中毕业，同年8月响应祖国的号召参军入伍，在昆明某汽车团当上一名战士，踏上了军旅征程。1963年9月，在团汽车教导营进行正规军事训练，接着被留下继续学习汽车驾驶技术。在半年的正规化汽车理论学习及实际道路驾驶操作训练中，他认真听课，刻苦钻研，按照操作程序反复练习每一个动作，进步很快。参加野外驾驶大比武时，取得了优异成绩，成为汽车教导营第十四期毕业学员。1964年10月，被分到一营一连一排一班为实习驾驶员。当时部队在云南祥云某机场担负建场运输任务，他跟车一个月就能单独驾驶，不仅安全、圆满完成了各项运输任务，还兼任油料员、材料员和炊事员。半年之后，他担任副班长、班长，从上等兵提为下士军衔。于1965年6月加入中国共产党。同年10月，被批准去越南参加援越抗美战斗。他带领全班战友不辞劳苦，日夜兼程，坚持奔波在中越运输线上。无数次战胜了敌机对车队的袭击和轰炸，战胜了公路沿线部分敌特埋设地雷的破坏活动；克服了道路艰险、泥泞路滑、便道便桥渡口下水、气候多变等种种困难。一次车队刚到莱州渡口，突遭敌机袭击。他及时指挥车队迅速隐蔽，使敌机扑空而返，保证了人员车辆及物资的安全。为了避免敌机袭扰破坏，部队改为昼伏夜行，甚至闭灯驾驶，他和战友们练就了夜晚也能驾驶的“金睛火眼”。到了雨季，道路经常塌方，山体经常滑坡，阻断车辆行程。为了疏通道路，许多同志坚持挖土修路，一直把车开往安全地段。为了抗击美帝国主义对越南的侵略，他和同志们英勇顽强，克服了一个又一个困难。在一年多的作战运输战斗中，安全运送作战部队弹药物资，荣立了三等功。

部队从前方换防回到昆明，又投入紧张的战备运输。先后参加完成铁道兵成昆铁路部分建设，砚山某机场修建及多个国防仓库工程施工。他牢记军队宗旨，自觉遵守军队纪律，搞好军民关系，多次被评为学习毛主席著作积极分子，“五好”战士。曾先后三次出席过汽车团、军区后勤及昆明军区先进单位积极分子代表大会。1969年2月，他晋升为汽车团一连排长。同年10月随汽车团新兵营到毕节地区征集新兵，共接新兵四个连近500人，为家乡建设培养了一批骨干力量。

1970年春，云南峨山发生7.8级强烈地震，史开泉奉命带领车队去峨山参加抗震救灾，投入了紧张的运输任务。车队一边抢运伤病员到附近医院救治，一边抢送救灾物资，发扬了连续作战的战斗作风。近两个月时间，参加抢救被埋人员460多人，运送伤病员8600人次，搭建房屋帐篷3600多平方米。

1970年5月，先后任汽车团一营营部书记、团政治处秘书、组织干事等职。1972年1月，调任昆明军区后勤部政治部干事。参与负责昆明军区所有部队的补给、战备、训练、施工运输等任务。

1982年春，由后勤部调到昆明军区军医学校政治部任保卫科长。1989年8月，他被授予中校军衔，任校政治部副主任，负责主持政治部工作。1990年10月，昆明军医学校与成都军医学校合并，成立善后办，他仍然负责政治部工作，基本做到转业地方的干部都能安置一份工作，退休干部安家有着落，档案、物资移交清楚。做到党委放心，干部满意，使善后工作有序开展，有始有终。1994年8月，善后工作移交给成都军区昆明总医院，他正式退休，居住昆明。

付　波

付波，贵州省金沙县人，1973年3月出生于贵州省金沙县，大学学历，中共党员。

1995年参加工作，先后在毕节地区以供代赈办公室、毕节地区发展计划局、毕节地区发展和改革局、毕节地区发展和改革委员会、原毕节市（县级市）人民政府、毕节市七星关区人民政府、毕节市发展和改革委员会等单位工作，历任毕节地区发展和改革委员会党组成员、地区西部开发办公室主任、原毕节市（县级市）人民政府副市长、毕节市七星关区人民政府副区长，后调任贵州省毕节市发展和改革委员会主任。

付波任职毕节市七星关区副区长期间，分管七星关区发改、财政、工能、环保、经济运行、国有公司等工作。同时，积极推动七星关区国有企业实体化改革，将园区打造成全市首个被国家科技部批准为国家新能源汽车高新技术产业化基地，大力推进融资工作，为七星关区经济社会发展做出了突出贡献。

付立云

付立云，贵州省毕节县（今七星关区）人，于1966年8月2日出生于贵州省毕节县朱昌区（今毕节市金海湖新区岔河镇），于1986年8月参加工作。大学本科文化，中共党员。

1986年8月至1989年7月，在贵州省毕节县委信访办公室任办事员（其间：1987年4月至1988年1月，在贵州省毕节县青场区野角乡挂职任乡长助理）；1989年7月至1991年9月，任贵州省毕节县委办公室信息科副科长；1991年9月至1995年2月，任贵州省毕节县委办公室信息科科长［1989年9月至1992年7月，在贵州省委党校党政管理专业学习（大专），其间：1993年10月至1995年2月，在贵州省毕节市（县级市，下同）梨树乡挂职任乡党委委员、副乡长］；1995年2月至1996年7月，任贵州省毕节市计划生育委员会副主任；1996年7月至1999年7月，任贵州省毕节市计划生育局副局长（1995年8月至1997年12月在中央党校党政管理专业学习［本科］）；1999年7月至2001年10月，任贵州省毕节市纪律检查委员会纪委委员（副科级纪检员）；2001年10月至2003年12月，任贵州省毕节市纪律检查委员会常委、监察局副局长；2003年12月至2005年1月，任贵州省毕节市政府办公室正科级秘书、副主任；2005年1月至2005年3月，任贵州省毕节地区行政公署政务服务中心办公室工作员；2005年3月至2005年9月，任贵州省毕节地区行政公署政务服务中心主任科员；2005年9月至2010年12月，任贵州省毕节地区行政公署政务服务中心办公室主任；2010年12月至2011年1月，任贵州省毕节地区招商引资局（外来投资者服务中心）党组成员、副局长（副主任）；2011年1月至2012年1月，任贵州省毕节地区行政公署政务服务中心（地区政府采购中心）党组成员、机关党委书记；2012年1月至2014年11月，任贵州省毕节市政府政务服务中心（市政府采购中心）党组成员、机关党委书记；2014年11月至2015年12月，任贵州省毕节市（地级）发展和改革委员会党组成员、市西部开发办公室（重点项目办公室）主任。

付立云在从事文字秘书期间，撰写调研报告等各种文字材料达200余万字；在原毕节市计划生育局工作期间，多次被评为全地区计划生育先进个人；在市纪委监察局工作期间，亲自参与筹建了全省第一家县级政务服务中心——原毕节市人民政府政务服务中心，2004年抽调参与筹建了原毕节地区行署政务服务中心；在原地区行署政务服务中心工作后，亲自参与拟订完善政务服务中心各项规章制度共40多个，参与了行政审批电子监察系统建设（省政府确定的全省四个试点建设单位之一）。2006年被地区行署评为政务服务工作先进个人，2007年、2008年、2009年连续三年被评为优秀公务员，记三等功一次。

付立俊

付立俊，贵州省毕节县（今七星关区）人，1958年3月10日出生于今七星关区长春堡镇水营村，1975年9月参加工作，中共党员，本科文化。

1973年9月至1975年7月分别在长春堡区民办中学、毕节县第五小学、毕节二中就读，1975年5月在毕节二中加入中国共产主义青年团。

1975年9月至1979年2月在王丰小学代课，任民校教师。后任黄沙生产队记分员、副队长、公社团委委员、水营大队团支部书记、民兵连长、治保主任。

1976年4月至7月在王丰公社参加“四清三查双打”运动，9月至10月参加毕节县教育局在杨家湾中学举办的中学教师进修班，当年选为共青团毕节县第五次团代会代表。1978年被评为先进民兵连长出席毕节县民兵工作表彰大会。

1979年3月至1980年12月在贵州安顺北兵营35063部队、云南富宁县35546部队54分队服役，历任文书、班长、连队团支部副书记，1979年6月在文山分区教导队学习，受嘉奖一次，1980年2月加入中国共产党，年底在昆明接兵期间任代文书、排长；在部队服役期间受连嘉奖二次，营嘉奖二次，记三等功一次，1980年7月被团政治部评为“模范共产党员”称号。1981年3月到1983年6月在王丰小学任民校教师，任水营大队团支部书记、民兵连长、治保主任；1983年7月至1984年5月考任王丰公社公安调解员，1984年6月当选乡党委委员、乡长；1986年6月至1990年6月连续当选乡党委副书记、乡长；1990年7月被县委组织部任命为王丰乡党委书记，同时兼任乡长，其间是毕节县第十届、十一届、十二届人大代表，1985年、1986年、1990年被区委和县委评为优秀共产党员；1991年9月调鸭池区任副区长，同年12月建并撤调梨树乡任党委书记、人大主席。1992年当选为毕节县第七次党代表，1993年9月至12月在毕节地委党校中青班学习；1994年2月撤县设市，撤乡建镇任梨树镇党委书记、人大主席；1994年2月被县人武部评为“创先争优”先进个人，1994年被毕节市评为“计划生育先进工作者”，1995年1月被市委任命为市委书记助理，同年10月被毕节地委、行署评为坡改梯工程工作先进个人；11月被共青团贵州省委、省教委、省少年工委、贵州日报社、贵州电视台、贵州人民广播电台授予“热心支持少先队工作干部”。

1993年9月至1996年7月，在中央党校毕节地区经济大专班函授学习，1996年9月至1999年7月在贵州省委党校毕节函授经济管理班学习，1995年9月被毕节学区评为“1994—1995年度优秀学员”，1997年被省委党校评为“1996年经济管理班优秀学员”，1997年12月被毕节市委评为“优秀党务工作者”。

1997年12月调黔西县人民政府任党组成员、副县长、县委委员；2001年10月被国务院人普办评为“先进工作者”。2001年5月至6月参加贵州省领导干部在中国农科院举办的领导干部培训班学习。

2002年12月调毕节地区农办（扶贫办、农业综合开发办）任党组成员、副主任，新农村办公室副主任；2007年10月至12月在北京大学举办的贵州省高级干部研修班学习，2008年11月被毕节地委行署评为“试验区成立20周年先进个人”，2009年2月被地委、行署评为第三次“民族团结进步先进个人”等荣誉称号。

2010年1月机构改革调任毕节市农村工作委员会委员、市农委党组成员、机关党委书记，2014年5月任毕节市农委调研员，2016年4月退休。

冉学荣

冉学荣，云南省禄丰县人，1968年12月出生，1986年10月应征入伍，1990年7月加入中国共产党，上校军衔。

1986年10月，在成都军区第二通信总站第1营第1连任战士、班长；1991年3月，在昆明陆军学院后勤士官训练大队学习；1991年12月，在成都军区第二通信总站第1营第1连电源分队任分队长（正排职）；1993年12月，在成都军区第二通信总站第5营第2连任副连长；1994年3月，在武汉通信指挥学院通信政工系学习；1995年5月，在成都军区第二通信总站第1营第2连任副政治指导员（主持工作，党支部书记）；1996年7月，在成都军区第二通信总站第1营第2连任政治指导员（党支部书记）；1997年3月，在成都军区第二通信总站政治处干部股任正连职干事；1999年10月，在贵州省毕节军分区司令部作训科任副营职参谋；2001年5月，在贵州省纳雍县人武部军事科任科长（党委委员）；2003年9月，在南京陆军指挥学院人武指挥系学习；2004年10月，在纳雍县人武部政工科任科长（党委委员）；2005年3月，在贵州省织金县人武部任副部长兼军事科科长（党委委员、纪委书记）；2009年3月，任织金县人武部部长（党委副书记）；2011年3月，在毕节市（县级市）人武部任部长（党委副书记）；2012年1月，在毕节市七星关区人武部任部长（党委副书记）；2012年3月，在毕节军分区后勤部任部长（军分区党委常委、纪委副书记）；2014年8月转业，在毕节市委政法委任委员、政治部主任。

冉学荣在军队工作近30年，他认真学习，刻苦训练，出色完成各项工作任务。尤其是任县（市、区）武装部部长和军分区后勤部部长以来，与党委一班人团结共事、友谊共事，相互补台不拆台，坦诚相待。任军分区后勤部部长期间，始终围绕推动军分区后勤工作，长远建设有主见，解决问题有招数，重大任务靠前指挥，棘手问题迎难而上。带领后勤部干部、战士和职工，在后勤战备库室建设、营院整治、士兵管理、后勤保障训练、全面建设现代后勤等方面，出实招、使实劲，提升了军分区后勤保障综合能力。在军分区参加云南彝良抗震救灾中，在重走长征路战备拉练中，在完成急难险重任务中，确保大项任务的圆满完成并得到很好的检验。在2008年参加贵州抗凝救灾中，冲锋在前，战绩突出。在2012年9月参加云南彝良抗震救灾中，运筹帷幄，科学指挥，保障有力，取得显著成绩。

在部队服役期间，由于工作成绩突出，荣立三等功4次。被贵州省军区表彰为“军事训练先进个人”2次、“两个武装先进个人”1次、“武器装备管理先进个人”1次、“一对好主官”1次。被贵州省双拥工作领导小组表彰为“拥政爱民先进个人”1次。多次被毕节军分区、成都军区第二通信总站表彰为“军事训练先进个人”“人武部全面建设先进个人”“十佳基层干部”“优秀党务工作者”“优秀共产党员”。

在近30年的从军生涯中，实绩突出，组织上给予充分肯定。转业时所在部队在对他的组织鉴定中写道：“冉学荣从军28年来，先后在军区第二通信总站担任战士、排长、副连长、政治指导员、干事等职，到毕节军分区后先后在纳雍、织金和七星关任职，县、市、区人武部部长都曾经担任过。不管在任何单位、任何岗位，他始终爱岗敬业，干一行，爱一行，钻一行，是一个让组织放心满意、让官兵信任的同志。先后在昆明陆军学院、通信指挥学院学习深造，长时间在主官岗位上任职，能力素质得到全面提升，培养造就了善抓大事、议大事、谋大事的能力。指导机关、人武部全力抓好各项工作落实，为军分区部队、后勤部建设科学发展做出了突出贡献，得到市领导和军分区全体官兵的一致好评。”

冯为民

冯为民，贵州省毕节县（今七星关区）人，女，1934年出生在毕节城关，中专文化，中共党员。

冯为民系毕节早期革命活动家冯为孝之妹，1946年3月到昆明随其兄冯为孝生活、读书，年仅12岁。在冯为孝的扶持下，通过中共地下组织的安排，到昆明地下党组织与民盟合办的私立长城中学就读初中班。与原中共云南省委书记普朝柱等人同校。受学校老师和其兄冯为孝革命思想的影响，冯为民从一个富裕的家庭走向革命道路，于1947年3月参加中共领导的先进青年组织“民青”。是年秋，中共云南地下组织发动“助学”运动，开展“反饥饿、反内战、反迫害”等运动。昆明市大、中学生举行罢课，上街游行，冯为民走在运动的前列。长城中学遭到国民党特务的破坏后，她转到金江中学。此时，云南大学、昆明师范学院、金江中学等进步师生七八百人，集中到云南大学会泽院大楼反抗国民党特务的袭击，冯为民作为“民青”骨干分子参加了这次活动（史称“七·一五”事件），被捕入狱，因年幼被释放，与组织失去联系，被迫离昆明回毕节老家。1949年3月，由毕节赴贵阳就读贵州省高级农校，经“民青”团员刘世华介绍，到复兴路8号“神仙洞”参加中共贵阳地下组织领导的团体活动。随之在贵阳参加工作，历任省轻工厅下属单位处长、支部书记等职。

冯为民从小离开舒适的家庭参加革命，历尽艰辛，情操高尚，是当年毕节女青年中佼佼者之一。参加工作后，不骄不躁，平易近人，具有“贤淑”二字，受到家乡人民的尊重。于1995年离休。

冯兴忠

冯兴忠，贵州毕节县（今七星关区）人，1966年7月出生在毕节县城郊（今七星关区流仓桥办事处），于1985年7月参加工作，1988年10月加入中国共产党，大学本科。

1985年7月在贵州省毕节地区农业局品改站参加工作；1991年10月任贵州省毕节地区农业局品改站副站长；1998年1月任贵州省毕节地区农业局品改站站长；2003年1月任贵州省毕节地区畜牧事业局奶业办负责人、品改站站长；2003年11月任贵州省毕节地区畜牧事业局党组成员、副局长；2008年6月任贵州省毕节地区畜牧兽医局党组成员、副局长；2009年2月任贵州省毕节地区行署副秘书长、行署办党组成员；2010年11月任贵州省威宁自治县委常委、副书记；2011年11月任贵州草海国家级自然保护区管理局党委书记（正处长级），威宁自治县委常委、副书记；2015年8月任贵州草海国家级自然保护区管理委员会（中共贵州草海国家级自然保护区工作委员会）党工委委员、副主任（正县处长级）、威宁自治县委常委、副书记；2015年11月任贵州草海国家级自然保护区管理委员会（中共贵州草海国家级自然保护区工作委员会）党工委委员、常务副主任（副厅长级）。

冯兴忠经多岗位锻炼，具有丰富的实践经验。在毕节工作期间，参与毕节试验区“扶贫开发、生态建设、人口控制”三大主题实践，积极为试验区绝地突围贡献力量。到威宁工作后，在“威宁试点”旗帜的引领下，抢抓政策机遇，主动作为，分管县委常务工作、信访维稳和“三农”、扶贫开发、“威宁试点”、全面小康创建、生态文明家园建设、农村危房改造、农村安全饮水工作，主持草海管委会日常工作。积极参与制定脱贫规划，争取资金项目，研究出台精准扶贫措施，总结提炼先进经验，以“六个到村到户”为抓手，有效缩减贫困面，减少贫困人口。2012年威宁成功被国务院扶贫办列为产业化扶贫试点县，2013年年底顺利通过省级“整县脱贫”验收，2014年全县30.53万贫困人口已减少6.04万人。结合威宁实际，冯兴忠提出了土地大流转，抓规模效益，农业大招商，抓龙头带动，科技大提升，抓品牌建设，项目大整合，抓投入保障，机制大创新，抓发展环境，产业大延伸，抓效益提升“六大”建议，使全县招商引资总签约投资超过50亿元，示范带动6万多户农户发展现代农业，农民收入持续增加，促进人均增收500元以上。任职草海自然保护区以来，积极推进草海综合治理工作，迅速调整理顺草海保护区管理体制，及时划转人、财、物，牵头研究制定了草海生态保护与综合治理“三阶段一主体目标”攻坚方案，全力推进草海截污治污、移民搬迁、环境整治、退耕还湿、生态修复等工程，各项工作取得阶段性成效；牵头修改制定了《草海管委会党工委领导班子议事规则》等12项管理制度，强化综合执法工作，探索建立了草海保护区“网格化”综合执法体系和城乡疏堵管控机制，提升草海综合治理环境监测能力水平，协调开展好草海综合科考工作，积极争取组建投融资平台公司，亲自率队主动向金融部门对接协调，全力开展建设项目融资工作。工作中，无论身在何处，始终怀抱为民情怀，不忘初心。无论在何岗位，始终恪尽职守，勤勤恳恳。因工作出色，组织关心，先后多次获得省级以上表彰。

1990年2月被平为“全省农业系统先进工作者”，1992年11月被平为“全国畜禽品种改良先进工作者”，2001年11月被平为贵州省人民政府“贵州省农业科技先进工作者”，2001年11月获贵州省人民政府“贵州省第五届科技兴农人才奖”，2004年9月获国家农业部“全国农牧渔业丰收奖三等奖”，2004年11月获贵州省人民政府“贵州省科学技术进步奖三等奖”。

主惠珍

主惠珍，江苏省沛县人，1922年生，1938年参加革命，同年加入中国共产党，中学文化，南下干部。

1938年4月在沛县参加抗日人民义勇军第五大队，历任战士、分队长、中队政治指导员。1942年至1949年2月，任金乡县区公安特派员，县公安局干事，华山县公安局局长，中共华山县委社会部部长、县委委员、副书记，湖西专署公安局副局长。1948年春任南下支队三大队一中队政委，同年5月任景德镇市公安局局长。

1949年11月随军西进贵州。1949年12月至1950年8月任毕节专署公安局局长。1950年8月至1954年2月，任毕节专署公安处处长。1951年6月至1954年3月，任中共毕节地方委员会委员。1951年5月至1951年7月，任中共毕节地方委员会社会部副部长，1951年8月至1954年6月，任中共毕节地方委员会社会部部长。1953年3月至1954年3月，任毕节地区专署党组副书记，1954年4月至1955年1月，任贵州省人民检察院毕节分院检察长。

此后，任贵阳市公安局局长，中共贵阳市委社会部部长、市委委员，贵州省人民检察院副检察长、党组副书记。1962年8月至1966年5月，任中共毕节地方委员会常委、副书记。

1962年12月至1964年6月兼任中共毕节县委书记。1966年5月至1967年3月，任中共毕节地方委员会常委、副书记。

1970年6月至1973年，任毕节地革委政治部副组长。1970年6月至1976年10月，任毕节地区革委会常委、副主任。1971年6月至1971年12月，为中共毕节地区革委会核心领导小组成员。1971年12月至1976年10月，任中共毕节地方委员会常委、副书记。1976年10月至1979年7月，任毕节地区革委会副主任。1976年10月至1979年8月，任中共毕节地区委员会常委、副书记。1979年8月至1982年2月，任中共毕节地委常委、书记。

1982年，任中共贵州省委政法委员会副书记，贵州省政协第四届、五届常委。

兰锦华

兰锦华，贵州省毕节县（今七星关区）人，女，生于1939年。1956年参加工作，1971年加入中国共产党，1995年退休，历任毕节县粮食局人秘股股长、县妇联主任、县人大常委副主任等职。退休后任毕节市（县级，下同）关心下一代工作委员会副主任、毕节市老年体协副主席。

在县粮食局工作期间，勤勤恳恳，任劳任怨，认真负责。她清正廉洁，不谋私利，关心群众疾苦，曾多次被评为先进工作者。为提高职工素质，加强职工队伍建设，她深入全县粮食系统的每一个粮站、工厂、仓库、粮店，与职工交心谈心，了解职工困难，帮助职工解决实际问题。她把职工子女的读书、参军、就业都当成自己份内的工作，积极为他们与有关部门联系。有些职工家庭人口多、工资低，经济十分拮据，于是，她积极组织互助会，筹集互助金，帮助贫困职工渡过难关。上海支黔干部周振华老人，腿脚不便，老伴身体不好，她就在工作上关心他、生活上照顾他。职工王庆恩无儿无女，退休后无依无靠，她便给王的侄女安排工作，让老人感到组织上的关爱与温暖。此间，兰锦华曾出席贵州省总工会第五次代表大会。并多次被评为“先进工作者”。

在县妇联工作期间，深入基层，和广大妇女打成一片，做妇女的贴心人。她在全县妇女中开展“四自”教育（自尊、自爱、自重、自强）和“双学双比”活动（学文化、学技术、比成绩、比贡献），发动妇女积极发展生产，寻找致富门路。因此，在农林牧战线上涌现出一大批女能人。养殖大户陈本先因资金短缺，找到妇联，兰锦华多方联系，帮助其解决贷款。种花能手胡愉快缺少土地，兰锦华牵线搭桥，协助胡找翠屏乡洽谈解决。吉场镇廖家院妇女发展桑蚕养殖，做蚕丝地毯，兰锦华积极与外界联系，新西兰妇女组织派代表前来考察，帮助寻求销路。个体经营户办证遇到困难，她和妇联的同志一起想方设法帮助解决。因此，许多同志说：“有困难找兰主任，她是一个热心人，肯帮助人。”1987年，在省广播电视厅的帮助下，毕节开始有组织地动员农村女青年外出打工，劳务输出大批女青年。为使输出人员留得住、稳得下，她多次往返于县乡与珠三角之间，回访劳务输出人员，使农村剩余劳动力的就业门路越走越宽。关心和维护妇女儿童合法权益是妇联的重要职责，她找省、地妇联和毕节镇政府资助，由民政贷款办了几所幼儿园。当妇女权益受到侵犯时（暴力、重婚、虐待、拐卖妇女儿童），她和妇联的同志挺身而出，为受害人向公安、法院、检察院反映，找律师寻求法律援助，千方百计保护受害人的权益，依法严惩犯罪分子。她经常到戒毒所对吸毒人员进行帮教，做好失足青少年的转化工作。她多次被省、地评为“优秀妇女干部”“三八红旗手”“五好家庭”。她曾出席省妇女联合会第五次代表大会，被选为省妇联执委。在毕节县第六、七次政协委员会议上被选为常委。在毕节县妇女代表大会第六、七次会议上被选为妇联执委、妇联主任。在中共毕节县第四、五次党代会上当选为县委委员。是毕节县第十、十一、十二次人民代表大会代表。在第十二次代表大会上当选为县人大常委会副主任。

在人大常委会工作期间，她认真学习宪法、法律、法规，严格要求自己。在乡镇换届和区乡撤并建选举工作中，按照法律程序，确保所指导片区选举任务圆满完成。为迎接省普及初等教育检查验收工作，她深入全县中小学进行调研，对学校“一无三有”（校校无危房、班班有教室、人人有课桌凳，校校有厕所）和老师缺编等问题，向县政府、乡镇政府提出意见、建议。协助县科委举办科普知识培训，开展科普宣传活动，以田坝镇为试点，种植早熟蔬菜获得成功，帮助农民增收致富，受到群众好评。

兰锦华退休后总是退而不休。一面关心下一代的健康成长，一面关心老同志的身心健康，日子过得充实而愉快。她是毕节妇女界贤淑而富有才能的女同志之一，作风务实，工作踏实，办事果断。做了许多与民相关的实事、好事，深受机关干部和群众的赞扬和爱戴。

宁晓波

宁晓波，贵州省毕节县（今七星关区）人，1960年12月出生在贵州省毕节县城关镇，于1977年8月参加工作。博士研究生，中共党员，

1977年8月下乡当知青，1978年4月进入贵州农学院林学系学习，1982年元月毕业于贵州农学院林学系林学专业，获农学学士学位，同年分配到贵州省林业调查规划院工作，历任技术员、工区组长、副队长（副科）、队长（正科）、队长兼主任工程师（正科）、院业务办主任（正科）；1998年8月起任副院长（副县级），2003年任院党委委员；2008年10月调任贵州省林业厅公益林管理中心副主任，2011年11月任贵州省林业厅公益林管理中心主任，2015年10月调任贵州省林业厅林业信息中心主任。

1987年9月晋升为工程师；1995年12月晋升为高级工程师；2003年12月晋升为工程技术应用研究员（现为正高三级）。2004年获得中华人民共和国注册咨询工程师（投资）执业资格。

1999年考取中南林学院林学系生态专业研究生课程班，毕业于2001年7月；2006年考取中南林业科技大学博士研究生，2009年12月毕业获得博士研究生毕业证书、博士学位证书。

2008年被聘为贵州省主体功能区规划专家咨询委员会委员；2009年被贵州省科协、贵州省人事厅评为第三届贵州省优秀科技工作者；2012年被省委办公厅聘为贵州省“服务决策专家智库”人员；2013年3月获得贵州省人民政府特殊津贴。享受贵州省高层次人才津贴。

宁晓波参加工作30多年来，一直从事林业调查规划设计咨询、森林资源管理、林业科学研究、林业资产评估、培训等工作，擅长森林资源管理和营造林规划设计等。其间，在中文核心刊物发表学术论文十多篇，主持和参与主持的科研课题获得林业部、贵州省人民政府科技进步三等奖各一项、湖南省人民政府科技进步二等奖一项，主持完成的《贵州省石漠化综合治理工程规划》获得国家林业局全国林业优秀工程咨询成果一等奖；主持和参与主持的多个项目分别获得国土资源部、贵州省发改委、中国林业工程协会等奖多项，为贵州省林业建设做出了应有的贡献。调任贵州省林业厅公益林管理中心以来，组建机构并理顺了全省生态公益林管理体制，健全了森林生态效益补偿制度，有效地保障了生态公益林林权所有者的合法权益，充分发挥了生态公益林的生态效益。任职于贵州省林业厅林业信息中心期间，全身心投入贵州林业信息化建设工作，致力于林业数据中心、“大数据”“生态云”、林业“一张图”以及电子政务网等建设，积极为贵州林业信息化发展添砖加瓦。

六　画

吉　焕

吉焕，贵州毕节县（今七星关区）人，1964年12月出生于贵州省毕节县朱昌镇，1986年9月参加工作。研究生学历，中共党员。

1986年9月至1989年12月在贵州省毕节县吉场区农技站工作任技术员；1989年12月至1990年7月任贵州省毕节县吉场区农技站副站长；1990年7月至1992年2月调任毕节县吉场区团委书记；1992年2月至1995年11月任毕节县小吉场镇人民政府副镇长；1995年11月至1996年1月任贵州省毕节市小吉场镇党委副书记；1996年1月至1996年12月任贵州省毕节市小吉场镇党委副书记、镇长；1996年12月至1999年1月任贵州省毕节市小吉场镇党委书记、镇长；1999年1月至2000年12月任贵州省毕节市小吉场镇党委书记；2000年12月至2001年11月调贵州省毕节市商务局任党委书记、局长；2001年11月至2003年3月调任贵州省毕节市纪委副书记、监察局局长；2003年3月至2009年4月任贵州省毕节市（县级）人民政府副市长；2009年4月至2009年6月，调贵州省毕节地区交通运输局工作（副县级干部）任毕节地区高速公路开发总公司董事长、总经理；2009年6月至2010年1月任贵州省毕节地区交通运输局党组成员、地区高速公路开发总公司董事长、总经理；2010年1月至2011年11月任贵州省毕节地区交通运输局党组成员、调研员、地区高速公路开发总公司董事长、总经理；2011年11月至2012年1月任贵州省毕节市交通运输局党组成员、地区高速公路开发总公司董事长（正县处长级）；2012年1月至2012年8月任贵州省毕节市交通运输局党组成员、市高速公路开发总公司董事长（正县处长级）；2012年8月至2015年5月任贵州省毕节市交通运输局党组成员、市交通投资建设集团有限责任公司党委书记、董事长（正县处长级）；2015年5月至2015年6月调任贵州省毕节市环境保护局党组书记；2015年6月起任贵州省毕节市环境保护局党组书记、局长。

吉焕在原毕节市（现七星关区）政府工作期间，主要分管交通、公安、发改、煤炭、煤电办、经贸、招商、卫生、计生、商务、矿产资源管理、安全生产等方面工作。安全生产事故起数和死亡人数连续五年实现了“双降”目标。2007年、2008年两年完成道路交通项目建设192个，总里程1604.12千米，2008年交通工作获全地区一等奖。牵头引进和推动了毕节热电厂异地技改以及赛德水泥厂、江天水泥厂、顺泰烟叶等系列重大项目建设。采取组建资产运营公司方式，安置国企职工，推动了国企改革实质性进展。在毕节市交通投资建设集团有限责任公司工作期间，分别采取BT、BOT、EPC等运行模式，完成了毕威高速、黔织高速、黔大高速、机场高速建设，建成通车高速公路220千米，完成投资180亿元，提前全省一年于2014年实现全市“县县通高速”目标。完成毕节至二龙关、织金至普定、黔西至大方高速公路东关至清丰段、黔西至息烽、黔西至白腊坎、黔西至贵阳等高速公路前期工作，采用BOT模式推动有关项目实质性开工建设。黔织高速、毕威高速是贵州省2009年开工建设的省规高速公路项目中正式用地批复最早、银行资金到位最快、工程进展最好的两个项目。毕威高速是当时全国最大的BT项目。在毕节市环境保护局工作期间，以“治水、治气、治渣”为重点，加快推动污染源治理，加强建设项目环境管理，寓监管于服务，牵头推动了织金烯烃、纳雍煤制清洁燃料项目等系列重大项目环评审批工作，发挥了环境保护优化经济发展的作用，全市环境保护工作持续保持全省前三位的排名。

吕　华

吕华，贵州毕节县（今七星关区）人，1973年出生于毕节县小吉场区南山村高枧槽，1995年参加工作。大学文化，中共党员。

吕华于1995年8月至1997年9月，在毕节地委党校政工科工作。1997年10月至2000年6月，在毕节地区国土资源局工作。2000年7月至2004年6月，任毕节地区国土资源局执法科副科长。2004年7月至2008年9月，任毕节地区国土资源局执法科科长。2008年10月至2014年10月，任毕节地区国土资源局执法支队队长、局党组成员。2014年11月任毕节市国土资源局党组成员、副局长。

吕　勇

吕勇，贵州毕节县（今七星关区）人，1976年12月出生于毕节县小吉场区南山村，1997年7月参加工作。本科文化，中共党员。

吕勇历任原毕节地区民政局社团中心副主任、民政局团总支书记，民间组织管理办公室主任、共青团毕节地委副书记（其间，曾挂任金沙县委常委、副县长）、纳雍县副县长，中共纳雍县委常委、统战部部长。

吕开邦

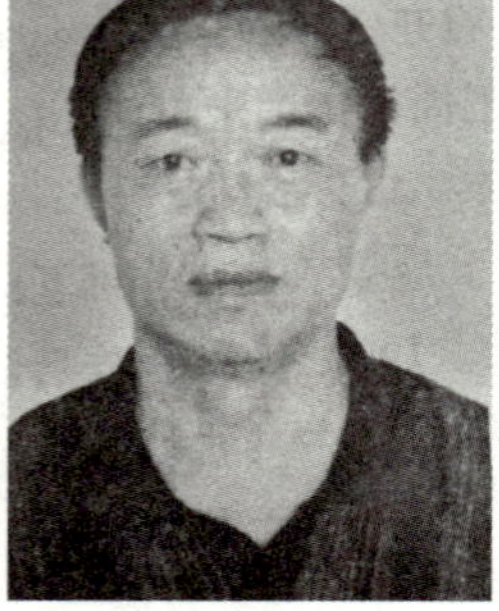

吕开邦，贵州省毕节县（今七星关区）人，1944年生于毕节小吉场南山高枧槽，大专文化，中共党员。

1966年中师毕业后，被中共毕节地委派到纳雍县搞“四清”运动，在“四清”工作团政治部做青年工作。1967年1月，调毕节县普宜区小学任教，1971年调毕节县吉场区中心校戴帽初中班任教，同时任校革委委员。

1973年6月调到毕节县吉场区区委工作，先任区委宣传干部，后任秘书。1977年7月，调到县委组织部工作。1981年12月任毕节县杨家湾区区委书记。其间，由地委组织部选派到贵州省委党校中青班学习两年。1983年12月至1990年8月任毕节县委副书记，分管党务工作。

1990年9月，调任中共毕节地委党校党委书记。一年后，调任中共大方县委书记、县人武部第一书记，被选为贵州省党代会代表。在大方任职期间，克服家庭困难，忠于职守，经常深入城镇农村调查研究，抓好组织建设，谋划全县大农业的发展，巩固和发展城区传统工业，开拓创新，与时俱进，廉洁奉公，勤政为民，为大方的经济和社会发展做了不懈努力和重大贡献。

1997年1月，调任中共毕节地委秘书长。是年9月，任中共毕节地委委员、地委秘书长。1998年8月，任毕节地区纪委书记，继任地委委员。是年，选为省党代会代表和省纪委委员。2002年1月，任毕节地委副书记、地纪委书记、省纪委委员。2003年5月到2004年2月，在任中共毕节地委副书记、地纪委书记、省纪委委员期间，同时担任毕节地区政协工委副主任、党组副书记。此间，在中央党校学习5个月。

在任中共毕节地区纪律委员会书记期间，高度重视党风廉政建设，加大反腐倡廉力度。在工作中，他坚持原则，秉公办事，认真执行中央和省委、地委的部署，创造性地开展工作，坚持标本兼治、综合治理，从源头上预防腐败的滋生和蔓延，正确处理两类不同性质的矛盾，收效较好，既加强了毕节地区党员干部队伍的建设，又整饬了党纪，保护了许多干部，为毕节地区的改革发展稳定起到了保驾护航的作用。

2004年3月，调贵州省政协毕节地区工作委员会工作，先后任毕节地区政协工委副主任、党组副书记，主任、党组书记。在政协工委工作期间，他将几十年积累的优良传统和工作作风运用于实际工作之中，并为适应新时期人民政协工作的要求，不断加强学习，很快熟悉了政协“三大职能”，踏实、勤奋、认真地履行职责，团结各人民团体，做了许多有利于国家和人民的工作，开创了毕节地区政协工作的新局面。更为重要的是，以其一贯严谨求实的作风和以身作则、平易近人的工作作风，使不易做出成绩的政协工作，做出了毕节地区政协应有的政绩，得到了社会的公认，改变了社会对政协工作的认识，使政协以新的、深孚众望的面貌展现在世人面前，赢得社会的广泛赞誉。

吕开邦从事党政工作、纪检工作、政协工作几十年，一身正气、两袖清风，爱岗敬业、忠于职守，清正廉洁、勤政为民，作风正派，原则性强，得到组织的充分肯定，深得干部群众的好评。是一名优秀的领导干部。

吕仕学

吕仕学，贵州毕节县（今七星关区）人，1952年腊月初二生于毕节县吉场区层台乡（今七星关区层台镇），大专文化，中共党员。

1969年3月1日参加中国人民解放军，昆明陆军学校政治专业毕业。1973年9月加入中国共产党，1974年6月提干。在部队历任战士、副班长、班长、排长、连副政治指导员、连政治指导员、副营长、营政治教导员、副团长、代团长、团精简整编善后工作办公室主任、综合仓库主任等职；党内曾任连党支部书记、营党委书记、团党委常委、团精简整编善后工作办公室党委书记。1988年被授予中校军衔。在部队服役23年，曾参加援老抗美和对越自卫反击战。在支援老挝人民抗击美帝国主义侵略的斗争中，充分发扬了国际主义精神，在老挝曾遇到美帝飞机的轰炸、国民党残匪的袭击，经受了生与死的考验，在国外较好地完成了部队交给的各项任务。特别是1984年4月时任营政治教导员时，带领本营九连参加对越自卫还击老山作战一线运输，不怕千难万苦，不怕流血牺牲，多次冒着敌军炮火，出色完成了前送弹药、后救伤员的战时运输保障任务，战后他所属的九连被昆明军区授予“老山模范运输连”集体荣誉称号。到团的领导岗位后，多次组织指挥了各大军区赴云南前线轮战部队的前送后撤运输，安全圆满地完成了轮战部队的运输保障任务，受到了军区的表扬。在部队期间，荣立三等功两次，各级嘉奖13次，多次被评为“五好”战士，学雷锋标兵，优秀政治指导员。为保卫边疆，为国防事业和部队建设做出了卓越的贡献。

1996年因部队精简整编，转业回地方后，历任毕节地区商业局保卫科科长，贵州省百货批发公司毕节分公司党委书记、毕节地区百货公司党委书记兼总经理、毕节市百货有限责任公司监事会主席兼党委书记。在机关时，认真履行职责，工作从未出现差错。到企业任职后，积极带领全体干部职工求生存谋发展，在经营极其困难的环境下，使国有资产保值增值，维系了企业的生存、发展与稳定。在企业转轨变型、经营机制的改革中，坚决按照国家的政策以及上级的指示和要求，深入细致地做好改制中职工的思想工作，兼顾国家、企业、职工的利益，圆满完成了上级交给的改制任务，并保持了企业从全民所有制到混合所有制的平稳过渡，受到了毕节地委和行署的好评，为毕节地区的经济社会发展做出了贡献。2013年吕仕学被批准退休。

吕同文

吕同文（1894—1970），又名同吉，字麟书，贵州省毕节县（今七星关区）人，1894年生于海子街十三亩大塘边。

吕同文出身“书香世家”，其父为清恩科进士。幼年读私塾，及长转读“官学”。20岁毕业于贵阳师范学校，后弃文从武，考入贵州讲武堂为第五期学员。毕业后在贵州军阀李小炎、周西成、毛光翔、王家烈等部历任排长、连长、营长、军事教官、副团长、旅参谋长等职。尔后随军进驻盘县，在盘县驻防3年间，他严整军纪，不扰百姓，遂被盘县各界推任县长，连任三届，历时6年余。他从政期间，为官清廉，不苛取，不殃民，深得人心。1935年第三届县长任期届满，盘县人民公推代表挽留继任，但他坚持不任。卸任时各界人士为他送匾、送联，以示敬意。其中一对联写道："从军不扰民，从政不殃民，志切澄清，乌纱掷去谈孙武；三仕无喜色，三已无愠色，忘怀得失，青简书来比子文。"还在盘县为他树功德政碑，誉为"吕青天"，至今石碑还留存。

盘县解放时，他组织各界人民欢迎解放军，并协助军队做了大量有益的工作。在盘县首届各族各界人民代表大会上当选为副主席。1955年盘县政协成立，又当选为政协副主席。任职到1970年逝世，享年76岁。安葬于盘县城郊。

吕敬泽

吕敬泽，贵州毕节县（今七星关区）人，1968年12月出生于毕节县吉场区南山（今七星关区小吉场镇南山村），1992年参加工作。本科文化，中共党员。

吕敬泽1989年9月至1992年9月，在重庆通信学院电源专业学习；大学毕业后1992年9月至1995年7月，在步兵第31师炮兵团指挥连任排长；1995年7月至1997年2月，在步兵第31师炮兵团指挥连任副政治指导员；1997年2月至1999年10月，在步兵第31师炮兵团修理所任政治指导员；1995年9月至1999年7月，在西南政法大学法律专业学习；1999年10月至2001年4月，在贵州省毕节军分区任副营职军务参谋；2001年4月至2008年2月，在贵州省毕节市人武部任军事科科长；2008年4月至2012年11月，在贵州省黔西县人武部任副部长兼军事科科长；2012年11月转业，在毕节市纪委监察局第四纪工委监察分局办公室任主任。

吕敬泽虽是学生兵入伍，但他能很快适应部队生活，服从领导，听从指挥，努力把自己锤炼成一个合格的军人。他刻苦学习政治、军事知识，积极参加部队各项活动，军事训练中吃大苦、耐大劳；发扬不怕苦、不怕累，不拿第一不歇气的精神，自找苦吃，严格每一个动作要领。入伍一年，做到政治合格、作风过硬、军训成绩优异，第二年就升任排长。担任排长期间，吕敬泽虚心向各班班长和士兵学习，向别的排长讨教管理经验，服从和尊重上级领导，对营、连下达的各项任务和指示，认真贯彻落实，从不打折扣。他对上尊敬，对下关心，对各班班长视为弟兄，对战士爱如手足，深受全排士兵爱戴。他从排长改任连副指导员、指导员，由军事干部转为政工干部，把军队绝对服从党指挥作为连队建设的核心。他深刻认识到"把支部建在连上"的重要性，做好连队党建工作、政治工作和思想工作，尊干爱兵、拥政爱民，调动连队官兵的积极性，消除消极因素，配合军事干部抓好军事训练和连队保障任务，摆正军、政位置，步调一致，正确处理政治与军事的关系，使连队上下心往一处想，劲儿往一处使，各项工作都取得优异成绩。他任军事参谋和军事科科长期间，认真钻研参谋业务，学习国内外参谋典籍，经常深入县、乡调研，掌握第一手资料，为首长当好参谋和助手。在任黔西县人民武装部副部长的工作中，吕敬泽把国防教育工作搞得有声有色。在征兵工作、民兵训练、学生军训等方面，他都身先士卒，全力以赴。黔西县人武部多次获得成都军区、贵州省军区、毕节军分军表彰，这其中也有吕敬泽的奉献。转业地方工作后，吕敬泽继续发扬部队的光荣传统和作风，克勤克俭，秉公执纪，光明磊落，作风正派，受到了领导与同事的好评。

乔六金

乔六金（1926—2012），山西昔阳人，1926年3月出生于山西省昔阳县，1945年7月参加工作，初中文化，中共党员。

1945年7月至1978年6月在中国人民解放军部队服役，历任战士、政委等职；1978年6月至1984年9月历任毕节县委副书记、县人大常委会主任、顾问等职务（享受地厅级干部待遇），于

1989年9月离休。因病于2012年3月逝世，享年86岁。

朱广文

朱广文(1918—1995)，原名朱鸿儒，山东平原人。1918年出生于山东省平原县大朱庄村，中共党员。

1940年被日本人抓劳工到东北，在矿上重病期间被好心工友救出，死里逃生。后来参加抗日联军，与苏联人在一起抗日。抗日战争胜利后，1946年6月整编为东北野战军(第四野战军)，1947年2月加入中国共产党，历任东北合江炮兵营二连排长、第四野战军127师后勤处大尉科长。

1958年响应党的号召参加“支黔”工作，从海南岛转业到贵州省毕节县。在毕节县工作期间历任县面粉厂厂长、县粮食局局长、县委统战部部长、县委组织部副部长、县监委副书记、县委常委、县科教办主任等职。1982年7月离休，1995年7月25日因病去世，享年77岁。

任大贵

任大贵，贵州省毕节县(今七星关区)人，彝族，1962年2月2日生于龙场营区田坎乡元山村任家丫口组。大学文化，中共党员。

任大贵于1969年9月至1974年7月，在田坎乡岩脚小学就读；1974年9月至1977年7月，就读于田坎中学；1977年9月至1979年7月，就读于毕节县大屯高中(龙场营中学的前身)。

1979年12月任大贵应征入伍，至1982年10月，历任贵州省都匀县武警中队战士、副班长、班长；1982年10月至1983年10月，在贵阳武警指挥学校读书；1983年11月至1986年6月，在都匀县武警中队任排长(副中队长)；1986年6月到1987年9月，任独山县武警中队中队长；1987年9月，考入山西武警专科学院参谋系学习；1989年7月至1991年9月，任黔南武警支队轮训队队长(正营级)；1991年至1994年6月，任黔南武警支队作训股股长；1994年6月至1997年6月，任黔南武警支队直属大队队长；1997年6月至1999年11月，任黔南武警支队司令部副参谋长；1991年11月至2000年11月，任黔南武警支队司令部参谋长；2000年11月至2001年，任黔南武警支队副支队长。

2001年12月，任大贵转业地方，至2003年5月，在黔南州公安局上班；2003年5月至2003年11月，在瓮安县挂任副县长；2003年11月至2006年11月，任贵州省黔南州平塘县委常委、政法委书记(副县级)；2006年11月至2009年10月，任黔南州公安局副县级侦查员；2009年11月起，任黔南州公安局监管局政委。

任金胜

任金胜(1916—2008)，山西省孝义县人。1916年1月生，1938年4月参加革命工作，1941年3月加入中国共产党。

1938年4月至1950年5月，在八路军、解放军中先后任战士、班长、排长、连长、副股长等职。1950年6月转业下地方工作，先后任毕节县第六区区长、区委书记和毕节县副县长。1960年至1980年，先后任中共毕节县委书记处书记、毕节县人民检察院检察长、政法党组书记。“文革”中受到冲击，恢复工作后，1981年至1983年，任毕节县政协副主席。1984年明确为副地级待遇离休。

在革命战争年代，任金胜作战勇敢，多次为党、为人民立功，在抗日战争和解放战争中做出了重要贡献。下地方后忠心耿耿地工作，为毕节县的建设尤其是政法队伍的建设做出较大贡献。他忠于党、忠于人民，清正廉洁，秉公执法，因而在毕节人民中有较高的威望，党信任他，人民敬仰他。

于2008年10月病逝于毕节，享年92岁。

向　永

向永(1948—2010)，贵州毕节县(今七星关区)人。1948年12月出生于毕节县燕子口区金竹村下水组。大学文化、中共党员。

1963年，他以燕子口区小升初第一名的成绩被毕节一中录取。在一中读完初中升入高中学习，毕业时正值“文化大革命”，学业中断。

1968年，向永应征入伍，来到云南省景洪县勐养公社驻军109兵站服役。入伍后他发挥特长，将部队的好人好事写成稿件在报刊上发表。于是他被昆明军区第22分部政治部调到新闻报道组搞新闻报道。1971年入党，同年4月被任命为宣传干事。从此，他便开始了从事政工专业工作的生涯。在宣传干事和宣传股长职位上的十年间，向永深入实际，深入基层，发掘和宣传各方面的先进典型。1971年至1976年，后勤第22分部担负着援老筑路数万大军的后勤保障任务，部队高度分散，工作异常繁忙。在部队领导的支持下，他坚持到所属医院、兵站、仓库和连队调研，一方面做部队的团结、教育工作，一方面发掘、总结和宣传典型，鼓舞士气。他写的数百篇稿件，有的被军区政治部印发各部队，有的刊登在《国防战士》《云南日报》等报刊上，对部队建设和各项工作起到了激励和促进作用。1979年对越作战期间，向永奉命到陆军72医院第一医疗所蹲点，同医护人员一道抢运中转伤员，总结出该所科学编组，出色完成5400多名轻、重伤员医疗中转，救治任务的经验，被解放军总后勤部《后勤杂志》刊用。

1981年7月，向永被任命为昆明军区勐腊兵站军械库政治教导员，他和支部一班人研究确定了“文明建库”的指导原则和实施方案，提出了力创“政治建设第一、文化建设第一、军事训练第一、营区建设第一”的目标，通过全库同志的努力，1982年通过了上级领导机关考核，军械库被后勤第24分部评为社会主义精神文明先进集体。

1983年7月，向永被任命为陆军第61医院政治处主任。该院是一个有300多个床位的驻军医院。他认真组织考察，调整、任用干部，抓科室医德医风建设，抓纪律作风整顿，追究失职行为，促进了全院医德医风的好转。1983年，他根据上级命令，调配医护人员和行政后勤人员，组成100个床位的野战医疗所，开赴者阴山，担负对越作战部队的医疗救护工作，圆满完成作战医疗保障任务。

1985年8月，昆明军区政治部选派向永到石家庄高级陆军学校深造。在校两年期间，他除了修完政治指挥专业必修的全部课程外，还选修和自修了领导科学、新技术革命、军兵种知识、国际关系和外交政策、公文写作、现代西方哲学评价、毛泽东军事思想教材、孙子兵法、主场局部战争简介等课程。1987年8月，向永毕业后，安排在成都军区后勤部驻昆明办事处政治部工作。不久到成都军区安宁综合仓库任职，先后任政治处主任、政治委员。

1991年8月，向永从部队转业到云南磷肥工业公司，担任公司行政处副处长，主持公司后勤各项工作。1993年5月，公司将行政处、劳动服务公司合并，成立了三业公司，任命他为副总经理，分管房产、房改等工作。

1994年3月，公司任命向永为保卫处副处长兼武装部副部长。在这个岗位上，他认真对公司保卫工作进行研究，提出了内部保卫与侦查破案相结合，以内部保卫为主，普遍防范与重点防范相结合，以重点防范为主，治安巡逻与设点守卫相结合，以设点守卫为主的“三结合”工作方法。组织民兵进行训练，参加安宁县人武部组织的各种竞赛，分别获得了国防知识竞赛、越野长跑比赛第二名。同年11月，组织调向永任公司纪委办公室主任、监察审计处副处长。1997年3月，向永被化工部评为全国化工纪检监察工作先进工作者。

1999年，因身体原因，向永提前退休。2010年5月，向永因病在昆明逝世，终年62岁。

向其辉

向其辉，七星关区燕子口镇人，生于1977年9月6日，1995年12月入伍，在云南省公安边防总队红河支队，中国人民武装警察部队学院毕业（本科，法学学士），现任公安部边防管理局直属大队大队长（正团级）。历任红河支队战士、副班长，机动中队排长，副中队长、中队长，支队司令部参谋，督察队副队长，轮训队队长，司令部副参谋长，中华人民共和国金水河边防检查站副站长，云南省边防总队机动支队一大队大队长。2013年调入公安部边防管理局直属大队，历任副大队长、大队长。多次被评为优秀共产党员、优秀警官，2001年在处置云南屏边持枪杀人案中表现突出，荣立三等功一次。

向金华

向金华，贵州省习水县人，1953年生，中共党员，曾任贵州省消防总队正团职副总队长等职。

1972年，19岁的向金华从习水参军来到毕节，成为当时毕节县52名消防部队中的一员。当时的毕节，只有1个消防中队。26年里，他从士兵做起，当过炊事员、养猪员、文书、副指导员，一直到任正团职支队长。消防部队的各种“工种”他都干过，也点点滴滴地见证了毕节消防发展的历史。在毕节待了整整26年，他浓浓的遵义口音已七零八杂地掺和了许多毕节方言，毕节（七星关区）成了他第二故乡。

踏踏实实做人，是向金华的做人准则。20世纪70年代至80年代，人们防火意识淡薄，消防设施落后，每年他都要参与抢救火灾200余次。由于从事消防工作时间长，积累了极为丰富的经验，由他指挥抢救的毕节地区发生的几起重、特大型火灾，在全国都作为消防典型案例推广。

1998年他担任支队长，作为全区消防官兵的领头羊，倡导大力开展“达标争优”活动，坚持“按纲施教、按纲施训、按纲施管”，推动部队整体建设。他提出了以创新应对发展，以规范管理促正规化建设的工作思路，提出了建立学习型、落实型、高效廉洁型、健康型党委班子目标。以队伍的管理教育为重点，制定完善相关制度，明确全员岗位职责，量化官兵工作目标。并以执勤岗位练兵活动为平台，全面提高部队防火和灭火抢险救援实战的能力，以造就一支适应时代发展需要的过硬的消防队伍。

为了使毕节消防管理进入长效、规范的运行机制，根据群众反映的热点难点问题，他在全区提出围绕“立警为公，执法为民”的解放思想大讨论，要求广大官兵解决好“为谁执法、为谁用权、为谁服务、为谁谋利”的问题，开展了执法监督检查、专项治理和社会消防宣传工作，加强了与政府的协调配合指导，联合各行业，动员广大人民群众，以公安消防为主，义务消防为辅，建立义务消防队15000多人。落实各级政府、各个单位的消防目标责任制，责任到人，形成消防社会化和市场化的新格局。

与此同时，他还通过向上争取投入，对内争取地方政府支持，加大了消防基础设施装备建设力度。1990年，全区只有4辆消防车，到1998年，已增加到26台，并购置了指挥车等特型车辆。在公共消防设施方面，1990年全区只有11具城市消防栓，且大多旧残坏损，到1998年即发展到500多具，且县县设置了城市通讯火警台。在1993年12月，支队被公安部消防局评为“基层建设先进单位”，迈入了全国消防部队先进行列。到2008年已有各种执勤消防车58辆，办公实现了正规化、自动化、网络化。累计扑救火灾10000余起，参加社会抢险救援2500余起，抢救遇险群众5000余人，挽回经济损失3.3亿多元。中队集体官兵230多（人）次受到各级奖励。1998年，向金华被调到贵州省消防总队任防火部部长，2000年2月起任总队副总队长。

刘 永

刘永，贵州省黔西县人，1962年12月出生，1981年9月参加工作，1997年6月加入中国共产党，大专学历，贵州省毕节市七星关区人民检察院党组书记、检察长。

1979年9月至1981年7月，在贵州省毕节师范专科学校中文专业学习；1981年7月至1981年9月，待分配；1981年9月至1988年9月，在贵州省黔西县重新中学任教；1988年9月至2005年11月，历任贵州省黔西县人民检察院科员、检察员、办公室副主任、反贪污贿赂局副局长（其间，1989年5月至1991年5月在贵州广播电视大学法律专业学习[大专]）；2005年11月至2006年1月，任贵州省人民检察院毕节分院科员；2006年1月至2006年8月，任贵州省人民检察院毕节分院反贪污贿赂局侦查科副科长；2006年8月至2007年3月，任贵州省人民检察院毕节分院反贪污贿赂局侦查科副科长、助理检察员；2007年3月至2008年6月，任贵州省人民检察院毕节分院反贪污贿赂局侦查科副科长、检察员；2008年6月至2009年3月，任贵州省人民检察院毕节分院反贪污贿赂局侦查二科科长；2009年3月至2012年2月，任贵州省人民检察院毕节分院反渎职侵权局副局长。

2012年2月至2013年3月，任贵州省毕节市（地级，下同）人民检察院检察员；2012年3月至2013年9月，任贵州省毕节市人民检察院检察员、反渎职侵权局副局长；2013年9月至2013年10月，任贵州省毕节市赫章县人民检察院党组书记；2013年10月后，任贵州省毕节市赫章县人民检察院党组书记、代理检察长、检察长；任毕节市七星关区人民检察院党组书记、代理检察长。

刘 军

刘军，贵州省毕节县（今金海湖新区）人。1956年11月20日出生于毕节县海子街区小坝乡。大学文化，中共党员。

1976年11月至1987年10月参军在部队服役，先后任战士、班长、文书，副连、正连职干事。

1987年10月转业地方，在毕节地委党校工作至1992年10月，历任87级大专班指导员、政工科副科长、学生科科长、学员党总支书记（其间：1990年8月至1991年12月，在纳雍县姑开区挂任副书记，1992年1月至1992年10月建并撤后挂任姑开乡党委副书记）。

1992年11月至1998年4月在毕节地委组织部工作，任办公室主任、干部二科科长。1998年5月至2008年9月，在毕节地区文化局新闻出版版权局任党组成员、副局长（其间，1999年2月至1999年12月挂任毕节市[县级]市委副书记）。

2008年10月至2010年11月，任毕节地区文化局、新闻出版版权局党组书记、局长，兼任毕节地区文物局局长。2010年12月至2011年11月撤地设市后，在毕节市文化局、新闻版权局、体育局任党组书记，主持工作。2011年12月至2014年12月，任毕节市食品药品监管局党组书记，主持工作。2015年1月因病，本人申请，组织批准提前退休（其间，2009年至2015年任毕节地区[市]书法家协会副主席）。

刘军在部队任宣传干事期间，主要从事文化工作、机关文字工作和新闻报道。所写的新闻报道稿件被省以上报纸杂志和广播电台采用200多篇。1983年、1984年被昆明军区政治部评为《国防战士报》优秀通讯员，并受到昆明军区后勤部表彰。

转业地方后，刘军在文字工作方面，主要为所在部门和单位撰写大量的工作意见、工作安排、工作计划、工作总结、经验交流、领导讲话、考察材料、考察报告等。偶尔也写一些研究性理论文章，被各类报纸杂志采用40余篇。另外，所写的书法作品曾多次参加全国、省、市书法大赛，均获各种奖励。

在行政工作方面，刘军在各个岗位上都尽心尽力，敬岗爱业。特别在文化局、新闻出版局、文体局任一把手领导职务期间，积极带领班子成员跑国家文化部和省直有关部门，为毕节文化事业的发展争取资金，争取项目。着力抓了全地区（市）文化基础设施建设。完成了各县、区“两馆一站”、地区“一院三馆”的建设。他还下功夫抓了群众文化工作、艺术创作、文化及新闻出版市场管理、文物保护、地区博物馆升级改造、文化体制改革、局班子建设、干部队伍建设、机关文化建设、职工政治思想教育等。各项工作都取得了突出成绩，多项工作在全省评比中名列前茅。特别是文化体制改革方面，所领导的单位曾受到省委、省政府表彰。他连续三年被市委、市政府评为优秀公务员，荣获三等功一次。

几十年来，刘军最为可贵的是坚持学习。除个人挤时间坚持自学外，积极参加组织安排的各类培训。特别是在提升学历方面下了很大功夫。先后报考并修完了大专和本科（1985年7月至1987年7月，在原昆明陆军学院云南省电大党政管理大专班脱产学习毕业；1982年8月至1985年1月，在中央党校函授学院毕节学区行政管理本科班半脱产学习毕业）所有课程，以优异成绩取得文凭。2001年8月至2003年8月，又在中国人民大学行政管理研究生班半脱产学习党政管理和行政管理高级研究生班进修学习，取得研究生学历。通过不断的刻苦学习，刘军的文化修养、政策理论水平和领导能力都得到提升，为更好地工作打下了坚实的基础。

刘 跃

刘跃，贵州省毕节县（今七星关区）人，1965年5月24日出生，大学文化，1982年10月参加工作，1986年3月加入中国共产党，上校军衔。

刘跃于1982年10月参加中国人民解放军，在陆军第13军39师115团3机炮连当战士；1984年8月为成都陆军学校二大队炮兵专业6队学员；1986年9月任成都军区守备2师5团2营7连1排排长；1991年1月任该团5连副连长；1993年2月任贵州省毕节军分区司令部副连职参谋；1994年7月任正连职参谋（1993年9月至1996年7月在昆明陆军学院政治理论专业学习）；1997年6月任副营职参谋；1997年9月任副营职参谋兼教导队队长（1997年8月至1999年12月在中央党校函授学院政法专业学习）；2000年2月任贵州省赫章县人民武装部军事科科长；2000年12月任贵州省毕节军分区司令部作训科正营职参谋（2001年3月至 2002年1月在中国人民解放军南京陆军指挥学院人武指挥专业学习）；2002年3月任贵州省毕节军分区作训科科长；2006年4月任大方县人武部部长，中共大方县人民武装部党委副书记，中共毕节军分区党委委员；2011年4月转业地方，2011年9月任贵州省毕节市（地级，下同）纪律检查委员会派驻毕节市委宣传部纪检组组长（保留正县级）；2012年6月任贵州省毕节市纪律检查委员会第一纪工委副书记（主持工作，保留正县级），市纪委派驻市委宣传部纪检组组长（兼）；2013年4月任贵州省毕节市纪律检查委员会第一纪工委书记，市纪委派驻市委宣传部纪检组组长（兼）。

1990年、1994年荣立三等功2次。1994年参加贵州省军区组织的全省师级单位参谋业务竞赛，获个人全能第一名和微机操作、战术标图两项第二名。2000年被贵州省军区评为“学习成才”标兵。2004年个人撰写的《信息安全保密建设初探》一文获贵州省军区信息化建设理论研讨三等奖。1998年、2005年、2007年因工作成绩突出，3次被贵州省军区评为军事训练先进个人，2009年被贵州省军区表彰为“优秀团级主官”。2010年参加贵州省军区组织的师级单位参谋长和团级单位军事主官比武竞赛中，获个人综合成绩第一名，计算机标图，手工标图两项第一名，军事理论第二名，拟制应急预案第三名和3000米跑第四名。

2011年从军队转业到地方工作后，在中共毕节市纪律检查委员会派驻市委宣传部任纪检组组长和市纪委第一纪工委书记期间，在市委和市纪委的坚强领导下，与纪工委班子成员一道，紧紧围绕市委中心工作，突出执纪监督问责主业主责，认真履行监督检查职能。加强驻在部门和30多个负责及联系单位党风廉政建设“两个责任”落实、中央八项规定和省委市委十项规定执行、规范权力运行、“三重一大”事项监督、“三公经费”使用支出等重点工作的监督检查；突出“关键少数”人员，抓早抓小、挺纪在前，开展以“家庭助廉”“旁听庭审”、违纪违法案例警示为主要内容的经常性预防教育，筑牢道德“高线”，守住纪律“底线”；抓实廉政文化进机关、进企业工作，积极营造廉洁从政氛围；压实“两个责任”，开展“常态化约谈”工作，组织查办信访举报案件，为全面从严管党治党，加强党组织建设，严明党的纪律，严格党员管理，纯洁干部作风，助推地方经济社会发展做出了应有贡献，纪工委连续四年被评为市直部门年度目标考核一等奖。

刘天全

刘天全，四川省渠县人，1952年4月出生于四川省渠县，1969年12月应征入伍，大专学历，中共党员。

1969年12月至1976年2月历任中国人民解放军陆军31师高炮营战士、副班长、班长；1976年3月至1978年2月任陆军31师高炮营代理排长、排长；1978年3月至1979年8月为郑州高射炮兵学院学员；1979年9月至1981年4月任陆军31师司令部正连职参谋；1981年5月至1985年7月历任陆军31师高炮营二连连长、副营长、营长等职；1985年8月至1986年3月任贵州省毕节军分区司令部正营职参谋；1986年4月至1986年6月任毕节县人民武装部部长；1986年6月至2000年4月任毕节市(县级市，今七星关区)人民武装部部长；1986年起，任原毕节市政协七届、八届政协常委；原毕节县十二届、十三届及原毕节市(县级，下同)第一届人大代表；原毕节市委委员、市委常委。

刘天全在部队工作期间，曾多次受连、营、师、军嘉奖，1988年被毕节县评为优秀党务工作者，1993年被贵州省人民政府、贵州省军区评为军事训练先进个人，1994年1月受中共贵州省委、贵州省人民政府、贵州省军区奖励，1994年12月被中共毕节军分区委员会评为优秀共产党员，1995年8月被贵州省军区评为先进人武干部，1998年被贵州省人民政府、贵州省军区评为扶贫工作先进个人，1998年12月被贵州省军区记三等功一次，1999年12月被贵州省军区评为十佳优秀团职主官。

刘从文

刘从文，贵州省毕节县(今金海湖新区)人，1929年10月出生于毕节县梨树坪，1950年参加工作，中共党员，历任村民兵连长、农协组长、自然村支书、副村长，地区第六期干校学员、土改工作队队员、组长，地区第七期干校副区队长、分队长，地委组织部干事、副科长、副部长等职。

自1952年12月分配到毕节地委组织部工作后，从事干部工作近40年。从1959年被评为地直机关“社会主义建设先进工作者”开始，先后获得地直机关“先进工作者”“优秀共产党员”的奖状和证书多次。在组织部任工作员和领导成员期间，被称为“干部工作的活字典”。他能熟练地说出地管领导的姓名、职务、工作情况及个性特征。写了许多机关领导干部和各县（市）领导班子的运转状况和调查报告，为地委研究和任免干部提供了有价值的可靠的依据。他以党的利益为重，不徇私情，不谋私利，严于律己，宽以待人，没有架子，平易近人，和蔼可亲，和干部群众打成一片。他坚持党性原则，忠于职守，在干部任免、调配上一视同仁，不分亲疏，受到了领导和干部群众的尊重和爱戴。他退休后，地委于1992年聘请其为地区社教办顾问、特邀组织员。1989年7月1日，《毕节日报》以《他把心血献给了党的组织事业——记地委组织部副部长刘从文》为题报道了他的先进事迹。是年7月1日获中共贵州省委组织部“优秀党务工作者”称号。1999年由地委组织部呈报，刘从文被刊入由《人民日报》出版社出版的《中国专家人才库》（第947页）。

在工作之余，刘从文爱好种花、养鱼、喂鸟、下象棋、打扑克，特别是坚持练气功、舞剑、打太极拳锻炼身体，受任地区武术协会的名誉副主席、老年大学教练。1985年8月，被国家体委、全国总工会评为“全国职工先进个人”并获证书和勋章。1997年获国家体委“中华人民共和国第11届运动会”勋章和证书，是一位爱好广泛、多才多艺、工作踏实、办事清廉、为人正直、受人尊敬的优秀领导干部。

刘正中

刘正中，上海市人，1935年12月22日出生，1958年毕业于上海医学院，大学文化，民盟盟员，毕节市人民医院院长。

1984年10月至1987年8月，任政协毕节县第六届委员会常务委员。1987年8月至1990年5月，任政协毕节县第七届委员会副主席。1990年6月至1993年5月任政协毕节县第八届委员会副主席，1993年5月至1995年7月任政协原毕节市（县级市）第一届委员会副主席（1993年年底，国务院批准毕节撤县设市，遵照上级批复，原政协毕节县第九届委员会更名为政协毕节市第一届委员会）。

刘发达

刘发达，贵州毕节县（今七星关区）人，1964年3月出生于毕节县，1983年11月参加工作，1988年7月加入中国共产党，本科文化，毕节市纪委第三纪工委副书记、市工业和能源委党组成员、纪检组组长。

1983年10月至1985年3月在贵州省贵阳市公安消防支队直属中队服役（战士）；1985年3月至1986年4月在武警贵州省总队医院卫训班（学员）；1986年4月至1987年9月在贵州省公安消防总队教导大队消防学校（学员）；1987年9月至1988年9月调贵州省威宁县公安消防中队任副中队长（主持工作）；1988年9月至1990年5月调贵州省毕节市公安局消防科任参谋；1990年5月至1993年6月任贵州省毕节地区消防支队直属一中队副中队长（主持工作，中尉警衔）；1993年6月至1996年12月任贵州省原毕节市（县级市）公安局消防科参谋，中尉警衔；1996年12月至1999年9月调贵州省毕节地区消防支队司令部警务参谋（副营职，上尉警衔）；1999年9月至2000年6月任贵州省毕节地区消防支队轮训大队副大队长、大队长（正营职，少校警衔）；2000年6月至2002年3月任贵州省毕节地区消防支队装备科科长（正营职，少校警衔）；2002年3月至2006年3月任贵州省毕节地区消防支队党委委员、参谋长（副团职，中校警衔）；（其间：2002年2月至2002年3月在中国天津高级警官基地学习；2002年9月至2005年5月在中央广播电视大学法学本科班学习）；2006年3月至2007年12月任贵州省毕节地区消防支队党委委员、副支队长（副团职，中校警衔）；2007年12月至2010年1月转业至贵州省毕节地区安全生产监督管理局工作，任党组成员、纪检组组长（其间：2009年3月至2009年5月在中共贵州省委党校中青班学习）；2010年1月至2011年10月调贵州省毕节地区广播电影电视局任党组成员、纪检组组长（其间：2011年4月在中国纪检监察学院学习）；2011年10月至2012年6月任贵州省毕节市文化体育广播电影电视局（新闻出版局、版权局）党组成员、纪检组组长；2012年6月起，任贵州省毕节市纪委第三纪工委副书记、市工业和能源委党组成员、纪检组组长。

刘安甫

刘安甫（1903—1966），贵州省毕节县（今七星关区）人，生于毕节城关。

早年就读于贵阳师范学校，毕业后从事教育工作。1921年任毕节师范附属小学教导主任。1937年任毕节县立小学校长，1943年任私立弘毅中学教员。他生性耿直，为人正派。解放前办教育多年，离开教育界仍从事“笔墨”生涯，不愿卷入政界。他对发展毕节教育、培育人才做出了积极贡献，在知识界有较高威望。

他喜读书，有余钱即购置书籍，寻求真理，接近进步人士。1938年，贵州知名教育家黄齐生来毕宣传共产党的抗日主张，介绍陶行知办平民教育的情况时，他即为东道主。解放后，他积极学习，努力工作。1950年，教育界推举他参加县第一届各族各届人民代表大会，成为县政协委员。他积极参加各项政治运动，拥护党的政策，敢于同不正确的思想和行为做斗争。1955年，当选为县政协第一届委员会副主席。在政协工作中，他坚持“知无不言，言无不尽”的民主作风，对各种问题敢于发表自己的看法，提出了许多有益的意见。1957年的“整风”运动中，由于受“反右扩大化”的影响，将他错划为“右派分子”。尽管如此，他始终坚信共产党的英明正确，不怨天尤人，不灰心丧气，继续做有利于党、有利于人民、有利于社会的工作。1962年，他牵头举办城关民办中学，尽心竭力，担任管理委员会主任，工作卓有成效。1966年年初，再次当选县政协委员。

“文化大革命”初期，由于极“左”路线的迫害，刘安甫受到冲击，含冤逝世，终年63岁。1979年中共毕节地委复查核实，纠正了“反右”斗争和“文化大革命”期间强加给他的不白之冤，肯定功绩，平反昭雪，使之得以安息。

刘远光

刘远光，祖籍四川，1943年10月出生在毕节县城关威宁街。中共党员，高中文化，曾任省政协副秘书长等职。

刘远光的父母都不是毕节人，是日本飞机的狂轰滥炸把他们从四川“赶”到了毕节，刘远光出生在毕节城，于是毕节县成了刘远光的故乡。

1961年，正在读高三的刘远光应征入伍到驻云南的十四军炮兵团当了兵，在部队他先当炮兵，后任无线电班长、代理排长、副指导员等职，一干就是12年。

1973年刘远光转业到毕节地区农机公司工作，任财务组负责人，但财务方面的知识他一点不懂，于是他硬着头皮学，很快成了内行。后来担任了地区农机公司副经理，并主持工作（经理病故），他带领全单位职工多条腿走路一部分人坚守农机“阵地”，继续开展农机业务；另一部分人从事大理石开发，他们到纳雍县的董地、化作等乡镇开发大理石，销往广东、成都、西安、南京、桂林等地，一年运出几十车皮，获利四五十万元。开发大理石使农机公司红红火火，在毕节洪山路，公司投入17万元修起了2000多平方米、高三层楼的大仓库；又以拖拉机机头在贵阳头桥置换了一亩多的垃圾堆放地，修起了地区农机公司驻贵阳办事处，内有两层仓库和停车场等，使农机公司的业务有了很大发展。

1986年，调任毕节地区轻工局副局长，1987年任局长。这个时期毕节兴建了很多厂，制革厂的技改和印刷厂上四色机等也是这时进行的，他为毕节工业经济的发展注入了活力。1988年，刘远光经受了一次考验，行署要求轻工局为政府分忧，把郭家湾农场职工的安置交给了轻工局。刘远光组织了一个工作组，对情况摸清后，提出了切实可行的方案，把郭家湾农场的地盘分给地区印刷厂等单位修房子，而人员也相应地分配到了这些单位。方案执行后，农场的职工得到了合理有序的安置。

在任地区轻工局局长期间，他非常重视机关建设，把局机关从一个巷道里搬到了街面上，还修了职工住宅一栋。先后投入几个厂的资金达2亿多元。

1991年10月，刘远光调任贵州省政协智力支边办公室主任。刚好毕节试验区专家顾问组成立，他与地区领导及省体改委的领导一起上北京邀请各民主党派中央负责人，由此开始与各民主党派中央负责人的频繁接触，在此基础上，不断地为家乡的发展“牵线搭桥”，先后把各个民主党派的有关负责人引进了毕节，并与毕节地区八县（市）结成了一一对应的帮扶关系。民盟、民建、民进中央及九三学社中央、全国工商联及中央统战部，分别联系毕节地区的毕节、黔西、金沙、威宁等县（市），形成了一股鏖战贫困的冲击波。1992年刘远光与民革中央负责人一起到纳雍修建希望小学。

他乐于在故乡和各民主党派中央之间当“红娘”，在他的努力下，民革中央为金沙县捐赠了一批电教设备；在他的努力下，经民盟中央牵线，毕节一中与北京汇文中学结成姊妹学校。毕化有限责任公司6改12项目的迅速落实也与刘远光的努力分不开，当时刘远光陪同全国政协副主席钱伟长到毕节考察，他告诉钱老，毕化6改12项目没有批下来，可是土地已经征了，前期投入很大，不立即上马问题就十分严重。钱老立即要求毕节提供了有关材料，回北京后，在材料中附上一封信交给了化工部，化工部很快批复，项目得以如期实施。

刘远光对毕节的建设和发展十分关心。他说，毕节地区与中央统战部、各民主党派中央和全国工商联等的亲密关系，是我们得天独厚的优势，是用金钱买不到的，地委、行署应乘势而上，充分利用有利条件，为毕节的发展赢得更多的机遇。其次，应该加强对干部的教育，增强多党合作意识，即使各级党委、政府换届，与各民主党派中央、全国工商联的良好合作关系也绝不能断，要从讲政治的高度认识这个问题。专家们为毕节办的实事，要多宣传、多追踪、多反馈，以表明我们诚挚的谢意。如果毕节地区其他县（市）都像纳雍与民革中央这样结成“铁对子”，那对我们加快发展将大有裨益。希望毕节加快城市建设步伐，尽快出落成一只“白天鹅”，让毕节的明天更加美好。

刘远光表示，要尽力推介毕节，增进各民主党派中央对毕节的了解，为试验区花朵开得更加艳丽而不懈努力。

刘应诚

刘应诚，贵州省毕节县（今七星关区）人，1954年10月出生于毕节县八寨坪果乐。1976年加入中国共产党，1980年12月参加工作，中央党校大学本科毕业。

刘应诚参加工作后，历任毕节县农业局工作员，海子街区农技站副站长，毕节县农业局人秘股副股长，中共毕节县委组织部干部科副科长、科长，中共长春堡区委书记，挂职毕节行署扶贫开发办公室主任助理，中共毕节县委正科级组织员，中共毕节县、市（县级，下同）委常委、县（市）纪律检查委员会书记、中共毕节市委副书记，中共毕节市委助理调研员等职。

1973年，从海子街中学高中毕业回乡后，同年9月经熟人介绍去杨家湾区撒拉溪小学戴帽初中班代课。1974年3月，回家乡果乐小学戴帽初中班代课。1976年9月在民办初中班任班主任。曾多次被公社、区学办评为优秀教师。在近8年的教坛生活中，磨炼了意志，打牢了知识基础。

1980年，全县第一次公开招考农村基层干部，刘应诚参加考试被录取为正式干部。先后在海子街区的螃蟹井公社、观音桥公社和燕子口区的龙洞公社完成了稳定农业生产责任制工作。继后，全县组织开展农业区划，他参加试点工作队，赴林口区团结公社完成农业经济的区划试点任务。后又分组完成了海子街区、鸭池区的农业经济区划工作，参加全县农业区划汇总工作。完成汇编工作后，参加撰写《毕节县农业经济区划成果》文稿，个人获毕节行署科技成果三等奖，担任海子街区农技站副站长主持工作。1984年调任县农业局人秘股副股长，主抓组织、人事工作。

1985年，调县委组织部干部科工作。在1987年的县委、人大、政府、政协以及团县委、县妇联的换届工作中，圆满完成任务，受到组织的好评。是年调任长春堡区委书记。工作中身先士卒，脚踏实地，跑遍了全区6个乡镇41个村的山山水水，制定了全区的发展规划，并承担了地委、县委在长春堡区的有关试验试点工作，参与毕节地委书记禄文斌领导的毕节开发扶贫、生态建设试验区第一个试点工作，为在长春堡区清丰乡开展“五子登科，两权下管”等方面做出了大量的探索工作。继后，全地区第一个民主评议党员工作试点在长春堡开展，为全地区的民主评议、处置不合格党员做了有益的基础工作。全县创办的第一个业余党校就在长春堡区试行。因党务工作突出，被县委评为“优秀党务工作者”。是年，全县计划生育实行两孩结扎工作又在长春堡区试行，因工作成绩突出，被省委、省政府和地委、行署评为“优秀计生工作者”。全县第四次人口普查，因其工作成绩突出，被县政府评为“先进工作者”。在经济工作中，烤烟生产曾连续两年被县委、县政府年终评为一等奖。

1991年，被选派挂任毕节行署扶贫开发办公室主任助理。1992年夏天，带队对全地区8个县的坡改梯工程作了全面的验收，完成任务后，受到行署有关领导的好评。

1993年，任中共毕节县（市）委常委、县（市）纪委书记。纪检工作曾三年被地纪委评为一等奖。他撰写的《关于乡科级领导干部党风廉政建设的思考》调研文章获省纪委、省监察厅优秀调研文章三等奖。

1998年，任中共毕节市委副书记，分管农业、农村、乡镇企业改革等工作。1998年至1999年获“全省粮食生产先进市”称号和“全省高产示范工程先进单位”奖，连续三年获地区科技兴农一等奖。在畜牧工作方面，实施人工种草、秸秆利用等技术，连续两年获全区畜牧工作第一名。在林业工作方面，大抓人工造林、封山育林、退耕还林等，曾获行署的“造林绿化先进集体”奖、“基本绿化毕节”奖。在水利水电工作方面，大力抓好长治工程、渴望工程、防洪安全工程。1998年，出任毕节城区第一期防洪工程指挥长，共完成总投资4785万元的工程。其中，完成倒天河河道整治4503米，河堤建设8106米，完成关门山分洪隧道一座，长464米，完成茶亭河道整治2200米，河堤建设420米，因工作有为，被选派参加国家外国专家局出资组织的西部四省（区）赴美国水利建设工程项目管理培训。在乡镇企业方面，抓项目，抓投资，抓环境，注重工作协调，深入基层，开展调查研究，帮助解决疑难问题。

他是中共毕节县第六次、第七次和中共毕节市第一次、第二次党代会代表，是毕节县第十三届和毕节市第一届、第二届人代会代表。

2000年刘应诚突患耳疾后，于2003年任中共毕节市委助理调研员。

刘建平

刘建平，贵州省黔西县人，1964年9月出生，1982年10月参加工作，1984年11月加入中国共产党，贵州大学在职民商法研究生。

1982年10月至1984年4月，刘建平在解放军

56037部队服役；1984年4月至1985年10月，在解放军35911侦察大队参加对越作战；1985年10月退伍回乡至1993年1月，先后在黔西县人大办、政府办、组织部、民政局等部门工作；1993年1月至1995年12月，任黔西县建设局城管队副大队长；1995年12月至1998年3月，任黔西县钟山乡党委副书记；1998年3月至2001年6月，任黔西县绿化乡党委书记；2001年6月至2003年3月，任黔西县政府县长助理（副县级）；2003年3月至2007年12月，任黔西县副县长；2007年12月至2010年3月调任织金县常务副县长；2010年3月至2011年2月，任织金县委副书记；2011年3月至2011年8月调任原毕节市（县级市）市委副书记；2011年8月至2014年11月任七星关区委副书记、区长；2014年11月调任中共赫章县委书记。

刘建平在部队服役和参加对越作战期间，业绩突出，荣获三等功一次。在黔西县任副县长期间，有力打击了全县非法采煤窝点，全县非法盗采煤炭资源行为得到有效遏制。在织金县担任常务副县长期间，分管工作成绩突出，财政总收入从6.9亿元增长到8.52亿元，增长23.43%；牵头完成审计项目32个，占计划的145.45%，审计金额达26.5亿元；企业离退休人员基本养老金社会发放率达100%。任织金县委副书记期间，重点分管“三农”工作。积极探索采取转包、股份合作等模式，引导土地向特色种植专业大户、农民专业合作经济组织等规模经营主体集中，带动蔬菜、竹荪等特色产业的产业化发展，全县呈现出“3带2区建设”示范典型。任毕节市委（县级）副书记期间，扎实推动生态文明家园建设和农村危房改造；启动实施9个特色小城镇建设；全面完成天河古城、天河路街景立面改造工程和碧阳大道、草海路等城市建设工程。任七星关区委副书记、区长期间，“两烟”、能源等传统产业基础不断巩固，化工、建材、装备制造、食品药品等产业得到长足发展，以新能源汽车为龙头的新兴产业迈出新步伐，产业多元化发展格局初步形成。2013年11月，七星关经济开发区与毕节经济开发区一起，被国家科技部认定为国家新能源汽车高新技术产业化基地。任中共赫章县委书记期间，提出了以脱贫攻坚为主线，以“生态立县、城镇带县、工业强县、农产富县、文旅兴县”五大战略为抓手的发展思路。探索建立的“政策叠加、三管齐下、全面覆盖”的医疗扶贫政策有效遏制了“因病返贫、因病致贫”，得到了汪洋副总理等领导的高度肯定，目前正在全省推广，下一步有望在全国推广；探索建立的“33351”“55分成”“532分成”等扶贫利益链接机制得到省市领导肯定。启动了塔山公园、湿地公园、夜郎古城、夜郎王宫、温泉小镇等建设项目，县城中心城区规划用地规模达35.6平方千米，规划人口达35万人。先后建成平山现代高效休闲农业示范园区等十个农业产业园区，夜郎春秋农旅生态园被评为省级现代高效农业示范园区。韭菜坪花海景区被评为3A级景区，夜郎国家森林公园景区加快推进，2015年实现旅游收入27.14亿元，全县旅游业呈现“井喷式”发展。

刘宗南

刘宗南（1932—1997），贵州省毕节县（今七星关区）人，1932年出生于毕节县八寨坪新艾村，1950年参加工作，初中文化，中共党员。

1950年9月，参加毕节地区第三期干校学习，毕业后在八寨乡工作。1950年12月应征入伍，参加中国人民解放军47师抗美援朝部队，被选派到航空地勤学校赴贵阳军分区学习，结业后分配到毕节军分区后勤处工作。在部队期间，历任战士、后勤处营管科科员、毕节县人民武装部参谋等职。

1954年9月，刘宗南转业下地方工作，历任农工部干事、鸭池区宣传委员、毕节城关翠屏小学校长、城关学区团总支书记、林口区委副书记、燕子口区峨峰公社党委书记、燕子口公社党委书记、燕子口区委委员、普宜区委书记和毕节县教育局局长、党组书记、县文教办党组副书记等职。

1984年8月后，历任县委统战部部长、县政协副主席兼秘书长、县政协党组副书记、毕节县委委员、县知识分子领导小组副组长等职。同时，兼任毕节县地方志编纂委员会副主任、县智力支边领导小组副组长、中国人民解放军二野军校五分校校史研究会顾问、县关心下一代委员会顾问、地区统战理论研究会理事。1992年10月至1995年10月，任毕节地委特邀组织员。

无论在部队服役还是回到地方工作，他对自己承担的工作认真负责，积极主动。学习和掌握知识的能力较强，实践能力尤为突出。工作中非常关心和爱护同志，主动与同志探讨工作中可能出现或遇到的困难和问题，达到互相学习、共同提高的目的。对自己负责的工作，总是想在前面、做在前面。由于领导有方、措施得力，工作效果明显，得到了领导、同事及群众的充分认可，曾三次荣获先进个人荣誉称号。于1984年当选为毕节县第十届人民代表大会代表，1987年当选为中国共产党毕节县第五次代表大会代表，1990年当选为中国共产党毕节县第六次代表大会代表。

在县委统战部和县政协工作期间，他始终站在全县经济社会发展的高度，加强对党的路线、方针、政策及统一战线理论的学习，团结一切可以团结的力量，加强与台属、台胞的沟通与联系，多次组织召开会议，邀请台属、台胞参加讨论，听取他们对全县经济社会发展的意见和建议。对他们在工作中、生活上遇到的困难想办法加以解决。尤为突出的是，在县政协任职期间，积极主动协助主席工作，对政协的各项工作出谋划策，带头实践。其间，组织县政协委员开展了关于全县计划生育工作情况的调研，取得了很好的效果，受到县委、县政府及政协主要领导的充分肯定。于1997年逝世，享年65岁。

刘宗道

刘宗道，贵州省毕节县（今七星关区）人，1923年生于毕节，高中学历，中共党员。

1949年11月参加革命工作。1950年年初，在毕节中学担任政治课教学工作。1951年3月，调任威宁中学教导主任。1952年10月，调任织金中学教导主任。1955年7月，调到赫章县，先后担任赫章中学教导主任、副校长（主持工作），赫章师范学校校长，赫章二中副校长，赫章文教局副局长。1978年，调毕节师范专科学校，任副校长和中共毕节师范专科学校委员会委员。

刘宗道作为中华人民共和国成立后毕节地区教育工作开拓者之一，参与和组建了威宁中学、织金中学、赫章中学、毕节师专的工作。1955年7月赫章县筹办赫章中学，他仅用了半个月的时间，就完成了租用、修整校舍，购置课桌椅，招生等工作，使学校如期开学上课。是年10月，他着手选择新校址，到次年9月完成889.2平方米的教学楼、237.6平方米的学生食堂和95平方米的厕所建设任务，仅用资5万元。第二年又续建180平方米的教师宿舍，使赫章中学初具规模。1958年8月，上级任命他为赫章师范学校校长，负责筹建师范学校。他仅用一年时间，就完成了学校的基建和招生任务。三年困难时期，他带领师范学校师生进行体检，250多名师生仅有18人有轻微浮肿，因而受到赫章县人民政府的表扬。1969年7月，他被调到赫章县平山筹建赫章二中，3年内就完成了二中礼堂和两幢教学楼的修建工作，使赫章二中具备了一定的规模。1973年，被任命为赫章二中副校长。1975年调任赫章一中副校长，分管教学工作。

他博学多才，尤精数理。上课时，他语言生动，富有感染力，既深入浅出、通俗易懂，又精练形象、富有风趣。

1978年5月，调到毕节师范专科学校，任师专党委委员、副校长兼总务科科长。在学校党委的领导下，他不顾年事已高，精心策划，勤奋拼搏，亲自跑省教育厅争取基建投资，修建校舍。1979年至1984年，先后建成教职工宿舍3830平方米，学生宿舍1414平方米，物理实验楼1863平方米。

刘宗道于1984年5月退休。他从教一身，忠诚于党的教育事业，为祖国培养出一批又一批有用人才，成绩斐然，有口皆碑。在他80寿辰时，数百名学生自发从四面八方云集毕节，为他祝寿，有贺诗一首："成材桃李树森森，仰止高山北斗尊。行年八十谁言老，相期米茶再一程"，体现了他在教育事业中的重大成就。

刘厚祥

刘厚祥，贵州省毕节县（今七星关区）人，1966年4月出生在毕节县城关镇，于1986年8月参加工作。省委党校在职研究生，中共党员。

1986年8月至1989年6月，在毕节地区劳动人事局工资福利科任办事员；1989年7月至1996年6月，在毕节地区劳动人事局任工资福利科科员（其间：1988年9月至1991年7月贵州省电大人事管理专业大专毕业；1994年9月至1996年12月中央党校经济管理函授本科毕业）；1996年7月至2001年5月任毕节地区人事局工资福利科副科长（其间：1998年3月至1999年2月，挂任毕节地区赫章县雉街乡党委委员、副书记）。2001年6月至2009年6月，调贵州省人事厅工资福利与退休处工作，任主任科员（其间：2004年9月至2007年7月省委党校经济学专业在职研究生班毕业）；2009年7月至2012年2月，在贵州省人力资源和社会保障厅在工资福利处任主任科员；2012年3月至2013年2月，任贵州省人力资源和社会保障厅所属贵州省劳动保障监察总队副总队长；2013年3月至2014年4月，任贵州省人力资源和社会保障厅信访办公室副主任（主持工作）；2014年5月至2015年12月，任贵州省人力资源和社会保障厅信访办公室主任。

刘厚祥工作30年来，在人力资源社会保障部门长期从事人事人才工作，参与制定了省机关事业单位工资福利与退休政策，参与组织实施了省1985年、1993年、2006年三次机关事业单位工资制度改革，成为省三次工资改革工作的亲历者和管理者。

在平凡的工作中，他深刻地体会到，人力资源社会保障工作特别是工资福利与退休工作，政策性强、涉及面广、社会影响大，在贯彻执行党和国家关于人事人才工作的大政方针时，一定要坚持正确的政治方向、严谨务实的工作作风和为民服务的责任意识，才不会辜负全省机关事业单位广大职工的期望。

刘剑锋

刘剑锋，祖籍江苏省沛县，1969年10月出生于贵州省毕节县(今七星关区)城关镇。大学文化，在职研究生，中共党员。

刘剑锋出生在革命干部家庭，幼年勤奋学习，中学毕业后，于1987年以高分考取湖南湘潭矿业学院采矿工程系采矿工程专业学习，1992年6月以优异成绩毕业，同年11月被分配到毕节县乡镇企业管理局工作。历任乡镇企业局工作员、科员、办公室副主任。

刘剑锋参加工作后，谦虚好学，勤奋工作，踏实肯干，作风正派。他把大学学到的理论知识，有机地运用到乡镇企业管理中；他吃得苦，不怕累，局里的工作他主动干，积极参与策划全县乡镇企业的引资、项目设计、项目评估、督促检查等工作；他深入乡村，深入企业，调查研究，提出建设性意见和建议，供局领导参考。在每年政绩考核中，刘剑锋都被评为优等。1998年5月，刘剑锋调任毕节市乡镇企业发展较好的林口镇副镇长，分管全镇乡镇企业的发展工作。

林口镇地处云贵川三省交界的鸡鸣三省，工作和生活条件相对来说较为艰苦。从小生长在城市的刘剑锋，把组织的信任和培养化为动力，一到任就扎到企业，了解情况，帮助企业化解矛盾，解决存在的困难。他发现林口镇乡镇企业存在三大问题：一是炼磺技术落后，磺烟对当地生态破坏很大，对人民群众身体健康产生危害；二是煤矿、磺矿、磺厂安全问题突出，一些企业主只重视经济效益，不重视安全投入；三是企业内账务混乱，尤其是集体企业，大多数没有严格的财务制度。他替镇政府草拟整改方案，建议镇党委、政府下决心整顿乡镇企业。首先坚决取缔无密闭炼磺设备和技术的磺厂，对密闭炼磺企业验收合格一个批准点火生产一个；他帮助企业制定安全责任制，坚决制止乱挖滥采，不按安全规程操作的企业，坚决执行停业整顿或坚决取缔。在镇党委、政府的领导下，刘剑锋深入各个企业，对财务工作进行全面清理，该补税的补税，该兑现给群众的一分不少，做到办一个企业真正富一方群众。2001年，刘剑锋任林口镇党委副书记；2003年，任林口镇党委副书记、镇长。在此期间（2002年9月至2005年6月），他在贵州省委党校在职研究生班攻读经济学专业。2006年10月至2009年7月，刘剑锋任林口镇党委书记、人大主席。他在林口镇任职的11年时间里，林口镇乡镇企业、农业农村工作、党建、扶贫、经济发展等各项工作，成绩都排在全市镇乡前列。他个人也多次被地、市评为先进个人和优秀党、政领导干部。2009年7月，刘剑锋调毕节地区煤炭管理局工作。2010年11月提任毕节地区（市）煤炭工业办公室主任（副县）；2012年2月撤地设市后任毕节市煤炭工业办公室主任。2013年、2014年被市委、市政府评为全市安全生产工作先进个人。

刘焕兴

刘焕兴，山东省梅唐县人，1937年8月出生于山东省梅唐县畲江，大专文化，工程师。

1952年至1955年在畲江中学毕业，1956年至1958年贵州林校中专毕业，1959年至1961年6月贵州省林业大专班毕业，1961年7月分配到毕节县海子街区白马山林场工作，任白马山林场场长，县政协委员；刘焕兴曾任毕节县沙邵乡第五届、第六届人民代表；1985年4月至1993年5月，任政协毕节县委员会副主席。

刘锡忠

刘锡忠，山东省城武县人，1926年8月生，1942年8月参加革命，1944年7月加入中国共产党，中专文化。

1942年，先后任金叵县交通局交通员、公安局工作员和巨南县南鲁区公安管理员等职。1949年3月，随军解放江西，任赣东北乐平县三区公安管理员。是年9月，随军西进贵州，任毕节县长春堡区公安特派员。1952年后，任中共小吉场区区委书记、区长和毕节地区人民检察院科长。1958年后，调任水城县人民检察院检察长、中共水城县委书记处书记兼公安局局长。1965年，调任毕节专署林业局副局长、专署气象局局长等职。1985年11月离休，享受副地级待遇。

在抗日战争和解放战争中，他忠于党和人民的事业，出生入死，不怕牺牲，战功卓著。1952年在小吉场区任区委书记期间，领导全区人民认真开展农业互助合作、兴修水利，使全区粮食获得丰收，受到人民的好评。在检察系统工作期间，依法办事，秉公执法。在党政岗位任领导职务期间，清正廉洁，勤政为民，体现了一位老共产党员和老南下干部的高风亮节。

刘锡荣

刘锡荣（1928—），贵州省毕节县（今金海湖新区）人，1928年出生于毕节朱昌双华大寨村，小学文化，中共党员。

刘锡荣出生才10个月，父亲不幸逝世，两岁时母亲为了生计改嫁。少年丧父的刘锡荣靠叔辈抚养成人。7岁时，看见别的孩子上学读书，他也很想上学，可不敢向叔辈提出，其四叔看到刘锡荣读书心切，于是和教书先生商量，由四叔帮其做长工，他自己又帮先生家挑水、烧水等，以劳动换得短时的读书机会。其间，只要一放学回家，就放牛割草，晚上又在火边读《三字经》《百家姓》、四书等。随着知识的不断丰富，又借了《三国演义》《隋唐》《封神演义》等书阅读，一直读到小学毕业。由于没有条件升学，成了家里的主要劳动力，为谋求生计，做了小生意等，什么苦头都吃过。

解放后，工作队于1950年1月入村宣传共产党的大政方针，征集粮草，建立村级政权，开展行清匪反霸、减租退押等运动，刘锡荣积极拥护共产党的领导，热爱新生的革命政权。在这些运动中，他积极主动，努力完成工作队安排的各项工作任务，得到了工作队的信任及村民的拥护。在群众大会上，以无记名投票方式，被选为大寨村第一任村长。1950年3月，正式参加土改工作队，被分到鸭池条件最差的盘珠村工作。土改结束后，调朱昌区委任公安特派员。一年之后，调县财科、财委工作。1951年按照省财经工作会议精神，确定在毕节、大方两县搞两个少数民族地区购买力的试点。毕节县由刘锡荣领队组成一个组在普宜区公子河搞试点。调查任务完成后，调毕节县粮食局，组织人力和驮马到金沙、镇雄、织金等地调运粮食来毕。调粮完毕后，到县委机要科、建设科等单位工作。1956年2月到省委党校学习，结业后回毕节任县政府秘书。

1958年，刘锡荣调任清水铺区区委书记。作为大区的书记，他深入实际搞调查研究，走遍30多个大队，200多个生产队。根据清水铺区地形、地物、气候等特试点，他决定以兴修水利为突破口，进行农田基本建设。经过数年的努力，闻名全毕节乃致全省的王家岩大沟、高刘大沟、宁家大沟、木冲沟大沟、小河坪隧道等工程先后上马并完工，取得水利建设辉煌成就。由于政绩突出，获得上级兴修水利先进单位的称号。全省各地、州、县都组织人员前往参观，受地、县表彰。继后，清水铺区生机水利工程受到了省水利厅、中央水利部的肯定，被列为全国修建艰险水利工程的典型，拍成电影在全省播放，成为当时的一面旗帜。

1964年至1979年的十几年中，刘锡荣先后任县委副书记兼海子街区委书记，县革委副主任，地区农业局副局长、党组副书记，地区乡镇企业局局长、党组书记，地区审计局局长等职。

安　旺

安旺，贵州省毕节县（今七星关区）人，彝族，1967年2月出生于贵州省毕节县长春堡区（今七星关区长春堡镇），大学学历，中共党员。

1988年参加工作，历任贵州省毕节县撒拉溪镇党委委员、纪委书记，贵州省毕节市（县级，下同）阴底乡副书记、乡长，贵州省共青团毕节市委副书记、书记，贵州省毕节市三板桥办事处党委书记兼任武装部部长，贵州省毕节市人民法院党组成员、执行局局长，贵州省毕节市司法局党组书记、局长，贵州省中共毕节市委办公室主任，贵州省毕节市七星关区委常委、区委办主任，贵州省毕节市七星关区委常委、统战部部长等职。

安旺任贵州省毕节市七星关区委常委、统战部部长期间，积极协调统一战线参与毕节试验区

“同心工程”建设项目在七星关区的实施，同时加强同民盟和致公党各级组织及国家各部委的联系，成功引进河北连生农业开发有限公司投资在长春堡镇垭关村建种羊基地，协调民盟中央投资在长春堡镇干堰村建雄嘎高原食用菌种植基地；争取“微天使”肿瘤微创治疗示范中心工程在七星关区医院实施，协调致公党中央联系各类医疗专家在七星关区开展“致福送诊”，争取各类帮扶资金，为全国统一战线帮扶七星关区做出了突出贡献。

安　慧

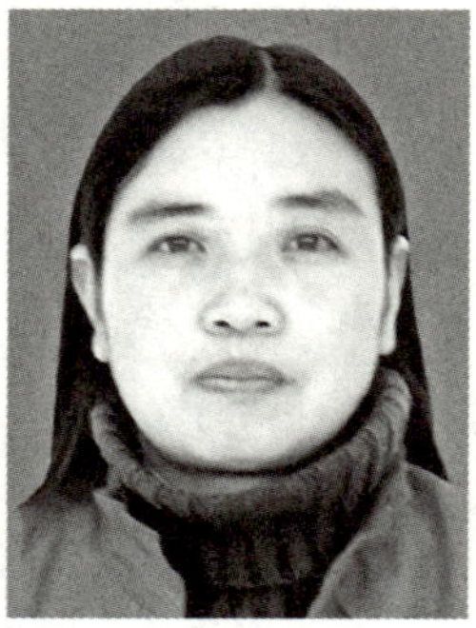

安慧，贵州毕节县（今七星关区）人，女，彝族，1963年4月出生于贵州省毕节县长春堡区（今七星关区长春堡镇），1981年12月参加工作。本科学历，中共党员。

1981年12月至1983年4月在贵州省毕节县委党校学习；1983年4月至1984年7月在贵州省毕节县长春堡区王丰乡政府工作；1984年7月至1988年8月任贵州省毕节县长春堡区王丰乡副乡长（其间，1986年10月至1988年7月在贵州省毕节地委党校学习）；1988年8月至1989年4月任贵州省毕节县长春堡区团委副书记；1989年4月至1992年1月任贵州省毕节县长春堡区副股级组织员；1992年1月至1993年1月任贵州省毕节县长春堡镇党委委员；1993年1月至1995年1月任贵州省原毕节市（县级市，下同）长春堡镇党委副书记；1995年1月至1995年12月任贵州省毕节市长春堡镇党委副书记、镇长；1995年12月至1998年4月任贵州省毕节市长春堡镇党委书记；1998年4月至2001年7月调贵州省毕节市委组织部任副部长（正科级）（其间，1999年9月至2001年7月参加中央党校法律专业学习［函授］）；2001年7月至2003年3月任贵州省毕节市人民政府市长助理（副县级）（其间：2002年10月至2002年12月在贵州省毕节地委党校中青班学习）；2003年3月至2009年4月任贵州省毕节市人大常委会党组成员、副主任；2009年4月至2012年1月任贵州省毕节市人大常委会党组成员、副主任，毕节市总工会主席（兼职）；2012年1月至2015年5月任贵州省毕节市七星关区人大常委会党组副书记、副主任，毕节市七星关区总工会主席（兼职）。

安慧自参加工作后，始终坚持中国共产党的领导，讲政治、顾大局。工作兢兢业业、任劳任怨，团结同志、清正廉洁。在长春堡镇任职期间，以踏实的工作和务实的作风，从一般工作人员锻炼成长为党委主要领导干部，团结带领党政一班人为长春堡镇的发展做出积极贡献，使长春堡镇各项工作名列全市前列。在县级领导干部岗位上，思路更加开阔、工作更加敬业。尤其是在人大常委会工作期间，处处以身作则，充分履行职能，为人大工作的创新发展做出了积极努力，取得了明显效果。

许正维

许正维，贵州省黔西县人，1947年5月生于金沙县城关，1969年9月参加工作，1979年2月加入中国共产党，大学学历。

1965年8月至1969年9月，在贵州农学院林学系林学专业学习；1969年9月至1970年8月，留校待分配；1970年8月至1982年6月，先在贵州省金沙县石路公社劳动锻炼，后任县委宣传部干部、安底区副区长；1982年6月至1986年1月，先后任安底区副区长，贵州省金沙县委常委、县委办主任、县委副书记、县长（其间，1982年9月至1983年10月在贵州省委党校中青班学习）；1986年1月至1988年12月，先后任贵州省黔西县委书记、毕节县委书记；1988年12月至1997年2月，先后任毕节地委委员、毕节县委书记、毕节地委副书记（其间，1994

年3月至1994年7月，在中央党校进修部学习）；1997年2月至1998年3月，任贵州省农业厅副厅长、党组副书记（正厅级）、党组书记；1998年3月至1999年6月，任贵州省农业厅厅长、党组书记；1999年6月至2006年10月，任贵州省黔西南州委书记、兴义军分区党委第一书记；2006年10月起，任贵州省农业办公室（省农业综合开发办公室、省扶贫开发办公室）党组书记；2007年2月至2010年1月，任贵州省人大常委会副主任。许正维是贵州省十届人大代表、中共十六大代表。

许光佑

许光佑，贵州省毕节县（今七星关区）人，1951年9月生于毕节县清水铺区生机乡高刘村，大专文化，中共党员，大校军衔。

许光佑1966年参加工作，在清水铺供销社任售货员，1969年3月应征入伍，被分在驻云南省西双版纳小孟养的昆明军区后勤第22分部第109兵站当战士。

他入伍后，聪慧勤奋，悟性极好，很快从一名地方青年转为合格士兵。不到1年时间，光荣地加入中国共产党，任副班长、班长。1970年10月，被破格选拔到兵站战勤科代理参谋工作，随军出国老挝，圆满完成援老筑路后勤保障任务。1972年被提升为军官，至驻普洱的后勤22分部先后任警卫排长、军务参谋、战勤参谋、训练参谋。

他酷爱武艺，练得一身好本领。1975年，被昆明军区后勤部选送到解放军体育学院学习半年。后在军区军事大比武中，夺得昆明军区刺杀个人冠军。1979年调任军区后勤部司令部训练处参谋。是年，对越自卫还击作战开始，由军区抽调为军区工作组成员，随步兵第四十师机关作战。1982年9月被选送到解放军后勤学院驻校深造。他勤于思考，注重学用结合，撰写军事学术文章近30篇在全军报刊上发表。1984年以毕业论文第一名和后勤学院优秀学员的优异成绩毕业，获得大专学历。1985年提任军区后勤部司令部训练处副处长。是年，昆明军区与成都军区合并，旋任成都军区后勤部司令部训练科技处副处长。此间，工作成绩卓著，晋升科技处处长。1992年提任成都军区后勤部驻昆明办事处参谋长。是年整编为22分部，任分部参谋长。1998年8月，时任中央军委主席江泽民签署命令，任命许光佑为该部部长。次年整编为联勤第22分部，仍继任部长。

他身居要职，深感责任重大，提出“抓大事、办要事、干实事”的工作原则，团结和带领分部党委“一班人”，集中精力抓好部队建设，首先以人才培养为突破口，先后培养出军队高、中级军官近600人，300多名士兵考上军队院校，290多名优秀干部进入军事院校深造，2000多名干部通过地方和军队院校的培训取得大学本科以上学历，其中300多名干部考取地方和军队院校硕士、博士研究生。许光佑亲临指挥实兵实装演习，成功地完成专业技术比武竞赛等项工作任务。先后有5个单位和20多名个人受到全军通报表彰；有18个团级单位、23个基层单位被军区和军区联勤部评为全面建设先进团队单位、基层建设标兵单位；4名领导干部被军区表彰为“优秀旅团级主官”。他先后领导部队完成100多个科研项目，其中获军队科技进步二等奖5项、三等奖20项，全军医疗成果三等奖5项，军区科研特等奖19项，云南省科技进步奖8项，获国家实用新型专利3项。

他先后受到军委主席江泽民等领导的亲切接见和褒扬。2002年10月，组织选送他到中国人民解放军国防大学学习深造，结业时随国防大学军事代表团访问土耳其、意大利、奥地利3国，具有较高的军事素质。2002年至2005年，两次受解放军后勤指挥学院聘请，作客座教授为在校硕士研究生授课，在师生中产生良好影响。

他曾当选为昆明市人大代表，同时被市人大评为优秀人大代表。

许光佑40余年征程，可谓戎马一生，志在军旅，功绩卓著，成绩突出，陈开礼将军有词曰：“黔西大地降斯人，戎马西南守边关；披星戴月，破浪扬帆，一生尽职为部队。铁马丹心奉华年，留史册，红土情，深厚句号圆。人品正气浩然，能文武，才双全，军旅一路歌，勇往直前，昨日辉煌亲手写，今日转折莫等闲，放眼量，阔步跨，新程尽开颜！”于2012年在正师职上退休，定居昆明市大观路。

许观毅

许观毅，贵州省金沙县人，1957年12月出生于贵州省金沙县禹谟区，研究生学历，中共党员。

1975年参加工作，1985年7月加入中国共产党。1975年5月至1977年7月在金沙县禹谟区禹谟公社作为知青上山下乡；1977年7月至1979年9月在贵州省财政学校读中专，1979年9月至1979年9月在金沙县人民检察院工作，1979年9月至1985年7月历任金沙县人民检察院科员、助理检察员；1985年7月至1988年3月任金沙县人民检察院办公室副主任、检察员（1984年7月至1987年7月在西南政法学院读法律大专）；1988年3月至1997年9月任金沙县人民检察院党组书记，检察长；1997年9月至2002年12月调任黔西县人民检察院党组书记，检察长（1997年7月至2001年6月在贵州省委党校读法律本科）；2002年12月至2006年8月调任原毕节市（县级市，下同）人民检察院（今七星关区人民检察院）党组书记、检察长（2003年9月至2006年6月在贵州省委党校读行政管理研究生）；2006年8月至2012年9月任毕节分院检察委员会专职委员、检察员；2012年3月至2012年9月任毕节市人民检察院检察委员会专职委员，检察员；2012年9月至今，任毕节市人民检察院调研员，检察委员会委员。

年少时的辛苦成了许观毅，人生成功的基石。生长在艰苦的环境，成长在艰难的岁月，铸就了他敢于拼搏的性格。在他的爽朗笑声里，常常隐藏着对人生征服的快感。他文采出众，任职检察长后，依然捉笔泼墨，挥洒出一篇篇生意盎然的文章。不论是讨论案件，抑或是带领自侦部门查办案件，同样是潇洒从容，挥洒自如。虽然具有生杀予夺的权力，但农村人善良的本性，造就了他慈悲为怀的心肠。对犯罪分子，他同样具有悲天悯人的目光和铁一般的手段。

在七星关区人民检察院工作的日子里，许观毅身先士卒，与反贪局侦查人员一起，奋战在第一线。在侦破赫章县一系列贪腐案件中，一个个犯罪分子被依法查处，挽回国家经济损失300多万元。为七星关区人民检察院反贪工作画上了浓墨重彩的一笔，为七星关区检察院的反贪工作开创了新的局面。在七星关区人民检察院的历史上，许观毅踩了狠狠的一脚。不论你想不想他，他就在那儿。个性铸就了许观毅的检察之魂。

阮漫鹰

阮漫鹰，贵州毕节县（今七星关区）人，1955年9月出生于贵州省毕节县海子街区烂泥乡，大专学历，中共党员。

阮漫鹰毕节三中高中毕业后，于1975年响应国家召唤，参军到西藏部队服役，当上了高原汽车兵。为保卫祖国边疆安全，阮漫鹰驾驶着军用卡车，不顾高原反应，不惧道路险阻，常年奔驰在四五千米的雪域高原，执行各项战备运输任务，多次受到上级嘉奖。

1978年年底，阮漫鹰退伍回到家乡。1979年2月17日，对越自卫反击战打响，他再次穿上军装上前线。部队集训结束开进云南贵州边界时，中央宣布对越自卫还击战取得预期效果，作战部队全部撤回。阮漫鹰所在部队在安顺驻地撤销，重新入伍的老兵们再次退伍。

1979年8月，阮漫鹰又脱下军装。返乡后，被聘为海子街区烂泥乡民校代课教师。

1980年，阮漫鹰考取正式工作，分配到毕节县农业局杨家湾区农技站任农技员。在农技战线上，阮漫鹰不懂就学，向书本学，向有工作经验的同志学，向农民学。他谦虚、好学、勤奋，勇于实践，深入农家，边学边干。很快，他就掌握了一名农经员应有的知识和业务，得心应手地投入实际工作中。

1985年5月，阮漫鹰调毕节县计委任科员（其间，1987年9月至1989年7月在贵州计划管理干部学院计划专业学习［函授大专］）。1989年9月任毕节县计委基建科科长。

1990年3月，阮漫鹰任毕节县长春堡区副书记，1991年9月调回县计委任副主任、主任，1995年9月任毕节市（县级）市长助理、计委主任。

时值改革开放转型时期的计划委员会，既要勇于改革，大胆开拓进取，又要顾及已经成型并实行了30多年的计划经济制度还来不及改变的现状。在计委主任位置上的阮漫鹰，处于计划经济与市场经济转换的各种矛盾中，处于改革与改变的大潮激流中，处于县级经济发展与计划不相适应的风口浪尖。他紧紧依靠群众，坚决贯彻执行中央、省、地、市党委、政府的决策部署，不折不扣按市委、市政府出台的政策、措施和领导指示办；他深入镇、乡、办事处和各部、办、委、局，调查研究，掌握第一手资料，解决基层实际工作中碰到的困难，亲自为市委、政府撰写年度计划纲要，不时召开计划和发展工作会议，商讨应对改革中纷繁复杂各种问题的对策，为市委、市政府决策提供坚实的发展规划，主动当好市委、市政府的参谋和助手。各项工作取得显著成绩，他任主任6年间，市计委年年被地、市评为先进单位。

1996年5月，阮漫鹰调任毕节市（县级）财政局局长；1996年8月当选毕节市（县级）副市长。2001年12月任毕节市委常委、常务副市长。走上县级领导岗位的阮漫鹰，仍然保持着谦虚好学、平易敬人、作风扎实、求真务实的学风和作风，不骄不躁，不显不摆，谨慎做人，踏实做事，遇事不推诿，办事讲原则，奋斗无止境，宗旨牢记心。2006年7月，他被调到贵州省毕节地区财政局，先后任财政局党组成员、毕节地区会计核算中心副主任、调研员。2015年9月，阮漫鹰退休。

盘点参加工作以来的经历，阮漫鹰如是说：“我从一名农家子弟到部队服役，从代课教师到政府工作人员，几十年走过来，没有什么功绩值得夸耀，就是这么几句话：很自豪投入了中国共产党的怀抱，很幸运得到了党组织的关心关爱，很踏实做好了一名党员干部应该做的事情。永远不变的是，不管身处什么岗位，都坚决服从组织的安排，始终把党和人民的利益放在第一位，没有自己特殊的利益，可以无愧地说，做到了权为民所用、情为民所系、利为民所谋。始终做最真实的自己，不忘初心，认真做事，真诚待人，为毕节市的发展和建设，贡献了自己微薄的力量！”

孙　杰

孙杰，贵州省毕节县（今七星关区）人，1954年9月28日生于毕节县鸭池区南箐乡核桃村，1977年3月参加工作，大专文化，中共党员。

孙杰于1974年12月到重庆煤矿学校上中专，就读于该校通风与安全专业的102班，于1976年12月下旬毕业，按当时的政策，回到毕节地区待分配。

1977年3月初被分配到毕节地区马干山煤矿工作。先后任跟班技术员、技术员、生产技术科副科长、科长，在该矿工作近8年。

1983年国家出台了《煤矿安全监察条例》，开始全面加强煤矿行业的安全监管，并在各级劳动人事部门增配煤矿安全监察人员，他于1984年9月调到毕节地区劳动人事局安全科工作。1985年后，行署成立了毕节地区安全生产委员会，并在地区劳动人事局增挂了地区安委办牌子，职能是负责地区安委会统筹协调，指导研究全区安全生产日常工作，他在安委办任职。

1990年任地区安委办副主任（副科级），1995年任地区安委办专职副主任（正科级）。他始终尽力推进全区煤矿安全、道路交通安全、防火安全、建筑施工安全等方面安全生产工作的有效开展，强化重点时段、重点行业、重点企业、重点乡镇的检查督促，严格按照"四不放过"的原则，严肃、认真、及时地会同有关部门查处重、特大生产安全事故。由于他工作绩效突出，2002年受到国家安全生产监督管理局的表彰奖励，发给了2002年全国安全生产监督管理先进个人的荣誉证书。同时，多年受到省、市安委会的表彰奖励。

2002年他为了尽快提升自己的学业水平，在毕节电大选学了公共事业管理（教育管理）专业，于2004年修完两年的专科课程，同年11月领到了毕业证书。

2003年下半年毕节地区安监局正式成立组建，他在该局任协调科科长，主抓地区安委办的日常工作。由于他长期从事安全生产监管工作，不仅积累了良好的工作经验，能干、能写、能说，有尽责担当的工作作风，有敢于坚持原则动真碰硬的工作态度和工作能力，多次得到上级部门、行署分管领导和单位领导的认可和好评。2004年11月任地区安监局党组成员、副局长，地区安委办副主任。他分管过该局的协调科、安监一科、安监二科、安监三科和法规宣传科等主要监管科室。从2005年后，他认真按照省安监局的要求和部署，持续有力地在全区强化非煤矿矿山企业的整治和监管，非煤矿矿山企业过去散、小、乱、差的落后现状较快得到改变，逐步迈上布局比较合理、上规模、上装备、上技术、上管理的轨道，形成能达标的安全生产新格局。同时，他还积极有力地推进县乡安监人员、乡镇分管领导、非煤矿矿山企业负责人，企业安全管理人员和特种作业人员等的安全培训教育，大大深化和提升了企业、乡镇、县（区）在安全生产源头管理、基础管理、基层管理的有效作用，使全市安全生产监督管理工作逐年收到明显效果，各类重、特大事故逐步得到有效控制，一般生产安全事故也大幅度减少，全地区安全生产形势逐年稳定向好发展。

2013年4月，提任市安监局调研员。局党组仍然明确他继续分管安监一科、安监二科并协调督促道路交通安全、防火安全、水上运输安全、建筑施工安全和重大建设项目安全等方面综合监管。

他从事安全生产监管工作长达31年，始终兢兢业业、任劳任怨、尽责担当。于2014年10月退休。

孙　凯

孙凯，贵州省毕节县（今金海湖新区）人，1933年12月生于毕节县小坝中屯村，大专文化，中共党员，高级政工师。任贵州省烟草专卖局、中国烟草总公司贵州省公司纪委书记兼机关党委书记（副厅级）。

孙凯于1950年参加农会工作之后，投身土改运动，打土豪分田地，转战于乌蒙山区，曾任赫章、威宁土改工作队队员、组长。1952年10月调入贵州省建筑工程厅工作，历任工程处、建筑公司政治部干部、主任、队长、科长、团委副书记及厅秘书等职。1967年"文革"中，被下放到贵州省革委举办的"五七"干校劳动。1968年调入贵州省革委政治部、贵州省组织部工作，先后任干事、巡视员、副处长等职。

1985年4月，孙凯调任贵州省烟草专卖局、中国烟草总公司贵州省公司政治处处长、局长

（经理）助理、党组成员、纪委书记兼机关党委书记，于1996年退休。

孙凯出身贫寒，学历较低。参加工作后深知学识之重要，于是积极参加各种培训班学习，1987年毕业于贵州省经济干部管理学院大专班，曾赴欧亚有关国家考察学习。孙凯为人正直，刚正不阿，坚持原则，廉洁奉公。“玉骨冰肌世早涛，一杈傲雪暗看浮。应邀明月常相识，不向春风乱点头。”这是他的咏梅诗，也是他为人处世之写照。

孙　海

孙海，贵州毕节县（今七星关区）人，1963年1月5日出生，中共党员，大学本科学历，贵州省民族宗教事务委员会宗教业务三处调研员。

1981年7月在贵州省毕节第一中学高中毕业后，考入贵州省毕节师范专科学校（贵州省工程应用技术学院）中文专业学习三年，较好地完成了学业。

1984年7月毕业后参军入伍，在贵州省军区教导大队进行半年军训，1985年1月结业后分配至贵州省军区干部文化学校任教员，教学认真负责，被评为优秀教员。

1986年2月调入贵州省毕节军分区工作，先后任司令部参谋、政治部干事等职，认真学习军事、政治和业务知识，完成任务出色，1987年1月光荣入党，1988年8月被授予中尉军衔，1993年2月被选调进省军区机关工作。

1993年2月至1998年9月，在省军区司令部先后担任参谋、秘书等职，多次参加省军区机关重大军事活动，在军事理论研究方面取得较好成绩，先后两次荣立三等功，被评为优秀参谋，其间先后被授予上尉、少校、中校军衔。

1998年9月至2003年4月，在省军区贵阳军事工作处先后任干事、参谋等职，主要从事军队干部人事、军务动员、兵员管理等工作，荣立三等功一次。2003年调入省军区司令部军务动员处任副处长，积极协助处长工作，较好地完成各项工作任务。其间参加中央党校函授经济管理专业本科学习，获得本科文凭。

2004年4月任贵州省龙里县人武部部长，同时被授予上校军衔。他率先垂范，严格管理，积极参加抢险救灾和急难险重任务；参加县政府常务工作，努力为地方经济建设出谋划策，发挥了积极作用；完成各年度新兵征集、民兵训练、学生军训等工作任务，为军旅生涯画上了圆满句号。

2010年10月转业到省宗教事务局任调研员，较好地完成了各项业务工作。2014年省级政府机构改革后任省民族宗教事务委员会宗教业务三处调研员，主要从事伊斯兰教和民间信仰事务管理工作，积极投身全省宗教事务治理体系改革工作，深入调研，抓好试点，培育典型，取得优异成绩，被评为优秀公务员。

孙师吉

孙师吉，贵州省毕节县（今金海湖新区）人，1940年2月生于毕节海子街小坝，大专文化，政工师、经济师，任中国对外贸易运输公司贵州分公司副总经理、党委副书记兼贵州省外运汽车场党委书记、贵州省经贸厅政工研究会会员。

于1958年考入贵阳矿山机器厂中等专业技术学校，毕业后分配在该厂配件科工作。

20世纪60年代初，国际风云突变。为保家卫国，他放弃优裕的生活条件，毅然报名从军。历任班长、排长、副连长、连长、副营长、营长、副团长、代理团长、团党委委员、常委等职。他从一个战士成长为军队中级指挥员，曾参加和指挥多次战斗。1979年2月，在中越边境自卫反击战中，他指挥炮兵团官兵英勇作战，机智顽强，多次圆满完成任务，荣立三等功一次。

百万大裁军，他积极响应号召。1984年转业到中国对外贸易运输公司贵州省分公司担任领导职务，在地方工作中一如既往，尽职尽责，多次被省政府和省机关工委评为优秀党务工作者。他注重科学文化学习，1979年2月曾在河北宣化中国人民解放军炮兵学院学习，1986年5月曾就读于贵州省经济干部管理学院。由于他勤奋努力，1993年先后被省人事厅评为政工师、经济师。其不凡的人生经历正如他写的一首五言律诗《转业感怀》一样：戎马征战多，风餐露宿重。利箭惊天地，炮火映山河。铁壁任他强，弹雨奈我何。卸甲归故里，开来朝天歌。

于2000年退休。

孙师禹

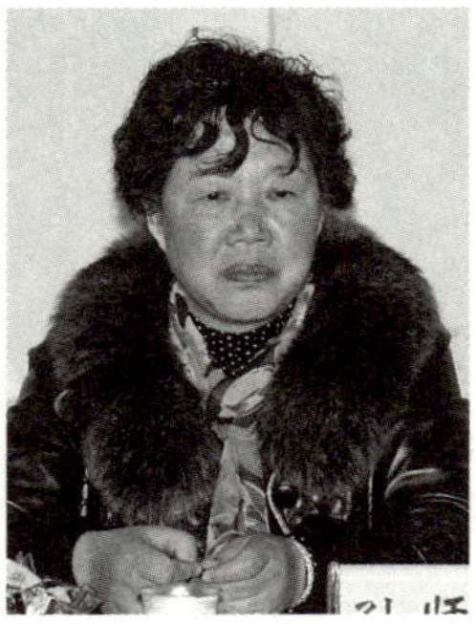

孙师禹，贵州毕节县（今金海湖新区）人，女，1952年2月生，大学文化，1972年6月加入中国共产党，1972年12月参加工作。

1972年12月至1973年4月在毕节四中工作；1973年5月至1973年9月在毕节县团委工作；1973年9月至1976年9月在毕节县直机关党委工作，先后任机关团委书记、党委委员、副书记；1993年6月至1998年12月任毕节市妇联主席；1998年12月至2001年3月任中共毕节市委（县级市，今七星关区，下同）统战部部长；2001年3月至2003年3月任中共毕节市委统战部部长、政协毕节市第二届委员会副主席；2003年3月至2011年12月，任政协七星关区委员会副主席。

孙师禹1994年11月获地委党校科局班学习“优秀学员”奖，1997年8月获市政府“拥军优属”先进个人奖，1992年3月获地区妇联“巾帼建功标兵”奖，2008年9月获贵州省信访工作领导小组“北京2008年奥运会·残奥会期间北京信访工作先进工作者”奖。

孙国民

孙国民，贵州省毕节县（今金海湖新区）人，1949年6月生于毕节县小坝中屯村，大学文化程度，中共党员。

1969年应征入伍，曾先后在昆明军区后勤部、贵州省军区所属部队任文书、参谋、干事、教导员、科长、团副政委、代理政委等职。1976年，曾带领1000余人的部队，单独在老挝第二大城市——朗勃拉邦市执行任务。1979年中越边境自卫反击战中，在中国人民解放军西线后勤指挥部工作。在部队期间，他千方百计地争取各种学习机会，曾就读于昆明军区机要学校、昆明陆军学院、中国语言逻辑夜大。

由于百万大裁军的需要，1987年，他转业到地方工作，先后任贵州省劳动厅机关党委办公室主任、专职副书记、处长，贵州省石油化工机械厂副厂长，贵州省劳动就业办公室主任，贵州达安房地产开发有限责任公司总经理，贵州省劳动保障监察总队队长等职。

在石油化工机械厂工作期间，和工程技术人员一起研制了具有中国先进水平的硫黄切片机、注塑机等系列产品，有的产品销往中欧、中东等地。在从事劳动就业工作期间，他深入调查，体察民情，起草了若干符合省实际的劳动就业政策、法规，有的政策性文件还以省委、省政府的名义下发各地执行。他在贵师大攻读过哲学专业，在日内瓦参加过联合国劳工组织主办的培训班学习，曾在不少报刊上发表过文章，出版过《走出大山》等专业书籍，参加过全国劳动就业及劳动保障监察重大理论的探讨。他之所以这样爱岗敬业，成绩卓著，按他自己的话说就是为了报效祖国、报效乡亲、报效故土。他也用实际行动诠释了自己的理想和诺言。2002年，孙国民任贵州省劳动厅机关党委书记；2009年任贵州省劳动厅巡视员（正厅），是年退休。

孙振启

孙振启（1917—1982），山东省微山县人。1917年生于山东省微山县两城乡北泊村。1943年参加革命，1947年6月加入中国共产党。

参加革命工作后，历任后勤干部训练会计、管理员、情报站站长、区武委会主任、民政干校指导员等职。1949年随军南下进入贵州省毕节县（今七星关区），历任毕节县一区区委副书记、书记，毕节县联社主任，中共毕节县委副书记、县人民政府县长等职。后调任毕节地区财办副主任、党组副书记，毕节地区行署副专员、党组成员等职。

自参加革命工作以来，孙振启对党忠心耿耿，工作认真踏实。部队南下途中吃粮困难，他配合地方领导，寻找粮源，解决部队吃粮难的问题，受到战友们的好评。

1955年，当选毕节县人民政府县长后，经常深入农村，为群众排忧解难，足迹踏遍全县村村寨寨。每到一个地方都与群众打成一片，没有官架子，广泛听取群众意见，帮助解决具体问题。在城镇建设上注重修建电影院、剧场、澡堂、理发室、公厕等与老百姓民生相关的公共设施。在机关，关心干部、职工子女的读书、就业等民生问题，从不说空话、假话，诚实守信。1960年，全国生活困难时期，群众严重缺粮，经县委研究决定，他到镇雄县借粮10万千克，直接送到困难户手里，解决群众的燃眉之急。群众说：“孙县长雪中送炭，真是人民的好县长。”龙场区有一税务干部患肠梗阻，生命垂危，而这里离县城100多千米，又不通公路。孙振启得知后，一面通知专区医院医生准备救护，一面请医院派救护车绕道大方石坪乡接人，自己坐在医院等候，直到病人脱离危险才离开。诸如比类的事例举不胜举。

他艰苦朴素，任劳任怨。下乡检查工作，轻车从俭，不用小车接送，全靠双腿翻山越岭，涉水过河，个人生活从不搞特殊。群众说：“孙县长好接待，半碗豆米、一碗稀饭也可以招呼一顿。”他担任县长期间，一家三代九口人，一直住在两间破旧木板房里，后虽搬家三次，仍未改变简陋家居。他病故前的30年间，家里没有购过电器和新式家具，陈设简朴。

他身居领导要职多年，始终清正廉洁，从不以权谋私。1960年，其长子从山东来毕节，安排在县农具厂学修理工，他对孩子说：“你去厂里，工作要干好，不要一文工资，吃穿由我负责。”儿媳被安排在城郊劳动，不准要工分，不分基本口粮，在食堂吃饭，家里按月付钱粮。1962年，国家精简下放人员，他带头将长子下放回山东老家。他当时囊空如洗，却不要公家补助，自行借钱解决路费。“三年困难”时期，孙振启一家同全县人民群众共渡难关，当商业部门得知其母干瘦浮肿时，送上一个猪头，他得知后，含泪劝母：“我们有困难，群众更困难，我们该吃，群众更该吃。”于是原物退回。1963年调资时，县委给他调一级工资，他却主动让给机关干部，此事受到干部职工和社会各界的好评，体现了他无私奉献的精神。10年县长，多年高官，两袖清风，廉洁自律，深受人民的敬仰和怀念。1982年病逝，终年65岁。

孙善秀

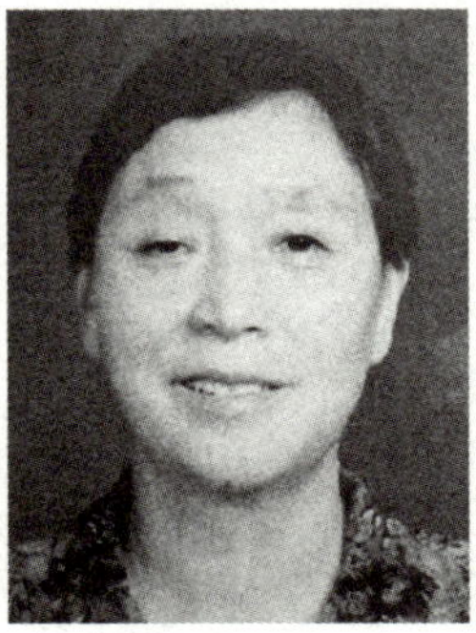

孙善秀，贵州省毕节县（今金海湖新区）人，女，1945年12月出生于毕节县，1966年8月参加工作，中专文化，民盟盟员。

孙善秀1966年7月毕业于毕节地区卫生学校护理专业，同年8月被安排到毕节县医院工作，1966年至1967年在水城县玉舍区参加“四清”运动。1978年晋升为主管护理师，1988年被任命为内科护士长。1993年1月至2007年1月先后当选为贵州省第八届、第九届、第十届人大代表和毕节市（县级，下同）第一届、第二届人民代表，并当选为毕节市人大常委会委员、副主任。1994年4月至2006年4月，调入毕节市人大常委会机关工作。

在医院工作期间，热爱护理工作，心系病人，视病人如亲人，想患者之所想，急患者之所急，很多病人和病人亲属，因为住过一次医院，竟和她成为要好的朋友。担任内科护士长后，处处以身作则，把全院内科的护理工作安排得井井有条，受到院领导和全院职工的一致好评。1982年被毕节县妇联授予“三八红旗手”称号，同年被毕节地区卫生局评为先进工作者。到毕节市人大常委会担任副主任后，根据主任会议分工，经常带领人大机关工作人员，深入各乡镇办事处、市直各部办委局和企事业单位调查研究，为毕节市的经济发展、社会进步，特别是民主法制建设做出了积极的贡献。

孙善珍

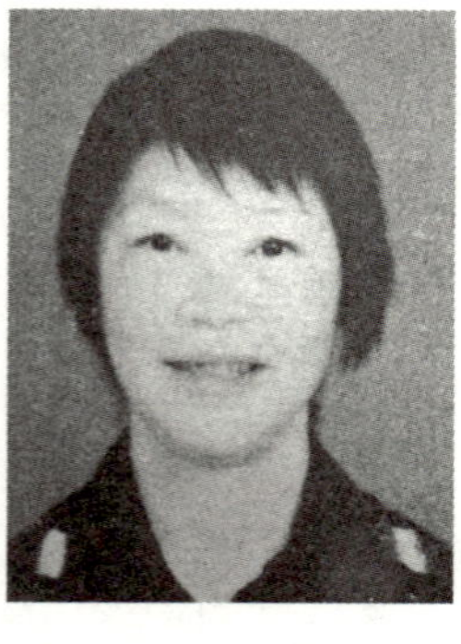

孙善珍，贵州省毕节县（今金海湖新区）人，女，1949年6月生于毕节县小坝汉屯村。大专文化，中共党员。

孙善珍从小在家乡读书，1966年光荣参军。在部队先后任参谋、副营级技术人员、副团职参谋。1969年加入中国共产党。转业到武汉后，先后担任工商银行工会干事、机关工会主席、机关党支部书记、支行工会副主席、支行工会主席（副处级）等职。

在部队期间，她工作勤谨，业务过硬，爱岗敬业，忠于职守，先后被评为先进工作者和计划生育先进个人、优秀共产党员。在武汉工行工作期间，曾被评为金融先进工作者、优秀工会工作者、先进思想工作者，被湖北省人事部门评为工行工会工作优秀女干部。

孙善珍不愧为解放军这所大学校培养出来的精英，是毕节的女中豪杰之一。

七　画

杨　刚

杨刚，贵州毕节县（今七星关区）人。1972年6月出生于毕节县鸭池区鸭池镇赶场坝村。大学文化，中共党员。

杨刚1991年12月入伍，1994年2月加入中国共产党，自参军以来，历任战士、班长、军校学员、排长、宣传干事、副政治指导员、政治指导员、干部股股长、政治教导员、团副政治委员（常委，纪委、政法委书记）、武装部副部长兼军事科科长、师宗县委常委、麒麟区委常委以及人武部党委书记、政治委员。

杨刚1995年参加全国第六届少数民族运动会的开幕式表演；1998年、2001年参加并组织“H98·1”“831”国防光缆施工；2008年参加并组织“3·14”藏区维稳任务；2011年、2014年参加并组织云南师宗“11·10”特大煤矿事故、云南曲靖市麒麟区“4·07”煤矿事故救援；2014年参加并组织了鲁甸“8·03”地震救援，曾协助电视剧《铁色高原》拍摄。数次参加并组织各种演习、训练改革试点、现场会、基地化训练和扑灭山火等任务。

入伍以来，个人先后四次荣立三等功，两次被评为“优秀党务工作者”，一次被评为“模范共产党员”，一次被授予“模范基层干部”、一次获“大理市荣誉市民”称号，两次被评为“优秀政治指导员”，多次被上级通报表彰。

杨刚先后任职三级主官，在过20来个基层岗位，所带单位年年被各级表彰为先进单位。

任连队、营和人武部主官期间，单位有5人次荣立二等功，多人荣立三等功；任政治指导员时，连队连续两年荣立集体三等功，政治教育经验做法被全师转发；任政治教导员时，全营军事训练、政治教育、后勤管理和装备管理工作被团、师和集团军表彰，2005年后勤管理工作被成都军区表彰为“标兵食堂”，任期内全营干部有6人次被破格提拔，一个连队被总政治部表彰为“全军基层先进党组织”，同年，被成都军区授予“基层建设模范连”荣誉称号。任团副政治委员时，多次协调处理急、难、险和官兵热、敏感、棘手问题。

杨 波

杨波，贵州纳雍县人，彝族，1947年生于纳雍县城关。大专文化，中共党员。

杨波1968年应征入伍，在云南省开远驻军35403部队先后任战士、干事。1979年转业，在毕节地委组织部任职，后到毕节地区物资局任副局长。1991年调任毕节县委副书记。毕节县撤县设市后任市委（县级）副书记。2000年提任毕节地委统战部副部长（正处）。2007年退休。

杨 彬

杨彬（1917—1969），字延纯，女，贵州省毕节县（今七星关区）人，1917年4月出生在毕节城区杨家公馆，中共党员。

1925年赴北京师大附小读书，从小学读到中学，成绩一直名列前茅。她尊敬师长，团结同学，每学年都获得文房四宝的奖励，因而成为有名望的学生。她在进步学生思想的影响下，积极阅读进步书刊；在学生自治会的倡议下，积极参加街头募捐、慰问劳工等社会活动，进行反帝反封建的斗争。1935年，震惊中外的“一二·九”学生爱国运动爆发，杨彬站在斗争的第一线，常活动于北京街头。1936年夏考入北京师范大学化学系学习，白天读书，晚上当家庭教师，参加抗日救亡宣传活动。1936年参加中华民族解放先锋队（简称民先）。1937年七七事变后，由组织安排到山东参加济南军政人员训练班学习。同年11月在烟台做工人工作，进行地下革命活动。1938年由烟台经香港转武汉八路军办事处工作，奉湖北省委委派到黄安干部训练班学习，同年加入中国共产党。是年，任武汉青协宣传团副团长、党支部书记。1939年调任安徽省动员委员会二九工作团团长，后任霍山、霍邱县委委员，被选送鄂豫皖党校高级研究班学习，于1940年1月任皖东中心区委委员兼分区区委书记，7月又任皖东合肥县委委员兼分区区委书记，常到敌后进行艰苦卓绝的斗争。而后于次年辗转苏北、苏南等地作敌后斗争，先后任苏北盐城县委秘书，区党委党校总支书记、涟东县委委员和分区区委书记、组织部部长等职。抗日战争胜利后，又与国民党发动的内战做艰苦的斗争。1945年至1948年，在鲁南先后任区委党校组织科科长、建国学校教导主任、后方妇女干部学校校长、区委组织部干部科科长等职，做了许多培养干部的工作。1949年2月调华东党校南下干部组队学习，于4月随军渡江到杭州，任吴兴县委副书记、嘉兴地委妇委书记。

中华人民共和国成立后，杨彬于1951年任嘉兴市委书记，后任嘉兴地委妇委书记、干校主任、校长等职。1952年调任浙江省妇联副主任、主任、党组书记。1953年调中共华东局妇联农村处处长、华东局党委委员。1955年调任建工部西北工程管理总局人事处处长和西安市委委员、妇联主任。1958年升任全国妇联办公厅主任、党组成员。1960年先后调任中共西南局监察处处长、中央监察委员、中央监委驻西南局监察员等职。1963年来贵阳考察工作，到毕节家乡探亲，对家乡的建设很关心，提出了许多宝贵建议。“文革”中受“四人帮”的诬陷，遭到迫害。1969年被“四人帮”在四川的代理人迫害致死，时年45岁。1978年5月昭雪平反，对她的组织结论是：历史清楚，在历次运动中立场坚定，旗帜鲜明，敢于斗争。为党为人民做出不少贡献，是我党的好党员、好干部。是年8月，中共四川省委为杨彬举行安放骨灰仪式，对其家属子女予以安慰。

杨彬从小离乡赴京读书，参加革命，历经抗日战争、解放战争、社会主义建设三个时期，历任许多重要职务，为党为人民做出了许多贡献，是毕节的女中豪杰之一。

杨天成

杨天成，贵州省毕节县（今七星关区）人，彝族，1944年8月26日出生于毕节龙场营元岩老鸽山，高中文化，中共党员。2002年2月退休。

1963年12月参军入伍，至1970年2月，在云南省下关市中国人民解放军陆军第14军42师警卫连任战士、副班长、班长；1965年5月加入中国共产党，1970年2月任42师政治部直工科干事；1977年6月至1979年11月任42师政治部秘书；1979年12月，从云南省蒙自县42师政治部调入贵州省毕节军分区政治部任群工干事；1981年至1983年9月任毕节军分区政治部秘书；1983年10月至1987年12月，任毕节军分区赫章县人武部副政委、政委、党委书记。

1988年1月从军队转业到毕节地区毕节县工作，转业后，1988年1月至1996年7月，任毕节县物价局局长、党组书记；1996年7月至1998年9月，任毕节市（县级，下同）城市管理局局长、党委书记；1998年10月至1999年4月，任毕节市城市建设局党委书记；1999年4月12日至2002年2月，任毕节市质量技术监督局局长、党组书记。

1974年2月，受陆军第42师直属党委通报嘉奖1次；1979年3月，在对越自卫反击战结束后，受42师党委通报嘉奖1次；1982年7月，被毕节军分区党委评为“好党员”通报表彰；1993年12月，被毕节地区行署评为“税收、财务、物价”大检查先进个人；1995年4月，被毕节地区行署评为“税收、财务、物价”大检查先进个人；1996年12月，被毕节县人民政府评为“税收、财务、物价”大检查先进个人；1996年，被中共毕节市（县级）委评为“优秀正职领导”。

2002年2月，经中共贵州省委批准，杨天成明确为副厅级干部提前退休。

杨天智

杨天智，贵州省毕节县（今七星关区）人，彝族，1953年12月23日生于龙场营区安顶乡元岩村。1968年12月，在毕节县武装部应征入伍，大学文化，中共党员。

1968年12月至1971年8月，在中国人民解放军普洱303部队49分队（老挝新西线）执行援老抗美任务；1971年9月至1974年5月，在开远366部队宝秀49分队，先后任副班长、班长、代理排长；1974年5月退伍。1974年6月参加高考，被贵州大学哲学系录取。1974年9月至1977年12月在贵州大学攻读哲学，毕业后，1978年1月至1983年3月，在毕节县委党校任哲学教师；1983年3月至1986年8月，在毕节县委组织部任组织员；1986年9月至1988年3月，在中国人民银行毕节分行人事科工作，任助理经济师；1988年4月至2013年12月，在毕节市委（地级，下同）政策研究室，先后任党政科科长、办公室主任、工会主席、党支部书记、市委经济强县办主任（副县）等职。

杨天智于2013年12月退休。

杨永学

杨永学，贵州毕节县（今七星关区）人，1966年9月出生于毕节县杨家湾区放珠公社（今七星关区放珠镇哩东村）。在职研究生，中共党员。

1990年9月，杨永学从贵阳医学院毕业，分配到毕节第二卫生学校工作，1995年7月加入中国共产党。历任教师、教务干事、主任；1995年9月至1997年11月，在大方县六龙镇挂任副镇长；1997年12月至2006年8月，任毕节地区卫生局科员、科长；2006年8月至2009年12月，任毕节地区卫生学校副校长（其间，2007年3月至2008年5月挂任赫章县委常委、副县长）；2009年12月至2015年8月，任毕节市中医院院长；2015年6月起，任毕节医学高等专科学校校长。从毕业至今，从事医学教育、卫生管理、医院管理、行政管理等工作，每一岗位都兢兢业业，开拓进取，取得一定成绩，得到组织和社会的认可。

杨安明

杨安明，贵州毕节县（今七星关区）人，1961年1月出生于毕节县龙场营区青杠公社（今田坎彝族乡青杠村青杠组），大专学历，中共党员。1979年12月参加工作，任贵州省黔南州人民防空办公室副调研员（副县级）。

1978年7月，杨安明初中毕业后在家务农；1979年12月应征入伍，在贵州省都匀县武警中队任战士、副班长；1983年12月任贵州省黔南州武警支队机关食堂炊事班班长；1984年12月至1987年8月，在贵州省黔南州武警支队转为志愿兵；1987年8月至1988年3月任贵州省武警支队瓮安中队司务长；1988年3月至1988年9月，调任贵州省武警支队福泉中队司务长；1988年9月至1991年5月，任贵州省武警支队直属二中队司务长；1991年5月至1991年8月，任贵州省武警支队轮训队司务长；1991年至1992年11月，任贵州省黔南武警支队后勤处副连职助理员；1992年11月至1995年8月，任贵州省黔南武警支队后勤处生产基地正连职主任；1995年8月至1998年4月，任贵州省黔南武警支队后勤处军需股股长；1998年4月至2000年9月，任贵州省黔南武警支队教导队教导员。

2000年9月杨安明转业，安置在贵州省黔南州直属机关工委任主任科员（其间，2000年10月至11月参加黔南州人事局组织的军转干部培训班学习）；2001年4月调任贵州省黔南州人民防空办公室（州交通战备办公室）主任科员（其间，2001年9月至2004年1月在贵州省委党校经济管理专业学习［函授专科］）；2002年9月至2003年7月，任贵州省黔南州人民防空战备办公室（州交通战备办公室）交通战备科副科长（正科级）；2003年7月至2005年4月，任贵州省黔南州人民防空办公室（州交通战备办公室）交通战备科科长（其间：2003年9月至2003年12月在贵州省黔南州委党校中青班学习；2004年2月至2005年2月挂任瓮安县老坟嘴乡党委副书记）；2005年4月，挂职满后，杨安明回黔南州人民防空办公室（州交通战备办公室）任助理调研员（其间：2006年5月至2007年1月，参加州直赴瓮安县党建扶贫工作队任队长，挂职任瓮安县委副书记）；2006年8月起任贵州省黔南州人民防空办公室（交通战备办公室）副调研员。

杨孝义

杨孝义，贵州毕节县（今七星关区）人，1963年4月生于毕节县长春堡区王丰公社沈家屯（今七星关区长春堡镇沈家屯村），1983年8月参加工作，大学文化，中共党员。

1983年8月至1986年4月在毕节地区撒拉溪医院工作；1986年4月至1989年3月在毕节地区结核病防治所工作；1989年3月至2002年8月在毕节地区疾病预防控制中心（毕节地区卫生防疫站）工作并任结核病防治科副科长（主持工作）、流行病科副科长等职；2002年8月至2010年9月调毕节市卫生局工作，历任中华医学会贵州省毕节分会办公室主任、鉴定办公室主任、毕节地区卫生局综合业务科与干部保健科负责人等职；2010年9月调毕节市第二人民医院工作，任院长（副县级）。

杨孝义曾先后获得贵州省结核病防治工作先进个人、毕节地区优秀科技工作者、贵州省消灭脊髓灰质炎工作先进个人、毕节市抗击非典先进个人等光荣称号；在全市县级干部2011年至2013年年度考核中，连续三年考评为优秀公务员，获记三等功奖励等。

杨国兵

杨国兵，苗族，贵州省纳雍县人，1950年3月出生于贵州省纳雍县阳长，1969年9月参加工作，大学文化，中共党员。

1969年9月 至1973年8月任贵州省纳雍县阳长区民办教师、生产队会计；1973年8月至1976年10月在贵阳师范学院政治教育系学习；1976年10月至1984年1月在贵州省纳雍县阳长中学工作，任教师；1984年1月至1984年9月调任贵州省纳雍县阳长区委副书记；1984年9月至1992年11月调任贵州省纳雍县人民政府副县长；1992年11月至1998年3月调任贵州省毕节县（县级市，下同）人民政府副县（市）长；1998年3月至2007年1月任贵州省原毕节市（县级市，下同）政协主席；2007年1月至2010年3月任贵州省原毕节市人大常委会主任。2011年退休。

杨国兵在从事教育工作期间，因教学效果和成绩突出，多次获得表彰并多次出席先进工作者会议。在从事行政工作期间，分管的农业科技推广、安全生产等工作，因成绩突出，多次获得省地表彰。分管的文化、教育工作被国家授予“全国文化先进市”和“全国体育达标先进市”荣誉称号。从事政协、人大工作期间，为了地方经济社会快速健康发展，积极认真开展调查研究，所提建议和形成的建议案多次被党委、政府采纳，曾在省、地和国家有关刊物发表多篇调研论文，其中《边远贫困地区计划生育存在的问题与对策》《城市扩容与教育》等论文被选编入《中华文献丛书》。

杨官富

杨官富，贵州大方县人，苗族，1932年1月出生于大方县马场镇螺蛳村一个农民家庭，1952年参加工作，中学文化，中共党员。

杨官富幼年在本乡乐座坡启蒙入学，在私塾老师的教导下好学上进。1943年1月就读于保国民学校，1946年1月就读于马场中心学校。勤奋好学，成绩名列前茅，成为苗族学生的佼佼者。小学毕业后考入大定（方）县立中学，从1948年1月就读到1949年10月临近解放。

1949年11月25日大方解放，1950年7月5日大方县人民政府宣告成立，他坚决拥护共产党和新生的革命政权，即参加行政村的工作，进行清匪、剿匪、反霸斗争，于1951年2月24日正式任五区（马场）螺蛳村文教委员。积极投入“清匪、反霸、减租、退押、征粮”五大任务。在工作中，他工作很有建树，成为党在农村依靠的工作骨干。1951年年初至年底，在国民党残余势力和地方反动派相勾结最为猖獗的时期，他立场坚定，积极配合主力部队清剿土匪，做出了应有的贡献。其间，1950年11月至1951年1月，中共大方县委决定对盘踞在大方东路、北路、西路三股顽匪进行大合围。为消灭顽匪，区公所从每个村抽两人组成地方武装自卫队，他被抽调组成100多人的队伍，投入纳雍县境瓜仲河、野麦地、水淹坝、那角、梯子岩等地的剿匪战斗，历时两个多月。在回师龙场野麦地和马场区交界的山地回旋战中，活捉“神出鬼没”的小股土匪、号称“百发百中”的川合老烟、姜洪开等30余人，打死7人。肃清股匪后，于是年调马场区公所工作。1952年任马场区高店村土改工作队队长，土改结束后，于是年9月在大方县农训班学习。由于年轻有为，政绩突出，被批准加入中国共产党。

1952年10月，任马场区副区长。于1954年6月至12月在贵州民族学院第三期政策研究班学习。1955年7月任中共马场区委副书记。1956年1月任大方县人民政府副县长，分管农村和民族工作。于1957年3月参加贵州各民族参观团赴全国各地参观学习。3月12日在北京受到毛泽东、周恩来、邓小平等党和国家领导人的亲切接见。1958年至1962年因工作需要兼任中共马场区委书记，后调回县工作。

1965年12月，调任毕节县人民政府副县长。其间，身兼两地职务。1965年12月至1966年任中共大方县委在毕节县杨家湾区“四清”工作团副团长。“文革”中受到冲击。1969年7月任毕节县吉场至普宜龙场公路工程指挥部副指挥长，是年11月任中共毕节县委员会常委，抽调参加湘黔铁路大会战，按部队编制任毕节民兵团副团长，率领7700多人的队伍，编成营以下27个连，分管司政后，历时3年，为修建湘黔铁路做出积极贡献。1972年10月任共青团贵州省毕节地区委员会书记。1975年9月任中共毕节县委副书记兼毕节县贫代会主任。1979年又兼任中共毕节县纪律检查委员会书记，先后当选为中共毕节县第六、七、八届党代表。1981年任政协毕节县委员会主席。他身兼数职，长期分管党务工作、政协工作和统战工作。

1984年，当选为毕节县人大常委会主任，任党组书记。先后当选为贵州省七届人大代表，毕节县第九、十、十一、十二、十三届人民代表。

在县人大10年的任职中，认真履行代表职责和义务，带头执行党的各项政策和人大的决议，认真反映社情民意，积极维护宪法和法律尊严，坚定地捍卫人民群众的利益，认真监督政府、法院、检察院的工作。从政期间，清正廉洁，忠于职守，密切联系群众，善于听取他人意见，全心全意为人民服务，深受干部群众的颂扬。1993年退居二线任督导员，他仍认真学习和工作。退休后于2006年被选任毕节市（县级，下同）开发研究促进会会长。其间，不顾年高，带领130多名离退休老干部，为毕节市的经济发展发挥余热，再做贡献。

杨建军

杨建军，贵州毕节县（今七星关区）人，1974年5月出生于贵州省毕节县环城区头步公社杨家塘村（现毕节市七星关区麻园街道办事处杨家塘社区），硕士研究生学历，中共党员。

1994年9月考入贵州民族学院社会学系，获法学学士学位。1998年7月入伍在贵州省军区服役；1999年7月分配至纳雍县人武部任干事；2000年8月调毕节军分区任参谋；2004年8月赴南京陆军指挥学院学习，荣获“优秀学员”；2004年11月调任威宁县人武部政工科副科长、科长；2007年5月考入贵州大学攻读硕士研究生，获计算机技术专业工程硕士学位；2009年6月调毕节军分区任参谋；2010年4月起先后调任赫章县、威宁县、七星关区人武部副部长兼军事科科长；2014年1月调任毕节军分区党委常委、后勤部部长。

杨建军，1998年大学毕业特招入伍以后，始终牢记中国人民解放军历史使命，坚定政治信念，忠诚党的军队事业，认真履行职责，做到干一行、爱一行，无论从事政工干事、军事参谋，还是履职科长、副部长、部长，均把每个工作岗位当作干事业的平台、强素质的舞台，高质量完成上级赋予的首长机关训练、民兵军事训练、民兵组织调整改革、征兵工作组织策划实施、基层武装部正规化建设、后勤工作大比武等十余项重点工作。所在单位和担负的工作多次受到成都军区、贵州省军区、毕节军分区及地方党委政府的肯定，荣获“军事训练先进单位”“征兵工作先进单位”“基层正规化建设先进单位”等奖励。其中个人2011年9月代表毕节军分区参加贵州省军区组织的比武竞赛，取得个人综合第二名、团体综合第一名的优异成绩。2012年率队圆满完成云南彝良“9·7”抗震救灾任务并受到军地表彰。2013年参加贵州省军区组织的比武竞赛，再次取得团体综合第一名的好成绩。历年共计圆满完成30余次“急、难、险、重”任务，个人先后多次被贵州省军区、毕节军分区、毕节市人民政府评为“优秀共产党员”“军事训练先进个人”“爱军精武标兵”“抗震救灾先进个人”“征兵工作先进个人”“拥政爱民先进个人”等，并荣立三等功一次。

杨荣显

杨荣显，山东省东明县人，1919年9月生，1944年2月加入中国共产党，是年5月参加革命队伍。

曾先后任东明县四区工作员、县大队战士、冀鲁军区五分区教导大队学员、东明县独立营排长、三区中队副队长、军区五分区独立团机枪连副连长、二野五兵团16军147团八连连长。1949年3月随军南下赣东北后，任浮梁军分区警卫连指导员。9月西进贵州省毕节县(今七星关区)，任毕节军分区警卫连指导员，解放赫章后任赫章县大队副政委。1950年年初国民党叛军和地方土匪进攻赫章。赫章县机关迁驻毕节长春堡。在长春堡，中国人民解放军与来自四面八方的土匪展开激烈战斗。杨荣显率警卫大队正面与敌人进行殊死的斗争，顽强坚守阵地，经过一天一夜的战斗，在毕节军分区教导队两个连兵力的支持下，打败了穷凶极恶的土匪，保卫了毕节、赫章两县新生的红色政权，有功于毕节人民。

1950年9月，调威宁县工作，先后任区委书记、县委常委、组织部部长。1956年调任地区农垦场场长等职，1981年离休，明确为副地级干部。

杨家凯

杨家凯，贵州毕节县(今七星关区)人，彝族，1976年6月出生于毕节县龙场区安顶公社卧牛河大队(今毕节市七星关区龙场营镇)，1993年8月参加工作。研究生学历，中共党员。

1993年8月，在原毕节市(县级市，下同)大屯乡左坭村小学任教；1994年8月至2002年12月，在大屯乡中心校任教(其间，2002年3月至2002年12月兼任大屯乡团委书记)；2003年1月，通过国家公务员考试调入原毕节市政府办公室工作；2006年10月，任原毕节市政府督察室主任(副科级)；2007年6月，调毕节地区行署(毕节市政府)办公室工作；2014年2月起任毕节市第二纪工委、监察分局督察室主任，兼任毕节市政府办公室党组成员、纪检组组长(副处级)，其间，2015年3月至2015年12月抽调到省委巡视组工作。

杨家凯任教期间，先后在《毕节教育》等刊物上发表教育教学论文十多篇；兼任大屯乡团委书记期间，参与推动大屯乡三官寨列入全省20个建设与保护的民族村寨；在原毕节市政府办公室工作期间，参与推动“两基”攻坚、“非典”防制、“整治脏乱”、政务督察等工作；在毕节市政府办公室负责文秘工作期间，参与办理财税金融、招商引资、工业经济、城乡规划建设、交通运输等事宜；任毕节市(地级)第二纪工委、监察分局督察室主任，市政府办公室党组成员、纪检组组长以来，在认真履行自身监督执纪职责的同时，较好地完成了省委巡视组交办的工作任务。

杨家春

杨家春，祖籍广西省贵港，1960年5月12日出生于纳雍县城关镇，1982年8月参加工作。大学本科文化，中共党员。

1982年8月至1986年4月在贵州省毕节地区工业局煤炭组工作；1986年4月至1987年4月任贵州省毕节地区政协联络处秘书科副科长；1987年4月至1989年9月任贵州省毕节地区政协联络处办公室副主任；1989年9月至1992年11月任贵州省毕节地区政协工委宣教处副处长（其间，1991年7月至1992年11月挂职任贵州省大方县副县长）；1992年11月至1993年5月任贵州省毕节县副县长；1993年5月至1994年2月任贵州省毕节县政府党组成员、副县长；1994年2月至1994年12月任贵州省原毕节市（县级市）副市长；1994年12月至2001年8月调任贵州省毕节地区煤炭工业局副局长、党组成员（其间，1999年3月至2000年1月挂职任贵州省金沙县委副书记）；2001年8月至2006年3月任贵州省毕节地区煤炭管理局副局长、党组成员；2006年3月至2012年1月任贵州省毕节地区行署驻北京联络处副调研员；2012年1月起任贵州省毕节市政府驻北京联络处副调研员。

杨家春对毕节撤县设市工作贡献突出，1992年毕节县委、县政府为加快全县社会和经济发展，决定向国务院申报撤县设市，由于当时县的经济基础和市政建设比较薄弱，撤县设市难度很大。1993年5月，受县委、县政府主要领导指派，他带领工作人员多次向省政府有关部门，特别是国家民政部、扶贫办、财政部等部门报送材料、汇报情况，及时反馈这些部门的要求和有关信息，通过反复争取，得到他们的理解和支持，同意上报国务院，1993年年底国务院批准毕节县撤县设市。

1995年1月，杨家春奉调到新组建的毕节地区煤炭工业局工作后，在毕节地区小煤矿的整顿、煤矿安全生产管理，扩大煤矿生产规模、提升煤矿安全生产条件等方面做了大量工作，为大、中型煤矿的巩固和发展奠定了基础。

杨培成

杨培成（1926—1985），山东金乡人，1926年出生于山东省金乡县吉术乡扬瓦屋。1944年4月参加革命，1945年1月加入中国共产党。

参加革命后，曾在山东单县任区联合会工作员、青年干事、宣传委员、组织委员、区委书记。1949年1月随军南下，任江西省景德镇市青委委员、区委副书记。1949年9月西进到贵州省后，历任毕节县一区区委副书记、毕节县委秘书、县委宣传部部长、毕节地委组织部副部长、纪委书记、地委常委、省纪委委员、省纪委副厅级专职委员等职。1986年12月离休。

他投身革命45年来，无论是从事普通工作，还是身居领导岗位，无论是处于顺境，还是在困难时期，都一贯忠于党的事业，全心全意为人民服务，襟怀坦白，坚持原则，办事公正，作风正派，谦虚谨慎，以党的事业为重，顾全大局。他常以党章和《准则》严格要求自己和家属、子女，生活俭朴，廉洁奉公，不谋私利。在45年的革命生涯中，为党为人民做了大量工作。在革命战争年代，他不怕流血牺牲，发动和依靠群众，坚持对敌斗争。在社会主义建设时期，他兢兢业业，任劳任怨，艰苦奋斗，积极工作。在“文革”中，他坚决抵制林彪、江青反革命集团的极“左”路线，刚正不阿，仗义执言。他立场坚定，旗帜鲜明，坚决拥护和贯彻执行党的十一届三中全会所确定的路线、方针和政策。在从事30多年党的纪检工作中，他严格遵循政策和原则，坚持实事求是，既认真负责，敢于碰硬，又善于团结、教育、挽救犯错误的同志，为整党、审干和严肃党纪、端正党风做出了积极的贡献。

离休后，仍然关心党的事业，积极为机关工作出谋献策。他处处以身作则，从来没有放松对自己思想上、生活上的严格要求。到医院看病，怕给组织添麻烦不愿要车，就是在病重住院期间还多次向组织和领导表示，不要因看望他而影响工作，不要为他花国家更多的钱，不要给组织增加负担。他对同志宽厚诚恳，平易近人。他党性原则强，在病重住院期间，怕自己手术后不能按时缴纳党费，临手术前向所在支部的支部书记交了最后一次党费。他教育家属、子女，不要向组织提任何要求，不要给组织添任何麻烦。

于1985年8月15日逝世，享年63岁。他一生光明磊落，克己奉公，不愧是党的好党员、好干部，人民的好儿子，纪检战线上的优秀工作者，革命同仁的好同志、好战友，深得人民的崇敬和爱戴。

杨智文

杨智文，湖南省邵阳市人，女，1943年12月生，大学学历，中共党员，高级农艺师。

杨智文于1965年从贵州农学院植保专业毕业后，分配到毕节县农业局工作，后任县植保站站长。1987年至1993年5月任毕节县副县长；1993年5月至1994年4月任毕节县人大常委会副主任，1994年4月调毕节地区农业区划办任副主任，分管业务工作。2000年任调研员，2004年退休。

在毕节县农业局植保站工作期间，工作勤勤恳恳、任劳任怨，经常与农民同吃同住同劳动，并向农民群众讲授农艺和植保知识。1981年《贵州日报》曾报道过她的事迹《一堂生动的农艺课》，贵州人民广播电台也向全省广播。由于工作成绩突出，于1981年和1983年被农业部农作物病虫害测报总站授予全国先进工作者称号；1983年和1986年被评为贵州省植保先进工作者。此间完成的科技课题《黏虫异地预测预报》获1987年农业部科学技术进步二等奖。杨智文是本省首次将卡诺图法用于病虫害预测预报的工作者，并对卡诺图法有改进和发展，获得有关专家的高度评价。所写论文《用卡诺图法对黏虫进行预报》，发表在1992年《毕节教育学院学报》上。同时先后发表论文6篇，其中5篇发表在省级刊物上。

在毕节县任副县长分管农业和科技工作期间，她到各乡（镇）和城区各单位检查、安排工作时，总是同各部门负责人面对面商讨，所分管的农业工作取得显著成绩，连续6年被地区行署评为科技兴农先进县，被省政府先后两次评为粮食先进县和水利先进县。1992年毕节县被水利部评为水土保持先进县。她安排并参与完成了《长江中上游防护林贵州省毕节县总体设计》，得到省厅专家高度评价，获省区划委二等奖。1993年毕节县被林业厅评为全省木材检查工作先进集体。

在毕节地区区划办工作期间，组织并参与地区和毕节市区划人员组成的联合调查组，对毕节市农村剩余劳动力和毕节城区外来农村劳动力进行专题调查，完成了《毕节市农村劳动力剩余现状和对策》《毕节城区外来农村劳动力从业情况调查》报告，以及其他各县农村劳动力资源调查，并提交《毕节地区农村剩余劳动力现状和对策研究》报告，供地、县党政领导研究解决农村剩余劳动力问题宏观决策参考。1996年，她带领烤烟生产工作组深入毕节市（今七星关区）36个乡（镇）调研，促进了毕节市烤烟生产任务的完成。在区划办工作期间，于1988年开始组织实施“鼎力”光合微肥示范推广项目工作，试验示范点48处、1020亩，分别用于水稻、玉米、洋芋、烤烟、蔬菜、水果等作物栽培上，效果良好。1999年进行推广，面积达21334亩，为毕节地区农业生产上新台阶做出较大贡献。

在毕节工作的40年中，她勤勤恳恳、任劳任怨，干一行爱一行，为改变毕节贫困面貌而不懈努力。

杨智明

杨智明，苗族，云南彝良人，1954年2月5日生于威宁县石门乡，大学文化，中共党员。

1980年3月至1984年8月任教于威宁第三中学；1984年9月至1989年4月任教于威宁县委党校；1989年5月至1991年8月挂任威宁县牛棚区副区长，1991年10月任威宁县委宣传部副部长；1993年5月任威宁县物资局局长；1998年3月任政协威宁县副主席；1999年1月任原毕节市（县级，下同）人民政府党组成员、毕节市人民政府副市长；2003年3月任原毕节市人大常委会副主任。在任宣传部副部长、物资局局长、副市长期间，先后多次被评为优秀共产党员、先进工作者。

李　由

李由，贵州省毕节县（今七星关区）人，1954年4月22日生于毕节县海子街区树垮村。大学学历，中共党员。

于1970年应征入伍，先后任战士、通讯员、卫生员。1972年加入中国共产主义青年团，是年在昆明军区70医院护训队学习，获中专毕业证书。1973年10月加入中国共产党，是年9月被选送第四军医大学学习，毕业后分到昆明军区第70医院任主治医师。1979年参加对越作战，做后勤保障工作。1981年在昆明医学院进修，结业后调成都军区后勤部驻昆办事处卫生处工作，先后任副营、正营、副团职助理员，分管医疗科研工作，成效甚好，为部队的后勤卫生科研工作做出了奉献。1992年参加中央党校函授经济管理本科学习，获得证书；参与所在部队的行政管理，政绩突击。是年6月提任成都军区军事医学研究所业务处处长，次年任军区疗养院医务处主任。1994年晋升副主任医师。1996年任军区军事医学研究所副所长，党委委员、党委常委、纪委书记、机关党支部书记，由上校晋升为大校。

他从医20年，造诣深厚，先后任《民族民间医药报》编委副主任，《云南日报》《春城晚报》《中国中医药报》特邀通讯员，《西南军医》编委，中国康复医学云南分会会员，中华医学会云南分会会员、联勤第22分部职称评审委员会副主任。其间，在省级以上学术会和学术杂志交流发表文章41篇；在报纸杂志上发表短文、消息等25篇，获军队和云南省科技进步奖7项，其中“46例多发性硬化的研究”和“中小医院科研工作存在问题的研究对策”，先后在《云南医药杂志》《西南国防医药杂志》《中国卫生软科杂志》上发表，并以第一作者获科技进步奖两项。同时任《肝胆外科临床手册》《伤寒论研究》副主编，其作品由云南科技出版社和云南大学出版社出版发行。继而参与“胎盘肽治疗支气管哮喘的疗效观察”获“中华医学创新技术成果金杯奖”，参加“尖吻蝮蛇毒凝血酶分离纯化生产新工艺研究”，获军队科技进步二等奖，为国防医学做出了应有的贡献。

他在家乡仅是一名小学毕业生，在部队能进入大学深造成为有作为的医学专家，除部队的培养外，还凝聚着他的心血与才智。他工作上积极进取，严格要求，洁身自好，尊重上级，关心部属，大胆管理，敢于负责，体现军人的大无畏精神；生活上纯朴节俭，平易近人，善于接近群众，具有解放军的优良传统。

李由在40年的从军生涯中倾注了毕生精力，具有强烈的事业心和责任感，在各项工作中兢兢业业，任劳任怨，业绩著著，曾受各级嘉奖10余次，先后被评为优秀共产党员、精神文明先进个人、科研管理先进个人、文明幸福家庭，荣立三等功一次，是家乡人学习的楷模。

李 军

李军，贵州省毕节县（今七星关区）人，彝族，1969年11月出生于贵州省毕节县阴底区，1991年9月参加工作。大学文化，中共党员。

1991年9月至1996年10月，任毕节市(县级市，下同)民族宗教事务局科员；1996年10月至1998年7月，任毕节市民宗局宗教股股长；1998年7月至1999年8月，任毕节市委组织部组织科科员；1999年8月至2003年11月，任毕节市委组织部组织科科长；2003年11月至2004年7月，任毕节地委统战部干部科科员；2004年7月至2006年10月，任毕节地委统战部干部科副科长；2006年10月至2010年3月，任毕节地委统战部干部科科长；2010年3月至2010年12月，任毕节地委统战部办公室主任；2010年12月至今，任毕节市委（地级市）台湾工作办公室(毕节市政府台湾事务办公室）副主任。

李军在毕节市民族宗教事务局工作期间，依法登记宗教活动场所36个，取缔非法活动点14处，会同公安、国保部门打击非法宗教组织、邪教组织，确保了辖区内宗教方面的稳定。同时，积极做好黔南民族行政管理学校、毕节卫校民族医士班、毕节农校民族班、毕节民中等在本地的招生工作。在毕节市委组织部工作期间，一直担任组织科科长，长期致力于农村基层党建工作，走遍全市当时595个村（社区），推进360余个村新建扩建村办公场所；大力发展村级集体经济，使全市“空壳村”比例由1998年的68%降至2003年的46%；着力抓典型引路，创建了一批省级、地级和市级“先进乡镇党委”“先进村党支部”等。在地委统战部工作期间，着力加强党外干部队伍建设。抽调党外干部180余人次参加中央社会主义学院、省社会主义学院学习；组织党外干部70余人次到省外考察学习；向地委推荐20名优秀党外干部（现已全部担任领导职务）。撰写《毕节地区党外干部工作情况调研报告》等调研报告和综合文稿18篇，其中《毕节试验区实现历史性跨越中统一战线的地位和作用》获地区哲学社会科学优秀成果二等奖。2007年至2009年连续三年年度考核优秀，荣立三等功一次。在市委台办工作期间，一是加强了对台工作力量，成立了毕节市台胞台属服务中心，解决了无人办事的问题。二是推动毕节对台交流实现历史性突破。2011年以来，会同有关部门先后办理了农业、经贸、民族文化、非公经济等团组赴台交流考察。台胞到毕节探亲、旅游、商务考察6500余人次，毕节市民赴台探亲、观光200余人次。2012年开始，组织实施了国台办多项重点交流项目，如：2012年邀请台湾中南部少数民族代表人士来毕参访考察，这是毕节首次邀请台湾团体到毕节交流考察；2013年承办了黔台农业交流考察活动；2014年邀请台湾新闻媒体记者到毕考察采风；2015年邀请台湾主流媒体到毕节开展“多彩贵州·美丽毕节”系列拍摄考察活动，参与承办了台湾玉山协会农业学术参访团到毕节开展学术交流和参访活动等。三是对台招商引资取得实质性进展。目前，台湾台一集团投资10亿元建设金沙县台金农业科技示范园项目已初见成效。

李义唐

李义唐，曾用名李义堂，贵州省毕节县（今七星关区）人，1951年2月生于贵州省毕节县朱昌区宋伍乡斑竹林，大学本科学历，中共党员，大校军衔。

李义唐出生不久，父亲李先光在调任朱昌区委书记时未及到任即早逝，后全由其母聂绍宣抚育成长。1968年李义唐应征入伍，参加中国人民解放军，毕业于南京陆军学院。先后在炮兵116团、炮兵技术学校学习和供职。由于立志报效祖国，刻苦钻研军事科学，由一名普通战士成长为炮兵学院教授，大校军衔，文职享受副军职待遇。

1968年2月，李义唐在炮兵116团服役，1969年7月加入中国共产党，1970年9月提升为排长。1973年9月考入炮兵技术学校学习，1974年5月转入第一炮兵学校学习，1975年1月毕业。1975年1月被任命为南京炮兵学院排职教官，1978年9月晋升为连职教官，1983年9月晋升为营职教官，1988年9月晋升为副团职教官。1988年12月改任技术九级，评为讲师，授中校军衔。1992年12月晋升为技术八级，授上校军衔。1996年12月，晋升为技术七级。1997年12月评为副教授，授大校军衔（正师）。2000年12月晋升为技术六级，2005年12月，晋升为技术五级(副军)。2010年5月退休。居住南京。

李义唐在部队工作43年间，先后立三等功两次，受各级嘉奖十余次，多次被评为优秀教员和优秀党员。教材供学院、学校使用，著述发表于学院刊物、解放军报刊和全国有关报刊。李义唐是毕节从事军事工作有较多著述的优秀学子和有贡献的军事人才。

李中朝

李中朝，贵州省毕节县（今七星关区）人，于1969年7月出生在毕节县（今七星关区）小吉场镇，于1991年7月参加工作，工商管理硕士，中共党员。

1991年7月大学毕业参加工作，分配到民航贵州省管理局工作。1998年6月任民航贵州省管理局劳动人事科教处副处长，2001年4月任民航贵州省管理局劳动人事科教处处长。后历任贵州航空物流有限公司总经理，贵州民航快递公司总经理，贵州蓝天地服务公司总经理、党总支副书记，贵州空港服务有限公司党总支书记、副总经理等职务，现任贵州省机场集团有限公司黎平机场分公司党委书记、总经理。

李中朝自参加工作以来，在民航贵州省管理局和贵州省机场集团公司的定编定员、薪酬改革、干部人事制度改革、安全生产管理、停车场收益管理等方面做出了一定贡献，得到同行的好评和领导的肯定。

李玉平

李玉平，贵州省威宁县人，彝族，1963年2月出生于贵州省威宁自治县板底彝族乡，省委党校研究生学历，中共党员，1982年8月参加工作。

1980年9月至1982年8月在贵州省威宁民族师范学校中师专业毕业；1982年8月至1983年12月在贵州省威宁自治县盐仓区安坪学校任教师；1983年12月至1984年8月在贵州省威宁自治县盐仓区任副区长；1984年8月至1989年11月任共青团贵州省威宁自治县县委副书记（其间：1985年3月至1985年7月在贵州省毕节地委党校在职县级干部和县级后备干部培训班学习；1985年9月至1987年7月在贵州民族学院干训部党政管理专业学习）；1989年11月至1990年10月调贵州省毕节地区青年联合会工作（副科级）；1990年10月至1991年8月任贵州省毕节地区青年联合会常委、副秘书长；1991年8月至1993年11月任贵州省毕节地区青年联合会常委、秘书长；1993年11月至1995年3月任贵州省毕节地区青年联合会副主席、秘书长；1995年3月至1995年8月任贵州省毕节地区青年联合会专职副主席；1995年8月至1997年12月任共青团贵州省毕节地委副书记、地区青年联合会专职副主席（其间：1995年8月至1997年12月在中央党校涉外经济管理专业学习；1996年3月至1996年7月在贵州省委党校民干班学习）；1997年12月至2002年12月调贵州省原毕节市委（县级市，下同）任副书记（其间，1999年4月至5月在中央统战部干部培训中心苏州分部学习）；2002年12月至2004年10月调贵州省毕节地区林业局任党组书记、局长（2001年9月至2004年6月参加贵州省委党校在职研究生班经济学专业学习）；2004年10月至2005年3月调任贵州省大方县委副书记、代理县长；2005年3月至2007年5月任贵州省大方县委副书记、县长（其间，2006年12月在国家行政学院全国县委书记、县长建设社会主义新农村第44期专题培训班学习）；2007年5月至2012年1月调贵州省毕节地区财政局任党组书记、局长（其间：2008年3月至5月在贵州省委党校第32期正处局级干部班学习；2009年10月至11月在清华大学公共管理高级研修班学习）；2012年1月起任贵州省毕节市人民政府副市长。

李玉平出生于“白云当披毡，狂风当马骑”的卢虹高原下板底彝族山寨，从小在爷爷奶奶的歌谣和传说中成长，上小学时只懂彝族母语，从开始跟着老师南腔北调地背“白眼书”到初中时进入汉语区盐仓中学就读，这才开始系统学习“汉语”（汉语，普通话，下同），方知小学所背“白眼书”的真实意思，由此也睁开了看世界的第三只眼。高中进入威宁民族中学就读，因此把汉语也越说越溜，让自己更加融入了山外的世界。到威宁民族师范就读后，他又一次让现代知识武装自己。毕业回到板底公社安坪学校教书育人，回报家乡。1983年的“四化干部”政策将其从小学教师变成了盐仓区副区长，之后经历多个工作岗位，从地区青联、团地委、原毕节市委、地区林业局、大方县政府、市财政局到现在的市政府，总是不断地转岗。在这个过程中，转变的是工作岗位，但始终不变的是彝族“老威哥”的风格。

李正永

李正永，贵州省毕节县（今七星关区）人，1949年7月出生在毕节县小吉场一个贫农家庭。大专文化，1969年参加工作，1970年加入中国共产党。历任毕节地区老年教育领导小组办公室主任，毕节地区老年大学副校长（正县级）等职。2009年7月退休。

1969年1月至1979年10月，在中国人民解放军昆明军区后勤部第108兵站服役，历任战士、副班长、司务员、新闻通讯员、新闻干事、组织干事等职，历时11年。

在部队期间，由于是在援老抗美的战争环境下，他站过岗、放过哨，经历过美国特务的袭扰，也曾遭遇过美国飞机的轰炸；经历过原始森林中的种种恐怖，经受住了生与死的考验。他曾多次深入老挝腹地，到一线分队进行新闻采访，撰写了大量的新闻稿件，新闻作品常刊播在《解放军报》《国防战士报》《云南日报》、云南广播电台上。在负责兵站党委文字秘书工作期间，为党委撰写了大量公文、领导讲话稿，推动了部队的各项工作。

1979年10月，从部队转业到毕节地区文教办政工科工作，历时4年，主要从事干部人事工作，并为文教办起草了《毕节地区文教系统落实知识分子政策的报告》，受到了地委的表扬。

1983年3月到1985年10月，调地委组织部干训科工作，由于勤奋务实，毕节地区干训工作连续3年排全省前三名，受到了省委组织部的表彰，他个人亦成为全省干训工作的先进工作者。

1985年10月至1988年年初，任中共毕节地委宣传部党教科副科长、科长。他经常深入基层调查研究，积极探讨全区党员教育状况，具体承担了地委组织部、宣传部合编的《奋斗》一书的执笔和编辑工作，为地委起草了《中共毕节地委十年党教工作报告》。

1988年1月至1993年11月，任毕节地区体育运动委员会副主任，完成了体育中心的征地拆迁、工程设计、地质勘探等前期工作，并负责原毕节市良种场80多名职工的安置和管理工作。

1993年11月到2009年7月，任地区老年教育领导小组办公室主任、地区老年大学副校长，历时16年。全区老年大学由最初的3所发展到90多所，实现了县县有老年大学。全区老年教育事业连年名列全省前三位，多次受到省老年教育协调领导小组的表彰，他本人也得到中国老年大学协会的表彰。

李正永勤奋好学，曾在《高原》《毕节日报》等刊物上发表过报告文学、小说、诗歌等十多篇文章，他在老年大学工作的16年间，写下了30多篇论文和调查报告，其中《科学的晚年生活方式与老年教育》被中国老龄委选中参加全国理论研讨会，《贫困地区老年教育初探》等3篇文章被西南地区老年教育协会推荐到中国老年大学协会，作为全国理论交流文章。他喜好书法艺术，其书法作品多次参加省、地书画大展，登载在多种刊物上，受到同行的认可。

他在老年大学工作的十多年中，始终是班子团结、职工和睦、学员满意、校园和谐，为毕节地区的老年教育事业做出了突出贡献，得到了地委、行署和社会的充分肯定。

李龙舟

李龙舟，贵州毕节县（今七星关区）人，1966年3月生于贵州省毕节县杨家湾区周驿站（今七星关区杨家湾镇），大学本科学历，中共党员。

1985年9月参加工作，1989年11月入党。2005年10月至2009年8月任职贵州省毕节地区档案局（档案馆）副局（馆）长、党组成员，其间：2006年3月至2007年3月挂职任贵州省赫章县委副书记；2009年8月至2011年9月调任贵州省纳雍县委常委、纪委书记；2011年9月至2015年10月调任贵州省大方县委常委、纪委书记；2015年10月任贵州省毕节市纪委第六纪工委书记。

李吉光

李吉光，贵州省毕节县（今七星关区）人，1936年生于毕节城区小校场，大学本科学历，中共党员。

李吉光3岁前父母先后病故，在外公外婆身边长大，1953年春参加工作，在毕节专署办公室任通讯员、警卫员、打字员，同时参加修建专署大礼堂，任木材采购员。

1957年上半年，在省政法干校档案业务培训班学习。回来后积极投入地直机关积存档案工作的清理。由办公室主任亲自领导，李吉光出面组织地直各系统成立协作组进行现场教学，不到一年时间，地直机关积存档案整理结束。1958年，被评为地直机关社会主义青年积极分子，出席全省先进分子代表会议。1959年，组织筹建地区档案馆，并督促和帮助各县建档案馆。在织金县档案馆召开全区档案工作现场会，组织各县档案人员参观学习。之后，织金县档案馆成为先进单位，出席全国档案工作会议，受到表彰。

1960年，经地委组织部选派，到贵阳参加考试，合格后被录取，在中国人民大学历史档案系学习。在校期间，曾担任班党支部组织委员兼团支部书记。本科毕业后，1964年秋，分到毕节地区档案局。1967年，曾被毕节军分区选派为毕节地区军委会常委、秘书处处长等职。1976年，任地区科技局副局长兼地震办公室主任。其间，威宁发生地震，被派往威宁，任命为震情组组长，和省、地派驻威宁科技人员蹲点3个多月，监视震情发展，直到地震平息以后返回毕节。1978年，任地区农田基本建设指挥部工程处副处长，为改造中低产田土做出应有的贡献。1980年，任地区科委财务科科长，主抓科协大楼建设，筹备召开科协地区代表大会。科协成立后，任科普部部长兼科技馆馆长。其间，刻苦钻研业务，摸索开辟科普工作新路子，积极参加省科协组织的农村科普和青少年科技活动，开展各项竞赛，举办培训班，抓农村科技示范点、庭园经济等，获得省科协多次表彰。嗣后抓科技馆筹建，建成后开展各项活动，成为全地区首家健全的科技馆。1990年冬，省科协推举毕节地区科技馆作为全省先进单位，他出席全国科协系统在上海召开的全国先进科技馆表彰会，并获奖。是年年底，从地区科协调地区档案局（馆）任副局长兼副馆长、党组成员。1992年，赴西藏参加西南地区档案工作协作会，在会上宣读论文《大胆探索，深化改革，增强基层档案馆活力》一文，获得与会者好评。1992年，被评为全省档案工作先进代表，并出席会议领奖。1994年，撰写的《应在档案工作中熟悉和研究档案内容》论文，在全国公开发行的档案工作刊物《档案学通讯》上发表。

在档案局工作期间，发挥专业所长，不怕苦和累，默默无闻地工作。抓地县档案馆建设。抓机关档案室达标升级。他曾在地委党校兼课半年，专上档案管理学。全省公安系统档案工作会议在毕节召开时，由他讲授档案法制课。在实践中，他掌握了档案学编码、档案检索工具、档案法制、机关档案等知识，撰写20多万字的论文在全国档案刊物及省档案工作刊物上刊登。1996年退休。

李西贵

李西贵，贵州省毕节县（今七星关区长春堡下伍溪）人，1951年5月出生于陕西省西乡县，1968年12月参加工作，大学专科学历，中共党员。

1968年12月作为知识青年到陕西省富平县流古公社插队。1971年3月到西安铁路局西安电务段工作，历任工人、工长、车间工会主席、党委干事、代团委书记。1973年3月加入中国共产党。

1985年5月到中国银行陕西省分行工作，历任人事处主任科员、科长、保卫处负责人。1988年到中国银行西安市分行筹备组工作，负责筹备成立西安市分行。1989年到中国银行西安市分行工作，历任人事处副处长（主持工作）兼办公室负责人、人事处处长。1996年由中国银行总行外派香港工作，任中国银行港澳管理处人事部高级经理、人事部二组（处）组长。2001年调回内地，在中国银行陕西省分行工作，任支行行长。2011年退休。

参加工作以来，李西贵多次被评为先进工作者和优秀党员。在香港工作期间，参与了香港回归中资机构安全保卫工作，受到了中央人民政府驻香港特别行政区联络办公室和国家有关部委的表彰，为香港的回归做出了应有的一份贡献。

李光福

李光福，贵州毕节县（今七星关区）人。1957年11月17日生于贵州省赫章县妈姑街上。大学本科，中共党员。

李光福祖上是毕节县金银山碗厂人，1953年他的父母到赫章妈姑铅锌矿工作，他出生在妈姑。1962年随父母迁回毕节清毕路居住。读高中时，正值“文化大革命”混乱时期，书读不成，他只得辍学在家，学做玻璃灯、编织草席，拿到街上卖，用以补贴家用。1978年，国家恢复高考，李光福参加考试，被贵州农学院录取。

在大学的四年中，年年被评为优秀学生，成绩一直名列同年级第一。1982年，大学毕业时，贵州农学院要他留学校任教，李光福却想到毕节农村农业技术太落后，毕节农业科技技术人才较少，坚决要求回毕节为改变“三农”落后的现状，做出自己的努力。

组织上同意了李光福的请求，将他分回毕节地区安置。地区组织部门分配李光福到毕节地区农业局工作，文件都下了。李光福找到地区领导，说：“要是在机关工作，我还回毕节干啥？我要求去毕节最艰苦的纳（雍）、威（宁）、赫（章），去帮助那里的农民提高农业生产技术，帮助那里的农民有好收成。”组织上只得更改李光福的安置，把他分配到威宁县县委组织部。到威宁后，李光福说服组织部领导，要求到最边远、最穷困、最落后的区、乡工作。最后李光福被分配到威宁县最边远的中水区农工商联合开发公司（行政职能部门）任副经理。

中水区，与云南昭通比邻，是威宁最艰苦的地方，土地贫瘠，人民贫穷，老百姓常年以洋芋、荞麦为主粮，人均年收入不过200元。李光福来到中水，面对的是群众生活困难，农业生产原始粗放的实际。李光福一头扎到村寨，向老百姓讲农业科技，讲精耕细作。群众总是摇头：“祖祖代代都这样种”。没办法，李光福只好找到一个初中毕业返乡务农的青年。那青年算是当地最有知识的人，懂得科技兴农的道理。这个青年动员父母拿出一亩地给李光福做试验。李光福到县农业局换了洋芋种、苞谷种，先种洋芋，再套种苞谷。收成了，洋芋有半斤重一个，一株有七八斤；苞谷株苗长一人多高，挂两三个苞谷。一亩地，洋芋收2000斤，苞谷收600斤。农村人不听长篇大论，看的是实效。有几家农民主动找到李光福，请他指导。李光福结合威宁高海拔，气温低，水土流失严重的实际，在推广粮种和改变耕作方法的同时，试用塑料薄膜。第二年，凡由李光福指导的农户，均获大面积丰收。威宁县召开现场会，推广李光福以地膜、杂交粮种、改良土壤为主的农业科技技术。

在中水，李光福想：光靠种粮，农民难以脱贫致富。他把大学学到的知识运用到实践中。还是在那个支持他科技兴农的知识青年家土地上，试种苹果。有人嘲笑：“威宁海拔高，气温低，能种苹果？天大笑话。”李光福不信邪，偏要试验。第三年，苹果结果了，又大又甜，开创了威宁种苹果的先例，给农民致富找到了一条路子。

李光福在中水的所作所为，感动了中水广大群众，也引起各级领导的重视。人民日报社专门派记者到中水采访李光福，并以《乌蒙山人民的好儿子李光福》为题，报道了李光福科技兴农的先进事迹。时任贵州省委书记的胡锦涛在威宁接见了李光福，称他是“知识青年的楷模”。

1985年，威宁县国有企业保加糖厂（威宁县酒厂），因领导班子扯皮，好端端一个国营企业濒临破产，200多名工人发不起工资，上访不断。威宁县政府决定调李光福任酒厂厂长，企望酒厂能起死回生。李光福到任后，先贷款把拖欠工人的工资补发，稳定了职工队伍。他运用科技，开发以威宁特产荞麦为主要原料的新产品——荞酒。为打开销路，李光福带领销售队伍，背着荞酒，上贵阳、下泸州、到水城、走昭通。功夫不负有心人，威宁县酒厂当年扭亏为盈，威宁荞酒誉满云贵川周边地、县，销售收入和利润节节上升。

1986年，29岁的李光福当选威宁县人民政府副县长，分管农、牧、林、乡、企等涉农部门。作为副县长，李光福在威宁全县推广科技兴农，使威宁农业生产跃上了新台阶；发展全县以种植苹果、香梨为主的经果林，让老百姓增加了收入；大办乡镇企业，煤、硫、铁、锌一起上，解决了群众用钱问题。他还组织实施了威宁全境绿化荒山的“飞机播种”工作和威宁草海退耕复海、保护候鸟、开发旅游资源等重大工程，均取得显著成绩。

1991年，毕节地区行署调李光福任毕节地区啤酒厂厂长。他领导开发并投放市场的富豪啤酒，深受消费者青睐。1993年，行署将啤酒厂卖给美国的熊德龙，李光福调任毕节地区乡镇企业管理局局长。在李光福任局长9年中，毕节地区乡镇企业在全省创造了乡镇企业总产值、乡镇企业营业收入、乡镇企业税费征收、乡镇企业就业人数、乡镇企业引资投资金额等五个第一，毕节地区乡镇企业局年年被省委、省政府表彰为“发展乡镇企业先进单位”。同时，他研究和与别人共同开发的卧式密闭炼锌炉、荞啤酒、纯荞酒、荞面条、铅锌选矿设备、多功能电冰箱等获国家专利。

2002年，李光福调毕节地区国防教育办公室任主任。2004年，经地委批准，李光福作为科技领军人物，辞职领办、兴办科技事业项目。他创办了赫章县福星矿业科技有限公司，富元科技冶炼有限公司，毕节杨家湾中草药种植基地，松桃金银花开发种植基地，贵阳高科技产业有限公司等实体，为开发扶贫，生态建设毕节试验区，乃至贵州的经济发展，扶贫攻坚，做出了艰苦努力和应有的贡献。

李廷顺

李廷顺，贵州省毕节县（今七星关区）人。1941年8月18日出生于毕节县小吉场区大吉乡大吉村。大专文化，中共党员。

1957年李廷顺以优异成绩考进毕节一中，取得了长知识、增才干的人生奠基石。

1963年，李廷顺应征入伍。在昆明军区汽车22团，先后任战士、班长、排长、副连长等职。在抗美援越战场，执行着各种运输任务。

北部湾事件爆发后，美帝国主义把侵略战争扩大到胡志明领导的越南北方。在越南人民极其艰难的情况下，中国人民尽其所有，全力支援越南人民的抗美救国斗争。昆明军区后勤部担负着云南方向抗美援越参战部队（未公开）后勤保障和越南人民作战、生产、生活所需物资的运输。李廷顺所在的第22汽车团，列入参战序列。

1968年，李廷顺任二连连长。此时正是越南战争最艰巨、最激烈的时期，美机把轰炸范围扩至中越边界。李廷顺的连队每天从河口物资转运站装上援越物资，冒着美机狂轰滥炸、敌特偷袭的危险，沿着著名的胡志明小道，把弹药、枪炮、石油、水泥、钢材、布匹、衣被、粮食、蔬菜、盐、肉类、纸张等各种作战、生活物资，运往越南各地。美机对中国支援越南北方的主要通道进行严密封锁，凡中国车辆能通行的道路，一天24小时轮番轰炸。一次，李廷顺带领车队经黄连山赶往岘港，敌机发现了他们，就沿公路投掷燃烧弹、炸弹。高度警惕并有指挥经验的李廷顺，在敌机出现一霎那，立即将全连车辆迅速转移到安全地带。敌机轰炸刚结束，他就指挥车队上路，突然发现公路边还有几颗未爆炸的定时炸弹。李廷顺知道，定时炸弹有一段短暂的时间。他镇静地站在炸弹边，果断地命令车队："加速冲过去！"60多辆满载前方急需物资的军车刚刚驶离危险地带，那些定时炸弹就轰然炸响，那段长约3千米的公路全被炸塌。干部战士都说："不是连长指挥果断，必遭重大损失。"

在越南战争中，李廷顺带领他的连队，3000余次圆满完成援越物资运输任务。他27次荣获营、团、军区嘉奖，4次荣立三等功；1969年他任连长的二连被昆明军区授予"钢铁运输红二连"称号，他本人荣立二等功一次。

1971年，李廷顺由军事指挥员改任政工干部，先后任连指导员、团保卫股股长。其间，率领车队参加援老（挝）筑路后勤保障运输任务。

1978年，李廷顺调任汽车51团4营教导员。由于越南当局反华加剧，昆明军区决定组建"昆明军区运输独立一营"，任命李廷顺为教导员，享受副团级待遇。在对越自卫反击战中，独立一营担负作战纵深保障运输任务。战争打到哪里，独立一营就跟到哪里。除运送前沿急需弹药、干粮、饮水等，还运输伤员、烈士遗体、战俘、缴获的敌枪械；有时前沿阵地不通公路，李廷顺就带领干部战士将弹药、干粮、饮水肩扛手抱，送到最前沿，送到激烈交火的阵地上，把伤员抢救下来，运回后方救治。因战功卓著，反击战后，独立一营荣获昆明军区集体一等功受表彰单位，李廷顺记三等功一次。

1981年9月，为加强军队院校政治领导工作，李廷顺从"两山（老山、者阴山）"战斗前线调昆明陆军学校后勤大队任4中队教导员（保留副团待遇）。入学的学员中，绝大多数是参战中的战斗英雄、功臣、模范、先进分子。为保证财务军需专业教学任务圆满完成，李廷顺运用学员中的事迹教育学员，鼓励大家发扬战场上勇于拼搏的精神，刻苦学习业务知识，学成后为人民再立新功。

1985年，李廷顺转业，安置在贵州省遵义地区养征处任党支部书记，1987年至1996年任处长兼党支部书记。在他任职10年中，养征处年年被省交通厅、遵义市评为先进单位。1996年，养征处撤销与税务部门合并，李廷顺改任遵义市国税局非领导职务。

李廷顺脚踏实地的工作作风，清正廉洁的自律精神，谦虚谨慎的做人品德，受到了各级领导和群众的高度赞扬。2006年12月，延迟工作了6年，李廷顺才被批准退休。

李秀成

李秀成，浙江新昌人，1959年5月出生，无党派人士，大学文化，1976年11月参加工作，大专，毕业于成都科技大学皮革专业。

1976年11月至1979年11月为浙江省新昌县

知青，1979年11月至1981年1月在浙江省新昌县皮革厂工作，1981年1月至1984年8月到成都科技大学皮革专业学习；1984年8月至1985年1月分配到贵州省毕节县制革厂协助搞科研工作，1985年1月至1993年5月任贵州省毕节县制革厂副厂长，1993年5月至2007年1月任贵州省毕节市（县级市，今七星关区）政协副主席、市制革厂厂长；2007年1月至2011年11月任政协毕节市委员会副主席，2007年1月改任政协七星关区委员会助理调研员。

李秀成于1984年撰写的论文《cr-2r-AL异核多金属络多物鞣剂制猪修面革的研究》发表在《四川皮革科技报》上，与《鞣革有关的稀土盐性质初探》被编入成都科大皮革专业教材，《稀土盐及铬铝多金属络学鞣剂在云贵绵羊皮服装手套革上的应用研究》论文发表在1988年《中国皮革科技报》上，《稀土在制革染上应用与进展》论文在1992年参加全国稀土助染助鞣技术优秀论文评选会上被评定为优秀论文奖。1986年李秀成被评为全省轻纺工业设备维修、管理先进工作者。

贵州省《六·五》攻关课题“稀土盐及铬锆铝多金属铬兮鞣剂在云贵绵羊皮服装手套革上的应用研究”在1985年荣获毕节县科技成果二等奖，1986年荣获贵州省科技进步二等奖，该产品在1987年至1988年荣获贵州省优秀新产品二等奖。贵州省《七·五》攻关课题“废铬液封闭式循环使用”技术成果1991年荣获省科技进步三等奖，并被国家专利局授予发明专利。1992年该技术在参加北京首届国际发明展览会上荣获银质奖，1993年被国家环保局评定为国家环保最佳实用技术推广计划项目。1990年完成的“黄牛皮正面革的研制”“猪皮正面软面革的研制”和“稀土和铬铠铝《低铬》多金属鞣云贵山羊皮新工艺研究”，1991年前两项课题荣获毕节地区科技进步二等奖。在1990年工作中，被毕节县委、县政府授予“成绩显著”奖励，且被毕节县评定为“有突出贡献技术人才”。1991年完成的“皮革服装系列产品的开发研究”和“废铬液封闭式循环使用”技术在1992年参加中国第四届新产品新技术博览会上双双荣获银质奖。

李伟别

李伟别，贵州毕节县（今七星关区）人，彝族，1966年10月出生于贵州省毕节县朱昌区千溪乡法朗村，大学本科文化，中共党员。任贵州省民族宗教事务委员会宗教业务二处处长。

李伟别1989年毕业于中山大学人类学系；1989年进入贵州省宗教事务局工作，先后任科员、副主任科员；1995年调中共贵州省委统战部干部处工作，任副主任科员、主任科员；1997年起调任贵州省宗教局业务二处副处长，主持工作。

2006年起任贵州省民族宗教事务委员会综合处处长。2008年起任贵州省宗教局办公室主任。2014年任贵州省民族宗教事务委员会宗教业务二处处长。

李枝胜

李枝胜，贵州省毕节县（今金海湖区）人，1951年农历腊月19日出生于毕节县海子街区小坝乡新场街弯弯组。大专文化，中共党员。1969年1月，李枝胜应征入伍，来到驻云南边疆勐腊县苗寨昆明军区后勤部108兵站骡马运输队服役。

苗寨，地处中老边界的原始森林中，应老挝人民党请求，中国援老抗美物资，从苗寨用骡马驮运到老挝勐赛省，交与老方。当时中国云南边疆与老挝还没通公路，昆明军区在108兵站设两个骡马运输队，承担援老物资运输任务。李枝胜所在骡马运输一队，就驻守在苗寨，担负国际援助运输任务。

由于李枝胜爱好文艺、文化工作，一到连队，他就发挥自己的特长，为改变枯燥无味的连队生活，撰写、编排相声、快板、歌舞等节目，为活跃连队业余文艺生活做了很多工作，由此受到108兵站政治处看重。新兵下连不久，李枝胜即被调到兵站文工队（其间，被部队送到云南省歌舞团进修，主修长号和二胡）。深造回部队后，他创作、编排和参与演出的节目，多次参加军区后勤部、第22分部的文艺汇演，并获多项奖励。1971年5月12日，李枝胜加入了中国共产党；同年，被提任108兵站文工队队长；1974年调任108兵站政治处文化干事。

1979年2月，对越自卫反击战中，李枝胜参与从老挝穿插分割越南野战军的后勤保障任务，任勐腊二兵站政治处干事，负责战前鼓动、战时伤亡统计、战后整理资料上报的工作。

1979年10月，李枝胜转业回毕节县，安置在县文化馆任副馆长，主持工作。时值改革开放刚拉开序幕，拨乱反正、正本清源，坚持真理、实事求是，文化部门是先行军。李枝胜带领文化馆员工，深入基层，调研课题，编写与时俱进的节目，组织带队到14个区巡回演出，为毕节改革开放助威呐喊。连续四年被评为毕节地区文化先进工作者。

1984年，李枝胜调任毕节县电影发行公司经理。电影是当时宣传党的方针、政策和改革成果的重要工具。为占领农村文化阵地，传播改革开放的信息，他走遍全县各区镇、乡，挑选、培养放映员，组织区、乡电影工作队。毕节全县从8个国办电影队，发展为72个国办、民办相结合的电影队，形成了全县农村布局合理的电影放映网络。他在电影发行中，积极向上级争取好影片，为区、乡调剂片期，尽量让老百姓看上好电影，丰富了乡村群众的业余文化生活。

1987年，李枝胜调任毕节县委宣传部宣传科科长。1988年调任毕节地区宣传部办公室副主任，1991年任主任。1998年5月，任毕节地区老年大学副校长（其间，2000年2月至2001年3月挂任纳雍县委常委、副书记，地委驻纳雍县党建工作队队长）；2009年7月至10月任地委督察组副组长带队到百里杜鹃管理委员会进行纪检督察工作。

办好老年大学，是党在新时期为解决大批退休人员老有所乐、老有所学的重要任务。李枝胜除与班子成员一道，创新工作，开拓进取，加强管理，做好服务外，还发挥特长，亲自担负二胡等授课任务。在教学中，他认真研究教案，下功夫讲好每一节课。根据老年人的实际情况，因人施教，把教、学、乐有机结合起来。教学的同时，从细微入手，关心老年人身心健康，让老年人学在乐中，趣在学中，学有所乐，学有兴趣，学有成就。李枝胜的教学方法和热情服务，深受老年学员喜爱，也受到上级表彰，2003年，李枝胜被毕节地区机关党委评为优秀党务工作者。

2011年2月，李枝胜被批准退休。

李绍武

李绍武，贵州大方县人。1957年出生。大学文化，中共党员。

李绍武大学毕业后，回大方县工作。后调毕节地团委、地区广播电视台任职。1990年任毕节县委副书记，1993年毕节撤县设市后，任市委（县级）副书记，分管商业、经济、乡镇企业等工作。李绍武在毕节县（市）工作期间，作风朴实，工作扎实。为了摸清全县乡镇企业家底，他带领乡镇企业局领导班子成员，走遍全县乡、村，逐一对乡镇企业的基本情况进行登记。对全县13200个乡镇企业的资金来源、企业规模、产值产量、营业收入、从业人数等都调查得一清二楚。他强调乡镇企业要上规模，要上档次，要创品牌。他经常深入重点乡、镇和上规模的企业调研，帮助解决实际困难。林口片区原先炼磺是开放式土法冶炼，对环境污染严重。李绍武带队到云南考察，学习密闭冶炼硫黄技术，不仅解决了污染的问题，还使企业增产增收。他对全县乡镇企业安全工作十分重视，走一路讲一路安全生产的重要性，举一反三陈述安全生产是企业发展的根本保证。每次乡镇煤矿发生安全事故，他都要召开现场会议，提出整改意见。李绍武提出，要以改革促经济发展。在商业、供销改革上，他要求实施国企改造，用股份制促体制改革；在粮食流通领域，他要求粮食部门抓好附营业务，让职工思想尽早转化到市场经济竞争机制上来。他一边注重企业改革，一边为创建股份制企业创样板。原毕节市（县级）准备建一个完全国营的水泥厂，在可研会上，李绍武用磷肥厂、轮胎厂倒闭作实例，指出市水泥厂必须按股份合作制的建厂方针，让股东说了算，政府不宜过多插手。他的建议得到采纳，后来毕节市水泥厂的发展壮大，证明了他的提议是深思熟虑的。李绍武在毕节的经济发展上，做出了努力，做出了贡献。

1999年李绍武调大方县任县委书记；2004年调任毕节地区人事社会保障局党组书记；2013年任毕节市（地级）人大农业、农村工作委主任。

李建唐

李建唐（1918—2000），字幕农，贵州省毕节县（今七星关区）人，1918年出生于毕节长春堡下伍溪。

李建唐尚在襁褓之中即丧父，兄弟姐妹5人，他年最幼。因居住城里，生活来源全靠体弱的母亲和年幼的兄、姐协助磨豆腐度日，勉强读完中学。母亲于1936年辞世，这样致使他投笔从戎，考入驻毕节的国民党20军133师司令部任准尉司书。抗日战争爆发后，他参加著名的淞沪会战、徐州会战、武汉保卫战，三次长沙会战，长沙、衡阳、桂林、柳州会战及反攻桂林、全州战役等。担任少尉、中尉译电员、中尉副官、上尉军械员、少校参谋等职。抗战胜利后，于1946年复员回乡，又先后在毕节专员公署任少校、中校参谋，代理保安一旅上校参谋长。1949年起义后分配到赫章县从事教育工作。1980年起，曾先后任赫章县政协第五、六、七届常委，享受正处级待遇。

于2000年逝世，享年82岁。

李明泽

李明泽，贵州毕节县（今七星关区）人。大学文化，中共党员。

李明泽高中毕业后，应征入伍，先后在35403等部队任战士、参谋。1991年转业，先在毕节县司法局任办公室主任。1995年任毕节市对坡镇副书记、镇长；1997年任毕节市八寨镇党委书记；1999年任毕节市（县级）财政局局长；2001年调毕节地区财政局任核算中心主任（副处）；2003年任毕节地区、毕节市文化体育广播局局长。

李国庆

李国庆，贵州毕节县（今七星关区）人。于1970年9月出生在毕节县五里坪（今七星关区观音桥办事处五里坪东风组），大学学历，中共党员。

李国庆1989年3月至1992年8月，在成都军区守备一团八连服役；1992年9月至1994年6月，在昆明陆军学院为学员；1994年7月至1997年4月，在云南省军区边防七团三连任排长；1997年5月至1997年12月，在云南省军区边防七团六连任副连长；1998年1月至1999年11月，在云南省思茅军分区政治部任副连职干事；1999年12月至2000年9月，在云南省军区边防七团三连任指导员；2000年10月至2002年11月，在云南省思茅军分区政治部任正连职干事；2002年12月至2005年2月，在云南省思茅军分区政治部任副营职干事；2005年3月至2006年3月任云南省军区边防七团三营教导员；2006年4月至2008年3月，在云南省军区边防十团政治处任副主任；2008年4月至2014年5月，在云南省军区边防十团任副政治委员，中校军衔；2014年5月转业回家，自谋职业。

李国庆在部队担任班长期间，参加对越自卫反击作战，带领本班战士坚守阵地，多次被上级嘉奖。2001年只身抓获犯罪分子，荣立二等功一次。2003年参加地方“严打整治”，工作成绩突出，被评为“先进个人”。2007年被云南省澜沧县评为“禁毒”先进个人。2007年6月带领部队参加云南省宁洱县抗震救灾和援建工作，受到驻地党委、政府好评。多次被上级党委评为优秀共产党员。

李国恒

李国恒，贵州省金沙县人，1944年出生于金沙县安底。大专学历，中共党员。

1961年，在安底中学初中毕业后，正值国家三年困难时期，因生活困难而未升学，回乡参加劳动，提任生产队会计兼民兵排长。由于劳动积极，工作有建树，于1963年担任大队团支部书记、武装民兵连长，经常带领民兵在第一线战斗，特别是在抗灾救灾中表现最为突出，不管是本公社或者是外公社有突发事件就出发，一去就是十天半月，冲锋在前，毫不退缩，多次被县武装部、毕节军分区评为先进个人和先进集体。1965年被聘任为安底区第一批林业辅导员，同时兼任民兵连长和大队会计。是年8月抽调参加秋征工作，次年升任安底公社副社长，从此走上了领导岗位。“四清”运动和“文革”期间，区社干部被造反派打倒，他以正直善良的性格保护干部而受到冲击。他始终认定吃饭是第一件大事，利用一切可以利用的机会带领农民抓好生产，政绩斐然。1970年任公社武装部部长、革命委员会副主任。是年，他在带领民兵抗灾救灾、抓经济工作中展示才华，政绩突出，受到地、县领导的赏识，被培养进领导班子，任命为毕节地区革委会常委。后任中共毕节地委常委（其间，1974年到中共贵州省委党校学习半年）。1975年兼任共青团毕节地委书记，继后又兼任农办主任，集多种职务于一身，使其肩挑重任而锻炼成长。在锻炼中，他德才兼备，受到社会各界好评。

1978年，到中央党校学习半年。他系统学习了马克思主义基本原理，聆听中央领导的报告，提高了思想觉悟、政治水平。从中央党校回毕后，在他所在的农业系统开展了冤假错案的平反工作，鼓励包产到户，他的工作思路适应新形势的发展。1981年任中共毕节县委第一书记、县人民武装部第一政委，他身负重任而农民本色不变。任职期间，他深入实际，走遍全县的区和三分之二的公社（乡）及很多生产队，进行调查研究，理论结合实际，大刀阔斧地开展工作。在农村实行联产承包责任制；大力发展烤烟生产，全县烤烟生产年产达30万担，财政收入逐年上升；计划生育严格执行党的政策；抓好城市建设，兴修职工宿舍、政府礼堂、人民影院等与民生相关的设施；举办大型文娱宣传活动，丰富城乡人民生活，物质文明和精神文明建设同步协调发展，受到干部群众的好评。他体察民情，注重调查研究，全县各项工作有声有色，各项社会事业欣欣向荣。1983年离任时财政余额500万元，成为当时全地区唯一的红旗县。

1983年12月，调任毕节地区经济委员会副主任。次年经过全国统考，被录取在西南农业大学干训分院农业经济管理专科班学习两年。经过废寝忘食的学习，每科考试成绩都在90分以上，毕业时以优异的成绩取得大专文凭，为贵州学员争光。还未毕业之际，中共毕节地委决定让李国恒任中共威宁县委书记（毕业后就任）。任职5年间，为发展威宁县的烤烟、畜牧业、林果业、乡镇企业四大经济支柱产业做出了应有的贡献，全县出现社会安定、民族团结、经济繁荣的大好局面。

李国乾

李国乾，贵州省毕节县（今七星关区）人，1968年11月出生于贵州省毕节县长春区下伍村，中共党员，研究生学历，高级工程师。

1985年李国乾高中毕业于毕节二中，考入贵州工学院（现贵州大学）冶金系有色冶炼专业学习，先后担任团支部书记、班长职务，1989年毕业，获工学学士学位，同年分配至贵州铝厂氧化铝厂工作，于1992年调至广西原平果铝业公司总调度室，先后担任总调度室调度科值班主任、副科长、科长职务，1997年任总调度室副总调度长。2002年中铝股份上市成立中铝广西分公司，担任生产运行部副经理。2004年2月担任公司热电厂厂长、党委书记，2006年3月担任公司生产运行部经理（其间，2008年至2010年在职就读昆明理工大学，获硕士学位）。2011年3月任公司总经理助理兼氧化铝厂厂长、党委书记，2013年3月调至北京总部担任中国铝业公司运营转型办公室主任（副厅级）。

李国乾参加工作后，长期奋战在有色金属冶炼生产管理一线，熟悉氧化铝生产企业的工艺控制、流程优化、系统提升等，工作经历丰富，积累了较多的生产管理实践经验，在氧化铝专业技术领域牵头开展了许多科研和技术改造及生产实践工作，是该领域的技术管理专家，为中国铝业广西分公司一直保持较好的经营业绩和较高的科研水平起到积极的推进作用，同时在管理领域业绩突出，为氧化铝生产企业的管理优化、质量提升发挥了积极作用。

在广西工作期间，先后担任分公司热电厂厂长、生产运行部经理和总经理助理兼氧化铝厂厂长、党委书记，特别是2011年至2013年期间带领氧化铝厂全体干部员工勇挑重担、克难攻坚，按照“保产量、降消耗、抓项目、带队伍”的工作思路和“强基础、求创新、抓细节、保稳定”的管理原则，实现了产量进一步提升、消耗不断降低、结构调整项目提前投产、员工队伍和谐稳定和管理水平不断提升的预期目标；分公司连续成为中铝公司旗下盈利能力最强的企业，氧化铝厂连续两年获分公司总经理特别奖。个人于2012年获得广西壮族自治区人民政府颁发的五一劳动奖章。

2013年调至北京中国铝业公司总部，担任中铝公司运营转型办公室主任职务，主要负责中铝公司管理提升和精益生产的组织协调、团队管理和CBS（中铝业务系统）建设工作。中国铝业公司CBS模块构建达40多个，精益管理持续优化，能效管理成效显著，连续两年取得节能量超过100万吨标煤的突出业绩，获2014年中国铝业公司总经理特别奖。

20多年的工作实践中，主持和参与完成的科研及管理成果共获得国家级成果二等奖两项、省级成果一等奖三项，三等奖一项。《大型铝冶炼企业基于数字化的生产经营预控管理》获2006年第十三届国家级企业管理现代化创新成果二等奖。《基于价值创造为导向正向激励为主线的业绩考核体系的构建与实施》获2011年中国有色金属协会一等奖、国家级企业管理现代化创新成果二等奖。《铝冶炼企业工业废水和生活污水“零排放”》获2009年中国有色金属协会管理现代化成果一等奖。《高效强化拜尔法技术研究及产业化应用》项目获2012年中国有色金属学会科学技术奖一等奖。《从氧化铝赤泥中回收铁精矿的方法研究及产业化》项目获2012年中国有色金属学会科学技术奖二等奖。《煤气炉富氧连续气化技术在TG-3M炉上的应用研究》项目获2008年中国有色金属学会科学技术奖三等奖。

李典学

李典学，贵州省毕节县（今七星关区）人，1958年6月出生在毕节县龙场营区，于1981年10月参加工作。大专文化，中共党员。

1978年9月至1981年10月，在贵州省农业机械学校农机修造专业学习毕业；1981年10月至1984年6月，在贵州省毕节县龙场营区农机站工作；1984年7月至1990年7月，调贵州省毕节县委农工部工作，任生产科技科科长；1990年8月至2001年7月调贵州省毕节地区纪委工作，先后任党建室副主任、执法室副主任、地区纠风办副主任等职（其间，1991年9月至1994年7月在贵州省委党校党政管理专业学习毕业）；2001年5月至2004年5月调贵州省威宁县委工作，任县委副书记、纪委书记；2004年5月至2006年7月调贵州省织金县委工作，任县委副书记、纪委书记；2006年8月至2015年12月调毕节市科学技术协会工作，任党组书记、主席。

李典学在担任威宁县委副书记、纪委书记期间，切实加强理论学习，始终保持清醒的政治头脑和坚定的政治立场。严格执行四大纪律，八项要求，廉洁自律，率先垂范。按照中央关于领导干部廉洁自律的各项规定，主动接受党内、党外廉政监督，模范地遵守了领导干部廉洁自律“八项要求”。履行了职责，配合县委领导集体，狠抓了党风廉政建设责任制落实工作，在全县形成了党风廉政建设和反腐败斗争的整体合力，为全县乡科级干部建立了规范、统一的廉政档案。认真执行纪委负责人同下级党政主要负责人谈话制度，强化作风建设取得实效。

在织金县任县委副书记、纪委书记期间，分管纪检监察和政法工作。切实强化廉政风险防控和作风建设，党风廉政建设工作取得明显成效。严厉打击各种犯罪活动，全力维护社会稳定；以社会治安综合治理基层基础工作现场会为契机，全力推进综治工作开展；创新综治工作机制，强化基层基础软、硬件建设；坚持落实矛盾纠纷排查调处制度，有效控制各类群体性事件的发生；强化处理涉法上访案件的基层基础工作，有效控制涉法上访事件发生。在此期间，织金县纪检监察和政法工作取得明显成效，社会治安明显好转，党风廉政取得实效，群众满意度高。尤其在织金县禁毒工作方面加大了力度，取得了显著成效，多次获省委、省政府、地委、行署表彰。

在毕节市科协工作期间，大力开展科普工作，积极为提高全市公众科学素质服务。一是组织建设毕节市科技馆。积极争取到中国科协、中国科技馆价值800余万元的60件展项赠品和2名专家作为筹展顾问的支持，获得了财政部200万元的“中央补助地方科技基础条件专项资金”补助。从2015年起，毕节市科技馆作为全国科技馆免费开放试点单位，每年获财政部补助资金150万元。2014年，毕节市科技馆接待了李源潮副主席等领导同志的参观，并获高度赞扬。二是创建了毕节市科普专家服务团，组织科技工作者积极开展建言献策和为“三农”服务。依托市科普专家服务团，组织实施了“科普进村入户工程”“社区居民一月一专题科普讲座”“百村万户科普行”“百千万”科普示范工程以及科普大篷车赶百场、进百校等特色科普活动，有效提高了全市公民科学素质，推进社会经济发展。三是组织开展了青少年科技创新大赛、中学生生物联赛等青少年科技活动，获全国一等奖4项，二等奖5项，三等奖6项。毕节市科协获全国优秀组织奖1项，获全省一等奖45项，二等奖211项，三等奖320项，省优秀组织奖12项。成绩在全省各市、州名列前茅。组织举办了毕节市青少年科技创新大赛（第一至三届），不断激发青少年科技创新意识，提高科技创新能力。组织参加省第二届公民科学素质电视大赛获大赛一等奖。2015年“全国科普日”活动期间，组织市中学生与中央领导视频互动，被中央电视台新闻联播报道。四是组织开展了“百万公众网络学习工程”活动。2015年全市参加网络测试人数51万之多，高居全省第一。五是组织创办了“毕节市科学技术协会”网站、《毕节科普》季刊，为试验区科学普及和科技进步服务。六是认真组织申报和实施了中国科协、财政部的“科普惠农兴村计划”“基层科普行动计划”和省科协的“科技致富二传手”培训工程、“科技扶贫”等项目37个，其中，农村专业技术协会14个、农村科普示范基地11个、农村科普带头人10个、科普示范社区2个，共获项目奖补资金590万元；成功申报省科协“科技致富二传手”培训工程项目16个，获项目资金80万元，培训了科技致富“二传手”800名，带动了农民依靠科技致富4万余人；组织申报实施省科协科技扶贫项目26个，获得项目资金26万元；组织实施科普示范社区1个，获得项目配套资金15万元。为提高农民科学素质，促进农村经济发展起到了积极的作用。七是组织开展创建全国科普示范县（市）工作，七星关、大方、黔西、金沙、威宁等五县（区）获中国科协和省科协命名。

李典学的工作得到上级部门的充分肯定，本人获省委表彰1次，荣立三等功1次，各类嘉奖多次。在他的带领下，毕节市科协工作多次被中国科协、人力资源和社会保障部、财政部、省科协、省人力资源和社会保障局等表彰为科普工作先进单位、科普惠农兴村先进单位等，2014年、2015年连续两年在毕节市年度目标考核中获一等奖。

李信唐

李信唐，贵州省毕节县（今七星关区）下伍溪人，1952年8月出生于毕节城区古道路，中共党员，大学文化，高级政工师。

李信唐1970年10月参加工作。1987年任贵州有机化工总厂合成分厂党办主任。1988年任贵阳焦化工程筹备指挥部生产准备组组长。1990年任贵阳煤气气源厂炼焦车间主任。1996年任贵阳煤气气源厂厂长助理兼劳动人事处处长。1998年任贵阳煤气气源厂党委副书记，纪委书记，工会主席（副县）。并兼有社会职务，如“全国城市煤气行业思想政治工作研究会理事”及由贵州省军区任命的“清镇市预备役民兵团第一政委”和“贵阳市国家安全局企业副组长”“中国电池行业协会理事”“贵阳市国家安全局企业组组长”等。2003年3月调任贵阳电池厂厂长兼党委书记（正县团级）。

所工作过的贵阳电池厂和贵阳煤气气源厂均为贵阳市大、中型企业，在担任贵阳电池厂法人期间，贵阳电池厂是贵阳市缴税大户，全市居前六位。每年市政府均授予贵阳电池厂扭亏增盈先进单位。于2012年8月退休，居住在贵阳城区。

李亮全

李亮全（1922—1993），贵州省毕节县（今七星关区）人，1922年出生于毕节县海子街沙地村。小学文化，中共党员。

李亮全从小随执教的父亲入学读书，成年后边耕边读，对劳动人民有深厚的感情。解放后，在党和人民政府的领导下，他投身革命工作，积极参加乡村政权建设，参加清匪反霸、减租退押、土地改革、抗美援朝等运动。工作表现突出，为人诚恳、正直，被推选为村农协会主席，同时正式参加革命工作。他办事公道，不谋私利，服从组织决定。参加工作的15年间先后调动15次，从无怨言。先后任乡（公社）党委书记、区委委员，任龙场营、长春堡、何官屯等区区委副书记、书记，镇党委书记，毕节县劳动局局长，中共毕节县委常委、县委组织部部长、县人大常委会副主任等职。任职期间，忠诚于党和人民的事业，洁身自好，常常深入基层，调查研究，为发展农业生产，解决人民群众的衣食住行做了许多有益的工作。调县任职后，仍保持区、乡干部的工作作风，艰苦朴素，常下乡村蹲点调查，与群众同甘共苦，了解情况，为各级党委提供决策依据，其政绩曾多次受地委、县委的表彰。

1983年退休后，保持农民本色，常到家乡与居住在农村的孩子同住、同劳动。1987年，被推选为毕节县关心下一代协会副主席。为加强对失足青年的教育，他多次深入街道、乡村登门拜访，分别对家长和教育对象做艰苦细致的工作，帮助寻找就业门路等，利用各种途径使之改邪归正。经他帮教的对象有的成了农村致富能手，有的当上建筑经理等。此间，李亮全同时担任毕节四小的校外辅导员，帮助该校做了许多家长、学生的转变工作，深受老师、学生的尊敬。他老有所为，关心下一代工作和帮教工作，先后被县委、县人民政府和毕节地委、地区行署授予“先进工作者”称号，贵州省关心下一代协会授予他“先进个人”称号，被中共贵州省委评为全省“优秀共产党员”。1991年被评为全国关心下一代“先进工作者”。

于1993年病逝，享年71岁。

李祖达

李祖达，贵州省毕节县（今七星关区）人，1951年9月生于毕节县普宜区阿市乡中寨村，1966年9月参加工作。大学文化，中共党员，

1962年从毕节县普宜中心校考入毕节一中，1963年初中毕业；1966年9月被录取到中国人民解放军河南洛阳外语学院，后到总参三部工作20

年，正营职。1985年1月转业，在毕节地区公安处工作，任科长等职。1995年6月26日，毕节地区国家安全处组建，调任国家安全处副处长。

李效敬

李效敬，山东省金乡县人，1926年1月出生于山东金乡县兴隆乡一个贫农家庭。小学文化程度，中共党员，幼时在家乡跟随舅舅读书，小学未读完，日本鬼子占领了东北三省，逼近他的家乡，学校在战乱中解散，李效敬辍学回家务农。

1943年，在冀鲁豫湖西地区参加革命，1945年7月加入中国共产党。先在湖西书店工作，后湖西书店改成《湖西大众》报社，历任报社通讯员、印刷员、装订员、装订组长等职。在大众报社期间，工作积极负责，和报社全体同志一起努力，将党的抗日方针、政策印成大众报分发湖西地区党政军民及抗日前线官兵手中。1947年，当国民党反动派大举进攻解放区时，他积极报名参加湖西分区武工队，投入了轰轰烈烈的解放战争。在战争中由于武工队战果辉煌，1947年4月受到冀鲁豫军区政治部通报嘉奖。淮海战役中，带领担架队积极从事支前工作。1948年，从武工队转入地方工作，任砀山县吴淄区工作组组长。当解放战争由北向南推进的时候，自愿报名参加南下支队，被编入三大队六中队，任区组织委员。渡江后，部队接管江西景德镇，在中市区任组织干事。

1949年，随解放大军西进解放贵州，进入毕节地区大定（大方）县，被分在理化区任组织委员兼宣传委员，旋即调大方县委办公室，到六龙区参加土地改革试点工作。先后被提任六龙区委书记、中共大方县委常委、宣传部部长等职。其间，于1953年7月被组织选送到中共中央西南局党校学习，1954年7月结业，后任中共大方县委副书记，为大方县工农业生产的发展做出了应有的贡献。

1961年，任中共毕节地委政策研究室副主任。不久，任中共毕节县委书记，继后任中共毕节地委常委、毕节县委第一书记、县人民武装部第一政委、县政协主席。

1977年，任中共毕节地委副书记，主管农业。1982年，升任毕节地区行署专员，被选为贵州省第六、七、八、九届人民代表大会代表和七届全国人民代表大会代表。党的十一届三中全会后，全党工作以经济建设为中心，他带领全区广大干部和人民群众认真贯彻落实中央精神，发展社会经济。在主持地委、行署工作期间，针对老、少、边、穷的自然和社会现状，为解决人民群众的温饱问题，和同事们一道决定抓住烤烟这一经济支柱，把发展烤烟作为农民增收、国家增税的重点，采取措施，大力发展，取得显著的经济效益和社会经济效益，深受广大干部职工、农民群众的赞颂。1984年全区烤烟产量达8万吨，部分烟农成了万元户。后又在绝不放松粮食生产的前提下，走农产品深加工的路子，把烤烟生产融为生产加工一条龙的发展路子。在各县建成复烤厂，在地区改扩建卷烟厂，使“两烟”形成全区的拳头产品、经济支柱，每年税收以上亿元的速度递增，全区呈现粮烟丰收的可喜局面，其功不可没。

1986年春，任地区人大联络处主任之后，仍孜孜不倦地学习和工作。为做好人大工作，他注重调查研究，开拓进取，不断探索新的工作思路，对推进民主法制建设和经济建设提出了许多宝贵的建议。

他主持人大工作期间，对机构、制度等不断进行改革和完善。1988年9月，他倡导和发起在毕节召开第一次“川滇黔毗邻地区人大工作联席会”，贵州省毕节县（今七星关区）、安顺、铜仁、遵义，四川宜宾，云南曲靖、昭通等地区人大负责人参加了会议，时任省人大常委会主任张玉环莅临会议作指导。会议探讨改革和发展人大工作的新路子，这在全国尚属首次，对把“联络处”改为“人大工作委员会”作了大胆探索。贵州省人大常委会于1989年9月作出决定，将地区人大联络处改为“地区人大工作委员会”，并第一次以地方性法规的形式明确地区人大的性质和职责，组建了毕节地区人大工作委员会。李效敬在地区级人大建制方面起了与时俱进的推动作用，功不可没。在人大常委会主任的位置上，他始终没有放松过代表人民履行监督的职责，积极参政议政，代表人民的意愿向党委、政府提出许多宝贵意见，诸如“加快贫困地区资源开发”“毕节地区交通建设”“毕节的发展速度”等，被地委、行署采纳，后来的实践证明，他的建议是正确的。

在几十年的革命生涯中，他总是身教重于言教，每到关键时刻，身先士卒，作出决策。1992年，毕节县阴底区一法院干部利用手中职权，非法拘禁、刑讯致死人命，受害者家属多次上访无效，李效敬得知后，以人民代表身份，组织人大代表评议司法工作，对知法犯法者进行严肃处理，维护了法律尊严，为民伸张正义，深得人心。

于1996年离休。之后，他仍以一名共产党员、人民代表的身份战斗不止。他坚持读书看报、政治学习，积极参与各项社会活动，履行代表职责，继续为毕节人民的事业奋斗。他仍继任毕节地区老年大学校长、地区钓鱼协会领导成员等，主编《中国名菜大典·贵州卷·毕节篇》等书籍并印刷出版。他的个人专著《踏遍青山人未老》于2005年由贵州民族出版社公开出版发行。他带领老干部、老战士、老教师、老专家、老模范在机关和农村帮教青少年，挽救了许多失足青年，深受家长的称赞。

李效敬是一位政绩卓著、德高望重的老党员、老战士、老干部。其事迹正如2005年他80岁寿辰前夕同事们在一首七律中所述：“转战湖西斗异蠡，驰奔黔地捣戎巢。身居显位勤劬政，旗举镰锤见略韬。思路成胸图富裕，恫瘝在抱媲唐尧。而今松鹤添遐算，喜睹门楣佩寿桃。”

李登峰

李登峰(1924—2004)，山东省金乡县人，1924年8月生，中学文化，中共党员，1939年参加革命，同年加入中国共产党。

1939年4月至1949年，先后任金乡县工作团工作员、司法科工作员、巨南县公安局审讯股股长，巨南县张表区区委副书记、巨野县委秘书。1949年9月至1951年7月西进贵州，任中共大方县响水区区委书记，大方县副县长。1951年8月至1952年8月任毕节专署民政科副科长。1952年9月至1956年10月，任赫章县县长。1956年11月至1966年9月，任中共毕节地委财贸部副部长、工交部副部长，中共毕节县委副书记、县长，毕节专署办公室主任。1966年10月至1970年7月，在“五七”干校劳动。1970年8月至1973年1月，奉调参加修建湘黔铁路，任毕节地区民兵师副参谋长。1973年2月至1983年12月，任中共毕节地委副秘书长、地直机关党委书记、毕节专署秘书长。1983年12月离休，享受副地级待遇。

1950年至1951年在大方响水工作期间，由于在剿匪、征粮、统战工作中成绩显著，曾两次荣立一等功，受到中共贵州省委、毕节地委的通报表扬。1997年在毕节地区老龄委召开的表彰大会上，荣获中共毕节地委、毕节行署“老有所为奉献奖”。他善于写诗词赋。出任毕节地区乌蒙诗社社长，所著《乌蒙小草》诗集已发行问世。诗集充满着对党对人民的热爱。2004年去世之前还坚持写作，坐在轮椅上还要收集采访材料。是一位生命不息、战斗不止的老同志，是值得后辈学习的楷模。于2004年逝世，享年80岁。

肖世贤

肖世贤，贵州省毕节县（今七星关区）人，1932年生于贵州毕节城关。中国人民银行总行武汉银行学校毕业，中专文化，共产党员，高级经济师。

肖世贤历任金沙支行会计员、出纳员、农经员、储蓄员、信贷员，曾任区委委员、副区长、金沙支行副行长。1961年至1979年，调任中国人民银行毕节分行信贷科科长。1980年至1991年7月，先后任中国人民银行毕节地区分行副行长、行长兼国家外汇管理局毕节分局局长、党组书记。1991年后，任贵州省金融学会理事、贵州钱币学会理事，中共毕节地委、毕节地区行署经济顾问组顾问、毕节地区金融学会会长、《毕节地区志·金融志》编委会主任。

他以一个共产党员应对人民负责的精神，脚踏实地践行为人民服务的宗旨，对党的金融事业做出了极为重要的贡献。

肖宗杰

肖宗杰，贵州省遵义县人，1945年出生于遵义县新舟镇，中共党员，大学文化。

1968年毕业于贵州农学院农学专业，同年参加工作，分配到毕节县工作。1972年3月加入中国共产党。先后任朱昌区农业工作站站长、县农业科学研究所副所长，县农业局副局长、党组书记、局长，县委常委、副县长。1987年6月调任毕节地区农业学校党委副书记、书记、校长，地区民政局党组书记、局长、调研员。是贵州省第六届人民代表大会代表、毕节县第十届人民代表大会代表、毕节市（县级）第一届人民代表大会代表。

在朱昌区工作期间，在农村推广杂交玉米和耕作制度改革等农业技术方面，政绩卓著。他选定朱昌大队为试验点，晚上下队召开群众会，白天深入田间地块，既动口又动手，同群众一起劳动，密切了干群关系，打开了工作局面。1977年9月，他受命担任南繁工作队队长，带领40多名农业技术干部和农民技术员赴海南三亚的羊栏、海坡生产队落实30多亩土地，开展玉米自交系繁育和制种工作。在5个多月时间里，共繁育和制种6000多斤，圆满完成了上级交给的工作任务。

在县农业局任职期间，特别注重不违农时和科学种田两件事，常组织和带领农技人员深入乡村，开展不违农时和科学种田活动。他选择在县境海拔较高的金银山为科学种田试点，取得经验后在全县广泛推广，不少村寨终于走上科学种田之路，促使粮食年年增产，受到群众的称赞。在农业局任职期间，多方筹集资金为32户干部职工修建了宿舍。1982年，他与县劳动局协商，举办农业技工班，解决了部分干部职工子女的就业问题，受到职工的好评。

在毕节县任县委常委、副县长期间，经常深入农村或到分管的工作部门调查研究，了解情况，帮助基层和单位解决实际问题，为群众和部门排忧解难。1985年，县委、县政府决定将县农机二厂改为烟叶复烤厂，上蒸气复烤和微波复烤两条生产线。他两次到遵义复烤厂引进技术人才和有关技术资料，组织力量制造、安装蒸气复烤生产线。同年，他被安排联系页岩砖厂建设项目，便深入建设工地，协调解决了资金和所需木材等难题。

在毕节农校工作期间，对学校进行改扩建，维修了办公楼，新建了教学大楼、学生宿舍、教学实验大楼、教职工宿舍，改善了办学条件。并投资5万元建起了饲料加工车间和养猪场，为畜牧兽医专业的学生提供了专业技能训练和实践基地。他充分利用学校师资、设备、资源，与毕节市烟草公司和地、市民宗局联合办学，既为社会培养输送人才，又增加了学校收入。在民政局工作期间，新建了办公大楼，改善了办公条件；投资100万元修建了救灾物资储备库，上报落实了地区社会福利院建设项目。在农村为灾民修建安居房，在机关为职工修建住房。

肖宗杰作风正派，团结同志，从不搞小团体、小宗派，不搞个人说了算。自觉按照集体研究的意见办事。他从不搞特殊化，下基层单位和各县市检查指导工作，轻车简从，不搞接送。他对子女严格要求，教育子女淡泊名利地位，堂堂正正做人，努力做好本职工作。

2005年，经组织批准退休，后任毕节地区开发研究促进会副会长。为毕节地区的社会经济发展继续发挥余热。

肖朝荣

肖朝荣，贵州毕节县（今七星关区）人，本科学历（贵州省委党校法律专业），1964年3月出生于贵州省七星关区杨家湾镇，1983年9月参加工作，1995年4月加入中国共产党。

1983年9月至1992年1月在贵州省毕节地区财政局工作（其间，1986年9月至1989年7月参加江西财经学院财税专业函授大专班学习）；1992年1月至1996年7月调贵州省毕节地区劳动人事局任科员；1996年7月至2001年11月任贵州省毕节地区劳动人事局办公室副主任（其间，1999年10月至1999年12月参加贵州省毕节地委党校中青班学习），2001年11月至2004年3月任贵州毕节地区人事局工资福利与退休科科长（其间：2000年9月至2003年1月参加贵州省委党校法律专业本科班学习［函授］，2003年3月至2004年1月在贵州省赫章县白果镇挂职，任镇党委副书记）；2004年3月至2008年8月任贵州省毕节地区人事局录用调配科科长（其间，2005年9月至2005年10月在贵州省毕节地委党校科局班学习）；2008年8月至2010年1月，调贵州省毕节地区煤炭局任党组成员、纪检组组长（其间，2008年9月至2008年10月在北戴河中纪委监察部培训中心学习；2009年3月至2009年4月在贵州省毕节地委党校县级干部研修班学习）；2010年1月至2012年1月，任贵州省毕节地区工业和能源委员会党组成员、纪检组组长（其间，2010年3月至2011年2月参加地区赴纳雍县党建扶贫工作队任队长，挂任纳雍县委常委、县人民政府副县长；2010年7月在北京大学光华管理学院学习；2011年5月至2011年6月在北京大学马克思主义学院毕节地区纪委领导干部能力素质提升高级研修班学习；2011年9月在毕节地区现代化企业战略管理深圳研修班学习）；2012年1月至2012年6月，任贵州省毕节市工业和能源委员会党组成员、纪检组组长。2012年6月至今，任毕节市纪律检查委员会第四纪工委副书记，兼任毕节市林业局党组成员、纪检组组长。

肖朝荣自担任领导干部以来，长期在纪检监察战线工作。认真负责，抓好联系部门党风廉政建设，认真处理群众来信来访，有效维护广大基层林农切身利益；他切实履职尽责，主动作为，对联系部门“三重一大”事项决策监管到位、干部作风纪律敢于较真。他在三个市直部门任纪检组组长期间，因工作认真、监管到位，所在单位无一人受到党纪政纪处分。

时念好

时念好，山东省单县人，1928年生于山东省单县时楼乡徐集村，中学文化，中共党员。

幼时在家乡读书，参加革命活动，任儿童团长。1944年8月加入中国共产党，任村青年委员、村党支部组织委员、区分委组织干事、分委委员。1949年随军南下到江西景德镇后，任军管会秘书，从江西进入贵州省毕节县（今七星关区）工作后，先后任毕节县委组织部干事、地委研究室组长、朱昌区委书记、县税务局局长。1953年先后提任中共毕节县委副书记兼组织部部长、县监委主任、县委书记、县政协主席、县委第一书记。后分别调黔西、织金任县委书记、第一书记等职。继后调任中共毕节地委农村工作部副部长、专署农林政治部副主任、商业局局长。后升任中共毕节地委常委、行署第一副专员等职。1982年调六盘水市工作，先后任中共六盘水市委常委、副市长、市人大常委会副主任、党组副书记等职。

在50余年的革命生涯中，时念好一贯忠于党和人民的事业。1948年在单县开展地道战的斗争中，英勇善战，受到县委的表扬。随军南下进入贵州省毕节县(今七星关区)后，先后任职于毕节等地，常以一个普通劳动者的身份出现在人民群众的面前，善于走访群众，调查研究，找乡(公社)村基层干部座谈与民生相关的实际问题，常为人民群众排忧解难，救济困难农户，兴办农业水利工程，开展科学种田。1964年，他担任毕节地区农村工作部副部长期间，带领工作队在毕节县海子街搞样板田、丰产坝、丰产湾、丰产坡。整个片区从城东五里坪至小坝场接近大方县边沿，长达30余千米，面积数十万亩。他依靠科学，带领群众打破常规习惯，改水田育秧为湿润秧田育苗，防止倒春寒和其他自然灾害的袭击。同时推广“浙大46”“西农175”“川大粳稻”等优良品种。在种植方面提倡稀沟密植，拉绳插秧，提高亩产；在玉米种植方面，提倡“沟垄包谷”“定向栽培”等科学种植，致使稳产丰收，得到农业专家的认可和好评，全省推广学习。黔南、黔东南等地派员前来参观，聘请海子街区丰产坝100多位农民前往各地推广指导。这种种植方法至今仍在使用和推行，起到历史性的推动作用，时念好功不可没。

无论在什么地方任职，都以民为本，想人民之所想，急人民之所急。在黔西、织金任县委书记时，为人民群众修建区乡公路、山塘水库、小型电站，解决农民的照明用电、中小型农副产品加工等工业用电问题，发展社会经济，致富于民。在六盘水工作期间，忠于职守，狠抓农业区划建设，成绩显著，受到干部、群众的好评。1985年，贵州省人民政府给他颁发“对农业区划做出重大贡献”荣誉证书。1990年被成都军区人防战备委员会评为人防战备先进个人。离休后，任六盘水市老龄委员会和关心下一代工作委员会主任，老年人体育协会副主席。他仍忠于职守，发挥余热。1992年荣获国家老龄委颁发的老龄工作领导者奖章；1993年被贵州省老年体育协会评为先进工作者。

吴　坚

吴坚，贵州省织金县人，1957年7月出生在贵州省毕节县城关区，1974年10月参加工作，大学本科文化，中共党员。

1974年10月至1976年12月在贵州省织金原桂果公社当知青；1976年12月至1979年4月在中国人民解放军原步兵第42师通信营无线电连任报话员、报务员；1979年5月至1981年9月历任原步兵第42师通信营无线电连报话排长、电台台长(副连职台长)；1981年9月至1983年7月在武汉解放军通信学院参谋系学习；1983年7月至1985年12月任步兵第42师司令部通信科见习参谋(副连职)、无线电报务连连长；1985年12月至1986年4月在贵州省毕节县人武部军事科任参谋；1986年4月至1996年4月在贵州省毕节军分区司令部任正连职参谋、副营职参谋、正营职参谋、副团职参谋；1996年4月至2004年9月任贵州省毕节市(县级市，今七星关区，下同)人武部政治委员(其间，1997年8月至1999年10月在中央党校政法专业学习)；2004年9月至2006年10月任贵州省毕节市委常委、市委统战部部长、“两新”党工委书记；2006年10月至2012年2月任毕节市政协主席、党组书记；2012年撤地设市、原毕节市改为七星关区后至2016年4月任七星关区政协主席、党组书记；2016年4月至是年11月，任七星关政协主席。

吴坚1978年10月参加原中国人民解放军陆军第42师军事大比武，荣获无线电报话竞赛个人第一名；1979年2月至3月，参加对越自卫反击战，荣立三等功一次；1981年9月至1983年7月，在武汉解放军通信学院参谋完成班学习，荣获“三好学员”；1988年7月，贵州省军区授予上尉军衔；1990年11月，贵州省军区授予少校军衔；1991年9月，在贵州省毕节军分区因工作成绩突出，荣立三等功一次；1994年11月，贵州省军区授予中校军衔；1996年12月，因工作成绩突出，被解放军总参边信部、动员部评为“全国通信装备普查先进个人”；1998年9月，成都军区授予上校军衔；2001年1月被中共贵州省毕节地委评为“优秀思想政治工作者”；2003年12月，被贵州省委、省政府评为“全省民族团结先进个人”；2003年12月，被成都军区评为“成都军区计划生育模范家庭”；2015年12月，因2012年、2013年、2014年年度考核连续3年评为优秀等次，记三等功一次。10余次被评为优秀党员、优秀党务工作者。

吴　松

吴松，贵州省毕节县（今七星关区）人，1970年10月27日出生于毕节县青场区青场公社青坝大队（今七星关区青场镇青坝村），1991年9月参加工作。研究生文化，中共党员。

1991年9月在毕节地区第二卫生学校从事财务工作；1997年参加全国会计资格考试获得助理会计师资格；1998年4月任学校工会副主席，兼任学生科副科长；1998年9月任毕节第二卫生学校工会副主席，并负责学校财务工作；2002年兼任学生科副科长；2003年4月兼任培训中心主任（其间，1999年10月参加全国经济师资格考试，获得经济师任职资格）；2005年8月至2014年5月在毕节市卫生学校工作；2006年10月任毕节市卫生学校总务科副科长，负责全校财务工作；2010年10月任学校工会副主席、离退休党支部书记；负责全校财务工作；2012年3月任学校新成立的财务科负责人主持财务科工作；2014年1月任学校财务科科长（于2013年12月通过贵州省高级经济师评审委员会评审获得高级经济师任职资格）。2014年6月在毕节医学高等专科学校工作，2015年9月起任学校计划财务处处长（副县）。

吴松在担任毕节医学高等专科学校计划财务处处长期间，积极组织相关处室建立健全学校财务管理制度，为学校从中等职业学校向高等学校转型提供了财务管理制度的保障，全校财务管理工作得到上级主管部门的肯定和认可。

吴长云

吴长云，女，汉族，中共党员，大学本科，经济管理专业。1955年2月生于今贵州毕节七星关区燕子口镇小哨村茶班田村民组。现已退休，家住云南省昆明市呈贡新区浣园。

1975年至1980年，任先进公社半脱产党委副书记，其间，大部分时间在县委农村工作组工作；1980年至1983年，先后担任海子街区红卫公社党委书记、区公所副区长、区委副书记；1983年至1988年在昆明市五金交电化工公司工作，先后任批发部党支部书记、公司党办主任，其间，1985年至1987年在昆明市委党校就读大学专科；1988年至1999年，在昆明市委、市政府接待处工作，先后任副处长、处长，其间，1995年至1999年在云南省委党校就读大学本科；1999年至2004年在昆明市经济协作办公室工作，任副主任，兼任外地驻昆机构管理协会会长；2004年至2010年在昆明市妇联工作，任副主席，兼任昆明市爱心办副主任，同期当选为昆明市政协常务委员。

在贵州毕节和云南昆明工作期间，始终努力学习、积极工作，得到了各级党委政府及有关部门的认可和好评。在毕节工作期间：1975年被评为回乡知识青年先进个人，受到贵州省政府表彰；1977年被评为先进工作者，受到毕节地区行署表彰；在昆明市委党校和云南省委党校就读大学专科和本科期间，曾多次被评为优秀班干部；在昆明市的大型接待活动中，多次受到云南省政府和昆明市政府表彰；在市妇联工作期间，帮助妇女群众排忧解难，受到妇女群众送锦旗鼓励；在担任昆明市政协常务委员期间，被评为先进个人受到市政协表彰。

回顾30多年的工作历程，吴长云说："能够完成党交给的各项任务，取得一定成绩，顺利离岗退休，主要是有党组织和各级领导的关心重视和培养，有家乡父老乡亲的支持和爱戴，有昆明市人民群众的包容、接纳和认可。"

吴长江

吴长江，贵州省毕节县（今七星关区）人，1954年9月1日生于毕节县撒拉溪，1976年加入中国共产党，贵州大学法学院法律专业本科毕业。

1973年9月 至1975年12月，在毕节县沙坝公社中山小学教书，1976年1月至1977年1月，在毕节县杨家湾区撒拉溪公社参加县委工作队进行路线教育，1977年2月至1978年8月，在毕节县沙坝公社任半脱产干部，任党委委员。1978年9月至1980年8月，在毕节师专中文系读书。1980年9月至1983年12月在赫章一中任语文教师。1984年1月至2月任赫章县六曲河区委书记。1984年2月至1985年12月任赫章县青山区委书记。1986年1月至1989年5月任中共赫章县委常委、宣传部部长。1989年6月至8月，任中共赫章县委常委、县委办主任。1989年9月至1991年8月，任中共赫章县委常委、县公安局局长。1991年9月至1992年12月，任赫章县委常委、政法委书记。1993年1月至2006年1月任毕节地区中级人民法院党组成员、纪检组组长。2006年1月至2011年1月，任中级人民法院正县级干部。受到最高人民法院表彰。2011年2月退休。2011年3月至2013年7月在贵州威迪律师事务所任专职律师。2013年8月至今在贵州圣谋律师事务所任专职律师。

吴长华

吴长华，贵州省毕节县（今七星关区）人，1955年7月生于毕节县海子街区五十亩公社（今海子街镇五十亩村）。大专文化，中共党员。

1973年9月参加工作，1976年3月参军，曾任文书、班长、排长、书记、政治指导员、连职干事等职务。1977年9月加入中国共产党，1978年9月转正。1988年6月转业到毕节地委党校工作，曾任教师、科长、纪委书记、机关党委书记等职务，2003年被贵州省委党校高级教师职称评审委员会评为政治经济学系副教授。2015年8月退休。

1993年因为各种现实的原因，吴长华不得不放弃自己的大学梦，毅然决然上山下乡，到生产大队做了一名代课教师。

1996年3月，吴长华应征入伍，踏上了从戎之旅，开启了另一段崭新的征程。三年时光里，他从最初的不适应到逐渐融入，经历了又一次成长的洗礼，更加深刻地认识到了"爱拼才会赢"的真谛。他彻夜练习打靶，从最初脱靶的新兵到全连的神枪手。他也一度废寝忘食练习扔手榴弹，由最初的全班垫底到成为连队的尖子，这些经历培养了他坚毅执着、锲而不舍的性格，这都是部队带给他的收获。到1979年，吴长华是营部文书，随部队调防参加了对越自卫反击战，主要做战前动员和战地报道，撰写新闻稿件十几篇。

经过多番努力，隔年他便考入了南京政治学院，学习深造了两年，并以优异的成绩毕业于南京政治学院政治经济学系。毕业后到昆明军区后勤部军医学校任教。在这一年里，由于表现优异，曾被表彰为优秀政治教员。一年后因昆明军区军医学校撤销，吴长华调回贵州省毕节军分区政治部，于1988年转业到毕节地委党校任教。同年，在毕节军分区的转业干部中，吴长华被推荐到贵州省委党校经济管理系学习。

毕业后，在地委党校工作的28年中，得到了地委领导培养和全校教职员工的支持，在教师专业上从一个教员成长为政治经济学副教授。2001年，他参加了省委党校研究生入学考试并顺利通过；2004年6月毕业，获得研究生毕业文凭。2008年学校升格为副地级单位，经地委考察，把他从副县级干部提任正县级干部，负责市委（地级）党校的党建工作，直至2015年9月退休。

吴长顺

吴长顺（曾用名吴常顺），贵州省毕节县（今七星关区）人，1970年7月出生于贵州省毕节县杨家湾区撒拉溪，1990年8月参加工作，本科文化，中共党员。

1990年8月至1998年2月在原毕节市（县级市，下同）撒拉溪镇中心校任教；1998年3月至2001年11月调原毕节市律师事务所任专职律师；2001年11月通过公务员招录考试调到省国土资源厅执法监察局工作；2011年8月任省国土资源执法监察总队执法二室主任（副处级），2012年8月任省国土资源执法监察总队执法二处副处长，2014年7月起主持执法二处工作。

2004年至2008年参与全省整顿和规范矿产资源开发秩序工作，查办遵义县毛石镇非法开采钼镍矿案（2004年）、晴隆县非法开采黄金案（2008年）等大案，2006年至2009年期间多次执笔起草以省委、省政府名义下发的关于矿产资源执法的重要文件，2009年被国土资源部等10部委评为全国整顿和规范矿产资源开发秩序先进个人，2010年获省国土资源厅记三等功一次。2011年至2013年作为《贵州省矿产资源监督检查条例》主要起草人参与立法全过程，2013年参加国土资源部《国土资源违法案件查处工作规程》的起草。为推动矿产资源执法工作制度化、促进全省矿产资源开发秩序持续好转做出一定贡献。

吴仕华

吴仕华，贵州省毕节县（今七星关区）人，1966年5月16日出生于毕节县吉场区层台公社旧城村，1989年参加工作。研究生学历，中共党员。

吴仕华曾在当地红专小学、层台小学就读小学和初中，在毕节二中就读高中。1985年至1989年，在江西财经大学经济学系学习，获经济学学士学位。天津大学公共管理在职研究生毕业，任贵州省建材标准技术委员会委员。

1989年至1996年，在贵州省统计局工作，历任科员、副主任科员，主要负责工业统计报表、统计方法研究、业务培训、统计分析等工作，研究拟订贵州省工业经济评价考核统计指标体系，参加全国第二次工业普查并获国家统计局先进个人称号。1997年，调到贵州省经济贸易委员会工作，任经济运行处主任科员、副处长，主要承担全省工业经济运行中的生产调度、态势分析，以及煤炭、电力、运输等要素的协调工作。2008年至2009年，任贵州省人民政府节约能源办公室资源综合利用处处长，主要负责落实国家和省政府支持节能减排的有关政策，会同财税部门为“三废”利用企业落实减免税，会同省委政策研究室和省建材设计研究院，完成了《贵州省大宗工业废弃物资源化综合利用报告》的编制工作。2010年，省级机构改革后，任贵州省经济和信息化委员会原材料工业处处长，主要负责原材料工业行业管理、淘汰落后产能、“四个一体化”、行业动态分析等工作。贯彻省委、省政府关于工业强省的战略决定，组织编制了贵州省有色、冶金、化工、建材、黄金行业“十二五”发展规划，拟订促进“煤电铝”“煤电磷”“煤电钢”“煤电化”四个一体化的政策措施；贯彻落实国家产业政策，拟订全省淘汰落后产能政策、措施和年度实施计划，会同环保部门加大对高速公路、铁路视野范围和风景名胜区范围内落后产能的关闭淘汰；执行国家有关行业准入条件，研究出台了贵州省墙体材料行业规范条件；积极化解过剩产能，促进省原材料产业转型升级。2014年10月起任贵州省民营经济发展局(省中小企业局)副局长，主要负责民营经济、中小企业的政策拟订、项目扶持、员工培训、服务体系建设等工作。

吴守飞

吴守飞，贵州省毕节县(今七星关区)人，1947年农历三月十二日生于毕节燕子口云台高家山，大专文化，中共党员。

少年时，吴守飞读过二年私塾。1960年毕业于燕子口中心校。1964年加入中国共产主义青年团，接受“四清”医疗工作队的培训后兼任生产队义务卫生员。是年10月，被选任燕子口公社卫生院赤脚医生，他边读医书边行医，刻苦钻研医疗技术。5年间，他坚持巡回医疗，跋山涉水，走遍千家万户，与同事一道，认真践行毛泽东“把医疗卫生工作重点放到农村去”的指示。在一定程度上改变了当地农村缺医少药的状况，受到乡村广大群众的好评。

1968年1月，应征入伍，参加中国人民解放军，在13军37师111团2营机枪连先后任战士、卫生员、文书。1969年10月加入中国共产党，连续两年被评为成都军区“五好”战士。1970年5月提任排长，1971年11月任连副政治指导员、连党支部委员、共青团支部书记。

1978年10月，转业到毕节地区教育局人秘科工作，1979年10月调毕节地区中级人民法院任代理审判员。1980年5月至1981年11月，先后经贵州省人大常委会任命为毕节地区中级人民法院刑事审判员、刑二庭副庭长。在法院工作期间，认真学法，刻苦钻研，不耻下问，不徇情枉法，5年间，他审结了二审复查申诉案200余件，为上级要求审案任务数的二倍以上。他正确实施法律，依法直接或间接地改判和纠正了一批错捕、错判的冤假错案。

1984年3月至2001年，调任毕节地区教育局秘书科副科长、科长及办公室主任等职。17年间，他认真履行工作职责，工作卓有成效。其间，兼任《贵州教育报》驻毕节地区教育局通讯组组长、通讯员、特约记者，《毕节日报》《贵州日报》通讯员，《中国民族教育报》记者，省教育厅(委)、行署信息员，中国移动公司毕节分公司行风监督员和毕节地区消费者协会第二、三届理事兼秘书长，毕节地区诗词楹联学会常务理事、副秘书长、副会长，中国教育史研究会第二届常务理事等社会职务。

1990年至2001年，他负责的全地区教育宣传通讯工作，连续11年获贵州省教育厅(委)先进集体称号，各年度分别获全省教育宣传工作前三名。他经常深入县、乡基层学校调查研究，采写教育新闻百余篇，分别在省、地报刊上发表，其中《烤烟卖外区，孩子受株连》一文获《贵州日报》头条新闻三等奖，全国教育新闻三等奖，文章被收录《贵州日报(足迹)》一书出版。他参编了全省《跨世纪贵州教育》《贵州教育画册》。

2001年9月，被任命为毕节地区教育局助理调研员，同时还任毕节地区教育局关工委副主任兼秘书长，毕节地区诗词楹联学会常务理事、副秘书长。协助局长分管教育、社会治安综合治理、禁毒、反邪、消防、普法、诗教等相关工作，成效显著。2003年至2005年，在中共贵州省委党校毕节地委党校教学点攻读法律大专文凭毕业，被评为“五好”学员，圆了大学梦。2005年至2006年，他带领地委、行署指派的计生、禁毒工作队赴赫章罗州乡、纳雍老凹坝乡开展计生、禁毒工作。由于措施有力，帮扶力度大，工作卓有成效，两个乡工作由全县挂末位置跃居前列，受到地县领导的赞扬。参与全地区开展的诗词进校园工作和三次大、中、小学生诗词竞赛，均获得好成绩，在全省排名前列。

在参加工作43年间，吴守飞干一行钻一行，不断学习充电，奋力拼搏，自强不息，扎实工作，先后获全国、省、地各项先进工作奖励30余次，两次被评为优秀共产党员，三年获优秀公务员称号。在地区教育局工作的24年间，积极协助配合三届局领导为宣传毕节，推动毕节试验区各级各类教育实现历史性新跨越、迈上新台阶，做出了积极贡献。

吴安华

吴安华，贵州省毕节县（今七星关区）人，1937年出生于毕节海子街沙邵，大专文化，中共党员。

1956年应征入伍，在中国人民解放军49师146团任战士、班长，曾被评为“五好”战士。1960年1月转业到省公安厅四处警卫中队任小队副队长，警卫省委领导和中央来黔领导。1964年10月调省委办公厅秘书处从事机要工作。1978年任副主任科员，1984年任正科级，1990年任副处级。曾先后被中央办公厅、省委办公厅评为优秀机要工作人员、优秀共产党员。

吴兴华

吴兴华，贵州省毕节县（今七星关区）人，1930年农历九月十九日出生于毕节县海子街前所，高中文化，中共党员。

解放前在毕节读书，1949年12月考入毕节专区革命干部学校第一期学习，1950年毕业后分配在毕节县二区任青年干事。是年6月调毕节专区公安训练班学习，结业后于同年8月分配到赫章县公安局任工作员、秘书股股长。1952年加入中国共产党。1953年在中共贵州省委党校学习4个月，学习完成后在中共赫章县委宣传部任理论教员。1956年任中共赫章县委宣传部副部长、县委委员（副县级），1956年任中共毕节地委党校副校长、党委副书记（正县级）。1987年11月任毕节地区老年大学专职副校长。1991年11月退休，工龄43年。在毕节地委党校工作32年，负责主持教学研究工作，在长期培训和轮训干部中，每期都担负一定的授课任务，为党校教育做了一定的贡献。晚年从事老年教育工作，成绩显著，曾获得上级领导机关的表彰。

吴应杰

吴应杰（1928—2006），贵州省毕节县（今七星关区）人，从小在家乡读书，1948年10月考入贵州大学工学院学习，是年12月参加中国共产党。

1948年12月，在白色恐怖之中，吴应杰在贵工接受地下党组织派遣，前往关岭、郎岱等地进行革命活动，并参与郎岱地区的革命暴动。其后，按地下党组织的指示，他转移到毕节等地继续开展革命活动直到解放。1949年12月至1950年1月在毕节地区革命干校第一期学习，任区队长。1950年1月至5月在共青团毕节地方工作委员会工作，同年5月至9月任共青团毕节县工作委员会副书记。1951年2月在头步桥工作组任组长，随之到西南团校学习。1951年7月至8月在共青团贵州省工作委员会工作。1951年8月至1952年10月任共青团毕节地方工作委员会委员。其间，于1952年8月至10月参加全省中学教师进修班学习，任第四部第四班班主任。从1952年11月起，先后任威宁自治县石门坎民族中学副校长、威宁自治县民族师范学校副校长和威宁自治县民族中学副校长、党支部书记。“文化大革命”中，被错划为“走资派”“反革命”，多次受到错误批斗。1970年12月平反后任威宁自治县民族中学、威宁二中教改组负责人、革委会副主任。1973年8月任威宁自治县民族中学革委会副主任、校长、党支部书记。1978年8月调任贵阳师范学院毕节大专班党支部书记，1979年9月改任党委书记、代理校长。1984年6月任毕节师范高等专科学校党委书记，1989年11月任顾问，离职休养。

吴应杰投身革命几十年，不论是在新中国成立前错综复杂的斗争环境之中，还是在社会主义建设时期，也不论岗位与职务如何变换，他都始终遵循党的教导，为党和人民积极工作。在参加中共地下党组织的郎岱暴动中，他不顾生命安危，积极发动群众，组织武装力量，为暴动做了大量的准备工作。中华人民共和国成立后，他服从组织安排，进修学习，做青年工作期间尽心尽力、尽职尽责，不断提高自身的政治素质和业务水平。在威宁自治县从事中学教育教学工作期间，认真贯彻执行党的教育方针，坚持社会主义办学方向，为威宁自治县的教育事业做出突出贡献，受到人民群众的高度赞扬。1978年8月调贵阳师范学院毕节大专班工作后，结合区情、校情，贯彻落实上级党委、政府的指示，始终把师生的利益放在首位，深受师生的拥护和爱戴。为加快学校建设和发展，他提出了可行的办学思路，加强班子建设，大胆起用优秀知识分子和年轻干部，带领全体教职员工励精图治，艰苦奋斗，为毕节师专后来的发展奠定了良好基础。

吴应杰在离休之前的42年革命生涯中，在大是大非面前，旗帜鲜明，始终与党中央保持一致。在“文革”中，虽受到不公正待遇，但他始终保持革命气节。在几十年的工作中，无论工作条件多么艰苦，他毫无怨言，一向服从组织分配，干一行、爱一行。在多年的领导工作中，他始终保持艰苦奋斗、清正廉洁的作风。离休后，仍继续学习，关心国家大事，关心毕节学院的筹建和发展，关心下一代的健康成长。积极宣传党的方针政策，把党的宗旨贯穿在生活和行动中，发挥余热，保持晚节，发挥了共产党员的先锋模范作用。他是毕节籍有理想、有作为的早年参加革命工作的青年之一。

于2006年逝世，享年78岁。

吴学军

吴学军，彝族，贵州省毕节市七星关区人，1963年4月27日出生于今毕节市七星关区朱昌镇哈啷村，1981年12月参加工作，1984年11月加入中国共产党，中央党校大学学历，现任毕节市人大常委会党组成员、副主任。

1981年12月至1983年3月，在贵州省毕节县委党校公社干部培训班学习；1983年3月至1984年6月，在贵州省毕节县清水铺区高山乡当工作员；1984年6月至1987年5月，任贵州省毕节县清水铺区高山乡乡长；1987年5月至1988年2月，任贵州省毕节县清水铺区生机乡党委委员、乡长（其间，1985年9月至1987年7月，在贵州省毕节地委党校党政管理专业学习）；1988年2月至1992年1月，任贵州省毕节县清水铺区委副书记、区长；1992年1月至1993年1月，任贵州省毕节县岔河镇党委书记；1993年1月至1995年12月，任贵州省毕节县鸭池镇党委书记；1995年12月至1998年3月，任贵州省毕节市（县级）林业局局长、党组书记（其间，1994年8月至1996年12月，在中央党校党政管理专业学习）；1998年3月至1998年12月，任贵州省毕节市（县级）副市长、林业局局长；1998年12月至2002年12月，任贵州省毕节市（县级）副市长（其间，2000年3月至2001年3月，挂任贵州省水电厅防汛办主任助理）；2002年12月至2006年6月，任贵州省毕节市（县级）委副书记（其间，2001年9月至2003年12月，在清华大学研究生课程进修班马克思理论与思想政治教育专业学习）；2006年6月至2007年1月，任贵州省威宁县委副书记、代理县长；2007年1月至2009年6月，任贵州省威宁县委副书记、县长；2009年6月至2010年1月，任贵州省毕节地委组织部正县级干部；2010年1月至2010年9月，任贵州省毕节地区民族和宗教事务委员会副主任（保留正县级）；2010年9月至2012年3 月，任贵州省毕节地委统战部副部长，地区民族和宗教事务委员会主任；2012年3月至2012年9月，任贵州省毕节市委统战部副部长，市民族和宗教事务委员会主任；2012年9月至2015年12月，任贵州省毕节市扶贫开发办公室党组书记、主任。

吴学良

吴学良，贵州省毕节县（今七星关区）人，1931年4月10日出生于大方县城关。中学文化，中共党员。

1936年，当中国工农红军二、六军团长征路过大方时，其父参加红军打土豪劣绅，求翻身解放。红军离开时，父亲要随红军远走，被祖父拒之未成。年余，其父被捕入狱半年逝世，一家人靠母亲变卖家产度日。吴学良从小勤奋好学，思想进步，读过艾思奇的书，虽家庭贫困，不断失学，但还是在1949年初中毕业。

毕节解放后，于1949年12月25日参加毕节地区第一期干校学习，于1950年5月在干校加入中国共产主义青年团，同年6月结业，被分在毕节专署建设科工作，任电台机要译电员。1952年10月1日加入中国共产党。从参加工作到2002年退休，在地委机关工作44年。

在工作中，他勤奋好学，认真学习马列主义、毛泽东思想和其他政治理论，具有一定的理论知识。于1952年调任地直机关政治学校教员。1956年调地委宣传部，先后任理论教研室副主任、主任和宣传部副部长、地委讲师团团长等职。1985年调任地委党校校长、党委书记，被评为副教授。

吴学良长期从事政治理论教育工作。先后在地直机关讲授联共（布）简史、《共产党宣言》《实践论》《矛盾论》《邓小平文选》《陈云文选》《党章》《宪法》等著作和党规国法，开办“坚持四项基本原则”“彻底否定无产阶级文化大革命”“贵州四清”“实践是检验真理的唯一标准”等专题讲座。其间，曾借调地委搞审干和外调工作。随后多次抽调参加党的中心工作，曾先后任金沙县“大跃进”检查团团长，金沙县农业学大寨工作团党委书记。1980年，任地委工作组组长，在赫章县开展组建和恢复县人大常委会和直选县长的试点工作。1981年，在推行家庭联产承包责任制中，任金沙县工作组组长。

1985年，调地委党校工作，任副校长。任职期间，先后培养了2000名大专文凭和数百名中专文凭的毕业生，为各条战线输送了工作骨干，受到各级党政领导的肯定。

在44年的工作中，吴学良不争名，不争利，尽职尽责。他曾三次把自己该得的工资让给家庭负担重的同事。1986年，时逢党校搬迁，修建费高达600万元，他坚持原则，拒收数十万元的巨额贿赂，表现了他的高贵品质。他终身从事理论教育工作，系荣誉于一身，多次被评为优秀共产党员、贵州省民族团结先进集体代表。被选为毕节县第十一、第十二届人民代表大会代表和中共贵州省第六次党代表大会代表。

退休后，继续发挥余热，积极参加民间传统血缘文化的搜集整理工作。倡导爱国、爱乡、爱族、爱家、爱己“五爱”思想，鼓励族人共同建设家乡，振兴中华。

吴学相

吴学相，贵州毕节县（今七星关区）人，1971年11月出生于贵州省毕节县（现七星关区）海子街镇（现碧海办事处）柏杨林，1992年8月参加工作。大学本科学历，中共党员。

1992年8月至2010年7月在毕节地区老年大学工作，先后任教务办公室副主任，办公室副主任、主任（其间：2000年7月至10月省委组织部抽派到铜仁地区江口县从事“三讲”教育巡视工作；2005年9月至2006年8月地委组织部抽借到地委先进性教育活动领导小组办公室综合组从事先进性教育工作；2007年4月至10月地委抽派到黔西县从事巡查试点工作；2009年9月至2010年7月地委抽借到毕节威宁试点办公室综合组工作）；2010年9月至2015年11月任中共毕节地委离退休干部工作局副局长兼毕节地区铁路开发建设投资有限公司副总经理；2015年10月任毕节市交通建设集团有限责任公司党委委员、监事会主席兼毕节市公众交通服务有限公司执行董事、总经理。

吴学相在毕节地区老年大学工作期间，始终兢兢业业、勤奋敬业，连续多次被评为市直优秀共产党员和年度优秀，并多次被组织抽借从事党委、政府的中心工作，积累了宝贵的经验、知识、能力、素养，所工作过的地方均获得组织和单位的认可，于2005年9月荣获“全省老年教育先进个人”荣誉称号。

在担任地委离退休干部工作局副局长、地区铁路开发建设投资有限公司副总经理兼毕节地区（后改为市）铁路建设指挥部办公室副主任以来，主要从事铁路建设，参与并见证了毕节市近年来铁路项目规划建设工作，先后分管铁路项目的争取、征地拆迁，在建项目的协调等工作。工作中跑国家和省直行业主管部门，深入市内规划、拟建、在建铁路的每一个角落，积累了非常宝贵的铁路项目建设经验，并与各涉建单位建立起了良好的工作人脉关系，其工作成绩受到上级业务主管部门和工作单位的一致好评。

2015年10月，市委为整合资源，全力加强大交通建设，将毕节市铁路开发建设投资有限公司和毕节市高速公路开发总公司整合为毕节市交通建设集团有限责任公司，其被任命为集团公司党委委员、监事会主席兼毕节市公众交通服务有限公司执行董事、总经理。面对新起点、新征程，他不辱使命，勤奋敬业、踏实工作，为全市大交通建设再立新功、再做贡献、再创佳绩。

吴学贵

吴学贵，贵州省毕节县（今七星关区）人，1950年农历正月初三生于毕节县海子街区陈家院丫口上。1968年12月参加工作，大学文化，中共党员。

1966年，吴学贵考入贵州省护士专科学校，由于受“文化大革命”的干扰，不能继续完成中专学业，于1968年12月响应国家号召，应征入伍到昆明军区第108兵站运输2队当战士，因表现突出和具有一定的理论素养，1970年1月从战士提任连队文书，1970年10月4日加入中国共产党，1970年11月经过极其严格的政治审查和文化考核，被选拔到师机要集训队学习，1972年2月被正式任命为团机要股参谋。

1972年3月起，根据援老(老挝)筑路的需要，长期在驻老挝部队担任机要参谋、机要组长，在敌情十分复杂、任务极其繁重的情况下，圆满完成了部队的通讯保障任务，多次受到中国人民解放军总参谋部、昆明军区、昆明军区后勤部的书面通令嘉奖，荣立三等功一次。1973年10月根据援老抗美斗争的需要，上级命令他担任108兵站运输一连副指导员，带领连队在老挝执行后勤运输保障任务。任务圆满完成后，于1974年1月调回团机要科任参谋，同年4月至10月又到越南老街省中国援越抗美部队任机要参谋，1975年1月回归原部队，并继续到老挝执行通讯保障任务，直至部队回撤归建。

1978年4月，受昆明军区派遣，到贵州省安排第二批军队转业干部，后因国际形势发生变化，1978年10月提前归队，1978年12月，根据对越自卫反击战的需要，担任昆明军区二兵站机要科科长，后因斗争形势变化，回归原部队并于1979年4月任团机要股股长。1979年5月再次受昆明军区派遣，赴贵州省安置移交第三批军队转业干部。1981年7月调任昆明陆军学院遵义后勤训练大队二中队任政治教导员。1985年12月提任成都军区修文农场政治处主任并主持全场党务、政治工作。1988年授予中校军衔。从1987年3月起被中共贵州省安顺地委任命为中共修文县委常委，为成都军区修文农场和修文县的政治、军事建设和经济发展做出了应有的贡献。

1991年8月，由于与家属小孩长期两地分居，经多次向成都军区请求，被批准转业并分配到贵州省土地管理局任处级专职纪检员，1992年4月起任贵州省土地管理局直属机关党委副书记，1995年12月任贵州省国土厅土地监督检查处处长，2000年4月任贵州省国土资源执法监察总队队长兼贵州省国土资源厅执法监察局局长，2000年12月任中共贵州省国土资源厅党组成员兼直属机关党委书记，2011年1月任贵州省国土资源厅正厅级巡视员，2011年5月24日经中共贵州省委批准退休。

2011年6月起至2014年年底，中共贵州省委根据组织和党建工作需要，先后多次抽调吴学贵担任省委考核组组长、省委群众路线教育实践活动督导组组长，赴全省各地、州、市检查、督导工作，圆满完成了任务，多次受到省委、省委组织部主要领导的表扬。

吴学香

吴学香，贵州省毕节县（今金海湖新区）人，1940年生于毕节小坝官坝村。1964年参加工作，中共党员，大学文化。历任省、地委组织部工作员，中共毕节地委组织部副科长、副部长；毕节地区劳动人事局局长、党组书记；中共毕节地委委员、地纪委书记、省纪委委员；地委委员、行署常务副专员、党组副书记；地委副书记、行署专员、党组书记；地区人大工委主任、党组书记等职。

吴学香不满10岁时，父亲因病撒手人寰，生活的重任全部压在母亲肩上。他充满着读书求学的憧憬。母亲理解儿子心思，终于在1952年春季学期，让11岁的吴学香背起书包，走进了小学三年级教室。初中毕业后，考入毕节一中。他在中学入了团，高中毕业填报大学志愿时，报了贵州农学院。大学毕业时，要求到毕节地区农业局工作，一心想为改变家乡农业落后状况做贡献。但愿望没有实现，原因是省里从大学毕业生中选拔优秀人才作为接班人培养，他被选上了。1964年秋，大学毕业被分配到省委组织部工作，他作为省委组织部工作员参加了"四清"工作队，参与了黔南、遵义、贵阳等地的农村"四清"运动，入了党。"文革"开始后的1968年，不愿参与派性斗争的吴学香在贵阳无事可做，要求调回毕节，领导同意了他的要求，于是他回到家乡，进入毕节地委组织部，担任工作员，1982年任组织科副科长。

吴学香是中共贵州省第七届、第八届、第九届党代会代表，贵州省九届人大代表和全国九届人大代表。

他从事组织工作、劳动人事工作多年，为全区的领导班子建设、干部队伍建设、人才队伍建设、党的组织建设，尤其是基层组织建设，勤勤恳恳，努力工作，做出了积极的贡献。在主持地区纪委工作期间，自觉地服从大局、服务大局，认真开展反腐败工作，促进了党风党纪的进一步好转，受到了省委、地委的肯定和好评。

在毕节地区行署工作时，作为分管"两烟"生产的常务副专员，他紧紧抓住调动烟农积极性这一中心，深入基层和农户，按地委行署的部署，提出了具体的工作思路和措施，带领各级干部共同努力，使全区烤烟生产走出了低谷，到1997年发展到高峰。在卷烟生产上，他不仅经常到烟厂调研，听取卷烟生产和市场的情况汇报，而且亲自到卷烟销区了解情况，协调关系，为稳定全区卷烟市场花了不少心血。

为改变全区财源结构单一的局面，带领行署"一班人"狠抓畜牧业、乡镇企业和非公有制经济的发展，争取国家加大对全区矿产资源的开发力度，加快全区小城镇建设和旧城改造步伐，提升毕节城作为全区政治、经济、文化的中心地位，提出了“建设新区，改造老城，治理倒天河”的思路和决策。同时，行署决定从1998年开始，地区财政每年给毕节市拨款2000万元，用于倒天河的治理。仅两年的时间，第一期工程到五龙桥段就基本治理完，其拨款持续了多年未变。最值得一提的是，在如何抓好煤炭资源的开发利用上，吴学香经过深入调查研究，主持制定和出台了一系列政策措施，从1998年开始，使煤炭产业成为全区的又一支柱财源，1999年完成了各种税费一亿多元。为早日改变全区落后面貌，他带领行署“一班人”和全区各级领导狠抓重点工程项目上马。亲自跑项目，抓落实。全区重点项目继贵毕路、内昆铁路开工建设和金沙电厂一期工程、纳雍火电厂、黔西火电厂、洪家渡电站、隆百铁路等重点项目的争取工作也紧锣密鼓地进行，取得了明显的效果。他还经常深入贫困乡村和贫困户家中，了解生产生活情况，深入危困企业，了解企业的情况，在调查了解的基础上，制定措施，使全区扶贫工作和国有企业改革工作有了明显的进步。到1999年，全区贫困人口从1996年的160万人下降到90万人，大方、织金、纳雍、威宁等四个贫困县相继越过温饱线；列入1999年考核的455户国有企业中，已实施改革、改制的282户，同比增加3个百分点。

2000年3月，吴学香就任地区人大工委主任后，主要做好以下几方面工作：一是加强学习，抓好队伍建设。二是认真履行宪法和法律赋予的职责，主要监督好“一府两院”，搞好重大事项审议，参与重大事项的决策。三是搞好法律法规的宣传，不断探索法制建设的新路子。四是切实做好代表工作，密切同人民群众的联系。首先建立主任、副主任与工委委员联系、与驻毕节地区各县（市）省人大代表联系制度，每年到县（市）联系并看望代表一次，对驻毕节地区的省人大代表进行了集中培训；组织代表联系选民，并向选民述职，接受选民评议；指导县（市）、乡（镇）人大常委会、人大主席团开展活动；加强地、县（市）人大上下联系，一年一次的全区人大工作会议，均形成制度。2003年还组织召开了十省(区)十八地（市）人大工作联席会，派员参加了湖南省郴州市人大举行的十四省（区）三十一地（盟、市）人大工作联席会议，交流和探索做好新时期人大工作的方法。

在领导岗位上，他十分注重政治理论学习，使自己的思想不断跟上时代前进的步伐。长期以来，把学习与毕节试验区的改革、发展和建设的实践结合起来。一是积极参加地委中心学习组的学习讨论，撰写学习心得体会；二是认真自学研读马列主义、毛泽东思想和邓小平理论原著以及国际国内时事政治、中共党史、中国科技发展史、人大工作的业务知识和领导干部必读的14本书籍；三是参加省委举办的地厅级干部学习“三个代表”重要思想研修班学习；四是参加全国人大在上海举办的西部地区人大常委会主任培训学习。通过不同形式、不同层次、不同方式的学习，使他对党在新时期的路线、方针、政策有了进一步的理解和认识，对当前国际国内的新形势有了清醒的认识，对立党为公、执政为民的信念更加坚定，对思想作风和道德修养进一步增强，工作更有信心。

在工作中，时时处处坚持讲党性、讲原则、讲纪律、讲团结、讲大局。廉洁奉公、勤政为民，从不计较个人得失，以党和人民群众的利益为重。一是自觉服从和尊重地委的领导，支持地委主要领导的工作，树立地委的权威，维护地委的团结。凡属重大事项都要向地委主要领导请示汇报。二是认真贯彻党的民主集中制原则，坚持重大事项的决定都经工委主任会议集体研究，一般问题的处理，坚持公开透明、互相通气。三是深入基层调查研究。力求工作要求符合客观实际，以解决问题为目的。四是注意处理好人大工委与“一署两院”和各部门的关系，把工作监督视为支持工作，不失职、不越权、不包揽。

2005年年初，离开领导工作岗位，办了退休手续。他牢记“我是党员”，退休了不当领导，做群众；不当干部，做百姓。但要记住“我是党员”，他把退休了保持共产党员先进性，作为走好退休人生之路的先决条件。

他退而不休，身影经常活跃在“夕阳红”队伍中，抓了许多“白发工程”——出任地区开发研究促进会会长，组织老同志为全区经济社会发展尽绵薄之力；出任毕节地区老年大学名誉校长，为老年教育事业添砖加瓦；出任毕节地区老年体协副主席、主席，为全区老年人“老有所乐，老有所为，老有所养”出谋献计；出任毕节地区关心下一代工作委员会顾问，为培养有理想、有道德、有文化、有纪律的接班人发挥余热；出任毕节地区诗词楹联学会、乌蒙诗社名誉会(社)长，挥毫泼墨，为振兴民族传统文化鼓与呼；他总不失共产党员的本色，让党旗更加鲜艳！

吴明泽

吴明泽（1929—2005），贵州省毕节县（今七星关区）人，1929年生于毕节海子街王张大地院子，中共党员。

1950年1月，参加毕节地区革命干部学校第一期学习，是年3月，转入毕节县公安干部训练班。1951年，在毕节县长春区任公安助理员。1952年，加入中国共产党。1953年，调毕节县公安局任政保股侦察员。1954年，调毕节地区公安处政保科任侦察员。

在任公安处侦察员期间，奉命到某医院侦查一起敌特案件。在工作中，他以院秘书身份如期完成任务，受到了表彰。在任期间，经常追捕逃犯而孤身深入，在毕节地县公安机关颇有名气。1956年3月，印度尼西亚反华、排华，大批华侨被迫回国。国民党敌特机关派遣一批特务，混入华侨回国之列搞破坏活动。国家公安部组织抽调有工作能力的干警组成工作组到广州接待华侨，侦察、清理敌特。吴明泽为贵州工作组成员，赶赴广州执行任务。其间，按规定完成任务，受到国家公安部表彰。1959年又一次返回广州处理善后事宜，出色地完成任务，受到省公安厅、中共毕节地委表彰。

1961年，调任金沙县公安局政保股股长，次年提任公安局副局长。在此工作期间，经常深入农村、城镇做基层敌情调查，掌握第一手材料，制定保一方平安的措施，做了大量卓有成效的工作，受到县委、县政府的表扬。1981年7月，提任金沙县人民检察院党组书记、当选为检察长。在职期间，认真履行检察机关职能，在反腐倡廉上做了大量工作，查处了一批腐败大案，纯洁了干部队伍，深得人心。《贵州日报》曾于1983年以《清政严明的检察官》为题，报道了吴明泽的事迹。

1989年1月，奉派到中央政法学院学习。其间，社会上刮起了一股资产阶级自由化歪风。他立场坚定，和党中央保持一致，时常向金沙县检察院通信，要求全院干警紧跟党中央，不准越轨而行，对党和人民忠心无二，体现了共产党员的高贵品质。

吴明泽参加革命工作几十年，除由组织分配福利住房50余平方米以外，别无其他。一生勤政爱民，廉洁奉公，人们称他为“两袖清风、一心为民”的好检察官。

于2005年逝世，享年76岁。中共金沙县委、县人民政府在其生平简介中充分肯定了他为党为人民立下的功绩，称为革命的“老黄牛”。

吴贤耀

吴贤耀，贵州省毕节县（今七星关区）人。彝族，1970年11月出生于贵州毕节县。1993年10月参加工作，在职研究生（中国人民大学公共管理学院），1995年6月加入中国共产党。

1993年10月至1994年4月，吴贤耀在毕节市（县级，下同）清毕路办事处工作；1994年4月至1995年4月在毕节市大新桥办事处工作，任办公室秘书、团委书记。

1995年4月至1998年11月在毕节市委组织部工作，先后任正股级组织员、办公室副主任、主任；1998年11月至2000年11月任毕节市阴底彝族苗族白族乡党委副书记、乡长；2000年11月至2001年11月先后任毕节市千溪彝族苗族白族乡党委副书记、乡长、党委书记；2001年11月至2004年12月任毕节市田坝桥镇党委书记；2005年1月至2007年1月任毕节市委正科级组织员、组织部副部长；2007年1月至2011年4月任毕节市政协副主席。

2011年5月至2014年2月任七星关区委常委、区委统战部部长；2014年2月至2015年12月任七星关区委常委、区委办公室主任、区委宣传部部长。

吴贤耀在区委办公室工作期间，主要做好以下几方面工作：一是立足推进决策抓调研。本着发现新情况、解决新问题、总结新经验、探索新路子，选择领导关注的焦点和群众反映的热点开展调研，围绕七星关区经济社会的发展形成调研报告6篇。二是立足政令畅通抓信息。完成各类上报信息380余期，下发《七星关区信息》12期、增刊1期，印发《今日重要网络舆情》28期，办理《人民网地方领导留言版》网民留言16件。三是立足综合协调抓办文办会。严把起草关、审核关、收发关，共发文920件，共组织撰写汇报材料、领导讲话、文类文件等560篇，办理各类传真624份，办理大小会务632次。四是立足问效落实抓督察。完成《督促检查报告》50期、《督促检查专报》17期、《督察与调研》4期，按时完成领导指示督办件的办理和上报共15件。五是立足防范教育抓保密。开展保密培训宣传13次1400余人，全年未出现失、泄密事件。六是立足安全畅通抓机要。共收发电报1700余份，确保各级党政机关指示政令安全畅通，建成开通市到七星关区10M电子政务内网骨干传输网。七是立足扶贫济困抓帮扶。积极开展精准扶贫、“一市五金多套餐”等活动。八是立足发展抓民族宗教。严厉打击非法滥建宗教活动场所和非法宗教读物，推动民族地区经济社会快速发展。

在区委宣传部工作期间，主要开展以学习宣传贯彻习近平总书记系列重要讲话精神，深入开展中国特色社会主义和“中国梦”宣传教育为主线。着力抓好理论武装工作，撰写理论文章20余篇，出版刊物《齐星论坛》，刊登理论文章55篇。向省委宣传部、市委宣传部报送信息700余期，其中被中宣部综合采用2期。以同步建成小康社会、营造良好社会舆论氛围为目标，着力提高舆论引导水平。加强对外宣传力度。编辑《毕节晚报》140余期，在《人民日报》《光明日报》等中央媒体上刊发（播）稿件23条，新华每日电讯1条，在《贵州日报》、贵州电视台等省内主要新闻媒体刊发（播）46条。组织协调中央、省主流媒体记者采访20余次，积极配合中宣部、省、市关于进一步挖掘阿里木先进事迹，协调接待多家主流媒体深入七星关区进行采访报道。协调对接央视中文国际频道《走遍中国》栏目拍摄的七星关区专题纪录片《百岁老人的饮食秘密》《千年苗寨探族员》于7月23日、7月27日播出。协调配合央视科教频道《地理中国》摄制组在七星关区拍摄制作科教纪录片《“天眼”奥秘·吞天陷阱》，于5月8日播出。今年5月份，建立了“微七星关”微信公众平台和《七星关区手机报》，目前，微七星关有微信好友2万余人，共发布信息180余期、800余条消息，稿件平均阅读人数达6000人，最高人数达1.5万余人，总阅读量达300万人次。制作《七星关区手机报》并向全区副科级以上的领导干部免费发送。不断加强新闻发布管理和突发事件新闻信息应急管理。加强新闻发言人队伍，完善新闻发言人制度，进一步建立健全新闻发布审批备案机制、舆情收集分析研判机制、重要信息通报核实机制、新闻发布效果评估机制等新闻发布工作机制。以精神文明建设为抓手，注重社会主义核心价值观宣传教育。区级媒体刊播“图说我们的价值观”公益广告。在主城区重点打造一个主题公园、一个主题广场、一所主题学校、两个主题社区、三条主题街道和四个主题窗口六类主题宣传阵地。开展有关精神文明建设教育活动及“道德讲堂我来讲”演讲比赛等活动。强力推进“多彩贵州文明行动”、文明城市创建和农村综合环境卫生整治工作。制定出台“五子登科”考核机制。积极开展“十大文明和十大不文明抓拍有奖大赛”，加强城市环卫设施建设。深入推进“四在农家·美丽乡村”建设，创建点138个，重点创建点14个。申报建设4所乡村学校少年宫。坚定不移地推进文化改革发展，大力发展公益性文化事业和经营性文化产业。七星关区上报区项目库共计3个项目，入库项目名称为毕节国家森林公园白马山景区建设项目、野角乡溶洞开发项目、天河景区北镇关佛教文化项目。目前，七星关区入库项目14个。开展各种文艺活动惠民工作。结合市、区“三下乡”活动，开展“送春联下乡”活动，组织区书法家协会会员义务书写春联等，为七星关区经济、社会、文化发展做出了卓越贡献。

吴晓君

吴晓君，贵州毕节（今七星关区）人，生于1963年11月，1984年毕业于贵州财经学院工业经济专业。1992年加入中国共产党。

历任毕节地区计划委员会综合科科员，毕节地区计划局铁路建设办公室副主任、主任，毕节地区铁路（机场）建设办公室副主任、主任，毕节市发展和改革委党组成员、副主任、铁路（机场）建设办公主任，毕节飞雄机场有限责任公司总经理等职。现任毕节飞雄机场有限责任公司党委书记、董事长。

参加工作以来，从事过计划委员会的计划指导工作，在基层挂职锻炼两年（1998年—2000年挂任贵州省纳雍县猪场乡党委副书记、科技副乡长）。工作期间，先后在毕节行署（市政府）的计划、发改部门工作，后期全程参加了地区铁路建设前期工作和机场建设前期工作，为毕节的铁路运输建设和航空运输建设付出了艰辛的努力。

在其推动和参与下，毕节的黄桶铁路、毕织铁路、成贵高铁等项目得以顺利推进，并逐步进入实施阶段。

2007年，毕节地委、行署重启机场建设以来，其工作重点转移至机场项目建设，并一直参与和领导机场项目工作。经过不懈努力，当年成都军区空军司令部就正式同意贵州省新建毕节民用机场。次年，中国民航局同意毕节机场场址定在大方县响水乡飞雄村。在其带领下，经过地区铁路机场办两年的不懈努力，2009年，国务院和中央军委正式批复同意毕节机场立项建设。

机场建设项目正式启动后，毕节地区成立了毕节飞雄机场有限责任公司，负责机场的建设和运营管理工作，吴晓君历任总经理、董事长职务。其间，带领机场公司员工，抢晴天、战雨天，五加二、白加黑，努力推动毕节机场建设工作。终于在2013年6月16日正式通航，迎来了从首都北京飞往毕节的首架民航客机。结束了毕节地区没有航空运输的历史，圆了毕节人民千百年的飞天梦。

在吴晓君的不懈努力下，毕节机场正式开工建设25个月即正式通航使用，创造了国内高海拔、多雨凝冻地区同类机场建设的最快速度。

毕节机场建成通航，是毕节试验区交通格局的一次历史性突破，得到了各级领导的关心和支持，时任贵州省委书记的赵克志和时任省长的陈敏尔专门发了贺信祝贺毕节机场通航。

吴晓君为毕节机场的建设和发展，付出了艰苦卓绝的努力。在其带领下，毕节机场发展迅速，运营效率快速提升，一年一个跨越。通航4年，年旅客运输量突破100万人次，超越了普通机场十几年甚至更长的成长历程。

在毕节试验区建设即将迎来30周年之际，吴晓君将继续带领毕节机场助力试验区的经济社会建设、招商引资、精准扶贫和跨越发展，为试验区插上腾飞的翅膀。

吴绪淑

吴绪淑，贵州省毕节县（今七星关区）人，女，1957年6月生于毕节县海子街区王张公社，大专文化，中共党员。

吴绪淑从学校毕业后，被分配在毕节县海子街王张小学任教，后在王张公社工作。1981年被推荐到毕节县委党校学习，1983年毕业，分在毕节县中屯公社管委会工作，任副主任。1984年调云南省昭通市计生委工作，任人事纪检股股长，后调昭通地委组织部工作，任组织科副科长、干部二科科长。2001年任昭通市妇联副主席。2012年退休，定居在云南省昭通市。

吴清融

吴清融（1924—），贵州省毕节县（今七星关区）人，1924年2月生于毕节海子街前所，大学文化程度，中共党员。

吴清融1945年从毕节一中考入浙江大学历史系就读。在校期间积极参加学生运动，被选为浙大学生会宣传部部长。1948年加入中国共产党，1949年5月参加革命。

1949年4月至1952年7月，任中共杭州市青年干部训练班工作员，是西南服务团成员；随二野大军西进贵州后，先后任毕节青年俱乐部主任，毕节县新张乡乡长，六区副区长，九区副区长，中共毕节县委宣传部干事，毕节地委组织部干事，中共威宁县委宣传部干事，威宁县城关区工作队队长。1952年8月至1958年8月，任黔西中学校长、党支部书记。1958年8月至1978年期间受到不公正待遇，“文革”中又受冲击。恢复工作后，任黔西谷里中学教师。1979年1月至1988年，任毕节师范专科学校党委委员，第一副校长。1989年至1998年离休后仍兼课，并任师专离退休干部党支部书记。

吴维才

吴维才，男，汉族，贵州省毕节市人。1934年1月23日出生于毕节城内。1949年12月参加工作，1950年8月加入中国新民主主义青年团，1952年8月加入中国共产党。毕节地区革命干部学校第一期毕业，中共贵州省委党校第六期毕业，中专学历。

1950年5月，毕节一期干校毕业后被分配到黔西县工作，先在县委民运部任工作员，县委会会计，而后调雨朵区任青年干事、团区工委书记。在1953年青年团黔西县首届团代会选举中被选为团县委委员。1951年参加县委在洪水乡土改试点工作。试点结束，全县土改全面展开。雨朵区分两批进行，两批土改均担任工作组组长，领导土改工作。1952年8月土改结束，9月调中共贵州省委党校第六期学习。1953年3月毕业回县后，调县委农村工作部任生产组组长，同时任杨柳乡县委重点工作组组长，就党在农村工作的方针、政策先行试点，取得经验，及时总结，提供县委指导面上工作，亲自领导创办黔西县第一个高级农业生产合作社——杨柳高级农业生产合作社。1957年调毕节地委农村工作部任干事，而后任专署农办、行署财办科科长及地区经委科科长、企业整顿办主任、经委办公室主任等职。1988年调地区供销社任副主任、党组成员、党总支书记等职。1965年在农办工作期间，参加地委在毕节县海子街区样板田工作队，任五里坪公社样板田工作组组长，五里坪公社副书记。1978年在财办工作期间，参加了毕节地区农田基本建设指挥部归化战区毕节甘河公社农田基本建设工作队，任队长、政委及甘河公社党委副书记。

在职46年，牢记宗旨，勤政为民，一身正气，敢于担当，严洁自律，敬业爱岗，奋发进取，成绩显著，多次受到地委、行署表彰，被评为毕节地区老年工作先进领导者；曾两次被贵州省商业厅评为贵州省商业系统先进个人。荣获贵州省人民政府先进工作者光荣称号。“老者才虽尽，穷才志更坚”，虽已退休，但壮志未酬，此生泰山重，勿作鸿毛遗。毕节地区开发研究会成立，被选为理事。2009年参与编辑出版《无悔的人生》——毕节地区革命干部学校学员回忆录一书。在毕节老年大学学习期间，被选为艺术团副团长。2005年迁居贵阳后，又入贵州老年大学学习，选修体育舞蹈专业，锻炼身体，以动养生，安度晚年。在2008年学校举办的首届体育舞比赛中，获国标单项探戈舞三等奖，华尔兹优秀奖。在2009年、2010年贵州省国际标准舞比赛中先后获二、三等奖。2014年在香港举办第一届中华老年体育舞蹈国际艺术节比赛中，吴维才所在的贵州省老干活动中心艺术团国际常青队荣获金奖。时年81岁。退休生活开启了人生第二个春天，生活有滋有味，丰富多彩。

吴维光

吴维光，贵州省毕节县（今七星关区）人，1963年12月出生于毕节县青场区大河公社双桥大队。大专文化，中共党员。1981年10月，吴维光应征入伍。1981年10月至1983年8月，在高炮65师侦察连服役；1983年至1985年6月在郑州高射炮兵学校学习；1985年3月加入中国共产党。

1985年7月至1993年2月，在高炮第19旅侦查连先后任排长、副连长、连长；1993年3月至1994年2月，在第14军高炮旅侦察科任正连职参谋；1994年3月至1996年3月，在14军高炮旅炮一营任副营长；1996年4月至1998年12月，在贵阳市南明区人武部军事科先后任参谋、科长；1999年1月至2004年4月，在贵州预备役师高炮团任副参谋长、参谋长；2004年5月至2004年11月，在遵义市道真县人武部任部长，2004年12月至2007年3月，在遵义市汇川区人武部任部长；2007年4月至2010年5月，在遵义市红花岗区人武部任部长；于2010年12月退出现役。

吴维光在部队工作了近30年的时间，无论在什么工作岗位上，都任劳任怨，以身作则，身先士卒，吃苦在前，团结同事，尊敬领导。1985年10月，参加解放军总参谋部在北京组织的军事演习，荣立个人三等功一次。他多次组织部队参加军事演习和实弹射击，高标准地完成了任务，荣立三等功三次，被贵州省军区多次表彰为“爱军习武”标兵、优秀共产党员。在武装部工作期间，积极组织民兵参加地方经济建设，抢险救灾，森林防火，维护当地社会的稳定。高标准地完成年度征兵工作，做到无责任退兵，多次受到省、市征兵工作办公室的表彰。

吴雁俊

吴雁俊，贵州省毕节县（今七星关区）人，中共党员，1967年12月生于毕节县海子街，中共党员，在职研究生文化，贵州省委党校行政学专业毕业，现任贵安新区党工委政治部主任（直属机关工委书记、群团工委书记）。

1985年8月参加工作，先后从事过教育、文艺、群团、行政、党务等工作，担任过原毕节市（现七星关区）共青团直属机关委员会书记、市委办公室副主任、市委组织部副部长，地区社科联副主席，地委组织部部务委员，市委（地级）组织部副部长，大方县委副书记等职务。在文艺、写作等方面有一定专长，是中国音乐家协会手风琴学会会员、贵州省音乐协会会员。在《音乐生活》《音乐天地》《儿童音乐》等国家级、省级刊物上发表音乐理论文章、歌词、歌曲近百篇（首）；在《人民日报》《贵州日报》《现代领导》《理论与当代》等国家级、省级报刊发表作品200余篇；在省市级声乐、器乐、征文等大赛中获奖30余次；执笔撰写的工作简报等经验典型材料曾获得过习近平总书记（时任国家副主席）等中央领导同志的重要批示。“四议两公开”“两强化、双工程、三建设”等抓党建的做法经验，得到中组部、省委组织部肯定，并在全国、全省推广；引进新西兰专家哈维、马丁、贵州大学教授何胜江等在大方油杉河合作打造的万亩大草原生态畜牧业项目得到国家农业部肯定，召开了全国经验交流现场会；参与国家级新区——贵安“一张白纸，白手起家”开发建设，在扁平化、大部制等体制机制方面先行先试，取得了良好成效；广纳天下英才，强化干部管理，为新区创造贵安理念、贵安速度、贵安奇迹，凝练“艰苦奋斗，艰苦创业”的板房精神贡献了一分力量；加大外宣工作力度，为提升贵安新区知名度、美誉度、影响力，讲述贵安好故事、发出贵安好声音、传递贵安正能量发挥了积极作用。

吴智贤

吴智贤，贵州毕节县（今七星关区）人，1969年12月出生，1991年7月加入中国共产党，1991年8月参加工作，在职研究生学历，项目管理硕士，现任黔东南州人民政府副州长、州公安局党委书记、局长（副厅长级）、督察长（兼），武警黔东南支队第一书记、第一政委。

1987年9月至1991年8月在贵州省人民警察学校公安管理专业学习。1991年8月参加工作，历任毕节县公安局刑侦队侦查员、撒拉溪镇派出所所长、刑侦大队二中队中队长、刑侦大队一中队中队长，2002年6月起任贵州省毕节市（县级）公安局党委委员、副局长。因政治品格过硬、工作作风踏实、打击犯罪严厉、服务群众热忱，2006年8月，组织对吴智贤委以重任，任命其为贵州省纳雍县公安局党委副书记、政委。2008年12月至2009年5月，任纳雍县公安局党委书记、局长、副调研员。

在毕节工作期间，吴智贤对党忠诚不渝，将群众放在最高位置，作风踏实过硬，全身心投入维护稳定和保民平安的工作上，打黑除恶冲锋一线、帮助群众走在前列、学习政策笔耕不辍、严管队伍绝不手软。组织破获了纳雍历史上最大的赌博案件；打掉了纳雍城区“战堂帮”等多个恶势力团伙；侦破了遗留多年的多起疑难杀人案；侦办贵州省公安厅督办的“11·30”特大杀人抢劫案等。被人民群众誉为“乌蒙高原的守护神”。

2007年5月25日，在全国公安英模表彰大会上，吴智贤作为贵州省唯一被授予“任长霞式公安局局长”，受到了胡锦涛、习近平等党和国家领导人亲切接见。

2008年6月，贵州省瓮安县发生了震惊世界的“6·28事件”。贵州省委决定在全省挑选最优秀的干部到瓮安工作，以期能最快地恢复当地社会经济秩序。经省委深思熟虑，2009年5月吴智贤被组织任命为瓮安县委常委、政法委书记，瓮安县公安局党委书记、局长。

承载组织的信任和重托，肩负历史使命，吴智贤把修复警民关系、弥补平安欠账、加强队伍管理、深入推进社会管理创新作为重点工作来抓。在省州政法公安机关的领导下，一举打掉“玉山帮”等21个黑恶犯罪团伙，组织打掉了瓮安县岚关乡等多个恶势力团伙。在一系列措施施行下，瓮安县情况发生了翻天覆地的变化，实现了从乱到治的转变，凤凰涅槃，浴火重生，取得了安全感、人民群众对公安机关满意度全省“双第一”的优异成绩。时任省委书记栗战书对瓮安的变化给予充分肯定：“瓮安社会治安变好了，民生欠账变少了，经济实力变强了，干部作风变实了，基层基础变牢了，党和政府威信变高了。”

2011年11月至2011年12月任贵州省黔南州公安局党委副书记、瓮安县委常委、政法委书记、县公安局党委书记、局长。2011年12月至2012年11月任贵州省黔南州公安局党委副书记、副局长（正县级），瓮安县委常委、政法委书记，党委书记。2012年11月至2013年11月任贵州省黔南州公安局党委副书记、常务副局长，瓮安县委常委、政法委书记。2013年11月至2014年10月任贵州省黔南州公安局党委副书记、常务副局长。2012年，吴智贤再次被评为“任长霞式公安局局长”，瓮安县公安局获评全国优秀公安局，再次得到中央政治局常委集体接见，成为全国唯一一个两次获得此荣誉的公安局局长。

2014年1月13日，黔东南州凯里市发生了震惊中外的“1·13爆炸案”，该案对黔东南州、凯里市造成了巨大影响，黔东南州公安局、凯里市公安局多名领导干部因此受到了党纪国法的处置，全州公安队伍士气降至谷底。为彻底整改黔东南公安、改变当地治安情况，组织再一次委以重任，吴智贤被任命为贵州省黔东南州政府党组成员、州公安局党委书记、局长、督察长（兼）。2017年2月至今，吴智贤任黔东南州人民政府副州长、州公安局党委书记、局长（副厅长级）、督察长（兼）。到黔东南履新当天，吴智贤在开完领导干部大会后，就直奔引起全国媒体高度关注的三穗“10·7群体性事件”现场，靠前指挥，成功处置该事件。吴智贤认真总结吸取“1·13爆炸案”及队伍管理的深刻教训，以队伍管理为主、以作风整顿为切入点，以身作则、亲树标杆，大力推进司法体制改革，开展公安信息化建设应用，实施大数据警务战略，黔东南公安面貌发生了翻天覆地的变化，推出了“大数据+全民共治+民族自治”社会治理新模式，得到了中央政治局委员、中央政法委书记孟建柱，时任贵州省委书记陈敏尔，省委副书记谌贻琴，副省长郭瑞民等领导高度评价和州委、州政府的高度肯定。

队伍作风的变化必然带来业务的提升，黔东南公安也开始绝地跳起，勇摘金桃，硕果累累。成功侦破了中央领导批示督办的1998年凯里市公安局民警安坤被杀、枪支被抢，人民银行黔东南分行行长乐贵建一家等五人被杀，历时18年的“凯里两案”；成功侦破了涉案资金达23亿余元的国宏特大网络传销案（冻结涉案资金达3亿余元，抓获嫌疑人37名，涉及23个省市）；成功侦破了公安部督办的“7·2”特大贩卖毒品案，缴获毒品31.2千克，是黔东南州禁毒史上缴毒量最多的个案。安全感由2014年全省第六名上升至2016年全省第一名；对公安机关满意度由2014年全省第六名上升至2016年全省第二名。公安综合业务目标考核排名由2014年全省第八名上升至2016年全省第一名。

吴智贤因为工作出色，获得中央、省、地市级荣誉20余次，荣立个人一等功2次、二等功3次、三等功6次，被中央组织部、中央综治委授予全国社会治理先进个人，被评为全国优秀人民警察2次，荣获全省优秀人民警察、全国保护未成年人先进个人、贵州改革开放30年最有影响力人物、两届全国“任长霞式的公安局长”等称号。

吴献春

吴献春，贵州省毕节县（今七星关区）人，1970年2月出生于贵州省毕节县，1991年8月参加工作。本科文化，中共党员。

1987年8月至1991年7月在大连理工大学机械制造学院就读本科；1991年7月至1997年10月在贵航集团143厂工作，历任技术员、设计员、红林玻璃制品公司副总经理；1997年10月至2004年2月调原贵州省劳动保障厅就业局工作，历任副主任科员、主任科员，并抽调在省国有企业下岗职工基本生活保障和再就业领导小组办公室工作；2004年2月至2006年3月任原省劳动保障厅就业局主任科员，抽调在厅国有企业改革改制协调办公室工作；2006年3月至2007年2月任原省劳动保障厅法规处主任科员；2007年10月至2012年3月任原省劳动保障厅培训就业处副处长、省人力资源社会保障厅就业处副处长；2012年3月至2016年7月任省社会保险事业局农经处处长；2016年7月起任省社会保险事业局基金财务处处长。

吴献春长期从事国有企业改革改制工作，促进就业和再就业工作，农村劳动力转移就业工作，农民工工作，城乡居民养老保险经办管理工作，社会保险基金财务管理工作等。

邱　亮

邱亮，贵州省毕节县(今七星关区)人，1935年1月生于毕节县鸭池区十八，中共党员，副研究员。

曾任毕节县报社总编辑，毕节地委党史研究室主任、中共贵州省党史研究会理事、中共毕节地区党史学会会长、“宇宙摇篮”计划工程总部毕节地区分部副主任兼秘书长、解放军二野军大校史研究会毕节分会顾问、中国老年书画研究会会员、贵州老年书画研究会理事、毕节地区老年书画研究会常务副会长。享受省政府特殊津贴。

他长期从事党史研究工作，开创了毕节地区党史征编研宣工作的新局面，是黔西北党史学科的专家之一，为建立革命纪念馆提供了大量史料；倡议和参与修复“中华苏维埃人民共和国川滇黔省革命委员会旧址”及“贵州抗日救国军司令部旧址”等革命遗址、纪念碑、烈士墓等33处；指导组织史料的征编，主持地区组织史料自编本120万字的编纂；完成中央党史征集委员会议分配的“有关撤销博古总书记由张闻天负责论”等重大专题调查；获省工会授予的“自学成才”称号。主编《红军在黔西北》，获贵州省社科优秀成果奖；主编《地下党在黔西北的革命活动》(省社科优秀成果四等奖)、《烈士传》一、二辑，《难忘的峥嵘岁月》《回顾毕节解放斗争》等15本350多万字的史料；主编创办《毕节党史通讯》季刊，任编委并参撰《毕节地区人物志》(获省社科优秀成果四等奖、1993年全国地方志一等奖)；书法作品获“炎黄杯”中外书画艺术交流大展赛金奖，并被授予“跨世纪中外艺术名人”称号；合写《智勇皆备的尖兵》(入选《解放军烈士传》)与电视剧本《林青》；发表论文50余篇。他的名字入编《中国当代历史学辞典》《国际书画家辞典》。

邱长辉

邱长辉，贵州省毕节县(今七星关区)人，1943年2月出生于毕节县鸭池下坝(今毕节市七星关区鸭池镇下坝村)，1960年9月参加工作，高中文化，中共党员。

1960年9月至1980年10月，在毕节县鸭池区十八小学任教师、校长，1961年6月获鸭池公社(区级)优秀教师奖；1978年分别出席县和地区群英会，获地委行署先进工作者表彰奖励，1978年所在单位被县评为先进单位。1980年3月14日加入中国共产党。1980年10月至1983年2月，调毕节县鸭池区区学办任教育专职干部(其间，1982年9月至1983年2月抽调县委组织部清理干部档案)。1983年2月至1984年7月，调毕节县委组织部工作，任县委组织员。1984年7月至1989年元月，调毕节县环城区任区委书记(其间，1984年12月7日，1987年6月22日当选为第四届、第五届县委委员，1988年元月获毕节县委党风建设工作成绩显著奖)。所在单位因工作任务完成较好，曾连续三年被县委、县政府评为先进单位，获一等奖、二等奖。1989年1月至1993年4月，调毕节县委组织部，任副部长、县委组织员(其间，当选为第十二届县人大代表、县人大常委会委员，1991年7月获毕节县委优秀党务工作者奖，1991年2月获毕节地委组织部优秀组织员奖励)。1993年至1994年3月，调毕节县人大常委会，当选为第十三届县人大代表、常委会委员，任常委会党组副书记、常委会副主任。

1994年3月至2003年4月，当选为原毕节市第一届、第二届人民代表、常委会委员，任常委会党组副书记、常委会副主任。

2003年5月退休。

邱旭忠

邱旭忠，贵州省毕节县（今七星关区）人，1962年10月生于贵州省毕节县鸭池区。1981年12月参加工作，1984年11月加入中国共产党，贵州省委党校研究生学历，现任毕节市委组织部副部长兼市实绩考核办主任（正县[处]级），市人大常委会委员、市人大选举任免联络委员会副主任委员（兼）。

1984年5月至1988年11月任毕节县鸭池区十八乡乡长；1988年11月至1991年12月先后任毕节地直机关党委工作员、科员，1991年12月至1996年9月先后任毕节地委组织部工作员、科员、副科级组织干事；1996年9月至2004年5月先后任毕节地委组织部干部一科副科长、知识分子工作办公室主任、干部一科科长；2004年5月至2009年3月任毕节地委组织部部务委员；2009年3月至2010年3月任毕节地委组织部副部长；2010年3月至2012年1月任毕节地委组织部副部长、地区实绩考核办（地委、行署目标办）主任（正县[处]级）；2012年1月至今任毕节市委组织部副部长、市实绩考核办主任。他是毕节市第一届、第二届人民代表大会代表，市第一届、第二届人大常委会委员，市第一届、第二届人大选举任免联络委员会副主任委员（兼）。

邱旭忠长期从事组织工作，熟悉干部工作业务，无论在哪个岗位都认真履职，勤勉工作，在围绕中心、服务大局，贯彻落实党的干部政策，推进干部人事制度改革，规范和完善干部服务管理，县级领导班子换届，年轻干部、党外干部、少数民族干部、女干部教育培养选拔等方面做了大量艰苦细致的工作。按要求牵头组织起草的县级领导班子和领导干部“双考双评双挂钩”动态跟踪考核管理办法被人民网、中国共产党新闻网和党建文汇杂志社评选为全国创先争优50个“优秀案例”之一，建立了“流动红旗推争先，增比进位促跨越”“差别化考核管理办法”等配套制度，其有关做法也在中组部《组工通讯》刊载；为了加大全市煤矿安全生产的监督和管理力度，按照要求与河南煤化集团等大型企业建立互派干部挂职制度，其有关做法得到国家领导人的肯定；参与北京奥运会赴京信访维稳工作，被省委信访工作领导小组授予“贵州在京信访工作先进工作者”称号；在公务员年度考核中曾12次被评定为优秀等次，获一级奖励工资和三等功一次。

何志勇

何志勇，彝族，贵州省赫章县人，1963年9月生于贵州省赫章县。本科文化，中共党员。

1982年9月　至1982年11月在赫章县委党校学习；1982年10月　至1983年4月在赫章县农业局工作；1983年4月至1987年7月，在赫章县兴发区工作并任团委副书记（其间，1985年9月至1987年7月在贵州民族学院团干班党政管理专业大班学习）；1987年7月至1989年1月调赫章县人民法院工作任助审员；1989年1月至1990年8月任赫章县法院审判员；1990年10月至1991年10月任赫章县法院刑事审判庭副庭长；1991年10月至1992年1月任赫章县副科级审判员；1992年1月至1992年12月调任赫章县双坪乡乡长；1992年12月至1995年9月任赫章县双坪乡党委书记；1995年9月至2002年12月调任赫章县人民检察院副检察长（其间，1994年9月至1996年12月参加中央党校党政管理专业学习[函授本科]）；2002年12月至2003年3月调金沙县检察院任代理检察长（其间，2000年9月至2003年1月参加贵州省委党校法律专业学习[本科]）；2003年3月至2006年8月任金沙县人民检察院检察长（2001年9月至2003年1月在清华大学研究生课程进修班结业）；2006年8月至2007年1月调原毕节市（县级市，下同）人民检察院（今七星关区人民检察院）

任党组书记，代理检察长；2007年1月至2008年12月任原毕节市人民检察院党组书记、检察长；2010年9月至2012年3月调毕节分院任党组成员、副检察长、检察委员会正县级检察员；2012年3月至今任毕节市人民检察院党组成员、副检察长、检察委员会正县级检察员（2011年8月至2012年5月挂任黔西县委副书记）。

何志勇是乌蒙大地上的铮铮铁汉，彝族同胞中的“美骄男”。他思维敏捷，具有亲和力，只要与他接触，人们就会情不自禁地喜欢上他并折服于他的人格魅力，陶醉于他天然的真诚。他是实实在在的人，一个具有基层工作经验的人。他成长的轨迹，印证了“励志做事”的过程。

在他的手下工作，会感到舒心，但不是舒服，他不会让你舒服。严格，是他工作的灵魂，对工作严格，对纪律作风严格。每一个在他的领导下工作过的人，都会说他太严格了。但在工作的过程里，心里会很舒服。“用人不疑，疑人不用”，大胆放权，精心呵护，是何志勇给下属的最好的礼物。在他的带领下，全院上下，齐心协力，每一个人都找到自己的位置，全心全意，齐声发力。将七星关区人民检察院的工作推向了一个全新的高度。“全省先进检察院”“全国先进基层检察院”等荣誉的获得，是何志勇在七星关区人民检察院短短工作两年间辛勤工作和智慧的结晶，从而使其人生又走向了另外一个高度。

余本涛

余本涛，蒙古族，贵州省毕节县（今七星关区）人，1971年11月15日出生于今贵州省毕节市七星关区小吉场镇高兴村。中共党员，本科文化，一级警督，毕节市公安局金海湖新区（毕节经济开发区）分局局长。

1990年3月，参军走进驻云南省大理市35107部队。1991年3月，在35107部队74分队任班长。同年6月，光荣地加入中国共产党。12月，被任命为代理排长，调到新兵集训基地培训新兵。1992年3月回74分队任代理排长。余本涛参加了军事五项全能比武、全军排战术考核表演、年度军事全能考核、野战生存等，各个项目成绩均名列前茅，荣立全团首位个人“二等功”和“三等功”各一次。

1993年12月，余本涛退出现役。1994年7月被安置在毕节市房地产管理局工作。在此期间，他工作认真负责，积极主动，能吃苦耐劳，作为“四个一”工作组年轻培养对象，派至龙场营镇党政办考察锻炼，被毕节市委组织部评为“农村基层组织建设工作优秀工作队员”。

1998年3月，全省第一批面向社会招录公安民警，他毅然地选择了人民警察这个职业，并以全市城区第一名的成绩考入毕节市公安局。从此，他便踏入了维护社会稳定、守护一方平安的公安大门。先后任刑侦大队一中队侦察员、内勤、探长。他参与和组织侦破涉黑恶犯罪团伙犯罪两个，破团伙案件数百起、一般刑事案件650余起，荣立三等功两次，被毕节地委、行署评为“破案会战先进个人”“目标考核先进个人”等。

2002年7月，余本涛调入治安大队工作至2012年12月，先后任治安科科长、治安大队副大队长、治安大队大队长。在工作中身先士卒，求真务实，任劳任怨，把个人安危置之度外，常常带领民警夜以继日地奋战在第一线，共查处治安案件1200余起，抓获各类犯罪嫌疑人450余名。特别是2005年带队破获系列偷牛盗马案268起，创毕节市公安局成立以来最高纪录；2011年侦破“非法制造运输爆炸物品案”，查处并销毁炸药2000余斤。获个人嘉奖五次，被毕节市委、市政府评为“社会治安综合治理先进个人”四次、“优秀共产党员”一次、“优秀公务员”四次；荣立个人三等功五次、二等功一次。2006年被毕节市人民政府评为“第一次全国经济普查先进个人”、被毕节地委行署征兵办评为“先进个人”；2007年被贵州省烟草专卖局、贵州省公安厅评为“卷烟打假先进个人”，被毕节市人民政府评为“安全生产先进个人”；2012年荣获“川、滇、黔三省护林防火先进个人”，被毕节市委、市政府评为“贵州省第七届旅发大会先进工作者”，受到毕节市四大班子的一致好评，曾被政府领导称为“治安功臣”。

2012年12月，余本涛调入毕节市公安局七星关分局政工科工作，任党委委员、政工监督室副主任、政工科科长（正科级）。他认真履行职责，保持积极上进的心态，和政工干部、广大民警并肩作战，各项工作均取得了很好的成绩。一是完成了60余名公务员的政审、录用、报资定级、培训等工作；二是组织80余名新任基层所队长（教导员）参加全省公安机关信息化基层基础工作培训；三是为10余名因公受伤民警申报工伤，发放救助金5.5万余元，为困难民警申请补助费20万余元；四是大力开展宣传工作，在各级新闻媒体发稿1000余篇（条），其中被中央级媒体采用20余篇(条)，被省级媒体采用近200篇(条)，被市、区级新闻媒体采用600余篇（条），在全市各县区公安局宣传工作评比中连续两年均为第一名；五是办“警界传真”电视专题节目400期，办《一周治安播报》96期，并在《毕节日报》《毕节晚报》专门开辟“警视平台”进行常态化宣传。出版《七星关治安播报》24期。由于宣传教育工作成绩突出，“全省公安宣传现场会”多次在七星关区公安局召开；六是全面完成“实战必训”任务；撰写、制作、整理了“战训合一、轮训轮值”培训档案；七是认真抓好新党员发展工作，发展党员40余名；八是规范建立了“民警心理咨询站”，建立健全全局民警心理健康档案。九是开展便民利民活动，着力构建和谐警民关系，接待群众2万余人；十是为确保高考的顺利进行，为考生营造一个安全、安静、公平、和谐的考试环境，每年组织200余名警力组成“高考护卫”，护送考生参加高考，保障高考期间城区治安平稳，交通有序，环境安静；十一是深入开展“万名干部下基层”“联乡驻村”“三访三评”、深化“大走访”“三问”“三解”、解放思想“十破十立”“万警进万家、惠民保平安、同步建小康”等系列活动，扎实推进保持党的纯洁性教育工作，并着力挖掘工作中的先进典型，撰写活动简报200余期，近60期被市局“三建办”转发，10余期被省厅活动专栏转发，得到了省、市、区各级活动办的充分肯定。

贵州毕节经济开发区作为新兴的开发区，各类社会矛盾突出，案件高发。诸如堵工、堵路、群体性上访；盗窃、强揽工程、经济诈骗、合同诈骗等层出不穷。2014年4月，余本涛调入贵州省毕节市公安局毕节经济开发区分局后，先后任组建工作负责人、副局长、局长（副县级）。其间，他紧紧围绕党工委、管委会的战略部署，充分发挥公安机关的职能作用，带领全局民警献策献力，适应全区经济社会发展的大局。在他的不懈努力下，金海湖新区公安工作和队伍建设正向信息化、专业化、实战化、正规化转变，警务工作从被动型警务向主动型警务转变、从阵地型警务向运动型警务转变、从粗放型警务向精细型警务转变。公安机关打防管控能力进一步增强，社会治理能力进一步增强，警务运行效能进一步增强，基层实力进一步增强，发案率逐年下降，破案率逐年上升，人民群众安全感、满意度也逐年上升。

余宏模

余宏模(1932—2014)，彝族，祖籍贵州省毕节县（今七星关区）大屯人，1932年生于昆明，本科文化，彝史专家。

少年时期曾在毕节蜀益小学、百花山小学就读。1947年8月，考入毕节县立高中读书。1949年10月，在贵阳就学的余宏模被彝族扯勒家族头人杨伯瑶派到毕节县，做彝、苗头人和土目工作，他单独跋山涉水，一个寨子一个寨子送杨伯瑶写给各个土目、头人的信，要求彝、苗族土目和头人，拥护共产党，迎接解放军解放毕节。在余宏模的串联下，毕节县、威宁县、纳雍县彝、苗族土目和广大人民，高高兴兴配合解放军，建设人民政权。1950年，在孟子明的介绍下，余宏模在贵州省民族干部培训班学习，正式参加革命队伍，成为最早参加土地改革的彝族上层子弟之一。1951年3月，被介绍到西南民族学院第一期政治班学习，毕业后留校工作，担任助理员、副班主任、班主任、青年团支部书记等职。1956年报考高等学校，经组织批准，余宏模以调干生身份，考取四川大学历史系五年制本科，毕业后分回贵州大学历史系任助教。一年后，下放到贵阳市第六中学担任政治、历史课教师和班主任等职。1977年，调贵州省民族研究所，从事民族研究工作。担任《贵州民族研究》(季刊)主编、编辑室主任、副所长、所长兼党委书记等职，1998年8月退休。

经历十年“文革”浩劫之后，迎来了改革开放的新时期，他调入恢复编制的贵州省民族研究所，为贵州民族研究和民族工作做出了积极贡献。

在担任《贵州民族研究》主编期间，培养了一批各民族中的青年学者，成为后来贵州民族研究的中坚力量和接班人。《贵州民族研究》已成为全国中文核心期刊和全国民族学核心刊物。

在被贵州省政协第五届常委会任命为文史委员会办公室副主任期间，向刘熔铸建议创办了《贵州文史丛刊》，为贵州文史研究工作提供了园地。

在毕节地区开展民族调查时，积极建议恢复被极“左”路线砍掉的毕节地区彝文翻译组，并做了许多具体工作，使一度中断的彝文翻译事业得以延续和发展。他参与对毕节地区的民族调查，在有关会议上强烈呼吁落实民族语言文字政策和文物政策。同时，为奢香墓和奢香博物馆的恢复建立、大屯土司庄园的申报修复出谋献策。他和省著名史学家史继忠、陈国安三人一起在云南大学奋战半年多，编辑出版了《明实录——贵州资料辑录》；他自己又编辑出版了《明代贵州彝族历史文献选编》《民族志参考资料·彝族卷》《贵州彝族研究论文集》等，为有志于彝学研究的同仁提供基础资料。

在贵州省民族研究所工作期间，协助前所长向雪、侯哲安组织成立了贵州省民族研究学会，团结广大民族研究工作者，推动了贵州民族研究的深入发展。他和后来担任云南省社科院院长的何跃华教授和著名民族学家、四川省民族研究所李昭明教授，于1980年在贵阳召开全国民族学术会成立暨首届学术研讨会时，发出倡议筹备以云南民族学院院长马曜教授为首届会长的中国西南民族研究学会，并于1981年在昆明成立，成功召开成立大会和首届学术研讨会，包括川、滇、黔、桂、藏、渝六省市的广大民族研究单位和人员，纷纷到会。20多年来，各省(区、市)分别轮流主持召开学术研讨会议，出版学术交流成果，为推动大西南的民族研究工作做出了积极贡献。余宏模长期担任学会的秘书长和副会长，成为贵州和西南民族学界的知名人物和重要的组织者之一。从1982年起，他负责组织贵州“六山六水”民族调查，担任过调查队秘书长、副队长、队长等领导职务。每年搞一次调查，每次集中数十人或近百人参加，每次都是几十天。调查组成员跑遍了贵州全省少数民族聚居的乌蒙山、云雾山、雷公山、月亮山、大小麻山、武陵山等大山系和乌江、清水江、都柳江、南盘江、北盘江、浏阳河六条河流。足迹遍及全省各地区，行程数万里，深入各少数民族村寨，全面系统地了解少数民族的实际情况，并写出详细的调查报告，提出建议和对策。引起省委、省政府和国家九部委高度关注。《麻山调查》是余宏模在党委会上最先提出的。其调查每年进行一次，每次编辑出版一本《贵州民族调查》。他在1998年退休时，已出版了10多本，近千万字，为建立贵州民族研究总体框架和对各民族的全面研究奠定了坚实基础，推动了全省经济文化的整体发展。

余宏模是贵州省第一个单一民族学会——贵州省彝学研究会创始人之一，担任历届学会副会长，参加和主持多次彝学学术研讨会，主编《贵州彝学》刊物和文集。参加国家民委主持的《民族大辞典·彝族卷》编修业务，并任副总编，具体分工主编贵州部分词条计百余万字等。同时参加《彝族文学史》部分章节撰稿。建国50周年时，参与编辑出版六卷本的《贵州彝族历史文化文学选粹丛书》，他负责历史卷、文化卷、文献卷的选编工作。文化卷获得省政府颁发的奖状奖金。

他参编《贵州通史》任副总编，并任《清史卷》主编，任《彝族通史》副主编，编撰《明代彝族女杰奢香》《黔西北民族调查研究文集》《彝族历史文化论丛》《赤水河畔扯勒彝》《神秘赤水河》（合著）、《解析夜郎千古之谜》（合著）等专著。为了发扬民族文化的传统精神，他深入民间探访收集，整理注释并出版了其先辈的书籍著作。

他组织领导的《贵州民族调查》，个人整理注释的古籍《大山诗草》，撰写的论文《黔西北乌蒙山区的彝族》《黔西北乌蒙山区向天坟与彝族传统文化》《中国南方铜鼓的社会功能》（合著），多次获省人民政府颁发奖状，并获贵州省人民政府颁布发展科学研究有突出贡献特殊津贴证书。他被选为贵州省第六届人大代表和贵州省第六、七届政协委员。社会兼职方面，曾担任中国民族学会理事、中国民族史学会理事、中国西南民族研究学会副会长兼秘书长，贵州省哲学社会科学联合会常务理事、贵州省民族研究学会副会长，贵州省史学会理事、贵州省历史文献研究会理事等。曾受聘云南省社科院楚雄彝族文化研究所副所长。

1986年9月16日至27日，他应日本国立大阪民族学博物馆馆长梅棹忠夫教授邀请，参加中国西南民族学者代表团，赴日本大阪参加中日双方学术交流会议，并去京都、奈良、神户、东京等地访问考察。1991年1月9日至24日，应泰国逻辑学会邀请，参加中国社会科学院学者访问团赴泰国北部、中部考察访问，并在曼谷受到逻辑学会名誉会长泰国王姐干娜雅妮·再塔娜公主殿下接见和宴请。1995年3月，应美国西雅图华盛顿大学人类学系主任郝瑞教授邀请，参加首届国际彝学学术研讨会，是贵州省出席该会议的唯一代表。1996年4月1日至5月31日，应日本学习院大学东洋文化研究所相邀，受聘客座研究员，赴日本东京讲学，参加共同课题研究，历时两个月。

1998年8月退休后，仍担任中国西南民族研究学会、贵州民族研究学会、贵州史学会、贵州历史文献研究会顾问和贵州省彝学研究会副会长、贵州省中华文化研究会理事、贵州民族学院夜郎文化研究院兼职教授、贵州省诗词楹联学会会员、贵阳市甘草堂诗社社员等社会职务。

于2014年4月29日，逝世于贵阳，享年82岁。

余昌富

余昌富，贵州省毕节县（今七星关区）人。1955年7月3日出生在贵州省毕节县海子街区田坝桥两合岩。大专文化，中共党员。

1973年7月初中毕业后，余昌富就毅然响应祖国的号召，于1973年11月20日应征入伍走进军营，一干就是25个春秋。

入伍初期，余昌富在中国人民解放军原昆明军区后勤部驻云南省普洱县303部队服役。1975年10月加入中国共产党。

在部队的25年军旅生涯里，曾经历过军队百万大裁军等五次“精简整编”，两次军队普法教育，一次《实践是检验真理的唯一标准》大讨论，一次对越自卫反击战（1979年至1984年）的战火考验。在行政职务方面，历任战士、通讯员、文书、材料保管员、排长、正（副）连级技术员、正（副）营级分库主任、副团级仓库副主任等职。在党内职务方面，历任党小组长、党支部正（副）书记以及宣威军械仓库第三届、第四届党委委员、常委，云南省宣威市（县级）第一届政协委员，云南省宣威市第二届人大代表等职。

1974年3月至1978年7月在原昆明军区后勤第22分部43分队（军械修理连）服役，担任出国“援老抗美”部队的枪炮维修任务。1978年8月，根据对越自卫反击战的需要，从原昆明军区后勤第22分部43分队（军械修理连）调到昆明军区后勤部第三军械修理连任排长。1979年2月17日对越自卫反击战打响，其带领全排战友担任对越自卫反击前线作战部队的枪炮巡回修理任务。1982年4月，调昆明军区宣威军械仓库担任对越自卫反击战物资的收、管、发和调拨工作。1985年3月至1987年7月在中国人民解放军石家庄军械工程学院学习；1990年9月至1993年7月，在中国人民解放军西安政治学院在职干部函授大专班学习；1994年10月至1998年7月，任成都军区宣威军械仓库副主任(副团级)，仓库第三届、第四届党委委员、常委。

因各个时期工作成绩突出，余昌富曾三次荣立个人三等功，一次被成都军区后勤部评为“基层建设先进个人”，一次被成都军区驻昆明办事处评为“军民共建先进个人”，一次被云南省曲靖市评为“双拥工作先进个人”，三次被成都军区宣威军械仓库党委评为“优秀党支部书记”，三次被成都军区宣威军械仓库党委评为“优秀共产党员”，五次受到上级组织的嘉奖。

1998年8月，转业回地方工作。1998年9月至2000年10月，在毕节地区国家安全处任副县级侦察员(一级警督)。其间，1999年1月至10月，被毕节地区行政公署抽调驻织金县烤烟工作队工作；2000年5月至9月，被贵州省委抽调驻三都水族自治县负责三都县政协、三都县公安局两个单位领导班子的“三讲”教育巡视工作。2000年10月调毕节市公安局纪委(任副县级侦察员)工作；2001年3月至6月，被毕节市公安局党委抽调驻金沙县公安局，任“三项教育”指导组组长。2002年2月至2008年11月，在毕节地区公安局机关党委任办公室主任(副县级调研员)；2008年12月至2015年7月在毕节地(市)公安局机关党委任副书记(副县级调研员)；2015年7月至10月在毕节市公安局机关党委任副书记(正县级调研员、三级警监)。

在公安工作17年间，因各项工作业绩突出，余昌富曾两次荣立个人三等功，两次被市公安局党委评为“优秀共产党员”，连续两年被地委组织部评为“优秀公务员”，一次被评为毕节地区“双拥工作先进个人”，一次被毕节地委评为“实施2001年至2010年妇女儿童发展纲要”先进个人，一次被市委组织部评为“优秀驻村帮扶工作队员”。2013年余昌富被市总工会评为“市直工会工作先进个人”，并光荣出席贵州省总工会第十三次代表大会。

余洪信

余洪信，贵州省毕节县(今七星关区)人。1947年8月出生于毕节县长春堡区裸依龙潭宽坝子。大专学历，中共党员。

1964年7月，余洪信考入毕节一中读高中。1968年1月在校应征入伍，在中国人民解放军第十三军三十八师一一一团服役。先在云南省弥眯县，一年后随军换防到重庆市。1969年3月光荣加入了中国共产党，提任班长。同年，被抽派到广东省征接新兵，代理排长。新兵集训归队后，余洪信被提任为团司令部炮兵股参谋。在参谋岗位，余洪信刻苦学习参谋业务，钻研炮兵作战知识。他谦虚谨慎，勤奋工作，准确、翔实、全面向首长提供情况，想方设法为基层连队解决训练中存在的困难和问题。曾两次参加成都军区集训学习，参与师炮兵实弹演习等，不断提高参谋业务能力。

1978年9月，余洪信调任团直炮兵连连长。他把任参谋时所学到的训练知识，运用到连队教育、管理和日常训练中，使连队军事训练成绩节节攀升。是年年底，余洪信率炮兵连随十三军奉命开赴云南河口边防，执行惩戒越南当局的对越自卫反击战任务。上级命令余洪信组织侦察尖兵，为战时炮击敌阵地选择炮址和准确目标。他带领侦察兵不畏艰难险阻，不怕流血牺牲，深入敌前沿阵地，勘察地形，摸清敌部署，为首长指挥提供准确情报。1979年2月17日凌晨，炮兵奉命向敌军射出一串串炮弹，揭开了自卫反击战的序幕。由于战前侦察细致，提供情报准确，炮阵地选择隐避，第一波火力就将越南前沿阵地击垮。接着，余洪信又带着连队，迅速跨过红河，将炮阵地移向越方230高地。在指挥员命令下，炮兵连的排排炮弹又准确地射向负隅抵抗的敌人，为作战先头部队有效歼灭敌有生力量打开了突破口。在夺取老街、谷柳等阵地的战斗中，炮兵连都成绩斐然，战功卓著。在长达一个多月的作战中，在余洪信的正确指挥下，炮兵连以无一人伤亡，无一炮损坏的奇迹，名扬全军。火线上，炮兵连即被十三军荣记三等功一次。余洪信被军队授予"射击指挥准确炮连长"，记三等功一次。战后，余洪信被评为"优秀指挥员"，被提任为团炮兵司令部炮兵股股长。

在任炮兵股股长期间，余洪信把在作战时积累的经验，运用于全团炮兵训练上。他明确提出：炮兵的训练，就是要做到弹不虚发，弹弹命中目标。他组织营、连实弹到野外，到环境最艰苦的地方训练，用作战的要求严格考评每一个连，每一座炮，每一个兵，使全团炮兵训练取得了好的成绩。

1980年，余洪信转业，安置在毕节地区纪律检查委员会工作。1984年至1986年在毕节地委党校攻读党政专业，任学员班班长。毕业后回地区纪委工作。在地纪委组织的多次县、乡（镇）纪检干部培训中，担任教员。1986年，余洪信被提升为副科级纪检员；1988年任正科级纪检员。

1989年，余洪信受命组织毕节地区扶贫工作队，任队长。他带领11人的工作队，驻纳雍县维新区。在全面摸清家底的情况下，将需要扶贫的对象排列出来。然后分工，由一名扶贫队员帮那几个村寨的贫困户脱贫致富。余洪信和队员们，与区、乡、村干部一起，常年住在贫困户家中，帮助贫困户找准脱贫路子，开展一户一帮的细化工作。工作队根据维新资源丰富和坡地荒山多的实际，请专家到维新勘察矿源，组织老百姓依法采矿；并在沿河一带，动员群众大种广种经济林，发展水果业，尤其是樱桃产业。维新区扶贫工作上了一个新台阶。

1990年，余洪信被提任为副县级纪检员，同年，调任信访室主任。1991年，余洪信任毕节地区纪律检查委员会委员，进入地区纪委领导班子。1993年，余洪信率地区工作队到织金珠藏乡开展扶贫工作。一年中，工作队为珠藏乡引进项目四个，投资额达500余万元；为珠藏乡公益事业争取到上级拨款60余万元，改善了珠藏的投资环境，受到老百姓的赞扬。

1995年，余洪信调任毕节地区审计局副局长，分管行政事业单位的审计和固定资产投资审计以及局的党务工作。他每年都要带队到被审单位开展审计工作，帮助、督促相关单位整改。1998年，他带领审计工作队到毕节、黔西、织金等市县，对烤烟质量和收购情况进行审计，为这些县正确执行烤烟收购价格，保护烟农利益起到了监督警示作用。在对纳雍县13个乡镇办公楼财务和施工质量审计中，余洪信和地区审计工作队员一道，不辞辛劳，一个个乡镇、一个个工地认真审计。发现13个乡镇办公楼都有不同程度的偷工减料，墙体开裂等情况。他们将情况及时向县委、县政府汇报，引起县领导高度重视，采取了整改措施。半年后，余洪信再次率队到纳雍对13幢办公楼审计检查，资金使用和工程质量均符合要求，余洪信这才放下心来。在毕节地区审计局工作12年间，余洪信组织并带队对全区数以百计的单位和近一千多名人员进行了审计，为国家挽回经济损失近千万元。为毕节经济建设、为试验区建设做出了应有的贡献。2001年，余洪信挂任中共威宁县县委副书记，两年后继续回审计局工作。

2007年，余洪信退休。

余敖军

余敖军，蒙古族，贵州省毕节县（今七星关区）人，1968年8月10日出生于毕节县团结公社田坝大队大湾生产队。大学文化，中共党员，副师职高级工程师。

1986年10月，正在复习准备高考的余敖军，毅然弃学报名从军，踏上了赴西藏边防的征程。

经半个多月的艰苦跋涉，余敖军和新战

友们，来到西藏日喀则亚东县上亚东乡雪域高原——边防六团三营七连。这里地处生命禁区，半年大雪封山，一年难吃到一餐新鲜蔬菜，条件十分艰苦。再加上严重的高原反应，军事训练强度极大，意志薄弱者真承受不了。

他以坚强毅力积极投身各项训练和执勤、巡逻等，入伍半年即任连队文书。1987年，因印军不断挑衅，中印边境战争一触即发，形势十分紧张。余敖军所在部队，奉命进入一级战备。他和战友们整天抱着枪守在阵地上，饿了啃口干粮，渴了捧把雪塞进口中，困了靠在工事边打个盹。同时还要不分昼夜地紧急集合，演练与敌军争夺阵地等多种形式的实战训练。确实苦不堪言，难以承受。但是，经过这次实战备战，余敖军对军人的历史使命有了更深刻的认识，扎根高原、立志献身边防的信念更加坚定了，军事技能也得到很大提高。他多次受到团、营嘉奖，荣立三等功一次。

1988年4月，余敖军到团运输队学习驾驶技术。三个月后，被安排到团司令部小车班。在小车班六年时间，余敖军从战士到班长，成了团里技术骨干，被批准入党，转为志愿兵。

1996年夏天，余敖军迎来了他人生的重大转折。组织上决定直接将一批最拔尖优秀志愿兵提拔为干部，充实到基层。经过层层推选，级级审核，余敖军被任命为边防六团汽车队副队长（副连），步入军官行列。

西藏边防，山高路险，运输线长，汽车队任务重，责任大，每一次行程，都是一次生死考验。余敖军积极工作，大胆管理，多次立功受奖。1999年10月，余敖军提任汽车队队长。

在任汽车队队长期间，余敖军不辱使命，在一点一滴上下功夫，在狠抓落实上抓突破。两年间，汽车队被军区评为先进基层单位、安全稳定工作先进单位、农副业生产先进单位、后勤保障先进单位；他个人也荣获三等功两次。

2001年，余敖军被提任为边防六团后勤处运输股股长；2003年任边防六团后勤处副处长、处长。新的岗位，再次给他带来新的考验。于是，余敖军更加注重政治理论和专业知识的学习，备考南京政治学院法律专业本科（函授），经三年的刻苦攻读，顺利完成学业，获大学本科文凭。在实际工作中，他辛勤耕耘，废寝忘食，一心扑在边防后勤建设上，牢固树立“基层至上，士兵第一”的服务理念，努力为基层官兵办实事、解难题。他踏遍了边防六团的四个民政站及五大山口，从上到下，从内到边，凡是有兵的地方，他都亲自走到，调研一线官兵的实际困难和要求。特别是每年的冬囤工作，必须抢在大雪封山前完成，否则大雪封了山，物资运不进，后果将不堪设想。余敖军没有辜负党和人民的重托，高标准、高质量完成了边防各项后勤保障任务。

2005年3月，余敖军调任西藏军区拉萨综合库业务处处长。2007年9月，提任西藏军区山南综合库主任；2008年4月，调回拉萨综合库任主任。其间，2008年参加拉萨“3·14”维稳行动，被成都军区评为维稳先进个人，荣立三等功一次。他写的论文《论新时期边防后勤保障》，被总后勤部评为三等奖；2011年，余敖军被成都军区评为军事训练标兵；2012年，拉萨综合库被评为全军先进单位，他个人荣记三等功一次；2013年，算是余敖军最为风光之年：他被中央军委四总部授予全军先进个人，职务晋升为副师，技术级别定为军内七级高级工程师。

回顾自己所走过的历程，余敖军这样说：“我能从一个不谙世事的青年，成为一名真正的军人，从一个士兵成为副师级干部，除了个人的艰苦奋斗，更主要的是党的培养、部队首长的教育和关怀。是部队这所大学校锻造了我，栽培了我。我思党恩，报党恩，时刻不忘党恩情。在今后的军旅生活中，我将以崭新的姿态，革命加拼命的劲头，廉洁自律的品德，不断学习增长才干的精神，脚踏实地的工作作风，为边防建设增砖添瓦，为维护西藏稳定、繁荣、富强，做出一个军人应有的贡献，永远做忠于党、忠于祖国、忠于人民的好战士。”

邹芝桦

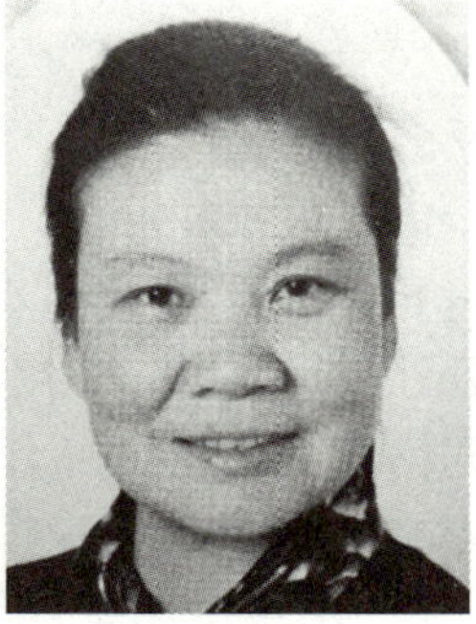

邹芝桦，女，祖籍陕西省安康市，1962年5月出生于贵州省毕节县城关区，1980年8月参加工作，1994年10月加入中国民主同盟。1994年12月加入中国共产党。在职研究生学历。

1977年9月至1980年8月，在贵州省体育学校田径专业学习；毕业后分配到贵州省毕节农校任教〔其间，1983年9月至1985年7月在贵州省毕节师专体育系学习（大专）至1997年2月〕；并于1996年3月至1997年1月挂职贵州省毕节市（县级市，今七星关区，下同）青场镇党委副书记；1997年2月调贵州省毕节市体育局工作任副局长（其间1995年8月至1997年12月在中央党校党政管理专业函授本科学习毕业）；2000年3月当选贵州省毕节市政协副主席（并兼任贵州省毕节市体育局副局长至2001年10月），2001年10月至2007年12月调贵州省毕节市政协工作任副主席（其间，2001年9月至2004年6月在贵州省委党校在职研究生班经济学专业学习毕业）；2007年12月至2011年12月任贵州省毕节市政协副主席、政协党组成员，民盟毕节地区工委副主委；2011年12月至2012年1月任贵州省毕节市七星关区政协副主席、政协党组成员，民盟毕节地区工委副主委；2012年1月至2012年3月任贵州省毕节市七星关区政协副主席、政协党组成员，民盟贵州省毕节市工委副主委；2012年3月起任七星关区政协副主席、政协党组副书记，民盟贵州省毕节市工委副主委。

邹芝桦，中国摄影家协会会员，贵州省作家协会会员（贵州文学院签约作家），主要著作有《铁匠街的故事》《忠诚》《护国将军戴戡》《落花的声音》《古达情韵》等小说、散文作品百余万字，其中《落花的声音》获建国60周年征文全国散文学会大赛一等奖；完成七星关区打造中国藏羌彝文化走廊的大型基础性文史调研书籍《中国古彝最后的土司庄园》和大型文史资料画册《古城记忆》《七星神韵》《磅礴乌蒙宜居毕节》等书籍的撰写编著，其中《古城记忆》获美国书籍装订工业协会BIA大赛“全场优秀大奖”，《中国古彝最后的土司庄园》通过贵州省新闻出版局与贵州出版集团层层筛选，作为贵州省2015年度重点图书公开出版发行，并被中央电视台发现之旅频道选为2016年重点纪录片拍摄项目；1997年1月被毕节地委评为“赴农村扶贫和党建工作队优秀队员”；1998年2月被贵州省评为1995—1997年农村基层组织建设工作“优秀驻村工作队员”；1999年7月被成都体育学院评为“国家级社会体育指导员第三期培训优秀学员”；2015年牵头邀请中国著名摄影家李少白等10余名全国著名摄影家赴七星关区采风，4月28日至5月18日，“多彩贵州·大美七星关”摄影大师作品展在北京798艺术中心展出；完成大南山苗族传统村寨建设规划与一心村的整村推进建设规划工作；将大南山苗寨中国西部苗语标准音点的优秀民族传统文化，以“千年苗寨探族源”的定位获中央电视台CCTV4《走遍中国》栏目组拍成专题片推向世界；配合区委、区政府开展并完成了“鸡鸣三省”景区的旅游规划工作、七星关区藏羌彝文化走廊赤水河流域古彝文化保护与建设的规划工作、七星关区国家森林公园拱拢坪的规划工作、七星古城与三国文化的挖掘整理和规划工作。

邹武平

邹武平，陕西省安康县人，1965年7月生于毕节县（今七星关区），1995年9月加入中国共产党，1982年10月参加工作，中央广播电视大学贵州分校法学专业毕业，大学学历，经济师。任中国农业发展银行毕节市分行副行长、党委委员、工委主任（副处级）。

1982年10月至1985年12月，在中国人民解放军56023部队服役；1985年12月至1986年1月，待分配；1986年1月至1993年1月，在中国农业银行毕节县支行工作(其间，于1987年9月至1989年7月，在农行武汉管理干部学院农业信贷专业脱产学习)；1993年1月至1997年1月，任中国农业银行毕节地区中心支行营业部计划信贷部股长；1997年1月至2001年10月，任中国农业发展银行毕节地区分行计划信贷科副科长；2001年10月至2005年4月，任中国农业发展银行毕节织金县支行行长、党支部书记；2005年4月至2009年8月，任中国农业发展银行毕节地区分行客户科科长；2009年8月至2011年1月，任中国农业发展银行毕节地区分行副行长、党委委员、工委主任；2011年1月至2015年12月，任中国农业发展银行毕节市分行副行长、党委委员、工委主任。

他在长期的金融工作中，开拓创新，与时俱进，为毕节地区金融事业的发展而不懈努力。

汪　政

汪政，贵州省毕节县(今七星关区)人。1974年1月出生于七星关区鸭池镇干龙滩村，大学文化，中共党员。贵州省纳雍县人民武装部部长。

1990年3月，汪政入伍，加入14集团军31师后勤部军械修理所行业，在部队历任班长、排长、参谋等职；1992年7月至1994年7月在武汉军械士官学校学习；1996年9月至1999年7月，在昆明陆军学院军事指挥成人教育大专学习毕业；1999年8月至2001年12月，在中央党校法律专业函授本科学习毕业。2001年11月至2008年2月，在77278部队后勤处历任军需科正连职助理员、副营职军需股股长、后勤处副营职副处长、正营职处长；2008年3月至2011年2月，在77263部队后勤部历任军需科副团职科长、财务科副团职科长；2011年3月至2015年1月，在77200部队后勤部军需物资处，任正团职处长；2015年2月起任贵州省纳雍县武装部部长。2013年3月被授予上校军衔。军旅生涯中分别于2006年、2013年两次立三等功，2014年被原总参谋部、总政治部、总后勤部、总装备部表彰为全军优秀参谋人才。

汪政在20多年的军旅生涯中，时刻牢记党的宗旨，紧跟党的建军路线，处处以一名共产党员的高标准及军队干部的条件严格要求自己，努力提高自己的能力素质，在长期的工作实践中为军队后勤保障积累了很多经验，为祖国的国防事业做出了一定贡献，为家乡人民添光增彩。

汪发全

汪发全，贵州省毕节县(七星关区)人。1949年6月生于毕节县长春区沙坝乡高山铺。大专文化，中共党员，助理经济师。

1966年6月初中刚毕业，就被县、区考察任毕节县长春区沙坝公社青年干事、团总支书记、公社革委成员、农代会副主任。当时正值“文化大革命”最混乱时期，很多青少年丢下农活，放弃读书，到社会上去造反、派斗，汪发全一家家一户户，找青年朋友们谈心，做好安定团结工作，从而使沙坝公社社会稳定，农业生产快速发展。毕节县派工作组到沙坝调研，将沙坝经验在全县推广。组织上对汪发全的工作予以肯定，并将他定为重点培养对象。

男儿有志在军营，保家卫国献青春。1968年冬季征兵工作开始，汪发全放弃了已经轻车熟路的公社工作，毅然带头报名参军。1969年1月被毕节县人武部批准入伍，分配到驻云南省普洱县昆明军区汽车23团服役。

时值越南抗美救国战争最为艰巨之际，23团担负援越抗美后勤运输任务。从河口出口岸后，美帝国主义轰炸机经常对中国援越运输线路进行狂轰滥炸。在天上有敌机，地下有敌特，道路崎岖艰险，人地生疏复杂的情况下，英勇的汽车兵冒着生死危险，日夜奔驰在抗美援越运输线上。汪发全在老兵的指导和带领下，时时刻刻经受着严峻的考验，一次次闯过敌机的严密封锁，将中国援越物资送到越南前线。

1970年，美国在越南吃了败仗，为了霸占东南亚，又出兵老挝，对苏发努丰领导的革命武装进行围剿和轰炸。23团又接受越老筑路的后勤保障运输任务。已单独驾车的汪发全，经常单车单人执行出国命令。汪发全靠着对祖国的赤胆忠心，靠着对执行国际援助主义的责任感，靠着一不怕苦、二不怕死的精神和勇气，每次都圆满地完成了任务，多次受到师、团嘉奖。1970年7月，汪发全光荣地加入了中国共产党，并担任班长。

1971年至1981年，汪发全先后任23团司机训练队教员、汽车队副队长。在培训驾驶员的每个环节，他都满腔热情，精心教授，严格训练，被23团授予先进教员称号。

1982年1月，汪发全转业安置在毕节地委组织部工作。1984年12月至1992年12月，调任毕节地委老干部局汽车队队长、离休科科长。在为老干部服务中，汪发全总是从细微小事入手，真心实意为老干部服务。多次被省、地评为老干部工作先进个人。1988年10月，还获得地委“敬老好儿女”金榜奖。

1993年1月至2000年12月，汪发全调任人保毕节中心支公司财险科科长、运输工具保险部经理、人保毕节市（县级）支公司经理、人保财险毕节分公司人事部经理、组织部部长。其间，1996年至1999年，在贵州省委党校经济管理专业学习。2001年1月至2009年6月任人保财险毕节分公司党委委员、纪委书记、工会主席、副总经理等职。2009年7月至2016年7月，任毕节市保险行业协会第一届、第二届专职秘书长。

贵州保监局对他的评价是：“完全符合中国保监会《保险公司董事和高级管理人员任职资格管理规定》，以及民政部关于社团组织主要负责人的任职基本资格条件；他在保险业工作16年，任人保财险毕节分公司班子成员7年，有丰富的从业经历和管理经验；热心保险协会工作，具有较强的组织、沟通、协调能力，公正廉洁，责任心强，在业内享有较高威望”。2012年12月，毕节市保险行业协会被毕节市民政局评为5A级社团组织，汪发全被评为优秀秘书长。

汪应立

汪应立，贵州省毕节县（今七星关区）人。1956年7月出生于毕节县鸭池区。本科文化，中共党员。

汪应立1975年应征入伍，在西藏军区后勤部603部队服役。1981年12月退伍，1983年至1986年任原毕节县鸭池区南箐乡公安员、武装部部长；1986年至1990年任原毕节县鸭池区十八乡乡长、党委书记；1990年至1993年任毕节县梨树乡乡长；1993年至1998年任毕节市（县级）岔河镇党委书记；1998年至2002年任毕节市（县级）委常委、市纪律检查委员会书记；2002年至2006年任黔西县委副书记兼纪委书记；2006年至2014年任毕节地区、市房产局党组书记、局长。2014年8月退休。

汪寿先

汪寿先，贵州省毕节县（今七星关区）人，1948年8月出生于毕节县鸭池区，大专文化，中共党员。

汪寿先从小在家乡就读小学、中学，“文革”后回乡务农。1968年12月应征入伍，在云南边防解放军汽车23团当战士。正值热血青年时期，他刻苦学习，努力工作，1969年被组织批准加入中国共产党。其间，发挥自己之所长，撰写新闻稿件，投《国防战士报》等报刊，因业绩突出，担任团政治处书记。1974年11月到该团三营八连任政治指导员，率部参加执行党中央、毛泽东交给的国际主义义务——援老抗美。他带领连队在老挝寮北地区担任中国筑路部队的后勤运输任务，足迹踏遍了寮北地区的老西线、新西线、老东线、新东线和北线，在整个战场上与参战部队一道抵抗美国飞机空中轰炸、地面特务的猖獗活动；在恶劣的气候环境中执行特别繁重的任务，挂着国旗，把生死、苦乐置之度外，在千难万险中带着连队完成了任务，立下了战功。

他率队回国一年后，又参与中越边境反击战，仍担任前线紧张的运输任务，战斗打响后，被派往前线与作战部队随行，为阵地送弹药物资并运烈士、伤员回来。他在一不怕苦、二不怕死的精神支持下，圆满完成了上级下达的各项战斗任务。自卫反击战结束回国后，被调贵州省独立师汽车连任指导员，尔后调贵州军区后勤部政治处任干事、后勤部油库任教导员。1984年调毕节军分区政治部任干事；1986年调任毕节县人武部政工科科长。

1993年，转业到地方工作，任中共毕节县委宣传部部长。其间，发挥了他的特长，创造性地开展工作，忠于职守，克服多种困难，创办了《毕节晚报》，大力宣传毕节各条战线的先进事迹和工作业绩，多次受到省、地宣传部门的表扬和全县人民的赞扬。

1998年，当选为毕节市(县级，下同)人大常委会副主任。他认真履行职责，学习法律、法规，常到机关、农村开展调查研究，掌握全市的基本情况，指导和监督所分管的工作，受到市直机关、基层干部和农村群众的好评。

退休后，发挥余热，施展自己的特长，主持毕节诗词楹联学会的工作，被选任会长。他从部队到地方，忠于党和人民的事业，清正廉明，办了许多与民生相关的实事、好事，被誉为求真务实、勤政为民的好干部。

汪寿武

汪寿武，贵州省毕节县(今七星关区)人。1959年8月出生在毕节县鸭池。水城军分区政委、六盘水市委常委。硕士研究生，中共党员。

汪寿武1975年8月毕业于毕节县朱昌中学。1975年8月至1976年12月在南箐龙滩小学任民办教师。1976年冬季征兵，汪寿武圆了穿军装的梦，应征入伍在11军31师防化连任战士、班长；1978年12月至1982年9月，在华东地质学院地质普查与勘探专业学习；1982年9月至1983年11月，在陆军第11军31师高炮营任书记；1983年11月至1985年3月，任31师司令部副连职参谋；1985年3月至11月，任第11军教导大队正连职区队长；1985年11月至1996年3月，先后任第14集团军31师政治部干事、干部股股长、代科长、93团政治处副主任、31师政治部组织科科长；1996年3月至1997年4月，任31师炮兵团政治委员；1997年4月至1998年10月，任31师91团政治委员；1998年10月至1999年12月，任31师装甲团政治委员；1999年12月至2004年9月，任31师副政治委员；2004年9月至2007年8月，任第14集团军装甲旅政治委员；2007年8月至2008年5月，任云南省昭通军分区政治委员、党委书记、中共昭通市委常委；2008年5月至2010年8月，任云南省临沧军分区政治委员、党委书记、临沧市委常委；2010年8月起任贵州省水城军分区政治委员、党委书记、中共贵州省六盘水市委常委。

汪寿武参加工作以来，不管是当民办教师，还是在军队各级领导岗位任职，在勤奋工作的同时，不忘认真学习，抓住每次学习培训的机会，不断提高自己的才能和素质，为发展积蓄后劲。1998年7月，汪寿武参加中央党校函授学习，获得本科学历；1999年6月，攻读炮兵学院军事运筹学专业，取得硕士学位。2005年6月，随中国人民解放军管理教育考察团，访问了南非、赞比亚、津巴布韦；2005年11月，随中国人民解放军中青年军官考察团，访问了美国、韩国。通过了国家计算机等级一级、二级考试。另外，作为大理州摄影家协会会员，在多种摄影刊物上发表了100余幅作品；通过不懈的创作，汪寿武结合工作实践，系统地总结工作经验，在省级以上刊物发表了多幅作品和理论研究文章。

从军30多年来，汪寿武牢记家乡人民的嘱托，在长期担任各级主官的过程中，用正确的工作思路创新工作方法，不断提升领导艺术，以一名共产党员的党性原则和朴实作风，认真履行职责，踏实勤奋工作，把祖国国防建设事业当作自己的事业，把人民群众安居乐业当作自己的追求，为祖国人民贡献了自己的力量，为培育自己的家乡人民争了光添了彩。

汪寿武突出的工作业绩和对部队建设作出的贡献，多次受总部、军区、集团军表彰。1978年2月，参加昆明军区军事比武，荣立三等功一次；1984年11月，在陆军第11军教导大队任教员期间，荣立三等功一次；1999年1月，被成都军区评为“优秀旅团主官”，荣立三等功一次；1999年6月，被总政治部评选为“全军优秀党务工作者”。2006年6月，被14集团军评为党风廉政建设先进个人；2007年1月，被14集团军评为“优秀主官”。

汪继平

汪继平，贵州省毕节县（今七星关区）人，1956年3月20日出生于贵州省毕节市鸭池区甘河公社甘河大队白石岩生产队。1974年7月在朱昌中学高中毕业后，1976年3月在毕节县人武部应征入伍，从此走上从军之路。1979年2月在云南省军区怒江军分区边防十团司令部任管理排排长，1983年在中国人民解放军陆军二五〇师七四九团三营八连任副政治指导员，1983年9月至1985年3月在昆明陆军学校政治指导员队学习，毕业后回原部队工作。1985年12月调任贵州省军区毕节军分区政治部组织科干事。1986年12月转业到毕节地区纪委工作，历任科员、副科级检查员、正科级检查员、室副主任等职。2004年5月提任毕节地区纪委纪检监察一室主任（副县级干部）。2007年12月调任贵州百里杜鹃风景名胜区党工委副书记、纪工委书记。2011年11月调任毕节地区民宗委纪检组组长。毕节地区撤区建市后，调任毕节市纪委监察局第五纪工委副书记、监察分局局长兼市民宗委纪检组组长。2013年12月提任正县级干部，2014年年初退休。

沈　允

沈允，女，白族，贵州省毕节县（今金海湖新区）人，1977年6月出生在贵州省毕节县朱昌区岔河公社。于1997年12月参加工作。本科文化，中共党员。

1995年9月至1997年7月，在黔南民族行政管理学校毕业；1997年12月至1998年7月，在贵州省原毕节市（县级市，下同）阴底乡文化服务中心工作；1998年7月至2001年7月任贵州省原毕节市阴底乡文化服务中心主任；2001年7月至2006年12月任贵州省原毕节市阴底乡团委书记（其间：2001年9月至2004年4月参加贵州省委党校经济管理专业专科学习）；2006年12月至2010年4月任毕节市阴底乡副乡长（其间：2006年9月至2009年7参加贵州省委党校法律专业本科学习）；2010年4月至2011年7月调贵州省原毕节市招商局任副局长；2011年7月至2013年9月调任贵州省毕节市七星关区市西办事处主任；2013年9月至2015年7月调任贵州省毕节市七星关区洪山街道办事处（社区服务中心）主任。2015年7月起任毕节市民族宗教事务委员会副主任。

沈允经多岗位锻炼，熟悉农村和城市的情况，了解农村村民所需所求，知道城市居民所需所盼，开拓创新意识强。曾任阴底乡副乡长、毕节市招商局副局长、市西办事处主任、洪山街道办事处主任，具有一定的农村和城市工作经验。坚持以服务为宗旨，以服务促管理、以服务促发展、以服务促和谐的工作理念，采取重心下移、资源下沉、关口前移的工作措施，为群众提供主动式服务和上门服务，解决老百姓办事“最后一公里”的问题，提高了社区服务管理水平。以解决影响社会稳定与和谐的突出问题为突破口，加强特殊人群的包保服务管理，健全完善党委领导、社会负责、党员协同、共同参与的服务管理模式，着力提高社会管理的科学化、系统化和制度化水平。坚持执政为民，推动经济社会健康发展，以经济工作为中心，推进小康进程。通过强化各种工作措施，全力推进小康社会建设。以“区域网格化、管理精细化、服务一体化、统筹信息化”为抓手，加强了城乡基层基础建设。突出集成创新，探索社会治理新模式。提出“四进三零”工作法，在此基础上，继续深化基层社会治理“六零六好”经验，推进社区为框架、楼群、院落为单位的基层社会治理体系建设；逐步在社区开展精准化服务，提出“七心”工作法，为群众提供全方位、立体化的优质服务。2010、2011、2014年考核被评为优秀，2014年全省第二次项目现场观摩会被评为“先进个人”。

沈　朴

沈朴，字德模，贵州省毕节县（今七星关区）人，1931年2月生于毕节县海子街沈家院。中学文化程度，中共党员。

幼时读书，1949年在毕节县立中学初中毕业后务农。解放后被选为海子街村农民协会委员。1951年年初调入毕节县公安局，1952年加入中国共产党，1955年5月调毕节地区公安处。先后在贵州省行政干校和中央政法干校学习。历任地县公安处、局股长、科长、队长，1991年退休。

沈朴一生从警。自1951年进入公安部门后，努力学习理论，认真钻研业务，很快进入角色，经过两次干校学习，提高很大。在40多年的从警生涯中，他披星戴月，风餐露宿，不辞辛劳，足迹踏遍毕节地区的山山水水，全心全意保一方平安。他参加平息动乱，组织破案，除暴安良，惩治犯罪，保护人民的工作，成为广大干警的楷模。1982年，他负责组建地区公安处刑侦队（后改称支队）。1986年，负责组建地区公安处国家安全科（1995年升格为国家安全局）。上述两个单位的建立，为保卫国家安全和人民生命财产安全，做出突出贡献，战果辉煌。他组织总结撰写过许多重特大疑难案例。如《黄金梦》，写一持枪歹徒诈骗钱财被歼灭的惊险战斗经过；《杀人恶魔三兄弟》，写一家弟兄图财害命、杀人分尸的残暴行径和侦察工作的曲折经历。仅此两个案例足使同行从中学到经验，人民群众从中得到警示。他办事认真，实事求是，严格执行政策，注意工作方法。数十年间，经他办理的案件无冤无错。他对同志满腔热情，对工作一丝不苟。他对案件的思维判断、应对措施、组织指挥等，得到同行赞许，享有很高声誉。

沈朴名如其人，的确谦逊朴实，平易近人，公道正派，乐于助人。他热爱家乡，在20世纪80年代，征得交通部门支持，为家乡修建一石拱桥，解决了历史上遇河水暴涨两岸隔绝的状况。退休后，1994年到1995年，鉴于家乡行路难、吃水难、灌溉难的实际状况，他同老伴与各方联系，修建了乡村水泥路和自来水、水坝、水沟。于2010年又整治了家乡河道。得到市、镇党委关怀，已把他家乡作为新农村建设的试点村，崭新的黔西北民居，已经一幢幢拔地而起，全村面貌焕然一新，他同乡亲们手拉手，心连心，共享欢乐。

沈朴的诸多善举，城乡有口皆碑，深受干部群众好评。

沈长仁

沈长仁，贵州省毕节县（今七星关区）人，1931年8月23日出生于毕节县小吉场。1951年6月参加工作，1954年加入中国共产党。

参加工作后，历任土改工作队员，毕节地区革命干部学校学员、班长，土改工作队大组长，中共贵州省委办公厅秘书处秘书科副科长、行政处膳善科副科长，省革委行政办公室负责人、革委办公室秘书组负责人，省委办公厅行政处第一副处长、处长，省档案局办公室主任、机关党委副书记，《贵州省志·档案志》编委委员、副主编等职。

1952年至1964年在省委办公厅秘书科工作期间，主要任务是接听、记录中央办公厅、各部委办的长途电话，并逐字逐句记录整理、校对清楚，送有关领导阅批，下发有关部门和单位处理。在职责的行使中，从未出过差错，特别是供省委领导阅文、阅刊和机要文件，机密性高、保密性强，三年间，他守口如瓶，一切遵照自己的誓言："虽有铁窗铜锁，更须赤胆忠心，誓与机密共存亡，不让魔手伸近。"

他在秘书科负责接待人民群众来信来访的工作，坚持做到热情、耐心、周到。对群众所反映的问题，他总要将来人的口述记录整理成文字材料，念给来访者听，认可后签名盖印送领导批示，才交有关部门处理，然后再向来人通知结果。他对工作高度负责的精神，深受同行和群众的赞扬。

三年生活困难时期，正是沈长仁负责接待群众来访的高峰期，全省各地不断有信件反映缺粮等情况。听反映后，他坚持真理，实事求是，冒着扣右派帽子的风险，大胆写出简报反映农村情况，上报省委常委、下发各地市州委。有的地区领导人看后则说："简报反映的问题，是为农村富裕农民在说话。"他思想上虽有压力，但他认为自己是农民的儿子，农村缺粮，饿死人是铁的事实，又继续写了20多期简报，反映各地区缺粮饿死人的情景，引起省委、省政府的高度重视。嗣后，省委深入调查，反映的问题全部真实，承认了全省缺粮死人的实际情况。他尽到了一个信访工作者应尽的责任，为全省人民做了一件历史性的实事、好事，受到同仁的好评，人民的称赞。

沈长仁从事人秘和行政工作40余年。他在从事行政工作时，总管省委办公厅行政经费、基建工程、房产、车辆、保卫、膳食、医务、幼儿园等事务，集实权于一身。他廉洁奉公，管钱不贪、管物不占。理财13年，他和财务人员从未出现贪污、挪用、浪费公物等问题，每年财务审计，符合预决算开支，清白过关。是一位清正廉洁、两袖清风、不贪不占、高风亮节的清白人。

沈长富

沈长富，贵州省毕节县（今七星关区）人，1955年3月出生在毕节县海子街区王张乡。高中学历，中共党员。

他从小入学读书，高中毕业后在家务农。1976年2月应征入伍，在中国人民解放军3553部队61分队任战士、副班长、班长、排长。1979年3月转调云南省昭通军分区政治部任正排职干事。1983年5月到昭通人民武装部任副连、正连职干事。1987年8月回昭通军分区政治部任副营、正营职干事。1996年4月任命为云南省大关县人民武装部副部长。2000年9月转业，在昭通市公安局交通大队任助理调研员。

在工作中，因成绩突出，被成都军区评为先进个人，荣立三等功一次，多次受到部队师级以上、地方县级以上的嘉奖，被评为先进工作者、优秀共产党员、优秀党务工作者。

沈先启

沈先启（1955—2008），贵州威宁人，1955年6月出生于威宁县，1973年9月参加工作，1978年4月加入中国共产党，大学本科学历，在职教育研究生。贵州师范学院化学专业全日制教育本科毕业，获贵州大学经贸专业在职教育研究生学历。

沈先启参加工作以来，先后在威宁、织金、毕节等县和贵州省环保厅（局）工作和任职。

1990年4月至1992年11月，任中共威宁县第六届委员会常委；1992年11月至1993年3月，任中共织金县第六届委员会常委；1993年1月至1997年3月，任织金县副县长；1996年12月至1998年2月，任中共织金县第七届委员会常委；1997年1月至1998年2月，任中共织金县第七届委员会副书记；1998年3月至1998年8月，任中共织金县委副书记、织金县县长。2001年1月至2002年11月，任中共毕节市（县级，下同）第二届委员会副书记；2001年3月至2002年12月，任中共毕节市委副书记、毕节市人民政府党组书记、毕节市人民政府市长；2002年11月至2003年1月，任中共毕节市第二届委员会书记；2002年11月至2007年7月，任毕节市人民武装部党委第一书记；2003年1月至2006年10月，任中共毕节市第三届委员会书记；2005年6月至2007年任中共毕节地委委员、中共毕节市委书记；2007年7月后，任贵州省环保厅（局）党组成员，副厅（局）长。

于2008年逝世，终年53岁。

沈晓春

沈晓春，男，汉族，贵州毕节人，1958年3月出生，1975年12月参加工作，1980年10月加入中国共产党，省委党校大学学历，现任贵州省林业厅党组成员、副厅长。曾先后担任赫章县委副书记（兼组织部长）、毕节地区人事局副局长、毕节地区纪律检查委员会副书记、毕节地区监察局局长、大方县委书记、大方县人武部党委第一书记等职务。现在省林业厅主要分管农村林业改革发展、森林资源管理、对外合作与产业发展、人事等工作，指导生态文化交流、花卉产业发展、生态旅游开发、康养产业发展。曾赴澳大利亚、新西兰、马来西亚、新加坡等国家和中国香港地区，开展林木种苗生产技术与质量管理、招商推介及投资洽谈考察。1978年3月获毕节地区公安先进工作者荣誉称号，1979年5月获共青团贵州省委员会颁发的新长征突击手称号和奖章，2018年在抗雪凝工作中荣获一等功，2009年中共大方县委荣获全国民族团结先进县委称号，本人到北京参加表彰大会，受到胡锦涛等中央政治局常委的集体召见，参加了国庆60周年大阅兵观礼活动。

宋登友

宋登友，贵州省毕节县（今七星关区）人，1960年12月出生在原毕节县何官屯区对坡公社青杠大队田坝生产队，1978年11月在毕节县应征入伍，本科文化，中共党员。

宋登友参军后，1978年11月至1980年5月，在空军砚山场站四站连任战士；1980年6月至1981年6月，在空军昆指陆良干教队学习参谋业务；1981年7月至1982年7月，在兰空西安四站训练队学习航材专业知识；1982年8月至1985年8月，先后在空军砚山、蒙自场站航材股任正排职会计、仓库主任；1985年8月加入中国共产党。

1985年9月至1987年8月，考入江苏徐州空军勤务学院学习战勤参谋业务；1987年8月至1990年11月，先后在空军蒙自场站司令部任正连职战勤参谋、空军昆明场站航材股任正连职助理员；1990年12月至1996年2月，在成空陆良训练基地航材股任正营职股长；1996年3月至1997年1月，在北京空军指挥学院中级指挥班学习后勤指挥专业知识；1997年2月至2000年7月，在成空陆良训练基地后勤处任副团职副处长。

2000年8月至2007年10月，宋登友从部队转业在师宗县人民政府任副县长。2007年11月至2008年12月，在曲靖市劳教所任副所长；2009年1月至今，在曲靖市司法局任副处级干部。

宋登友从小学、中学到大学，学习刻苦，品德优良，成绩在班上都名列前茅。入伍后，功勋卓著。1984年5月，在空军蒙自场站参加对越“两山”作战，战绩突出，荣立个人三等功一次。在任成空陆良训练基地航材股股长期间，领导有方，成绩突出，1992年1月被成都空军评为“艰苦奋斗模范个人”，荣立个人三等功一次，1995年1月，又荣立个人三等功一次。

宋登友转业地方后，在师宗县任两届近八年的副县长工作期间，先后分管过政府办、人防办、老年办、残联、档案局、地震局、信访局、保密局、民宗局、劳动局、安监局、煤炭局、司法局、公安局、土地局、城建局、民政局，安全生产工作，政法工作等，分管安全生产工作6年，全县无重特大事故发生；分管煤炭安全生产工作，2006年3月被曲靖市委、市政府表彰为先进个人；分管民政工作在师宗县试行退伍军人安置改革办法，被云南省在全省推广；分管老年工作，师宗县被云南省委、省政府表彰为敬老模范先进县等。2009年年初因身体原因保留副处级待遇，从市劳教所调市司法局工作。

张　力

张力，河北省保定市人，1955年生，大学文化，中共党员。

1970年，随父母工作调动到贵州省毕节县(今七星关区)，住白花山地委宿舍，就读于毕节一中。1972年，在毕节县人民武装部应征入伍，分到昆明解放军第398库服役。1974年5月加入中国共产党。1975年8月，被部队推荐入武汉大学历史系学习，其间兼任武汉大学广播电台编辑组组长。1978年毕业后，分配到原昆明军区军医学校政治理论教研室任政治教员，提为连级干部。1979年，曾率救护队参加南疆保卫战，立下战功。1985年8月，由军医学校转业到昆明海关人教处工作，任主任科员。1990年10月，任中华人民共和国畹町海关副总长。1992年2月，调昆明海关任办公室副主任兼党组秘书。1995年8月，任办公室主任。2002年8月，任昆明海关缉私局政委(公安部第24局昆明局、云南省公安厅走私犯罪侦查局)，授予公安二级警监衔。他身负重任，严于律己，认真执行党的政策，办事公正，受到人民群众的好评。对毕节一向关心厚爱，凡有毕节籍的乡亲到昆明办事，他都热情接待，热情帮助，表达他对第二故乡难以忘怀的深情，深受毕节人民的颂扬。

张　春

张春，贵州省毕节县(今七星关区)人，于1976年4月出生于贵州省毕节县海子街区(今毕节市海子街镇蚂蝗村)。硕士研究生学历，中共党员。

1996年贵州大学毕业后参军入伍，2004年考入中国人民解放军南京政治学院，2007年获硕士研究生学位。在部队历任参谋、助理工程师、副营长、宣传科长、营政治教导员、团政治处主任（副团级）、旅政治部主任（正团级），副政治委员（正团级）等职。

张春自入伍以来，始终按照当代革命军人核心价值观要求，认真学习党的创新理论，坚决贯彻执行党的路线方针政策和上级指示精神，政治立场坚定，思想道德纯洁。工作中认真履职尽责，奋发进取，狠抓军事训练，多次参加并圆满完成重大军事演训任务。生活中坚持做到严律于己、秉公用权、以身作则，所带营队多次受到上级表彰，个人先后被评为军级单位“军事训练中政治工作先进个人”“学习实践科学发展观活动先进个人”，被火箭军机关评为“第八届学习成才先进个人”和“‘十一五’期间和谐模范家庭”，荣立三等功一次。

张　奎

张奎，贵州省毕节县（今七星关区）人，1963年11月生于毕节县燕子口区沔鱼河乡，大学学历，毕业于昆明陆军学院参谋专业（在职教育：本科，毕业于贵州教育学院经济管理专业），1980年11月参加工作，1984年6月加入中国共产党。现任贵州省黔南州委副秘书长，州信访局局长、党组书记。

1980年11月至1984年12月，任解放军250师749团战士、副班长、班长；1984年12月至1985年9月，任贵州省瓮安县人民武装部正排职参谋；1985年9月至1987年10月，在昆明陆军学院参谋专业学习；1987年10月至1988年6月，贵州省都匀军分区政治部老干办任正排职干事、副连职干事；1988年6月至1993年4月，任贵州省都匀军分区政治部二级科员、一级科员；1993年4月至1995年1月，任贵州省都匀军分区干休所副所长（副科级）；1995年1月至1999年3月，任贵州省都匀军分区政治部副科级干事、正科级干事、正营级干事（其间：2000年3月授予中校军衔）；1999年3月至2002年3月，任贵州省福泉市人武部副部长（其间：2000年3月授予中校军衔）；2002年3月至2003年3月，任贵州省都匀军分区政治部宣传保卫科科长；2003年3月至2004年4月，任贵州省罗甸县人武部部长、党委副书记；2004年4月至2005年3月，任贵州省独山县人武部部长、党委副书记；2005年3月至2005年7月，任贵州省独山县人武部部长、政治委员、党委书记；2005年7月至2006年9月，任贵州省独山县委常委、人武部政委、党委书记；2006年9月至2008年10月，任贵州省黔南州纪委办公室主任（正县职）；2008年10月至2009年5月，任贵州省黔南州纪委办公室主任（保留正县级）；2009年5月至2014年12月，任贵州省黔南州委副秘书长（保留正县级）〔其间：2012年2月至2012年4月在贵州省委党校正县（处、局）进修班及干部进修班学习〕；2014年12月，任贵州省黔南州委副秘书长，州信访局局长、党组书记。

张　胤

张胤，贵州省毕节县（今七星关区）人，女，彝族，1972年1月出生于毕节，1994年7月参加工作，现任贵州省公路局党委副书记、副局长、高级工程师。大学本科学历，中共党员。

1990年9月至1994年7月，在北京工业大学土木工程系交通工程专业学习；1994年7月至1998年4月，在贵州省公路局县乡公路处当工作员；1998年4月至2011年5月，任贵州省公路局县乡公路处副处长（其间，于1999年12月被评为工程师，2004年12月被评为高级工程师）；2011年5月至2012年8月，任贵州省公路局县乡公路处处长；2012年8月至2013年9月，任贵州省交通运输厅办公室副主任（主持工作）；2013年9月至2015年7月，任贵州省交通运输厅办公室主任；2015年7月后，任贵州省公路局副局长（其间，2015年8月至10月，在中共贵州省委党校第50期中青班学习）。

她参与完成科技部、公安部、交通运输部等三部委的国家级科研课题《西部山区农村公路交通安全防控对策研究及安保示范》研究，获中国公路学会科技一等奖；作为项目负责人，主持完成5项省级科研项目，获贵州省公路学会科技一等奖3次、二等奖2次；专业技术工作业绩突出，2011年获交通运输部“第三批农村公路建设示范工程先进个人”表彰；2005年至今，主持完成全省农村公路大中桥梁建设及设计审批、县乡道改造工程建设及设计审批、公路安全生命防护工程建设及审批；2015年至今，主要负责全省“四在农家·美丽乡村”基础设施建设—小康路行动计划推进、农村公路建设“三年会战”实施、“十三五”农村公路“建养一体化”服务项目实施、“十三五”普通国省干线公路“建养一体化”服务项目实施等工作，创造性地解决了公路建设与资金短缺的矛盾问题，推动了普通公路建设和养护管理持续健康发展。

张天明

张天明，贵州省毕节县（今七星关区）人，1946年12月9日生于毕节县，中共党员，大学学历。

1969年8月毕业于贵州工学院。曾在毕节县农机研究所、农机局、毕节县人民政府、毕节地区经济委员会、毕节地区煤炭工业局工作，先后出任技术员、县农机局副局长、县政府副县长、地区经委副主任和煤炭局副局长、局长、党组书记等职，是中国煤炭工业协会中小煤矿分会、中国煤炭加工利用协会理事，贵州省煤炭工业协会副会长，毕节地区煤炭工业协会会长。

在农机部门工作期间，主要从事农机化、农机“六环节”方面的工作和管理业务。编写了《毕节县农机化远景规划》，撰写了《毕节县农机局关于当前农机管理工作的几点意见及措施》《山区农机化发展趋势及其管理工作》等论文，编印了《拖拉机内燃机用油知识简介》。参与和组织培训大量的拖拉机、内燃机、农富产品加工机械操作手和农机修理人员，总结农机管理、培训、修造、推广使用的经验，并发表在《贵州农机》等刊物上。

在毕节县政府工作期间，主要分管工、建、交、乡镇企业及安全生产等方面的工作，还担任城建、安全、企业经营、项目论证等成立的领导小组正副主任、正副组长。组织指挥年产1000吨毕节大曲扩建、年产10万标准张三万件皮衣制革制件生产线、年产2000万标砖的页岩煤矸石砖厂、年产1万吨硫酸、2.5万吨普钙的磷肥厂、年产30万双粘胶鞋生产线、日处理能力2万吨的自来水厂、毕节县烟叶复烤厂等项目，担任指挥长。注重城市建设和管理，组织实施城市统建和开发，推行规划、征地、设计、资金、施工的城市建设“五统一”，集中有限资金对天河路、桂花路进行建设；完成松山路、东安路、沙帽山、塔山路、龙清路、对坡至沔鱼河、五龙桥等的修建和改造。完成了毕节县第二次工业普查、城镇房屋普查、毕节县地名录等工作，引进贵州省第一水文地质大队对毕节城区地下水资源普查，成果均付印成书。

在地区煤炭局工作期间，总结、完善全区煤炭工业管理体系建设，以安全生产为目标、税费征收为龙头，实施产、供、销、运、安全为主体的安全生产保证、产运销一体化的“三个五统一”管理办法，全面推进行业管理。制订《毕节地区煤炭验票处管理制度》和准销制度，制订《毕节地区乡镇煤矿矿长特种作业人员职责及规章制度》。全区煤炭税费从1997年的3831万元上升到2001年的19345万元，到2009年达到303600万元，煤炭工业已成为全区主要的支柱产业和经济支柱。出色地完成了黔北、纳雍、大方、黔西等火电厂前期供煤规划的相关工作，为争取火电厂的立项作出了应有的贡献。

张天明退休后一直从事社会组织工作。其一是倡导和促成在煤炭行业建立行业工会和非公有制乡镇煤矿建立工会组织，并出任地区煤炭行业工会第一任主任；其二是倡导并率先在全省建立煤炭工业协会，充分发挥社会组织的桥梁和纽带作用。其主编的《毕节地区煤炭工业大事记》《贵州省毕节地区煤炭工业文件选编》共十九卷三百七十余万字，付印成书，为全区煤炭工业的可持续发展发挥余热。

张化忠

张化忠，贵州省毕节县（今金海湖新区）人，笔名张傻，1954年9月出生于毕节小坝豪沟上坝一个农民家庭。大专文化，中共党员。

张化忠9岁启蒙就读家乡小学。因“文化大革命”的影响，不到16岁就随大人修电站，同成年人一样干重活，挣工分。1971年复课学习，1973年初中毕业，是年冬，应征入伍，在昆明军区直属门诊部炊事班服役。

参军后，他发誓努力学习。经过数年的艰苦学习，会写诗歌、散文、通讯、小说、报告文学等文章，而且学会摄影、根雕，成为昆明文艺界有名人物，其作品常在《云南日报》《国防战士》《云贵民兵》等报刊上发表，得到部队首长的重用。张化忠从炊事员提为副班长、班长，后任卫生员。1974年春加入共青团，1976年秋加入中国共产党，次年提干。1979年南疆保卫战期间，随部队深入前沿阵地采访报道，写下许多有价值的文章，受到部队首长的好评。1981年，调到昆明军区军械技工训练大队政治处任干事，分管宣传和群众工作，当年部队首长下达的报道任务三篇，他完成了13篇，荣记三等功一次。

1982年，全军开展“军民共建社会主义精神文明”活动，1983年，获昆明军区“军民共建社会主义精神文明”先进个人。时任国家主席李先念等亲临部队视察，接见了他。

1985年，从部队转业到地方，在云南省轻纺工业厅工作，在厅直属党委机关任工会秘书，参与了地方志办撰写组织史等。1989年，在厅政治处分管宣传的岗位上，组建了省轻纺工业职工思想政治工作研究会，选为常务副会长兼秘书长。

于1994年12月被厅直属机关党员代表大会选为厅直属机关党委专职副书记兼纪委书记。他参与全省推行国家公务员制度的试点工作，独立完成《人事政策与实践——云南省轻纺工业厅推行国家公务员制度实施与操作》一书，印发两万册，作为省人事厅指导工作的蓝本。同时做了三件大事：一是组织厅直属27个企业举办《祖国在我心中》和《党在我心中》的演讲活动；二是受轻工业部政研会的委托，承办全国轻纺系统“社会主义精神文明培训班”；三是组织全省轻纺系统到重庆、贵州、成都、上海、新疆等省区参观学习，推动企业职工思想政治工作，被省厅委任为“三讲”教育办公室主任，组织协调厅直单位的工作，取得显著成绩。个人获“中国轻工业优秀政研会干部”“云南省优秀政工干部”“云南省优秀纪检干部”“云南省轻纺工业厅优秀公务员”等荣誉。1996年11月，率省轻工系统劳模代表团赴京出席全国轻工劳模表彰大会，受到时任国务院总理李鹏等党和国家领导人的接见。

2000年，省委撤销轻纺工业厅，被安排到省工艺美术公司任党委书记。他凭着一个“公”字，出色地完成了建房和分房任务，受到上级的表扬和机关职工的好评。2004年，张化忠回公司担任总经理，成为党政“一把手”。带领职工搞经营、抓创收，在岗职工的月均收入从2003年的1760元增长到3259元。公司“四喜临门”：一是经营业务创公司历史最高水平，受主管部门奖励；二是党建工作验收合格，受上级党委的奖励；三是工会工作优秀，受上级工会奖励；四是工作成绩显著，被评为全省先进文化企业，个人被评为先进文化企业家。

张化忠自幼酷爱写作。在参加工作的30多年中，写下300多万字的作品。1995年出版的《人和之歌》；2006年后出长篇通俗小说《哭笑云烟》，其他文学作品《矿山的儿子》《植根沃土》《旗帜》《震颤》《一位老八路的丧事》《用手表达的爱》《五曲》《脊梁》《基石》等40余篇作品，分别获省部级以上一、二、三等奖项。其中的一部作品《塑料行业闯关人》由邓小平题写书名，被中宣部等部委联合编辑出版的《企事业改革家列传》大型丛书收录；《五彩路上，孕育着新的希望》等10余篇作品被国际文化出版公司出版的《写在红土高原上的报告》丛书收录；《扑向潮头》等30多篇企业家传记被《中国企业家辞典》收录，《人生价值》等报告文学作品分别被《人民日报》等多家报刊收录。因此，成为云南省作家协会会员。

他人在异乡，心系家乡的发展。家族兄弟、姐妹、亲友投奔昆明打工维持生计，他用自己的笔名张傻作馆名，为他们打造毕节风味名吃。支持其妹张化琴在昆明东风路开羊肉粉馆，一举成功。其后兄弟姐妹、战友、同学等都赴昆明加盟开店，27家贵州省毕节县（今七星关区）羊肉米线馆店分布在昆明大街小巷，成为昆明市民喜爱的美味小吃。为家乡解决了200多人的就业问题，带动一方经济发展。

张玉梅

张玉梅，贵州省毕节县（今七星关区）人，女，1964年5月出生于在毕节，1985年8月参加工作。大学学历，中共党员。

1985年8月至1987年4月，任毕节地区中级人民法院书记员；1987年4月至1987年8月，任毕节地区中级人民法院办事员；1987年8月至1988年6月，任毕节地区中级人民法院助理审判员；1988年6月至1995年5月，任毕节地区中级人民法院科员；1995年5月至1997年7月，任毕节地区中级人民法院审判员；1997年7月至2000年7月，任毕节地区中级人民法院正科级审判员；2000年7月至2002年3月，任毕节地区中级人民法院民事审判一庭副庭长、正科级审判员；2002年3月至2004年8月，任毕节地区中级人民法院立案庭庭长；2004年8月至2006年3月，任毕节地区中级人民法院立案庭庭长、审判委员会委员；2006年3月至2012年1月，任毕节地区中级人民法院党组成员、副院长；2012年1月至2012年3月，任毕节市（地级，下同）中级人民法院党组成员；2012年3月至2013年4月，任毕节市中级人民法院党组成员、副院长、审判委员会委员、审判员；2013年4月至2014年1月，任毕节市中级人民法院党组成员、副院长、审判委员会委员、正县级审判员；2014年1月至2015年8月，任毕节市人民检察院党组成员、副检察长、检察委员会委员、正县级检察员；2015年8月起任毕节市（地级市，下同）司法局党组书记、局长、市委政法委员会委员、毕节市强制隔离戒毒所第一政委。

担任毕节市中级人民法院副院长期间，分管的立案信访工作一直处于全省法院系统前列。所拟写的《信访接待预约制度》，被市信访局采纳形成《信访工作预约接待制度》并一直沿用。2014年因工作需要交流到毕节市人民检察院，所分管的侦监、公诉、民行工作均为全省检察系统第一。其中民行工作中，督促行政机关履职，挽回国有资产损失31.95亿元，业绩突出，位列全省检察机关该项工作之首，获省人民检察院授予“集体二等功”的荣誉。主导研究指导的行政公益诉讼工作走在全国最前列。2014年11月，金沙县人民检察院诉金沙县环保局行政不作为案，为全国第一诉，开拓了行政公益诉讼先河，得到最高检及全国人大的认可和肯定，被评为“2014年全国检察机关十大监管案件之一”，载入中国法制史册。2015年4月22日，黔西县人民检察院诉黔西县林业局行政不作为案，为全国行政公益诉讼第一判，被最高人民法院、贵州省人民法院充分认可，被省人民法院评为2015年生态领域十大典型案例之首。

担任市司法局党组书记、局长期间，认真履职，开拓创新。抓队伍建设，积极协调市、县相关部门及领导，切实解决基层司法所所长享受副科级待遇、工作人员不少于3人的问题。严把进人关，狠抓干部学习培训教育，努力提升全市司法行政干部素质。建立健全全市司法行政公共法律服务体系，实现市、县、乡、村公共法律服务全覆盖，充分满足人民群众法律需求。在“法治毕节”创建工作中，锐意改革，探索构建司法行政公共服务管理体系，集法律服务与管理于一体工作模式，有效促进平安和谐，努力为“法治毕节”创建探索有效治理社会的成功经验。

张正才

张正才，贵州省毕节县（今七星关区）人，1930年8月15日出生于毕节县龙场营，1950年10月参加工作，1956年加入中国共产党。

1950年10月 至1952年11月，先后在毕节县燕子口、海子街税务所工作；1952年12月至1954年2月，在毕节地区税务局工作。在工作中，他努力学习，认真负责，跑乡村，赶集镇，圆满完成国家分配的税收任务。1954年3月至1991年8月，调地区统计局工作。在工作中，他勤勤恳恳，认真负责，及时、准确、全面完成国家和地委、行署布置的统计工作任务，得到上级统计部门和地委、行署领导的好评和表彰。1982年编写了《农村统计指标解释》一书，发给全地区区、乡统计员，对提高统计人员的业务水平，准确、及时、全面完成统计工作任务起到了很好的指导作用。

他从事38年的统计事业，于1983年任地区统计局副局长。在任职期间，先后组织编印8本《贵州省毕节地区统计年鉴》（1983—1991年每年一本），为地委、行署领导科学决策和计划部门编制计划起到了重要作用。1989年，他编印《毕节地区奋进四十年》，用翔实的数据记述四十年的伟大成就。

他集政治荣誉于一身。1985年，荣获毕节地委、毕节行署颁发的“长期从事科技工作”的荣誉证书。1987年，在第二次全国工业普查中，荣获国务院工业普查领导小组颁发的“国家级先进工作者”称号。1988年，荣获国家统计局颁发的“从事统计工作三十年以上”荣誉证书。1990年，在第四次全国人口普查中被评为国家级先进个人。于1991年9月退休。

张正华

张正华，贵州省毕节县（今七星关区）人，1943年6月20日生于毕节县海子街。大专文化，中共党员。

1960年入团，任海子街生产大队会计、海子街公社武装委员。1962年5月应征入伍，在贵州独立师三团四连任战士。1963年调师部作警卫员，1964年任警卫班长，同年5月加入中国共产党，在师教导队学习，1965年任警卫排长。1967年在贵阳市云岩区、都匀083厂、惠水险峰机床厂和永安电机厂任军代表。1969年任贵州独立师特务连副连长、连长。1976年调贵州省军区独立团任训练队长，1977年任该团三营营长。1978年调贵州省军区教导大队任军事队长。1979年调贵州独立师侦察科任科长，在南疆保卫战中率贵州独立师侦察大队去云南金平方向出境侦察。1981年调毕节县人民武装部任部长，是年9月任毕节县政协第五届委员会常委。1983年出席中共毕节军分区第九次代表大会，当选委员，是年10月出席中共贵州省军区第七次代表大会和七届四次会议。1984年9月任毕节县第十届人大常委会委员，同年任中共毕节县委常委。其间，于1983年至1984年在南京高级陆军学校学习党史；1986年军队精减整编，昆明军区撤销后，张正华要求转业回贵阳。1987年在贵阳铁路运输检察院任办公室主任、监所检察科长等职（享受正处级待遇）。1988年被四川省人大常委会任命为贵阳铁路运输检察院检察员，1999年被四川省人民检察院批准为三级高级检察员。

2003年6月20日退休。

张世英

张世英（1929—1998），贵州省毕节县（今金海湖新区）人，又名张宗英，彝族，1929年1月出生于毕节岔河发音村一个贫苦农民家庭，小学文化，中共党员。

张世英幼年丧父，由叔父抚养成人。他从小天资聪颖，为人诚实，就读本地私学，勤奋好学，成绩名列全班前茅，是彝族学生中的佼佼者。他就读到1949年8月临近解放，散学回家，在家务农，成为主要劳力。

毕节解放后，于1950年9月参加革命工作，1951年2月加入中国共产主义青年团，1954年9月加入中国共产党。在任行政村村长和农会主席期间，在党的领导下，带领人民群众开展清匪、反霸、减租退押、镇压反革命、土地改革等运动，政绩突出，受到党和人民群众的好评。在1951年1月清匪反霸中捉拿匪连长，获奖盐20斤；1952年7月捉拿恶霸地主、杀人犯，获奖羊毛大衣1件。1952年9月担任朱昌区团委书记。1953年，参加团省委主办的团干班，在中共贵州省委党校学习理论半年。1956年6月，任中共朱昌区组织委员。1960年任中共朱昌区委副书记，1962年12月任朱昌区公所区长。1964年7月，任中共朱昌区委书记。1971年，调任杨家湾区革委主任、中共杨家湾区委书记。1977年6月，任中共毕节县委常委、县革委农办主任。1978年11月起先后任中共毕节县委常委、县革委副主任、常务副县长。1984年当选为毕节县人大常委会副主任、党组副书记。

自任职以来，他保持农民本色，对党忠心耿耿，忠实于党和人民的事业，深入区、乡、村和人民群众打成一片，广泛听取群众意见，认真做好党交给的各项工作。其间，认真执行党的路线、方针、政策，履行工作职责，大搞农田基本建设，兴修水利，开展生产自救，同群众同甘共苦。因工作成绩显著，受到上级的表扬和人民群众的好评，荣获地、县两级颁发的国庆奖状各1张。分别于1956年、1969年参加贵州省民族参观团和省地县组织的农业学大寨参观团赴云南、山西等地参观学习。1980年8月在北京受到华国锋、叶剑英等党和国家领导人的亲切接见并一起合影留念。

1983年12月起，先后被选为毕节县第九、十、十一届人大代表。在县人大常委会工作期间，他认真履行人大的职责，依法行政，不断探索人大工作的新路子，积极协助主任完善人大内部机制建设等工作。帮助、协调、监督“一府两院”的工作，保证党的路线、方针、政策的贯彻执行。认真解决乡镇人大工作中的困难，使乡镇人大能正常发挥作用。

于1998年逝世，享年69岁。

张世贵

张世贵，贵州省毕节县（今七星关区）人，1953年4月出生于毕节县龙场营区安顶乡元岩村，1968年3月参加工作，大学文化，中共党员。

1968年3月至1971年4月，在部队服役；1971年4月至1973年2月，在贵州省毕节县食品公司当工作员；1973年2月至1975年9月，在贵州省商业学院统计专业学习；1975年9月至1978年12月，在贵州省毕节县桥边商城当工作员；1978年12月至1984年7月，在贵州省毕节县乡镇企业局当统计员；1984年7月至1984年9月，任贵州省毕节县乡镇企业局计划统计股股长；1984年9月至1987年6月，任贵州省毕节地区乡镇企业局计财科副科长；1987年6月至1990年11月，任贵州省毕节地区乡镇企业局计财科科长兼纸箱厂厂长；1990年11月至1992年10月，任贵州省毕节地区乡镇企业局副局长，党组成员；1991年6月至1992年10月，挂职任贵州省黔西县副县长；1992年10月至1994年1月，任贵州省黔西县委常委，副县长；1994年1月至2001年8月，任贵州省毕节地区乡镇企业局副局长、党组成员（1998年2月兼任地区非公办副主任，1994年8月至1996年12月在中央党校党政管理专业学习）；2001年8月至2001年11月，任贵州省总工会毕节地区办事处主任，党组书记；2001年11月至2008年6月，任贵州省总工会毕节地区办事处主任，党组书记，省人大毕节地区工委委员；2008年6月至2012年1月，任贵州省总工会毕节地区办事处党组书记，副主任，省人大毕节地区工委委员；2012年1月至2013年4月，任贵州省毕节市总工会党组书记，副主席。

2003年被贵州省总工会授予“贵州省优秀工会工作员”荣誉称号；2008年在“抗雪凝、保民生及灾后恢复重建发展工作”中表现突出，被中共毕节地委行署评为先进个人；2009年被全国总工会授予“全国优秀工会工作者”称号；2010年被中共毕节地委、行署评为全区“安全生产先进个人”称号。

2013年4月退休。

张仕伦

张仕伦，贵州省毕节县（今七星关区）人，1951年12月26日生于毕节县龙场营区青杠乡沙包坪，1969年1月参加工作，大学文化，中共党员。

张仕伦参加革命工作40多年来，在部队工作时，任过宣传干事、营副教导员、教导员、政治部副主任等职务；在地方工作时，任过调研员、副处长、处长、机关党委书记兼工会主席（副厅级）、巡视员（正厅级）等职务。

于1969年4月应征入伍，在部队戎马生涯18年。1969年4月至1972年3月，在中国人民解放军昆明军区后勤部勐腊兵站食宿加油站担任文书工作。其间，为了援助老挝，抗击美国，随部队到了老挝前线一年半，为援老部队搞好后勤保障。由于他工作勤奋，不怕苦，不怕累，完成任务出色，每年都受到部队嘉奖。

鉴于他各方面的突出表现，部队于1972年3月，把他选送到昆明师范学院中文系读书至1975年9月毕业。

1975年9月大学毕业后，被原部队任命为宣传干事，负责领导讲话、部队管理教育、活动方案等文稿起草工作。1979年南疆保卫战打响，领导安排他撰写整个23分部后勤部队的《政治动员令》。他接到任务后，深知此项工作十分重要，任务艰巨，困难不少。为了写出具有号召力、感染力的《政治动员令》，以彰显军威，振奋士气，英勇杀敌，在半个月的时间里，他没有睡一个好觉，起早贪黑，深入部队，了解各兵种的工作性质，走访领导征求意见，查阅大量的历史资料，保质、保量完成了任务。昆明军区后勤部有关领导和23分部领导给予了充分肯定和赞扬。

1979年8月被提拔到昆明军区后勤部勐腊兵站食宿加油站任营副教导员。1981年5月提拔为营教导员。在担任营教导员工作期间，抽调到22分部举办的干部文化补习班任教员8个月，为部队干部提升文化水平，培养部队人才，作出了应有贡献，组织给他颁发了优秀教员证书。1983年5月，根据工作需要，把他从边疆调到昆明军区后勤部贵阳兵站任政治处副主任。1986年9月，转业到贵州省委政法委员会工作。

从军队工作转业到地方工作，他仍然一如既往的保持和发扬部队的优良传统和作风，谦虚谨慎、为人正派；工作勤奋、不计报酬；清正廉洁、不谋私利、处处起带头作用，得到机关领导和同志的认可。1987年2月被任命为省委政法委员会主任科员；1988年5月被任命为省委政法委员会政治处（人事处）副处长；1989年6月，被任命为省委政法委员会政治处（人事处）处长；1999年7月轮岗到省委政法委员会（省综合办）任处长；2002年4月，经省委考察提拔为省委政法委员会机关党委书记（副厅级）；2011年8月提拔为省委政法委员会巡视员（正厅级）；2011年12月，光荣退休。

张仕品

张仕品，贵州省毕节县（今七星关区）人，1957年生于毕节亮岩后川，中共党员，研究生学历，少将军衔。

1974年张仕品应征入伍。入伍后，在13军37师110团特务连任战士。1976年9月加入中国共产党，1977年9月提任警卫排长。被选到侦察排训练，吃了不少苦，磨炼了毅力和意志。先后于1978年3月任侦察排长、连副指导员、师司令部侦察科参谋。在参加南疆保卫战中，多次出色地完成侦察任务。1982年至1984年7月，在南京高级陆军学校情报专业大专班学习。毕业后任37师司令部作训科副科长。1985年12月，任该师110团参谋长。1989年3月任团政治处主任。1991年6月，任团政治委员。1993年9月至1996年7月，在职攻读陆军指挥学院合同战术专业函授本科。1997年6月任13集团军炮兵旅政治委员。出席在北京召开的全军侦察工作经验交流会。在任团职的6年中，团队连续4年被集团军、军区评为先进单位，个人连续3年荣立三等功，政绩突出。他是部队资历较深的团主官，一向具有强烈的责任感，受到官兵的称赞。凡与之共事的人都称之为是一个可以信赖的战友、一个心不设防的伙伴。张仕品自当团政委以来，不论走到哪个部队，部队的面貌焕然一新。在多年担任主官的历程中，善于发现人，为部队培养人才，发挥积极作用。

他一向以诚待人，廉洁奉公，不计较个人得失。他常说：“不能总嫌天地小，每一个人，只要能在一个位置上做到毫无愧色，也就知足了。”他朴实的知足感、良好的心态，带出了“乌蒙铁军”式的先进团。任旅政委时又带出一个先进旅。个人于1997年被成都军区评为廉洁从政先进个人。1999年9月至2001年在北京大学社会经济发展与管理专业研究生课程班学习，是年被评为优秀共产党员和优秀旅团主官。2002年年初，奉命调任成都军区某师政委。他认为职务升迁，意味着肩上的责任重大，假若虚度年华，就对不起党、对不起人民、对不起亲朋好友，丢了家乡人的脸面。他一向尽职尽责，说到做到，军绩、政绩双突出。2007年任西藏军区副政委，授予少将军衔，为家乡人增了光、添了彩，树立了榜样，2013年军内退休。

张仕荣

张仕荣，男，1952年11月26日生，贵州毕节市七星关区亮岩镇人，中共党员、大学本科、法律专业。1970年10月应征入伍（昆字353部队），后调昆明军区后勤直供部、二十二分部，在部队历任班长、排长、参谋、副教导员、机关政治协理员、副科长。1985年撤销昆明军区和二十二分部，随即转业到云南省地理研究所，后调云南省科学技术厅工作，历任馆员、秘书、科技开发中心副主任、办公室副主任、机关服务中心主任、人事处长、副巡视员等职。

张仕荣入伍前品学兼优，深受乡邻、师长称赞。先后在亮岩小学、亮岩农业中学学习，曾获亮岩小学背诵毛主席语录第一名。17岁时勇救张家寨落水儿童，深受大队党支部、公社领导及贫下中农协会称赞。

入伍到祥云昆字353部队后，学习认真、工作努力、训练刻苦，两次受部队通报嘉奖。在先后两届直供部系统连排干部集训中，因战术技术考核全优，两届都被评为优秀学员。在昆明陆军学院学习期间各科成绩考核全优被评为优秀学员区队长。在军区后勤二十二分部教导大队任教被评为优秀教员。

转业地方工作后，认真学习，努力工作、不怕苦累，在云南省科技厅长期承担文件起草、领导讲话、会议材料等大量文字工作，深受领导及同志们好评，多次被评为优秀党员和先进个人。期间还积极参加软科学课题研究，主执笔完成"科技期刊评价标准"课题研究。完成《云南省科技期刊管理办法》起草。参与完成"云南省学术和技术带头人现状及对策研究"课题，课题成果被省委、省政府采纳，启动了"云南省跨世纪人才培养工程"，从而前所未有地成为云南省学术技术带头人，本课题获2006年云南省人民政府"科学技术进步类三等奖"。主持并牵头完成"云南省非职务发明专利现状调研及对策研究"课题，主笔完成《云南省非职务发明现状调研及对策研究综合报告》。在抽调专职负责云南省科技企业改革工作期间，知难而进、开拓进取、改革创新、吃苦耐劳、勇于奉献。深受省委、省政府有关领导赞扬。被评为云南省深化国有企业改革工作先进个人，全省通报表彰。

退休后学养结合，积极参加老年大学书法、诗词等学习，先后撰写诗词若干，积极传递正能量，其中长诗《纪念抗战胜利百韵歌》先后被《鸡鸣诗宛》第二十五期，《社会组织通讯》第6期，《滇池云霞》第二期刊登。

张永达

张永达，贵州省毕节县（今金海湖新区）人，1965年5月生于原毕节县海子街区豪沟公社（现金海湖新区小坝镇），1982年8月参加工作，贵州大学经济管理专业研究生学历，中共党员。

1979年9月至1982年7月，在贵州省毕节农校畜牧兽医专业学习；1984年8月至1985年7月，参加南京青春文学院函授部学习；1992年9月至1995年6月，在贵州省委党校党政管理专业大专班学习；1996年8月至1998年12月，在中央党校函授学院党政管理专业本科班学习；1998年9月至1999年1月在贵州省委党校十四期中青班学习；1999年9月至2001年7月在贵州大学经济管理硕士学位授权点研究生进修班学习。1982年8月至1984年5月任毕节县龙场营区畜牧兽医站技术员；1985年5月至1985年11月任毕节县龙场营区畜牧兽医站副站长；1985年11月至1987年2月任毕节县安顶乡乡长；1987年2月调毕节县龙场营区委工作，同月调毕节县委办公室工作；1987年2月至1988年3月，在毕节县委办公室工作，任县委书记秘书；1988年3月至1989年1月，任毕节县委办公室秘书科副科长；1989年1月至1990年9月，任毕节县委深化农村改革办公室副主任、县委办公室综合科科长；1990年9月至1993年5月，任毕节县委办公室副主任；1993年5月至1995年4月，任毕节县（市）委办公室副主任、县（市）委机要局局长；1995年4月至1997年9月，任原毕节市（县级市，下同）委办公室主任、市委机要局局长；1997年9月至1998年1月，任原毕节市委办公室主任；1998年1月至2002年12月，任原毕节市委常委、市委办公室主任；2002年12月至2006年12月，任原毕节市政府党组成员、副市长；2006年12月至2014年11月，调毕节地区（市）房产局任党组成员、副局长；2014年11月任毕节市住房和城乡建设局党组成员、副局长。

张永达长期在原毕节市多个岗位工作，为毕节的改革和发展做出了贡献。1999年8月加入贵州省书法家协会，2001年4月加入中华诗词学会。1999年参加"醴泉铭杯"全国书画大赛获优秀奖，作品收入《书坛画苑名人佳作选萃》；2001年参加贵州省书法家协会、毕节地区书法家协会主办的毕节市新千年"环保杯"书画大展，获一等奖；主管毕节县（市）委办公室文字工作期间，亲自起草了县（市）委各类文件、领导讲话、调查报告、计划、规划、工作安排意见等上千件，100万字以上；参加编写、修订《中共贵州省毕节县历史大事记》（65万字），任编审；主编《中共贵州省毕节县（市）组织史资料（第二卷）》（60万字）；常年从事文学创作和学术论文写作，大量作品、论文被收入国家和省级出版物。著有长篇小说《十七年的梦》，诗词集《张永达诗词四十首》《耕耘斋吟稿》等。

张永达还曾经担任过毕节县（市）政协常委、毕节县建镇并乡撤区办公室副主任，毕节县撤县设市办公室副主任、毕节市国防动员委员会副主任、毕节市机构编制委员会副主任、毕节市党史领导小组副组长、毕节市密码工作领导小组副组长、毕节市信访工作领导小组副组长、毕节市保密委员会副主任、毕节市防汛抗旱指挥部指挥长、毕节市森林防火指挥部指挥长、毕节市倒天河治理工程指挥部副指挥长、毕节市退耕还林工作领导小组组长、毕节市林业生态建设民兵团副团长、毕节市书法家协会名誉主席、毕节地区房地产业协会名誉会长、毕节地区解困办公室主任、毕节地区（市）诗词楹联学会常务理事等职。

张汉周

张汉周（1955—2006），贵州省毕节县（今七星关区）人，1955年3月出生在贵州省毕节县普宜区播扎乡一个农民家庭。中国共产党党员，大学文化，生前系中共黔西县委书记，毕节地区人大工委副主任。

张汉周1962年3月至1971年7月在毕节县播扎公社头庄小学读书。1972年1月参加工作，1974年9月加入中国共产党。1972年1月至1974年12月，在毕节县播扎公社任半脱产干部；1974年12月至1975年5月，任毕节县播扎公社党委副书记；1975年5月至1976年8月，任毕节县沙田公社党委副书记；1976年8月至1979年1月，任毕节县阿市公社党委书记；1979年1月至1982年1月，任毕节县普宜区委秘书；1982年1月至1986年9月，任中共毕节县普宜区委副书记；1986年9月至1989年1月，任中共毕节县普宜区委书记；1989年1月至1990年12月，任中共毕节县海子街区委书记；1990年12月至1995年6月，任中共金沙县委常委、县政府常务副县长；1995年6月至2001年3月，任纳雍县委副书记、县政府县长；2001年3月至2005年11月，任中共黔西县委书记；2005年11月至2006年3月，任贵州省人大常委会毕节地区工作委员会副主任、中共黔西县委书记；2006年4月后，任贵州省人大常委会毕节地区工作委员会副主任。

张汉周在三十多年的革命工作中，自觉服从组织安排，以共产党员的革命事业心和政治责任感，兢兢业业，勤勤恳恳为党工作。2002年被中宣部、司法部授予“三五”普法先进个人。

在担任中共金沙县委常委、常务副县长期间，积极协助县长在抓好全面工作同时，独立负责抓好自己分管的财贸、金融、保险、烟草等工作，为金沙县经济社会的发展作了大量工作。

在担任中共纳雍县委副书记、县长期间，认真履行职责，带领政府一班人积极主动地开展工作，使纳雍县国内生产总值、财政收入、农民人均纯收入等主要经济指标有较大幅度增长，教育、卫生、广播电视、交通等基础设施建设也得到长足的进步和发展，特别在纳雍火电厂的争取立项、开工建设上做了大量卓有成效的工作。

在担任中共黔西县委书记期间，团结几大班子成员带领广大干部群众，积极探索加快黔西经济社会发展的路子，采取有效措施，解决了洪家渡库区的移民搬迁问题，筹集资金兑现了收购农民烤烟所欠的白条，解决了乡镇历年拖欠干部职工工资等问题，有力地维护了全县社会的和谐稳定。大力实施结构调整战略，坚持一抓教育、二抓扶贫、三抓建设（交通、城镇、生态）、四抓基地（能源、畜牧、果蔬、优质烟、旅游）的“一二三四”工作目标，使全县上下形成了一心一意谋发展、聚精会神搞建设的整体合力。在大项目建设方面，多次带队到上级有关部门联系，争取到黔西4×30万千瓦火电厂项目的开工建设。积极协调和解决洪家渡电站、索风营电站、东风电站等重点工程建设中遇到的困难和问题；引进山东兖矿集团投资6亿多元的年产120万吨的青龙煤矿以及桂箐煤矿、黔金煤矿等一批大中型煤矿，全县基本形成了“煤电并举，水火互济”、以“三水一火”为骨干的新型工业框架体系。狠抓党的基层组织建设和干部队伍建设，加强党员的教育管理，大力实施农村党员干部现代远程教育工程，切实开展“四在农家”活动，狠抓科技兴农，提高劳动者素质，由于成效显著，黔西县2004年获全省农业科技示范县称号。加大机关纪律和干部作风整顿力度，在全县范围内开展了以“清理干部职工借款欠款”和“清理干部职工违反计划生育问题”“严禁干部职工借婚丧嫁娶或巧立名目请客送礼、大操大办”为主要内容的“两清一禁”等工作，受到了上级有关部门和社会各界的好评。在城镇建设方面，县城开发进一步扩大，“九创一评”工作获省表彰，并获全省文明卫生县城称号。人口计划生育工作连续三年上台阶，达到全省计生工作优质服务县水平；“两基”攻坚工作提前一年通过省人民政府验收；产业结构调整初见成效，全县各种专业村和种植、养殖基地发展迅速。有力地推进了经济建设、政治建设、文化建设、社会建设的全面和谐发展。为黔西县改革开放和现代化建设作出了重要贡献。

不计个人得失，把自己的毕生精力贡献给党和人民。张汉周生病治疗期间，仍十分关心地区人大工委的工作，主动加强人大有关法律法规知识的学习。他始终保持革命乐观主义精神，积极配合医护人员的工作，以极大的毅力同病魔作斗争，表现了一个共产党员的高尚情操。因病情严重，经医治无效，于2006年10月10日逝世，终年52岁。

张达伟

张达伟，贵州省毕节县（今七星关区）人，1955年生于毕节城关，大学文化，中共党员，曾任省供销社副主任等职。

1974年从毕节一中高中毕业后，作为知识青年上山下乡，在离毕节城不远的德沟烂泥大队当了知青。在烂泥大队，他开过拖拉机，当过民校教师，修过水库，打过水田，再累再苦的活他都干过。1978年，张达伟听到恢复高考的消息，凭着扎实的基础和日积月累的知识，成功考入贵州大学，成了令人羡慕的大学生。

1982年8月，从贵大毕业后被分配到毕节地区供销社秘书科当秘书。1983年全国供销社改革拉开了序幕，毕节地区把金沙县作为供销社改革的试点，他投身到改革的大潮中。

1983年，他负责金沙县安底区的供销社改革工作及经验总结，该社在物资的购进、销售、调拨及利润上均大幅度上升，被贵州省财贸工会评为最优秀的基层供销社。他在安底区整整待了四个多月，对安底改革的成功经验进行了系统的总结。1984年，地委工作队把供销系统面上改革文字材料总结的任务交给了他，他没有被重担压垮，而是深入到各个点进行调研，在获得大量第一手资料的情况下，再对全区供销社改革的情况进行总结、归纳和提炼，出色地完成了任务。这一年他担任了地区供销社业务科副科长。

1986年4月，被提任为毕节地区供销社副主任。正是这种跨越性的提拔任用，释放出了他所有潜在的积极性和创造性，他对工作更是倾注了全部的心血。

1987年被行署指派主持毕节地区经济技术文化交流中心筹建工作。筹建过程中，他大胆推进“阳光作业”，从工程设计到施工都采用招投标方式进行，工程完工时被评为优良工程。

1991年完成地区经济技术文化中心的筹建任务后，又回到了地区供销社，他在供销社长期分管基层业务工作，乘坐一辆北京牌吉普车跑了当时全地区96个区供销社中的94个。

1995年全省公开选拔副地厅级领导干部，其中一个职位是省供销社副主任，地委组织部要求所有符合条件的副县级以上干部都要积极报名参加考试，以实际行动支持干部人事制度的改革，并为张达伟报了名。

他凭着自己平时积累的知识，沉着应战。一

路胜出，走上了贵州省供销社副主任的岗位。

到省供销社工作后，依然分管业务。早在1994年，省供销社就和贵州大学一起共同帮扶黔东南州的雷山县，张达伟到任后，与雷山的扶贫工作结下了不解之缘。2002年中共贵州省委、省人民政府提出加大对雷山县的帮扶力度，要求抽调副厅级干部担任该县党建扶贫工作队队长，2002年3月他奉命而去。此行带着10万元资金，重点帮扶雷山县西江镇，这里有着世界上最大的苗族村寨。同时，他也不忘关注指导雷山县供销社的发展。

长期从事供销社工作，他感慨颇多。供销社是联系农村和农民的纽带，供销社的网络机构非常健全，要发挥其骨干作用，使其参与和推动农业产业化的进程，这是供销社工作的新内容。他非常希望家乡在西部大开发中插上腾飞的翅膀。他特别强调，家乡的涉农部门在农业产业化方面要加快发展步伐，在商品基地建设中，搞好产前、产中、产后服务，解决农民实际困难，助农增收。

张达军

张达军，贵州省毕节县（今七星关区）人。1966年8月生于贵州省毕节县，2001年4月加入中国共产党，1990年7月参加工作，西南农业大学经济学系农业经济管理专业毕业，大学学历，经济学学士学位，经济师。

1990年7月至1996年12月，任中国农业银行毕节地区中心支行信贷员；1996年12月至1997年11月，任中国农业发展银行毕节地区分行信贷员；1997年11月至2000年2月，任中国农业发展银行毕节地区分行营业部副经理；2000年2月至2001年11月，任中国农业发展银行毕节地区分行计划信贷科副科长；2001年11月至2005年4月，任中国农业发展银行毕节地区分行计划信贷科科长；2005年4月至2009年4月，任中国农业发展银行毕节地区分行信贷与风险管理科科长；2009年4月至2009年8月，任中国农业发展银行纳雍县支行行长、党支部书记；2009年8月至2011年1月，任中国农业发展银行毕节地区分行副行长、党委委员；2011年1月至2014年4月，任中国农业发展银行毕节市分行副行长、党委委员；2014年4月至2015年12月，任中国农业发展银行毕节市分行副行长、纪委书记、党委委员。

张达军长期从事金融工作，他爱岗敬业，忠于职守，兢兢业业，任劳任怨，为毕节金融事业的发展作出了积极贡献。

张先云

张先云，贵州省毕节县（今七星关区）人。1948年农历腊月二十六日出生于毕节县普宜播扎马龙村。大专文化，中共党员。

1969年1月应征入伍，在云南省勐腊县驻军108兵站（370部队）混合库任战士、保管员、文书。当年就入了团、入了党。

1971年6月，张先云被提拔为108兵站政治处干事，主管干部人事业务工作。1977年调昆明军区后勤部政治部干部科，任干部干事；1980年2月提任昆明军区后勤部干部科副科长。

在长期从事干部选拔、任免、调配工作中，张先云坚持原则，坚持党的任人唯贤的路线，处事正派，不拉拉扯扯，不搞吹吹拍拍，不讲亲疏，不阿谀奉承，不背后议论干部工作，不犯自由主义。注重调查研究，重视考察考核干部政治表现、实际能力、德才兼备等情况，为组织和领导选任各级干部，切实当好参谋和助手。特别是南疆保卫战前、战中、战后，根据上级指示，组建新部队，需调配大批干部。张先云随首长深入部队，深入战区，深入前线，考察任命干部。做到选拔一个，成功一个，能经受历史和实践检验；

战后，部队建、并、撤，做好大批干部的调动、安置工作又是一项艰巨的任务。张先云紧紧依靠组织，精心运作，使干部队伍稳定，较好地把干部工作和适应战争需要结合起来，为战时干部工作积累了宝贵经验。

张先云于1982年报考云南大学。被录取后，经三年的艰苦学习，十三门功课均取得优异成绩，获得云南大学颁发的大学专业毕业证书。

1986年，张先云被任命为成都军区昆明中转综合库政治处主任。从政治处干事到副科长，从办具体事务到团首长，张先云走上领导岗位的第一件事，就是带领政治处全体人员，到干部战士中去，参加部队军事训练、业务技能培训和各项业务工作实践，与基层官兵融为一体，了解和掌握干部战士对政治工作改革的诉求和建议，在实际运作中注重来自基层的意见，把整个部队的政治活动开展得有声有色，使部队上下团结紧张，生龙活虎。

1987年，部队准备恢复军衔制。军衔评比审定工作是一项复杂而庞大的工程。搞好了，功载千秋；搞砸了，就会影响部队建设。成都军区政治部经反复筛选，权衡几十个团级政工领导干部情况。认为张先云长期从事干部工作，对原昆明军区后勤部干部情况熟悉，对党的干部政策熟知，为人正派，有丰富的工作经验，决定调张先云到成都军区后勤部驻昆办事处任军衔工作办公室主任。

张先云到职后，面对全新业务，全新课题，他抓紧一切时间，精读细研中央军委关于军衔工作的文件、指示、电报和上级领导的讲话。吃透文件精神，掌握政策条款。为了掌握驻昆办一千多名军官的全面情况，加强军衔工作的领导，做好广大干部的思想政治工作，张先云率队走遍云南、贵州两省后勤部队。赴边防、进山沟、登山顶，一个个部队调研，一个个干部谈话，软件硬件工作一起上，评定审核齐推进。一年半时间，张先云没有休息过一天，有时几天几夜都吃住在办公室。在军衔办认真、细致、准确，严守纪律，严格把关，严谨操作下，在各级领导的支持与参与下，驻昆办事处的军衔工作有条不紊地开展，顺利地完成了军衔评定审核任务。为此，驻昆办为张先云请功。经成都军区批准，授予张先云“军衔工作先进个人”，荣记三等功一次。

1990年，张先云提任成都军区昆明中转仓库（35475部队）政治委员，晋升上校军衔。

昆明中转仓库，担负的任务是：全国各地调往云南的军用物资，由中转仓库按系统、按类别、按地址，分类分项进行发放转运。其工作量之大，是可想而知的。身为党委书记、政委的张先云，充分发挥“一班人”的带头作用，用十个手指弹钢琴的领导艺术，调动了各级干部的主观能动性，把部队管理得井井有条，各项工作开展得得心应手，各项任务取得显著成效。35475部队年年受到上级嘉奖和表彰。

1995年，张先云转业。为减轻组织安置负担，他选择复员，在昆明市关上办起了蓝天油料有限公司。

张名庆

张名庆，贵州省贵阳市人，1942年生，大学文化程度，中共党员。

1966年由贵阳医学院毕业，分配在毕节县清水铺区卫生院工作，次年转为医师，1976年，因工作成绩突出，调任杨家湾区卫生院院长。1981年，调任毕节县卫生局副局长兼毕节县人民医院院长。除主抓医院的行政内务工作外，分管爱国卫生和食品卫生工作，积极参与“文明礼貌月”活动，同县委、县政府分管城市工作的领导一起参与创建卫生城市、文明城市的活动。1983年任毕节县副县长。

1984年10月，在毕节县第十届人民代表大会上当选为毕节县县长，同时被任命为中共毕节县委常委、县委副书记、县政府党组书记，主持县人民政府的全面工作。他把城区人民的衣食住行放在重要位置，首先抓食品卫生的整顿，先后举办食品卫生常识学习班7期，1084人参加学习，并建立从业人员档案，更好地服务于食品卫生业，保障消费者的安全。在贵州十城市达标竞赛检查中，毕节食品卫生获全省第一名。他处处以身作则，言行一致，保持劳动人民的本色，有时头戴草帽，手提铁镐，同环卫工人一起劳动，深得人心。他虚心听取市民的意见，顺从人民的意愿，着力改观城区面貌。工作上从人头抓起，扩大环卫站的规模，调配职工119人，配置环卫车10辆，增设人力车50辆，保洁车8辆，垃圾斗160个，果皮箱170个。各种设施配齐后，他要求每个环卫工人每天清扫街道15.5平方米，保持9个公厕的清洁，使全城卫生面貌大大改观，受到南来北往的客人、毕节市民和上级领导的称赞。在1985年全省十城市卫生“达标”中获第三名，次年获第二名。在毕节地区八县卫生“达标”中，连续4年获第一名。

在主持政府工作期间，认真贯彻执行“对外开放，对内搞活”的方针，在农村推行家庭联产承包责任制，在城市实行经济体制改革，促进工农业生产的共同发展。他主张农林牧副渔业全面发展，主抓烤烟生产，实行县包区、区包乡、乡包片、人包村的承包责任制，把种植任务、生产技术、质量指标、经济效益作为承包内容，1985年全县烤烟种植面积达19.28万亩，烟叶产量达20048吨，产值达2757.3万元。继后毕节县的烤烟随着政策的走向，面积保持在20万亩上下，产量25000吨左右，总产值7536万元左右，成为县财政收入的支柱。

在任县长期间，全县乡镇企业不断发展壮大。到1992年，全县乡镇企业已发展到18733个，从业人员55272人，完成总产值21173万元，人均产值3831元。他看准城镇建筑业发展的走向，把长期从事修建行业的熊廷顺、张弘宗等人集聚在一起，于1985年破格组建乡镇企业建筑公司，下辖8个工程队，从业人员上千人，开始承担城区内的中型建筑，逐步打开局面。他因势利导，先后成立乡镇企业毕节镇建筑公司、翠屏建筑公司等，逐步推动全县乡镇建筑企业的发展。使毕节县后来拥有上亿或几亿资产的公司比比皆是，对国家、对社会作出了贡献，让一部分人先走上了致富之路。

张名庆在毕节工作的20余年中，从普通医生走到领导岗位，先后被选为县党代表、县人民代表、省人民代表，集荣誉于一身，于1993年调任贵阳医学院副院长。

张宏方

张宏方（1931—2009），山东省东阿县人，1945年参加革命，同年加入中国共产党，中学文化。

1945年3月，在东阿县抗日游击学校、冀鲁豫军区随营干部军校学习。1946年，在二野11纵队政治部、5兵团17军司令部机要处工作。1951年2月，转业地方先后任中共毕节地委机要科长、地直机关党委副书记、毕节“五七”农业大学副校长、毕节第一中学副校长、毕节专署农办、文教办副主任，中共织金县委副书记、县长，中共毕节县委书记、毕节县人民武装部第一政委，毕节武委会主任，中共毕节地委统战部部长、毕节地区政协工委副主任等职。

在解放战争中，历尽艰辛，参加了许多战斗，作出了应有的贡献。随军西进贵州到毕节后，历任重要职务。在毕节一中任职期间培养了一批批优秀学生，输送到大专院校，为国家造就了一大批有用人才。在不同的岗位上，为祖国的建设事业作出贡献。在任县长、县委书记期间，认真执行党的方针政策，全心全意为人民服务，做了许多有利于发展地方经济的工作，深受人民群众的赞扬和拥戴。于2009年逝世，享年78岁。

张启能

张启能，贵州毕节县（今七星关区）人，彝族，1952年3月24日出生于贵州省毕节县龙场营区青杠，1969年参加工作，大学文化，中共党员。

1969年2月张启能应征入伍，先后在中国人民解放军370部队61分队、371部队61分队（总后22分部108兵站第2食加站）任战士，副班长、班长（其中1970年至1972年，在中国筑路工程队援老抗美指挥部303支队56中队驻老挝老西线四公里蚂蟥岛，执行援老抗美后勤保障任务）。

张启能1973年退出现役，参加青杠公社沙包电站建设。

1974年9月至1975年7月，在毕节县田坎彝族乡青杠小学任教。

1975年9月张启能参加高考，至1978年8月，在贵阳师范学院政治教育系学习。

1978年9月至1984年5月，张启能先后在毕节三中、毕节师范学校任教，并兼任党政办公室秘书。

1984年6月，张启能调任毕节地委知识分子工作领导小组办公室办事员；1987年4月至1988年8月，任毕节地区教育局政工科副主任科员；1988年9月至1995年5月，任毕节地区劳动人事局干部科副科长、科长；1995年6月至2000年5月，任毕节地区人事局培训科科长、地区国家公务员制度实施领导小组办公室副主任（其间1997年至2000年兼任毕节地区智能智力开发有限公司总经理）。

2000年6月至2005年7月，张启能任贵州广播电视大学毕节地区分校校长、书记；2005年8月至2012年5月，任毕节广播电视大学党委委员、副校长（副县级）。

张启能于2012年5月退休（其间2012年6月至2015年9月，被聘任为毕节广播电视大学关心下一代工作委员会常务副主任）。

张国栋

张国栋，贵州省毕节县（今七星关区）人。1954年5月6日生于毕节县龙场营区龙场中街。大学文化，中共党员。

1970年12月，刚满16岁的他，就积极报名应征入伍。1971年1月至1972年2月，在云南省马龙驻军35427部队任战士，因各方面表现突出，被评为五好战士，加入了中国共产党。1972年3月，部队选拔他到中国人民解放军重庆后勤工程学院读书。张国栋深感组织的期望，三年间刻苦学习，科科成绩均名列全班前茅，多次被学院授予“优秀学员”称号。1975年6月毕业，回原部队任助理员。

1978年11月，张国栋调到中越边境驻马关县前沿的35459部队任野战油库助理员。在备战油料保障工中，他吃苦耐劳，昼夜备战，和战友们一道，圆满完成备战油料输送、库存任务。在南疆保卫战打响之前，张国栋被任命为35459部队野战油库副主任。

在南疆保卫战中，张国栋带领油库官兵，不怕苦，不怕累，不怕牺牲，时刻不停为前线供给油料，保证了战争的顺利进行。有时三四天不能休息，顾不上吃饭、喝水，他曾晕倒在工作台上，被战友们救醒了又继续战斗。战后，野战油库被记集体三等功一次，张国栋个人两次受到昆明军区后勤部通报嘉奖。

1982年，南疆保卫战取得阶段性胜利，部队按照邓小平指示，加强院校建设，要从参战部队中选拔优秀干部充实军队院校。张国栋作为有作战经验的后勤基层指挥员，被选调到昆明陆军学院后勤训练大队油料中队任教员。在教学中，他把书本知识和实战经历相结合，认真撰写讲稿，深入浅出地向学员们讲授，深受学员一致好评，年年被昆明陆军学院评为优秀教员。

1984年6月，张国栋奉命调毕节军分区，先后任参谋、干事、教导队长。不管干什么工作，任什么职务，他都兢兢业业，任劳任怨，既当好分区首长参谋助手，又不断提升自己的素质和能力。多次被评为“优秀共产党员”，受到贵州省军区、毕节军分区嘉奖。

1986年12月，张国栋转业安置在毕节地区人民银行工作，先后任办公室主任、稽核科科长、内审科科长、毕节地区人行副行长(其间在贵州省委党校经济专业本科班学习两年)。他干一行爱一行，敬岗爱业，敬职尽责，多次获行内奖励，2000年任内审科科长期间，由于内审克难攻坚，成绩特别突出，被贵州省人民政府授予“内审先进个人”。2003年1月至2008年12月，张国栋调中国银监会安顺分局任副局长、纪委书记(正处)；2009年1月，张国栋调任中国银监会贵州银监局宣传部副部长、机关党委副书记，至2014年退休。

总结自己的成长经历，张国栋说：“没有党的培养，单靠个人的力量是没什么大本事大出息的。作为个人，只有听党的话，牢记宗旨，全心全意为人民服务，才是获得个人成长和进步的源泉。”

张金诺

张金诺，贵州省毕节县(今七星关区)人，1941年9月出生在毕节县海子街邵官堡，大专学历，中共党员。

1958年12月在海子街中学应征入伍，历任战士、文书等。1963年加入中国共产党。1966年6月退伍分配到贵阳铁路分局水城工务段党委任干事。1974年至1980年在该段任党委书记。1981年任水城车务段党委书记。1983年6月任贵阳铁路分局政治部副主任、分局党委常委，其间有两年在铁道部党校领导干部培训班学习，获大专学历。1989年年初政治部撤销，改任六盘水铁路地区党工委书记。1990年任贵阳铁路分局双经党委书记、多经处处长、党委书记等职，直到2001年1月退休，居家贵阳。

在水城工务段任职期间，对中央提出的三项指示为纲坚信不疑，从1975年开始，使管辖的近两百公里铁路线的质量年年居全路之首，均为100%优良。按照工业学大庆的路子，走“五七”道路，动员职工家属开荒种地，养猪养鱼，大搞农副业生产，建办了豆腐坊、粉条坊、养猪场、鱼塘、面条厂、中药房、餐馆等，安排了大批家属和子女就业，深受广大职工的赞扬。1978年单位和所办的“五七”厂被铁道部评为大庆式企业和先进“五七”厂，他和“五七”厂厂长亲赴北京参加铁道部召开的工业学大庆会议，受到李先念主席的接见。该单位是贵州省十个大庆式企业之一，在省委、省政府召开的表彰大会上，时任省委书记马力为其披红戴花。在六盘水市召开的表彰大会上，张金诺作为六盘水唯一的一家大庆式企业代表，在大会上发言。

铁路的多种经营是一件新生事物。他在这个单位任职10年，使贵阳铁路分局的多种经营从无到有、从小到大，开设宾馆、酒店，发展物流、旅游、广告、房开、建筑、锌厂、化肥厂等行业，在全国铁路多经系统享有盛誉，员工万余名，年收入数十亿元，被群众称为铁路“半边天”。

1988年1月24日晨，该铁路分局管辖的邓家村站附近发生一起震惊全国和世界的旅客列车颠覆特大事故，造成旅客死亡89人，伤残住院240多人。事发几分钟后他接到电话，和分局长徐茂敏等20多个机关领导一起迅速赶赴现场，在列车上召开了紧急会议，开展现场救援。他在水城西站，负责处理伤者住院治疗、死者善后等事宜。共坚守了4个多月，从确认死者身份到与上千名亲属商谈赔偿，都亲自组织领导，在铁道部、成都铁路局、六盘水市委市政府的帮助下，最终妥善解决问题，完成了任务。

张金诺对家乡毕节有深厚的感情。1986年，当他得知毕节地区粮食局在对各县的粮食转运、供应上存在困难之后，积极出面协调铁路内部各方关系，在条子场火车站建粮食转运站，使粮转站得以顺利建成，为家乡办了一件大实事、大好事。

张建军

张建军，贵州省毕节县（今七星关区）人。1963年8月出生于贵州省毕节县鸭池区南箐公社红星大队泡桐生产队。

1970年至1978年在南箐小学就读小学、初中，1978年至1980年在朱昌中学就读高中，1980年7月参加高考进入贵州农学院农学专业学习，1984年7月本科毕业于贵州农学院农学专业，获农学学士。

1980年8月分配在毕节地区农牧林局办公室从事农情联系和秘书工作。1985年3月抽借到毕节地区行政公署烟草办公室从事烟草科技工作，1996年调入该单位，历任烟草办公室业务科负责人、科长，农艺师，先后获得国家、省、地科技进步奖共6次（其中：国家级农业技术推广二等奖1次），1999年因从事科技工作成绩显著获得毕节地区第三届拔尖人才称号及证书。期间，1991年加入中国共产党。

1998年至2003年在毕节地区行政公署办公室工作，历任行署领导秘书、秘书科副科长、科长。2003年11月任毕节地区行政公署驻苏州办事处主任，撤地建市后继任毕节市人民政府驻苏州办事处主任。

人说五十而知天命。在张建军五十有四的人生里，伴随了“文化大革命”、恢复高考和改革开放等重大历史事件，特别是经历了近四十年的改革开放，祖国发生了天翻地覆的变化，家乡七星关区也同全国一样不断产生巨变，日新月异，欣欣向荣。作为一名七星关区人，他也深有同感和自豪。

崇尚读书、劳动是人生的财富。从小学到中学的10年间，他学习成绩一直名列前茅，一直是班里的班长。初中升高中时以鸭池区第一名的成绩考入当时贵州省重点、毕节县最好的农村中学——朱昌中学，尤其喜爱文学与写作，1979年参加毕节县中学生作文竞赛曾获得第4名的荣誉，1980年高考时是朱昌中学唯一录取本科的考生。除了学习优秀外，还经常参加学校班级集体劳动、家庭劳动，乡间的劳作使人与山川草木、自然风物近距离接触，这样的接触和历练，对于一个有一定文化基础的人，会拓宽无尽的思路与理念，不经意间培养起写作上的天赋，尤其在写景状物方面，其作文经常成为语文老师上写作课时分析讲解的范文。这段经历使他在年少时就感知了许多农作农事以及乡村习俗，还认识了许多农作物、家畜家禽、花草林虫、飞禽走兽和自然风物。应该说这是他人生的一笔财富，对他以后学习、工作产生了莫大的帮助，后来选择上农业院校、从事农业技术研究与推广并取得成效都与之息息相关。

张秦洞

张秦洞，祖籍江苏丰县，1956年9月15日生于毕节县城关镇清毕北路，中共党员，博士研究生。任中国人民解放军军事科学院科研指导部副部长，少将军衔，博士生导师，全军著名军事专家、军队管理专家、军事科学院重点学科领军人。

1974年10月，上山下乡在毕节县朱昌区大坡知青队，任副队长、团支部书记、朱昌公社团委副书记等职。其间，参加大坡知青队、地区财贸系统、县业余文艺宣传队，在各地巡回演出。

1976年12月，应征入伍，在云南省宾川县35107部队1连任战士、军械员兼文书；1978年5月，在云南省大理县喜洲镇35101部队教导大队学习参谋业务；1978年10月，参加昆明军区参谋业务比赛，荣获个人单项第一名。1978年12月提升为干部并加入中国共产党，任35107部队司令部作训股排职参谋；1979年2月，参加南疆保卫战；1979年10月，任驻云南省下关市35108部队司令部作训科副连职参谋；1980年9月，在江苏省南京市空军气象学院学习军事气象；1981年9月，在河南郑州市解放军测绘学院学习军事测绘知识；1983年2月，任35107部队2连连长、连党支部副书记；1984年4月，参加边境反击作战；1984年9月，在河北省石家庄高级步兵学校学习参谋业务；1986年8月，任35108部队司令部作训科正连职参谋；1987年5月，任云南省邓川县35108部队工兵营副营长、营党委委员；1989年3月，任35108部队司令部政治协理员、司令部党委副书记、司令部党支部书记等职。

1991年5月，被选调进入中国人民解放军军事科学院，任军事科学院军制研究部四室正营职助理研究员；1993年3月，任军制研究部副团职学术秘书；1996年4月，任军制研究部第二研究室正团职研究员；1998年9月，任军制研究部第二研究室副师职研究员；2000年7月，任军制研究部第三研究室副主任、室党支部副书记；2003年12月，任军队建设研究部第二研究室副主任、室党支部副书记；2006年7月，任军事建设研究部第二研究室主任、室党支部书记、部党委委员。2007年1月，随军事科学院科研代表团访问秘鲁、委内瑞拉国防高等研究院等单位；同年6月，任军队建设研究部第四研究室主任、室党支部书记、部党委委员；2008年4月，任军队建设研究部第二研究室主任、室党支部书记、部党委委员。2009年11月，随军事科学院科研代表团访问希腊、法国、德国、丹麦几个国家军事机构，交流学习。是年12月任军事科学院科研指导部副部长、部党委委员、院党委委员，中国军事科学学会会员，中国孙子兵法研究会会员，中国科普作家协会会员，全军学位评定委员会委员，全军常备外宣专家，军事科学院学位评定委员会秘书长、高级专业技术职务评定委员会委员等职；2010年12月，由大校晋升为少将。

在军队建设中，他组织与参加起草《中国人民解放军装备条例》《中国人民解放军联合战役装备保障纲要》等法规，参与撰写出版《国防和军队建设贯彻落实科学发展观学习提要》《邓小平依法从严治军论》《军队建设学》等理论著作和工具书。独立撰写出版《德国军队今昔》《铁甲征衣》《战略武器》《兵器之星——精确制导武器》《军队体制编制》《军事与外交》《百万雄师过大江——军训手册》等书籍。在《中国军事科学》《人民日报》《解放军报》《军事学术》《中国国防报》《外国军事学术》《国防》《军事》《装备》《贵州日报》等报刊上发表学术文章140余篇。

从1979年4月起至2006年12月，他先后荣立三等功10次，嘉奖10余次，多次被评为优秀党员和先进工作者。2006年享受军事优秀专业技术人才二类岗位津贴，2009年享受军队优秀专业技术人才一类岗位津贴。完成培养研究生11人，在学研究生6人，40余项科研成果分别获国家、军队、总部和军事科学院的奖励。他是一名从毕节走出去的优秀军人和有作为的军事专家。

张家文

张家文，贵州省大方县人，1954年2月生于贵州大方，1970年参加工作，大学文化，中共党员。

1970年11月至1976年8月，在昆明军区35015部队服役（战士），1974年12月加入中国共产党；1976年8月至1979年12月在昆明军区35015部队服役任排长。1979年12月转业到威宁县人民检察院工作任助理检察员，1980年12月至1984年1月历任威宁县人民检察院科员、检察员；1984年1月至1987年1月任威宁县人民检察院副检察长、正科级干部（其间1985年7月至1987年7月参加西南政法学院法律专业函授学习）；1990年3月至1990年9月在最高人民检察院高级检察官培训中心学习；1991年12月至1995年2月毕节检察分院任反贪局副局长，检察员；1995年2月至1997年9月任毕节检察分院起诉处处长、检察员；1997年9月至1998年5月调任原毕节市（县级市）人民检察院代理检察长、党组书记；1998年5月至2002年12月任原毕节市人民检察院（今七星关区人民检察院）检察长、党组书记；2002年12月至2003年4月调任黔西县人民检察院代理检察长、党组书记；2003年4月至2006年8月任黔西县人民检察院检察长、党组书记；2006年8月至2008年8月调任毕节分院反渎局局长；2008年至2010年3月任毕节分院机关党委书记；2010年3月至2011年3月任毕节分院党组成员、机关党委书记；2011年3月至2012年3月任毕节分院调研员，检察员。

张家文勤奋好学，兢兢业业。不论在部队，还是在检察机关，脚踏实地，一步一个脚印，从士兵做起，从普通检察人员做起，直至当上基层检察院的检察长。他坚持与时俱进，把理论与实践相结合，创造出一个个对检察工作有用的模式。大胆试用“捕诉合一”，节约了司法成本，提高了办案效率，增进了科室之间的联系。在七星关区人民检察院工作期间，带领全院干警学习新的刑事诉讼法，努力贯彻中央依法治国的精神。在2000年，争取到了国债专项资金，用于修建新城区检察技侦大楼。2002年，技侦大楼主体工程竣工，成为麻园新城区第一家进场施工完工单位。为七星关区人民检察院的建设发展奠定了良好的基础，也使检察机关的面貌焕然一新。

张政纲

张政纲，贵州省毕节县（今七星关区）人，1955年1月出生在毕节县燕子口峨峰，于1975年12月参加工作。大学本科学历，中共党员，

张政纲1975年12月至1977年3月在贵州省毕节县燕子口峨峰公社任党委副书记；1977年3月至1980年5月任贵州省毕节县蔬菜（城关）公社党委书记；1980年5月至1983年8月任贵州省毕节县城关镇党委副书记；1983年8月至1985年7月在贵州农学院农业经济专业学习；1985年7月至1985年12月任贵州省毕节县城关镇整党办副主任；1985年12月至1991年11月任贵州省毕节县燕子口区委副书记、区长、区委书记；1991年11月至1994年4月任贵州省毕节镇党委书记；1994年4月至1995年2月任贵州省毕节市（县级）委组织部副部长、正科级组织员；1995年2月至1996年12月任贵州省毕节市委常委、组织部部长；1996年12月至1998年3月任贵州省赫章县委常委、常务副县长、副书记、代县长；1998年3月至2002年5月任贵州省赫章县委副书记、县长（其间：1996年9月至1998年12月在中央党校函授法学专业学习）；2002年5月至2012年1月任贵州省毕节地区国土资源局局长、党组书记；2012年1月至2013年11月任贵州省毕节市国土资源局局长、党组书记；2013年11月至2014年1月任贵州省毕节市国土资源局党组书记；2014年1月至2014年6月任贵州省毕节市国土资源局党组书记、贵州省国土资源厅副巡视员；2014年6月至2015年4月任贵州省国土资源厅副巡视员；2015年6月退休。

张政纲自参加工作以来，在区（镇）、乡（公社）工作了三十年，历任公社党委副书记、书记，区（镇）党委副书记、区长、书记。工作中深入实际、深入群众，和干部群众打成一片，了解群众疾苦，帮助群众解决很多实际困难和问题，深受群众的好评，得到了上级的肯定。在此期间获毕节县农业学大寨、乡镇企业先进个人表彰。在县（市）工作了近十年，历任毕节市委（县级）常委、组织部部长，赫章县委常委、常务副县长、县长。工作深入基层，了解实际情况，帮助基层解决实际问题。在毕节市委（县级）组织部工作期间，组织工作每年都受到毕节地委组织部的奖励。在赫章县政府工作期间，取缔非法炼锌，理顺财政管理，将赫章挤进以奖代补县，发展烤烟生产，扶贫开发工作得到了上级的充分肯定。在毕节地（市）国土资源局工作了十二年，历任局长、党组书记。工作中积极为地方经济发展出谋划策，保障地方经济社会发展对土地、矿产资源的需求，为地方经济社会发展做出了积极的贡献。在国土资源管理中，连续获市委市政府一等奖，五年连续获省国土资源厅和省人民政府的系统和政府目标责任奖第一名，2010年获人力资源和社会保障部、国土资源部“全国国土资源管理系统先进集体”表彰。在省国土资源厅工作了一年多时间，任省国土资源厅副巡视员，此间，主要从事同步小康帮扶工作，带帮扶队在仁怀市帮扶同步小康建设工作，工作中深入到仁怀市22个镇乡办事处和66个同步小康建设村指导工作，帮助引进项目资金八千多万元，为帮扶同步小康工作做出了应有的贡献。

张继增

张继增，四川省人，中共党员，大学文化，曾任中共毕节县委副书记兼宣传部长，中共毕节地委委员兼宣传部部长，省文化厅厅长等职。

1969年于北京大学政治经济学系毕业，1970年到毕节地区工作。在知识、文化不受重视的年代，这位中国第一学府出来的大学生，分配到毕节后，最早在县进修学校任教员，随农村工作队到人民公社参加社教。

改革开放后，沐浴着科学文化的春风，知识分子在社会上的地位开始有了根本性的改变，张继增的学识和才能开始得到发挥，他离开了执教多年的讲坛，到县文化系统担任领导工作。尔后从文化系统到毕节县委宣传部工作，后继任毕节县领导成员。1984年12月，任中共毕节县委常委、副书记，兼宣传部部长。1987年10月，调任中共毕节地委宣传部部长，1990年5月任中共毕节地委委员。之后调省文化厅任常务副厅长、厅长。

他在毕节工作了二十多年，也就是这不寻常的二十余年，培养起了这位从巴山蜀水走进黔西北高原的北大学子的乌蒙情怀，毕节是他的第二故乡，是一块与他有着千千情结而又深藏丰富民族文化的宝地。

在西部大开发方面，他非常关注毕节的文化建设，用他的话说，就是“开发是全方位的，不但是自然资源，更有人才、文化资源的开发”。“毕节有着光荣的革命传统，红军长征时老一辈革命家贺龙、萧克、任弼时、王震等曾在黔大毕一带转战，留下了非常宝贵的长征精神。从人文历史发展的角度看，毕节青场新石器时代等一批文化遗址，说明毕节历史源远流长，文化底蕴丰富，同时也说明我们的祖先有非常伟大的创造力。西部大开发中，历史文化和民族文化的开发、保护和利用，都有文章可做”。他对毕节地区民族文化的开发和利用非常有兴趣。一次陪同中央民族学院的一名艺术教授到织金考察民族风情，巧遇一位用三眼萧吹奏民歌的老人，教授被一只简单竹箫中飘出的优美音乐陶醉了，称赞这是他听到的最美的音乐。教授说：“只有民族的，才是世界的。苗族舞蹈‘滚山珠’多次出访欧、澳等洲，在外很受欢迎，尤其是苗族姑娘的淳情演唱，嗓音很有震撼力。对于这些优秀的民族文化遗产，要很好地加以保护、利用和开发。”张继增从中受到了启迪，他十分重视各民族文化的发掘和发展，从文化的开发利用，到人才的培养和开发，张继增都有他的独到见解。

他说，毕节地区发展终生教育条件非常好，地区干部群众进行终生教育有良好条件，在西部开发中建设一种高品位的文化，在有形的经济建设中注入文化神韵，毕节就可毫不愧色地称文化城市了。同时，他十分冷静地建言，西部大开发战略，是党中央、国务院对西部地区人民的一种关怀，是历史的机遇，而机遇是给有充分准备的人创造的，一个地区的开发，不论是经济的还是文化的，都必须要有项目，项目的构思，论证要十分慎重，尤其要具有科学性，还要有落实、有实施，体现在一个地区的近期和远景规划之中。

“毕节是块热土，是有潜力的，经过扎扎实实的努力，实实在在的工作，加上国家实施的西部大开发战略，一定会有大的发展，大的进步。”这是张继增对毕节第二故乡的挚爱，是他对黔西北建设的祝愿。

张跃居

张跃居，山东省金乡县人，1920年12月出生于山东金乡县马王庙乡张阁村，中共党员，中学文化程度。

1940年9月在家乡参加革命，1945年12月加入中国共产党。参加工作后，首任金乡县马王庙区会计，继后任金西办事处会计、金巨县德化区财政助理员、巨南县昌邑区区长和巨南县民政科长、秘书科长等职。1949年随军南下进入江西，任中共乐平县委、县人民政府秘书。由江西随军进入贵州省毕节县（今七星关区）后，先后任中共毕节县委、县人民政府秘书。继后任海子街区委书记，先后提任中共毕节县委常委、县人民政府副县长、县长。1960年调任毕节地区外贸局局长、商业局局长、党组书记等职。1981年调任六盘水市财贸办公室副主任、党组书记。曾是中共贵州省第三届党代会代表。

自参加革命工作后，一贯忠实于党和人民的事业，在抗日战争和解放战争中作出一定贡献。1949年随军南下进入贵州省毕节县（今七星关区）后，无论担任任何职务，一贯忠于职守，保持艰苦朴素的工作作风。解放初期为毕节革命政权的建设和巩固，协助县委做了许多相关的工作。在清匪反霸、土地改革、减租退押等五大任务中，他任海子街大区区委书记，在工作中严格执行党的方针政策，严厉惩治反革命分子，为维护群众利益做了许多有利的事，受到全区人民的好评。在任毕节县长期间，领导全县人民走农业合作化道路，建立“东方红”农业先进合作社，领办金银山畜牧场，大力促进大农业的发展，为发展畜牧业起到带头作用。

张跃居是毕节解放初期县人民政府组成人员之一，他为人忠实，视毕节为第二故乡，离休后帮助毕节撰写县志、党史资料。在毕节工作期间，他深入实际，实事求是，清正廉明，大公无私，坚持原则，秉公办事，关心群众，平易近人。他求真务实、实事求是的工作作风受到机关干部和群众的好评。

张敦华

张敦华，贵州省毕节县（今七星关区）人，1945年8月出生于毕节，大学文化，中共党员。

1965年考入贵州工学院电机系本科学习5年，1970年8月毕业，分配到毕节县工作，1987年调毕节地区工作，2005年8月退休，后任地区开发研究促进会副会长。

在大学读书时，被选为团支部宣传委员、支部书记，系学生宣传部副部长，被评为全院“三好”学生和“五好”民兵。

1970年8月至1984年3月，在毕节县农机修造厂工作，14年间，先后当工人（电工）、技术员、副厂长，曾多次被评为先进生产者和先进工作者。1984年4月调毕节县科委任副主任，同年9月任毕节县乡镇企业局局长、党组书记。在乡企局的工作中，与各级各部门共同努力，依托资源优势，迅速上了煤炭、硫黄、化工、建材、建筑、生铁、粗锌、轻工、食品等一批骨干乡镇企业，这些项目投产后，增加了农民收入和国家税收，促进了全县经济的发展。

1987年10月至1989年9月，任毕节行署驻北京办事处主任。两年间，他积极与各民主党派、国家有关部委取得联系，陪同省、地领导申报项目材料，争取建立“毕节开发扶贫、生态建设试验区”。在北京请专家、教授帮助修改、论证《毕节试验区发展规划》等重大事项；就经济联合问题与有关省、市、自治区牵线搭桥，传递了各方面信息，做好来京人员的服务工作。

1989年10月，从北京回毕节后，任地区经委副主任，分管企业管理、质量管理、节能降耗、扭亏增盈、企业改革、技术开发、技术改造等工作。他努力加强和改善了全区企业的管理，争取了一大批技术改造和技术开发项目的资金投入，推进了企业的技术进步，扭转了企业亏损，促进了经济效益的提高。在地区工业经济综合部门工作8年多，1997年12月调地区计划局（后改称发改委）、招商局任局长、党组书记。在计划局工作期间，组织制定了全区国民经济和社会发展的中、长期发展规划，西部大开发规划和各有关专题规划以及每年的年度发展计划；同时作了全区建设项目的前期准备工作，重点争取项目，特别是重大项目的立项和国家的补助资金；做了招商引资、项目工程咨询、经济信息传递等工作。通过与各级各部门的努力争拼，每年全区都争取到一大批国家补助扶持的重大项目和若干中小项目、以工代赈项目，利用外国政府贷款项目、招商引资项目以及全区教育、科技、卫生、文化、广播、体育、公安、检察、法院基础设施建设的项目，并对这些项目组织实施严格的项目管理，加强督促检查、项目验收。能源、原材料、矿产、化工、建材、有色金属、食品等项目和公路、铁路、机场以及水利、农业、林业、生态环境等项目的建成或开工，加快了全区城市和农村的基础设施建设步伐，改变了全区交通不便状况，发挥了资源优势，发展了全区的特色经济，保障了全区国民经济和社会发展各项经济指标的全面完成，大幅增长了全区的财政收入，使全区经济和社会得到快速健康发展。上述项目的立项，张敦华作出了积极贡献。

张道科

张道科，贵州省毕节县（今七星关区）人，1964年5月2日出生于毕节县，研究生学历，民建党员，1983年9月参加工作，任毕节市（地级，下同）政协教育文化卫生体育委员会副主任。

1981年9月至1983年7月在贵州省毕节地区财贸学校会计专业学习中专毕业；1983年8月至1987年4月在贵州省毕节地区民政局工作，1987年4月至2009年5月在贵州省毕节地区民政局历任办事员、科员，计划财务科副科长、社会福利和社会事务科科长等职（其间：1996年4月至2000年4月参加四川大学会计专业函授学习，2003年1月至2004年5月参加清华大学研究生院人文社会科学学院马克思主义理论与思想政治教育专业学习）；2009年5月至2009年6月调贵州省毕节地区政协工委工作任正科级干部；2009年6月至2012年1月任贵州省毕节地区政协工委办公室行政科科长；2012年2月至2015年7月任贵州省毕节市政协办公室行政接待科科长；2015年7月起任贵州省毕节市政协教育文化卫生体育委员会副主任。

张道科参加工作以来，不管换什么工作岗位，都认真钻研业务知识，努力适应新岗位。

2002年3月因工作需要调转地区民政局社会福利事务科工作，担任科长职务，积极转变工作角色，针对当时全地区社会福利事务工作基础差、管理服务设施简陋落后等现状，深入各县及地直各基层单位进行调查研究，制定全区社会福利事务管理工作发展规划，及时向省民政厅和省发改委编制申报社会福利事务工作建设项目，积极争取上级资金投入到毕节民政工作中。经过几年的努力，较多的社会福利事务工作管理项目在毕节落地，工作基础差、管理服务设施简陋落后等现状得到有效改善。使全区社会服务事务工作从当初的全省挂末位置走到了全省前列，因工作业绩显著，多项工作得到民政部、省民政厅和地区行署的表彰。

2009年5月，调政协毕节地区工委工作，担任工委办公室行政科长职务，在2012年2月市政协一次全会上被选为市政协委员，2015年7月被提拔任命为市政协教育文化卫生体育委员会副主任。在政协工作期间，紧紧围绕政协工作的三大职能和团结、民主两大主题，认真履行工作职能，着力做好四项服务（为人民政协事业建设服务、为政协委员服务、为机关工作服务、为干部职工服务）；积极参与政协机关和所在专委会组织的视察、调研等工作。每年根据经济社会发展中出现的问题认真拟写政协委员提案，反映社情民意，积极为毕节经济发展和社会稳定建言献策，为毕节试验区的建设做出了自身的努力。

张德志

张德志，贵州省贵阳市人，1946年9月30日出生于贵阳市，大学文化，中共党员。

高中毕业后进入贵州省第一工业学校机电专业学习，1965年毕业，先后在毕节县水利电力局任技术员、秘书和人秘股负责人；1984年后任毕节县人民政府办公室信息科科长、政府办公室副主任。1985年加入中国共产党。1988年任毕节县乡企局局长、党组书记；1990年任毕节县财政局局长、党组书记；1994年继任毕节市（县级，下同）财政局局长、党组书记和毕节市地方税务局局长、党组书记；在1996年毕节市一届三次人民代表大会上当选为毕节市人大常委会副主任，任党组成员；1997年任毕节地区水利电力局副局长、党组成员；2006年退休。

在毕节县水利电力局工作期间，正值“文化大革命”，各项工作几乎处于停滞状态，他跋山涉水，不辞艰辛，参加完成了全县水利普查工作，为全县水利水电事业的规划与发展奠定了坚实的基础。在参加省水轮泵建设歼灭战工作队期间，下乡进村，亲自勘测设计、施工、安装、架线，修建了一个又一个轮泵站，把水送进农田，把电输到用户，解决了毕节县一些山高水低地带农户的人畜饮水、农田灌溉、照明加工的困难。还参加了野猫洞电灌站、沙地电站、摆革电站的施工与安装和七星关电站前期工作和水牛屯电站的建设。

1984年至1988年，在毕节县人民政府办公室工作期间，积极参与政府的经济工作。在担任新组建的信息科科长期间，主持起草一年一度的《政府工作报告》和收集大型会议的资料等工作，曾被当时的政府主要负责人喻为毕节县的“智囊人物”。其间，撰写的“决策科学与科学决策”论文被贵州省决策科学学会采用，参与编纂的《贵州省情》荣获贵州省科技进步二等奖。

在任乡企局局长期间，以“调整、巩固、充实、提高”为思路，综合毕节县县情，开拓市场，强化管理，稳定现有企业；通过普查，摸清资源优势，选好项目，狠抓落实，让毕节乡镇企业走出困境，使乡企产值、效益、税收、从业人数和员工收入都实现了大幅增长。

1990年，调任县财政局局长。任职期间，把毕节市财政局领导班子带成市委授命的优秀领导班子，财政局的多项工作都走在全县和全地区的前头。1994年，国家税收体制进行了重大改革。税收被划为中央税和地方税两大类，他被任命为市地方税务局局长、党组书记。在政府的领导下，明确了国税和地税的征收范围与权限。其间，做了大量而细致的工作，确保毕节市财政顺应改革，实现了平稳过渡。1990年至1996年，毕节市财政收入年年递增，他为毕节市财政收入做出一定成绩。

1996年，进入毕节市人大常委会领导班子后，积极参加市委和市政府关于全市经济社会发展的决策。在执法检查中，认真对照相关法律，依靠法规规范执法行为，纠正违法现象。对分管的代表工作委员会，除抓好例会的筹备工作以外，还坚持深入实际，广泛听取和收集乡镇人大联络员的意见，把人大代表的工作落到实处。

1997年调地区水利电力局工作后，本着干一行爱一行、钻一行做好一行的原则，力求做好分管工作。他分管的勘测设计工作、安装队工作、规划工作、业务科工作、水政执法工作、防汛抗旱工作都取得了显著成绩。

陆　川

陆川，贵州省威宁县人，彝族，1969年10月出生于贵州省威宁县，1991年9月参加工作，大学本科文化，1996年7月加入中国共产党。

陆川参加工作后历任审判员、副庭长、庭

长、院长。1991年9月陆川在毕节地区中级人民法院参加工作，1999年3月任毕节地区中级人民法院审判员；2002年3月任毕节地区中级人民法院刑事审判第一庭副庭长；2008年3月任毕节地区中级人民法院刑事审判第一庭庭长、审判委员会委员；2008年12月调任原县级毕节市（县级市，下同）人民法院党组书记、代理院长；2009年4月当选为原县级毕节市人民法院院长；2011年12月当选为毕节市七星关区人民法院院长；2014年1月调任毕节市中级人民法院党组成员、副院长。

在工作中，陆川求真务实、兢兢业业，自当选为原县级毕节市人民法院院长以后，切实开展“三个建设年”“四帮四促”“万名干部下基层”“人民法官为人民”等活动，转变了机关工作作风，增强了干警服务意识，进一步密切了干群关系，为顺利完成各项审判执行工作注入了强大的思想动力。审判执行工作目标全面实现，民事案件调撤率、刑事附带民事诉讼案件赔偿实际兑现率和调解率、执行案件和调解、执行余额实际到位率等较之过去有明显提高。开展行政案件简化审判试点工作，进一步缩短行政案件的审判周期，程序更加简便快捷，审批效率大大提高。

陈　康

陈康，贵州省毕节县（今七星关区）人。大学文化，中共党员。

1992年12月入伍，1993年3月在武警四川消防总队新兵训练三大队参加新兵集训后，1993年4月至1996年8月在武警四川省自贡市消防支队凉高山中队服役任战士、班长；1996年9月至1998年6月考入四川省成都市消防指挥学校学习；1998年7月至2004年3月在武警四川省自贡市消防支队富顺县中队历任排长、副指导员、副中队长、指导员等职；2004年4月至2005年1月调任武警四川省泸州市消防支队龙马潭区大队参谋（正连职，上尉）；2005年2月至2008年11月任武警四川省泸州市消防支队后勤处助理员；2008年12月至2010年7月调武警四川省泸州市消防支队纳溪区大队任参谋（副营职，少校）；2010年8月至2013年7月调武警四川省泸州市消防支队古蔺县大队任大队长（正营职）；2013年8月至2014年5月调武警四川省泸州市消防支队战勤保障大队任大队长（正营职中校）；2014年6月至2015年6月调任武警四川省泸州市消防支队纳溪区消防大队大队长（副团职）；2015年6月起调武警四川省泸州市消防支队江阳区大队任大队长（副团职、助理工程师、技术九级）。

陈　颖

陈颖，贵州省毕节县（今七星关区）人，1972年1月出生于毕节县。1990年12月参加工作，1997年3月加入中国共产党，大学学历，农学学士。

1988年9月至1990年12月，毕节师专中文系学生；1990年12月至1993年9月，在炮兵第四师、成都军区后勤二十二分部任战士；1993年9月至1997年7月，解放军农牧大学农经系学生；1997年7月至1999年5月，任毕节市人武部军事科参谋；1999年5至2002年6月，任毕节军分区政治部干事；2002年6月至2007年12月，任大方县人武部政工科副科长、科长；2007年12月至2009年5月，任毕节军分区政治部副团职干事；2009年5月至2010年11月，任织金县人武部副部长兼军事科科长；2010年11月至2012年6月，任毕节织金循环经济新区党工委副书记、纪工委书记；2012年6月至2015年12月，任贵州织金经济开发区党工委委员、纪工委书记。2015年12月任毕节市监察局第六监察分局副局长。

陈万成

陈万成，贵州省毕节县（今七星关区）人。1951年8月30日出生于毕节县王张乡街上。大学本科文化，中共党员。

陈万成，1957年9月入毕节县王张小学读书，学习成绩优秀。1963年小学毕业时以优异的成绩，考进毕节一中试验班。1966年上半年加入了共青团。正当他快要向高考的考场迈进的时候，“文化大革命”开始了，高校停止招生，考大学无望。1968年7月，全国掀起知识青年上山下乡运动，陈万成响应党的号召，向学校申请，正式回乡务农。

1969年1月，陈万成应征入伍，分在云南省勐腊县昆明军区后勤部第108兵站骡马运输一队服役。被分配当卫生员，也做一些通讯员、文书的工作，还担任连队团支部委员。由于表现好，年终被评为五好战士。1970年年初，部队院校开始招生，他被首批选拔推荐上了大学。在大学学习期间，陈万成成绩一直在班里名列前茅，当上了学习小组长，年年被评为五好学员。

1971年8月，陈万成加入了中国共产党。1972年年初在陆军第三十二师实习完毕业后，回108兵站，负责兽医工作。1972年至1975年期间，陈万成跟随兵站骡马运输队，到老挝执行援老筑路的踏勘、测设后勤保障任务，经历了各种艰难险阻和敌特袭扰、美机轰炸的战火考验。

1976年2月至5月，陈万成被上级政治机关抽派到贵州的贵阳、遵义、六盘水、毕节等地（市）落实转业干部政策。完成任务回部队后，调到108兵站业务处，任助理员；1978年调昆明军区后勤第22分部卫生处，任助理员，主管药材、经费调拨和部队卫生等工作；参加了1979年南疆保卫战，在昆明军区后勤部前线指挥部，负责和参与筹措保障分部所属各参战部队及医院（医疗所）的战备药品、器材等业务。1981年7月、8月份被抽调到昆明军区“8011”演习导演组工作；1984年“两山”（老山、者阴山）作战前夕，参与组建后勤第二十二分部所属各野战医院（所），参战单位人员选配，并负责筹措参战部队标准以外的战备药材。八月初，首批参战医疗所，上“两山”前线轮战。

1985年10月，陈万成调成都军区后勤部驻昆明办事处卫生处工作。1986年4月调成都军区后勤部卫生部主持兽医处工作，先后任卫生部兽医处副处长、处长，授上校军衔。其间：1984年6月至1989年8月，在职参加了解放军兽医大学兽医系的学习，获大学本科文凭。1986年8月至1993年，他被推选为全军军事医学科学技术委员会军事兽医专委会委员，成都军区军事医学科学技术委员会委员；任成都军区军事医学科学技术委员会军事兽医专委会军事兽医、动物性食品卫生检验和人畜共患病防治专业组副组长。

陈万成担任成都军区卫生部兽医处处长期间，重点抓好人畜共患病防治和兽医科研等工作。全区部队在人畜共患病防治工作方面取得了显著成绩，无烈性传染病和危害大的传染病流行；连续七年无五号病疫情发生，成都军区被评为全国、全军的先进单位，先后受到全国“防五号病”总指挥部、农业部、全军“防五号病”领导小组和四川省“防五号病”指挥部表彰，他本人也被评为全国、全军“防五号病”先进个人和四川省“防五号病”先进工作者。在陈万成的领导和努力下，成都军区军事兽医研究方面，共取得医学科学进步奖16项，其中三等奖5项，培训兽医卫生防疫骨干（卫生员）和动物性食品检验人员200余人。

1993年10月，陈万成转业到成都市卫生局，任工业卫生处副处长（正处级），同时兼任成都市工矿医院管理委员会常务理事、副秘书长、成都市预防医学会理事。在工业卫生处工作期间，陈万成积极协助主要领导，组织成都市两个防疫站的劳动卫生和放射卫生科有关人员，开展了全市劳动卫生和职业病普查，并将普查结果报告上级，供有关部门决策参考。积极协助和指导工业企业自办医疗卫生机构的管理和改革工作；组织了对工矿企业自办医疗卫生机构的情况调查，协助有关部门进行了企业分离自办医疗卫生机构工作试点。由他执笔撰写的《成都市分离企业自办医院的做法和体会》的论文，被《中国卫生政策》和《中国厂矿医学》等杂志刊发。

2002年1月，成都市红十字会独立建制以后，陈万成被调到市红十字会任党组成员、副秘书长、常务理事，此后又兼任市红十字会工会主席。在红十字会工作期间，陈万成积极主动配合一把手及其他班子成员，抓好市红十字会及所属各区（市）县红十字会的组织，依法独立建制建设。在市委、市政府的高度重视下，全市20个区（市）县红十字会机构人员全部依法独立建制，建立和完善了市红十字会的各项规章制度，此项工作走在了四川省前列。特别是在2008年“5·12”汶川特大地震期间，他一直战斗在抗震救灾和灾后重建第一线，拼力参与接收和筹集救灾款物，保证救灾款、物安全及时到达灾区和灾民手中。他分管市红十字会机关纪检监察、组织人事工作期间，以身作则、严于律己，认真抓好机关的党风廉政建设和法律、法规学习，市红十字会未发生过违法违纪行为。2009年，陈万成任成都市红十字会秘书长，工会主席（副厅级）。

陈万成在部队工作近25年，曾多次受到各级领导机关的嘉奖。1985年整党结束后被评为昆明军区后勤第二十二分部机关优秀共产党员；1987年被评为成都军区后勤部机关优秀共产党员；在全区部队牲畜五号病防治、禽畜疫病普查工作中，成绩显著，分别被四川省、成都军区、全军防五号病领导小组、全国防五总指挥部、国家农业部评为先进个人。转业到地方工作后，先后被评为成都市卫生局优秀党务工作者，成都市“四五”普法先进个人，四川省红十字会系统“5·12”抗震救灾先进个人等。

2010年10月，陈万成退休，回到毕节安居。

陈万顺

陈万顺，贵州省毕节县（今七星关区）人，1962年12月出生于毕节海子街十三亩李子湾，中共党员。解放军理工大学军事装备学研究生进修班在读。成都军区某部队部队长，正团职，上校军衔。

1981年10月从毕节应征入伍，历任战士、学员、技术员、助理工程师、工程师、副主任、主任、业务处处长、部队长等职务，曾被评为成都军区“科技工作先进个人”、成都军区装备部“优秀党员”等，荣立三等功一次。个人取得军队科技进步三等奖、四等奖共16项，有10余篇学术论文先后在军队各种刊物上发表。所属单位先后被军区评为“科技强军先进单位”“信息化建设先进单位”“装备管理先进单位”“人才培养标兵单位”、军区装备部“先进团级党委”“四川五四红旗团委”、总部“科技工作先进单位”等。2005年作为成都军区先进典型宣传对象，个人事迹先后在中央电视台播出和成都军区《战旗报》上连载。是毕节籍有作为的年轻军人之一。

陈万前

陈万前，贵州省毕节县（今七星关区）人，本科文化，中共党员，1958年3月出生于毕节县海子街区十三亩公社，1976年2月参加工作。

1976年2月应征入伍到云南省昭通军分区司令部任战士；1977年9月任军分区司令部机要科机要员；1979年1月任军分区司令部机要科正排职、副连职参谋（1979年参加南疆保卫战）；1987年11月任正连职参谋；1991年1月任贵州省毕节军分区司令部副营职参谋、政治部副营职干事；1993年12月任生产办公室正营职主任；1996年12月任政治部副团职干事；1997年9月任组织干部科科长；2000年4月任毕节军分区党委委员、威宁县人民武装部党委书记、政治委员；2001年3月任威宁县委常委(其间：2003年3月被选举为威宁县人大常务委员会委员)；2005年8月任毕节地区文化局(新闻出版局、版权局)党组成员、纪检组长(正县级)，2010年1月任毕节地区文化和体育局(新闻出版局、版权局)党组成员、纪检组长(正县级)；2011年10月任毕节地区交通运输局党组成员、纪检组长(正县级)；2012年6月任毕节市第二纪工委副书记(主持工作，正县级)、2013年4月任毕节市(地级市，下同)第二纪工委书记兼毕节市交通运输局党组成员、纪检组长。

在部队期间，因工作积极，成绩突出，多次受到表彰。1979年2月至5月，参加南疆保卫战，参战期间，受到云南省军区通令嘉奖1次；1995年12月，由于组织、干部、纪检等工作成绩突出，被毕节军分区记三等功1次；2003年4月，在军事训练、安全工作、信访维稳等方面成绩突出，被贵州省军区评为“应急维稳先进个人”。

转业到地方工作以来，发扬部队优良作风，积极投入地方建设，努力为群众办好事实事。2006年至2008年，所在毕节地区文化局纪检组被毕节地区纪委监察局评为先进集体；2009年、2010年连续两年信访维稳、安全工作受到原毕节地区行署表彰；在2008年毕节试验区“抗雪凝、保民生、抓重建、促发展”工作中，带队深入毕节市七星关区普宜镇道角村，与群众共同抗击雪凝灾害，开展送粮食、化肥、棉衣棉被，慰问受灾农户，帮助和促进群众生产自救；2011年4月带队赴扶贫联系点撒拉溪镇雄嘎村开展“抗旱救灾、森林防火、春耕生产”工作中，带领群众翻山越岭寻找水源，协调争取资金17万元，帮助修建水池，解决了365户农户的人畜饮水困难；任毕节市第二纪工委书记期间，团结带领班子成员和全体干部职工。组织抓好负责和联系的26个市直单位党风廉政建设工作的监督检查、信访举报件核实调查，加强负责单位“三重一大”“三公经费”、作风纪律等重点工作情况的监督，加强民生项目资金运行、负责单位实施工程建设、科级干部选拔、工作人员遴选、考调招聘等工作的监督。

陈万桥

陈万桥，贵州省毕节县(今七星关区)人，1955年6月出生于毕节县海子街区王张乡陈家院。中共党员，大学文化，1976年12月参加工作，贵州省水库和生态移民局副局长。

1976年12月至1978年10月，在贵州省毕节县土产公司当工人；1978年10月至1982年7月，贵州大学中文系学生；

1982年7月至1984年7月，在贵州省毕节县委办公室当工作员；1984年1月至1986年4月，任贵州省毕节县委办公室秘书科科长；1986年4月至1987年8月，任贵州省毕节县海子街区委书记；1987年8月至1992年11月，任贵州省毕节县副县长；1992年11月至1994年2月，任贵州省毕节县委常委、副县长；1994年2月至1996年12月，任贵州省毕节市(县级、下同)委常委、副市长；1996年12月至1997年11月，任贵州省大方县委副书记、县长；1997年11月至2000年7月，任贵州省毕节市委副书记、市长；2000年7月至2001年3月，任贵州省毕节市委书记、市长；2001年3月至2002年11月，任贵州省毕节市委书记；2002年11月至2003年4月，待安排(2002年9月至2003年1月，在中央党校进修部学习)；2003年4月至2003年6月，任贵州省移民办党组成员；2003年6月至2009年5月，任贵州省移民办副主任、党组成员；2009年5月起，任贵州省移民局副局长、党组成员。

陈广臣

陈广臣，贵州省纳雍县人，苗族，生于1969年4月，大学文化，学士学位。

1987年9月至1991年7月在贵州农学院园艺系果树专业学习。2001年9月至2003年11月参加清华大学研究生院马克思主义理论与思想政治教育专业在职进修。

1991年9月至1994年7月大学毕业分配到毕节市（县级，下同）农业局经济作物工作站工作，任助理农艺师，在此期间因工作踏实，认真负责，先后被评为毕节县、市科技兴农先进工作者，市优秀团员，曾被提名为团中央十三大代表候选人。1994年7月至1998年5月毕节市人民政府办公室工作，历任工作员、科员、正股级秘书。1998年5月至2003年3月任毕节市梨树镇人民政府副镇长。两次政府换届中均以最高票数当选留任。曾亲自带队蹲点驻村和组织指导集中连片地，变贫瘠沙化荒山的种粮劣势为生态保护和种经果林发挥效益的优势，高技术规范、高存活率地建立起了全市规模最大（2500亩）、成功见效最快的果树基地——保河梨树基地，曾获得地区先进个人的表彰（其间：2002年4月至2003年3月挂任省环保局自然生态处处长助理，花了整整11个月的时间，加班加点，较好地为省环保局独立完成了国家环保总局下达的中西部地区贵州省地面生态数据采集系统的分析和电脑录入工作，通过分析向国家总局指出了数据结构中存在的错误之处并得到及时采纳和修正）。2003年3月调任原毕节市（县级）人民政府副市长，先后主管全市统计、物价、粮食、供销、民族宗教、民政、环保等工作，联系工商、技术监督、食品药品监督管理和工会工作，在此期间因相关分管工作出色，于2005年年底获得国家级先进个人的表彰。2003年1月任省政协九届委员。

陈中国

陈中国，贵州省毕节县（今七星关区）人，彝族，1962年11月22日出生，1979年11月入伍，1982年4月入党，研究生学历，现任省卫生计生委卫生应急办公室主任。

陈中国于1979年11月入伍。1979年11月至1982年12月武警黔南支队独山县中队战士（文书）；1982年12月至1983年11月武警黔南支队平塘县中队司务长；1983年11月至1984年4月武警黔南支队政治处书记；1984年4月至1985年12月武警黔南支队政治处宣传干事；1985年12月至1990年2月武警黔南支队政治处组织干事（中尉警衔）；1990年2月至1995年12月武警贵州总队三支队政治处宣传股长（上尉警衔）；1995年12月至1997年2月武警贵州总队三支队政治处副主任（少校警衔）；1997年2月至1997年12月武警贵州总队政治部宣传处副处长（中校警衔）；1997年12月至2003年8月武警贵州总队政治部宣传处处长（上校警衔）；2003年8月至2003年11月原省卫生厅机关党委办公室正县级干部；2003年11月至2009年12月原省卫生厅机关党委办公室主任，2005年9月起兼任厅办公室主任；2010年1月至2014年11月原省卫生厅应急办主任（2011年10月起兼任医改办常务副主任）；2011年11月至2013年5月挂职黔西南州兴义市委常委、副市长；2014年4月起任省卫生计生委卫生应急办公室主任。

2003年10月当选原卫生厅机关第三党支部书记、2004年8月当选原卫生厅直属机关党委委员、2004年12月当选贵州省直机关青年联合会副主席、2005年12月当选贵州省青年联合会常委。2010年3月当选原卫生厅机关第四党支部书记。2014年6月当选省卫生计生委应急办党支部书记。

陈中国在部队服役期间，先后3次荣立三等功，多次受嘉奖。从部队转业到地方工作以来，先后3次被评为优秀党员、优秀党务干部、6次被评为优秀公务员。

陈永仲

陈永仲(1930—2010)，贵州省毕节县(今七星关区)人，彝族，1930年3月生于毕节县龙场营烙烘苗岩(今大屯乡三官村)，小学文化，中共党员。

1949年11月毕节解放，1950年年初，中国人民解放军16军140团进入龙场区剿匪。陈永仲拥护共产党、热爱解放军和新生的红色政权，积极参加区民兵队剿拿土匪。在剿匪运动中，积极组织当地青年和动员群众协助解放军开展清匪工作，战绩显著。同年，正式参加革命工作。建立地方革命政权时，先后被选为村农协会副主席、主席。任职后，在解放军的领导下，积极做好农协会的工作，后升任为乡农协会委员，参加清匪反霸、减租退押、征粮等五大任务。在工作中，认真执行党的方针政策，立场坚定，阶级路线分明，工作成绩突出。于1951年11月出席贵州省第二届农协会员大会，学习党在农村的方针政策，受到时任省委书记苏振华、省主席杨勇等领导人的接见，深受鼓舞。回县后，奉调在其他乡参加清匪反霸、土地改革等工作。1952年5月土改结束后，调龙场区担任生产干事，同年加入中国共产党，先后带领两批入党积极分子到县委组织部培训学习。1953年被选送到贵州民族学院民族政策研究班学习时事政治，学习回区后提任龙场区委组织委员。由于工作成绩突出，得到领导和群众的好评。1955年任龙场区区长，次年任中共龙场区区委书记。1956年6月，中共毕节县委召开党代会，被选为县委委员。同年，调任毕节县人民政府副县长，分管农村工作。1957年，中共贵州省委、省人民政府组织全省少数民族参观团，陈永仲被推选为参观团副团长，到全国各地参观，在北京受到毛主席、周总理、朱德总司令等党和国家领导人的亲切接见，并合影留念。参观回县后，按县委的安排、政府领导的分工，担任倒天河水库建设指挥部指挥长，带领农民工奋战倒天河水库修建，如期完成任务，解决毕节城区党政机关、居民、城郊菜农人畜饮水问题，为毕节人民办了一件大实事，受到县委、地委、地区行政公署的表彰和全县人民的赞扬。继后，根据工作需要，兼任鸭池区委第一书记，领导整风整社等工作，在工作中认真贯彻执行党在农村的一系列方针政策，结合鸭池区的实际，圆满完成县委交办的工作任务。后奉调回县工作。

1965年，参加地委“四清”工作团在吉场区半坡大队开展“四清”工作。他认真执行党中央关于“四清”运动的方针政策，政绩突出，被地委书记、工作团长陈健吾在全区工作会上通报表彰。1970年，调毕节地区陶瓷厂任党委书记，被抽调参加地委工作队到大方响水等地搞中心工作，因工作出色，多次受到组织上的表扬。1979年调任毕节地区农机局副局长、党组成员。1991年退休，在家安度晚年。

陈永仲是毕节参加革命工作最早的民族干部之一。在40余年的革命生涯中，对党和人民的事业忠心耿耿，任劳任怨，清正廉洁，艰苦朴素，忠实可靠，是一名好党员、好干部。于2010年逝世，享年80岁。

陈永阶

陈永阶，贵州省毕节县(今七星关区)人，彝族，1937年3月24日出生于毕节县龙场营烙烘苗岩(今大屯乡三官村)，大专学历，中共党员。

小学毕业后参加农业劳动，成为积极分子、社会骨干，先后任初级社和高级社的会计。

1956年，加入中国共产党，1957年参加工作。先后任熔烘乡（公社）人民政府文书，龙场区公所文书、青年干部、统计员、区委组织干事等职。1963年被组织选送到西南民族学院学习3年，获大专文凭，1966年毕业回龙场工作，正值“文化大革命”开始，从事一般工作。1974年任中共龙场营区委委员、秘书，积极协助书记、区长策划与民生相关的建设工作，显示出组织领导才能。1980年提任龙场区副区长，分管农业与计划生育等工作。其间，任龙场区基本农田建设指挥部副指挥长，认真执行中央的指示精神，开展“农业学大寨”运动，搞基本农田建设，获全县第一名，出席毕节地区“基本农田建设表彰先进单位大会”，受到表彰。同时，计生工作抓得有声有色，抓出成效，被各级党委、政府评为先进区、乡，受到上级的表彰。1984年2月任中共吉场区委书记，虽任职几个月时间，但他认真履行自己的职责，为吉场街道铺上水泥路面，受到街民的称赞，为吉场区人民留下了好的印象。

1984年10月，任毕节县副县长，分管大农业。身负要职，但民族干部和农民本色不变，经常深入农村调查研究，同人民群众打成一片，虚心听取农村干部和人民群众的意见，共谋毕节大农业的发展。其间，做了三件大事：其一，任县利民水库指挥长，采用现代化的装备，扩修水库和由何官屯到毕节城区的大型水渠，输入倒天河水库，引至城区。历时近2年修通沟渠，竣工验收合格，如期解决城区几十万人的饮水问题。其二，任大纳公路指挥长。期间，认真执行上级的要求，外出学习经验，实施毕节境内线路的放线，虚心听取工程师和科技人员的意见，决定公路的走向，测量路基，取直弯道等，做了许多复杂而艰巨的工作，为修建大纳公路打好基础。其三，开展科学种田，在杨家湾、撒拉溪一线搞科技兴农试点，获得成功，在全县推广“地膜覆盖”“玉米杂交品种”种植，同时推广大面积的烤烟种植，夺取粮烟大丰收，烤烟突破25万担，财政收入突破6000多万元，受到地委、行署的表扬。

1989年，任中共毕节县委常委、人民政府常务副县长，主持政府日常工作。他胸怀全局，勤政为民，把握政策，主持正义，认真履行职责，推动农村和机关工作的平衡发展。他任常务副县长期间，同时兼任毕节县地方志编纂委员会主任，常到县志办公室听取工作汇报，现场办公，帮助落实经费，充实工作人员。在他的正确领导下，《毕节县志》的编纂工作如期完成，为给毕节子孙后代留下宝贵文化遗产作出了贡献。

1992年，任中共毕节县委副书记、县人民政府县长，主持政府全面工作。他具有全局观念，深入实际，解决具体问题，认真完成各项任务。

1993年，当选为县人大常委会主任。1994年撤县设市后，任市（县级，下同）人大常委会主任、毕节地区人大工委委员、省人民代表大会代表。认真履行人大监督“一府两院”的职责，建立健全乡镇人大机构，充分发挥人民代表的作用，向党委、政府建言献策，为全市的经济建设和精神文明建设作出一定贡献，深受人民的赞颂。

2001年退休，仍继续学习党的方针政策，关心国家大事，关心全市的经济发展和边远乡村人民的衣食住行。是年下半年，为了王家坝煤业开发，到县机关找有关单位商议，引资赞助，将该地的道路、公共场所等，全部打成水泥路和水泥场坝，群众赞不绝口。2002年，为家乡熔烘的建设四处求援，先后争取到近20万元的资助，修通三关小学、龙井至高坡的公路2.5公里；修建“安全小学”，可容纳学生200多名；为家乡修井蓄水、疏通沟渠、安装自来水管，解决70多户人的人畜饮水等问题，同时修建了余家沟人行桥。2005年，陈永阶开始担任社团职务，先后担任毕节市老年体协主席、关心下一代工作委员会常务副主任、市文联副主席等职。先后被评为省、地、市关心下一代工作先进工作者、“优秀共产党员”等，获证书和奖品。

陈永阶在40多年的革命生涯中，勤政为民，与人为善，不贪不占，清正廉洁，光明磊落，秉公办事，忠于党，忠于人民；退休后，过着朴素的生活，与平民百姓同享天伦之乐，深受群众的好评。

陈永阶之所以成为一个有成就的人，其背后有一个志同道合、心心相印、宽容贤淑、精明能干的女人，就是他的妻子王桂琼。她时时刻刻关

心、支持、协助丈夫的工作。王桂琼1941年2月出生于大方响水海马，1960年与陈永阶结为夫妻，1962年参加工作，1972年加入中国共产党。在龙场信用社工作期间，工作积极、认真、负责，经常下村下队调查研究，体察民情，困难群众找到其贷款，她想方设法帮助解决。在每年夏、秋两季粮食入仓时，有的人的粮食未干入不了仓，王桂琼（住粮管所职工宿舍）主动叫这些人把粮食寄放在自己家中，帮晒帮卖，解决了这些人往返背粮的困难。在粮管所居住近十年，一贯如此。在家庭事务方面，对双方家庭一视同仁，对双方父母孝敬有佳。后来把父母接到毕节居住，母亲87岁、父亲94岁去世。他们夫妻共生育五个子女，因教育有方，培养有道，个个有工作。对丈夫的工作，她支持不越位、过问不越轨，不该问的不问，不该说的不说。经常警示丈夫要明明白白做事，堂堂正正做人，不要“懒、馋、占、贪”，要廉洁自律，遵纪守法，秉公办事、勤政为民。为丈夫献良策、出好招，排忧解难，减轻负担，使其能集中精力搞好工作。由于如此，王桂琼被人们称赞为群众的贴心人、双方家庭的顶梁柱、孝敬父母的好女儿、支持丈夫成就事业的贤内助、好帮手。

陈仕光

陈仕光，贵州省金沙县人，1932年4月出生于金沙县岩孔街上，中共党员。

1950年11月在当地参加解放军区中队，历任战士、班长、副排长、排长、副指导员、干事、副主任、县人武部副政委、政委，转业地方后，任毕节县人大常委会办公室主任、县直机关党委书记等职。

1950年5月，家乡岩孔第二次解放。因母亲病故，家中一贫如洗，生活十分困难。正在此时，岩孔成立区中队，他和几个同龄人一起参了军。1951年3月，他和一位战友到金沙警卫营报到，参加毕节军分区新组建的战士篮球队。10月，贵州省军区在贵阳举办运动会，各分区组团参加，他参加了这次运动会。1952年，参加文化练兵，结束后，他所在的分区独立营一连奉命去威宁县执行剿匪任务。嗣后，于1953年奉调回毕节。是年3月参加在军分区举行的新党员入党宣誓大会。9月，按期转为正式党员。1954年，调到二连任副排长、排长。此间，二连在大方猫场硫黄厂、金沙大水农场执行看押劳改犯人的任务。之后他奉命带一个班在毕节赤水河大桥执行守卫任务。

1960年3月，奉命在贵阳花溪等地执行施工任务，改名施工部队第二大队五中队。完成这项任务之后，部队番号撤销，连队回到毕节军分区。这时，他因工作成绩突出，被省军区政治部任命为威宁县人武部副政委，分管政工科工作。1976年4月，他在省军区龙里“五七”干校学习半年，11月毕业回到威宁县武装部。不久，被借调毕节军分区工作，后到大方县任人武部政委。在此工作3年之后，于1982年转业。1983年在毕节县人大办公室任主任，1985年机构改革成立县直机关党委，陈仕光任书记。至1992年退休。

陈百方

陈百方，贵州省大方县人，1963年11月出生于贵州省大方县，1984年8月参加工作。大学文化。

1984年8月至1997年12月，在毕节地区建筑设计室工作，历任技术员、助理工程师、工程师、注册建筑师，副主任、主任（其间，1994年9月至1996年9月任毕节市人民政府市长助理挂职锻炼）。

1997年12月至2003年1月，调毕节市（县级）人民政府工作，历任市长助理、副市长。2003年1月至2007年12月调毕节地区建设局工作，任副局长（其间，2005年6月至2011年6月，任毕节地区洪欣城市建设有限公司董事长兼总经理）。2007年12月至2011年11月，在毕节地区城乡规划局工作，任局长。2011年11月至2015年12月在毕节市城乡规划局工作，改任正县级干部并退休。

陈百方1984年8月至1997年12月在毕节地区建筑设计室工作期间，与同事合作或作为项目设计负责人，先后承担并完成了住宅、办公、宾馆、教学楼、综合用房、仓库、单层工业厂房、多层工业厂房等若干项目的建筑设计、结构设计、工程概（预）算等工作；负责设计成果（文件）的审核审定工作；履行行政管理工作职责；主持毕节地区建筑设计室工作。

1997年12月至2003年1月在毕节市（县级，下同）人民政府工作期间，协助市长分管：建设局（含规划办）、城市管理局（含综合执法局）、国土资源局、房产事业局、环境保护局、旅游事业局，联系供电、邮政、电信、通信工作。在城乡规划建设方面的工作主要有：规划编制、规划制定、规划审批、违法违章建设查处等城乡规划管理工作，勘察、设计、施工、招标投标等城市建设行业管理工作，城市基础设施和市政公共设施建设工作，小城镇建设、集镇和乡村规划建设管理工作等。负责市容市貌、城市卫生、垃圾处理等城市管理（含综合执法）方面的工作。在国土资源管理方面的工作主要有：耕地保护、土地整理、土地征用、土地出让、违法用地查处、矿产资源管理等。

在房产事业方面的工作主要有：处理房地产历史遗留问题，产权产籍管理，盘活存量土地、促进房地产市场的快速健康发展等。在环境保护方面的工作主要有：环境保护政策和法律宣传、污染物排放管理、空气质量管理、垃圾填埋场建设，查处环境违法行为（案件），关闭和强制关闭小煤窑、土法炼锌等。并负责组织领导旅游事业方面的工作。负责房屋拆迁补偿安置方面的工作，组织制定和修订房屋拆迁补偿安置政策暨办法。负责“新城区”（含“麻园片区”）开发建设工作。

且先后担任“倒天河综合治理工程指挥部”“10万吨/日水厂工程建设指挥部”等机构的副指挥长或指挥长，参加了倒天河综合治理、中山路胜利路片区旧城拆迁改造、环东路环北路改造建设、10万吨/日水厂建设、425吨/日垃圾填埋场建设、新行政办公中心建设等重点项目建设工作。

2003年1月至2007年12月调毕节地区建设局工作后（其中，2005年6月至2011年6月在毕节地区洪欣城市建设有限公司工作），分管：城建科，联系贵毕大道开发建设指挥部办公室工作。负责贯彻落实上级关于城市规划建设的有关政策、指示、工作任务及要求等；向上级请示、报告有关工作，努力获取上级的各种支持和帮助。主持毕节地区洪欣城市建设有限公司工作后，组织实施“毕节城市南部新区”开发建设（包括：道路工程建设、行政办公中心及大剧院等房屋工程建设）。

2007年12月至2015年12月在毕节地区（市）城乡规划局工作期间，主持毕节地区城乡规划局行政工作，认真贯彻落实上级关于城市规划建设的有关政策、指示、工作任务及要求等；向上级请示、报告有关工作，努力获取上级的各种支持和帮助。

组织实施《毕节地区城镇体系规划（修编）》《毕节—大方城市总体规划》等工作。

陈乔友

陈乔友，贵州省毕节县（七星关区）人，1963年12月出生于毕节县杨家湾区放珠公社白泥大队，1983年9月参加工作，大专学历，中共党员。

陈乔友1981年9月至1983年7月，在贵州省毕节地区财贸学校供销财会专业学习；1983年9月至1987年4月在贵州省毕节地区财政局工作；1987年4月至1992年5月任贵州省毕节地区财政局办事员（其间，1986年9月至1989年7月在贵州省委托江西财经学院财税专业班学习）；1992年5月至1994年10月任贵州省毕节地区财政局控购办副主任、兼任地区制药厂供销财务部主任；1994年10月至1994年12月，任贵州省毕节地区财政局控购办副主任、中企组组长；1994年12月至1995年12月任贵州省毕节地区财政局农税科副科长；1995年12月至1997年7月，任贵州省毕节地区财政局农税科副科长、兼任地区制药厂副厂长；1997年7月至1998年4月任贵州省毕节地区财政局副主任科员；1998年4月至2001年11月，任贵州省毕节地区财政局企财科副科长；2001年11月至2007年2月，任贵州省毕节地区财政局企财科科长；2005年6月加入中国共产党。2007年2月至2012年1月，任贵州省毕节地区财政局副调研员、地区建设投资有限公司总会计师、毕节地区乌蒙文化产业发展有限公司总经理、毕节试验区乡村建设投资有限公司副总经理；2012年1月起任贵州省毕节市财政局副调研员、市建设投资有限公司总会计师、毕节市乌蒙文化产业发展有限公司总经理、毕节试验区乡村建设投资有限公司副总经理。

陈安忠

陈安忠，贵州省毕节县（今七星关区）人，1945年2月10日出生于毕节县燕子口亮岩张家院。中共党员，大专文化。

1960年中学毕业后便考录到朱昌中心小学任教，那年他才16岁。次年，他又考入毕节师范学校带薪读书，1964年毕业后继续在朱昌中心小学任教。1969年，他被特招到部队作文艺兵，1973年退伍。之后历任朱昌学区校长，毕节县教育局人事股副股长，毕节县委宣传部副部长（主持工作），毕节地委政法委员会办公室主任，毕节地区中级人民法院副院长（正县级、高级法官）等职。1987年、1989年、1992年，先后在杭州商学院，北京警官大学，北京法官学院学习结业。2005年2月退休。

陈安忠教过书，当过兵，从事过教育、宣传、政法工作。他干一行，爱一行，钻一行。从教育部门到宣传部门，从宣传部门到政法部门，工作性质和工作任务都发生了很大的变化，但他牢记党的宗旨，从干中学，在学中干，从不熟悉到熟悉，从不适应到适应。其间，付出了许多辛劳和汗滴，经历了许多艰辛与困苦。

1991年2月，省人大常委会任命他为毕节地区中级人民法院副院长。法院是国家的审判机关，担负着调整民事关系，打击惩治一切犯罪的重要职责和任务。一开始院党组就给他压担子，把审判业务中刑事、民事两大审判工作分给他管。陈安忠深知，这是党组对自己的信任和考验，他认为分抓就要真抓，分管就要实管，决不要花架子。他不耻下问，虚心向老同志学习。晚上则放弃了看电视、会亲友的时间，挑灯夜读法律书籍。他一边学习一边作读书笔记，不到一年时间，他以惊人的毅力，硬是"啃"完了刑法、刑诉法、民诉法、民法通则，以及行政、继承、婚姻等方面的法律书籍，并写了厚厚的两大本学习笔记。工作中，他经常到业务庭阅读案件，到合议庭讨论案件，到法庭旁听审理案件，从实践中加深对书本知识和法律条款的理解。经过不懈努力，陈安忠很快在法律知识和执法水平上都有了很大的提高，他分管业务庭所办理的案件，没有出现过一件冤假错案。院长去中央党校学习期间他主持全院工作，各项工作有条不紊地进行，行政工作及审判业务均未受到丝毫影响。

2006年，陈安忠正式退休。但他退而未休，为了青少年一代的健康成长，他献了青春献白发。2009年任市关心下一代工作委员会（下简称"关工委"）副主任，又在关爱下一代工作岗位上继续发挥余热。

陈安忠在市关工委整整工作了七年。七个春

秋，七载风雨，那些辛苦而又快乐的点滴，让他入眼成媚，凝成脉脉心香，化作一泓幸福的记忆。陈安忠在关工委主抓青少年（含服刑和失足青少年）法制教育工作，为了对不同群体的青少年进行有的放矢的法制教育，几年来，他无数次去各县区、乡镇，及中小学考察，无数次去街道、企业及监、所调研，撰写了《托起明天的希望》《让校园洒满法律的阳光》《失足未必千古恨，回头便是满园春》等法制教育专题讲座稿六篇。在城市、农村，在普通中小学、中高职院校，在监狱、强戒所，先后给学生及服刑、失足青少年作法制教育宣讲达三十余场次，受教育人数逾两万人。为了宣传关工委工作对社会所作出的贡献，为了讴歌关工委老人们不计报酬，无私奉献的精神风貌，陈安忠还撰写了有关宣传稿件，讲话材料，经验总结，信息简报，以及诗歌、散文、通讯等二十多篇。其中，散文《笑享枫叶正红时》，报告文学《阳光照进高墙，心桥连起希望》，分别被《毕节日报》《毕节实验区》《贵州司法》《中国火炬》等报刊登载。

陈青云

陈青云，贵州省毕节县（今七星关区）人，彝族，生于毕节县龙场区岩脚公社元山大队，大学文化，中共党员，四川大学工商管理硕士研究生，四川大学在读企业战略管理博士研究生。中国律师、中国拍卖师；任毕节市（地级，下同）司法局党组成员、副局长。

陈青云1995年7月毕业于中国政法大学，同年分配至毕节行署办公室秘书科工作；1999年7月加入中国共产党，2001年任毕节地区行署法制办副主任（正科级）；2005年4月任毕节毕节行署法制办副主任（副处级）；2010年1月起任毕节市司法局党组成员、副局长。

陈昌祖

陈昌祖，贵州省毕节县（今金海湖新区）人，1949年出生于毕节县小坝豪沟，大专学历，中共党员。

1966年，陈昌祖毕业于地区师范速师部，1986年6月参加自学高考，就读于贵州师范大学党政专业，1983年8月加入中国共产党。历任海子街小学副校长，区公所文教专职干部、海子街镇党委书记，海子街区委副书记，挂任县经委副主任。1991年建并撤后，历任小坝镇工委书记、党委书记、观音桥办事处正科级人大联络员、党委委员、纪委书记、副书记，毕节市（县级，下同）人大常委会党组成员、办公室主任、常委会委员、副主任，于2009年退休。

在从事教育工作期间，始终正确处理一桶水与一碗水的关系，自学了高二、高三的数理化教材和传统诗词知识，不断提高教学业务水平。他学习阅读了近百部书籍，扩大了知识面，参加了自学高考，提升了学历。从政期间，学习毛选、邓选、“三个代表”重要思想、科学发展观及社会主义市场经济等知识，增强了勤政廉政的自觉性，提高了综合素质。在人大工作岗位上，认真学习宪法和法律法规，不断提高履职能力，为人大工作作出应有的贡献。

在工作中，他从教兢兢业业，不断探索和改进教学方法，所教数理化学科效果较好，为中师、中专、高中和社会培养了大批合格人才，深受学生、家长和社会的好评。从政后，经常深入基层，听取群众呼声，竭尽全力帮助群众解决实际问题。在区委工作期间，每年都要负责一个或两个烤烟收购点的工作，加强协调，让广大烟农和烟叶收购点都满意。在小坝镇工作期间，协调有关部门落实修建小坝中学、居二路相关事宜，领导3个村兴建人畜饮水工程，解决两个村的通电问题。1993年和1994年两年，因工作成绩显著分别获得地委、行署、军分区、市委、市政府的表彰和奖励。任市人大常委会副主任期间，常到乡镇了解情况，帮助基层排忧解难，尽力协调有关部门筹集资金，解决村组的人畜饮水、通村公路、村办公楼建设、学校桌凳等问题。他工作认真负责，生活俭朴，下乡从简，坚持从实际出发，实事求是，不沽名钓誉，反对弄虚作假。

他正确对待荣誉，不贪功，不诿过。在学校时，有一次要评一位先进教师出席省教育厅召开的会议，先评了陈昌祖，而他极力让给另一位老师。任小坝镇党委书记期间，评奖金或评优秀党员、先进工作者时，总要求大家不评自己为一等奖或优秀党员及先进工作者。任市人大常委会机关党支部书记的几年间，每年评先选优时，首先声明要求大家不选自己。

陈昌祖为政清廉，不以权谋私，常以反面教材警醒自己，珍惜名誉，切实对自己和家庭负责。子女皆从学校毕业，属正常分配安排；配偶属家庭妇女，从未经商办企业；住房属集资建房，他总是认认真真做事，踏踏实实做人。

陈明显

陈明显，贵州省毕节县（今七星关区）人，于1940年11月出生，1960年5月参加中国共产党，同年考入华东地院，成为朱昌区第一个考上大学的农民子弟，1964年大学毕业并分配到核工业部310队工作，1981年提任副处级干部，1985年5月调入毕节地区建设局任党组副书记、副局长、主持全面工作，次年任局党组书记、局长至2002年退休。

到地区局工作以来，严格按照党纪法规和中央的大政方针以及上级的工作部署，规范自己的言行、安排单位的工作，忠实履行党交给的职责，团结带领局一班人及局系统的广大干部职工勤政务实工作，很好地完成上级交办的任务。

陈明显勤政务实、爱岗敬业、为区城乡建设事业的发展竭力奉献。为完成好岗位职责、任务，促进地方经济的发展，根据中央、省地的经济战略布局，带领队伍，紧紧围绕“城市建设、住宅建设、风景区建设”三个经济增长点和工程管理问题，开拓思路、扩展工作。为强化工程的招投标管理，在筹建地区建设工程交易中心的过程中，就根据国家、省、地要求，在上报开办经费和人员编制未获批的情况下，把中央列为“从源头治理腐败”的这项工作当作重任来抓，在无资金、无人员、无场地的困境下，立即找地、市建设局商议自行解决办法。在他的重视和积极组织协调下，按时、按要求建起毕节建设工程交易中心。中心建立后，逐步完善制度、规范运作，得到上级主管部门好评。在区城市建设起步期，重点抓了小城镇建设，尤其是抓了城镇综合开发小区的工作。根据国家城建方针，陈明显到局工作的第二年，就向行署提出搞城区综合开发试点的建议，获得批准。行署即成立洪山规划指挥部及办公室，由行署领导挂帅任指挥长，他任副指挥长兼办公室主任，具体负责抓洪山片区的综合开发、配套建设试点工作。在地市党委、政府的重视下，通过地市建设及有关部门的艰苦工作，在初期拆、改建难度大的情况下，头三年就打开局面，新、扩、改建、配套建起了桂花路、拥军路、洪山路及桂花菜市场。在完善市政设施建设的基础上，一栋栋商住楼临街而建，形成了一个新的商贸住宅新区，彻底改变了城西南大门、洪山招待所门前脏、乱的旧貌。在洪山片区改建的基础上，贵毕新区的规划，建设相继展开。在建设中，他严格按照小区详规审批了百余个规划用地手续，按有关法规出让片区的50多幅地块，还清了银行借贷的征地款本息后，有百余万自有资金投入片区的市政工程建设，使小区基建资金处于良性循环。在不向地区财政要基建投资的情况下，建成洪南1、2路，新村路以及洪南路的路灯、绿化、供水、公厕等配套设施建设。商住楼、写字楼按规划逐一联体建起，又一个新的毕节南大门商贸市场逐渐形成。在洪山综合开发小区的带动下，全区各县城都先后建成了1至32个商贸住宅开发小区，使全区商贸住宅新区从零发展到16

个，建设面积达500公顷以上，县城建成区面积扩大一倍以上。在房地产开发方面，积极引进带资到毕节开发的企业，同时大力支持发展地方房地产开发企业，使区房地产开发企业从无到有并发展到30多个。特别是地区房地产开发公司的组建，是在实施洪山开发时，经请求上级批准，在无资金、无场地的情况下，靠自身筹措组建起来的全省第一家地区副县级国有开发企业。公司在片区开发中，发挥了骨干作用和积累了国有资产。在风景区和自然保护区的建设方面，为开发区的风景资源优势，他积极组织对区草海、织金洞、百里杜鹃、九洞天等风景区和自然保护区的勘察、规划和申报工作，在他积极的组织申报下，早在1987年，省首批下达的十个省级风景区中，毕节地区就占三个（织金洞、百里杜鹃、九洞天）。随后，又通过省厅邀请建设部专家到区实地考察上述景区，为后来织金洞、百里杜鹃升为国家级景区打下良好的基础。在草海保护区及管理处的组建中，陈明显到局不久，即根据省环保局领导的要求，立即组织下属有关部门同志多次到草海调研，找地县党政领导请示汇报，在得到地县党政领导，特别是地委禄文斌书记的重视下，使草海保护区和管理处迅速得到批准组建，草海保护区的规划及保护建设工作迅速展开。

陈明显坚持按党性原则办事，拒腐防变，从严管理，当好班长。在廉政建设工作中，严格执行中纪委的党员领导干部“廉政准则”及“规定”，每次民主生活会都能认真组织自查、自纠、带头查找问题，做到令行禁止。在权利上，用权为民、淡薄名利、不以权谋私。在建设岗位任主要负责人十七年，工作业绩在目，在全区乃至全省建设系统被尊称为“老局长”，但从未向组织领导伸手要升职（资）问题，更没有为此走过任何“后门”。兼规划办主任十多年，一直掌管洪南片区规划用地和市政工程安排的审批权，确没有给自己及其亲属批建和照顾过分寸土地、房屋和工程。为方便群众办事，把原设在局机关的洪山规划办迁“贵毕”片区工地，同时，经请示分管领导同意，给办公室工作人员按月计发住勤和交通补贴，但他自己却未领过一次补贴。对配偶子女严格管理，没有利用职权和影响为配偶和子女做过违法违纪的事以及有损公共利益和群众利益的事。为抵制“行贿受贿”“不给好处不办事”等腐败之风，他给家人定了一条纪律：凡是来托办事送钱送物的，一律拒收，并严厉批评好言劝其带回，不搞“下不为例”，若不拿走，就上交纪委。由于得到家人的支持和配合，多年来，如此处理此类事数十件。因此，有的同志赞叹说：“像陈明显这样正派的领导干部，就可随来随往，无所顾虑了。”他管辖很多“老板”企业，但从未对任何企业的老板搞过“吃、拿、卡、要”，从未带过老板外出“考察”或旅游。在纪检监察工作中，坚持抓“防微杜渐”教育，常利用职工集体学习或个别谈心等形式，对干部进行政策、法规和腐败案例的教育，同时认真查处一切“事故”苗头。1998年以前，在局机关未增补纪检组长，纪检监察机构不健全，仅有一名兼职的老同志工作的情况下，为使此项工作不落空，他亲自抓纪检监察工作，只要收到举报信件，就及时了解或批转核查，对重大问题亲自查处上报，积极参与纪检监察活动和支持纪检监察工作，使该局的纪检监察工作得以持续开展，完成了省、地部署的有关任务。

由于陈明显一贯坚持党的政治理念学习和钻研业务、工作勤奋、爱岗敬业精神强，加之局领导班子和局属各级干部群众认真履职，齐心协力工作。从而使局管理的各项建设事业和工作取得好成绩。单位及个人所管的多项工作，曾先后获得上级党委、政府及业务主管部门奖励。该局曾获得建设部普法教育先进单位奖、村镇建设先进单位奖，连续多年获得省建设厅的建设目标责任奖，先进教育单位奖，1993年到1998年，局党组被省建设厅评为纪检监察先进单位等。个人曾获得省建设厅的《毕节地区风景旅游图文数据库》演示系统科技进步二等奖、城市规划管理先进个人奖、多年被评为省建设系统优秀教育工作者，纪检监察先进个人及支持纪检监察工作的领导干部奖，获省环保委的国家及省的工业污染源调查先进组织者奖，获地区行署的《毕节地区地面水域环境功能区划分方案》研究科技进步二等奖。多年获地直机关党委的优秀党务工作者奖等。1994年，国家公务员考核，获地区人事管理部门的优秀级证书。作为党的一名领导干部，陈明显经受住了新的社会环境和工作环境的考验，“两袖清风，堂堂正正”离岗，没有辜负党和国家的培养教育以及上级领导的关爱。

陈前林

陈前林，贵州省毕节县（今七星关区）人。1967年11月出生于贵州毕节县鸭池区。三级教授，工学博士，博士研究生导师，贵州省优秀青年科技人才。先后任贵州大学化学与化工学院副院长、院长、贵州大学先进技术研究院常务副院长。

陈前林大学毕业后，先后担任中共贵州省委决策咨询专家、中国化工学会无机化工学术带头人、科技部国际科技合作重大项目同行评议专家、中国银行业科技型中小企业信贷项目咨询专家、贵州省煤化工协会副会长、贵州省特色食品产业促进会副会长、贵州省硅酸盐学会常务理事、贵州省首席科技特派员。

陈前林主要从事煤磷化工清洁生产技术及材料化学工程等领域的研究工作，先后主持了国家自然科学基金、科技部科技计划、教育部科技计划、贵州省人民政府办公厅专项计划、贵州省重大科技专项计划、贵州省重点工业攻关、贵州省工业攻关、贵州省优秀人才基金等国家和省部级及产学研合作项目30余项。多项研究成果已用于生产实际，取得了显著的经济效益和社会效益。先后获贵州省科技成果转化二等奖1项、贵州省科技进步三等奖2项、贵州省优秀新产品二等奖和三等奖各1项、贵州省教学优秀成果三等奖2项；先后在中外学术期刊发表60余篇学术论文，其中20余篇被SCI或EI收录；先后获国家发明专利14件。

陈海若

陈海若，贵州省毕节县（今七星关区）人，1949年生于毕节县城关，硕士研究生，曾任贵州省外事办副主任等职。

1964年，陈海若刚好15岁，是人生求学的韶华之时，然而因为父亲在“四清”运动中为帮助别人而坚持原则，结果一家人都受到了牵连，陈海若当了知青。之后，到毕节的关门山师范学校半工半读，时名叫“耕师”。这对于陈海若来说有如到了天堂，他欢天喜地，勤劳苦学，除尽职尽责地干好自己保管员的工作外，凡是别人叫帮忙，他都非常乐意，这使他有了很好的人缘。1972年招收工农兵学生时，耕师就推荐了陈海若。他到贵州大学外语系，这里成为他外交工作的摇篮。虽然是上了大学才从A、B、C学起，这并没有阻拦他学外语的进程，到1975年毕业时，他的成绩在40多名学生中处于第二。但那年头流行的是“学好数理化，走遍天下都不怕”，学外语的人少有用武之地。当时贵州刚好筹建赤天化，美国凯洛克格公司负责施工，急需翻译，他义无反顾就选择了去赤天化。这一选择不仅使他快速地提高自己的外语水平，而且为他今后从事外事工作打下了坚实的基础。

在赤天化，他被选任为美国公司领导帕特里克·肯特尼的翻译，他先从学工程开始，看书、看图纸，听工程师讲课，要求自己首先必须了解项目建设的全套工序流程，在翻译时做到既不违反纪律，又能顾全大局，为工程顺利施工起到很好的协调、统筹作用。因此，1978年，省里在全省范围物色优秀外语人才时，陈海若被选中，调到了贵州省外事办工作。

外事办，实际上就是贵州省对外的公关部，是贵州省开拓对外交往的窗口和通道。在这里，他依然是踏踏实实，一步一个脚印，并且在工作中不断地反省自己，提高自己。在1990年，被人事部选中，拿到了英国文化委员会奖学金，到英国国立约克大学攻读MSC（行政管理）硕士，仅1年多就拿到了硕士学位，贵州省也只有5人获此殊荣。这次学习对他来说是一次提高自己的过程，结合他在赤天化、外事办的工作经验，更深层次地研究学习决策，学习公务员队伍建设、机构改革等，提出了许多独立的观点和看法，再加上他熟练的外语水平，回国后，深圳、农业部外事司、冶金部等许多地方、单位纷纷来人来函引凤，希望陈海若能择枝另栖，而且开出的条件十分诱人。对这些，他都一一拒绝了。他认为，是贵州培养了他，他理应回报这块热土，贵州虽然落后，但是总要有人坚守。

外事工作是一项弹性很大的工作，十多年来，他不断通过自己所见所闻介绍西方的文明、先进的理论和管理方式，并参与策划了贵州省与新西兰、澳大利亚、美国、日本等国家的一场场大型外事活动，使贵州省与新西兰、澳大利亚等建立了良好关系，争取了许多援助。

他把这份感情倾注在自己的故乡——毕节，通过他的积极周旋，省、地外事部门共同努力，由日本友人提供赞助300万日元的毕节市何官屯的一座希望小学竣工投入使用，建起了香港港冠公司投资6500万港元的威宁洋芋精粉厂。他认为，毕节作为欠发达地区，更要扩大开放。在这方面要注意三点：一是找准目标，二是坚持不懈，三要以诚待人。只要持之以恒，必见成效。

邵文麒

邵文麒，贵州省毕节县（今七星关区）人，1942年9月出生于毕节县，中专学历。

邵文麒1958年5月至1960年在毕节麻纺厂工作，1960年至1962年在贵州轻工学校工作，1962年至1987年在毕节县轻纺工业局工作。1987年至1990年，任毕节县社队企业局、毕节县乡镇企业局副局长。在乡镇企业局工作期间，他带领职工走遍全县乡、镇，调查社队企业和乡镇企业发展情况，举办安全生产培训班，每个季度跟踪煤矿企业安全大检查，深入矿井查看瓦斯和有毒有害情况，做好防灾减灾工作。一段时间，乡镇企业局主要领导缺位，县委指定邵文麒主持工作，他认真负责，全身心搞好局的工作。主要领导到位后，他自觉当好助手，服从领导安排，做到一切服从革命需要。1988年至1990年5月，邵文麒当选为毕节县政协第七届常委。1990年6月至1993年5月，任政协毕节县第八届委员会副主席。2002年退休。

邵四海

邵四海，贵州省毕节县（今七星关区）人。1954年12月7日出生于毕节县城关镇东安路。大专文化，中共党员。

1971年12月，在毕节县玻化厂参加工作。1972年12月应征入伍。1975年11月加入中国共产党。

邵四海入伍后曾任云南省文山军分区打字员、富宁县田蓬边防连队排长、分区司令部军务科参谋、作训科参谋、分区教导队副队长、麻栗坡边防十五团三营副营长、云南省军区司令部作训处参谋、贵州省军区后勤部战勤处参谋、都匀陆军预备役师炮团副参谋长、步兵第二团参谋长、贵州省军区教导大队团职教员（驻贵州大学军训团参谋长、教员）。1996年3月，任黄平县人民武装部政委、县委常委。1997年6月任都匀预备役师步兵第二团团长；1999年7月转业，先后任贵州省粮食局办公室主任、省信息产业厅办公室主任兼法规处处长、省经济和信息化委员会办公室主任、副巡视员。

不断提高自己的知识才能，是邵四海追求的人生真谛。1977年6月，邵四海被文山军分区选送到云南省军区参谋培训队进行为期半年的参谋业务培训；1979年6月，被分区选送到中国人民解放军广州军事体育学院进行为期半年的培训；1985年参加全军院校招生考试，以优异成绩被石家庄高级陆军学校合成军指挥员队录取，进行为期二年的系统的战略战役战术和各军兵种理论等学科的学习训练；1997年参加中央党校在职法律专业考试，经过两年学习取得法律专业大学学历；2002年10月，由省委组织部选派到北京大学经济管理高级研修班学习；2008年10月，由省委组织部选派到清华大学行政管理高级研修班学习。这些学习培训，都为他在领导岗位上得心应手地工作，打下了坚实基础。

邵四海在军队和地方工作的四十五年中，不论干什么工作任哪个职位，都坚信入党时的誓言、理想和信念。始终坚信“变的只是工作岗位，不变的是全心全意为人民服务的宗旨”。二十七年的军旅生涯，坚定了他对党和人民的忠诚，培养了他坚强的大局意识，服从意识、服务意识；磨炼了他对工作一丝不苟、吃苦耐劳、不计得失的品格和作风。特别是亲身经历了南疆保卫战，经过了血与火的洗礼、生与死的考验。不论是完成作战训练任务，还是在完成艰苦的边防巡逻、抗洪救灾、光缆施工等急难险重任务中，都能够做到身先士卒，以身作则，不怕苦不怕累，不怕流血牺牲。在地方经济社会建设中，邵四海保持和发扬了军队的光荣传统，以积极向上、廉洁尽责、乐观敬业、不计得失、不怕困难的事业心和责任感，很快融入经济社会建设工作中。他十分注重加强业务知识学习，提高理论政策水平，用以指导自己的工作。尤其是从2010年下半年，省委、省政府提出实施“工业强省”战略，省经信委承担了许多重大事项，任务非常繁重。很多急难重要的具体工作，是由经信委办公室具体承办的。作为办公室主任的邵四海，通过忘我工作，攻坚克难，不懈努力，确保了省委、省政府和经信委机关与各市、州，各基层企业的上下沟通，保证了省委、省政府政令畅通。为全省经济社会的发展，做出了优异成绩，不辱宗旨使命。

邵四海在部队服役期间，曾荣立三等功一次，多次受到各级机关的嘉奖；在地方工作中，多次被评为优秀共产党员和先进工作者，连续三年被评为优秀公务员，2011年被评为省直机关百名优秀干部。

八　画

林　刚

林刚，贵州省毕节县（今七星关区）人，1969年2月出生于贵州省毕节县朱昌区，本科文化，中共党员。

1994年9月至1998年12月，在贵州省都匀市小围寨中学任教师；1998年12月至2002年7月调贵州省都匀市信访局工作任科员；2002年7月至2005年6月调贵州省都匀市委组织部工作任干部监督办主任；2005年6月至2008年4月调任贵州省都匀市河阳乡党委副书记、纪委书记，2008年4月至2009年5月任贵州省都匀市河阳乡党委副书记、乡长，2009年5月至2010年1月任贵州省都匀市河阳乡党委书记、乡长，2010年1月至2012年8月任贵州省都匀市河阳乡党委书记；2012年8月至2013年3月调任贵州省都匀市住房和城乡建设局党组副书记、局长；2013年3月至2015年1月调任贵州省都匀市教育局党工委书记、局长；2015年10月起调贵州省龙里县人民政府工作，任副县长。

林　杰

林杰，贵州省毕节县（今七星关区）田坝桥人，1953年2月生于毕节县城箱子街。中共党员，研究生学历。

林杰从小随父亲林绍武到清水铺、燕子口区读书。从小学到中学以优异的成绩毕业，在燕子口平街生产队当了半年知青，年仅16岁的林杰于1969年1月应征入伍，在昆明军区后勤部驻中老边境的允景洪小勐养兵站任战士，和战友们一起训练、施工、装卸等，从事繁重的体力劳动，开始了艰苦的军旅生活，锻炼成长为身强力壮的军人。他无论是在演出队还是任连队文书、代理排长，都一步一个脚印地走下去。他勤奋好学，追求进步，工作之余，抓住学习机会，学习马列著作、毛泽东选集，认真做好学习笔记，不断提高自己的理论知识水平，成为所在连队的理论和文化辅导员，在实践中开始学习写作，深入基层采写新闻报道、学习材料、体会文章等在报刊发表，很快成了部队小有名气的才子。

1974年4月，被提为干部，先后任军械技术员、新闻干事等职。1975年年初被借调到《西双版纳报》从事编采工作，后到云南人民广播电台军事部当了8个月的编辑。1978年奉令到中越边境河口、富宁、麻栗坡、金平及老山、扣林山、罗家坪前线工作，在硝烟弥漫的战场上火线采访，写出了许多有价值的战地新闻，及时报道解放军战士的英雄事迹，每次都圆满完成上级交给的工作任务。1979年发表文章102篇，其中上中央级报刊30多篇。他和战友余泽江写的长篇通讯《人应该怎样活着》《安家记》在《解放军报》头版头条发表，被新华社、《解放军报》评为一等奖。由于成绩卓著，连续3年被评为大军区优秀通讯员，7次被《解放军报》《国防战士报》等新闻单位评为优秀通讯员。

1980年年初，被选调昆明军区机关，先当文字秘书，后当首长秘书。1982年被昆明军区选送到国防大学深造，1986年毕业后在昆明军区后勤部、成都军区后勤部、中国人民解放军总后勤部工作而步入高层机关，历经12年的秘书生涯，随首长到老山前线值班，到基层调查，到雪域高原踏访边防、哨所，实地了解情况，写下了许多有见解的工作总结、领导讲话、调查报告。其间，考入中国人民解放军后勤学院，系统学习专业理论知识，以优异的成绩毕业，后在中央党校《治国方略班》取得研究生学历。

1992年7月，被任命为中国人民解放军总后勤部基建营房部营房管理局副局长、全军房改办公室副主任，主管军队住房制度改革，把一个无人问津、无权无钱的临时性的工作机构，盘活成全军将士瞩目、受益、融资近百亿元的热点。全军先后召开了三次会议，中央军委颁发了三个房改《方案》，总后基建营房部新增组建了住房建设管理局，引导军队房改工作走上正轨。1995年至1996年，他率领军队营房代表团赴香港与英军谈判营区接交事宜，在谈判中坚决捍卫祖国的尊严，谈出军威，使香港军营顺利回归，作出了卓越贡献，荣立二等功一次。1998年8月，任基建营房管理局副局长，是年11月任住房管理局局长。连续两年被评为标兵局长。

2001年1月，被中央军委任命为总后基建营房部副部长、党委副书记，授少将军衔，分管总后基建营房部营地局、环科局、住房局、老建局、房管局、建工所、绿培中心等单位以及全军战场建设等重要工作，在每一项工作中都取得了显著的业绩，受到总部的肯定。在军事斗争方面，先后参加了军委总部组织的多次重大演习和军事行动，圆满完成了军委总部首长赋予的各项任务。特别在保障新疆封控任务中，他用相当的精力，筹划并指导全军重点机场和大型军港的建设，为部队执行重大任务创造了条件；在营区建设方面，他抓住中朝、中缅边防部队营房建设的有利时机，探索新世纪营房发展的方向，提出了"营房部署基地化，规划建设集体化，设施配套一体化，营区环境生态化"的新概念，在全军产生很大反响；在房地管理方面，以贯彻落实《军队房地产管理条例》为主，把营区规划、限额使用、土地兑换、住房划区、营房维修与房地产正规化管理结合起来，提出"控制增量，盘活存量，优化结构，搞好配套"的思路，使全军营房面貌发生了历史性变化；在边防海岛吃水用电方面，以驻藏部队取暖等问题专题进行调研，解决了长期困扰的疑难问题；在主持深化房改和住房建设方面，按照深化拓展、配套要求，制定了军以上干部子女占房、牺牲病故人员补贴发放等多个法规性文件，使军队房改政策体系进一步完善，全面启动军官公寓住房、士官家属住房、经济适用房和军以上干部住房建设，使所有军人住房得到改善；在老干部住房上面，按总部"办快、办实、办好"的指示，把思路打开，把政策用足，把资源盘活，加速了建设；在环保绿化方面，指导部队参加三荒造林，在邓小平故里开辟了“长城林”。主持建设“中国军苑”展示项目，在南京首届中国绿博会上荣获特等奖。主持2004年北京国际军事环保研讨会，来自美国、德国、法国、日本、印度等54个国家、200余名军队代表参加会议，在国内外引起很大的反响。之后率军事环保代表团访问美国，促进中美军事技术交流。主持修订新的《军队环境保护条例》《军队绿化条例》《军队环保影响评价条例》，编辑出版《军队环保知识读本》，建立环保教育科研中心，重视“科技兴营”发展战略，科研成果，先后获1项国家科技进步一等奖、七项二等奖，获上百项军队科技进步奖。主持编写《高新技术与基建营房》系列丛书和《军队基建营房干部专业训练系列教材》，功绩显著，受到军委总部首长的肯定。被聘为国防大学、后勤工程学院、南京理工大学等院校客座教授和研究生导师。

2006年3月，调任济南军区空军副司令员（正军级）。是他从后勤干部到军事干部，从陆军到空军，从总部机关到作战部队高级将领的人生重大转折。2007年3月，调任成都军区空军副司令员。使他从齐鲁大地转战巴山蜀水，回到阔别多年西南战区。2008年，汶川“5·28”地震发生后，林杰作为亲自带队深入灾情最重的彭县重灾区的第一个将军，任彭县抗震救灾总指挥。他多次冒着余震，率领官兵奋战在彭县，抢救伤病员，处置灾情。挽救了成千上万人民生命和物资。接着又参加了灾后重建工作，受到中共四川省委、省人民政府表彰，四川电视台、中央电视台采访、制作播放了《将星闪耀——记林杰将军在抗震救灾中》。中央军委给林杰荣记一等功一次。

林杰戎马生涯40多年，学习兢兢业业，工作雷厉风行，思想开阔，党性原则强，严格要求自己，履行职责思路清晰，考虑问题全面，是一位有能力、有涵养、有品位的军人，可称10年的新闻工作，磨炼了意志，积累了丰富的文化知识；12年的秘书生涯，提高了思想理论水平和指挥才能，成为文武双全的将军。

他对家乡建设十分关怀。20世纪90年代末，毕节市大规模进行城市改造，治理倒天河。由于涉及军队地产，倒天河治理到五龙桥受阻。他三次从北京赴毕节现场办公，提出了爱民广场由政府建设、人民享受、军产不变的思路，使爱民广场得以修建。他亲自代总后起草批复，同意毕节军分区干休所招标开发，打通倒天河治理死结。他多次考察调研毕节军分区，为分区营区建设及毕节民兵训练基地建设拨专款，解决存在的困难。同时，他十分眷念家乡，每次回家探亲，尽管时间有限，都要到他生活过、学习过的地方走一趟，找儿时的伙伴聚集谈心，找生产队的老人谈难忘的过去和美好的未来。他常说：“尽管我在毕节只待了16年，但毕节养育了我。我始终不会忘记那块沃土，不会忘记毕节的父老乡亲。”当然，毕节人也不会忘记这位为家乡增光添彩的将军。

2013年，林杰在正军职上退休。居住北京。

林茂藻

林茂藻，贵州省毕节县（今七星关区）人，1941年生于毕节县田坝桥，中共党员。

1959年贵州省驾训学校毕业。回毕后，历任毕节运输公司中心站副站长、站长，公司副经理。1988年10月，调毕节地区交通局负责组建运输管理处，任副组长，主持工作。1990年任毕节地区运管处处长。1993年调任毕节地区交通局副局长、党组成员，仍兼任运管处处长，同时任毕节地区交通安全委员会委员。

他历来严格要求自己，工作一向认真负责，对部下热情关照，在群众中有较高威信。1984年被评为毕节地区交通系统劳动模范，出席交通部在黑龙江省肇州市召开的表彰大会，1991年被评为本系统优秀共产党员，1995年参加交通部组织的考察团赴俄罗斯、缅甸考察集装箱运输。1989

年被评为全省年度先进工作者。无论在普通工作岗位上，还是在领导岗位上，林茂藻都谦虚谨慎，不骄不躁，学习勤奋刻苦，工作任劳任怨，爱岗敬业，忠于职守，为交通运输事业作出积极贡献。

林学方

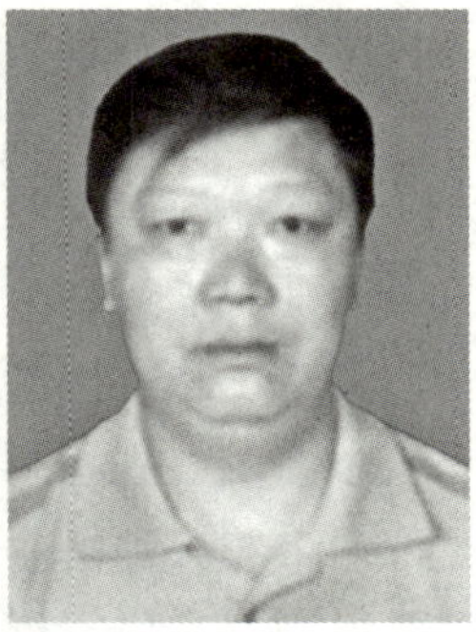

林学方，贵州省毕节县（今七星关区）人，1963年12月出生于毕节县清水铺区（今七星关区清水铺镇），于1984年8月参加工作。本科学历，中共党员。

1981年9月至1984年8月在贵州省毕节地区农业学校畜牧兽医专业学习；1984年8月至1988年5月在贵州省毕节县清水铺区兽医站工作；1988年5月至1989年9月任贵州省毕节县清水铺区红岩乡任副乡长；1989年9月至1991年3月在贵州省农业管理干部学院农业管理专业学习；1991年3月至1992年1月任贵州省毕节县清水铺红岩乡乡长（其间：1991年3月至1991年7月继续在贵州省农业管理干部学院农业管理专业学习）；1992年1月至1996年1月任贵州省毕节县（市）清水铺镇副镇长；1996年1月至1998年2月任贵州省原毕节市（县级市，下同）清水铺镇党委副书记、人大副主席；1998年2月至1998年4月任贵州省毕节市大银镇党委副书记；1998年4月至1998年11月任贵州省毕节市大银镇党委副书记、镇长；1998年11月至1999年1月调任贵州省原毕节市生机镇党委委员、副书记；1999年1月至2001年2月任贵州省毕节市生机镇党委副书记、镇长；2001年2月至2001年11月任贵州省毕节市生机镇党委书记；2001年11月至2003年3月任贵州省毕节市梨树镇党委委员、副书记（正科级）；2003年3月至2004年3月调任贵州省毕节市流仓桥办事处党委委员、副书记（正科级）〔其间：2001年9月至2004年1月参加省委党校法律专业学习（函授本科）〕2004年3月至2005年1月调任贵州省毕节市人口和计划生育局党组成员（正科级）；2005年1月至2008年1月调任贵州省毕节市何官屯镇党委书记、人大主席；2008年1月至2011年12月调任贵州省毕节市流仓桥办事处党委书记；2011年12月至2015年12月任贵州省毕节市七星关区人大常委会党组成员、副主任（其间：仍担任贵州省毕节市流仓桥办事处党委书记职务至2013年）。

林学方在人大工作后，分管信访工作，坚持以人为本，密切关注民生，为广大人民群众排忧解难，确保无越级上访和集体上访事件发生。接访中做到热情接待、认真登记、及时批转、统一交办、定期反馈、严格督查、及时办理的管理模式，切实维护了人民群众的合法权益。使社会矛盾和不安定因素得以化解。

同时又根据区委的安排，牵头负责南部新区、南山公园、瑞丰新城、瑞丰铭城、碧海公司、碧兴公司等项目建设，对直接分管的碧海公司、碧兴公司各项工作有序推进，完成了每年的年初目标任务。五年来，共征收土地2100余亩，征收补偿房屋2500余户。每次人大常委会召开前做到精心准备，会后能认真贯彻人大常委会形成的决议、决定精神，从而使这些决议、决定精神能很好地落到实处。

林科甲

林科甲（1928—），贵州省毕节县（今七星关区）人，1928年生于毕节朱昌，原住花鸡沟，后迁梓桐阁脚。小学文化，中共党员。

林科甲1935—1941年就读本地私学和保国民学校，于1950年参加革命，1951年加入中国共产党。

参加工作后，先后任行政村村长和农会主席，在党的领导下，林科甲带领人民群众投入清剿残匪、镇压反革命、土地改革等运动，政绩突出。在毕节县第一届各族各界人民代表大会上，当选为毕节县首届联合政府委员、毕节专区人民政府委员、省各族各界代表。1951年至1956年，先后任朱昌区副区长、区长，中共朱昌区委副书记、书记。1956年3月任共青团毕节县委书记、中共毕节县委委员，尔后被派往贵州省中等干部文化学校学习。学习毕业后，调贵州工学院任团委副书记和采矿系党支部副书记、班主任。1962年调回毕节历任县党校副校长、撒拉溪、杨家湾区区委副书记、区长，县农办主任等职。1965年调任大方县副县长，“文化大革命”中期任大方县革委副主任。“文化大革命”后，任大方县人大常委会副主任、党组副书记。1987年调毕回毕节县，任毕节县人民政府顾问，1989年退休。

自参加革命以来，对党、对人民忠心耿耿，不论职务如何变动，始终保持谦虚谨慎、不骄不躁的作风，认真负责地做好工作。他作风扎实，深入实际，和人民打成一片，尊敬上级，体贴下属，人们都说他会带兵。他吃苦耐劳，大小公益事业带头干，要求下级做到的，他首先做到。人们说：“林科甲是堂堂正正做官，踏踏实实做事，清清白白为人。”退休后，仍然过着简朴的生活。他经常说：“一个人只要为人民做了一点好事，不管生活如何艰苦都感到坦然欣慰。”

林科军

林科军，贵州省毕节县（今七星关区）人，1960年9月生于贵州省毕节县朱昌区朱昌街上，中共党员，研究生学历，任贵州省黔南州农业委员会常务副主任。

1979年10月至1989年9月在黔南武警支队服现役，任班长、司务长、中队长、机关管理员（1982年1月加入中国共产党）。1989年9月转业到都匀市委办公室工作，在办公室先后担任秘书、督查科科长和办公室副主任等职务（其间参加贵州民族学院成人高等教育行政专业专科学习毕业，参加贵州省委党校经济管理本科班学习毕业）。1997年5月至2003年在都匀市任农办主任、扶贫办主任、农发办主任等职（其间参加中国社科院国民经济学专业研究生毕业）。2003年5月至2005年11月任都匀市市长助理兼都匀市农办、扶贫办、农发办主任，2005年11月至2006年5月任贵州省都匀市副市长、都匀市农办、扶贫办、农发办主任，2006年5月至2014年9月任贵州省都匀市副市长（其间：2007年9月至11月在贵州省委党校县长班学习）。2014年10月至今调任贵州省黔南州农业委员会党组副书记、副主任（分管常务工作，正县级），兼州茶产业发展办公室主任、州委农村工作委员会副书记。

在任都匀市人民政府副市长期间，引领都匀市农业农村、茶产业、供销、计生等工作稳步发展且成效凸显。组织编制了《贵州省都匀市农业特色产业发展规划》《都匀毛尖茶产业发展规划》《都匀市蔬菜产业发展规划》《都匀市中药材产业发展规划》《都匀市现代生态畜牧业发展规划》《都匀市水果产业发展规划》《都匀市花卉种植业发展规划》等7个主导产业发展规划和《都匀市茶叶产业园区规划》《都匀市蔬菜产业园区规划》《都匀市中药材产业园区规划》《都匀市循环农业生态园区建设规划》等4个现代农业产业园区规划。2014年，都匀市粮食总产量10.18万吨，同比增长1.34%，农业增加值完成14.231亿元，同比增长6.5%，全市粮食作物的良种良法覆盖率均达98%以上；肉类总产量4.736万吨，比2013年增长15.56%，超计划5.76个百分点；全市茶园面积达29.16万亩，茶叶总产量2850余吨，产值7.8亿元，与2013年同期相比产量增加28.5%；2014年完成营造林86670亩，且未发生一起重、特、大森林病虫害疫情和森林火灾事故；同时还解决了全市6个乡镇及办事处1.6394万人饮水不安全问题。

林科军任黔南州农业委员会副主任以后，全力推进黔南州茶产业和农机工作。2015年，黔南州茶叶种植面积从2014年的95.206万亩，发展到现在的151.5万亩，增长了59.13%，茶叶总产量从2014年初9938.6吨，发展到2015年年底2.09万吨，增长了110.3%，茶叶产值从15.08亿元发展到33.64，增长了123%，全州涉茶企业（含茶叶合作社）从833家发展到1300多家。组织编制《黔南州茶产业发展规划（2014—2015）》、黔南州茶叶品牌发展调研报告、都匀毛尖茶产业发展战略研究调研报告、黔南州茶办论文集；开展都匀毛尖系列产品地方标准制修订工作；发布《都匀毛尖茶》与《都匀毛尖茶加工技术规程》《都匀乌龙茶》及《都匀乌龙茶加工技术规程》等四项标准；出台《都匀毛尖证明商标使用管理办法（暂行）》《关于加快推进都匀毛尖茶叶企业整合的指导意见》《黔南布依族苗族自治州促进茶产业发展条例实施方案》及《黔南州茶产业发展项目管理暂行办法》；开展都匀毛尖地方良种资源调查与搜集、黔南乌龙茶技术研究、都匀毛尖茶成分与功能研究、都匀毛尖茶品牌战略研究等科研项目。2015年都匀毛尖以23.54亿元的品牌价值位列全国第12名，连续两年被评为中国"最具品牌发展力品牌"，成为2015年度最具品牌发展力的三大品牌之一，是贵州省唯一连续两年入选中国前20强的茶叶品牌。

林登榜

林登榜，贵州省毕节县（今七星关区）人，1955年生于毕节海子街龙坡村，大学本科学历，中共党员。

1976年2月应征入伍，在云南省昭通军分区独立营二连任战士、文书、班长。1978年10月，调云南省军区边防十三团任文书，并参加南疆保卫战，因作战勇敢，荣立三等功。1979年，任边防团正排职营房助理员。1982年，在边防团打击犯罪活动中，因廉洁奉公，工作成绩突出，又一次荣立三等功。1983年，先后任连职、营职管理员、股长。其间，就读于中国人民解放军后勤工程学院建筑系，中专毕业。1988年，先后任边防团后勤处副处长，边防团二营教导员，党委书记。1993年，任昭通军分区后勤部副团职助理员，主持日常工作。1996年5月，任云南省彝良县人武部部长、党委书记，上校军衔。其间，于2001当选为中共成都军区第九次党代表大会代表；云南省昭通市第一届人大代表；彝良县第七、八届人大代表，任彝良县政府党组成员。其间，就读于中国人民解放军指挥学院，获大学本科文凭，任昭通军分区党委委员。2003年，因工作成绩突出，再次荣立三等功。

2004年9月，林登榜转业到昭通市禁毒劳教所任所长、支部书记、市司法局党委委员，授三级警监。

幸　勇

幸勇，贵州省毕节县（今七星关区）人，1966年5月出生于毕节县三板桥，1985年8月参加工作。大学本科文化，中共党员。

1985年8月至1987年6月，在贵州省毕节县粮食局工作；1987年6月至1989年3月，调贵州省毕节地区行署驻泸州办事处工作；1989年3月至1992年11月，历任贵州省毕节地区行署驻泸州办事处科员、负责人（主持工作）；1992年11月至2000年9月，任贵州省毕节地区行署驻泸州办事处副主任主持工作（其间：1992年7元至2000年9月任贵州省毕节地区驻泸州经济贸易公司经理，1994年3元至1994年5月参加四川省法人代表培训）；2000年9月至2001年12月，调任贵州省毕节地区行署办公室法制科科长；2001年12月至2010年3月，任贵州省毕节地区行署办公室后勤服务中心主任；2010年3月至2012年1月，任贵州省毕节地区行署办公室党组成员、机关党委书记（其间：2011年2月至2011年12月任贵州省毕节地区济南招商分局局长）；2012年1月起任贵州省毕节市（地级）政府办公室党组成员、机关党委书记。

幸勇2008年在毕节试验区成立20周年活动工作中表现突出，被中共毕节地委、毕节地区行署评为先进工作者；分别在2008、2009、2014、2015年国家公务员、事业单位工作人员年度考核中，被确定为优秀等次；分别在2012年、2015年被中共毕节市直属机关工委授予"优秀党务工作者”称号。

易群芳

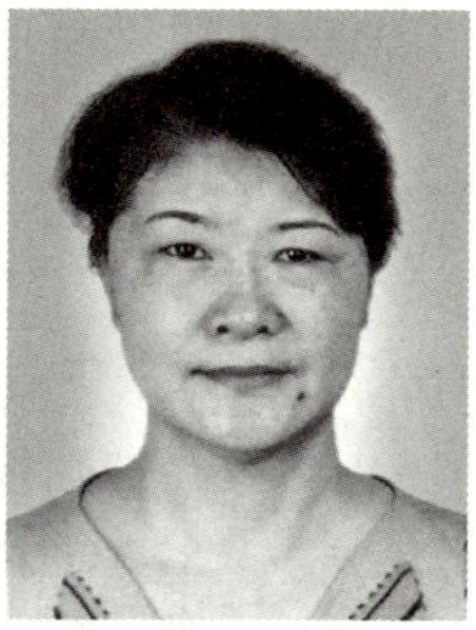

易群芳，贵州省毕节县（今七星关区）人，女，1958年8月生于毕节，1983年9月加入中国共产党，1977年5月参加工作，贵州广播电视大学党政干部专修科毕业，大专学历，高级会计师。

1977年5月至1978年3月，在贵州省毕节杨家湾拱拢坪林场知青；1978年3月至1979年9月，贵州银行学校学生；1979年9至1980年1月，在中国人民银行毕节县支行工作；1980年1月至1984年5月，在中国农业银行毕节县支行工作；1984年5月至1993年1月，在中国农业银行毕节县支行任副行长；1993年1月至1997年11月，在中国农业银行毕节地区分行营业部任副主任；1997年11月至2001年5月，在中国农业发展银行毕节地区分行营业部任经理；2001年5月到2002年12月，在中国农业发展银行毕节地区分行任副行长；2002年12月至2004年1月，在中国农业发展银行毕节地区分行任副行长、党委委员；2004年1月至2004年8月，在中国农业发展银行贵州省分行资金计划处任副处长（主持工作）；2004年8月至2011年10月，在中国农业发展银行贵州省分行资金计划处任处长；2011年10月至2011年12月，在中国农业发展银行贵州省分行资金计划处任处长、资深业务经理（二级）；2011年12月至2013年8月，在中国农业发展银行贵州省分行信贷管理处任信贷独立审查官、资深业务经理（二级）。

她长期从事金融工作，为毕节金融事业的发展作出了积极贡献。

罗启元

罗启元，贵州省毕节县（今七星关区）人，苗族，1957年3月生于毕节普宜，大学文化，中共党员，副处级干部。

1976年10月，罗启元应征入伍，1979年8月2日加入中国共产党。1979年11月至1983年5月任龙里弹药仓库汽车队司务长；1983年6月至1987年6月任弹药仓库汽车队政治指导员；1987年7月至1991年3月任弹药仓库第二保管队正营职队长；1993年4月至1994年5月任龙里军械库二分库政治教导员；1994年6月至1996年10月任军械库业务处技术九级工程师（副团级）；1996年10月至1998年7月任军械库政治处主任。1998年10月转业在毕节市工商行政管理局工作。

罗绍文

罗绍文（1934—2004），彝族，贵州省毕节县（今七星关区）人，1934年出生于毕节朱昌千溪千朗沟。

1951年10月考入毕节地区第六期干校，是年11月至1952年7月，在毕节地区粮食支公司任保管员。1952年7月加入中国共产主义青年团，是年8月在毕节地区粮食局任营业员。1953年6月调毕节县粮食公司任营业员，是年10月加入中国共产党。1954年9月任毕节县粮食局副股长，是年9月任毕节县粮食局副局长。1980年6月任毕节县粮食局局长。1987年8月当选为毕节县人大常委会副主任。1994年退休后，被毕节市（县级，下同）人民政府聘任为毕节市城市建设指挥部副指挥长。他先后当选为中共毕节县第四次、第五次代表大会代表、政协毕节县第六届委员会委员和毕节县第十一届人民代表大会代表。

罗绍文出身贫寒家庭，从小受到良好家风的熏陶，青年时便接受革命教育，积极追求进步，对党的事业兢兢业业，一丝不苟，任劳任怨。要求别人做到的，自己首先做到，身先士卒，率先垂范，严以律己，宽以待人。他始终坚持人民的利益高于一切，把为民谋利作为自己工作的出发点和归宿，不谋私、不为名、不图利，全心全意为人民服务。他坦荡耿直，刚正不阿，廉政勤政，两袖清风。他在物质上没有留下什么财产，在精神上却留下了取之不尽、用之不竭的宝贵财富。他教育子女永远跟党走，永远忠于人民，做有益于社会的人。他始终保持了一位共产党员的高风亮节，脚踏实地地走好人生的每一步，深得社会各界的好评。

罗绍文于2004年6月28日在毕节病故，享年70岁。

罗春台

罗春台（1891—1967）别号光华，贵州省毕节县（今七星关区）人，清光绪十七年（1891）出生于毕节城区解放路（原名永兴桥），云南第一期讲武堂毕业生。

1916年，随蔡锷入川参加讨伐袁世凯的护国战争，任讨伐军营长。从四川回黔后，历任周西成部川、滇、黔边防支队副支队长兼第一营营长。1929年任国民革命军25军第八师副师长兼参谋长。1930年任25军少将参谋长（又叫参军长）。尔后又调任25军驻渝办事处处长。1935年国民党中央军入黔，25军被改组，罗不满中央军的所作所为，即告假返家从医。

解放后，在福泉县当选为各族各界人民代表大会副主席。1953年迁居安顺，当选为安顺县人民代表。1958年被任命为安顺中医院院长，在中医院的工作岗位上爱岗敬业，精益求精，为救死扶伤、实行人道主义作出积极贡献。

罗春台于1967年逝世，享年76岁。

罗保林

罗保林，贵州省毕节县（今七星关区）人，1953年9月7日出生于毕节县杨家湾区放珠乡播乐沟村。1969年4月参加工作，1973年8月加入中国共产党。大学文化，在职研究生学历。

罗保林从小热爱祖国，热爱五星红旗，热爱人民解放军。他在初中时，老师问他："今后有什么志愿？"他不假思索地回答："我就是想成为一名解放军战士。"

1969年1月，罗保林应征入伍。他随战友们到云南边防，在中国人民解放军35412部队服役，先后任战士、班长、文书；1975年4月退伍回乡务农，他抓紧时间复习功课，准备参加高考；1975年9月，罗保林的愿望得以实现，他以高分考上一本分数线，被贵州大学录取；在大学期间，他发扬部队的好传统、好作风，抓紧每一分每一秒，刻苦认真地学习，积极主动参加公益活动，年年被评为品学兼优的好学生。1978年7月毕业时，被贵州省委组织部选中，直接由学校分到省委组织部工作。罗保林当过兵，知道组织工作的重要性和严谨性。他认真刻苦地学习马克思列宁主义、毛泽东思想、邓小平理论、"三个代表"重要思想和党的理论知识、党章、党规、中央文件，用以作为思想武器武装自己，兢兢业业，勤奋工作，至1999年1月，先后任副处长、处长职务。其间于1986年至1987年任省委扶贫工作队队长在纳雍县扶贫，挂任纳雍县委副书记。

1999年2月，因工作需要，罗保林从省委组织部调任贵州省工商局党组成员、副局长；这是从机关处室领导向系统单位指挥员的岗位转换，工作业务、工作环境和工作职责都发生了根本变化。但是，罗保林知道：万变不离其宗，那就是按党的教导办事，全心全意为人民服务。他到职后，认真向书本学习，向一切内行的同志学习，深入基层调查研究，在实践中丰富和提高领导才能，把党交给的职责完成好。其间于2004年2月至2005年5月任省扶贫工作队队长，到龙里县扶贫，任龙里县委副书记。2003年至2005年在中央党校在职研究生法学专业学习；2013年1月至2014年1月任省政协委员；2013年5月至2014年1月，任贵州省工商局正厅级干部；2014年2月罗保林退休，现居住贵阳市。

罗崇怀

罗崇怀，贵州省毕节县（今七星关区）人。1950年农历四月初三出生在贵州省毕节县林口区大渡乡青松村镰刀湾。大专文化，中共党员。

1961年，在全队社员的推选下，以仅小学四年级的文化和12岁年龄的他担任起乐歌生产队的会计。历时4年。至今，乐歌生产队（组）70岁以上的老人对罗崇怀12岁边读书边当会计的经历都给予肯定和赞誉。

1969年1月，罗崇怀应征入伍，在云南普洱县（今宁洱县）中国人民解放军后勤第22分部服现役。援老（挝）筑路任务完成后，22分部于1978年10月奉命调防昆明，1979年至1984年担负对南疆保卫战和收复两山作战的后勤保障任务。

1979年1月，罗崇怀收到家中的加急电报："父病危，盼速返"。当时正值对南疆保卫战前夕，经分部（师级单位）参谋长特批十天假，让他返乡探视病危的父亲。可是当他到家才五天，就先后收到部队发出的三个特急电报，"命令速返部队执行重要任务"。手里攥着如火的电报，看着奄奄一息的老父亲，再看看满眼含泪的妻子和一双年仅三四岁的儿女，用"心如刀绞"来形容罗崇怀当时的心情，一点也不夸张。但是，军人以服从命令为天职，罗崇怀毅然告别了病危的老父亲和其他亲人，奔赴昆明军区后勤前线第二指挥部驻云南省勐腊县营地，参加了南疆保卫战。

1984年3月，罗崇怀又奉命前往设在云南省西畴县新街镇的前线指挥部，参加了收复两山（老山、者阴山）作战的后勤保障任务。直到两山作战取得胜利，阵地得以巩固，才随部队撤回昆明，历时5个月13天。

罗崇怀军旅生涯22年，曾任战士、助理员、会计、训练队副队长、后勤处处长等职，在自己所在的岗位上尽到了一名军人的职责。

1991年8月，罗崇怀转业到云南省民政厅工作，任主任科员。1993年5月罗崇怀由云南省委组织部选派到镇雄县挂任科技副县长，镇雄县委、政府分工让他主管民政和科技工作。

在罗崇怀任副县长的1993、1994两年，该县在夏季遭受洪涝灾害，秋季又遭低温冷涝，致使粮食作物大面积减产，主要经济作物烤烟基本绝收，这给本来就极度贫困的镇雄县增添了新的困难。罗崇怀带领有关人员多次向省、市如实汇报灾情，征得省、市两级共拨给镇雄县救灾款1600多万元，为镇雄县大灾之年未发生饿死、浮肿等非正常情况作出了自己的努力。

1995年6月，罗崇怀在镇雄县任满后返回云南省民政厅工作，先后任民政厅副处级专职纪检员、安置印支难民办公室主任、对外合作处处长等职。

自1997年担任云南省安置难民办公室主任、对外合作处处长后，在国务院安置难民办公室和民政厅党组的领导下，罗崇怀提出了难民工作重点以教育难民转变落后习俗，大力扶持生产，使他们尽快和安置地居民融为一体的理念，受到了国务院安置难民办公室的肯定，并向其他安置难民的省、区推广。

在对老挝难民遣返过程中，罗崇怀两次奉命代表中国政府前往老挝的南塔、琅勃拉邦与老方商谈难民遣返具体事项，并承诺同意难民从中国带走个人在中国购置的所有财产，包括汽车、拖拉机等大型机械。难民遣返在联合国难民署特派代表的见证和监督下进行，云南省代表中国政府分17批次遣返老挝难民5000余人回国，从未发生任何意外。联合国难民署高级官员绪方贞子对中国遣返老挝难民给予很高的评价，她说："中国云南对老挝难民实行自愿、尊严遣返，堪称楷模。”钱其琛外长表扬云南遣返难民为国争了光，给一些说中国人权不好的国家和团体一个有力的回应。

罗崇怀在任云南省民政厅对外合作处处长期间，2002年，由他担任团长带领全省16个州、市民政局长及有关领导36人赴澳大利亚、新西兰考察社会保障事宜；2004年参加民政部组织的考察团前往南非、埃及、阿联酋考察难民安置事宜；2006年参加民政部组织的考察团前往美国、加拿大考察社会救助事宜。每次考察回国后，都认真如实并带建议性地向民政厅写出考察报告。这对于云南民政的建设，起到了一定的作用。

2010年退休。

罗道远

罗道远，贵州省毕节县（今七星关区）人，1959年3月出生在毕节县城关镇，于1976年12月参加工作。本科学历，中共党员。

1976年12月在毕节县粮食局直属库参加工作，任保管员；1977年8月在毕节县小坝公社参加毕节县委农田基本建设工作队；1979年1月在87123部队参军；1980年1月在87123部队77分队任测高雷达班班长；1983年1月复员在毕节县粮食局工作，任业务股工作员、秘书股秘书、编志办主编、人事科副科长（主持工作）；1991年11月加入中国共产党；1994年1月在中国人民银行毕节县支行工作，任人秘股副主任科员；1995年4月在中国人民银行毕节地区分行工作，任办公室秘书，10月任办公室副主任；1999年4月在中国人民银行贵阳中心支行工作，任银行监管处副科长，2001年11月任银行监管处科长；2003年9月在贵州银监局工作，任人事处科长，2006年5月任人事处副处长（党委组织部副部长）；2009年3月在六盘水银监分局工作，任党委副书记、副局长（主持工作）；2010年11月任六盘水银监分局党委书记、局长；2012年4月在贵州银监局工作，任非现场监管二处处长，2012年12月任股份制银行监管处处长，2014年7月任监察室（纪委办）主任。

在毕节县粮食局工作期间，1990年参与编写并主编了《毕节县粮食志》；在中国人民银行贵阳中心支行工作期间，2000年参与并执笔编写了《接管红枫城市信用社》，作为中国人民银行处置金融风险的全国18个典型案例之一，编入中国人民银行干部轮训教材003—2号《处置金融风险案例》；在六盘水银监分局工作期间，积极推动六盘水银行业金融机构的改革和发展，有力支持了地方经济建设。截至2012年3月末，六盘水银行业金融机构各项存款余额591.87亿元、各项贷款余额448.92亿元、不良贷款率4.67%、净利润3.96亿元，存、贷款和利润分别是2009年3月末的1.8倍、2倍和2.6倍，不良贷款率下降4.64个百分点。2011年，六盘水市的GDP达657.91亿元，较2008年增长46.9%，全省排位从第四上升到第三位。在贵州银监局股份制银行监管处工作期间，响应省委、省政府的号召，积极开展“引银入黔”工程，推动民生银行在贵阳设立分行，对民生银行贵阳分行从筹建到开业给予了大力支持和指导，丰富了贵州的银行机构种类，支持了地方经济建设。其间，狠抓党风廉政建设和反腐败工作，协助党委、纪委落实“两个责任”，促进了贵州银监局系统党风廉政建设和反腐败工作的开展。因工作成绩突出，在2015年度考核中，处室和个人均被评为优秀。

罗德轩

罗德轩（1931—2002），贵州省毕节县（今七星关区）人，1931年出生于毕节县五里坪，1950年参加工作。大专文化，中共党员。

毕节刚解放，罗德轩就参加革命，积极投身剿匪、征粮、土改等斗争。

表现突出，立场坚定，1952年加入中国共产党，先后在海子街区、吉场区和县直多个部门工作，历任民兵队长、村长、区团委书记、公社党委书记、区委副书记，县工办、农办负责人，县粮食局局长、县农业局局长，县政协副主席等职。

他凭着一颗对党和人民的事业无比热爱之心，在农业战线上奋战了40多个春秋，释放出了自己所有的能量，被称赞为农业战线上的带头人。1990年被评为全国“温饱工程”先进工作者。他对工作十分负责，无论在哪个单位都能快速地打开工作局面，做出较好成绩。特别是1984年调任毕节县农业局党组书记、局长后，他以身作则，深入基层调查研究，调整和充实了农业系统基层领导班子，加强了农技中心、种子仓库、职工宿舍等基础设施建设，深得人心。他理顺了机关工作关系，统一实施以推广地膜覆盖杂交苞谷为龙头的“温饱工程”。组建繁殖制种，建设柑橘、茶叶、花生、芸豆生产基地。功夫不负有心人，到1990年，全县“温饱工程”已推广到25万多亩，平均每亩增产183.5公斤，增产粮食4.61万吨，为解决全县人民的温饱问题作出了较大贡献。他是一位忠诚于党和人民事业的好党员、好干部。

罗德轩1992年退休，2002年1月逝世，享年71岁。

周　荣

周荣，贵州省织金县人，1963年1月出生，1981年12月参加工作，1984年11月加入中国共产党，贵州省委党校经济管理专业毕业，大学学历。

1981年12月至1984年10月，任贵州省织金县珠藏区黑土公社干部（其间：1981年12月至1983年2月在贵州省织金县委党校干训班学习）；1984年10月至1988年8月，任贵州省织金县珠藏区打括乡乡长（其间：1986年9月至1988年7月在贵州省委党校党政管理专业学习）；1988年8月至1989年2月，任贵州省织金县珠藏区委工作员；1989年2月至1989年3月，任贵州省织金县珠藏区委组织委员；1989年3月至1993年1月，任共青团贵州省织金县委书记；1993年1月至1995年8月，任贵州省织金县三甲乡党委书记；1995年8月至1997年12月，任贵州省织金县委常委、组织部部长；1997年12月至2001年3月，任贵州省纳雍县委副书记（其间：1997年9月至2000年6月在贵州省委党校经济管理专业学习）；2001年3月至2002年1月，任贵州省纳雍县委副书记，县长；2002年1月至2002年5月，任贵州省纳雍县委书记，县长；2002年5月至2006年2月，任贵州省纳雍县委书记（其间：2002年9月至2004年7月在清华大学马克思主义理论与思想政治教育专业研究生课程进修班学习；2004年10月至2004年12月在贵州省委党校中青班学习）；2006年2月至2007年7月，任贵州省毕节地区行署副专员；2007年7月至2011年12月，任贵州省毕节地委委员、毕节市委（县级市）书记；2011年12月至2012年1月，任贵州省毕节市委（地级市）副书记、七星关区委书记；2012年1月至2013年3月，任贵州省毕节市委副书记；2013年3月至2013年5月，任贵州省六盘水市委副书记，市政府党组书记、副市长、代理市长；2013年5月，任贵州省六盘水市委副书记，市人民政府市长、党组书记。

周云祥

周云祥，贵州省毕节县（今七星关区）人，于1968年9月出生在毕节县小吉场（今七星关区吉场镇），于1990年8月参加工作。大学本科学历，工科学士学位，中共党员。

1986年9月至1990年

7月在郑州轻工业学院控制系家用电器专业学习；1990年8月至1992年7月在贵州省毕节地区科技馆工作；1992年7月至2002年5月在贵州省毕节地区科学技术协会工作任科员；1995年10月至1997年11月在贵州省原毕节市（县级市，今七星关区）三板桥办事处挂职科技副主任；2001年3月至2001年10月在地委驻赫章县“三个代表”重要思想学教工作检查组工作；2002年5月至2006年9月在贵州省毕节地区科学技术协会工作任副主任科员；2006年9月至2010年4月在贵州省毕节地区科学技术协会工作任主任科员；2010年4月至2010年11月任贵州省毕节地区科学技术协会办公室主任；2010年11月至2011年6月任贵州省毕节地区科学技术协会副调研员；2011年6月至2012年1月任贵州省毕节地区科学技术协会党组成员、副主席；2012年1月至今任贵州省毕节市科学技术协会党组成员、副主席。

周云祥通过参与、负责、分管等形式，组织开展科学普及、学会学术、机关行政管理、青少年科技教育等工作，为科协事业的发展和公民科学素质的提高作出了一定的贡献。

一是开展学会学术交流，搭建交流平台，积极为科技工作者服务。二是以实施《全民科学素质行动计划纲要》为主线，以“全国科普活动日”“三下乡”和“四进社区”等重点科普活动为载体，广泛开展科普大篷车巡展、科技咨询、培训讲座、展板宣传、发放科普图书资料等科普宣传活动，提高公民科学素质，科普日活动多次获中国科协优秀活动项目奖；开展《基层科普行动计划》《科技致富“二传手”培训工程》和科技扶贫等项目申报实施工作，服务经济社会发展；创新科普工作，组织开展科普示范村建设、百村万户科普行活动、社区科普“一月一专题”讲座、科普大讲堂等工作获省科协创新目标奖。市科协多次获省、市目标考核一等奖、省科普工作先进集体奖。三是参与推进科技馆展教工程建设，市科技馆作为全省首个市级科技馆开馆运行；开展青少年科技创新大赛，市科协多次获中国科协、省科协优秀组织奖。

周长琦

周长琦，四川璧山县人（现重庆市璧山区），女，1946年1月生于重庆市北培区。

1963年在重庆市第十三中学高中毕业后，考入重庆大学机械系机压专业学习。大学期间由于表现较好，1966年2月加入中国共产党。1968年大学毕业后，分配到贵州省毕节县农机一厂工作，在生产一线工作14年。其间，在车间打过大锤，开过机床，担任过厂党支部委员、团支部书记、生产办公室副主任。1982年起，历任毕节县农机研究所副所长，县总工会主席，县委常委、宣传部长，副县长，县委副书记，毕节地区妇联主任，地区轻纺工业局局长，地委组织部副部长，地委委员、地委组织部部长，地委副书记，地区人大工委主任、党组书记、省人大选举联络委员会委员等职务。先后当选为中共贵州省第六次、第七次、第八次、第九次党代表大会代表，是贵州省第十届、十一届人民代表大会代表。2008年1月退休。

在担任毕节县副县长、县委副书记期间，勤奋工作，深入实际，帮助基层部门解决存在的许多困难和问题，深受当地干部群众好评。如在计划生育工作上，经常和其他同志深入到区、乡村给群众做艰苦细致的思想工作，打开了毕节县计划生育工作的局面。分管文教、卫生、体育、城管等工作，尽职尽责，经常深入街道，实地了解情况，遇事不推诿、不绕道，不怕得罪人。由于工作出色，分管的爱国卫生工作被评为省、地先进，她个人1990年被全国爱国卫生运动委员会评为全国爱国卫生先进工作者。

1990年周长琦调任毕节地区妇联主任、党组书记后，大胆探索、勇于实践，不断开创毕节地区妇女工作新局面。在健全全区各级妇联组织、拓宽妇联工作范围、保护妇女儿童的合法权益、进一步提高妇女的社会地位等工作上取得了显著成绩，1990年，地区妇联“双学双比”工作被评为全省第一名。1991年1月，由地委推荐，被中共贵州省委评为全省优秀领导干部。1991年12月，组织上考虑轻工系统工作难度大、问题多，决定调她到毕节地区轻纺工业局担任局长、党组书记。她临危受命，很快适应新的领导岗位，深入轻工系统的印刷厂、瓷厂、毛纺厂等七个企业调研，采取一厂一策的办法，帮助解决资金、技术、市场等问题，很快使印刷厂、电瓷厂走出困境，扭亏为盈。1992年11月至1996年11月担任地委组织部副部长和部长期间，主抓党的基层组织建设、党员队伍建设和领导班子建设，经常深入县、乡、村，抓样板、树典型，指导面上开展工作。在领导班子建设和干部队伍建设上，坚持干部选拔任用的方针和原则，大力培养年轻干部、妇女干部、少数民族干部和非中共干部；积极推进干部人事制度改革，开展了公开选拔副县级干部工作，加大干部培训力度，选派干部到浙江挂职锻炼、到深圳培训学习，开办了中央党校和省委党校函授培训班，为毕节培养了大批人才。1996年11月担任地委副书记后，主要分管办公室、组织、宣传、统战、编办、老干部、群团等部门的工作，联系人大、政协和行署的旅游、民族宗教工作。建立了地委、县委讨论干部票决制，积极推行考察干部预告制、公示制、任期制、交流制、试用制，开展中层干部竞争上岗、后备干部公开招考、优秀中青年干部点名培训等工作，使干部工作的民主化程度有了新的提高。探索开展领导干部任前、任中警示教育，离任教育以及县乡科局级领导干部平级竞职等工作。组织起草了地委关于加强领导班子建设和人才工作等方面的十多个决定、意见，建立了知识分子奖励基金和评选拔尖人才、地管专家、有突出贡献知识分子奖励制度，为知识分子发挥作用创造了条件。经常走访看望老同志，认真督促有关部门落实老干部“两个待遇”。重视老龄工作，被民政部、劳动部等六个部门评为全国重视老龄工作功勋奖。抓好毕节试验区课题的研究，做好试验区与中央统战部和各民主党派中央的协调工作。组织筹备开展了试验区十五周年纪念活动，抓好民族宗教工作，建立领导干部联系民主党派制度。1997年被国务院授予全国民族团结先进个人荣誉称号。协助地委中心学习组抓好学习，组织开展中心学习组经验交流和研讨活动，抓好以“卫生与秩序”和“四在农家”为主题的精神文明创建工作，组织修订了《地委书记办公会》《地委委员会》《地委办公会议》《地委民主生活会》等制度。牵头制定并开展县市和地直单位目标管理。努力为分管部门创造工作条件，帮助解决实际问题，所分管部门的各项工作都取得显著成效。热情接待并关心信访人员，亲自出面解决一些群众性上访问题，协调有关部门帮助部分上访人员解决具体困难和问题。2003年4月至6月，地委主要领导生病和行署主要领导调离期间，主持地委工作，团结几大班子克服“非典”和严重干旱的影响，确保了全区经济发展和社会稳定。2004年担任毕节地区人大工委主任、党组书记后，不断加强学习，积极探索做好人大工作的方法，抓好班子建设和队伍建设，认真履行宪法和法律赋予的职责，监督和支持“一署两院”工作，搞好重大事项审议，参与重大事项的决策，开展对重大项目的视察，对地直部分工作部门开展述职评议等，切实做好代表工作，密切同人民群众的联系，充分发挥人民代表为人民的职能职责。指导好县(市)、乡(镇)人大常委会、人大主席团开展工作，推进了全区各级人大工作的规范有序。

2008年1月，周长琦从贵州省人大选联委委员的岗位上退休。虽然离开了工作岗位，但是她仍然以一名共产党员的标准严格要求自己，退而不休，积极为毕节经济社会的发展出谋献策、添砖加瓦、发挥余热，用实际行动践行着“不忘初心，继续前进”的要求，做到老有所为，发挥了一名共产党员的先锋模范作用。在关心教育下一代健康成长和老年人体育事业、慈善事业等领域继续发挥作用。分别担任毕节市关心下一代工作委员会主任、毕节市老年人体育协会副主席、毕节市慈善总会会长，特别是担任毕节市关心下一代工作委员会主任的十年间，她团结和带领市关工委领导成员，围绕市委、市政府的中心工作，按照“急党政所急、想青少年所需、尽关工委所能”的方针，发挥优势、主动作为，在青少年思想道德教育、法制教育、青年农民科技培训、关爱青少年中的弱势群体、参与社会治理创新等方面做出了较好成绩，为全市青少年健康成长作出积极贡献。2010年12月被省关工委、省文明办评为“全省关心下一代工作突出贡献奖”；2013年6月，被省委组织部、省老干局评为全省离退休干部先进个人；2014年9月，被中华慈善总会授予中华慈善突出贡献（个人）奖；2015年，毕节市关工委被中国关工委和中央文明办联合表彰为“全国关心下一代工作先进集体”。

周玉龙

周玉龙，贵州省毕节县（今七星关区）人，1963年2月出生在毕节县海子街区（今七星关区海子街镇），1983年9月参加工作，大学本科文化，中共党员。

1981年9月至1983年7月在贵州省财政学校企业财务专业学习；1983年9月至1984年4月在贵州省毕节地区财政局监察科工作；1984年4月至1992年5月在贵州省毕节地区财政局行财科工作〔其间：1986年9月至1989年7月参加江西财经学院财税专业学习（函授大专）〕；1992年5月至1995年4月任贵州省毕节地区财政局资金管理所副所长（其间：1994年7月聘为会计师）；1995年4月至1998年6月任贵州省毕节地区财政局预算科副科长（其间：1995年12月至1996年12月挂职任贵州省毕节地区信托投资公司副经理）；1998年6月至2001年11月任贵州省毕节地区财政局监督科科长兼预算科副科长〔其间：1996年8月至1998年12月参加在中央党校经济管理专业学习（函授本科）〕；2001年11月至2007年7月任贵州省毕节地区财政局国库科科长；2007年7月至2007年10月任贵州省毕节地区财政局预算科科长；2007年10月至2012年1月任贵州省毕节地区财政局党组成员、地区会计核算中心（国库支付中心）总会计师（其间：2008年7月至2008年10月挂职任贵州省毕节地区信访局局长助理；2011年6月至2011年12月抽调到毕节地区重大工程和重点项目领导小组办公室，任副主任）；2012年1月起任贵州省毕节市（地级）财政局党组成员、市会计核算中心（国库支付中心）总会计师。

周玉龙在财政部门多个岗位工作，勤学善思，作风务实，业务熟练，工作经验丰富，群众公认度高；善于协调，注重抓重点、突难点、谋思路，为人谦虚谨慎，处事沉稳干练，注意工作方法；经多岗位锻炼，综合能力较强，善于抓班子带队伍，能充分调动干部职工的积极性和创造力；工作成效显著，在财政国库改革、公务卡推行、预算管理等方面做了大量卓有成效的工作，工作中锤炼出了良好的政治素质和综合协调处理能力，完成了财政改革过程中财政管理、财政体制改革、财政金融、信访维稳、项目建设、财政国库改革、会计集中核算、国库集中支付、资产评估等重点工作。

周玉柱

周玉柱，贵州省毕节县（今七星关区）人，1955年1月出生于贵州省毕节县，1974年4月参加工作。大专学历，中共党员，

1974年4月至1976年7月在贵州省毕节县鸭池松林种马场知青；1976年7月至1979年7月在贵阳医学院医疗专业学习，1979年7月至1981年4月在贵州省毕节县计划生育办公室工作；1981年4月至1984年2月任贵州省毕节县城关镇计划生育办公室负责人；1984年2月至1993年3月任贵州省毕节县城关镇政府副镇长；1993年3月至1996年12月任贵州省原毕节市（县级市）市西办事处党委书记（其间：1995年任市长助理）；1996年12月至1998年3月任贵州省原毕节市财政局党组书记、局长；1998年3月至

2002年12月任贵州省毕节市政府党组成员、副市长；2002年12月至2006年7月调贵州省毕节地区国土资源局任党组成员、副局长。

周玉柱1979年至1983年在原毕节县计生委城关镇计生办工作期间，参与组织筹备培训全县计生专职干部并授课，并组织首个计划生育小分队，此经验在全县及全地区推广。1984年至1993年在原毕节镇政府工作期间，每年财政税收工作均在全县之首及全地区前茅。大力发展街道工业，组织街道闲散人员就业。配合地区及县政府对洪山路、天河路、松山路等的征地拆迁改造修建等工作。1994年至1996年在原毕节市市西办事处工作期间，大力发展街道工业、乡镇企业、招商引资；与贵阳市街道办事处建立友好单位，成为原地委办联系单位，实现全地区首个乡镇办事处超43万元税收的目标，并获得“优秀正职”称号。

1996年至1998年在原毕节市财政局工作期间，摸清家底，开源节流，实施积极的财政政策，大力开展“三查工作”，获得全省“三查工作先进个人”称号。1988年至2002年在原毕节市政府工作期间，在市委市政府主要领导的领导下，积极协调争取地区财政和省财政厅支持，实施积极的财政政策，每年争取到各项专项资金及财政补贴均超亿元，提出并完善激励乡、镇、办一级的财政体制改革，收支分配改革办法，配合抓好烤烟生产和乡镇企业、私营企业的发展，每年财税收入均超两位数，增收为全地区之首。并配合麻园路及新区政府选址规划，配合参与了政府旧址竞拍工作，由省国土厅主持的全省第一个公开拍卖的国有土地（含国有资产）的第一拍，毕节市财政在各方面都取得较好的成绩，成为全省经济强县之一。

2003年至2014年在市国土资源局（原地区国土资源局）工作期间：2007年前分管地质灾害工作时，积极协调争取省厅支持，对全地区地质灾害隐患点进行全面普查，组织指导编制全区地质灾害防治规划，落实了群防群治方案，实施了地、县、乡（镇）、村、组巡查排查监测方法。2008年至2014年分管土地利用管理方面工作时，积极到厅联系工作，共争取几十万亩用地计划，平均每年达六至七万亩，为全省各地、州、市（除贵阳）之最，为全省的交通基础设施建设、工业基地建设、科教基地建设等用地及招商引资、融资建设等做出了一定贡献。同时加强耕地保护工作，完成《土地整治规划》编制工作，超额完成每年省厅下达的土地整治任务，确保耕地保有量不降低，基本农田面积不减少，配合完成了国家土地督察武汉局对区的例行督察核查工作。

周平一

周平一（1928—2013），贵州省毕节县（今七星关区）人，女。1928年冬生于毕节城区和平路，是毕节知名人士周素园先生第六个子女。系中共党员，贵州省政协常委，毕节地区政协工委副主任。

在周素园先生注重教育、重视德育思想的影响下，出身于书香门第和革命家庭的周平一，从小就受到良好的教育。父亲周素园主张男女平等，膝下子女不分男女，都要读书学习。除了他言传身教之外，八个子女要么送私塾，要么送学校接受教育。他不但教子女如何读书、求学，而且还教他们如何做人，特别要求子女要做一个有文化、有知识、有道德的人，做一个知书达理、诚实正直的人。

受到周素园先生的言传身教，周平一从小就懂得许多做人做事的道理。从1937年至1943年，她仅用6年的时间，在毕节完成了小学和初中的学业，随即升入毕节师范学校学习。1946年9月毕业，先后在毕节县中学、毕节百花山小学任教。之后又到贵阳师范学院学习，归来后即在毕节一小任教。

1949年11月23日毕节解放，受父亲周素园影响至深的周平一当月参加毕节县人民政府举办的小学教师集训班，她的成绩名列全班第一。

1949年11月至1953年4月，她在毕节一小任教师、教导主任，1953年4月至1956年8月在毕节四小担任教师。在毕节一小、四小、毕节师范任教期间，周平一工作成绩非常突出，先后被评为“三八红旗手”及贵州省小学、中学、师范学校优秀教师和全国优秀教师。

1956年8月，周平一调到毕节一中任教，为全面贯彻党的教育方针，培养德、智、体全面发展的接班人，她带领学生勤工俭学，吃苦耐劳，辛勤耕耘。由于工作成绩突出，在学校每学期或学年的教学、班级评比中，她都获奖。1959年她还获得了毕节地区新中国成立10周年积极分子奖；1960年，她代表贵州省参加国家语言文字改革委员会在山东省青岛市举行的普通话教学比赛，为贵州教育事业增光添彩。

1961年3月，周平一调到毕节一小任教导主任，秋季学期开学后，任该校副校长，1974年被任命为校长。在她任职毕节一小期间，对教学管理作了一些大胆的探索和改革，使该校的教学质量得到进一步提升，升学率超过其他学校，统考成绩一直保持毕节城关镇的第一名，培养的学生品学兼优，受到社会好评。在此期间，周平一被推选为毕节县代表出席贵州省妇女表彰大会。

作为革命老区一名优秀的人民教师，周平一可谓桃李满天下，在毕节教育战线从事教学工作35年，为毕节的发展培养了很多优秀人才，为毕节教育事业的发展倾注了大量心血。

1981年4月，周平一被选为毕节县十届人大代表，随后当选为县人大常委会副主任。工作岗位虽然改变了，但她时刻都没有忘记为党的事业而努力工作。1981年7月加入中国共产党，她把对党忠诚的信念转化成对工作的满腔热情，紧紧围绕毕节县委、县政府的中心工作，认真履行宪法和法律赋予的职责，经常深入基层调查研究，解决实际问题，取得了良好的工作成效。1985年，她获得从事科技工作20年以上荣誉证书和教育工作30年荣誉证书。

1987年2月，周平一调任贵州省政协驻毕节地区联络处党组成员、副主任。1989年6月，任毕节地区政协工委党组成员、副主任，同时还担任了贵州省第六、七届政协委员、常委。在此期间，她围绕地委、行署的工作大局，尽职尽责，服从安排，积极争取项目资金，为推动毕节地区的各项建设作出了突出的贡献。

1988年6月，毕节“开发扶贫、生态建设”试验区建立，各民主党派中央、全国工商联和国家有关部委先后进入毕节开展帮扶工作。这样，毕节的政协工作负有特殊的使命，其重要性就日益凸显出来。作为联系外部力量帮扶的桥梁和纽带，周平一义不容辞地投入到这项重大而艰巨的工作中。

周平一在地区政协工委工作期间，由于周素园同任弼时、王震、萧克、周林等老一辈革命家的友谊，他们把周平一视为亲人，都很关心毕节的建设。在他们的支持下，为了毕节试验区建设，她多次到北京奔走联络，多次同各民主党派中央的专家一起合作共事，遵循“肝胆相照、荣辱与共”的方针，真诚待人，认真办事，获得了领导和专家们真情的回报，民主党派中央的专家都亲切地叫她“周大姐”。

1995年，周平一担任《贵州旅游文史系列丛书》编委会毕节地区领导小组组长，负责《贵州旅游文史系列丛书》毕节地区八个分卷的组织编写工作，召开组织动员大会后，就亲赴各县进行监督检查指导，帮助落实人员和资金。

1998年，《贵州旅游文史系列丛书》第一批出版的30部分卷中，周平一负责组织毕节地区编写的就占了5部，它们分别是：黔西卷《水西鹃韵》、大方卷《奢香故里》、织金卷《溶洞王国》、威宁卷《高原明珠》、纳雍卷《汤望春色》。她组织编写的这几部分卷都获得省政协相关专家的好评。

在这段时间里，周平一除了抓好《贵州旅游文史系列丛书》的编写出版，还负责联系点上的扶贫开发工作。纳雍县是周平一的联系县，以粮食、烤烟为支柱产业。从1990年至1998年，周平一不顾年高体弱多病，同民革中央领导、专家一起，不论条件多么艰苦、环境多么恶劣，多次深入纳雍县的边远乡村了解群众的生产生活情况，帮扶群众，跑各种各样的项目工作。她说："每当看了那些缺医少药的群众、破烂不堪的学校、用石头当凳子上课的学生时，回家之后，我都会难过好几天……"

为此，她向国家教委、省政府、省政协、省教委多次反映纳雍县的情况。在贵州省政协七届五次大会上，她作了题为《纳雍教育面临的困难不容忽视》的发言，引起各级党和政府部门对纳雍县教育的高度重视，得到省政协委员们的关注，他们纷纷伸出援助之手。经多方努力，为纳雍县争取到"国家贫困地区义务教育扶贫工程"项目和"中国——联合国儿童基金会1996—2000促进贫困地区初等教育"项目，在很大程度上缓解了纳雍县基础教育工作中紧迫的资金问题。

1994年，民革中央在纳雍县召开民革全国智力支边现场会，国务院扶贫办的领导充分肯定了周平一提出的"对口扶贫"做法，赞其效果显著。省政协的领导和同志对此也非常支持。1994年年底，周平一参加了中央统战部召开的全国智力支边表彰会。几个月后，国家召开扶贫工作会，推广周平一提出的"对口扶贫"经验。1995年，贵州省政协在贵阳召开全省智力支边表彰会，周平一及纳雍县都获得表彰。

在政协工作期间，周平一与民主党派协作完成了中央统战部交办的又一个重要任务，是由台湾李志仁先生捐资协建的几所学校。它们是：民革中央在纳雍县捐资协建的陶家寨小学、发都寨小学和寨乐乡农民技校，也有农工党中央在大方县捐资协建的苗族女子学校，民盟中央在毕节县七星关区捐资协建的哈那寨小学。

退休之后的周平一仍以老骥伏枥的精神，为毕节师范高等专科学校的更名、升本而奔走，为毕节高等教育的发展作出了应有的贡献。

2013年2月，周平一病逝于贵阳，享年85岁。

周训普

周训普，贵州省毕节县（今七星关区）人，1947年2月生于毕节县普宜岩脚，大专文化，中共党员。

青少年时期，周训普以优异的成绩完成了从小学到高中的学业。1968年2月，应征入伍，到中国人民解放军步兵第37师111团服役。1969年2月加入中国共产党。1970年4月，提任该团政治处组织股干事，团党委秘书。1971年11月，调任37师政治部组织科干事、师党委秘书。1977年到解放军南京政治学校攻读政治工作专业。

1980年8月，升任步兵第37师111团政治处主任。12月，参与领导、组织、创办该团"文化活动中心"。总政治部组织了陆、海、空三军的相关人员，在该团召开了推广"文化活动中心"的现场会，八一电影制片厂专题拍摄了电影——《欢乐的军营》。111团"文化活动中心"在全军各部队中树立了榜样，产生了重大的影响。1983年，总政治部在成都召开了文化工作座谈会，他在会上介绍了团队组织读书活动的经验。为了使基层政工人员搞好部队的政治教育，他组织编纂了有40余万字的《马克思主义基本常识讲课提纲》一书，受到了成都军区政治部的充分肯定。1981年，四川、重庆发生特大洪灾，他带领部队奋勇抗洪救灾，先后被重庆市委、市人民政府和四川省委、省人民政府评为"抗洪救灾先进个人"。

1985年4月，晋升为步兵第37师111团政治委员。次年2月，司法部在北京召开全国16个单位"一五普法"试点经验交流会，他作为解放军的唯一代表在会上介绍了团队"一五普法"的做法，受到司法部长邹瑜、副部长蔡诚的高度赞赏。介绍材料被印发全军、全国。1987年年底，他和他的班子奉命率领全团赴云南麻栗坡县老山地区，进行对越防御作战，坚守老山主峰。张爱萍将军专门为该团题写了"战跃老山，擎柱南天"的老山主峰碑。他在猫儿洞住了549天，荣立了三等功一次。1988年9月1日，在老山战场上，中央军委邓小平主席以政干衔字第102号命令，授予周训普上校军衔。

1990年9月，他转业分配到重庆市沙坪坝区工商局任党委书记。报到前，他抓紧时间，学习四川省工商局编写的8本工商行政管理中专教材和有关法律法规，为上任后的工作打下了基础。1993年3月任书记、局长。是年，他在国家工商总局在沈阳召开的法制工作会上，介绍了该局的经验。主政工商局工作期间，每年在市工商局组织的年度考核中，被评为特等奖。1994年和1998年，他被市人事局、市工商局评为先进工作者。1998年3月，调任沙坪坝区民政局局长。2001年，被民政部评为全国民政系统法制宣传教育先进个人。2002年，被重庆市勘办工作领导小组、重庆市人事局评为全市勘界工作先进个人。

周训普退休时，撰写了《六十自述》："乌蒙山中一儿男，勤奋求知不畏难。投笔从戎卫祖国，军旅二十又三年。率部老山勇征战，邓公授予上校衔。卸甲从政十七载，百姓喜忧挂心间。工商民政皆供职，弹指一挥花甲年。和谐盛世精神爽，四世同堂享清闲。"

周光乔

周光乔（又名周光桥），贵州省毕节县（今七星关区）人，1957年2月出生于毕节县长春区杨柳树，1981年8月参加工作，大专文化，中国民主同盟盟员。

1978年9月至1981年7月毕节农校畜牧兽医专业学习，毕业后同年8月分配到杨家湾镇（原杨家湾区）畜牧兽医站工作（畜牧技术员）；1984年7月调长春镇（原长春区）畜牧兽医站工作任副站长（畜牧技术员）；1986年10月调原毕节县畜牧局品改站工作任副站长（畜牧技术员）；1987年3月调任原毕节县畜牧局金银山草种场副场长，主持工作（助理畜牧师）；1990年1月至2003年5月在毕节市（县级市，今七星关区，下同）畜牧局工作，历任品改站副站长、站长（畜牧师）；畜牧局副局长（畜牧师）；2003年5月调毕节市政协提案委任主任（其间2004年3月——2007年1月在贵州大学"农业技术综合应用"函授大专班学习）；2007年1月起任政协毕节市七星关区政协委员，副主席；同时于2008年7月至2015年12月兼任民盟毕节市七星关区总支部委员会主委，曾于1999年荣获贵州省人民政府第四届"科技兴农人才奖"；2011年荣获中国民主同盟中央委员会授予"先进个人"称号。

周光乔1981年参加工作以来，先后在杨家湾镇（原杨家湾区）畜牧兽医站、长春镇（原长春区）畜牧兽医站、七星关区农牧局（原畜牧局）和七星关区政协工作。在畜牧战线期间，曾负责所在两个镇的畜牧兽医技术的推广应用。由于刻苦钻研业务，工作踏实肯干，被调任畜牧局畜禽品种改良站副站长、站长，负责指导全区（原县级市）畜禽品种改良工作，因畜禽品种改良成绩突出、效益显著，得到人民群众和上级领导的肯定，被提拔为农牧局（原畜牧局）副局长，配合局长主抓全区畜牧业的发展及畜牧科学技术的推广应用，对七星关区畜牧业经济发展作出了积极的努力。于1999年荣获贵州省人民政府第四届"科技兴农人才奖"；在政协工作期间，曾任提案委主任和政协副主席，主抓和分管政协提案工作，主持提案的征集和督办，共征集政协提案1275件，经审查立案1245件，立案率为97.64%，多数提案经相关部门办理落实后取得较好效果。同时根据政协政治协商、民主监督、参政议政的职能要求，广泛开展调查研究，为党委、政府提供决策参考，许多调研报告得到区委、区政府主要领导的重视。如《毕节市普通高中国家助学金执行情况的调研报告》，由原市委书记周荣亲自签批相关部门办理，《关于毕节市农村最低生活保障实施情况的调研报告》，由原市长王彬亲自签批相关部门办理；自担任民盟毕节市七星关区总支部委员会主委到担任民盟毕节市七星关区工作委员会主委期间，始终按照民主党派建设要求，加强基层组织建设，积极培养发展盟员，强化盟员思想建设，夯实民盟与中国共产党通力合作的政治基础，坚持多党合作的政党体制，盟员数量不断增加，基层组织不断加强。盟员从总支成立之初的41名发展到143名，支部从1个发展到6个，由于对民盟组织的建设做了大量工作，2011年被中国民主同盟中央委员会授予"先进个人"称号。

周光辉

周光辉，贵州省毕节县（今七星关区）人，1923年生于毕节县海子街，中共党员，本科文化。

周光辉青少年时期，常接触毕节地下党人，受革命思想教育和影响，积极参加中共毕节支部的活动，1949年9月加入中国共产党。

周光辉在新中国成立之前，长期从事学生运动，参加地下党中共毕节县工委领导的抗日宣传活动。在贵阳就读贵阳师范学院时，曾发动同学砸了经常发表辱骂共产党文章的反动《民报晚报》。写信支持昆明"一二·一"运动，执笔写支援北京抗议美军暴行的传单。1949年4月，奉中共贵州省工委之命，前往罗盘区游击三支队一大队任政治教导员，发动群众迎接解放军。又到普安与王舍人一起通过地下党的关系，将绑在盘江铁桥上的炸药包取下，保证了人民解放军安全迅速开往云南，受到领导表彰。新中国成立后，长期从事教育工作。曾在安顺和兴义师范、六枝一中、六盘水"五七"师大、六盘水商校主持党政工作。为贵州省中专教育学会理事及六盘水分会理事长。是六盘水市人大一届常委。1987年离休，享受副厅级待遇。他善诗词，对家乡毕节及海子街有深厚感情。由于长期定居外地，对家乡的父老乡亲、山山水水非常怀念。每当他思念故乡之时，就作诗表意。

如：

长相思·乡情组词六阙

剪花仙女洞

朝剪花，暮剪花，卖却天香济贫家，扶搀千里娃。粮来赊，米来赊，歉借丰还众口夸。年年赞女娲。

大皂角树

十丈高，百丈高，爬过长坡见树梢，千千万把刀。哥挑挑，妹挑挑，皂角轻轻洗烦嚣，容颜更艳娇。

大竹林

凤竹林，紫竹林，风卷惊涛魔障喑。千军万马吟。寻知音，觅知音，鹤白林青舞百禽。幽幽赤子心。

小水井

朝也流，夕也流，大旱涓涓溉百畴。诗仙咏不休。天悠悠，地悠悠，汩汩淙淙不转头。育英千万秋。

真武山

肠龟山，肚龟山，真武祖师腹内眠。破腹二将欢。血斑斑，泪斑斑，兄弟阋墙莫再煎。和衷把险关。

万家塘

万家塘，马家塘，两眼巡空访天堂。天梯万里长。荷花香，稻花香，比翼江南鱼米乡。农家尽小康。

周传云

周传云，贵州毕节县（今七星关区）人，1966年9月20日出生于贵州省毕节县青场区鸡姑村，本科学历，中共党员，上校军衔，正团职自主转业。

1984年10月参军入伍，在陆军第41师警卫连服役至1986年8月；1986年9月至1989年7月，考入昆明陆军学院十五中队学习；1989年8月至1992年11月，在云南省军区边防第二团二营四连任排长；1992年12月至1993年10月，任云南省军区边防第二团二营五连副连长；1993年11月至1996年5月，任云南省军区边防第二团二营五连连长；1996年6月至1997年1月，调云南省军区边防第二团司令部任参谋；1997年2月至1998年2月，到石家庄陆军参谋学院合成参谋系学习；

1998年3月至1999年3月，在云南省军区边防第二团司令部任军务股长；1999年4月至2001年3月，任云南省军区边防第二团司令部作训股长；2001年4月至2004年10月，任云南省军区边防第二团副参谋长；2003年3月至2004年2月，到南京陆军指挥学院中级指挥员培训队学习；2004年11月至2005年4月，调云南省西畴县人武部任副部长；2005年5月至2008年2月，调云南省军区边防第二团任参谋长；2008年3月至2011年12月，调云南省丘北县人武部任部长。

2012年1月转业地方工作。现居住云南省文山市。

周祖华

周祖华，贵州省毕节县（今七星关区）人，1963年5月出生，中共党员，大学本科文化，现任毕节市七星关区人民政府副区长（正处级）。

1980年11月参军入伍，服役于中国人民解放军云南省军区独立师，1981年5月随部队参加南疆保卫战（扣林山骑线拔点作战），1985年8月参加老山守卫战。1983年9月考入长沙第三地面炮兵学校（1999年合并到国防科学技术学校，更名为国防科学技术大学炮兵学院）。1985年7月毕业后分配到步兵第四十二师炮兵团司令部，先后任参谋、教员等职，同年7月加入中国共产党。1989年9月任步兵第四十二师司令部军务参谋。1992年9月调贵州省毕节军分区司令部，先后任参谋、军务动员科副科长等职。2001年5月调原县级毕节市人武部任副部长。2004年3月任织金县人武部部长，2009年3月至2011年3月任原县级毕节市人武部部长。2011年3月至2011年8月转业待安置。2011年8月至2011年12月，任毕节市人民政府副市长（正县级）。2011年12月至2015年12月，任毕节市七星关区人民政府党组成员、副区长（正县级）。

周祖华参军入伍三十余载，在部队严格纪律的训练和熏陶下，煅就了他果敢的性格、顽强硬朗的作风、坚韧不拔的意志，英勇顽强、敢打必胜的气节。他是一个坚决服从命令、听党指挥、英勇顽强，能出色完成艰难险阻任务的优秀军人。2006年因在全军国防动员潜力调查工作成绩突出，被贵州省军区评为“优秀团级主官”，2008年因表现特别突出，被成都军区评为“优秀旅团主官”。调任人武部长后，他全力抓好民兵预备役部队组织建设、新兵征集、国防教育、军民共建等工作，先后为部队输送优质兵源近6000名，并成功组建两支民兵应急分队，屡次出色完成抢险救援、应急处突、火灾扑救等重要任务。

2008年，特大雪凝灾害席卷大半个中国，身为织金县人武部部长的周祖华，深知灾情就是命令、时间就是生命，向县委、县政府主动请缨、主动请战，担任县抗灾救灾指挥部副指挥长，并向县委、县政府立下军令状，带领民兵为供电部门抢修供电线路除冰开路、为滞留旅客铲雪推车、护送6400余名旅客安全出境、组织消防车、卡车连续16天为断水群众送水5000余吨、帮助46户灾民重建家园。在爱人身患绝症的情况下，他毅然将家里仅有的“续命钱”捐献灾区。在此次抗雪凝斗争中，他“用大爱融化冰雪、献真情温暖民心”，被群众誉为“情系万家的好部长”，被成都军区评为先进个人，荣立二等功一次，并在贵州省首届道德模范评选活动中被评为“助人为乐道德模范”。

2011年3月，周祖华放弃了直接退休的机会，本着为党、为国家、为广大人民群众多干事、干实事的目的，主动要求转业到地方任职继续为党和国家、为共产主义事业奋斗。

2011年8月，周祖华任县级毕节市副市长，同年12月，当选为毕节市七星关区人民政府副区长，负责安全生产、矿产资源管理、地质灾害防治、交通运输、规划执法、信访维稳等方面的工作。到区人民政府工作后，他时刻不忘军人本色、牢记党员使命，始终坚持全心全意为人民服务的宗旨，爱岗敬业、忠于职守、求真务实、脚踏实地。

五年来，他足迹踏遍七星关区42个乡镇街道、506个村（社区）。他团结和带领分管和联系部门，出色地完成党和国家赋予的各项工作任务，为七星关区经济发展和社会和谐稳定作出了突出贡献。

周祖明

周祖明，贵州省毕节县（今七星关区）人，于1950年2月出生在贵州省毕节县阴底区阴底乡，1968年2月应征入伍。大学本科学历，中共党员。

1958年9月 至1964年9月，周祖明就读于阴底中心校，曾任少先队大队长，班主席；1964年9月至1968年2月，就读于毕节第一中学；1968年2月，周祖明入伍，先后任陆军13军37师通讯连战士、有线电无线电技训班学员、通讯连修理室技工、重庆无线电厂军管会秘书、37师参谋集训队学员，111团司令部通讯股代参谋。1971年4月，周祖明退伍，任原毕节县整建党工作队工作员；1971年9月至1972年4月，任贵阳矿山机器厂生产指挥部办公室秘书；1972年4月至1975年9月，在贵州工学院机械系机制专业学习，先后任党小组组长、机制专业党支部副书记兼组织委员、团支部书记；1975年9月至1977年8月，在贵阳矿山厂金工二车间实习，半年后任设计科技术员；1977年8月至1979年3月，先后在贵州省工委干部处工作；1979年3月至1985年5月，任贵州省经委办公室党组秘书；1985年5月至1988年2月，任贵州省政府办公厅省长办公室副处级秘书；1988年2月至1989年3月，任贵阳市海关副关长；1989年3月至1996年7月，任乌江流域贵州省开发管委会办公室副主任（正处级），其间，1990年2月至1992年3月任贵州省罗甸县委常委、副书记；1996年7月至1997年4月，任贵州省计划委员会能源交通处处长；1997年4月至2001年2月，任贵州省三线建设调整协调领导小组办公室主任；2001年2月至2010年4月，任贵州省重大项目稽查特派员办公室副主任（正处级）。

2010年4月，周祖明退休。

周祖宣

周祖宣，贵州省毕节县（今七星关区）人，1944年12月出生于毕节县海子街周家桥，大学文化，中共党员。

周祖宣自幼聪颖，未足七龄便启蒙于海子街小学，16岁即从白马山林业中学初中毕业，并参加工作。1962年后，先后就读于毕节师范、贵州大学。

毕业后先在海子街中学教书，后调毕节四小任教，“文化大革命”中期任校革委主任。1971年调毕节县委办公室从事文秘工作，之后在县委办担任副主任、主任。1981年，调毕节地委办公室工作，先后担任地委办秘书科副科长、地委副秘书长、秘书长、地委委员。1992年任毕节地区行署副专员，2003年任毕节地区人大工委副主任。2005年因任职年龄到限，退休。

在四十余年的工作生涯中，大部分时间供职于党政机关。历经几十年的风雨洗练，从一名普通工作人员成长为地厅级领导干部。在工作中，无论从事教育、从事文秘，还是在领导工作岗位上，都以“为人民服务”为宗旨，以苦为乐，爱岗敬业，尽职尽责，兢兢业业，扎实做好本职工作。在毕节县委办公室10年间，不分寒暑，几无假日，常常废寝忘食、夜以继日地工作。在毕节地委、行署机关20年间，不辞辛劳，踏遍了毕节地区的山山水水。在实现全地区各县（市）“普六”“普九”工作目标中，因个人成绩突出，受到教育部、人事部的表彰奖励。他在担任领导职务期间，不仅工作努力，而且坚持原则，廉洁自律，作风正派，谦虚谨慎，对人友爱和善，深得人们的敬重。

几十年来，他为毕节经济、文化、教育事业发展作出积极贡献。他热爱毕节，心系家乡，在近半个世纪的工作生涯中勤勤恳恳、任劳任怨，为改变毕节旧貌不懈努力。

周武华

周武华，贵州省毕节县（今七星关区）人，彝族。1955年11月21日生于毕节县普宜区阿市乡，大专文化，中共党员。

周武华1973年高中毕业，先后在阿市中、小学代课，在龙场营参加社会主义教育工作队。1976年2月应征入伍，1977年1月加入中国共产党，1979年1月提干，在部队历任战士、文书、排长、参谋、干事，支队政治处副主任、主任，支队副政委、政委等职，曾在武警云南总队昭通支队、楚雄支队任政委，荣立三等功三次，受嘉奖18次。

1976年2月周武华从社教工作队应征入伍到中国人民解放军35530部队，后改编为中国人民武装警察部队。入伍的当年加入了中国共产党，并提任连队文书。他不骄不躁、不懈努力，在各项工作中起到了共产党员的先锋模范作用和军事骨干作用，军政素质不断提高。1978年1月任班长，1979年1月提为排长。提干后，他不辜负党组织和部队官兵的希望，严格要求自己，以更高的标准和更强烈的责任感去干好每一项工作。工作中他敢为人先，敢争第一，处处争当先进。任排长期间就曾兼职过昭通全区部队的队列、射击、战术等军事科目的教员，1980年3月被选调师机关任参谋。

在部队服役的近30年间，他从事过军事、行政和政治工作，不管在哪一级岗位都能以强烈的事业心、责任感去出色完成各项工作任务。在任副营职干事期间，他所管的支队干部工作、院校招生工作都走在了全总队的前列，且干部队伍建设的激励机制正规有序地形成。院校招生录取率相继达到了85%直到100%的好成绩，年年受到武警总队政治部的表彰。在担任支队政治处主任和支队政委期间，积极探索新时期部队的思想政治工作、干部管理和宣传报道工作的新路子。在干部队伍建设方面，以正规、奉献、敬业为主线，完善干部正规化管理制度，建立积极的激励竞争机制，激发干部的爱岗敬业精神和业务技能素质、管兵带兵能力。他在机关指导基层的“六个一”传帮带活动经验以及干部拟任职务考核等做法，为军一级党委所采纳并在部队中得到推广。在部队的宣传报道工作中，他做到意识超前，政治敏锐，及时地在人民群众中宣传部队中的好人好事，树立部队在驻地人民群众中的良好形象。他本人在《中国青年报》《云南日报》《春城晚报》《云南法制报》《云南民政》《中国军事教育》等军地报刊上发稿数十篇，曾获得中国军事教育学会的奖励。有数篇论文被武警总部、部队等作为政治教育教材。他担任营、团领导职务期间多次立功受奖，在正团职的领导岗位上先后荣记三等奖二次，被武警总部党委评为全国武警部队优秀党务工作者，三次被武警总队党委评为优秀党委书记，四次被评为“一对好主官”，五次被评为理论学习先进个人。

周武华在部队服役近30年，从一个农家子弟成长为一个部队的正团级干部，为部队建设献出了自己的青春年华，体现了自己的人生价值。他回顾自己的成长过程和人生轨迹，说这是家乡父老和地方组织培养教育打下的坚实基础，同时也是部队领导关怀培养，自己忠诚于党和人民、不懈努力的结果。

周武贤

周武贤，贵州省毕节县（今七星关区）人，彝族。1948年生于毕节县阿市一个农民家庭，中共党员，大专学历。

周武贤1966年初中毕业后，根据所报志愿，被录取在毕节师范学校就读。到毕节师范学校一个学期后，“文化大革命”开始，学校接到上级通知，分配作废。他回到毕节一中，参加了半年多军训，于1968年2月从毕节一中应征入伍。

入伍后，被分在云南省宜良县大荒田13军37师炮团一营榴炮3连，1968年8月加入中国共产党，年底随部队调防到重庆市璧山县。在炮团，周武贤在政治上、思想上、组织上积极要求进步，作风上严格要求自己，军事训练刻苦认真，被评为“五好”战士，后任班长、炮技师。1970年在重庆市戈乐山13军举行的陆（军）、空（军）、步（兵）、炮（兵）军事学习中，带领全班出色地完成了演习任务，本人分别受到营、连嘉奖。

1971年，任炮技师后不久，就被调到陕西省华阴市国防科工委32基地（国家常规兵器试验场、国家靶场）进行学习，次年4月被选送到南京华东工程学院火炮专业学校学习，任所在班的副班长，1975年7月毕业，获大专学历，8月回到32基地。基地的任务为：一是对将要装备部队的新武器进行国家设计定型试验；二是对已经装备部队的武器若有改进的，对改进部位进行鉴定试验；三是对国防科研院所的科研项目进行科研试验。身负重任的他在32基地主要从事技术工作，历任火炮试验员，火炮助理工程师，火炮工程师（副团职），1985年任火炮试验组组长，1988年被授予中校军衔。在基地服役期间，圆满完成了陆双管25毫米高炮、空降100毫米迫击炮、95毫米无后坐力炮等的国家设计定型试验；钛合金82毫米迫击炮、122毫米榴弹炮等的鉴定试验；前冲式100毫米滑膛炮、迫击炮黏土炮位研究等的科研试验共20余项。在主持完成陆双管25毫米高炮重点试验任务中，工作积极，指挥得当，成绩突出，荣立了三等功。1986年曾获科学技术进步奖两项，即“弹道一致性和低温用油的建议”被评为五等三级；“解决陆双管25毫米高炮双管连发200米立靶密度高低散布超差”被评为五等一级。

1989年转业，被安排在毕节县交通局任副局长。1990年4月至7月，在贵州省交通干部学校参加交通局长岗位培训。培训结束后，参加了龙（毕节龙场）、清（金沙清池）公路的建设，负责以工代赈主持修建毕节境段。经过两年多的努力，终于结束了毕节县龙场营与金沙县清池无直通公路的历史。又先后主持修建了全长20多公里的后箐经水箐到鲍家公路；全长17公里的放珠到大河公路；参与了清水到普宜公路的修建。1996年中共毕节市（县级，下同）委授予周武贤优秀副职的称号。

他关心家乡建设，由于阿市街道路面破损严重，他努力为之争取资金，市交通局于2001年将阿市街道铺成了水泥路面，受到当地群众的好评。

2001年改非后，还参与了青场至大河、宋伍至阴底、叉路至猴场等公路的改造。2001年至2003年，连续三年被评为优秀共产党员。2008年退休后，发挥余热，应邀参加了全市的油路改造工程。

周晓山

周晓山（1913—？），贵州省毕节县（今七星关区）人，1913年7月生于毕节城区，大学文化。1935年参加中国共产党外围组织“星光读书会”，于1937年11月加入中国共产党。

1938年年初，参加延安抗大五分队政工队学习，毕业后任四大队政治处干部股干事、六分校政治部组织科干事、七分校二大队一队政治指导员。1945年，任中央军委总政治部组织部研究员。1949年11月后，先后任中共贵州省委组织部处长，省委党校总支书记、党委书记，中共兴义地委书记处书记，中共贵阳市委书记处书记，贵州省文化局党委书记和贵州省工会主席、贵州人大常委会副秘书长，正厅级干部。

周晓山是毕节参加革命最早的老干部之一，经历了抗日战争和解放战争，曾多次立功受奖，被评为优秀军政干部。全国解放后到地方任职，发扬党的优良传统。在恢复和发展国民经济中，走到那里就和那里的人民群众打成一片，实事求是地解决人民的疾苦。在工作中善于调查研究，为党的决策机构提供了许多有参考价值的资料，受到上级和与他一起工作的同志称赞。

周建礼

周建礼，贵州省毕节县（今七星关区）人，1964年3月出生于毕节县普宜区普宜公社，大学本科学历，1984年8月参加工作，1985年9月加入中国共产党，任毕节市卫生监督所所长。

1984年8月参加工作后，先后在毕节县清水铺区公所、毕节县计划生育技术指导站、毕节县清水铺区高山铺乡、毕节县委组织部办公室、毕节县委组织部干部科、共青团毕节县委、共青团毕节市委、毕节市观音桥办事处、毕节市人口和计划生育局、毕节市人民政府等单位工作。历任计划生育专职干部、乡党委副书记、县委组织员、县委组织部干事、团县委副书记、团市委（县级市）书记、办事处党委书记（兼武装部长）、人口计生局长、副市长等职。

在团县（市）委工作期间，因工作出色，单位曾多次被上级评为“先进团组织”、个人曾多次被上级评为“优秀团干部”；在办事处工作期间，因经济发展成效显著、计划生育打开局面、治安状况明显好转而被中共毕节市委评为全市“优秀共产党员”“优秀正职”，被中共毕节地委评为“全区党风廉政建设先进个人”；在人口计生局工作期间，因思路清晰、措施得当而使原毕节市人口计生工作从全省88个县（区）倒数第1、2位上升并保持在第70位左右，得到当时市委、市政府的充分肯定，并顺利当选毕节市人民政府副市长；在市政府工作期间，所分管的部门均年年完成年度工作目标任务，其中因人口计生工作成效突出而获得原中共毕节地委、毕节地区行署授予“全区人口和计划生育先进工作者”称号。

2006年8月，调任毕节市（地级市）卫生监督所所长。

周葆华

周葆华，贵州省毕节县（今七星关区）人，1960年12月出生于毕节长春张官屯，大学文化，中共党员，上校正团职军转干部，云南省住房和城乡建设厅正处级公务员。

1976年9月，周葆华任王丰公社张官小学教师，中心大队团支部书记、民兵连长、王丰公社团委副书记，1977年任大队农田水利基本建设突击队队长；1978年12月应征入伍，在中国人民解放军35429部队任战士；1981年起任该部队政治处宣传、组织干事；1986年起任35403部队政治部秘书、干部干事、组织干事；1991年任56288部队政治处干事，二处政治协理员、党委书记、管理处正团职上校处长等职。2001年转业到地方工作后，先后任中共云南省纪委驻云南省建设厅正处级纪检监察员、云南省建设厅住宅与房地产业处正处级副处长、云南省住房保障与物业管理处处长，云南省物业管理协会会长、中国物业管理协会理事、研究员。

在部队服役期间，参加了1979年的南疆保卫战、中越边境罗家坪、扣林山、老山、者阴山拨点作战及长达10年的对越防御作战。先后3次荣立三等功，20多次受嘉奖。被中华人民共和国住房和城乡建设部授予全国住建系统纪检监察先进个人、被云南省人民政府评为全省住房保障先进个人。1987年10月1日，身为解放军西安政治学院6队学员的他，在学院组织到陕西省华阴市华山训练执勤时，发现华山沧龙岭，因游客拥挤，两名地方青年跌落到绝壁上，幸被小树挡住，女青年双脚悬空，双手紧紧抓住男青年的一支大腿，拼命呼救，随时都有掉下深渊的危险。看到这一情况后，他不顾个人安危，组织全班同学奋不顾身，果断带领5位学员手拉手组成“人索”，上拉下托，将两名地方青年从悬崖绝壁上拉上沧龙岭。接着，又组织疏散群众，避免了次生事故的发生。目睹抢救现场的群众称赞说：“关键时刻还是解放军行。”事后，《中国青年报》、中央人民广播电台、《西安军校报》等媒体报道了他组织抢险的事迹，受到政治学院的通令嘉奖，35403部队政治部给他记了三等功。

在担任云南省住房保障与物业管理处处长期间，代云南省人民政府起草了许多有前瞻性、指导性和可操作性保障性安居工程的政策措施，并在省委、省政府及厅党组的领导下，督促指导全省认真贯彻实施，为云南省争取国家保障性安居工程补助资金数百亿元，云南省配套投入数千亿元资金，实施保障性安居工程200余万套（户），解决了700多万中低收入群众的住房困难问题，使云南省的住房保障工作多次受到中央领导的充分肯定，一度成为全国住房保障的旗帜。

他是业余作家，担任过《老山后勤》、云南人民广播电台新闻部编辑，兼任《中国住房》《现代物业》等杂志编委。采写并在《解放军报》《中国住房》等报刊上发表过千余篇文章，主要作品有《钢铁汽车兵刘向阳》《美军科索沃战争零伤亡的思考》等文章。作为云南省报告文学研究会理事，创作了《广厦千万间》《永不停转的车轮》等在军队和全国有一定影响力的作品。报告文学《历史记住他们—献给百万大裁军中从老山前线撤编的部队》曾荣获云南省作协第二届军事题材文学创作奖、成都军区新中国成立五十周年献礼作品奖。

郑　治

郑治，贵州省毕节县（今七星关区）人，1934年11月14日生于毕节县海子街区真武山，大学文化，中共党员。

1950年10月参加中国人民志愿军。1953年10月加入中国共产党，历任战士、卫生员、医生、科主任等职。随着技术职务的晋升，同时享受部队相应的同级干部待遇，1994年晋升为副军级。1995年4月，在中国人民解放军（驻河南省平顶山市）152医院退休。

郑治1950年秋初中毕业。同年参加中国人民志愿军15军29师，于1951年9月跨过鸭绿江参加抗美援朝，于1952年4月进入上甘岭，10月14日上甘岭战役打响至11月29日，历时43天结束。1953年7月25日朝鲜战争停战协定生效，于1954年5月回国。为把美国侵略者赶走，他始终和战友们战斗在一起，奋不顾身，不怕流血流汗，为保家卫国尽职尽责，作出自己应有的贡献，因而得到部队的充分肯定，荣立三等功一次。归国后，部队番号恢复为中国人民解放军15军29师建制，他仍在85团卫生队工作。由于刻苦自学，于1957年考入第二军医大学预科班，1959年8月升本科。1964年以优异成绩从第二军医大学毕业后回原单位，历时10年。1974年，调武汉军医学校内科教研室工作后获两次进修。1984年4月，军医学校附设医院成立神经内科，他任内科主任。1986年调中国人民解放军152医院，继任神经内科主任。

在从事医务工作的40多年间，对技术精益求精，刻苦钻研，一丝不苟，对伤病员高度负责。忘我工作，废寝忘食，不辞辛劳，得到部队首长的高度赞扬。与此同时，结合临床实际，组织了“凝血因子与脑血栓关系”“重危病人甲状腺功能改变”“平顶山市神经流行病学调查”等10余项科研课题项目的研究，其中8项获济南军区科技成果奖。1987年职称评定时就被评为“主任医生”，并获提前晋级。1989年，又被评为“济南军区科技先进工作者”，再次获得晋级。1994年起享受副军级待遇。因工作需要，领导挽留，延到1995年4月才被批准退休。退休后本该享天伦之乐，但因组织领导尊重科学、珍惜人才，又被返聘回152医院继续工作。

郑治戎马一生，志在军旅，报效祖国，事业有成。作风正派，务实民主，廉洁自律，谦虚谨慎，严于律己，宽以待人，诚实厚道，和睦友善，助人为乐。在处理家庭关系上，以和为贵，传承美德，尊老爱幼。祖孙三代，其乐融融，深受部队领导和社会的好评。

郑　荣

郑荣，贵州毕节县（今七星关区）人，女，1971年8月出生，大学本科学历（贵州省委党校函授法律专业），中共党员，1992年8月参加工作，现任中共毕节市委宣传部常务副部长。

1990年9月至1992年7月，在毕节地区财贸学校财会专业学习；1992年9月至2001年7月，历任赫章县委组织部办事员、科员、正股级组织干事、干部股副股长、干审股股长〔其间，1994年9月至1997年5月参加贵州省委党校行政管理（函授大专）专业学习，1997年9月至2000年6月参加贵州省委党校法律（函授本科）专业学习〕；2001年7月至2001年12月，任赫章县财政局科员；2001年12月至2003年6月，任赫章县纪委干部室主任；2003年6月至2005年2月，任赫章县人事劳动和社会保障局党组成员、副局长；2005年2月至2007年5月，任赫章县野马川镇任镇党委副书记、镇长、党委书记；2007年5月至2010年1月，任赫章县委组织部副部长，县人事劳动和社会保障局党组副书记、书记、局长；2010年1月至2011年3月，任毕节地区妇联党组成员、副主任；2011年3月至2011年11月，任毕节市委常委、组织部长、市委党校校长；2011年11月至2016年6月，任七星关区委常委、组织部长、区委党校校长；2016年6月后，任中共毕节市委宣传部常务副部长。

在历任职务期间，善于分析和研判事物发展的规律，较能处理复杂的动态事物。如在赫章县野马川镇担任镇长、党委书记期间，依托当地区位优势，创新思维盘活集镇土地资源，吸纳企业投资开发，鼓励社会资本参与，完善配套基础设施，将野马川镇打造成全省的特色示范小城镇；成功举办两届野马川樱桃节，为做大做强特色农业产业打下基础。自2011年3月任市（区）委常委、组织部长以来，干部激情充分调动，制定《干部初始提名办法》《党政领导干部选拔任用工作责任追究办法》，调整干部2078人次，开展警示教育20余期，借力域外师资开展专题培训10余期、培训干部500余人。2012年制定《关于进一步加强和改善乡镇办事处办公生活条件的实施意见》，将村干部报酬从每月600元逐次增至1800元。基层党建活力尽显，2015年起开展规范、示范、典范型“范本村（社区）”创建活动，激励村（社区）干部跳起来“摘桃子”的干事热情并作为改革创新在全市推广。计生工作平稳推进，实施“三按月”绩效管理和“双诚信双承诺”，全区符合政策生育率均保持95.79%以上，出生率控制在8.64‰以内，人口自然增长率控制在4.41‰以下。基础设施不断完善，综合施策推进通村水泥（油）路建设，在428个村、4307个村民组硬化院坝427万平方米、串户路3275千米，完成通村油路（水泥路）1000余公里，惠及群众15万户。结合“四在农家·美丽乡村”建设，将贫困村沙锅寨打造成脱贫致富示范点，20余户全部脱贫。2016年12月以来，谋划“文化产业助力脱贫攻坚”改革，课题被列入2017年市委全面深化改革内容，按照“1+4”框架（即制定《毕节市加快文化产业发展助推脱贫攻坚的实施意见》，配套《关于支持和鼓励文化产业发展的若干政策》《毕节市文化产业发展专项资金使用管理办法》《毕节文化发展投资有限公司组建方案》《毕节市文化产业助力贫困村脱贫攻坚试点工作方案》四个办法措施）助推脱贫攻坚。

郑子由

郑子由，四川省阆中县人，1929年生于四川省阆中石滩郑家梁。中共党员。

1949年参加中国人民解放军，历任战士、班长、排长、指导员等职。他入伍后，执行“五大任务”和参加川西北黑水战役，多次立功受奖。1963年，调中国人民解放军毕节县人民武装部任政工干事。1969年，任毕节县人民武装部副政治委员。1971年，任毕节军分区宣传科科长。1982年，转业地方工作，分配在毕节县委宣传部任副部长。

于1951年3月加入中国共产主义青年团，历任团支委、团支书等职。1953年加入中国共产党，在党内历任党支部支委、支书。在任毕节县人武部党委副书记时，曾出席毕节军分区党代会和毕节县党代会。1984年至1987年，他在毕节县委宣传部工作期间，分别被评为毕节县“先进工作者”，荣获奖状、奖章、奖品、证书。1987年被贵州省委宣传部评为全省“优秀宣传干部”，由省委书记胡锦涛颁发奖状、奖品、证书，并合影留念。1986年和1990年先后被中共毕节县委员会评为“优秀党员”，颁发奖品、奖状、证书，并在《毕节报》上通报表彰。此间，被推选为毕节县政协第六、七届委员会委员。1994年，荣获省委宣传部颁发的从事党的宣传工作25年以上荣誉证书及其纪念品。1991年后，应聘修《毕节县志》，任特约编辑，负责编纂《文化科技篇》《卫生体育篇》《教育篇》和《市政建设篇》中的“环境保护”节以及《党政群团篇》中的“中国共产党”部分等，共约20万字，历时5年，完成任务，出版发行。1997年应聘编修《毕节地区志·大事记》，任编辑，历时一年半时间，完成15万字初稿。1998年8月，应聘编修《毕节地区志·广播电视志》，任执行主编，于2000年完成任务。

在毕节地区国防意识研讨会上，他撰写的论文《怎样增强干部国防意识刍议》，被评为优秀论文获一等奖。在工作之余还常写新闻报道，于是被毕节县广播站和《毕节报》聘为通讯员。所写稿件被《毕节报》《贵州日报》《贵州党的生活》《毕节晚报》等新闻单位采用。其中在毕节县广播站建国40周年征文中被评为一等奖和优秀通讯员；《闲话顺口溜》在《毕节报》刊登后，在1992年度毕节地区好新闻评选中，荣获该报副刊三等奖。

郑孝雍

郑孝雍，贵州省毕节县（今七星关区）人，1953年出生于毕节县燕子口区一个普通农民家庭，大学文化，中共党员。

1969年3月，到镇武装部报名参军，年龄尚小、身高不够成了拦路虎。关键时刻，获部队首长的批准，不满16岁就光荣应征入伍。郑孝雍聪明伶俐，通过一年的部队生活，学习进步，成为团部培养的对象，被推荐报考军医科大、空军航校，两处均发录取通知书，双喜临门。处在人生的十字路口，何去何从？经过思考，决定到空军第十航校学习飞行技术。在校学习期间，他系统学习飞机构造、飞行原理、航空力学、空气动力学等航空科技知识。通过老师的指导，个人的刻苦钻研，飞院18期飞行学员毕业时，经过考试，郑孝雍飞行技术拔尖，作风过硬，留校任教，年仅20岁。此后，在漫长的岁月中，先后飞过初教六、运-5、TB和运-7等多种机型，业绩显著，从教员提任中队长、大队长，成为熟谙管理工作的分院副院长、党委副书记、分院院长。任职后，他大胆推进飞行训练改革，成功地组织了世界民航飞行员培训史上的第一次高教机单飞训练，使国家的民航飞行员成为世界的标杆，为中国赢得了声誉。

2000年春，中国民航总局任命郑孝雍为中国民航飞行学院党委副书记、院长。该院地跨四川、河南两省五市，占地1.6万多亩，是中国唯一能够全过程完成民航飞行员培训的“蓝天大学”。自1956年建校以来，为新中国培养数万名专业人才，占民航飞行员总数90%以上，在中国民航发展史上起到举足轻重的作用。学院拥有5个机场和110多架各型教练机，教职工4000余人，开设3个民航专业。他上任后，学校如何发展，花费了许多不眠之夜，不断思索，并把自己的方案与同事们进行讨论，终于在院校班子中获得了共识。于是，他在班子成员中身先士卒，冲锋陷阵，向各航空公司、管理局、机场业内人士征求办学意见。很快制定“以飞为主，综合发展”的战略方针，创建一流的飞行学院。

在执行既定方针的实践中，安全管理成了重中之重。他提出“兵马未动，法律先行”，加快了依法办学的进程。2005年，在他的主持下，飞院参照国际民航组织标准，按CCAR—65部和CCAR—141部要求，对飞行员和飞行签派员培训教程进行了重新修订，率先通过了民航总局组织的运行合格审定。2002年至2003年，各航空公司要人的需求量明显下降。他以战略家的眼光审时度势，根据社会经济发展的走势对民航的需求，认为下降是大发展的短暂调整，之后将会大幅度上升。于是，他大胆做出决定，由学校自筹资金3亿元，招收400多名计划外飞行学生，业内大为震惊。到了2004年年底，他所预料的局面果真出现，学校计划外400多名学生被全部分完，体现了郑孝雍的远见卓识和聪明才智。

郑孝雍从家乡走出已40年。对家乡有深刻的印记，乡音未改，黔味不变。2006年4月，国际影星成龙到学院考察，席间，提到“宫保鸡丁”为蜀中名菜。郑孝雍以热爱家乡的口语向其介绍“毕节菜、乌江鱼”的特点，叮嘱成龙到贵州食家乡菜。每谈到家乡，他总有一种感慨。他多次出差到毕节，每次都感觉有新的变化，都要高兴一番。

在学院的管理中，爱护、关心教职员工，为师生创造良好的学习、生活环境。对有困难的学生，他慷慨解囊，嘘寒问暖，让学生安心学习。经过“十五”期间改革调整，飞院已成为海纳百川、开发式、国际化的飞行学院，成为中国民航飞行安全研究、成果转化和培养高素质人才的基地，在国际民航教育科研上占有一席之地。郑孝雍成为有作为的一级飞行师、硕士研究生导师、民航飞行安全金质奖章及国务院特殊津贴获得者，不愧为毕节有名的军中骄子和功勋卓著的航空专家。2013年郑孝雍退休。

郑朝纲

郑朝纲，贵州省毕节县（今七星关区）人，1936年腊月11日出生于毕节县撒拉溪永兴。大专文化，中共党员。

1956年考入毕节师范学校，1958年分配到水城蟠龙区任教。1965年加入中国共产党。历任小学教导主任、毕节军分区四连学兵班副班长，毕节县人民武装部政工科干事、管理员、秘书、副科长、科长，毕节县教师进修学校副校长，人民银行毕节县支行行长、党支部书记，人民银行毕节地区中心支行党组成员、金融系统纪检组组长、监察室主任等职。1996年退休。

1958年参加工作时，他除完成本职工作外，还带领学生大炼钢铁，搞好秋收、秋种，支持当地中心工作。1963年至1965年任毕节县人武部管理员期间，认真搞好后勤服务工作，账目不错不乱，亲自下食堂帮厨，为大家吃饱吃好而勤奋努力，深受全体官兵的拥护，其食堂被毕节军分区评为“五好食堂”，受到通报表扬。1966年任毕节县人武部秘书期间，正值“文化大革命”时期，军队参加“三支、两军”，任务艰巨。他坚守工作岗位，工作繁忙，亲自起草、打印、发送文件，热情接待群众来信来访。1976年任毕节县人武部政工科副科长、科长，经常深入基层民兵连队开展调查研究，在当时交通不便的情况下，走遍了毕节县15个区120多个乡，撰写民兵先进典型材料20多篇。与此同时，认真搞好每年的征兵政治审查工作，保证新兵顺利入伍。

1984年，任人民银行毕节县支行行长后，首先从整顿组织纪律入手，建立健全各项规章制度，调动干部职工的积极性；其次是认真贯彻执行党的金融方针，除保证全县工商企业正常活动资金供应外，还积极向上级银行争取扶贫贴息款近千万元，支持毕节县酒厂、皮鞋厂、制革厂等企业的技改和毕节县磷肥厂、页岩砖厂的新建项目，对毕节县经济社会的发展起到了一定作用；三是大力支持烤烟生产。烤烟是毕节县支柱产业，占财政收入的2/3，每年收购烤烟45万担，需收购资金5000万元左右。他积极向上级银行争取临时贷款指标，保证烤烟收购的资金和现金供应，有力地支持当地政府发展经济。县支行连续3年得到政府的表扬和奖励。

1986年县人民银行、工商银行两行分设后，人行在一无办公用房，二无职工宿舍的情况下，他积极向人行贵州省分行申请，争取到55万元建房资金，两年内修建2000平方米办公大楼一幢，100平方米库房一间，1000平方米职工宿舍一幢，解决了办公用房和职工住房困难的问题，深受广大干部和职工的拥护。1989年他荣获贵州省人行系统先进个人称号。是年，任人行毕节地区中心支行党组成员、金融系统纪检组组长、监察室主任。其间，他认真学习贯彻中纪委和省地纪检监察工作会议精神，深入到各基层行（社），协助其抓好职工教育和案件查处工作。1992年至1995年，连续3年荣获地区纪委监察局先进工作者称号。1994年分别获省人行监察专员办、省纪委监察厅先进个人称号。在5年的纪检监察工作中，撰写调研材料10余篇。其中《发财不成家破人散》和《廉洁奉公的好干部》分别在《银行与经济》和《贵州监察》上发表。《发财不成家破人散》一文，1994年在省纪委、省监察厅西南九省区作品评选会上获二等奖，《贵州监察》副总编亲自到毕节发给奖金600元，以资鼓励。退休后，任退休党支部书记，被评为优秀党员。

孟天明

孟天明，贵州省毕节县（今七星区关）人，1959年11月出生于毕节县清水铺区清水公社李家坪营上。大学文化，中共党员。

孟天明1975年年初中毕业后，在家务农。1978年2月参军到昆明军区14军40师118团服役，次年3月任副班长；6月在团教导队集训时选送昆明陆军学院2大队5中队深造（任学员班长）；1981年6月毕业留校任兵种教研室正排职教员；1983年8月任该校2大队10中队2区队副连职区队长；1984年7月返兵种教研室任副连职教员。

1985年10月，孟天明调贵州省毕节军分区工作，历任司令部正连职参谋、副营职参谋、正营职参谋兼教导队队长、作训科科长。1999年4月任织金县人武部部长，同年10月调任黔西县人武部部长，2007年3月交流任毕节市人武部部长。其间、1988年8月授予上尉军衔，1992年9月、1996年9月、2000年9月分别晋升为少校、中校、上校军衔。2009年10月转业到毕节地区民政局工作，任该局党组成员、副局长（正县级）。

1979年2月参加南疆保卫战，英勇顽强，火线入党。军校学习成绩优异，留校任教。参谋职位15年，业务精湛，代表贵州省军区参加全军参谋业务角逐，不惧强手，博得“全军参谋业务尖子”殊荣；工作远虑深谋，提出的司令部建设、管理和民兵预备役战备、训练等若干意见，为推进国防后备力量建设提供了建言献策和实践先导；先后坐镇威宁、织金两县人武部，组织民兵训练迎接成都军区考核，夺得优异成绩，为贵州争了光；1988年随省军区首长赴成都军区参加战役演习和1992年抽调赴都匀指导预备役师训练，接受总部考核，一显谋略。为此，贵州省军区司令部和成都军区动员部几次选调，他皆情牵故土，始终不愿离开。他任人武部部长11年，狠抓正规化建设，积极筹建了全区一流的黔西县武装部营院和毕节市民兵训练基地，使人武部长足发展，面貌一新；制定人武部管理若干规定，研究市场经济条件下的征兵工作，探讨民兵应急分队建、训、管、用、保障问题，其经验得到两级军区推广；尊重地方党委、政府，注重班子建设、培养锻炼干部，多名部属先后走上营、团职领导岗位。保持和弘扬军队的传统、作风，转业到民政局所分管救灾救济、基层政权、规划财务等项工作创新发展；救灾仓库、农村敬老院、村（居）办公场所全面覆盖，尤其是周驿茶场建成寓茶研、观光、休闲、医养于一体的优美场所，毕节慈善指数蝉联中国百强城市“5A、五星”榜牌，迄今全省唯一。

孟天明曾先后参加云南省党政干部高等教育自学考试，解放军西安政治学院、中央党校函授学院学习和省委党校等培训，获取大学文凭和相关的学识。撰写的《浅谈高技术条件下内陆城市防空体系的建立》等数十篇论文和一些诗文作品，分别在全军《参谋学刊》《军事学术》和《中国民政》《中华诗词》《战旗报》《贵州日报》等刊物登载，多次被成都军区政治部等机关评为优秀新闻工作者和学术研究先进个人。编著有《行悟滴涓》诗文集。

孟天明常以“人生所为，问心无愧”作为座右铭自勉。近40年的革命生涯中，不计得失、拼搏进取，履职尽责、不辱使命，长期置身于抢险、救灾、维稳的险恶环境，始终临危不惧、身先士卒，无数次地经受住了血与火的考验。特别是军旅中曾6次排险、4次车祸，都能在惊险时从容应对，在磨难中挺立生存，充分体现了他忠诚于党、热爱家乡的无私奉献精神。先后受到总参谋部等地师级以上机关褒奖40余次，荣立过二等功、三等功，被成都军区党委评为优秀党务工作者，多次出席省军区党代会并被省军区评为优秀人武部长、优秀党员领导干部、践行宗旨先进个人、军事训练先进个人、学雷锋先进个人等，他因而被收入《中国专家人名词典》一书。

“从征勇往赴滇防，五尺枪，战倭狼。弹雨刀光，生死视寻常。戍角边峰营偃月，曾几日，鬓容霜。卸盔易剑政民桑，奋康庄，日匆忙。助济贫寒，踏遍万重岗。盘点平生鞭策事，差可慰，不惭惶”。孟天明这首饱含激情的《江城子》，正如他炫丽的人生，生生不息地绽放在乌蒙大地。

九　画

项必英

项必英（1920—1982），贵州省毕节县（今七星关区）人，女，苗族，1920年生于毕节县燕子口区（今燕子口镇）一个农民家庭，中共党员，历任全国妇女联合会第一、二届执委会候补委员，第三届执委会委员；贵州省人民代表大会代表，贵州省妇女联合会第一届委员会执委；毕节专区、毕节县各族各界人民代表大会代表；县政府委员，专区人民政府委员，毕节县副县长，毕节县委常委兼副县长。尔后担任毕节专署民族事务委员会副主任，毕节县政协副主席等职。

项必英出身于贫苦农民家庭，从小过着艰苦的生活。解放后，响应党的号召，积极投身于清匪反霸、减租退押、土地改革、抗美援朝等运动，工作负责，斗争勇敢，既是宣传员，又是工作员，表现良好，被提为区妇联副主任。1951年4月被选为参加西南民族参观团成员，赴京参加“五一”国际劳动节观礼，受到毛泽东主席等党和国家领导人接见，同时受到国务院奖励。同年7月，在毕节县各族各界人民代表大会上当选为县政府委员、专区人民政府委员。1952年，当选为毕节县副县长。1953年7月加入中国共产党。1954年当选为中共毕节县委常委。是新中国成立后毕节县参加革命工作最早的少数民族妇女干部。

毕节地处民族杂居的边远山区，由于封建习俗的影响，加之历史的原因，民族纠纷时有发生。分管民族工作的项必英经常下乡搞调查研究，宣传贯彻党的民族政策。不管哪里发生民族纠纷或突发事件，她都亲临现场调查处理，按照党的政策和国家的有关法令，审慎地给予妥善处理，使事态得以平息。1961年在处理何官屯与林口交界处的“初都事件”中，她在深入调查研究的基础上，针对问题的实质，按照党的民族政策，进行了耐心细致的思想政治工作，安定了各少数民族特别是苗族同胞的思想情绪，有效地制止了一场骚乱，稳定和维护了社会秩序，增强了各民族之间的团结，受到了各族人民的好评。

她虽身居要职，但仍时刻关心各少数民族的生产、生活，尤其重视民族地区的教育事业。解放初期，燕子口区小哨苗族乡（今属燕子口镇）大南山苗族小学，因校舍简陋改为民办小学后，仍不能解决苗族子女的入学问题。她向上级反映，得到省、地领导机关的支持，1955年拨款新建校舍300平方米，解决了100多儿童入学难的问题。1956年，国家民委派员到毕视察，将这所小学的语音定为“西南三省苗族的标准音点及贵州省苗族标准音点”。是年10月，国家民委在贵阳召开民族语言文字科学讨论会，项必英作为苗族代表参加会议，并被推选为讨论会的组织成员。

她兢兢业业为党为人民工作，坚持党性原则，作风务实，生活俭朴。由于历史原因和“左”的思想干扰，她曾受到过不公正的待遇。党的十一届三中全会后，组织上给予平反，恢复原职原级。1981年6月当选为毕节县政协副主席。于1982年11月病故，享年62岁。

胡　海

胡海，贵州省毕节县（七星关区）人，于1971年8月出生在毕节县普宜区公子河公社，于1991年参加工作。大学本科，中共党员。

胡海出生在大山深处一个普通农民之家，自幼聪慧、好学、懂事。从小学到大学，成绩都名列前茅。1993年10月，在读大学的时候，在学校加入了中国共产党；1998年10月大学毕业后，分配在毕节市（县级）防疫站工作；2001年调原毕节市（县级）委办任秘书，历任傅传跃、黄家培和陈万桥三届市委书记的秘书。在市委办公室，先后任秘书科副科长、科长，办公室副主任。在长期文秘工作中，胡海认真学习马克思列宁主义、毛泽东思想、邓小平理论和党的方针、政策，学习党的知识、国家法律、法规，以及时事政策。深入实际，深入乡镇，调查研究；走访群众，了解实情。为领导决策提供第一手资料，提供翔实的情况。用心学习领导的思维习惯，刻苦钻研办公室各种业务。把办公室工作做好，做扎实，为领导分忧，为领导解难。认真做好下情上报，上情下达，协调各部办委局、各乡镇工作关系，了解和处理群众诉求。2007年5月，胡海调毕节地区行署综合科任科员；2009年4月，任中国共产党毕节地区委员会办公室副秘书长；2011年调织金县任县委副书记；2013年12月到辽宁省唐山市挂职副书记；2015年1月回织金县任副书记；2016年1月调赫章县任代县长；2016年3月26日任赫章县县长。

胡大贵

胡大贵，贵州省毕节县（今金海湖新区）人，1963年1月出生于毕节县海子街区小坝公社，1981年9月参加工作。本科文化，中共党员。

1981年9月 至1984年9月在毕节县普宜区供销社工作；1984年9月至1987年4月调任毕节县普宜区公所文书兼统计；1987年4月至1989年10月任毕节县普宜区助理员；1989年10月至1990年7月任毕节县普宜区纪委委员、组织员；1990年7月至1992年1月任毕节县普宜区委委员（其间：1991年3月至1991年11月在毕节县农业局挂职任副局长）；1992年1月至1996年1月调任毕节县(市)对坡镇党委书记；1996年1月至1998年2月任原毕节市（县级市，下同）对坡镇党委书记、人大主席；1998年2月至1998年4月任原毕节市委组织部正科级组织员；1998年4月至2003年1月任原毕节市委组织部副部长、正科级组织员；2003年1月至2003年3月任原毕节市委常委、组织部副部长；2003年3月至2003年7月任原毕节市委常委；2003年7月至2006年7月任原毕节市委常委、宣传部部长；2006年7月至2008年8月调任毕节地区水库移民局副局长、党组成员；2008年8月至2011年11月调任毕节地区行政公署副秘书长、行政公署办公室党组成员；2011年11月至2012年1月调任政协毕节地区工作委员会常务副秘书长；2012年1月至2013年6月任毕节市政协常务副秘书长；2013年6月至2014年1月调任毕节市残疾人联合会党组书记；2014年1月至2015年12月任毕节市残疾人联合会党组书记、理事长。

胡大贵在原毕节市普宜区、对坡镇、组织部、宣传部工作期间，认真履职，勤奋敬业，为七星关区经济社会发展作出积极贡献。在毕节地区水库移民局工作期间，牵头组织处理洪家渡水电站库区移民遗留问题，有效维护库区社会和谐稳定。在毕节地区行政公署办公室工作期间，协助相关副专员处理农业、林业、水利、畜牧、扶贫、烟草、供销、移民、科技、环保、旅游、人口计生等方面的事务；牵头组织编制《毕节可持续发展实验区建设规划》，报科技部审批同意将毕节确定为国家可持续发展实验区；参与毕节市“十二五”经济社会发展规划编制工作，经毕节地区人大工委审议通过后实施。在市政协办公室工作期间，协助市政协主席、副主席、秘书长做好政治协商、民主监督、参政议政等工作。在毕节市残疾人联合会工作期间，积极向上争取资金4430万元，立项建设市级残疾人托养中心、康复中心及七星关区、大方县、金沙县、纳雍县、赫章县残疾人托养中心；团结带领残联系统干部职工励精图治、求实奋进，2014年、2015年残疾人工作均被省政府残工委评为一等奖，分别名列全省第三名、第二名，残疾人基层组织建设、残疾人精准扶贫工作荣获全省创新奖。

胡天福

胡天福，重庆市永川人，1962年11月出生于重庆市永川区五间镇，1981年参加工作，大学本科文化，上校军衔，中共党员。

1981年10月胡天福入伍在成都军区56105部队，任职战士；1983年7月就读于解放军重庆通信学院无线接力专业，任职学员，1986年6月入党；1986年7月分配到成都军区56105部队二营六连任排长；1987年3月调成都军区56105部队教导队任副中队长；1990年6月调成都军区56105部队政治处任组织干事（党办秘书）；1994年11月调成都军区56105部队政治处任保卫股长；1997年5月调成都军区78106部队任政治教导员；2000年5月调成都军区78106部队任政治处副主任；2001年5月调成都军区78118部队任副政治委员兼纪委书记（其间2002年9月至11月参加南京陆军指挥学院中级培训）；2003年9月调成都军区78155部队任副政治委员兼纪委书记（其间：2003年9月至2005年7月参加中央党校函授法律专业本科毕业）；2004年4月调贵州省原毕节市（县级市，下同）人武部任政治委员、中共原毕节市委常委（其间：2004年9月至2005年1月参加贵州省委党校中青班学习培训）；2010年11月经中央军委批准退出现役，自主择业安置，落户七星关区。

胡天福，从军三十年，牢记军人天职，奉献部队一生。先后荣立个人三等功3次，受各级嘉奖12次。1991年7月，撰写所在部队贯彻落实《军队发展党员工作条例》做法被总政治部转发全军学习借鉴；2000年参与组织“涪万”重大国防光缆施工建设，成效显著；在陆军航空兵任职间，带领直升机飞行小分队参与部队演练、抗灾救灾、飞播造林以及支援西部大开发行动中尽职尽责。

在出任中共毕节市委常委、人武部政委（主官）的6年间，履职尽责，不懈奋斗，单位年年有奖牌，个人岁岁获殊荣。单位2004年、2005年连续两年被成都军区评为“征兵工作先进单位”；2005年被贵州省军区评为“先进党委”；2007年被省军区评为“军事训练先进单位”；毕节市2007年被省委、省政府、省军区授予“双拥模范城”荣誉称号，2009年被中央政法委、总政治部表彰为“全国维护国防利益和军人家属合法权益工作先进单位”；人武部被省军区评为“全面建设先进团级单位”。作为个人，2005年被川滇黔三省九县（市）评为“护林防火工作先进个人”；2006年被贵州省军区表彰为“优秀党务工作者”；2007年被贵州省军区评为“优秀旅团主官”；2008年被成都军区评为“抗灾救灾先进个人”，并于当年3月出席成都军区抗灾救灾总结表彰大会；2009年被贵州省军区表彰为“优秀团级单位党委书记”；2007年、2008年、2009年连续三年被省军区政治部评为“新闻报道先进个人”。2010年4月23日，作为抗灾救灾先进典型去北京参加全军政工网嘉宾访谈演播室，现场介绍了其带领民兵战斗在那场毕节百年一遇旱灾第一线的感人事迹。

胡书龙

胡书龙，贵州省毕节县（今七星关区）人，1974年10月生于海子街区螃蟹井公社，大学文化，1996年10月参加工作，1998年9月加入中国共产党。

1996年10月至1998年11月，在毕节市（县级市）林口镇乡企站工作；1998年11月至1999年1月，任毕节市团结乡乡长助理；1999年1月至2001年11月，任毕节市团结乡副乡长；2001年11月至2002年1月，任毕节市层台镇党委副书记；2002年1月至2003年12月，任毕节市层台镇党委副书记、镇长；2003年12月至2009年4月，任毕节市层台镇党委书记、人大主席；2009年4月至2010年6月，任毕节市小坝镇党委书记、人大主席；2010年6月至2011年5月，任毕节市委常委、统战部部长；2011年5月至2011年9月，任毕节市委常委、宣传部部长；2011年9月至2015年12月，任七星关区委常委、区人民政府常务副区长。

胡良华

胡良华，贵州省黔西县人，1962年11月生于黔西县花溪乡，1984年8月参加工作。在职研究生学历，中共党员。

1984年8月胡良华从毕节师专中文系毕业，分配到毕节军分区政治部宣传科任正排职干事；1989年2月转业到毕节县税务局工作，同年6月调毕节县委宣传部工作，任宣传通讯科科长。1991年9月调毕节地委宣传部工作，先后任宣传科科长、干部科科长，挂任大方县安乐乡党委副书记。2001年8月任毕节地区纪委信访室（举报中心）主任，后任地纪委委员。2006年8月任毕节市（县级）委常委、市纪委书记。2011年10月任毕节地区纪委正县级纪检员、地直机关工委副书记。同年12月任毕节市（地级）纪委副书记，纪检监察学会会长。

胡良华在毕节军分区工作期间，为军分区机关干部补习文化课，在普法工作中，他为地方干部讲解《中华人民共和国兵役法》，参与地方社会调查，获嘉奖一次。转业到地方宣传部门从事新闻宣传，获毕节报社优秀通讯员奖。参与第四次人口普查和扶贫工作，获地、县先进工作者奖。抽调地区“三讲办”工作期间，完成了大量繁重的文字工作任务。在省委党校在职研究生学习期间，其毕业论文《公务员不正当职务消费的经济学分析》获优秀论文奖。他任地纪委信访室主任期间，奉命带领由纪委、公安、检察院干部组成的联合调查组，查实了赫章县朱明乡派出所干警和乡干部故意伤害致死人命一案，推翻了赫章县政法部门原作出的“正当防卫，制服歹徒”的冤假定论，将信访案办成了刑事案，圆满完成了中纪委致函交办的调查任务。此案被中纪委2002年第78期信访工作简报通报表扬。组织信访部门撰写的多篇工作简报被中纪委工作简报转发，毕节地区纪委信访室被中纪委确定为当时贵州省唯一的信访举报信息直报点。在原毕节市任纪委书记期间，他注重调动干部职工积极性，创新工作方法。组办“流动廉政学校”，加强干部廉政教育，探索建立村民监事会，强化对村干部的监督。在任期内立案查处454件569人，其中乡科级干部96件136人。组织协调、有效化解了海子街镇十三亩村因干群矛盾引发的群体上访事件、梨树镇群体上访等事件，有效化解社会矛盾，维护了社会稳定。市纪委监察局被上级评为先进集体。2007至2010年，他个人连续被评为优秀公务员，记个人三等功一次。撤地设市后，在市纪委工作期间，他主要协助市纪委主要领导抓纪检监察体制机制改革，撤销原地直单位纪检组织，组建市直六个纪工委监察分局，整合市纪委监察局机关力量向执纪监督问责集中，在全市各乡镇设立民生监督组，整合力量有效解决农村基层监督不到位的问题，得到中央、省、市肯定，并在全省推广。

胡奇文

胡奇文，贵州省毕节县（今七星关区）人，1957年8月出生于毕节县小吉场区层台乡（今七星关区层台镇），1976年12月参加工作，大学学历，中共党员。

1974年11月 至1976年12月，在贵州省毕节地区农业学校农作物专业学生；1976年12月至1978年5月，在贵州省毕节地区农科所任技术员；1978年5月至1984年9月，在贵州省毕节地区植检站任技术员；1984年8月加入中国共产党。1984年9月至1986年12月，任贵州省毕节地区农牧渔业局土地管理科副科长；1986年12月至1989年5月，任贵州省毕节地区农牧渔业局土地管理科科长；1989年5月至1996年6月，任贵州省毕节地区土管局副局长、党组成员（其间：1991年7月至1993年7月，挂任贵州省织金县副县长）；1996年6月至2001年8月，任贵州省毕节地区国土局副局长、党组成员（其间：1997年9月至1998年1月，在国家土地管理局干部教育培训中心第三期地市级以上局长进修班学习；2000年9月至2001年1月，在贵州省委党校中青班学习）（1995年8月至1997年12月，在中央党校函授学院本科班经济管理专业学习毕业）；2001年8月至2007年3月，任贵州省毕节地区供销社主任、党委书记（其间：2005年9月至2005年11月，在贵州省委党校主体班学习）；2007年3月至2011年1月，任贵州省毕节地区供销社主任、党组书记；2011年1月至2012年1月，任贵州省毕节地区商务局党组副书记、地区投资促进（招商）局党组书记、局长；2012年1月至2015年12月，任贵州省毕节市（地级）商务局党组副书记、市投资促进局党组书记、局长。

胡奇文在毕节地区农科所工作期间，因不断致力于农业科技研究和推广，有效促进农业增产农民增收，1982年11月获贵州省人民政府“黏虫迁飞研究”成果一等奖；担任毕节地区土管局副局长、党组成员期间，因“合理保护、规划、利用、监管土地资源”工作成效突出，1995年5月获国家土地管理局授予县级土地利用现状调查工作一等奖，1996年11月获国家土地管理局授予土地利用现状调查（地市级）汇总工作一等奖。担任毕节地区供销社主任、党委书记（党组书记）期间，为供销系统集体企业改革改制、商品供给、搭建城乡群众生产生活平台、促进农业农村发展作出积极贡献。担任毕节市投资促进局党组书记、局长期间，立足毕节资源、区位、气候等优势，积极组织开展项目编制，紧紧围绕新型能源化工、新能源汽车、大健康医药、新兴电子信息、现代山地高效生态农业、文化旅游产业为主的现代服务业、新型建筑材料等产业开展招商，相继引进了中石化、中海油、中建投、国电、华电、河南永煤、招商局集团、碧桂园、金日久、华能新能源、华润集团、四川蓝雁集团、上海雪榕、广州吉隆、台湾台一、海南佳上、山东寿光等优强企业投资毕节，为促进全市产业结构优化调整、推进全市“决战贫困、提速赶超、同步小康”作出重大贡献。

胡齐志

胡齐志，贵州省毕节县（今七星关区）人，1955年3月出生于毕节县鸭池镇，大专文化，高级政工师，1971年1月参加工作，1984年参加中国共产党。在六枝矿务局工作期间从事生产管理和宣传工作，先后任生产调度长，党委宣传科长。1987年8月调毕节烟厂工作，长期从事市场营销、纪检监察和党政管理工作，先后任工会副主席、宣传科长、办公室主任、经营计划科科长、销售公司经理、纪委书记、党委副书记、厂长兼党委书记职务，2015年4月退休。

胡齐志自参加工作以来，长期从事宣传思想政治、市场营销、经营管理、纪检监察、党群和党政管理工作。在主管市场营销工作期间，针对复杂多变的卷烟市场，深入全国20多个省市市场调查研究，向企业提出就如何搞好市场建设、品牌研发、增收节支的合理化建议和意见，对推动企业发展发挥了积极作用，使企业实现从2000年亏损9000多万元，到2004年盈利1600多万元的转变。在宣传思想、党建和纪检监察工作方面，注重理论创新，维护稳定、效能监察，以及抓好职工和干部队伍建设，为企业健康发展提供了重要保证，企业党建、党风廉政建设公司考核连年为优秀。为适应全国烟草行业快速发展的需要，制定切实有效措施积极开展优秀卷烟厂创建工作，使企业的生产、质量、安全，节能减排等管理工作迈上新台阶，各项管理工作受到公司好评。在宣传企业、理论创新，党建及经营管理方面，20多年来在地市以上刊物发表新闻作品500余篇，在省和国家级刊物发表论文14篇。本人曾获贵州省群众生产劳动保护先进个人。毕节地区劳动模范称号，个人事迹2005年被编入《开拓者足迹》一书。

胡思敬

胡思敬，贵州省毕节县（今七星关区）人，1946年7月生于毕节县清水铺，大专文化，中共党员。

胡思敬参加工作后，历任教师、校长、毕节市（县级市，今七星关区）教育局局长，1993年5月至1994年4月任政协毕节县第九届委员会副主席，1994年4月至1995年7月任政协毕节市（县级）第一届委员会副主席（1993年年底，国务院批准毕节撤县设市，遵照上级批复，原政协毕节县第九届委员会更名为政协毕节市第一届委员会）。后调毕节地区教育局任副局长。2006年退休。

胡南岳

胡南岳，贵州省毕节县（今七星关区）人，1948年8月7日出生于贵州省毕节县燕子口区铁匠乡桥地湾，1965年参加工作，大专文化，中共党员。

在毕节县，有条著名的河流，叫沔鱼河。从沔鱼河中段小地名扑洲河新桥桥头走进小河村5里路，有个依山傍水，风光秀丽的小村庄桥地湾。1948年8月7日（农历七月初三日，立秋），胡南岳出生在桥地湾一户农民家庭里。父母亲给他取个乳名叫“秋贵”。上学时该村一读书人给其取学名胡南岳。胡南岳从小爱学习，1965年下半年至1966年上半年，被燕子口区政府聘为农村耕读小学教师，报酬由村民组记一个中等劳动力的工分。1966年下半年至1968年被燕子口区政府招聘为铁匠公社半脱产干部，任公社团委书记兼公社秘书。

1969年1月，胡南岳响应祖国召唤，参军报国，在云南省普洱驻军昆明军区第22分部机关物资处任保管员。1971年3月提任22分部物资处助理员。1972年8月加入中国共产党。1978年至1980年在解放军武汉高级后勤学校学习。毕业后，回到22分部财务处任助理员、1981年晋升为副营职助理员。1983年12月至1985年7月调任昆明军区温泉疗养院院务处处长。1985年8月调昆明军区22分部财务处任副处长，主持财务处的全面工作。1986年5月调任昆明军区兴义陆军预备役师军需处长，1988年被成都军区授予中校军衔、正团职。

1993年10月，胡南岳转业到黔西南州乡镇企业局工作。先后任州乡镇企业局办公室主任，纪检组长，副局长职务。

1999年至2001年，按照州委、州政府的统一部署，胡南岳挂职安龙县委常委，任州委扶贫工作队队长，带领州乡镇企业局、州气象局共4名扶贫工作队员到安龙县钱相乡麻油村和打荡村扶贫。在两年的扶贫工作中，他走村串户，调查研究，制定工作计划，突出扶贫重点，四处奔走，多方联系，筹集资金为麻油村新建一所希望小学。他带领的扶贫工作队被评为黔西南州“先进扶贫工作队”。

2002年地方政府机构整编，精减人员，鼓励工龄30年以上，年龄50岁的人员退休。胡南岳向州委申请，被批准提前退休。

胡南岳在远离故土33年的工作中和退休后，一直关注家乡的发展。在力所能及的情况下，为家乡建设给予大力支持和力所能及的奉献。曾建议小河村两委开发小河村的旅游资源，参与拟定实施方案，积极帮助村修建古月桥、颐和亭，修建乡村公路，解决村民吃水困难等，共出资和捐资7万元。

胡南岳在党内是一名优秀党员，在军内是一位优秀的军人，在地方领导岗位上是一把好手，在家庭是一位孝子。他退休后放弃城市优越生活，回到桥地湾为父母养老送终，母亲88岁去世，他一直担负着孝敬、扶侍年迈父亲胡茂启的日常起居生活，直到父亲101岁辞世。在当地被传为孝顺的楷模、做人的典范。

胡家福

胡家福，中共党员，1938年7月5日出生于原毕节县海子街区王张乡胡家院村。1964年8月于贵州师范大学（原贵阳师范学院）化学系本科毕业。1964年9月至1965年8月在海子街参加劳动锻炼，任大学毕业生劳动实习队负责人。1965年9月至1968年5月分配在毕节专员公署文教局教研室任教研员，1968年6月至1972年3月在毕节地革委秘书处任副处长。1972年4月至1978年10月在毕节地革委科技局工作。1978年11月至1990年11月在毕节地区科委任工程师、科长（享受副县级待遇）。1990年12月至2002年12月任毕节地区医药管理局副局长、党组成员，毕节地区医药市场治理整顿领导小组副组长兼办公室主任。2003年退休。

1985年被评为优秀科技工作者，出席毕节地区科技人员表彰大会，受到毕节地委、行署的表彰。1986年9月被评为科技系统先进工作者，受到贵州省科委表彰。1996年5月被评为整顿医药市场先进单位的代表出席全国医药市场治理整顿工作表彰大会，受到国家中医药管理局的表彰。

2001年本人撰写的科研课题总结论文《苦参的人工栽培》发表在《华西药学杂志》上，被国家人事部留学人员和专家服务中心发现和推荐，并经中国医学专家国际学术会议联络办公室、中国中医研究院科技合作中心、中国老年保健协会国际医学交流中心、北京联康中西医学科研中心组成专家组审核，评议通过。应德国卡尔.杜伊斯堡公益协会、德国科隆远程医疗中心、欧洲自然科学院等单位的邀请，经地委、行署批准并拨付经费，2002年6—7月赴德国科隆参加了“国际医疗远程会诊暨东西方医药、医学学术交流研讨会”，宣读了论文，作了发言。获得会议颁发的“国际会议证书”“国际论文证书”“优秀科技成果铜匾”。论文入选《国际医学专家学术论文集》。

赵　伟

赵伟，贵州省毕节县（今七星关区）人，白族，1966年9月出生于毕节县青场区。本科文化，1988年8月参加工作，1990年7月加入中国共产党，毕节市（地级）林业局党组成员、机关党委书记。

1988年8月至1990年4月在毕节农校农学专业毕业分到毕节县环城区农技站工作；1990年4月至1991年12月调毕节县头步乡任副乡长；1991年12月至1992年10月任毕节县鸭池镇团委书记；1992年10月至1994年5月任鸭池镇计生股长；1994年5月至1995年11月任原毕节市（县级市，下同）鸭池镇党委委员；1995年11月至1998年11月调原毕节市千溪乡任党委副书记、乡长；1998年11月至2001年10月任千溪乡党委书记；2001年10月至2003年3月调任朱昌镇党委书记；2003年3月至2004年7调原毕节市人口计生局任党组书记、局长；2004年7月至2006年10月调毕节市委办公室任副主任（正科级）；2006年10月至2009年12月调任毕节市（县级市，下同）林业局党委（党组）书记、局长；2009年12月至2010年12月调任毕节市人民政府党组成员、市政府办公室主任、市政府应急办主任；2010年12月至2013年5月任毕节市黔西北产业园区管理委员会主任（副县级）；2013年5月起调任毕节市林业局（地级市）党组成员、机关党委书记。

赵　青

赵青，贵州省毕节县（今七星关区）人，1968年8月24日出生于毕节县燕子口区太极公社，中共党员，本科学历，1988年7月参加工作，现任贵州省人民检察院技术处副处长。

1988年至2001年间，在毕节地委机要局工作，任机要局通讯科科员、副科长，2001年调贵州省人民检察院工作，任主任科员、技术处副处长。

赵青1988年毕业于北京电子科技学院，毕业后先后在毕节地委办公室从事网络和信息安全管理工作。2001年调省人民检察院工作后，一直从事视频应用、信息安全和网络相关工作和电子证据检验鉴定工作。2004年，入选全国检察机关信息化专家库成员，在两年一届专家评选中，连任至今。他参加过科技部课题《全国检察机关安全保障体系研究》、参与拟写全国检察机关等级保护标准《检察机关等级保护定级指南》，作为全国检察机关信息化专家多次参加高检和其他省的多个重要信息化项目的规划、评审和指导工作。还担任过省政府采购专家和省保密局保密技术检查专家，以专家身份，参加全省党政机关、政法系统多个信息化项目的评审和指导。有着丰富的信息化规划、建设和管理以及安全保密的理论修养和实践经验。在毕节地委工作期间，多次荣获先进工作者、优秀共产党员的表彰，在贵州省人民检察院工作期间，荣立三等功一次，多次荣获先进工作者和优秀共产党员表彰。

赵　洪

赵洪，贵州省毕节县（今七星关区）人，1929年10月生于毕节县鸭池龙潭赵家湾子，中共党员。

1949年11月28日毕节解放。是年12月中旬，赵洪经吴应杰介绍，到中国新民主主义青年团毕节地工委办的青年学习班学习，通过学习，赵洪对共产党、毛主席、人民解放军有了深刻的认识，从此参加革命工作。

1950年2月，盘踞在毕节地区的国民党溃军和土匪纠集在一起，十分猖獗，中国人民解放军47师、45师回师毕节进行清剿。赵洪领导毕节一中60余人的宣传队进行演出活动，其工作表现突出，于是年4月加入中国新民主主义青年团，赴重庆西南团校参加第一期学习。他从重庆西南团校回毕节后，在朱昌区参加地委第一批“五大任务”试点工作。3月又到毕节县头步桥县委第一批试点工作。1951年6月调威宁团县委，分到小海区县委“五大任务”试点工作，任金海乡工作组组长。是年，作为青年代表，参加了毕节地区第一届各族各界代表大会。

1952年，威宁县土改工作开始，赵洪任小海区双龙乡大组长，8月，加入中国共产党，调任威宁县委组织部组织干事。1953年8月，到省委党校理论班学习，结业后回威宁县委宣传部任宣传干事兼理论教员。1954年年底，调小海区委任副书记、代理书记。1956年年底，调威宁县报社任主编。1957年年底，调小海区任区委书记。1958年年底，参加威宁县第二次党员代表大会，被选为候补委员，任县委副秘书长。1959年7月“反右倾”开始，受到不公平的处分，保留县委候补委员职位，调计划科任副科长，后调县委办公室任秘书。1962年，经毕节地监委批准撤销处分，调龙场区任区委书记，后调县文教局任局长（未到职）。

1963年，先后调地委办公室、地委政策研究室工作，在头步桥地委样板田任副组长，后调海子衔观音桥地委工作组任组长兼公社党委副书记。1966年回地委办公室，到地区农业生产指挥部任秘书。1967年，在地革委宣传办公室任负责人。其间，筹办全区学习毛主席著作积极分子代表大会。“文化大革命”结束，到地委办任副科长。

1984年，任地区农业区划办副主任、主任。获省政府科技先进工作者奖、优秀党员奖。1986年，省政府提出在现有农业区划成果基础上，进一步编写《贵州省农业区划丛书》，毕节卷共9册。赵洪率领一批农业专家投入此项工作，到1988年，《丛书》相继编写告竣，报省农业区划委员会审查后，由省人民出版社出版。后报国家农业区划委员会、农业部验收评审，《丛书》获全国农业区划委员会、农业部科技一等奖，赵洪获先进工作者奖。农业区划三个阶段的任务完成后，省政府办公厅下文明确地、县农业区划办公室为同级政府局级事业单位。赵洪经省农业区划系统科技职称评委会评审，授予高级农业经济师职称，继任地区农业区划委员会副主任、区划办主任。于1991年退休。

退休后，带领农业区划办部分工作人员，在地区政协工委主任王同祥和副主任赵福亮、夏立明的指导下，先后在毕节县赤水河流域、威宁县牛栏江流域搞流域经济开发研究试点，其成果出台后，先在省政协会上作汇报，受到参会同志的赞同。后在川、滇、黔三省结合部召开的地、州政协领导人会上介绍，反映强烈，要求把规范范围扩大到三省所属的两河流域，以利于联合开发。两大流域的研究成果，为毕节“开发扶贫、生态建设”的拓展提供了可靠的科学依据。

赵　勇

赵勇，贵州毕节县（今七星关区）人，白族，生于1966年11月，大学本科学历，中共党员。

1989年8月至1991年1月任赫章县公安局青山区派出所民警；1991年1

月至1992年2月任赫章县公安局六曲河派出所副所长；1992年2月至1993年7月任赫章县公安局哲庄派出所所长；1993年7月至1994年8月任赫章县公安局城关镇派出所副所长；1994年8月至1998年6月任赫章县公安局城关镇派出所指导员；1998年6月至2005年1月任赫章县城关镇党委委员、派出所所长（副科级）；2005年1月至2005年8月任赫章县公安局党委委员、副局长（副科级）；2005年8月至2007年5月任赫章县双坪乡党委书记（正科级）、人大主席；2007年5月至2008年12月任赫章县公安局局党委委员、副局长（正科级）；2008年12月至2011年3月任织金县公安局党委副书记、政委；2011年3月至2011年8月任赫章县公安局党委副书记、政委；2011年8月至2013年5月任赫章县公安局党委书记、局长；2013年5月至2016年6月任纳雍县公安局党委书记、局长；2016年6月至2017年7月任纳雍县委常委、政法委书记、公安局党委书记、局长；2017年7月至今任百里杜鹃管理区党工委委员、政法委书记。

赵勇自参加工作以来，始终坚持正确的政治立场，坚决拥护上级党委、政府及公安机关的决策部署。工作恪尽职守、清正廉洁，扎实有效抓好平安、法治和队伍三个建设。无论在基层一线还是领导干部岗位，都身先士卒，不畏艰难、锐意创新，以维护社会安全稳定为首要任务，认真研究解决辖区社会治安难点、热点问题，综合施策，以打开路，以打促防，成功处置各类群体性、突发性案（事）件，常态化开展严打整治斗争，深入推进法治创建工作，坚持从严治警与从优待警相结合，确保队伍稳定，为辖区经济社会持续快速健康发展作出了积极贡献。

赵　敏

赵敏，女，贵州省毕节县（今七星关区）人，生于1964年11月，1994年9月加入中国共产党，1984年11月参加工作，大学学历，贵州省委党校经济管理专业毕业，现任中共毕节市委群众工作部（毕节市信访局）副调研员、中共毕节市七星关区委办公室副主任、中共毕节市七星关区委群众工作部常务副部长、毕节市七星关区信访局局长。

1984年11月至1992年2月，先后在毕节县燕子口区太极乡、燕子口区当财政员；1992年2月至2001年9月，先后任毕节县（市）燕子口镇妇联主任、副镇长、党委委员、党委副书记、镇长；2001年9月至2003年3月，任毕节市流仓桥办事处党委副书记〔期间，2000年9月至2003年1月，在贵州省委党校经济管理专业学习（函授本科）〕；2003年3月至2010年3月，任毕节市（县级）维稳办副主任；2010年3月至今，先后任毕节市委办公室（七星关区委办公室）副主任、毕节市信访局（七星关区信访局）局长、七星关区委群众工作部常务副部长、毕节市委群众工作部（市信访局）副调研员。

1984年11月参加工作以来，始终以踏石留印、抓铁有痕的工作作风，有声有色地抓好每一项工作，尤其是2010年3月担任七星关区信访局局长以来，始终将“为民解难、为党分忧”这八个字镌刻在心中。立足群众，注重接访方法，以创新工作方法为突破口，把好接待群众的第一关。尊重事实，创新化解方法，迈出了疑难积案化解的重要一步，有效化解疑难信访问题。

赵敏有近20年的乡镇工作经验，她深知，群众到县区一级走访，多数是带着怨气而来，化解群众心中的怨气是解决问题的基础，只有领导干部放下身段，群众才愿意和你交心谈心，才有利于矛盾的解决。为此，深化毕节地区三级联动视频接访制度，精心打造了七星关区三级联动视频接访（调处）平台。在这个平台上，总结提出了“六个一律”的工作方法（不管多少人，一律热心接待，不让群众寒心；不管多少怨，一律贴心疏导，不让群众担心；不管多少话，一律真心倾听，不让群众窝心；不管多小事，一律精心办理，不让群众操心；不管有多难，一律决心督办，不让群众烦心；不管牵涉谁，一律狠心查究，不让群众痛心），并以身作则，在调处矛盾纠纷方面展现出较强的沟通、协调能力和特别的亲和力。

2010年，全面排查梳理全区近300件信访积案，经过逐案分析，最终提出了“四个一批”（督办解决一批、帮扶化解一批、稳控消化一批、打击震慑一批）的工作思路，有序开展信访积案化解工作。2013年，创新积案化解工作方法，抽派正、副科级后备干组建重大疑难信访积案专案审议和化解工作专项工作组，多途径、多方式全力化解重大疑难老案。4年来，共息诉息访信访积案202件。

2014年，进一步创新工作方法，建立了公道评说制度，成立了信访事项公道评说委员会，设立了七星关区信访事项公道评说室，邀请具有社会威望的人大代表、政协委员、党员代表、退休干部以及群众代表等第三方人员，对已经多次处理当事人仍不服的信访疑难事项进行公开评说。4年来，共评说了71件信访疑难事项，推动29件信访事项的消化解决。“公道评说”机制取得的成效得到省、市的认可，目前，正在全毕节市推广。

2013年，因心脏不适，赵敏安装心脏起搏器，术后医生建议至少要休息一个月，但仅仅18天就上班了，因为她始终坚信：没有牺牲精神就不配当信访局长，信访局长就要挑得起重担，破得了难题，绝不能让群众失望，辜负领导的信赖，要让群众感受到党和政府的温暖，也要让党委、政府听到群众的呼声，搭建好沟通的桥梁，为构建和谐社会作出积极努力。

自参加工作以来，赵敏曾多次获得省、市、区各类表彰。2014年，因工作出色，被组织提拔为毕节市委群众工作部(毕节市信访局)副调研员。职位升了，荣誉多了，但她给群众和干部职工的感觉仍然是那么平易近人。

赵连杰

赵连杰，贵州省毕节县(今七星关区)人，1960年10月4日出生于毕节县燕子口区太极公社，中共党员，在职硕士研究生学历，1978年9月参加工作，1979年12月参军入伍，现任贵州省供销社联合社离退休干部处处长。

1978年9月至1979年11月在毕节县燕子口区太极公社太极小学代课；1979年12月参军入伍；1981年9月至1984年7月在中国人民武装警察部队指挥学院读书；1984年8月分配到贵州省武警贵阳指挥学校工作(其间，任教员、教保中队指导员、教务参谋、学员队政委、教研室主任、训练部副部长、训练部部长、指挥学校副校长)；2005年从部队转业，安置到贵州省供销社工作，任供销社老干处处长至今。

在部队期间，多次立功受奖，获优秀共产党员、优秀教员、优秀党务工作者等荣誉称号；特别是担任学校主管业务的副校长期间，担任《部队与院校合力育人的思考课题》负责人，荣获全军政治理论教育改革成果三等奖；荣获司法部和武警总部联合举办的首届法律知识竞赛三等奖；参加贵州省首届法律知识电视抢答赛获得第三名的优异成绩。2005年转业到省供销社工作后，勤勉工作，成绩突出，连续三年被评为优秀，立三等功一次，工作成绩得到省委老干局和本单位充分肯定。

赵秉辉

赵秉辉，贵州省毕节县(今七星关区)人，1930年12月出生于毕节亮岩太极，小学文化，中共党员。

毕节解放后，于1950年底参加革命工作，先后任农民代表、农协会组长、自然村长、行政村长等职。任职期间，工作积极，秉公办事，深受群众和领导的信任。1952年调任毕节县林口区柱中村土改队员。次年任燕子口区宣传干事。旋即选调赴西南革大贵阳分校学习，结业后于1953年10月任杨家湾区财经干事，工作中成绩显著，1954年1月加入中国共产党。1954年至1955年先后提任杨家湾区副区长、区长、区委书记。1956年任中共毕节县委农村工作部副部长，明确为副县级干部。

之后，调任龙场区区委书记、朱昌区区委第一书记等职。1959年1月选为中共毕节县委委员。其后调何官屯区任区委书记，调燕子口区任区委副书记兼仁义公社党委书记，后又任燕子口区区委书记。1964年10月抽调参加省、地、县“四清”工作队任工作组长，“文化大革命”中任毕节县临时生产办公室负责人，继后在生产领导小组工作。1969年任毕节县生产指挥部业务组负责人。1973年任县农办副主任。1985年至1992年任县农办副县级调研员。1992年退休。

赵绍丽

赵绍丽，女，贵州省毕节县（今七星关区）人，1976年8月出生在毕节县环城区大桥乡（今七星关区大新桥办事处），1999年7月参加工作，省总工会女职工部部长，兼省总团工委书记。大学本科，农学学士学位，中共党员，

1999年7月贵州大学毕业，被省委组织部选调到毕节地区金沙县公安局沙土镇派出所工作。先后任沙土镇派出所民警、副指导员，沙土镇政法委（综治办）副书记（副主任）。2006年6月调任金沙县源村乡党委委员、副乡长，2007年8月至2012年9月调金沙县岩孔镇，先后任党委副书记、镇长、党委书记、兼任金沙县产业园区管委会副主任、副书记（其间2010年10月至12月挂任山东省新泰市青云街道党工委副书记），2012年9月调任毕节市（地级市）总工会党组成员、副主席（其间：2013年2月至2013年12月兼任毕节市驻宁波招商分局局长），2014年2月调贵州省总工会，先后任办公室（国际联络与对外交流部）副主任、女职工部部长，兼任省总团工委书记。系贵州省委组织部1999年选调生、中共毕节市第一届委员会候补委员、中共金沙县第九届、第十届代表大会代表、中共金沙县第十届委员会委员、金沙县第十四届人民代表大会代表、中共毕节市第一次代表大会代表、毕节市工会第一次代表大会代表、贵州省工会第十三次代表大会代表。

赵绍丽在沙土镇、源村乡工作期间，在侦破刑事案件、查处治安案件、调处矛盾纠纷的同时开展一系列爱民便民利民活动，将户籍推向前台办公，坚持24小时工作制。2002年、2003年个人获县局和镇党委政府先进表彰、获县妇联授予“巾帼建功标兵”，2003年镇派出所被省厅授予“人民满意派出所”。镇政法、综治、禁毒工作多次获省地县表彰。完善学校管理机制，教学成绩明显上升。组建3个中心村卫生室解决群众看病难的问题；完成集镇排污沟建设，成立环管站，街道卫生整洁。

在岩孔镇工作期间，2008年特大雪凝抗灾救灾和灾后重建工作中，个人获地委行署表彰；2012年个人获县委记三等功一次。2011年党建工作名列全县第一，同年镇党委分别被省、地评为“五好”和先进基层党组织，计生、农业等多项工作连年列全县前茅。党务廉政、特色集镇、新农村、产业园区等20多个省市县现场观摩会在岩孔召开。创建生态烤烟、优质葡萄等“六大基地”，引进瑞利乌蒙生态农业开发投资项目2.8亿；改扩建倒座岩水库；举办或协办五届“中国·贵州·金沙板桥葡萄文化节”；引资5亿元建岩孔贡茶古镇；新修5个村办公楼、法庭、派出所和镇中学；板桥“五园”和永丰“同心”新村成为省地县新农村建设示范点。在县产业园区建设中勇于探路子，作示范，参与制定县产业园区土地房屋征收补偿、还迁安置方案。完成杭瑞高速岩孔段和产业园区征地拆迁及还迁安置。

在毕节市总工会工作期间，完成市工会一大、“全国工会就业援助月”毕节招聘、招商引资推介洽谈会等重大会议活动的协调筹备；带队抓招商引资，引进签约项目10个，总投资55.95亿元，到位资金2.88亿元，获市委市政府2013年全省项目建设先进个人表彰。

在贵州省总工会工作以来，主抓办公室工作，编报的《贵州省职工队伍思想状况调研情况报告》被《全总信息》采用并报中办、国办；处理流转4000多份公文，完成全委（扩大）会、五一表彰会等60多项重大会议（活动）的对接协调、筹备服务。省总职能绩效目标考核名列省直前茅。办公室连续两年获机关考评一等奖，个人连

续两年被省总党组评为优秀。

赵振尧

赵振尧，贵州省毕节县（今金海湖新区）人，1954年6月出生于毕节县朱昌区岔河乡。1974年参加工作，大学文化，中共党员。

1974年，他被招收到水城矿务局42处当工人，后又到汪家寨修理厂从事秘书工作。因为在工作中积极肯干，善动脑筋，1975年组织上推荐他到复旦大学学习，1978年毕业后分配到贵州省计委工作。1983年11月，他被下派到大方县计委任副主任；1984年任大方县委委员，大方县计委党组书记、主任；1986年又回到省计委工作；2000年7月起任省计委党组成员、机关党委书记。

在大方县工作期间，他十分重视基础工业工作的研究，经常深入厂矿企业调查了解情况，对全县工业的发展提出了许多合理化建议。正因为有了这样一段特殊的经历，所以他认为，毕节地区的发展有一个重要的工作，就是必须加快工业发展速度，以特色工业的发展来带动农业产业化的发展，从而推动全地区脱贫致富的进程。他说，“无农不稳，无工不富”，这话很有道理，毕节地区之所以经济发展速度缓慢，工业的落后是其中的一个重要原因。为了改变毕节贫穷落后的面貌，对于工业的发展，必须超前考虑，长远思考，多谋思路，多找出路。要大力引进资金、技术、人才等，同时制定一系列的优惠政策，放手放胆发展基础工业，特色工业，多种所有制一起上，共同铸就毕节地区工业发展之路。在发展的过程中，对于开发的项目一定要看好选准，鼓励扶持发展优势产业，发展高附加值的产业，从而推进工业发展的整体水平。

他说，西部大开发的实施对于毕节来说是一个难得的发展机遇，全区干部群众一定要牢固树立一个抢抓机遇的意识。要紧紧抓住这个大好的发展机遇，把一切基础工作做好，迎难而上，乘势而进。在能源产业的发展中，要牢固树立大煤保大电的思想，借助各种资金蜂拥投入毕节地区的机会，搞好产业链的发展规划，达到一业兴而百业旺的整体效果。与此同时，要高度重视可持续发展问题的深入研究，切不可走先污染后治理、先破坏后恢复的路子。

要在加快经济发展的同时，注重生态环境的修复与保护。因此，毕节地区一定要把生态建设、人口控制这个发展主题持之以恒地坚持下去，要把它当作一项战略要务来抓，这样才能为子孙造福，才能实现经济社会发展与生态环境的良性循环。他虽然离开毕节已经多年，但是说起毕节的风土人情，说起毕节的建设与发展，依然充满深情，充满关爱。

赵振福

赵振福，贵州省毕节县（今金海湖新区）人，1928年6月3日生于毕节朱昌双华大寨村。1950年6月参加工作，中专文化程度，1951年加入共青团，1952年11月加入中国共产党。

1955年，在贵州省委党校学习，获中专文凭。1965年，在北京中国警官大学（前身中央政法干部学校）进修，受到了朱德、邓小平等中央领导同志的亲切接见。

自参加工作以来，任劳任怨，勤勤恳恳。在毕节土改完后，调往纳雍、威宁、水城工作。曾担任土改工作组长、分队长、组织干事与组织委员等职。后被提任区委书记、水城县副县长兼公安局长、县委副书记等职。“文化大革命”中虽然受冲击，但落实政策后仍任水城县革委会副主任兼县计委主任。水城县与特区合并后，任特区党委常委、政府副区长等职，然后在人大常委会副主任的岗位上退休。

在毕节地区工作期间，先后在毕节的五里坪、大桥、殷官屯、坝口等村参加土地改革、清匪反霸、减租退押、征粮等工作。到水城工作后，任龙场区委书记，对该区的建设作出了重大贡献，深受人们的爱戴。《铁水钢花影水城》一书对赵振福尊师重教、科技兴农、发展畜牧业等事迹作了介绍。该书还刊登了赵振福与优秀教师一起的照片。担任县级领导工作后，投身于“三线建设”。1964年负责支援贵昆铁路建设的后勤保障工作和维护社会治安，发展社会经济和重大工程项目建设。多次受到奖励，并荣获“优秀党员”“先进模范”等称号。1985年4月，《贵州日报》记者以《他为什么感动农民》为题对赵振福的事迹作了报道。记述了他对毕节、水城两地的政治、经济、社会、科学文化的发展作出应有的贡献。

1992年退休。退休后仍坚持学习，老有所为，关心水城县人大常委会工作和社会经济的发展。在水城县开发研究促进会中，发挥余热，为地方经济发展出谋划策，积极参与关心下一代工作委员会的工作，力所能及，继续为构建和谐社会作贡献、发挥余热。

赵家全

赵家全，贵州省毕节县(今金海湖新区)人，白族，1937年农历正月初六生于毕节县梨树坪松林，小学文化，中共党员。

1949年人民解放军三炮营派武装工作队进驻松林。在武工队的领导下，赵家全先后任松林村儿童团长、农协会大组长、保管员等职。1952年，土改结束后担任农业生产互助组组长。由于政绩突出，同年加入中国新民主主义青年团，任官寨自然村文书。

1953年，任农村信用合作社会计。1955年，调鸭池区公所任文化干事。1956年，加入中国共产党。同年调毕节县商业局统计股任统计员。1957年，调林口区铁厂任工会主席。其间，曾担任毕节在金银山举办的炼铁训练技术指导。1958年，调毕节县委工交办工作。后到水城小河边接受冶炼技术培训。“大跃进”中，被指派带队到广西鹿寨阴山钢铁厂学习轧钢技术。学习回毕节后，自行设计小型简易轧钢机给沙邵的“七一”铁厂操作。后随县委组织的工业检查团到各区乡检查发展工业情况，负责带队在长春区组建在猓侬的一支炼铁炉，炼出铁后，领先获得红旗。随着又建五支炉，同时炼出铁。县委又派其到金沙学习小平炉炼铁。炼铁业下马后，调县工会工作，后到肃反审干办公室。1962年调县冶金工业科，不久调县工会作职工业余文化教育工作，由于成绩突出，代表毕节县工会在全省职工业余文化教育会上发言，作经验交流。回毕后，调任城关镇委秘书。旋调毕节县监委工作。在监委期间，于1963年起先后参加工作组到朱昌双华搞“四清”运动，后任吉场“四清”分团办公室秘书、朱昌“四清”分团副团长。“文化大革命”中到“五七”干校劳动。1967年干校停办，回机关后，被派到毛泽东思想宣传队，到农村开展宣传。1971年，当选为出席县党代会代表，会上被选为中共毕节县委候补委员，先后任县革委办公室秘书组长、县革委办公室主任。1973年，任县委常委、县委办公室主任。1974年任县委副书记、县革委副主任兼政法委书记。1977年，任县委书记、县革委主任；1979年任县委书记，当选为县长，同时选为贵州省第五届人代会代表。在县委任职期间，曾到省委党校、西南农学院接受半年的培训。

在毕节县委任职期间，全县7900多个生产队，他走了7600多个，594个大队(村)他走了550多个。实地解决边远贫穷山区人民反映的问题，被人民传为佳话。

他在工作上善于思考和创新。在县长岗位上，提出农民致富的思路，亲自到朱昌岔河搞粮烟丰收试点。上级领导有不同的意见，他反复向领导汇报清楚，实践证实他的思路是正确的，得到省、地领导的肯定与好评。

在20世纪80年代改革开放的浪潮中，作为一县之长，在抓企业或其他工作上，放得开，收得拢。毕节酒厂生产缺粮，从四川调运30万公斤苕干，每斤贴一分钱，酒厂向他汇报后，当即拍板，每斤由财政补贴两分，30万公斤苕干通过生产后，盈利30余万元。在保证城市人民的粮食供给上，他经常到粮食部门进行调查，及时调集各种品种，使粗细搭配供应的粮食从不短缺。地委、行署的领导都称赞他“不仅是位好的党政领导干部，而且是一位抓企业的能人”。

1984年，调到地区公安处任副处长兼任地区消防支队党委书记。任职期间，分管消防、交警、通信、社会治安等工作。除认真抓好分管工作外，还抓设备建设。他着力改善工作环境，配备通信和联络工具，提高办案效率。同时给全区八县（市）公安系统配备电信设备和交通工具，提高工作效率。全区公安系统的后勤保障工作受到省公安厅、省人民政府的肯定。1987年，云南、四川、湖南、广西、贵州等地的经济协作会议在毕节召开，他负责会议保卫工作，工作出色，受到与会者的好评，得到公安厅的肯定。

1988年春，调省公安厅主持后勤工作。他顾全大局，正确对待同志，改善装备、服务基层；改善住房，创造良好的工作环境。经过几个月的努力，改变了后勤工作被动局面，建立健全了各项规章制度，用制度管人。自己从严要求，不以权谋私。他在省公安厅工作的20年中，品德高尚，无私奉献，成绩显著，深受干警好评。

赵家全参加工作后，曾受到华国锋、邓小平、江泽民、胡锦涛等党和国家领导人的接见，并合影留念。在几十年的工作中，虽然工作调动频繁，但从无怨言，干一行爱一行，工作负责，平易近人，作风正派，受到同事和人民的称赞和爱戴。

赵福亮

赵福亮（1930—1994），祖籍河北省献县赵家马房村，1930年生于黑龙江省安达县。1945年8月在萨尔图参加革命工作，1948年5月加入中国共产党。

自参加工作以来，历任萨尔图电务工区通讯工，尔后又在齐齐哈尔铁路职工学校、齐齐哈尔铁路党校学习。学习结业后，在哈尔滨东北铁路总工会干部学校任干事、任仰溪电务段工会主席，哈尔滨军分区驻安达县铁路管段巡视员、生产室指导员，吉林军分区劳资室指导员、办事处工会指导员、副主任，呼和浩特铁路局办公室副主任，吉林北站党委书记、政委等职。1964年根据组织安排支黔到毕。在毕期间，任中共毕节县委常委、县委组织部部长，县革委生产指挥部副组长，县委副书记、书记、第二书记，大方县委书记、省政协毕节地区联络处副主任，省政协毕节地区工作委员会副主任、党组副书记、主任、党组书记等职，是省政协七届委员会委员。

他青少年时代就积极投身革命，40多年来，不管是战争年代，还是和平年代，岗位怎么变换，他始终尽心尽力，为党为人民积极工作。抗日战争时期，他积极参加党领导的抗击日寇侵略者的艰苦斗争。解放战争时期，他根据安排，积极投身于同国民党反动派的斗争。新中国成立后，他围绕党的工作重点转移，积极参加社会主义建设。1964年，他不念故土和亲友，响应党的号召，毅然支黔到毕节。先后在毕节、大方两县担任主要领导职务。在这期间，他勤奋学习，深入基层搞调查研究，注意掌握县情、区情，总结积累工作经验，认真贯彻执行党在各个时期的方针、政策以及上级党委、政府的指示，团结和带领干部群众为改变毕节的落后面貌做出积极贡献。1986年调任毕节地区政协领导职务后，积极围绕全区经济社会的发展，广泛深入地进行调查研究，按照政协职能，积极向地委行署献计献策。他加强与各民主党派和无党派人士的联系，充分发挥人民政协参政议政作用，为毕节试验区的建设做了大量工作。

在几十年的革命生涯中，始终保持党性和政治立场，大是大非面前旗帜鲜明，从不隐瞒政治观点和主张。不管遇到多大困难和曲折，始终在思想上、行动上同党中央保持一致。他对党忠诚，任劳任怨，有强烈的革命事业心和政治责任感，无论在什么条件下都一心一意扑在党和人民的事业上，战斗在工作岗位上，直到生命的最后一息。

于1994年2月17日逝世，享年64岁。

钟　东

钟东，祖籍广西马山县人，1963年12月出生于毕节城区。大学文化，中共党员。

1981年9月，考入贵州省毕节师范专科学校中文科学习，1984年7月毕业，选调到昆明军区服现役；1984年7月至1985年8月在广西桂林陆军学院任学员；1985年6月在桂林陆军学院加入中国共产党。1985年8月至1987年12月在十四集团军三十一师炮兵团特务排任排长；1987年12月至1989年6月在十四集团军三十一师炮兵团军务股任正排职参谋；1989年6月至1989年12月在十四集团军三十一师司令部军务科任副连职参谋；1989年12月至1992年11月在十四集团军三十一师教导队三中队任政治指导员；1992年11月至1995年11月在贵州省毕节军分区司令部任副营职参谋；1995年11月至1997年9月在贵州省军区司令部作训处任正营职参谋；1997年9月至2000年4月在贵州省毕节军分区司令部军务动员科任科长；2000年4月至2007年3月在贵州省毕节市人民武装部任部长（党委副书记）；2007年3月至2010年11月在贵州省黔西县人民武装部任部长（党委副书记）；2010年11月至2014年2月在贵州省旅游局政策法规处任调研员；2014年2月至2015年12月贵州省旅游局任办公室主任。2016年6月起任贵州省旅游发展委员会机关党委专职副书记。

从1984年至2010年，钟东由于工作成绩突出，曾三次荣立三等功，两次被评为优秀团级主官，一次被评为成都军区先进个人；担任武装部部长期间，所在单位荣获省委、省政府记集体一等功一次、三次被评为省军区系统优秀团级单位。

2010年转业到贵州省旅游局工作，2010年至2015年间，先后担任调研员、办公室主任和机关党委专职副书记、兼任机关纪委书记。

钟东是20世纪80年代第一批从全日制大专院校选调到部队的学生官，是部队这个大熔炉锻造成长起来的一名干部，在部队工作26年，转业到地方工作后，以自身坚定的政治信仰，雷厉风行的工作作风，认真、细致的工作态度，积极认真完成各项工作，得到单位领导和同事的高度肯定。

钟东坚持四项基本原则，坚决拥护党的路线方针政策，思想政治立场坚定。在1989年，北京春夏之交政治风波中，没有参加任何非法组织与非法活动，从未参与修炼邪教“法轮功”，政治上、思想上与党中央保持高度一致。工作中严格要求自己，讲人品、重修身、守规矩，坚决做到“忠诚、干净、担当”。严格执行中央“八项规定”和省委“十项规定”，敢于担当，工作不越位、不缺位，主动谋划推进工作，工作中履职尽责。担任机关党委副书记以来，积极协助书记工作，切实履行责任职责，坚持党要管党、从严治党的原则，围绕服务中心、建设队伍核心任务，围绕省委的业务工作抓党建，抓好重点任务落实，着力推进“两学一做”学习教育，为促进省旅游业健康快速发展提供坚强政治保障。

钟以臻

钟以臻，贵州省毕节县（今七星关区）人，1958年出生于贵州省毕节县阴底区猫场乡田坝。本科文化，高级政工师，中共党员。

钟以臻于1977年6月至1983年2月，在贵州省毕节地区毕节县阴底乡猫场公社工作（现七星关区阴底乡）（其间任猫场公社党委副书记、管委会主任）；1983年3月至1985年8月，任贵州省毕节地区毕节县田坝公社（现七星关区田坝镇）党委副书记；1985年8月至1989年7月，任贵州省毕节地区党校（现毕节市委党校）秘书；1998年5月至2003年12月，任毕节教育学院（现贵州工程应用技术学院）党委委员，纪委书记（期间2000年2月至2001年2月任威宁县委副书记、毕节地委党建扶贫工作队队长）；2003年12月至2006年

1月任毕节学院（现贵州工程应用技术学院）党委委员，纪委副书记；2006年12月至2014年任毕节学院（现贵州工程应用技术学院）纪委副书记、监察室主任（其间兼任学校审计处处长，学校第一支部书记）。2014年12月退休。

钟绍智

钟绍智，贵州省毕节县（今七星关区）人，1966年12月出生在毕节县长春堡大坡坪村（现七星关区三板桥办事处大坡坪村），1984年11月参加工作。大学学历，中共党员。

1984年11月至1992年2月，先后任毕节县长春堡区清丰乡、沙坝乡财政所出纳；1992年2月至1999年9月，历任毕节市长春堡镇财政所会计、副所长、党政办负责人；1999年9月至2001年11月，任毕节县长春堡镇党委委员、纪委委员；2001年11月至2004年11月，任毕节市海子街镇党委副书记、工会主席；2004年11月至2007年11月，先后担任毕节市委组织部部务委员、主任科员（其间：2005年11月至2006年9月抽调贵州省委先进性教育活动办公室工作）；2007年11月至2012年9月，任贵州省社科联办公室主任科员；2012年9月至2015年11月，任贵州省社科联办公室副主任、机关党委副书记；2015年起，任贵州省社科联机关党委专职副书记（正处长级）。

钟绍智自参加工作以来尤其是在基层任职以来，在党的基层组织建设和党员队伍建设方面总结探索出一些新的做法和经验，得到原毕节市委、地委组织部的肯定和推广，“农民党员设岗定责”等经验写入2006年省委出台的党的基层组织建设“1+9”文件在全省推广。由于工作出色，多次荣获原毕节市“组织工作先进个人”“优秀党务工作者”，曾荣获“毕节地区优秀组工干部”“贵州省省直机关优秀共产党员”等荣誉。

段元欢

段元欢，贵州省毕节县（今七星关区）人，1935年9月26日出生毕节县鸭池区大坡上，1952年11月11日参加工作。高小文化，中共党员。

1950年7月加入村农民协会，1952年参加中国新民主主义青年团，1952年11月加入中国共产党。1952年11月至1955年年底在毕节县第十四区（对坡）任区委组织干事做组织工作；1956年3月调毕节县委监察委员会任监察干事；1957年10月调清水区任团区委书记、区委委员，1960年11月任清水区清水公社副书记，1961年任生机公社书记，1964年在清水区委任副书记主持工作，1966年至1972年在清水区任区委书记；1973年调任毕节县团县委书记、县委常委；1976年至1977年任毕节县城关镇党委书记；1978年至1980年任毕节县科教办主任；1981年任毕节县人大常委副主任、县委常委；1983年12月至1993年5月，任政协毕节县委员会主席。

在任政协主席期间，段元欢尽责履职，积极参政议政。组织委员与政府领导进行有关社会反映强烈的23个热点问题对话，并参加少数民族代表座谈会。在政协毕节县第八届委员会期间，认真讨论了“建、并、撤”后的镇、乡政协工作和全县十年规划及“八五”计划纲要的实施情况，组织撰写《推广金银山、猫猫洞经验，使毕节农业跃上新台阶》《创造宽松环境，扭转毕节工业滑坡局面》等8个调查报告和情况反映，充分发挥了政协参政议政的作用。

段元坤

段元坤，贵州省毕节县（今七星关区）人，1949年6月生于毕节县清水铺耿官。少年时代在家乡读书，1970年12月参加工作，1975年9月加入中国共产党。

参加工作后，在毕节县委、县革委办公室打字，1975年任共青团毕节县委常委，后调毕节县委组织部工作。1982年任清水铺区委副书记。其间于1983年9月在贵州省农业干部管理学院农业管理专业在职学习两年。1986年1月任清水铺区区长，主持全区行政工作。在农业生产上，他以科学种田为中心，大面积推广良种，在高山、生机、镇江等地联片种植杂交玉米，实现丰产丰收，县委、县政府组织全县区、乡领导现场参观，同时大力发展乡镇企业，重组耿官水泥厂上马，着力帮助生机白马沟、耿官大元煤厂完善生产机制。还帮助贫困户养殖长毛兔，硬化乡村道路，重新规划建设清水铺街面等，受到群众的好评，得到上级的肯定。

1996年9月，调中国人民保险公司毕节地区中心支公司工作，先后任党组成员、农险科科长、办公室主任、工会工作委员会主任、中共中国人民保险公司毕节分公司党委委员、纪委书记、工会主席等职。其间，深入各县、区、乡宣传农村房屋保险工作。在家乡林口、燕子口、龙场、清水等区，发动近3000农户投保，使部分受灾农户得到保障，获得实惠。

段彰厚

段彰厚，贵州省大方县人，白族，1971年10月28日出生于贵州省大方县，在职研究生学历，中共党员，1993年7月参加工作。

1988年9月至1989年9月在贵州省民族学院预科部学习；1989年9月至1993年7月在贵州省民族学院历史系学习；1993年7月至1995年5月在贵州省大方县羊场镇政府办工作（其间：1994年3月至1994年5月在大方县委党校中青班学习；1994年9月至1997年1月在中央党校函授学院经济学本科专业学习）；1995年5月至1995年8月在贵州省大方县文阁乡任乡长助理；1995年8月至1997年4月调贵州省大方县大方报社工作；1997年4月至1998年5月调贵州省毕节地区青年联合会工作；1998年5月至1999年6月调贵州省毕节地区农村基层组织建设领导小组办公室工作（其间：1998年9月至1998年12月在毕节地委党校中青班学习）；1999年6月至2001年2月调任贵州省毕节市（县级市，下同）朱昌镇党委副书记；2001年2月至2001年10月调任贵州省毕节市海子街镇党委副书记；2001年10月至2002年4月调任贵州省毕节市鸭池镇党委副书记；2002年4月至2005年1月任贵州省毕节市鸭池镇党委副书记、镇长（其间：2003年9月至2005年6月在贵州省委党校经济学专业读研究生）；2005年1月至2009年6月任贵州省毕节市鸭池镇党委书记；2009年6月至2011年10月任贵州省毕节市人民政府党组成员、副市长；2011年10月至2012年1月任贵州省毕节地区商务局党组成员、副局长；2012年1月至2015年12月任贵州省毕节市商务局党组成员、副局长。

洪江平

洪江平，祖籍江西省乐平市人，女，于1957

年1月出生在贵州省毕节县城关镇。1974年8月参加工作。大学本科文化，中共党员。

1974年8月至1977年1月在原毕节县青丰公社中坝生产队知青。1976年10月加入中国共产党。1977年2月至1978年2月，在毕节地区化肥厂工作；1978年3月至1979年7月，在原贵州师范学院毕节专科学校中文科学习，任学校学生会宣传部长。1979年8月至1984年5月，在毕节师范专科学校工作，先后任中文科教师及校团委书记。1984年6月至1995年6月，在毕节地区教育局工作，任人事政工科长。期间，在职参加中国高等教育自学考试，1992年中文大学本科毕业。参加中央党校政法系学习，1998年政法专业本科毕业。1995年7月至2005年11月，在毕节地区广播电视局任党组成员，副局长〔其中1997年至1998年，在原毕节市（现七星关区）任党建扶贫工作队长挂任市委副书记〕。期间，兼任毕节地区音乐家协会副主席，毕节地区社科联常委；贵州省新闻工作者协会第五届常务理事；中国电视艺术家协会会员，中国音乐家协会会员、中国管弦乐协会会员，中国管理科学研究院特约研究员等。2005年12月至2016年，在贵州省电视艺术家协会工作，任协会副主席兼秘书长(法人代表)；兼任中国农业电视委员会副会长。系贵州省文学艺术界第六届、第七届委员；多次担任中国旅游电视评选、中国农村小康电视评选、贵州专业文艺奖评委等。

1994年，在毕节地区教育局工作期间因工作突出，被贵州省教委、贵州省计委评为“贵州省大中专学校毕业生分配就业先进工作者”；2001年在毕节地区广播电视局工作期间被贵州省广播电视局、贵州省发展计划委员会授予“贵州省村村通广播电视工程建设先进个人”；在毕节市任党建扶贫工作队长挂任市委副书记兼期间，深入基层，扎实工作，工作业绩被记者采写分别刊登在人民日报社《中国当代改革者风采录》和中共贵州省委宣传部《党的生活》杂志1998第7期上。2002年，被全国妇联宣传部编委会收入《中华巾帼大典》。在贵州省电视艺术家协会工作期间，组织、策划、承办、开展了30多个电视活动。如，承办了全国百家电视台红色之旅开机仪式；邀请了中国主流媒体电视台聚焦金州；共同承办“全国卫视看贵州”大型主题采访活动；全国电视培训活动等。联合开展“满意在贵州”“整脏治乱”“农村小康”“百千万工程”“廉政建设”“抗旱救灾”等电视拍摄、展播、评选活动；组织开展“红色经典、青春贵州”“我与祖国同行”“聚焦百里杜鹃”“聚焦苗疆”“贵州电视主持新人大赛”等大型电视活动。经手组织、推荐的贵州电视作品参加全国电视评选活动，有500多件电视好作品分别获得了中国电视金鹰奖，星光奖、山花奖、骏马奖、中国旅游电视、农村小康、人文中国、亚洲微电影奖等。由于工作突出，2009年，被中央红办及中国视协评为“红色宣传先进个人”。2011年被中国视协授予“在中国视协及地方视协各项活动中贡献突出，荣获最佳视协工作者”荣誉称号。

曾在《当代电视》《贵州日报》等报纸杂志发表过20多篇文章，其中，撰写的《现代文明与中国当代妇女形象塑造》2000年获得中华全国新闻工作者协会、中国广播电视学会等四部门举办的“新世纪之声”论文竞赛二等奖；主创的广播消息《贵毕高等级公路以桥梁最多获吉尼斯之最》获得2002年度贵州省广播好新闻一等奖；主创的专题《总书记的三次握手》获得2005年度贵州新闻奖二等奖；主撰并参与编导的电视专题片《同舟》获得2005年度贵州广播电视奖一等奖及获得中国视协及中央新影集团中国1986—2006年文献优秀纪录片提名奖；编导的纪录片《板贵乡“恶落斯”的变迁》获得2011年中国农村小康电视评选活动二等奖；2009年编导的纪录片《密境青海玉树之旅》获得世界山地纪录片采访活动特别奖2013年撰写的评论文章《一颗璀璨的奇葩——电视剧“奢香夫人”读后感》获得中共贵州省委宣传部举办的“贵州专业文艺奖”评论文章三等奖。

宫晓农

宫晓农，籍贯辽宁大连，1962年10月出生于贵州省大方县，1984年8月参加工作，1986年1月加入中国共产党，大学学历，农学学士，贵州农学院蔬菜专业毕业。

1980年10月至1984年8月，在贵州农学院植保园艺系蔬菜专业学习；1984年8月至1991年3月，在贵州省大方县农业局农技站任工作员、站长（其间：1990年3月至1991年3月，挂职任贵州省大方县鸡场区安化乡党委副书记）；1991年3月至1992年1月，任贵州省大方县鸡场区公所副区长；1992年1月至1993年7月，任贵州省大方县黄泥塘镇党委副书记、镇长；1993年7月至1995年10月，任贵州省大方县大方镇党委副书记、镇长；1995年10月至1998年1月，任贵州省毕节地区农业学校校长、党委副书记；1998年1月至2001年6月，任贵州省大方县政府副县长〔其间：1998年9月至2000年7月，在贵州大学人文学院经贸专业研究生课程进修班学习（结业）；2000年10月至2000年11月，在山东省农干院分管农业县长培训班学习〕；2001年6月至2002年5月，任贵州省纳雍县委副书记；2002年5月至2003年3月，任贵州省纳雍县委副书记，代理县长；2003年3月至2006年4月，任贵州省纳雍县委副书记，县长；2006年4月至2011年4月，任贵州省纳雍县委书记（其间：2007年1月，在中央党校全国县委书记、县长建设社会主义新农村专题培训班学习；2007年3月至2007年4月，在贵州省委党校县委书记培训班学习）；2011年4月至2011年12月，任贵州省毕节地区行署副专员；2011年12月至2013年9月，任贵州省毕节市委（地级市，下同）常委、毕节地区行署副专员；2013年9月至2015年12月，任贵州省毕节市委常委、七星关区委书记，七星关经济开发区党工委书记；2015年12月，任贵州省毕节市政协党组书记、七星关区委书记，七星关经济开发区党工委书记；2016年1月，任贵州省毕节市政协主席、党组书记。

姜照远

姜照远，贵州省毕节县（今七星关区）人，1968年3月出生在毕节县普宜新街，于1991年7月参加工作，大学本科毕业、研究生学历，中共党员，高级经济师。

姜照远1984年9月至1987年7月，就读于毕节地区师范学校；1987年9月至1991年7月就读于贵州师范大学。1991年5月加入中国共产党；1991年7月，毕业分配到中国农业银行贵州省分行工作。1991年7月至1992年8月，在农行湄潭县高台营业所锻炼；1992年8月至1995年1月，在农行贵州省分行办公室任秘书。1995年1月，划转到农发行贵州分行办公室工作；1995年6月，获经济师任职资格；1995年8月至1997年11月任办公室秘书科副科长。1997年11月至1999年8月，交流到息烽县支行工作，任主持工作的副行长。1999年8月至2000年6月，任省分行办公室文秘科负责人；2000年6月至2001年5月，任办公室主任助理；2001年5月，任宣传处负责人（主持工作）；2002年7月，任宣传处副处长（主持工作）；2004年1月至2008年1月，任办公室主任，其间于2006年获高级经济师任职资格。2007年参加中央党校经济管理研究生班学习，并于2010年7月毕业。2008年1月至2013年5月，任黔南州分行党委书记、行长，其间于2008年通过银行业从业资格公共基础和风险管理两个科目考试；2009年4月至7月在总行春季班党校学习，获优秀学员称号、毕业论文被评为优秀；2009年12月通过银行风险与监管国际认证考试。2013年起任省分行资金计划处处长。其间：2015年6月至2015年7月参加总行赴德国“农村金融与生态农业”专题研究班学习，获巴伐利亚经济职业培训中心培训研究计划成功证书。

在长期的金融工作中，姜照远一是开展调查研究，2000年一篇调研报告获总行首届优秀调研报告评比三等奖；2002年和2005年各一篇论文获中国金融思想政治工作研究会金融思想政治工作理论研究论文评比一等奖；2011年一篇论文获总行粮油客户信贷优秀调研报告评选二等奖。二是在农发行黔南州分行工作5年半，推动黔南分行经营绩效、综合管理考核从挂末位置提高至中上位次。三是参与课题研究，提出打造扶贫品牌等建议，参加总行将贵州毕节列为扶贫开发试验区论证实施，参与省政府与总行等重要战略合作协议协调对接，为总行确立脱贫攻坚战略提供参考。四是强化信贷计划保障，中长期贷款投放连年居于系统前列，助力全行实现千亿贷款行目标。五是开展优化融资模式研究，探索推行存款客户经理制获总行推广，2015年度获评总行存款组织“双十百佳”劳动竞赛“双十百佳”个人。六是推进开办国际业务和投资业务，近三年银监统计工作考核两次获一等奖。

查继全

查继全，贵州省毕节县（七星关区）人，1971年出生于贵州省毕节县阴底区田坝公社。本科文化，中共党员。

于1991年12月应征入伍，在云南省武警总队澜沧支队服役。由于各方面表现突出，各项成绩优秀，光荣地加入了中国共产党。1992年至1995年，在云南省武警总队昆明指挥学校学习。毕业后至1997年7月任云南省武警总队昆明指挥学校警通中队司务长。司务长工作主要是管好官兵的生活，将官兵生活费恰到好处用于办好食堂，既不能超支，也不能抠官兵肚子。查继全每天对食堂各项开支都列出分类账，指导炊事班制定生活安排、公布食谱；指导事务员采购有营养、有质量的物资，切实保证官兵饮食健康；为改善部队生活，继全还带领炊事班种菜、养猪，不断丰富部队餐桌花色品种。1997年7月至1999年7月调任云南省武警总队昆明指挥学校机关司务长。在事务工作中，他廉洁自律，不乱花一分钱，不搞任何特殊化，干干净净做人，踏踏实实做事。财务上做到日清月洁，工作上做到勤勤恳恳，任劳任怨。1999年7月提任云南省武警总队昆明指挥学校后勤部副部长。在任副部长期间，查继全努力学习后勤管理业务，积极、主动协助正职工作。2003年7月，提任云南省武警总队昆明指挥学校后勤部部长。

2007年7月查继全转业地方，安置在云南省纪委纠风室工作。纪委纠风是一门得罪人、工作不讨好的工作。查继全发扬部队的光荣传统和优良作风，敢于面对社会，面对实际，敢于工作，放手工作。坚持原则，不苟私情。对下面存在的不正之风敢于批评敢于亮剑。2012年被提任云南省纪委八室主任助理，2015年12月起任云南省纪委八室副主任。

祝有文

祝有文，贵州省毕节县（今七星关区）人。于1952年12月出生在贵州省毕节县阴底区阴底乡，大专学历，中共党员。

祝有文1972年12月，应征入伍于中国人民解放军云南省军区独立第七团（后番号更为边防第五团），任战士、班长、修理所所长兼技师；1979年调入35551部队参加南疆保卫战，曾任该团军械助理员、军械股长；1982年至1990年，先后任云南省蒙自军分区后勤部副营、正营职助理员；1990年至1991年，任云南省绿春县人武部副部长；1991年至1992年，任云南省蒙自军分区后勤部副团职助理员；1992年至1995年10月，任云南省蒙自军分区装备部维修器材科科长；参军期间，先后两次荣立三等功。1995年10月至2001年，任云南省蒙自县人大常委会民工委副主任、办公室主任；2001年至2012

年4月，任云南省蒙自县人大常委会副主任。

2012年4月，祝有文退休。定居在云南省红河哈尼族彝族自治州蒙自县军分区2号院。

十　画

袁来明

袁来明，贵州省黔西县人，女，1942年2月20日出生于黔西县城关，大专文化，中共党员。

1958年从黔西县卫生学校毕业并参加工作，1960年保送到毕节地区卫生学校调干班护士专业学习。1962年毕业，调毕节县人民医院工作，进修中医，晋升中医师职称，任毕节县人民医院第二门诊部主任。1984年任毕节县计划生育委员会办公室副主任。1985年任毕节县妇女联合会副主任。1988年任中共毕节县鸭池区委员会副书记。1989年任毕节县卫生局局长、党组书记。1995年任中国人民政治协商会议毕节市(县级，下同)委员会副主席兼卫生局局长。1998年任中国人民政治协商会议毕节市委员会常务副主席。2003年退休后任毕节市关心下一代协会副主任、毕节市慈善总会会长、毕节市老年体育协会常务副主席。

在半个多世纪的人生旅途中，她把青春年华都倾注在毕节这片热土上，体现她聪明的才干和高度的政治热情。她走遍拥有130多万人口的毕节市(县级)的乡乡镇镇，村村寨寨，体察民情，关注民生，尽心尽力为基层干部和人民群众排忧解难，给人留下深刻的印象，许多人至今难以忘怀。

在机关工作时，向来风风火火，雷厉风行，不辞辛劳，身体力行，以自己的模范行动带领干部职工出色完成各项任务。她担任卫生局长期间，总和同志们一道，起早探黑，夜以继日，走街串巷，发动和依靠群众防卫护卫，使毕节城区的卫生面貌大为改观，达到省里制订的各项卫生指标要求。经省爱国卫生运动委员会全面检查评估，毕节市被命名为贵州省的卫生城市。

她担任过撤县建市等大型庆典活动的总指挥、副总指挥等。在工作中颇具魄力，善于筹划，周密部署，总是能如期圆满完成目标任务，表现出精湛的艺术才华和组织领导能力，受到方方面面的好评和赞誉。

她善解人意，诚恳待人，与人为善，助人为乐。她走一处，帮一处。即使是2006年查出患结肠癌后，无论兼职还是非兼职、分内还是分外的事，她总是一如既往，任劳任怨，忘我工作。谁家的生活困难，她三番五次地奔走，帮助办“低保”；谁家孩子入学难，她赶去帮助联系，解决问题；哪里有纠葛、有纷争，只要找到她，她会竭力去排解协调。她善于学习和工作，凭借她亲切的话语，循循善诱，喻理达情，总能促成和美的人际氛围，有效排解群体、院落、邻里的琐事，实现安定和谐。先后被评为中西医结合优秀会员、残疾人康复工作先进个人、巾帼建功标兵、优秀共产党员等等。《中国卫生政策研究》刊载过她的事迹。她一向谦虚谨慎，对这些荣誉并不在意，她看重的是：始终以和善友好、慈母般的情怀面对社会，面对群众。长期以来，出于她高洁瑰丽的人格力量，毕节的上上下下，男女老少，概尊称她“袁老妈”。金杯银杯不如老百姓的口碑。袁来明50多年的毕节情愫，最终赢得的就是“袁老妈”的美誉。

袁旭云

袁旭云，贵州省毕节县(今七星关区)人，1960年7月出生在毕节县城关镇中华南路28号，毕业于解放军后勤学院，本科文化，中共党员。

1979年3月初，在毕节县城关镇应征入伍，先后参加过南疆保卫战，1984年的对越“两山”拔点作战。1979年3月至1988年8月一直在云南省富宁县、麻栗坡县的边防一线部队服役。在部队服役期间，先后在贵州省军区补训五团（35063）部队任战士、副班长、班长；在云南省军区边防十一团任战士、无线电报务学员、该团四连报务员等。1981年11月任连队司务长，1983年2月任该团二连副政治指导员、团后勤参谋、守备一师一团后勤参谋、贵州省军区兴义预师炮团政治处干事、毕节军分区战勤参谋、贵州省军区后勤部战勤参谋。1996年10月调任贵州省军区贵定县人武部副部长，后调任贵州省军区后勤部副团职参谋、战勤处副处长，2000年2月任战勤处处长。

袁旭云在部队服役期间，因各项战备、作战、训练、学习等工作突出，先后被“连、营、团、师、省军级”单位嘉奖十余次，荣立“三等功”一次，被贵州省军区党委评为“优秀共产党员”，被解放军原四总部表彰为全军车辆交通安全管理先进个人，被解放军原总政、总后表彰为全军审计工作先进个人。2006年8月按部队的有关“条例”规定，转业到地方工作。

袁旭云转业后，到贵州省环境保护厅政策法规处任副处长，在贵州省环境保护厅工作期间历任政策法规处副处长、厅办公室副主任、厅“科学发展观”学习活动办公室主任、厅办公室主任。由于工作出色，较好地完成岗位职责，先后评为厅“优秀共产党”，所任处室党支部书记期间，支部被评为“先进基层党组织”。在部队服役和地方工作期间先后发表信息、通讯、理论研究文章等三十余篇，文章分别刊用在《文山日报》《战旗报》《西南军事研究》《军事信息》《军用汽车》《国防交通》《西南后勤通讯》《贵州日报》《当代贵州》《贵州工人日报》《贵州党建》《毕节报》《国防大视野》等各级各类期刊。其中一篇评为三等奖，另一篇被贵州省直属机关征文评为二等奖，收录在贵州人民出版社出版的《思考集》第4期上。

聂　华

聂华，毕节县城关镇人，大学文化，中共党员，出生于1956年11月21日，先后就读于毕节师专、中央党校党政管理专业、中国人民大学两年制研究生进修班行政管理专业。

聂华高中毕业后，在朱昌双华公社插队落户当知青，任桥边生产大队民办教师，他边教边学，恢复高考后，考取了毕节师专中文系。毕业后分配到朱昌中学任教，后调织金技校毕节县供销班任教。1983年调县供销社工作。1984年调县委办，从事文秘工作，任信息科科长。因工作成绩突出，1987年被调到地委办工作，先后任信息科长和秘书科长。继后提任地委副秘书长，地委办公室党总支书记。中共纳雍县委副书记、地区文化局（新闻出版局、版权局）党组书记、局长。2007年7月调任毕节地区社会科学联合会主席、党组书记。

聂华爱好广泛，先后发表新闻、文学、理论文章100多篇，多次被《贵州日报》等新闻单位评为优秀通讯员。他曾担任地区民族管弦乐队竹笛、二胡演奏员，贵州省音乐家协会、中国器乐学会、中国管弦乐学会、中国乒乓球协会等社团组织会员，并担任毕节地区音乐家协会常务副主席、棋牌协会副主席、乒乓球协会副主席等职。先后多次被中共毕节地委、贵州省委和贵州省人民政府授予“优秀党务工作者”和“党风廉政优秀领导干部”称号，被地委党校聘任为客座教授。

聂绍伦

聂绍伦，贵州省毕节县（今七星关区）人，1945年9月生于毕节县朱昌区宋伍上寨，大学文化，农艺师，毕节市（县级，下同）第一届、二届、三届政协副主席。

1952年入学读书，先

后在家乡小学和初中就读，1961年8月以优异成绩考入毕节一中学习。1965年8月高中毕业，考入贵州农学院农学系学习，1969年7月毕业。在学生时代，他一直是品学兼优的好学生，在初中时，曾被共青团毕节县委授予“红色少年”称号，15岁加入共青团，从初中到大学毕业，他一直是团支部干部和班干部。

大学毕业后，1969年8月至1970年7月待分配，1970年9月在毕节县龙场营区风洞子生产队参加劳动锻炼，任组长。1971年10月抽调参加毕节地委整建党宣传队，驻普宜区中寨公社，任宣传队秘书。地委整建党宣传队工作结束后，又分别安排到毕节县委组织的驻普宜区直机关和县轻工系统整建党宣传队主要负责案件调查和案卷资料整理上报工作。

1973年1月正式分配到朱昌区农技站工作。其间1975年1月至1978年12月抽调在朱昌区革委办公室工作。1978年5月被评聘为助理农艺师，1979年2月任朱昌区农技站副站长，1983年任站长。

在朱昌工作期间，先后组织实施了“5406”菌肥和腐殖酸类肥料的生产及大面积推广应用，杂交玉米的制种和示范推广，优质水稻品种引进示范、湿润秧田、薄膜育秧和水田半旱式栽培、稻田养鱼等项目的试验、示范和大面积推广应用。组织完成了省农业厅安排的《中低产田土粮食增产技术措施研究》的课题项目。为各项农业新技术的推广应用呕心沥血。多次组织全区种田能手和青年农民进行专题技术培训，大力培训科技二传手，多次走遍全区9个公社。在上级部门的关心支持下，在朱昌区建立毕节地区第一家科普协会，聂绍伦任协会首任常务理事长兼秘书长。在他的努力下，朱昌区修建了全地区仅有的第一幢区级科普大楼。由于成绩斐然，朱昌区农技站从1980年起，连续5年被县农业局评为先进单位，聂绍伦连续多年被评为先进个人，当选县人大代表，被评为先进工作者出席县劳模大会，被县委、县政府授予“先进（生产）工作者”称号，荣获省农业厅颁发的“在全省温饱工程中成绩突出”荣誉证书。出席全省科普协会表彰大会。

1985年2月至1988年1月，调任毕节县农经站站长。1986年2月至1987年1月，抽调参加县委组织的扶贫工作队，任驻青场区扶贫工作队队长，兼任副区长，主抓扶贫工作。1987年8月，按照组织安排，带队在对坡公社中心坝子蹲点，集中进行油菜下田示范样板工作。1988年2月，调任毕节县土肥站站长，根据组织安排，带队在海子街区王张公社办水田半旱式栽培千亩连片示范样板，同年6月被评聘为农艺师。在毕节县农经站和土肥站主持工作的九年期间，单位多次被地区农业局评为先进单位，聂绍伦也多次被评为先进个人。1988年他被省农业厅评为“贵州省农业系统七五期间先进科技工作者”，1989年省农业厅颁发“在全省温饱工程中成绩显著”的荣誉证书，1990年被中共毕节地委、行署授予“1988—1990年先进科技工作（生产）者”称号。同年被组织推荐为政协毕节县第八届委员会委员、常委。1992年荣获贵州省政府《旱地粮食增产研究》科技成果二等奖。

1993年5月，在政协毕节县九届一次全委会上当选为县政协副主席，分工负责政协经济科技委员会和智力支边办工作，协助有关县（市）领导联系农业和农村工作。在任职期间，除搞好组织分工工作外，主要负责政协联系片区工作和在相关镇乡建立联系点，积极下乡村进行调研，为毕节市（县级）全市农业科技的推广应用和农村经济的发展积极建言献策。政协毕节市一、二、三届全委会连选连任副主席共三届14年，2007年2月退休。

自参加工作的38年间，无论是在区、乡还是在县直机关工作期间，他始终服从组织安排，遵章守纪，工作中任劳任怨，勤奋踏实，团结同志，共同搞好工作。尤其是担任基层领导干部后，更能严格要求自己，廉洁自律，克己奉公，求真务实，踏实苦干，为毕节县经济社会的发展作出了一定贡献。退休后，担任七星关区关心下一代工作委员会副主任和七星关区老年学会副会长，积极发挥余热，认真研究中华聂氏历史文化，主编完成了近200万字的《黔毕聂氏族谱》，任全国中华聂氏宗亲协会“荣誉会长”。

聂绍纶

聂绍纶（1935—2007），贵州省毕节县（今七星关区）人，1935年生于毕节城关，大学文化，中共党员。

他自幼聪颖好学，五岁入塾，深得老师喜爱。在毕节一中就读期间，他是同级学生中年龄最小、成绩最好的学生，多次获得学校奖励。1955年高中毕业，考取贵阳师范学院（今贵师大）数学系，年年获得一等奖学金。1958年"大跃进"中，数学系的全体学生延期毕业分配一年，参与川黔铁路的设计和施工，直至全线通车。1960年毕业后，他谢绝了省城贵阳女中的挽留，转回家乡毕节，被分在毕节师范学校任教。后又调到新建的毕节二中任教，一直担任班主任和学校数学教研组组长。1975年，地区地震台建立，选贤任能，被调到该台工作。由于他干一行爱一行，工作成绩优异，在党组织培养下，光荣地加入了中国共产党。1977年，上调省地震局工作，被选送到北京学习业务。转回贵阳后，被安排在省委落实知识分子政策工作领导小组任副组长，负责办公室工作。由于他勤奋工作，清正廉洁，作风正派，为全省平反很多冤假错案，受到上级的表彰和肯定。

当落实知识分子政策、平反冤假错案工作告一段落后，被调任贵州省人事厅人才交流中心副主任，主持单位日常工作。次年升任主任，为全省的人才交流和创新作出积极贡献，获得省直机关的好评。退休后，仍然积极看书看报，认真关注全省人才交流的有关动向，深入研究问题，向党组织提出建议。被家乡人称为有才干的好干部。2006年12月患病，2007年2月1日去世，享年72岁。

聂宗兴

聂宗兴，毕节县何官屯大鱼洞人，1953年1月出生，大学专科文化，中共党员。

他1974年应征入伍，在西藏日喀则军区后勤部当兵，先后任战士、政治处干事、后勤兵站副指导员、卡嘎兵站副指导员、政治处书记、西藏军区后勤部参谋、林芝综合仓库管理处处长、业务处处长、仓库副主任等职。

聂宗兴在军队工作中，干一行爱一行，工作有声有色，特别是1986年在西藏军区后勤部林芝综合仓库任职期间，积极探索仓库机械化管理，组织实施区域作战的后勤保障快速反应机制。使收、发、管为重点的仓库管理工作跃入了全军仓库管理的先进行业。为此，他在兵站荣立个人三等功一次。

1994年，宗兴转业回到毕节，他被组织安排到毕节地区民政局工作，担任副局长。1997年被评为先进工作者，受到省勘界工作领导小组的表彰。1998年因分管工作业绩突出，受到全国表彰。2000年被毕节地委评为"优秀思想政治工作者"受到表彰。2001年5月被贵州省民政厅、人事厅记二等功一次。2003年1月被人事部、民政部记一等功一次。2006年12月被毕节地委表彰为"拥军优属先进个人"。2014年退休。

聂宗筠

聂宗筠，七星关区大新桥办事处人，生于1952年9月，中共党员。

1977年至1980年在贵州工学院电机系学习。1980至1987年在毕节水泥厂工作，历任车间主任、副厂长等职。

1990年在清华大学攻读硕士研究生。曾任毕节行署驻北京联络处主任、行署副秘书长等职。曾参与国务院发展研究中心等单位合作的"中国宏观经济运行机制及调控手段""我国固定资产投资模行"等经济科研项目的研究。曾在《数量经济与技术》《清华大学研究生学报》等刊物上发表多篇论文。他曾参与毕节地区许多重大项目争取及实施的前期工作。

2013年退休。

聂宗鑫

聂宗鑫，贵州省毕节县(今七星关区)人，1940年12月27日出生于贵州省毕节县长春堡清塘，1955年以全班级第一名成绩毕业于长春小学，随及考入毕节中学(现毕节一中)，1958年初中毕业后考入贵州大学艺术系音乐班。1961年8月应征参加中国人民解放军。

入伍后历任战士、班长、政治干事、团政治处主任、军区后勤部司令部秘书科副科长、办公室副主任、师级单位政治部主任、副政治委员等职。1988年由中央军委主席邓小平签署命令授予大校军衔。其间先后参加了部队援老筑路、援越抗美、南疆保卫战等作战任务的后勤保障工作。1996年退休。将毕生经历贡献给了国防和部队建设。

他热爱党，忠诚党的事业。1964年长春小学成立少年先锋队，即成为首批少先队员，并任首任中队长，后又在中学少先队任大队委。1959年加入中国共产主义青年团。在部队先后任团支部委员，团工委(部队团以上单位设立，相当于地方团县委)委员、副书记。1963年加入中国共产党，先后任党支部委员、支部书记，团党委委员，师党委委员、常委，师纪委副书记、书记等职，多次被评为优秀共产党员和先进党务工作者。

本人长期在部队司、政、后机关工作，认真钻研业务，深入部队调查研究，亲手为各级起草、撰写了大量的请示、报告、工作计划、工作总结、简报、通报、典型材料、首长讲话等各类文件、材料，是昆明军区后勤部小有名气的“笔杆子”。

他长期从事部队思想政治工作。注重理论学习，努力继承和发扬我军政治工作优良传统。曾被评为学习毛主席著作积极分子，担任部队干部理论学习辅导员，被成都军区后勤部评为政工研究先进个人，担任过云南省卫生系统政工研究理事会理事。

他热爱家乡，关心家乡的建设和发展。积极为毕节地区到所在部队服役的干部、战士解决实际困难，为家乡选拔培养人才做了一些有益的工作。成都军区空军副司令林杰，后勤第二十二分部部长许光佑，保山分区副政委王道平以及马镇根等同志都在聂宗鑫带领下工作过。

他退休后，不忘初心，牢记入党时许下的“在通往共产主义的列车上燃尽自己一生”的诺言，发挥余热，继续为党为社会做些有益的工作。先后担任军休干部党支部书记、军休干部合唱团团长、干休所老年文体协会常务副主席等职务，为弘扬中华文化，建设文明和谐的军休家园作贡献。被昆明市民政局评为军休系统优秀共产党员、文体活动先进组织者。

夏立明

夏立明，湖南人，1933年4月出生，大学文化，工程师。1957年毕业于清华大学水利工程系。1957至1961年在原水电部北京设计院规划处工作。1961年至1963年在贵州省农田水利局从事规划、管理、普查等工作。1963年至1984年在毕节地区水电局从事设计、技术管理工作。1981年6月至1990年5月，历任政协贵州省委员会毕节地区联络处副主任，政协毕节县第五、六、七届委员会副主席。

夏远超

夏远超，贵州省毕节县(今七星关区)人。1951年9月生于毕节县海子街大丫口鸭子坝。本科学历，中共党员。

夏远超于1972年7月至1974年7月，在毕节县吉场中学任教；1974年8

月至1976年7月任毕节县吉场区团委书记；1976年8月至1980年7月任毕节县吉场区委组织干事；1980年8月至1985年12月在毕节县委组织部工作，其间，1983年9月至1985年7月就读于毕节地委党校，1985年8月至12月在毕节县委整党办工作。1986年1月至1987年6月任毕节县长春堡区区委书记；1987年7月至1992年10月任毕节县委常委、组织部部长、县委副书记；1992年11月任织金县委副书记；1994年12月至1996年12月任织金县委副书记、织金县人民政府县长；1997年1月至2010年8月任毕节地区司法局党组书记、局长，并兼任毕节劳教所党委书记。2005年11月司法部授予三级警监警衔；2001年5月被评为全国法制宣传教育先进工作者；2006年6月被评为贵州省普法依法治理先进工作者；2010年9月至2011年9月改任调研员；2011年10月退休。

顾　骞

顾骞，贵州省毕节县（今七星关区）人。1973年2月16日出生于毕节县杨家湾区放珠公社播乐沟。本科文化，中共党员。

1991年12月，顾骞从毕节入伍，他被分配到中越边界的边防检查站，担负着缉毒的重任。由于训练有素，责任心强，不管毒贩多狡猾，都逃不过他和战友们的火眼金睛。毒贩将毒品藏在任何隐蔽地方，都会被他们发现。一次，顾骞单独外出，发现两个形迹可疑的人，凭着他常年与毒贩斗争的经验，他准确判断这两个疑犯正寻找同伙。顾骞来不及向边防检查站报告，也找不到战友帮助，他只得赤手空拳单兵作战。顾骞跟踪两嫌犯东转西窜，正当毒贩寻找到接货人，进行交易时，顾骞猛然冲上去。毒犯们面对顾骞突然出现，先是被惊呆了。随之见顾骞只有一个人，就向顾骞猛扑过来。顾骞心中装着祖国和人民，沉着应战。凭着精湛的武功和压倒一切敌人的勇气，三下五除二,一一制服了毒贩，缴获毒品2000克。并将毒贩三人押解到边防检查站，人赃俱获。因而受到武警云南总队的表彰，荣立三等功一次。

1996年，顾骞提任排长。他带领全排战士，坚守岗位，战功累累。1999年他所在排被省总队评为先进集体，他个人荣立三等功一次。同年，顾骞由军事干部提任十里村边防检查站副指导员。2001年任指导员、党支部书记。2003年，顾骞调任十里边防派出所副教导员。

边防派出所承担的任务，比检查站的工作面更广。这里边界线漫长，两国山连山水连水，边民互通婚姻，亲戚互串；边境贸易，农副产品交易频繁；两国边民衣着相同，语音相近，这给派出所管理带来很多难题。稍有不慎，就会让敌人有可乘之机。顾骞走马上任，首先就是深入各站、点，巡视几十公里边界线。把十里村边境山、林、溪、路、地等全貌绘成图，揣在袋里，装在头脑中。哪里发生情况，他第一个赶到，每次都能有效处置。2005年，顾骞提任派出所教导员、党委书记。

2006年12月，顾骞调勐桥边防派出所任所长。他紧紧依靠边境各族群众，开展边境巡逻，处置边境纠纷，帮扶贫困群众，解决群众生产、生活遇到的困难，千方百计为发展边疆经济作贡献。勐桥派出所被省、州评为先进单位，他个人受云南省武警总队表彰，荣记三等功一次，并被派到全省作先进事迹巡回报告。

2010年，顾骞调任武警金平县边防大队大队长（副团）。在全国开展网上追逃行动中，他带领官兵从老挝、越南、缅甸和国内浙江、江苏、福建等省，行程数万公里，将潜逃十多年、二十多年的贩毒网上逃犯27人缉拿归案。金平县边防大队被授予先进集体，顾骞再次荣立三等功。

由于长期在边防，顾骞积劳成疾。2014年，组织上批准，顾骞作为军队正团职干部退养。

顾光廷

顾光廷，贵州省毕节县（今七星关区）人，1975年10月出生于今七星关区撒拉溪镇水营村，中共党员，大学本科文化，河南郑州高炮学院毕业，1998年9月参加工作，任中国人民解放军驻广东省潮州市相桥区第42集团军防空旅旅长。

钱　旭

钱旭，白族，贵州省毕节县（今七星关区）人，1965年8月出生于毕节县长春堡区王丰公社蔡官屯，1985年8月参加工作。本科文化，中共党员，

1982年10月至1985年7月在贵州省毕节农业学校农学专业学习，1985年6月在校加入中国共产党。1985年8月至1987年5月分配到贵州省毕节地区农牧渔业局土地管理科工作；1987年5月至1989年9月贵州省毕节地区农牧渔业局土地管理科任办事员、科员；1989年9月至1996年7月任贵州省毕节地区土地管理局业务科副科长（其间：1995年2月至1996年2月挂任大方县六龙镇党委副书记）；1996年7月至2001年11月任贵州省毕节地区国土局建设用地管理科科长〔其间：1995年8月至1998年6月参加中央党校经济管理专业学习（函授大专）；2000年10月至2000年12月在贵州省毕节地委党校科局级干部进修班学习）〕；2001年11月至2006年3月任贵州省毕节地区地质环境监测站站长〔其间，2001年9月至2004年1月参加贵州省委党校法律专业学习（函授本科）〕；2006年3月至2012年1月任贵州省毕节地区国土资源局政策法规科科长（其间：2010年3月至2011年3月挂任毕节地区三级联动视频接访大厅副主任、国土接访室主任）；2012年1月至2012年8月任贵州省毕节市国土资源局政策法规科科长。2012年8月至2012年12月调任毕节市（地级，下同）总工会党组成员，2012年12月起任毕节市总工会党组成员、副主席。

钱旭工作勤恳，认真负责，坚持原则。1994年7月，被原国家土地管理局表彰为全国建设用地管理先进个人；1998年12月，被省人民政府表彰为全省非农业建设用地大清查工作先进个人；2007年9月，被中共贵州省毕节地区委员会、贵州省毕节地区行政公署表彰为毕节地区信访工作先进工作者。2010年9月被中共贵州省毕节地区委员会组织部、贵州省毕节地区人力资源和社会保障局记三等功一次。2011年3月，被国土资源部表彰为国土资源系统推进依法行政先进个人。

钱旭调任毕节市总工会党组成员、副主席后，主抓工会基层组织建设等工作，2012年以来全市工会基层组织增加近千个，工会会员增加20余万人。2015年起，分三年推进乡镇工会规范化建设，2015年已有75个乡镇工会规范建设通过省总工会验收。在企业工会中推进厂务公开民主管理工作，全市已建全国有及其控股企业厂务公开建制率达100%，集体企业厂务公开建制率达100%，非公企业厂务公开建制率达95%。推进工商集体协商集体合同制度的实行，全市建制率达90%以上。开展“劳动关系和谐企业”创建活动，2014年全市命名了100家“劳动关系和谐企业”。深化“明礼知耻·崇德向善在企业”践行社会主义核心价值观系列主题活动，大力弘扬劳模精神。每年组织开展全市职工文化体育活动1至2项。

钱华锋

钱华锋，贵州省毕节县（今金海湖新区）人，1973年12月出生于毕节县鸭池区梨树坪，1998年7月入伍，大学本科文化，中共党员。

1994年9月至1998年7月，在贵州民族学院社会学专业毕业；1998年7月，在贵州省军区教导大队当学员；1999年7月，任贵州省毕节市（县级、下同）人武部政工科副连职干事；2002年11月，任贵州省毕节市人武部政工科正连职干事；2004年11月，任贵州省毕节市人武部政工科副科长；2006年12月，任贵州省毕节市人武部政工科科长；2010年6月，任贵州省毕节军分区司令部正营职参谋；2010年6月，任贵州省毕节军分区司令部副团职参谋；2014年8月，任贵州省毕节市七星关区人民武装部副部长兼军事科科长。

他参加革命工作以来，始终保持积极的政治觉悟，刻苦勤学、爱军精武，先后在《解放军报》《国防报》《贵州日报》等新闻媒体发表各类文章50余篇；在履行使命任务中，较好地完成了抗震救灾、森林灭火、维稳处突以及多次圆满执行卫星助推器残骸回收任务，受到各级首长好评。

徐 永

徐永，白族，贵州省金沙县人，1964年4月生于贵州省金沙县，大学文化，中共党员。

1982年9月至1986年7月贵州大学哲学专业毕业并获哲学学士学位；1986年7月至1993年7月，在毕节地委党校任教（其间：1987年2月至1987年7月在杭州市参加杭州商学院举办的经济管理培训班学习；1990年3月，参加贵州省委党校举办的马克思主义哲学理论班学习）；1993年7月至1995年3月任毕节地委党校科研办副主任（1990年9月评为讲师）；1995年3月至1995年7月调毕节检察分院工作；1995年7月至1998年12月历任毕节分院副主任科员、助理检察员；1998年12月至2000年11月任毕节分院法律政策研究室主任、助理检察员；2000年11月至2002年2月任毕节分院法律政策研究室主任、检察员（1996年9月至2001年7月参加贵州省广播电视大学法律专业学习）；2002年2月至2003年8月任毕节分院侦查监督处处长（2002年9月至2005年6月参加贵州省委党校在职研究生班经济学专业学习）；2003年8月至2005年2月任毕节分院办公室主任；2006年2月至2006年5月任毕节分院办公室主任、法律政策研究室主任；2006年5月至2006年7月任毕节分院办公室主任、法律政策研究室主任、检委会委员；2006年7月至2007年3月调任织金县人民检察院党组书记，代理检察长；2007年3月至2009年2月任织金县人民检察院党组书记、检察长；2009年2月至2009年3月调原毕节市（县级市，下同）人民检察院党组书记；2009年3月至2009年5月任原毕节市人民检察院党组书记、代理检察长；2009年5月至2012年3月任原毕节市人民检察院党组书记、检察长；2012年3月至2016年5月任毕节市七星关区人民检察院党组书记，检察长。

徐永是一个善良的人，一个山沟沟里走出来的农家子弟，凭借自己的聪明和勤奋，走进了让人羡慕的象牙塔，考取了贵州大学哲学系，从此踏上了人生新的征程。经世济民，是八十年代初期大学生具有的人生理想和抱负。徐永也是这个群体中的一员。回到家乡参与建设，也是实现人生理想的一个路径。

参加工作后，徐永勤勉自励，不骄不躁，依然保持着初心，勤勤恳恳，兢兢业业的工作，将自己的人生理想内化于工作中，不论是在教书育人的岗位上，还是在与犯罪分子作斗争的过程中。总是恪尽职守，踏踏实实。

在基层任检察长的工作中，他带领全院干警取得了一个又一个骄人的成绩，创造出一个新的天地。不论是在全市还是全省的检察机关评比中，还是本地区直机关的评比中，七星关区人民检察院都会以骄人的成绩让人羡慕。“四加一”工作的验收以及再一次的获得“全国先进基层检察院”光荣称号，这一切都凝聚着徐永的心血和汗水。能够将自己的理想和抱负与工作结合，在工作中实现自己的理想，是徐永的骄傲和自豪。

徐长祯

徐长祯，贵州省毕节县（今七星关区）人，又名徐长征，出生在毕节县十八上坝村，中专文化，中共党员。

1950年参加工作，后应征入伍，参加抗美援朝战争。在抗美援朝中英勇机智，不怕牺牲，临危不惧，冲锋在前，荣立三等军功三次，荣获国际奖章二枚。1955年授予少校军衔，被评为“五好”军官。转业地方工作后，任贵州省财政厅副处级纪检员，长期与违法乱纪等腐败行为作斗争。由于他敢为人先，追求正义，被上级和广大群众誉为“坚持原则，敢于斗争的好干部”。他爱国爱家，曾把自己省吃俭用的1万元钱捐献给毕节十八上坝办学，深得家乡人的赞赏。为家乡的教育事业作出积极贡献。

徐永贵

徐永贵，贵州省毕节县（今七星关区）人。1952年10月生于毕节，1972年11月加入中国共产党，1970年12月参加工作，贵州省高等教育自学考试党政基础科毕业，大专学历，高级经济师。已退休（正处级）。

1970年12月至1979年11月，在部队服役；1979年11月至1987年11月，在中国农业银行毕节地区中心支行人事科任科员、副科长、科长；1987年11月至1988年10月，在中国农业银行毕节地区中心支行任纪检组长；1988年10月至1996年12月，在中国农业银行毕节地区中心支行任副行长；1996年12月至1997年9月，在中国农业发展银行毕节地区分行任主要负责人；1997年9至2001年5月，在中国农业发展银行毕节地区分行任党组书记、党委书记、行长；2001年5至2002年4月，在中国农业发展银行遵义分行任党委书记、行长；2002年4月至2012年10月，在中国农业发展银行毕节地区分行任调研员。

他为毕节金融事业的发展作出了积极的贡献。

徐忠敏

徐忠敏，贵州省毕节县（今七星关区）人，1949年出生于今毕节市七星关区田坝镇，贵州大学中文系毕业，中共党员，1970年参加工作。

1971年至1973年毕节县革委办公室工作；1973年至1976年贵州大学中文系学习；1976年至1982年任毕节县委、县政府秘书；1983至1985年任贵州省计生委秘书、宣传处负责人；1986年至1989年任省药具站站长；1990年至1993年任中共开阳县委副书记；1994年至1998年任省药具站站长（其间赴日本参加全国人口研究培训）；1999年至2003年任省人口计生委人事处处长（其间赴美国肯尼索州立大学进修学习公务员管理）；2004年至2009年任省人口计生委党组成员、机关党委书记（其间先后参加省委党校第28期地厅班赴比利时欧盟总部及欧盟九国参加公务员及政府薪酬管理培训）。

徐忠琴

徐忠琴，又名徐丽平，贵州省毕节县（今七星关区）人，女，省委党校研究生学历，中共党员，1962年3月出生于毕节，于1981年3月参加工作。

1981年3月 至1983年3月在毕节县燕子口中心校工作；1983年3月至1984年8月在毕节县鸭池区中心校工作；1984年8月至1988年12月在毕节地区行署幼儿园工作；1988年12月至1996年3月任毕节地委研究室科员；1996年3月至1998年7月任毕节地委研究室副主任科员；1998年7月至1998年12月任毕节地委政策研究室办公室副主任；1998年12月至2001年11月任毕节地委政策研究室农村改革试验科科长；2001年11月至2002年4月任毕节地委政策研究室党群社会调研科科长；2002年4月至2008年6月任毕节地委政法委委员、副县级专职纪检监察员〔其间：2003年3月至2004年1月挂职任毕节市委副书记（县级）〕；2008年6月至2008年12月任毕节地委政法委委员、地纪委派驻地委政法委纪检组组长；2008年12月至2012年8月任毕节地区妇联党组成员、副主任（其间：2011年1月至2012年1月挂任毕节地区招商投资促进局福州分局局长；2012年1月至2012年8月挂任毕节地区招商投资促进局厦门分局局长）；2012年8月任毕节市司法局党组成员、副局长。

1981至1988年在毕节县和毕节行署幼儿园任教时，先后担任语文、外语、数学、音乐教师，工作兢兢业业、踏实努力，忠诚党的教育事业，为人师表，认真教书育人，获得了学生的赞誉。在燕子口中心校担任团支部书记期间，被毕节县团委评为优秀团支部书记。

1988年12月调入毕节地委政策研究室，从一般工作人员到担任办公室副主任、农改科科长、社调科科长期间，踏实工作，认真履职，成绩突出。深入基层调查研究，先后撰写工作调研报告10余篇。撰写的《社会主义市场经济体制与当下建设问题初探》，2000年被评为全国社科成果二等奖。撰写的多篇论文在《乌蒙论坛》上发表。担任农改科科长期间，作为责任编辑和执行主编组织编写了《西部大开发毕节畜牧业怎么办》（二）（三）辑等，为有力推动毕节试验区经济建设工作作出积极努力。编写了《农村税费制度改革》一书，扎实推进农村税费制度改革工作，被省委政研室评为“全省农村税费制度改革先进个人”。

2002年4月，提任毕节地委政法委专职纪检监察员，同时兼任机关党支部书记，扎实开展党风廉政建设教育，抓好制度建设，将党建工作与党风廉政建设有机结合。积极开展“四型文明机关活动”，组织开展全区政法系统的“规范执法行为促进执法公正”等活动。分管的目标考核工作连续多年荣获全地区一等奖。本人2006年荣获“全地区优秀党支部书记”称号，2007年荣获“全地区优秀党务工作者”称号。

2009至2010年在毕节地区妇联工作期间，主抓妇女宣传工作，积极开展妇女维权工作、反对家庭暴力，维护妇女儿童的合法权益，充分发挥党联系广大妇女的桥梁和纽带作用。2009年被评为“优秀公务员”，2011年3月被全国妇联表彰为“全国巾帼建工先进工作者”。撰写的《做优秀女干部，为毕节试验区跨越发展建功立业》被选入《中国妇女报》主办的《中国60年辉煌文明百年——“三八”献礼》优秀论文。多次组织开展“三八”国际妇女节各类体育舞蹈大赛、“爱祖国唱家乡”试验区各族各界妇女庆祝新中国成立60周年歌咏大赛等。2010年组织全区副县级以上女领导干部联谊会，广泛宣传妇女典型，积极组织参与“三八”示范绿色工程项目，乡村女大厨比赛，积极助推《2005—2010年妇女儿童发展规划》实施，为推动全市妇女儿童事业的发展做出积极贡献。

2002年挂任毕节市委（县级）副书记期间，带领工作队员，踏实工作，协调资金，帮助杨家湾镇、撒拉溪镇、长春镇等40余个行政村建设村级办公楼，荣获“全地区优秀工作队员”的称号。

2010年至2011年任驻福州、厦门招商分局局长期间，招商工作成效显著，招商引资排名前三，连续2年被评为一等奖，年终目标考核连续两年被评为优秀。

2011年9月任司法局党组成员、副局长期间，认真履职，任劳任怨，分管过办公室、基层科、社矫科、法制宣传、司法考试、司法鉴定等工作，联系百里杜鹃司法分局。认真履职，扎实推进“六五普法”工作，组织开展基础规范化建设（使全区50%以上的司法所达到省级和市级标准并通过验收）、人民调解工作和公共法律服务体系建设、社区矫正、安置帮教、法制宣传工作成效显著。2011至2013年连续三年年度考核被评为优秀，记三等功一次，为推进“法治毕节、平安毕节、和谐毕节”的创建作出了应有的贡献。

徐贵祥

徐贵祥，贵州省毕节县（今七星关区）人，1972年12月出生在贵州省毕节县阴底区田坝公社。本科文化，中共党员。

徐贵祥1990年8月至1995年5月，在田坝镇中心校（现七星关区田坝中心校）读初中；1995年5月至2006年6月在毕节市宣传部（现七星关区宣传部）工作；2006年6月至2010年3月任毕节市（县级，下同）组织部部委委员；2010年3月至2012年5月，在毕节市团结乡任党委书记（现七星关区团结乡）；2012年5月至2015年8月，调贵州省毕节市（地级）市委组织部党建二科任科长；2015年8月，任贵州省毕节市医学高等专科学校组织部部长。

徐跃勤

徐跃勤，山东昌邑人。生于1959年6月。1987年9月加入中国共产党，1977年9月参加工作，贵州广播电视大学党政干部专修科毕业，大专学历，经济师。现任中国农业发展银行毕节市分行高级业务经理（正处级）。

1977年9月至1979年12月，在贵州毕节县鸭池区当知青；1979年12至1992年12月，在中国农业银行毕节地区中心支行工作；1992年12月至1996年12月，在中国农业银行毕节地区中心支行营业部任主任；1996年12月至1997年6月，在中国农业发展银行毕节地区分行任办公室主要负责人；1997年6月至2001年5月，在中国农业发展银行毕节地区分行任党组成员、副行长；2001年5至2002年12月，在中国农业发展银行安顺市分行任党委委员、纪委书记、副行长；2002年12月至2004年1月，在中国农业发展银行安顺市分行任副行长（主持工作）、党委副书记；2004年1月至2009年8月，在中国农业发展银行毕节地区分行任党委副书记、副行长；2009年8月至2011年1月，在中国农业发展银行毕节地区分行任行长、党委书记；2011年1月至2014年2月，在中国农业发展银行毕节市分行任行长、党委书记；2014年2月至2015年12月，在中国农业发展银行毕节市分行任高级业务经理。

郭正良

郭正良，贵州省纳雍县人，仡佬族，1955年12月出生，1974年11月参加工作，1976年6月加入中国共产党。大学学历，法学学士，贵州民族学院政治理论专业毕业。

1974年11月　至1978年5月，在解放军56028部队任班长、代理排长；1978年5月至1978年9月，在贵州省纳雍县雍熙镇猫场小学任代课教师；1978年9月至1982年7月，在贵州民族学院政治理论专业学习；1982年7月至1985年12月，在贵州省毕节地委组织部任工作员；1985年12月至1987年8月，任贵州省毕节地委组织部办公室副主任；1987年8月至1991年8月，任贵州省毕节地委组织部办公室主任；1991年8月至1993年4月，任毕节县委常委、组织部部长；1993年4月至1994年2月，任毕节县委副书记、组织部部长（其间：1993年9月至1994年1月，在贵州省委党校中青班学习）；1994年2月至1994年11月，任毕节市（县级）委副书记、组织部部长；1994年11月至2000年5月，任毕节地委组织部副部长；2000年5月至2004年11月，任毕节地委组织部副部长、正县级组织员（其间：2000年6月至2000年7月，参加贵州省委组织部在美国奥克兰大学举办的干部培训班学习；2003年9月至2003年10月，在贵州省毕节地区县处级“三个代表”专题研修班学习）；2004年11月至2008年6月，任贵州省人大常委会毕节地区工作委员会党组成员、副主任（其间：2006年3月至2006年5月，在贵州省委党校地厅班学习）；2008年6月至2012年1月，任贵州省人大常委会毕节地区工作委员会党组成员、副主任、省总工会毕节地区办事处主任；2012年1月至2015年12月，任贵州省毕节市（地级市）政协党组书记、主席，市总工会主席。

2016年12月退休。

郭殿臣

郭殿臣，山东省单县人，1921年1月出生于山东省单县辛羊区。

1939年5月参加革命，同年加入中国共产党。1939年5月至1949年2月任单县辛羊区辛羊工工作员、单县新兴区优委会主任、单县蔡溜区副区长、区长、中共单县郭堂区区委书记、单县县政府秘书、县民教科长、县战勤指挥部秘书。参加了抗日战争，领导和组织人民群众坚持游击战争，发动群众反对日军大扫荡，端掉日伪军据点，破坏敌人运输补给线。带领群众挖地道，开展令日伪军闻风丧胆的地道战、地雷战、游击战。抗日战争胜利后，蒋介石反动派对山东解放区进行全面反攻，郭殿臣参加了山东保卫战、淮海战役和渡江战役。1949年3月至同年8月，随军南下到赣东北任景德镇北市区区长、市政府社会局副局长。1949年9月西进到贵州毕节，先任毕节专署民政科副科长、科长，后任毕节县县长兼财委主任、县委书记。

1955年2月，任毕节地区中级人民法院院长、中共毕节地委委员。1970年1月，任毕节地区革委常委、政法办公室副主任、中共毕节地委委员、毕节地区中级人民法院第一院长。1977年11月，任中共毕节地委统战部副部长。1981年10月离休，享受副地级待遇。

自参加革命工作以来，历尽艰辛，参加许多战役，对人民的解放事业作出了贡献。解放初期在毕节县任县长、县委书记期间，深入实际，调查研究，与人民群众打成一片。研究城乡建设，发展农业生产，对毕节社会经济的发展作出了重要贡献。在地区任中级人民法院院长期间，经常到各县开展调查研究，对所管工作慎之又慎，对犯错误的干部本着治病救人的方针，以严格批评教育为主，从不随便处理任何干部。对案件的审理，认真负责，听取汇报，亲阅案卷，处理得当，公正司法。他一向作风艰苦，生活简朴，从不搞特殊，为政廉洁，受到广大干部和人民群众的赞扬和崇敬。

高　青

高青，彝族，贵州省毕节县（今七星关区）人，1969年12月出生于毕节县青场区大河乡柯乐村，西南民族学院彝语言文学专业大学本科毕业，文学学士，中共贵州省委党校研究生学历，经济学专业毕业。1993年9月参加工作，1991年4月加入中国共产党。

1988年9月至1993年9月在西南民族学院彝语言文学专业大学本科毕业；1993年9月至1994年10月在贵州省原毕节市委（县级市，今七星关区，下同）党史研究室工作；1994年10月至1996年6月调贵州省原毕节市委组织部工作，1996年6月至1997年7月任贵州省原毕节市委组织部组织科副科长、正股级组织员，1997年7月至1998年11月任贵州省原毕节市委组织部干部科科长；1998年11月至1999年2月调贵州省原毕节市朱昌镇任党委副书记（其间：1996年8月至1998年12月参加中央党校政法专业学习）；1999年2月至2000年11月任贵州省原毕节市朱昌镇党委副书记、镇长，2000年11月至2001年8月任贵州省原毕节市朱昌镇党委书记。

2001年8月至2004年5月调任共青团贵州省毕节地委副书记、地区青年联合会主席（其间：2002年3月至2002年7月在贵州省委党校中青班学习）；2004年5月至2004年8月任共青团贵州省毕节地委书记，地区青年联合会主席；2004年8月至2006年7月任共青团贵州省毕节地委书记、地区青年联合会主席，贵州省人大常委会毕节地区工作委员会委员（其间：2002年9月至2005年6月参加贵州省委党校在职研究生班经济学专业学习）；2006年7月至2006年11月调任贵州省金沙县委常委、副县长（正县级），兼任贵州省人大常委会毕节地区工作委员会委员；2006年11至2007年12月任贵州省金沙县委常委、副县长（正县级）（其间：2007年3月至2007年

9月挂职任天津市汉沽区区长助理）；2007年12月至2008年8月任贵州省金沙县委副书记（正县级）。2008年8月至2009年3月调任贵州省织金县委副书记、代理县长（正县级），2009年3月至2009年12月任贵州省织金县委副书记、县长；2009年12月至2012年1月任贵州省织金县委副书记、县长，毕节织金循环经济新区党工委书记。

2012年1月任贵州省毕节市人民政府副市长。

高守军

高守军，贵州省黔西县人，彝族，1968年9月生于贵州省黔西县，1985年9月参加工作。大学学历，中国农工民主党党员。

1985年9月 至1995年6月，在毕节师专任教；1995年6月 至2007年12月调贵州省毕节地区统计局工作（其间于2000年6月当选为九届全国青联委员）；2007年12月至2011年9月任中国农工民主党贵州省毕节地区工作委员会专职副主委；2011年9月至2012年1月任原毕节市（县级市）人民政府副市长；2012年1月至2015年6月任毕节市七星关区人民政府副区长；2015年6月调离七星关区。

高守军在七星关区工作期间，由于所分管工作成绩突出，七星关区获得“全国粮食生产大县”称号，七星关区被评为“省级森林城市”。切实做好教育工作，着力推动教育提质和教育公平，全面启动全区农村义务教育阶段学生营养改善计划，农村义务教育阶段学生在校期间每天吃上营养午餐。切实做好医疗卫生工作，全面整治医疗秩序和环境，区医院医技服务水平明显提高。

唐圣胪

唐圣胪，贵州省毕节县（今七星关区）人，于1969年1月4日出生在贵州省毕节县城关镇，于1990年9月参加工作。大学本科学历，中共党员。

1990年9月大学毕业后分配在毕节地区水土保持办公室技术科任工作员，1990年10月到1991年10月任毕节地区毕节县梨树坪水土流失综合治理工程副指挥长。1991年10月起任毕节地区水土保持办公室技术科任助理工程师，并于1994年8月加入中国共产党。1995年11月至2002年12月，在毕节地区水土保持办公室任监察科副科长（其间：1998年2月至2000年1月在纳雍县乐治镇挂任科技副镇长，1998年11月任工程师）。自2003年1月起，任毕节地区滑坡泥石流预警二级站站长兼任毕节地区水土保持监测分站站长（正科级）；2003年11月至2005年11月在职就读中国人民大学公共管理学院行政管理专业研究生课程结业。2004年12月获高级工程师资格，并聘为高级工程师。2007年8月任毕节地区农村饮水安全管理与技术服务中心主任。自2010年3月起，任毕节地区水利局党组成员、局直属机关党委书记（副县处级）。2012年1月任毕节市（地级，下同）水利局党组成员、局直属机关党委书记。2012年3月至2013年2月，挂职担任威宁彝族回族苗族自治县委常委、县人民政府副县长。2014年11月至2015年12月，任贵州省毕节市水务局党组成员、直属机关党委书记。

1990年担任毕节县梨树坪水土流失综合治理工程副指挥长期间，主要负责并完成了综合治理工程，被列为“长江上游水土保持综合治理现场会”示范工程点并提供参会代表参观。在地区水保办工作期间，牵头完成了“黔西县银松小流域综合治理示范点”工程建设，主要负责并建成了毕节地区第一个“水土流失监测示范点”——毕节石桥水土流失监测点。启动和主要负责完成

“毕节地区水土保持执法试点工作”，顺利通过水利部验收。由于工作出色，2002年个人获评“全国水土保持监督管理规范化建设工作先进个人”。在毕节地区（市）水利局工作期间，参与完成了解决全区500多万农村饮水工程的建设管理，并主要完成了《毕节地委、毕节地区行政公署关于加快推进水利重点扶持对口支援工作的实施意见》的起草工作。进入市水利局领导班子后，与班子成员一起，实现了毕节市水利工作的大跨越，水利建设与发展工作迈入全省前列，全面完成了“十二五”期间的各项规划目标任务。2010年，被省人事厅、省水利厅授予“全省水利系统‘先进工作者’荣誉称号”，记二等功一次。

唐光甫

唐光甫，贵州省毕节县（今七星关区）人，1963年4月出生于毕节县龙场营区龙场公社，1981年12月参加工作，研究生学历，1985年7月加入中国共产党，现任中共毕节市委讲师团副团长。

1981年12月至1984年2月，在毕节县左坭公社当工作员（其间：1982年2月至1983年3月，在毕节县委党校学习）；1984年3月至1985年2月，在毕节县龙场营区岩脚乡任乡长；1985年3月至1990年3月，任毕节县龙场营区团委书记；1990年4月至1994年9月，在毕节地区社科联工作，任学会科副科长；1994年10月—2001年12月，任社科联学会科科长，兼任培训中心主任、《乌蒙论坛》常务副主编（其间：1992.09至1995.07中央党校政治学本科班学习）；2002年1月至2007年9月，任地委宣传部宣传科科长（其间：2005年9月至2005年11月，在地委党校中青班学习，2004年9月至2006年7月，在中国人大研究生班学习，2006年7月至2007年6月，在清华大学现代传媒高级研修班学习）；2004年编辑出版《神州大地毕节人》（责任编辑）；2007年9月至2010年1月，任中共毕节地委外宣办、毕节地区行署新闻办主任；2010年1月至2015年12月，任中共毕节市委讲师团副团长。（其间：2012年2月至4月在北京大学区域经济高级研修班学习），编辑公开出版《回顾与展望》和《知学与近思》，任副主编兼责任编辑。

唐兴赤

唐兴赤，重庆市铜梁人，1965年出生于贵州省毕节县城关镇，1985年参加工作。研究生学历，中共党员。

1985年贵州大学物理学专业毕业，获理学学士学位。1985年分配在毕节地区科技情报研究所，任实习研究员；1993年任助理研究员。其间：1986年任毕节地委织金县三甲乡农村工作队员；1987至1988年任毕节地委朱昌区农村体制改革“拆、并、建”工作队员；1991年加入中国共产党。1995年调毕节地直机关工委组织部，任科员。1996年调毕节地区环保局，任办公室副主任（主持工作）。1999年任环保局办公室主任，任局党总支委员、兼局机关党支部副书记（主持工作）。其间：1999年，抽调毕节地委“三讲”办综合组工作；2001年至2003年，在清华大学人文学院研究生课程进修班“马克思主义理论与思想政治教育”专业在职学习，结业。2006年，调任毕节地区环境监察支队支队长（正科级）。2008年，任毕节地区环境监察支队队长（副县级）。2009年至2010年，挂任纳雍县委常委、副县长，任纳雍县党建扶贫暨生态文明家园建设工作队长。2015年，任毕节市（地级市）环保局党组成员、毕节市环境监察支队队长。

1985至1995年，他参与大量科技情报研究工作，如：毕节地区《厂矿企业人才需求》《厂矿企业情报需求》《地膜栽培技术》等调研；参与组织10多次全地区实用技术推广、教材编写、培训等；参与数十期《科技经济信息》《毕节决策参考》等编撰工作，参与毕节科技情报档案建立和管理等。长期担任毕节电视台等特约通讯员。

历年来，唐兴赤向省、市电视台、报社、杂志社、地方志等投送各类新闻稿件、论文、作品100多篇并被采用。其中：编写、录制了《威宁苹果、梨改造技术》《繁星—毕节科技示范户》《旱地绿肥聚垄耕作法》《异军突起的毕节试验区乡镇企业》《发展中的毕节科技》等10余个电视科教片和专题片。撰写论文《科技声像理论的发展与实践》《情报调研模式研究》《毕节城镇化漫谈—分子结构城镇化与区域经济》《强化产业园区建设，实现贵州经济跨越发展》等。其中：《毕节城镇化漫谈》获得2006年毕节地区第五届社科优秀成果二等奖。为毕节社会经济发展、科技进步和推广努力贡献。

1995至2006年，组织带队毕节地直优秀党务工作者到深圳大学学习培训；组织完成毕节地区环保系统大量的行政管理、党务、群团组织发展规划等工作；组织完成10多次全省、全地区性环保会议筹备和服务工作；完成大量“总结、讲话”“毕节志—环保志”“毕节试验区15周年环境保护回顾与展望”等写作；完成毕节环保系统20多名正、副科级干部的推荐和考察材料工作，参与2007年威宁县领导班子换届考察工作等。

2006至2008年，按照中央、国务院领导批示，在毕节地委、行署的直接领导下，组织牵头、督促指导全毕节开展关停取缔“两土”(土法炼锌、土法炼焦)和小炼铁工作，通过艰苦努力，彻底取缔“两土”超过3800节，解决了严重污染环境、浪费资源的落后生产方式，保护了毕节的青山绿水，此项工作得到中央、省委和省政府的充分肯定。

2006以来，组织全市(地区)征收排污费从2005年的每年1000万元上升到每年9000万元左右，总量已超过7亿元；组织完成毕节全区10家环境监察队伍标准化能力建设；每年组织全市开展环保执法专项行动，查处的环境违法企业超过600家次；每年组织开展生态环境监察、饮用水源执法检查；共组织调查处理环境污染纠纷和群众信访案件超过3000件，带队处理一批重要案件等。推进了毕节生态环境和资源保护，保障了人民群众环境权益，履行了守底线、促发展、促社会和谐稳定的职责。

多年来，他10多次被评为毕节地直“先进工作者”“优秀共产党员”“优秀党务工作者”等。2009年纳雍生态文明家园建设被评为毕节地区一等奖，2008至2010年连续三年评为优秀公务员获得毕节地委、行署颁发“三等功”奖励一次，2010年获得“全国环境信访荣誉工作者”称号。2006年以来，环境监察支队1次被评为毕节地区先进集体，8次市(地区)年度目标考核“一等奖”。

唐宗举

唐宗举，贵州省毕节县(今七星关区)人。1955年出生在今贵州省毕节市七星关区龙场营镇，1981年毕业于贵州大学中文系汉语言文学专业，研究员。

唐宗举历任毕节地区体制改革委员会副主任、毕节地区行署经济研究室副主任、毕节地区试验区办公室副主任、贵州省委党校副校长、《中共贵州省委党校学报》主编等职。

1980年在贵州书法培训班结业，为贵州省书法家协会会员，贵州省青年书法家协会顾问。书法作品曾获贵州省群众书法二等奖，贵州“祝融杯”书画篆刻大奖赛三等奖，贵州“花溪之春”书画大奖赛三等奖；作品入选第一届国际文化交流“赛克勒杯”书法大赛；入展全国“西子杯”书法大赛，获“欧阳询奖”全国书法大赛铜奖；获纪念邓小平诞辰100周年全国书画展优秀作品奖，第二届全国草书大赛作品入围。1982年以来，书法作品在毕节地区多次获得一等奖，在全省青年书法电视现场大赛获佳作奖，曾获贵州省得奖群众书法大赛二等奖、贵州省“祝融杯”书法大赛三等奖、贵州省花溪之夏书法大赛三等奖，作品在浙江“西子杯”、国际文化交流“赛克勒杯”中国书法第一届比赛中入选。

唐衍胪

唐衍胪，贵州省毕节县（今七星关区）人，1956年4月出生在贵州省毕节县，1975年9月参加工作。大学学历，中共党员。

1975年9月至1978年3月毕节县长春区垭关大队当知青，1978年3月至1980年7月在贵州农学院畜牧兽医大专班兽医专业学习，1980年8月至1980年10月在贵州省毕节地区牧科所工作；1984年10月至1987年5月调贵州省毕节地区农牧渔业局工作，1987年5月至1988年月任贵州省毕节地区农牧渔业局科员、副科长，1988年8月至1992年3月调毕节地委办公室工作，任秘书科副科长（其间：1989年2月至1990年1月任毕节地委驻毕节县清丰乡深化农村改革工作队副队长），1992年3月至1995年4月任贵州省毕节地委办公室秘书科副科长、正科级秘书，1995年4月至1998年5月任贵州省毕节地委办公室秘书科科长，1998年5月至2005年1月任贵州省毕节地委副秘书长（其间：1998年6至1998年10月带队到贵州省威宁县督促检查计划生育工作；2001年3月至2001年5月在贵州省委党校参加全省党委系统秘书业务培训班学习；1997年8月至1999年12参加中央党校函授学院行政管理专业本科学习）；2005年1月至2007年3月调任贵州省毕节地区住房公积金管理中心主任，2007年3月至2012年1月任贵州省毕节地区住房公积金管理中心主任、党组书记（其间：2007年9月至2007年11月在贵州省委党校参加2007年秋季局干班培训学习），2012年1月至2015年12月任贵州省毕节市（地级）住房公积金管理中心主任、党组书记。

唐衍胪在毕节地区农牧渔业局工作期间，服从组织安排，工作任劳任怨，由于工作突出、成绩显著，于1987年被贵州省农业厅评为全省农业生产先进工作者。

唐衍胪在中共毕节地委办公室工作期间，在各个年度的年终考核中，多次被评为优秀等次。

2005年1月，唐衍胪调任毕节地区住房公积金管理中心党组书记、主任，于2005年4月组建了毕节地区住房公积金管理中心，并于2006年年底以前，顺利组建了毕节地区住房公积金管理中心各县区管理部，基本实现了全区住房公积金“四统一”（统一决策、统一管理、统一制度、统一核算）管理。至此，毕节地区住房公积金管理工作走上了制度化、规范化管理的轨道，各项业务得到了快速发展。截至2015年12月31日，全市累计归集住房公积金86.28亿元，是2005年累计归集额的28.20倍；累计发放住房公积金贷款77.42亿元，是2005年累计发放额的92.17倍；累计提取住房公积金31.37亿元，是2005年累计提取额的84.78倍。与此同时，全市住房公积金各项管理工作也取得了明显的成绩，为此，毕节市（地区）住房公积金管理中心自2011年起，在贵州省住房和城乡建设厅组织的年度工作考核评比中，连续4年被评为一等奖（2015年未进行评比），唐衍胪也连续4年在年终考核中被评为优秀等次，并荣获三等功一次。

唐晓晖

唐晓晖，贵州省大方县人，1968年5月出生于贵州大方，1988年8月参加工作，大学本科文化，1995年3月加入中国共产党。

1988年8月在毕节地区中级人民法院参加工作，1995年5月任毕节地区中级人民法院审判员，2000年2月任毕节地区中级人民法院书记官室负责人，2001年11月任毕节地区中级人民法院党组成员、副院长，2002年12月调任原县级毕节市人民法院党组书记、代理院长，2003年3月当选为原县级毕节市人民法院院长，2008年12月调任毕节地区信访局副局长，2011年9月调任织金县委常委、政法委书记，2016年

5月调任毕节市委副秘书长、毕节市群众工作部常务副部长、毕节市信访局局长。

唐晓晖爱岗敬业、组织协调能力强，在原县级毕节市人民法院工作期间，认真履行职责，按照保稳定，谋改革，求发展的基本工作思路，紧扣“公正与效率”主题，努力践行“司法为民”，坚持整风肃纪，狠抓队伍建设、法院管理、审判改革、物质装备建设四件大事，凝聚了人心，增强了合力，提高了素质，转变了作风，重塑了形象，提升了公信度，市人民法院各项工作都取得了一定进步和发展，为毕节市社会政治稳定、经济持续健康发展、人民群众安居乐业作出了应有的贡献。

唐凌宇

唐凌宇，贵州省毕节县（七星关区）人，1972年4月出生在贵州省毕节市田坝桥镇，于1994年10月参加工作。大专文化，中共党员。

1992年9月至1994年7月，唐凌宇在民政部重庆民政学校企业管理专业学习；1994年10月至1995年2月，在贵州省毕节市（县级。下同）梨树镇社会事务办公室任工作员；1995年2月至2003年9月，任贵州省毕节市梨树镇计划生育办公室主任；2003年9月至2004年4月，任贵州省毕节市梨树镇镇长助理；2004年4月至2006年6，任贵州省毕节市梨树镇副镇长；2006年6月至2008年6月，任贵州省毕节市朱昌镇党委委员、武装部长；2008年6月至2011年7月，任贵州省毕节市杨家湾镇党委副书记、镇长；2011年7月至2014年1月任贵州省毕节市青场镇党委书记；2014年1月任贵州省毕节市（地级）政法委综治办专职副主任（副县）。

2011年3月12日唐凌宇获毕节市（县级市）新农村建设领导小组颁发的生态文明家园建设先进工作者；2011年4月1日获中共毕节市委、市政府“整脏治乱”先进工作者；2012年5月12日，获中共毕节市七星关区委、区政府“信访先进个人”奖；2012年7月1日获中共七星关区委表彰为“优秀乡镇党委书记”。

陶正华

陶正华，贵州省毕节县（今七星关区）人，苗族，1943年生于毕节县海子街区擦枪岩，中共党员。

幼年丧父，由伯父抚育成人。1951年，先后在本村干沟民校、五十亩小学、擦枪岩小学读书，直到高小毕业。高小毕业后又先后就读于海子街中学、燕子口中学，完成初中学业。

1962年8月至1963年，在家参加集体生产劳动并任生产队会计，同时被选为擦枪岩大队（村）团支部组织委员。1964年至1965年8月，为改变家乡文化落后状况，出任干沟民办小学教师。1965年9月，被提为十三亩公社干部，参加党委分管青年工作。任职后随即参加毕节县社会主义教育工作队，先后在鸭池、普宜等区进行社教工作。1968年4月回十三亩，任公社革委副主任。1972年4月任中共十三亩公社党委副书记。1975年5月任海子街区委副书记。其间，主抓农田建设，任农田基本建设指挥部政委，为观音桥、田坝桥等公社的农田基本建设做了大量工作。同时，参加利民水库灌溉工程的领导工作。他身先士卒，与干部群众打成一片，深得领导和群众的好评。在群众中有人说他是“劳动书记”“泥腿子书记”。他随身带着两件东西：一是锄头，二是镰刀，走到哪里就劳动在哪里。他生活俭朴，与老百姓一样。1979年调任毕节县革委副主任时，驾驶员王某前往螃蟹公社接他到县开会，到公社后居然认不出陶正华，竟然闹出了对着陶正华本人问“陶主任在哪里？”的趣事。陶正华笑着说，不要忙，吃饭后我帮你找。让驾驶员吃饭后，他又笑着说：“我就是陶正华。”这时人们才笑着说：“他就是你要找的陶主任，他是故意留你吃一顿饭。”从一件小事，由此可看出陶正华的为人。

1980年9月至1981年7月，在中央民族学院干训部理论班学习，学习结业后回毕节县工作。1981年7月至1992年，先后任毕节县副县长、常务副县长，中共毕节县委常委。此间，于1982年9月至1983年1月在西北农学院干训部高级班学习。在毕节工作期间，认真贯彻党的方针政策。毕节因计划生育引发的“水箐事件”、大苗寨民族纠纷等，陶正华一到，那些少数民族，尤其是苗族纷纷说：“我们的陶县长来了，没有什么解决不了的问题。”一桩桩、一件件的民族纠纷，都得到了圆满解决。为此，他深得各族人民的拥护。他不仅在毕节，就是在毕节地区的九个县（包括水城县）也享有较高威望，各县少数民族干部来毕开会都要拜访请教于他。他为各民族的团结和党的统一战线工作作出积极贡献。他工作作风严谨、朴实，他的讲话稿或报告稿从来都是自己写，秘书只能抄写或帮助收集数据。他分管财经工作，每年都要进行一次物价税收财务大检查，所查出问题都一一作严肃处理。有人说：“他这样做挽救了不少干部。”他对人严，对自己更严，从不为自己的子女读书、就业以权谋私。他的子女在他的教育影响下，个个都能奋发读书，找到了合适的工作。

1992年12月至1997年9月，他先后任毕节地区人大工委民族工作处处长、综合处处长，并于1996年3月起经省人大常委任命为毕节地区人大工委委员。1997年9月被任命为毕节地区人大工委副主任，直到退休。

陶正华退休后，回到家乡，带领群众修公路，使交通闭塞的山区家家户户都能走宽畅而舒适的道路，人力车、马车、汽车可以畅通各家各户。电通了，水解决了，他带领群众植树造林，因地制宜地进行农田基本建设。他把山、水、林、田、路融为一体，进行综合治理。老百姓说：“正华当官为民，退休当老百姓也还是为民，是共产党的好干部、苗家的贴心人、治穷致富的带头人。”

陶发贵

陶发贵，四川叙永人，苗族，1930年12月生于叙永县分水乡木格岛。大学文化，苗语苗文研究专家。

陶发贵7岁时在家乡入学读书，生活在川南游击队活动地区，深受游击队革命思想的影响。陶发贵在校读书时，喜欢唱《在松花江上》《大刀进行曲》《长城谣》《在太行山上》等抗日歌曲。学习成绩良好，小学阶段考试成绩常名列第一。由于家庭环境差，学校不稳定，时读时停，直到1949年才读完小学。1950年家乡解放，是年分水乡成立农民协会，被选为农协会主席。1951年考取叙永县中学，1953年初中毕业，次年在泸县师范学校读书。1956年9月，在贵州民族学院民族语文班学习，毕业后在毕节县燕子口区先进乡大南山推行苗语试点。1958年调贵州省民族语文指导委员会任秘书。其间，在四川泸县师范学校苗文师资培训班授课。1959年9月，民院与贵大合并，转入中文系学习，1962年毕业。毕业后，先到赫章中学任教，后在毕节普宜中学、龙场中学任教18年。1981年，奉调到燕子口大南山学校开展苗文试点教学，川、滇、黔三省结合部地区苗族子女入学者逐步增多，学校扩建，由小学发展到中学。

1978年，被推选为毕节县政协副主席，仍从事苗文教学研究。1990年，再次当选为县政协副主席，调政协机关工作。他长期从事苗文教学和民族语言研究工作，与省民族研究所合编的苗文教材《川滇黔方言》，发行云南、四川、贵州三省苗族地区作方言教材试用。1991年，再次由贵州民族出版社正式出版发行。他的学术成果获全面推广之际，又在毕节地区苗学研究会上交流了《认真推行苗族文字，努力提高苗族素质》一文，受到与会者的关注。论文录入《苗学研究论文集》。1989年，被推选为贵州省民族团结先进工作者，受到省人民政府的表彰。他的学生遍及各行各业，可谓“桃李满天下”，对民族教育作出了应有贡献。

十一画

梅崇喜

梅崇喜，湖北武汉市人，1933年2月生，大学学历，1955年毕业于成都工学院水利系，是年参加工作。1957年8月加入中国共产党。历任农林厅监察室人民通讯员、勘测队副队长，毕节县水电局副局长、局长，县人大常务委员会副主任等职。

1955年11月参加工作，在贵州省农林厅国营农场勘测队工作，1958年任副队长。他以身作则，刚开始工作就参加“肃反”“审干”等运动。反右斗争结束，被评为单位先进工作者。

在勘测队工作期间，为国营农场选点、勘测、规划。他从东到西，从南到北，翻山越岭，踏遍大半个省，先后为山京、金钟、丹寨农场的建成开辟了道路。1959年出席全国测绘总局成立大会。他曾先后担任安顺、毕节两地工作队队长。1960年省委组织“整风整社”工作团，随“整风整社”工作团先后赴沿河、江口两县，担任工作团秘书。运动结束后返厅，不久，被借调到省刚成立的综合考察办公室任秘书。在省厅工作7年，工作变动频繁，他从不以所学专业为借口，向组织讨价还价，而是服从组织分配。1962年，调毕节县农水局工作。他从省下到县，从领导岗位下到工作员，毫无怨言。而是服从组织安排，不提任何个人要求。到毕节县不久，主动深入乡村，徒步走遍各区，对全县水源、水利设施和农业生产现状进行认真调查。返县后向县委写出第一份报告，要求县长孙振启将下放各区改行的水利干部调县集中使用。1963年，县水电局成立，他任职于毕节水电局，从此扎根毕节。全心全意、勤勤恳恳，为毕节的水电建设服务。一步一个脚印，为毕节农业生产发展和人民物质文化生活的改善作出积极奉献。

他责任心强，敢挑重担。七星关电站大坝底孔浇筑时，他三天两夜不离施工现场，因疲劳过度昏倒在工地。1975年，燕林大沟薄壳渡槽吊装时，困难重重，他亲自指挥吊装。在两个最大最重的排架吊装成功后，吊装师傅竖起大拇指说：“梅技，你真了不起！”还笑着说：“工程完成，你回去可以出师了。”

1980年至1990年先后任毕节县水电局副局长、局长。1981年获工程师职称，主持完成全县水土保持水资源调查评价和区划，获毕节地区科技成果三等奖，水土保持规划报告获省1986至1990年度优秀科技成果三等奖。

他一向廉洁奉公，不计个人得失。改革开放后，水电局下属单位水保办收购树苗，发给乡镇植树造林，推销树苗的商人找上门来，一说可供苗，二说可从中吃回扣，梅崇喜将来人推出门，说：“这是非法的。”予以严词拒绝。在人饮工程实施中，他拿出建设方案，经群众讨论通过。工程建成后，群众非常满意。对无水源的地方，引进云南建巧家水窖的经验，在县试点推广，受到省厅表彰，并号召全省向毕节县学习。

80年代初，毕节城区工农业和生活用水的矛盾日益严重。加高倒天河水库大坝，已成燃眉之急。省厅领导多次到毕，因经费困难，无力帮助解决。1987年水利部计划司司长到毕节视察，得到司长的首肯。1988年水利部批文，下达经费，加高库坝，为毕节城市经济发展、人民物质文化生活的提高奠定了良好的基础。多年来，他对毕节水利建设的贡献，赢得毕节人民的赞扬。

1990年，当选为毕节县人大常委会副主任。1993年10月退休。他用“孺子牛”的奋斗精神，向党和人民交了一份合格的答卷。他一生清正廉洁，两袖清风，求真务实，忠于职守，是一位又红又专的好干部。

黄　新

黄新，祖籍江苏省启东县，1951年2月生于毕节，大专文化，中共党员。

1968年1月参加中国人民解放军，曾任中国人民解放军陆军13军37师111团二机连战士、文书、班长、排长和四川省江津军分区司令部军务动员科参谋。1976年10月转业在陕西省民政厅工作。1991年5月调陕西省残疾人联合会工作。历任干事、副处长、处长、副巡视员（副厅级）等职。

黄新出生在毕节建筑公司一个工人家庭里，从小就在毕节城关镇小学和毕节二中读书。初中毕业时，便报名参军应征入伍。在部队，他勤学苦干，仅两年服役期满就提为干部进入机关工作。1976年10月，经本人申请，转业到陕西省民政厅工作，考入陕西电大党政干部专修科脱产学习2年，获专科毕业文凭。

1992年年初，调陕西省残联基金部工作。针对当时省残联机关未独立，基本上没有业务经费，工作开展困难等实际，他提出了开展募捐活动的意见，征得残联党组的同意，他率学习小组赴河北、山东等地学习、考察募捐经验。返回后，拟订了“捐赠方案”。是年5月在全省开展了募捐活动，募捐金额近千万元，对残联事业经费作出有力的补充，得到了领导的肯定、残疾人的好评。

1996年年初，任省残联组联部主任，当时，市县级残联机构单列的只有20%，大多数残联还由同级的民政部门代管，运作状况较差。为了运转正常，他向省残联党组提出：“市县残联机构单列、干部实行双管”等意见得到批准。两年内他带领本部同事跑遍了全省11个市（地级）2／3的县（全县107个县），每到一地，主动找党政领导汇报工作，宣传残疾人事业，强调残联的特殊性，促使全省95%的市县实现残联单列，大力推动了全省残疾人事业的发展。

2002年12月，任省残联宣文部主任，带领陕西省代表团参加2003年9月在南京召开的第六届全国残运会，获得奖牌和团体总分列全国第十四、十三位。此后，他在省残联党组的领导下，积极开展备战第七届全国残运会工作。在2007年全国第七届残运会上，陕西省代表团以36金、16银、17铜、团体总分572的战绩双列为35个代表团奖牌和总分榜的第十位，并获得全国残运会组委会授予的“体育道德风尚奖”，实现比赛成绩和精神文明双丰收。他受到省政府和省残联的表彰。继后，陕西省委组织部提任他为陕西省残疾人联合会副巡视员（副厅级）至退休。他为残疾人事业作出积极贡献。

黄远华

黄远华，贵州省毕节县（今七星关区）人，1964年4月出生于毕节县大新桥，1979年12月参加工作。本科文化，中共党员。

1979年12月参加中国人民武装警察部队，毕业于武警廊坊学院。历任武警贵州总队黔东南支队战士、副班长、班长、军械员兼文书、司务长、副政治指导员、政治指导员、支队宣传干事、保卫股长、直属大队教导员、教导队教导员、支队政治处副主任、主任、支队党委委员、纪委书记、支队副政治委员等职，中校警衔，于2005年从部队自主择业。

黄远华曾获支队投弹能手、特等射手称号、先后被评为优秀士兵、优秀党员、优秀党务工作者、多次受嘉奖、荣立三等功一次、2000年被贵州省政法系统评为隐蔽战线斗争先进个人，被选为黔东南苗族侗族自治州凯里市第二届人大代表。

黄远模

黄远模，贵州省毕节县（今七星关区）人，1936年出生于毕节普宜火马黄家寨，中共党员，中学文化。

幼年丧父。解放前读过半年私塾和半年小学，1952年考入毕节一中初中部学习。1955年，尚未读完初中应征入伍，在中国人民解放军49师服役，工作成绩突出，1960年经组织推荐，考入总参谋部在重庆设办的通信兵学校学习无线电通信专业。1962年毕业后，分配到贵州军区通信站电支台任分队长。1963年，调任毕节军分区电台台长，组建电台，建立规章制度，扭转通信业务不规范的局面，保证军分区与上下级的联系畅通无阻，受到军分区和省军区的表彰。

自参加中国人民解放军后，勤勤恳恳，任劳任怨。在49师师直无线电军事教导队学习期间，学习成绩一直领先。时逢昆明军区组织全军区的第一次通信兵技术比赛，成绩领先，受到物质奖励。回军区教导队学习，结业时考试的11个项目，获9个优良，两个良好，以总评优秀的成绩结业，获得一级无线电报务员、一级技术能手的称号，调通信营无线电连。1957年被评为优等报务员，出席省军区和49师召开的先进工作者代表会议，受省军区政治部和49师通令嘉奖。

1957年秋，49师奉命换防四川，在大部队行动前，他带电台随副师长刘仕明赴重庆转运站，设电台和贵州军区、成都军区、昆明军区、49师进行通信联络。后因形势变化，部队又调防贵州，奉命随首长赴成都调防联络站，两次顺利完成换防中的联络任务，都受到部队领导和机关的好评。1958年秋，部队回贵阳。他所在的部队负责修建清镇条子场铁路的基础工作。1959年春节返回部队，受到地方党委和部队党委的表彰。

1962年年底，盘县、水城等地边沿接合部发生反革命暴动，省军区接到安顺的紧急报告，参谋长何光宇将军率独立师3团两个连赴盘县指挥清剿，黄远模带电台随行。经过一个多月的清剿，抓住匪首押回安顺，平息了叛乱，整体工作受到中央军委表彰。1963年，调任毕节军分区电台台长。在分区工作期间，工作一直受到上级军事部门的表彰。1965年调威宁县人武部，先后任参谋、科长、副部长。其间，参加省军区团以上干部读书班学习。回威宁后于1984年大撤军中，转业到毕节县交通局任副局长、党委副书记。任职期间，除党务工作外，分管下属企业。在交通局工作的16年间，工作成绩突出，处事公正，曾分别被选为党代表，出席中共毕节县委召开的第四次、第六次代表大会；选为人民代表，出席毕节县第十一届、十二届人民代表大会，参政议政，建言献策，受到单位职工的尊重。

黄远模从部队到地方，一向艰苦奋斗，敢为人先。他处事冷静，平易近人，善于团结同志，被评为优秀公务员。退休后仍坚持学习，关心单位的工作，被人们称为“忠诚可靠的好干部”。

黄绍臣

黄绍臣，贵州省毕节县（今七星关区）人，苗族，1932年6月出生于毕节县阿市湾子一个农民家庭，中共党员。

从小聪明，读书不多，但能运用自如。成年在家务农，素有作为，深受村民的喜爱。

解放后，他以饱满的革命热情于1950年参加农协会活动，1951年6月任行政村村长，投入清匪反霸、土地改革、抗美援朝运动。于1952年提任普宜区公安特派员、副区长。在工作中才华出众，成绩突出，1953年6月加入中国共产党。1956年调任中共清水铺区委书记，工作政绩突出，得到党组织的信任。是年底，任中共毕节县委农村工作部副部长、部长、畜牧部部长，当选为县委委员。他平易近人，不骄不躁，心系群众，深入实际，了解人民疾苦，为乡村水利建设、农田基本建设做了大量工作。1960年为加强基层工作，调任中共鸭池区委书记，后于1963年任毕节县人民政府副县长，分管农村工作。他亲自担任福集电灌工程建设指挥部指挥长，把观音桥的河水引向福集，灌溉海子街、尚家寨、长地埂、彭家寨等乡村的基本农田数千亩，深受农民的好评。

1966年1月，任中共赫章县委常委，当选为赫章县第六届人民政府县长。他身居要职，但农民本色不变，家居农村，个人生活俭朴，廉洁奉公，密切联系群众，走遍赫章的山山水水，深入了解民情、民俗，地情、地物及农民的实际困难。每到一处都提出水利建设、植树造林、建造茶场、调整产业、发展畜牧业、改造基本农田几大任务。注重基础设施建设，注重省际、县际、区际公路和乡村公路建设，先后修建六典河至镇雄省际公路20公里、闹地沟至木冲沟县际公路28公里、县内区乡连接公路158公里。“文化大革命”中基本没有受到冲击，仍是党组织、解放军支左人员、群众组织结合的革命干部，任县贫下中农协会主席、省贫协委员等职。1969年任赫章县革命委员会生产领导小组副组长，分管全县工农业生产。1972年任中共赫章县委副书记，县革委副主任、主任。1977年任中共赫章县委书记、县革委主任。他结合县情，实施山水林田路综合治理，积极向上争取、协调资金，组织民工建勤，投资400万元，建设装机容量为3600千瓦的卡上电站，解决城关、妈姑、财神片区和沙石铁厂等处的用电。1980年当选赫章县第八届人民政府县长、后任县委书记。1977年至1982年当选贵州省第五届人大代表、省革命委员会委员和第五届全国人民代表大会代表、民族委员会委员。

1982年6月调任毕节地区畜牧局局长、党组书记，其间，他重视科研，注重草场建设，引进良种，发展适合山区饲养黑山羊等致富项目，为全地区畜牧业的发展起了推动作用。

1983年，调任中共毕节地委统战部副部长兼政协毕节地区联络处副主任，后改任政协贵州省毕节地区工作委员会副主任、党组副书记，主持日常工作。他积极参政议政，洁身自好，善于开拓，尽力帮扶民族地区的文化和经济建设，积极为大方“六寨”安装照明用电，发展小型作坊。曾担任贵州省苗学研究会副会长、毕节地区苗学会会长。编辑黔西北苗族经济文化史料等传统资料60余万字，为推动民族地区经济文化的发展、增进民族团结作出贡献。

黄绍臣于1999年退休后，仍担任社团职务。经常带着任务，深入群众调查研究，向党委、政府建言献策，与平民百姓打成一片，积极协调资金，为新农村建设献策出力。协调2万元资金为层台镇幸福村下寨村民组修建进村桥梁一座。他特别重视本民族的精神文明建设，主持编辑《苗族百年实录》出版发行，展示历史，促进少数民族地区的和谐发展。受到社会各界的好评。

黄思齐

黄思齐，贵州省毕节县（今七星关区）人，1973年10月出生于贵州省毕节县海子街区田坝桥公社，1992年9月参加工作。研究生学历，工学硕士，中共党员。

1992年9月至1996年7月，在省武警技术学院光电第电子视监专业学习；1996年7月至1998年6月在武警贵州省一支队警通中队服役任排长、副中队长；1998年6月至2005年9月调武警贵阳指挥学校任教员；2005年7月至2008年9月任武警贵州省训练基地正营职参谋；2008年9月至2013年12月转业到贵州省信息产业厅工作，任贵州省经济和信息化委员会主任科员；2013年12月至2015年12月任贵州省经济和信息化委员会信息基础设施处副处长。

黄家培

黄家培，贵州省大方县人，彝族，1957年1月出生，1974年8月参加工作，1977年2月加入中国共产党，中央党校本科学历。

1974年8月 至1977年2月，在贵州省大方县白纳区当知青；1977年2月至1980年2月，在贵州工学院机械系机械制造工艺及设备专业学习；1980年2月至1984年1月，任贵州省大方县农机研究所、农机站工作员、助理工程师；

1984年1月至1984年10月，任贵州省大方县水泥厂党支部书记（科级）；1984年10月至1987年8月，任贵州省大方县纪委副书记；1987年8月至1987年12月，任贵州省大方县副县长，县纪委副书记；1987年12月至1988年11月，任贵州省大方县副县长（其间：1988年1月至1988年5月，在贵州省毕节地委讲师团学习）；1988年11月至1989年1月，任贵州省大方县委副书记、代县长；1989年1月至1992年10月，任贵州省大方县委副书记、县长（其间：1992年3月至1992年7月，在贵州省委党校进修班学习）；1992年10月至1993年5月，任贵州省毕节县委副书记、代县长；1993年5月至1994年2月，任贵州省毕节县委副书记、县长；1994年2月至1997年2月，任贵州省毕节市委（县级市，下同）副书记、市长（其间：1994年8月至1996年12月，在中央党校经济管理专业学习；1996年5月至1996年11月，挂职任上海市长宁区区长助理）；1997年2月至1997年9月，任贵州省毕节市委书记、市长；1997年9月至1997年12月，任贵州省毕节地委委员，毕节市委书记、市长；1997年12月至2000年1月，任贵州省毕节地委委员，毕节市委书记（其间：1999年10月至2000年1月，在清华大学人文社会科学学院现代公共管理党政干部高级研修班学习）；2000年1月至2000年8月，任贵州省毕节地委委员、行署副专员，毕节市委书记；2000年8月至2003年6月，任贵州省毕节地委委员、行署副专员；2003年6月至2006年10月，任贵州省毕节地委副书记、行署专员（其间：2005年6月至2005年9月，在清华大学和哈佛大学“公共管理高级培训班”学习）；2006年10月至2007年8月，任贵州省农业厅厅长、党组书记；2007年8月至2008年7月，任贵州省农业厅厅长、党组书记，省科协副主席（兼）；2008年7月至2013年3月，任贵州省黔南布依族苗族自治州委书记，都匀军分区党委第一书记；2013年3月至2014年1月，任贵州省人民政府党组成员，省委农村工作委员会书记，省农业委员会党组书记；2014年1月至2015年12月，任贵州省人民政府党组成员，省委农村工作委员会书记，省水利厅厅长、党组书记。之后，任贵州省人民政府副省长。黄家培是十一届中共贵州省委委员。

曹华兴

曹华兴，贵州省毕节县（今七星关区）人，1944年生于毕节县燕子口沔鱼河青杠坡，1964年参加工作，大专文化，中共党员。

曹华兴从小聪明好学，是沔鱼河解放后第一个初中生，1964年初中毕业，即应征入伍，在部队历任战士，班长，排长，指导员，教导员，政治处主任。1984年转业，安置在毕节地区卷烟厂。历任车间主任，工会主席，副厂长，党委副书记、党委书记等职务。2004年退休，正县级待遇。

曹廷斌

曹廷斌，贵州省毕节县（今星关区）人，1957年1月出生于今七星关区大银镇新丰村园竹林组。大专文化，中共党员。

1974年12月，曹廷斌应征入伍，1976年加入中国共产党。1990年6月毕业于中国人民解放军南京政治学院，1994年授予中校军衔。1997年转业，安置在重庆江津市工作。

曹廷斌出生于一个农民家庭，从小就懂得没有共产党就没有新中国、不奋斗就没有幸福生活的道理。在“文化大革命”动荡的岁月，他四处求学、孜孜不倦。先后考取林口中学、毕节一中。高中毕业后在毕节县林口区石马小学任教。1974年应征入伍，在中国人民解放军第13军37师装甲团服役，历任战士、班长、团政治处书记、干事、指导员、师政治部营职干事、政工科长、直属工作科科长（副团级）。

1979年，受中央军委命令，曹廷斌所在的13军开赴南疆保卫战前线，担负西线作战主力军团。2月17日，战斗打响，曹廷斌与战友们跨过红河，一举攻克越南老街省和古纽市。在老街、古纽、甘塘等战斗中，他冲锋在前，不怕牺牲，奋勇当先，荣立三等功一次，军、师嘉奖六次。1984年，曹廷斌又参加了老山、者阴山战斗。老山、者阴山历来都是中国的领土，南疆保卫战我军撤军后，此地又被越军侵占，越军不断向我边境深处炮击和骚扰，对我边境人民群众生产生活造成严重威胁。奉中央军委命令，曹廷斌所在的部队参与重新夺回老山、者阴山的战斗任务。为了取得战争主动权，曹廷斌率领侦察排，深入敌后，侦察敌情，为前线指挥员提供了准确的情报。战斗打响后，敌人居高临下，拼死抵抗。我军勇士不畏生死，冒着枪林弹雨，经过惨烈的战斗，我军最终收复了老山、者阴山。为表彰曹廷斌的功绩，成都军区云南前线指挥部（正军级）给他记三等功两次，授予他“优秀共产党员”“战区优秀政工干部”的荣誉称号，并于1988年推荐他到南京政治学院深造。1990年毕业后，他被提拔到师政治部工作。1993年5月，曹廷斌调往30师后勤部政工科任科长，1995年4月调回37师司令部直属工作科任科长（副团级）。

1997年8月，曹廷斌转业到地方工作，开始在重庆江津市城市管理办公室任副主任；1999年调任江津市城乡建设委员会任副主任；2001年任江津区安全生产管理局副局长；2010年改任调研员（正处级）。

从部队转业到地方，对曹廷斌来说，是人生的一大转折，一大考验。他牢记党的教诲，注重发挥部队的光荣传统和优良作风，干一行、爱一行，学一行、钻一行。在实际工作中虚心向地方同志学习，密切联系群众，勇于探索，勇于实践，很快掌握地方工作的特点，真抓实干，廉洁奉公，积极作为。1999年，全国“百城市长”会议在江津召开，曹廷斌参加筹备、组织、协调工作。他雷厉风行的作风、严谨细致的工作态度，受到上级的高度赞赏。他在担任几个部门领导职务期间，不靠身边工作人员送资料，而是深入基层调研，在第一时间、第一现场，为基层解决问题，为群众办好事、办实事。他团结同志、为人忠厚、作风务实、谦虚谨慎的优良作风，在江津有口皆碑。他勤于思考、善于总结，经常写作，传播正能量，在《中国安全生产报》《重庆日报》《江津报》等刊物上，常有他的文稿见诸报端。由于曹廷斌成绩显著，他先后4年被重庆市、江津区评为“优秀公务员”，6次受到重庆市及江津区表彰。

曹进举

曹进举，江苏沛县人，1922年8月生，1945年8月参加革命，同年加入中国共产党，小学文化。

1945年，任盐城韩庄工作组长、沛县工作组副组长、单县曹马区工作员。1949年3月，随军南下赣东北，任乐平县公安局治安股长。

1949年9月，随军西进贵州到达毕节，先后任毕节县公安局治安股长、城关区区长。1952年1月起，先后任中共普宜区委副书记、书记，中共毕节县委常委、组织部长，县委副书记、县委书记处书记等职。

1960年2月，调任贵州耐火材料厂党委书记、织金磷矿党委书记。1968年12月，先后任毕节化肥厂革委副主任、毕节专署民政局副局长、专署计量局副局长。1983年12月离休，享受副地级待遇。

在战争年代，对党对人民的革命事业和解放事业作出积极贡献。到地方任职后，时刻保持劳动者的本色。从领导岗位退下来后，主动承担了干休所40余户人家院内清洁卫生，为创建和谐社会、建设文明院落而发挥余热。2003年10月27日《毕节日报》以八旬离休干部扫出一个文明院为题，报道了他的事迹，称赞他的高尚品德。

曹荣兴

曹荣兴，贵州省毕节县（今七星关区）人，1937年5月生于毕节县燕子口龙滩沟，大专文化，中共党员。

1956年1月参加中国人民解放军，先后在中国人民解放军49师145团任战士、副班长、班长、副排长。1957年加入中国共产主义青年团，1959年10月加入中国共产党。

1960年任排长后，被组织上派到郑州第四炮兵学院学习，毕业后回原部队服役，担任重炮连排长。1964年后任重炮一连副指导员、指导员。1969年调49师政治部组织科任干事，次年提任91团营教导员。1973年任团政治处副主任、团直属机关党委书记。1974年任团政治处主任、团党委常委（副团级）。1979年由部队转业后安排到毕节县工交办任副主任，1983年至1998年6月被任命为毕节县（市）经委主任、经贸局局长、党委书记，1998年经组织批准退休。

在部队服役期间，曾先后数次被评为“五好战士”；在炮兵学院学习期间，曾被院党委授予“五好学员”称号；1964年在修建国防仓库中因工作业绩突出，被团、师党委推选出席贵州省军区党代表大会。1967年在连队建设中因成绩突出，被团、师党委推选出席昆明军区先代会。1968年在四好连队建设中因成绩突出，被团部记三等功一次。

转业到地方工作后的19年间，先后在毕节县（市）经委、经贸局的领导岗位上工作，经常到所属企业调查研究，了解情况，和企业领导班子成员、工程技术人员、职工代表一起共商企业发展大计。如：毕节垭关煤厂，由于历史原因，输电线路沿途搭钱太多，负荷太重，供电极不正常，既严重影响生产，又危及从业职工的人身安全。他将此情况多次向地区经委、省经委专题汇报后，争取到技改资金50万元，由毕节电厂架设专线到垭关煤厂，使煤厂的用电问题得到彻底解决。毕节县橡胶厂的炼胶车间，由于污染太重，影响到职工的身体健康。曹荣兴了解情况后，带上该厂领导，专程到北京，向化工部作了详细汇报，争取取技改资金60万元，使橡胶厂炼胶车间的污染问题得以顺利解决。

20世纪80年代中期，毕节县兴办烟叶复烤厂，为解决烟叶复烤过程中的技术问题，他带着厂领导和工程技术人员，先后15次往返于遵义和毕节之间，学技术、学管理，请技术人员到厂作技术指导，使毕节复烤厂做到当年建厂、当年投产、当年见效。他在毕节前后19年间，哪一户企业有困难、有问题需要解决，哪里就有曹荣兴忙碌的身影，所以，曹荣兴的工作成绩得到县委、县政府领导的充分肯定。他把解放军的优良传统和尽职尽责、雷厉风行的工作作风，体现在地方工作中，成了经贸系统广大干部职工的好传统。

从部队到地方，他一向廉洁自律，工作上和职工齐心合力，生活上同群众同甘共苦。退休后，仍保持乐观向上的精神，在关键时刻发表公正意见，维护党和人民的利益，受到人们的尊敬和爱戴。

龚　霏

龚霏，贵州省毕节县（今七星关区）人，女，1963年6月生于贵州省毕节县，1982年8月参加工作，大专文化，中共党员。

1980年9月至1982年8月在贵州省财政学校企业财务专业学习，1982年8月至1996年12月在贵州省毕节县财政局工作，历任工作员、农财股副股长、预算股股长。1996年12月至2001年7月任贵州省毕节市（县级市，下同）财政局副局长（其间：1996年9月至1998年7月在贵州财经学院会计审计专业学习）；2001年8月至2003年3月调贵州省毕节市市西办事处任党委副书记、办事处主任（其间：1999年9月至2002年6月在贵州省委党校经济管理专业学习）；2003年3月至2005年9月任贵州省毕节市市西办事处党委书记（其间：2003年9月至2003年11月在贵州省毕节地委党校中青班学习）；2005年9月至2007年1月任贵州省毕节市财政局党组书记、局长（其间：2006年5月至2006年6月在北京大学光华管理学院领导干部项目培训班学习）。2007年1月任贵州省毕节市（县级）人民政府副市长。

常绍友

常绍友（1937—2012），贵州赫章县人，1937年5月生，高小文化，中共党员，1966年6月至1967年3月任林口区委书记，1968年2月至1972年9月林口区革委党的核心领导小组组长；1971年5月至1976年10月任中共毕节县委委员；1973年5月至1976年9月，任海子街区区委书记、区革委主任；1976年10月至1981年6月任中共毕节县委常委；1981年6月至1983年12月任毕节县副县长；1984年12月至1987年6月任中共毕节县委常委、县纪委书记（四届）；1987年6月至1990年4月任中共毕节县委常委、县纪委书记（五届）；1990年5月至1993年6月任中共毕节县委常委、县纪委书记（六届）；1993年5月至1994年4月任政协毕节县第九届委员会主席。1994年1月至1998年3月，任政协毕节市（县级市）第一届委员会主席。

常绍友在政协任职期间，认真履行政治协商、民主监督、参政议政职能，紧紧围绕原毕节市（县级市，现七星关区）国民经济和社会发展“九五”，以及年度工作和群众关心的热点等为市委和政府献计献策。为1993年设市后如何坚持“一个中心，两个基本点”，确保社会稳定、经济持续快速发展进言。积极参与扶贫帮困等工作，邀请贵阳市优秀教师到毕节，帮助何官屯、水箐、青场三镇培训小学教师208人；邀请民盟贵州省副主委周锦到毕节扶贫，接受赠送电教设备1套、图书200册，价值约5500元；邀请全国政协委员、香港商会会长张永珍女士到毕节扶贫，她连续三年资助何官屯、水箐两镇180名贫困儿童继续就读，每年捐资1.8万元。帮困工作收到了良好效果，为促进全市的社会和经济发展作出了积极的贡献。于2012年逝世，享年75岁。

常履福

常履福，贵州省毕节县（今七星关区）人，于1973年6月出生在毕节县海子街区观音桥公社（今观音桥街道办事处五里坪村麻塘组），于1995年7月参加工作。大学学历，中共党员，高级工程师。

1995年7月至2001年2月，在毕节地区气象局从事天气预报和气象服务工作。2002年1月至2003年2月，任毕节地区气象台台长，2003年3月至2011年5月，任毕节地区气象局副局长，2011年5月至2013年6月，任贵阳市气象局副局长，2013年6月至2014年3月，任贵州省气象局财务核算中心副主任（主持工作），2014年3月起任贵州省气象局财务核算中心主任。

常履福组织完成了毕节2008年特大凝冻、毕节2009年秋冬春连旱等重大自然灾害气象服务和第九届全国少数民族传统体育运动会等重大活动气象保障工作；主持完成了贵州省气象科技扶贫项目《毕节地区发展畜牧养殖业的气象条件研究》、毕节地区科技局课题《利用数值预报产品对毕节地区大到暴雨、冰雹落区预报方法的研究》，参与完成了贵州省气象科技短平快项目《毕节地区县级气象业务服务平台化系统》、贵州省气象局重点攻关项目《贵州省毕节地区人工影响天气综合业务处理系统》、毕节地区科技局课题《毕节地区人工影响天气作业指挥系统研究与应用》，主持编写了贵州省地方气象技术标准项目《贵州省增雨防雹火箭发射系统安全操作规程》等；先后发表了《雨情雹情电码自动编报发送系统软件设计及应用》《浅谈新时期学会如何开展工作》《乡镇雨情的图形显示方法及其应用》《毕节地区大暴雨的气候分析及其短期预报模式方法》《毕节地区气象台预报业务工作平台设计简介》《毕节地区发展畜牧养殖业的气象资源条件分析及分区探讨》《气象科技服务对公共气象服务的促进和发展》等科技论文。2001年12月被毕节地委、行署授予“毕节地区优秀学会干部”荣誉称号，2002年7月被贵州省科学技术协会授予“贵州省科学技术协会先进工作者”，2006年8月获“贵州省气象科学技术成果二等奖”。

康庆明

康庆明（1954—2004），贵州省毕节县（今七星关区）人，苗族，1954年生于毕节县普宜区阿市乡头桩村。中共党员，大专文化。

1973年7月毕业于毕节地区师范学校。是年8月分配在普宜中心小学任教。1984年至1991年任普宜区副区长、区长。1992年撤区并乡后，于1993年2月任阿市乡党委副书记、乡长。1998年12月任毕节市（县级，下同）政协副主席、市委统战部部长、市长助理。1999年1月任毕节地区民政局副局长。2001年11月任毕节地区民族宗教事务局副局长。2004年11月病逝，终年50岁。

康明友

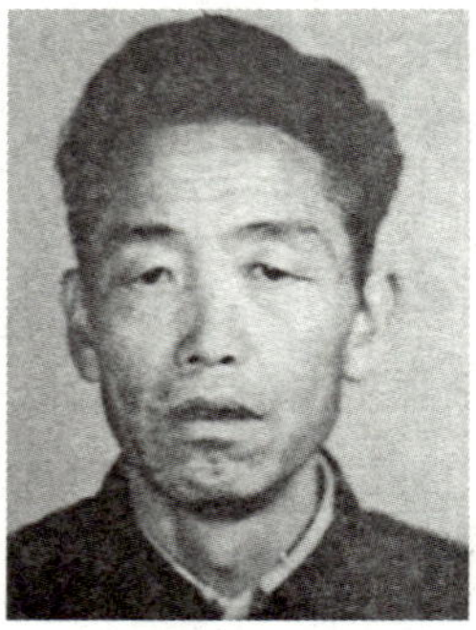

康明友（1928—2001），贵州省毕节县（今七星关区）人，苗族，出生于毕节燕子口一个贫苦农民家庭，中共党员。

毕节解放后，在党的领导下，参加燕子口乡农协会工作，任农协会小组长、民兵队长、团支部书记。1952年加入中国共产党。1953年，先后在毕节城关、海子街区参加土地改革。1954年调回燕子口区工作。1957年，任燕子口区粮管所副所长。1959年，任中共燕子口区区委副书记。1962年3月，调任海子街区副区长。1963年，任阴底区区委副书记、副区长。1977年，到省委党校学习。1978年，任毕节县民委主任、中共毕节县委常委。1984年，任毕节县政协副主席。

在主持毕节县民委工作期间，深入实际，调查研究，认真贯彻落实党的民族政策。他清正廉洁，大公无私，任劳任怨，工作扎实，政绩突出，为促进各民族团结，推动民族经济发展，作出了积极贡献。

于2001年逝世，享年73岁。

阎昭冉

阎昭冉，山东巨野人，1929年12月生于山东巨野县柳林区，1948年10月参加革命，1949年随军南下，中共党员。

历任巨野县柳林区文书，乐平县粮食局出纳。1949年西进贵州省毕节县，1950年在毕节县长春区任财政助理员。参加剿匪反霸、巩固政权的斗争。1951年调中共毕节县委组织部任干事；1952年1月至1954年，任中共毕节县委办公室秘书室秘书；1954年1月至1956年2月，任中共毕节县委宣传部副部长；1956年1月至1956年4月任中共毕节县委委员；1956年2月至1958年12月任中共毕节县委宣传部部长；1956年4月至1959年1月任中共毕节县第一届委员会常委；1962年2月任中共毕节县第二届委员会常委；1962年9月至1964年5月，任中共毕节县委宣传部部长；1964年6月至1966年5月任中共毕节县委副书记；（其间，1964年10月至1965年5月，任中共海子街区委书记，代理）；1966年6月至1967年3月，任中共毕节县委副书记（“文化大革命”时期）；1971年9月至1975年10月，任中共毕节县第三届委员会副书记。之后，调任中共水城特区党委书记，六盘水市政协副秘书长。于1990年退休。

阎昭铸

阎昭铸，贵州省毕节县（七星关区）人，1962年8月出生于毕节县燕子口区亮岩公社，大学学历、工学学士、中共党员。

阎昭铸1981年至1985年在西安矿业学院采煤工程专业学习，毕业后任水城矿务局木冲沟煤矿技术科技术员；1988年9月任该矿生产管理科副科长；1992年任水城矿务局木冲沟煤矿副总工程师；1993年任水城矿务局木冲沟煤矿副矿长；1994年任水城矿务局木冲沟煤矿总工程师；1997任水城矿务局汪家寨煤矿总工程师；1999年任水城矿务局汪家寨煤矿矿长；2002年任贵州水城矿业（集团）有限责任公司代总工程师；2005年任贵州水城矿业（集团）有限责任公司总工程师；2010年任贵州水城矿业（集团）有限责任公司（贵州水城煤电有限责任公司）董事、副总经理、党委委员；2012年任贵州水矿控股集团有限责任公司董事、党委委员，贵州水城矿业股份有限公司党委委员、董事、总经理。

阎昭铸长期从事煤矿企业安全、生产、技术的领导和管理工作，在煤矿生产、技术、安全管理、灾害防治和事故救援及处理方面，积累了丰富的工作经验。

在任水城矿务局木冲沟煤矿总工程师期间，组织人员在水城矿务局第一次成功应用综合机械化采煤，大大提高了单产水平。

担任水矿集团生产副总经理期间，精心组织，打造百万吨生产月，全公司原煤产量2009年突破1000万吨大关，在当年全国煤炭企业产量50强名单中排名第47位；强化机电设备管理，提出并践行“把设备当人看”理念，降低机电设备影响，提高运行效率，探索并大力推广“锚网喷注”支护工艺，极大改进了矿井巷道的支护质量和修复周期。

2012年7月，担任贵州水城矿业股份有限公司总经理以来，改变传统的以产量、进尺为主的考核指标，实行对二级单位的考核方式，加大了对利润的考核权重，倒逼各单位重视煤质，精打细算，节支降耗，提高效率效益。同时，实行“借工资”制度，对完不成任务，发不起工资的二级单位，必须由党政主要领导亲自到公司“借工资”，并由领导班子成员缴纳所借工资的10%作为抵押金，从而提高基层领导工作的能动性和积极性。

盖　斌

盖斌，贵州省毕节县（今七星关区）人，1965年11月出生于毕节县鸭池区，1984年7月参加工作。研究生学历，中共党员。

1984年从地区财校毕业分配到地区外协办工作；1991年任外事科副科长；1994年北京外交学院学习一年；1996年2月任外事办科长；1996年8月任地区旅游局人秘科长；1996年9月调行署办任外事科长，行署办信息科科长。2005年4月任行署办副调研员；2007年任地区“一河两园六路协调办”常务副主任。2008年8月任行署（市政府）应急办专职副主任，2014年任毕节市南部新区管委会主任。现为贵州省书法家协会会员，毕节市书法家协会副秘书长。

盖斌曾多次参加国内书法展览，1994年北京外交学院师生书画比赛第一名；2007年贵州省委党校书法比赛第二名。2010年参与地区抗旱应对工作，负责起草《中共毕节地委、毕节地区行署关于成立抗旱救灾、春耕生产、森林防火综合应急指挥部的通知》；迅速完成指挥部办公室组建，办公室高效运转得到地区主要领导肯定，地委领导在指挥部编印信息第七十五期上批示："指挥部办公室近期作用发挥不错，简报也出得及时，情况也能及时上达，望再接再厉，把工作做得更好"；深入乡村找水源，千方百计帮助受灾群众解决应急水源问题。从2007年起参加毕节城市南部新区的规划、建设和管理工作。2010年，受有关领导委托为毕节市七星关区深圳路、南岭路、望湖路、同心路、文博路取名，经当时地委主要领导阅定后交七星关区确定为现在使用的路名。2015年牵头搬迁了毕节精神病福利院、市地震台，打通同心路、文博路、深圳路三条道路，使南部新区交通网络得以贯通。

十二画

韩秉明

韩秉明(1949—1993)，贵州省毕节县(七星关区)人，1949年10月出生于海子街区五里坪乡韩董村，1968年12月参加工作，大专文化，中共党员。

韩秉明自幼酷爱文学艺术。1968年12月入伍，在云南省景洪驻军371部队服役。先后任战士、文书、政治处干事等职。在这期间从师范澎学油画，并自学摄影，创作小说、诗歌等。经过多年的艰苦跋涉，他终于有了收获。主要作品有中篇小说《永远的忏悔》、短篇小说《没有醒来的时候》，小小说《画眉鸟》《妻子》等40多篇；诗《雄性黔西北》《威宁，一个遥远的传说》等100余篇；散文诗《伟哉，黔西北》《版纳情诗》等20章。另外还有数百件散文、文艺评论及书法美术作品散见于报刊。发表作品计20余万字。

1980年韩秉明转业到毕节地区文化局工作，依然笔耕不辍。1990年，他的诗《黔西北》、散文诗《乡土四重奏》被新加坡热带出版社收入集子；1992年东方文化出版社出版了他的中篇小说集《永远不能靠近你》。

在文艺创作中，韩秉明不断取得了可喜成绩，获得地区级以上奖20余次，赢得各界好评。禄炳宪在《评韩秉明的散文诗》一文中说："作为诗人和作家的韩秉明……面对子规啼血的古战场和古驿道，他洋洋洒洒地挥就了注释信念与人格的歌。"谷雨在《黔西北高原的全景画像》一文中指出："秉明是在用心来写小说、写诗。文艺创作需要在探索中寻找和塑造自己，或许，秉明已上了一个新台阶。"

在毕节地区文化局工作期间，韩秉明参与编辑了《毕节文物》和彝、苗族文史资料。1985年5月，从毕节地区文化局调毕节报社工作，任副总编辑(副处)。在报社工作期间，采写的通讯《余永芬·我和我们大家》，获得贵州省"农行杯"征文优秀作品奖；散文《魂兮，归来》《不尽江河》，分别获全国报纸副刊第二届、第三届好作品三等奖。所编发的特写《卓问渔写意》、杂文《别了，阿混哥》、报告文学《彭德银画外音》，分别获全国、全省及地区奖。1993年5月，韩秉明被收录到《中国当代著名编辑记者传集》一书中。

1993年11月6日，韩秉明英年早逝，卒于五里坪老家。生前供职于毕节报社，曾担任《毕节报》副总编，为中国民间文艺家协会贵州分会会员、贵州省出版工作者协会装帧协会会员、贵州省报纸副刊研究协会副会长、贵州省青年书法家协会会员、贵州省毕节地区美术书法家协会副主席、贵州省毕节地区作家协会常务理事。

1993年11月6日《毕节报》编发的关于韩秉明逝世的消息中说："他生前曾对本报特别是副刊作出过较大贡献。"

彭　玲

彭玲，贵州省大方县人，女，1963年5月出生在纳雍县城关镇。于1982年8月参加工作。研究生学历，中共党员。

1982年8月至1984年3月，在纳雍县第二中学任教师；1984年3月至1986年8月，在纳雍县委党校任教；1986年8月至1989年11月，任黔西县委党校教务科长；1989年11月至1992年5月调毕节县委党校任教师、党校党委委员、妇委会主任；1992年5月至1995年10月，任毕节市（县级）（下同）市委组织部正股级组织干事；1995年10月至1996年10月，任毕节市委组织部干训科副科长、正股级干事；1996年10月至1996年12月，任毕节市委组织部干教科副科长、正股级干事；1996年12月至2000年11月，任毕节市西办事处党委副书记、纪委书记；2000年11月至2003年3月，任毕节市妇联主席；2003年3月至2006年10月，任毕节市委正科级组织员、组织部副部长；2006年10月至2007年2月，任毕节市委常委、宣传部部长、组织部副部长；2007年2月至2011年3月，任毕节市委常委、宣传部部长；2011年3月至2015年8月，任黔西县委常委、组织部部长；2015年8月任毕节市委党校（行政学院）党委委员、副校长（副院长）（正县）。

彭玲自参加工作以来，始终以认真负责的态度对待每一项工作，无论在什么岗位都爱岗敬业、尽心履职，善于调查研究，积极思考，较好完成各项工作任务。在从教十年期间，多次被评为优秀教师；在毕节市市西办事处工作期间，培育了翠屏村、桂花村等党建工作先进典型，市西办事处党务工作、纪检工作均名列全市前茅，她也多次被评为优秀党务工作者；主持妇联工作期间，争取“母亲水窖项目”在梨树镇保河村、甘河村实施，帮助当地村民解决了人畜饮用水困难问题，组建妇联中介组织开展一系列家政服务，组织劳务输出500余人，妇联工作每年均名列全地区前茅，2003年荣获全国妇联先进单位；主持宣传部工作期间，协调筹建成立毕节市电视台，并于2008年7月开播，成功举办了两届迎春灯会、“‘中国·橙满圆橙子’暨乡村生态旅游节”、首届乌蒙生态旅游文化节和2010年元宵大型音乐激光焰火晚会等重大活动。同时，分管“两创一建”办公室工作，协调组织实施了背街小巷硬化亮化工程、桂花市场改造提升工程、城市房屋立面亮化工程，以及开展“十佳名小吃”评选活动，有力推动了城市卫生、秩序、文明的进步。2008年毕节市荣获了省级卫生城市，彭玲也被地委、行署授予“毕节试验区二十周年工作先进个人”称号。在黔西县工作期间，在党建工作方面，创建了农村基层党组织服务体系建设经验，得到了市委（地级，下同）组织部肯定，并在全市推广。同时积极参与县委、县政府中心工作，在黔西县承办“全省第七届旅游发展大会”工作期间，由于工作突出，被市委、市政府授予“第七届旅游发展大会工作先进个人”称号。分管的农村院坝硬化、串户路硬化工作和通村水泥路建设工作，均名列全市前茅，多次为市召开相应的现场会提供参观点和经验。每年在年度工作考核中，彭玲均被评为优秀等次。2013年5月至2015年12月，因连续3年考核评为优秀等次，获荣记三等功一次的奖励。

彭思会

彭思会（曾用名，彭斯慧），女，贵州毕节县（今七星关区）人，1956年8月出生于毕节县何官屯区何官屯公社，1974年8月参加工作。大专文化，中共党员。

1974年8月至1976年12月在毕节县何官屯区大坝公社乐海大队知青。1976年12月至1977年6月贵州省毕节县何官屯区大坝公社任党委副书记（不脱产）；1977年6月至1980年5月任贵州省毕节县何官屯区大坝公社党委副书记（半脱产）；1980年5月至1980年10月任贵州省毕节县何官屯区后箐公社党委副书记；1980年10月至1981年5月贵州省毕节县何官屯区后箐公社党委副书记、管委会委员。1981年5月至1985年7月调贵州省毕节县妇联工作（其间1983年8月至1985年7月在贵州省毕节地委党校党政管理专业学习）。1985年7月至1998年3月调贵州省毕节县委组织部工作，历任知工办副主任、组织科科长（副区级组织员）、干部科科长（副科级组织员）、副部长（正科级组织员）等职。1998年3月至2003年3月任贵州省原毕节市（县级市，下同）副市长。2003年3月至2003年7月贵州省原毕节市副县级干部。2003年7月至2012年9月调任贵州省毕节地区（市）民族和宗教事务局（委员会）党组成员、副局长（副主任）。2012年9月起改任贵州省毕节市民族和宗教事务委员会调研员。

彭思会，在原毕节市副市长岗位期间，主抓教育、计生、卫生、体育等工作。在毕节地区（市）民族宗教事务局工作期间，主抓监督检查与文化教育科、经济建设与财务计划科及办公室等工作。她参加工作后，一是在思想上始终与党中央保持高度一致，积极贯彻执行党的路线方针政策；二是服从组织安排，严于律己；三是无论在什么环境、不管是什么单位、从事什么工作，始终保持强烈的革命事业心和高度的工作责任感，干一行，爱一行，始终尽责干好每一行。与同志们一道认真尽责履职，主抓的工作在本行业、本系统中成效突出，其本人也多次被有关部门评为优秀共产党员和优秀公务员。

彭崇友

彭崇友，贵州省织金县人。1958年8月生于贵州织金，1982年5月加入中国共产党，1975年8月参加工作，贵州省广播电视大学省农行干校党政专业毕业，大专学历，经济师。

1975年8月 至1977年11月，在贵州省织金县以那镇上山下乡当知青；1977年11月至1979年10月，任贵州省织金县水泥厂团委书记；1979年10月至1984年8月，任中国农业银行织金县支行信合股、监察室、副股长；1984年8月至1986年7月，在中国农业银行贵州省分行电大党政班读书；1986年7月至1990年7月，任中国农业银行织金县支行纪检组、信合股、县联社副组长；1990年7月至1992年3月，任中国农业银行织金县支行副行长；1992年3月至1997年1月，任中国农业银行毕节市（县级）支行副行长；1997年1月至1997年11月，任中国农业发展银行毕节分行营业部主要负责人；1997年11月至2001年10月，任中国农业发展银行织金县支行行长；2001年10月至2008年9月，任中国农业发展银行毕节地区分行营业部经理；2008年9月至2013年6月，任中国农业发展银行贵州省分行营业部副总经理、党委委员（2010年8月10日兼任中国农业发展银行贵州省分行营业部纪委书记）；2013年6月至2013年9月，任中国农业发展银行安顺市分行副行长、党委委员；2013年9月至2015年5月，任中国农业发展银行安顺市分行副行长、党委委员、工会工委主任；2015年5月至2015年7月，任中国农业发展银行安顺市分行计划与客户服务部高级业务经理；2015年7月至2015年12月，任中国农业发展银行毕节市分行高级业务经理。

彭崇友在长期的金融工作中，求实创新，开拓进取，为毕节地区经济社会的发展作出了积极贡献。

彭锦章

彭锦章(1931—1998)，贵州省毕节县(今七星关区)人，1931年出生于毕节县海子街彭家寨。于1951年加入中国共产党，1952年10月参加土地改革、清匪反霸工作。

1953年至1955年任毕节县海子街营业所主任。1955年参加省财干校学习半年后调毕节县撒拉溪区营业所任主任，此间为农村金融事业的发展和支援新农村建设做出一定贡献。1954年下半年提任毕节县撒拉溪区区委副书记。1961年建立大区期间任毕节县杨家湾区戈坐人民公社党委书记。1963年参加社会主义教育运动，任撒拉溪区区委书记。其间，于1964年下半年参加贵州社教工作团晴隆分团社会主义教育运动。1965年经省委批准撤销撒拉溪区行政区域，建立青场区，就任青场区区委书记。1966年下半年"文化大革命"开始，受到不公正的待遇。

1970年初恢复原职，仍任青场区区委书记。在任职期间，团结区委一班人，认真开展调查研究，为改变青场区农村水土流失严重、农业生产落后的面貌，自力更生，大搞农田基本建设。经过几年的奋斗，建成了一批高质量高标准的基本农田，树为示范农田，其经验受到省人民政府的肯定和推广。

1978年，当选为毕节县第八届县人民代表大会代表，并当选为毕节县革命委员会副主任兼任毕节县鸭池区委书记。

1982年初，调任毕节县公安局局长、党组书记，县政法委副书记。1992年6月改任专职政法委书记。1991年退休。

在任公安局长期间，认真落实党中央有关社会治安综合治理的方针政策，与全县公安干警一道从重从快，严厉打击各种刑事犯罪行为，震慑了各种犯罪分子的嚣张气焰，确保一方平安。他担任政法委副书记期间，协调公、检、法、司之间的关系，在工作中互相支持，互相配合，秉公执法，做好各项工作；同时，共同抓好普法工作，引导公民以法律保护自己的合法权利，使其不受侵犯。同时要求公民在保护好自己权利的同时要严格遵纪守法，做一个遵纪守法的公民。

彭锦章参加革命工作40余年，始终坚持全心全意为人民服务的根本宗旨，一向忠于党、忠于人民，廉洁奉公，不谋私利，为人忠实、正直。他为党和人民的事业贡献了毕生精力，无愧于党和人民。于1998年逝世，享年67岁。

葛天回

葛天回(1897—1977)，贵州省毕节县(今七星关区)人，于1897年出生在毕节城关。1922年毕业于唐山交通大学，历任吉林省吉会、吉长铁路工务员，江苏、安徽水利土建工程处工程师，广西大学、重庆中学、中山大学、贵州大学教授。

就读交大时，他积极参加"五四"爱国运动，上街游行演讲，痛斥曹汝霖、陆宗舆、章宗祥等的卖国罪行。在吉长铁路任职时，坚持民族气节，敢于指责不按施工要求擅改作业的日方包工头，并叫其改正。在广西大学任教期间，中共贵州地下党人秦天真、邱照(徐健生)等到梧州进行革命活动，他热情为其租赁住房，并资助经费。1942年秋，葛天回离开广西，到贵州大学任土木系教授兼任系主任。

葛天回热爱家乡，自愿为桑梓教育事业服务。1944年秋，应聘任毕节弘毅中学校长，后任县立中学校长，以"提倡毕节教育与实业、发扬地方科学与文艺"为目的，选聘有才学的教师任教，以"民主、科学"为办学宗旨，主张学生自学、自治，学好科学知识，追求真理。倡导成立"学生自治会"，组织"弘毅话剧团"，以丰富师生文艺生活。演出名剧《日出》和《罗密欧和朱丽叶》，博得社会好评。葛天回办学有方，校誉大振，被选为毕节县教育会会长。为改善小学教师待遇，据理与国民党县政府力争，在报端发表《论教育经费》的文章，公开与县长辩论，仗义执言，受到社会舆论一致赞扬。弘毅中学倡导民主，师生倾向进步，国民党政府大为不满，葛天回竟遭到恐吓，置身于白色恐怖之中，未能按自己愿望办学，愤而辞职，一腔悲愤抒发于《感怀》诗中。诗云："九死悔犹未，蜷然恋故丘。寸心思拨乱，何处觅同仇。水为出山浊，钢成绕指柔。伊谁如晦夜，风雨话幽忧！"充分表达爱国爱乡之情。

1947年，重返贵大任教，深受师生敬重。贵阳解放后，当选为贵阳市人民政府委员、市建设局副局长。他用以工代赈办法，翻修马路，亲临工地作技术指导；为防止山洪危害，规划设计黔灵水库及黔灵公园工程；主持整修甲秀楼、宏福寺、花溪等名胜古迹；兴修市内街道，兴办公共汽车场等设施。

1958年，参与创办贵州工学院，任土建系主任基础课委员会主任。建院之初，师资缺乏，他积极响应党委号召"身为教授，一专多能"，亮出能开三十门课的"家当"，率先开出高等数学课，不仅完成任务，还培养了青年教师，被评为专家。其间，曾当选为省人大代表、省政协委员、"九三学社"分社委员、"中国建筑学会"理事等职。"文化大革命"中受到打击迫害。在受批判之余仍孜孜不倦地钻研学问，研究力学、数论，力图跟上科学发展的时代。他是毕节籍有成就的教育家。1977年3月因病逝世于贵阳，享年80岁。

葛永华

葛永华，贵州省毕节县（今七星关区）人，1973年10月出生于贵州省毕节县，于1998年7月参加工作。本科文化，中共党员。

1998年7月毕业于贵阳医学院临床医学专业，同时加入公安消防部队，作为见习警官分配到毕节地区公安消防支队一中队；1999年7月至2001年7月任毕节地区公安消防支队纳雍大队副连职参谋；2001年7月至2005年7月调任贵阳市公安消防支队南明区消防科正连职参谋；2005年7月至2008年7月调任贵阳市公安消防支队花溪区大队副大队长（副营职）；2008年7月至2011年6月调任贵阳市公安消防支队防火处重点科科长（正营职）；2011年6月至2013年6月调任贵阳市公安消防支队云岩区大队大队长（副团职）；2013年6月至2015年5月调任贵州省公安消防总队防火监督部宣传处处长（副团职）；2015年5月起任贵阳市公安消防支队政治处主任（正团职）。

葛永华因全年工作突出于2004年荣获三等功一次。2012年葛永华在清剿火患战役中，出色地完成了各项工作任务，荣获三等功一次；且因清剿火患工作突出，获公安部嘉奖一次。

葛继红

葛继红，贵州省金沙县人，女，1950年12月出生在贵州省金沙县城关镇，于1968年12月参加工作。大专文化，中共党员。

1968年12月至1970年8月，在金沙县平坝区龙里公社上山下乡；1970年9月至1977年12月在毕节二小工作；1978年1月至1980年10月，参加毕节县路线教育工作队，在毕节县城关镇从事基层农村工作；1980年11月至1987年3月调毕节县幼儿园工作，任副园长(其中，1984年9月至1986年7月在毕节地委党校学习)；1987年3月至1987年6月调毕节县委宣传部工作；1987年7月至1989年12月，调毕节县城关镇工作，任城关镇人民政府副镇长；1989年12月至1991年3月调毕节县卫生局、县医院工作，任县卫生局副局长兼县医院党支部书记。1991年4月至1993年5月，调毕节县计生委工作，任县计生委主任；1993年5月至1998年4月，在毕节县(市，县级市)人民政府工作，任副县(市)长；1998年4月至1998年6月，在毕节市(县级市)人大工作，任委员；1998年7月至2011年2月，调毕节地区计生局工作，历任副局长(副调研员)、计生协专职副会长；2011年3月退休。

葛继红，先后在毕节县教育战线工作了15年。1980年11月调到县幼儿园工作后，面对刚刚恢复的县幼儿园窘况，积极争取上级领导支持，帮助解决20万元资金和选址征地，新建毕节县幼儿园，改善了教学环境。此外，着力抓好师资培训，开展观摩教学，转变幼教理念，不断提高教师的业务能力和教学水平，多次在地、县幼教活动中获奖，初步改变了县幼儿园的被动局面，为之后的发展奠定了基础。

1987年之后，她在镇(乡)、县(市)、地区三级主抓人口计生工作，经常深入基层，走村串户，掌握实情，为各级领导决策提供可靠依据，为毕节实验区人口控制作出坚持不懈的艰苦努力。全县"建并撤"后的镇(乡、办)困难重重、百废待兴，特别是被喻为"天下第一难事"的计划生育工作，更是寸步难行。她克服"等、靠、要"思想，亲自同县(市)委书记、县(市)长签订人口计生工作目标管理责任书。立下军令状后，迅速组建承包集团，层层分解、落实人口计生工作任务；严格考核、兑现奖惩，充分调动了基层干部和群众积极性。1993年征收社抚费604.37万元，超额完成目标任务。把征收社抚费同妇检、落实节(绝)育手术和人口计划等工作相结合，整体推进，有序开展。为此，全省依法征收社抚费现场会在毕节市召开。加强社抚费资金管理，实行收支两条线。主要用于修建乡级计生服务站，增添手术器械，培训新招技术人员，提高手术质量和群众满意度。从无到有，全市每个镇(乡)都新建计生服务站，建立一支任劳任怨、热情服务基层育龄群众的技术队伍，方便群众就近手术，确保手术安全，没有发生一起医疗事故。此外，帮助解决受术群众的生产、生活困难，开展优质服务和农村"两户"保险等，从而改善了干群关系，得到群众的拥护和好评。由于各级党委、政府高度重视，各部门密切配合，计生干部尽心竭力，群众积极参与，毕节市全面完成年度人口和计划生育各项目标任务，连续4年位居毕节地区第二名，受到上级表彰奖励。本人曾先后4次受到国家计生委、中国计生协会表彰。

蒋　林

蒋林，贵州省毕节县(今七星关区)人，于1964年3月出生于毕节，于1981年8月参加工作。大学本科，中共党员。

他于1981年7月毕业于贵州体育学校，到毕节地区体委工作，在少体校担任武术教练；1981年7月至1985年6月在毕节地区体委少体校任武术教练；1985年7月至1987年在天津体育学院运动系读书；1987年至1988年12月在毕节地区体育事业局省体校担任武术教练；1989年1月至2009年12月在毕节地区体育事业局省体校担任拳击教练；其中1992年担任毕节地区体育事业局少体校副校长(副科级)；2004年担任毕节地区体育事业局少体校校长(正科级)；2000年获高级教练员职称(副教授)；2009年12月在毕节市(地级市，下同)文体广电局毕节市少体校任校长兼拳击队教练；2010年9月任毕节市体育运动学校校长(副县级)；2014年到毕节市教育局毕节市体育运动学校担任校长兼拳击队总教练。

蒋林在从事体育事业的工作中，取得了骄人的成绩。他在培养输送部分运动员参加国际国内大赛获奖情况：

刘渊：1998年，进入国家队1998年代表中国队参加"世界杯"拳击比赛获铜牌。2004年代表中国队参加在雅典举行的第28届奥运会。1999年代表贵州参加全国拳击冠军赛获冠军。2000年代表贵州参加全国拳击冠军赛获冠军。2001年代表贵州参加全国拳击锦标赛获冠军。2004年代表中国队参加国际拳击公开赛获冠军。刘涛：1997年，进入国家队1998年代表贵州参加全国拳击冠军赛获冠军。1998年代表贵州参加全国拳击锦标赛获冠军。1999年代表贵州参加全国拳击冠军赛获冠军。1999年代表贵州参加全国拳击锦标赛获冠军。2003年代表贵州参加全国拳击锦标赛获冠军。2004年代表贵州参加全国拳王争霸赛获“拳王”称号。徐良军：进入国家队（1992年），1993年代表贵州参加全国拳击锦标赛获冠军。常勇：2010年代表中国参加亚运会获51千克亚军。2011年代表中国拳击公开赛获冠军。2011年代表中国参加亚洲拳击锦标赛获冠军。2012年代表中国参加匈牙利国际拳击赛获冠军。2014代表中国参加保加利亚国际拳击赛获冠军。蒋林在担任毕节市体育运动学校校长期间，学校培养输送部分运动员在国际国内重大比赛中获奖运动员。张卫刚：进入国家队。1986年代表中国参加亚运会获团体，个人两项冠军。1988年代表中国参加奥运会获第五名。1989年代表贵州参加中华人民运动会获冠军。吴辉：进入国家队。1992年代表中国参加世界射击锦标赛获团体冠军。1992年代表贵州参加全国射击锦标赛获冠军。周灵：进入国家队。2000年代表中国参加亚洲射击锦标赛获团体、个人两项冠军。2001年代表中国参加亚洲射击锦标赛获个人冠军。2002年代表贵州参加全国射击锦标赛获个人冠军。2007年代表中国参加世界大学生运动会获射击团体冠军。王新立：进入国家队。1993年参加中国全军射击比赛获冠军。1994年参加全国城市运动会获射击个人冠军。2001年参加全国射击锦标赛获个人冠军。邓光英：2007年代表贵州参加全国少年射击比赛获冠军。赵卫玲：2011年代表贵州参加全国射击精英赛获冠军。钱微：进入国家队。2013年代表中国参加亚洲射击锦标赛获冠军。2014年代表中国参加世界射击锦标赛获团体冠军。水上项目（赛艇，皮划艇）赵超、蒋林在学校培养运动员代表毕节参加全省青少年比赛获1000多枚冠军，为毕节市竞技体育发展作出辉煌贡献。个人获奖情况：自1981年参加工作以来，多次获国家，省和市政府奖励。其中：2004年获毕节地区行署特殊津贴。2005年获毕节地区地委，行署颁发首批地管专家。2011年获全国业余训练先进个人（国家体育总局）。

蒋从跃

蒋从跃，贵州省金沙县人，1964年9月出生，1981年12月参加工作。研究生学历，中共党员。

1981年12月至1983年1月，在贵州省金沙县委党校农干班学习；1983年1月至1985年3月，任贵州省金沙县环路乡政府文书；1985年3月至1988年9月，任贵州省金沙县太平乡政府文书〔其间：1986年9月至1988年7月，在贵州省委党校党政管理专业学习（大专）〕；1988年9月至1989年3月，任贵州省毕节地委组织部工作员；1989年3月至1991年9月，任贵州省毕节地委组织部科员；1991年9月至1992年6月，任贵州省毕节地委组织部组织科副科长；1992年6月至1995年1月，任贵州省毕节地委组织部组织科副科长、副科级组织员；1995年1月至1997年12月，任贵州省毕节地委组织部组织科科长〔其间：1993年8月至1995年12月，在中央党校经济管理专业学习（函授本科）〕。

1997年12月至2001年12月，任贵州省毕节市（县级）委常委、组织部部长；2001年12月至2006年4月，任贵州省毕节市（县级）委副书记（2001年9月至2004年6月，在贵州省委党校在职研究生班经济学专业学习）；2006年4月至2007年1月，任贵州省黔西县委副书记、代理县长；2007年1月至2011年4月，任贵州省黔西县委副书记、县长（其间：2008年10月至2008年11月，在中国延安干部学院县长培训班学习）；2011年4月至2013年4月，任贵州省纳雍县委书记；2013年4月，任毕节市（地级市）人民政府副市长。

覃有遂

覃有遂，广西三江人，壮族，1940年5月29日出生于广西三江县洋溪乡，大学文化，中共党员。

1954年12月加入中国共产主义青年团。1959年8月在毕节一小任教，先后担任过学校教师团支部组织委员，团支部副书记、书记；1965年10月至1966年6月在毕节县吉场区大吉公社参加“四清”工作，任工作队秘书；1973年3月调毕节县师范学校任教兼校办公室负责人；1980年4月加入中国共产党。1981年5月调毕节县教育局教研室工作，并于月底调毕节县人大常委办公室任秘书。1984年5月后先后担任毕节县人大常委会办公室副主任、人大法制工作委员会主任、毕节县第十、十一、十二届人大常委会委员。

1993年5月当选为毕节县第十三届人大常委会副主任，任党组成员；1993年12月毕节县撤县建市（县级，下同），于1994年3月任毕节市第一届人大常委会副主任、党组成员；1998年3月至2003年3月任毕节市第二届人民代表大会代表、市人大常委会助理调研员。2000年6月退休。之后任毕节市关心下一代工作委员会副主任、毕节市老年体育协会副主席。

在毕节一小、毕节县师任教二十多年间，热爱本职工作，认真贯彻执行党的教育方针。对学生言传身教，受到学生和家长的好评。在工作中努力改进教学方法，提高教育质量，曾先后被评为“先进教育工作者”“优秀团支部书记”等，受到县委、县政府表彰。

1981年6月毕节县建立人大常委会，调办公室负责文秘工作。在相当长的一段时间内，担负着“两会”所有文件、报告以及日常事务文书的起草任务，经常加班加点，从文件的起草到付印、校对、装订、分发都一丝不苟，保质保量完成任务。

他担任人大法工委主任和分管法制工作副主任期间，能严格依法履行职责。按照上级人大的部署，在人大代表评议司法工作中，亲自带领法工委及信访科的同志深入基层，在职权范围内调查个案情况，获取确凿证据，督促司法机关立案查处了一些群众反映强烈，本应立案而未立案的案件。同时还督促司法机关复查、纠正了一些确属司法机关裁决、判决失误的个案，并写出了一些有分量的司法评议文稿，为人大常委会对“一府两院”实施法律监督提供了翔实的资料和依据，维护了公民、法人和其他组织的合法权益，为维护毕节的政治、社会稳定，促进经济发展作出了一定的贡献。

在权力机关工作十几年里，积极撰稿，宣传人民代表大会的性质、地位和作用，为毕节市的民主和法制建设作出积极努力。他撰写的《强化监督机制，提高监督实效——浅谈人大对个案的监督》获毕节地区人大工作理论研讨会论文二等奖。《新闻报道引发官司，人大监督讨回公道》发表于贵州省《人大论坛》和《贵州工人报》，获贵州省人大办公厅、省新闻工作者协会《宣传人大制度好新闻》一等奖。

覃有遂于2006年6月退休，可他退而不休，热心公益事业。认真履行市关工委副主任的职责，关心青少年成长，成绩突出。2004年7月获中共毕节市委授予“优秀共产党员”荣誉称号。在新中国建立60周年之际，先后到市十七小学、鸭池中学、市戒毒所、毕节八中、毕节四小、海子衔中心校宣讲新中国成立60周年、改革开放30周年、毕节试验区建立20周年等的伟大成就和经验，对青少年进行爱国主义教育，深受师生、学员的好评。

揭子珩

揭子珩，山东微山湖西人，1918年生于山东省微山湖西丰县。1938年参加革命，任微山湖西抗日根据地文化教员，1939年年底，参与创办湖西抗日中学，1940年12月在单县以东的蔡溜一带集中，由揭子珩带领34人的宣传队进行抗日宣传，在青年中建立“朱德青年队”。青年队是党的外围组织，成员是发展党员的预备对象，揭子珩任分队长。建立学生救国会，揭子珩为主任。湖西中学建立后，主要给学生讲《论持久战》《论新阶段》《新民主主义论》《近代革命史》《根据地各项政策法令》等。1944年冬，揭子珩被分配到八路军。1949年，西进贵州毕节。1950年2月至1954年6月，任中共毕节县委委员，中共毕节县委宣传部副部长；1956年8月至1960年12月，任中共毕节地方委员会常委；1960年1月至1960年12月，任中共毕节地方委员会书记处书记。1959年1月至1960年1月，任中共毕节县第二届委员会第一书记；1962年12月至1964年1月，任中共大方县第二届委员会书记。

覃珍贵

覃珍贵，男，汉族，1963年11月出生于七星关区梨树镇廖家村，在职研究生学历。现任毕节市第一中学党委书记。

1982年8月毕节师专(现贵州工程应用技术学院)数学系毕业后分配到毕节四中任教，1985年9月考入贵州教育学院(现贵州师范学院)数学系学习，1987年5月加入中国共产党。

1987年7月回四中后，主要从事高中数学教学，担任班主任和数学教研组组长。主持实施国家“七五”教育科研课题“初中数学目标教学研究实验”，为大面积提高普通学校数学教学质量进行了有益探索，在毕节地区推广实施取得明显成效，培养带领了一批中青年教师成长。课题获得贵州省教委教改实验一等奖，毕节行署科技进步三等奖。在四中工作期间曾在《贵州日报》《贵州教育学院学报》(自然科学版)、《毕节师专学报》(自然科学版)、《贵州教科通讯》等报刊发表学术论文10余篇，1988年9月被评为毕节县先进教育工作者，1989年9月被评为贵州省优秀教师。

1992年1月调到毕节地区教育局工作，先后在学校教育科，基础教育科从事中师函授管理、高中会考、普及义务教育等工作。1996年10月至1998年8月在大方县双山镇挂职支教，任党委委员。其间曾被贵州省教育厅评为“中函管理”先进个人，多次参与或独立执笔起草《毕节地区国民经济和社会发展“十一五”规划》及地委、行署有关教育工作重要文件，2000年12月被聘为全区理论工作特约研究员。

2001年11月任毕节地区教育局办公室主任，曾先后在毕节地委党校中青班，中国人民大学行政管理专业研究生班、毕节地区第一期领导干部驾驭市场经济能力深圳强化班学习，多次被评为地直机关优秀共产党员，2003年10月被地委组织部等评为全区抗击“非典”先进个人、2007年被地区安委会评为全区“安全生产”先进个人、2008年4月被地委、行署评为“抗雪凝，保民生”先进个人等。

2008年8月任毕节地区教育局党组成员，地区招生考试管理中心主任，积极推行中考统一网上评卷，为考生学习成绩评价的公平公正和实现教育考试管理信息化作出了努力。2010年3月至5月在贵州省委党校中青班学习。2010年8月任毕节地区教育局党组成员、副局长，2014年月11月任毕节市教育局党组成员、副局长、市委教育工委委员。

本人在地区(市)教育局工作期间，在公务员年度考核中多年被评为优秀，2013年获记三等功一次。在《贵州教育》《乌蒙论坛》《毕节日报》等报刊发表调研论文10余篇。

2017年8月任毕节一中党委书记。

程如玉

程如玉，山东省金乡县人，1919年12月生，1943年2月参加革命，1944年12月加入中国共产党，初中文化。

1943年，先后任金乡县抗日联合会工作员、羊山区抗联主任。1946年3月，任钜南县棠林区区长、中共德化区区委书记。1949年5月，参加南下支队，到达江西后，任中共乐平县二区区委书记兼区长、德化区委书记。1949年11月，参加西进支队，到达贵州省毕节县（今七星关区），1949年12月至1953年1月，先后任中共毕节县五区（即后来的燕子口、林口、清水铺、吉场、普宜、龙场等区）区长、区委书记和中共毕节县委组织部部长。后调任水城县长、中共水城县委副书记。1953年2月，调任西南煤管局南桐煤矿党委副书记、煤炭部重庆煤管基建局副局长、四川省煤管第一建井工程公司副经理、四川省煤矿芙蓉矿区建设指挥部副指挥长、芙蓉矿务局副局长、四川省煤矿基本建设工程公司副经理，正地级干部。1984年3月离休。

在抗日战争中，曾担任抗联领导工作，团结各阶层人士组成抗日民族统一战线，开展对敌斗争。在解放战争中，领导人民群众积极支援前线，开展敌后武装斗争，为新中国的建立作出了重要贡献。此后随解放军南下江西，西进贵州后，于解放初担任毕节五区领导。其间，带领清水、林口、燕子口、对坡等地人民群众，同解放军武工队一起清剿残匪，保卫新生的红色政权。在亮岩多次受到土匪袭击，经历无数次战斗，他立场坚定，勇于斗争。在数倍于我军的敌人面前，按照上级指示，将区政府撤迁至八寨坪，组织力量反击敌人，不久将敌人打退，取得胜利。在毕节期间，为建设政权、保卫政权和保卫人民生命财产安全作出了极大贡献。至今，老五区的人民还记忆犹新，时常提到这位老领导在毕节的不朽业绩。

傅立勇

傅立勇，贵州省毕节县（今七星关区）人，1967年3月出生于在毕节县长春堡区下伍，1985年8月参加工作，研究生文化，1995年8月加入中国共产党。

1982年9月至1985年7月在毕节地区师范学校中师中专毕业，1985年8月至1990年8月在毕节县长春堡镇王丰小学任教；1990年8月至1994年9月调毕节县教育局教研室工作，1994年9月至1995年3月调毕节市（县级，下同）委宣传部工作，1995年3月至1996年12月任毕节市晚报社编辑，1996年12月至2001年7月任原毕节市委宣传部副部长；2001年7月至2003年12月任原毕节市（县级市，下同）委宣传部副部长、毕节晚报（市报）社社长〔其间:2001年8月至2003年12在中央党校行政管理专业学习（函授）〕，2003年12月至2007年1月调原毕节市委办公室工作任副主任、正科级秘书〔其间:2004年3月至2004年6月在贵州省毕节地委党校中青班学习，2005年11月至2007年1月，在中国人民大学研究生课程进修班行政管理专业学习（结业）〕；2007年1月至2008年8月调毕节市政协工作并当选副主席；2008年8月至2010年11月，调政协毕节地区工委任副秘书长，2010年11月至2011年11月，任原政协毕节地区工委常务副秘书长（正县级），2011年11月至2011年12月，调毕节地区行政公署工作任常务副秘书长、行署办党组成员，2011年12月至2015年10月，任毕节市（地级市）政府常务副秘书长、办公室党组成员；2015年10至今，调毕节市委工作任副秘书长、市委政研室主任。

付立勇，青年时期勤于笔耕，曾在《今日文坛》《教师报》《杂文报》《青年时代》《贵州日报》《贵州作家》《语文教学》《百家作文指导》《中国政协》等全国60余家报刊发表各类作品300多万字，曾公开出版《小学生作文指导》（义务教育配套辅导教材）、《冷面真情》（散文集），主编《月白风清》（新闻作品集），代表作品被选入《贵州杂文集》《仰望乌蒙》等多种文集，获各级各类奖励40余次，文学创作成就列入《黔西北文学史》专节介绍，为贵州省作家协会会员、贵州省杂文学会理事、毕节市作家协会常务理事。自从事文秘工作以来，曾协助市政府主要领导工作，参与市委、市政府、市政协有关重要文件、重要讲话和调研报告的起草和把关，积极发挥参谋助手作用，得到有关领导和同事好评。

傅传耀

傅传耀，贵州省金沙县人，1955年3月出生，大学文化，1976年8月参加工作，1976年5月加入中国共产党，中央党校在职研究生学历。

1978年9月至1980年8月，在贵阳师范学院毕节专科班中文专业学习；1992年9月至1993年7月，在中央党校中青班学习；1993年8月至1995年12月，在中央党校函授学院本科班经济管理专业学习；2000年3月至2003年1月，在中央党校在职研究生班经济管理专业学习。

1976年8月至1978年9月，任贵州省金沙县岚头公社党委副书记、公社团委书记；1980年8月至1983年1月，任共青团贵州省金沙县委工作员；1983年1月至1990年11月，先后任贵州省金沙县委宣传部干事，县委常委、农工部部长，纳雍县委书记；1990年11月至1997年2月，先后任贵州省毕节地委委员，纳雍县委书记、毕节县委书记、毕节市（县级市，下同）委书记；1997年2月至1997年7月，任贵州省遵义地委委员、行署副专员；1997年7月至1997年10月，任贵州省遵义地委副书记、行署专员；1997年10月至1999年8月，任贵州省遵义市委副书记、市长；1999年8月至2001年9月，任贵州省遵义市委副书记、市长；遵义某预备役团第一政委；2001年9月至2008年1月，任贵州省遵义市委书记，遵义军分区党委第一书记；2008年1月至2008年5月，任贵州省第十一届人大常委会副主任、党组成员，遵义市委书记；2008年5月，任贵州省第十一届人大常委会副主任、党组成员。傅传耀是中共十六大、十七大代表，九届全国人大代表，十届贵州省委委员。

游安清

游安清，贵州省毕节县（今金海湖新区）人，于1951年1月10日，出生在毕节县鸭池区保河乡小屯沟村。1968年12月参加工作，大专文化，中共党员。

1968年12月，游安清实现了自己追寻的梦想，穿上军装，到云南省允景洪县小勐养驻军7671部队（昆明军区汽车23团）2营4连任通讯员。

1972年至1974年，游安清任4连9班班长。为圆满完成援老筑路后勤运输任务，游安清所在2营奉命移防云南勐腊县边境，担负运送物资进入老挝的任务。时值我援老筑路部队已将援助老挝的公路里程，从老西线推至湄公河新西线。进入敌占区，美机持续轰炸，老挝右派武装不断袭挠，给我援老筑路造成极大困难。我筑路大军既要按期完成筑路任务，又要还击美机轰炸和敌人袭击。游安清带领9班，跟随筑路部队，做好后勤保障运输任务。躲过美机多次轰炸，闯过敌军一次次袭击，圆满完成物资运送任务。9班荣立集体三等功，游安清个人荣立三等功两次。

1974年11月，游安清被提拔为7连3排排长；1977年，任7连副指导员；1979年1月，任7连指导员。

1979年2月16日晚，7连奉命从屏边乘夜闭灯开进河口县坝洒竹林中，隐藏待命。17日晨，万炮齐鸣，游安清率7连突击队满载各种弹药，驶上舟桥飞越红河，冒着枪林弹雨，随作战部队冲上敌阵地。过坝沙、进老街、闯谷柳、上黄连山，作战部队打到那里，他们就跟进到那里。车棚弹洞累累，车轮被击破无数。7连在战火中穿行，在硝烟中抢运弹药、伤员、烈士、俘虏和缴获的敌枪炮、物资等。在战场上东突西闯，南征北往。为了保证战场运输不迷路，游安清在自己衬衣上绘上运输线路图，带领汽车运输敢死队，圆满完成了南疆保卫战的各项运输任务。7连荣获集体三等功，游安清获个人三等功一次。

1981年，游安清率7连奉命执行扣林山作战运输任务。在极其复杂的环境条件下，做到物资供得上，伤员抢得下。作战不忘群众利益，运输路上处处爱民帮民。解放军报等报刊多次刊登7连先进事迹。由此，7连荣立集体三等功，游安清个人荣立三等功一次。

1983年4月，游安清从7连调任昆明军区后勤部政治部秘书科干事；1985年提任7671部队2营教导员；1988年调成都军区驻昆办事处任副团职干事，授中校军衔；1989年12月任组织科科长（正团）。

在机关工作期间，游安清遵守领导机关工作原则，严格请示汇报，虚心请教首长，团结同志，不耻下问，刻苦学习。报考并被云南大学哲学专业录取，经三年的苦读，以科科优秀的成绩毕业。他撰写的《35419部队认真执行民族政策，自觉做民族团结的模范》一文，受民政部、总后勤部和云南省政府表彰；1983年他撰写的《昆明军区后勤部军民共建精神文明规划》等十多篇文章，被各级领导机关表彰，各类刊物采用并获奖。

1991年7月，游安清调任35428部队政治委员，党委书记，晋升上校军衔。他和两任主任一起，团结一班人，带领全库官兵，积极抓好部队全面建设，使部队各方面工作都取得优异成绩，先后被成都军区后勤部、成都军区、总后勤部及云南省政府评为：战斗性强党委、安全工作先进单位、生产生活保障有力先进单位、园林式营区模范单位、全军油库上等级达标建设及拥政爱民、精神文明建设先进单位等13个荣誉称号。

1995年8月，游安清转业到昆明公路管理总段任纪委书记；2004年6月，任总段党委副书记；2009年6月代行总段党委书记、总段长职务。他位置摆得正，工作思路清；职责明，敢担当；踏踏实实做事，清清白白做人；廉洁自律做榜样，洁身自好塑标杆；紧跟时代步伐，依法依规"管、养、征"。开拓进取，主动工作，确保了总段各项工作任务的完成，使昆明总段进入云南省"文明行业"的行列。

2011，游安清退休。居住在昆明市小板桥。

曾玉琴

曾玉琴，女，大学，中共党员，1953年农历十月生，籍贯四川省威远县，1971年3月在四川省威远县永高公社上山下乡当知青；1974年8月考入威远师范学校读中专；1976年毕业后在威远县永高小学教书；1980年11月随军调到毕节八小任教；1985年8月考入毕节地委党校大专班脱产读书；1987年8月至1989年11月，在毕节县教育局工作，先后任县幼儿园园长，挂任毕节县环城区委副书记；1989年11月当选毕节县妇联副主任；1990年4月至2014年6月，调任毕节地区妇联工作，先后任妇联权益部副部长、部长、妇联副主席、主席；其间：1993年12月考入中央党校党政专业函授本科学习，1998年挂任毕节市（县级，下同）委副书记；2014年6月至2013年10月地区人大工作，任地区人大农村经济处处长、教科文卫处处长。2013年10月在毕节市人大常委会退休。

曾玉琴参加工作以来，严格遵守《党章》和认真贯彻执行党的纪律特别是党的政治纪律，加强自身党性锻炼，组织原则性较强，执行党的路线、方针、政策，政治立场坚定，坚持党的基本路线，坚持四项基本原则，坚定理想信念，宗旨意识、廉洁意识，工作兢兢业业，任劳任怨，团结同志、作风正派，模范遵守国家的法律法规，自觉遵守单位的各项规章制度，学习态度端正，进一步树立了科学发展观和地位观、利益观，能用共产党员的标准严格要求自己，认真履行党员义务。

师范毕业从事教育工作，担任小学和初中的教学、当班主任，成绩教突出，被县评为优秀教师、班主任、辅导员。得到县教育部门多次表彰。

在毕节市挂任市委副书记期间，尽心尽力工作，尽职尽责完成任务，带领工作队员们在地直各部门协调各项扶贫项目和资金落实到毕节市各镇乡。由于工作出色，地委组织部授予该工作队为“优秀工作队”。

在地区妇联任职期间，抓全区妇女权益保障维护工作；农村妇女“双学双比”活动；城市妇女“巾帼建功”活动。多次得到全国妇联和省妇联的表彰。

担任地区人大教科文卫处和农村经济处处长期间，认真履行职责，积极参加人大的各项执法检查和调研活动，认真撰写调研报告。圆满完成各项任务，得到上级的好评。同时兼任人大党总支和支部的工作，多次评为先进党务工作者。在妇联工作和人大工作期间，撰写妇女工作和人大工作的稿子在《贵州妇女》和《毕节日报》上发表30多篇。

曾明祥

曾明祥，贵州省毕节县（今七星关区）人，1965年12月出生在毕节县燕子口区亮岩公社（现七星关区亮岩镇），1984年8月参加工作。大学文化程度，中共党员。

1984年8月至1995年11月，任中共毕节地委办公室(保密委员会办公室、保密局)工作员、科员；1995年11月至2001年11月，任中共毕节地委办公室副科级秘书、副科长；2001年11月至2004年11月，任毕节地区信访办公室副主任；2004年11月至2011年6月，任毕节地区信访局副局长；2011年6月至2012年8月，任毕节地区信访局常务副局长；2012年8月至2015年12月，任中共毕节市委（地级市，下同）群众工作部（毕节市信访局）副部长、常务副局长；2012年1月至2015年12月，任中国人民政治协商会议第一届毕节市委员会委员。

2008年7月，牵头负责“三级联动视频接访机制”的创建工作，建立了依托电信可视电话系统，联通地、县、乡三级党政领导干部，实行纵横向联动接访，在同一时间、不同地点、远程同步接待来访群众，三级互动、现场接访、现场交办，现场调处信访事项，及时处理群众反映问题的联合接访机制。该机制得到了中央信访联席办、国家信访局的充分肯定，2009年11月在沈阳召开的全国信访工作经验交流现场会上作了交流发言，在全国推广。2010年国务院新《信访条例》颁布实施五周年之际，国家信访局把毕节试验区探索建立的“三级联动视频接访机制”作为信访工作的一个创新，联合中央电视台《焦点访谈》栏目进行了全面报道，对这一机制在关注民生、化解民怨、维护社会稳定等方面的作用给予了高度评价。

2013年和2014年，参与毕节市社会治理集成创新工作，指导建立完善矛盾纠纷排查化解系列制度机制，为乡村两级发挥源头化解矛盾纠纷的作用奠定了坚实的基础，被毕节市委评为社会治理集成创新工作先进个人。

曾佳伦

曾佳伦，四川省隆昌县人，1963年10月生于毕节县普宜区普宜公社（今七星关区普宜镇)，1981年12月参加工作。本科文化，中共党员。

1981年12月至1983年4月在毕节县委党校补充公社干部培训班学习；1983年5月至1984年6月在毕节县普宜区播扎乡工作，任秘书；1984年7月至1986年8月任毕节县普宜区播扎乡乡长；1986年9月至1988年7月在毕节地委党校大专班（脱产）学习毕业；1988年8月至1988年9月回毕节县普宜区待安排；1988年9月至1992年12月调毕节地委宣传部党教科工作任科员；1993年1月至1997年8月任毕节地委宣传部副科级宣传员；1997年9月至2000年2月任毕节地委宣传部外宣科科长；2000年3月至2001年8月任毕节地委宣传部办公室主任；2001年9月至2005年4月任毕节地委党史研究室副主任（其间2003年3月至2003年12月挂任金沙县委副书记)；2005年5月至2007年11月调毕节地区人大工委任副秘书长；2007年12月至2011年12月任毕节地区人大工委常务副秘书长（正县处长级）；2012年1月至2013年12月任毕节市（地级市）人大常委会常务副秘书长（正县处长级）；2014年1月起调毕节市（地级）社科联任党组书记、主席。

曾佳伦自参加工作以后，在多岗位任职，长期从事文字、党务、理论研究工作，起草领导讲话、工作报告等500余篇；撰写论文、调查报告80余篇，在《贵州宣传》《乌蒙论坛》《毕节日报》等刊物上发表20余篇；参与编写或主编《文朝荣精神学习读本》《红军在黔西北》《龙腾乌蒙山·潮涌黔西北》《历史的跨越》等书籍10余部。连续10年度被评为优秀公务员，2012年记三等功1次。是毕节市第一次党代会代表，市纪委委员；市第一届人民代表大会代表，市一届人大常委会委员。

谢平贵

谢平贵，贵州省纳雍县人，1963年11月出生于贵州省纳雍县城关镇，1981年1月参加工作。研究生学历，中共党员。

2006年3月至2011年3月调毕节市（县级市，今七星关区，下同）工作，担任市委常委、组织部长。其间，在市内外主流媒体发表各项理论文章、调研文章30余篇。在进一步深化干部人事制度改革，提高组织工作科学化水平方面，探索制定了《毕节市干部人事管理制度》《毕节市选拔任用乡科级干部初始提名办法（试行）》《毕节市非领导职务干部考核管理办法》《毕节市垂直管理干部考核管理办法》等一系列制度。在整治慵懒干部方面制定了《毕节市加强干部队伍作风建设实施方案》并实施，其做法和经验得到中央组织部《落实干部制度改革〈规划纲要〉简报》（2010年底40期）转发推广。在人才强市战略方面，制定了《毕节市人才队伍建设中长期规划纲要（2010—2020）》的编制工作，统筹抓好各类人才队伍建设。在切实加强党的基层组织建设，全面提高基层组织和党员干部整体水平方面，大力实施领头雁工程，制定出台了《毕节市关于进一步加强村（社区）党组织书记队伍建设的意见》，着力加强村两委班子建设。不断提高村干部综合素质，深入实施示范带创工程，培育党员示范服务基地，培育创业带富能手，带动农民致富，其做法和效果得到中央组织部肯定，在《全国基层组织建设工作情况通报》（2010年第42期）转发推广。

五年工作中，组织工作各项任务圆满完成，取得优异成绩，如远程教育经济合作社、“流动党校”、远程教育学用技能大比武、干部理论资格考试认证、“三审一征”严把干部出口关等创新工作分别获得了全地区组织工作创新一、二、三等奖。组织部党支部被评为全省“五好基层党组织”，毕节市委被评为全省基层党组织建设先进县（市）委，市委组织部领导班子被省委党建工作领导小组命名为全省机关党建工作先进党组织，组织工作连续五年获全市目标考核一等奖。2009年、2010年度考核被评为优秀等次。分管的其他工作成绩突出，机关工委2009年被评为全市“五好基层党组织”，共青团工作连续3年获团省委表彰，妇联工作2009年获省“双有”活动组委会第十八届全国中小学生绘画书法作品比赛组织工作先进集体奖，工会工作2008年获得省总工会服务农民工“先进集体”。其本人2008年获得省总工会“优秀职工之友”称号。离退休干部工作2009年获全区先进集体奖。计生工作创新发展，组织制定了《关于对党政领导干部及相关工作人员实行人口与计划生育工作奖励和责任追究的暂行办法》《关于农村计生“两户”子女就学就业创业全程优先优惠办法（试行）》《关于进一步加强流动人口计划生育服务和管理的实施方案》《关于开展独生子女和二女户夫妻养老保险的实施意见》等办法措施，有效地促进了全市计生工作顺利开展。

谢吉魁

谢吉魁，山东省花平县人。1917年3月生于山东花平县。1938年8月参加革命，中共党员。

谢吉魁参加革命后，历任花平县公安局干部、冀鲁豫四专署公安处管理员、科长、侦察员，聊城专署公安处侦察科副科长。1945年5月参加南下支队，任东乡县公安局局长，贵溪专署公安处侦察科科长。1949年11月随西进支队二中队170余人到达贵州黔东南炉山县城，成立炉山县人民政府，谢吉魁任社会部部长兼公安局长，后任县委委员兼炉山县法院院长。到贵州省工作后，曾任贵州省公安厅科长、副处长、处长，省公安厅副厅长。1961年至1962年任中共毕节县委书记。后任贵州省公安厅副厅长、厅党组副书记，贵州省民政厅副厅长，党组副书记。1983年离休，享受正厅级待遇。

谢江道

谢江道，贵州省织金县人，白族，1962年4月生于贵州省织金县，1981年10月参加工作。大学学历，中共党员。

1981年10月至1983年10月在贵州省织金县原以那区农机站工作，1983年10月至1985年7月在贵州省织金县原以那区财政所工作，1985年7月调任贵州省织金县财政局工作员，1988年8月至1989年2月任贵州省织金县财政局行财股股长，1989年2月至1990年6月调贵州省织金县八步区公所任副区长，1990年6月至1992年1月任贵州省织金县八步区委副书记、区长，1992年1月至1992年4月调任贵州省织金县三甲白族苗族乡党委书记，1992年4月至1993年1月，任贵州省织金县三甲白族苗族乡党委书记、乡长，1993年1月至1996年6月调任贵州省织金县扶贫办公室主任，1996年6月至1998年3月任贵州省织金县农业办公室（扶贫开发办公室、农业综合开发办公室）主任，1998年3月至1998年11月任贵州省织金县委组织部副部长、正科级组织员，1998年11月至2002年12月任贵州省织金县财政局局长、党组书记，2002年12月至2006年7月调任贵州毕节地区会计核算中心副主任，2006年7月至2007年3月调任贵州省纳雍县委常委、副县长，2007年3月至2009年5月任贵州省纳雍县委常委、纪委书记，2009年5月调任贵州省毕节市（县级市，现七星关区）市委常委、市人民政府副市长；2011年7月调离七星关区。

谢江道，在七星关区任职期间，全面普及九年义务教育，九年义务教育通过国家级评估验收。

谢品邦

谢品邦，贵州省毕节县（今七星关区）人，1969年12月出生于毕节县林口区（今七星关区林口镇林光村湾子组），1992年10月参加工作，本科文化，中共党员。

1988年9月 至1992年9月就读于贵州林校毕业，1992年10月分配到毕节县园林站工作；1994年12月调原毕节市（县级市，下同）市西办工作至2005年10月，历任组织委员、副书记；2005年10月调原毕节市大银镇任镇长至2007年9月；2007年9月调任原毕节市团结乡党委书记至2010年3月；2010年3月至2011年7月调任原毕节市八寨镇党委书记；2011年7月至2013年7月调原毕节市城管局任局长；2013年7月调任小坝经济开发区党工委委员、副主任；2015年10月起任金海湖新区副主任。

谢维邦

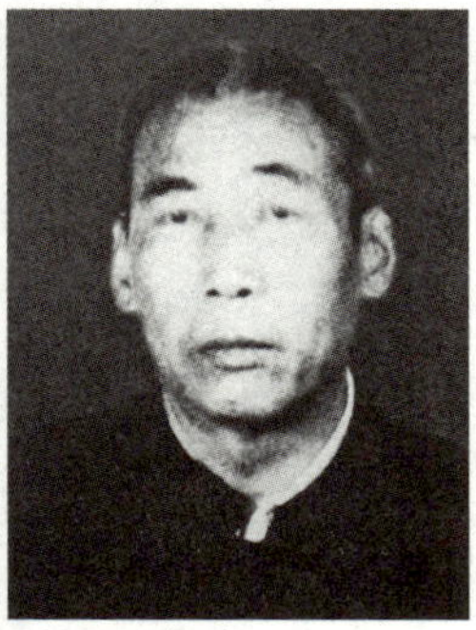

谢维邦，（1933—？），贵州省毕节县（今七星关区）人，彝族，1933年11月生于毕节县林口区海戛乡新庄村，小学文化，中共党员。

幼时在家乡读过几年私塾，毕节解放后，于1951年10月参加工作。

参加工作后，于1952年在贵州民族学院学习，加入共产主义青年团，1956年加入中国共产党。历任村农协会副主席、秋征工作队员，县法院助理员、审判员，法律顾问处副主任、县建筑公司股长，县审干办工作员、组织部组织员。1962年调中共毕节地委组织部，先后任干事、科长。1987年任毕节县政协副主席。曾当选为中共毕节县党代会代表，中共贵州省第三次党代会代表。

谢培午

谢培午，贵州省织金县人，白族，1965年5月出生于贵州省织金县。本科文化，中共党员。

1984年9月参加工作，历任织金县税务局办事员，县委组织部科员、办公室主任，普翁乡乡长、党委书记、人大主席，织金县交通局党组书记、局长，县纪委副书记、监察局局长等职务，2003年3月至2006年9月任织金县副县长，2006年9月至2008年5月任毕节市（县级市，现七星关区）市委常委、副市长；2008年5月至2015年12月任毕节市（地级市）安全生产监督管理局党组成员、副局长、党组书记、局长。

谢培午自担任领导干部后，在各个工作岗位都敢于担当、勇挑重担、成绩突出。任毕节市（现七星关区）市委常委、副市长期间，主要分管农业工作，他科学定位，认真谋划，各项农业事业得到长足发展，农业工作朝着规模化、精细化、科技化的轨道迈进。任毕节市（地级市）安监局党组书记、局长期间，他团结带领全市安全监管干部，突出重点、统筹兼顾，强化基层基础管理，积极创新工作方法，依法监管、文明执法、热情服务，有力推动全市安全生产工作不断进步，实现了从原来全国安全生产"重灾区"到全省安全生产先进地区的转变。

谢登祥

谢登祥，贵州省毕节县（今七星关区）人，白族，1933年3月出生于毕节县大屯长中一个农民家庭。中专文化，中共党员。从小在家乡就读私塾数年，因家庭困难而辍学，随父母务农一段时间，转而从事手工织麻布、打油维生，历尽艰辛，日子清贫。

1950年10月，中国人民解放军毕节军分区派部队到龙场追剿国民党顽匪。随后部队留下部分官兵在龙场营组建武工队，深入自然村寨，发动群众组织农协会。他被吸收参加民兵就任班长。成立农协会时，被选为农协会主席、村长，同时担任青年委员。先后任民兵分队长、队长，参加清匪反霸，减租退押，镇压反革命，征收公余粮等政治运动。在各项运动中，成绩突出，受到领导的好评、群众的信任。

1951年至1952年5月，土改工作队进驻大屯行政村，开始查田评产，造册登记，没收恶霸地主的土地，分给无田无地的农民，他深受鼓舞。是年3月，经工作队的叶世明（女）介绍，加入中国新民主主义青年团，任大屯团小组长。事后各村发展团员、组建团支部，谢登祥任大屯团支部副书记兼组织委员。

土改结束，龙场营划为十七区，区工委设在龙场街上，举办农村积极分子训练班，他被推选参加学习，提高了认识，申请加入中国共产党。他被留下参加第二期学习班学习（移县城邱家花园举办）。学习中，县委领导时念好找其谈话，吸收加入中国共产党。之后，又参加第三期训练班学习，结业后分在县委组织部工作。

1953年11月，县委抽调县机关干部组成工作队（组）赴各区、乡组建初级农业生产合作社。他先后到对坡、吉场、阴底、何官屯、撒拉溪等区、乡任副组长，带领队员深入村寨、农户调查研究，指导工作。

1956年，县委成立肃反审干办公室。被抽调参加负责内审外调工作。他认真履行职责，成绩突出，次年被提为区级干部，任县纪委监察干事而未到职，仍做审干工作。1959年9月，被组织选送西南民族学院政治系学习，获中专文凭。毕业后仍回审干办工作，审干结束任县委组织部组织员，到地委党校学习《论共产党员修养》等党建知识。

1963年起，参加“四清”工作队到海子衔区烧缸公社等区、社搞“四清”运动。其间，参加修文县“四清”工作团二中队工作，任整风学习组长、党总支委员、集训组长等职。1966年3月，地委选拔中青干部，他提任中共毕节县委组织部副部长。是年6月，地委组建“四清”工作团，县组建区级“四清”分团。他任分团党委委员兼政治处副主任，随团协助分团党委书记杨作宪、副书记李萍管好下属区队干部的任命工作。是年10月“文化大革命”开始，“四清”团队撤回。“文化大革命”中从事一般工作。1973年5月，继任县委组织部副部长。1975年，全县开展社会主义路线教育，任工作队指导员、普宜区委委员、阿市公社党委副书记，带队到该社开展路线教育。1977年，协同带队到山西昔阳县大寨参观学习农田基本建设经验。回县后，任县农田基本建设指挥部副政委兼政治处主任，保质保量完成工作任务，获县委奖励一级工资。

1984年，毕节县委组建农村工作部，任农村工作部长。其间选为县委第四届、第五届党代表、县委委员。1986年，县成立农业经济委员会，兼任主任。1990年3月，当选为县人大常委副主任、任党组成员，分管组织建设。他对县、乡两级人大代表进行组织培训，提高人大代表参政议政的能力，认真监督“一府两院”的工作。

在40余年的革命生涯中，一向忠于党和人民的事业，身居要职，不贪不占，为人正派，清正廉洁，是一位政绩突出、德高望重的好干部。谢登祥于1993年退休。

禄智华

禄智华，贵州省威宁县人，彝族，大学本科文化，1966年10月出生于贵州省威宁县，1988年8月参加工作，1987年12月加入中国共产党。

禄智华参加工作后历任镇组织委员、镇长、书记，检察院副检察长、法院院长等职。1985年9月至1988年8在贵州民族学院语言文学专业学习；1988年8月至1995年12月在贵州省威宁县人民政府办公室任秘书；1995年12月至1997年3月调贵州省威宁县小海镇任党委委员、组织委员；1997年3月至1998年10月任贵州省威宁县小海镇党委委员、副书记、镇人民政府镇长；1998年10月至1999年1月任贵州省威宁县小海镇党委书记、镇长；1999年1月至2001年10月任贵州省威宁县小海镇党委委员、书记；2001年10月至2005年3月调任贵州省威宁县人民检察院副检察长、党组成员；2005年3月至2005年12月调贵州省毕节地区行政公署法制办公室工作（正科级干部）；2005年12月至2006年7月任贵州省毕节地区行政公署法制办公室行政执法监督科科长；2006年8月至2007年1月调任贵州省纳雍县人民法院党组书记、代理院长；2007年1月至2014年1月任贵州省纳雍县人民法院党组书记、院长；2014年1月至2014年2月调任贵州省毕节市七星关区人民法院党组书记、代理院长；2014年2月起任贵州省毕节市七星关区人民法院党组书记、院长。

禄智华当选为七星关区人民法院院长以来，紧紧围绕“努力让人民群众在每一个司法案件中都感受到公平正义”的目标，狠抓执法办案第一要务，履行公正司法第一责任，加强司法公信力建设，强化法院队伍整体素质，充分发挥人民法院的审判职能作用，团结带领班子成员及全院干警锐意进取，带头苦干实干，2014年、2015年共受理各类案件12962件，审执结案件10868件，结案率83.85%（审限内结案率为99.3%）；2015年受案数、结案数名列全市法院第一。

十三画

靳天祥

靳天祥，贵州省毕节县（今金海湖新区）人。1955年4月出生于海子街小坝豪沟村，本科文化，中共党员。

幼年丧父，由其母亲及大哥、二哥抚育成人。先后在豪沟小学、中学毕业。1973年7月在海子街中学高中毕业后，于当年12月应征入伍参加革命工作。1976年3月加入中国共产党。

靳天祥自应征入伍后，历任昆明军区后勤部通信连战士、文书，昆明军区后勤部工地指挥部勤务连班长、文书。1978年3月被选送到昆明军区步兵学校(昆明陆军学院前身)军事一大队学习，毕业后分配到昆明军区后勤部基建营房部任助理员。1983年12月调到毕节军分区后勤部任助理员。1985年任毕节县人民武装部军事科副科长。1986年任毕节军分区后勤部营职助理员。1988年转业到贵州省交通厅毕节征费稽查所工作，先后任政工科科长、党支部副书记、副所长。1993年任省交通厅毕节征费稽查处副书记、副处长。2000年任该处书记兼毕节车辆购置附加费征收管理办公室主任、高级政工师。2010年任贵州省毕节高速公路管理处处长，2015年4月退休。

靳天祥入伍后，先后被选送到昆明军区后勤部第22分部通信集训队学习，昆明军区步兵学校（昆明陆军学院前身）和解放军重庆后勤工程学院等院校培养。转业地方后，省交通厅先后安排其到省交通系统军队转业干部培训班、贵州省委党校、大连海事大学学习，并经常参加省委党校、省委组织部、省交通厅举办的短期培训班学习。靳天祥十分珍惜每次的学习机会。在昆明军区步兵学校学习期间，被选为该校第一次党代表大会代表、优秀学员。在省委党校县处级干部培训班学习期间，被评为优秀学员。他除抓好每次学习外，还十分注重个人自身学习，先后报考了贵州民族学院行政管理、贵州职工大学工业企业管理、省委党校法律专业的函授学习。获得多科中专、大专、本科学历。在工作之余，靳天祥经常撰写新闻稿件和论文投稿。不少文章被昆明军区国防战士报社、《毕节日报》刊用。他撰写的《浅议征稽部门在费改税中的发展》一文，获《中国交通征稽改革与发展优秀论文集》编审委员会三等奖，文章被编入《征程思路》一书。

因工作成绩突出，靳天祥多次被省交通厅、省征费稽查局、毕节地直机关党委评为优秀党务干部、优秀党员、先进党务工作者、先进工作者等荣誉称号，各种奖状、荣誉证书近30本。

靳天祥热爱家乡，总想为家乡建设出力。1981年，毕节军分区在未报请上级批准的情况下，擅自将位于毕节大水口的一处军产处置，收入近20万元，此款本应由昆明军区后勤部收交解放军总后勤部。时在昆明军区后勤营房部承办此事的靳天祥积极争取领导支持，将此事改为军地房产互换，由昆明军区后勤部批复，20万元留在毕节军分区作为营区建设。1985年，毕节洪山宾馆、毕节人民公园进行扩建，毕节拥军路需新建，几项建设用地均需占用军队土地，军地双方多次协商未能达成一致，靳天祥积极争取分区领导支持，参与土地画线，较好解决建设用地问题。

靳天祥待人真诚，乐于助人，善于协调和化解矛盾，坚持工作就是服务的理念。力求为单位职工和工作服务对象多做实事。在从事20多年的收费稽查工作中，组织多项交通规费征收，与社会、单位和个人广泛打交道，从不搞特权、摆架子、耍威风，总是急别人之所急，帮别人之所需，尽力方便车主，搞好服务。靳天祥的作为，在毕节留下了很好的口碑。

靳如宾

靳如宾(1927—1994)，贵州省毕节县(今金海湖新区)人，1927年生于毕节县海子街小坝汉屯，中共党员，大学文化，毕业于中国人民大学。参加工作后，历任贵阳师院政教、历史等系班主任，系党支部书记，师院党委委员等职。

毕节刚解放，他就投身革命，参加武工队，成为清匪反霸、禁烟禁毒、土地改革等运动中的积极分子。参加革命工作后，在十五区区委任宣传委员。其间，他和高大伟、靳百川等人一起，组织和发动汉屯及周边乡民捐钱献料，投工投劳，聘师选匠，在汉屯田坝窑台子上修建土木结构、一正两厢，计十余个教室的新校舍。之后，汉屯小学从靳家祠堂迁址于此，此校成为原十五区中心学校，教育培养了一批又一批学子。

1956年，调阴底区任区委副书记。其间，到贵州省中等干部文化学校深造，学业届满，被省委组织部分配到贵阳师院工作。1963年，考入中国人民大学深造。其间，曾受到毛泽东、周恩来、刘少奇等党和国家领导人的亲切接见。学成归来，仍继续在贵阳师院任历史系党总支书记和院党委委员至退休。

在师院任职期间，数十年如一日，廉洁奉公，勤政为民，团结同志，关心集体，识大体，顾大局，默默奉献，不求索取。他怀着深厚的阶级感情，关爱师生。历届学子，曾受过他政治文化上的培养和经济生活上的关怀照顾，尤其对贫困生更是体贴备至。无论师生或亲朋，乃至陌生人，只要有求于他，他都诚心操办，尽全力办妥。不少学子，在其精心培养和谆谆教诲下，已成长为中高级干部。靳如宾长期从事教育工作，为贵州教育事业发展作出积极贡献。

1994年(戌甲年)十月初八日，因病于贵阳辞世，享年68岁。贵师大党委为其召开有本校师生、历届学子、家乡亲朋和生前友好等近千人参加的隆重的追悼大会。会后，其遗体遵遗嘱火化。

雷明礼

雷明礼，贵州省毕节县(今七星关区)人，1966年9月出生于毕节县杨家湾区放珠公社(今七星关区放珠镇天桥村)，1984年8月参加工作，大学本科，1991年7月加入中国共产党。

1984年8月至2005年10月，雷明礼在毕节地区农业局工作，历任办事员、副科长、科长。2005年10月至2014年4月，任毕节市发改委总经济师(其间，于2007年3月至2008年2月挂任中共织金县委常委、县政府副县长，2010年5月至2011年3月挂任中共威宁县委常委、县政府副县长)。2014年4月起任毕节市(地级市，下同)发改委副主任。1999年6月，雷明礼获国家注册会计师资格；2007年4月，获国家注册咨询工程师资格。作为规划编制主要成员参与编写的《深入推进毕节试验区改革发展规划》，2013年2月被国务院办公厅以国办函〔2013〕35号正式行文批复实施，对推动试验区改革发展具有重要意义。参与编制了《毕节地区国民经济和社会发展第十二个五年规划纲要》。他作为规划编写组组长，主持《毕节市国民经济和社会发展第十三个五年规划纲要》的编制工作。在市发改委工作期间，主要负责社会事业、服务业发展工作。“十二五”期间全市向上争取教育、卫生等社会事业项目2680个，获中央投资17亿多元。

路　鸿

路鸿，贵州省毕节县（今七星关区）人，1952年12月出生于贵州省毕节县长春堡区，1976年9月参加工作，大学文化，中共党员。

1976年9月至1979年7月在贵州大学哲学系学习，1979年9月至1985年7月在贵州省毕节县委宣传部工作；1985年7月至1986年1月调贵州省毕节县整党办公室工作；1986年1月至1988年1月调任贵州省毕节县朱昌区区委书记；1988年1月至1990年3月调任贵州省毕节县委宣传部部长；1991年1月至1993年5月调任贵州省毕节县委常委、县委办公室主任；1993年5月至1994年4月任贵州省毕节县人民政府副县长；1994年4月至1997年2月任贵州省毕节市（县级市，下同）人民政府副市长；1997年2月至1998年3月任贵州省毕节市委常委、副市长；1998年3月至2007年3月任贵州省毕节市人大常委会主任；2007年3月调任贵州省人大常委会毕节地区工作委员会党组成员、副主任。是贵州省第九、十届人大代表。

路言学

路言学，贵州省毕节县（今七星关区）人，1946年生于毕节城关广惠路一户普通市民家庭。

18岁起，投身建筑施工行业。20世纪70年代初，率队在本县及省内其他地区从事房屋、公路、桥梁等建筑施工。他灵敏而好学，善于在实践中刻苦钻研专业技术，更善于从社会交往中与各方面的人士广交朋友，多方学习和猎取知识。到20世纪80年代初，他即敏锐地感受到中国改革开放的“春江水暖”，乘着改革开放的强劲东风，千方百计地汇集施工力量，在毕节城市和乡村从事建筑施工经营活动，并于1983年光荣地加入了中国共产党。

1987年6月，在地区和县有关部门的指导帮助下，组建成立了四级资质的民营建筑企业——毕节地区城乡建筑工程公司，自己出任经理。公司组建初期，注册资金仅18万元，从业人数不足百人，技术装备简陋。但他迎着困难上，率领职工解放思想，大胆改革。短短几年，企业注册资金迅速增长到608万元，拥有各种机具设备142台（件），初、中级职称的工程技术人员38人，企业用工有时多达千人以上，企业资质晋升为三级，连年荣获省、地“重合同守信用单位”“诚信纳税单位”称号。20多年来，城乡建筑公司共完成近400项工程任务，创产值2亿余元，上缴国家税金1000多万元，工程合格率、安全率均达100%，优良率达40%。本人1990年被评定为土建工程师职称，1994年10月被建设部授予“建设部劳动模范”，1995年4月被贵州省委、省政府授予“贵州劳动模范”，1997年荣获全国总工会颁发的“五一劳动奖章”。其间，先后被选拔推荐为贵州省政协毕节地区工委委员。

1995年春，地委、行署领导对地区建筑公司作出了“引进民营竞争机制，改革解困”的重大决策，并决定破格任用和委派路言学担任重组，更名为地区建筑总公司，出任总经理，后任党委书记，实行企业党政领导职责一肩挑，带领国有老企业改革脱困。1996年，地委、行署又正式行文，任命他为副县级企业领导干部。

1997年，正当城乡建筑公司生产经营红火升腾之时，路言学又投资组建了毕节地区城乡房地产开发有限公司，自己出任董事长兼总经理。10多年来，完成主要开发项目9项，总建筑面积20多万平方米，上缴国家税金3000余万元。2010年开工建设的郭家湾“御景园”商住小区项目、位于毕节南部新区的“御景华庭”商住小区项目、位于洪南路东侧的“恒通大厦”项目等等，均是层高为29—30层的毕节城市亮点精品项目，完成后总面积又将达16万平方米。公司步入顺境后，路言学辞去总经理职务，专任董事长，作决策运筹，深得职工的拥护。

路言学自18岁起从事建筑事业，到目前已经历47年的风霜岁月。他顺应时代发展潮流，以自身的坚毅奋争，从一个名不见经传的“小石匠”成长为房屋建筑和房地产开发企业的领头人，成长为毕节建筑战线上卓有成效、对社会有贡献的模范人物。志士人生，壮心未已。他豪情不减当年，一直立足于建设现代文明城市、打造和谐人居社区、塑造毕节城市形象的最前沿，继续成为引导和推进企业健康发展的领军人。

路应喜

路应喜，贵州省毕节县（今七星关区）人，1939年12月生于赫章野马川，中共党员，大学文化。

路应喜姐弟五人，他居五。大姐克友，大哥国喜，二哥正喜，三哥全喜。应喜尚幼父亲早逝，家境贫穷，生活全靠大哥、二哥下苦力维持全家生计。

他自幼聪慧，贫寒家境培养其坚韧的性格。解放后全家分得土地，由于大哥、二哥的辛勤劳动，家境渐转殷实，解放3年后盖了新房，遂致居食无忧。1951年，他就读于野马川小学，1955年考入赫章中学，毕业后，考入贵阳师范学院政治教育系。1965年毕业，因品学兼优，被选入中共贵州省委组织部作为后备干部培养。1968年调毕节地区行署，先后在毕节地区教育局、毕节地区知青办、毕节地区民政局、毕节地区劳动人事局工作。1984年，调任毕节地区劳动就业办主任；1988年，调任毕节地区师范学校校长，直至2001年退休。他参加工作几十年，一向工作谨慎，淡泊名利，真诚待人，宽厚和蔼，受到所在单位的好评。

路应喜有个美好而完整的家庭，其妻汤世兰系国家基层领导干部，善良贤淑，聪慧能干，性格开朗，乐于助人，曾被评为“三八红旗手”、优秀共产党员、“五好家庭”。路应喜夫妇常以懿行美德教育子女，事事从严要求，其四个子女受其家庭良好氛围的熏陶，健康乐观，勤奋好学，事业有成。长女雪梅，1990年毕业于贵阳医学院，任毕节地区医院副主任医师；二女海燕，1993年毕业于贵州师范大学，在贵阳市统计局任统计师；三女海英，1994年毕业于贵州农学院，在毕节地区农业局任农艺师；子海峰，1999年毕业于北京信息工程学院，在贵阳国美家电集团人事部任经理。人们称之为“才学之家”、以德育人的好榜样。

路应喜热爱教育事业，为国家培养出优秀人才，赢得了人民的尊重。

路明英

路明英，贵州省毕节县（今七星关区）人，女，1930年10月出生于毕节县杨家湾放珠，中共党员。

1951年参加工作，历任杨家湾土改工作队员，区妇女干部、妇联主任。1965年任燕子口区妇联主任，1971年任中共燕子口区委常委兼区妇联主任，1977年任海子衔区委常委兼区供销社指导员，1981年任毕节县人民政府副县长，1984年起任毕节县政协副主席，1990年退休。

路明英幼时父亲早亡，家境贫寒，只得送人抚养，没有读书的机会。参加工作后，深感无文化不行，便下决心刻苦学习，不耻下问。传达文件前先预读，有认不得的字就问他人，并作读音记号。她由于不断刻苦学习，能认3000左右常用字。她身为女同志，要工作，要理事，要待老教子，能学文化、读书、看报、写字、传达文件，胜任工作是一件了不起的事情，无数次受到上级和身边同志的表扬、老百姓的称赞。

路明英在解放初期与王恩华结为伴侣后，对王恩华的工作支持很大，王恩华事业的成功，与她有很大的关系。王恩华在主持区委工作时尚年轻，有时与班子其他同志有异议爱发脾气。他发脾气时，路明英就劝住他，而不是背后助嘴，常以理说服。王恩华采纳其意见，主动检讨，化解了与他人的成见，增强了团结。

她除了工作积极之外，待人接物堪称典范。与她一起工作或是找她办过事的人，都倍感亲切，因此她的人气很旺。1981年，毕节县召开人代会，选举县政府领导班子，其中要选一名女县长，组织意图原不是选她，但在代表提名时，各代表团都提她的名，以高票当选副县长。当选后，县委派车去接她与代表见面时，她正在一个基层供销分销店主持盘存，处处体现她是一位实实在在工作的好同志。在几十年的革命生涯中，不贪不占，公正为人，被人们称为是全县贤淑、善良、坚强的女干部。

十四画

蔡　军

蔡军，贵州省毕节县（今七星关区）人，1964年2月13日生于毕节县，中共党员，硕士研究生，高级工程师。

1985毕业于西安矿业学院（现西安科大）矿山建设专业，同年7月在贵州省盘江煤电（集团）公司火铺矿参加工作。历任火铺矿技术员、副区长、副科长、总工办副主任。开拓区、采煤一区区长、副总工程师等职，1994年5月加入中国共产党。1998年起，任盘江煤电（集团）公司新井公司总工程师、副经理（副处级）。2001年起，历任六盘水市盘县人民政府挂职县委常委、科技副县长，六盘水市国土局党组成员、总工程师，市政府党组成员、副秘书长，安监局党组书记、局长，执法监察局局长，司法局党委书记、局长，六盘水强制隔离戒毒所第一政委，三级警监。1994年获火铺矿先进生产者、优秀共产党员；2007年被中共贵州省委、省政府及六盘水市委、市政府授予“勤政廉政”先进个人。2008年汶川地震，7月一次交纳“特殊党费”1000元，2009年获中央民族大学公共管理硕士学位，2012年6月被六盘水师范学院聘为五年客座教授。2007年、2015年被贵州省总工会、省安监局评为“安康杯”竞赛活动先进个人、优秀组织者。

蔡荣德

蔡荣德，贵州省毕节县（今七星关区）人，1945年生于毕节，毕业于商业部安徽商业管理干部学院，大专文化。曾任毕节地区商业局副局长兼盐务局长，地区物资局副局长、地区社科联常委、贵州省诗词学会常务理事。

他爱好古文及诗词。20世纪60年代初开始诗词习作，80年代后期与魏朝真、洪延星、盛郁文、李登峰一道发起建立毕节乌蒙诗社，任《乌蒙诗刊》编辑部主任。长期研习中国传统诗词，以“表情意不悖于道，咏人物当传其神，运文辞须符其格，即声韵必入于律”作为诗词创作的准则。著有《灯影词谱》《灯晕集》《自选诗词》等。诗、词、曲作品被选入《华夏吟友》《中华黄金诗词选集》等专集；有经济论文入编《当代中国发展论丛》。获中央文史研究馆、中华辞赋学会、国际汉语诗歌协会、《见证中国》大赛组委会授予“中国改革开放文艺终身成就奖”。名录入《中华骄子（专业人才卷）》。

廖秋曦

廖秋曦，贵州省毕节县（今七星关区）人，女，1964年11月出生于毕节，贵州省委党校大学学历，中共党员，于1983年9月参加工作。

1983年9月至1986年11月在毕节地区郭家湾农场工作；1986年11月至1987年12月任毕节地区郭家湾农场财务科副科长；1987年12月至1994年6月在毕节地区行署办公室工作（1988年4月任科员）；1994年6月至1998年7月任毕节地区行署办公室副科级秘书；1998年7月至2001年12月任毕节地区行署办公室妇委会主任；2001年12月至2005年12月任毕节地区行署办公室秘书科副科长、妇委会主任；2005年12月至2006年10月任毕节地区行署办公室信息科科长、妇委会主任；2006年10月至2010年7月任毕节地区行署办公室信息科科长；2010年7月至2010年9月任毕节地区行署办公室秘书六科科长；2010年9月至今任毕节市（地级）司法局党组成员、政治部（警务部）主任。

在毕节地区行署办公室工作期间，积极做好办文、办事、办会工作，着力提升服务能力和水平。特别是任毕节地区行署办公室信息科科长期间，全面收集、分析、研判、提炼政务信息，共编写各类政务信息1500余条（篇），部分信息分别被省政府办公厅和国务院办公厅采用，编报的多篇信息得到了省政府有关副省长签批，为领导科学决策，对外宣传提供了及时、准确、全面的信息服务，2006年至2009年，毕节地区政务信息工作连续四年荣获全省政务信息工作一等奖。任毕节市司法局党组成员、政治部（警务部）主任以来，按照局党组的安排部署，坚持德才兼备、以德为先的选人用人标准，按照“民主、公开、竞争、择优”要求，严格规范各个程序和环节，以零差错的工作质量，确保干部选拔任用工作圆满完成，同时积极有效地完成了民主生活会、“一报告两评议”“三严三实”“两学一做”等各项工作。

谭太富

谭太富，贵州毕节县（今七星关区）人，于1964年9月24日出生于今七星关区阴底乡对河村三组。大学本科，中共党员。

1982年9月至1986年7月在贵州农学院农经系农业经济管理专业学习；1986年7月至1991年10月在贵州省毕节地委党校任教师；1991年10月至1993年9月在贵州省毕节地委党校任团委书记；1993年9月至1998年2月在贵州省毕节地委党校任教研室副主任；1998年9月至1999年2月在贵州省织金县阿弓镇任党委副书记（挂职）；1999年2月至2001年10月，在贵州省毕节地委党校任教研室副主任；2001年10月至2003年4月在贵州省毕节地委党校任总务处处长；2003年4月至2008年8月，在贵州省毕节地委党校任教务处处长；2008年8月至2010年10月在贵州省毕节地委党校任党委委员、教育长〔副县长级，升格前，其间：2010年4月至2010年10月挂任贵州省织金县委常委、副县长）贵州省毕节地委党校党委委员、教育长（正县长级〕。

谭太富在毕节市委党校工作三十年，长期从事经济教学工作，讲授《农业经济学》《区域经济学》《宏观经济学》《微观经济学》《知识经济学》等课程。2004年被评为经济学副教授。发表《落实科学发展观必须实现“五个转变”》等学术论文10余篇，参与编写《毕节试验区》《科学发展的新坐标》《同心思想与毕节试验区》《毕节地区主导产业的选择与培育》等学术专著。

谭学明

谭学明，贵州省毕节县（今七星关区）人，1963年1月出生，1980年12月参加工作，1984年10月加入中国共产党，中央党校行政管理专业毕业，大学本科学历。谭学明历任毕节县杨家湾区七星乡乡长，

七星乡党委书记，毕节县青场区区委副书记，毕节市（县级，下同）何官屯镇党委书记，毕节市流仓桥办事处党委书记、武装部长，毕节市乡镇企业（煤炭）局党组书记、局长，毕节市委政法委副书记、综治办主任，毕节地委政法委研究室主任，毕节地区社会治安综合治理委员会办公室副主任，毕节市（地级市）社会治安综合治理委员会办公室副主任，中共毕节双山新区工委委员、政法委书记。

谭学明事业心、责任感强，作风深入扎实，重视调查研究，关心群众生活。公道正派，敢于坚持原则，自我要求严格，清正廉洁，在干部群众中威信高。

谭学明工作经验丰富，熟悉基层和创新社会治理工作，参与并组织提炼了毕节市社会治理集成创新“六零六好”工作经验，得到了省、市的认可和推广，并写入了贵州省“十三五”规划。在金海湖新区工作期间，积极开展创新社会治理工作，着力夯实社会治理基层基础，夯实便民利民工作网底，深入推进了法治创建和政法各项工作进程，全力维护人民群众的合法权益，群众安全感满意度逐年提升，并极力开展重点项目和重点工程的保障工作，推进了新区铁路高速公路的建设发展，为毕节同城化建设作出了较大贡献。谭学明先后获得省委、省政府授予“计划生育优秀工作者”称号，中共毕节地委授予“优秀党务工作者”称号，多次在年终考核评比中被评为优秀等次。

熊世明

熊世明，贵州毕节县（今七星关区）人，彝族，1966年11月生于毕节县龙场营区田坎乡，大学文化，法学学士、历史学学士。1985年9月参加工作，1988年6月加入中国共产党。

1982年9月至1985年9月，在贵州省毕节地区师范学校学习；1985年9月至1988年9月，任贵州省毕节县龙场中心校教师；1988年9月至1992年7月，在贵州师范大学历史系学习，获历史学学士学位；1992年7月至1994年7月，在西南政法大学法律系学习，获法学学士学位；1994年7月至1997年6月，任重庆市人大财政经济委员会办公室科员、副主任科员；1997年6月至2001年10月，任重庆市人大财政经济委员会办公室副主任科员、主任科员；2001年10月至2003年8月，任重庆市人大法制工作委员会综合处副处长；2003年8月至2008年11月，任重庆市人大法制工作委员会法规一处处长（其间：2008年7月至2009年7月，挂任重庆市忠县县委常委、县政府副县长）；2008年11月至2011年9月，任重庆市人大城建环保委员会专职副主任委员（副厅局长级）；2011年9月至2012年2月，任重庆市忠县县委副书记、县政府党组书记、代理县长；2012年2月起，任重庆市忠县县委副书记、县政府党组书记、县长（正厅级）。

熊灿平

熊灿平，贵州省织金县人，彝族，1966年1月出生，中共党员，1987年8月参加工作，研究生学历。任百里杜鹃管理区党工委书记。

历任共青团贵州省毕节地委办公室主任，团地委副书记、书记；中共毕节市委（县级市）副书记（其间：2008年3月至2008年9月，天津市蓟县挂任县委书记助理）；中共百里杜鹃工委副书记、百里杜鹃管委会主任。

2015年10月任贵州百里杜鹃管理区（贵州百里杜鹃国家级森林公园、贵州百里杜鹃自然保护区）党的工作委员会书记。

熊和先

熊和先，贵州省毕节县（今七星关区）人，1955年5月出生于贵州省毕节县城关镇大桥村，大学（本科）文化，1973年8月参加工作，1982年12月加入中国共产党。

1971年9月至1973年7月在贵州省毕节地区师范学校学习；1973年8月至1975年7月在毕节县何官屯区对坡公社建华民校任教；1975年7月至1977年11月在毕节县何官屯区对坡小学任教；1977年12月至1980年9月调任毕节县何官屯区青年干部；1980年9月至1982年11月任毕节县何官屯区团委书记；1982年11月至1984年7月调任共青团毕节县委副书记；1984年7月至1986年4月任共青团毕节县委书记；同时于1984年10月至1987年2月任政协毕节县第六届常委；1986年4月至1994年3月调任毕节县毕节镇党委副书记、镇长；1994年3月至1995年4月调任毕节市（县级市，今七星关区，下同）乡镇企业管理局党组书记、局长；1995年4月至1998年3月调任毕节市纪律检查委员会副书记；1998年3月至2003年3月调任毕节市人大常委会党组成员、常委会副主任；2003年3月至2007年1月任毕节市人大常委会党组副书记、常委会副主任；2006年10月任毕节市委委员，2007年1月至2012年2月任毕节市人大常委会党组副书记、常委会副主任；2012年2月至8月任毕节市七星关区黔西北产业园区党的工作委员会副书记；2012年9月至2015年3月任毕节市七星关区人大常委会正县级干部；2013年2月任毕节市七星关区老年人体育协会主席；2014年3月任毕节市七星关区社区戒毒康复人员阳光工程就业促进工作协调领导小组长；2015年4月退休（其间：1993年至1998年在职读大专、本科期间，学习工作两不误，分别荣获中函、省函优秀学员、优秀班干部称号）。

熊和先从事教育工作期间，由建华民校到对坡小学，艰苦的条件下认真传授知识，一心为学生着想，全身心投入在教书育人上。做共青团工作期间，上下请示，左右求援，自我奋斗，何官屯区、毕节县共青团工作走在毕节地区前列。分别于1982年5月荣获共青团毕节地委新长征突击手标兵称号；1982年12月荣获共青团毕节地委优秀团干部称号；1983年1月荣获共青团贵州省委优秀团干部称号；1985年12月荣获共青团毕节地委优秀团班干部称号等殊荣。

在毕节镇工作期间，连年荣获上级党委、政府一等奖。其个人于1993年6月因在1992年度发展乡镇企业上成绩显著，县委、县政府给予500元奖金。

在乡镇企业局工作期间，带领干部职工，艰苦创业，尽职尽责，理顺关系，确定“三块牌子一套人员”（乡企局、煤炭局、矿管办）隶属乡企局管理。实行“煤炭五统一”管理，狠抓安全生产，加强矿管工作，机关办实体，市乡镇企业创历史最好水平，荣获毕节地区一等奖。

从事纪检监察工作期间，严于律己，以身作则，惩治腐败，分管的工作名列前茅。在1996年12月“严打斗争中”荣获毕节地区政法委200元奖金，1998年2月毕节地区纪委监察局授予纪检监察先进个人，1998年度民主评议党员被市直机关党委评为优秀共产党员。

在人大工作期间，按照人大工作原则、规则、基本程序开展工作。分管的办公室、机关、信访、民族工作均取得好成绩。2006年9月贵州省人大常委会办公厅授予《人大论坛》宣传发行工作先进个人，2008年12月本人论文《把握“十六”字做好人大工作》荣获毕节地区人大理论研讨会优秀奖。

在黔西北产业园区工作期间，加强领导，加强管理，完善规划，外出学习取经，服务好企业，解决困难，对基础设施建设，标准厂房建设的施工进行认真督促，加快建设进度，加大了招商引资力度，使园区的发展快速上升。

在抓老年人体育工作上，充分发挥余热，调整充实区、乡（镇）街道办事处老年人体育协会的班子成员，成立各种协会，督促区代建的市老年人体育活动中心建设，深入乡（镇）街道办事处督促建设老年人体育活动场地，开展丰富多彩的老年人健身活动。区老年人体育工作，在全市较为突出。

在社区戒毒康复人员就业促进工作中，抓得认真，建基地，办工厂，安置人员近百人，得到省、市的认可。

熊和先勤奋好学，作风扎实，工作兢兢业业，脚踏实地，干一行，爱一行，干好一行，为七星关区的发展和建设贡献了自己的力量。

熊活君

熊活君，贵州省毕节县（今七星关区）人，1949年生于毕节县青场，大专文化，中共党员。

1972年参加工作，历任毕节地区砂石铁厂、毕节地区六龙电厂、毕节地区毛纺厂工人、车间主任、科长和上海办事处主任、副厂长等职。1994年任毕节地区毛纺织厂厂长，2001年负责毕节地区毛纺织厂党委工作。曾任贵州省纺织工程学会常务理事、贵州省服装鞋帽协会常务理事、贵州省人民政府网络中心顾问、毕节地区经济社会发展研究会理事、毕节地区老年学学会理事、毕节地区棋牌协会副主席、毕节地区乒乓球协会副主席、毕节地区旅游发展研究会副秘书长。退休后组建毕节熊头小区老年协会和毕节熊头居家养老服务中心并任会长，任毕节熊头有限责任公司董事长。

在职期间，熊活君为探索毕节地区工业的外向发展和推进第二次工业革命、拨改贷改革等走在前列。任厂长期间他认真抓住产品科研不放松，他亲自研发的复合毛配方开发的提花水波纹毛毯、羊丝荣获贵州省名牌产品。创新研发的苎麻绒贵州省科研进步奖，填补了国内空白、其中的中国草透凉获贵州省名牌产品，创新研发的毕节民族工艺绞染五彩呢获国家唯尔杯奖，民族工艺品呢雕走出国门，走进十九个国家，创新开发的夜郎文化和民族文化助推了文化旅游。自1994年以来，迎来了党和国家领导胡锦涛、王恩茂、李沛瑶、钱伟长和几十位省部级领导的调研，为毕节的发展作出了积极努力。

熊活君退休后，积极认真地组织老年人活动团体，组建了毕节毛纺厂生活住宅区老年协会和居家养老服务中心并任会长，团结和带领生活住宅区的各类人员，开展社会性《亲情式居家养老服务新模式》的探索，搭建起了常态化服务老年人的创业就业平台、老年人新家平台、社会性敬老助老养老平台，策划创新并认真实施了《老年人同买同做同吃同乐亲情聚集》《毕节老年人爽朗舞操》《毕爽剧》《毕节爽朗乌蒙风》等等文化产品，满足了老年人常态化的健心健体活动需求，全国人大常委会副委员长沈跃跃、国家老龄办副主任吴玉韶等深入调研后，给予肯定。

他一生中深爱学习，著有《毕节睡眠文化》《毕节饮食文化》《夜郎文化迹》《人种起源地—中国大乌蒙区域》《实感篇》，与潘军伟、吕瑞林、吴声智、张茂森创作了《毕节毛纺厂厂歌》《菩果之歌》《毕节熊头小区之歌》《同心共创新生活》《青场美》《夕阳之歌》《毕节的乡音乡愁》《毕爽剧．六支歌曲》的词，在国内报刊发表了论文20余篇。

十五画

黎祖军

黎祖军，贵州省毕节县（今金海湖新区）人，1946年12月出生于毕节县梨树坪，中共党员，高级政工师。

1968年1月应征入伍，1969年5月加入中国共产党，曾任中国人民解放军陆军13军37师111团三机连战士、班长、排长、副连长、连指导员、三营副教导员，四川省军区政治部保卫处副营职干事、教导大队教导员、叙永县人民武装部政治委员。从部队转业后任四川省成都市园林局党总支书记、高级政工师等职。

黎祖军出生在一个极为贫困的农民家庭，是新中国第一个五年计划期间，政府动员贫困农民子女入学才得读书的。可是他读到3年级时，母亲不幸病逝了。“三年困难”时期过着十分艰苦的生活，党和政府给他助学金，使他基本解决了在朱昌中学和毕节一中高中读书时的学杂费和住校的吃饭问题。他对党的恩情和学校领导、老师的关心终身不忘，在工作中勤奋好学，积极向上，立志为党和人民建功立业，争取突出的成绩，报答党和人民的培养。

1979年2月，在南疆保卫战中，他担任九连指导员，留下精忠报国、准备牺牲的“遗言”。2月19日上午，上级命令三营攻占甘塘地区之280高地。部署七连正面佯攻，九连为主攻。在营部的指挥下，从280高地右侧经199高地穿插迂回，在上级火炮的支援下，迅速向预定地向前推进。在九连指挥的副营长牺牲和副连长、连长先后受伤撤出战斗的情况下，指挥战斗的任务落在黎祖军的肩上。他指挥部队最后一搏，请求上级火力压制，带领预备队，集中自有的火器配制，采取交替排斥和猛力冲击的作战方法，击毙敌人27名，俘敌85名，终于占领了280高地，缴获大批军用物资，九连荣立集体一等功，黎祖军荣立二等功，并参加了昆明军区庆功大会，受到成都军区首长的接见。随即以战功卓著调任四川省军区政治部保卫干事和军区教导大队任教导员，选送国防大学学习深造一年。毕业后提任叙永县人民武装部政治委员。1985年元旦，中央领导赴毕节视察，他受四川省委、成都军区的指派，负责接待中共中央总书记胡耀邦在叙永县视察期间的安全保卫工作，并送往毕节赤水河一线。

1986年12月，转业分配到成都市园林局任总支书记，从事园林管理和园林建设工作。他干一行、爱一行、钻一行，在园林管理和建设中又取得新的成绩，获成都市委、市人民政府“优秀共产党员”“优秀转业干部”“高级政工师”等称号，集荣誉于一身。

樊焕祥

樊焕祥，贵州省毕节县（今七星关区）人。1957年7月出生于毕节县，大专文化，中共党员。

樊焕祥1976年3月应征入伍，在云南省军区边防第十团一营二连当战士；1978年3月，在昆明陆军学校步兵指挥专业学习；1979年2月，在云南省军区边防第十团一营二连任排长，参加南疆保卫战。1979年6月任云南省军区独立师第二团司令部军务股参谋；1983年10月，任第十四军二五〇师七四九团司令部军务股股长；1985年5月，任成都军区守备第一师独立二营营长；1991年1月，任成都军区守备第一师一团参谋长；是年9月，任成都军区守备第一师司令部军务科科长；1993年5月，任云南省文山军分区司令部作训科科长（其间，1992年至1995年在职攻读昆明陆军学院军事指挥专业函授大专）；1996年6月，任云南省麻栗坡县人民武装部部长：1997年10月，任云南省文山军分区副参谋长；1999年2月任云南省军区边防第一团团长；2002年1月，任云南省文山军分区参谋长；是年12月，任云南省迪庆军分区副司令员兼参谋长；2006年2月，任云南省西双版纳军分区司令员，大校军衔。

颜　岭

颜岭，贵州省威宁县人，1974年9月生，大学学历，1995年12月加入中国共产党，1996年8月参加工作。

1992年9月至1996年7月，在贵州农学院动物医学专业学习；1996年7月至1996年8月，待分配；1996年8月至1998年11月，在贵州省金沙县公安局城关派出所当工作员；1998年11月至2001年9月，任贵州省金沙县官田乡党委副书记（1998年10月至1998年12月，在毕节地委党校中青班学习）；2001年9月至2002

年4月，任贵州省金沙县委组织部副部长；2002年4月至2003年6月，任贵州省金沙县委组织部副部长、县直属机关委员会委员；2003年6月至2005年12月，任贵州省金沙县委组织部副部长、县直属机关委员会委员（正科级）（其间：2005年9月至2005年12月，在毕节地委党校中青班学习；2003年11月至2005年11月，在中国人民大学研究生课程进修班行政管理专业学习）；2005年12月至2006年4月，任贵州省金沙县委组织部副部长、县直属机关委员会委员、县农村党员干部现代远程教育中心主任；2006年4月至2007年7月，任贵州省金沙县委组织部副部长、县直属机关委员会委员；2007年7月至2008年3月，任贵州省金沙县委常委、纪委书记、县直属机关委员会委员；2008年3月至2014年11月，任贵州省金沙县委常委、纪委书记（期间：2008年3月至2009年3月，挂职贵州省远程办课件开发处处长）；2014年11月后，任贵州省金沙县委副书记、毕节市七星关区委副书记。

颜若平

颜若平（1923—1992），1923年生于湖南新绍县沙湾里。抗战初期自湖北武岗加入107野战医院任看护。八年抗战，辗转湘鄂桂黔，历经艰辛，孜孜自学。1943年部队从桂入黔，屯驻安顺，准备后续入缅抗击日军。在此期间，国防军医大学移至此地，因推荐入学深造，由此奠定现代医学之坚实基础。回到野战医院，理论与实践相结合，医术不断提升，衔至上尉医官。抗战结束，转入地方，先后历任普安和水城县卫生院院长。1949年11月，在水城迎来解放，并继续担任卫生院院长之职。1952年，调任毕节地区行署卫生科任科长，并兼毕节地区医院主治医师及医务主任，由此开始了在毕节四十余年的医务生涯。

贵州毕节，乃若平先生之第二故乡！地区医院从一个坐落在东关坡上的小小诊所，发展壮大成为今日颇具规模的三甲医院，其当初的组建和近几十年的发展，各个科室门类的逐渐完善和运行，各种先进医疗技术和设备的引进推广，无不渗透着若平先生的辛劳和汗水。比如1964年，通过去上海进修，在地级医院率先引入心电图的诊断技术，极大地推动了心脏疾病的诊断和治疗。又比如，1978年，根据人口结构的变化，积极倡导老年医学学科的推广和建设。每一项医疗技术和设备的重大革新进步，他都会极为重视，紧密跟踪。在那些特殊的年代，医疗下乡，疫情防治，特殊地方病种的调查防治和重急病症的出诊，若平先生总是以身作则，带头垂范，以至于走遍了毕节地区的所有县城和大部分乡镇，对毕节的山山水水充满了无限的深情。因为工作出色，成绩斐然，早在1956年就光荣加入了中国共产党，成为旧知识分子在新中国建立之后，成功转型为人民医生的优秀典范。四十余年，若平先生始终坚守医疗一线，不在病房，就在门诊，不在医院，就在基层，早出晚归，夜以继日。除了承担大量医务工作之外，还长期坚持科研，不断收集整理各种数据和病案，亲手制作标本，写作论文，相继在国家级、省级和地区医学刊物上发表过多篇多种医学论著，荣获过多种荣誉和奖励。若平先生在毕节的医务工作中，让老百姓难以忘怀的，还有他的职业道德。对待每一个患者，不论接诊的病人是干部还是极为普通的工人和农民，他都是一视同仁，认真仔细，热情温暖，以一样的方式，一样的态度接待服务好每一位病人！以至于毕节街头的老百姓们说“颜院长不仅是在为人医病，还是在医心医德”！岁月蹉跎，光阴荏苒，若平先生在生命的最后十年，虽已是资深主任医师和心血管病专家，先后出任了地区医院副院长、地区医学会会长、地区科协副主席、科技医院院长之职，但仍在花甲之年，以一位老医生的普通身份，坚持以一己所长服务于社会，服务于百姓，最终在临近七十岁的1992年4月9日，在科技医院门诊部为病人就诊之时，突发脑溢血而逝世在医生的岗位之上，宛如战士之牺牲于战场！

若平先生可谓毕节地区一代名医，成果卓著。医人医民，医德医心。造福地方，有口皆碑。声誉远扬，当以铭记！

潘军伟

潘军伟（笔名潘章），贵州省毕节县（今七星关区）人，1948年11月23日生于毕节县，本科学历，中共党员。

1970年9月，以演奏竹笛为专长考入中国人民解放军0277部队文艺宣传队。1978年退伍后，一直在宣传文化部门工作。先后任毕节县文化局局长、毕节地区文化局党组书记，毕节地区文联党组书记、主席，毕节地区广播电视局党组书记、局长，毕节地区电视台台长。2008年退休。现为中国音乐家协会会员、中国民族管弦乐会会员、中国二胡学会会员、贵州省民族管弦乐学会副会长、毕节地区音乐家协会主席。同时还担任贵州省乒乓球协会副主席、毕节地区乒乓球协会主席、毕节红都艺术团团长、毕节地区关工委副主任。

在担任领导职务期间，做了许多有益的工作。在毕节县文化部门工作时，提出了“夯实两个基础、打出一个拳头”工作思路，即抓好农村群众文化和文艺创作基础，搞好各级文工队（团）艺术表演。在省及地区举办的创作、小戏小品调演、声乐比赛中，几乎包揽了等级奖项。全县农村中有上百个开展演出活动的农民剧团，仅阴底区就有8支水平较高的花灯、杂技、民族歌舞剧团。毕节县文化馆工作受到了文化部表彰。《人民日报》《中国青年报》《精神文明报》《贵州日报》《中国文化报》等报刊经常登载毕节县群众文化工作情况。在地区文化部门工作期间，对文艺创作十分重视，大力扶持剧创人员，推出了《金桂劝妻》（文化部文华奖）、《刘洪贵相亲》（全国小品三等奖）、《水西二姝》（后改为京剧《水西遗恨》）等节目，在文化界产生一定影响，并亲自带领剧团赴全区县、乡（镇）巡演。在广电部门工作期间，在地委、行署支持下，整合了毕节城区有线网络，组建了毕节电视台、毕节人民广播电台、毕节地区有线广播电视中心，完成了卫星信号入村的“村村通”工程。

他爱好广泛，对音乐、文学、器乐演奏、乒乓球运动都有较高造诣。他在音乐及文学上，由大众文艺出版社（中国文艺家研究丛书）出版了《这方热土——潘军伟音乐作品集》和《家乡的歌——潘章创作选》，著名音乐家李焕之、孙慎、冯光钰、石应宽先生等为书题词作序，全省著名书画家、省文联主席杨长槐题写书名，地区著名文艺评论家伍润强先生写了精彩的书评。在参加各类音乐比赛中，歌曲《这方热土》在“感动中国”——全国第五届新创歌曲歌词大赛中获一等奖；歌曲《日子富了歌也多》获贵州农村征歌一等奖，并选入中学生音乐教材；民族管弦乐曲《草海节日》获贵州首届民乐团队邀请赛作曲一等奖；歌曲《推石磨》获全国“东方之春”创作比赛一等奖；歌曲《警察妈妈的情怀》获全国“奥运之春”创作比赛一等奖；笛子独奏曲《高原春耕曲》获贵州省群文创作活动一等奖。经国家级专家考评，他被评为演奏十级（优秀），在二胡演奏上为十级（良好），获得贵州省首届“敦煌杯”二胡大赛老年组银奖。

在乒乓球运动方面，为中国乒协评定的业余乒乓球运动健将。在“万杰隆杯”中国乒乓球会员联赛上获50岁男子单打第三名；获“海上世界”杯全国新闻界乒乓球比赛男子单打甲组第五名；获“杏花村汾酒竹叶青杯”第一届中西部十二省区领导干部乒乓球赛男子三等奖。在省举行的各类赛事中亦多次获奖，可称多才多艺，硕果累累。

十六画

薛冠山

薛冠山(1930—1999)，贵州省毕节县(今七星关区)人，1930年生于毕节亮岩，中共党员。

薛冠山幼年父亲早逝，靠母亲一人含辛茹苦，抚育成长。母亲期望他读书学习，明白道理，认清是非，长大后能做一个有用的人。母亲正直坚强的性格，从小就给他打下了深深的烙印。

1949年11月毕节解放。他拥护共产党，热爱新生的红色政权。19岁参加革命工作，先后进入毕节地区革命干部学校、西南人民革命大学贵阳分校四期一班十一组学习，毕业后分配到大方县八区区政府任财政助理。在工作中显示出才华和能力，很有建树。在党的培养教育下不断成长，成为工作骨干，政绩突出，1952年10月加入中国共产党。1953年10月，任大方县财委会区级秘书，后任计统科长、农村工作部科长。由于工作努力，作风正派，为人正直，光明磊落，得到领导和群众的好评，曾多次被评为先进工作者。

1955年建立检察机关，到贵州省人民检察院毕节分院任办公室主任(副县级)，从此进入政法战线。在新的工作岗位上，他勤奋好学，很快取得好成绩，多次受到上级部门的表扬，1959年被评为全国公安司法系统先进工作者，光荣地出席了在北京召开的先代会，受到了党和国家领导人的亲切接见，并合影留念。

1966年“文化大革命”中，公检法受到冲击，他到毕节地区军管会政保部办公室担任负责人，后任毕节地区公安处秘书科科长。面临诸多艰巨的工作和复杂的局面，他始终能正确对待和处理。

1978年，全国重建检察机关，任贵州省人民检察院毕节检察分院副检察长，按分工协助检察长抓好全区检察机关的职能职责的建立健全工作。在工作中他废寝忘食，经过和全院同志的共同努力，使全区检察工作尽快步入正轨。

1981年，升任贵州省人民检察院毕节检察分院党组书记、检察长。在新的领导岗位上，更是以身作则，率先垂范，带领全院干警努力工作，正确行使职权，探索检察工作新路子，维护宪法和法律尊严，坚定地捍卫人民群众的利益，惩恶扬善，被老百姓誉为“铁包公”。他身为领导，却平易近人，关心广大干警，在检察机关中创造了一个良好的工作氛围，增强了凝聚力，使全区检察工作步入到一个新阶段，取得了显著成绩。1984年，毕节检察分院被毕节地委、行署授予精神文明建设先进单位；1986年被最高人民检察院授予全国检察系统先进集体。1988年和1989年，被毕节地委、行署评为先进集体；因成绩显著，他在1992年贵州省检察系统“一先四优”表彰会上荣记个人一等功。为了弘扬先进人物的精神，贵州省委制作了电影《我们贵州人》，薛冠山的事迹也被记录上去，还制成学生政治学习教材在全省学习。

退休后，被毕节地区纪委聘为党风监督员，被毕节地区供电局聘为行风监督员。他积极参加党风、行风监督检查工作，为毕节试验区的发展发挥余热。于1999年10月因病逝世，享年69岁。他的品格至今仍受到机关干部和人民群众的赞扬。其平易近人、清正廉洁的作风将名留青史，流芳百世。

薛朝远

薛朝远，贵州省毕节县(今七星关区)人。1946年农历冬月十二日生于贵州省毕节县燕子口后川小竹林薛家垭口。初中文化，中共党员。

薛朝远1963年毕业于毕节县燕子口中学，后回乡务农，任亮岩公社核桃大队碉坪小队会计，1968年1月应征入伍。

薛朝远参军到中国人民解放军第13军37师111团服役，是年被部队派到当地支农，又到重庆塑料总厂执行“三支两军”任务。纪律严谨，成绩突出，当年12月被吸收为中共预备党员，次年按期转正。

1969年薛朝远归队任班长，1970年提任排长。在任排长期间，他所领导的二排，在1976年年度考核中，全排实弹射击优秀，投掷手榴弹优秀，器械操作优秀。1978年，全军开展学雷锋、学硬骨头六连活动，二排被13军授予“学雷锋、学硬骨头六连先进排”，薛朝远被授予先进个人。

1978年，中越边境形势紧张，薛朝远所在部队奉命调往云南河口边防驻守。薛朝远被派到昆明市征集和训练新兵，并在南疆保卫战中，把训练有素的新兵送到前线。圆满完成作战兵源补充的任务，受到部队首长的表彰。

1979年11月，薛朝远作为军队第三批转业干部，回到毕节，安置在毕节县人民检察院，先后任书记员、助理检察员、检察员、检察委员会委员、副科长、科长等职。

薛朝远在检察工作中，本着对人民负责的精神，对每个案件负责到底，让每个案件都经得起历史的检验，不办错案、冤案。他宁可自己多辛苦，宁可被别人不理解甚而反对，都要做到经手案件万无一失。多次被省、地检察机关评为检察系统先进个人，最高人民检察院给薛朝远荣记三等功一次。

1987年，薛朝远被任命为副科级检察员。他知道，这是组织上的信任，人民的重托。他带领科室同志兢兢业业工作，踏踏实实办案。各年年终结案率，均达百分之百。特别是1988年，薛朝远办理公诉案件80余件，涉及一百多人，无一错案。

检察工作，是对敌斗争的前线，不冤枉一个好人，也不放过一个坏人。对犯罪分子必须严惩，才能保护人民的生命财产安全。在办理小坝熊春方、邓华生等34名被告人诈骗、抢劫、盗窃案时，薛朝远连续工作两个多月，没有休息过一天，加班加点40个昼夜，最终把犯罪分子绳之以法，人民群众大快人心。为表彰薛朝远先进事迹，最高人民检察院给他荣记三等功。1990年度，薛朝远被中共贵州省委、省人民政府授为“先进工作者”。

1992年，薛朝远调任毕节县监察局副局长；1994年薛远被任命为正科级纪律检查员。1995年薛朝远调毕节地区纪律检查委员会工作。在监察局和纪委工作期间，薛朝远常和同事一道，跋山涉水，不辞辛劳，深入实际，调查取证。始终按上级关于惩治贪污贿赂的规定及党章党规办事，杀歪风，树正气。多次受到上级机关表彰。

2001年薛朝远下挂大方县大山乡党委副书记。在挂职期间，他把扶贫攻坚作为已任。跑遍全乡村村寨寨，调查研究贫困原因和贫困人口现状，帮助村两委制订脱贫规划，为贫困人口找项目找资金，争取到上级项目资金100多万元，修造格里河大桥、光华村希望小学、光华村文化活动室，为大山乡脱贫攻坚做出了贡献，被中共毕节地委授予“扶贫攻坚先进个人”。

2001年，薛朝远兼任毕节地区纪律检查委员会工会工作委员会主席；同年被提任副县级纪律检查员，主要从事查办案件工作。在查办案件中，他认真执行中国共产党纪律处分条例，所办案件事实清楚，证据确实、充分。在查办威宁县煤炭局违纪违法案件时，薛朝远和办案人员一道，深入发案地，认真调查取证，顶住一切压力，实事求是，以证据和事实为准，使威宁县18名涉案嫌疑人，受到了纪律处分和法律制裁。为国家挽回经济损失40多万元。

2008年，薛朝远退休。退休后，他继续发挥余热，被毕节地区纪委派驻贵州省交通厅毕（节）威（宁）高速党风廉政纪检监察组。他依然不减当年认真负责和吃苦耐劳的精神，深入施工现场，对资金使用、工程承包、工程质量等进行有效监督。使毕威高速保质保量、按期顺利竣工，为毕节的经济发展作出了应有的贡献。

穆安映

穆安映，贵州省毕节县（今七星关区）人，女，彝族，于1965年出生在贵州省毕节县普宜区乐都公社（今七星关区普宜镇），于1983年12月参加工作。大学本科，中共党员。

1983年12月至1985年2月，在毕节县普宜区乐都乡政府任文书、统计员；1985年3月至1987年2月，毕节县委党校民族干部中专班学员；1987年3月至1988年8月，在普宜区公所任工作员；1988年9月至1990年8月，贵州省委党党政管理大专班学员；1990年9月至1991年12月，任毕节县普宜区委组织员；1992年1月至1995年8月，任毕节县岔河镇党委委员；1994年4月，任毕节市（县级，下同）鸭池镇党委副书记；2005年3月至2006年5月，任毕节市市东办事处党委副书记；2006年6月至2007年9月，任毕节市三板桥办事处党委副书记、主任；2007年10月至2011年4月，任毕节市三板桥办事处党委书记；2011年5月至2015年8月，任毕节市双山新区党工委委员、副主任；2015年8月至2015年12月，任中共毕节市赫章县委常委、县纪委书记。

穆安映主要取得以下业绩：参加工作以来，尽职尽责、任劳任怨、勤政务实，全面完成上级交办的各项工作任务。

在任乡镇党委委员、副书记期间，所分管的党建工作因成绩突出获得上级党委表彰，依次获得先进党组织、优秀乡镇党委等称号，组织、宣传、纪检、群团等工作也分别获奖，个人被评为全市优秀党务工作者，优秀工作着等先进个人受到表彰奖励。

在任办事处主任和党委书记期间，认真履职，精心实施，启动并全面完成辖区南部新区城市建设各项目标任务，社会管理成效明显，办事处形象日新月异，先后获得全市经济社会年度目标表彰奖励，办事处党委荣获了“人民满意的办事处党委”等光荣称号。

在双山新区任党工委委员、副主任期间，主抓教育、民政、农业、扶贫开发、财税、工会等工作，同时联系乡镇项目建设保障工作，通过精心实施，较好地完成各项工作任务，所分管工作先后获得上级表彰奖励。

在担任赫章县委常委、纪委书记期间，认真履职，严格抓好纪律审查工作，加强推进干部作风建设，关注民生问题，积极解决发展中破坏政治生态环境的问题，为全县经济社会发展营造良好的发展环境。

十七画

魏　明

魏明，祖籍山东，1952年12月24日出生于贵州省毕节县城关镇。大学文化，中共党员。

魏明出生于革命干部家庭，父亲魏守云是南下干部，西进解放毕节后，就留在毕节工作，为毕节人民政权的建立和经济社会发展，作出了毕生的贡献。魏明从小受父亲影响，立志长大后一定要向父亲学习，做个对社会有益的人。

1970年12月，魏明应征入伍，到昆明军区第974库服役；由于表现突出，1975年被部队选送到中国人民解放军重庆后勤工程学院油料储运系学习，1977年8月毕业分配到昆明军区974库工作；1978年12月至1985年8月在昆明军区113兵站先后任助理员、股长、供应科副科长、供应站站长等职；1979年参加了南疆保卫战，荣立三等功一次；1984配属某军对越作战，任牛滚塘供应站站长。战时保障有力，供给到位，所带部队荣立集体三等功一次。

1985年8月，魏明调昆明军区开远第一油料库任副主任(副团)；1986年5月任成都军区开远第一油料库主任(正团)，次年初任该库党委书记、主任；1994年4月调任成都军区昆明油料仓库主任，同时任成都军区第23分部第四、五届党委委员；1988年2月被成都军区云南前线指挥部评为“战地模范油料工作者”；1989年10月，昆明油料库被总后勤部授予“开创油库新局面达标单位”，同年12月他个人被成都军区评为“装被管理先进个人”；1990年1月被成都军司令部、政治部、后勤部评为“营区绿化先进个人”；1994年，成都军区给魏明荣记三等功一次，同年8月他被总后勤部评为“油料安全整修先进个人”，并参加全军油库表彰大会；在26年戎马生涯中，魏明尽心尽责，带领他所任职的部队官兵，艰苦奋斗，敢打敢拼，为军队现代化、正规化建设作出了一定的贡献，为保卫边疆、建设边疆，立下了汗马功劳。

1996年10月，魏明从部队转业到云南省劳动厅办公室任副主任(正处)；2001年11月至2002年10月任云南省劳动保障厅机关党委专职副书记兼厅机关纪委书记；2002年10月至2008年8月任云南省劳动监察总队队长；2008年8月至同年11月任云南省人力资源和社会保障厅职业能力建设处处长；2008年11月改任调研员；2013年退休，定居在昆明市。

魏德远

魏德远(1938—1995)，贵州省毕节县(今七星关区)人，1938年生于毕节县阴底区大屯岩脚。1956年3月应征入伍，1959年2月加入中国共产党。

参军后，历任中国人民解放军炮兵307团重炮营计算员、计算班班长、中国人民解放军49师炮团五连排长、一连排长、团司令部参谋、中国人民解放军31师炮团侦察股副股长、军务股股长、司令部作训股股长。1974年10月，被任命为中国人民解放军31师炮团副团长，时年36岁。1979年2月，奉命率部参加南疆保卫战，因战功显著，荣立个人三等功一次。1983年1月转业地方工作后，先后任毕节县战备办公室主任、县劳动人事局局长等职。1994年3月，当选为毕节县人大常委会副主任。1995年7月7日，因积劳成疾在毕节病逝，终年57岁。

自参加工作以来，他对党忠诚、工作兢兢业业。在部队27年的岁月中，特别是担任部队领导以后，正值“文化大革命”时期，但他始终以一个共产党员的高尚品质，时时恪守入党时的誓言，认真践行全心全意为人民服务的宗旨，真诚对人，与战士融为一体，从未参加任何“派系”活动，真可谓“戎马半生为国戍边忠节似凌霜雪”。转业到地方工作后任毕节县劳动人事局局长、县人大常委会副主任。他始终认为自己是一个农民儿子，保持着一个人民公仆的本色，清白做人，干净做事，真正体现了“殚劳一世廉奉公，高风如月照云天”的风格。

他甘于清贫，乐于奉献，忠孝仁义，乐善好施，豁达开朗，平易近人。从军尽忠报国，为政廉洁奉公，教子德孝为先，与邻和睦相处，待友诚信亲切。在他辞世期间，自发前往吊唁的人群，有认识的，有不认识的，熙熙攘攘，接踵而至，都重复着一句话：“好人，难得的好人！”

糜崇习

糜崇习，贵州省毕节县(今七星关区)人，1932年2月生于毕节，中共党员，副编审。

1950年起，先后毕业于毕节地委第一期干校、贵州省新民主主义青年团青年干部训练班第一期、省委初级党校第一期、省委党校理论班、苏州大学方志学习班。20世纪50年代初任水城县人民政府委员、土改队大组长、团县委副书记、县委办公室主任；1952年任一区区长（主持工作），后被省政府任命为农林科长等。从1956年起，先后选调到毕节地委宣传部任理论教员、科长、办公室主任，毕节地区方志办副主任、副总编、第一任党支书，地区出版系列初级职称评委副主任、文化系列中级职称评委成员，省志协会会员、地区党史学会副会长，地委、行署科学顾问，北京《燕山诗词学进展》顾问、《当代中国人才库》名誉主编，北京六书文化研究所特聘为终身兼职研究员和名誉理事等。

1987年，省委宣传部给他颁发从事党的宣传工作30年荣誉证。五十年代至八十年代，他向地直机关干部讲授辩证法、中国社会主义经济问题、中共中央关于若干历史问题的决议等（并向大专院校师生讲授）。著有理论讲义、讲稿20多万字。是中央党史专题《中国工农红军川滇黔边区游击纵队斗争史》副主编（该书已编成电视剧在中央电视台播放）、《中国民主联军滇黔川边区第二纵队革命斗争史》主要编写成员，其主编的《毕节地区志·人物志》在北京书展获全国方志优秀作品一等奖；主编的《毕节地区志·军事志》获贵州社科优秀成果奖，受政府表彰奖励；主编的《毕节地区志·财政志》获地区社科优秀成果一等奖、省社科优秀成果奖，受省政府表彰奖励。20世纪90年代编写的这3本志书达百万余字。多篇史文刊载于《成都军区党史季刊》《贵州党史通讯》《贵州历史丛刊》《贵州政协报》《中国百业文化巡礼》《世界学术文库》《中国国民党九千将领》等。审史志书稿千万余字。摄制作品收录入书和在省地展出并收藏达300多幅。本人入编《中国专家人名辞典》《中国大文化英才辞典》《世界优秀人才大典》《中国当代科技专家大典》《科学中国人·中国专家人才库》《世界华人文学艺术界名人录》《中国共产党人格言宝典》《当代中国人力资源定库》（领导人卷）等60余本专家辞书，选入《当代中国志坛群星集》。北京有关部门发给专家证、特约作家证等，并荣获“新时期杰出贡献纪念奖”。他对毕节地区的修志和近代史的研究作出了应有的贡献。退休后仍孜孜不倦地学习和工作，常撰写史学资料文章发表于有关报刊，为史学界佐证史实。正如毕节籍著名教授刘叔仪、贵州史学家陈福桐评议的那样，是一位生命不息、战斗不止的老同志，精神可贵，品德高尚的人。

糜崇永

糜崇永（1942—2000），贵州省毕节县（今七星关区）人，中专学历，中共党员，工程师。生前曾任重庆市西彭地区电信局党委书记兼局长。

他家境贫寒，从小勤奋好学，一边担煤卖，一边读书，自立自强。在生活极端困难的情况下，坚持读完小学、初中。1959年9月，考入四川省邮电学校电信专业学习，学习刻苦，成绩优异。1961年12月，他积极响应党和祖国的号召，毅然弃笔从戎，参加了中国人民解放军，在部队曾被评为“五好”战士、技术能手。1962年12月，部队开赴中印边境前线作战，由于在中印边境自卫反击战中作战英勇，荣立三等功，受到部队嘉奖。

1968年11月，转业到重庆市电信局工作，任技术员。1981年5月，调西南铝加工厂焊接分厂、动力分厂、基建指挥部做通讯工作。先后任技术员、工程师、副厂长、厂长、处长和重庆市西彭地区电信局党委书记兼局长。1984年至1985年，他先后两次赴德国洽谈进口先进设备和签订技术交流合作协议，是重庆市电信系统最早引进先进设备和签订技术交流合作协议的工程技术人员。

在30多年的革命工作中，他热爱党、热爱祖国、热爱社会主义，具有强烈的事业心和高度的责任感。他服从党的领导，听从组织的安排，干一行、爱一行、钻一行、干成功一行，在平凡的工作岗位上，兢兢业业、任劳任怨，从不计较个人得失。他关心爱护职工，团结同志，深受干部职工的拥护。改革开放以来，他锐意改革，开拓进取，尤其是当他调到西南铝加工厂担任通讯部的领导工作后，以发展的眼光，改革创新，大大地改善了西彭地区落后的通讯状况，为西彭地区和西南铝加工厂通讯事业的发展，作出了重大贡献，他的业绩将永远载入西彭地区和西南铝加工厂的史册。于2000年逝世，终年58岁。他逝世时，中共重庆市委的悼词中写道：

“糜崇永同志不幸逝世，使我们失去一位好党员、好干部、好同志，他的逝世也是我们西彭地区和西南铝加工厂电信事业的一大损失……”

“总之，他用自己艰苦奋斗的一生，革命的一生，回答了一个共产党员应具备的优良品质。”

中国共产党重庆市委员会决定：授予糜崇永遗体覆盖中国共产党党旗的荣誉，决定中写道：“他是我们在知识经济的新纪元中，锐意改革，开拓创新，不断进取的好榜样。我们悼念糜崇永同志，就是要化悲痛为力量，学习他的好思想、好作风，苦干实干，继续做好他为之奋斗的通讯事业，为西彭地区和西南铝加工厂通讯事业的发展而努力。”

糜崇益

糜崇益，贵州省毕节县（今七星关区）人，1952年生于毕节县海子街区五里坪白家湾。大专文化，中共党员。

糜崇益1969年1月应征入伍，到美丽的西双版纳勐腊县驻军108兵站军械库，先当保管员，不久就被挑选任事务员。1971年1月，糜崇益加入了中国共产党。是年3月，刚满19岁的糜崇益就被提拔为事务长。1972年调任108兵站业务处财务助理员。1978年2月任业务处协理员（副营）；同年提任营教导员。

1969年至1976年间，糜崇益主要参加和执行了中国援老筑路驻老挝10万多部队的后勤保障，以及中国援助老挝政府和苏发努丰领导的武装力量的武器弹药供给，先后在老挝上寮地区的南塔省、孟赛省、丰沙里省和朗勃拉帮省，及时完成了中方援助老挝的武器弹药等军事物资的发放、运输和交接工作。1978年至1979年，带领他所在部队出色完成了南疆保卫战拟从老挝穿插越南的战前训练和特级战备任务，多次受到上级表彰。

1983年2月，糜崇益任解放军第74野战医院政治处主任。1984年至1985年6月，根据中央军委收复老山作战中部队要轮战训练的指示以及上级命令，他率领74医院野战医疗所开赴老山前线，圆满完成了配合边防部队收复老山作战中伤病员的医疗救治任务。在服役期间，特别是担任营、团领导职务后，糜崇益由于工作能力强、表现突出，1984年被昆明军区后勤部定为师级后备干部人选。1985年10月，由于父母年迈多病，经本人多次申请，组织上同意调他回毕节军分区工作，任赫章县人武部副政委。

1986年在完成人武部由部队体制转交地方的改制后，糜崇益转业到地方工作，任毕节县建设局副局长（副县级）。1987年10月，调毕节地委办公室任信息科科长（副县级）。由于他工作勤奋，与时俱进，地委信息工作连续两年被省委办公厅评为全省第一名。1989年，他写的论文《党政信息报忧概念浅析》，被兰州大学主办的《秘书之友》等多家刊物登载后，分别被国内多家出版社评为特等奖和一、二等奖，1999年6月该文被载入甘肃省人民出版社出版的《中国当代秘书群星文选》，1999年11月被载入中国城市出版社出版的《中国当代社科研究文库》。

1990年5月至1998年10月，糜崇益任地委副秘书长期间，认真履行秘书服务和参谋助手职责，竭尽全力工作，为地委、行署领导决策和处理全区经济社会发展各项重大事务提供多方面的服务；组织公安、交警、城管、卫生、防疫等部门，圆满完成了中央领导同志到毕节视察期间的食宿、会务、视察、安保等重大接待任务。同时，协调和处理了全区大批信访案件和群体上访事件，对落实党和国家政策，平反冤假错案，纠正违法行为，密切党群、干群关系，维护全区和谐稳定起到了积极作用。1996年被省委、省政府评为全省“先进信访工作者”。

1998年10月，糜崇益调任毕节地区农业区划办主任，他带领区划办人员深入调研，对全区农业区域发展规划和区域发展布局，及时提出建设方案，供地委、行署进行决策，指导农业发展尽到了部门责任。2001年9月，糜崇益调任毕节地区人民防空（交通战备）办公室主任。到任后，根据法规和中央、省的要求，结合全区当时人防建设和交通战备工作基本没有开展工作的现状，及时主动向地委、行署和军分区领导汇报，并拟在全区贯彻落实人防法、交通战备条例，切实把人防建设和交通战备，作为国防建设的一个重要内容来抓的建议。2002年，代行署和军分区起草了《毕节地区人防建设管理办法》等文件，使全区人防建设走上了正轨，做到有法可依、有章可循，真正起步，逐步推开。截至2008年，糜崇益牵头组织在毕节城区安装防空警报器12台，修建战时用于人员、物资掩蔽的防空地下室，使毕节地区人防工程建设从无到有，不断发展。此外，他还带领人防办员工组织收集、整理了全区公路、铁路、桥梁、隧道的基本数据，并建立了数据库。在区内确定和上报了20多座桥梁为国家二级保护目标，为市委、市政府和军分区战时组织指挥全区人民防空和完成交通运输保障任务提供了指南。

2012年，糜崇益退休后，受广州吉隆集团公司聘请，出任该集团驻毕节分公司总经理和广东碧桂园毕节南山项目副总经理。牵头组织协调政府完成了南山公园和南山碧桂园项目规划编制、审批和大量的征地、拆迁、迁坟及公园建设等任务。南山公园和南山碧桂园的兴建，对提升毕节城市形象，改善人居环境、促进招商引资、解决当地劳动力就业等，都具有积极的作用。

糜崇琦

糜崇琦（1940—2017），贵州省毕节县（今七星关区）人，1940年6月生于毕节城关。大学本科学历，中共党员。

他从小学习刻苦用功，一路顺利完成小学、初中、高中各项学业，1959年以优异成绩考入贵阳师范学院（今贵州师范大学）地理系本科学习。

在大学期间，学习努力，关心团结同学，尊敬师长，有较强的组织领导能力，被选为班长、系学生会主席。通过大学4年的刻苦努力，以优异的成绩完成学业。大学毕业后，选择到了当时非常艰苦的六枝县郎岱中学任教。他将自己的一腔热情和辛勤汗水洒在了郎岱中学校园的每一个角落。

1965年，因工作和家庭需要，调到毕节二中任教。1978年，他的恩师——贵州师范大学的孙成章教授写了长达3000字的推荐信，希望他到贵州财经学院执教。而此时的毕节，专科高等教育正处于组建的关键时刻，经过反复思考，以他对大山的热爱和改变毕节贫穷落后的坚定信念，决定留在毕节，将自己的一生交给急需发展的毕节高等教育。从贵阳师范学院毕节大专班到毕节师专，从毕节师专再到毕节本科高等院校，25个年头的高教生涯，昭示着一个大山之子的高尚风格。他十分重视科研和教材建设工作。他先后编纂、主编公开出版《中国社会主义建设问题解答》《马克思主义哲学原著选读简明教程》《中国社会主义建设》《中国革命和建设基本问题》《新编中国社会主义建设学习指南》《马克思主义原理》等多部高校教材、教参和专著，有的教材被西南地区和东北地区的高校采用，在高校产生了较大影响。其中，《中国社会主义建设》获毕节地区首届社科研究优秀成果二等奖，《马克思主义原理》获毕节地区第二届社科研究优秀成果一等奖，《中国革命和建设基本问题》获贵州省高校思想政治教育研究会优秀教材奖，同时获“卓识”奖。与此同时，他还发表学术论文多篇，其中，《论高师学生能力的培养》被西南师范大学收入《优秀论文集》第七集；《毕节师范高等专科学校改革与发展的探索》在学术交流会上交流，引起较大反响，《贵州高师研究》予以发表；《试论“三个代表”的辩证统一性和时代特征》在《乌蒙论坛》上发表，并被收入《新华文献》。

1984年6月，因政绩突出，由毕节师专政治教研室主任提任为副校长，1987年2月任学校党委副书记，1987年8月晋升为副教授。1993年3月任校党委书记、校长，1995年晋升为教授，成为毕节高等教育界少有的正高职称。与此同时，他还兼任中华爱国主义教育研究会学术委员、贵州省高等师范教育研究会副理事长、贵州省地理学会副会长、毕节地区党史学会副会长、贵州省高等学校教学优秀成果奖评审委员会委员、贵州省高等学校教师高级职务评审委员会委员。在长期的高校管理中，特别是1993年主持毕节师专党政管理工作以来，他把提高教学质量作为立校之本，大搞科学研究作为强校之路，创造性地提出了“开门式办学，封闭式管理”的办学模式。在他的领导和积极支持下，学校建立了高教研究室、民族文化研究所、教育职业技能研究所和青年心理咨询中心四个科研机构。他又创建了政教系、地理系、计算机科学系、艺术系、小教系，短期内师专就增加了5个系，使学校发展到11个系19个专业，形成了专业设置比较齐全，学科结构较为合理的师范高等专科学校。

2000年2月14日，地委办公会作出了“举全区之力，组建毕节师范学院”的重大决策，并成立“毕节地区高等师范教育结构调整领导小组”，具体开展各项工作。2001年2月，教育部专家组到毕节进行检查评估；2001年8月，教育部作出了“筹建毕节学院”的决定，筹建期3年；2005年3月9日，教育部正式下文批准成立毕节学院；2006年4月20日，毕节学院正式挂牌成立。这样，一所地方性综合性的本科高等学校在毕节建立，糜崇琦的辛劳付出，学院的教职员工是永远难以忘怀的。

糜崇琦的业绩已载入《中国当代高级专业技术人才大辞典》《中国高等教育专家名典》《中国大学校长名典》以及《东方之子》等典籍名录，在毕节地区乃至贵州全省高校都有一定名望。

糜蕴秋

糜蕴秋，贵州省毕节县(今七星关区)人，女，1962年9月出生于毕节城关，中共党员，大学本科文化。

她从小聪颖好学，自强不息，做事认真负责，精益求精。她有自信心、恒心和拼搏精神，要干，就要干得最好。在中学时代，一直是三好学生和优秀学生干部。1979年高中毕业后，学医三载。毕业后分配到大方六龙电厂医院工作，后调毕节六中任教。1986年9月考入贵阳师范高等专科学校干训系行政管理专业读大专。毕业后，于1988年11月调贵州省中八劳动教养管理所工作。担任企管审计科科员、副科长、科长等职。1995年3月，升任中八教所供销公司经理。在公司两年，历尽艰辛，把一个濒临破产的企业救活，扭亏为盈。

她曾在中共贵州省委党校学习经济管理(本科)，又在中国社科院读行政法学研究生班。曾任贵州省女子劳动教养管理所党委书记、所长。2007年7月，调任贵州省司法厅计划财务装备处处长，三级警监。

1997年4月，贵州省新建女子劳动教养管理所，被提任副所长，主持行政工作。2000年5月，中共贵州省女子劳动教养管理所党委会成立，任党委副书记、所长。

女子劳教所是在原中八劳教所的一个妇女大队基础上建立的。经过她的努力，国家发改委、司法部、省政府对女子劳教所的场所基础设施建设投资力度明显加大，短时间内投入资金2000多万元，新建4万多平方米的房屋(劳教人员宿舍、习艺楼、餐厅等)，女子劳教所的基础设施建设从根本上得到了改善。

在她的努力下，女子劳教所生产发展的后劲

不断增强，劳教经济得以健康快速发展。产值由建所当年的40万元，增至2006年的1300万元；固定资产由建所当年的90万元增至2006年3000余万元，为劳教所全面工作的开展奠定了坚实的基础，糜蕴秋被誉为当家理财的女能人。

女子劳教所建起来了，收容人数急剧增加，常年收容3000多女劳教人员。收容对象日趋复杂，管理、教育难度增大。全所仅有干警200多名。如何有针对性地做好管理教育工作，她积极探索新时期劳教工作的新思路、新方法，认真贯彻“教育、感化、挽救”的劳教工作方针，提倡人性化管理，深入基层做耐心细致的思想教育工作，坚持用慈母之情和爱心去教育和感化劳教人员。她与劳教人员谈心，为他们治病，使之安心改造，再铸新生。她一心扑在工作上，连家庭和独生女儿也无暇照料。她节假日总是坚守岗位，和干警们一起组织劳教人员开展有益的文娱活动，寓教于乐。

她重视制度建设，坚持用制度管人。确立了以“创建现代化文明劳教所”带动全面工作的发展思路，坚持“高标准”“严要求”的工作准则。在工作中“从严治警的同时从优待警”。干警生病住院及家人生病，她要亲自去看望，子女读书、住房有困难，只要她知道，都会尽力帮助解决。

她在女所工作整整10年，取得可喜的成绩。女子劳教所连续9年实现“四无”（无脱逃、无非正常死亡、无所内发案、无重大安全事故），多次荣获司法部、省政府、省司法厅、省劳教局等部门的表彰。她本人连续10年在国家公务员年度考核中被评为“优秀”。1999年5月，荣立省司法行政系统个人二等功，授予中华人民共和国司法部二等功奖章。2000年1月，被贵州省人民政府授予“人民满意的公务员”的荣誉称号。2002年4月，当选为出席中共贵州省第九次党代会的代表。同年被清镇市授予“三八红旗手”称号。2003年8月，当选为出席第九次全国妇女代表大会的代表。2004年4月，被省司法厅评为司法行政系统先进工作者。2005年11月，升任中共贵州省女子劳所党委书记、所长，被贵州省人民政府表彰为“全省先进工作者”。她的事迹载入了贵州省人才工作协调小组主编的《黔中英才》一书中。2004年“5・1”劳动节，应邀出席北京人民大会堂劳动模范代表宴会。2006年12月，当选全国百名优秀母亲，被授予“中国优秀母亲”荣誉称号，并出席在北京人民大会堂召开的表彰大会。2000年至2007年，当选为清镇市人大代表、人大常委，连任两届。

她有一股敢为人先、锐意进取的拼劲和勇气。她在工作中开拓创新、与时俱进，展现了新时代妇女自尊、自信、自立、自强的精神风貌。可以说，糜蕴秋不愧为一位求真务实、精明能干，作风过硬、政绩突出的女强人，是中青年妇女中的杰出代表，是毕节人值得学习的榜样。

同心大楼

五 省级以上党代表 人大代表 政协委员

四　画

王青松

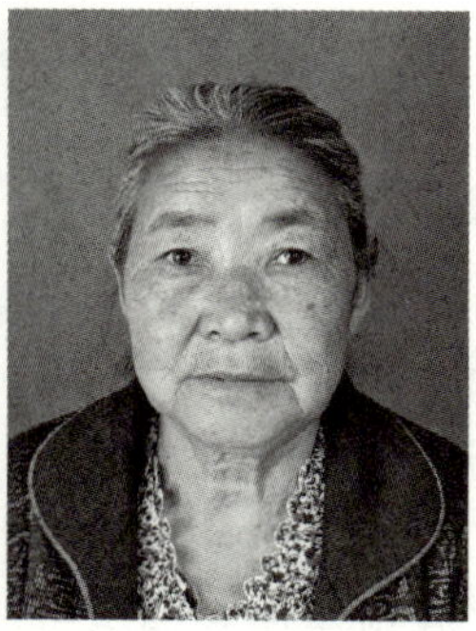

王青松，贵州省毕节县（今七星关区）人，女，彝族。1942年12月18日出生于今七星关区放珠镇哩东村一组。小学文化，中共党员。

1964年3月至1981年5月，任毕节县杨家湾区放珠公社前进大队大队长。在此期间，王青松努力学习文化知识，学习毛主席著作和党的各项方针政策，带领前进大队两千多名社员群众，大干、苦干、实干，兴修水利，开展"农业学大寨"运动，实行坡改梯，让陡坡变梯田；瘦改肥，让贫瘠的土地变良田。她起早贪黑，一心为集体创收益；她脚踏实地，全心全意为人民服务；她清正廉洁，利益分配上，先他人后自己，重群众轻自己。从不以权谋私，从不欺压群众。群众有什么困难，王青松总是积极想办法解决。一次，一社员家发生火灾，王青松带领群众帮助灭火。她奋不顾身，冲进火海，把李家老人、孩子背出屋。灾后，王青松把自家粮食、衣物等送给灾民，还动员群众为灾民捐钱，捐物，使受灾社员感到新社会的温暖。1965年6月7日，王青松加入中国共产党。

1981年5月至1997年，王青松任毕节市放珠镇放珠村党支部书记。时值改革开放，她带领人民群众，进行土地承包，签订承包合同。在林木保护上，有的群众只顾眼前利益，将在承包地上的林木大肆砍伐，她意识到，这会让水土更加流失，人民生存环境更加恶化。她走遍全村家家户户，教育村民要爱护生态、保护生态，号召村民植树造林、封山育林。她还带领家人把房前屋后，自己家承包的荒山荒坡大种广种树苗。她认识到，放珠这个地方，光靠在土地上劳作，是难以让老百姓富裕起来的。她动员青壮年外出打工，在外面赚钱回来建设自己家乡；她积极带领大家种植天麻，调整产业结构，让老百姓腰包鼓起来。县政府在放珠召开多种经营现场会，推广王青松的做法。1987年12月，王青松当选贵州省人大代表，同年12月12日参加贵州省人民代表大会。1988年8月，王青松在北京人民大会堂参加全国民族团结进步先进集体先进人物表彰大会，并受到国务院表彰。

王定玉

王定玉，贵州省毕节县（今七星关区）人，女，1954年5月出生于毕节县城关镇，于1972年11月参加工作。初中文化，中共党员。

1961年9月至1968年在毕节县三小读书，1972年11月至2004年5月在毕节县合作理发店理发，至2004年5月经组织批准退休。

王定玉在从事理发工作的33年中，牢固树立全心全意为人服务的思想，想顾客之所想，急顾客之所急，对顾客热情服务，对工作兢兢业业，对技术要求总是精益求精，受到广大顾客的一致好评。王定玉于1989年被地区残联聘请为理发教师，教授聋哑学生学习理发技术，使聋哑学生能够掌握谋生的一技之长。由于工作成绩突出，有较强的爱岗敬业精神，于1979年被评选为毕节县人大代表，1982年至1992年被选为贵州省第六届、第七届人大代表，1983年12月被贵州省人民政府授予贵州省劳动模范光荣称号。

邓峰林

邓峰林，又名邓德定，贵州省毕节县（今七星关区）人，1920年生于毕节。1941年考入南京中央大学读书，毕业后留校工作，中共党员。

1948年，中国人民解放军转入战略进攻。淮海战役后，国民党内外交困，接近全面崩溃，便疯狂地大肆逮捕进步人士和进步学生。是年8月，南京中央大学有不少学生被捕入狱。此时毕业留校工作的邓峰林，对国民党的这种野蛮行径感到十分愤慨，便同进步同学一起商议，以“贵阳同乡会”的名义为掩护，采取各种措施营救被捕人员。经他营救出来的人员有贵阳籍革命人士陈鸿坤、易谦、郑亚林等人。

1948年，邓峰林接受解放大西南的先遣任务，回到毕节，以毕节县国民党政府助理秘书的身份打入敌人的内部，负责侦察搜集国民党政府的情报工作。1948年6月经江汉军区城工部贵阳支部的批准，成立了毕节组织“野马社”，秘密开展工作，保护国家财产，联络进步青年，集结革命力量，潜入敌人心脏，争取敌伪起义，支援前线，迎接毕节解放。

全省解放后，邓峰林根据自己所学专业，于1953年到贵阳地质部门从事地质科学研究工作，曾任中国环境科学学会理事，贵州省环境科学学会副理事长，省地质实验研究所高级工程师，贵州省第五、六届人民代表大会代表，毕生为全省的地质科学和环境保护作出了贡献。

五　画

史洪清

史洪清（1925—1999），贵州省毕节县（今七星关区）人，生于海子街滥泥田，中共党员。

参加革命工作前，史洪清是村里的积极分子；参加工作后，在县国营饮食服务公司担任采购员和旅社、食堂、门市负责人。曾被评为省、地、县三级劳动模范，当选为贵州省人民代表大会代表。

他为人诚实，勤劳朴实，具有一个共产党员全心全意为人民服务的精神。在工作中，无论做哪行，总是吃苦在前；不管刮风下雨，严寒酷暑，每天起早摸黑，坚持做好本职工作。于1999年病故，享年74岁。被人们誉为为人民服务的“老黄牛”。

卯仲恒

卯仲恒，贵州省毕节县（今七星关区）人，清光绪二十五年（1899）生，卒时不祥。民国5年（1916）毕业于毕节师范小学，次年在复顺昌盐号当学徒。尔后考入川康边务督办署军官传习所学习。

民国13年(1924)在贵州省师范毕业回到毕节。历任毕节模范小学教员，毕节头步小学师范讲习所教员，毕节中学及弘毅中学教员，头步小学及长春铺小学校长等职。1953年调入织金一中任教员，相继任织金县人民委员会常务委员，贵州省二、三届政协委员，贵州省第三届人民代表。1960年出席省文教群英会，同年5月特邀出席全国文教群英会。

从小学习勤奋，尤爱古典文学。从教期间担任语文课程，乐于助人，深得师生的尊敬。在教学中，他诲人不倦，特别注重对学生基础知识的培养和训练。从组词造句直到作文批改一丝不苟，标点符号也不放过。对学习差的学生，他用课余作个别辅导，使之逐步跟上。

1959年10月省委领导到织金视察工作，对织金的历史、物产、名胜古迹和乡土风情甚感兴趣，由此引起县委领导对了解织金历史的重视，号召全县领导干部都要学习织金的历史，以便更好地指导工作。很多人在学习《平远州志》（平远即织金）时，都感到古汉语不易阅读，希望翻译成现代文（白话文）本。于是年近花甲的卯仲恒于1965年冬毅然接受这一任务，单位没有经费给他，他就自己花钱，先后向北京图书馆、四川图书馆和贵州图书馆联系，索取大量的有益于翻译州志的资料。在翻译中，对辨认不清的古文字曾多次向几个图书馆去函求教，取得支持与指导。在仲恒的艰苦努力下，仅花了10个月的时间就完成12万字的语译巨著。把《平远州志》译成白话文，为织金人民作出了贡献。

他热爱教育事业，50年如一日，勤勤恳恳，一丝不苟，从不计较个人得失，甘为清贫之师，晚年桃李遍山城。在人才培养上，卯仲恒为国家为民族培养出一批批有用人才，为人民的教育事业做出卓越的贡献。《织金县志》为表彰其贡献，为之立传载入史册。

六 画

吉梦龙

吉梦龙，贵州省毕节县（今七星关区）人。1974年2月出生在贵州省毕节县，大专文化，1994年加入中国共产党。

吉梦龙1992年参军，在武警贵州省总队第三支队服役。1996年退伍回乡务农，2001年9月，参加岩头村村委会选举，进入村“两委”班子，曾任村委会主任、党支部书记，联合党总支书记。曾当选为镇人大代表、镇党代表、毕节市党代表，2008年1月当选为贵州省第十一届人大代表。

2011年，吉梦龙参加贵州省公务员考试，在七星关区撒拉溪镇人民政府工作，任撒拉溪镇人民政府人武部副部长。

吕诚中

吕诚中（1914—1987）原名克定，曾用名吕杰，江西省清江县（樟树市）人。

吕诚中幼年父母双亡，靠祖父行医经营中药店抚育成长。早年在浙江大学读书，两年后放弃学业，投笔从戎，考入国民党中央陆军军官学校（即黄埔军校迁南京后改称）第10期，修步兵科，于1935年毕业。抗日战争时期，先后在国民党第1军及第5军任排、连、营长，少校战车战术教官、中校军事教官、第39军少将副参谋长、第13兵团第8军24师参谋长。

1937年8月13日，日寇侵入上海，吕诚中怀着保家卫国、驱逐日寇的信念，随部队于9月开赴上海，参加了著名的淞沪会战，先后在南翔、大场、安福一带执行任务。敌机不断轰炸，作为正规部队还负有保卫、协助民众疏散、防空等任务。1937年11月11日午夜，日军在金山登陆，敌强我弱，部队被迫撤退到苏州、南京等地担任城防警戒，与敌人对峙。1937年12月中旬，战斗进一步恶化，日军在南京大屠杀，血流成河，他所在部队正在南京江宁镇附近的三江营渡江。当时三面已被日军包围，唯一退路是过江。部队依靠小木板过江，成功避免了日本鬼子的屠杀。

1938年10月至1939年12月，武汉外围吃紧，他随荣誉一师开赴前线作战，并乘轮船运送军械到武汉后又赶赴湖北通山，参加通山、阳新一带抗日战役。随后又参加了长沙焦土抗战、芷江保卫战，打垮了日本侵略的重兵进攻，保卫了芷江飞机场。而后参加震惊中外的台儿庄战役。经抗战将士浴血奋战，横扫了鬼子的猖狂进攻，表现了中国军人英勇无畏的战斗精神。在保卫战中，他曾参加过招待苏联顾问团团长崔可夫将军，并在宴会上与崔可夫将军亲切交谈。

每逢回忆起当年血与火的战斗硝烟，他既感悲痛又感荣幸。8年艰苦浴血抗战取得的胜利，是在国共两党以民族和国家生死存亡为己任，联合抗日、并肩战斗、生死与共的结果。1950年1月，吕诚中利用指挥前卫部队的机会，率领国民党24师的114、116两个完整步兵团，在云南省沅江县和中国人民解放军13军38师114团协议起义。此举使国民党陆军副司令汤尧及军长曹天戈束手就擒，避免了大量的人员伤亡和财产损失。起义后，在昆明解放军军官教导团学习后下地方工作，1951年7月，在贵阳尚信高级会计职业学校任教员、总务主任。1952年，参加贵州省中等学校教师思改后，分到毕节中学(毕节一中)任教。他热心教育事业，曾多次受到上级教育部门的表彰。1983年，被推荐任贵州省政协委员。1985年9月，获毕节地委、行署授予在“毕节地区长期从事教育工作”荣誉证书。2005年荣获中共中央、国务院、中央军委颁发“纪念中国人民抗日战争胜利60周年”纪念章一枚。

于1987年逝世，享年73岁。

刘仕谦

刘仕谦，贵州省毕节县(今七星关区)人，初中文化，中共党员。1943年8月出生于毕节县龙场营岩脚寨(今七星关区田坎乡白沙河村)，1959年1月参加革命工作，1961年5月入党，是贵州省第三次党代会代表。

刘仕谦从小秉性善良，天资聪颖；一生勤劳好学，为人诚实。1955年加入中国少年先锋队，1958年12月加入中国共产主义青年团。是年应征入伍参加中国人民解放军。先后在云南省马龙县、旬甸县、东川市和陕西省宝鸡市、福建省华安县、黑龙江省伊春市、内蒙古自治区鄂伦春自治旗等地服兵役。1961年5月在部队加入中国共产党，历任班长、副排长、连队党支部委员等职。期间连续5年被评为“五好战士”，立三等功2次，荣获“一级技术能手”称号。

1966年3月退伍后，曾先后任民校教师、龙场营区邮电所话务员、龙场营区青年干部、区人民武装部部长、区革命委员会委员、副主任、主任，毕节县革命委员会委员、常委，中共龙场营区委副书记、书记等职，继后被选任中共毕节县第三、四、五次党代会代表，县委委员，中共贵州省第三次党代会代表，毕节县第十一、十二届人民代表大会代表，毕节县首届监察局局长、党支部书记。毕节撤县设市后，被选任中共毕节市第二次党代会代表，中共毕节市纪律检查委员会委员、常委、副书记等职。退休后还兼任毕节市七星关区关心下一代工作委员会副主任。

刘仕谦在45年的革命生涯中，无论任何职，总是牢记党的宗旨，忠实执行党的方针政策，为政清廉，办事公道，勤奋工作，政绩突出，深受干部群众的称颂。在任龙场营区委书记的十一年间，他身先士卒，率先垂范，带领各级干部和广大人民群众，克服各种困难和险阻，大胆探索，勇于实践，农业农村各项工作排在全县前列，多次受到省、地、市、县表彰。任纪委常委、副书记、监察局局长的十四年间，刘仕谦坚持原则，秉公办事，带领纪委(监察局)一班人，查处各类违纪案2076件，其中党纪案986件，政纪案1117件，万元以上大案131件，为国家挽回经济损失530万余元。

在工作上，刘仕谦始终坚守对干部职工“严是爱，松是害，不管不问要变坏”的要求，勤勤恳恳办事，踏踏实实做人。他政治坚定，纪律严明，业务精通，作风优良。他办案坚持“不放过违纪违法的人，不冤枉遵纪守法的同志”，在查处的2000余件案件中，至今没有发现冤假错案。

刘仕谦参加工作后，曾先后出席省第二次学习毛主席著作积极分子代表大会、省第二次民兵代表大会和省第二届民族团结进步表彰大会。先后被原毕节地委授予“优秀共产党员”“党风廉政建设先进个人”等称号；中共贵州省委、省人民政府授予他“全省民族团结进步先进个人”称号；因工作成绩突出，受中纪委、监察部通报表彰，同时被省纪委、省人事厅、省监察厅记二等功一次。他任职期间，纪检监察整体工作累计获原地区纪委(监察局)四年的二等奖、三年的一等奖，许多同志还被评为省、地、市先进工作者、先进个人、优秀共产党员等称号。2004年4月，退休，退休前累计受党政军、县团级以上表彰奖励34次。

他工作上是模范，学习上是标兵。自参加工作以来，无论是军队生涯中的学习、地方党校学习，还是中央纪委、监察部组织的政治业务培训，他都获得优异的成绩和殊荣。他所撰写的通讯、诗歌、论文等内容，多次在《毕节晚报》《毕节日报》《贵州日报》《中国纪检监察报》《党风与党纪》等刊物上发表，论文《在执法监察中应注意的法律效力问题》，曾被国家监察部浙江大学培训中心评为“优秀论文”，并在《贵州监察》杂志上刊载，个人的主要事迹还被收入《“三个代表”理论与实践》《中华名人大典》等大型文献典籍。

他几十年如一日，全心全意为人民服务，在工作中从不计较个人得失，他常说“力量从团结来，荣誉从集体来，权利是党和人民给的，有了权就是要为人民谋利益，决不能谋私利；成绩是大家一起奋斗的，没有大家就没有成绩；荣誉是党给的，没有党的领导就没有自己的荣誉。荣誉成为历史，将来更加努力，力争给党和人民交一份较满意的答卷，给自己的人生划一个较圆满的句号。”

许天真

许天真(1929—1988)，贵州省毕节县（今七星关区）人，1929年生于今七星关区生机镇高刘村，中共党员。

许天真出身贫苦，幼年靠背盐巴为生计；1950年参加清匪反霸斗争，1956年任高级农业生产合作社记分员，1958年任高刘大队会计，参加组织修建全省闻名的毕节生机高刘水利大沟。他逐步树立正确的人生观，决心以水利兴农，改变家乡“一穷二白”的面貌。在村里样样工作走在前面，处处紧跟上级党委的工作部署，学习劳动双带头，政绩突出，取信于民，步入先进青年、农村积极分子的行列，领导信任、群众赞扬，光荣地加入了中国共产党。此后，他以一个共产党员的身份，随时听从党和人民的召唤，党叫干啥就干啥。

1962年，高刘大沟修建工程进入艰险阶段时，要在悬空数百米最高、最险的地段施工，他身先士卒，勇挑重担，攀上悬岩，在岩隙缝里插上碗口粗的柏香棒，用粗绳从棒上吊在悬岩上打炮眼，不幸从几十丈高的悬岩上摔下深壑，幸甚落在茨蓬上，幸免于难。苏醒爬上来后，继续向党组织要求完成他没有完成的事业。于是又继续攀岩打炮眼，事迹惊天动地，受到各级党委、政府的表扬，人民群众的称颂和国家新闻媒体的报道。因而在整个扫尾工程中，他“明知山有虎，偏向虎山行”，哪里有困难他就走到哪里，以英雄的大无畏精神坚持战斗，创造了人间奇迹，直到大沟竣工，造福于子孙后代，高刘大沟灌溉万亩良田，陡坡旱地获得五谷丰登。

1963年起，担任高刘大队（村）党支部书记，先后被评为生机公社（乡）、清水区、毕节县、毕节地区、贵州省、全国劳动模范，出席各种表彰大会，获得殊荣。1964年参加北京国庆观礼，受到毛泽东、周恩来、朱德等党和国家领导人的接见。回毕节后，向全县人民汇报观礼简况，发表广播讲话，多家媒体作了报道。随后，中央新闻单位、电影创作单位赴高刘大队采访拍成电影在各地放映，展示许天真的生动业绩，一时誉满全地区乃至全省、全国。

1964年起，先后被选为公社（乡）、县、省第三、四、五、六届人民代表、全国第三、四、五届人民代表大会代表，积极参政议政，系荣誉于一身。1968年开始，被选为公社、区、县、地区、省革命委员会委员，享受政治荣誉，带领全村人民积极投入“农业学大寨”运动。在农业学大寨中，带领全队人民积极投入“农业学大寨”运动。因地制宜，大搞农田基本建设，改坡地为梯土，变平坝、砂湾为水田，用石灰改良土壤，实行粮烟套作等，做了许多利在当代、功在千秋的业绩，经受实践检验，多次被各级党委、政府评为“先进个位”“优秀共产党员”。

于1988年11月病逝于毕节，享年60岁。

许猛义

许猛义，福建省福州市人。大学文化，全国

人大代表。

1962年大学毕业后，自愿申请离开家乡到省外边远山区工作，将所学的果蔬专业运用于实践为民造福。1963年春毅然离开家乡，由组织分配到贵州毕节县。县委将许猛义与他爱人吴秀娟一同分在清水区农推站工作。区委将夫妇二人分到产水果而又较为贫困的南关公社（乡）沙地生产队（今为橙满园村）蹲点，边工作边劳动。

许猛义经过实地调查研究，认为该乡水果品种老化，栽培管理技术跟不上。所以每年一个队只产水果两三千斤，浪费了很好的气候与土地资源。

他根据沙地生产队的气候、土质等特点，认定是发展柑橘的好地方。由生产队抽出10个劳动力与其共同抓柑橘生产，到四川江津等地参观学习、选种，首先引进嫁接和压条，淘汰老品种，培植优良新品种，第一年移栽，第二年挂果，产量由原来的两三千斤增至3万余斤。再经过不断的培育和科学试验，增加品种夏橙、血橙、碰柑等，尤其是夏橙皮薄、果大、肉厚，五月成熟，成为全县稀有之物，远销香港、广东、四川、福建等地，深受消费者的欢迎。

清水区水果成了名产之后，他俩又对粮食作物进行研究，先从红薯种植入手，改育苗移栽为“大棚育秧”移植，提前两个农事季节移栽，结果总产从1万斤增至20余万斤。然后改优良玉米种植，亩产剧增，人均口粮从200余斤增至600余斤，向国家卖了3万余斤余粮。同时发展西瓜、地萝卜等农作物的科学种植，仅二至三年时间，基本改变了南关公社的落后面貌，使家家有余粮，户户有存款。

他在科学技术上的成功，带动了周边公社和许多能种水果生产队的经济发展，特别是和沙地生产队相邻的陈满园生产队，发展更为突出，陈满园改名为“橙满园”，表明水果丰收，家家致富。

他业绩突出，受到人民群众的赞扬，政府的好评，被评选为省、地、县的劳动模范，多次出席各级召开的表彰大会。时任省长苏刚到清水区视察工作时，充分肯定其科研成就，表扬了夫妇二人扎根山区做出的业绩，为改变穷困山区作出的贡献。县人民政府成立柑橘研究所，任命许猛义为副所长，还未到职，省政府行文将他们夫妇调省农科所（今农科院）任副所长。在省工作期间，由于研究的果蔬生产硕果累累，业绩突出，被选为全国人民代表大会代表，参政议政，获得许多殊荣，而后调回家乡福州市任省农科院院长，而今生机镇人民群众没有忘记这位有贡献的科学家。

七　画

杨伯瑶

杨伯瑶（1895—1972），又名荫春，彝族，贵州省毕节县（今七星关区）人，家居毕节燕子口三元洞、大方瓢儿井中箐。其先祖为古西南扯勒（且兰）部君长，四川永宁宣抚司后裔。

他秉性善良，幼年在家就读私塾，得到潘子敬、陈希堂俩先生的教育，深受汉族文化和传统道德观念的影响。“五四”运动时，年仅16岁的他，受民主革命思想的影响，毅然离开富裕的家族，只身到广东驻司令官龙腾庄部任连长。民国13年（1924），经同盟会员安健介绍，转入黄埔军校第一期第四队学习。其间，多次聆听政治部主任周恩来和鲍洛亭、嘉宁将军阐述马克思主义，深受进步思想的熏陶，确立了“只有反抗列强，打倒军阀，铲除封建，中国才能强盛”的思想。毕业后参加“东征”讨伐陈炯明，拥护孙中山先生的护国战争。旋即参加国共合作发起的“北伐战争”，屡有战功。民国16年（1927），国民党中一部分人发动“四一二”政变，残杀革命党人，杨伯瑶心怀不满，毅然弃职回乡。回家后，做了三件令家乡人民满意的事：一是着手废除彝族土司制度的残余及损害乡邻利益的陈规。二是出资发展地方教育。三是发展民族经济，开发中箐商业街，发展民营企业，倡导修桥铺路，先后修通中箐四邻石板、兴隆、八堡、新街至毕节小坝、吉场等乡村道路，为商品流通打下基础，让汉、彝、苗等民族同胞亲密相处。

1936年，中央红军二、六军团北上抗日到达大方、毕节，他请官敬陶制作许多三角红旗，上书“欢迎红军”，派乡亲插在路旁，自献出肉食慰劳红军，支持组建苗民支队，赠枪支、弹药、银圆。红军离开时，收留失散在当地的伤员刘贤桂、尹发万等三名红军在家养了3年，后出资分别送回家乡。

杨伯瑶在家乡自划40亩土地，建民族花场，届时与汉民、苗胞骑马比赛，自办酒席款待。

1949年11月，中国人民解放军解放贵州，进入大定（方），杨伯瑶积极参加迎接解放工作，将家中1250公斤稻谷送国家仓库，作为军饷。还召开大会号召群众拥护共产党和人民政府，向政府缴交枪支、弹药、公粮。是月，缴枪千支、子弹万发。

之后，他派40多人给解放军送粮三次，共万余公斤。部队首长派员三次走访杨伯瑶，代表党委表扬其义举。燕子口区人民政府授予他“支前模范”称号。

毕节解放时，身居毕节县城的杨伯瑶，出任毕节支前委员会副主任，做地方少数民族人士的工作。后任毕节专员公署民族事务委员会主任。地委将他的情况向周恩来总理作了汇报，总理指示毕节军分区送杨伯瑶进京，参加有关会议。1950年9月5日，毛泽东主席任命杨伯瑶为贵州省人民政府委员；1955年4月，周恩来总理任命杨伯瑶为贵州省人民政府政治法律委员会委员、贵州省监察委员会委员；1957年6月，国务院总理周恩来又任命杨伯瑶为贵州省民族委员会副主任。先后被选为全国人大代表，政协贵州省第一、二、三届委员、常务委员等职。杨伯瑶是一位爱国民主人士，在“文化大革命”期间受抄家、拘留、审查等不公平的待遇，后得到昭雪平反。1972年10月11日逝世，享年77岁。

李如松

李如松（1906—1982），四川省璧山县人。贵州省第五届人民代表大会代表，毕节县人民代表大会第一至第五届代表、县人民政治协商会议第五届常委。

他师范毕业后，目睹旧中国城乡缺医少药、有病无人治的惨景，怀着对祖国医学事业的热爱和救死扶伤的愿望，选择了从医职业。曾拜老中医为师，刻苦攻读中医中药理论，虔心致力于临床实践。1945年来毕挂牌行医，疗效甚好，服务态度佳，名传城乡各地。

解放后，他先后担任县城“永康药店”、城关第二联合诊所中医师和县联合医院中医主任。此间，他积极参与县医院的筹建工作。1958年，担任县医院副院长直到去世。

1960年，在国家处于暂时经济困难时期，他组建了县中医研究所，捐资购买医疗设备，亲自搜集、整理、撰写了《毕节民间中草药验方集》一、二、三册；采集、制作了大量中草药标本参加全省展览。他还创办了中医进修班、西学中医班，对进修班、实习生进行言传身教，并编写了《日用本草歌括》《温病诊治选要歌括》等书，对中国中药的运用从理论到实践进行了阐述，为继承和弘扬祖国医学遗产作出了一定贡献，得到省、地医疗部门的确认与表彰。

李如松从医几十年，坚持处方随身带，走到哪里，就看病到哪里。年过花甲，他不顾年老体弱，经常下乡巡回医疗。有患者救治，不分白天黑夜，不管天晴下雨和路途远近，背上药箱就走，从不推辞。晚年身患绝症，仍忍剧痛为病人诊治，直到手脚不能动弹为止。

1982年因病逝世，享年76岁。医院职工称颂他是一名“生命不息，工作不停的好医生”，“一心想着别人，从不想到自己的好领导”。

李相辉

李相辉，贵州省毕节县（今七星关区）人，

彝族，1954年生于毕节县林口区团结乡（今七星关区团结民族乡青龙村）。1977年入党，1971年被分配到林口区供销社。1973年调任区共青团专职干部，先后到乡下蹲点开展农村工作和在渭河电站水电工程指挥部工作。

1975年，李相辉被中央民族学院录取就读于汉语言文学系汉语言文学专业。大学期间，虽身处祖国首都北京，但无心繁华的闹市和旅游胜地怡人的景致，而是充分利用闲暇时间刻苦学习，以求德、智、体全面发展，并于大学二年级光荣地加入中国共产党。

1978年大学毕业后，回到贵州分配到遵义医学院，先后在遵义医学院子弟学校中学部任教并兼做子校共青团工作，又在遵义医学院附属医院卫校兼任语文课教师，在学院卫生事业管理专科讲授《公文写作》《秘书学》《未来学》等课程，同时在医学本科开设《大学语文》和《文学欣赏》课程。

1982年调任遵义医学院办公室秘书，后到学院党委宣传部任副部长、部长，学院办公室主任、党委办公室主任；其间，1988年至1994年上半年，曾被遵义医学院两次党代会选为党委班子成员。1994年调任贵州民族学院党委委员、副院长。1996年至1997年挂职中共遵义地委委员、遵义县委副书记。其间，经常深入乡镇和村组调查研究，指导工作。尤其是在解决1992年撤区并乡建镇遗留问题上，带领县委工作组百名干部进村入户，不仅与广大群众同吃同住同劳动，而且抓住一切机会宣传党和政府关于农业、农村和农民的有关政策，做耐心细致的思想政治工作，通过长达近一年的努力，为彻底解决遗留问题奠定坚实的基础。1998年，他作为代表参加了中共贵州省委第八次党代会。2003年，参加了贵州省第十届人民代表大会，并在会上当选为省第十届人大常委会委员。

在工作的36年中，不论是在财贸系统还是在地方和高等学校，也不论是刚参加工作的年轻时代，还是已过知天命之年的今天，尽管身为贵州民族学院党委副书记，仍然是读书学习不辍，从中吸取政治营养充实提升文化素质，几十年一贯地真诚热情待人，扎实认真工作。在每一个岗位上，都一向以党和人民的事业为己任，兢兢业业，无私奉献，不仅具有强烈的事业心，而且具有强烈的责任感。为人正直，作风正派，勤政廉洁，业绩突出，曾多次被评为先进，荣获“全省高校思想政治教育先进工作者”称号。社会工作方面兼任贵州省彝学研究会副会长，贵州省写作学会理事等职。

吴道贤

吴道贤（1923—2013），贵州省毕节县（今七星关区）人，1923年5月28日生于毕节县燕子口小哨村。1950年参加工作，1953年9月加入中国共产党。

吴道贤出生在一个勤劳朴实的农民家庭，从小跟着母亲学会了各种农活，尚未成年就成了全家的顶梁柱。解放后，他积极投身革命，被乡亲们推选为乡农协会主席。1950年10月曾与范德福、陈光福一起出席贵州第一届农民代表大会，受到当时的省委、省政府领导苏振华、杨勇的亲切接见，并被选为贵州省农民代表大会委员会委员。

1952年3月至1966年7月，曾先后担任过林口区生产干事、区委宣传委员，林口公社党委书记，林口区区委副书记、区长等职。1966年8月调毕节县水电局工作。1973年8月被任命为毕节县知青办副主任、党支部书记。1982年8月调毕节县劳动工资局任副局长，同年9月经组织批准退休。

吴道贤在林口区委、区公所工作期间，带领广大人民群众积极恢复生产、发展经济、改善生活，为巩固新生的红色政权做了大量的、卓有成效的工作。在毕节县知青办工作期间，带领知青办机关全体成员，把全县的知识青年上山下乡工作开展得有声有色，得到上级党委、政府和社会各界的充分肯定。全县城镇知识青年上山下乡人数达6000多人，先后组建了17个知青集体场队，发动知识青年自己动手开垦荒地万余亩。由于吴道贤办事公道，领导有方，处处以身作则，在当时知青办没有交通工具的艰苦条件下，他用双脚走遍了知青集体场队的每一个山头，每一片土地，对知青的生产、生活、学习、住房等极为关心。他把组织上交给的这一项特殊工作，开展得井井有条，无论是知识青年下乡时的组织动员，招工、招生、征兵时的层层推荐，还是知青工作全面结束时的总结，都从未出现过失误和一点乱子；知青工作始终未给县委、县政府领导增添过麻烦，使这一项前无古人、后无来者的特殊工作在毕节县范围内善始善终。他所领导下的毕节县八寨坪知青队还曾荣获过国务院知青办、贵州省知青办的表彰和奖励。30多年过去了，当年的带队干部和知识青年，每当回忆起这一段生活经历时，都对吴道贤的关心和爱护表现出由衷的感激、赞扬。

吴道贤任职水电局期间，负责修建小吉场、倒天河、利民水库，任工程指挥部主任和副指挥长，吃住都在施工工地。在工作中，严格把好质量关，协调处理好各方面关系，使各个水库建设保质保量按期完成建设任务。多次受到地、县的表彰。

1982年9月，吴道贤被批准退休。

2013年3月，吴道贤病逝于燕子口镇一心村家中，享年90岁。

吴道康

吴道康（1943—1991），贵州省毕节县（今七星关区）人，于1943年出生在青场镇新沟村岩脚组。

青场镇新沟村，由于水土保持被破坏，自然灾害极为严重。每年夏季，只要天上下场大雨，新沟就要起洪水淹没田地，损坏大片农作物。吴道康带领新沟村人民群众战天斗地，靠铁肩、靠双手，在沟上游筑起几重坝，拦截顺洪水而下的泥石，又将沟疏通，沟沿砌上石墙，有效保护了田土，使庄稼得到好的收成。新沟村群众一致推选他为乡、县和贵州省人大代表，并出席各级人民代表大会。长年的艰苦奋斗，吴道康积劳成疾，于1991年病故，年仅48岁。

邹守仁

邹守仁（1894—1981），原名邹毅，贵州省毕节县（今七星关区）人，1894年生于毕节城关。

1916年毕业于贵阳法政专科学校。1917年后历任川滇黔国联军第一路第一纵队司令部参谋，第二军部少校秘书，水城县署科长、毕节县教育科长，贵州省第四行政区专员公署督学、毕节县立中学校长等职。1939年后弃政经商，先后任“仁记布号”董事长兼经理、“仁康”商号经理。

解放后，他拥护共产党的领导，积极学习马克思列宁主义、毛泽东思想，加强思想改造，努力工作。1950年减租退押开始，他就将全部田土交给人民政府。在他的带动下，有5人也主动将家产赔偿给农民，受到政府表彰。后被选为县各族各界人民代表，县第一、第二届人民委员会委员，县第一、第二届人民代表。1952年任县工商业联合会筹备委员会主任委员期间，他亲自率领委员参加各办事处处理日常工作，协助统战部门办理有关工商界在土地改革中的问题，认真清理赔偿农民的帮工帮粮，共同协调解决问题364件，做到合理赔偿，农民基本满意。同时，开展重划工商业联合会行业，统一行业组织工作。在工商联内设立组织、宣传、调查、调解、秘书室等办事机构，为工商联的组织建设作出了贡献。

1956年，当选为县工商业联合会第一届主任委员和省工商联常务委员。在此期间，他积极响应党和政府的号召，带领工商业者参加公私合营，走社会主义道路，协助政府对公私合营、合作企业完成清产核资、定股定息、人事安排等工作，并在工商企业中开展社会主义劳动竞争活动。1958年后，邹守仁连续担任政协贵州省委员会第一、二、三、四届委员和政协毕节县委员会第二、三、四、五届副主席。期间，积极参政议政，对国家方针政策的贯彻执行提出了不少建议，直到1981年8月病重期间，他还时刻关心台湾早日回归祖国，统一中国大业的问题，表达了他对伟大祖国的热爱。

1981年8月因病逝世，享年87岁。

张　丽

张丽，贵州省毕节县（今七星关区）人，女，大学文化，中共党员，十二届省人大代表。

张丽生于1968年9月。1988年5月入党，同年8月参加工作，先后任教于毕节市长春堡中学、毕节八中和毕节四中。无论在哪里工作，无论环境如何改变，张丽对教育事业的满腔热忱始终没有变过。28年来，在教育战线上始终兢兢业业、刻苦钻研、开拓创新和奋力拼搏，为毕节试验区的教育事业做出不懈努力。

2008年，张丽担任毕节八中办公室主任，同时承担了一个班的班主任及数学教学工作。这期间，为了把本职工作做好、做出特色，每天早晨，张丽都比规定上班时间早40分钟到学校，陪伴和辅导学生上早自习，深入到学生中间去了解情况，细心观察每一个学生的转变，认真分析他们掌握知识的水平层次，经过一段时间的分析和掌握，有轻有重、不厌其烦地对他们进行教育。2010年8月，因工作成绩突出，被评为“毕节地区第五批地级骨干教师”；2010年10月，被评为“毕节地区优秀班主任”。2008年，张丽受聘担任教育部“万名中小学班主任国家级远程培训项目”的辅导教师，培训结束后，她被评为“优秀辅导教师”。她从事的数学教学业绩历年名列前茅，硕果累累。她辅导学生参加全国初中数学联赛、全国初中数学竞赛、贵州省初中数学竞赛，有28人荣获一、二、三等奖。张丽参加第二届全国新世纪杯初中数学优质课现场讲课比赛，荣获一等奖。

她的《重视操作活动，提高学生的数学素质》《探讨三角形全等的条件》《做好中学生心理健康教育》《没有终点的旅途》等论文，在省级教育期刊上发表。

2011年1月，根据组织安排，张丽调任毕节四中副校长，分管学校后勤、安全工作。在分管的两年时间里，采取多种措施，确保了无重大安全事故发生。

2013年5月，张丽任职毕节四中党支部书记、校长。在第一次全体教职工大会上，张丽作了掷地有声的发言：一个学校要想发展好，主要看是不是有一个好的领导班子，是不是有一帮干事创业的领导干部。在张丽的带领下，校容校貌以崭新的姿态展现在毕节人民面前。

教师职业道德的好坏，在一定程度上决定了学校教育的成败。张丽要求每一位教职工根据“十个不”严格规范自己的教学行为。让学生对教师的师德、师风、教学能力等进行全方位的评价，使教师从每一个具体的细节上来改进自己的教学方法。由于措施得力，学校营造了风清气正的教学环境，教师的业务水平及思想素质得到极大的提升，形成了一支团结和谐、奋发向上、敬业爱岗的教师队伍。

张丽调入毕节四中任职的5年时间里，学校不断取得新发展，学生人数由原来的1000余人发展到今天的2800多人。高中毕业会考、高考升学率大幅度上升，得到了各级领导和社会各界的好评。在张丽的带领和全体教职工的共同努力下，毕节四中获得了“全国消防安全教育示范校”“贵州省绿色学校”“贵州省学校安全稳定综治工作先进单位”“毕节市语言文字规范化示范学校”“毕节市学生资助工作先进单位”以及市、区教学常规先进单位等殊荣，被评为市、区教育工作德育工作先进学校和教改实验示范校，获省、市、区授予“五好基层党组织”“十佳基层党组织”荣誉等。2013年，张丽当选贵州省第十二届人大代表、荣获“三八红旗手”称号。被评为贵州省优秀共产党员。

张忠贵

张忠贵，贵州省毕节县（今七星关区）人，穿青人，于1950年2月28日出生于毕节县（今七星关区大银镇尖山村老寨组），于1970年应征入伍，初中文化，中共党员。

1970年12月至1973年6月，任昆明军区后勤部下关物资站战士；1972年1月加入中国共产党。1973年7月至1976年1月，任昆明军区后勤部下关物资站司务长（正排级）；1976年2月至1987年10月，任昆明军区后勤部下关物资站会计、助理员等职（正连级）；1987年12月至1989年5月，任清水区公商社管理员；1989年6月至1991年12月，任清水区公社监督干部；1992年1月至1996年1月，任清水镇党委宣传委员；1996年2月至1998年11月，任清水镇党委副书记、纪委书记；1998年12月至2001年2月，任中共大银镇党委书记、人大主席；1999年当选为贵州省人民代表大会代表。2001年3月至2001年12月，任大银镇专职人大主席；2001年12月31日，根据黔党发〔2001〕17号文件规定提前退休。

张忠举

张忠举，贵州省毕节县（今七星关区）人，穿青人，高中文化，中共党员，于1964年10月2日出生于毕节县（今七星关区大银镇尖山村老寨组）。1998年9月参加工作，1996年7月入党。

1982年8月至1984年8月，在家务农；1984年9月至1988年10月，在尖山小学任教（民办教师）；1988年11月至1998年8月，在家务农；1998年9月至2001年10月，任尖山村团支部书记；2001年11月至2004年10月，任尖山村委会主任；2004年11月至2007年10月，任尖山村委会副支书；2007年11月至2010年10月，任尖山村委会主任；2010年11月至2015年12月，任尖山村党支部书记。

1990年在家务农期间，为解决本组村民吃水靠背的现状自发组织村民代表召开会议，经过多次商议，最后确定把脱节山梁子上的水引到组里来，经过代表们认真考察，通过动员大会，最后决定整个过程由老百姓集资、投工、监工全程负责。经过半个多月的努力水终于引到了组里，老百姓做梦也没想到自己门前会有这么清澈的水流过。解决了祖祖辈辈要去很远的地方挑水喝的问题。

2003年任村干部期间，该村得到了县水利部门的支持，由国家投资、老百姓投工，把高峰大麻塘的水引到尖山供全村8个村民组，1500多人饮用。2013年当选为贵州省人民代表大会代表。

陈克俊

陈克俊(1933—1997)，贵州省毕节县（今七星关区）人，1933生于海子街田坝桥湾腰树，中共党员。

1955年农业合作化开始时，已成为农村劳动积极分子。他带头走农业集体化道路，先任生产队长，后任大队长、大队（村）党支部书记，决心改变家乡的穷困面貌，一心扑在公益事业上，带领全村人民劳动致富。他花了20年时间，将弯腰树村26.7公顷坡地（总耕地46.7公顷）改造成水平梯土，年年获得粮食大丰收，村民过上丰衣足食的日子。

弯腰树村，坐落在万山丛中，人畜饮水相当困难，是滴水贵如油的地方。1966年，他带领全村人民以自力更生为主，在上级有关部门的支持下，群众投工投劳，花了数万元钱，建成总扬程为260多米的二级提水站，把阴河水引到了家家户户，解决了数百年历史遗留的饮水问题，人民尝到了甜头。之后，他一直带领全村人民奋发图强，为人民办了许多公益事业，成为中共毕节县委、县人民政府在农村树立的先进典型。弯腰树村执行党中央的大政方针，按照县委的工作部署，无论什么工作都走在全县村一级的前面，与生机乡高刘村齐名。在“农业学大寨”、多种经营、科学种田等方面取得了显著成绩。1971年陈克俊以农民代表的身份提为中共毕节县委副书记，先后选为乡、县党代表，省人民代表、全省劳动模范，出席表彰大会，荣获先进个人、“优秀共产党员”等称号。同时以富有农村工作经验的身份、按县委的分工，除抓好本村的工作外，长期参与指挥毕节水牛屯电站的修建工作，为毕节的大农业生产起到了“排头兵”的作用，为毕节的水利建设作出应有的贡献。

于1997年8月逝世，享年64岁。

八 画

林绍铭

林绍铭，贵州省毕节县（今七星关区）人，1915年生于毕节城区，1939年毕业于贵阳师范学校。

1933年至1939年在毕节参加共产党领导的“草原艺术社”和“民族解放先锋队”，投身于抗日救亡的宣传活动，1940年受中共贵州省工委派遣到威宁帮助中共地下党员宁汉戈越狱成功，受到省工委嘉奖。

1942年至1949年，曾在聚康银行、贵州省银行事务科任科长，又在叙永、昆明、大方等地任办事处主任。任职期间，利用合法身份为党工作。毕节解放后，林绍铭即参加革命工作，并受派到重庆西南银行学校学习。1951年毕业回毕节后，曾任银行中华路分理处主任，后任银行的业务、储蓄、会计、信贷股长等职。

1958年，先后调毕节县铜厂、铁厂、瓷厂任会计股长。尔后又调建筑公司任工会副主席，多次被评选为地、县的先进工作者。1956年出席中国人民银行贵州省分行召开的先进工作者会议，受到省委、省人民政府主要领导人接见和表彰。

1993年至1990年，任贵州省政协第五届委员和毕节县十届人民代表大会代表、毕节县财经委员会委员，毕节县政协五、六、七届委员会常委兼文史委员会副主任。1985年省委领导徐健生、秦天真邀请参编贵州党史。1997年，不顾年高体弱又担任《黔毕林氏族谱》顾问，搜集整理了不少有价值的材料，为《林氏族谱》编纂尽心尽力，使之成为毕节史料价值最高的族史之一。

范德福

范德福，贵州省毕节县（今七星关区）人，1928年生于鸭池头步桥。1949年11月参加革命，1953年3月加入中国共产党，历任乡长、支前委、大行政村村长、区剿匪大队长，1952年参加土改后任毕节县林口区区长、县政府委员，1954年当选为省、地、县人民代表，后任县食品公司经理等职。

1949年11月27日，中国人民解放军47师140团和141团由大方县到毕节县头步村，当天作入城仪式准备。他响应解放军参军参战的号召，作为当地支前积极分子主动请缨，冒着生命危险，带领解放军抄小路进入毕节县城，28日毕节县城宣告解放，范德福成了一名迎接解放军青年。

1950年3月，时任毕节县二区剿匪大队长的他带领民兵40余人，配合县武工队徐涛队长（县委组织部长）带领毕节军分区一个连的兵力，在毕节县岔河乡一个叫朱拿的山洞里，经过为期两天的围剿，成功地将聂超（称国民党军师长）为首的数名土匪击毙于洞中。同年4月，身为剿匪大队长的范德福配合县武工队揭子衍等人在头步桥叫三道沟的地方，孤身一人冲进匪营长邓立忠家，将正在家中吸食鸦片的邓立忠抓获。一周后，邓匪在毕节县城关大校场被依法枪决。同年12月，带领区剿匪大队和县武工队的同志，在毕节县鸭池区野鸡河将先投诚解放军后又叛变的原国民党师长阮绍伯生擒，为捍卫新生的红色政权立下汗马功劳，受到领导和人民的赞扬、政府的表彰。是年，时任贵州省主席、中国人民解放军5兵团司令员杨勇和政委苏振华在贵阳市召开了第一次农民代表大会，当时毕节县参与的有五位代表，他们分别是范德福、陈光福、杨德全、吴道贤、陈绍珍。在贵阳，范德福等人受到了杨勇和苏振华的亲切接见和表彰。

自参加革命工作以来，他对党忠心耿耿，工作认真，踏实肯干，从不计较个人得失。工作中一向服从领导，听从指挥，任劳任怨。在国家三年经济困难时期，时任县食品公司经理的范德福从不利用手中的职权为自己的家庭解决吃的问题，还时常教育自己的子女，现在能够过上安定的日子很不错了，国家暂时有困难要能体谅国家的难处，要共渡难关，不准越轨，不准为个人谋取任何私利。

罗平野

罗平野，字罗兼、德兼，贵州省毕节县（今七星关区）人，1907年生于毕节城区古道路，卒时不详。从黄埔军校毕业后，又考入陆军大学，陆大毕业后，任国民党军薛岳部的师参谋长、军参谋长、代理副军长。1949年后，一直在贵州省人民政府参事室任参事，并当选贵州省政协委员，同时兼任贵州省黄埔军校同学会常务理事。

罗振华

罗振华（1942—2014），贵州省毕节县（今七星关区）人，1942年10月3日生于毕节城区双树湾，高小文化，中共党员。

1958年，罗振华在毕节地区建筑公司工作。1974年入党，任水城县二塘机械安装队施工员，工作勤恳，常受到领导的表扬。1962年响应党中央的号召，主动申请，返乡参加农业生产，次年任双树大队团支部副书记、麦塘村生产队长。

1978年，先后被选任双树村支部书记、党总支书记，后又任翠屏乡、市东办事处党委委员。其间，大力发展科学种植业、养殖业、屠宰业、运输业、汽车修理业、铁件加工业、豆制品加工业、小商品经营业、建筑业等。1994年工农业总产值585万元，人均收入1144元，村里集体经济也不断增加，办公室由三间板壁房变成3000多平方米办公楼，积累由过去的3000元增至14万元，受到群众的称赞、政府的表彰。

在麻园大道的开发中，按毕节市委、市政府的要求，反复向群众说明开发麻园振兴经济的重大意义，号召群众以眼前利益服从长远利益。在征地工作中凡是群众提出的要求，对照政策能解决的都千方百计帮助解决，保证了拆迁工作顺利进行，使群众自觉地服从安置，为成功开发麻园大道立下功劳。

在工作中常以教育优先，亲手创办麻园民办小学并任校长多年。改为公办后仍任名誉校长，逢年过节出面慰问教师，听取工作汇报，继续支持学校的工作。在其他工作方面，执行以人为本的方针，想办法，出点子，帮助贫困村民走上致富路，使部分群众离开祖祖辈辈的茅屋，建起高楼大厦，过上安乐生活，使一个贫穷落后、人均不到0.04亩地的村，变成富裕村，多次受到各级党委、政府的表扬。

1994年，由于完成上级安排的各项工作任务突出，村委拿出6000元奖励他，他说工作是大家干的，于是拿出1000元给五保户老人，1000元给残疾人，余下的4000元发给村干部。罗振华由于造福一方，政绩卓著，从1991年起至2004年被选为县市人大代表、连任五届县市人大常委会委员，1995年被评为毕节市、毕节地区、贵州省劳动模范，出席表彰大会。在嗣后的工作中仍很出色，被选为贵州省第八、九届人大代表，2004年起被选为市党代会党代表，且连任两届。

在几十年的基层工作中，集荣誉和清廉于一身，多次受到市东办党委、毕节市委、地委的年终考核奖、目标奖，获优秀共产党员等荣誉称号，2002年被地委授予优秀党总支书记荣誉称号。2004年退休后，经审计账务清楚，移交村党总支和村委会（社区）固定资产和现金一亿多元。由于他劳苦功高，经市委组织部明确为副科级干部，按月发放工资，安享晚年。

2014年，罗振华逝世，享年72岁。

九 画

赵琼玖

赵琼玖，贵州省毕节县（今七星关区）人，白族，1939年6月出生于八寨坪金银山。中国民主同盟毕节县（今七星关区）主委。

赵琼玖从小目睹农村一些能治的疾病，因缺医少药而得不到医治的情况。因此，从读中学开始就立志当一名人民的医师，像白求恩那样救死扶伤，实行人道主义。1954年初中毕业时，以优异的成绩考入贵阳医士学校。在校学习时除完成所学的课程外，抽出时间阅读医学书刊，收集治病单方，增加知识。1957年在医士学校毕业时，被分到安顺专区第二医院工作。这里的条件比毕节好，利于深造，但他总认为没有直接为家乡人民效劳，因而向组织申请调回毕节，被分到边远山区普宜卫生院工作，正是他向往为民治病的好地方。

他到普宜医院后，除为病人门诊就医而外，还经常深入边远村寨查看疫情，发现病人就上门诊治，抢救了许多疾苦病人，深受广大农民的好评。

1962年，业已成熟的他调入海子街医院工作，长期分管病房，接治伤寒、麻疹、白喉、流行脑膜炎、妇儿科等疾病。面对复杂的病情，赵琼玖将所学的知识加以发挥，采取穿刺、超声波、放射诊治等，同时在条件困难的情况下独自或配合其他医师开展腹部、阑尾、肠梗阻、胃切除等手术，治愈很多病人，成为远近闻名的“赵医生”。

1975年，他有机会参加贵医放射专业培训，转入专攻放射学，进一步掌握放射与临床相结合的诊治技能。1979年经考核晋升为内科医师，常与贵州省人民医院、医学院开展科研协作，得到省、市医院专家学者的指导，学有成就，成为担任本院基础理论和临床实践的指导老师，先后担任帮、带医学院校到毕节实习生的指导和培训工作。撰写《毕节县百例地方性氟中毒X线分析》《下叶肺结核的X线诊断》等文，掌握了放射影像诊断各种特检及诊断技能。1983年，经过考试与考核相结合晋升为放射专业主治医师，调入毕节县医院工作，先后任医技科主任、科长等职。1993年，经贵州省卫生技术职称高级评审委员会审核，晋升为放射专业副主任医师，成为名副其实的专家学者，并被选为中华医学会毕节地区分会放射科副主任兼秘书长，肩负学术重任，对全区卫生事业的发展作出了贡献。

在数十年的从医生涯中，他不仅是一位有名气的医师，而且是一位有作为的社会贤达。从1984年起，先后担任毕节县（市）第六、七、八、九届政协常委，选为第十、十一届政协副主席；同时任贵州省政协第六、七、八届委员，参政议政，建言献策，为毕节人民做了许多有益的工作。又同时任中国民主同盟毕节市（现七星关区）支部副主委、主委，作为民主党派的负责人参与政事活动。认真履行民盟的职责，做有利于发展毕节社会经济、创建和谐社会的工作。1981年参与识别民族工作，对明朝初年入黔的“南京人”与贵州古老民族“龙家人”融合一体的问题，作了深入细致的调查，取得第一手证实材料，向党委、政府提出了要求，获批准后，组成代表人员前往云南大理认同归宗，报经省人民政府民族识别领导小组派员复查认可，再经中央派著名的社会学专家费孝通到毕听取汇报，据实认同，贵州省人民政府于1988年6月行文批准认同为白族，履行了他作为县政协副主席分管民族宗教事务工作的职责，解决了遗留较长的历史问题。从此，他与民委(民宗局)一起，就民族教育、民族纠纷等问题，以身兼政协副主席、民盟主委的身份，向省、地有关团体汇报工作，接受任务，不辞辛劳地深入乡村慰问教师，解决困难学生入学读书等问题，并以民盟支部的名义在何官屯、水箐开展智力支边，向乡村学校捐图书374册，篮球、小球、文具用品等多起，价值数万元，得到何官屯、水箐镇党委和政府的感谢！同时对爱国、爱教的宗教活动给予了正确指导，使毕节一些有影响的古文化建筑群得以保护和恢复。

赵琼玖在任毕节县政协副主席期间，于1994年组织编写《贵州文史旅游丛书·毕节卷》，担任编委副主任，主持日常工作，协调各方关系，在全市开展山水、溶洞、河流、林木、碑刻、石雕、摩崖、墓碑、古战场遗址、庄园、名胜古迹等自然风光和人文景观的调查，是毕节有史以来对旅游业的第一次普查。经过一年多的努力，终于在1996年3月写成20多万字的初稿送省政协文史委员会专家审查，获批准于1999年12月由贵州人民出版社出版发行，成为毕节系统记录自然地理和人文地理的工具书，具有存史、资政和发展毕节旅游经济的三大功能，赵琼玖和他的战友们功不可没。

侯祚照

侯祚照，生于1914年，卒时不详。湖南澧县人，早年居住毕节。

1943年毕业于湖南省立畜业专科学校，抗战期间任小学教员，《楚南周刊》、澧县《晓报》编辑、《新湖日报》记者。1944年任贵州保安司令部助理秘书，1948年任贵州省第四区(毕节)行政督察专员兼保安司令公署第一科长、财政科长，解放前夕任专员。1949年11月，率专署文武人员，携印信、枪支、档案、物资起义投诚。曾任贵州省政协委员、毕节县政协常委、毕节农校高级讲师(副教授)。爱好诗词，著有《澧阳言外集诗草》。这些诗词均在《贵州政协报》《乌蒙诗刊》《玉屏诗刊》《高原》等刊物一一发表。侯祚照还受到教育部、农牧渔业部、毕节行政公署的奖励和表彰，农牧渔业部、教育部还授予“忠诚党的教育事业”纪念章一枚。

段元仁

段元仁，贵州省毕节县(今七星关区)人，1965年3月出生于毕节县清水铺区生机公社，1985年8月参加工作，1994年4月加入中国民主同盟，会计师，毕节市七星关区财政局会计核算中心三股股长，贵州省第十二届人大代表。

段元仁1985年8月毕业于毕节地区财贸学校，分配到毕节县林业局工作；1985年8月至1986年3月在毕节县林业局工作；1986年4月至1987年3月参加县委组织部扶贫工作队，任毕节县龙场区白岩乡乡长助理；1987年4月至1991年7月在毕节县林业局工作；1992年8月至2001年11月任毕节(县)市林业开发公司副经理(副股级)；其间：1994年4月13日加入民盟贵州省委直属毕节支部，同年7月23日民盟毕节总支总部成立，8月27日毕节市支部成立。1999年9月至2001年11月借用到毕节市(县级市，下同)人事劳动和社会保险局，主持企业社会养老保险股工作；2001年12月至2004年10月调任毕节市财政局会计核算中心会计一股副股长；2004年11月至2005年4月任毕节市财政局会计核中心会计一股股长；2005年5月至今任毕节市七星关区财政局会计核算中心三股长(2008年7月6日毕节市总支部成立，2015年12月9日民盟七星关区工作委员会成立段元仁为民盟成员)。

在县林业局开发公司工作期间，营造松杉用材林、经果林5万余亩，1994年获毕节地区林业局表彰，1989—1993年度毕节地区长江中上游防护林建设先进个人。实现利税130余万元。在毕节市人事劳动和社会保险局工作期间，征收管理养老保险基金财务报表和统计报表数据准确一致，成绩突出获全地区综合评比第一名。

在财政局工作期间着眼于全区财政财力现状，以保工资、保重点项目、保机构正常运转为目标，关注民生，准确、及时、全面、客观地搞好服务单位各项经济事项会计核算，提供财务报告，完成年终单位部门财务决算，多次获得上级部门检查好评。

他服从区委领导及局领导的安排，参与全区危房改造资金、扶贫专项资金、会计信息质量、财政系统内部审计专项检查工作，检查发现违规问题金额335.3万元，追缴入库财政资金135.3万元。主持2014年4月对德溪新区管委会19个在建工程项目超概算及应付未付资金进行全面清理工作，已动工在建项目15个，工程合同价款97601.03万元（其中：预计超合同在建工程项目9个，合同价款63146.48万元，预计超合同金额20940.53万元），已预付在建工程款40239.98万元，预计应付未付已动工项目工程款78301.58万元；未动工项目4个，工程合同价款13897.06万元，已预付在建工程款400万元，应付未付未动工项目工程款13497.06万元。主持2014年6月七星关区城乡居民基本医疗保险专项整治工作重点检查第二组工作；参加2015年七星关区民生项目林业资金专项检查工作。

在省十二届人代会一次会议期间，他提出了如下建议：《关于将毕节特色产业列入“金三角”发展计划的建议》《关于规范城市公共交通建设和管理主体的建议》《关于早日完成贵阳至黔西至毕节高速公路的建议》。二次会议《关于在全省范围内试点推广毕节经济开发区新能源汽车的建议》《关于解决公安机关警力严重不足的建议》。三次会议《关于建立城乡医保统筹机制的建议》《关于请求加大对城市社区居家养老服务建设投入的建议》《关于立项建设七星关区赤水河沿河公路的建议》《关于退耕还林工作方面的建议》。四次会议《关于加快我省村级基层卫生事业发展的建议》。

十一画

曹廷伟

曹廷伟，贵州省毕节县（今七星关区）人，1936年5月生于毕节城区，大学文化，广西壮族自治区人大代表。

幼年在家乡启蒙读书，高中毕业后考取兰州大学中文系。毕业后在广西工作，先后任中国民间文学艺术家协会广西分会副主席、广西省七届人大代表、广西文联五届委员和中国寓言文学研究会理事、广西分会会长。著有《中国谚语集锦》《中国传统情歌选》《中外笑语大观》《中国民间寓言选》等。曾获广西等地多次优秀成果奖，是毕节籍在外工作有名气的文学工作者。

十二画

谢国纯

谢国纯（1909—1982），原名谢辉，四川省巴县人，曾任贵州省人民代表大会代表、省工商业联合会执行委员和毕节县人民委员会委员、县政协常务委员、县工商业联合会第二、三届主任委员等职。

谢国纯出身于农民家庭，早年读书、务农、当店员。1934年后，在重庆、绥阳、遵义等地当学徒，后经商。1938年到毕节县城做工。1942年与同乡龙玉成、肖德清，采用集资入股的方式筹建酱园，当年开业，名为“一心永”酱园，他负责经营管理。

"一心永"酱园创建初期，设备简陋，资金微薄。但他重声誉，讲质量，求发展，使"一心永"酱园发展较快。特别是醋的产量和质量很快与时在全省享有盛名的"一品斋"酱园齐名。当时市场上酱油供不应求，他从四川叙永聘请师傅作技术指导，提高酱油的产量和质量，很快满足群众要求。"一心永"酱园生产的酱油、醋色鲜味美，耐贮藏而不变味生花，受到毕节人民的喜爱。除供应县内群众外，还销往大定（大方）、纳雍、赫章及云南镇雄等县。到1948年，酱油、醋的批发量占全县的80%，成为县工商界中比较大的私营企业。至今，该酱园生产的"一心永"醋，仍受到毕节人民的青睐。

解放以后，他拥护共产党的领导，坚定不移地走社会主义道路，带头搞公私合营。1953年，在国家的扶持和鼓励下，"一心永"的生产很快得到恢复和发展。1954年，他多次向地县统战部、工商科作口头反映，表明他自愿公私合营的愿望，获得党政领导的鼓励和支持。1955年1月，他向毕节县政府写了公私合营的第一次书面申请，后在工人的支持下，又连续申请5次。1955年10月1日，县政府正式批准成立毕节县公私合营一心永酱园厂，他任厂长，成为毕节地区第一家公私合营企业。1956年，随着农村合作化高潮的到来，工商业全行业大合营也相继开始，将城内22户酱园、粮果业合并成毕节县酱醋糖果商店。时有职工64人，他担任经理。1956年12月，他参加了中华全国工商业联合会第二届会员代表大会，受到毛泽东、刘少奇、朱德、陈云等党和国家领导人的接见。

于1982年3月因病逝世，享年73岁。

同心阁

六 受省部级以上表彰人员

四　画

王　林

王林，贵州毕节县（今七星关区）人，1957年11月出生于贵州省毕节县鸭池区，1980年12月参加工作。本科学历，中共党员。

1980年12月至1983年5月在毕节县农业局工作，1983年5月至1984年12月调任何官屯区农技站站长；1984年12月至1988年2月调毕节县委农工部工作（科员）；1988年2月至1992年3月调任海子街区副区长，1992年3月至1993年6月调任毕节县扶贫办副主任，1993年6月至1996年7月主持毕节市扶贫办全盘工作；1996年7月至2007年3月任原毕节市（县级市，下同）农办副主任兼扶贫办主任；2007年3月至2010年3月调任毕节市民政局副局长，2010年3月至2011年任毕节市民政局副局长、兼任市老龄办主任。2011年改任毕节市民政局主任科员（其间：1983年任贵州省农经学会会员，1990年任毕节县红十字会理事，1994年3月至2007年2月任毕节市扶贫领导小组副组长兼办公室主任，2006年任毕节市蚕桑协会常务理事长，2007年任毕节市慈善总会副会长，2014年任七星关区老年学会常务理事兼文化部部长）。

王林参加工作后，对工作有很强的事业心和责任感，脚踏实地，兢兢业业，几十年来以务实而著称。在农业局工作期间，年年被评为先进工作者；在农工部工作期间，除认真做好办公室工作外，经常深入基层调查研究，撰写了多篇涉及农村政策的调研文章；在海子街区任副区长期间，所分管的计生工作获得全地区第一名，分管的科技兴农成为全地区大会小会必观的样板，时任贵州省省长的王朝文亲自到场参观，并誉当时的万亩连片地膜苞谷为“白色革命”；主持扶贫办工作期间，实行的“12345”的工作制度，在全市机关单位普遍推行；任农办副主任兼扶贫办主任期间，分管的扶贫和农建项目工程，连续多年获得地区一等奖，曾被评为全区先进工作者，2006年被国务院扶贫领导小组授予扶贫贡献荣誉证书；任民政局副局长期间实行的医疗救助模式获得省民政厅充分肯定，《贵州日报》作了专题报道；任老龄办主任期间，由于老龄工作成绩突出，市老龄办被民政部等七部委授予“全国敬老模范单位”称号。1993年至1995年，他三次赴北京、武汉和内蒙古科左后旗参加联合国粮农组织举办的发展项目国际研讨会，提交了三篇论文在会上交流。1996年至1998年，两次赴安徽合肥和广西北海参加联合国人口基金会举办的人口项目国际研讨会，提交了两篇论文在会上交流。参加工作后，共撰写各类调研、论述文字材料260余篇180余万字，分别在国家级、省级和地县级报刊上发表4篇、8篇和20余篇。1985年参加撰写的《贵州省情》被评为1987年贵州省科技进步二等奖，获成果证书。在扶贫办、农办工作期间，曾三上中央电视台二频道，五上贵州电视台一频道，是走遍原毕节市595个行政村的科级干部之一。

王玉祥

王玉祥，贵州省毕节县（今七星关区）人，1958年参加中国人民解放军，在汽车23团任驾驶员。

退伍下地方后，在贵州省交通厅运输局任司机，后又到安顺汽车运输公司第一队任副队长。1976年加入中国共产党。他开车的时间观念强，作风正，“鸡叫头遍就起床，行走百里天才亮”，经常是提前半年完成全年任务。1977年至1979年7月，累计完成货运周转量112.4万吨公里，为3年计划总数的149.2%，两年零7个月完成4年工作量。累计向国家上缴利润91987元，为月期上交利润的187%，节约柴油7841公升。单位产量和上交利润都创全省专业运输系统的最高水平。1979年被贵州省人民政府授予全省劳动模范称号，同年被授予全国劳动模范称号，并出席全国劳模大会，受到党中央和国务院的表彰。他的事迹载入《中华英模大典》。

王志鑫

王志鑫，贵州省毕节县（今七星关区）人，出生于毕节县阴底田坝，现任贵州省毕节市七星关区大新桥办事处副主任。

2006年12月中旬，中国造血干细胞捐献者资料库贵州分库的王志鑫与浙江一个身患白血病的15岁男孩的HLA（人类细胞组织相溶性抗原）初配成功。2007年2月，贵州红十字会辗转找到王志鑫，问他愿不愿意进行第二次配型。王志鑫当即表示：我随时都可以去进行配型。贵州红十字会要他到毕节地区红十字医院再采集一次血样，送去北京作高分辨检测。

这时，有人问他："你去捐献血干细胞可以得好多钱？"王志鑫说："我家虽然不富裕，但是要用造血干细胞去卖钱，我认为无疑是出卖自己的身体，谈到钱我就不捐了。我的想法就是想用我的造血干细胞让白血病患者多一些生存的希望，这是平凡人与平凡人之间的一种相互帮助，爱心比金钱更重要。"2007年5月30日，王志鑫接到赴浙江捐献的通知后，十分感慨。在茫茫人海中，非血缘关系的HLA相合率是几百分之一到万分之一，在较为罕见的HLA型中，相合的概率只有几万分之一甚至几十万分之一。能与一个和自己没血缘关系的人HLA配型成功，他觉得这是一种缘分，是一种幸运。

媒体知道王志鑫将赴浙捐献造血干细胞事情后，便和他取得了联系，准备采访他，他拒绝了。他说：我不想张扬，只想安静地去安静地回来。

6月8日，王志鑫开始了造血干细胞移植前的各项检查。经过三天的运员剂体内运员，他于6月11日和12日两次采集造血干细胞220毫升，直接送到了浙江，为患者送去了福音，送去了延续生命的希望。

王志鑫说，如果我们每一个人都伸出双手，尽自己的力量去帮助那些白血病人或者其他有困难的人，他们就会对生活充满希望和信心，人与人之间将更加和睦，社会将更加和谐。

2007年，王志鑫荣获国家造血干细胞管理中心荣誉证书和贵州省红十字会荣誉会员证书，荣获全国第一届道德模范提名奖荣誉称号。

王成秀

王成秀，贵州省毕节县（今金海湖新区）人。女，1946年冬月二十七日生于毕节县岔河镇，大专文化，中共党员。

1969年3月至1978年7月，任教于毕节县朱昌区岔河公社红星小学；1978年8月至1981年2月在家务农，被当地政府评为人民公社优秀社员；1981年3月至1991年8月任教于毕节县朱昌区岔河民校，并主持该校行政及教学工作；1991年9月至2004年3月任教于毕节市朱昌镇小屯小学。2004年4月退休。

她在30多年的教学工作中，勤勤恳恳，兢兢业业，任劳任怨，所任学科在历年统考中均名列全辖区前茅，曾荣获过一等奖8次、二等奖7次、三等奖14次。1984年被毕节县妇联授予"合格家长"称号，1987年、1988年均被毕节县委评为"优秀共产党员"。在此期间，曾出席过毕节县第七次妇代会，中共毕节县第四次、第五次代表大会。

1991年王成秀响应政府号召，从微薄的待遇中捐资200元资助集体办学，受到毕节地委机关报《毕节报》登报表彰。1995年被毕节县委、县政府评为"市优秀教师"。1998年"民转公"后，所在班级被评为"市优秀班级"。2000年被评为"市优秀园丁"，同年，被省人民政府评为"全省优秀教育工作者"。

除了搞好本职工作外，王成秀特别关爱学生，经常将生病、行动不便的小学生背去上厕所，或背上教学楼。"民转公"前后直到退休，她一直坚持资助特困学生就学至完成小学学业，她既教书，又育人，在30多年的教学生涯中，曾多次被区和乡镇评为少先队优秀辅导员，所任班级都是所在学校的优秀班级和优秀中队，亦多次被评为区和乡镇的优秀班级和优秀中队，所教学生曾有多人被评为区和乡镇的优秀少先队员或“三好”学生，且经她启蒙、教育直至中专、大学毕业的学生已有十几人之多。她的事迹已被《贵州省优秀教师名典》《世界优秀专家人才名典》等多家大型书刊收集入编，中国国际交流出版社已于2004年年初在国际互联网上刊发报道，引起了数十家出版行业的关注和重视，纷纷来函祝贺。

王厚国

王厚国（1931—1998）四川省梁平县人。

1951年5月参加工作，在四川省水利厅第三测量大队任测工。1954年8月考入重庆水利学校。1958年7月毕业后分配到毕节地区水利局工作，任助理技术员。1965年调倒天河水管所主持工作。1967年调县水利局主持工作。1971年调县委党校工作，1977年任党校副校长。1980年调毕节县畜牧局任副局长，主持工作。1983年畜牧局建立党组，任党组书记。

他热爱党和人民，不管在哪个岗位上，都始终以人民利益为己任，充分发挥自己的聪明才智。他任职畜牧局时处于组建初期，缺办公地点和资金不足，调入职工无住房，影响工作的全面开展。上任后，一手抓职工的福利事业，另一手抓畜牧业的发展，对饲养落后、品种落后、农村出现的“狗牛”“猴牛”进行品种改良，加强管理。在各区建立兽医站，全县建75个品改点，率先把先进、优良的品种试制成冷冻精液为本地牛、猪输精配种，改变“狗牛”“猴牛”的状况，提高生猪出栏率，缩小饲养同期，收到良好的效果。1984年全县杂交牛的头数增至8.33万头，杂交猪1731万头，其他畜禽也得到相应的发展，全县畜牧业产值达1996万元，占农业总产值的8.7%，每头“狗牛”“猴牛”在只值几十元、百元的基础上增至300至2000元；猪的饲养周期比改良前缩短1至2个月，农民既节约饲养时间和粮食，又成倍增加收入。致使毕节从1982年起，成为全国牛改和商品牛基地建设的重点县，又是商品猪基地县，在整个农业总收入中，畜牧业的比重从15%增到30%。是年耕牛改良获贵州省人民政府二等奖；农牧渔业部授予商品牛基地先进单位，从此，毕节县畜牧局一直是省农业厅、毕节地区农业系统多年的先进单位，他首居其功。

他在科学试验上敢于创新，敢于负责。由他担任项目负责人的“超低温冷冻精液”，在海子街区兽医站取得成功后，不仅解决了从贵阳运送精液的困难，还为毕节地区的7个县及四川省的古蔺、云南省的镇雄等县提供精液。时任县委书记王朝彬在发展畜牧业的现场会上曾说：“王厚国把畜牧业生产搞活了。”1980年获科技部、林业部、农牧渔业部颁发的奖状和奖品，贵州省人民政府奖状上写道：“勿忘团结奋斗，努力振兴中华。”兽疫防治名列全省前茅，科技干部受国家科技干部成果奖的有7人，王厚国功不可没。

他在抓单位科技业务的同时，多次上农业厅争取资金，由政府配套资金修建县局办公住房、各区新建兽医站，增加畜牧系统职工子女就业的门路。向劳动部门争取劳动指标，创办农牧技工班，学习品改技术，一举解决了25名干部子女的就业问题。另对职工福利、住房、子女入学等，只要能办的都由局里出面给予解决，深得人心。1985年后调地区兽防站、液氮站任站长，工作很有起色。

于1998年病逝，享年67岁。

王德华

王德华，贵州省毕节县（今七星关区）人，1957年12月出生于清水铺李家坪村，1976年3月入伍，1979年12月加入中国共产党，大学文化（中央广播电视大学法学专业毕业）。

1976年3月至1980年1月任中国人民解放军59203部队战士、班长。1980年1月退伍回乡后一直在基层工作。1984年4月至1986年11月任清水区清水镇武装部长。1986年12月至1990年8月调任清水区高山乡党委副书记，后任副乡长。1990年9月至1992年12月调任清水镇党委副书记。

1992年3月至2001年12月任清水铺镇人武部长。

在任武装部长期间积极开展民兵预备役工作，抓好国防教育工作，开展民兵“帮带”扶贫工作，由于成绩显著，1995年被贵州省军区命名为“十佳”专武干部，先进人民武装部长，同时被贵州省军区、毕节军分区评为国防教育先进个人。2001年被贵州省毕节市人民武装部评为民兵预备役先进个人。

邓忠南

邓忠南，贵州省毕节县（今七星关区）人，1972年3月出生于毕节县青场区野角公社大水大队。初中文化，中共党员。

1989年7月毕业于毕节青场区中学，之后一直在家务农。1991年经人介绍与水箐镇东风村姑娘徐延飞结婚，并生育一个女孩。1990年秋天，听外公介绍说镇雄县泼机镇的土窑烧石灰技术先进，产量高，质量好，钱好挣。18岁的邓忠南从家里带了50元钱，只身来到云南省镇雄县泼机镇，从帮人烧石灰做起，开始了他的打工之路。

到达泼机后，邓忠南虚心学习土法烧石灰的技术，不断摸索经验，认真和本乡土窑烧石灰法比较，他觉得泼机的土窑烧石灰法真的先进多了。本乡的“上点火法”，1吨煤只能烧出2吨生石灰，而泼机的“下点火法”1吨煤可烧出2.8吨生石灰，同等条件下产量要比当地的提高40%左右，一窑石灰可多挣200多元钱。1992年，邓忠南带着他掌握的技术和挣得的7000多元钱，回乡自主创业。带领十多个本村寨的人，自己建造了一个石灰厂，利用自己掌握的技术烧石灰，开始了自己的创业之路，两年时间挣了3万余元。

正当邓忠南事业渐成时，国家有了新规定，坚决取缔土法烧石灰。他的烧石灰发财之路从此终止，只好硬着头皮，于1996年承包了大水集体林场进行经营，一切又从头开始。当时承包了4000多亩林场，估值80余万元。夫妻二人起早贪黑，补种了空白荒山400多亩苗种。由于保护林木的关系，不能私自采伐林木售卖，没有经济支撑，夫妻俩艰难地挨到1998年6月，实在支撑不下去，只好将承包的林场退回大水村民委员会所有，这片林场现值已超过千万元。

2002年年初，邓忠南发现，群众在建房时，本地砂石货源短缺，从外地购买，运输成本太高。邓忠南脑海里顿时闪出四个字——办采石场。

说干就干。邓忠南把自己省吃俭用节约下来的5万余元，加上在信用社贷款的5万元，于2002年6月办起了“忠南采石场”。他按政府部门要求，参加培训学习，取得了“爆破证”“安全员证”等相关证件。亲自担任爆破员，自己设计开采图纸，开挖机、开铲车等，白手起家，一切从头做起。选择体力好，有文化知识的青年进行培训，取得上岗证，又手把手传帮带。从开始的三四个人发展为二十多人，机器设备从原来的一台柴油发电机发展到有生产砂石的机械1套、挖机2台、铲车2台、风爆机2台，总投资固定资产、设备等，达到400余万元；年产量从原来的3200立方米，增加到60000立方米。产量、收入12年翻了18倍。在邓忠南采石场上班的工人，都是年轻力壮、没有外出务工、在家闲置的劳动力，他们多为本地人，其中本村人占80%，实行计件工资和按劳计酬制，重体力劳动者月收入6000元以上，一般工人5000元以上，这些工人除自家收入外，每年为社会创造劳务收入200万元。

创业。说起来容易，做起来十分困难。邓忠南2002年创办采石场之初，由于经验不足，生产设备简陋，工人技术不熟练，产品质量不合格，砂石开采量低等因素，当年没有盈利。第二年他总结经验，在管理上采取“熟练工‘一对二’带新手”，强化技术培训，注重提高产量，严把质量关，很快就见成效，到2003年年底，净赢利20万余元。有了利润，邓忠南首先想到的是“滴水之恩，必将涌泉相报”：2005年，邓忠南出资新修建了大水村尖山组到下大水组4.4公里的通组路，彻底解决了1000多人出行难的问题，给当地村民的经济发展提供了有力的交通保障。使穷乡避壤环境改善了，群众生活水平提高了，社会进步和谐文明了。2011年，他又帮助西桥村4个组285人缴纳农村合作医疗保险金1.5万余元，这是对当地村民支持他办采石场所作的一点回馈。2011年，曾经在采石场打工的工人许绍平，外出贵阳务工，因病去世，其妻身患残疾丧失劳动力，邓忠南自己出资5万余元帮助其新建了80余平方米的住房。这样的事情在邓忠南身上很多很多，在十里八乡，有很好的口碑。为表彰邓忠南的先进事迹，2015年，贵州省人民政府授予他“劳动模范”光荣称号。

邓泽声

邓泽声，字晋，贵州省毕节县（今七星关区）人，1937年生于毕节朱昌。中共党员，大专文化。1955年参加中国人民解放军，在部队多次受嘉奖，荣立军功一次。贵州省人民政府授予“科技扶贫先进个人”。

1958年，邓泽声转业到中国科学院自动化研究所工作，攻读业余大学。后派往第一机械工业部第八设计院进修。其间，随总结技术革新成果工作组赴上海进修，进修期满仍回中科院研究所工作。1970年，自动申请调回毕节，被安排在毕节县卫生局任秘书，负责人事工作。在卫生局工作期间，历任总支委员、局党组成员等职。1983年调毕节县科学技术协会工作，被选为科协委员、常委、秘书长，任科技扶贫办公室副主任。在科协工作期间，曾先后参加中国科学院北京科技管理进修班、贵州汉语速记、贵州档案专业学习班学习，分别获三种专业学习毕业证书和结业证书。在工作中，业绩突出，先后被贵州省人民政府授予“贵州省科协先进工作者”“贵州省科技扶贫工作先进个人”称号。

他潜心研究天麻生产技术。编写《天麻栽培技术》教材数千份，向群众传授种植技术。经常往来于纳雍、毕节之间，使两县、市的人工栽培天麻生产得到了很快的发展，成为脱贫致富的门路。他撰写的天麻系列研究论文，多次在《毕节师专学报》上发表。

尹 颖

尹颖，贵州省毕节县（今七星关区）人，女，1985年生，是老红军尹焕臣的孙女。可就在上高中时，陪伴尹颖十几年可亲可敬的红军爷爷离世了。

爷爷在生命的最后一刻交代尹颖：“入伍去吧。”这是爷爷的遗嘱，也是爷爷的终言。“我要踏着爷爷的步伐前行，完成他的遗愿。”

2006年，21岁的尹颖，大学毕业，顺利考入贵州省公安消防总队，被分配到毕节地区公安消防支队政治处工作，基层和机关比起来，更能接“地气”，更能接近入伍的初衷，所以在2008年8月，她主动申请要到基层磨炼，然后就到了七星关区公安消防大队。

2008年11月5日，在一次警民共建走访慰问中，得知紧挨单位的杨家塘社区84岁老人刘传珍无儿无女，无依无靠，在同情老人命运的同时，一个念头在尹颖心里萌生了。“你就把我当成你的孙女吧！”尹颖郑重承诺，从当月起，她就每月从自己工资里抽出200元钱资助老人。2010年8月12日，刘传珍老人和社区工作人员敲锣打鼓到消防大队，给尹颖送来一面书写着“扶贫济困，高风亮节”的锦旗。

照顾刘传珍老人，是郑重承诺，也是铮铮誓言。尹颖每月定期去看望老人，给老人漆黑的屋子牵了电线，安了电灯，陪老人聊天，老人生病了陪她去看医生，后来还把每月送去的生活费增加到300元……直到2013年年底，老人与世长辞。

生活中，尹颖是细心的，是善良的；工作中，她是有责任心的，有担当的。2012年，东园小区发生一起火灾，当时正值尹颖怀孕初期，孕吐厉害。接到报警电话，尹颖顾不得那么多，和同事直奔现场，三天三夜一直在现场勘察，扒遍火场每一角落，筛子筛遍所有灰烬，终于找到熔珠，找到了火灾发生的原因。“说实话，她那么忘我的工作，那时候又是怀孕初期，真的很担心她。”白新谈起妻子，言语中无不是满满的疼惜。

消防设施完善与否，是性命攸关的大事，所以每一栋楼每一家单位都必须严格把关，也有些想走捷径的人找到了尹颖，更有甚者还寻到了尹颖家中，又是求情又是塞红包，尹颖见到这种情况，十分恼火，立马拒绝。尹颖认为这不是自己从军的初衷，更不是爷爷想看到的。铁面无私，正是她的工作写照。不过就在吃了闭门羹的送礼人走后，尹颖还会多次去拜访他们，细心讲述消防部队的性质，并用一个个火灾案例，解释违规消防的严重后果。最后，施工单位老总也被她的这种浩然正气所感染，决定配合整改设施直到符合消防安全要求为止。从事消防工作9年以来，尹颖检查单位近5000次，发现火灾隐患近4000次，办理行政案件45起，参与火灾调查20起，取得了“零复议、零诉讼、零过错”的工作成绩。

2012年5月20日，尹颖接到通知，两个月后，组队参加省文艺汇演。眼看高高隆起的肚子，尹颖还是认为自己一定能行的。“队里战友们经验不足，还是我来帮着排练吧，可不能把集体荣誉丢了。”接下来的时间里，尹颖每天挺着大肚子，老早就到单位排练了，跑前跑后地讲要领做示范，吓坏了战友们，“尹参谋，你就休息休息吧，可别累坏了身体。”战友们怎么劝也劝不住，“不行，省里的汇演机会，多难得，坚持坚持就好了。”终于挨到了去贵阳表演的日子，战士们都说：“尹姐，你就别去了吧，你这身体怕是坚持不了。”可尹颖不听，倔强的她担心队友们演出会出现临时状况，决定一同前往。去贵阳也就三四个小时的时间，尹颖一路呕吐，到了之后，熟悉环境的她，却又跑里跑外为同事们安排吃住，一刻也停不下。在尹颖的鼓励下，队里演出很成功，最后还被邀请为省委领导再次演出。

孩子出生后，白天要工作，还经常要加班处理突发情况，小孩基本上都是由尹颖的母亲照看，所以尹颖只好在深夜，去弥补对孩子的那份爱。

“那是妈妈的军功章。”快3岁的小钧元指着墙上的勋章说。墙壁上挂满了尹颖的各种荣誉：三等功勋章、先进工作者、优秀共产党员、第七届“贵人善行——最美毕节青年”、贵州省第四届“明礼知耻·崇德向善”道德模范……这些只是尹颖获奖的一部分，而对于她，只是一个开始。

尹登陆

尹登陆，贵州省毕节县（今七星关区）人，1932年2月出生，中共党员，初小文化，1951年5月参加工作，1982年退休。

1951年5月，他响应“抗美援朝、保卫国家”的伟大号召光荣入伍，参加了中国人民志愿军。入伍后加入贵州补训第十师，在东北锦州学习和训练。学习结束后被分配到师部卫生连工作。工作几个月时间，将参战部队送走之后去辽宁海城地区，被炮一师二十六团接到朝鲜。在部队的卫生队作简短训练后被分配到二十六团九连任卫生员。

尹登陆在抗美援朝松骨峰战斗中，不畏艰险，抢救伤员，成绩显著，被朝鲜人民军评为三等功，同时被中国人民志愿军政治部评为三等功。

1953年7月27日朝鲜战争停战协议签字后，尹登陆奉命回国，被调到东北抚顺速成中学学文化，1957年9月复原回乡。复原回乡后被安排到毕节县清水铺卫生院工作，在清水铺卫生院工作期间，于1958年至1959年被调到毕节公路指挥部为修路民工看病治病，由于他忘我的工作，成绩突出，被贵州省人民政府评为劳动模范。

尹登陆于1982年光荣退休。

五　画

叶玉春

叶玉春，四川叙永人，1928年3月出生于四川叙永双桥乡，于1951年5月参加工作。高小文化，中共党员。

1951年5月至1955年2月在毕节地区工会工作（警察干事）；1955年3月至1955年8月在毕节电厂工作任副厂长；1955年8月至1973年10月调毕节县粮食局米厂工作，任副厂长；1973年10月至1975年5月在面粉厂工作，任副厂长；1975年6月至1985年5月调粮食机修厂工作，1985年5月经组织批准退休。

叶玉春在毕节县粮食局制米厂工作期间，担负着毕节大米加工任务，由于设备简陋、机器落后，工人劳动强度大，并且有一定的危险性。他带领工人对制米工艺流程进行大胆的技术改造，采用绞笼传输和皮带传输相结合的自动化革新技术，成功地用自动化代替了人工劳动，从单独9人生产减少到6人生产，减少劳动力投入33%，单独生产量从30000公斤提高到33000公斤，提高生产量10%。把工人从繁重体力劳动的工作环境中解放出来，极大地提高了劳动生产力。他在工作中起带头作用，不怕脏不怕累，为单位工作作出了较大贡献，因工作表现突出，1958年出席贵州省先进工作会议，获得“贵州省劳动模范”称号，1959年出席毕节地区、毕节县先进工作会议。

田栋成

田栋成，河南太康人，1963年6月8日出生于毕节城区松山路。本科学历，中共党员。

田栋成出身于革命干部家庭，从小受到良好的教育。1981年10月，应征入伍，到云南省曲靖驻军35302部队服役。1983年1月退伍回毕节，安置在流仓小学任教师。1998年9月调六小，2000年9月调八小任副教导主任；2001年12月调任六小副教导主任，2002年9月改任六小党支部副书记，2007年7月任六小副校长，2015年后任中共六小支部委员会书记。

田栋成是一名普通的小学教师、基层党组织负责人。他纯朴厚道，忠诚于党的教育事业。在35年的从教生涯中，勤勤恳恳、兢兢业业、热爱学生、团结同志，在平凡的岗位上做出了不平凡的业绩，深受学生、家长、同事、社会的好评。

2010年9月，他参加了全国教育科学“十一五”规划教育规划《专家型教师的案例》研究课题；多年来，他持之以恒地主动学习课改理论，掌握《新课标》的基本内涵，阅读了大量的素质教育和新课程改革的理论书籍，使自己的教育理念始终走在时代的前列，更好地服务于教育教学工作。

田栋成秉承的工作作风，就是无论做哪一项工作，都要脚踏实地、尽心尽责，都是高标准严要求。对每一项工作，他都是有计划、有落实、有检查、有总结。他把自己摸索到的班级管理经验与学校的实际工作密切结合起来，促使班级管理水平不断提高。他不分昼夜地辛勤工作，仔细阅读分析年轻老师的创新课、研究课，帮助年轻教师不断完善自己的教学方法。他经常到各班级听课，每次听课后，都会认真评课，帮助授课者找出优、缺点，使他们明确自己的努力方向和奋进目标。可以说，毕节六小里每一位年轻教师的成长，都饱含着田栋成辛勤的汗水。

毕节六小从小到大，从普通学校到品牌学校，都凝结着田栋成的心血。因此，在他的积极协助和辛勤努力下，六小获得了全国“先进绿色学校”，全国“巾帼文明示范岗”“全国中小学思想道德建设活动先进单位”、全国“中小学《体育条例》优秀学校”、全国“家庭教育示范校”、全国“千所留守儿童”教育示范校、“中国教育创新示范单位”“全省少先队特色中队”“贵州省家长示范学校”、贵州省“手拉手”一起走活动先进集体、贵州省“德育工作示范校”、贵州省“科技特色学校”、贵州省青少年科技特色学校先进集体荣誉称号；毕节地区优秀少先大队、地区教学常规管理评比三等奖、毕节地区“三星级”文明学校、毕节市德育、教学常规管理工作先进奖等奖项。田栋成个人也多次得到各级领导的认可与好评和奖励：2006年7月，被毕节市委（县级市）评为优秀共产党员；2007年6月被中华人民共和国教育部评为优秀教师；被国家环保总局授予“校园绿化先进个人”称号。2009年10月被毕节地区教育局、共青团毕节市委、毕节地区少工委评为全区优秀少先队志愿辅导员；2010年至2015年年度考核被评为优秀；2015年9月被毕节市七星关区人民政府评为先进教育工作者。

申开珍

申开珍，贵州省毕节县（今七星关区）人，女，1941年9月出生于毕节县阿市，1958年5月参加工作。高小文化，中共党员。

1958年至1960年在毕节县何官屯牛奶厂工作；1960年至1961年在贵州省商校读书；1961年至1962年在毕节县百货公司工作；1962年至1975年在毕节县服务公司工作；1975年至1998年在桥边饭店工作；1998年经组织批准退休。

申开珍自参加工作以后，工作认真负责，有吃苦耐劳的革命精神，认真钻研业务知识，任劳任怨，集中精力做好本职工作，以身作则，在担任毕节市购物中心车间主任期间，带领工人加班加点，保质保量完成上级下达的生产任务，同时抓新产品开发研制，经过艰苦不懈的努力，终于试制成功了奶粉、炼奶、奶油、奶糕等六种产品，产品畅销省内外，为国家创税12万多元，为全县各乡办技术培训班300多人次参加。申开珍因工作成绩突出，在八十年代曾任毕节县三届政协委员；曾多次获奖。1959年10月被评为“全国财贸先进生产者”；1959年12参加贵州省毕节专区农业社会主义建设先进单位代表大会，获“贵州省毕节专区财贸社会主义建设先进工作者”称号；1960年参加贵州省妇女建设社会主义积极分子大会，获“贵州省妇女建设社会主义积极分子”称号。

史洪达

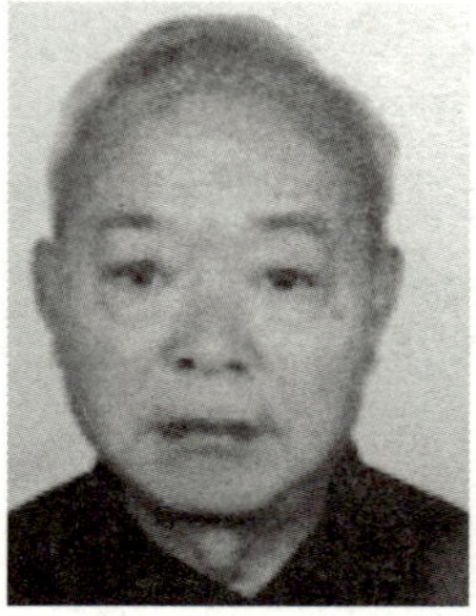

史洪达，贵州省毕节县（今七星关区）人。1938年12月生于贵州省毕节县海子街五十亩。高级讲师，中共党员。

史洪达1960年考入贵州师范大学数学系。1964年毕业分到毕节师范学校任教，1974年加入中国共产党党员。师范转入专科（师专）学校后，继续在该校从事教学工作，并任数理系主任。1980年调毕工农校任教研室主任。1983年至1988年分别晋升为讲师和高级讲师（副教授）。

他从事教育工作多年，积累了丰富的教学经验，撰写了许多有学术价值的论文发表于省级刊物。参编《贵州省中等农牧学校数学》教材，主写四、五、六三章。他撰写的《用二元函数微分处理幂指数函数的导数》《试谈拉格朗日定理证明中的补助函数》两篇论文，在贵州省数学分会上宣读，受到同行专家的好评。

他在教育工作岗位上辛勤耕耘，教学效果良好，多次被评为先进教育工作者，受到毕节地委、地区行署和贵州省人民政府表彰、获教育部颁发“从事教育二十五年和逾三十年荣誉证书”。由《中国专家人名辞典》刊载，记入史册。

卯昌琴

卯昌琴，贵州省毕节县（今七星关区）人，女，于1968年12月出生在今毕节市七星关区洪山街道，于1988年3月参加工作。本科文化，中共党员。

1990年至1994年，卯昌琴任市西街道办事处桂花村团支部书记、会计；1994年至1996年，任市西街道桂花村副村长、民兵连长、会计；1996年至1998年任市西街道桂花村村长、妇代会主任、指导员；1998年至2004年任市西街道桂花村党支部书记、指导员；2005年至2012年任市西街道金桂社区党支部书记、市（县级）党代表；2013年起，任洪山街道办事处金桂社区党总支书记、市人大（地级）代表。

卯昌琴在领导、管理社区事务工作中，有条有理；抓社区党建思路清晰，成效明显，在社区干部和群众中极具威望，被人们亲切地称为“智慧支书”。她以身作则，带强社区队伍。把习总书记重要讲话精神纳入社区“两委”学习的范畴，确保社区“两委”思想上、政治上、行动上同党中央保持高度一致。她定期邀请毕节市（县）政府领导，为社区“两委”讲解中央、省、市、区重要文件精神。与时俱进，构建和谐社区。她与村“两委”投资32万元，油化、硬化背街小巷；安装路灯150余个，方便了居民出行。调解各类矛盾纠纷40余起，做到了大事不出社区，小事不出调解组。对辖区内有一定劳动能力的弱势群体，进行就业技能培训。自2013年以来，已有50余人经过培训，顺利找到了工作。她带领村“两委”搭建平台，密切党群关系。协调组织在职党员义务到金桂社区森林防火点，大力宣传安全用火、文明祭祀思想；在森林火灾高发期，金桂社区150余亩林地无一例火灾发生。她开拓创新，不断打造社区服务升级版。谋划建立“三中心一礼堂”。即建立日间照管中心，着力解决上班族白天不能很好照顾老人问题；建立医疗服务中心，着力解决居民看病难问题；建立少儿四点半义务托管中心，着力解决上班族不能准点接送孩子问题和留守儿童问题；建立文化礼堂，丰富居民精神文化生活。

2014年卯昌琴被中共贵州省委评为“优秀村党支部书记”。

冯兴忠

冯兴忠，贵州省毕节县（今七星关区）人，于1966年7月出生在今贵州省七星关区流仓桥办事处，于1985年7月参加工作。大学本科，中共党员。

1985年7月在贵州省毕节地区农业局品改站参加工作，1991年10月任贵州省毕节地区农业局品改站副站长，1998年1月任贵州省毕节地区农业局品改站站长，2003年1月任贵州省毕节地区畜牧事业局奶业办负责人、品改站站长，2003年11月任贵州省毕节地区畜牧事业局党组成员、副局长，2008年6月任贵州省毕节地区畜牧兽医局党组成员、副局长，2009年2月任贵州省毕节地区行署副秘书长、行署办党组成员，2010年11月任贵州省威宁自治县委常委、副书记，2011年11月任贵州草海国家级自然保护区管理局党委书记（正处长级），威宁自治县委常委、副书记，2015年8月任贵州草海国家级自然保护区管理委员会（中共贵州草海国家级自然保护区工作委员会）党工委委员、副主任（正县处长级），威宁自治县委常委、副书记，2015年11月任贵州草海国家级自然保护区管理委员会（中共贵州草海国家级自然保护区工作委员会）党工委委员、常务副主任（副厅长级）。

冯兴忠在毕节工作期间，参与毕节试验区“扶贫开发、生态建设、人口控制”三大主题实践，积极为试验区绝地突围贡献力量。到威宁工作后，在“威宁试点”旗帜的引领下，抢抓政策机遇，主动作为，分管县委常务工作、信访维稳和“三农”、扶贫开发、“威宁试点”、全面小康创建、生态文明家园建设、农村危房改造、农村安全饮水工作，主持草海管委会日常工作。积极参与制定脱贫规划，争取资金项目，研究出台精准扶贫措施，总结提炼先进经验，以“六个到村到户”为抓手，有效缩减贫困面，减少贫困人口。2012年威宁成功被国务院扶贫办列为产业化扶贫试点县，2013年年底顺利通过省级“整县脱贫”验收，2014全县30.53万贫困人口已减少6.04万人。工作中，无论身在何处，他始终怀抱为民情怀，不忘初心。无论在何岗位，始终恪尽职守，勤勤恳恳。因工作出色，组织关心，先后多次获得省级以上表彰。

1990年2月获“全省农业系统先进工作者”；1992年11月获“全国畜禽品种改良先进工作者”。

2001年11月获贵州省人民政府表彰“贵州省农业科技先进工作者”；2001年11月获贵州省人民政府表彰“贵州省第五届科技兴农人才奖”。

2004年9月获农业部“全国农牧渔业丰收奖三等奖”；2004年11月获贵州省人民政府表彰“贵州省科学技术进步奖三等奖”。

六　画

成卫星

成卫星，贵州省毕节县（今七星关区）人，1957年11月18日生。中共党员。

1975年高中毕业，1975至1977年在毕节海子街区新艾公社当知青，1979年毕业于毕节师专数学系，1994年贵州师大数学系本科毕业，2005年东北师范大学教育信息技术学研究生毕业。

从事教育教学工作30多年来，成卫星先后在毕节燕子口中学、朱昌中学、毕节三中、毕节四中、毕节地区民族中学、贵阳六中任教。30多年来从未间断一线教学，在长期的教育教学工作中，教学成绩优异、教学效果突出，深受广大师生、家长及各级领导的好评。在燕子口中学任教导主任时，曾带领全体师生创造了燕子口中学建校以来考上的第一个大专生、第一个本科生、第一个重点大学生的好成绩，以及历年高考成绩全县第一的好成绩。在此期间本人被评为毕节县劳模。1987年调到毕节朱昌中学任主持工作的副校长，为当时毕节唯一的一所农村重点中学，在毕节教育战线上起到了较好的引领作用。1989年调毕节三中任副校长，在很艰难的办学条件下，确保了毕节三中教学管理和教学质量在市民心中“初中第一”的地位。1992年调到新建的毕节地区民族中学任教导主任、校长助理等职，在创办学校以及首届、次届高中教学工作中，取得了显著成绩。在此期间本人被评为“毕节地区民委系统先进个人”“贵州省优秀教师”。

1996年调到贵阳六中任教，2000年任六中教务处主任。15年来，在六中党政的领导下，带领全体教职员，为学校在人才引进、教育教学管理、教学质量保证等方面做了大量的工作，取得了可喜成绩，保证了贵阳六中教育教学质量在全省、全市名列前茅的地位。在此期间本人先后被评为“省级优秀教师”“特级教师”“省级教育名师”和“贵阳市市管专家”。

先后在各级各类报刊发表教育论文20多篇，主持和参与教学科研课题近10个。每年都派往本省各县市讲学、支教和进行师资培训。连续6年被贵州电视台聘为高考复习、心理咨询、填报志愿的主讲嘉宾。还被贵州省教育行政干部培训中心聘为省级骨干教师的培训指导专家，被贵州师范大学聘为教育硕士（数学）指导教师并担任“中学教材教法”及“中学教学研究课程”的教学。

朱文彬

朱文彬，贵州省毕节县（今七星关区）人，1929年12月22日出生于毕节县水箐口坪子上一个农民家庭，中共党员。贵州省财贸系统先进工作者。

1936年就地启蒙读私塾，1941年在本乡白果小学和毕节标准学校读小学。1947年下半年考入毕节弘毅中学初一班就读，后因家庭经济困难失学，以做小生意为生。

1949年11月28日毕节解放后，参加毕节地区第一期干部学校学习。1950年由学校分配到杨家湾剿匪、征粮，后分配到毕节一区工作，参加驻毕部队在五里坪、天生桥等地搜枪、清匪、反霸等工作。1951年任毕节县粮食局直属仓库主任兼五龙桥仓库保管员。1952年调清水铺区仓库任主任兼会统工作。1955年被评为毕节县一等劳动模范，出席贵州省粮食系统先进工作者代表大会，荣获大会颁发的奖章、奖状。1956年6月加入中国共产党。1957年出席中央粮食部召开的全国基层粮食购销站长代表会（贵州只一人），被评为粮食部102号先进单位，荣获奖旗、奖状和奖金。由于工作成绩突出，1958年提任毕节县粮食局副局长，被评为毕节地区劳动模范，赴京参加国庆十周年大庆。1960年出席贵州省人民委员会召开的农业、财贸、工业、交通劳动模范（先进工作者）代表大会，被省人委授予"贵州省财贸先进工作者"荣誉称号，后调任燕子口区委副书记兼燕林清三个大区粮管所所长。1962年调任林口区委副书记，1972年提任区委书记。

林口是毕节高寒边远山区之一，时任区委书记的朱文彬，组织人民群众修燕子口到林口公路，全长17.5公里。国家于1963年10月拨款4000元买雷管、炸药、钢钎等物资。区成立修路指挥部，他任指挥长，组织民工1000余人修路。经日夜突击，不到两月时间，保质保量完成从林口到燕子口中沟12公里的修路工程，造福一方。1976年至1977年，在立足自力更生的前提下，组织7个公社的民工修建从区到公社、公社到44个大队、247个生产队的100多公里简易公路。为了解决工农业生产用电和照明问题，组织群众投工投劳，于1973年在渭河修了一座150千瓦小型发电站。后来由国家投资改为800千瓦时两台机组。建成发电800千瓦渭河一级发电站。从此，区机关单位和七个公社的10195户人家的照明、工业农业用电问题得到解决。群众高兴地说："自力更生办电站，林口今后不夜天。"同时，还解决了镇雄县仁和大队的照明问题。随后，自力更生办磺厂，先后建炼磺炉200余套，年产千吨，成为全省突出的区乡企业之一，促进了全区经济的发展。

林口地处边远，离燕子口中学17.5公里，离毕节城区65.5公里，学生读中学困难很大，因此失学青年多。1980年，他组织自筹资金一万余元，修建了一幢12间教室（可容500余名学生）和4间教师办公室的教学楼，开设民办中学。同时，还自行设计，动员职工参加劳动，不到一年时间，在海拔1800多米高的青龙山顶建起了一个自动开关电视接收转播塔，覆盖全区7个公社，群众称赞说："青龙吸进四海水，铁塔播出五洲音。"又在区所在地修了一座能容纳1200余人的电影院，每逢场天，林口、燕子口和云南、四川前来广场的群众都能看到电影，晚上又在区政府楼口处放电视给附近群众观看，宣传好人好事和党的大政方针。

在林口工作的20年中，政绩突出。1982年调任毕节县农业局局长，随后任县委统战部部长。任统战部长一年多时间，对积压的六七十件案件进行清理、调查，转办结束。1984年4月，调任中共毕节县委老干局局长。他干一行爱一行，爱岗敬业，忠于职守。他通过请进来走出去的方式，找老同志座谈，听取意见，着力向上反映，认真解决老同志的经济待遇、住房和子女就业等问题。在他的带领下，全局干部职工齐心协力，认真开展各项工作。在他任职期间，在县委的支持下，拨款修建老干部宿舍、老干活动中心和老年大学等，优先安排老同志子女的就业。到1989年底，120多名离休老同志需要解决的问题基本得到落实。同时，组织离退休人员开展文化、娱乐、下棋、旅游参观等活动，工作做得有声有色。曾多次受到地区和省老干局的表扬和奖励，得到退休老同志的赞扬。

在42年的工作中，始终全心全意为人民服务，一切从人民的利益出发，廉洁奉公，脚踏实地工作。他坚持讲真话，不讲假话，没做过有损于党的光辉形象的事情。1960年，省人委授予他“先进工作者”的荣誉称号。

向朝辉

向朝辉（1907—1980），贵州省毕节县（今七星关区）人，1907年生于毕节县燕子口，中共党员。是毕节县内有名的铁匠师傅，全国手工业先进工作者。

他出生于铸铧世家，已相传八代。但他比先辈铸铧独特之处在于科学研究。为满足用户需要，他对丘陵、平坝和各类土壤进行调查研究，具体分析，反复实践，分别铸制鸡嘴铧、鸭嘴铧等十多种类型的铧口供农民选用。其特点是：人牛省力，耕得深，犁得快，从而其名声越传越远，众所皆知。

1952年，积极响应党中央关于工农业生产实行互助合作的号召，带头组织手工业生产小组。1955年，发展为燕子口区农具生产合作社，并当选为合作社主任。1956年加入中国共产党。他解放思想，破除陈规陋习，打破了向家铸铧“传子不传女，传内不传外”的规矩，先后在清水铺、撒拉溪等地传授技术，收徒弟30多个，与此同时还将大女儿收为徒弟，成为后来有名的铸铧师傅。1963年，他又通过实地调研，不断改进技术，革新工艺，增制了四种不同规格的铧口，进一步解决了农民对各类地形、各类土壤的用铧问题，深得农民群众的称赞。

由于对农具生产作出了较大贡献，曾多次出席省、地、县的手工业代表大会和先进生产者代表大会。1951年，出席全国第一次手工业者代表会议，受到表彰奖励，并受到毛泽东、周恩来、朱德等党和国家领导人的接见。

于1980年去世，享年73岁。

刘子荣

刘子荣，贵州省毕节县（今七星关区）人，1950年5月生于贵州省毕节县城关镇。

1964年至1977年，参加双树村五星组务农；1978年至1990年，从事建筑行业工作，带动一部分街坊邻居勤劳致富；1991年至2010年，经营豆制品生意，创办毕节特色小吃“刘家豆干”，由于经营有方，生意红火，摆脱贫困，自动放弃低保，每年拿出上万元资金资助贫困大学生完成学业。2011年至今，把刘家豆干交给儿女经营，自己则在手机店给人守夜看店获取微薄的收入生活，儿女给的生活费和节余的钱全部用于资助贫困大学生。2012年11月，因在“九七”抗震救灾及恢复重建工作中成绩突出，被中共毕节市委，毕节市人民政府授予“先进个人”称号；2014年1月，被毕节市人民政府授予首届“毕节慈善奖”最具爱心捐赠个人；2014年9月，荣获中华慈善总会第二届“中华慈善突出贡献”（个人）奖；2014年12月，毕节市七星关区精神文明建设指导委员会特聘担任毕节市七星关区“道德讲堂”导师；2016年5月，被中共毕节市七星关区委、毕节市七星关区人民政府评为“最美七星关人”。所获一万元奖金捐赠“慈善之家”作为助学金。

刘汉乾

刘汉乾，贵州省毕节县（今七星关区）人，1944年4月生于毕节城区北门口，1965年参加工作。中共党员，中专文化，全国畜牧兽医先进工作者。

1964年毕业于贵阳牧校，是年被分在清镇养牛场实习，次年分配到毕节县龙场区工作。1972年加入中国共产党。1973年任龙场区农业工作站副站长，1979年任龙场区畜牧兽医站长，1984年任中共何官屯区委副书记、区长。1986年调县畜牧局任党组成员、人秘股长、办公室主任等职。

他为人忠实，对党和人民的事业一向兢兢业业、勤勤恳恳。在边远山区工作时，认真发挥自己的专业特长。在龙场区畜牧防治工作中，做到有效控制。提任站长后，以身作则，带领全站人员深入村寨，推动农业技术和开展畜牧兽医工作，取得成效，多次被评为毕节县先进单位。1983年本人荣获国家民委、中国科协、劳动人事部颁发的全国畜牧兽医工作奖状和奖品。在何官屯任职期间，工作任劳任怨，争取项目资金，修建官屯小学，修通对坡至沔鱼河的公路。他廉洁奉公，不谋私利。调县畜牧局工作后，分管组织人事、统战方面的工作。他坚持原则，秉公办事、诚实待人，不以权谋私，主动当好一把手的助手。1992年至1994年，两次被评为“贵州省农业系统先进个人”，同时获中共毕节县委“优秀共产党员”称号。

2002年退休后，受局领导的委托，续写1978年至2005年《毕节市畜牧水产志》，为毕节市（县级）地方志办等部门提供资料，工作认真，发挥余热，受到干部职工的尊敬和好评。

刘兆鉴

刘兆鉴，四川省开江县人，1939年2月生，1962年8月参加工作，大学文化，中共党员，中学高级教师，历任毕节二中语文教师、班主任、语文教研组组长，副教导主任、教导主任、校长、党支部书记。

1962年9月刘兆鉴在贵州师范毕业，服从党的分配，到毕节任教。

他在长期语文教学实践中，注重处理好教材、教师、学生三者的关系；注重教师的主导作用和桥梁作用，总结出12种教学方法，即题解、背景、中心糅合，读仪讲练式，讨论归纳式，阅读写作结合式，举一反三推导式，读讲评点式，比较式，答题式，图表式，朗读理解式，得体表情式，自我总结式。在教学中灵活运用这些方法，提高了教学质量，使学生学得扎实，增强了听说读写的能力。由于他博采教学之长，他曾参加过毕节县中考升学语文考试的命题和小学教师考试命题。参加1980年贵州省中专、技校招生（高中）语文考试命题；他写的论文《教师的师德、素质和表率作用》是其一生教育思想的核心，多次受到地、县的表彰。1988年6月被评聘为中学高级教师。1989年获省教委、省人事厅、省教育工会命名的“贵州省优秀教师”称号。1991年获国家教委、人事部、国务教育工会命名的“全国优秀教师”称号。曾被选为毕节县教育协会理事、毕节县科协委员、毕节县家教研究会常务理事、贵州省中学语文教学法研究会成员、毕节县中学教师初级职称评审委员会副主任。

毕节二中建校较早，学校规模大，遗留问题多。他担任校长期间，迎着困难上，认真贯彻执行党的教育方针，坚持“以德育为首，以教学为中心，全面提高教育和教学质量”的办学理念，建立健全各项规章制度，加强学校管理，充分调动师生的积极性，从根本上改变了学校的面貌。1987年荣获县委、县政府工作成绩显著奖。1988年被地委、行署评为“社会治安综合治理先进单位”。1991年5月，毕节地区督导评比名列全区前茅。几年间，省、地、县各类报刊报道毕节二中的文章和信息共18篇；由省、地、县广播电视报道毕节二中的新闻达20条。从1989年至1993年先后被国家体委、国家教委评为“施行国家体育锻炼标准先进单位”“全国先进体育传统项目学校”“全国群众体育先进单位”。1993年还被省教委、省体委评为贯彻《学校体育工作条例》的优秀学校。

1984年刘兆鉴任二中党支部书记后，二中党支部年年被县委考察评为先进党支部；1993被地委评为“先进基层党组织”。刘兆鉴被选为中共毕节县第四届、第五届委员会候补委员、毕节县第十届和毕节市第一、二届人大常委会委员，其先进事迹由贵州电视台于1991年10月3日《全国优秀教育工作者刘刘兆鉴》为题作了报道。1993年，地委宣传部主编的《今日山里人》第七期以《绿荫底下的青春——记全国优秀教师、毕节二中党支部书记兆鉴》为题作了报道。

刘应文

刘应文，贵州省毕节县(今七星关区)人，女，1943年8月生于毕节八寨果乐桥。1968年毕业于贵州农学院，高级农艺师，全国种子质量检验先进工作者。中共党员，大学文化。

1968年9月至1980年7月，在六盘水市六枝辖区岩脚区农推站从事农业技术推广应用，主要推广杂交玉米、杂交水稻的栽培及管理技术和玉米地膜覆盖、旱地育秧、烤烟栽培与烘烤等技术。由于新技术的推广，岩脚区的农业生产发展很快，产量大幅度增加，深受农民的称赞。1980年8月至1999年10月，调六盘水市农业局种籽站从事农作物新品种的试验、示范与推广工作，同时任品种质量检验员，把好种籽质量关。1998年被农业部评为全国种籽质量检验先进工作者，并授予荣誉证书。刘应文对农业技术的指导与推广，为六盘水市农业生产的发展作出积极的贡献，得到领导的肯定，深受干部群众的好评。

刘应龙

刘应龙，贵州省毕节县(今七星关区)人，1935年12月6日生于毕节城区一个普通商人家庭。1956年3月参加工作。1985年12月被贵州省人民政府授予“贵州省农业区划先进工作者”称号，1996年3月退休，享受副主任科员职级待遇。

幼年时代，受孔孟学说启蒙教育，后入豫章小学读书。1949年春，考入毕节县立中学。半年后，因家庭困难交不起昂贵的学费，被迫失学。解放后，于1952年考入毕节一中，1955年春初中毕业。此时，正值国家教育体制由春季招生改为秋季招生，未继续升学而谋就业。1956年3月，被招进入毕节地区水利技术干部训练班，学习基本农田水利专业知识。结业后，于同年9月被分回毕节县水利局工作。

在毕节县水利战线上工作的40年间，其足迹遍及境内主要的山沟、河流和乡镇村落，成为水利部门的多面手。1975年至1976年，先后对毕节县清水铺和杨家湾两区进行区级水利规划。1979年，县委决定开展农业资源调查和农业区划工作。1980年，参加完成土地资源普查。1981年至1982年参加县级农业区划。其间，承担《毕节县水资源调查评价及水利化建设区划》报告的编写，经地、县区划办验收合格后，荣获地区科技成果三等奖。

1984至1991年，先后编写出《毕节县水电系统1986年至2000年科学技术发展规划》《毕节县“八五”计划和十年水利发展规划》《毕节县“八五”计划和十年人畜饮水及乡村供水规划》上报。

1985年12月，在贵州省农业区划委员会召开的全省农业区划先进集体和先进个人表彰大会上，被贵州省人民政府授予“贵州省农业区划先进工作者”称号，并在次年2月的《贵州日报》上发布嘉奖令通令表彰，毕节县人民政府给予晋升一级工资奖励。

1987年冬至1991年春，参与毕节县利民水库供水工程建设，他任工程指挥部办公室主任。所编写的《利民水库供水工程竣工总结报告》，受到省水电厅有关专家、学者的好评。1991年3月，刘应龙作为水利部在全国特邀的10个县(市)之一的代表，与贵州省水电厅副厅长、农水处处长刘声玖一道赴西安参加全国第三次农村饮水、乡镇供水会议，并宣读《依靠科技发展乡镇供水和旱地灌溉》一文进行交流，受到与会者的好评，他成为毕节有实践经验的水利工作者。曾任毕节县水利电力局机关工会委员会常务委员、副主席，毕节县水利学会理事会常务理事、秘书长等职。

1992年春，与遵义、长顺的代表一起参加了水利部在西南各市召开的南方片区13省、市、自治区水利科技示范县研讨会，并在北海市进行了3天实地考察。次年组织编写完成《毕节县水库图文集》，专职承担《毕节县水利志》及《毕节县地方志》有关章节的资料撰写和编修工作，1996年10月《毕节县水利志》定稿刊印。

退休后仍继续为党工作。2001年4月，受毕节市（县级，下同）地方志办之邀，承担贵州驰宇集团毕节卷烟厂、毕节地区烟叶复烤厂、毕节市烟草专卖局（公司）应上交的《贵州省志·政权志》第二章（社会经济要务）第五节烟草工业方面的资料撰写，除满足《省志》所设篇章节目的要求外，还为《毕节市烟草志》的续修提供了资料。2003年9月，撰写《毕节市志》第五篇“农业”第五章“水利”（1994—2000年）资料，为水利专志的续编打下了基础。2004年夏，完成《中国城市防洪》一书毕节市防洪资料撰写工作。

刘应龙为毕节的水利事业做出积极贡献，可称毕节籍的水利专家。

刘贻桢

刘贻桢（1922—1986），贵州省毕节县（今七星关区）人，1922年生于毕节城区，中共党员，大学文化，全国劳动模范。

刘贻桢6岁开始读私学。自1935年2月起，先后在毕节第一丙级小学、毕节师范学校初师部、安顺中等机械学校技术科、贵州大学附设职业机械科等学校学习。之后，去广西黔桂铁路鹅山修配厂实习。1945年后，在毕节私立豫章小学、毕节弘毅中学、贵州师范学校、贵阳市高级商业职业学校、毕节中学、威宁中学等处任教。1952年调织金初级中学任副校长。1954年7月加入中国共产党。曾任中共织金县第二届候补委员、校党支部书记，织金县一、二、三、四届人民代表大会代表和县人民委员会委员。

在织金工作期间，16年如一日，坚持带头执行学校各项规章制度，认真贯彻党的教育方针。1956年织金中学从书院（县委会）迁六寨坡（今一中），他在新校舍的建设中，事必躬亲，大到规划设计，小到开挖土方、石方都要过问。在他的带领下，光秃秃的六寨坡彼快就建成了绿树成荫、鸟语花香的校园，环境优美。1958年织金中学增办高中，为改善师生的生活，他发动师生大种蔬菜，指导食堂每年都要喂养十几头肥猪。凡逢过节，全校师生都要在一起会餐，气氛活跃，团结和谐。

在教学上，他任劳任怨，常深入课堂听课，认真检查老师的教案和学生的作业。他教风严谨，对师生的任何错误都不放过。然而当师生有困难或者生病时，总要亲自布置食堂安排病号伙食，住院者，还要亲自到医院看望。对有困难的师生，他深入家庭帮助解决实际问题。1959年，因工作成绩卓著，被评为全国劳动模范。“文化大革命”后，他出任织金一中校革委副主任、副校长，主持一中工作。此时他积劳成疾，但对人民的事业矢志不移，唯恐自己的疏失而影响工作，始终坚持在工作岗位上。1978年调任毕节地区农机学校副校长。

1986年因病在毕节逝世。享年64岁。

刘荣智

刘荣智，贵州省纳雍县人，穿青人，1965年10月25日出生在贵州省纳雍县阳长区河溪公社龙井大队，大学本科文化，1983年9月至1986年7月在贵州省城乡建设学校城市规划专业毕业后参加工作。1999年12月获得中华人民共和国建设部“全国村镇建设先进工作者”称号。

1986年8月至1999年2月在纳雍县城乡建设环境保护局工作（其间：1994年9月任纳雍县规划办主任，先后组织编制了纳雍县45个乡镇总体规划；1992年纳雍县撤区并乡后，完成了13个新建乡镇的规划选址，组织编制新一轮乡镇的总体规划）。1999年3月调任纳雍县百兴镇党委副书记，主要负责百兴镇小城镇建设工作，从规划、征地、拆迁到建成投入使用，都得到了上级业务主管部门的认可。纳雍县政府将百兴镇小城镇建设的模式推广到全县各乡镇。2003年6月至2008年7月调纳雍县建设局工作任党组成员、副局长，组织编制纳雍县城第二轮总体规划的修编及县城局部地段的修建性详细规划。2008年8月调原毕节市（县级市，今七星关区）规划局任副局长至2012年3月，相继牵头组织编制了《毕节市中心城区修建性详细规划》《毕节市西片区控制性详细规划》《毕节市德溪新区控制性详细规划》等控规和青场镇等20多个乡镇的总体规划。2012年起任七星关区铁路建设办公室专职副主任，七星关区境内在建成贵铁路、叙毕铁路有序按施工进度推进，拟建的昭黔铁路、毕水兴城际铁路的前期协调服务工作正常开展。

刘荣智获各级各部门奖励较多，主要的有：于1993年2月获得贵州省测绘局评为“县级先进测绘管理员”；于1997年12月获得贵州省建设厅评为“优秀村镇建设工作者”；于1999年12月被评为“全国村镇建设先进工作者”，受到中华人民共和国建设部表彰。

刘庭荣

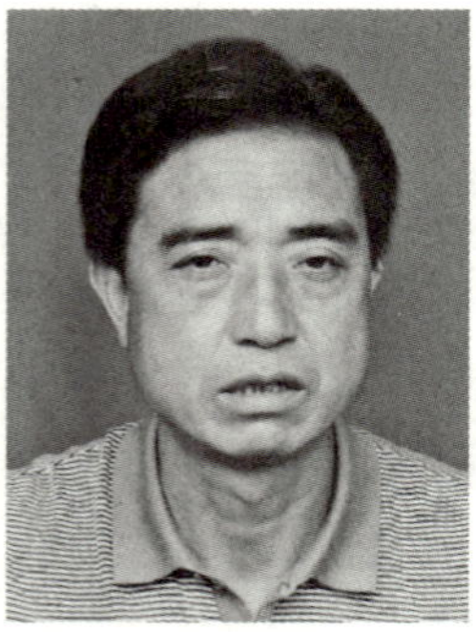

刘庭荣，贵州省毕节县（今七星关区）人，1960年9月出生在撒拉溪镇兴隆村，中共党员，大专文化。现任撒拉溪镇兴隆村党支部书记。

刘庭荣自1994年参加村工作以来，工作尽职尽责，他当选两届县级市人大代表，一届县级市党代表，被评为区级农民讲师。自担任村支部书记以来，为解决本村贫困问题，他以村两委主导，集思广益，发动群众，带领大家共同致富。在本村兴办养殖场及加工企业，解决就业问题。贫困人口从2013年的670人减少到现在的124人。2014年兴隆村被评为省级文明村。因工作成绩突出，刘庭荣2014年被中共贵州省委表彰为优秀村党支部书记。

孙　浩

孙浩，贵州省毕节县（今金海湖新区）人，1965年6月出生于毕节县海子街区小坝公社汉屯村（现小坝镇），中国人民大学行政学院（函授）研究生毕业，于1983年9月参加工作，1986年11月加入中国共产党。

1983年9月至1992年1月在毕节县海子街区农技站任技术员；1992年1月至1998年3月贵州省毕节县、市（县级市）撒拉溪镇先后任农技站站长、镇党委委员、副镇长；1998年3月至2006年5月在毕节市（县级市，下同）小坝镇先后任党委副书记、镇长、党委书记；2006年5月至2008年1月任毕节市流仓桥办事处任党工委书记；2008年1月至2010年3月任毕节市粮食局党组书记、局长，粮油公司经理；2010年3月至2015年12月任毕节市（七星关区）安全生产监督管理局党组书记、局长。

1983年从农校毕业后被分配到海子街区农技站工作，成为一名基层农技工作者。在工作中始终以求实创新、开拓进取的工作作风，投入到农业技术推广中。为了不断提高自己的理论知识和业务水平，适应日益发展的农业工作需要，再次进校进修学习。进修学习回来后，带领撒拉溪镇干部群众一道，通过使用杂交玉米种植、绿肥聚垄免耕等级新技术，5年实现当地玉米粮食增产约1400吨；开展植树造林工程，累计植树面积约2.3万亩。

1998年3月因工作成绩显著，得到组织的认可，组织上安排其回到家乡主持工作，8年的时间里，面对自己的父老乡亲，他时刻不忘组织交给的任务，发扬艰苦奋斗的精神，勤政爱民，求实创新，带领全镇干部职工，狠抓科技兴农，建设水、电、路、信等基础设施，加快农业结构调整，大力实施教育兴镇、“两基攻坚”战略，使小坝镇的面貌发生了很大的变化。农村美、教育兴、政通人和是当时小坝镇的真实写照。离开小坝时，得到了老百姓“孙浩没有辜负我们的期望”的称赞。

2006年调流仓桥办事处工作，为城市的发展建设尽一份力。当时正值城市建设高峰期，南部新区开发、碧阳湖建设征地拆迁和群众矛盾纠纷等大量问题摆在面前，他不畏困难迎难而上，采取“五加二、白加黑”工作制，完成了一个又一个建设项目，使城市面貌得到改观，面积得到拓展。

2008年至2010年任毕节市粮食局局长期间，面对粮食企业改革和生存发展等问题，他进行了大量的走访调研，终于让改革问题得以妥善解决，使林口公司、长春公司走出困境，实现扭亏为盈。

2010年，调毕节市安监局任党组书记、局长。在第一次全体干部职工大会上，他就强调说：“安全生产是大事，我们一定要做到情为民所系、权为民所用、得为民所谋，寓安全监管于服务之中，确保全市人民群众生命财产安全。”6年间，他认真制订和落实便民措施，推行了首问负责、一次性告知、限时办理、服务承诺、AB岗、责任追究等制度，使全局上下做到令行禁止、政令畅通，岗位责任明确，没有干部职工因推诿扯皮及其他原因受到投诉和举报。全区事故起数和死亡人数从2010年的33起、25人下降到2015年的3起、2人，分别下降90.9%和93.5%，并在2012年实现自身监管行业领域“零事故、零死亡”的任务目标。2011年至2014年，连续四年被评为毕节市（地级）安全生产先进个人，2012年被评为贵州省安全生产先进个人，2014年被评为全国安全生产监管监察先进个人。他没有宏图传略，但却时刻以踏实肯干的精神面貌，树立了新时期安监人的良好形象。

孙益昌

孙益昌，贵州省毕节县（今金海湖新区）人，1922年生于毕节县海子街中屯（今属小坝镇）一个普通农民家庭。1950年参加工作，中共党员，小学文化。

小时只读过几年私塾。曾在家乡教私学，当民办学校教师。他为人忠厚诚实，做事认真踏实。1949年11月毕节解放，1950年参加革命工作。在党的领导下，他带领贫苦农民投入清匪反霸、减租退押、土地改革等运动。参加工作后，任海子街区供销社任主任，发动群众参加供销合作社。后来从政，先后任十五区委委员、副书记、书记，海子区委书记等职。调入县城后，先后任毕节县农业局局长、县科委主任、县科技局局长等职。同时任毕节县政协常委。他的工作态度几十年如一日，无论工作岗位如何变换，他兢兢业业、勤勤恳恳、艰苦奋斗的作风始终不变，忘我工作的热情始终不减。

在担任区委书记期间，廉洁自律，秉公办事，求真务实，真抓实干。经常深入群众，搞调查研究，在第一线指导农业生产。他群众观点强，经常和农民一起同吃同住同劳动。他下乡要带三件东西，一个草帽，一把锄头，一双草鞋，走到哪里就在哪里劳动，人民群众有什么事爱与他讲，就是家庭纠纷也要找“孙书记”。海子街所辖23个乡的人民群众都亲切地把孙益昌誉为“我们的好书记”。他领导农业生产有一套过硬本领，就是讲究科学，说到做到。他要农民或下级干部做到的，首先自己做到，事事都亲自上阵。他会用权，就是用于人民，不以权谋私。他对子女严格要求，严格管教，从来不为自己的孩子安排好位子。他大女儿安排在官屯大坝硫黄厂，这里环境恶劣，生活艰苦，找他要求调动，他却说：“环境越艰苦，越好锻炼人的意志。”他常教育孩子不要依靠当官的父亲，要靠自己去艰苦奋斗才能成为国家有用之才。

孙益昌进城后，在毕节县农业局工作，他亲自带队到海南岛制作种籽，亲自到农村搞科学试验，使农业生产获得一年又一年的高产丰收。在任毕节县科技局局长期间，为毕节人做了不少好事。首先是在人工防雹上创造了土雷，每逢冰雹灾害期间，土雷（又叫防雹雷）发挥了作用，防止了雹灾。他在雷声中可分析出什么响声是雨，什么响声是雹。在毕节全县培训了数以百计的防雹炮手，以便在冰雹来临之前就把它消灭在空中。预测冰雹、预测天气，他都有一套成功的经验，这些经验很快在全地区8个县推广。人工防雹工程的开展，使全区夏季作物丰收得到了有力保障。贵州省气象局派员来毕进行总结，充分肯定了孙益昌的经验。省委、省政府又组织全省县以上部门干部和农民代表来参观，其经验在全省推广。他的工作得到省、地、县党政领导的肯定。为此，他被选为全国气象系统"双学"先进代表大会的代表，赴京出席全国气象系统"双学"先进代表大会，受到党和国家领导人的接见和奖励。

孙善碧

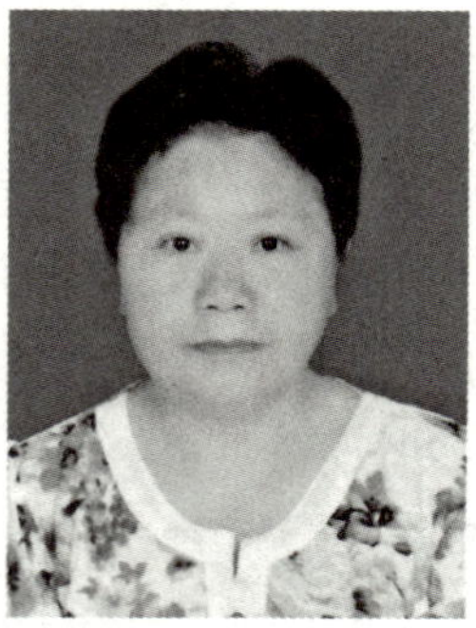

孙善碧，贵州省毕节县（今金海湖新区）人，女，1966年12月11日生于毕节县鸭池区梨树公社，1988年8月参加工作。中专文化，中共党员。

1988年8月 至1991年10月在毕节县商业贸易公司工作；1991年10月至1994年4月在毕节县商业局工作任工作员、科员；1994年4月至2002年2月在毕节市（县级市，下同）商务局工作；2002年2月至2010年4月在毕节市经贸局工作；2010年4月至2011年11月在毕节市工业经济和能源局工作；2011年11月后在毕节市七星关区工业经济和能源局工作。

孙善碧1988年毕业于毕节地区财贸学校商业财务专业，当年分配到毕节县商业贸易中心（现购物中心）做专职收款员。每天万元以上营业额，人民币面值较小，角钱都要入账，各柜台以元为基数上缴，分开扎票面存银行。星期天则效益更好，同时工作量也大。

1988年12月4日也正是星期天，单位办公室及其他人员未上班，孙善碧一个人去办公室收款，必须在银行四点半关门前，将当天的营业款存到银行单位账户。这天，各柜台缴来的营业款1.22万余元（在当时已不是小数目），她把现金扎好正准备去银行，下午3点51分，突然间办公室闯进来一个手持铁棒的歹徒，灰衣蒙面气势汹汹的扑来实施抢劫，孙善碧当时警觉到危险来临，本能地打开窗户向街面急声呼喊："救命！抢钱啦。"喊声未落，后脑即被歹徒用凶器狠狠的猛击，她仍用劲反抗、挣扎，并拼命喊"救命啦、救命啦……！"心里只有一个念头：绝不能让歹徒抢劫国家财产。她始终死死抱着装现金的提包，一刻也未松手，歹徒把她推压在窗台猛打，她的头部受到无数次凶器的猛击，弱小的她感到十分无助，怎样呼喊都无济于事。直到歹徒手中铁棒把她的头连同猛击窗框和玻璃破碎声、呼救声才惊动了街上的行人。20多分钟后，闻讯救援的人踢门相救，将歹徒当场抓获。当时处于半昏迷的她意识到终于保住了国家财产，可已经变成了一个皮开肉绽、昏迷模糊的血人。一好心人力车夫，直接将她送到毕节地区医院抢救，经检查，头部十余处受伤，软组织二十余处受伤，外科缝合54针。经医生精心治疗和护理，住医院达4个月，才渐渐好转。当时的地、县几大班子等各级领导都亲自到医院看望，对其舍生忘死保护国家财产的举动，给予高度肯定和评价。次年，被全国妇联评为"三八红旗手""全国商业特等劳动模范"等荣誉称号，颁发荣誉证书和奖章。

七　画

杜朋蔚

杜朋蔚，贵州省毕节县（今七星关区）人，1977年5月25日出生于贵州省毕节县龙场营区岩脚公社元山大坪子，2004年11月参加工作，本科文化，2010年7月3日加入中国共产党。

2000年9月至2004年7月就读于贵州大学食品科学与工程专业；2004年7月至2004年11月待业；2004年11月至2008年9月在原毕节市（县级市，下同）民政局城市居民最低生活保障办公室工作；2008年9月至2009年5月任原毕节市民政局救灾救济股副股长；2009年5月至2013年11月任原毕节市和七星关区社会救助局社会救助股股长；2013年11月任七星关区社会救助局副局长。

工作中，杜朋蔚始终坚持“以民为本、为民服务、为民解困”的民政服务宗旨，尽职尽责，认真做好社会救助中的城乡医疗救助、城乡困难群众临时救助、急难救助、精神病人救助、留守儿童救助、残疾人救助、空巢老人救助、困境儿童（含孤儿）救助等工作，切实解决困难群众的实际救助需求。

2013年10月由贵州省敬老爱老助老主题教育活动组织委员会授予贵州省第三届“十佳敬老好儿女”提名奖，2014年12月由全国敬老爱老助老主题教育活动组织委员会授予第六届“全国孝亲敬老之星”奖。

杨大晋

杨大晋，四川三台人，1937年生，大学文化，中共党员。

1960年大学毕业后分到毕节地区农业局工作，任地区土肥站长、农技推广研究员。他所著学术成果有《毕节县土壤普查报告》，1983年获省政府农业科技一等奖；《毕节地区土壤普查成果》，1986年获全国第二次工农普查优秀成果一等奖；《毕节金银山八寨坪万亩旱地农业综合丰产技术项目》，1992年获省农业丰收一等奖；是年《绿肥垄作法研究》成果获省政府颁发的科技进步三等奖；《毕节地区平衡配套施肥试验示范项目》，1990年度被省农业厅评为“全省农业先进工作者”。1989年和1992年先后被农业部评为“全国发展有机肥料先进工作者”。1992年获省政府颁发的享受政府特殊津贴证书。1994年获地委和行署颁发的毕节地区第二届专业技术拔尖人才证书。1997年获省政府颁发的星火计划二等奖。同时获省总工会授予“五一劳动奖章”。

杨永高

杨永高，贵州省毕节县（今七星关区）人。彝族，1927年4月出生于毕节县普宜阿市柳湾（今七星关区阿市彝族苗族乡），高小文化。1956年10月参加工作时间。

杨永高于1936年至1944在柳湾村关寨读老学私塾；1945年至1955年在柳湾村庙坪私校教老学，为私塾老师；1956年至1962年在毕节县林口区卫生院工作；1963年至2002年在毕节县普宜区卫生院工作。

杨永高从医30余年，全靠自学成才，仅仅在1976年进修了3个月，是当时普宜卫生院中西医领域的骨干医生，他热爱医学，医德很好，视病人如亲人，患者放心把生命交给他。在平凡的岗位上爱岗敬业，积极探索医学文化的博大精深，把毕生精力奉献给党和人民，在实践中总结经验，在业余中刻苦自学中西医理论，从临床医生到西医门诊坐诊，挽救了无数的生命，成了西医门诊的有名医生。由于当时中医稀缺，他刻苦钻研中医理论知识，医疗书籍就是他的老师，后来他又负责中医门诊的主诊工作十余年，每天默默无闻，衣食十分俭朴，没有过多顾忌自己的身体，在工作中独当一面，为院方领导分忧，努力提高自己的医疗水平，为患者的需要解决问题，凭着精湛的医术，深受患者的尊重，获得广大人民群众的好评，得到了主管部门的高度认可，他几次重病，县卫生局领导都要到他家看望。

杨永高在少数民族地区长期从事科技工作，1983年7月，中华人民共和国国家民族事务委员会（国家民委）、中华人民共和国劳动人事部、中国科学技术协会联合授予其“少数民族地区科技工作者”荣誉称号。

杨先本

杨先本，贵州省大方县人，女，1942年生。1967年毕业于贵州农学院畜牧兽医系畜牧专业。中共党员，畜牧师。

杨先本大学毕业后派往安顺7579部队军垦农场实习。1969年实习期满，分配到毕节金银山畜牧场工作。尔后又到杨家湾区农业站、兽医站工作，为发展边远山区的畜牧业，常深入村寨及养畜户家中，帮助解决具体问题，积累了较为丰富的实践经验。1980年调县畜牧局品种改良站工作，一贯认真负责，做事细心，尤其是担任正副站长期间，亲自抓药品器械的保管与液氮冻精的运输工作、信息统计等。每年把价值数十万元物资准确、无误送到41个牛改点，并且身先士卒，足迹走遍了全市的山山水水，实属难能可贵。1983年全县人工输配的母牛18740头，产杂交牛4850头，为养畜户增值14.5万元。她的工作得到各级党委和政府的肯定。从1983年至1985年，连续3年被农牧渔业部评为全国商品牛基地县“先进工作者”、毕节地区“三八红旗手”。1993年又被农业部评为全国农业系统“先进工作者”。

她在毕节无论做什么工作，都能做出成绩，从不居功，常与人民群众打成一片，单位的同志有困难又能热心帮助，对毕节畜牧业生产的发展做出了成绩。

杨炳坤

杨炳坤（1911—1992），贵州省毕节县（今七星关区）人，1911年生于毕节阴底田坝兴旺，省级劳模。

1949年11月28日毕节解放后，杨炳坤在党和政府的关怀下成了家，随后又在土地改革时被推选当上了村长。积极带领翻身作主人的农民参加清匪、反霸，第一次分得土地，拥有了土地自主权。在1953年乡级政权建设中，得到人民群众的拥护和上级党委的信任，任猫场乡乡长。从此，带领农民走农业合作化的道路，组织互耕、互种、互助组，所在乡的农业生产连年获得丰收。

1955年，杨炳坤以自己没有文化、怕误大事为由，推荐年轻、有文化的邵大益为乡长，自己则退下当普通农民。经上级批准辞去乡长职务后，除任不脱产治安委员外，主要在家从事农业生产。1963年，他在贫下中农代表大会上当选为公社贫下中农协会主席（不脱产）。群众都说：“炳坤是一个值得信任的好人，我们有了当家人。”

家居边远山区的杨炳坤，深知靠山吃山的道理。1959年，他主动邀约与自己年岁相当的张继友、赵树成、罗延安等人，向大队（村）承包黄泥坝几座大山造林。几人商定不取报酬，义务为群众植树。大队同意后，在杨炳坤的带领下，几人采取自采种、自育苗、自移栽、自建场的“四自”方法，掀起了轰轰烈烈的植树造林活动。他们背着墙板上山，筑上土墙，盖上茅草，便在山上安了家，常年植树，以植树为乐，逢年过节也只是轮流下山回家。杨炳坤说："大山离不开我们，我们也离不开大山。"从1959年至1979年的20年中，共植树5万余株，看护幼林2000余亩。种一株管好一株，种一片管好一片，成活率达85%。他和他的林友们，在数十年如一日的义务植树中，立下了共同的誓言："生要造林，死要埋在林区护林！"在他们的辛勤耕耘下，黄泥坝的每座大山全部披上了"绿装"。

1979年，林业部门派员勘测，黄泥坝林区直径20厘米以上的树木达1/3，1981年，公社每人发给奖金60元，区委行文号召全区干部、群众向他们学习。1982年，年过七旬的杨炳坤被推选出席毕节县劳模代表大会，获得林业劳动模范称号。1984年被评为贵州省劳动模范，省人民政府颁发了荣誉证书和奖品，并授予劳模勋章一枚。《贵州日报》及林业杂志刊载了他的先进事迹。

杨炳坤将自己几十年的岁月无私地奉献给了家乡的林业事业，为人民创造了百万财富。1992年临终前嘱咐家人："不要向政府提要求，不要大操大办，只要求埋在林区。"乡政府依照他生前的夙愿，将他安葬在黄泥坝林场，立碑以表纪念。

李天泽

李天泽，贵州省毕节县（今七星关区）人，1938年4月20日生于毕节青场，中共党员，小学文化。贵州省文化工作先进工作者。

从小在家乡启蒙读私学和务农。1953年5月在青场小学初小毕业。1956年1月至1957年6月，在长春堡区东阳乡新沟村樊家火山队任会计兼煤厂会计。1957年7月，在长春堡区东阳乡信用社任会计。其间，曾受到毕节县支行、长春堡区委、长春堡营业所的表彰。1959年8月，调毕节县长春堡营业所工作。1960年5月，区委安排其带队到毕节县委党校学习，同年8月在毕节县支行业务学习。1962年7月调东阳乡任秘书兼青年工作。其间，受团县委、团区委多次表彰。1966年5月，调中共毕节县委组织部工作。其间，被县委安排在小吉场区斯栗公社"四清"工作队工作。1967年4月，调毕节县吉场区永兴公社任党委书记。1986年6月，调回中共毕节县委组织部工作，其间，参加海子街区中屯、小坝、王张搞农田基本建设。1980年4月，调任长春区委常委、副区长、分管财贸工作。工作中除负责协调工商、银行、税务、粮食、供销等单位的工作外，区委还安排他在戈座公社抓烤烟生产试点工作。超额完成全年烤烟收购任务，受到县委、县政府的表彰，发给1500元的奖金。1982年6月，调杨家湾区任区委常委、副区长，分管财贸、文化工作，对所管的各项工作都完成和超额完成任务。区供销社在指标中多进了200多吨化肥，解决了供应农民化肥难的问题，农民粮食增收，供销获取利润。1983年4月毕节县文化局成立，被评为文化工作先进单位，他被评为先进个人，出席了全省文化工作表彰会议，荣获先进工作者称号，获省政府表彰。为单位获得照相机一部和一些文化书籍。1983年11月，因父亲重病，申请调青场区老家照料老人，任青场区委常委，仍分管财贸工作。1986年6月，参加毕节县水利局组成人员到云南省巧家县考察水利建设情况。回区后，按区的有利条件，用石头砂浆结构做水渠，一下子解决3000多人、畜饮水问题，得到省水利厅、地、县水利局的认可。水利部部长钱正英、省长王朝文、省水利厅厅长李天碧亲临现场检查认可。之后，全国各地有人来参观。1987年9月，提任青场区委副书记、区长，分管行政工作。1989年5月，由县政协领导牵头、县农业局指导，全区实施500亩油菜连片种植、商品粮基地建设和烤烟营养袋、营养袋移栽。单是烤烟税就突破220多万元。给县委、县政府交了一份合格答卷。1992年行政区划变更，搞"建并撤"后，任青场镇党委书记。1995年6月调毕节市（县级，下同）政协任委员、智力支边办主任。在民盟中央和省民盟的指导下，协调青场镇新沟村人工天麻栽种，力推海子街金银山小尾羊和青场野角、阴底、何官屯黑山羊的养殖和发展，得到了省政协的肯定。毕节地区在此召开了智力支边现场会议，毕节市政协作了典型介绍。他被评为全省政协工作先进个人，政协贵州省委发给了荣誉证书。

李天泽在40多年的工作生涯中，先后从事过金融、文秘、组织人事、行政、水利、统战等工作，无论岗位怎么变动，他都兢兢业业，任劳任怨，爱岗敬业，忠于职守，取得可喜的成绩。

李应德

李应德（1926—1994），贵州省毕节县（今金海湖新区）人，1926年生于毕节梨树戛里村，中共党员，小学文化。1935年起在家乡读私塾，1940年辍学后在家务农，1950年参加工作。

1949年毕节解放，李应德于1950年3月进入毕节二期干校学习。是年8月结业，被安排到鸭池区政府任工作员。1950年12月，调朱昌区仓库任征粮员。1951年3月，调鸭池区头步乡、城关区翠屏村任土改工作队工作员。1951年10月，调阴底区治中乡任土改工作队队长。1952年7月，调燕子口区任税务所所长。1953年5月至9月，到贵州省税干班培训。1953年9月至1956年4月，调朱昌区任税务所所长。1956年3月加入中国共产党。1956年5月提任毕节县税务局副局长。1959年6月至1961年7月，任普宜区中心校校长。1961年8月至1962年8月，任燕子口区中心校校长。1962年9月至1983年10月，任海子街区中心校校长、党支部书记、海子街区学办教育专职干部。1983年10月至1985年5月，调毕节县教育局任工作员。1985年6月退休。

李应德秉性耿直，为人宽厚。在较长时间里任中心校领导，非常关心和爱护教职工，对有病或家庭有困难的教师尤为关照。在他身边工作的教师积极性很高，敬业精神很强。他所管理的教师队伍对毕节县教育事业的发展做出了积极贡献。特别是在海子街区中心校任校长、党支部书记和区学办任教育专职干部期间，曾多次获教育部、共青团中央、贵州省教育厅、毕节地区教育局、毕节县教育局的表彰和奖励。他对青年教师的成长和进步倾注了大量心血，在党组织的精心培养下，数十名青年教师先后加入中国共产党，并分别被提拔到中小学领导岗位，成为学校负责人或教学骨干，有十余名青年教师还被上级组织部门选拔到党政机关担任领导职务。和李应德一起工作过的教师，每当回忆起他时，都无不流露出感激之情，对他评价很高。

于1994年病逝，享年68岁。

李自华

李自华，贵州省大方县人，女，初小文化，1948年2月出生于大方县城关镇，1971年5月在毕节县服务公司工作，

1976年调到毕节县桥边饭店工作，1998年7月30日经组织批准退休。

李自华在工作中，认真负责，工作责任心强，以身作则，吃苦耐劳，积极带头做好本职工作，以主人翁的态度，把工作当做自己家事一样，从不计较个人得失，一心扑在工作上。因工作业绩突出，1982年12月出席毕节县劳动模范、先进集体、先进生产（工作）者表彰大会，荣获先进生产（工作）者称号；1983年1月贵州省商业厅授予全省商业系统六好职工称号；1983年12月，李自华被中共贵州省委、省人民政府授予“先进生产（工作）者”称号；1984年、1985年分别荣获先进工作者称号。

李显军

李显军（1944—1981），贵州省毕节县（今七星关区）人，苗族，生于毕节县阿市嘎那沟。

少年时随父母迁住毕节吉场高兴，从小勤劳致富。1966年6月加入中国共产党，是年，由乡人民政府介绍参加工作，被分到水城汪家寨煤矿

当工人。

他在汪家寨矿井当工人期间，服从领导分工，具有严格的组织纪律，不怕苦和累，自学投工投劳，哪里有困难就往哪里上，多次在井下排险、抢险中负伤。他的工作经常受到领导的表扬、同志的赞扬，被评为单位、班组的先进工作者。他对工作以年计算，一年365天，他夜以继日，一年要上500多个班。《人民日报》《贵州日报》对他的感人事迹作了报道。在赞词中写道："地球转了一转，李显军转了一转半。"1977年年底，其因劳累过度，积劳成疾，组织安排到山东疗养。未满疗养期就返回单位，仍忘我工作，多次被党和政府评为水城矿务局劳动模范、全国煤炭战线劳动模范，1978年出席全国煤炭工业学大庆、开滦群英大会。受到华国锋、叶剑英、李先念、汪东兴等党和国家领导人的亲切接见，并合影留念。由于他对国家煤炭工业作出应有的贡献，水城矿务局以他的模范行为开展学习，表彰其功绩，《贵州日报》作了报道。

1979年，他由于常年超负荷劳动，伤病难以治愈，退休回家疗养，不幸于1981年辞世，时年37岁。在他的身上体现了苗族同胞爱国、爱党、爱家三爱思想；体现苗族同胞忠实、纯朴、勤劳务实的优良传统。

李贵斌

李贵斌，贵州省毕节县（今七星关区）人，1965年4月21日生于毕节城区和平路88号，大专文化。2015年11月，被贵州省人民政府表彰为"贵州省优秀人民调解员"。

李贵斌1982年10月应征入伍，在四川江津县56031部队服现役；1987年1月退伍回乡，在毕节县计生委工作，计生委派驻林口区场坝乡计生专干。

历经多次岗位调动的李贵斌，虽然工作内容和形式在不断变化，但他以情动人、以理服人的工作方式却始终没有改变。

20世纪80年代，高中毕业的李贵斌怀揣着满腔热情，毅然走上了参军之路，在四川某炮兵部队成为一名光荣的中国人民解放军战士，开始了四年的军旅生涯。在李贵斌的记忆里，短短的军旅生活是他人生中最为难忘的四年，因为没有部队铁的纪律锤炼，便不会有他后来在工作中刚正不阿的性格。

结束了四年的军旅生涯后，二十一岁的李贵斌转业到原林口区场坝乡（今大银镇）任计生专干。

大银镇司法所成立后，李贵斌成为司法所里唯一的一名司法工作人员，全镇大大小小的司法纠纷不计其数，让他在工作中再次犯了难。

刚成立的司法所不仅办公条件艰苦，而且只有李贵斌一个司法工作人员，因此，司法所里的一切事务都必须由他亲自处理。白天进村入户为群众调解纠纷，晚上加班整理档案进行归档，尽管工作十分艰辛，但李贵斌早已习惯了这种生活模式。有些时候，工作繁忙，他甚至连饭也顾不上吃一口。

几年后，毕节市司法局为各乡镇司法所配备了摩托车，虽然解决了李贵斌一直担心的"出去就回不来"的问题，但辛勤工作了30余年的他，身体状况也日趋减弱，最终病倒在床。也许对于李贵斌的家人而言，他是一位"不负责任"的丈夫，还是一位"不称职"的父亲。他的妻子罗正娟长期一人负担家里大大小小的事务，儿子李怡谋说，父亲在他的眼里就像是一个"陌生人"，一年到头看不到几回。可当李贵斌病倒在床时，妻子罗正娟说出了自己内心最真实的想法。她说，丈夫是好样的，每次听到大银老百姓对丈夫的评价，她都感到光荣，儿子更是以父亲为榜样，做事公正无私，处理事情坚持以情动人、以理服人。

2015年11月，由于工作踏实认真、业绩突出，加之其感人的事迹，李贵斌被贵州省人民政府评选为"全省优秀人民调解员"。面对这份至高的荣誉，李贵斌说，自己的一生很平凡，只是做了自己该做的事。

如今，李贵斌因身体原因，50岁的他便已退休在家养病。他说，如果自己不生病，希望再工作10年，甚至20年。回顾起30余年的工作经历，他说自己无愧于心、无愧于社会，唯一对不住的就是家人，他希望自己能用余生来弥补对家人的亏欠。

肖帮群

肖邦群，贵州省毕节县（今七星关区）人，女，1954年2月出生于毕节县城关镇，1972年4月参加工作。初中文化，1972年4月至2003年4月一直在毕节县粮食局直属库工作，2003年4月经组织批准退休。

肖帮群在粮食部门工作以后，积极参与学雷锋、做雷锋的活动，带领职工对本辖区军烈属、五保户、残疾人家庭送粮食上门服务。1993年仅用1.4万元资金起家，带领6个女职工告别“铁饭碗”投身于改革发展创业浪潮中，用7年时间发展到拥有40多人的企业，同时接纳本单位分流职工15人，解决各类下岗人员20多人再就业，从当初单一销售品种发展到加工销售上百个品种的附营企业。2000年，流动资金发展到30多万元，上缴国家税收15万元，职工工资每年以20% 幅度上升，是毕节县粮食部门的一面旗帜。肖邦群工作业绩突出，于1997年荣获贵州省总工会“五一劳动奖章”，于1998年荣获全国总工会“五一劳动奖章”，2000年荣获“全国劳动模范称号”。

吴传阳

吴传阳，贵州省毕节县（今七星关区）人，1975年10月12日出生于贵州省毕节县，2000年1月参加工作，大专学历，2012年8月加入中国共产党。

1999年7月，毕业于武汉科技大学；2000年至2004年在毕节市供水总公司工作；2004年至2007年任毕节市供水总公司水质化验中心主任；2007年至2008年任毕节市供水总公司安装队副队长；2008年至2010年任毕节市供水总公司水质化验中心主任；2010年至2014年任贵州毕节水务有限责任公司工程技术部副经理；2014年任贵州毕节水务有限责任公司工程技术部经理。

2000年1月至2003年，参加毕节10万吨水厂建设并圆满完成水厂的建设工作。2008年，带队参加毕节市供水总公司低温雪凝灾害的抢险救灾，确保毕节城区的正常供水。2010年起，对毕节市（七星关区）城区老化供水管网进行改造，降低供水漏失，有效的控制“跑、冒、漏、滴”现象，极大地节约了城市水资源。2011年，带领水务公司工程技术部全体员工参加毕节市雪凝灾害和干旱灾害的抢险救灾工作。2012年至2015年，担任毕节市（七星关区）输配水管网工程项目负责人，完成了毕节市水质监测中心新建和城区输配水管网工程新建改造工作。2016年，带领水务公司工程技术部全体员工参加七星关区雪凝灾害的抢险救灾。

2010年至2015年年底，在党和国家领导人深入毕节到七星关视察指导工作和中央国家机关、省内外领导干部考察调研及七星关区举办重大活动期间对重要场所进行用水巡查，及时处理存在的供水隐患，保障供水正常。

吴传阳因工作成绩突出，多次受到各级表彰奖励，分别是：2008年4月，荣获贵州省委、省政府表彰的“贵州省‘抗凝冻、保民生’工作先进个人”荣誉称号。

2015年4月，受到贵州省委、省政府表彰，荣获“贵州省劳动模范”荣誉称号。

吴红艳

吴红艳，贵州省毕节县（今七星关区）人，女，1961年11月生于毕节县城关镇解放路。1980年参加工作，中共党员。

从1980年2月进入毕节县人民检察院工作起，在检察战线上奋战已三十七个春秋。先后担任院团委书记、妇委会主任、党总支副书记；监所检察科副科长、派驻检察室主任；院党组成员、政工科科长等职务。在执着地追求检察事业的征途上留下了闪光的足迹。工作中勤奋学习，忘我工作，坚持原则；严格依法办事，认真履行职责。

在监所检察科工作时，积极主动对派驻看守所检察工作建章立制，深入了解掌握看守所执法情况和在押人犯思想动态；给在押人犯上法制课，严格纠正监管场所违法行为。主动配合相关部门到贵州省的监所、劳改农场和劳教所，对监改罪犯和劳改人员进行规劝帮教。深入乡镇对减刑、假释、保外就医和重新犯罪人员进行考察，落实帮教措施。在抓群团工作中，兢兢业业，认真做好各项工作。

在开展政工工作中，紧紧围绕检察工作全局，坚持以人为本，着眼抓好队伍建设，加强思想政治教育，做到公道正派，一丝不苟，为检察事业的发展，队伍建设，提供了有力的组织保障。

由于工作成绩突出，曾30多次被省、地、市（县）政府和检察机关表彰为优秀共产党员、优秀公务员、巾帼建功标兵、先进工作者。特别是在1996年10月被最高人民检察院政治部表彰为全国检察系统派驻监管改造场所先进个人，并被贵州省人民检察院推荐作为贵州先进个人代表进京接受最高人民检察院表彰。在2013年荣获最高人民检察院检察荣誉勋章。

吴红艳系吴维周之女，在工作中继承了父辈的优良品德和光荣传统。工作中勤政廉洁，求真务实，待人谦和，受到领导和同志们的好评。实现了她和父亲两代人都被最高人民检察院表彰为先进的夙愿，这是检察机关先进典型。吴红艳爱岗敬业，在临近退休时，“站好最后一班岗”，为广大青年树立了榜样。

吴学平

吴学平，贵州省毕节县（今七星关区）人，于1956年2月9日出生在毕节县青场区火冲村大田组。中专文化，中共党员。

吴学平1997年7月加入中国共产党；1998年8月至2001年8月，任火冲村民兵连长、团支部书记；2001年8月至2004年8月，任火冲村村委会副主任；2004年8月至2010年10月任火冲村村委会主任；2010年10月至今任火冲村党支部书记；2014年1月被中共贵州省委授予全省优秀村党组织书记称号。

青场镇火冲村，是毕节县最边远的村，与云南省镇雄县簸基比邻。这里山高，沟深，土地贫脊，大多数土地是在石旮旯里，耕种十分吃力。吴学平担任村领导后，首先是不靠、不等，组织群众出工出力，修通青场镇进村的公路，使火冲村群众出入方便，农副土特产能及时运出大山。靠山吃山，这是祖辈住在大山深处的依托，但若干代人过去了，火冲人靠山吃山越吃越穷。吴学平任村干部后，苦思冥想，怎样才能靠山吃山？他经过思考，想到三条出路：一是从石旮里造梯地。他积极向上级争取，获得以工代赈的坡改梯项目资金。组织村民，拿出愚公移山精神，在石旮里硬是造出了块块梯地；二是广种各种林木，封山育林，保持水土，美化荒山；三是发动群众，栽种中草药。他靠现代信息和村里外出打工的人传递和联系，和外地经营药材商家达上了关系，签订了收购合同，使村民腰包鼓了起来，走上了致富道路。

吴学柄

吴学柄，贵州省毕节县（今七星关区）人，于1972年9月28日出生在贵州省毕节县海子街区八寨公社金银山大队，1998年8月参加工作。大专学历，中共党员。

吴学柄1998年12月至2004年11月，当选为毕节市（县级，下同）市西办事处金钟村村委会主任，市人大代表；2002年个人被市委授予人口与计划生育工作“先进个人”；2004年12月至2007年11月，任北门社区第一届党支部书记，毕节市第四届党代会代表；2005年个人被毕节地区授予“劳动模范”称号；2006年个人被省委授予“优秀共产党员”称号；2006年个人被省老龄委授予“敬老模范”称号；2007年4月荣获毕节市第三届“青春献家乡”十佳青年提名奖；2007年12月至2010年12月，任北门社区第二届党支部书记，北门社区居委会主任；2009年4月荣获毕节市打击传销工作“先进个人”。2010年个人被毕节地区评为“十佳村党组织书记”。2010年12月至2013年12月任北门社区第三届党支部书记，七星关区人大代表。2013年12月至2015年12月任北门社区第四届党支部书记；

吴学柄任职期间，办了很多实事。如组织居民硬化路面2000余平方米，修通两条防洪大沟计3000多米，安装背街小巷路灯400多盏。总结“三个报告”“四个制度”“党员一帮五”等经验，为两位五保老人支付4万多元的医疗费和丧葬费，为80岁以上老人发放高龄补助金17000多元，发放贫困老党员慰问金25000多元，奖励8名贫困大学生20000元；为受困居民解决实事60余起，个人捐赠孤儿及受灾群众资金3万多元。将自己被地委评为“十佳村党组织书记”的奖励金1万元捐赠给二十户贫困党员和贫困居民。带领群众完成退耕还林面积1000多亩，为城区绿化作出了较大贡献。

吴维启

吴维启，贵州省毕节县（今金海湖新区）人，1948年6月生于毕节县小坝官坝，在家乡就读中小学，中学毕业后在家务农。1976年聘为乡兽医员。1988年8月获农民兽医师职称。1990年8月加入中国共产党，任官坝村委会副主任，2005年任村党支部书记。

自参加畜牧兽医工作后，他兢兢业业为广大养殖户服务，为群众医治猪10000余头、牛1500余头、马1500余匹；防疫牲畜30000余头（匹）次，挽回经济损失约200余万元。

1980年起，全县（市）开展牛的“冷冻精液”人工输配改良工作，他负责小坝改良点。是年配种108头，成为畜牧战线上的排头兵。之后每年输配200余头，工作成绩显著，1988年小坝被列为省级牛改示范点，当年输配449头，受胎率达73%。2000年后加大步伐，到2005年输配数达600头，前后累计输配7700头，产犊6000余头，产值2000多万元；所配杂交牛犊市价2000元左右，成年杂交牛价值4000元以上，为小坝镇牛改点的群众致富作出了重大贡献，誉满四邻。大方等周边乡镇的养牛户都送到点上输配，每年达100头之多，为发展毗邻的畜牧业作出自己应有的奉献，受到农民群众的齐声赞扬。

于1983年至1984年获省科技成果推广二等奖；1993年获省农业厅丰收计划二等奖；2004年获农牧渔业部丰收奖三等奖；2005年获中共毕节市委、市人民政府“优秀乡土人才奖”，成为毕节名副其实的乡土人才。

吴维周

吴维周（1929—2005），贵州省毕节县（今七星关区）人，1929年12月23日生于毕节县长春堡杨雀村，1951年6月参加工作，任毕节县长春堡农协主席。历任毕节县粮食局股长；毕节县鸭池区委副书记；毕节县公安局派出所指导员；毕节水牛屯电站指挥部书记、政委等职。1987年调入毕节县人民检察院工作，任党组成员、副检察长。

作为检察战线上的一员，他既是指挥员又是战斗员，是合格的人民检察官。在检察工作中兢兢业业，勤勤恳恳，脚踏实地。工作中长期深入到第一线，不辞辛劳，勤政廉政，坚持原则。严格依法办事，主动办理各类刑事犯罪案件，严厉打击违法犯罪活动，维护人民群众的合法利益，促进社会治安稳定。利用工作之余，密切联系群众，认真倾听人民群众诉求，时常把人民群众的所思、所想、所盼记在心中，认真为人民群众解决实际困难和问题。

在严厉打击犯罪，保护人民群众的同时，认真做好失足青年的帮扶工作，帮助失足青年走向新生，得到人民群众的信任和称赞。吴维周性格谦和，平易近人，朴实无华。由于工作成绩突出，多次被省、地、县政府和检察机关表彰为优秀共产党员，先进工作者。特别是在1988年7月被最高人民检察院表彰，荣立二等功；被贵州省人民检察院推荐为代表进京接受最高人民检察院表彰。1992年退休后抱病回乡，捐资扶贫助学，开发经济教育，为家乡毕节市长春堡杨雀村捐资修建学校，解决乡村孩子上学难的问题，赢得了人民群众的称赞。2005年病重辞世，享年76岁。

吴喜福

吴喜福，河北滦南人，初中学历，1957年9月11日出生于河北省滦南县，1972年12月参加工作，中共党员，1999年6月加入中国共产党。

1972年12月至1981年在毕节市（县级，下同）供水总公司工作；1981年至1986年任毕节市供水总公司安装队副队长；1986年至1999年任毕节市供水总公司安装队队长；1999年至2001年任毕节市供水总公司供水科科长；2001年至2012年在原毕节市（县级市，下同）供水总公司（贵州毕节水务有限责任公司）负责工程项目管理。

吴喜福1981年至1989年，带队参加对城区主供水管道设计和安装工作。1998年，带领公司人员参加抗洪抢险救灾工作，对因洪灾造成全城停水的主供水管道进行紧急安装维修。2008年至2012年，在身患双侧缺血性股骨头坏死和肝癌的情况下坚持工作，参与城区背街小巷的管网改造，亲自现场指挥安装维修。对城区供水管网和闸阀进行清查，参与绘制城区供水管网分布图。因工作成绩突出，2011年7月，荣获中共贵州省委“优秀共产党员”荣誉称号。

吴道国

吴道国，贵州省毕节县（今七星关）人，1967年10月29日出生于贵州省毕节县青场区野角公社大水大队（今七星关区野角乡），1984年9月参加工作，1986年7月加入中国共产党，贵州省委党校大学本科学历。

1986年6月起先后任毕节县青场区野角乡政府副乡长、青场区野角乡党委副书记，1992年撤区并乡后先后任野角乡党委办公室主任、党委委员、副乡长、党委副书记、乡长、人大主席、党委书记等职；2011年7月调任观音桥办事处党委书记（其中：2012年7月起享受副县级干部待遇）；2012年11月调任七星关区委组织部副部长（兼任区委党建办主任、非公有制企业和社会组织党工委书记），2015年8月调任七星关区林业局党组书记、局长至今。2010年12月受到贵州人民政府表彰，获“全省抗旱救灾和森林防火工作先进个人”称号。

吴道国，在野角乡工作期间，在危房改造工作方面，率先在全区启动并完成3237户农村土坯房和茅草房改造工作，结束了野角乡土坯房和茅草房历史，致使全省危房改造现场会在野角乡召开。在生态养殖工作方面，带领全乡人民完成人工种草养殖5000亩，采购黑山羊5000只，成立养羊专业合作社5个，扶持贫困农户250户1043人，因此获得全市生态养殖现场会在野角召开，并得到了省扶贫办好评。在通村路建设方面，完成全乡11个村通村砂石路建设150公里，结束了部分村寨不通公路的历史。

在观音桥街道工作期间，完成征收土地1500余亩，拆迁337户67820平方米（其中商铺4141平方米），碧海大道如期通车，使全办由农村步入城市化建设轨道。

在区委组织部工作期间，深入推进基层干部“七个一”关怀工程和“一核多元”基层服务体系建设，协调资金近1000万元，维修119个村级组织活动场所，落实每村1万元的活动经费和村干部基本养老保险制度，筹集养老保险金1256万元，全面实施村级组织规范化建设，推动村村有人值班工作；推进了67家市直单位70家区直单位参与了在职党员进社区服务报到工作。加强非公党建，实施双千双助，完成200家非公企业与200个村结成了帮扶对子；建立非公企业党组织50个，挂靠建立非公企业党组织360个。牵头完成全区群众路线教育实践活动，获得省、市好评。

在林业局工作后，一是完成2015年度绿色七星关行动各类营造林30.54万亩。二是实现了全区2015—2016年森林防火工作实现零事故，为2011年以来最高成绩。三是完成十年一次的全区森林资源普查工作。四是认真组织开展森林保护“六个严禁”执法专项行动，严厉打击各类破坏森林资源的违法行为，保护试验区生态建设成果。通过努力，区林业局2015年度获全市林业工作一等奖，毕节国家森林公园获“中国森林氧吧”称号。

吴道国多次获得奖励，比较突出的是：2001年12月获贵州省第五次人口普查工作先进个人；2010年7月获全市十佳优秀乡镇党委书记；2010年12月获“全省抗旱救灾和森林防火工作先进个人”。

邹录铭

邹录铭，贵州省毕节县（今七星关区）人，初中文化，养殖专业户。1949年9月1日出生在贵州省毕节县阴底田坝。

1964年初中毕业后，邹录铭响应国家号召，回乡务农。中国共产党第十一届三中全会召开后，农村政策放开，实行土地承包经营，农民焕发了前所未有生产积极性。农民手中有粮，但袋子中还是缺钱。邹录铭想：农民发家致富，不能只种庄稼，只和土地打交道，还应该广开门路，才能搞活经济，才能让农民真正富裕起来。于是，1979年，他开始学做泥水工，给人家砌石墙，给村里搞水利建设。手艺越做越好，钱也越赚越多。家中生活改善了，给群众树立了榜样。村里年轻人也向他学习，做泥水工的人多了。邹录铭又开始琢磨另辟致富之路。1989年他承包田坝镇五指山林场播种、养殖。他没有养殖经验，更不懂兽医。第一批养殖的猪、羊，不但没赚到钱，反而赔了本。邹录铭没有被挫折吓倒，他四处拜师学艺，学习养殖技术，学习兽医技术，不断在实践中摸索经验。正当邹录铭的养殖场初具规模时，一场特大暴雨，引发山洪，把他的养殖场冲得七零八落。在严重的自然灾害面前，邹录铭没有被击垮，他贷款重建养殖场，而且养牛、羊、猪、鸡，扩大了养殖范围和养殖规模。同时解决了当地富余劳力8人就业。一人富，不算富，保住和发展青山绿水，就是保住了金山银山。他带领群众植树造林，整修水利工程。1996年，经民主选举，邹铭录当选为田坝镇田坝村村主任。这使邹录铭有了更广阔的用武之地。他与村党支部和村委领导班子，认真研究村的发展宏图，制订发展规划。身在山区，还是从山入手.田坝村把种植经果林，当成引领全村人民走上富裕的根本出路.邹录铭还带领部分村民到外地学习核桃嫁接技术，成功引进了良种，几年后使田坝村核桃大面积丰收，老百姓得了实惠，很多外出打工的人员，也纷纷回家创办企业，发展家乡经济。2003年，鉴于邹铭录年岁已高，他向镇里申请，辞去村主任之职。在新主任上任后，邹录铭自觉当好村的经济发展顾问，对年轻人扶上马送一程。他一点也没有过歇口气，放下田坝村经济发展的脚步，继续引领群众脱贫致富奔小康。2005年4月29日，邹录铭被贵州省人民政府授予劳动模范称号。

汪廷寿

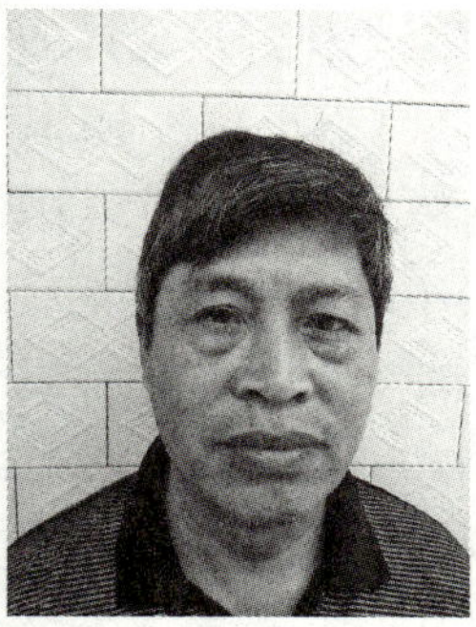

汪廷寿，贵州省毕节县（今七星关区）人，1955年9月4日出生于毕节县燕子口区亮岩乡核桃村板桥。1975年1月应征入伍，中共党员。

1978年4月退伍，退伍后一直在家务农，1994年10月开始参加村工作，任民兵连长职务。1995年7月加入中国共产党，1996年任核桃村副主任兼人口主任。2006年5月代理核桃村主任职务。2007年10月当选为核桃村主任。2010年10月任核桃村党支部书记至2015年12月。2006年1月荣获毕节市“先进人口主任”称号；2010年7月荣获“全市抗旱救灾优秀共产党员”称号；2012年6月荣获亮岩镇“优秀共产党员”称号；2013年7月荣获亮岩镇“优秀共产党员”称号；2013年7月同时荣获七星关区“优秀共产党员”称号；2014年1月荣获贵州省“优秀党支部书记”称号；2015年6月在七星关区举办的“做一个群众满意的支部书记”演讲比赛中荣获“三等奖”。

汪廷寿在镇党委、政府的领导下，在2010年严重的自然灾害面前，他带领广大党员和群众抗旱救灾，确保了当年的粮食丰收。同时解决了群众的安全饮水问题。发动群众大搞基础设施建设，到2015年年底，通组路硬化3.5公里，人行步道3000米，带领群众扩建了全村最边远、最落后的两个村民组的进寨路6公里。修建文化广场3个，并添置了健身器材，完成了村办公楼的加层修建及向上级部门申请资金添加了6万多元钱的办公设备，从而从根本上解决了村的办公环境。沿703县道安装了路灯90盏，广场灯320盏，修建了花池110多个，每家门口都种上了花草，环境得到了美化，在文化娱乐方面，已有7个组组建了文艺宣传队，每天晚上都到广场上去唱歌跳舞。另外已完成了40多户“美丽乡村·四在农家”的建设，村幼儿园、农资超市已在建设之中，花厂坡民族文化娱乐场所的前期工程已结束，后期工程也在筹备之中，通过努力，该村贫困人口已减少30%左右。

在产业结构方面，已成功种植了刺梨1000多亩，计划以此为龙头带动经济的发展，成立了两个专业合作社（蔬菜大棚）、（烤烟专业合作社），有效地带动了农民发展经济的积极性，即增加村级积累，同时也提高人民的生活水平。

宋士昌

宋士昌，贵州省毕节县（今七星关区）人，1955年出生于毕节县小吉场区大梨树村。初中文化、中共党员。

宋士昌1963年在左原东方红小学读书，并于1966年于该校毕业。1970年至1972年在吉场中心校读书，1966年于该校毕业。

1977年1月至1979年12月宋士昌在红花生产大队当会计。1980年1月至1981年12月任小吉场镇大梨树村大梨树组村民小组长。1987至1997年任吉坪村村委会副主任。1998年至2000年任吉坪村村委会主任。2001年至2015年任吉坪村党支部书记。2014年被中共贵州省委授予“全省优秀村党支部书记”荣誉称号，同年享受副科级待遇。

宋士昌担任党支部书记期间，充分利用上党课、开党会、开民主生活会等方式加强党组队伍建设，提高党员党性和为民服务意识，不断按照发展党员的要求积极发展新党员，鼓励有志青年入党，壮大党员队伍。

在党支部领导下，大梨树村建立了完善的学习制度，定期组织村干部学习相关政策知识，提升村两委队伍的服务意识和服务能力。同时严格按照能上能下的制度培养和选拔年轻村干部，把能干事、想干事的同志选拔到村“两委”班子中来。从而促进了村级经济发展。

一是积极鼓励外出务工。村结合实际引导全村富余劳动力外出务工，截至2015年年底，村外出务工人员1500人，2015年村人均纯收入达到8500元，远远高于七星关区平均水平。

二是积极发展科技农业。全村良种覆盖率100%，充分利用“两种”良法，村人均粮食产量达到225公斤，粮食总产量达到1000吨。积极改善产业结构推动经济转型，该村已经基本建成农牧业、经果林、农家乐为主线的产业，积极劝导村民主动退耕还林、荒山造林，提高森林覆盖率，村森林覆盖率达55%。

三是积极推进农村环境整治。该村新农村住房建设改造基本完成，通组路、通村路全部贯通。按照市区相关文件精神推进农村环境综合整治，由于工作突出，得到全区推广学习。

由于宋士昌作出了突出贡献，2014年，中共贵州省委授予他“全省优秀村党支部书记”称号。

张　忠

张忠，贵州省毕节县（今七星关区）人，1956年10月出生于毕节城郊，高中学历，中共党员，现任七星关区碧阳街道办事处大兰村党支部书记，家住七星关区碧阳街道办事处大兰村。

张忠任大兰村党支部书记工作期间，积极支持毕节市南部新区的开发建设，全村被征用建设用地3000余亩，农业用地仅剩余不到100亩耕地。面对村民全面失去赖以生存的土地，张忠团结村“两委”成员，带领村民谋求发展，培育村级集体经济增长点，探寻村民致富对策。先后创办了德丰农工商开发有限公司、预制厂、汽车修理厂、迎新拆迁公司、挖机工程队、建筑工程队、鸿达农牧业发展有限责任公司等一批村集体企业，全村集体经济得以可持续发展。同时，采取村民委员会控股、群众自愿入股的模式，成功创建挖机工程队和鸿达农牧业发展有限责任公司，形成“众筹模式”，挖机工程队村民按1万元1股投入，一年每股分红达到9000元；鸿达农牧业发展有限责任公司投资6000余万元，饲养蛋鸡40万羽，日产鸡蛋35万余枚，年收入达1000万元以上，2015年分红资金50万元。截至2015年年底，全村人均年收入11800元，村集体资产积累达1.53亿元。张忠在抓好村级集体经济建设的同时，不断加强基层组织建设，认真组织村干部、党员学习《党章》《中国共产党廉洁自律准则》《中国共产党纪律处分条例》等，组织村干部、党员外出参观学习取经，建立健全党务、村务各项规章制度，进一步统一全村干部、党员队伍思想意识，形成一支具有创造力、凝聚力、战斗力的党员干部队伍；加强村级阵地建设，积极争取各级党委、政府的鼓励和支持，筹集基金8000万余元修建了村办公大楼8500余平方米，解决了村党支部、村委会办公所需，打造了便民服务中心、道德讲堂、图书室等；引导村民践行社会主义核心价值观，成立老年协会、老年大学、组建老年人秧歌队，参加区、办开展的各种文艺活动；组织开展义务为老年人体检、法律法规宣传、帮扶孤寡老人、帮扶空巢老人、帮扶留守儿童等活动；制定“村规民约”、抓“三创一建”，整治乱办酒席等，树全村文明新风尚。

张忠工作业绩突出，多次获得省、市、区和办事处表彰。2011年，荣获毕节地区首届“百名模范”表彰；2014年1月，荣获贵州省“全省优秀村党支部书记”称号；2014年4月，荣获“毕节市劳动模范”称号；2014年8月，荣获七星关区“十佳村干部”称号；2015年12月荣获七星关区“优秀村党支部书记”称号。

张　宣

张宣，贵州省毕节县（今七星关区）人，高小文化，中共党员，1930年7月出生于毕节县海子街，1952年7月参加工作。

1952年7月至1953年在毕节县手工业合作社加工厂工作；1953年至1980年调毕节县商业局对私改造办公室工作；1980年至1983年在毕节县糖食烟酒公司工作；1983年12月经组织批准退休。

张宣自参加工作以后，工作积极努力，在工作中兢兢业业，无私奉献，充分发挥党员先锋模范作用，带领职工加班加点，工作业绩突出，1957年被评为财贸系统建设社会主义先进工人，受到国家商业部表彰；1959年被评为“贵州省毕节专区财贸建设社会主义先进个人”。

张　勇

张勇，贵州省毕节县（今七星关区）人，1974年6月出生，本科文化，2012年加入中国共产党，2014年2月被评为“全省优秀驻村干部”，任毕节市生机镇副镇长。

自开展驻村工作以来，张勇坚持在联合村与百姓同吃同住同劳动，开展了传递党的温暖、了解群众诉求、化解矛盾纠纷、服务经济发展等系列活动，进一步密切了党群干群关系，提升了村级组织的建设水平。用恒心、热心、决心和耐心为联合村的建设、发展实实在在地工作，赢得了干部群众的普遍好评。

他沉下身子真蹲实驻。张勇在村干部的带领下，很快进入角色并全身心投入工作，为确保农村低保政策的公平实施，常和镇村干部一起商讨到深夜，为熟悉村情、民情，不管天晴还是下雨，都和村干部们一起，深入田间地头，实地查看联合村路、沟、渠等农业基础设施建设情况，帮助联合村拟定《同步小康发展规划》，明确了今后工作的目标。

他脚踏实地共建美丽乡村。全区美丽乡村建设“两个硬化”工作启动后，张勇与镇村干部一起，走村串户，逐一了解群众的情况，全面摸清“两个硬化”的底数，与村组干部及群众代表一起，研究分发物资的方案，参与物资发放、签收，积极帮助群众调解矛盾纠纷，为每家每户做好规划实施，做好实施质量的监督。

张勇在开展驻村工作过程中，还积极协助村“两委”班子，完成了全村9个村民组2013年度“民主评议低保”、美丽乡村建设工作，参与第九届村级换届选举等中心工作，保证了联合村换届工作圆满完成。

张万朝

张万朝，贵州省毕节县（今七星关区）人，1947年正月生于燕子口沔鱼河张家寨。

1961年在燕子中学就读。1964年从事教育，先后任过民办教师、公办教师和公社小学、区中心校校长（革委主任）。1973年后改行从政，先后任中共燕子口区委秘书、区委委员、常委、副区长、区委副书记、区长和县硫黄开发公司总经理、市乡镇企业（煤炭）局副局长等职。

他恪守“人生贵勤，勤学勤奋，不勤何为”和“做哪行爱哪行，习哪行”的信条。在民办学校任教时，由于认真负责教学，方圆几里的学生流入该校，引起上级的重视，把他列入全区当年民转公教师之一。1968年，21岁的他被公推并被上级任命为峨峰公社小学文革领导小组组长。他根据全公社解放前后各只出1个初中生、文化落后的状况，千方百计创办了一个初中班，并担任该班文史地课程。他针对当时课本突出政治、内容单一的状况，自编了《乡土教材》，内容涉及政治、经济、古文古诗词、书法等等，扩大了学生知识面。这本乡土教材后来被贵州省《教育革命》摘登了部分内容。这班学生由于成绩好，毕业时31名学生被上级学校录取了16名，其中毕节一中3名，毕节地区师范学校2名。从这里走出去的学生，以后多名成了县科级领导干部。

1971年被调任区中心小学革委主任。他就任中心校领导后，尊重原教过他的老师，团结教工，博采众议，抓师德并实行量化考核以整顿教风，抓纪律、表扬优秀，转化差生以整顿学风，学校校风明显好转，引起了上级的关注，教育部刘默耕司长在省地县教育部门领导的陪同下到校蹲点调查，并把燕子口区列为全省教育革命试点。

在林口区担任区长期间，他一心带领人民脱贫致富。大力发展烤烟和乡镇企业，全区经济高速增长，实现了农民和国家双增收。1987年，林口区成为全县第一个工业产值超农业产值的区；1988年，林口区财政税收近400万元，占全县1/8；年度综合考评在地县连获第一名。是年他被贵州省人民政府授予“全省发展乡镇企业积极分子”称号，享受省级劳模待遇。时任中共贵州省委书记胡锦涛曾视察过林口区，他被安排与区党政领导一起参加座谈会，并与胡书记同桌进餐。1990年，张万朝调到县乡镇企业局主抓硫黄生产，他深入磺厂研究和模拟实验，研究成功“ZS密闭炼磺”环保炼磺新技术，全市28座硫黄厂多数采用了此工艺原化工部教授级高级工程师徐志刚现场视察后书面鉴定：“从ZS密炼磺的工艺流程、炉型结构、技术经济指标、环保技术、投资和效益等综合评价，该技术居国内同类技术先进水平，为缓解全国硫黄短缺状况作出了贡献。”1995年1月，被任命为毕节市乡镇企业局副局长后，更是勤奋工作，1999年获行署授予“毕节地区第三届科技兴农人才奖”。2002年改为非领导职务后，在局领导的支持下，自己收集资料，编写了70多万字的《毕节市乡镇企业·煤炭志》，于2007年出版发行。退休后，应市地方志办公室之邀，总纂《毕节市志》，到2010年6月，完成了200万字《毕节市志》资料稿。

张义龙

张义龙，贵州省毕节县（今七星关区）人，1977年生于毕节县何官屯区对坡公社法泥大队。初中文化，中共党员。现任七星关区对坡镇法泥村党支部书记，被老百姓称为“能干支书”“贴心支书”，多次被镇党委、政府评为“优秀共产党员”“创业标兵”“致富能手”，于2015年7月获中共贵州省委授予“文朝荣式好支书”荣誉称号。

1994年，初中没有毕业的张义龙，怀揣着自己的理想和抱负，只身一人前往千里之外的广东省打工。期间做过水泥工，小商贩等。通过辛苦的劳动和拼搏，积累了原始资本后，于2000年回到家乡，进行创业投资。创业涉及了水产养殖、蛋鸡养殖、建筑工程等行业项目。凭着敢想敢做，敢拼敢闯的胆识和脚踏实地、不折不挠的干劲，事业越做越大，越来越红火，很快成了十里八乡的名人，多次受到新闻媒体的采访和宣传。当地群众多次向上级反映：法泥村这样偏远贫困的小山村，正需要张义龙这样的人带头，才能找到发展的路子脱贫致富。才能走出贫困，闯出一片新天地。2007年，经群众力荐、党员大会选举，张义龙当上了法泥村支书。

担任村书记后，张义龙在工作中兢兢业业，身体力行，与农为伍，坚持走群众路线。以身作则，杜绝“四风”，力戒“吃拿卡要”。长期进寨入户，访贫问苦，求真务实，为群众办实事。在新农村建设的进程中，张义龙无偿垫资垫料，为许多群众解决了危房改造中遇到的很多困难。时至今日，当人们提到新农村建设中他借给老百姓的钱还未还他时，他总是付诸一笑，说道：“老百姓过上好日子才是大事情。”在实施“一事一议”通组路项目时，他个人出资3.7万元，将200米通组路扩宽至5米，混凝土加厚至30厘米的标准进行硬化。通组公路修通后，他个人又捐资5.4万元，并积极联系外出务工成功家乡人士筹资8万余元，在金家寨组、大石包组、鸭子塘组沿路一带及寨子中央安装路灯87盏。每当夜幕降临，法泥村灯火通明，一片喜庆景象，群众纷纷点赞，无不叫好。

2014年，对坡至法泥11.3公里通村路列入指标，在得知消息时，作为村支书的张义龙，兴奋的同时，对群众思想滞后，征地占地等会出现抵触情绪等问题彻夜难眠。为解决老百姓切身利益，保证通村公路保质保量按时完成，他积极联系外出务工成功人士捐赠30余万元，实事求是补偿被占地群众的费额，解决上级项目资金不足，使公路工程顺利施工，全线贯通。法泥群众从此告别了“晴天一身灰、雨天一身泥”的窘境。

在带领群众致富的同时，张义龙还十分关心家乡教育事业的发展，曾多次资助家庭贫困的学生，并积极联系外出务工成功人士，一对一帮扶法泥村贫困学生。他说：“其实我自己也不富裕，但我想为孩子们尽点心意，想让孩子们在冬天也能感受到阳光般的温暖。同时也为村民们带个头，让更多的人共同关注和支持家乡教育，为孩子们点燃希望的火种！”2012年11月15日的这一天，法泥小学的老师和孩子们脸上露出灿烂的笑容，因为他们领到村支书张义龙个人出资为法泥小学的220名学生、9名教师捐赠的校服229套，价值2万余元。

“在荣誉面前，有很大的压力，但作为一名共产党员，一定好好向文朝荣老支书学习，尽最大努力完成党交给的任务，带领全村群众致富早日奔小康，只要群众能过上幸福生活，我就心满意足。”张义龙说。

张永忠

张永忠，贵州省毕节县（今七星关区）人，1963年3月生于贵州省毕节城区，1986年7月加入中国共产党。2007年7月在职毕业于北京大学、中央广播电视大学公共卫生事业管理专业，大学文化。1982年8月毕业于毕节地区卫校医士专业并参加工作。

1982年8月至1988年5月在毕节县燕子口卫生院工作；1988年5月至2000年12月在毕节县（市）长春堡镇卫生院工作任院长；2000年12月至2003年10月在毕节市（县级市，下同）人民医院工作；2003年10月至2005年3月在毕节市卫计局工作任副局长；2005年3月起在毕节市及七星关区卫计局工作，任副局长。

张永忠在乡镇卫生院工作期间，开展胃大部切除术等普外科手术300多例，男女结扎术上万例，对农村常见病和多发病有所研究。在计生局工作期间，完成了毕节市、七星关区计划生育创省优、国优工作，荣获2013年全国计划生育优质服务先进单位称号。个人由于各项工作突出，多次被省表彰，1990年参加中国政府同联合国基金会合作项目“儿童营养监测与改善”被卫生部卫生监督司授予表彰，1999年7月被中华人民共和国卫生部、中国共产主义青年团评为“1997—1998年度全国卫生系统青年岗位能手”，1999年被团省委、卫生厅评为卫生系统全省“十佳”青年，2003年抗击“非典”工作中，被毕节地委组织部、毕节地区人事局、毕节地区卫生局评为先进个人。

张永相

张永相，贵州省毕节县（今七星关区）人，1929年11月生于毕节城区，1966年入党。

1950年7月于毕节一中高中毕业。时逢朝鲜战争爆发，战火烧到祖国的鸭绿江边。他响应伟大领袖毛主席关于抗美援朝、保家卫国的号召，背着亲人，毅然投笔从戎，考入中国人民解放军15军随军干部学校。入伍后，先随军入川。1951年春，15军奉命改为中国人民志愿军，开赴朝鲜参战。随校学员暂留国内集训待命。在行军途中表现突出，被分配到参谋训练队学习，加入中国新民主主义青年团。是年，15军入朝后，正赶上抗美援朝的第5次战役，需从国内补充兵员。军部在学员中挑选部分学员参送新战士入朝。他主动请缨，被批准在补训1团2营担任见习员。6月初，从安东跨过鸭绿江入朝，晓宿夜行，顶风冒雨，时常遭受空袭，部队被重创。他不幸负伤。

1952年年初，他伤愈出院，重返前线，被组织安排在军司令部作战处担任副排级书记员。10月，参加著名的“上甘岭战役”，与战友们奋战43个日夜，出色完成各项作战任务，荣立集体三等功。年底撤出阵地，转入东线防御，做好敌军反攻的准备。在防御工作中，张永相动手动脑，不辞辛劳，荣立个人三等功，晋升为正排级。由于功绩突出，获朝鲜民主主义人民共和国最高人民委员会常任委员会授予军功奖章一枚。

1954年夏，他生重病，经陆军第2医院治愈后，身体不适应战地工作，于是年底转业回到家乡毕节，由县转业建设委员会安排任教。1955年到汉屯中心校任老师，自行学习《教育学》《教学法》等教学知识。担任共青团汉屯区工委少年儿童委员。被区委评为优秀团员。1958年调海子街中心校，被评为海子街区先进教育工作者。1959年，县教育局借调到小学教育研究室工作，参编新中国成立10周年纪念《阔步前进的毕节》一书。1963年春，被县委任命为海子街区教育视导员。

1964年，为加强边远地区教学工作，他到地区中学教师进修学校行政班学习结业，被调到林口区担任教育视导员。7月，中共毕节县委召开教育工作会议，他在会上介绍了林口区创办耕读小学的做法，得到与会者的肯定，《贵州日报》以《立志献身半耕半读教育事业》为题作了报道。中共毕节地委向各县转发了林口区耕读小学的办学经验，并将他撰写的《前型的学校，革命的教师》一文印发全地区共青团支部学习。

1966年“文化大革命”开始，他被下放到最边远的大渡小学任教，响应“五七”指示，带领学生开荒种地，喜获丰收，被县教育局评为先进单位，受到家长的爱戴。是时，在完成本职工作之余，编写《小学语文教学参考资料》一册，交教育局印发试用。1974年秋，调海子街中学任教，爱岗敬业、严于律己，受到领导和师生的好评。1974年，毕节县五中开办，他被调五中创业。1980年全县举行初一学生数学统考，所教初一（4）班总分名列第一。次年“六一”城区中、小学少先队大检阅，由张永相指挥训练的学生夺得第一。共青团毕节地委、毕节地区教育局授予他“优秀少先队辅导员”称号，是年加入中国共产党，任五中教导处副主任（主持工作）。1982年执笔撰写《栉风沐雨育新苗，校园绽开文明花》上报，学校被评为“五讲四美”先进单位，出席县的表彰大会，作大会发言，领了奖旗。继后又出席省委在安顺召开的“五讲四美”表彰大会后，被选为县政协委员，参政议政，兼任五中工会主席，为教职工办实事，为党的事业无私奉献。1985年，被评为毕节地区优秀知识分子，中共毕节地委、毕节地区行署授予“在毕节地区长期从事教育工作荣誉证书”。次年被评为县优秀共产党员，省人民政府颁发“从事教育工作逾30年荣誉证书”。

1986年，县教育局抽调他参编《毕节县志·教育志》，担任副主编，亲自撰写中学教育资料稿。在资料贫乏的情况下，认真完成4万余字初审稿，为志书的编纂做了大量工作。1989年调市七中，1991年退休。

张永相抗美援朝立功受奖，回到家乡，从事教育事业，从农村到城市，从小学到中学，辗转40余年，从排级军官到中学一级教师，品质高尚，可谓热血丹心育桃李，栉风沐雨好园丁，对毕节市的教育事业作出了贡献。

张吉正

张吉正，贵州省毕节县（今七星关区）人，1952年2月12日出生于毕节县城关镇。于1969年9月在毕节县面粉厂参加工作。初中文化，中共党员，2012年2月经组织批准退休。

张吉正在毕节县面粉

厂工作以后，工作踏实，吃苦耐劳，技术过硬，任劳任怨，从修理工提拔任车间主任，不管在什么工作岗位，他都勤学苦练，钻研业务，并能熟练掌握基本技能，爱岗敬业。自1984年担任车间主任以来，在工作管理上胆大心细，每天工作时间不少于10小时，兢兢业业工作，积极为生产服务，回到家里顾不上吃饭，只要车间的同志工作上有事情找他，一去就是几个小时，一心扑在工作上，从不计较报酬，从不计较个人得失，为人正直，经常跟班加班加点，带领工人全面完成上级下达的各项任务指标，为面粉厂工作做出较大的贡献，真正发挥了党员的先锋模范作用。因工作实干，工作业绩突出，经单位推荐，相关部门评选，1995年4月27日获得"贵州省劳动模范"光荣称号。

张从宜

张从宜，贵州省毕节县（今七星关区）人，1947年3月生于毕节县海子街邵官堡张家龙门，中共党员，中学文化，1968年参加工作。全国教育系统劳动模范。

其父亲系私塾先生，母亲勤劳贤惠，堪称书香之家。他自幼多灾多难，5岁患眼病，因家贫无钱就医左目失明，7岁因墙垮折断右腿，由于弟兄多，父母无力顾及读书。他年岁渐大，迷恋读书，便尾随乡村孩子上学，室外偷听，野外习题，感动父母，11岁送其上学，成绩特别优秀，从二年级跳读四年级。小学毕业统考升入毕节一中，因身体原因被推读朱昌中学。1968年回乡，次年受聘任邵官民校教师。

1973年，毕节县举办"五七"展览，他被抽调到海子街区展馆工作，从事电工、木工、教具演示等业务。借助平台，他挖掘潜力，研制模型电动机，改造交直流变压器，在电池紧缺的情况下完成"五七"展馆的工作，赢得县、区领导的赞扬。1976年，党中央建造毛主席纪念堂，他组织师生向纪念堂敬献"忠心石子"，被用于纪念堂瞻仰厅北墙上，1978年应邀到北京瞻仰毛主席遗容。

1983年，他包班任教，组织毕业班学生参加全区教学竞赛，获得一、二、五、七的名次。小学升初中语文科成绩居全区榜首，被社会广为传颂，誉为"霸王班"。海子街区委安排他在全区作巡回报告，毕节地区师范学校邀他作专场讲座。次年被评为优秀班主任，当选为毕节县第十届人大代表，同年加入中国共产党。1985年，他带领邵官民校全校教师过了教材教法考试关，受到县教育局的褒奖。年底出席县委、县政府举办的春节座谈会，享受千分之一的转正指标，转为公办教师。1987年，上级资助1700元人民币，带动社会踊跃集资办学。在他的组织带领下，又建造了两个教室。1988年，学生自办"手抄小报"，十分活跃，引来中央电视台记者的采访。一大批优秀学子升入高级学校学习深造，培养出博士生软件开发专家张健春、飞机制造业工程师王万文等人。"手抄小报"在该校培养学生全面发展，受到媒体的关注，他被评为小学特级教师，全国教育系统劳动模范，出席在北京举行的颁奖大会，享受国务院特殊津贴。

1990年，由于业绩突出，地、县教育局从中央划拨地方教育经费中下达15000元，他献出当劳模范奖的500元，加上老师的捐献和社会贤达的赞助，先后集资数万元，建造6个教室、两个办公室和厕所等设施，邵官学校初具规模。对此，毕节地区教育局专题通报表彰，《贵州日报》头版头条报道。他受到地、县各级各类学校再次邀请作巡回报告，享受殊荣。1991年，他获贵州省优秀共产党员称号，获省委表彰，出席省表彰大会，受到省委领导的接见。1992年，被列为十四大候选代表和省党代会特别代表。他更加努力工作，多方筹措经费购置200多套课桌椅，绿化校园环境，一跃而成为全县办学条件较好的村级小学。1994年挂牌为毕节地区"三优工程"试点，中科院疾病控制中心、地区妇联等各级领导经常到学校慰问和指导工作。1995年，全省举行家长知识竞赛，设80个奖项，邵官小学家长拿走40个，他获毕节地区家长学校优秀校长称号。1997年，邵官小学全面完成试点任务，受中央电视台的采访报道。此后他被评为海内外杰出爱国人士。2005年光荣地出席在北京人民大会堂举行的国庆座谈会。2008年，他再次赴京，参加天安门广场奥运火炬传递活动，亲临观看开幕盛况和多场赛事，直到出席奥运闭幕式。其间，与多国首脑或知名人士联欢，共享盛会之幸福。2009年，他又再次赴京与首都人民共庆新中国成立60周年。

张从宜从事教书育人的业绩收编《中华劳模大典》《中国中小学校长群英集》《海内外杰出爱国人士大典》《华夏英杰》《中国当代教坛名人辞典》等，受聘为北京大学荣誉博士，集荣誉于一身。

张达春

张达春，贵州省毕节县（今七星关区）人。1980年5月10日出生，2000年11月参加工作，大专学历，2002年7月加入中国共产党。

自参加工作以来，张达春工作兢兢业业，任劳任怨，从不计较个人得失，特别是2008年调任海子街派出所所长后，他更是全身心投入到执法为民工作中，他率领全所民警认真学习马克思列宁主义、毛泽东思想，邓小平理论“三个代表”重要思想、科学发展观，以服从和服务于全市经济建设发展这个中心为大局，以创建“平安毕节”为目标，以队伍的正规化建设为核心，以基层基础建设为重点，以清网行动为抓手，切实开展了“除黑恶、摧团伙、破大案、扫黄毒”等专项行动，为全市经济社会大建设、大开发、大发展和黔西北工业园区经济发展作出了应有的贡献。

由于工作成绩突出，他先后两次荣立个人二等功、两次荣立个人三等功，多次荣获市局个人嘉奖，并被评为“毕节地区十佳杰出青年卫士”“毕节市优秀人民警察”等称号。

自上任三年以来，张达春带领全所民警共为老百姓送各种证照上门服务947人次，帮助困难群众76人次，解救帮助被盗、被抢困难群众16人，帮助解救走失、迷路的儿童、精神智障人员152人次。张达春的大爱善举得到了辖区广大人民群众的拥护和爱戴。

2010年，七星关区海子街镇被规划为黔西北产业园区，江苏雨润集团、贵州白花药业有限公司、汇源果汁等10余家企业如雨后春笋般接踵而至，流动人口飞速增长，海子街一时间变成了热闹非凡的产业新区。

为做到底数清，情况明，便于管理，张达春亲自带领民警深入流动人口聚居地开展信息采集工作。江苏雨润集团后勤管理处的老余经常说：“张所长人好，我们不管大事小事，只要给他打个电话，他就会迅速赶过来帮助解决，对我们外地人很好！”

面对突然增加的6000余人的流动人口，一段时间来，他身上的担子明显加重，他常常讲，要做好流动人口管理工作，不单是简简单单的一个信息采集就完事，关键就要说话守信用，办事踏实，让别人信服。

为了尽量减少当地群众和入驻企业之间的矛盾纠纷，张达春按照上级公安机关有关规定简化了办事程序，为企业和外来务工人员亮起了绿灯，他常常提醒民警，要积极创造条件为外来务工人员办理各种手续，坚决不能出现“吃、拿、卡、要”“冷、硬、横、推”等现象。同时，他常常挤出时间带领民警深入辖区群众开展谈心走访工作，特别是针对一些苗头性的群众开展谈心教育工作，使得一些故意使诡计、出点子破坏投资环境的当地个别人悬崖勒马。

通过大走访、大巡逻、大调处、大服务的工作模式，仅2011年，海子街派出所为外来人员办理暂住证500余个，为当地群众办理居民身份证20110个，送证上门5116个，接受群众来访500余人，群众救助71余人，为群众解答疑难问题411次，排查出社会矛盾纠纷1000余起，未发生一起群体性事件，有效保障工区各项工作的顺利开展，真正构建了和谐的工群关系，有效营造了和谐稳定的社会环境、公平正义的法治环境和优质高效的服务环境。

为巩固安宁、和谐、稳定的社会治安局势，实现发案少、秩序好、社会稳定、群众满意的目标，张达春结合海子街镇辖区实际，整合社会资源，认真构建以“五防网”为支撑的防控网络体系：一是织牢“警防网”；二是编织“民防网”。三是构建“人民调解网”；四是增强“技防网”；五是落实“保安防控网”。

一身正气、疾恶如仇、不畏流血牺牲是张达春始终如一的优良品质。2011年5月26日公安部部署开展为期一年的网上追逃专项督察“清网行动”，张达春带领派出所民警严格按照上级的指示精神，迅速对辖区的网上在逃人员认真的摸排，对在逃人员的信息仔细研判，针对每一名在逃人员制定了详细的抓捕方案，扎实组织开展“清网行动”。2011年6月28日，张达春亲自带领派出所民警认真布控，在毕节市行署幼儿园将在逃人员陈虞波抓获，率先打响了全局“清网行动”第一枪，接着，带领民警于2011年7月1日抓获在逃人员杨海云；2011年7月25日抓获在逃人员吴学跃。通过与福建省南安市公安局互通信息抓获在逃人员顾虎林，到毕节市看守所进行信息比对将在逃人员吴学目抓获，至此，海子街派出所的“清网行动”任务提前全面完成。紧接着，派出所发扬连续作战的工作作风，张达春带领派出所民警协助福建省龙海市公安局追捕组多次给在逃人员朱明江的家属作了大量的思想工作，敦促在逃人员朱明江于2011年8月29日到海子街派出所投案自首。于2011年9月25日帮助贵州省思南县公安局追捕组将在逃人员梁华洪抓获归案。自此，海子街派出所“清网行动”工作在全局遥遥领先，排名第一。

自担任海子街派出所所长以来，张达春带领派出所民警共查处治安案件312起，破获各类刑事案件38起，抓获犯罪嫌疑人45人，抓获吸贩毒人员142名，抓获批捕在逃人员31名，调处民事纠纷767起，圆满完成各类安全保卫任务126人次。张达春攻坚克难、连续作战、不怕苦、不怕累，舍小家、顾大家，一心扑在工作岗位上的作风得到了当地党委政府的充分肯定和认可，得到了辖区老百姓的一致交口称赞和一致好评，广大群众的安全感和满意度也逐年上升，2011年度群众安全感和满意度测评，海子街镇群众满意率达95.33%，与2010同期相比上升了4个百分点。

张光旭

张光旭，贵州省毕节县（今七星关区）人，1968年9月出生于毕节县海子街区八寨公社钟寨大队，大学本科文化，中共党员，高级农艺师。

1990年至2011年在毕节地区（毕节市）农业局土肥站任工作员、党支部委员、副书记等职。其间，曾于2000年6月至2002年6月被中共毕节地委组织部派往赫章县平山乡担任科技副乡长。2011年8月调毕节市周驿茶场担任党支部书记、场长。

在土肥站工作的二十余年时间里，他身为农业技术推广骨干，又是单位负责人之一，长期带队到各县蹲点办样板，开展新技术新品种的试验示范和推广工作，取得较为显著的社会效益和经济效益。

辛勤的工作换来了丰收的喜悦。仅以2002年他在大方县双山镇，参与实施的“百万亩杂交玉米高产示范工程”农业综合高产配套技术项目示范5000亩为例，经验收，玉米平均亩产达518公斤，增产幅度为43.6%，该项目区总增产玉米113万公斤，农户增收达180多万元。辐射带动玉米规范化种植13000亩，为双山镇的农户增产增收作出了突出贡献。深受广大农户和基层干部的热忱欢迎，也得到各级党委政府领导的充分肯定。

1995年8月，他参与的毕节地区种用绿肥促进粮烟增产项目，获中华人民共和国农业部颁发的“全国农牧渔业丰收奖”，本人获农业部颁发的丰收奖荣誉证书。1998年12月，他参与的毕节地区旱地农业综合配套高产技术项目，再次获中华人民共和国农业部颁发的“全国农牧渔业丰收奖”，本人获农业部颁发的丰收奖荣誉证书。2001年12月，荣获毕节地区第四届“科技兴农人才奖”。2002年6月，他被中共毕节地委组织部授予“优秀科技副乡镇长荣誉称号”。2005年2月，他荣获贵州省农业厅颁发的在2004年发展粮食生产中成绩显著，获“全省农业技术推广先进个人”称号。

2011年，市委、市政府决定倾力打造周驿茶叶观光园，张光旭被委派到周驿茶场工作。面对2000余亩的土地资源，如何按照市委、市政府要求打造周驿观光园，成了他思考的问题。于是他深入职工家中，聆听职工心声，召开各种会议，多渠道征求茶场职工意见。

由于茶场职工居住条件较差，宿舍阴暗、低矮、潮湿，到处都是危房。为了改善基础设施，改善职工居住条件，他积极向上级相关部门争取保障性住房建设指标，修建职工保障性住房，改善了职工的居住环境。为了提升职工素质，他多次组织职工参加各种专业技术培训。2013年，他邀请职业技术学院专家到周驿茶场开班授课，还与省茶科所合作进行茶叶课题研究。

经过筹谋规划，周驿茶场将建设成以茶为主线，集农业观光、体验，茶树新品种培育，茶艺休闲，特色产品展示与销售，精品旅游为一体的休闲农业观光园。按照园区规划，成立了“公司+园区+基地+标准化”的生态观光茶园经营模式，主打生态旅游品牌，提升资产综合效益，阐扬示范带头作用，促进茶业、旅游业双增收。

在张光旭带领的一班人的多方努力下，周驿茶场积极争取国家、省、市农业、发改、民政、科技等上级部门的支持，争取到各类项目资金5000多万元用于茶场的建设。目前省级示范性养老中心、职工保障性住房已基本建成，多个项目在逐一建设之中。

五年来，在张光旭的带领下，周驿茶场领导班子率领全场职工，让沉积多年的茶场换发了勃勃生机，茶场的发展得到市委、市人民政府和主管局的认可，年度目标考核已连续五年被评为一等奖。《毕节日报》《毕节晚报》、毕节电视台、七星关区电视台等新闻媒体也作过专题报道。这些年来，周驿茶场发生了巨大变化。

张安福

张安福，贵州省毕节县(今七星关区)人，现任毕节市清水铺镇橙满园村支部书记、主任，高中文化，中共党员。

1991年至1993年任沙地村村长；2001年被选为沙地村主任，2004年沙地、南关两村合并为橙满园村后，当选为橙满园村村主任，2007年6月任橙满园村党支部书记；2007年12月当选为橙满园村党支部书记、村民委员会主任；上任多年来，多次被上级表彰、嘉奖。1992年获得“中国青年星火带头人”的称号，2015年4月被中共贵州省委、省政府授予“贵州省劳动模范”荣誉称号。

2004年12月，南关、沙地两个村合并后，张安福当选为橙满园村主任。为了搞好橙满园村的柑橘基地建设，他不分昼夜地学习柑橘栽培技术，指导全村柑橘生产。橙满园村已经形成了碰柑、脐橙、广柑、血橙等几大品种的柑橘基地，拥有梨子、李子、西瓜等水果。截至2008年年底，橙满园村建成柑橘园3500亩，优质梨园1500亩，优质桃李园1500亩，早熟蔬菜700余亩，年水果产量1080万公斤，早熟蔬菜140万公斤，形成了“果蔬—牲畜—沼气—果蔬”一体化的农业循环经济发展格局，全村生态良好，人民富裕，森林覆盖率达到88.32%，农民人均纯收入达到3700元。

自张安福上任以来，团结带领村“两委”紧紧围绕“生产发展、生活宽裕、乡风文明、村容整洁、管理民主”的新农村建设方针。抓班子、带队伍，积极发展农村经济。2007年，在镇党委、镇政府的帮助下，积极争取上级部门的支持，累计投资27万元，由群众投工投劳修建了橙满园水果批发市场；投资54万元修通串组公路，确保组组通公路；争取了人畜饮水管网改造工程款200余万元实施人饮改造工程；投资30万元，启动了房屋美化、亮化工程。全村共硬化通组公路3000米，串户道路2500米；共建沼气池418余口；完成房屋亮化美化12000余平方米，硬化院坝6000余平方米，建花池60余个，垃圾池50余个。

2008年，橙满园村党支部分别被中共毕节地委授予“人民满意基层党组织”，被中共贵州省委党建工作领导小组授予“五好基层党组织”。

张荣庆

张荣庆，贵州省毕节县（今七星关区）人，1943年4月出生于毕节县海子街八寨坪一个贫苦的农民家庭。中共党员，中学文化。

他从小勤奋好学，品学兼优。1957年在八寨小学读书期间，担任少先队大队长，并被推选出席毕节县第一届少先队代表大会，受到共青团毕节县委和毕节县文教局的表彰和奖励。1958年7月，分配到海子街区牧郎小学任教。1960年9月调新爱小学担任学校负责人。1966年3月受教育行政主管部门推荐到毕节地区教师进修学校行政班第九期学习，结业后于当年9月调金银山小学担任学校负责人。1971年5月加入中国共产党。1973年3月，调海子街区委落实政策办公室工作。1976年10月，调八寨公社任党委副书记兼八寨知青队指导员。根据公社党委分工，担任八寨知青队的带队干部。1979年6月调新爱公社任党委书记。1980年6月，调毕节县知青办工作，受命组建毕节县知青农工商联合公司，任党支部书记，继续担任带队干部，具体负责八寨知青队、官屯公社跃进农场知青队、梨树公社立火杆工交系统知青队的组织领导工作。当时三个知青队共有知识青年540余人，是贵州省最大的一个知青集体企业。1982年4月知青全部回城安排工作结束，调毕节县酒厂担任党总支书记。1989年6月，调毕节县轻纺工业局任纪委书记，后任党委副书记、副局长。1993年6月调毕节县人大常委会机关工作，先后任毕节县（市）人大常委会代表工作委员会副主任、办公室副主任、正科级秘书等职。2003年6月，经组织批准退休。

在整整45年的工作实践中，大部分时间都是在基层担任领导职务，干一行、爱一行、干好一行。在学校工作期间，是学生、家长公认的好老师。在担任知青队领导期间，他所领导的八寨公社茅栗坪知青队，是全县、全地区乃至全省“农业学大寨”的先进典型。在毕节县酒厂担任党总支书记期间，党建工作一直是县直机关党委、县委连年表彰的先进集体。1987年1月，他所领导的毕节县酒厂生产的拳头产品——毕节大曲，在贵州省中级名酒评比中，荣获省政府颁发的银樽奖。张荣庆本人被毕节县委授予“优秀共产党员”称号，被毕节地委、毕节地区行署授予“五好职工称号”。在县轻纺工业局担任党委副书记、副局长期间，曾荣获纺织工业部颁发的“为纺织工业的精神文明和物质文明作出突出贡献”的先进个人奖。在县（市）人大常委会机关工作期间，被中共毕节县（市）委表彰为“优秀共产党员”，多次荣获县（市）委颁发的荣誉证书、奖章、奖品等。2000年，获贵州省人大常委会办公厅表彰，荣获“人大宣传工作先进个人”称号。

张荣庆曾先后担任过中共毕节县第七届党代表大会代表，毕节县第十一届人民代表大会代表和人大常委会委员，毕节市第二届人民代表大会代表和人大常委会委员。此间，曾数十次带领常委会机关的人员深入到各乡镇、办事处、县（市）直各工作部门、企业、事业单位进行调查研究，掌握第一手资料后撰写出对政府工作有建设性的审议意见和建议，为毕节县（市）的社会进步、经济发展作出了积极贡献。

张荣庆在数十年的革命生涯中恪尽职守，始终对党和人民的事业忠心耿耿，任劳任怨。从来都没有忘记党组织的培养，人民的抚育。

张思纲

张思纲(1929—2011)，贵州省毕节县(今七星关区)人，1929年生于毕节县亮岩飞轮村，1950年加入农协会，1954年加入中国共产党。全国基层组织工作先进工作者。

参加革命工作后，张思纲历任飞轮村农协会宣传委员，林口区土改工作队员，燕子口区供销社副主任，毕节县糖食厂党支部书记、厂长，毕节县商业局总支委员、副局长，燕子口公社书记，燕子口区副区长(主持工作)，撒拉溪区副区长，青场区副区长，拱拢坪林场党支部书记、革委会主任、金银山畜牧场党支部书记、革委会主任等职。

自参加革命工作以来，一切服从党的安排。在燕子口区供销社任职期间，燕子口区供销社被地区合办处评为先进单位。在任县糖食厂支书、厂长时，与干部职工同劳动，同探索，把用柴烘烤饼干改为用煤烘烤，日产量由150公斤增加为2000公斤，仅半年时间就实现扭亏为盈。单位和个人曾获得地区行署和省、地工交系统、文教卫生系统的表彰和奖励，地区行署时任专员张维梓亲自签发奖状。1959年出席中央财贸政治部先进组织工作表彰会，在中南海受到刘少奇、周恩来、朱德、李先念、邓小平、陈云、聂荣臻、徐向前、李富春等党和国家领导人的接见，并合影留念。在燕子口区任副区长主持政府工作期间，亲临小哨公社五一大队(原名叫五里桥村)兴修“五一”大沟，在一无技术指导、二无资金支持的情况下，与群众同吃、同住、同劳动，同想办法。经过一年多奋战，建成“五一”大沟，总长12.5公里。

在燕子口区工作期间，因工作成绩突出，连续两年被县委、县政府被评为第二名，受到县委、县政府的表彰和奖励。“文化大革命”期间去修建湘黔铁路，在24连工作，该连被树为毕节县民兵团先进连。铁路修完回毕节后，在拱拢坪林场工作，该场当年被省林业厅评为先进林场。后调金银山畜牧场，被省农业厅评为先进农场。

1982年因病退休回乡，继续发挥余热，配合农技部门，亲自下田搞水稻高产试验，获县农业局三等奖。

他为党和人民的事业奋斗一生。退休后先在燕子口镇居住，曾出任镇计生协会副主任，后到清水铺镇居住，又出任镇老年大学副校长，继续发挥余热，深爱干部群众的好评。

2011年4月30日，张思纲逝世，享年82岁。

张瑞军

张瑞军，贵州省毕节县(今七星关区)人，1962年8月出生在毕节县青场区青场公社青场上街，中专文化，于1983年8月参加工作。1987年6月1日加入中国共产党。

1980年9月至1983年8月在贵州省毕节农校畜牧兽医专业学习；1983年8月至1985年1月为贵州省毕节县青场区兽医站工作员；1985年1月至1985年12月为毕节县青场区兽医站副站长；1985年12月至1990年2月为毕节县青场区大河乡人民政府乡长；1990年2月至1992年1月为毕节县青场区青场镇党委副书记、镇人民政府镇长；1992年1月至1994年4月为毕节县青场镇人民政府副镇长；1994年4月至1998年11月为毕节市(县级市，下同)青场镇人民政府副镇长；1998年11月至2002年1月为毕节市青场镇党委副书记；2002年1月至2006年8月为毕节市青场镇党委副书记、人大主席；2006年8月至2011年7月为毕节市大新桥办事处人大工委主任；2011年7月至2014年11月为毕节市七星关区科学技术协会副主席(保留正科级)；2014年11月为毕节市七星关区科学技术协会正科级干部。

张瑞军在1991至1996年度以工代赈坡改梯工作中成绩显著，于1998年2月被评为全省以工代赈坡改梯先进工作者，受到贵州省人民政府表彰。

阿里木

阿里木江·哈力克，新疆人，维吾尔族，1971年4月生，新疆维吾尔自治区巴音郭楞蒙古自治州和静县个体工商业者。第三届全国道德模范。

阿里木江·哈力克生活并不富裕，靠卖羊肉串谋生，却因为急公好义、乐善好施，被新疆人民亲切地称为“好巴郎”，被贵州人民誉为“草根慈善家”。2001年，他到贵州毕节以卖烤羊肉串谋生，以微薄的收入资助了数百名贫困学生。他用实际行动谱写了民族团结之歌，在平凡的生活中创造了伟大，以一名普通新疆少数民族青年的身份演绎了人间大爱，体现了中华民族乐于助人的传统美德，弘扬了社会主义核心价值观，是当代青年的骄傲。2011年9月20日，在第三届全国道德模范评选中荣获全国助人为乐模范称号。

自从2000年年底，阿里木到毕节市以后，先后用自己卖羊肉串挣来的钱资助了160名贫困学生，资助金额达10万余元。阿里木的事迹先后被中央电视台、新华网、新浪网、《贵州日报》《贵州都市报》、贵州电视台等数十家媒体报道。他十年如一日，坚持用卖羊肉串的微薄收入资助贫困学生，先后捐赠20多万元，资助了数百名贫困学生，并在贵州毕节学院设立了“阿里木助学金”。2008年3月，阿里木还被评为“2007贵州都市年度人物”。2012年2月3日晚，当选为感动中国人物，并出席了中央电视台举办的感动中国2011年度颁奖盛典。

在毕节，从小学、中学到大学，到处都有阿里木江捐助的贫困学生。他还在贵州毕节学院和贵州大学设立“阿里木江助学金”。汶川大地震、贵州雪灾后，阿里木江踊跃捐款。玉树地震发生后，他索性背上锅碗瓢盆赶赴青海，从西宁采购了几千块钱的牛羊肉和蔬菜，不顾高原反应，拿着身份证和退伍证，成了二炮部队救灾前线一名“编外”战士，奋战了十余天。当地群众和部队官兵对这个维吾尔族兄弟由衷敬佩，个个跷起大拇指。

阿里木江的事迹感动了无数人。他的家乡新疆和静县成立了“阿里木江·哈力克民族团结一家亲助学基金”。新疆主要新闻媒体开设了《“阿里木江精神”大家谈》栏目。他获得新疆青年“五四”奖章、自治区“外出务工模范”荣誉称号，当选第二届贵州省道德模范，入选中国文明网“中国好人榜”。2007年贵州都市十大人物、贵州省第二届“助人为乐”道德模范及2011感动中国人物。

陈天庆

陈天庆，贵州省毕节县（今七星关区）人，1955年生于海子街福集村，中共党员。

1975年，陈天庆受聘为村级防疫员，在海子街牛改点工作。1976年参加县局组织的畜牧兽医技术培训班，次年被选送贵州省牧校专业学习一年。由于勤奋学习，掌握了兽医方面的基础知识，回单位后，将所学知识运用于工作实践，效果很好。从1980年起，陈天庆从事耕牛改良工作，到2005年，亲手输配发情母牛1000多头，受胎率由20世纪80年代的40%增至80%左右。经他亲手输配的发情母牛已产杂交仔6000多头，为养牛户增收300多万元。因此，海子街牛改点于2000年被列为省级牛改示范点，操作规范，质量过关，经有关专家于2004年验收合格。

他经过多年的刻苦学习，在牛改技术上有较好的功底，1988年获农民兽医师职称，1991年10月曾为云南省培训牛改输精员。1992年3月受省品改站的派遣，两次到贵阳白云区培训专业输精员，被省级专家视为有作为的中年技术骨干、乡土专家。

陈天庆在20年的牛改生涯中，除了参加牛改工作外，还为四面八方的群众治疗病猪近万头、牛536头、马224匹，其治愈率为95%以上，为群众挽回经济损失上百万元，工作成效显著，被吸收参加贵州省地方标准《牛冻精液人工授精技术操作规程》课题研究，获省人民政府“科学技术进步三等奖”；参加应用外液激素和维生素提高母牛受胎率的研究，获1990年度贵州省人民政府“科学技术进步三等奖”；2000年荣获中共毕节地委、毕节地区行政公署“全区畜牧工作先进个人称号”；2001年又荣获“毕节地区第四届科技兴农人才奖”。

陈东彪

陈东彪，贵州省毕节县（今七星关区）人。1968年4月22日出生于毕节县城关四街。大专文化，二级残疾人。

1970年2月，一次医疗事故让陈东彪的右下肢永远失去了正常人应有的功能，这意味着还不到2岁的他将永远与双拐为伴。

1975年9月，怀揣着对未来的憧憬和对知识的渴求，陈东彪踏进了毕节县城关镇第七小学的大门。然而，天有不测风云，人有旦夕祸福。1976年1月12日凌晨，父亲在一次追捕逃犯的行动中，不幸光荣牺牲。在母爱的呵护下，陈东彪走过了小学五年的春夏秋冬。由于学习刻苦，以优异的成绩考上了毕节一中。正当他沉浸在喜悦之中时，因其身体原因，未被毕节一中录取。

1980年9月，陈东彪选择就读毕节县城关镇第七小学初中部。3年后，他又以优异的成绩考上了毕节二中。1986年，陈东彪考上了贵阳中医学院临床专业，又由于身体原因，他的档案被省招生办退回。同年10月，他被毕节财贸学校商业会计专业录取，人生再次迎来了曙光。

1988年8月，陈东彪被分配到毕节县民政局救灾扶贫基金管理所从事会计工作。1999年，他的论文《适度现金设奖是促使大奖组销售发展的方向》被评为全省优秀论文三等奖。2002年，城市低保制度在毕节市正式实施，他认真学习国家有关低保政策，刻苦钻研工作业务，虚心向领导和同事请教，政策水平和业务素质得以迅速提高，取得了被领导和同事认可的工作成绩。在城市低保保障资格的审批方面，他严格按照《国务院城市居民最低生活保障条例》和《贵州省城市居民最低生活保障办法》规定的程序，认真开展审核审查工作，积极参与制定出台了《毕节市城市居民最低生活保障实施细则》。到2005年年底，在短短的两年多时间里，将符合保障条件的25706人纳入了城市低保保障范围，当年发放保障金2089.6万元，基本实现了动态管理下的“应保尽保、应退则退”和“按户施保”，由于工作成绩突出，2004年，他被任命为毕节市（县级，下同）低保办副主任。2009年，毕节市低保办升格为市民政局所属副科级二级局，即市社会救助局，被任命为副局长。

2009年11月，全省农村低保工作会议提出建立“科学规范、公正有效、可持续”的农村低保制度。新的农村低保制度的精髓就在于在核实家庭收入的基础上，按照以差定补的方式确定保障对象的补差标准。面临新的农村低保制度的建立，大量的工作等待着去落实。在那段时间里，由于摔了一跤导致右腿骨折的陈东彪，正在家中休养。为了及时贯彻传达全省农村低保工作会议精神，安排部署全市的农村低保年度核查工作，民政局主要领导派了两个同志将他搀扶到了会议室，商讨、研究如何建立全市新的农村低保制度，同时接受了领导交给的工作任务。在陈东彪的带领下，很快完成了《毕节市农村居民最低生活保障实施细则》的起草制定、保障标准的测算、入户核查实施方案的起草、相关表格的设计制作、核查人员的业务培训等工作，得到主要领导的认同和肯定。2010年1月，全市“科学规范、公正有效、可持续”的农村低保制度全面建立。当年将符合农村低保条件的农村贫困家庭68402户136132人纳入了保障范围，当年发放保障金8737.2万元，切实保障了农村困难群众的基本生活，维护了农村社会的稳定。由此，他被民政部授予“全国民政工作先进个人”。

陈东彪自参加工作以来，一直大公无私、一

心为民，默默奉献着。当有人问到为什么没有休过假时，他淡然一笑说：“作为一个残疾人，要懂得珍惜和感恩。什么是珍惜和感恩？就是踏踏实实、兢兢业业把工作做好。这样才无愧于党组织对我的培养、领导对我的信任。”

陈国才

陈国才，贵州省毕节县（今七星关区）人，1952年4月出生于毕节县龙场营区田坎乡梨子树。彝族，中共党员，中专文化，1976年11月参加工作，2013年1月退休。

陈国才于1975年10月至1976年11月在龙场营区青杠公社参加社教运动；1976年11月加入中国共产党，同月参加工作；1976年11月至1977年6月，在田坎公社搞文书工作；1977年6月至1980年9月，任田坎公社党委委员兼任秘书；1980年9月至1984年3月，任田坎公社党委委员、管委会副主任；1984年3月至1985年8月，任田坎彝族乡党委委员兼任秘书；1985年8月至1988年9月，任田坎彝族乡党委副书记（其间，1986年9月至1988年7月，在中共毕节县委党校脱产学习两年，任党支部组织委员兼任团支部书记）；1988年9月至1990年12月，任龙场营区委组织干部；1991年1月至1991年12月，任中共龙场营区委委员、组织干部；1991年12月任龙场营镇工委委员、副科级干部；1992年10月至1993年1月，任中共大屯彝族乡党委委员；1993年1月至1993年3月，任中共田坎彝族乡党委副书记（主持乡政府工作）；1993年4月至2001年10月，任中共田坎彝族乡党委副书记、人民政府乡长；2001年10月至2007年2月，任中共毕节市委（县级市）党史研究室主任。2007年2月改非，为正科级干部。于2013年1月退休。

1993年至2003年，陈国才先后任过县（市）乡人大代表和乡党代表。1993年4月当选为毕节县第十三届人民代表大会代表；1994年3月任毕节市第一届人民代表大会代表；1998年4月当选为毕节市第二届人民代表大会代表。1993年4月当选为毕节县田坎彝族乡第三届人民代表大会代表；分别于1994年3月、1996年1月、1999年1月当选为毕节市田坎彝族乡第一、二、三届人民代表大会代表。1993年3月，当选为中共毕节县田坎彝族乡第三次代表大会代表；分别于1994年3月、1996年1月、1999年1月当选为中共毕节市田坎彝族乡第一、二、三次代表大会代表。

在田坎乡工作期间，主持政府全面工作兼管财政。他与班子成员一道，千方百计挖掘财源，积极培植财政支柱，在生财、聚财、理财、用财上下功夫，做好增收节支工作，保证了干部职工、教师工资的发放和单位的正常运转。

在毕节市委党研室工作期间，每年都全面完成市委市政府和上级业务部门下达的年度目标任务，在2002年全区党史工作年度目标考核中名列第三名，荣获二等奖；在2003年、2004年、2005年、2006年、2007年全区党史工作年度目标考核中名列第一名，均获一等奖；2006年，毕节市获全省党史工作先进集体奖。除完成上述年度目标任务外，还组织或参与红色资源考察和革命遗址、遗迹、史实考证等工作。先后到北京、上海、重庆、西安、延安、南昌、韶山、井冈山、西柏坡等地考察革命遗址、史迹，认真开展红色资源的普查、考证、挖掘、保护、开发和利用工作；积极参加中央政治局“鸡鸣三省”常委分工会议史实和会址的考察考证工作，共查阅资料、图片一万余份，摘录和翻拍资料、图片三百多页，归纳整理资料一百余份，撰写考证材料、报告一万多字，发表论文和考证文章十余篇。

陈国才注重学习和参加各种培训，于1986年9月至1988年7月，在毕节县委党校脱产学习两年；1996年10月参加公务员过渡培训；1998年8月，参加科级干部培训；1999年3月参加乡（镇）长学习培训；2000年6至7月，参加公务员计算机培训；2000年8月，参加乡书乡长培训；2004年5月，参加中央党史研究室在国防大学举办的全国党史干部培训班学习，获得结业证书。

陈国才在党史部门工作12年，主持和参与编撰书籍十余部。先后主持编辑出版《中共毕节市组织史资料》《中共毕节市历史大事记》《中国共产党毕节市历史》《中共毕节市党史年鉴资料》《峥嵘岁月·壮丽诗篇》（西进干部在毕节）等书籍。为《毕节地区党史人物传略》撰稿7人（件）。参与《中共毕节市七星关区历史大事记》（第二辑）的征编工作，参与《七星关区政区大典》的编审工作，撰写一万余字。执笔编撰《毕节市七星关区档案志》一书共79.8万字。

陈国才38年的工作生涯，在学习、工作、党史研究、知识竞赛等方面都取得过可喜的成绩，受到各级表彰奖励。1991年7月，被中共毕节县委授予“优秀党务工作者”称号；1995年2月；获毕节市委、市政府“计划生育工作成绩显著”奖；1996年12月，在中纪委、监察部组织的“党纪政纪条规知识竞赛”中获优秀奖；2005年10月，被评为“全区少先队工作热心支持者”；2007年，被评为“全区党史先进工作者”。其间，还几次获得党史征研优秀成果奖。2005年10月，在毕节地区第四届党史征研优秀评奖活动中，《周素园与红军》一文获三等奖，《浅谈县级党史部门的工作职能及担负的任务》一文获二等奖；2009年1月，在毕节地区第五届党史征研优秀成果评奖活动中，《弘扬长征精神，开创党史工作新局面》一文获三等奖。

陈国才除完成单位常规工作外，也喜欢一些健康有益的社会和民间活动。2003年10月，毕节地区彝学会成立，被聘任为理事；2004年加入中共毕节地区党史学会为会员，任常务理事、副秘书长；2005年成立毕节市党史学会，当选为理事长；同时，任毕节市社科联常务理事。

陈忠禄

陈忠禄，贵州省毕节县（今七星关区）人，1938年4月出生在贵州省毕节县朱昌小屯。1955年参加革命，中专文化，中共党员，高级政工师。

陈忠禄于1955年3月在中国人民解放军沈阳军区0139部队3支队357团一营三连担任连部通讯员；1955年8月调0139部司令部警卫排；1956年随师领导进驻大连施工；1957年回到沈阳；1958年3月退伍，分配在朱昌区岔河乡红星铁厂工作，1958年10月加入中国共产党。1959年元月调朱昌粮管所，1967年任朱昌粮管所副所长，1975年任朱昌粮管所政治指导员、粮管所所长、党支部书记，1977年任朱昌区委常委。1980年5月调毕节县粮食局任副局长、党组成员、纪检组组长，兼粮油贸易公司经理，主管业务工作。1987年10月任毕节县粮食局党组书记、局长，兼粮油工贸集团总公司经理。1990年9月任毕节县粮食局党组书记、局长。1993年6月任毕节县粮食局局长、党委书记。1994年3月任毕节市（县级市）粮食局党委书记局长。

1978年朱昌粮管所被评为全国财贸“学大庆、学大寨”先进单位，陈忠禄代表朱昌粮管所出席全国财贸“双学”会议，受到了党和国家领导人邓小平等的接见。在任（县）市粮食局局长期间，各项工作实绩突出，年年受到中共毕节县委、县人民政府的表彰，每年都被粮食局机关党支部评为优秀共产党员。1992年7月15日，因在老干部工作中做出显著成绩，被中共贵州省委组织部、贵州省老干局评为贵州省老干部工作“先进个人”。1996年，他被中共贵州省委授予“优秀共产党员”称号。1996年6月被贵州省教育委员会、贵州省经济贸易委员会、贵州省总工会、贵州省劳动厅授予贵州省“八五”期间职工教育“先进工作者”称号。

1994年5月25日，经贵州省企业思想政治工作人员高级专业职务任职资格评审委员会评审通过，并报省企业思想政治工作人员专业职务评定工作领导小组批准，陈忠禄获得高级政工师任职资格。1994年5月，经中国商业职工思想政治工作研究会、西南学组评定，陈忠禄被评为优秀政研会工作干部。1998年5月，陈忠禄退休。

陈祖德

陈祖德，贵州省毕节县（今七星关区）人，初中文化，1942年4月出生于毕节县城关镇，1957年8月参加工作。

1957年8月至1958年5月在县建筑公司当学徒工；1958年6月至1965年1月在毕节米厂工作；1965年2月至1992年10月在毕节县粮食局当驾驶员；1992年11月经组织批准退休。

陈祖德自参加工作以来，主要从事粮食的购销保存及运输工作，他在工作中兢兢业业，任劳任怨，努力完成交办的各项工作任务。由于工作表现突出，1983年分别被县和地区评为“劳动模范”称号，1983年12月，他被贵州省人民政府授予“先进生产（工作者）”荣誉称号。

陈善柱

陈善柱，贵州省毕节县（今七星关区）人，于1943年2月4日出生于毕节县林口场坝（现毕节市七星关区大银镇高峰村新式湾组），初中文化，中共党员。

1964年6月在毕节县人武部参军，在云南开远某部服役；1968年10月加入中国共产党。1969年9月转业后分配到原毕节地区邮政局工作，在邮政局担任押韵工作人员。在地区邮政局工作期间，陈善柱勤勤恳恳、认真负责、积极肯干，从不计较个人得失。1973年9月因工作需要，陈善柱调到林口镇邮局分局从事乡邮员工作，当时农村没有电话，群众的通信主要以书信为主，陈善柱每天的工作就是负责走村串寨送信件，十年如一日。虽然工作条件极其辛苦，但陈善柱严格要求自己，时时刻刻以自己的党员先锋模范行动影响职工，为职工做表率，深受同事们的称赞和群众爱戴。1989年先后被授予“贵州省劳动模范”和“全国劳动模范”光荣称号。

1994年12月陈善柱退休。

邵才陶

邵才陶，贵州省毕节县（今七星关区）人，于1953年6月出生在贵州省毕节县海子街区观音桥红堰村。初中文化，中共党员。

邵才陶1984年至1985年，担任红堰村村主任；1985年至1988年担任福集电灌站站长；1988年至1992年担任红堰村村长；1992年至1994年担任红堰村村主任；1994年至2013年担任红堰村村支书。

邵才陶，村民眼中的“福星”。自从1984年以来，因为有了他，七星关区观音桥街道办事处红堰村的变化可谓是翻天覆地。1985年至1992年担任福集电灌站站长的他，为了百姓的灌溉用水，为了百姓能吃上自己种的放心大米，他带领群众修建灌溉沟渠7.3公里，一到插秧季节，不论是凌晨，还是深夜总能在田间地头看到他那熟悉的身影，就怕哪一家的田里没有水而影响百姓的农作物收成。1990年被毕节县委、县政府评为“水利先进工作者”。

1996年，在经济发展十分困难的情况下，邵才陶为红堰村争取了一个好机会，修建了300多平方米的办公大楼，为群众提供了便利，使群众不再有找人难、办事难的怨言。在红堰村工作近三十年的他，兢兢业业，带领群众发家致富，为百姓引资投建。工作期间，发展了经果林150亩，修建饮水池7个，铺设饮用水管道5000余米，还发展了大仙桃果园12亩，30亩的苗圃基地一个，修建通村公路4公里，全面带动了全村的经济发展。1998年荣获毕节地区“敬老好儿女金榜奖”；1999年被毕节市海子街镇评为“优秀村干部”；2002年被中共毕节市委评为“优秀共产党员”；2002—2003中共原毕节市委（县级市，下同）评为“十创一评工程文明户”；

2005年，邵才陶招商引资新建了红堰村页岩砖厂，红星环保砖厂。两个砖厂的收益为红堰村提供了办公经费，解决了红堰村的一部分资金周转问题。在“生态文明家园”建设中，带领群众硬化道路6.5公里，硬化院坝4.5万平方米，修建蓄水池3个，蓄水超过5000立方米，彻底解决了百姓吃水难、用水难的生活问题，减轻了人民群众的生活负担。红堰村的发展紧跟时代的脚步，从以往的乡下村变成了今天的城中村，空气清新，环境优美，因此被评为“贵州省新农村示范点”。2010年他被毕节市海子街镇评为“先进个人”；2010年被贵州省委、省政府授予“贵州省劳动模范”称号；2014年被观音桥街道党工委评为“优秀共产党员”等等。

基层工作几十年的邵才陶，一次又一次走上光荣的领奖台，但他却不曾有半分骄傲和炫耀。几十年如一日，踏踏实实工作，认认真真办事，遇到困难从不低头，稳扎稳打，以身作则。在群众中，面对群众的民事纠纷，从不偏袒，总是站在公平、公正、换位思考的角度为群众解决纠纷。红堰村在邵才陶的领导下是一个“太平村”，违法犯罪治安案件从未发生过。在生活中，“孝”字当头是他的人生准则，他总说，“百善孝为先”，别等到“子欲养而亲不待”时才后悔莫及，家里百岁老人过着儿女孝顺、子孙满堂的幸福生活。

诚恳待人，为人正派是他的人生态度。勤奋务实，开拓创新是他的工作原则。工作中他始终带着一颗“吃苦在前，享受在后”的心。为人民服务既是党的宗旨，也是邵才陶工作的落脚点。他奉献了半辈子，从没有半句怨言，一心只为百姓谋福祉，真正做到了“想群众之所想，急群众之所急”。

八　画

林文布

林文布，贵州省毕节县（今七星关区）人，1948年12月生于朱昌，1968年7月毕业于毕节地区农校畜牧专业，同年12月被分配到威宁自治县农业局牲畜配种站工作，1983年11月加入中国共产党。

在威宁自治县农业局牲畜配种站工作期间，因工作业绩突出，被提为副站长。1979年6月，调毕节县朱昌区畜牧兽医站任副站长、站长。1984年2月任朱昌区副区长。1988年1月任朱昌区区委副书记、区长。1991年12月调毕节镇任人大主席。1994年2月调毕节市（县级市，下同）国土资源局任副局长，是年9月调毕节市畜牧局任党组书记、局长。1995年12月调毕节市人大常委会科教文卫委员会工作，1997年1月被任命为毕节市（现七星关区）人大常委会法制工作委员会副主任，1998年1月被任命为毕节市(现七星关区）人大常委会法制工作委员会主任，2002年经组织批准退休。

他在威宁自治县农业局牲畜配种站工作时，曾获“国家科技进步二等奖”；调毕节市（现七星关区）畜牧局工作后，曾当选为畜牧兽医学会理事、副秘书长；到毕节市人大常委会机关工作后，曾当选为毕节市（现七星关区）第一届、第二届人民代表大会代表、人大常委会委员。此间，曾多次受到人大常委会领导派遣，深入到各乡镇办事处和市直各工作部门、部分企业、事业单位进行调查研究，掌握第一手资料，撰写出对政府工作非常有针对性的审议意见和建议，对毕节的经济发展、社会进步、民主政治建设作出了积极的贡献。

罗才均

罗才均，贵州省毕节县（今七星关区）人，彝族，1953年生于毕节县龙场营左泥乡（今大屯乡），中专文化，1973年参加工作，1975年加入中国共产党。

罗才均参加工作后，历任龙场营区左泥公社生猪联络员，党委副书记、管委会主任；1982年5月，任龙场营区青杠公社党委书记；1984年2月先后任龙场营区委组织委员、区委副书记；1989年1月调普宜区任区委副书记、区长；1990年8月任龙场营区委书记；1992年建并撤后任龙场营镇党委书记；1993年调任毕节县政协文教卫体主任、政协委员；1998年任毕节市（县级市，下同）人大常委会民族工作委员会主任、市人大常委会党组成员、办公室主任等职；2009年改任非领导职务，为中共毕节市委办公室主任科员。

1977年至1980年，在任左泥公社党委副书记，管委会主任期间，组织左泥公社5个生产大队、34个生产小队的上千劳力，奋战15个月，新修和改建从左泥至龙场的15公里区乡公路，解决了长期以来老百姓肩挑背磨的实际困难。同时又组织劳力苦战30天，修通了左泥至三官寨马蝗井电站全长14公里的简易公路，使200千瓦的水力发电机组和高压线等物资顺利到站，以保证在1979年9月顺利通电，解决了有史以来的又一个无电乡的用电问题，带动了全乡经济的快速发展。

1982年，调任毕节县最边远贫困的青杠公社党委书记，到任18天，有效平息了历史上罕见的“6·22”计生伤害恶性案件，在发案到惩处案犯的40天中，他克服一切困难，和全乡干部群众团结一致，人不离岗，心不离案，使案件的侦破、伤者的安置、死者的后事、案犯的归案得以顺利进行，有效地控制了局面。1983年和1989年间，先后被贵州省委、省人民政府授予“计划生育先进个人”称号，国家计划生育委员会授予“全国计划生育先进工作者”称号，并颁发了奖状、奖牌和证书。

1989年至1990年，在任普宜区委副书记、区公所区长期间，根据普宜区缺水无电的实际，带领区公所一班人，在县水电局的支持下，找水源、铺管道，维修电站，架设高低压线，解决了普宜区直机关和新街村、老街村、箐脚村等1万余人的饮水和用电问题，工程进入扫尾阶段。因实际工作需要，经组织安排重返龙场营区委任书记，主持区委会工作。临走时，普宜区直机关干部职工、街道居民依依不舍地送走了这位善于干实事、讲真话的共产党员、好区长。

1990年年底任龙场营区委书记后，充分利用人熟地熟情况熟的有利条件，使各项工作得以顺利开展。1991年年初，协调地、县交通部门，修通了龙场营至金沙县清池区长达12公里的断头公路，使毕节、金沙两县人民群众往来方便，促进经济发展，受到广大人民群众的赞扬。

1993年，任毕节县（市）政协文教卫体主任以来，充分开展调查研究，撰写了《毕节县（市）少数民族村寨经济发展探索与建议》《毕节县（市）少数民族村寨教育发展探索与建议》等调研文章，得到了县（市）委、政府的认可，被地委、行署授予“民族团结进步先进个人”称号，并颁发了证书。

1998年，任市人大常委会民族工作委员会主任、党组成员、办公室主任以来，团结协调各专门委员会一道开展工作，认真开展上级人大常委会确定的执法检查和市人大常委会开展的个案监督、法制宣传等工作，使人大常委办公室工作在常委会主任会议的领导下，充分发挥办文、办会、办事和协调各方的作用。

2008年，因年龄因素，改任非领导职务，为中共毕节市（今七星关区）委办公室主任科员。虽不再任实职了但仍发挥余热，做有利于党和人民的事情，不谋私利，保持共产党员的高风高节。

周文波

周文波，贵州省毕节县（今七星关区）人，1978年3月27日出生于今毕节市七星关区撒拉溪镇龙场村，中共党员，大专文化。

1996年12月入伍服役于武警四川省总队雅安市支队，先后任战士、班长、电影放映员、新闻报道员、俱乐部主任，代理新闻干事。2008年12月转业，先后在毕节市七星关区新闻宣传中心、《毕节晚报》、七星关区民政局、七星关区委组织部等单位工作，现为毕节市第一人民医院宣传科副科长、《院报》执行总编辑。

1996年征兵工作开始后，他身体各项体检都合格，只因视力不合格被“刷”下。抱着试一试的心态，他将刊发在《毕节日报》的十几篇新闻稿件和几篇“豆腐块”的副刊稿件递到接兵干部面前。接兵干部上下打量着脚下穿的白边鞋（他自己做的），问周文波：“都是你自己写的?”他说：“是的！”“虽然视力有问题，但就凭着你发表的这些新闻稿件，我就破例把你带走，但是到了部队后，要好好学习写新闻。”那时，激动的周文波不知道说些什么，只得憨头憨脑地说“要得，要得。”同年12月，他和同村的伙伴入伍到了部队。紧张的新兵训练后，他丝毫不敢倦怠，有时通宵达旦地赶写稿子，他的名字也在军内外的报刊（电视台）上频频亮相，先后在中央电视台、《解放军报》《中国青年报》《人民武警报》《四川日报》《贵州日报》《毕节日报》等军内外50余家报刊（电视台）刊发（播送）新闻、文学作品1500余篇（条、幅），10余篇稿被媒体评为好新闻奖。也因此入了党、立了功，被中央军委表彰为全军“影视技术兵先进个人”，1次被武警部队表彰为“士官优秀人才二等奖”。周文波对自己取得的成绩并不满意，甚至怀疑自己在部队期间曾发表的那些稿件，也会因自己并不广博的知识而成为废稿一堆。2008年转业时，周文波毅然放弃了服役所在地的十多家媒体留用的机会，回到了他的故乡——毕节。

文字虽然给周文波带来了快乐，但直至现在，却一直没有想过自己要成为一名记者或者编辑什么的。自1997年正式与宣传工作结缘以来，文字工作给周文波最大的感受就是，很苦、很累。曾经听人说过：记者，不是一张身份的王牌，不是一副风光无比的面具。记者，是历史年轮的追逐者，是社会发展的透视者，是时代乐章的谱写者，是惩恶扬善的挥剑者。虽然他一直未真正涉足记者这个行列，但却慢慢地发现自己越来越欣赏并喜欢这个职业。尤其是2012年6月份经他策划创办并亲手编辑出刊一份医疗卫生保健机构的内部刊物——《毕节市第一人民医院报》以来，对每一期报纸的编辑出刊，他一直重复着每期报纸从收集新闻线索、分配新闻线索、指定采访人员、约定采访时间、实地采访拍摄、整理文字稿件、上传采访稿件、进行线索报题、召开编前会议、编辑检查稿件、编辑修改稿件、划定版式设计、校对检查稿件、美编美化图片、总编定稿签版、发送印刷版样、印刷成品报纸、分发阅读报纸等过程，且一直执着地耕耘在这块“责任田”里。如今，周文波已亲手策划、编辑、校对出刊共计100多期。回首这四年多来的编辑之路，真可谓是酸、甜、苦、辣、咸五味俱全，每期的报纸编辑除基本上都保持着同一姿势一直坐在电脑前外，还有随着时间的延长随之而来的腰椎、颈椎和肩周炎的疼痛难忍，有时，感觉腰都直不起来。但只要看到每期的报纸出来后，心中又涌起了作为一名编辑工作者的快乐。

转业回地方后，坚守新闻宣传工作阵地，在《健康报》《中国人口报》《中国卫生》《贵州日报》、贵州电视台、《毕节日报》《昭通日报》等报纸（电台、杂志）刊稿2000余篇，一次被健康报社表彰为优秀通讯员，连续两年被《医院管理论坛报》表彰为卫生宣传先进个人，连续3年被毕节日报社表彰为优秀通讯员，一次获毕节日报好新闻稿件二等奖，多次被医院表彰为优秀个人、优秀共产党员。

周光弟

周光弟，贵州省毕节县（今七星关区）人，

1954年12月24日生于贵州省毕节县海子街区周家桥村。高中文化，小学一级教师。

周光弟高中毕业后，1974年被分配到海子街区中屯公社水塘小学任教。从学生生活一下走上教师讲台，这是人生一大转折。周光弟没有辜负党和人民的重托，把讲好每一节课视为自己的光荣使命。作为只有高中文化的周光弟，虽说教小学课程是完全可以胜任的。但他不这样想，而是抓紧一切时间认真学习各种知识，不断充实自己，不断丰富自己。在教学中，他根据学生天真活泼的特点，研究和实践形象教学法、趣味教学法、诱导教学法，不死搬教条，不搞填鸭式，把教文化知识和农村生产生活有机结合起来，使学生学有兴趣，求有所得。

1983年3月，周光弟调到海子街镇擦枪岩村干沟小学任教。擦枪岩村是海子街区较为偏僻、落后的村。这里山高路险，人户分散，交通不便，信息不灵，远离集镇，生活枯糙。这里居住着苗、彝、汉等各族群众，以苗族为主。由于历史原因，苗族群众在长达几百年间，都受到严酷的压迫和剥削，其文化传承主要靠口传心记。虽然解放都30多年了，一些家长对送孩子读书还存在抵触情绪。有的学生读了几天，就逃学，甚至长期不到校。老师家访，学生还纵狗咬老师。老师生活所需粮食要到几十里外的粮管所购，菜要到几十里远的集市上才能买得到。因此，上面派了几拨教师来这里任教，都感到开展工作极为困难，来一拨走一批。在这种情况下，区里再三考虑，将周光弟调来，希望他能稳下来，扎下根，把各民族的儿童团聚拢来，学知识，学文化。周光弟迎着困难，知难而进。他来到擦枪岩，首先就是搞家访，登记适龄儿童，苦口婆心宣传党的民族政策，讲解党的教育方针。然后他一家一户上门作动员，鼓励家长送孩子上学。有的家长就说："周老师，我们这里条件太艰苦，来了很多老师都待不住，教几天就走了。我们没有信心，孩子们也懒散惯了。说不准，你也待不长，不要枉费工夫了。"听了家长们的话，周老师震动了，他决心在擦枪岩坚守下来，改变这里的教学落后面貌，让这里的适龄儿童像其他地方一样，都能上学，都能成为国家有用之才。为了把孩子们动员到学校上课，周老师就和他们交朋友，和他们聊天，讲故事，特别是用出生于擦枪岩的时任毕节县苗族县长陶正华从小爱学习的事迹教育孩子们，非常有效，孩子们渐渐走进了教室。周光弟还根据学生不同的家庭情况，制定不同的教学计划。譬如，有的学生家里没劳动力，农忙时家长就要学生在家做事，周老师就利用晚间到学生家为学生补课；有的学生病了不能到校上课，周老师就买着糖果去看望，只要学生能坚持，他就在学生家里给学生讲新课，不让学生掉队。当然，在擦枪岩任教的日子里，周光弟也经历了数不清的困难和委屈：家庭照顾不了，自己孩子的学习管不了，连日常生活都极其艰苦。没菜吃，他常常就靠盐水泡饭；没电灯，他在煤油灯下备课、改作业，把眼睛都弄坏了。但为了孩子们，他默默地坚持着，奋斗着。他坚持下来了，十年、二十年，在教学战线上辛勤耕耘，生命不息，战斗不止。鉴于周光弟在擦枪岩所作的贡献，各级给了他很多荣誉和奖励。其间，2002年9月周光弟被毕节市评为全市优秀园丁；2005年4月29日，周光弟荣获"贵州省先进工作者"称号，受到省政府表彰。

郑朝伦

郑朝伦，贵州省毕节县（今七星关区）人，1935年10月20日生于毕节朱昌双华新寨，中共党员，中学文化，1955年参加工作。全国优秀青少年科技辅导员。

1949年于毕节弘毅中学初中毕业。1950年至1954年在家务农。1955年在双华民校任教，由于深钻苦学，成为业务骨干，朱昌中心校指定他任双华公社县校、民校的教研组长。

1959年8月，转为公办教师，调朱昌中心校任教。1960年各区设立教研室，被抽到朱昌区教研室工作后，坚持深入各村校，调查了解教育、教学情况，帮助教师解决业务上的难题。同时主办每月一期的《朱昌教育》。1962年任朱昌小学六年级语文课时，其教学计划、作文批改被县教育局印发全县各校作示范。1963年任朱昌学区教育督导员，配合中心校加强督导工作。

1964年至1982年，调阴底区任教。18年间，历任班主任、教研组长、教导主任、副校长。

在任副校长期间，主持全区教学工作，既抓教师业务水平和学生教育教学质量的提高，又抓学校的后勤工作。为了改善学校教学条件，于1980年以勤工俭学的办法，用区学办划拨的12000元维修款修建了一幢一楼一底、底层4个教室、楼层8间寝室的砖木结构大瓦房。1981年修了一个水泥球场，竖了一副钢管篮球架，球场四周安了水泥椅子。这个工程仅花去4231元。至今已30多年，还完整无损。

在阴底工作期间，为相邻单位做了很多奉献。被评为县优秀教师、先进工作者，出席县劳模大会、县群英会。1978年，获全区一个名额的工资晋级奖。

1982年调朱昌中学工作，1984年任总务主任，被局领导称之为“红管家”。1985年加入中国共产党。连任毕节县政协第六、七、八届委员。曾任朱昌中学工会副主席，党支部委员、党支部副书记。1988年任副校长、青少年科技辅导员协会理事长，兼任朱昌区（镇）科普协会副理事长、副主席、副秘书长。是毕节地区科协、贵州省科协会员。为朱昌区科协主编《朱昌科技报》，负责审稿、编辑、排版、刻写、印刷。1984年至1994年，除上好课、做好行政事务工作外，还从事朱昌中学青少年科技活动的领导、设计、管理等工作。

朱昌中学通过课外活动的开展，提高了学生的思想文化和科学素质，使全校爱科学、学科学、用科学的风气逐渐形成。1986年到1994年，全校参加课外科技活动的学生就有2825人次，大部分学生学会一至三项农业实用技术。1992年在地区科协的大力支持下，在学校开展了“农科教结合试验示范基地”的活动，该项目获得地区科委的批准，成立23个科技小组，168人参加。学校培育的水果、蔬菜良种，就有18户老师、146户学生家庭、36户农民得到试种，其科学种植、良种推广，辐射到两镇一乡20个村、65个组的范围。

从1987年至1994年，朱昌中学开展的科技活动，备受各级领导关怀，省、地、县各级有关领导均不断到学校参观、视察。县工会、教育局，地区科协有关会议安排在朱昌现场召开。1989年，贵州省第二届农村青少年课外科技活动现场会就以朱昌中学为示范点，安排在毕节召开，全体代表到朱昌中学现场参观。郑朝伦撰写的《平菇快速制种及高产栽培法新探》《农村中学科技辅导员协会如何适应新形势发展》等16篇科技论文，在省级学术会上交流并获奖。他编著的《平菇栽培高产新技术》《代料栽培香菇技术》被毕节地区科协采用，作为科技丛书。他辅导学生开展的科技项目、制作的小发明作品，撰写的科技论文，送请地区、省、全国评选，每年均获奖。朱昌中学连续4次获全国“小星火杯”先进集体奖，连续两年获全国“生物百项活动”先进集体奖。学生个人获地区级奖的4人，获省级奖的11人，获全国奖的6人，其中赵继超参加全国举办的天津夏令营、郑艳梅参加沈阳夏令营活动。1987年，郑朝伦光荣地参加了贵州省教委、省科协举办的“优秀青少年科技辅导员”夏令营活动。1988年，参与省科协组织的考察组赴福建考察香菇生产。1993年，赴上海参加国家教委、中国科协举办的全国第二届青少年“生物百项活动”评审会。由于科技成果卓著，荣获优秀共产党员、知识分子标兵、省先进工作者、科技园丁、全国优秀青少年科技辅导员等光荣称号。仅10年时间，就获各级嘉奖共56次。其优秀事迹得到《贵州日报》《贵州教育报》《贵州政协报》《贵州科技报》《毕节县报》《贵州教育》《科技通讯》《科技辅导员》等报刊登载表扬。科技照片、获奖事迹记载于《毕节县教育志》上。其名录载入《中国当代郑氏人物志》。

郑德群

郑德群，贵州省毕节县（今七星关区）人，1958年1月生于毕节县。中专文化，中共党员。

1980年7月毕业于毕节地区农业学校，8月分配到长春区畜牧畜医站工作。1987年6月加入中国共产党。1989年任长春区畜牧兽医站副站长。1992年任梨树镇畜牧畜医站站长。1996年任流仓桥办事处畜牧畜医站站长。2002年任毕节市（县级，下同）草地站站长。先后聘任为助理畜牧师、畜牧师。贵州省农业系统先进工作者、全国基层畜牧三站工作先进工作者。

自参加工作以来，郑德群共荣获国家级、省级、地区级、市级等有关单位表彰38次。在1980年的绵羊改良和1981年的毕节县黑山羊品种调查中，分别获地区科技三等奖。1982年参加毕节县畜牧业资源调查及规划获成果奖。1986年起连续9年被县畜牧局评为先进个人。在省农业厅丰收计划《采取综合措施，促进生猪稳步发展》项目中获二等奖。1991年度被评为全省农业系统先进工作者。1992年基层畜牧三站工作中，获中华人民共和国农业部表彰。1992年至1993年分别被梨树镇党委、毕节县委评为优秀共产党员。1994年在《秸秆氨化养畜》工作中被毕节地区农业局评为先进工作者，被中共毕节市委授予“知识分子标兵”称号，被毕节市畜牧局评为先进个人。在1992年至1994年度的科技兴农工作中，荣获贵州省第二届“科技兴农人才奖”。1995年至2000年度的科技兴牧（农）工作中被地区评为先进工作（生产）者，荣获1995年度“三十佳”知识分子称号。1997年科技兴牧工作被市局评为先进工作者。1998年参加毕节市畜牧科技工作研讨会并荣获二等奖。在2000年年度考核中被定为优秀，荣获全省兽防系统动物检疫比武竞赛优秀奖。2001年荣获贵州省第五届“科技兴农人才奖”。在流仓桥办事处畜牧兽医站主持工作期间，均保持全市前三名，连续6年被评为先进集体。被中共毕节地委、毕节地区行署授予“毕节地区畜牧工作先进集体”称号。

郑德群在30多年的畜牧兽医工作中，成绩显著，成果丰硕，值得赞扬。

九　画

胡文开

胡文开，贵州省毕节县（七星关区）人，1970年3月出生于毕节县清水区生机公社联合大队。2005年加入中国共产党，2003年进入生机镇联合村工作，2008年任生机镇联合村党支部书记。

胡文开是一个土生土长的农民，天生就有一种发展意识，他总爱说“穷则思变”，正是因为有这样一种意识，让他把当时所在的联合村打造成了生机镇的第一品牌村。

2004年，胡文开看准了生猪市场，率先在全村搞起了养殖业，个人当年养猪就达到了400头，产值50万元，成为村里首先富起来的人。为了让大家放心，让事业做大，他又在村里成立起了养猪协会，积极协调上级相关部门办理各类证件，进行规范化管理，让联合村养殖协会走上了正轨。

2010年，当全村经济发展在胡文开的带领下日趋好转的时候，胡文开又做出了一次让群众难以接受的决定，他经过多方考察，以及对市场的细心观察，发现生猪市场的价格波动大，存在一定的风险，尤其是他带着这么多群众一起发展，生怕市场下滑影响到大家，所以他又寻找了新的产业路子——发展特色种植业“菊花”。并于2010年成立了毕节市联合中药材种植专业合作社，采取“公司+合作社+农户”的形式发展菊花种植业，从浙江引进杭白菊到联合村种植。初期，他种出的花都是以原材料卖给了浙江的收购商，虽然也挣到了一些钱，可是他并不甘心如此，于是胡文开心里就打起了另一个新“算盘”——菊花深加工。2011年胡文开在合作社的基础上成立了贵州乌蒙菊业有限公司，并打造出了自己的品牌“高山金菊”。现在联合村的村民又多了一条致富路，胡文开也实现了他心中的那个誓言，改变了联合村落后贫穷的面貌，因此他也成为群众心中的致富领头雁。目前，乌蒙菊业有限公司每年在采花期能解决当地群众就业600人左右，帮助群众增收20万余元。

胡文开在联合村的事迹是有目共睹的，生机镇党委也看到了这点，为了让胡文开更加放开手脚抓发展，发挥他的聪明才智，2013年3月，生机镇党委决定把胡文开调到长期处于后进的葛铺村任支部书记，胡文开接到通知后毅然走上岗位。初到葛铺村，胡文开的工作并不是很顺利，部分党员和群众不理解、不支持，让他一度犯难，可是勤于思考的他没有被小小的挫折击垮，他始终认为只要自己公道正派，一心为民，群众就会转变态度。就这样他深入农户家中和群众谈心，把群众当亲人，了解群众的生产、生活问题，收集整理群众反映的问题，分类解决。

看到工作开始走上正轨，他又闲不住了，又开始考虑如何发展经济，带领群众致富，他结合全村实际制定了发展规划，一心要把葛铺村打造成为继联合村之后的又一强村。他深信葛铺村一定会以强劲的发展势头迎头追赶，最终成为生机镇乃至全区的经济强村。

做了这么多让人钦佩的工作，胡文开并没有停止忙碌的脚步，2014年，在联合村群众的强烈要求下，镇党委又把胡文开调回联合任支部书记，他服从组织决定，二话不说，又回到联合村。结合联合村人多地少的实际，胡文开和村两委带领群众，利用有限的土地，做好产业结构调整这篇大文章，让有限的土地创造更大的经济价值，用他的实际行动诠释着新时期村干部的内涵，为全面建成小康社会作贡献，2014年胡文开被中共贵州省委授予“全省优秀村党支部书记”荣誉称号。

赵良惠

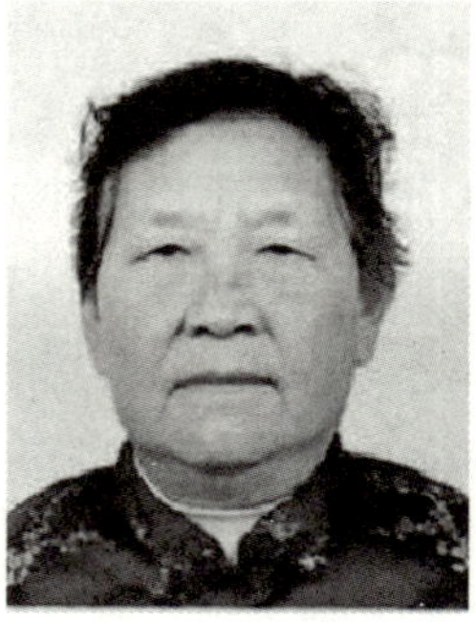

赵良惠，贵州省毕节县（今七星关区）人，女，于1938年4月生于贵州省毕节县海子街上街，1956年6月参加革命工作，高小毕业，中共党员。

1956年6月至1958年5月，在朱昌区供销社工作；1958年5月至1959年8月，在朱昌岔河商店任负责人；1959年8月至1959年10月在朱昌商店工作，同年9月加入中国共产党。1959年10月至1960年3月在商业局百货公司工作；1960年3月至1963年10月调废品经理部（日杂公司前身）任出纳兼统计；1963年10月至1965年10月抽调到县供销社专案办工作；1965年11月调毕节县档案馆工作，1968年8月借到县委办收发室搞机要文书处理工作，1980年5月回档案局任副局长主持全盘工作，1993年10月退休。

赵良惠在毕节县工作了30年，始终坚持档案工作为政治服务的观念，一丝不苟地执行党的路线、方针、政策。积极为党委、政府落实各项政策，解决土地纠纷，编写各类史志提供了大量的档案资料，工作中模范带头使档案工作和库馆建设在短时间内改变了档案现状，在28年的档案工作中，主要做了以下的工作：

一是抓好清理库存工作。1980年清理库存，对库存档案进行鉴定4670卷，提高案卷质量，熟悉家底，便于提供利用。二是抓好档案人员的培训工作，从1981年以来在本县办理有关档案短期培训班和讲座会，推荐到省、地学习的共22期748人次。三是抓好丰富馆藏工作，几十年来一直把丰富馆藏工作当着主体来抓，广泛接受档案、资料、增加档案门类，使档案资料数量递增到原有库存量的3倍，任职期间共接受27个全宗、

111450卷册。四是积极开展档案利用工作，为各单位编写各种史志，提供了第一手资料，为各级党政机关落实各种政策起到了凭证作用，为发展工业生产提高了经济效益。五是抓好馆库的建设工作，由于各级党委、政府的重视和支持，使馆库设施改变了面貌得到改善，通过长期的努力改善增添了各种档案柜架257个995米，使档案资料得到妥善保管。六是带领档案局（馆）干部到各机关、区乡档案室进行业务指导，现场练兵，清理多年来积存文件、材料进行立卷归档，使许多长期积存资料、文件得到了保护和提供利用。如：民政、劳动、粮食、商业、供销、卫生、农业、交通、轻工业等单位文件材料打包上柜，使有价值的文件材料得到发挥，既搞好立卷归档又搞好保密工作。其中1984年曾受到省、地、县委保密委员的通报表扬。七是帮助机关建立、健全必要的档案管理制度和制定文书处理规章制度，使机关档案室逐步完善，热爱本职工作，什么情况下都以档案为主体工作。八是抓好档案保管工作。作为局的领导，既要负责全盘工作，又亲自搞业务具体工作。如：复印、档案的收集、鉴定，为帮助写档案志的同志翻阅大量的资料，提供大量的数据。为保守党和国家的机密，维护档案的完整与安全，在工作上以身作则、严格要求自己，对同志总是乐于帮助，为档案事业的发展尽职尽责。

赵良惠在几十年的工作生涯中，爱岗敬业，忠于职守，曾获得过不少的奖励和荣誉。1989年12月，在档案工作中，成绩显著，被评为优秀工作者，受到贵州省人民政府办公厅的表彰奖励。1991年8月，获全国“档案系统先进工作者”称号，受到国家档案局和人事部的表彰奖励。1995年12月，获国家档案局、中央档案馆“从事档案管理工作三十年”荣誉证书。

十　画

秦心恒

秦心恒，贵州省毕节县（今七星关区）人，1931年2月生于毕节城区秦家麻园，中专文化，中共党员。秦心恒世居秦家麻园，父辈不善营生，家道中落，随教私塾的母亲读私学，受过中等教育。

1936年，贺龙、萧克领导的中国工农红军二、六军团到达毕节，常在城内城隍庙、广惠路等处集合时，他看到正规红军穿灰色军装，初参军青年农民穿补丁衣服，但队伍整齐、精神抖擞，此情此景，在他心灵中留下很深的印象。加之家族中的秦天真、秦天芬已是共产党员，为其树立了榜样，心想长大后要跟着共产党干革命。

毕节解放，他来到城里，见到街上张贴的共同纲领，看到军旗上的五星红旗，心情激动，到处打听如何能参加工作。回到就读的师范学校，校长说：可开介绍信报考毕节专区革命干部学校。于是报名应考被录取，在艰苦环境下，又被推荐自带行李去贵阳，凭证书考入贵州省革命干部学校贵阳分校学习，半年后加入共青团。其间，几次下乡参加征粮活动，后被组织分配到修文县团委作专职青年工作，参加减租退押、清匪反霸。随后参加土地改革试点工作。是时，西南公安学校在各地抽调符合条件的在职干部进校学习。他工作表现好，经县委组织部推荐，进学校参加学习。毕业后留西南局公安部保卫处工作，负责邓小平、刘伯承住地的警卫工作。1952年“三反五反”开始，精简机构，西南公安部改为西南公安局，人员减少一半，他所在的保卫处撤销，又被送到西南公安学校学习。时值川东、川西、川南、川北四大行署撤销，所属公安厅合并为四川省公安厅。他毕业后被分配到隆昌义大煤矿保卫科工作。先后任科员、副科长，矿党委办公室副主任和行政办副主任、主任。后调永荣矿务局保卫处任科长。其间，工作成绩显著，多次被评选为先进工作者，1975年出席四川省委、省政府召开的煤炭系统先进工作者代表大会，受到表彰。

1981年，他被调回家乡毕节县公安局工作。时值公安内设机构改革，就任毕节县公安局政委、党组副书记。任职期间，兼任新成立的“打击拐卖妇女儿童办公室”主任，亲带办公室干警赴山东、河南、河北等地查案，解救被拐卖的妇女儿童。1992年被评为公安局优秀共产党员、记三等功，发给记功奖章。退休后，任公安局离退休党支部书记，发挥余热，多次被评为优秀党员。

聂宗笙

聂宗笙，贵州省毕节县（今七星关区）人，1957年毕业于北京地质学院区域调查及找矿专业。毕业后留校任教直至1972年。1972年调国家地震局地壳应力研究所从事区域地震危险性预测及活动性断裂研究工作，任地壳应力研究所副所长，为国家地震局活断层专家组成员。

1959年，他深入华北地区河南省大别山区开展野外考察，在固始县扬山煤矿石中发现了大量的海洋化石。这一发现动摇了华北振块南方边界的原有定义。他从板块学说的理论实际调查中得出大别山是从海洋地带中抬升所形成的结论，华北板块的边界应当移到河南固始县，这一科学结论为地质学界所认同。从20世纪70年代起，他和地质学家开始对内蒙古包头河套地区地质层的形成展开研究，大多数科学家认为这一带的地质形成有几十万年长，但缺少实物证据。他用了十几年时间收集了大量的化石，尤其是完整的包头大角鹿化石的发现，否定了几十万年的定义，确定这一地区地质层的形成只有2万 ~3万年之间，同时纠正了黄河曾在包头一带活动的错误定义。

他认为地质科研要看得见、摸得着，地壳应力研究所无论是研究员或领导都应把整个身心完全投入到大江南北的地质危险性分析与评价之中。20多年来，他足迹踏遍了华北各省及西藏、新疆等地，承担并完成了国家“七五”“八五”期间交给他的地震预测及规划课题。从东三省到内蒙古再到新疆、西藏，南到海南，这些地区的高山峡谷中都留下了聂宗笙的足迹，记录下了他的身影。从工作到现在，他有到美国、日本、德国等发达国家参观学习的机会，可一次又一次地让给了他的副手，他总希望年轻一代尽快超过自己。到地震局后，曾参加第二代华北裂度区划编图、10年危险性预测以及鄂尔多斯固缘活动断裂系大课题的研究，开展了大量的野外地震地质调查及总结工作，发表论文及研究报告30余篇。其中《鄂尔多斯固缘活动断裂系》1990年被国家评为科技进步二等奖；《鄂尔多斯周围断陷盆地带现今活动性特征及其与大地震复发关系的研究》获1991年国家科学技术进步二等奖。1993年获政府特殊津贴。在科研方面他一直不断探索进取，决心做出辉煌的成绩，用以报效祖国和家乡父老。

徐春洲

徐春洲，字光球，贵州省天柱县人，1930年出生，1951年7月参加工作，1954年6月加入中国共产党。

1952年，徐春洲从学校毕业后，被分配到毕节县公安局工作。他在毕节县公安局工作期间，先后任毕节县（市）公安局副股长、股长、政治协理员，1959年11月提任副局长。在40余年的工作中一直主管案件审批，从未出过冤假错案。由于他工作兢兢业业，忘我工作，办事细心，多次被评为先进工作者，受到省、地、县党政部门的表彰和奖励。1984年，中共毕节地委、地区行署授予他从事公安工作40年以上的荣誉证书。1988年调毕节地区公安处治安科任副科长（正科级）。1988年12月，省公安厅发给个人荣誉证书；1991年公安部部长陶驷驹颁发给人民警察蓝盾荣誉证章。是年5月23日被贵州省第四次人口普查领导小组评为省级先进工作者。

在公安处工作期间曾受省公安厅、毕节地委、地区行署的表彰。退休后，被公推为毕节地区兰花协会主席，为保持生态平衡、美化城市环境，作出了积极的贡献。2001年收集整理了大量有价值的史料，编修《徐氏族谱》出版问世，为海外同胞寻根访祖提供了历史依据，对党的统一战线政策作出贡献。

徐春洲1992年退休，一直居住在毕节。

高言玖

高言玖（1929—1966），贵州省贵阳市人，1929年5月出生于贵阳贫民家庭。大专文化，中共党员。

1948年2月，高言玖从毕节师范专科学校毕业。同年3月到毕节三小任教，9月任教导主任。1950年任毕节四小校长，并加入新民主主义青年团；次年任小学教师团支部书记。1952年冬加入中国共产党。1956年秋，调朱昌中学任党支部副书记、副校长兼团支部书记。他曾被选为毕节县小学教师联合会常委、秘书；毕节县第一至第四届县人大代表，县人委会委员，曾出席省团代会、教育工作会和宣传工作会议，1958年到北京参观勤工俭学展览，参加全国群英会，获先进教育工作者称号；曾写过10篇教育经验文章在《新黔日报》和教育期刊上发表。

他在四小任校长期间，工作积极主动，1952年下学期，组织城内8个班试验“五级制计分法”，总结了新学制试验经验，向全县推广。带动全县教师掀起学习苏联经验高潮，为提高全县教学水平，四小办起了重点班和复式教学试验班。次年4月，他配合县文教科，组织这两个班，进行语文、算术公开课教学，全县教师参加听课观摩。这次活动打破了传统的“照本宣科”教学法，推动了城乡学校教学改革。

他领导小教团支部开展多种活动。1952年1月，组织城内600名少年儿童队员，参加春节优抚活动。访问427家军烈属，送400张贺年卡和1000斤蔬菜、煤及慰问品给军烈属；2月，小学教师学习班组成立土改队，他任副队长，带领全县教师到吴家屯土改，顺利完成任务。1953年，国家制定第一个五年计划，他及时组织教师学习。四小首先搞以教学为中心的“小五年计划”活动，推动了全县“小五年计划”活动的开展。毕节四小首先建立少先队，随后各校积极创造条件，筹建少先队组织，得到小教团支部和他的具体帮助。

他主动献计献策，帮助办好职工夜校，亲自上课，动员大批教师义务上课，并总结办夜校经验。

他虚心好学、平易近人。追求进步的教师都主动接近小教团支部，找他谈心，汇报思想工作，他热情开导教师，团结同志，县内外教师喜欢到四小参观访问，四小成为“教师之家”。

他调到朱昌创办朱昌中学，充分发挥教师的积极性。1959年起，朱昌中学和毕节一中两校开展“对手赛”，朱昌中学生机勃勃，教学质量迅速提高，1965年学校高考升学率名列毕节地区前茅，朱昌中学成为贵州省重点中学。三年困难时期，他带领师生兴办校办农场、工厂，收入4000斤粮食、20000斤蔬菜，饲养100多(匹)头猪马牛，烧石灰、制碱、种试验地，改善了师生生活和办学条件，校办气象站为地区提供气象资料，还给朱昌农民提供天气预报。创办生物园地，得到省地表彰。

1966年9月9日，在“文化大革命”中，高言玖含冤去世，时年37岁。

唐光启

唐光启，贵州省毕节县（今七星关区）人，1964年11月出生于毕节县龙场公社水井大队，1982年8月参加工作，本科文化，中共党员。

1982年8月至1989年3月在贵州省毕节县龙场区农技站工作；1989年3月至1991年3月在贵州省

毕节县龙场区委工作，任区委股级组织员；1991年3月至1991年12月挂任贵州省毕节县安顶乡党委委员、副书记；1991年12月至1994年6月任毕节县（市）龙场营镇党委委员；1994年7月至1995年4月任毕节市（县级市，下同）对坡镇党委委员；1995年4月至1998年8月任毕节市鸭池镇法庭助理审判员；1998年8月至1999年3月任毕节市鸭池镇法庭审判员、二级法官；1999年3月至2001年9月任毕节市委办副科级干部、督查科科长；2001年9月至2004年1月任毕节市委信访办主任；2003年12月至2005年1月任毕节市委办副主任兼毕节市委信访办主任；2004年1月至2010年3月兼任毕节市信访局局长；2010年3月至2014年9月任毕节市七星关区移民局党组书记、局长；2014年9月任毕节市七星关区史志办党组书记、主任。

在毕节市信访局工作的十年期间，坚持“上为领导分忧，下为群众解难”的理念，勤奋工作。唐光启带领信访局一班人，完善、创新信访工作机制：一是出台了《毕节市信访局、办群众来信工作规则》《毕节市信访局接待群众来访工作规则》《毕节市信访局案件督查督办工作规则》、修改完善了《毕节市积极预防和妥善处置非正常上访工作预案》；二是严格执行信访事项三级终结；三是创新信访机制，实现关口前移，重心下移；四是信访网络建设不断完善，信访渠道进一步畅通；五是成立历史遗留问题化解领导小组；六是开展人大代表、政协委员评议信访案件。积极化解上访案件1900余件，转办案件500余件，为维护社会安定团结和信访秩序作出了应有的贡献。2007年6月，唐光启被贵州省人民政府授予“信访先进个人”，并出席省委、省政府召开的“全省第六次信访工作会议”，受到表彰。

在毕节市（七星关区）移民局工作期间，唐光启始终坚持开发性移民方针和“发展库区经济、改善移民生活、维护社会稳定、促进水利建设”的指导思想，围绕“库区长期稳定、工程顺利实施、移民平稳搬迁、经济长远发展”的工作目标，积极开展工作。一是认真做好倒天河水库大坝加高工作的遗留问题处理。唐光启亲自带领移民局工作人员一次又一次地到移民家中和移民群众进行交谈，宣传党的移民政策，动之以情，晓之以理，将39户库区移民搬出危险区。二是组织、带领上百名工作人员历时4年开展对夹岩、龙官桥、双河口等三个大型、中型、小型水库的实物指标调查，完成了三个水库的移民实物指标调查。完成了移民搬迁大纲编制审批工作。

在毕节市七星关区史志办工作期间，唐光启带领史志办工作人员创造性地开展工作。一是开展了“鸡鸣三省”会议会址的考证工作，并获中央办公厅批准对“鸡鸣三省会议会址及纪念碑抢救性修缮及保护”批复；二是组织七星关区专家对《毕节县志稿》乾隆志、同治志、光绪志的点校出版；三是组织对《七星关区史志人物选》一书编辑出版。以上工作的开展，不仅扩大了七星关区对外文化宣传，而且更进一步挖掘了七星关区特色的文化内涵，丰厚的文化底蕴，为有效保护和利用历史文化遗产作出较大的贡献。

正如唐光启本人所说，他“在其位、谋其职、尽其责”，以“上为领导分忧、下为百姓解难”为宗旨，做好自己的工作。

唐绍英

唐绍英，贵州省毕节县（今七星关区）人，女，1935年8月出生于毕节县城关镇，1951年8月参加工作。1951年8月至1996年8月在毕节县（市）针织厂工作，高小文化，中共党员，曾担任毕节县针织厂厂长职务，于1996年8月1日经组织批准退休。

唐绍英在工作的几十年间里，工作任劳任怨，勤勤恳恳，特别是担任毕节县针织厂厂长职务期间，时常以一个共产党员的标准来严格要求自己，做到吃苦在前，享乐在后，真正起到共产党员的先锋模范作用，用实际行动带领职工圆满完成上级下达的各项生产任务。为社会主义革命和建设作出了贡献，为毕节经济社会的发展，做出了牺牲和奉献。她始终如一的辛勤工作，得到组织和干部职工的认可，1959年，她被贵州省人民政府授予“贵州省劳动模范”称号。

陶发先

陶发先，贵州省毕节县(今七星关区)人。苗族、1978年10月出生于今七星关区阿市苗族彝族乡雄垮村。2013年3月参加工作。大专文化，中共党员。

2000年，陶发先毕业于贵州省黔南民族管理学校；2001年7月至2005年12月在阿市乡公子河小学代课；2006年9月至2009年7月在毕节学院中文系学习；2009年8月至2010年10月在毕节兰苑中学任教(代课)；2010年10月至2013年3月任阿市乡雄垮村党支部书记。2013年3月起在阿市乡农业服务中心工作，任雄垮村支书、驻村干部。

陶发先任村支书后，带领全村人民战天斗地，脱贫攻坚，建设美丽乡村，作出积极贡献，取得显著成绩。2015年7月9日获中共贵州省委授予“文朝荣式好支书”光荣称号。

十一画

梅桂芳

梅桂芳，曾用名：梅贵芳，梅桂方。贵州省毕节县(今七星关区)人。1950年7月23日出生在毕节县长春堡沈家屯。从事卫生医疗行业40多年，2008年12月被卫生部授予“全国优秀乡村医生”荣誉称号。

沈家屯地处边远偏僻山区，交通极为不便，乡亲们求医看病非常艰辛和困难，连买几粒感冒药都要到几公里以外去。遇到病危病人，根本来不及就医，就死在家中和送医路上。梅桂芳亲身饱尝了村里无医生的痛苦滋味，决定自己学医来为老百姓看病。自从1976年参加长春堡镇卫生院农村医生培训班以来，梅桂芳走上了赤脚医生的道路，他刻苦自学医学，钻研医术，救死扶伤，一干就是几十年。他坚守医生岗位，任劳任怨，尽职尽责，以医德为重，把病人放在第一位。2003年，他为了抢救干沟组赵仕远老人，不顾自己家烤烟房正烤着烟叶，一直守着病人。结果一烤房烟叶全被烤焦了，险些燃起大火，直接经济损失两千多元。2004年，村里一名叫王琼的孕妇，因产前未做检查，也没去医院生产。到产时在家中发生难产。由于村卫生室条件差，孕妇的丈夫在外地打工，孕妇的婆婆年老体弱，无人照理。情况十分危急，梅桂芳听到消息后，立即赶到王琼家中，马上用“背架子”背起王琼，送到毕节市妇幼保健站。这时候产妇已经奄奄一息，经紧急剖宫产手术，孕妇顺利产下三胞胎，四条生命终于得救了。像这样的事情，梅桂芳在几十年的行医经历中，还有很多很多。他始终把医德放在第一位，病人有钱没钱不重要。一生遵纪守法，认真履行乡村医生的职责，坚决抵制假冒伪劣药品，严格执行上级规定的医疗服务价格和药品价格，不乱收老百姓一分钱；治病中，认真负责，从未发生过医疗事故，确保了山区群众就医用药的安全，为山村的卫生事业做出了积极的贡献。

黄琼英

黄琼英，贵州省毕节县(今七星关区)人，女，1968年生于毕节县大新桥，1991年参加工作，全国劳模。

1991年，黄琼英在毕节县环卫站工作，2010年获“贵州省劳动模范”等荣誉称号，2012年，获“全国五一劳动奖章”。

黄琼英23岁时的一次机缘巧合，使她进入了毕节县环境卫生管理站，成了一名环卫工人。

刚刚开始时，在大街上穿着环卫服进行打扫卫生的黄琼英觉得很不好意思，怕熟人看见自己。慢慢地，她在自己心中坚定了一个信念：既然选择了这份工作，不管怎样都要踏踏实实干下去，要干一行爱一行。这时她担任的是城区最主要干道之一松山路的清扫保洁工作，每天清扫道路面积达2000平方米，还负责果皮箱清洗及沿线“牛皮癣”的清除工作，大大超过了国家规定的工作量。为了保质保量地完成工作任务，她面对困难不泄气、不动摇，同时还虚心向老同志请教、学习，特别是有关清扫保洁作业技巧，逐渐练就了一套清扫作业又快又好的基本功。

她每天凌晨三四点就开始清扫，虽然是几班倒的机制，但她却严格要求自己，超时超量地工作。1996年，由于工作敬业、出色，被评为“毕节市先进工作者”（县级）。1997年，黄琼英被安排担任松山路等路段环卫工人任班组长，带领20多人的队伍。她不仅负责检查、监督其他人的工作，还动手一起打扫卫生。当上组长后，更加感到自己身上的责任重大，她每天坚守在工作岗位上，为了使负责路段的环境卫生保持干净整洁，她早晨第一个到岗，傍晚最后一个离岗。她常说：“城市卫生靠我们大家来维护，单位把任务交给我，就应该对单位、社会负责，给老百姓一个干净的环境。”2008年8月，为确保毕节试验区20周年庆典活动期间有一个干净整洁的市容环境，她平均每天工作近20个小时，在短短1个月时间里，她一共清除垃圾污物近10吨，给了群众一个洁净的环境，受到了社会的一致好评。

黄琼英常说，现在各方面的条件比过去好些，比如有洗路车可以代替环卫工人清洁，环卫工人从早上5点开始三班倒。但她却随时待命，一天的休息时间只有晚上睡觉，365天天天如此。随着时间的流逝，黄琼英对这份工作产生了感情，如同涓涓细流，却经久不息。七星关城区从松山路到威宁路、桂花路，每个由她负责的路段，每个背街小巷，她都用心打扫，全力呵护。

黄琼英为人低调、性格朴实。2012年“五一”劳动节前夕，黄琼英到贵阳参加表彰大会，省委领导代表中华全国总工会向她颁发了“全国五一劳动奖章”。当记者闻讯要求采访她时，她不下5次对记者说不想接受采访，还一再表示，七星关区有1300多名环卫工人，很多都比自己做得好。在记者的劝说下，黄琼英终于答应了采访请求。

2011年3月，恰逢黄琼英管理的松山北路整片路段进行修葺，如果不及时清理，泥土和垃圾就会堆积起来，影响道路交通，她以身作则，主动带领她的队伍，推着清洁小车越过遍地坑洼不平的路面，艰难地把垃圾清理、运送出去，保持了这条路段的清洁。在这一个月中，环卫站没有接到一个催促打扫卫生的电话。

正是因为黄琼英对工作的认真负责和对同行的关爱，大家对她都很尊重，把她当成了榜样。

龚清云

龚清云，贵州省毕节县（今金海湖新区）人。1953年4月出生在原毕节县朱昌区岔河乡晨思村一个农民家庭，中共党员，大学本科文凭（中央党校函授毕节学区党政管理专业）。

1971年6月初中毕业，同年7月，先供职于岔河公社晨思大队党支部副书记兼大队会计、民兵连长，后任岔河公社农机管理员、朱昌区公所农机管理员、朱昌公社党委半脱产副书记、岔河公社党委副书记、管理委员会主任、岔河镇党委书记、朱昌区公所副区长等职。1991年12月“并乡撤区建镇”后，历任千溪彝族苗族白族乡党委书记、岔河镇党委书记、毕节市计划生育局局长、毕节市审计局局长等职务，2009年退休。

龚清云读书时，勤奋好学，尊师敬长，与人为善，总希望将来能成为一个对社会有用的人。从1971年7月在大队工作后，任劳任怨，创造性地努力工作，力争为党和人民干出一番事业，并得到人民群众好评和上级党委、政府的认可。在任党委书记工作过的千溪、岔河等乡镇，为老百姓和干部职工干了许多看得见摸得着的实事、好事。培养、提拔了一批干部，为干部职工谋福利，使群众受益。为百姓造福，做到水、电、路、信通村、通组，户户受益，人民安居乐业，乡镇各项工作在县（市）年终综合考核中，年年荣获全县（市）前一、二名。在任县级毕节市计划生育局局长四年间，毕节市连续四年（1994年至1997年）获全区8个县（市）计划生育工作年终综合考评第二名。在任毕节市审计局局长九年间，毕节市连续九年（1998年至2006年）荣获全区8个县（市）审计工作年终综合考评第一名。所以，市计生局、市审计局同年均被市委、市政府年终综合考核评选为先进单位。

为了更好地与时俱进，龚清云不断地进行深造，在提升文化程度方面，由一个初中文凭逐步地提升到大学本科文凭，还不断地学艺伴生，学有所用。一生有两大业余爱好，一是从1977年3月起，业余爱好驾驶车辆至今，曾持有“A1・A2型”机动车驾驶证和高级驾驶员职称证书；二是从1987年11月以来，业余爱好新闻写作，先后在国家级和省、市、县报纸杂志上发表文章和新闻图片200余篇（幅），其中，有186篇（幅）已于2007年5月作非出版物印制成《龚清云新闻作品剪辑》一书自存。2007年至今，每年都还写一些文章和拍摄照片见之于《毕节日报》《乌蒙新报》《毕节试验区》等报纸杂志。

由于勤奋好学、勇于创新，在工作岗位期间，龚清云先后荣获省、市、县（含报纸杂志新闻单位）颁发的奖状、荣誉证书等30余个，其中，1997年12月被授予“贵州省计划生育‘优秀工作者’称号”，获荣誉证书一本；撰写的《关于搞好计划生育“三结合”的几点思考》一文，于1998年3月10日入选中共中央党校出版社出版的大型文献丛书《中国社会科学文库・十四大以来中国改革发展的理论与实践》，并获中国管理科学研究院当代社会问题研究所、新闻出版社、中国改革发展大走势系列丛书编辑部联合颁发的《著作证书》；《关于搞好计划生育“三结合”的几点思考》一文，于1999年8月17日录入大型历史文集《走进新时代——建国五十年巡礼》一书征文中，荣获优秀论文奖，获中国西部文化研究开发中心、中国西部丛书编辑委员会联合颁发的荣誉证书；《关于搞好计划生育“三结合”的几点思考》一文，于2001年7月被“西部大开发与人才资源开发学术研讨暨优秀论文颁奖大会”确定为重点宣讲交流论文，荣获一等奖，获中国管理科学研究院四川分院颁发荣誉证书。

常绍全

常绍全，贵州省毕节县（今七星关区）人，1928年8月出生于毕节县杨家湾。高小文化，省劳动模范。

常绍全1949年参加解放贵州支前委员会，1950年10月至1952年在撒拉溪乡政府任事务长；1952年至1989年11月，在毕节县粮食局直属库工作；1989年12月经组织批准退休。

1952年至1989年，常绍全一直从事粮油总保管工作。37年来，在工作中积累了丰富的保管粮油工作经验，以不怕苦、不怕累、不怕脏、不怕臭、不怕药物污染、不怕牺牲的工作精神，认真钻研业务，扎实做好工作。有独立的工作能力。他大公无私，全心全意为人民服务，工作责任感强，能根据粮食的物理性质，因事利导，克服和解决保管储运中的一系列复杂问题；认真执行上级制定的粮油储运保管制度，保障粮油储藏安全，坚持勤俭节约、自力更生的方针，带领保管员自己上车装粮，下车卸粮，维修库房，粉刷清洗仓库外墙，打鼠灭雀等，为创建“四无”粮仓作出较大的贡献；在技改时期，节约劳动力，减少开支，提高工作效率，开展技改工作，实现了粮食进出仓机械化。常绍全因工作成绩突出，年年被省、地、县粮食部门评为先进工作者。1954年，常绍全被贵州省人民政府授予“贵州省劳动模范”光荣称号，曾多次出席省、地、县先进表彰大会。

常贵美

常贵美，贵州省毕节县(今七星关区)人，女，1982年生于毕节县长春堡，全国模范教师。

常贵美是乌蒙山区里一名年轻的“80后”女教师，虽然她身患“尿毒症”，一个星期要去医院做3次透析，却从未放弃过对生活的热爱和对梦想的追求，仍然坚持带病上课，用自己的乐观、坚强、豁达和大爱演绎了生命的精彩，在三尺讲台开辟了一个广阔的天地，让生命之花美丽绽放。

常贵美虽然身患重病，但她从未放弃过自己教书育人的梦想。常贵美说：“从小我就对教师这个职业充满了憧憬，我喜欢这个职业，我觉得它很神圣，不仅能改变一个人和一个家庭的命运，甚至还关系到一个国家的发展。”

2009年，常贵美参加特岗教师招聘考试，顺利考入了毕节市长春堡镇滑石小学，成了一名教师，向着自己的人生规划迈出了成功的一步。

滑石小学距离长春堡镇街上约6公里，虽然路途不算遥远，但学校坐落在山上，地理位置较高，只有一条盘旋而上的公路通往学校。常贵美刚到这里时，这条路还没有硬化，路面坑坑洼洼，出行极其不便，条件极为艰苦，所以很少有教师愿意到滑石小学任教，学校仅有6名教师，教师非常紧缺。

常贵美到岗后，接手二年级班，既是班主任，又是语文老师，还负责其他学科的教学。此外，她还要担任其他年级的语文老师，教学任务非常繁重。虽然教学条件艰苦、教学任务繁重，但初为人师的常贵美觉得能和孩子们在一起就是快乐和满足的。

大山里的生活是单调的，每天除了备课、上课、休息，没有其他的娱乐生活，尽管如此，常贵美还是觉得生活非常充实，体会到了为人师表的莫大乐趣。

一分耕耘一分收获，在常贵美的悉心教导下，仅一年多的时间，她所带的班级各方面都有了很大的进步，学科成绩从全镇排列倒数提升到全镇的前茅，她也因工作表现突出而多次受到表彰。2009年至2010年，常贵美在每次教学业务检查中都获得优秀等次；2010年，被评为市级“优秀园丁”。

人生之路，并非只是铺满鲜花的坦途，还有荆棘丛林，需要人们去超越。

正当常贵美朝着自己预定的人生规划前进时，不幸却降临在她身上，她的人生轨迹从此发生了改变。

“2011年2月16日”这个日子对常贵美来说，是刻骨铭心的。这一天，常贵美一家迎来了一个新生命的诞生，同样在这一天，在医院剖宫产后，她被确诊患上了急性肾功能衰竭(后转变为慢性肾功能衰竭，即“尿毒症”)，大喜大悲就在一天之中降临到这个年轻的女孩身上。为了治病，常贵美与丈夫先后辗转上海、重庆、贵阳等地的大医院检查治疗，高额的医疗费用让这对年轻的夫妻无力承受，几乎倾尽家中的全部积蓄，最终还是不得不回到毕节市第一人民医院靠透析来维持生命。

刚得知自己患上“尿毒症”时，常贵美陷入极度的痛苦中，也曾抱怨命运的不公平，她无数次无助地问自己。但性格中的乐观、坚强让她很快从痛苦中走出来，与病魔抗争。

常贵美说：“与其沉浸在痛苦之中，待在家里等死，还不如做点自己喜欢的和有意义的事情，回学校多教授孩子们知识，尽自己最大的努力帮助他们。”

2011年秋季开学时，学校考虑常贵美的病情，建议她离校休养，但她坚持要留下来继续给学生们上课。“学校缺老师，我要是不管，学生们怎么办？我舍不得丢下他们。再说，我也不想默默地待在家里等死，教书是我的梦想，每天看着学生是我最大的乐趣！”常贵美情真意切地说。

对于常贵美要回学校上课，学校和她的家人起初因担心她身体受不了而极力反对，可拗不过她坚决的态度，最终还是同意了。

返回讲台的常贵美仍然和往常一样给学生们上课、批改作业。学生有不懂的地方，她总是不厌其烦地给他们讲解，直到明白为止。学生调皮不听话时，她总是耐心地教育，教他们为人处世的道理，但对自己生病的事情，她从未向学生们提起，也尽量不让他们看出自己病情严重。

刚开始时，常贵美每两周要到医院做三次透析，之后发展到一周两次，再到后来一周要做三次（每周二、四、六），强忍着身体的疼痛，她还要坚持到学校给学生们上课。常贵美一直都是兢兢业业，工作非常认真。有一次，她做完透析的第二天便急忙赶来学校，身上还插着管子就来上课。

身边同事心疼常贵美的同时，对她也心生敬佩。她乐观的人生态度和敬业的精神让全校师生深受感动和无比敬佩。

虽然常贵美带病上课，但是她们班每学期期末考试成绩在全镇排名都是第一。

区教育局和镇教管中心鉴于常贵美每周都要往返于医院和学校之间、极为不便的情况，想将她调往条件较好、交通方便的学校上课，可常贵美说什么也不愿意离开滑石小学。她总是说："在那里待习惯了，放不下那些学生。"

在常贵美身患重症时，她畏惧的不是死神的降临，让她放心不下的是自己的学生，她关心的是自己还能为学生们做些什么，她的这份从容和胸襟怎能不让人为之动容！

近年来，常贵美在教学业务检查和年度统考评中多次获得优秀等次，还多次被市、区、镇评为"优秀园丁"；2014年，荣获七星关区"十佳教师"以及"师德优秀教师"称号，同年9月，获得"全国模范教师"荣誉称号。

十二画

韩天学

韩天学，贵州省毕节县（今七星关区）人，生于今毕节市七星关区生机镇镰刀湾村青松组，是贵州工程应用技术学院教育科学学院的一名在读学生，其父亲韩正荣，双目失明。2013年8月底，韩天学将父亲接到自己身边，一边照顾父亲生活，一边读书。懂事的韩天学在学习之余忙着做各种兼职，赚取父子俩的生活费。

在七星关区流仓桥街道办事处碧玉村的出租屋里，几样简单的家庭生活用具被收拾得井井有条。残疾老人韩正荣坐在沙发上悠闲地嗑瓜子，日子虽然清贫，但他与儿子韩天学俩生活在一起却很开心。韩正荣双目失明已经30余年了，听力也不好，每天只能听收音机打发时间。

韩正荣年轻时做过石匠，修过铁路。30年前，为了增加收入，韩正荣决定开荒造田，可不幸的是在放炮时遇到哑炮突然炸响，韩正荣因此而失明。韩天学两岁时，其母亲因病去世，姐姐尚年幼，照顾其父亲的重担就落到年迈的爷爷身上。几年前，爷爷也离开人世，姐姐远嫁四川，韩天学又在外求学，照顾韩正荣的重担就落在其叔叔的肩上。今年年初，由于叔叔外出打工，父亲就只能一个人独居家中艰难度日。

"父亲失明后，也是一个闲不住的人。"韩天学说，他还一个人摸着去山上砍柴，回来自己烧火做饭，有时蚂蚁爬到饭锅里，虫子爬进水缸里他也看不见，一个人的日子过得很辛苦。"

韩天学心酸地说，每到晚上，父亲孤单的身影总是让他彻夜难眠，总是担心父亲摔倒、房子垮塌压伤他等问题。"一直在外求学，父亲是我最大的牵挂，因为眼睛看不见，家里又没有其他人，放心不下。"今年8月，韩天学向学校申请带着父亲一起读书并得到同意后，韩天学就在流仓桥办事处碧玉村租了一间民房，把父亲接来和自己一起居住。"父亲在身边，心里踏实了许多。"韩天学说，自己苦点累点，也算不了什么，只要父亲生活得开心就好。

为了赚取父子俩的生活费，韩天学利用业余时间，到食堂勤工俭学、到特殊教育学校上课、上街发放传单等。"过得充实、感到快乐，因为父亲就在身边，担心的问题少了，放心了很多。"韩天学说。

生活虽然过得清贫，父子俩却快乐着。"我每天做的事情，就是吃饭、睡觉，还有就是听广播。"韩正荣说，儿子很懂事，经常牵着他出去散步，讲学校里发生的一些趣事等。

父子俩租的出租房每年房租1600元，房东了解韩天学的情况后，每年少收几百元的租金。生机镇政府为韩正荣申请了低保，当地村主任还为韩天学申请了中关村助学金，每年可以获得助学金2000元。韩天学在学校勤工俭学每月有800余元的收入，学院将他的书费减免到1600元，又帮他申请了成才助学金。韩天学感激地说："来自社会的爱心人士、学校和同学，支持我一步一步走过来。"

韩天学除了在学校学习专业课程外，还利用课余时间到特殊学校给学生们上课。"我的专业是特教，给孩子们上康复课，也算是回报社会。"韩天学说。

韩天学带着双目失明的父亲上学的事迹在学院传开后，引起大家的关注。韩天学的同学曹中说，跟他相处下来，获得了一种精神，时时激励自己，让自己懂得什么是孝心，怎样才算在困难面前不低头。

2014年，韩天学被中央文明委评为"中国好人"。

彭春霞

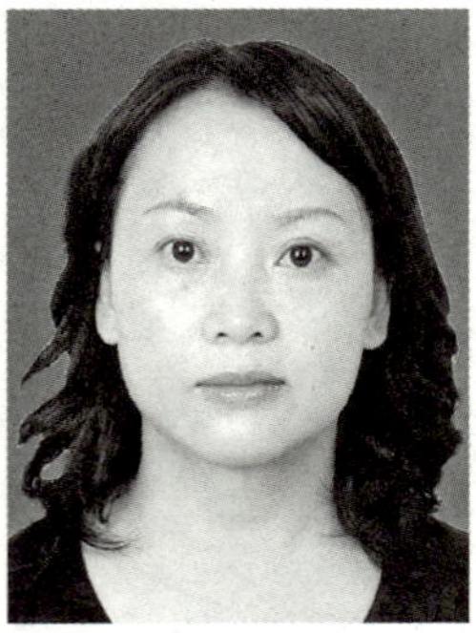

彭春霞，贵州省毕节县(今金海湖新区)人，女，1975年12月出生在毕节县海子街区小坝公社(今金海湖新区小坝镇)，1995年9月参加工作。本科文化，中共党员。

1995年9月，彭春霞在贵州毕节农校毕业，分配在岔河农技站工作；1996年6月至1999年6月，任岔河镇团委书记；1997年7月至1999年6月，任岔河镇农技站副站长；1999年9月至2001年10月，任岔河镇团委书记；2001年10月至2006年6月，任岔河镇党委委员；2006年7月至2008年6月，任岔河镇党委副书记、纪委书记；2008年6月至2009年9月，任毕节市(县级)委统战部副部长；2009年9月至2012年9月，任毕节市七星关区委统战部副部长、对台湾工作办公室主任；2012年9月至2015年12月，任毕节市七星关区委统战部常务副部长。

彭春霞自参加工作以来，始终把为民办实事作为己任。在岔河工作的13年期间，共为民办理实事1000余件，协调项目建设100余项，协调资金2000余万元，帮助困难群众800余人；在区委统战部工作期间，一是做好对上联络联系工作。畅通向上借力渠道，搭建对上聚力平台。二是做好对外联络联系工作。畅通向外借力渠道，搭建对外合作平台。三是做好对内联络联系工作。畅通向内聚力渠道，搭建对内合作平台。四是积极协调民生项目建设，协调项目200余项，协调资金5000余万元，特别是同心城市公园的项目建设，更是积极参与和协调各方力量；对接联系民盟中央等各党派，大力帮扶长春堡镇干堰村和垭关村的建设。到长春堡镇任党委书记以来，积极开展各项工作，成效明显，带领全镇各族人民脱贫攻坚，全面建设小康社会。

彭春霞始终把修身立德作为一种价值追求，一种品德锤炼，做到诚实守信、实事求是、表里如一。一是自觉遵守社会公德。本人自觉遵守党纪国法、遵守社会基本行为准则，坚守高尚情操，坚持与人为善，真心待人，热心公益事业，关爱弱势群体。生活中她从来没有特权思想和奢侈浪费的行为。注重坚持小事讲风格、大事讲原则，做到有问题多沟通，有意见当面提，与同事营造了团结共事的良好氛围。二是积极践行职业道德。一直以来，彭春霞全身心地投入工作，把干好工作作为实现人生价值、人生理想来追求。在急难险重任务面前，从不回避，敢于负责，坚持在一线掌握情况，科学应对。对一些重点工作、关键环节的问题，她都身先士卒、亲力亲为。

彭春霞因工作突出，在2014年被毕节市委表彰为"巾帼妇女"，在2015年被中共贵州省委授予"全省统战宣传先进个人"称号。

葛传远

葛传远，贵州省毕节县（今七星关区）人，1976年8月20日生于毕节县大新桥大竹林，本科文化，中共党员。

1996年7月贵州农学院金融专业毕业，分到对坡农技站，1999年调对坡林业站任站长；2002年至2011年在毕节市（县级，下同）林业局工作；2011年至2014年任园林绿化站站长；2015年1月至2015年8月任七星关区园林绿化局局长，2015年8月任七星关区城市市容环境卫生管理局局长。

葛传远2015年10月获“贵州好人榜”受到省的表彰。2011年，葛传远被调到七星关区园林绿化局担任副局长。在四年的园林工作生涯中，他将整个身心奉献给了园林绿化景观事业，带领着仅有24人的绿化队伍，一次次地出征，为市民创造了一个绿色优美的生活环境。

2011年他被评为毕节市“整脏治乱先进工作者”，2012年被评为“第七届贵州旅游产业发展大会先进工作者”，是年10月入选“贵州好人榜”。他以突出的工作业绩、求真务实的作风，赢得了大家的肯定与赞誉，给园林绿化工作者作出很好的表率。

园林工作看似简单，实则不易。在工作中，他不怕艰苦，虚心学习，认真钻研园林绿化工程施工的工艺流等专业知识。不久，就基本掌握了园林绿化栽植养护、道路铺装及给排水工程的相关知识和技巧，并达到一定的水平。他不安于现状，继续拓展自己，白天除了做好本职工作外，只要有一点点的休息时间，就马上向老职工老专家请教自己不懂的问题，使自己的技术精益求精。他坚持向书本学习，利用晚上和节假日的业余时间学习专业知识，刻苦钻研业务，自学了园林绿化工程、工程建设管理等业务知识，使自己成为多面手，更好地为工作服务。

由于不懈努力，他很快掌握了各种园林绿化基础知识和实际操作技术，不断提高了自身的综合素质和专业技能，工作也做得越来越好。不仅如此，他还认真了解园林绿化业务及体制，学习团队运作知识。

葛传远不仅仅是在平时无微不至地关心着队友，而且在遇到麻烦时更是挺身而出。2014年的冬天，兰维琴、兰艳红、袁春华3名绿化工人正在毕节一小路段给树木日常刷漆防护工作，有个人把拖把靠在了已经刷好漆的树上，他们就把它挪到旁边。谁知道拖把的主人出来就吼道：“是谁乱动我的拖把？”于是双方发生了争吵，越吵越激烈，拖把的主人就打起人来，当时兰维琴3人赶紧离开，拖把的主人却追着打了出来，袁春华还被打成轻微骨折。葛传远在了解事情的原委之后，马上去了当地派出所报案，并通过电视台曝光。经过他的努力，最终3名绿化工人获得4万元的赔偿，并且打人者通过媒体向他们道歉。

2013年，有一次要紧急修理城区中央绿化带，覆盖面从百里杜鹃路，经兰苑花园、洪南路、洪山路、拥军路、麻园路、学院路直达毕节市水电技校一段。时间紧、任务重，整整一天，这支24人的队伍一刻也没有休息，午饭也是随便解决了，最后工作结束的时候没有一个人的头发是干的，全被汗水浸湿了。

勇于担当用心搞好园林绿化的建设。在园林局的四年里，葛传远的身影遍布在七星关区园林绿化工作的每一个地方。早上七点离家，傍晚七点回家，没有周末，连节假日都很少有，就这样日复一日、年复一年地忙碌着。大到园林建设工程，小到日常的修剪除草、抗旱浇水、病虫害防治等，葛传远事无巨细，都会亲自上阵，更别说遇上干旱、狂风暴雨这样的紧急情况。“确实累啊！不过觉得很充实，辛苦而快乐着，一切困难都是暂时的！”他是这样说的，也怀着这样的心态去做。

2012年和2013年，毕节遇上了干旱，特别是3月至6月这段时间特别严重，而整个七星关区中心城区所有的绿化都是由这支绿化队伍来做，工作任务相当繁重。为了保证城市的绿化带不被天气所破坏，葛传远带领着队伍，不分白天夜晚，轮流给绿化带植物浇水、除草。

四年来，葛传远带着他的队伍共修剪城区绿化带面积达125.07万平方米，全面地对城区行道树进行整形修剪2次共1万多棵，除草28次面积达89.26万平方米，清运杂草、断概、枯枝、病虫枝、树池石块、砖头共计700多车。然而，葛传远只是欣慰地说："只要大家住得舒适我就满足了。"

由于在园林绿化局出色的工作业绩，2015年8月，葛传远被调到七星关区城市市容环境卫生管理局担任局长。

葛传远始终战斗在环境卫生工作第一线，无论三伏酷暑还是数九严寒，无论风雨交加还是漫天飞雪，始终为试验区的土地增绿添彩！

董武刚

董武刚，贵州省毕节县（今七星关区）人，于1962年9月出生于贵州省毕节县观音桥。高中文化，中共党员。

1979年7月董武刚高中毕业；1980年参加集体劳动；1981年至1999年，从事个体经营；2000年任观音桥办事处塘房村委会主任助理；2001年11月1日加入中国共产党；2001年至2010年，任观音桥办事处塘房村委会主任；2011年获"贵州省优秀共产党员"荣誉称号；2008年起任塘房村党支部书记。

敢想敢干，是董武刚工作的最大特点。董武刚先后创办了采石场、砖厂、建材厂和塘房村第一家农家乐，带动村民创业，解决了上百人的就业；塘房村原来是一个无经济积累、无办公场所、一穷二白的负债村。董武刚任职后，以无私奉献、敢于拼搏的精神，带领村"两委"班子艰苦奋斗，把塘房村变成了一个集体资产近千万元、拥有1500平方米办公场所，办公设施齐全的富裕村；董武刚带领村"两委"班子积极开拓，勇于创新，先后创办了塘房村砖厂、水厂、停车场。让村民以土地入股等方式，参股经营物流公司、二手车市场等企业。使一穷二白的塘房村，每年集体经济收入几十万元。发展壮大了集体经济后，有了钱就为百姓办实事。塘房村先后投入几十万元提前完成了全村通组路、连户路、院坝硬化；投入几十万元完成了沟渠、广场等设施和环境的治理与完善；开辟了村级临时救助通道，使看不起病、上不起学的困难群众能得到及时地帮扶和救助。十几年来，董武刚个人向五保户、贫困户、贫困大中小学生捐资几万元。在他的领导和筹划下，2015年年底，村投资30余万元对全村实施亮化工程。

由于工作积极，业绩突出，董武刚不仅得到了市、区级的各种表扬奖励，于2011年还被中共贵州省委授予"贵州省优秀共产党员"荣誉称号。

傅善忠

傅善忠，贵州省毕节县（今七星关区）人，大学文化。曾任贵州省墙体材料工业协会副秘书长、中国硅酸盐学会烧结制品学术委员会委员，贵州省硅酸盐学会、贵州省土木工程学会建筑材料专业委员会常务理事和贵州省墙体材料专家团成员。

傅善忠于20世纪50年代中期投身革命，从事公安工作20年，是毕节公安系统知名侦察员之一，侦破过许多重大疑案，人称"小诸葛"。酷爱业余文学创作，早期代表作有其同名小说改编的十场京剧《戛拉山灭匪记》，曾代表毕节地区参加西南戏剧调演。1959年，毕节地委、行署授予"国庆十周年先进工作者""毕节公安系统技术革新能手"称号，出席全省"公检法先进工作者代表大会"，经大会选举，于同年9月出席"全国公检法先进工作者代表大会"，授予"全国公安系统先进工作者"称号，受到党和国家领导人的亲切接见。

1984年，被调回毕节城区工作。他白手起家，在毕节县经委主持筹建毕节县建材工业公司。集建材商贸、农房建设、农房建筑设计于一体，实施"生产与经营并重，生产基地建设优先"的策略，以科学技术为先导，首创节能、节地、环保为内涵，年产2000万块标砖等级的"页岩煤矸石砖机械化生产线”和“产品研制半工业试验”系统，1984年顺利投产。1986年，国家科技干部管理局授予傅善忠“经济师”职称。

他在企业经营管理理念的体制建设中，敢冒风险，以科技创新提高生产力水平。在短短的几年间，他所创办的公司经评审，进入“贵州省建材百强”排名第73位；毕节市页岩砖厂被国家授予“全国质量监督优秀企业”，成为贵州省唯一的一家国家挂牌砖厂；他主持的科研课题《侏罗纪页岩资源开发研究》，获地区科技进步二等奖；《隧道窑多产品同窑焙烧技术》，经专家鉴定为全省领先。1996年，国家两部两局、国家墙体材料革新与推进建筑节能办公室在北京召开的“墙材革新先进市县（区）和先进工作者表彰大会”上，毕节市人民政府榜上有名，傅善忠被授予“全国墙材革新优秀工作者”称号，同时授予奖章。是年，毕节市委、市政府授予傅善忠“有突出贡献知识分子”称号。

他从事建材工作后，努力进行社会科学、人文科学、建筑建材科学的学习与研究，在相关的学术团体中参与活动，常在国内核心学术期刊上发表论文，多篇具有前瞻性、实用指导性的论文获优秀论文奖，分别被国家权威科技部门收入大型文集出版发行。代表作《论跨世纪中国砖瓦工业化》在《中国建材》杂志发表引起反响，《砖瓦》杂志加编者按全文转登，《人民日报》摘要收入《中国当代社会科学技术成果荟萃》文集，《中国建设科技文库》全文收入。在中国硅酸盐学会房建分会第五届南京学术年会上，曾代表烧结制品学术委员会作题为《论烧结砖的社会地位及其在建筑工程中的价值》的长篇学术报告，许多精辟论点论据在与会千名专业学者和行业代表中受到称赞。对中国秦砖汉瓦到当今世界砖瓦众多特殊功能、对建筑构造科学、建筑艺术文化，乃至对未来建筑生态的价值取向等方面的演讲使全场爆发出“砖瓦万岁！”口号。论文被中国《建筑优化》编辑部编辑，山东大学出版社出版的《中国当代建筑论坛》大型文库收入。先后在全国科技期刊上发表学术论文近百篇，在墙材科技界有较高声誉。

1998年退休后，他仍笔耕不止，他与国家二级注册建筑师傅力澜、西安墙材研究设计院湛轩业研究员合作撰写题为《论砖瓦工业在循环经济中的抉择与思考》，在《砖瓦》和《砖瓦世界》杂志同时发表。“中国砖瓦工业协会”选送到中国建材工业协会主办的“中国国际杯”有奖征文大赛，获三等奖。受省主管部门委托，参加了由贵州建材科研院、贵州省墙材工业协会、中国地质总公司，贵州总队联合调研组就省政府的《贵州墙材革新》专题调研课题进行调查研究。历时半年走访64县市、行程万余公里，在采集全省相关资料信息的基础上，主笔撰写题为《贵州省墙材工业现状及发展建议》长达5万余言的专题调研报告，就贵州省墙体材料发展方向论证了对策，提出了政策建议。贵州省人民政府黔府发〔2000〕27号文《贵州省人民政府关于推进墙体材料革新和建筑节能的意见》中，对调研报告的建议作了采纳，继后应贵阳市经委邀请参编了《贵阳市墙体材料发展观》。参编完成《中华砖瓦史话》大型图书，由国家建材局原副局长杨志元作序，中国建材工业出版社出版发行。在北京展览馆《中华砖瓦史话》首发仪式上引起了参加仪式的专家学者的关注。国家图书馆、上海图书馆和清华、北大图书馆都有收藏。该书在国际学术交流中，传到美国、德国、意大利、日本和我国台湾地区，在国际砖瓦行业中有一定影响。又一部力作《砖瓦文化与可持续发展建筑》大型图书编著完成，并向国家申报，谨以此书向“新中国成立60周年献礼”。

焦中华

焦中华，贵州省毕节县（今七星关区）人，1969年7月出生，1986年参加工作，1990年3月加入中国共产党，中共贵州省委党校在职本科学历。

1986年10月至1990年4月在西藏甲格56023部队46分队服兵役；1990年4月至1992年3月在朱昌区花厂乡工作，任花厂乡团委书记；1992

年3月至1997年9月任毕节县(市)岔河镇团委书记；1997年9月至1998年12月任毕节市(县级，下同)岔河镇党政办副主任；1998年12月至2001年12月任中共岔河镇党委委员、纪委书记；2001年12月至2004年12月任中共岔河镇党委副书记、纪委书记；2004年12月至2006年6月任岔河镇党委副书记、镇长；2006年6月至2007年9月任中共岔河镇党委书记、人大主席；2007年9月至2010年12月调任撒拉溪镇党委书记，在此期间，于2008年7月当选为撒拉溪镇人大主席；2010年12月至2011年11月调任毕节市民政局党组书记、局长；2011年11月至2012年12月任七星关区民政局党组书记、局长；2012年12月至2015年6月任七星关区民政局正科级干部，期间，2013年3月至2014年3月任毕节市黔西北产业园区开发建设有限公司负责人，2014年3月至2015年6月任毕节市德溪建设开发投资有限公司负责人；2015年6月调毕节市德溪建设开发投资有限公司工作，2015年8月任毕节市德溪建设开发投资有限公司董事长、法人、总经理，同时，任毕节开源建设(集团)投资有限公司董事。

焦中华是中共七星关区委第一次党代会代表，中共七星关区委一届委员会候补委员，中共毕节市委(地级)第一次党代会代表。

2010年12月获贵州省人民政府表彰，“在全省抗旱救灾和森林防火工作中，作出突出贡献，给予记一等功”。

2010年入秋后，撒拉溪镇遭遇了历史罕见的特大旱灾，全镇出现3.5万人饮水困难，1.3万亩小麦几乎绝收，2万亩洋芋难以栽种，烟苗出现枯萎，4500亩核桃苗死亡达70%，3600亩生态种草难以出土，受灾损失达2000余万元。在钟山村老花岩看到群众从石缝里用橡皮管取滴滴水，焦中华神情凝重、忧心忡忡。面对严重的旱情，他及时组织召开党政办公会议，研究制定《撒拉溪镇2010年抗旱救灾应急预案》，成立抗旱指挥部并亲自担任指挥长，抽调党员干部及村干部组成20个抗旱工作组，明确各部门的抗旱责任。建立党政领导干部分片到村指导抗旱工作制度，由党政班子成员分片带队，村干部分片到村民组，进村入户开展抗旱救灾工作，为全镇抗旱抢下先机、打牢基础，赢得了主动。

抗旱期间，撒拉溪镇共得到上级各部门、社会各界人士的捐资40余万元，矿泉水317吨，组织车辆送水340余车次，运水量达1800余吨，3.5万群众饮水困难得到解决，出动森林防火417人次，实施玉米营养坨育苗移栽2000余亩，辐射带动周边村寨实施营养坨育苗移栽5000余亩，为大灾之年“农业不减产、农民不减收”的目标打下坚实基础，有效保障了森林资源和广大人民群众生命财产的安全。

作为党政一把手的他，白天带领干部职工战斗在抗旱救灾第一线，晚上坚持召集各抗旱工作组负责人进行旱情会商，研究部署第二天的抗旱救灾工作。连续高强度的抗旱救灾，焦中华尽管身体非常疲惫，但其抗旱的斗志非常高昂，共产党员吃苦耐劳、冲锋在前的精神感染了身边的每一个人，全镇干部职工每天早出晚归，放弃了每个休假日，全身心投入到抗旱救灾工作中。

身先士卒奋斗一线，不辞辛劳一心为民。在抗旱大战中，焦中华白天顶住烈日酷热、晚上常常加班熬夜，勤勤恳恳地投入抗旱救灾工作，从没有叫一声苦、说一声累，一直坚守在抗旱救灾第一线，充分体现了一名党员领导干部情为民所系，利为民所谋，全心全意为人民服务的崇高思想。

谢世芳

谢世芳，贵州省毕节县(今七星关区)人，女，1965年5月生于贵州省毕节城区，1980年11月参加工作，1987年毕业于毕节地区卫生学校(医士专业)。

1980年11月开始在毕节县防疫站工作，从事后勤行政工作。1981年9月至1982年8月在毕节县卫生学校读书。1982年8月至1984年8月在毕节县防疫站防疫科从事传染病防疫工作。1984年9月至1987年8月在毕节地区卫生学校毕业（医士专业）后返回原单位工作，从事结核病防治。

谢世芳自1987年从事结核病防治工作以来，在结核病防治工作中，用踏实、科学的态度，不断总结经验，以提高自身的政治、业务素质，在结核病人诊断治疗管理、资料统报、实验室检查等方面，都获得上级领导及专家一致好评及奖励。1989年在省学习卡介苗接种中被作为典范，传授卡介苗接种技术。1990年参加全国第三次结核病流行病学抽样调查，在流调中负责资料的收集、整理、统计，为准确掌握毕节地区结核病流行趋势提供科学依据。1991年参与观察912例儿童出生后半年内和半年后卡介苗接种效果分析，并结合实践分析977例卡痕平均直径结素硬结大小关系的探讨，这一科学经验对没有条件作“PPD”试验的地方，作为卡介苗接种成功的依据具有指导意义。1991年至1994年为观察HT在不同地区、种族，使用剂量大小、毒副反应轻重，进行了“3RHT／9HT治疗初治涂阳结核病人毒副反应及疗效观察”，为经济不发达，缺医少药地区探索出了一个较适合的方案，并将此形成调研文章在《贵州防痨杂志》发表，1995年9月在中国防痨协会西南、西北九省结核病防治经验交流会上进行了经验交流，该成果1996年获毕节地区科学进步奖。1997年在执行《卫生部加强与促进结核病控制项目》中，不怕艰辛，带领全科不定期对农村病人进行家访、信访，发现一批抗结核组合药物阴转效果差的问题，通过上级专家调查问题得以解决，有效遏制结核耐药的产生，通过上级领导、专家验收获得高度好评，为毕节市结核病防治工作和结核病的控制奠定了坚实的基础，2001年开始陆续参与了结核病防治多个项目的执行，在项目执行中拟定了各项目实施计划和方案，以及区结核病防治10年和5年规划等，对项目执行中存在的问题提出整改意见和处理措施。2001年至2012年利用多个结核病项目，参与治疗了12267例结核病人，为区结核病的控制作出了积极的努力。2013年她为七星关区建立新型结核病防治服务体系，拟定方案和实施计划以及新型结核病防治服务体系各执行单位的工作职责等。由于出色表现，2001年荣获全国结核病防治先进个人奖，2005年被聘为贵州省结核病控制项目省级督导员，同年荣获“巾帼志愿者”称号，2006年再次荣获全国结核病防治先进个人奖。2008年她带领全科在最短时间内出色完成全国结核病基线耐药培养调查，为全国结核病耐趋势提供有力的科学依据，为此荣获了全国耐药基线调查集体奖，同年被评为全市优秀医务工作者。2011年被贵州省防痨协会聘为贵州省防痨协会理事，2012年获全省结核病全球基金项目先进个人和先进集体奖，2013年荣获中国防痨协会结核病专业技术表彰，2015年获“巾帼建功标兵”称号。

谢德发

谢德发，贵州省毕节县（今七星关区）人。1945年冬月初一出生于毕节县千溪千朗沟张家冲，兽医中专文化，中共党员。

1965年，谢德发在毕节农校加入共产主义青年团，于1968年9月在威宁县农牧局参加工作。1974年加入中国共产党，1968年至1969年上山下乡在威宁县牛棚区白碗知青队修范家田水库，任知青队长；1970年至1980年在威宁县牛棚区农牧站任站长；1981年至1983年在毕节县长春堡区畜牧兽医站任站长；1984年至1991年在长春堡区公所任副区长、党支部书记；1992年至1995年在毕节监狱黑石坪出入监大队任大队长、党支部书记；1996年至2002年在毕节监狱任生活卫生科科长；2003年至2005年在毕节监狱任后勤科主任科员；2005年12月在毕节监狱退休，退休后继续担任监狱关工委副主任、国土清查工作队顾问职务。

谢德发一生从事农技兽医、党政干部、监狱人民警察三种职业，幼有成人胆识，常以名节自励、立志报效祖国、感恩父母师长，业余喜好唱歌、育花、吹口琴、弹月琴、拉胡琴、理发、摄影、赋诗写作，善待别人，多行好事。曾参加各种团代会、党代会、积极分子代表会、先代会、群英会、表彰会、劳模会等上百次。受到很多领导专家学者启发，曾被省、地、县、团代会评为五好共青团员，曾被威宁县委和毕节地委评为劳动模范。曾被贵州省农业厅、司法厅、监狱局评为先进工作者，1994年至1999年连续6年被贵州省人事厅授予优秀公务员荣誉证。1992年获贵州省人民政府科技进步农技推广先进个人奖，获荣誉纪念章，十多次被基层评为优秀共产党员，40多次被评为先进工作者、先进个人，拥有各类奖状、荣誉证、奖杯、奖牌、匾牌上百份。1988年因任农业副区长，在青丰乡参加毕节试验区试点五子登科山水林田综合治理，任长江上游水保防护林指挥长，被评为地区先进个人和水保宣传先进个人，受到省委副书记龙志毅和地委书记禄文斌赞扬和好评。1993年在黑石坪指挥服刑人员种植粮菜丰收，洋芋个重公斤，获监狱科技进步三等奖。《走向新时代杰出人物特辑》等刊物均记载了他的人生事迹。他被司法部部长蔡诚授予一级警督警衔；被中央宣传部原副部长翟泰丰授予《中华民族的榜样》荣誉勋章，被全国政协原副主席张克辉授予《中华民族的榜样》荣誉证书，被司法部原部长邹瑜授予《报国栋梁》荣誉纪念章和证书，被文化部授予《中华时代风采人物》纪念章和《走进新时代》入编荣誉证及匾牌，被中国中外名人文化研究会授予《为人民服务领导者》纪念勋章、荣誉证和奖杯，被中国报道杂志社编辑出版的《中国力量、百名创业家风采》由全国人大常委会原副委员长布赫入编荣誉证。被中国中外名人研究会授予《弘扬长征精神先进个人》荣誉勋章和《红色文化传播大使》荣誉证书及星火燎原奖杯，被中外名人书刊编委会赠予中华人民共和国成立67周年纪念章。

谢德发一生勤劳、踏实、善良，对党忠心，对人诚心，对事用心，团结同志，吃苦耐劳，积极拼搏，奋发向上，心藏为人民服务的情怀，在人生晚年冲刺阶段仍有作为、有进步、有快乐，其善言善举，昭示着榜样的力量，升华着公益的美丽，书写着立体的“人”字。

十三画

靳光勇

靳光勇，贵州省毕节县(今金海湖新区)人。1958年生于贵州毕节县小坝公社豪沟大队人，大专文化。1980年参加工作，毕节农校副教授，教务科长，全国优秀教师。

自参加工作以来，靳光勇全身心投入农业教育事业，潜心钻研业务，积极推进农业教育教学改革。在长期教学活动中，坚持教学、科研和技术推广相结合，运用教学实践编纂中专教材一部，并先后在国内学术刊物上发表《试用丝绸修补牛病气囊》《猫的卵巢摘除术》《猡特大阴囊肿病》《马猡肢蹄病诊治的几点体会》《剖腹救治瘫痪孕马一例》等论文16篇。其中《预防性应用抗菌素在兽医外科临床的研究》一文获西南区科技论文一等奖，《兽医临床失误5例的浅析》一文获全国科技论文二等奖。

毕节农校兽医门诊部，既是历届莘莘学子的实习基地，又是农校周边村民预防和治疗牲畜的中心。靳光勇不但是门诊部主治医师，而且利用节假日深入农校周边村寨为村民义诊，防治牛、马、猪、羊、骡等各种牲畜疾病。年复一年计为村民挽回经济损失数十万元。

他20多年如一日，忠诚党和人民的教育事业，为全农业战线培养和输送了一批又一批合格的建设者和接班人，其中的佼佼者已成长为县处、科级干部及高级农牧兽医师等。

他默默奉献，不求索取，其工作成绩得到党和人民的充分肯定。1991年被贵州省农业厅评为“先进个人”；1993年被国家教育部和人事部评为“全国优秀教师”；1998年被贵州省委组织部评为先进个人，同年获毕节地区行署“毕深教育基金奖”。

他的事迹分别载入《贵州省优秀教师名典》《中国当代名人大典》教育卷、《中华劳模大典》和《毕节地区农业志》等书。

虞世昌

虞世昌（1918—1994），贵州省毕节县（今七星关区）人。1918年农历6月16日生于贵州省毕节县北三甲小河沟响水滩（今七星关区燕子口镇小水沟村）。

虞世昌出身贫寒，两岁时父亲病逝，姐弟二人由母亲张氏抚育。由于家中上无片瓦，下无立锥之地，张氏只得带着虞世昌姐弟到响水滩地主家当长年，用以维持母子生活。虞世昌长到12岁，就随背盐队伍到四川叙永背盐巴到贵阳，历尽艰辛，吃尽苦头。18岁时与对坡大寨铁匠家庭出身的詹二妹（解放后取名詹绍珍）结婚，在大寨帮人做工兼下川背盐谋生。

1950年虞世昌率全家回到故土——小河沟高家岭，参加清匪反霸工作。因其苦大仇深，被选为铁匠乡农协会筹委主席，领导翻了身的贫苦农民跟着共产党，斗地主、打土豪；土匪反攻，他率领乡农会武装与土匪作殊死斗争，巩固和维护了新生的人民政权，赢得了全乡人民的尊重和爱戴。1951年，被推选为铁匠乡第一届乡农民协会主席。是年，在县委党校（麻麻厂）接受扫盲学习。这对于虞世昌来说，真是渴时遇甘霖，他深深感激党的培养，拿出拼命三郎的精神，不分昼夜，刻苦学习文化知识，各项成绩名列扫盲班前茅。结业后，虞世昌回乡领导轰轰烈烈的土改工作。1954年秋，在上报农民土改中所获成果时，性格耿直的虞世昌与土改工作队队长发生矛盾，负气中，弃职回家。

是年底，在龙滩沟民办小学任教；1956年调青松小学任学校负责人。

1957年秋，虞世昌被调到铁匠乡沓苏小学任教。刚刚有点生机的农村，农民还十分贫困，交不出书学费。怎样才能减轻学生家长负担呢？向上伸手，不现实，各级财政都非常困难。虞世昌想到一个办法：带领学生开展勤工俭学，走自救之路。他把这一想法向村和乡领导汇报，得到大力支持。大屋基互助组拨给沓苏小学几亩荒地，用于学校勤工俭学。

勤工俭学历来是党提倡的教育主张，既能减轻学生家庭负担，又能锻炼学生的体能，让学生从小就养成热爱劳动的良好习惯。虞世昌身体力行，坚决贯彻执行党的指示。由于沓苏条件极为艰苦，上级几次调老师到沓苏小学任教，都没人愿意。虞世昌老师就一个人挑起四个年级的课，既是校长又是班主任也是课程老师。为减轻学生家长负担，在开出的荒地中，先搞短平快耕作：如先种荞子、洋芋、大豆等生长周期短的作物。他还搞起多种经营，养起五六头生猪，十几只鸡、鸭；猪、鸡、鸭和粮食拿到集市上卖。收到的钱，统一核算。1958年，沓苏小学的勤工俭学取得优异成绩。除去学生学杂费、书本费，学校开支外，还余现金200多元（当时一分钱可买一个鸡蛋，一斤大米才七分钱），粮食1000余斤。县文教办派出工作组到沓苏小学调研，写出《沓苏小学勤工俭学办得有声有色，很受农民欢迎》的调查报告，县政府行文在全县中、小学推广。后来，沓苏小学勤工俭学的事迹被写成《勤工俭学好》的通讯，被《毕节县报》《贵州日报》均刊登。是年12月12日，毕节县人民政府召开全县教育工作大会，贯彻毛主席“教育必须为无产阶级政治服务，教育必须与生产劳动相结合”的指示，沓苏小学勤工俭学的事迹在会上受到表彰。1959年3月，虞世昌被贵州省人民政府授予“勤工俭学先进个人”称号。

1964年，虞世昌到海子街区螃蟹井高桥小学任教，直到65岁时才离开他为之奋斗一生的三尺讲台。他的学子成百上千，其中，县处级以上干部、作家、医生、企业家等就有百余人。人们永远不会忘记这位为社会主义革命和建设，精心培育了一批批栋梁之材的老师。

虞世昌于1994年逝世，享年76岁。

路登书

路登书，又名路敦书，贵州省毕节县（今七星关区）人，1939年生于毕节县海子街烂泥田，中共党员，曾任纳雍一中副校长，全国优秀教师。

路登书终生从事教育工作，早年在海子街小学、海子街中学等学校任教，1980年调纳雍一中，1993年调毕节师范学校直至退休。

路登书忠诚党的教育事业，关心爱护学生，注意提高教学质量，所到之处均受到家长和学生的好评。在纳雍一中工作期间，从1981年到1991年，连续11年被评为县以上先进工作者、模范班主任、优秀教师和优秀党员。其间，1984年出席贵州省高教自学考试表彰大会，1986年被评为毕节地区优秀教师，1987年被评为纳雍县教育总支优秀党员，同年10月获省《少年作家》编辑部、毕节地区文联、毕节地区教育局联合颁发的“贵州省首届中学生写作竞赛（毕节赛区）园丁奖”，1990年先后两次被评为纳雍县直机关和纳雍县优秀党员，1991年获省工会“贵州省职工读书积极分子”奖，1993年，被评为全国优秀教师。

他在教学工作中注意调动学生学习积极性，鼓励学生动脑动手，加强自身能力的培养。在担任初中语文教学期间，根据学生年龄和知识结构等特点，指导他们写观察日记、说明日记和议论日记，选编作文自选集，让学生在实践中得到锻炼和提高，收到很好的效果。在担任高中语文教学期间，注意开辟第二课堂，指导学生办手抄报和班级周报，号召学生“人人当作家，个个做编辑”，自己写稿，自己改稿，自己编排，自己刻写，培养学生写作兴趣和语文综合能力。平时作文，要求学生自批自改和互批互改，让学生在扎扎实实的训练中不断得到提高。此举被一些教育专家认为“很有见地”“的确富有改革精神”。路登书所教学生在各级教育部门举行的多次作文竞赛中次次都有人获奖，有的还在省内外报刊上发表过作品，他也受到学生的爱戴。一个92级北大学生给他的信中说：“在高中时，听您讲课，特别是作文课，受益匪浅。”一位在武汉上大学的学生在贺卡中赞美他：“匍匐在地上，我仰望着这枝梅傲然于天地间的高洁……”一位读北京某重点大学的学生在信中充满感激之情：“我曾在您幽默的话语中警醒，在您威严的目光下奋进。”“您不倦的教导，编织成我浓浓的感恩之情”。

他在教学工作中敢于实践，又善于总结经验，先后在各级报刊上发表了《重视家长这支重要的力量》《材料作文一隅谈》《一种自我教育的好形式》《再谈精讲多练》《关键在于写》等多篇论文，有的被收入相关选集。路登书在任纳雍一中副校长期间，负责主持教学工作，强调教学工作是学校一切工作的中心环节，要求学校各位领导均应参加一个教研组活动，深入了解和具体指导教研组工作。坚持由学校领导、年级组长和教研组长为主，全年级教师均参加每月一次的教学工作检查，以便及时发现和解决教学中存在的问题，不断总结经验教训，并在全校认真推广教育改革家魏书生的教学经验，收到了良好的效果。

他从教近50年，大部分时间都在毕节、纳雍度过。在毕节从事高考补习班语文教学达10多年，仍在教坛耕作不息。他讲课深入浅出，生动有趣，让学生在欢愉中接受知识，学生称赞他“教书有美誉，弟子多服膺”。

十四画

蔡 鸥

蔡鸥，贵州省毕节县（今七星关区）人，1973年3月出生于今毕节市七星关区。大学本科学历，1991年11月参加工作，1992年8月加入中国共产党。

蔡鸥于1991年11月参加工作，1991年11月至1994年12月在武警云南边防队服役；1995年1月至1995年7月转业待安置；1995年7月至1999年12月在毕节市（县级市，下同）大新桥办事处办公室工作，期间：1996年5月至1999年12月任毕节市大新桥办事处团委书记；2000年1月至2004年8月在毕节市城市建设监察大队工作；2004年8月至2005年12月在毕节市城市综合执法大队工作；2006年5月至2008年4月任毕节市城市管理局团委书记；2008年4月至2009年10月任毕节市城市公交客运执法中队队长；2009年10月至2010年7月任毕节市城市建设监察大队副大队长；2010年7月至2014年12月任七星关区城市市容环境卫生管理局负责人；2014年12月至2015年12月任七星关区城市市容环境卫生管理局副局长。

“与苦、脏同伴，与假日无缘”，这是千万个城市环卫工作者的真实写照。蔡鸥、一位普通的环卫工作者，无疑又是这千万个之中当之无愧的代表，就是他，进入环卫大家庭以来，在平凡的岗位上默默工作，为广大市民排解了数不清的烦忧事，将满腔的情和爱无私地倾注到他所热爱的环卫工作上，用辛勤的汗水诠释着平凡的人生。

作为城市管理部门的一名普通职工，在工作岗位上他始终如一，严谨求实，勤奋刻苦，兢兢业业，较好的完成各项工作任务；作为一名共产党员，他时时处处以党员的标准严格要求自己，在政治理论学习、城市管理、联系群众和遵纪守法等各方面都较好的发挥着共产党员的先锋模范作用，以饱满的工作热情、扎实的工作作风、优异的工作成绩，得到各级领导和城管局干部职工的普遍好评，在2008年被毕节团地委评为“优秀团干部”；2011年被贵州省委评为“全省优秀共产党员”；2012年被毕节市委评为“优秀共产党员”。

蔡仁学

蔡仁学，贵州省遵义市人，1946年11月出生于贵州省遵义市红花岗区忠庄镇，1970年9月参加工作。本科文化，中共党员。

1971年10月至1972年4月在毕节县龙场区搞农村“斗批改”运动；1972年6月至1984年3月在海子街区农技站、兽医站工作，任兽医站副站长；1984年4月至1994年8月调毕节县畜牧局工作，任党组书记、局长；1994年9月至2001年10月调毕节市（县级市，下同）民政局任党组副书记、副局长（正科级）；2002年（56岁）正式离岗，2007年8月退休。

蔡仁学，在海子街区兽医站工作期间，因工作勤奋，刻苦钻研业务，努力为民服务，业绩突出，获中华人民共和国经济委员会、科学技术委员会、农牧渔业部、林业部授予“先进工作者”光荣称号。后参与完成毕节县超低温冷冻黄牛精液并获得成功，获毕节地区授予的荣誉证书，并获贵州省人民政府颁发“贵州省科学技术进步四等奖”。在省农业丰收计划工作中作出贡献，荣获贵州省农业厅“采取综合技术措施，促进生猪稳步发展项目”二等奖。在民政局工作期间，服从分配，努力工作，得到了同事和服务对象的好评。1999年被毕节市民政局党组和毕节市市直机关委员会评为优秀党员；在殡葬改革工作中获殡葬改革先进个人光荣称号；在勘界工作中被地区行政公署评为先进个人。

廖俊忠

廖俊忠，四川省璧山县人，1920年4月出生在四川省璧山县中心乡。1951年至1953年在毕节县纺织三厂任保管员；1953年10月至1954年4月在毕节二街粮店工作任营业员；1954年4月至1959年5月在毕节县三粮店工作任营业员；1959年5月调毕节县城关粮管所工作直至退休。

廖俊忠自工作以来，工作积极，任劳任怨，爱岗敬业，服务热情，能吃苦耐劳，办事踏实，业绩突出，无论在什么工作岗位，他都尽职尽责，认真钻研业务知识，工作兢兢业业，全心全意为人民群众服务，一心扑在工作上，从不计较个人得失，经常加班加点，保质保量完成上级下达的各项任务，为粮食工作做出较大贡献，真正发挥了党员的先锋模范作用。因工作实干，业绩突出，经单位推荐，相关部门评选，1959年5月获得“贵州省劳动模范”荣誉称号。

廖康富

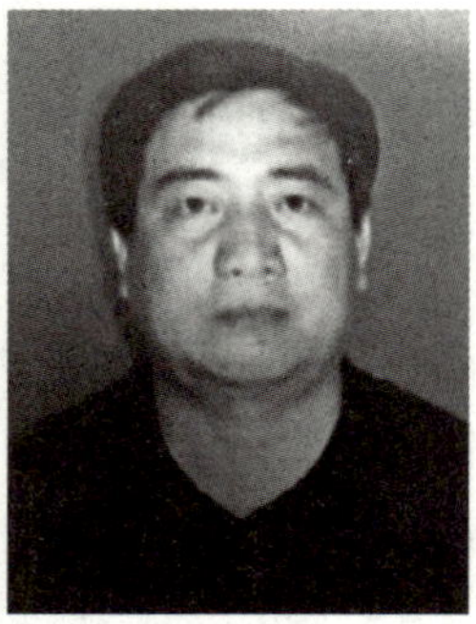

廖康富，贵州省毕节县（今七星关区）人，1964年1月出生于毕节县撒拉溪。1981年8月在毕节县杨家湾区农技站参加工作。本科文化，中共党员。

廖康富参加工作后，先后任农技员、副站长，（其间：1985年9月至1987年7月在毕节地委党校学习）；1984年12月加入中国共产党。1987年12月调毕节县杨家湾区公安派出所工作；1991年12月调毕节县放珠公安派出所工作，任所长；1996年1月调毕节市（县级，下同）政法委工作，任案件督查室主任（副主任科员）；2000年12月调毕节市何官屯镇工作，先后任党委副书记、镇长、书记；2003年6月任毕节市安全生产监督管理局党组书记、局长；2010年3月任毕节市、七星关区林业局党组书记、局长；2014年10月至2015年12月任毕节市七星关区工业经济和能源局（商务局）党组书记、局长。

出身于农民家庭的廖康富，从小热爱党、热爱祖国，刻苦学习，勇于上进。自参加工作以来，无论在何单位、何岗位，始终如一辛勤工作，奋勇争先，因工作成绩突出，曾先后多次被各级各部门评为先进，受到表彰。特别是2003年6月调毕节市安全生产监督管理局工作期间，克服了单位组建之初的各种困难，建立健全安全生产监督管理各项规章制度，狠抓安全生产培训和安全生产执法，使全市（区）各类企业安全生产事故和安全生产死亡人数逐年下降，有效地减少和避免了国家和广大人民群众的生命财产损失，为全市经济社会持续发展作出了积极的贡献。单位连年被省、地、市评为安全生产先进单位，为此，经各级推选，廖康富先后于2007年1月和2010年1月被国家安全生产监督管理总局评为“安全生产监管监察先进个人”，受到表彰。

熊　平

熊平，贵州省毕节县（今七星关区）人，女，1963年3月4日出生，2013年8月加入中国共产党。

1982年6月毕业于毕节地区撒拉溪卫校。1982年8月至1985年5月在毕节县大坪子医院工作，1985年5月至2002年10月在毕节县（市）皮肤病性病防治站工作，2002年10月起在毕节市（今七星关区）疾病预防控制中心工作。

有艾滋病患者曾说，当知道了病情真相的那一刻，犹如跌进冰窟，没有眼泪，没有愤恨，没有希望，因为对一切都绝望了。直到有那么一天，有那么一个人带着理解与尊重，带着真诚与友好悄然而至的时候，心才会慢慢苏醒，才会记起自己依然活着。这就是温暖的力量，而温暖的力量则来自于关爱与呵护！熊平，就是这样一个能带给艾滋病患者希望的人，一个给予他（她）们温暖力量的人。

熊平从1997年开始从事艾滋病防治工作，在

19年的艾滋病防治工作生涯中，见证了艾滋病防治策略的不断变化，见证了党和国家对艾滋病防治工作的不断重视。毕节县（市）、七星关区的艾滋病防治工作从无到有，从弱到强，熊平都全部参与。哨点监测工作的开展、艾滋病防治规划的起草、抗病毒治疗中心的设立、美沙酮门诊的建立、VCT门诊的建立，母婴阻断工作的开展等，都倾注了熊平许多的心血和汗水。

艾滋病的高危人群是一些特殊的群体，由于受社会规范、道德、舆论的影响，他们既要在生理、心理方面承受极大痛苦，又要面临巨大的社会压力。他们不愿暴露在阳光下，与他们打交道总是很难，而要让他们敞开心扉、真心以对，更是难上加难。面对他们，不仅需要耐心和细心，而且还需要爱心和勇气。熊平常常以一个母亲、一个大姐、一位朋友的身份去帮助和关心他们，创造性地开展工作，循循诱导，急他们所急，想他们所想，为他们排忧解难，帮助他们重燃生活的信心，重振做人的尊严。

熊平把全部的爱奉献给了所热爱的艾滋病防治事业，献给了那些饱受摧残的病人。在平凡的岗位上，她一直保持着务实的工作作风，良好的职业道德，爱岗敬业、勤奋学习。由于成绩突出，2013年被中华人民共和国人力资源和社会保障部、卫生和计划生育委员会授予“全国防治艾滋病先进个人”荣誉称号。

翟培芝

翟培芝，贵州省毕节县（今七星关区）人，女，1958年7月25日出生于毕节县鸭池区十八公社（今七星关区鸭池镇十八村东方红组）。本科文化，中共党员，小学高级教师。

翟培芝于1975年9月参加工作，1975年9月至1979年7月在鸭池十八小学任教，1979年9月至1983年7月在毕节二小任教，1983年7月至2000年7月在毕节五小任教。2000年7月至2014年任毕节六小校长、党支部书记。

作为教育工作者的翟培芝，自1994年至2000年，在毕节五小任教期间，所任教学学科，连续六年获市东片区第一名，连续8年年度考核为优秀；1995年6月，她指导的学生绘画作品《未来世界》获毕节地区级一等奖、她本人获辅导员一等奖。翟培芝工作成绩突出，为毕节教育事业作出了自己的贡献。1997年至2000年，连续四年个人被评为市（县级，下同）“优秀园丁”；1998至2000年所任教的班级，被评为市级“优秀班级”；2000年被任命为市东中心校教导主任。在此间，她任劳任怨，以提高教育教学质量为己任。2000年至2002年的学年度市东全区小升初，市东中心校升学考试成绩名列毕节市城区前茅。

2001年9月，翟培芝被提拔为市东中心校副校长，2002年7月调六小任校长。在任校长期间，她以“树人者必先强己，要管好一所学校，校长必须要具备高素质、高标准的管理理念”为准则。坚持“以德为本、以德树人，以育人质量强校，以责任心胜于能力”的管理理念。六小85%的教师是女教师，翟培芝身为女人，她懂得女人，善待每一位女教师，关心她们，体贴她们，充分调动每一位女教师的积极性，调动她们的教学热情。她认真组织师生学习党的方针政策，注重抓师德师风建设，精神文明建设，美化校园环境建设。率领全体师生争创文明窗口，教育全校师生树立“要先学做人，只有做好有道德文明的人，才能有所作为”的思想。从而使六小精神文明建设，美化绿化校园环境建设，得到社会和各级领导的好评。2007年被教育部、国家环境保护总局评为“全国绿色学校”，她个人被评为“优秀教师”；2008年六小被全国妇联评为“巾帼建功”文明单位，她个人被评为全国“巾帼建功女能人”。2009年翟培芝获得全国“道德模范”称号，获得全国“德艺双馨”艺术家称号；2011年获全国“中国教育管理创新”人物奖、贵州省绿色学校优秀教师等奖项。

翟培芝带领教师认真钻研业务，学习教材教法，研究各地教学经验，采取请进来走出去的办法，要求教师学习优秀教学方法，认真上好每堂课，向四十分钟要教学质量。她指导中青年教师编撰的《校本教材》《走向阳光》，获得毕节市教研成果一等奖；《走向阳光》《法律读本》获省教育厅颁发的教研成果一等奖；她本人撰写的《城区小学管理浅谈》《阅读教学与农村小学作文教学之我见》《浅谈班级管理》等八篇论文，在《中国教育科研论坛》《教师教育科研论文专刊》上发表，分别获一、二等奖。

翟培芝对教育事业倾注一份深深的爱，不断追求，大胆工作，努力提高教育教学管理能力和文化知识能力，带领中青年教师参加大专、本科学习。经考核，翟培芝先后获得大专文凭、本科文凭。她同时还参加了教育部主办的全国小学校长高级研修班培训，获得合格证书；参加国家行政管理学院小学校长培训，取得合格证等。

为了提高全校教师整体素质和教学水平，翟培芝不断派教师出去学习培训，不断提高教师教学能力。在她领导和组织下，六小师生不断刻苦学习，教学质量大幅度上升。每年小升初考试，总成绩均名列城区前茅。她和全校师生为毕节教育闯出了一片蓝天，得到社会、家长及各级领导的好评。学生从1100多人，发展到5000多人，从18个班扩展到50多个班。她和学校均获得了不少殊荣：第六小学校被评为全国课题研究“先进校”“体育条例管理先进校”“全国教育教学管理先进校”。被贵州省教育厅评为“教学常规管理先进校”“体育工作管理先进校”；全省校务公开先进集体。她个人被评为“中国教育管理创新人物”、全省“五一劳动奖章”、全省教育教学优秀管理者、全省“科普工作”先进个人、全省“特级教师”。

翟培芝还把关爱留守儿童的工作，作为教学管理的一项重要任务来抓。留守儿童家长不在身边，她要求教师，要把自己当成留守儿童的家长，关心学生，热爱学生，当好每位留守儿童的“父母”，使留守儿童感到学校的温暖和社会的温暖。2008年至2011年，六小被全国妇联评为“全国家庭教育先进校”“千所留守儿童示范校”；被省妇联评为“家庭教育示范校”；被团省委评为“优秀少先大队”。翟培芝个人被团省委评为“少先队工作先进个人”“家庭教育工作先进个人”，被毕节市（地级）评为“名校长”。先后获得毕节行署的“特殊津贴”，“毕深”教育奖励基金等待遇。2002年以来，她连任两届市（县级）人大代表、两届人大常委。2012年，翟培芝当选为中共七星关区党代表、七星关区政协委员。

十五画

颜群英

颜群英，贵州省毕节县（今七星关区）人，女，于1935年4月出生。1958年进入供销社工作，中共党员，全国劳动模范。1987年5月退休。

在林口供销社工作期间，颜群英几十年如一日。工作上，她肯学肯干，能吃苦耐劳，哪里有困难她就往哪里，按照颜群英的话说：“那时社会风气好，全心全意为人民服务的思想深入人心，为国家做贡献，为人民奉献一切，是每个参加工作的人的理想。在工作中总觉得全身上下有使不完的劲儿，领导上叫干什么，从不讲价钱，更不会争待遇，都会认为是组织上对自己的培养，都会感到是一种责任，都会尽心尽责干好。”颜群英在供销社工作，面对的是广大人民群众，只要群众有求，她想尽千方百计，无论如何都要帮助解决。赶场天，群众进供销社购物的人多，她经常从早上8点钟开门，到晚上10点才关门，没有歇过一刻。有时，顾不得吃饭，连喝水都没时间。脚站肿了，声音讲沙了，手累疼了，她还是必须坚持住。她知道，群众从五里八乡到供销社来一趟不容易，她把群众当亲人，把工作当责任。有时群众有急需，不管半夜来，凌晨到，颜群英照样起床热情地接待。在物资极度紧缺的情况下，她廉洁自律，不会因自己手中掌握着物资，而近水楼台先得月，去占国家的任何便宜。发给她家的布票、糖票等，她总是送给急需的群众。她优良的工作作风和为人民服务的精神，得到了广大群众和上级领导的一致好评。颜群英在工作中，注意团结同志一道工作，耐心细致做好落后职工的思想工作，帮助有实际困难的职工解决困难。对待同事像春天般温暖，那家有事她都乐意去帮忙。颜群英认为：同事之间在一起工作就是缘分。所以平时总是热心礼貌地对待每一位同事、领导；颜群英的家庭可谓是相亲相爱的一家人，她就是一位地道的贤妻良母。她说："要得一心扑在工作上，首先要让家人理解你，支持你。"

颜群英用她的实际行动，谱写了一名供销社职工爱民、服务于民的乐章。她的无私奉献得到了群众的赞扬和组织的肯定。1982年12月，颜群英获得了"全省供销社劳动模范"和"全国三八红旗手""全国劳动模范"的光荣称号。

十六画

薛廷枢

薛廷枢，贵州省毕节县（今七星关区）人，1956年4月出生于清水小沟毛家沟，中专文化，中共党员，1975年参加工作。

担任过教师、文书、统计员、乡党委副书记、镇政府办公室主任、计生股长、司法所长等职。这一干就是42年。曾荣获"贵州省优秀调解员""优秀水利工作者""草根军事作家"等荣誉称号。2015年被贵州省人民政府表彰为贵州省"优秀人民调解员"。

2005年，清水铺镇计生工作队要求小沟村村民李清发到镇上的计生服务站进行结扎，结扎后李清发突发抽筋现象，家人立即把他送往城区医院，不料刚送到医院门口，李清发不幸死亡。李家连夜组织多名群众于第二天下午在毕节城区内游行，围攻医院，声称要"讨回公道"。薛廷枢闻讯后立马赶到医院，慰抚逝者家人及其朋友。并在现场苦口婆心地从法律、人情、利害关系、社会影响等各方面反复做李家的思想工作，同时协调当事双方代表坐下来协商调解；在薛廷枢的主持下，经过三个昼夜的不懈努力，一场因意外死亡引起的群体性事件平息了，双方终于握手言和。

2013年，生机镇耿官村村民刘义的女儿考取山西师范大学，山里娃终于有机会走出去了，一家人为此很是兴奋。录取通知书寄到生机镇政街上时，刘义便骑摩托车搭载女儿和媳妇一同去镇上拿。不料在行驶途中，摩托车被一辆从团结乡方向驶来的车撞倒，刘义当场死亡，其余二人受轻微伤。车祸发生后，区交警大队十二中队立即出警处理，但双方未达成一致意见，情绪激动的刘义家属迅速集结上百人扬言要去交警队讨说法。

为了避免矛盾纠纷的升级，清水铺镇党委、政府立即启动应急机制，迅速委派薛廷枢介入调解。刘家提出了赔偿40万元要求，并扬言不按这个数额赔偿就"白刀子进红刀子出"，可是肇事司机只同意赔偿15万元，双方标准悬殊太大。怎么办？一向号称"难不倒"的薛廷枢这回也犯难了。当天上午，他与同事一直做刘家的思想工作，晓之以理，动之以情，却未能说服；下午，他又亲自做肇事司机的工作，让司机看在孩子的分上多赔一点儿，对方回应："不行！"

一天时间过去了，调解毫无结果。夜深人静，薛廷枢久久不能入睡，在自家院子里来回踱步，苦思冥想，寻找解决问题的办法。

第二天，薛廷枢就找到刘义的女儿。一方面是对其父亲的离去表示痛心，并掏出腰包拿出100元钱作为对其家庭不幸遭遇的慰问，另一方面，薛廷枢又从法律和责任的角度劝说刘家放弃过高的要求，回归平常心。刘家被薛廷枢一片至诚之心所打动，表示一切听从薛所长安排；随后，他火速来到肇事司机身旁，苦口婆心做工作，至情至理做劝说，肇事司机也被薛廷枢诚挚的言行所打动，表示服从调解，车祸最终以肇事司机赔偿刘家22万人民币得以解决。

16年来，他先后调解各种重大疑难矛盾纠纷100余件；跨省区为农民工协商解决工商、交通事故22次，争取依法赔偿补助400余万元；为弱势群体无偿提供法律援助30余件，为其挽回经济损失达200余万元。薛廷枢，这位扎根在农村基层的调解员，把一片真情洒在了家乡这方沃土，把无私大爱献给了千家万户。2015年11月，薛廷枢获得了“贵州省优秀人民调解员”的荣誉称号。

参加工作40多年来，他亲自指挥了十次农村交通、水利水保建设。1983年，薛廷枢负责指挥难度较大的石桩营煤矿至清生公路干线交界处的马安山矿山公路支线的新建工程，通过他亲临指挥和紧张工作，圆满地完成了任务。

1988年，薛廷枢争取了当时毕节县崔家沟水库除险加固人饮配套工程项目。施工期间，他白天指挥，晚上研究指挥方案，经常深入到村、组中，认真做群众思想工作。经过两年的不懈努力，工程圆满建成。由于工作出色，他被评为毕节县优秀水利工作者。

1992年，薛廷枢圆满完成了清水人饮工程、碾子沟防沙固方工程，以及清水铺镇许家沟经果林场的开发实施三个工程指挥任务。1994年，薛廷枢克服种种困难，胜利完成了凉水沟电站工程指挥任务。1999年，他又亲自指挥清水铺镇石井片区水保工程。十余年间，他多次负伤，但从不叫苦，不计较个人得失，不管在什么地方，总能干出一番造福当地群众的事业。而他印象最为深刻的是修建宁家村落底沟新建大沟工程。1999年3月，当薛廷枢走遍全村山山水水，不顾个人安危，在深山峡谷、绝壁深涧中探察、测量水源，与当地领导群众反复研究，积极向上申报。经省扶贫办立项审批。拨款10万元，自筹资金3万元，当地人民期盼多年的宁家村落底沟新建大沟工程在2003年9月3日正式动工。身为村支书的薛廷枢责无旁贷地指挥这一水利工程，他以前多次指挥修水库，公路、防渗、水保、林场的工程，这一次算是第十次当指挥长了。

薛廷枢这样艰苦的劳动，辛苦的生活，村民们看在眼里，记在心上，深受感动。“不管任何时候，薛所长都奋战在第一线，他爱岗敬业的精神值得我们所有年轻人学习！”清水铺镇政府工作人员叶均平听说薛廷枢指挥工程的事迹后，打心底由衷佩服。

用智、信、仁、勇、严“五行说”以及丰富的经验当好一名调解员，编好一本军事书。

他参与《毕节市清水铺军事志》的编撰。该书十五个章节、数百余篇历史故事组成，笔触细腻。2007年开始，薛廷枢每逢下班后，都会走路回家，十多里长的公路他要走上4个多小时。整整两年时间，《毕节市清水铺军事志》手写稿得以面世，在年轻同事的帮助下，手抄版转为电子版。害怕书中有错字，薛廷枢经常校正文字至凌晨两三点。功夫不负有心人，当《毕节市清水铺军事志》丛书编撰后，得到了毕节军分区、区武装部的充分肯定，并获得了贵州省军区的表彰。

十七画

縻崇植

縻崇植，贵州省毕节县(今七星关区)人，1936年6月生于毕节。大学文化，中共党员。1963年于贵阳师范毕业后，分配到龙里县中学任教，次年担任校团委书记和县团委委员。历任龙里中学教导主任，龙里县民族中学校长，龙里中学党支部书记。1997年退休。退休后被龙里县聘请为“公务员培训班”“中小学校领导培训班”教师、县老年大学教师，为中国老年书画研究会会员、中国书画研究会研究员、香港画院画师和龙里县老年书画研究会会长。他在工作期间多次被评为县、州优秀教师。1989

年被评为全国优秀教师，并获奖章。1995年被评为贵州省中学特级教师，终生享受政府特殊津贴。2008年被评为黔南州老年教育先进工作者。

党的十一届三中全会的召开，极大地激发了他的工作热情。他急学校之所急，主动承担重担，除上两个班的政治课外，还要上一个高中毕业班的地理课，还担任教研组长和班主任。他认真钻研教材教法，结合国内外形势和学生实际，熔思想性、科学性、趣味性于一炉。学生十分喜欢他上的课，因而教学成果突出。1982年高考时，他所教的政治科及格率达100%，学生徐宁宁考了全省第一名。他教的另一科地理课，高考也名列全州第一。

他于1987年8月担任了龙里二中校长。二中由城郊一所高中和城内一所初中合并而成。任职后碰到一大堆困难：缺教室、缺教师宿舍，缺教师，缺运动场地。他想尽办法，到职中借教室安排初一学生；到体委求助，让几家老师住进体委更衣房。请来县医院的院长上生物课……克服了一个个困难。由于糜崇植日夜操劳，人瘦得像根藤藤。然而，困难再大也压不倒这个硬汉子，在开学典礼上，他号召全体师生发扬当年延安抗大的精神，艰苦奋斗。他立即投入班子建设、教师队伍建设、校风建设、校园建设。最终把二中建成一所全面贯彻党的教育方针的完全中学。

他清楚地看到，二中的教师队伍是一支青年人、师专学历多的队伍。虽然经验不足，但进取心强，要办好二中，希望还在他们身上。学校制定了一套提高教师素质的有效措施，并加强了教师业务档案管理工作。把教师的业务绩效和评职称、调工资、发奖金挂上钩。他亲自给青年教师上示范课。组织教师学习《师德十讲》，与教导主任一道听课，检查教案，诚恳地帮助青年教师改进教学方法，提高教学质量，收到良好效果。青年教师戴平、胡文义班级工作干得很出色，事迹发表在《黔南教育》上；洪齐祥、罗兴杰、陈平、刘亚明所教学生高考成绩均超过全省平均及格率。马尔立教的学生刘祥德参加全国祖冲之杯数学竞争，获得全省一等奖。1990年高考录取人数超过黔南州四个县的录取数。他又提出学校要把德育放在首位，以教学为中心，把二中建设成为一所具有良好校风的学校。组织师生认真学习了《中共中央关于改革和加强中小学德育工作的通知》《中学生守则》《中学生日常行为规范》，并分期逐条落实，从而有效促进了良好校风的形成，师生中好人好事层出不穷，学校被县委命名为“文明学校”。1989年，龙里二中被评为黔南州德育先进学校，同年腊月十三日，黔南州在龙里召开了“黔南州中小学德育工作会议”，糜崇植在会作了《如何抓好学生德育》的介绍。州委书记亲临会议，表扬了龙里二中的良好校风。

获得了全国人大民委的称赞。经上级批准，龙里二中更名为“龙里县民族中学”，成为一所培养少数民族人才的中学。

同心公园音乐喷泉

七 专业技术人才

二 画

丁建平

丁建平，贵州省毕节县（今七星关区）人，1937年出生于毕节县海子街烧杠箐，中共党员，中学一级教师，中华诗词学会会员。

丁建平童年即诵读诗词，恩沾其祖父、伯父和叔父。少年始读经史，获益于清末举人张湘谷先生。1953年，党和人民政府取缔地方私塾，丁建平进入新办学校就读。他对现代史一读就懂，对数理化课程也狠下功夫，成绩比较优异。1959年，毕节县人民政府行文解散海子街白马山中学高中班，所有高中班学生安排县辖各区当教师。丁建平被安排在杨家湾农牧中学任教，负责语文授课。1963年，杨家湾农牧中学精简教师队伍，丁建平被调到十五区中心校戴帽初中任语文教师。1971年，调到海子街中学主教高中语文，并连续送走四届高中毕业生，因教学成绩突出荣获毕节县教育局嘉奖。

1981年，丁建平调任海子街区红卫学校校长。在任校长三年期间，其励精图治，整肃校纪，学校秩序大大改善。因工作成绩显著，出席毕节地区模范学校先进代表大会。1985年，毕节县在虎踞山下创办毕节城区第七中学，丁建平被组织调第七中学任总务主任，1991年任该校校长，直至2000年退休。

丁建平自幼喜好中华诗词，在认真搞好教育工作的同时，经常写诗填词，创作了大量优秀的诗词作品。其先后出版了《闲散集》《夕拾集》《世俗文学》《祠谱文学》等个人专著，并主编《丁氏族谱》上、中、下三集。部分优秀诗词作品入编《中华诗词·贵州卷》《中国对联集成·贵州毕节卷》《鸡鸣诗苑》等巨著。个人词条荣入《贵州优秀教师名典》《毕节古今人物名录》等。丁建平现为中华诗词学会会员、毕节市诗词楹联学会理事。作品曾多次获得省、地（市）以上文学奖励。

四 画

王飞跃

王飞跃，贵州省毕节县（今七星关区）人，1960年生于毕节县城百花山。大学文化，副教授，金融专家。

1967年在毕节一小读小学，1972年小学毕业随父母到贵阳。高中毕业后响应毛主席知识青年上山下乡的号召，到毕节松林公社种马场当知青。国家高考制度恢复后，报考大学未录取。从此，懂得了人生的目标和追求，他立志一定要考取大学，通过5年努力，1982年终于考取了贵州财经学院财经系，实现了自己的理想。

上大学后，随着学习的深入，知道考硕士、博士深造的重要性，于是立志考研究生，参加社会实践活动。1986年大学毕业时参加考研而未取，但却碰上好机遇，西南财经大学校长到贵州财经学院考察，建议开办保险系，填补保险学的空白，然而当年的毕业生只有王飞跃写过一篇关于保险业的论文，加之平时成绩在班上一直都很优秀，就顺理成章留校工作，并到西南财经大学进修一年，回校后从事保险学的研究，1995年被破格晋升为副教授。1997年至1998年，被派到武汉大学法学院国际金融系当访问学者，师从当时国际金融法唯一的博士生导师刘丰名。2000年9月被派到加拿大吉尔大学学习一年，专修农业保险和财政金融，主要研究保险学理论、国际保险监管、社会保险三个方面，取得了学术成果。后从事贵阳城乡保险并轨问题的研究，同步组织实施加拿大政府援助贵州的一个生态能源项目，在黔西南开展试点，主要研究如何用草来代替煤的重大课题。

他著有《风险·保险及社会经济分析》《社会保险制度分析》两部专著，编写《保险学》《财政金融学》两部教材，分别由贵州人民出版社和贵州教育出版社出版发行。他先后撰写《我国现行保险税收制度分析及改革探讨》《贵州民族地区保险模式探讨》《完善我国保险市场的探讨》《我国社会保险的立法思考》《西部开发中贵州社会保险的政策思考》《解决保险合同争议适用的法律和商事规则》等20余篇论文在国家和省级以上刊物发表。其研究成果体现在保险的利润不是保费收入的唯一来源；保险的赔付率的高低正是保险公司社会效益好坏的体现，而不是考核保险公司经营成果的唯一指标；保险的经营行为应该主要体现在服务而不是保费的收取；要关注弱势群体，这是社会文明程度高低的体现，城乡每一个公民都享有社会保障权，这是宪法赋予每一个公民的正当权益，不应该城乡有别；我国城乡居民社会保障水平及程序的提高，是社会主义市场经济取得成就的标志之一等。他的这些论断已被保险业采用实施，而他成为有名的专家。

他走出毕节20多年，牢记曾任过纳雍县长、毕节地委组织部副部长的父亲的教诲：毕节虽然穷，但是有得天独厚的条件，可以发展绿色产业。王飞跃建议毕节要抓住西部大开发的机遇，在经果林上做文章，生态经济是将来的增长点；建立农产品收藏加工基地，既解决实际问题，又减少农村剩余劳动力的损失；毕节农村的保险业，要采取合作经济的方式搞起来，以传统的合作社，农民朋友容易接受。他承诺，毕节有什么事，函请就自费到达，社会保险的调查可在毕节选一个点，出一点力报答乡亲父老。

王飞跃算是毕节籍一名有学识、有理想、有抱负的金融专家，他决心为毕节的金融保险事业和经济发展，作出自己应有的贡献。

王昌平

王昌平，贵州省毕节县（今七星关区）人，1953年农历三月出生于毕节县海子街区前所乡（今七星关区碧海街道办事处彭家寨村五组），中师文化，中华诗词学会会员。

1961年在前所小学读一、二年级，1963年转海子街小学就读，1970年海小戴帽初中班毕业。在校由于学习成绩优秀，常受到老师的表扬，特别是作文常被老师在班上讲评。1970年国庆，学校在各班挑选优秀作文出校刊，王昌平的诗《祖国颂》被班主任路敦书老师选中后在班上讲评，称其诗写得“有点水平”。没想到老师的一句夸奖7年后改变了他的人生坐标，1976年10月粉碎“江青反革命集团”后，1977年秋适龄儿童入学人数猛增，前所小学决定在彭家寨大队招一名民校教师。当时学校物色的几个人除王昌平外全是高中毕业生，校长吴霖了解到当年老师的夸诗事后录用了王昌平。走上教学岗位后，他深知自己知识上的不足，在搞好教学工作的同时，如饥似渴地抓紧业余时间学习。后在教育部门举行的历次文化考试中，均顺利过关。由于各方面业绩突出，1988年被毕节县劳动人事局、毕节县教育局破格转为公办教师。于1991年贵州省中等师范函授广播学校毕业，2000年被评为小学高级教师，2010年退休。

王昌平爱好诗词曲联，简直是到了入迷的地步。经常是笔和草稿本放在枕边。晚上常为一个词或一个字难以入眠，他有一首七绝，写出了诗词创作的艰辛:《夜吟》

三更朗月五更星，辗转难眠酷爱情。

偶得珠玑如意句，床头伸手亮明灯。

多年的诗坛耕耘，王昌平取得了可喜的成绩。如1997年为了迎香港回归，《贵州日报》等单位联合举办了有奖征联活动，他荣获二等奖，表达了对邓小平同志的深情缅怀。出句和对句如下：

英旗永落太平山，看南海洪涛，洗尽百年奇耻；（出）

国策长兴香港岛，瞻邓公遗像，缅怀千古丰功。（对）

2015年为纪念抗战胜利70周年，《中华诗词》开辟专栏在全国征集抗战诗词。在数千稿件中，仅选出38人的作品在第九期刊出，贵州有二人入选，王昌平是其中之一。其作品是:《平型关大捷》

汹汹暴寇焰嚣张，三月亡华梦呓狂。

日落雄关神话破，天兵怒斩小东洋。

王昌平还在毕节市（今七星关区）诗词进校园活动中作出了突出贡献。在2008年毕节地区第三届大中小学生诗词大赛中，前所小学取得了优异的成绩，在全市（今七星关区）20名获奖辅导老师中，前所小学占4人，占百分之二十。一个小小的村完小，能取得如此骄人的成绩，该校负责中华诗词进校园活动的王昌平功不可没。

如今，王昌平已在省内外诗词刊物上发表作品数百首、副，并入选数部诗词楹联集，多次在各级诗词楹联大赛中获奖。

王明俊

王明俊，贵州省毕节县（今七星关区）人，1931年12月24日生于毕节城区水巷子。从小在家乡入学读书，勤奋好学，素有远大志向，学业有成。于1953年毕业于重庆大学电力系，继后考入哈尔滨外语学院，取得双学士学位。

1955年，在华北电力设计院工作，从事电力系统继电保护设计，业绩突出，1957年获北京市劳动模范奖章。1958年调中科院计算所工作，同苏联专家一道参加国家第一台104计算机存储器的调试投运，向新中国成立10周年国庆献礼，时为亚洲第一。1960年奉调回电力设计院从事电力部门第一台161计算机存储器的研制、第二代167计算机的逻辑设计和电力系统应用软件的开发，并作出了应有的贡献。1961年计算机投运后，于1964年获国家新产品二等奖。1973年，到中国电力科学研究院任电网自动化所所长、院副总工程师，升为正研级高工，享受国务院特殊津贴，长期致力于科学事业。1978年，获部科学技术先进工作者奖，参加全国科学大会，聆听邓小平“科学技术是第一生产力”的重要论述。嗣后，投身于改革开放的大潮，开拓进取，发挥所学专业的特长。1979年，随平武50万伏输变电工程负责国家第一套SCDA电网控系统（1979—1982）、四大网华中、华北EMS能量管理系统（1984—1989）的考察、谈判、联络、引进和配套开发。1985年，负责湖南EMS系统引进工程（1985—1986）、联合国开发署朝鲜国调工程（1992—1994）、绍兴DMS系统引进工程（1995—1996）的进出口技术考察、标书文件和合同谈判工作。其合同生效后，分别由电网、电网通信有关科研所承担引进和出口任务。个人为此作出了突出贡献。因此，1990年参加北京地铁一线技术改造供电自动化工程，负责和英国Vransmitton公司进行技术谈判、设计联络和工厂验收。1993年参与组织开发自主版权的CC-2000面向对象大型支撑软件。1995年起，开展配电系统自动化的研究工作，取得了科研成果。先后获政府和科研系统的奖励有：EMS能量管理系统投运后，于1996年获国家科委颁发的国家科技成果完成者证书；CC-2000投运后，合编出版有《面向对象设计的开放式能量管理系统》和《配电系统自动化及其发展》等电力新技术丛书，并获2000年国家科技进步一等奖；在中国电机工程学报、中国电力、电网技术、电力系统自动化、电力自动化设备等杂志上发表CBR和Multi-Agent在电力系统安全控制中的应用、新一代能量管理系统的开发和分布式问题求解的新途径、市场环境下负荷管理与需求侧管理、自愈电网与分布能源等方面的文章30余篇。其论述与科技含量引起同行的互学，知识界的好评，领导的重视。

曾任北京市人民政府专家顾问团第五、六届顾问，中企协专家委员会委员、北京地铁公司顾问、学院咨询委员。接受国家科学基金、国家科技评估中心、科技型中小企业技术创新基金等单位委托的项目评审；被邀为国家电网公司突发事件应急处理指挥系统总体设计组顾问。

五　画

申时全

申时全，贵州省毕节县（今七星关区）人。1953年6月出生于贵州省毕节县何官屯区对坡建华村。大学本科，中共党员，教授。

申时全1966年考入毕节一中，1971年至1973年，就读于贵州省毕节师范学校。1973年9月至1977年12月，在贵州省毕节县对坡小学任小学、初中、高中教师。1977年恢复高考，考入西北电讯工程学院（现西安电子科技大学）计算机科学专业学习；1982年1月毕业后，进入桂林电子工业学院（现桂林电子科技大学）担任教师，1985年被破格评为讲师。担任过教研室主任、实验中心主任、学院直属机电仪研究室主任。1993年12月，调入贵州大学从事教学科研工作，1995年被评为副教授，2001年评为教授。先后任数学系副主任、科技处副处长，并被评为贵州大学中青年学术骨干，贵州大学学科（学术）带头人。2003年11月调入广东广播电视大学（现广东开放大学）工作，任系主任、教授。于2013年7月退休，退休后受聘到广东科技学院担任教授，学科带头人，继续从事教学和科研工作。

申时全是广东省计算机学会理事、广东省计算机学会计算机教育分会常务理事、广东省计算机学会单片机分会理事。他主持和参加了国家七．五攻关课题4项，主持和参加贵州省科技基金项目、贵州省教育厅专项项目、贵州省科技攻关项目5项，主持完成企业委托科研项目5项，获得贵州省科技进步奖3项，其中2项为第一获奖人，获得贵州省优秀教学成果三等奖1项（第一获奖人），获广东省第七届教学成果二等奖1项（第一获奖人），发表学术论文共18篇。

申时举

申时举，贵州省毕节县（今七星关区）人，1962年5月11日出生于毕节县海子街区牧郎公社瓦窑坪大队。中共党员，本科文化，高级工程师、高级估价师。

1980年9月考入毕节地区农机学校，学习农机使用与管理专业，1983年7月毕业，同年9月分配到毕节县吉场区农机站工作；1987年6月22日加入中国共产党；1987年9月考入贵州工学院机械系专科班继续学习机械制造工艺及设备专业，1990年7月毕业；1997年8月又考入中央党校函授学院本科班学习经济管理专业，1999年12月毕业。

在农机站工作期间，历任吉场区农机站副站长、站长、小吉场镇农机站站长、小吉场镇大农口党支部书记、信访专职干部、纪委副书记等职，2009年借调毕节市（县级）物价局价格认证中心担任估价师、开展估价工作。在30多年的工作生涯中，因工作成绩突出，多次被省、地、市各级农机部门评为农机先进工作者，多年被党委、政府确定为年度工作优秀等次、优秀共产党员；荣获毕节地区第三届科技兴农人才奖，其负责的毕节市小吉场镇农机站也被中华人民共和国农业部评为“全国农机管理系统乡镇农机管理服务站先进单位”，申时举作为先进单位代表，去北京出席了农业部的表彰大会。当时，市委（县级）宣传部季善旭部长还对他的事迹写了一篇题为《身处夹缝又何妨》的报道，刊登在《毕节日报》上。

在价格认证中心工作的几年中，他虽然年龄渐大，但从未放弃终身学习的目标，不断更新知识。通过自己的努力，申时举获得国家发改委颁发的高级机动车估价师和高级汽车查验员资质证书。在每一次评估中，申时举为规范价格认定工作，保证价格认定结论客观、公正、合理、合法、及时的作出认定结论，及时有效的打击各种违法犯罪，他总是一丝不苟，严肃认真。由于申时全的工作对象主要是为公安系统审案评估，而公安所面对的又是千千万万的广大群众，所以，只要材料齐全，为了让公安部门更好的为人民服务，为了使违法犯罪分子得到及时的打击，申时全自己作出表率，加班加点也要把案子及时的完成，从来不分节假日。当然，任何事情都是一分为二的，有所得，也有所失。申时全对工作倾注了全部的爱，对父母的孝敬，对妻儿的关爱，就没常人那么多了。不过，父母和家人们都理解他、支持他，从不为家事耽误他的工作、拖他的后腿。

六 画

巩兰菊

巩兰菊，女，河北省南宫市人，1948年9月30日生于河北省邢台市，大专文化，中共党员，毕节市舞蹈家协会副主席兼秘书长，首席评委，副研究馆员。

1950年随父母南下，1957年落户毕节，1966年毕节一中高中毕业，1968年在原毕节县长春堡区青丰公社杉木坝村上山下乡，1970年12月至1977年8月在毕节县文化馆工作，1977年9月至1989年3月在重庆市大足县文化馆工作，1989年4月调回毕节地区群众艺术馆，1997年任副馆长。

巩兰菊从参加工作起，长期致力于舞蹈事业，对舞蹈创作，追求独特、创新，弘扬民族文化。1989年创办少儿艺术培训班，填补毕节没有少儿艺术培训的空白。1990年创作《牵手跳龙门》少儿舞蹈，获省文化厅、省少委会举办的第二届少儿艺术节编导奖；二十世纪九十年代创作的舞蹈《选》《金苗苗》《金河湾》《草海鹤的故事》，分别获省工会文艺汇演二等奖、省纪念遵义会议60周年舞蹈大赛表演三等奖及编导奖、省文化厅举办的文化艺术创作作品演展三等奖、省第四届少儿艺术节三等奖；1993年创作的《草海铃喧》被推选参加贵州省国际少儿艺术节展演。

2001年，巩兰菊代表作《月琴叮咚》舞蹈，经几选考评，获文化部、民政部、教育部、广电总局、中国残联共同举办的全国“第五届残疾人艺术汇演”二等奖和辅导奖。随后喜报频传：2005年编导花灯《争女婿》、创作的《杜鹃花开》，获省文化厅、省文联举办的第8届“杜鹃曲艺节”三等奖和省文化厅、民政厅、教育厅、广播电视厅、残联共同举办的省“第六届残疾人文艺汇演”铜奖；2008年创作《阿喽喽》，获省文联、省舞协举办的省“首届中老年舞蹈”比赛二等奖。

巩兰菊对舞蹈教学、培训、编导、民族民间舞倾注大量精力，经她培训的学员1800余人，为省、市专业歌舞团等单位输送了不少舞蹈骨干，有的带队参加国内外巡回演出，多次在国内获奖。她长期辅导、编排、培训过的有教育、烟草、金融、医疗系统和工商、税务、驻毕部队以及各县相关单位、企业等，使这些行业和单位的舞蹈爱好者逐年增多，提高了干部职工对舞蹈艺术的鉴赏水平，改变了这些单位缺乏文艺舞蹈骨干的局面。巩兰菊工作成效显著，1992年被省文化厅授予“贵州省少年儿童文化工作先进工作者”称号，1993至1994年被原毕节地区妇联评为“三八红旗手”称号，她的家庭参加省文化厅、省妇联等单位联合主办的“第四届家庭文化活动汇报演出”，被评为“优秀才艺家庭”。她2004年10月退休后，依然奔忙在舞蹈界，丰富了毕节城区群众的文化生活，为毕节市构建和谐社会、讴歌伟大时代传递着正能量。

吕茂廷

吕茂廷(1943—1996)，贵州省毕节县(今七星关区)人，1943年出生于毕节县层台，小学文化。中国报告文学学会会员，中国作家协会贵州分会会员，贵阳作家协会理事，高级政工师，曾任贵阳经济技术开发区党工委、管委会秘书处处长。

他勤奋好学，自学成才，从一个普通工人成为作家，高级政工师。自1959年以来，先后在省内外报刊上发表诗歌、散文、戏剧、评论、小说和报告文学作品300余万字，先后出版了《改革的回声》《高考悲喜录》《月亮启示录》等短篇、中篇集子，曾获省、市级报刊一等奖、优秀奖、二等奖多次。《茅酒沧桑曲》是吕茂廷贡献给改革时代的一部长篇纪实文学作品。

他数十年矢志不移，在完成繁重的业务工作的同时，坚持业余创作。作品紧贴生活，高扬时代主旋律，在社会上产生了积极的影响。

于1996年逝世，终年53岁。

吕贵荣

吕贵荣，贵州省毕节县(今七星关区)人，女，出生在毕节县小吉场区。中国农工民主党党员，1990年7月毕业于贵阳中医学院骨伤系，毕节市第一人民医院小儿外科·骨外科二病区主任。

她先后到重庆医科大学附属儿童医院小儿骨科、北京解放军总医院301医院关节置换外科进修，到深圳市医院及全国第一家模拟医院北京平谷医院及遵义医学院附属医院实习关节镜技术，擅长骨科和小儿外科疾病诊治和手术，是毕节市残疾儿童鉴定专家组成员、毕节市医疗事故鉴定委员会专家组成员、贵州省小儿外科学会理事、贵州省显微外科学会委员、贵州省运动医学外科学会委员。

在2015年贵州省“百优医生”推荐评选活动中获“外科能手”荣誉称号。

从事骨外科及小儿外科临床工作20多年，她具有深厚的专业理论基础和丰富的临床实践经验，与患者建立起了深厚感情。凭借着这些，在2015年贵州省“百优医生”推荐评选活动中，吕贵荣成为此次“百优医生”推荐活动中“外科能手”类别的优胜者之一。

她以医院为家。她认为：家庭的事，再大也是小事；患者的事，再小也是大事。26年来，她是这样说的，也是这样做的。

为提高骨科技术水平，更好地服务于患者，她一直站在骨科医疗的最前沿，学习上刻苦钻研，技术上精益求精。她遵循医学科学规律，注重提高科室人员的基础素质和实际操作能力，潜心于骨外科的研究和发展，常年坚持结合临床实践撰写论文，参加国家级的学术会议及研讨会。在她的带领下，小儿外科·骨外科二病区独立完成了毕节市首例高位颈椎前后路联合手术、毕节市首例关节镜下前交叉韧带重建术，多个高难度的手术已达到了全省的先进水平，赢得了社会各界的好评。

从医20多年，吕贵荣一直坚守在临床第一线，她的作息时间是由病人决定的，无论是双休日，还是凌晨，只要患者需要，她都会无条件地奔赴手术台前。20多年来，吕贵荣说自己从未休过一次假，她对待患者的真情付出，赢得了患者的一致好评。

怎样才算是一名好医生，吕贵荣有自己的理解：“面对生命，作为医者来说，不能有丝毫怠慢和马虎，在具备高尚医德的同时，还要有精湛的医术。在医患关系紧张的当下，医生虽然要面对来自工作等各个方面的压力，但是，与患者的沟通交流尤为重要，只要用真心、细心、耐心对待每一名患者，就能搭建起良好的医患关系。每当看到患者的身体一天天康复，尤其是听到患者一次次的赞扬时，觉得心里很自豪。而作为一名医生，患者的赞扬，就是医生最高的荣誉。”吕贵荣是这样想的，也是这样做，体现了白衣天使的医德医风和高尚情操。

朱明杰

朱明杰，贵州省毕节县（今七星关区）人，1944年农历正月生于毕节县海子街，中共党员，大学文化，高级兽医师。

从1952年7月起到1964年8月，在海子街和毕节县城读完小学、初中到高中毕业。1964年8月考入贵州农学院畜牧兽医系。1968年毕业后分在六枝特区岩脚农技站工作。1980年到六盘水市兽防站任副站长并主持工作。1995年10月晋升为兽医师。1995年11月至2000年任六盘水市兽医站站长、高级兽医师。2005年退休。

自参加工作以来，勤勤恳恳，忘我工作，在兽医战线20余年，对六盘水市的畜牧兽医事业做出了积极贡献。他主持实施兽防站的重大项目，在全市的技术培训和科研工作中亲自编写培训教材。1985年编写《家畜家禽防疫条例》及相关法规在全市下达执行。他编写的《集市贸易肉类卫生检验》《畜禽饲养与疾病防治》等书成为培训畜牧兽医人员的主要教材。1990年至1992年又编著《提高防疫质量，促进畜牧业发展》及《肉品检验阐述》《六盘水市畜牧业2000年规划》等论文及资料，获上级有关部门认可。他参加“六盘水市畜牧业综合规划”的拟写，本人完成四章。参与编写《六盘水市展望中的畜牧业》，主持六盘水市畜间伊氏锥病的普查。

1991年，参加《中国秘方大全》的编写，亲自献出4个秘方。他撰写的有关畜牧兽医文章，有的已刊印发行，有的正在刊印。他作为有贡献的高级兽医师，获得不少荣誉。1989年获省农业厅先进工作者称号；1992年获省“五号”病防治指挥部先进工作者荣誉证书；编写六盘水市畜牧规划获省级四等奖、市级二等奖。六盘水市畜牧区划获省级进步四等奖、市兽医学会二等奖等。他主编的《六盘水畜牧志》获贵州省人民政府“全省地方志优秀成果”奖。2002年获六盘水市委、市人民政府“先进科技工作者”的荣誉称号。

朱静波

朱静波，云南籍人。1963年生，一岁时，因父母都在毕节军分区任职，从小便随父母在毕节城读书和居住。他父母转业后，在毕节定居，毕节才是他真正成长的家乡。研究生学历，副总工程师、公司总经理。

1980年，朱静波在毕节一中高中毕业，考入沈阳航空工业学院。1984年大学毕业后，分到红林机械厂工作。1993年考入北京航空工业学院攻读研究生。毕业后回红林机械厂任销售部副部长、部长。由于朱静波奋力拼搏，积累了丰富的管理经验，1998年红林机械厂组建民品公司时，被任命为副总经理，并兼任副总工程师。红林机械厂改制后，他担任厂的副总经理，续兼民品公司总经理。2002年任红林公司总经理。

他对家乡毕节的感情很深。他每次到毕节探亲，总要到街上看看。在西部大开发中，毕节怎么办？他提出“放手让利发展民营企业”的建议，对培养人才方面提出了契合山区发展的思路。

任世贤

任世贤，贵州省毕节县（今七星关区）人，1947年8月18日生于毕节，大专学历，九三学社会员，贵州省电子计算机软件开发中心研究员，享受贵州省政府特殊津贴的专家。

他曾从事建筑施工20年，曾任贵州省建筑一公司总工程师办公室主任、贵州省园林建筑工程公司总工程师。后经组织协调，于1993年正式调入贵州省电子计算机软件开发中心，专职研究系统工程和项目管理理论。他从事科研17年来，独立完成了贵州科学技术基金资助的5个课题，主持完成了国家自然科学基金资助的4个课题；建立了网络计划技术的专门基础理论即网络结构符号，据之成功设计了没有逆向反演的网络计划技术即BAVT网络计划技术，发表科研学术论文60余篇，其中在核心期刊《自然科学进展》《中国科学基金》和《系统工程理论与实践》等发表专题论文13篇。由湖南科学技术出版社出版了专著《BAVT网络计划技术——没有逆向计划程序的网络计划技术》，该专著获得国家自然科学基金研究成果专著出版基金资助，建立了项目管理软件开发的基础理论即项目管理软件工程学，获得三个自主创新的软件知识产权。现系中国系统工程学会决策科专业委员会副理事长，中国建筑学会工程管理分会理事，贵州省土木工程学会副理事长和贵州工程管理分会理事长，系享受贵州省政府特殊津贴待遇。

刘　安

刘安，贵州省毕节县（今七星关区）人，1933年生，1954年毕业于成都体专，被分在黔西南州外贸局负责养蜂业务，高级经济师。

刘安参加工作后，主动配合畜牧局、供销部门及其他有关单位，充分利用当地良好的养蜂气候和丰富的蜜源，开展蜂蜜、花粉、蜂蜡、蜂王浆收购和出口工作。努力疏通蜂产品的流通渠道，变养蜂资源优势为经济优势，发展贵州养蜂基地，为北京、上海等外贸部门提供了大量的出口产品。

20世纪80年代，刘安主持贵州省土产、畜产进出口公司蜂产品的工作，介绍、帮助和推动有关厂家加工和生产蜂产品，使蜂产品更好地进入千家万户，甚至销往香港等地。他指导贵阳新天食品厂加工的“纯紫云英”瓶装蜂蜜，荣获第33届国际养蜂博览会铜奖。在产品自营出口方面，他配合厂家建起第一个出口蜂蜜加工厂，远销日本和欧洲。1989年，他随中国蜂蜜代表团赴日本访问和洽谈业务，并多次参加全国外贸蜂蜜会议和广州交易会；广交欧、美、日等外国朋友，为发展贵州省蜂产品加工业和推动蜂产品的出口作出了贡献，被评为高级经济师。

刘　荣

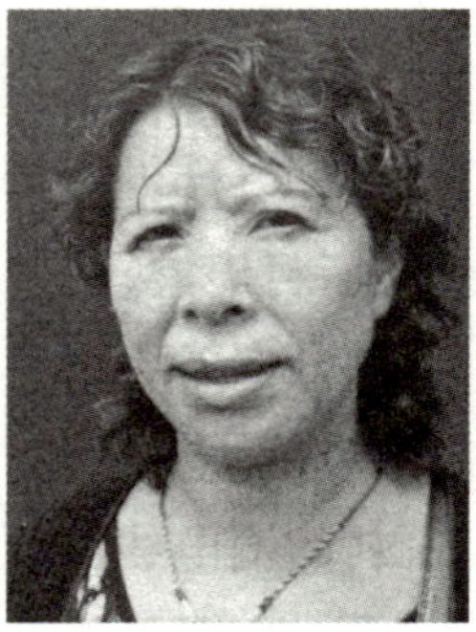

刘荣，贵州省毕节县（今七星关区）人，女，1952年9月生于贵州毕节城区，1976年毕业于遵义医学院医疗系。中共党员，内科主任医师，教授。

1968年12月，16岁的刘荣积极投入到知识青年上山下乡的洪流中，在当时的毕节县朱昌区小屯公社营脚生产队插队落户。她在营脚待了两年零八个月，这段日子她见证和体验到了农村的贫穷落后和农民生活的艰辛，尤其是农村缺医少药的状况深深刺痛了她的心，这也就是她日后坚定不移选择学医的原动力。1971年8月由于刻苦锻炼，表现积极，被推选到毕节一中读高中，1973年9月，刘荣高中毕业后如愿进入了遵义医学院医疗系学习。

1976年11月，她从医学院毕业后，被分配到毕节地区医院工作。1984年至1985年到省心血管病进修班学习一年后，开始专攻心血管疾病。1991年，刘荣独立撰写的论文《原发性高血压404例临床分析》被邀请在全国内科学术会议上宣读，并被国家级刊物《中国医学文摘》刊用。1994年，刘荣参加了卫生部全国50万例科研协作，完成“蝮蛇抗栓酶与血流变学的相关研究”。她担任地区医院课题组组长，对血栓病开展研究，得出心肌梗死的发生往往是由冠状血管血栓形成、斑块脱落堵塞血管，引起心肌缺血、坏死，进而危及生命。缺血性脑血管病的发生也与血栓形成有关，加强对血栓病的预防，通过“血流变检测仪”对血液黏稠度进行检测，一旦发现可疑情况，及时应用抗凝、降低血液黏稠度的药物，把血栓消灭在萌芽状态，从而阻止心脑血管病的发生。

1995年，为了提高有机磷（农药，如敌敌畏等）中毒抢救的成功率，她运用光量子血疗的方法与常规治疗相结合，通过对24例病人进行临床治疗观察，发现抢救成功率明显提高。她撰写的论文《光量子血疗治急性重症有机磷中毒24例临床观察》获地区科技成果奖，并被国家级刊物《中国中西医结合实用临床急救》采用，又被中国科技出版社出版的《急性中毒与抢救》一书收入。

腹膜透析和血液透析是血液净化的一种方法，对于治疗急、慢性肾功能衰竭和尿毒症及多种急性中毒性疾病等效果十分显著，可以有效排除体内毒素、缓解病情、挽救和延长病人的生命。1995年，刘荣与他人合作的论文《腹膜透析抢救混合性药物中毒10例》被国家级刊物《中国中西医结合实用临床急救》和《中原医刊》采用。

在毕节地区医院工作的30多年中，她一直坚持在临床第一线，1987年在国家恢复职称评定后首批晋升中级职称，任内科主治医师。此后在心血管疾病的临床治疗和研究中取得了突出的成绩，1993年晋升为内科副主任医师（副高级职称）、1998年晋升内科主任医师（正高级职称）。多年的临床实践经验和良好的职业道德，使她备受病人和同仁的称赞，曾多次受到医院及上级有关部门的表彰和奖励。撰写高水平学术论文共20多篇，均公开发表在国内权威期刊及专业书籍中。从1992年起任地区医院内一科主任。1998年至2008年连任贵州省心血管病学会委员，2000年被贵阳医学院聘为内科学兼职教授，2003年被遵义医学院聘为内科兼职教授。2008年作为业内杰出代表应邀参加在北京人民大会堂举行的第三届中华脊梁——共和国杰出人物国庆59周年座谈会暨国庆庆典。退休后被地区医院返聘为内科专家，继续从事内科专家门诊业务。

刘亦德

刘亦德，贵州省赫章县人，1927年7月生，在毕节生长、读书，中共党员，大学教授。

先后就读毕节师范学校附中、贵阳中山中学、毕节中学、贵州大学和重庆大学。1954年2月毕业于重庆大学机械系自动车专业，分配到第二机械工业部六局工作，同年3月，再次分配到呼和浩特机械制造工业学校（1958年更名内蒙古工学院，1993年更名内蒙古工业大学）任教。1954年秋至1955年冬，到北京机器制造学校（北京机械学院的前身）师资训练班学习机器制造工艺学及相关的技术基础课程；1959年秋至1960年初，到清华大学进修互换性与测量技术基础课程。在内蒙古工业大学机械系任教授。1991年8月退休。

1953年3月至1991年8月，在校主要从事教学工作。先后担任机械系机制教研室和计量教研室主任，负责开办机械制造专业本科和创办计量与测试专业专科；制订专业教学计划，组织和安排教学工作，主持切削实验室和公差实验室的建设工作；安排和指导学生生产学习、毕业实习和毕业设计。根据教学需要，1967年至1984年，先后编印了《互换性与技术测量》《公差与技术测量》和《形状和位置公差》讲义。结合学校实际，1973年至1985年，多次编印了《互换性与技术测量实验指导书》。与兄弟院校合作，先后参编了以下高校教材和教学参考书：《互换性与测量技术基础》《互换性与测量技术基础学习指导书》《互换性与测量》《互换性与测量技术基础学习指南》《几何量公差与检测习题试题集》。与校内老师合作，发表了三篇教学研究论文。其中，与方福来合作写了《如何做好考试的命题工作》和《关于“公差原则”教学内容和教学方法的探讨》；与李锡玖合写了《关于机械类（本科）专业划分及设置问题的探讨》，被学校高等教育研究会评为优秀论文。

组织和参与学校“三轴滑移”课题研究小组，研究完成《三轴滑移公用齿轮传动机构》项目，获1978年全国科学大会奖；《按最小条件评定不平度误差的新方法》《用准直仪测量不平度时求不平度误差的计算作图法》《三轴滑移公用齿轮传动机械的操纵机构及周节螺纹的研究》三个科研项目，均在1980年获内蒙古自治区科技成果奖；《公差与配合、形位公差速查组合拉尺》1985年获内蒙古自治区科技进步奖。另有三个科研项目分别获学校1986、1988和1989年科技进步奖。在职期间，先后发表学术论文10余篇，分别获奖或刊载在有关刊物上。在发表的学术论文中，《如何控制和评定键槽对称度误差》《用作图法求平面度误差的进一步探讨》和《键槽对称度公差及其检测方法的选择》三篇论文，先后获学校科技进步奖。这三篇论文还在1989年获内蒙古自治区自然科学优秀论文二等奖。

退休后，先后发表了《在万能工具显微镜上测量齿轮整体误差》和《面轮廓度误差的坐标测量方法和评定》等论文，分别在有关研讨会和刊物上发表。

除教学和科研外，他还先后有不少兼职工作。在校内，曾任校（院）务委员会委员、学术委员会委员、职称评定委员会委员、高等教育研究会副理事长、首届职代会常设主席团成员等职。在校外，曾任内蒙古机械工程学会第三届理事会理事和机械加工分会理事长；内蒙古计量与测试学会第一、二、三届理事会常务理事和长度专业委员会主任委员；内蒙古标准化协会第一、二届理事会理事；全画互换性与测量技术基础研究会第一、二届理事会和第三届理事会荣誉理事、标准化与互换性委员会委员和华北分会教学委员会副主任委员；中国机械工业部、中国机械工程学会机电工程师进修大学教学委员会第二、三届教学委员、内蒙古分校教学委员会委员呼和浩特分校副校长、呼和浩特市职工大学和呼和浩特市计量与测试研究所顾问。退休后，曾任内蒙古自治区老教授协会第一、二届理事会理事和内蒙古工业大学小组组长，重庆大学内蒙古自治区校友会首届理事会副理事长。

在职期间，多次被学校评为先进个人、先进教师、优秀教师、优秀教育工作者、优秀共产党员；多次获学术论文优秀奖、科研项目成果奖。1985年学校教学优秀成果二等奖，1990年被内蒙古自治区教育厅党委评为优秀共产党员，同年被内蒙古自治区党委评为全区优秀共产党员。退休后，1996年被中国机械工业部、中国机械工程学会评为“机械电子工程师进修大学机械学院优秀继续教育工作者”，1998年和2004年先后被内蒙古自治区老教授协会评为协会先进工作者和授予“竭诚服务、成绩卓著”荣誉称号。

刘亦德学识渊博，成果丰硕，是一名资深教授和有贡献的专业人才。

刘应文

刘应文，贵州省毕节县（今七星关区）人，女，1943年8月生于八寨坪果乐桥。中共党员，高级农艺师。

刘应文1968年毕业于贵州农学院，1968年9月至1980年7月，在六盘水市六枝特区岩脚区农推站从事农业技术推广应用，主要推广杂交玉米、杂交水稻的栽培及管理技术和玉米地膜覆盖、旱地育秧、烤烟栽培与烘烤等技术。由于新技术的推广，岩脚区的农业生产发展很快，产量大幅度增加，深受农民的称赞。1980年8月至1999年10月，调六盘水市农业局种籽站从事农作物新品种的试验、示范与推广工作，同时负责品种质量检验，把好种籽质量关。他投入农业技术的指导与推广，为六盘水市农业生产发展作出应有的贡献。1998年被农业部评为全国种籽质量检验先进工作者，并授予荣誉证书。

刘宝安

刘宝安，贵州省贵阳市人，女，回族，1934年9月生，1951年参军，中共党员。历任护士、护士师、医师、主治医师、门诊科主任、内科主任、血栓科主任等职。

她1951年参军入伍后，被贵州省军区培养为医务工作者。1953年由贵阳卫校毕业分配到惠水县医院做护士工作。1956年调贵阳医学院附属医院任内科护士长。1958年保送进贵阳医学院医疗系进修学习5年。毕业后，响应党的号召，到毕节县医院从事医疗工作44年，前后治疗区域内的人民群众四代人。其医疗技术精益求精、对工作高度负责。从医多年，无任何大小事故，深受人民群众和各级领导好评。

1985年6月，刘宝安被中共毕节地委和毕节地区行署授予长期从事科技工作的“荣誉证书”。1988年6月被贵州省卫生系列高级职称评委会和毕节地区行署评聘为毕节县人民医院内科副主任医师。撰有《系统性红癍痕疮诊断失误分析》等论文。1995年被英国剑桥大学医学学会聘请为学会会员。1996年10月被《中国专家人名辞典》入选。

她是一位忠诚于党的“救死扶伤”的实践者和宣传者。无论在任何情况下，她想的是“我是共产党员，我是人民的医师”。为此，在几十年医务生涯中，她跑遍了毕节县山山水水和大小村寨，广泛地调查了全县的病情和疫情。1964年，刘宝安参加县委的“四清”工作队，到龙场营区工作，当了解到白岩村一户穷困的农民妇女严重患肺结核病无力医治后，她在完成“四清”工作任务的同时，每天从工作地出发，来回30里，为病人送医送药，风雨无阻，整整坚持了一个多月，为患者打针服药，使其得到痊愈。病人和当地群众深受感动，赞不绝口。1980年，朱昌区一位农民儿子只3岁，患有急性肾炎，由于家贫如洗，家里四代单传而求医甚急，求了不少医师并送进大医院，把家里马、牛、猪及值钱的财产变卖成钱医治，但未好转，反而病情恶化。在无计可施的情况下，患者的父亲听说刘宝安的医术高明，便抱着儿子到县医院。当时患儿父亲身上仅有5元钱，看病后，刘宝安听到患者家属诉说病情和经费困难后，无条件地接收住院治疗，除开出证明让患者父亲找县卫生局申请获得20元医疗费外，刘宝安又主动送米、送油给患者家属，并发动本科医务人员捐款、送食物等等。经过刘宝安的精心治疗和无微不至的关心，前后共10个月，患者痊愈出院，其父母及爷爷热泪盈眶，振臂高呼“感谢共产党、感谢毛主席、感谢院领导、感谢刘医师”的口号。

刘宝安治疗的患者很多，无论是地县机关干部，还是城镇居民和农村群众，都深为佩服。但刘宝安对医学科技仍然是孜孜不倦地研究和追求。1965年起，她与内科医师范德彬合作从事心脑血管病的研究和进行临床医疗实践，在县医院率先成立血栓科，积极接收离退休老干部患者进行治疗。自1985年任科主任起，她所治愈的脑血栓病患者上千人，深受社会的赞扬。

刘国才

刘国才(1937—1997)，贵州省毕节县(今七星关区)人，生于1937年8月，中共党员，中专文化。贵州省皮肤病性病防治研究所所长，副主任医师，国家级特殊津贴人员。

1957年7月毕业于贵阳医士学校，分配到省卫生厅医防科工作，参加省皮肤病防治所的筹建工作。1958年后，一直在贵州省防疫站和省皮防所工作。1982年加入中国共产党，1992年7月任贵州省皮肤病性病防治研究所所长，同年10月任党支部组织委员。1993年9月晋升为副主任医师。曾任中国麻风协会常务理事，中国艾滋病防治协会理事，中国麻风专家组专家，中国麻风杂志编委，贵州省皮肤科协会副主任委员，贵州省传染病专家委员会成员，贵州省麻风防治协会副理事长(兼秘书长)，曾先后代表中国麻风专家组出席过在印度新德里召开的第十二届国际麻风会议、在荷兰召开的第十三届国际麻风会议、在美国召开的第十四届国际麻风会议。1995年获马海德基金荣誉奖，同年获得国家级特殊津贴。是人民卫生出版社出版的《卫生防疫人员岗位考核指南》的编委，是《贵州省麻风病防治手册》的主编，是贵州人民出版社出版的《皮肤病性病实验》一书的副主编。在国家级杂志上发表过许多论文。

刘国才有强烈的革命事业心，学习努力，刻

苦钻研，工作勤勤恳恳，任劳任怨；他团结同志，严于律己，宽以待人，关心青年干部的成长；他生活简朴，清正廉洁，不以权谋私。

他酷爱自己所从事的卫生事业。为了准确地掌握麻风病的发病情况，不畏天寒地冻，不惜忍饥饿，历尽千辛万苦，踏遍贵州山山水水，村村寨寨，在长达四年的时间里，领导他的同行们，对全省86个县市，近350万人进行了麻风病流利病学调查，为全省麻风病的防治获取了丰富的科学资料；为了加强麻风病的防治工作，他认真贯彻落实卫生厅的决定，积极推进全省各地（州市）县皮肤病防治机构的建立；为了解决省麻风病防治后继乏人的状况，他四处奔波，八方呼吁，亲手创建了毕节第二卫生学校，也是全国唯一的一所专门培养防治麻风病专业人才的学校，为贵州省麻风病防治机构输送了大批专业技术人才。在贵州省麻风病发病率高，防治任务重的情况下，为使麻风病人及时得到彻底治疗和康复，使全省在2000年能实现基本消灭麻风病的目标。近十多年来，他先后与世界卫生组织，美国麻风防治协会，比利时达明基金会，国际麻风救济会等国际组织进行了多次洽谈，达成协议，为我省引进了国外先进的科学技术和价值上千万元的药品、医疗设备和交通工具，在控制和消灭麻风病的工作中发挥了重要作用。在他的亲自组织和指导下，经过全省麻防人员的艰苦努力，使贵州从一个麻风病的高流行省的发病率降低了96%，为我省麻风病防治事业作出了重要贡献。正是为了实施与国际麻风救济会的康复项目，亲赴毕节，因操劳过度，不幸发病，经抢救无效而于1997年1月19日不幸逝世，终年60岁。他为党为人民的健康事业献出自己的一生。

刘锡萍

刘锡萍，贵州省毕节县（今七星关区）人，女，1970年生于毕节。大专文化，系毕节市艺术团国家二级演员。

1983年社招录用在毕节地区黔剧团，从事黔剧表演工作。她苦练声、腔、表演基本功，虚心向老艺人求教、学习、认真扮演每一角色，使自己融入剧情，赢得观众赞誉，为黔剧表演作出自己的贡献。同时，她认真宣传党的“双百”方针和新时期党的路线、方针、政策，丰富群众文化生活，促进了“三个文明”建设。

她14岁进入毕节地区黔剧团，乐于吃苦，虚心求教，先当学员，住集体宿舍，在食堂吃饭。3个月期间，不回家，早上6点钟起床随老师练黔腔，8点钟开始走前桥，练前后滚身翻，走表演步；下午练刀、枪、棍，同时，白天没有学好的知识，晚上向老艺人求教，刻苦练习。3个月后，一身腰酸背痛，哭了多少次，掉了多少泪，挨了多少批评，但练就了黔剧表演的基本功，为表演打好了基础。

她不求名利，为黔剧表演作贡献。1984年至1988年，参加古装黔剧《拾玉镯》《皇亲国戚》《半把剪刀》独立演出，自己扮演的彩旦刘媒婆、花旦杏花、老旦徐妈，在8县市乡镇的演出中，赢得了观众的喝彩，得到了地区文化局领导的高度赞扬，共演出300场次。1986年获全区中青年演员比赛三等奖。

在1989年至1995年参加黔剧《柜中缘》《拾玉镯》《三签证》《小姑不贤》《喜临门》，现代喜剧《爆炸》《如此作家》演出中，扮演的老旦“淘气妈”、彩旦“刘媒婆”“小芳”“姑妈”“小林妹妹”“妻子”，都起到了独立演出的作用，取得良好的效果。完成演出420场次。其间，1989年清唱黔剧《皇亲国戚》选段送省人民广播电台播放。

在1997年至2002年参加黔剧《孽债》小品《女兵之歌》《婆媳找姨妈》独立演出中，扮演“姑娘”“女战士”“小华”，大型舞蹈剧《谁不说俺家乡好》《山里妹子》《荷花梦》《七月火把节》《欢腾的十月》《乌蒙铃》中扮演舞蹈演员。其中在1998年纪念周总理诞辰100周年中表演黔剧表演唱；2000年全省彝学年会上领唱《奢香放马》中选段，得到地委行署领导的高度评价。1999年、2000年、2001年3年完成演出任务300场次，考核连续评为优秀。

在2003年至2010年，演出剧目《将心比心》《夸媳妇》，荣获贵州省第七届杜鹃曲艺节文艺竞赛优秀奖、二等奖，获毕节地区文艺竞赛一等奖。

演出剧目《婆媳找姨妈》中扮演“媳妇”，到毕节地区8县市巡回演出24场次，大力地宣传婚育新风的贯彻执行，促进了全区计生工作的开展，受到了地委宣传部、地区文化局、计生局领导的表扬。演出黔剧《辣椒王》中扮演“幺娘”，参加全省黔剧调演获一等奖。

总之，她在自己的黔剧表演事业中，认真扮演剧中人物，深入展示历史剧情，让广大群众了解黔剧、喜爱黔剧，宣传黔剧，真正保护贵州非遗产文化剧种的传播，使文艺真正地为宣传党的方针政策服务，为社会主义精神文明建设服务，为毕节试验区建设服务起到了推动的作用。

刘靖林

刘靖林，贵州省毕节县（今七星关区）人，1966年生于贵州省毕节县阴底区猫场公社（现属毕节市七星关区田坝镇）。大学本科文化。中共党员。

1990贵州大学法律系毕业，同年8月分配到毕节地委机关报《毕节报》工作。现任毕节日报社高级编辑、副总编。系中国作家协会会员，毕节市（地级，下同）作家协会副主席，贵州省第十届社科成果奖学科大组评委，毕节市市管专家，毕节市政府特殊津贴获得者。

刘靖林1986年考入贵州大学。大学期间爱好文学写作，曾获贵州省大学生散文大赛二等奖及诗歌大赛优秀奖。1990年起在《毕节报》任编辑、记者，1995年任《毕节报》采通部副主任，1998年任《毕节日报》总编室主任，2002年至2007年任《毕节日报》文艺部主任，2007年10月任《毕节日报》副总编，同年被评聘为高级编辑，系毕节市新闻系列第一个被评聘的正高级职称人员。2006年加入贵州省作家协会、贵州省诗词楹联学会，2015年加入中国作家协会。毕节诗词楹联学会副秘书长。

刘靖林参与了在全毕节市范围有较大影响的牛栏江纪行、乌江纪行和“神州大地毕节人”等大型采访活动，长期从事报纸编辑工作和散文诗联创作，热心文化宣传事业，多次开办栏目，组织对毕节市文物古迹和文化人物进行集中力量宣传。多次获中国地市报新闻奖、中国少数民族地区新闻奖、贵州新闻奖、毕节市文艺成果奖等。2010年获《贵州日报》写意贵州六十年诗书画文大赛散文类二等奖。同时还是毕节地区行署特殊津贴获得者，毕节市市管专家。出版个人作品集五部，分别是诗集《与幸福留影》，散文集《天上没有九洞天》《怀胎十月的杜鹃花》《心有所想》，言论集《新闻舆论工作浅思考》。与人合著《高山流水》《神州大地毕节人》《沙戛寨的故事》《不成名卉也芬芳》等。选编诗画集《开在诗里的杜鹃花》、画册《中国百里杜鹃》，参与主编毕节二小校本教材《诗教》等。

孙济平

孙济平，贵州省毕节县（今七星关区）人。其父是毕节地区医学界老专家。1971年初中毕业后，被招聘到纳雍县煤矿下属的鬃岭电厂工作。

1975年，他被推荐到贵阳医学院医学专业学习。从此，立志从医，做一个名副其实的医务工作者。在校期间，由于他的表现和工作能力被推荐为班干。因为成绩优异被选入贵阳中医学院。在学院工作3年就被派到卫生部在青岛举办的师资培训班学习。

1985年，学院决定成立新中医系，系主任相中孙济平作行政秘书。任职后，素有管理才能的他，发挥应有的聪明才智，完成工作任务有声有色，学院领导极为赏识。由新中医系调去组建骨伤系，并任办公室主任，后任系主任。这个系涉及提高知名度，如何得到全国认可等一系列问题，孙济平提出要在三流的院校建一流系的观点，对骨伤系实行军校式的管理，成立武术队、球队，组织编写全国骨伤专业教材，回答提出的问题。为编好教材，他请来国内知名度很高的专家学者进行精编。教材出版后，在全国引起很大反响，传开了学院骨伤系在全国名声。在教学中，他主张对学生不仅传播书本知识，还要因材施教，传播书本以外的相关知识，有意识地根据学员的不同特点，培养各种类型的人才，使学员能发挥各自的专长。适合做行政工作的，有意识地培养他们这方面能力；适合经商的，就创造条件，让他们有机会锻炼等。他以系为单位率先在外地办教学医院，让学生有实践的基地，尽可能实现同社会接轨。在英语教学上，他主张对话式的教学方法，收获特别显著，在全省大学四级英语过关的情况下，骨伤系的学生都能大部分过四级关。他对培养非医学人才的观点，受到一些人的反对，但他不以为然，坚持院校只要培养出适应社会需要的合格人才就行了。他还认为：根据各自不同的爱好，在抓住专业知识不放的前提下，多学些专业之外的知识总是有好处的。实践证明，他的学生很受社会欢迎，有相当一部分学生确实发挥了自己的专长，有从政的，也有经商的，很多都在各自的领域有了建树，受到社会的好评。

他特别注重教学和社会实践相结合。调任药学系党组书记后，正值全国搞中医产业现代化。他抓住机遇与贵阳市科委主任孙培新策划中药产业现代化的方案，得到贵阳市委、市政府的肯定和赞赏。市委、市政府派他到四川成都、云南昆明等地考察，向省政府汇报后，省领导很重视，要求搞省政府的方案，引进了1999年全国药学学术会在贵阳召开。事后药学系还承办了全国中药学教育年会。从此，贵州中药产业在全省产生了深刻的影响，有力地推动了贵州药业的发展。2001年，贵州被批准为中药现代化建设基地，迎来了贵州药业的春天。他在发展药业上的贡献，不仅在理论上和方案上提出可行性的资料，而且每件事都身体力行，经过实践，做出成绩回报社会。孙济平还搞了一个投资1500万元的全国最大的药用资源博物馆，开展学术交流。在施秉县大牛场镇建73.33公顷的药材基地，生产太子参，打出品牌，产量达全国的52%。他还组织专家到毕节市的朱昌和大方县一些地方为种植中草药免费作技术指导，受到家乡人民的赞扬。

他在广泛参与有关社会活动的同时，忙里偷闲进行教学研究，编著了《药物管理学》《医药临床学》《现代医德学》《布依族医药》《仡佬族医药》等书，对贵州药业的发展和中药现代化的建设作出了贡献。

孙济平是贵州著名的医学教授。

孙善发

孙善发，贵州省毕节县（今金海湖区）人，1951年11月生于毕节县海子街小坝中屯。贵阳医学院实验动物学教授、高级实验师。

1967年贵州大学动物医学专业毕业后，分配在贵州省畜牧兽医科学研究院从事动物医学、传染病学、免疫学与病理学研究，任实习研究员、助理研究员。调入贵阳医学院后，从事医学实验动物科研与教学。

他长期工作在高等学府和科研领域，先后主动承担国家、省、厅、院校的多项研究项目。在动物医学实验中，在贵州创建一所SPF级省级动物实验中心，研究成果达到国内先进水平，使全省实验动物工作赶上或超过全国先进水平，促进了全省各项科学事业的发展，逐渐与国际标准接轨。

他的一系列发明成果和专利，得到国际社会公认和国家科技、教育、人事部门的认可，因而获得诸多奖项，其中有二项为世界华人重大科技与学术成果奖。他在国家级刊物发表30多篇论文、多篇学术研究报告。他的“猪瘟超前免疫研究”经省级专家鉴定，达到国内研究水平。他还在“贵州白山羊产血性能的研究”“海洛因对动物机体的研究”“二瘤胃素添加剂（B4MCNSM—60）对山羊剂饲育肥研究”等方面取得显著成果，其名字也载入了《中国科技成果人才大辞典》《中国科技成果大全》《中国当代科技专家大典》《中国当代名人录》《世界科技名人录》《英国剑桥国际传记中心二十世纪2000名感动人物》等书刊中。国内有关科研院校和世界华人交流协会，还来函诚聘他为客座教授。

孙善玲

孙善玲，贵州省毕节县（今七星关区）人，女，1944年2月生于毕节县海子街汉屯，现任西南民族学院文学院教授、硕士研究生导师。

她就读于贵州大学外语系英语文学专业，1964年毕业后在毕节一中从教10年，1974年调贵州大学外语系任英语教师。1978年考取中国社会科学院研究生院宗教学系基督教专业；1981年毕业时获哲学硕士学位，被分配到北京国际政治学院任教。1985年调四川成都西南民族学院。1989年8月至1991年8月，由国家公派赴澳大利亚悉尼大学和美国帕克学院作访问学者，回国后一直在西南民族学院从事基督教研究、教学和西方宗教学著作翻译及介绍工作。已发表的专著有《走向神圣——耶稣传》以及《中国民间基督教》《现代化中的神学处境化》，翻译出版的《新编剑桥世界历代史》《基督教会史》获国家民委社科三等奖。

曾任中国宗教学会理事、成都市人大代表、四川省妇联执委等职。

七　画

杨　辉

杨辉，贵州省毕节县（今七星关区）人，大学文化，高级农艺师。

杨辉于1975年9月参加工作，1975至1978年在毕节县普宜区柳弯公社上山下乡当知青；1978年1月至1978年3月在毕节地区建筑公司当工人；1978至1982年在贵州大学化学系读书；1982年至1993年在毕节卷烟厂任工艺技术科副科长、科长；1993年至1996年任毕节卷烟厂副总工程师；1997年任贵州驰宇烟草（集团）有限责任公司副总经理、毕节卷烟厂副厂长。其中，1997年至2000年兼任驰宇集团烟科所所长。2005年9月调贵州黄果树烟草集团公司技术中心工作，任副主任；2010年10月调贵州中烟烟叶原料供应部任高级农艺师、副经理。

1986年，杨辉主持开发“草海”“织金天宫”“夏橙”“乌蒙山”“吉庆有余”“奢香”等卷烟产品。乙级“草海”“织金天宫”被评为省优秀产品。1989年，杨辉组织品牌研发人员深入全国各大销区走访、调研，“驰”牌、“圣火”“红杏”三个品牌先后问世。“驰”牌被评为全国名优卷烟；“圣火”“红杏”被评为贵州省优质产品。1991年，杨辉组织工艺技术人员，对企业生产工艺流程进行梳理，对卷烟生产加工的关键工序、特殊工序工艺指标进行跟踪验证，主持编著了毕节卷烟厂第一部《卷烟工艺规程》，规范了卷烟生产的工艺流程、操作程序、设备参数等。建立了毕节卷烟厂的基础生产工艺现场管理网络、车间生产工艺日记录检查制度，首次建立了关键工序、特殊工序的工艺管理点。组织拟定了《工艺执行率考核》等10多项制度，规范了企业的工艺管理。1993年，杨辉与企业高层人员一同对工厂的形式和全国形势进行了分析，带领团队人员开发了“特醇驰”、精品“大自然”“极品驰”“大洋”等高档名烟品牌。“驰”牌在1996年被评选为全国优等品，1996、

1997年在全国卷烟订货会上“驰”牌系列产品成为订货亮点，受到国家烟草局的赞扬。“特醇驰”在1998年被评为全国优质卷烟产品。结束了毕节地区不能开发高档名烟的历史。2005年杨辉调任贵州中烟技术中心副主任，专业从事烟叶原料的科研工作，先后主持了十余项烟叶原料课题的研究，其中，“部分替代进口烟叶开发”及“贵州特色烟叶开发”的研究项目，保障了公司品牌生产所需的烟叶原料；“小配方打叶应用研究”及“跨区域模块配方打叶研究”等课题，解决和理顺了公司烟叶原料管理及公司品牌大规模生产遇到的等级多、乱、杂等问题，解决了不同批次生产牌号的内在吸味差异问题。2010年杨辉调任公司原料部副经理、总农艺师，他和部里的同志们将省内烟叶基地单元由原来的3个增加到9个，省外由原来的7个增加13个，极大地稳定了公司烟叶原料产地，提高了公司烟叶原料的获取能力。杨辉还率领科研团队，开展了多个烟叶原料相关项目的研究，并先后在《中国烟草科学》《中国生物防治》《植物保护》《贵州农业科学》等期刊上发表了《不同烘烤工艺对烟叶主要质量性状的影响》《云南牟定主要植烟区土壤肥力评价》《有机生态烟叶的研究进展与展望》《贵州有机生态烟叶主要化学成分与感官质量的相关分析研究》《烟叶颜色色度学指标与烤烟品质的关系分析》《不同有机肥对有机生态烟叶生长及品质的影响》《贵州特色清甜香型烤烟品种的筛选》等发表了20多篇文章。

杨开全

杨开全，贵州省毕节县（今七星关区）人，苗族，1952年生于毕节大银，大学本科，中共党员。

杨开全高中毕业后，考入重庆医学院医疗系学习。毕业后分配到中国人民解放军44医院（四川西昌）工作，任骨科、神经外科助理军医，普通外科军医和骨科、肠外科主治医师、外科代理主任、业务副院长兼外科与综合科主任。由主治医师晋升为副主任医师、主任医师。大校军衔，文职三级（正师级）。

他从事多年的医理临床实践，对骨科、矫形外科、显微外科、脑外科、战伤外科、创伤外科，常用中西医结合的方法治疗，积累了许多经验。撰写了《手术治疗小儿麻痹后遗症1000例小结》《胫骨延长治疗肢体短缩13例报告》、合作撰写《四股管状骨折治疗方法的商榷》等在医学刊物上发表。自撰《股方肌肉辩移植加三颗钉内固定治疗陈旧性股骨骨折骨不连6例报告》《臀大肌臀中机麻痹特殊前整矫正》《各急股症治疗预案》等学术成果，受到医学界的好评，医疗科技报刊作了报道，成为毕节人在军医界有名的骨科专家，为骨科治疗作出了积极贡献。

杨光明

杨光明，贵州省毕节县（今七星关区）人，1956年2月生于贵州省毕节城区，高中毕业在家务农，1976年参加畜牧兽医工作，1983年加入中国共产党，流仓桥办事处村级防疫员。

他于1976年9月参加县畜牧兽医培训班，次年又在省牧校专业培训一年，然后一直从事牛的冷冻精液人工授精改良工作。1980年在德后村建立“牛改点”，因条件差，每年只输配100头左右，产犊率50%上下。1985年自贷款800元，在家办“牛改点”，经过精心研究，提高技术，输配改良的头数逐年增加，由1987年的119头上升到2001年的222头，到2005年配369头，产犊率70%以上。是年共输配发情母牛3580头，产犊2947头。改良率：黄牛95.7%、水牛91.3%，为养牛户增值约160多万元。吸引方圆几十里远的何官屯、田坝桥等地的养牛户也到光明牛改点输配，名声在外。1998至1999两年，省品改站特邀赴松桃、黄平等县培训输精员，传授科学技术。

他集多年的牛改经验，饲养苏白约克种公猪

为群众养殖的发情母猪配种，共配1875头，产仔7813头，深受群众的欢迎。1998年，杨光明的牛改站由省农业厅命名为省级牛改示范点。此间，杨光明参加畜禽防疫注射和牲畜治病近千头，因他医德高尚，群众多次赠送锦旗。

由于他在工作中成绩突出，曾先后被区、乡评为优秀共产党员，选为人民代表、党代表。1989年获贵州省人民政府“科技进步二等奖”，次年获科技进步三等奖。2004年，被中共毕节市委、市人民政府授予“优秀乡土人才”称号。

杨时礼

杨时礼，贵州省毕节县（今七星关区）人。1942年7月生于毕节县普宜。1964年毕业于贵州省畜牧兽医学校。长期从事牛改工作。历任省科技服务队副队长、省家畜冷冻精液站副站长、省畜牧兽医科学研究所养牛研究室主任、畜牧学研究部副主任、科技开发部主任、中国水牛协会常务理事和副秘书长。

在长期实践中，他把所学科技理论与实践相结合，深入调查研究，结合实际，想农民之所想，急农民之所急，获中国畜牧兽医科学研究副研究员、学术委员称号，享受国家级特殊津贴。

他对畜牧兽医科学的贡献，在于长期从事牛的改良、育种及其繁殖技术的研究工作。他认为贵州山区的特点是养牛不规范、近亲繁殖，牛越养越小，有“狗牛”“猴牛”之说，其经济价值每头牛只几十元，最好的上等牛也只300元左右。于是，在毕节指导牛改良和畜种改良工作，使养畜户收入成倍增长。一头几十元的“狗牛”，经过杂交牛改良后可值几千元。因此，毕节县耕牛改良成了全省、全国的典型而成为全国100个商品牛基地县。杨时礼主持和承担多项省部级畜牧攻关项目、畜牧标准制订项目和省级重点科研项目。在任务极为繁重的情况下，刻苦工作而取得优异成绩，获科技成果奖13项，其中一项获贵州省科学大会成果奖，另一项获省人民政府科技成果二等奖，四项获三等奖，两项获四等奖，获高科技成果奖5项。有32篇论文在《中国畜牧杂志》《家畜繁殖与人工授精》等全国性刊物上发表。1992年入选《当代中国自然科学者大辞典》和《科技专家名录》。曾被贵州省农业厅党组授予“优秀共产党员”称号。

杨延凤

杨延凤，贵州省毕节县（今七星关区）人，女，1952年6月22日出生于贵州省毕节县海子街区八寨坪桥边。大学文化，中共党员，高级教师。

杨延凤1965年9月被毕节县燕子口中学录取，在燕子口中学读初中期间，德、智、体全面发展，担任燕子口中学学生会学习部长。1966年下半年，因“文化大革命”运动，学校正常秩序被打乱，至1968年10月，知识青年上山下乡运动兴起，杨延凤回乡务农。1971年，中学开始复课，杨延凤被八寨公社推荐到毕节县燕子口中学读高中，成了燕子口中学的首届高中学生。在高中期间，她是班里的学习委员，为了把被耽误的学习时间抢回来，她学习自觉刻苦，虚心求学，学习成绩一直名列全年级前茅。由于各方面表现突出，1973年9月被毕节县燕子口区推荐上大学，就读于贵阳师范学院数学系，成了燕子口中学首个进入大学校园就读的大学生。在大学期间，不管“文化大革命”运动如何干扰，杨延凤始终不放弃难得的学习机会，自觉努力钻研所学的专业知识，为日后的教学工作奠定了坚实的基础。

1976年9月，杨延凤从贵阳师范学院毕业，被分配到毕节地区第三中学任班主任和数学教师，在这所学校工作长达13年。这13年是她刻苦钻研本职业务，努力做好班主任和教学工作的

13年，也是其业务水平和工作能力提高最快的13年。1982年她参加毕节地区教育局统一组织的初中教材过关考试，以97分的高分，获得初中教材过关考试证书；1983年参加高中教材过关考试，考试成绩优秀，顺利过关，获得高中教材过关考试证书；1986年4月加入中国共产党；1987年被评为中学一级教师；

1990年初，杨延凤调到成都市第二中学，被安排担任高中二年级3班（文科班）班主任及数学教学工作，连续5年任了三届高中数学教师。由于工作认真负责，高考成绩突出，于1995年被评为中学高级教师。1991年9月调到学校办公室任人事秘书，1991年10月任办公室主任，同时兼任高中一个班的数学教学工作，在学校办公室4年间，她所承担的学校的人事工作多次受到上级表彰。1995年9月，杨延凤提任成都二中副校长，分管教学工作。由于数学质量突出，1996、1999两年成都二中受到成都市教育局表彰。杨延凤于1995年11月撰写的《社会主义市场经济对基础教育的作用》和1999年10月撰写的《我校青年教师的培养策略》的论文，被成都市教育学院评为优秀等级，并在该学院杂志上刊发。

2000年9月至2002年8月，杨延凤改任成都二中党总支副书记。2002年“7·1”前夕被评为成都市教育系统优秀党务工作者。

2001年4月，成都市教育局与北京师范大学合作，对成都二中进行体制改革，改为民办公助体制，校名定为北京师范大学成都实验中学。杨延凤继续留任。2002年9月1日，北京师范大学成都实验中学正式挂牌开学，杨延凤任党总支副书记（副处级）。在其任期内，学校党总支连续三年被评为成都市教育系统先进基层党组织，杨延凤也连续两次被评为成都市教育系统优秀党务工作者。同时，杨延凤还兼任学校工会主席，其间，筹备和组织召开了北师大成都实验中学首届教职员工代表大会，建立和完善了各项民主管理制度。学校工会组织多次被成都市教科文卫体工会评为先进工会组织和模范教职员工之家，她本人多次被评为优秀工会主席。在学校领导的重视和杨延凤的组织领导下，北师大成都实验中学的工会工作和民主管理工作，在全市几十所民办学校中，工作出色，成绩显著，走在前列，2007年被四川省总工会评为民主管理先进单位。其成功经验，杨延凤曾多次代表学校工会，在成都市教科文卫体工会召开的大会上作交流发言。

2007年6月，杨延凤已到法定退休年龄，办理了退休手续。由于工作需要，学校向市教育局请示返聘杨延凤继续回校工作。根据学校工作的需要和杨延凤的工作能力和身体情况，市教育局机关党委同意学校返聘杨延凤继续任党总支副书记。三年后，于2010年9月又兼任副校长，分管初中教学工作，直至2013年9月26日，学校百年校庆庆典结束的当天下午，杨延凤才正式离开学校，离开她为之奋斗一生的教学岗位。

杨显俊

杨显俊，贵州省毕节县（今七星关区）人。博士，国际知名物理科学家。

他在毕节一中高中毕业后，响应党的号召上山下乡当知青，脚踏实地与广大农民一起劳动，使他认识到人生的价值，恢复高考后，他考入兰州大学物理系。4年学习期满，他以总评第四名的成绩毕业，学校决定将他留校任教，他怀着对家乡的深厚感情谢绝了校方，回到贵州，分到贵州民族学院任教，参与物理系的筹建工作。在条件极其艰苦、校舍极其简陋的情况下，他克服各种困难，为民院物理系培养出许多少数民族研究生。

在完成教学任务之余，杨显俊选择了名为“关于粒子空穴能态密度理论”的科研项目，这是世界上最重要的物理学课题之一，核裂变、核反应都需要用到这些知识。在研究中，他感到力不从心，就决定找一位老师来指导。他看准了中国科学院原子能研究所的国际知名教授卓益忠，并于1985年考取了该所与北大联合招收的硕士研究生，正式从师卓老。学习几个月后，该选科研课题，经过多番考虑，终于提出“粒子、空穴能态密度理论”的研究，卓老同意了他的选题。从此，他的活动范围就是研究所、图书馆。经过4年的艰苦努力，终于结出了丰硕的成果，取得国际上核物理粒子、空穴能态密度理论的重大突破。其论文《原子核能极密度中的泡利原理》引起了西德科学院院长、德国马克思普朗克研究院院长、国际著名物理学家、核能统计理论国际权威万德缪尔的重视。《德国物理杂志》很快将这篇论文全文发表，引起了国际物理界的强烈反响。世界物理学家、日本东北大学校长还在国家安全部门人员的护送下，专程前到贵阳与之讨论学术问题，并邀请他到东北大学主持研究工作。

获硕士研究生毕业后，以“贵州需要我”而谢绝了原子能研究所留京工作的好意。1988年被破格晋升为副教授，担任了物理系的副主任和院物理科学学科评定委员会主任。教务、职评、分房等事务压上了他的肩，但他仍抽出时间奔波于北京与贵州之间，不停地进行他的研究工作。他的论文《多粒子、多空穴态密度中的泡利不相容原理效应》《多空穴态密度的谐振子模型》《米粒、空穴态密度的模型计算》，分别被《国际原子能机构论文集》等录用，《高能物理》《高纯子核》被国际著名物理学家爱得森所引用。1991年年仅33岁的他应邀参加在意大利米兰举行的第六届世界核反应大会，他是中国唯一的特邀发言代表。1993年他再次考入中国科学院原子能研究所攻读博士学位，开始了他令人羡慕的访学经历。1993年至1994年，在波士顿大学做高级访问学者，从事生物物理的研究；1994年至1995年，在麻省理工学院丁肇中实验室作客座科学家，研究反恐怖探测，一年获得两个美国专利；1997年至1998年，在美国布鲁克海外国家实验室当合作研究员，研究加速器驱动的反应堆系统；1998年至1999年在斯坦佛大学研究导弹预警。

他有多次留在国外工作的机会，清华大学的校长和现在单位的领导动员他回国，他坚定地答道：“我要为我的祖国人民服务，为祖国国防建设服务，为国家高技术系统出谋献策。”当有人问到他的待遇时，他说：“如果讲待遇，我就不会回国了。有人认为钱能买到一切，我就不那样认为，比如健康、比如智力，钱就买不到……只要求有一定的条件适合自己发展，比如在贵阳我搞研究，上北京查一次要花四五千元，在北京就可节约这笔钱来做不少的事情。”他对毕节家乡建设也非常关心，他建议要从抓教育入手，提高个人的素质。对人才队伍的稳定，干部的考核使用等，提出了许多很好的建议，被中共毕节地委、毕节地区行署采纳而逐步实行。

李昌中

李昌中，又名昌宗，笔名君岳，艺号东方一藤，生于贵州毕节海子街果乐桥七里沟。中共党员，曾任贵州省国画院副院长（主持工作），1990年被国务院授予“有突出贡献专家”、享受国务院特殊津贴。

1946年，考取北京大学，因用费开支过大，转读贵师大，从师学艺，1953年毕业于贵州师范大学艺术系。先后在贵州省文化厅、贵州省文联从事中国画创作和美术组织工作。1954年开笔的第一幅《巴拉河口的春天》参加贵州省首届青年美展，被评为一等奖；第二年他又以《绣花》获得全国青年美展二等奖，并被《美术》杂志刊载，后选入《全国青年美展作品集》。1959年，他参加了中国美术协会贵州分会集体创作的山水人物画长卷《光辉十年画贵州》，执笔山水画方面，在建国十周年全国美展展出，并在《美术》和《中国画》等杂志上发表，后又载入《苏联大百科全书》。1980年创作的巨幅中国画《乌江》获贵州文学艺术一等奖，陈列在北京人民大会堂贵州厅。1983年至1984年，李昌中一幅长达8米、宽3米的巨幅国画《梵净穹苍》，从登山到完成，他前后用去7个月时间。随后又创作了《宇宙摇篮》和《蜡染之乡》三幅作品在北京展出。后来，《梵净穹苍》

在中国美术馆展出时，山水画大师李可染先生看到后。并合影留念。展出期间，曾有人出资20万元购买。

1984年，他赴东北求医，路过北京逗留，观看国庆节天安门大阅兵。时逢党中央、国务院发出“爱我中华、修我长城”的号召，素有爱国之心的他在贵阳组织136名书画家参加义卖活动，筹资120万元，在八达岭南峰修复了三个长城台及483米长的城墙，并以3000多万贵州人民的名义修建了一座纪念碑，取名“黔心亭”，以志纪念。竣工时，时任省长王朝文率团参加竣工仪式；原贵州省委书记周林、李葆华，省长李立、陈璞如，中央有关领导王首道、杨成武等参加剪彩并讲话，一致赞扬李昌中爱国爱家的伟大精神。

1992年，联合国在巴西召开世界环境与发展大会。正在倡导组建“宇宙摇篮计划”的他得知后，以激动的心情敲定争取参加这次大会的方案。于是经过两个月的努力，准备了向大会献礼的《宇宙摇篮计划》《宇宙摇篮计划工作大纲》《打开人类生态文明的大门——宇宙摇篮计划》三份中英文文件和10幅大自然洪荒美画册、两幅世界惊艳的“国礼”巨幅中国画原作装裱出来。巨画《摇篮春晖》由国务院总理李鹏作为国礼赠给环发大会主席、巴西总统科洛尔，被大会秘书长斯特朗称为“珍贵礼物”，受到与会代表的赞扬。此举引发了巨大的反响，海内外媒体均作报道。是年6月12日，“宇宙摇篮计划”贵州发起基地向大会献礼的新闻在中央电视台新闻中作为头条播出。他从北京赶回贵阳，向中共贵州省委、省人民政府汇报开展“宇宙摇篮计划”的工作，很快得到省政府的批准，在省民政厅办理合法手续，由省政府办公厅行文将“宇宙摇篮计划”实施方案转发各地、州、市、县政府，要求各级政府予以支持。1993年，中共毕节地委、毕节地区行署和中共毕节县委、县政府首先起来对家乡赤子的支持，建立毕节西冲、王张、七里沟和大方大堰新村、六龙、石板村等基地，“宇宙摇篮计划”实施工程一号基地在毕节诞生。以李昌中为主要代表的“宇宙摇篮计划”成员提出的“生态文明”命题，后被党和国家采用，作为“五大文明”的内容之一。

1994年6月19日，在贵州省政府大礼堂隆重举行“拯救地球母亲”爱心捐款新闻发布会，宣布“宇宙摇篮计划”在全省乃至全国展开，发展至世界各国。1995年12月，李昌中出席在泰国曼谷召开的第三届世界华商大会，邀请华商会会长郑明儒参加“宇宙摇篮计划”，并将国画《融融环宇》献给大会，估天价一亿美元，拉开了在世界进行艺术集资的历史序幕。1996年下半年，工作受阻，李昌中离开贵州，将“宇宙摇篮计划”总部迁北京亚运村名人大厦公寓。1999年以巨幅国画《万古洪荒》捐献“保护母亲河工程”，价值1000万元，投入黄河壶口地区建立万亩绿色工程，受到团中央、国家绿化委的表扬。2000年新世纪开始，他将“宇宙摇篮计划”呈报党中央、国务院，转全国绿化委员会批准，配合西部大开发绿色屏障的前期工作。2002年应邀参加北京“世界华人经济论坛”，借机宣传，引起强烈反响，被部分驻北京外国使团邀去讲演“宇宙摇篮计划”的宗旨。

当得知国家申报奥运成功的消息后，他又反复构思“龙腾东方”的巨画，报送北京市委、市政府，得到市委书记刘淇的批示、国家奥委会的同意，历时半年潜心创作。2003年，《龙腾东方》这幅巨画送到了奥委会，表达了“宇宙摇篮计划”之情。

2004年3月，全国“两会”召开之际，李昌中将“宇宙摇篮计划”作特别提案呈报大会，不久，国务院副总理回良玉等亲笔批示，交由国家环保总局立项，支持该计划。这样，“宇宙摇篮计划”逐步在全国及世界一些国家推开，联合国认可。从此，李昌中的艺术生涯誉满神州。

李昌中一生充满着阳光，他是乌蒙画派创始人，国家一级美术（中国画）师、教授、中共党员。1984年担任贵州省国画院主持工作的副院长，功勋卓著。1990年被国务院授予“有突出贡献专家”、享受国务院特殊津贴。1993年1月2日发起成立宇宙摇篮工作委员会，任中国总部会长团执行会长。

李昌中的艺术人生心系天下，用一位艺术家的良知和智慧，关注世界的有关环保、和平与发展，做出贡献于人类的辉煌业绩。

李世俊

李世俊，贵州省毕节县（今七星关区）人，1943年10月10日生于贵州毕节城区东关坡。中共党员，教授。

李世俊中医世家出身，从小在家乡启蒙就读小学。12岁后赴昆明先后就读四中、十四中学。高中二年级结业，于1962年参加中国人民解放军。在部队期间，自知家庭景况，发奋学习，刻苦钻研军事知识，文武兼备，仅两年时间就提任班长，成为中国人民解放军14军有线电连军事训练郭兴福教学法“尖兵”班长，受到部队首长多次表扬和所在部队的嘉奖。在党组织的培养下加入中国共产党，担任连长，1979年转业到地方工作。

他虽然仅有高中二年级的学历，但自1975年开始，他用10年时间，自学古代军事理论和国外企业管理理论，1984年以他为主撰写出版的《孙子兵法与企业管理》，是我国最早系统研究古为今用、军为民用企业管理的理论专著。《孙子兵法与企业管理》出版后，当年发行10万册，以后累计重印16次，印刷34万册，并在英籍华人韩素英的支持下翻译成英文，成为全国社科优秀畅销书和当时大陆在香港畅销的五本读物之一。自此后，古为今用的各种著作，成为企业管理理论研究的一个重要方面。

他的主要著作有《孙子兵法与企业管理》（合著）、《三国演义与经营谋略》（合著）、《东周列国与企业外交》等最有特点，颇为珍贵，受到世人的赞扬。

他是我国理论与实践相结合的企业家，先后担任云南昆明市驻深圳云兴总公司总经理，南方八省（云南、贵州、四川、湖南、湖北、广东、广西、福建）在深圳合办的南方管理培训中心总经理，中国广顺房地产业开发公司副总经理兼深圳广顺实业股份有限公司总经理。

1996年，他辞去公职，自己在深圳开办深圳普尔乐实业有限公司，截至2007年2月，李世俊投资并担任董事长的企业有：上海时代天使实业有限公司、北京时代天使生物科技有限公司、广西南宁天使口腔病防治院等。他所经营的业务范围利国利民，深受欢迎，系荣誉于一身，先后担任中国企业管理协会、中国企业家协会、中国商业文化研究会、中国商业史学会的常务理事；是中国牙病防治基金会的发起人之一，并担任第一、第二届副理事长，负责北京、天津、武汉、杭州、昆明等26个城市中小学校学生窝沟封闭防龋的组织和领导工作。

他曾被昆明市评为市劳动模范，市共产党员标兵。他的事迹在1987年被昆明市委拍成电视片《征服自己之路》，并成为解放军50周年大型历史纪录片《让历史告诉未来》转业军人的典型之一，成为军队重大题材《百万大撤军》一书的典型人物。被聘为南开、复旦、中山大学客座教授，讲授得法，深受学生的尊重。

他年近古稀，仍在耕耘。在筹备本集团公司上市的同时，正抓紧时间撰写以毕节东关坡和双井寺为背景，以自己一生的经历和体会为主线的哲理、励志自传体小说《有主意，你也能成功》一书，鼓励家乡出更多人物，为家乡建设出谋献策，为家乡留下宝贵的笔墨。他的格言是：

思乡，是人到晚年的一种回归情。越近黄昏，家乡和童年的景物越是清晰。他忘不了东关坡，忘不了双井寺，忘不了倒天河，忘不了儿时乡亲和酸菜木姜花，忘不了毕节给了他一片天地，因此他能创出一片天！

李恒昌

李恒昌，祖籍江西丰城人，1935年出生于贵州省毕节县海子街小坝一个贫苦农民家庭。艺术家、副教授、高级记者。

李恒昌因家庭经济困难，小学辍学3次，于1949年毕业。1950年，考入毕节师范学校初师部学习，1952年提前毕业，分配到金沙县石场中心校任教，时任学区委员、团小组长。1955年应征入伍，后分配到通讯学校学习，任团总支组织委员，墙报委员。1957年，复员后被安排在毕节一小、四小任教，任校务委员、语文教研组长。1962年被评为先进教师。

他经刻苦自学，仅不到初师的学历，考取贵师大中文系。1965年到1966年，参加省委社教工作团，在安顺搞社教，任工作队团组织委员、片长。因工作成绩显著，被通报表扬，并三次被评为五好队员。“文化大革命”中受影响。中央〔1969〕71号文件下达后，得以平反。在十四军军垦农场锻炼，时任班长、士兵委员会委员、文艺宣传队队长，三次被评为“五好”战士。1970年，被分配到贵州冶炼厂机关工作，任机关团委负责人，三次被评为“五好”职工，并于1973年作为先进代表出席冶金系统先进表彰大会。为照顾家庭，他申请调入毕节电厂工会工作。1984年，应聘到六盘水市政协工作。之后，参加筹建六盘水工业专科学校，任后勤负责人。工专与电大合并后仍负责后勤工作和兼课老师。曾任六盘水市政协二至三届政协委员、人民文学作家俱乐部会员、陕西文学创作研究会会员、中国科技产业杂志社高级记者、中国作家协会贵州分会和贵州外国文学学会会员。业务职称为副教授。1994年至1998年，受市教委和学校指派，负责全市卫电师专的考察工作，多次组织教师赴省教育学院、省电大培训及到各特区、水钢、水城矿务局面授辅导。经多方努力，几届各专业毕业学生1453人，为提高全市初中教师素质作出贡献。1996年9月，被评为贵州省初中教师“三沟通”优秀辅导老师。其间，撰写论文25篇，其中《诗与散文意境》获贵州远距离教学研究三等奖；《走出困境，办好电大》被收录于《远距离研究论文集》《世界学术文章》等系列文献。

他坚持业余创作，发表小说《山那边人家》《苦涩童年》《我的老师》，报告文学《贵州女排在前进》，新旧诗近二百首，分别选入《当代传统诗词精选》《故乡的辞典》《六盘水古今诗词选》《1995中国诗萃》《中国诗歌新萃》。长诗《每当国歌乐曲在耳边回响》《教师之歌》入编《荣辰杯当代书画家艺术典章》，获中国书画研究院、中国书画国际合展中心“荣辱杯”金奖。长诗《回首往事无懊恼》，荣获1994年中国当代文学新作讨论会三等奖，并与《桃李芬芳笑春风》等作品，被中国当代作家代表作陈列馆收藏。长诗《干群挥彩笔》二首，编入大型系列画册《纪念邓小平同志诞辰一百周年全国翰墨新品集》《心系亿万民心三首》选编入大型系列艺术画集《翰墨中国》。散文《给老师一封信》获中国教育报社、中国教育电视台有奖征文优秀奖。三条格言，入选《中国当代人生格言》。个人事迹收入《东方之子》《美国世界名人录》《共和国的辉煌中华骄子卷》《中国世纪专家》第三卷、《中国教育家与教育人才》《中国文艺家辞典》《共和国艺术家大辞典》等书。

他在近半个世纪的教学生涯中，得到政府和人民的肯定。1997年9月10日，获贵州省人民政府荣誉证书。贵州电视大学建校二十周年，他被评为“贵州优秀电大教育工作者”，其事迹被电视台播放。

在文艺创作上，中国文学艺术家协会评定：在文艺创作中始终坚持正确的创作方向，作品对社会发展与变革的深切关注和深邃的文化内涵、杰出的成就，为推动当代文艺的发展和更新起到了不容忽视的作用，为更多的艺术家奉为表率，实现了艺术风格与人文情操的高度统一，获中国文学艺术家联合协会“共和国艺术家”荣誉称号。

退休后，他未赋闲。2000年应郎岱镇政府之聘，参与筹建郎岱高中，任负责人兼上高中语文课，受到政府及群众好评，事迹被报纸刊登和电视台播放后，仍笔耘不辍。现任贵州作家协会、贵州外国文学学会、世界华人艺术家协会会员和中华传统文化研究院研究员。

李家华

李家华(1938—2014)，贵州省毕节县(今七星关区)人，生于毕节城区少白楼。从小受祖父李春亭和父亲李伯芬的正统教育，自学成才而晋升为高级工程师、水电专家。

1952年参加工作，在中共毕节县委机关任通讯员，经常随首长骑马下乡，深得领导的教诲，懂得许多革命道理，加之在革命家庭中饱受锤炼，受到时任县委书记时念好器重。1955年，县委保送他到贵州水利电力训练班接受短期技术培训，获优秀学员称号，结业后到新成立的毕节县水利电力局工作。其间，他立志强化对数学、物理、电力学、电子工程学、水利工程学、电力自动化等专业的自学。他善于思考，勤于工作实践，执着坚持一条自学成材的道路，当一名水电专家的愿望，为农村小水电与农田灌溉水利建设服务。1956年，在头步桥县委工作点上带领一帮木匠自制“木制水轮机”，建成毕节地区第一座水电站，开始了他水利电力工程的生涯，在数十项中小型水利电力工程建设实践中走向成熟。曾在利民水库建设工程、倒天河输水工程、渭河电站建设工程中担任技术负责人和工程总指挥，突破理论禁区，获得了“在长辛岩体上建立中小型电站厂房”的理论与实践的科技成果。20世纪60年代初，他与工程师、局长梅崇喜在中国水利专家王三一的指导下，完成了乌江上游电力开发踏勘初步规划，承担了“七星关”装机一万千瓦水电站工程的初步设计。1982年在技术职称评定中，以多项优秀科技成果，被贵州省水电厅破格评定为全省水电系统第一个自学成材的工程师，继后晋升为高级工程师，进入贵州省水电专家行列。

他长期从事水利电力建设，业绩卓著。1984年提任毕节县水利电力局副局长，长期分管业务。在多项中小型水利、水电工程设计和施工中不断创新。1987年，主持建设总投资332万元的国家扶贫工程—毕节利民供水工程。在实施过程中，一项修改工程设计的科学建议，获参与设计专家的认可，不仅为国家节约了1/4工程总投资86万余元，还被省计委组织的验收委员会评为优良工程，成为贵州基本建设工程的首例。该工程建成后已运行30余年，发挥了社会效益、经济效益、环境效益。为此，李家华在学术理论创新方面先后在国内科技刊物上发表过10余篇学术论文，结合实践填补了国内山区建设的多项空白。所撰论文《毕节地区滑坡泥石流分析》，在中科院《山地研究》刊物上发表，1999年获国际经济评价中心(设香港)颁发的“世界华人科技与学术成果奖”;《毕节地区人为水土流失研究》成果，经省级鉴定，认为在国内属首次，达到国内领先水平，获1997年贵州省科技进步三等奖;《毕节地区滑坡泥石流普查及研究》，1998年获贵州省科技进步四等奖;《毕节地区重力侵蚀对农业可持续发展的影响及防治对策》一文，获1999年科技论文一等奖。

他在从事专业40余年的征程中，遵循“科学技术是第一生产力”的理论，在水电专业学校毕业的夫人曾志娅工程师的协同下，事业取得长足发展。1990至1991年，李家华先后荣获贵州省优秀中青年水利科技工作者和贵州省首届“科技兴农人才”奖。新华社《每日电讯》的一篇文章中，李家华夫妇被誉为“扎根乌蒙山区的治水夫妻”。

李家华毕生在山区从事水电综合建设，无私奉献，清正廉洁，赢得党和人民的信任，系荣誉于一身，历任毕节市(县级)水电局副局长、毕节地区水电开发总公司总经理，长江上游、滑坡、泥石流预警系统毕节二级站站长，中国水利学会、水土保持学会会员，毕节市水利学会理事长、毕节地区水土保持学会常务理事、毕节地区科技进步奖评审委员会委员，市科协常委、工程系列职称评审委员会副主任，毕节县(市)政协第九、十届常委。夫人曾志娅历任毕节市水保办副主任、市政协第十、十一届委员。

于2014年逝世，享年76岁。

李道生

李道生(1898—1972),字立春,贵州省毕节县(今星关区)人。清光绪二十四年(1898)出生于毕节县城关,贵州省名老中医。

李道生出身中医世家,幼年随父亲学医,15岁开始独立应诊,且医术全面,擅长外科、伤科,其内、儿、妇科等各科也颇有造诣。

在李道生能独立应诊不久,有一人被土匪打伤,送到李家诊所,其身上有枪伤,又有刀伤,肠子脱流出肚外。据伤者家属讲,伤员先是送到城内福音堂外籍大夫苏宽仁处治疗,几天后,伤情不见好转,还有恶化趋势,才经人介绍送到李道生家来。李道生一查,伤者创面脓肿,奇臭,人已奄奄一息。李道生立即对症下药,不到半月,伤者伤势痊愈。从此,李道生名声大振,誉满比邻县乡,求医者络绎不绝。

李道生善于学习,集百家之长,博览古今中医名方,取其精华。他治疗伤外科有独到之处,既注重传统的手法复位,又用药物内服外敷,并研究出一些独特的方剂,如"定痛七厘散""治痛散"等,效果甚佳。

李道生对中医技术发奋深钻苦学,医术上精益求精。他熟读古今医药经典,不断总结临床经验,在实践中学,在实践中用,在实践中提高。他善于向内行学习,向名师学习,向一切有真本领的人学习。20世纪50年代,麻疹流行。一般医师治疗以外透发散为主,所以疗效甚微。而儿科医师周济民则以清热解毒药物治疗,效果很好。尽管李道生已名满县内外,却虚心向周医生求教,很快掌握了治疗麻疹的医治方法。李道生在行医中,是不放过一切学习机会,包括向病人学习。比如他治疗"香港脚"的方法,就是听病人讲述的。言者无意,听者有心。病人无意中摆谈,却被有心者李道生听进心里。他细致询问病人,将所述药方记下,反复研究,终得治疗"香港脚"妙方。

李道生从医第一讲的是医德。对求医者,不分时间,不论贫富,有求必应,有求必医。对任何人从不摆架子,总是把病人当亲人,和颜悦色,认真诊断,耐心询问病情,精心给予医治。解放后,李道生被人民政府请到县医院中医门诊上班坐诊,医院为保证他有充足的休息时间,规定他每天诊断50人。可是,李道生每天一坐下来,就连续工作,常常都超过100人。有时院领导怕累坏了他,前来劝他停诊,还说服看病群众。李道生总是笑一笑,说:"多看几个病人累不到哪里去,帮助病人解除痛苦,是医生的责任"。有时该下班了,还有病人没接诊完,他也坚持把最后一个病人看完;有时即使下了班,路上有病人求就在路上看,家中有病人来,也照样接诊。且从不收取一分钱,他对病人说:"我已是县人民医院的医生,我的报酬有政府给,收了你们的钱就不合理。"

李道生不仅自己有一套本领,他还善于培养人才,带徒传艺,毫不保守。把一整套医德,医规,医术言传身教给自己的弟子们。从医几十年,他共收、教徒弟10多名,大多数成了名医,如沈德纯医生等。1962年,李道生被贵州省人民政府授予"全省名老中医"称号。

1972年,李道生在毕节逝世,享年74岁。

李锡虎

李锡虎,字玉麟,笔名文浪,贵州省毕节县(今七星关区)人,1951年9月12日生于贵州毕节清水铺。

李锡虎1970年冬入伍,1972年毕业于昆明军区后勤医士学校。现任毕节市清水中西医联合诊疗所主治医生,毕节市诗词楹联学会副秘书长、学会会刊《灵峰诗刊》责任编辑,曾任《清溪文苑》主编,贵州省诗词学会、楹联学会会员,毕节地区乌蒙诗社、诗词楹联学会理事,中国屈原长风诗联研究会理事等。

在部队学习期间,以优异成绩毕业,在58医院实习，后转部队工作。复员后从事教育工作，获得教师合格证，任过校长职务。尔后从事医务工作，在长期的医疗实践中积累了丰富的临床经验。对祖国的传统医学、中草药、针灸及中西医结合防治疾病均有独特的治疗技术。几十年来亲手诊疗的几十万人次中，治愈率达95%以上，通过考核，获中西医师资格，并荣获贵州省农民技术员（医学专业）职称。

他学习勤奋，爱好广泛。工作之余从事文艺创作，已在全国各类报刊上发表诗、词、联、文、篆刻、书法作品200余件，并获全国首届“艾青杯”奖和“华歌杯”奖等。1998年创办《清溪文苑》，自费出刊7期。1993年又领头在全市诗友中发起成立毕节市诗词楹联学会。收集、整理《清水墓碑联集锦》《俗成语》《民间故事》，编印发放《怀斋言情百律》《种香楼诗集》《清凉仙子吟稿》《白雪阳春》《四怀吟》《涉世小作》等诗词成稿。撰写《医苑拾萃》《玉麟堂集韵》稿等，并为推广中华诗词进校园，应市教育局特约，合作撰写《中小学生诗词写作指导》一书，执笔第六至第十讲的词、曲部分。

他的作品多发表在《乌蒙诗刊》《毕节地区风景名胜诗词选》《乌蒙诗词选》《毕节民间故事集成》《中国对联集成·贵州毕节卷》《华夏之光》《当代诗人》《千家诗联》《中国当代诗词艺术家代表作辞典》等书刊中。有的诗、词、联、文被中国当代作家代表作陈列馆授奖、展出和收藏。在全国征联中有对联入选镌刻悬挂，有的也为周边及各地寺庙建筑镌刻悬挂，其中钟离山寺110字嵌次长联受到好评。

肖金泉

肖金泉，贵州省毕节县（今七星关区）海子街人，在北京长大，曾任全国律师协会经济法专业委员会副主任、中国法学会会员、中国政治学会会员、中国国际法学会会员等职。

肖金泉15岁就在建筑机械修造厂当工人。恢复高考后，1978年用半年时间读完中学课程，直接考入国际政治学院，1982年毕业后，又考入中国政法大学研究生院。1986年获法学硕士并留校任教，一直从事法律研究与实践。且是北京最大的一家律师事务所——天成律师事务所的合伙人、律师。先后任全国律师协会经济法专业委员会副主任、中国法学会会员、中国政治学会会员、中国国际法学会会员等。他所学涉及多个领域，又善于房地产开发、金融、国际贸易、海事、保险及行政诉讼等领域的法律事务处理。对处理复杂的经济合同纠纷有丰富的经验，并担任40多家大型企业的法律顾问和中央电视台《今日说法》栏目的常年顾问，经常帮助大型企业开展项目策划、企业收购与兼并，投资法律风险分析，以及企业改制、职工持股、资产重组等业务。

他在20世纪80年代提出的“违宪概念和宪法保障问题”，在法学界影响深远。他从事债权债务研究，已成为债转股研究和银行不良债务处理研究的权威，多次应邀为首脑机关出谋划策。肖金泉多次参加国内国际大型学术活动，同美国哈佛大学、英国剑桥大学的许多著名法学家都有交流。1999年3月，他作为中国10万律师的唯一代表随司法部代表团赴芬兰赫尔辛基参加国际经济犯罪研讨会；1999年7月，参加了中国金融学会召开的债转股专题研讨会，并在会上作了《债转股工作中若干法律问题》的发言；12月又参加中国银行、中国建设银行、中国东方资产管理公司和信达资产管理公司联合举办的债转股中法律问题高层论坛，并作专题演讲和回答了与会者提问，他的观点引起银行官员的普遍关注。

肖金泉在法学理论上有很深的造诣，至2000年已编辑出版了2000多万字的书，其中有世界名著百科全书的《牛津法律大词典》，他作为主持人和统稿人，组织了70多位博士、硕士在短时间内完成编译工作，在法学界及台、港、澳地区震动很大。由他主编的《世界法案大辞典》收集了先秦到民国的4000多个有据可查的案例，为中国实证法学提供了非常清晰的脉络，还著有《中华人民共和国法律释义全书》《中国合同法全书》《中国法律文书格式大全》《经济法讨论》《各国政府制度》等法学著作。他主编这些工具书，其目的在于对古今中外法学作一次检索。作为法学界理论研究很有影响和著作最多的肖金泉认为："真正法学家的标准，不仅是谦虚的问题，而是说明作为泱泱大国的中国法学界，过去的悲哀和今后的任重道远，我只不过是做了铺路石的工作。"许多硕士生和博士生都读着他的书长大，利用他编的工具书写成论文。肖金泉说"这些就是对我的安慰"。他为祖国争得了荣誉，为家乡毕节增添了光彩，家乡人民不会忘记这位在法学界贡献突出的法律工作者。

吴 辉

吴辉，又名晃齐，贵州省毕节县（今七星关区）人，1971年农历九月十一日生于毕节县燕子口，大学文化，中共党员。20世纪90年代多次获省、国家、亚洲、世界射击比赛冠亚军，为贵州省和国家体育事业作出积极的贡献。

吴辉自幼喜爱体育健身活动。童年时，多次随母到军营探望父亲，受到一定军事知识的熏陶，回到家里，常与同龄小朋友以木棍等代枪，模仿军人操练队列、匍匐前进、冲锋、射击等军事动作。小学时，是毕节一小的体育尖子，尤其喜在街头寻找气步枪摊点进行射击娱乐。只要有机可乘，便去进行，宁愿省吃俭用，都要集些零花钱去过射击瘾。就读毕节一中时，在课外时间到地区军体校参加业务射击训练，受其执着追求和坚定信心的感动，父母同意他到军体校接受业余射击训练的要求。从此，吴辉充分利用一切业余时间进行射击基本功训练。他单臂举砖块、双手提水桶上楼，练膀力，站稳功，爬山跑步，干家务活，为后来取得优秀射击成绩打下了良好基础。由于他长期的严格要求，刻苦训练，终于冲出贵州，走向世界，夺得一个个体育竞技射击的优异成绩，实现其为国争光，为家人争气的人生夙愿。

1991年，吴辉分别获贵州省第八届运动会手枪慢射、气手枪射击两项冠军和标准手枪射击第八名，达到国家一级运动员标准。1992年，在全国射击达标赛中获手枪慢射第三名，达到国家体育健将标准。是年，在广州获全国射击锦标赛手枪慢射第八名。1994年，获全国射击冠军赛手枪慢射第五名、气手枪第三名；是年，获全国射击锦标赛手枪慢射第五名。1996年，获全国射击达标赛手枪慢射冠军；是年，参加朝鲜人民共和国冠军表演邀请赛获手枪慢射冠军、气手枪射击冠军。1997年，获全国射击锦标赛、八运会预赛气手枪（588环）团体、个人冠军，平世界纪录；是年，获八运会手枪慢射第七名、气手枪射击第八名。1998年，在西班牙射击锦标赛获气枪团体冠军；是年，参加在美国举行世界锦标赛获手枪慢射第五名。是年12月，在泰国曼谷参加亚运会获手枪慢射团体亚军。1999年，获国家体育总局"中华人民共和国运动员"奖章。

吴辉为毕节地区争得了第一块世界金牌、贵州省第六块金牌后，于2003年要求退役转业湖南省长沙市经商。

吴长宣

吴长宣，贵州省毕节县（今七星关区）人，1960年12月28日出生于毕节县长春堡区冲丰吴家冲子。1977年参加工作，大学文化，中共党员。"高级政工师"职称，国家烟草专卖局高级职称评定委员会评委。

吴长宣1978年12月从民校教师岗位应征入伍，1978年12月至1986年先后在原昆明军区35430部队、35403部队（师级）任通信员、文书、干事、宣传报道组长。1986年9月至1988年9月，在解放军南京政治学院学习毕业。1988年9

月至1990年3月任原昆明军区35403部队组织科干事；1990年3月至1991年3月，任原贵州省委常委、贵州省军区政委康虎振秘书；1991年3月至1994年3月，任贵州省全民国防教育委员会办公室干事，1994年3月至1996年3月，主持贵州省全民国防教育委员会办公室工作（正处级单位）；1996年3月至1998年12月，任原贵州国防杂志社社长、总编（正处级单位）；1996年9月至1999年9月，中央党校在职学习毕业；1999年4月至2003年8月，任原贵州黄果树烟草集团公司党办主任，2003年8月至2006年任贵阳卷烟厂武装部长兼党务工作处副处长。2006年3月以后任贵州中烟工业有限责任公司、贵州省烟草专卖局（公司）联合主管主办的《贵州烟草》报常务副主编。2007年任贵州省企业报协会常务副主席。

吴长宣1977年在毕节一中高中毕业后，回乡教了两年书，1979年年底应征入伍，踏上了南疆保卫战的战场，到云南边陲文山35430部队，先后任战士、干事。在工作之余，潜心学习写作，1981年，首篇新闻报道发表在《云南日报》上，奠定了他从事写作工作的基础。

1982年，他考上了昆明军区新闻集训队，学习一年毕业后提为新闻干事。

此时，正是原昆明军区担负云南边防的罗家坪大山、扣林山、老山、者阴山的拔点作战任务，全国关注，全军重视，战地新闻宣传可谓使命重如山。在此期间，吴长宣一方面把重点放在组织发动抓实各单位的上稿率，一方面以身作则，随部队前进驻云南西畴县的新街口，做到哪里有新闻，哪里就有其身影。一次他去最前沿的72医院医疗所采访战地模范卫生员钟惠玲，出发之前，领导特别告诫要经过“三转弯生死线”，千万要注意。果不其然，当经过此地时，越军“一五二”加农炮零零星星炮轰“三转弯”周围。吴长宣当时坐在用迷彩遮盖的大车箱里，突然50米开外爆炸的弹片飞向车厢中，一小块弹片刺向他的眉中位置，他负了伤。由于他执着于战地新闻工作的使命，为所在部队的战地由于他新闻宣传工作作出了突出成绩，得到了部队官兵认可和关爱。连续四年所在部队新闻宣传工作获上级表彰，他个人被成都军区授予“优秀新闻工作者”荣誉。四年内他在解放军报见报20多篇，被《国防战士报》评为优秀通讯员一等奖，荣立三等功。他被抽调到成都军区带领“祖国在我心中”英模报告团，被授命为团长，在四川省作巡回报告。拔点作战结束后被推荐到中国人民解放军南京政治学院深造。

吴长宣从南京政治学院毕业后，仍然回到云南边防前线。1990年调贵州省军区，任原省军区政委康虎振的秘书。一年后，康虎振政委退休，恰巧这时，贵州省组建国防教育机构，以省军区为主，省委宣传部为辅，抽人组建，吴长宣转入全民国防教育委工作。1993年，吴长宣主持省国教办工作，其组织发动协调能力得到充分发挥。连续两年组织全省参加全国书面国防知识竞赛和一次在中央电视台举行的全国国防电视竞赛活动，贵州省均获先进单位和二等奖单位，他本人获全国国防知识竞赛先进工作者荣誉。由他起草的《贵州省全民国防教育条例（试行）》获省人大通过颁布。也正是这些成绩的彰显，他只在正营岗位一年时间，就晋升为副团职岗位。在贵州国防杂志社，他不负省领导重托，精心组织，狠抓质量，确保刊物质量，双月刊发行量达五万多份，对促进全省国防教育和民兵预备役工作发挥了重要作用。与此同时，他在省军区还撰写大量的通讯、消息、报告文学。

1998年，吴长宣转业到贵阳卷烟厂，任党政办公室副主任。在贵阳卷烟厂工作6年时间，吴长宣始终以军人的优秀品质，以从零开始的态度，虚心学习烟草行业政策和各类专业知识。在抓培训中层干部上，他大胆创新积极建言，严格每周的学习政治业务制度，每年坚持组织到优秀企业和大专院校学习，邀请专家学者在厂内授课，严格考评机制等。在抓职工的政治思想工作上，他大胆借用部队经常性思想工作经验，创新地实行“党员包干负责制”，彻底解决了职工有思想问题得不到疏导，有实际问题得不到解决的状况。他因此连续被评为“优秀党务工作者”和管理创新一等奖，获“贵州省企业文化建设先进个人”。在抓对内对外宣传工作上，一是直接负责原《黄果树烟草报》工作，二是撰写大量重点稿件，其中《像黄果树瀑布一样奔腾不息——贵阳卷烟厂改革发展纪实》长篇通讯在《人民日报》《市场报》《东方烟草报》《中国烟草杂志》上发表。

贵州是全国烟草大省之一，十年来，仅吴长宣亲自为全省烟草各单位授课达80多期，人数达五千人次。十年来，吴长宣以从贵州的角度看全国，从全国的高度看贵州的视野，身体力行落实“走基层、转作风、改文风”的新闻工作要求，不仅足迹深入贵州烟草各基层单位，而且亲力亲为为撰写贵州烟草最突出、最重要的典型宣传稿件和言论稿件。仅一版版面的“社评”“短评”“黔烟絮语”言论稿件达四百多篇。一版重点消息和典型通讯达三百多篇，其推荐到省企业报协会参评获奖作品达近百件。2015年，全国烟草行业首次组织全行业报刊评比，获“最具影响力十佳报纸”，受到全国烟草行业新闻界、贵州省新闻界的高度评价和行业内外读者的良好赞誉。

吴文庆

吴文庆，贵州省毕节县（今七星关区）人。1964年5月出生于今七星关区阿市苗族彝族乡中寨村。1985年8月参加工作，大学文化，中共党员。园艺专业高级农艺师，中国共产党毕节市第一次代表大会党代表，毕节市市管专家，七星关区区管专家，2013年入选毕节市科技特派员。

吴文庆1985年至1991年在普宜区农技站任技术员；1991年至2000年任阿市苗族彝族乡农技站站长；2000年至2006年任毕节市农业局农科所农艺师；2006年至2012年任毕节市（七星关区）农牧局果蔬站站长（2012年任高级农艺师，市管专家）；2012年至2015年任股长；2015年10月因健康原因退休 .

参加工作以来，吴文庆努力学习业务知识，在省级以上刊物发表有关专业论文9篇，参与编撰的学术专著《蔬菜主要病虫害防治图册》在贵州科技出版社公开出版发行，专著《夏秋反季节无公害蔬菜栽培与管理》在贵州科技出版社公开出版发行，被列为贵州省农家书屋指定用书。他主持和参与研制的《毕节地区夏秋反季节蔬菜高产高效综合技术推广项目》等8个项目获贵州省农业委员会农业丰收奖。由于他工作努力，2006年至2015年，3次获中华人民共和国农业部及贵州省人民政府奖励：他所研究的项目《贵州省夏秋反季节无公害蔬菜产业化技术集成应用》于2011年11月18日获贵州省人民政府科学技术成果转化一等奖；《毕节地方名优辣椒良种选育及配套技术研究应用》于2012年12月28日获贵州省人民政府科学技术进步奖三等奖；《毕节樱桃良种选育与优质栽培示范》于2013年12月获中华人民共和国农业部全国农牧渔业丰收奖二等奖。

吴学桂

吴学桂，贵州省毕节县（今金海湖区）人，女，1958年生于毕节县海子街小坝，中共党员。1982年贵州大学植保园艺系果树专业本科毕业；2009年贵州省委党校法学专业研究生班毕业。贵州财经学院办公室副主任、高级政工师。

吴学桂参加工作以来，先后任毕节县农业局经作站副站长，贵州计划学院办公室正科级秘书，贵州财经学院办公室行政科科长，贵州财经学院党委宣传部理论科科长，贵州财经学院纪委副处级纪检员，贵州省公民道德建设促进会理事和贵州省德育专业学会常务理事。

吴险峰

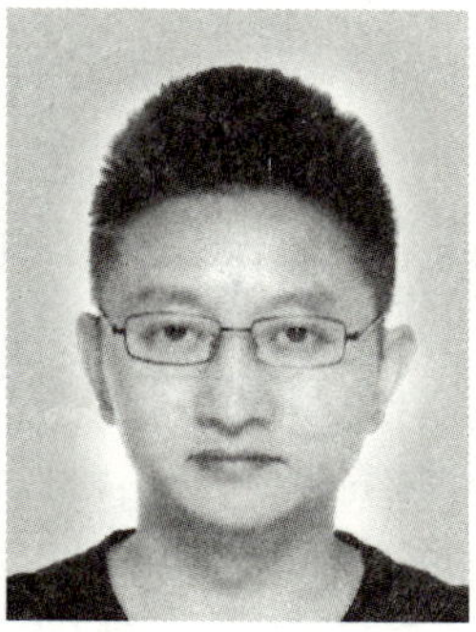

吴险峰，贵州省毕节县（今七星关区）人，1976年生于毕节县海子街区八寨公社。中国西部情歌大赛金奖获得者。

在家乡读师范时，17岁投师声乐教师吕光辉门下，系统学习3个月，时年以全省专业分数第一名的成绩考入贵大艺术学院声乐专业，迈出了歌唱生涯的第一步，在艺术殿堂刻苦学习民族唱法。他夜深人静还在挑灯夜读，在琴房苦练嗓子和钢琴。

1995年8月，广西防城港一个艺术团到贵州省艺校招收毕业生，当时还差一年才毕业的吴险峰参加了面试，被艺术团选走。年满18岁的吴险峰踏上异乡学习之路，仍没有放弃自己的音乐梦想，闲暇时间就到当地歌厅唱歌，声腔赢得许多老板的赞赏，争先与之签约。其间吴险峰考入广西艺术学院学习，师从著名女高音歌唱家龚小平老师。在老师的指导下，演唱水平日益提高，将其推荐到解放军艺术学院晁浩建教授处深造，其间拜访中央民族大学的靡若如、中央交响乐团王淑贞等多位老师，提高了演唱技艺，成为一名男高音歌手。

2005年，代表广西参加柬埔寨首都金边港文化交流活动，受到好评。同时参加贵州举办的首届“多彩贵州”歌唱大赛，获“银瀑”奖和“情歌王子”的美誉。嗣后他曾两次代表广西参加CCTV全国青年歌手电视大奖赛，在2006年全国西部情歌大赛中荣获金奖。

2008年，再次拜师旅居德国的华人女高音歌唱家逯惠娟老师，并参加“多彩贵州”歌唱大赛，唱出刚劲豪迈的《战士放歌走高原》和婉转的《乌江百里画廊》，一举夺得民族唱法非职业第一名，获得了象征荣誉的金黔奖，提升了毕节文化的形象。2009年，在中央音乐学院进修两年结束后，吴险峰决定回到贵州，在贵阳艺术中心担任独唱演员。他看到贵州文化事业快速发展，便在瑞金路开设一家门市专营乐器，成为一名歌唱演员，兼企业管理者。

吴维应

吴维应，贵州省毕节县（今七星关区）人。1944年生于毕节县青场吴家屯，在教育战线上工作了38年，曾获得过贵州省教育厅颁发的荣誉证、市旅游局颁发的荣誉证等。他从2001年11月退休至今，以巨大的热情和执着，积极投入到当地文化遗产——猪拱箐苗族起义遗址的保护和考证工作中。是毕节县（七星关区）猪拱箐苗族起义遗址发掘工作有卓越贡献者。

猪拱箐苗族起义遗址位于青场镇上寨和大山两村境内，遗址绵延20余公里，东、南、西三面悬崖绝壁，唯北面有崎岖小道可达山顶。营盘四周筑有深1米、长数百米的战壕，外有二龙关和大隘口等关隘为门户。清咸丰同治年间（1862—1874），苗族起义领袖陶新春、陶三春以猪拱箐为据点（今苗营大山）在海拔2376.6米的高峰建立大本营，当时修建房屋3万余间，人口10多万，组织以苗族为主体，有彝、汉、布依等民族参加的黔西北抗清义军30多万人，在猪拱箐坚持战斗了8年，历时12年与太平军战斗在云、贵、川三省的10多个州、县，与清军展开殊死搏斗。据刘岳昭奏折及《岑毓英行状》称：太平军石达开曾封陶新春等位“宰辅、巨帅、礼帅”之职。同治六年（1867年）二月，云贵总督劳崇光请旨，清廷派云南布政使岑毓英率川、滇、黔、湘等省官兵对义军进行围剿，终因叛徒出卖，敌众我寡，伤亡惨重，猪拱箐根据地于同治六年六月十九日（1867年7月20日）就此陷落。1982年2月23日，经贵州省人民政府批准，该遗址被列为省级文物保护单位。在猪拱箐苗族起义遗址范围内还并存着另外两处珍贵的遗址——省级文物保护单位老鸦洞旧石器和瓦窑古文化。老鸦洞遗址、瓦窑遗址、猪拱箐苗族起义遗址在亘古的岁月中交相辉映，等待着被开发、被还原出历史风貌。

从退休之日起，吴维应踏遍千山万水，自费

外出，足迹遍布云贵川三省和毕节各个县（区）。多年来，他白天走村串寨寻访了解苗族文化，通过不断的学习和走访，全面掌握黔西北苗族史和猪拱箐苗族起义的历史，夜晚加班加点地查阅收集来的书籍资料，并一次次到苗营大山捡拾历史文物。他去过云南省昭通市镇雄县、彝良县、威信县、大关县，四川省泸州市叙永县和宜宾市高县、兴文县、珙县等地。所到之处，他深入到民宗局古籍办等相关单位和老百姓家里，在走访的同时还不断宣传这段民族历史文化。吴维应去得最多的，还是苗营大山。山里很多地方都荒无人烟，遇到有农户的时候，他经常去夜宿老百姓家，现在他们都对他很熟悉了，从3岁的娃娃到八九十岁的老人都认识他。

吴维应撰写了猪拱箐义军与太平天国义军联合作战的历史资料20多万字；参加了毕节市政协、市苗学会的学术活动，参与《毕节苗族百年实录》《陶新春与黔西北苗族》《陶氏兄弟与猪拱箐》《咸同烽火》《古镇风韵》《大地回春》等书籍的撰写工作；绘制了有关猪拱箐苗族起义的主山图、义军主战场模仿图、义军旧屋基面貌图等，把书籍和相关资料带往北京、天津等地进行宣传。还写了40余份请求政府开发猪拱箐的报告，同时把发现的遗址、遗物进行划分并归纳成表。在统计表上，吴维应认真统计了几十处猪拱箐苗族起义遗址涉及的有关地带、未来旅游景点，标明了所处地址、特点及开发情况。

每年端午节，吴维应都会尽量组织活动来宣传苗族文化，宣传义军历史、弘扬义军精神。2002年端午节，借苗族跳花节之机，吴维应带领以苗族百姓为主的业余文娱宣传队，冒着绵绵细雨在苗营大山丫口演出，上万人打着雨伞坚持看完了表演；2005年端午节前，吴维应邀约当地的几位热心人士，筹集资金近万元，搭哨棚、修山路、找古井、找战壕、修停车场，购置水泥电杆栽到营顶。到端午节这天，一大早小商贩们的摊子就摆满山腰，芦笙、唢呐声不断，锣鼓喧天，热闹非凡。10多年间，吴维应请了当地摄影师在猪拱箐遗址及其周边拍摄了千余张照片，送交毕节市、七星关区相关单位，保留了许多珍贵的影像资料；还请摄影师对每一次宣传古文化的热烈场面进行录制，发放了2000多张光碟，有的发放到省外进行宣传、有的上交有关部门，大部分是免费发放给青场镇和周边几个乡镇的农户观看，增强广大农户对文物保护的意识。在吴维应的努力下，从2002年至今，中央电视台科教频道、福建东南电视台、贵州广播电视台、毕节广播电视台、七星关区广播电视台等媒体对苗营大山进行了10余次实地采访报道。

多年来，吴维应通过日夜努力、艰辛操劳，提高了猪拱箐的知名度、扩大了影响力。在猪拱箐的考察、发掘上，吴维应投入了几乎所有的时间，他本人的大部分工资和小儿子打工赚的钱累计20多万元全部投入到考察活动、收集资料、建陈列室等宣传猪拱箐苗族起义遗址的相关工作上。吴维应把自家的3间房子约90平方米腾出来建立了猪拱箐文物陈列室，专门陈列苗族义军用的马刀、火药枪、铅弹、马鞍、碗、酒杯等400多件文物和红军长征路过猪拱箐时的相关资料。文物被悉心陈列在玻璃柜中，吴维应还亲自用毛笔写下解说词。这样的私人陈列室，在毕节乃至贵州都可能是仅有的。

2003年7月10日，吴维应从威宁自治县、赫章县考察回来，在离家两公里的路上遭遇歹徒抢劫，钱、物、证件和有关资料全被抢走，并被两名歹徒打得遍体鳞伤。吴维应休养了两个月，伤好后，他又花了一个多月的时间重新整理资料，并继续到各地调查、了解猪拱箐苗族起义的相关历史资料，宣传苗营大山的旅游价值。吴维应说："尽管这样，我并不后悔。我的决心是在有生之年一定要坚持，不管遇到什么讥讽打击，都要继续挖掘、抢救、保护民族文化，带动当地发展旅游，促进精准扶贫、精准脱贫，让百姓富起来。尽力关心苗族同胞，向各级领导及有关部门反映，争取以民族历史文化、生态文化、自然风光为支撑，把猪拱箐苗族起义遗址这一省级文物保护单位打造成为旅游观光的一处独特的旅游景点。"

吴维福

吴维福，笔名一心，贵州省毕节县(今七星关区)人，1950年5月出生于毕节县海子街区，中共党员。1965年参加工作，毕业于高等教育自学考试中文专科，历任教师、副教导主任、教导主任、中心校副校长等职。获小学高级教师职称。

他长期从事小学教育、教学管理工作。在工作中，不断摸索教学规律，积极探讨教学艺术，勇于创新、大力实践，不断总结经验，积极撰写教研论文，曾在国家级和省地市报刊上发表教研论文60余篇。其中，《校长须过“五关”》入选国家教委、中央教科所、中国教育报联袂编撰的特大型工具书《如何实施素质教育》;《一节主题班会课》在《中国教育报》发表，并获中国教育报举办的“教师创新行为案例”征文二等奖。在30多年的教育、教学工作中，爱岗敬业，忠于职守，兢兢业业，勤勤恳恳，取得了突出的工作成绩。1978年，被评为海子街区先进教师；1995年，被评为毕节市(县级，下同)先进教育工作者、毕节市“三十佳”知识分子。在分管海子街镇中心校中小学教学常规管理工作中，1996年、1997年、1998年、1999年连续4年荣获市级奖励；分管海子街镇普教工作，经上级验收，1997年海子街中心校被评为毕节市普教工作先进单位，本人被评为贵州省普教先进个人。其个人业绩曾被收入《中国专家大辞典》《中国人才辞典》《中国当代创业英才》等大型人物辞典。

吴维福长期从事教育教学工作，为农村培养和输送了一批又一批青年学子，成绩突出，成果显著。

吴璇昭

吴璇昭，贵州省毕节县(今七星关区)人，女，1960年生于毕节，从小在毕节启蒙读书，富有志气和理想。大学毕业后，很快成为中国共产党党员、教授、主治医师、硕士研究生导师。

她在毕节地区医院工作期间，任外科副主任、党支部书记、副主任医师。后调贵阳医学院工作，历任医学院外科教研室副主任、医学院附属医院大外科副主任、小儿外科主任兼中华医学会贵州省小儿外科学会副主任委员等职。曾在北京首都儿科研究所附属儿童医院和北京市儿童医院进修；在新加坡国际管理学院高级管理班学习；香港大学玛丽医院高访学者。

2003年，在贵医领导的支持下，以她的学识和综合才能，主持成立了贵阳医学院附属医院小儿外科病房，从开始的10张床位发展到40张床位，使贵医附院有了真正意义上的小儿外科。她率先在省内开展了“心形吻合术”治疗先天性巨结肠；率先在省内开展“囊肿切除短段空间置代胆道和矩形瓣成形术”治疗先天性胆肿管囊肿，均获得成功并在省内推广。近几年来，她的医学声望越来越高，平均每年实施各种手术300余例。先后有《改良式Swnson术治疗先天性巨结肠》《一例巨大肺囊肿误诊十年分析》在《中华小儿外科杂志》(核心期刊)上发表；有《正确处理内括约肌在巨结肠根治术中的意义》等多篇论文在《中国综合临床》(核心期刊)发表；有《小儿重症胰腺炎的诊治体会》《保留脾脏手术治疗脾外伤26例临床观察》等多篇论文在《贵州医药》刊物上发表。

自2003年获硕士研究生导师资格后，已培养研究生11人，其中1名考上香港大学博士研究生，数名到省外医院从事儿科工作，有的成了学科带头人，对行业作出了贡献。

在任副主任医师后仍接受高水平的继续医

疗教育，多次参加相关专业的业务学习，注意业务能力的提高。在任副主任期间，出色地完成了普外临床工作中最常见疾病和危急重症病人的诊治和抢救工作，尤其是小儿外科疑难重症病人的诊治和抢救工作。鉴于其优良的工作作风和能力，1997年由毕节地区医院调入贵阳医学院附属医院工作，重点从事小儿外科疾病的临床、教学及科研工作。在新的工作岗位上，吴璇昭对业务积极开拓、努力进取，开展了系列高水准的新工作，包括多例危重复杂的小儿外科病人的手术和抢救，对所在学科学术及业务水平的提高做出了积极的贡献。2003年，由她负责组建了贵阳医学院附属医院小儿外科病房并出任小儿外科主任，其出色的工作，使小儿外科疾病诊治水平大为提高，赢得了病家的一致好评和接纳，取得了良好的社会效益。临床工作中她能恰当指导下级医师进行临床工作，并作为硕士生导师指导硕士研究生进行临床学习和相应的科研工作，还承担了较重的教学任务和科研工作，教学效果良好，受学生好评和欢迎。

鉴于她在任职副主任医师期间的良好表现和工作能力，并通过了国家职称英语及计算机考试，被晋升为主任医师，有关专家对她的总体评论是：作风正派、医德医风良好，工作扎实肯干，是一位优秀的人民医师。

邱声邦

邱声邦，贵州省毕节县（今七星关区）人。1963年9月生于贵州毕节何官屯镇大坪村。大专文化，中共党员。

1983年7月在毕节农校畜牧兽医专业毕业，同年8月分配到毕节县畜牧局兽医防治检疫站工作，2000年被评聘为兽医师。期间，参加中央农业广播电视学校畜牧兽医专业学习，2002年7月毕业。1992年10月加入中国共产党，1994年任毕节市（县级）畜牧事业局兽医防治检疫站副站长，主持兽医防治检疫站工作，2003年任站长、党支部书记。2007年10月任毕节市动物疫病预防控制中心负责人、主持工作；2006年12月评聘为高级兽医师。

他对工作认真负责，刻苦钻研科学技术。不管是下乡参加畜禽防疫注射，或是处理动物疫情，或是治疗病畜，都一丝不苟。20世纪80年代，到农村参加防疫注射，同村兽医防疫员同吃同住，直到防疫注射结束。平时经常深入农村调查畜禽防疫情况，处理畜禽疫情，帮助群众治疗病畜，或开展技术指导，为群众排忧解难，足迹遍及毕节的村村寨寨。每到一地，他都到养殖场（户）调查了解情况，帮助养殖场（户）解决养殖中遇到的实际问题。

他主持市兽医防治检疫站工作后，积极向上级部门争取项目，并组织实施完善了毕节的动物防疫设施，使毕节的动物防疫工作上了一个新台阶。他承担农业部“贵州省毕节市无规定动物疫病区建设”项目时，起草了项目建议书、项目可行性研究报告，制定项目《实施方案》。在项目实施中，负责项目实施各阶段的安排布置、技术培训、监督检查，撰写各期工作总结报告，保证了项目的顺利实施。按项目《实施方案》的要求，对化验室进行改造，配备和购置了各种化验仪器设备、动物防疫监督车、微机、复印机、传真机等必备设备，市、镇、乡、办事处及村添置了生物药品冷藏设备设施，建立了全市疫情监督网络，组织制定动物防疫、检查监督、培训、疫病监督、消毒等各项规章制度，规范工作的开展。通过项目的实施，全市动物的发病率和死亡率都控制在国家规定标准内。无规定动物疫病区建设项目的实施，极大地提高了市动物防疫、检疫、疫病监测的能力，完善了动物防疫各项体系建设，增强了对动物疫病、外来疫病的快速反应能力，提高动物及产品的品质，为毕节市农业和农村经济结构调整、促进全市农业和农村经济的可持续发展起到了极大的推动和促进作用。2007年，他主持开展毕节市动物疫情普查工作，按照省畜牧局的安排，制定了《毕节市动物疫病普查实施方案》，组织在全市开展1997年至2006年的畜禽疫病流行病学调查及疫情普查，收集整理普查资料，拟定普查总结报告，提出动物防疫规划，为全市动物疫病的防治提供了科学依据。

他积极推广兽医实用技术，提高养殖经济效益。1995年至1999年，他主持开展全市牛羊寄生虫病防治技术推广应用，并取得成功，后经测算，牛羊出栏率提高，死亡率降低，仔畜成活率提高，饲料报酬提高，5年投入87万元，产出983.3万元，净增产值896.3万元，投入与产出比1∶11.3。该项技术的推广应用，产生了较好的社会效益和经济效益。1999年获省农业厅二等奖。2002年，他主持的《毕节地区牧畜W病防制与成效》项目在毕节市实施后，有效地控制了疫情的发生，确保了畜牧业生产的健康发展。该项目2002年获省农业厅颁发的一等奖。2005年组织开展《毕节市"放心肉"工程》的实施，获省农业厅三等奖。他撰写的《中西结合治疗仔猪副伤寒经验》在《中兽医学杂志》发表，他撰写的《贵州省毕节市羊寄生虫的调查与防治效果》在《中国兽医寄生虫防治》发表，总结的《烟草配石硫合济治疗牲畜疥癣效果好》《药物驱除山羊寄生虫的效果比较》《毕节市母猪繁殖障碍疾病流行病学调查报告》等经验性文章在《贵州畜牧兽医》上发表。

多年来，他积极对动物防疫员、村防疫员、村干部、养殖户进行技术培训，并讲授动物防疫、检疫有关法律法规、检疫操作技能、专业理论知识等，提高了动物检疫员的执法水平和技术水平，使之能准确判断检疫结果，规范出证和加盖检疫验讫，让广大群众吃上了放心肉。他先后在市委组织部、市妇联、市农办等单位组织的培训班上，向各镇（乡）畜禽养殖专业村、专业户和广大饲养户讲授畜禽饲养管理和疫病防治知识，提高了畜禽养殖户的饲养管理技术，增加养殖经济效益。他于2003年获贵州省人民政府第六届"科技兴农人才奖"，2004被评为毕节市委、市人民政府"科技兴农先进个人"，2005年获农业部"全国农业科技推广先进工作者"称号。

余光荣

余光荣，贵州省毕节县（今七星关区）人，1982年7月出生于毕节县林口区团结乡坪子组。大学文化，中共党员，国家一级运动员，一级警司。

2000年9月进入贵州省体育运动学校射击射箭专业学习，2003年12月进入贵州省专业运动队，2008年9月考入贵阳市公安局特警支队，2009年6月毕业于中央司法警官学校法学专业，2011年6月加入中国共产党，2015年5月任贵阳市特警支队四大队一中队中队长。

余光荣出生于一个革命军人家庭，父亲余显德是军队的一名医务工作者，长期战斗在云南边防。余光荣出生后几个月，便在母亲怀抱中随军到云南省澜沧县边防驻军61医院生活至7岁回到毕节，他从小受到军人父亲的熏陶，造就了坚毅、果敢、吃苦耐劳的性格。他先后求学于毕节市第二中学、毕节市第二中学高中部，在中学求学期间接触到了射击运动，并崭露头角。1998年7月首次参加全省射击比赛，便荣获全省手枪慢射第一名；2000年7月在贵州省迎接新世纪运动会，荣获手枪慢射第一名；同年9月，进入贵州省射击射箭运动管理学校，接受系统的正规的学习和训练，在多位教练的细心栽培下，年仅20岁的他，便达到国家二级运动员标准，正式进入贵州省专业运动队。他怀着一颗为国争光的抱负，苦心学习，勤奋训练，2004年3月取得西南协作区射击比赛中气手枪60发项目男子组第三名；2006年全国射击系列赛第二站暨团体锦标赛团体第六名。2007年3月取得国家一级运动员资格，在全国大型比赛中不孚众望，取得了骄人的成绩。2007年全国射击系列赛第二站团体锦标赛获亚军；2007年全国射击锦标赛系列赛全国青少年射击锦标赛手枪慢射获个人第二名；2007年取得西南协作区手枪慢射项目男子组第二名；获全国"2007移动通信"杯射击射箭排名赛10米气手枪总冠军。在10余年的运动生涯中，余光荣所取得大小成绩无数，却从不松懈学习，合理安排时间，训练学习两不误，他这种珍惜时间的好传统得到了队友和教练们的赞赏。2008年9月顺利取得了中央广播电视大学行政管理专业的毕业证书。

余光荣在从事职业运动期间，虽然取得无数的骄人成绩，但年幼时的成长经历和他怀有的从警卫国的情怀，促使他在成绩的巅峰时刻，结束了十年的运动生涯，正式投考贵阳市公安局特警支队，并以文化科考第二名，专业射击第一名成绩进入贵阳市公安局特警支队林豹突击队，正式成为一名人民警察，保一方平安。

2008年10月，余光荣正式进入林豹突击队，他抛下曾经的一切荣誉，扎根警队。入警集训期间，无论是障碍训练、攀爬训练中都表现突出，更充分发挥自己的射击专业特长，在提升自己的同时帮助队友提高射击水平。团结队友，狠抓学习是他一贯的优良作风。为更好地适应警队工作，逐步提高自己的专业素养，更好地为百姓服务，于2009年考入中央司法警官学院法学专业学习，并于同年，参加新疆维稳工作6个月，春节期间仍然同战友战斗在新疆维稳工作第一线，为表彰其在维稳工作的突出表现，被新疆乌鲁木齐市公安局通报嘉奖为“维稳工作优秀个人”，贵州省公安厅授予二等功一次。2010年调入特警四大队，主要负责两抢一盗的案件侦破工作，蹲点守卡，破获案件数十余起，盘查车辆千余台，巡逻贵阳各重要交通要道千余日夜，从不叫苦叫累，为保百姓平安，默默无闻的奉献。贵阳市召开的九运会、避暑季的开幕、酒博会、大数据博览会等一系列的大型安保工作，开阳县、乌当区等突发事件的处突工作，到处都有余光荣的身影，他用最朴实的工作书写了一次又一次的辉煌。

2015年5月调入特警四大队任一中队中队长，一级警司，在一中队他是领头人，更是一线的模范兵，他的值勤地点鱼龙混杂，南来北往的人比较密集，他就多盘查，多找重点，每天盘查50余人次。在贵阳市公安局发起了“向毒品说不”的专项工作中，在头桥公交车站、云岩公交车站等处仅在一个月的时间就抓获了涉毒人员6名。他带领队员，联合所在地派出所，将积极打击犯罪分子和维稳处突相结合，围绕“两严一降”“向毒品说不”等重点工作，打击违法案件，不断净化贵阳社会治安环境。

从警8年，余光荣带领一中队全体民警开展群众救助、服务3000余次，用真心、用真情赢得了群众的肯定和褒奖。任中队长期间，被贵阳市公安局评为“优秀公务员”三次、“三等功”一次、2016获贵阳市“优秀共产党员”“特警之星”的荣誉称号。

余有华

余有华，贵州省毕节县（今七星关区）人，高中文化，毕节市七星关区第一届政协委员。贵州省观赏石协会副会长，毕节市根艺奇石协会会长，国家级观赏石鉴评师。毕节市《自然传奇》赏石馆馆主。

1968年8月21日，余有华出生于毕节县教师进修学校（毕节城区环北路），1978年随父母搬迁到大方县长石区石坪公社长田大队长田小队生活，1986年高中毕业于大方县长石中学。1986年至1989年在大方县岩脚小学任教，三年的教书生涯让他学到了很多人生知识，这是余有华第一步踏入社会，开始自己的人生之路。

从小聪慧，敢想敢闯敢干的余有华，一直怀揣着一颗不甘平凡之心。他于1989年年底，抛开铁饭碗，辞去有点不舍的人生第一份工作，只身到了曾经生他养他的毕节创业。

1999年，余有华开办了属于自己的新大新艺术社，从事广告、设计、装修工作。经过四年的努力拼搏，于2003年创办了“毕节市新大新广告公司”，有了专业的团队、专业的设备，人生感觉真正有了成功的喜悦。2005年，一次偶然的机会，在电视上看到了奇石的报道，慢慢地奇石成为他工作之余的重要爱好。2010年8月17日，作为发起人之一的余有华，和他的同行一起，经过一年的努力，成立了毕节地区根艺奇石协会，后更名为毕节市根艺奇石协会。余有华以他对这项事业的奉献精神，被选为会长。

毕节市根艺奇石协会有会员140人，全市各区县均有分会。协会以发掘保护毕节根艺、奇石资源，推动引导毕节根艺赏石文化健康发展为己任。旨在组织会员，拓展对外交流渠道，促进毕节城市文化品位的提升。在社会各界的支持下，已成功策划组织配合市、区举办多项赏石文化交流活动，承办了三届高规格、上档次、极具影响力的奇石根艺博览会。

余有华自2010年进入专业赏石行业后，2011年逐渐退出了改变他人生的广告行业。在奇石界，他勤奋学习，刻苦钻研，经常和同仁交流学习，共同维护协会声誉，经常组织协会单位和奇石爱好者参加省内外大型的国家级博览会、取得很多优异的成绩，赢得了行业间的一致好评。他也从中不断学习、成长，不断刷新自己、提升自己。

经过长达十多年的积累、沉淀，现在余有华自己藏石千余方，作品在国际、国内观赏石博览会上均获大奖。他还主编了《毕节石语》《毕节根艺奇石集》，曾多次担任省内外精品石大奖赛评委。他的论文《浅析乌蒙石》，在全国性专业杂志《宝藏》2013年增刊发表。余有华的事迹多次被毕节电视台、七星关电视台采访和专题报道，另有多篇石文、石诗及作品在《毕节日报》《乌蒙新报》《毕节晚报》上发表。他是毕节玩石者的佼佼者，亦是全国观赏石界精英，因而被授予国家级观赏石鉴评师。

余泽江

余泽江，曾用名虞才江，笔名詹育。贵州省毕节县（今七星关区）人，蒙古族。1949年农历六月初二日出生在贵州省毕节县（今七星关区燕子口镇大田村）一个贫寒的农民家庭。大专文化，中共党员，中国文联作家。

1968年11月应征入伍，到驻云南省勐腊县的中国人民解放军第139野战医院服役。历任战士、政治处干事。

入伍当年，出国（老挝）执行援老筑路医疗保障任务。时值老挝人民革命党和老挝人民正在进行抗美救国、推翻反动伪政府的斗争。天上天天有美机侵扰，地下常常有敌军袭击。医疗所担负着老挝勐赛省我援老筑路大军、老挝人民军和老挝人民伤病员的救治任务。条件艰苦，环境恶劣，任务繁重。他和战友们一道，向敌特作斗争，在艰苦岁月中为国争光。

1971年，医疗所圆满完成援老筑路医疗保障任务，回国归建。余泽江入了党，被提拔任139野战医院政治处宣传干事。在昆明军区后勤部举办的新闻报道培训班学习期间，他珍惜来之不易的受培学习机会，虚心向教员学习，深入云南、贵州各个部队采访写作。他撰写的通讯《军营盛开体育花》，被《云南日报》、云南人民广播电台和军区国防战士报采用。这是他第一篇上广播电台和报纸的文章，坚定了他走好写作之路的决心。

1973年，余泽江任139野战医院医疗队政治指导员、党支部书记，率领16名医务工作者赴中缅边界的勐腊县勐捧公社坝荷大队。在坝荷的一年中，他带领医护人员跋山涉水，克服艰难险阻，到边寨和边防哨所，热情为战士，为瑶、傣、爱尼、苗等各族人民看病、治病、防病，为前来求医的缅甸边民服务。救治了成百上千病人，挽救了无数生命，为坝荷山寨培训了9名赤脚医生，创建了坝荷大队卫生室。医疗队被边防战士、边疆各族群众称为：“边寨红医兵”“毛主席派来的神医”。余泽江以亲身经历和实践，撰写了长篇通讯《边寨红医兵》，被中央人民广播电台、云南人民广播电台广播，被《解放军报》《光明日报》《国防战士报》等新闻媒体采用。接着他又创作了《爱伲人的歌声》长篇纪实文学，被《解放军文艺》《国防文艺》、云南文艺杂志刊登，并被云南省作家协会邀请加入作家协会。1976年，昆明军区派余泽江作为军方代表，驻云南人民广播电台任军事节目责任编辑。一年后，返回139医院继续担任宣传干事。

1978年8月，余泽江奉命调到昆明军区驻红河州南疆保卫战后勤前线指挥部35403部队政治部，任战时新闻报道组组长（副营职）。同时被新华社、《人民日报》《光明日报》《云南日报》聘为战地特约通讯员；被《解放军报》《国防战士报》聘为战地特约记者。南疆保卫战打响后，余泽江跟随作战部队跨过红河，进入到越南老街、谷柳、甘塘，黄连山等战场，冒着敌人枪林弹雨，几经生死之险，在坑道、高地、猫儿洞，和作战官兵一道冲锋陷阵，出生入死，采写战争推进内参，报道战斗中英雄人物和英雄事迹。他在战场上采写的400多篇火线报道，均被各类报刊、广播电台采用。有力地宣传了我正义之师的威力，有效地激发了参战官兵为祖国而战的英雄气概。战后，余泽江荣立三等功；昆明军区政治部将他评为“战地模范通讯员标兵”；《解放军报》《国防战士》登了林杰撰写他的长篇通讯《热情似火》。新华社授予他“优秀战地通讯员”称号，将他撰写的通讯《文山见闻》评为一等奖，该文作为记者必读，在新华社通讯内刊推荐。他执笔写的《安家记》《千军万马渡红河》《横扫谷柳》《战地优秀军医孙唯凡》等7篇作品，被《解放军报》《国防战士》评为一等奖。《国防战士》，连续十期辟专栏介绍了他的模范事迹。他被借调《解放军报》驻昆（明）记者组，赴收复老山前线采访报道。1981年3月，他被选为党代表，光荣出席了23分部（师）第三次党代会和昆明军区后勤部（正军）第五次党代会。是年7月，余泽江作为战时优秀政治工作干部，被昆明军区选送到南京政治学院深造。1983年7月毕业后，分配到昆明陆军学院后勤大队任政治教员。

1985年，余泽江转业被安置在毕节县粮食局任党委委员、党政办主任。又开启了他文学之路的第二个春天。在粮食部门打击经济领域犯罪活动和粮食部门改革的洪流中，他写了数以百篇稿件，其中25篇受到各级媒体的表彰。1986年他写的《阴底见闻》，被收入华夏出版社大型丛书《新中国一日》；1987年他撰写的《华日卫士》一文，获贵州省宣传部主办的《家乡产品征文活动》一等奖，得到一部价值三千多元的华日牌彩色电视机。1989年，他撰写和主持编辑的《毕节县粮食志》《风景这边独好——毕节县粮食局廉政建设文集》成书。1992年1月，余泽江调任毕节县（市）经济体制改革委员会主任。

在体改委，余泽江撰写的调查研究、改革方案、情况报告、理论阐述等大量篇章，在各类报刊登载；他还撰写了改革浪潮中涌现的很多先进人物，典型事例。有50多篇文章见诸报端，其中《啊，青杠坪》《鸡鸣三省一点红》《做粮食改革的中流砥柱》《商业改革呼唤股份制》等文章，受到中商部、省、地有关部门表彰。

1993年底，余泽江调任毕节市（县级市，下同）乡镇企业局（煤炭工业局）党组书记、局长。（其间：1994年参加深圳南方干部学校第8期学习；1996年参加全国煤炭局长培训班学习）。他在乡企局工作的5年间，毕节市乡镇企业局全面工作在毕节地区一直名列前茅，年年获地区发展乡镇企业一等奖，毕节市被贵州省人民政府评为先进单位，他个人也被地区行署评为“发展乡镇企业先进个人”。

2000年3月，余泽江当选为毕节市第二届政协常务委员会常委、秘书长。他不争不怨，认真工作，抓住写作和创作这一天赐良机，大写特写。他撰写的《试论县级政协机关工作方向》的论文，被《人民政协》杂志和《贵州政协报》刊登，获毕节地区政协论文一等奖。他一边做好政协各项工作，一边埋下头来搞文学创作。2001年，他在北戴河参加全国政协系统主席、秘书长第28期研讨班学习，受到全国政协副主席周铁农的接见。在任秘书长期间，他的156万字的长篇小说《三节草》，经中国文联出版社出版发行；长篇小说《惜别凤锦桥》《情旅》及文集《编织金色的梦》、儿童电影剧本《飞飞》《西南蒙古族秘史》等大批作品相继出版问世；中篇小说《贤妻似镜》，被《人民文学》杂志刊登。2004年，人民文学杂志社聘他任驻贵州工作站站长。同时他还被选为西南蒙古族历史文化研究学会副会长。《贵州政协报》以《为人民而歌》为题，登载了他在文坛上勤奋耕耘的访问记；《毕节日报》刊登了《余泽江其人其事》的长篇报道；贵州电视台、毕节电视台以《余泽江的文学情缘》为题，制作了三集影视片播放，在社会上收到了较好的效应。

2004年3月至2008年12月，余泽江任毕节市人民政府督导员。

2009年8月，余泽江退休。他仍没有停下奋进的脚步，一如既往倾心写作。先后著有纪实文学《斑竹泪》《走遍大中华——我的游记》《异国并非他乡》《宝岛归来》《走笔生花》《七星闪耀》《大孝至爱》《残破的初恋》《乱爱不是情》等一千余万字的作品。中华诗词学会会员周遵鹏赠诗曰："不钓虚名不媚官，一生劲节见心丹；戍边勤把军功著，从政不忘职守廉；处世能将风雨度，为人可敬品行妍；更持彤管抒胸臆，豪气如虹耀纸笺。"

余慧明

余慧明，贵州省毕节县(今七星关区)人，女，1965年生，1988年参加工作，七星关区农牧局农业科学研究所高级农艺师、毕节市首批科技特派员、七星关区碧秀佳蔬菜种植专业合作社法人。

1988年，余慧明由毕节市农校毕业分配到毕节县环城区农技站工作；1994年至2013年9月在七星关区流仓桥办事处农业服务中心工作；2013年10月至2015年8月，在七星关区德溪街道农业服务中心工作；其间任农业服务中心主任14年，2004年参加贵州大学农学专业函授学习；2007年1月本科毕业。2012年12月取得高级农艺师任职资格，2013年1月被聘任为高级农艺师，2014年被聘为毕节市级科技特派员，2015年8月调七星关区农牧局农业科学研究所工作。28年来，余慧明一直从事基层农业技术推广工作。

多年来，一直扎根于蔬菜基地的建设，大力推广应用特色蔬菜无公害栽培技术和反季节蔬菜栽培技术。2002年以来，她每年开展蔬菜万元田示范建设133.33公顷以上，同时开展与市场对接的产销技术指导，有效促进了产品与市场的衔接，实现了优质高产高效。2012年至2015年，她在工作中积极向菜农推广"短生菜＋细葱＋白萝卜""细葱＋黄瓜＋白萝卜""莴笋＋大白菜＋大葱"等高效种植模式，累计推广一年三熟高效接茬模式10余套，指导蔬菜种植示范户980户，共推广万元示范田133余公顷，创产值2000万元以上，实现示范户人均增收5000元以上；完成粮食播种面积400公顷，其中玉米200公顷、水稻100公顷、脱毒马铃薯100公顷，实现粮食总产量2000余吨。

通过引进萝卜品种进行试验，成功筛选了"丰光一代、丰翘一代"2个适宜七星关区种植、品质优良的萝卜品种，并使之成为七星关区的主栽品种，同时，通过品牌创建和宣传推介，将其发展成为家喻户晓、人人皆知的优质农产品"毕节白萝卜"。"毕节白萝卜"从2001年开始被零星种植，到2006年发展成66.67公顷连片种植的优质白萝卜基地，2007年2月7日，在贵阳举办的全省特色农产品展销暨农产品加工推介会上，"毕节白萝卜"成为最受欢迎的农产品之一，5000多公斤参展萝卜很快就被抢购一空。同时，在白萝卜生产基地建设中吸纳了大量的农村劳动力，使基地及周边1000多户农户实现了在家就近就业，每人每年创收1.8万元以上。2009年7月，在余慧明的努力下，流仓桥办事处后河村新建66.67公顷优质白萝卜标准化示范基地，摸索出最佳高效栽培模式，做大做强白萝卜产业。在基层农技部门无试验经费的情况下，她毅然决定通过土地流转建立基地2.67公顷，当年虽遭遇了严重的干旱，但通过努力亩产还是达到了2000多公斤，且品质良好，实现利润4万多元，取得了很好的经济和社会效益。在2011年的产品生产中，除抓好基地规模化、规范化建设外，精致的包装设计，她的萝卜产品影响力得以提升，产品的销售价格明显提高，当年的公顷产值达18万元，大量的优质萝卜不需要到市场，就有很多消费者通过电话订购，呈现了供不应求的状况。

为更好地抓好种植业结构调整和农业产业化经营工作，经周密思考后，大胆创新和尝试"合作社＋基地＋农技部门＋农户"的农业产业化发展模式。2009年，余慧明组建了毕节市碧秀佳蔬菜种植专业合作社。于2012年年初合作社与七星关区大新桥街道魏家屯村签订土地流转合同，流转土地13公顷用于蔬菜种植。合作社投资600余万元，建有标准大棚13312平方米，安装喷灌设施13.33公顷，安装变压器一台（套），办公室、仓库、员工生活区、产品清洗包装车间、农药残留检测室、冷链系统等设施基本完善，完成机耕道建设2000米、耕作便道建设1000米，建造高位水池500立方米、沼液池300立方米，排灌沟渠治理440米，购置蔬菜运输车、沼液运输车、太阳能杀虫灯、喷雾器及其他农机具等。

2013年，余慧明毅然挑起了合作社法人的重担，在上级业务部门领导和专家的关心、帮助和指导下，承担了农业部的“菜篮子”产品生产项目蔬菜标准园的创建，项目圆满完成并顺利通过验收，被列入市级重点产业园区，定名为毕节特色蔬菜产业示范园。2013—2015年，余慧明连续三年完成魏家屯村“三百工程”项目实施，完成合作社6个产品的无公害认证和2个产品的绿色认证的前期工作。2015年，又主持完成国家农业综合开发产业化经营财政补助项目——毕节市七星关区80公顷蔬菜种植基地新建项目，并于2015年12月5日通过省、市、区财政部门验收。她还于2015年与贵阳学院的专家联合实施了市科技局的《白萝卜保鲜关键技术研发与应用项目》。

合作社完成蔬菜板块建设13.67公顷，板块经济建设主要有三种做法：一是抓好实用技能培训，为村民创业就业打下坚实的基础；二是采取“合作社＋基地＋农户”的模式积极引领村民致富，农户通过合作社联合，建立紧密的合作关系，合作社充分发挥龙头企业的作用，为种植户提供从品种选择、技术指导、收购到包装销售的一条龙服务；三是积极培养巾帼先进典型，带领妇女共同致富。

合作社示范基地发挥效果显著。合作社现有固定员工32人，临时用工每年约4000人次，在合作社就业的员工每月有2100元以上的工资，其中担任管理岗位的员工月收入在4000元左右。合作社每年发放工资近200万元。就是遇菜价非常低的时候，合作社也一如既往地确保员工的合作社示范基地上进行设施农业、绿色农业的生产，帮助她们提高技术，使她们成为合作社的技术工人。吸纳妇女在家门口就业，极大地缓解了妇女的就业压力，有效减少了留守儿童的数量，同时也缓解了合作社的劳动用工难题，达到互利共赢的效果。

合作社示范基地辐射带动周边，不仅使七星关区城郊5000多农户实现脱贫致富，同时还缓解了七星关区城区“菜篮子”的紧张局势，促进七星关区蔬菜产业、地方特色产业和农村经济的发展，为七星关区决战贫困、提速赶超、同步小康作出积极贡献。

余慧明扎根基层农业服务中心工作28年，在全国、全省、全市都获得了许多荣誉，2015年8月，她被市委、市政府（地级，下同）表彰为全市农业板块经济工作领办创办发展农业项目先进个人。

2012年，她参与实施的“大白菜周年优质高效示范推广”项目，获贵州省农业丰收奖一等奖；2013年参与实施的“贵州山区食用菌高产高效栽培示范”项目，获贵州省农业丰收奖二等奖；2013年参与实施的“毕节樱桃良种选育与优质栽培示范”项目，获全国农牧渔业丰收奖二等奖；在2013年举行的“贵人善行——颂最美精神，做最美贵州人”主题活动中，被推选为百名“最美贵州人”和十名“最美农技员”之一；2014年参与实施的“毕节市七星关区夏秋蔬菜高效综合技术示范推广”项目，获贵州省农业丰收奖三等奖。

汪义堂

汪义堂，贵州省毕节县（今七星关区）人，1949年10月生，五代中医世家。

1965年从师于名老中医汪振华先生。1975年从遵义医学院医学系毕业。1983年从贵阳医学院神经专科班结业。系云南省昆明市工作疗养院院长，贵州省神经精神科学会委员，内科副主任医师，中国生物物理学会会员，《实用中西结合杂志》特邀编辑。1980年曾参与组织主持《苯丙胺治疗精神发育迟滞》的研究（见《贵州医药》1981年第五期）。他著的《关于气化学说研究的思考》《关于精神障碍与中枢寒热关系的思考》《前庭障碍102例分析》等近20篇科技论文，发表于省级或省级以上刊物及在国际学术会议上交流。他还发表系列科普文章《玄夜流萤》等医话7篇。专著《寒热论》已完稿即将刊行，传略入编《中国名医列传》和《中国在陆名医大典》。

汪艺德

汪艺德，贵州省毕节县（今七星关区）人，1945年生于毕节城区。解放初，许多四川艺人借道毕节，常住家居附近旅店，并在店内吹拉弹唱。6岁的汪艺德听得津津有味，一个打金钱板的老艺人自愿向其传艺，两天功夫，汪艺德就显示出良好的艺术天才，从此爱上艺术表演这门行业。

1969年，汪艺德作为特招生到昆明军区宣传部作人才培养，后被送到解放军艺术学院进修，专业学曲艺、小品、话剧，结业后担任专业曲艺队队长，为战旗文工团一级演员。他从理论到实践都有着特殊的艺术人生，认为戏剧不仅仅是搞笑，也不仅仅是娱乐，它是一个能净化人的灵魂，能连接着过去，承载着今天，又伸向未来的有着滚烫生命力的东西。1979年南疆保卫战期间，他带着边疆文化服务队，冒着枪林弹雨，穿越雷区为前线战士演出，对看他演出而血洒疆场的战士，其音容记忆犹新。1976年至1978年的两年时间，是其人生中最璀璨的两年。他走遍云南边防，在文山等地最多的一天演戏8场，忘记疲惫，忘记危险，拼命演出。同时一边演出一边采风，把部队生活、战士生命中的故事、欢笑和痛苦演绎在舞台上。所创作的《夫妻哨》获全军创作一等奖，个人曾获蒲公英奖、全国戏剧创作园丁奖等。

汪艺德在20世纪80年代中后期，认真调整自己艺术人生，认为戏剧有二重性：一是大众娱乐手段；二是民族传统文化的体现。中国戏剧是附在中国大众文化的土壤上，必须跟上城市化发展的道路，依附在时代的躯体上前进。所创作的戏剧雅俗共赏、官民同享，注重生活的现实感，注重大众情感的通俗表达方式和日常的表达方式，使戏剧获得一种当下生活的、新的感性形式。在理论和实践的指导下，他自编、自导、自演了一系列方言喜剧，出版VCD光碟专辑7张，以“汪老倌”形象活跃于云南舞台。他所扮演的“汪老倌”表演格外夸张，让观众在快乐的氛围中得到生活的启迪、生命的感悟与思考。如他创作的《穷亲戚》《住宾馆》等就体现了这些特点，把人情世态演绎得栩栩如生，体现了他的艺术特点和幽默、诙谐、含蓄、夸张等，使他从事的谐剧这门艺术在新的时代绽放出新的生命和活力，为家乡艺术人才争光而记入了家乡史册。

汪振华

汪振华（1889—1972），号耕阳，贵州省毕节县（今七星关区）人，毕节县政协一至四届委员，贵州省名老中医。

汪振华出身于中医世家，自幼随父学医，15岁起常与父往返于云、贵、川三省毗邻地区行医。

民国初期，毕节城乡瘟疫流行。他协助其父集百方之长，经多种验证，精心研制了“时疫散”药方，并派人送药下乡，免费救治患者。1942年，毕节农村霍乱流行，从疫情之始他就指导制作多种方剂，苦心研制，挽救危重病人。针对严重威胁儿童生命的“天花”病毒，他与人合作在毕节首次引进天花育苗，并亲自编写有关“种牛痘”的技术资料，给儿童预防接种。在行医中，他特别注重云贵高原民间的多发病、用药量及药物资源的调查，在整理和攻习中医经典古籍理论时，结合地方病的特点进行论治，融历代医学之长，不拘于前贤所论，以实效为依归，在求实的基础上，对云贵高原的生活环境与发病的关系进行长期的研究，撰写了《济世医方》一书，成为救治病人的良方。他不仅对疑难病症有独到的见解和治疗方法，对内、妇、儿科病症也有丰富的经验，深得病家的赞誉，给他送匾和对联，称他是“妙手回春”“济世救人”的名医。

解放后，他拥护中国共产党，热爱社会主义，积极为发展地方医疗事业作贡献。在专区医院任中医时，他筹组了“毕节卫生工作者协会”，并当选为主任委员。1959年，他又参与组建“毕节地区中医院”，积极为该院推荐人才。1962年，贵州省卫生厅为使传统的中医能发扬光大，后继有人，授予他全省名老中医称号，并配备了继承人。他没有辜负党和人民的重托，将毕生积累的经验无私地传授给后辈，先后为国家培养中医骨干20余人，其中被评为高、中级专业技术职称的有11人；指导大专院校实习生80余人。在学术研究上，他有独特的见解，特别是对中医“气化”“体质”学说颇有研究。《汪振华学术思想》于1963年在报上发表后，引起了医学界的关注和重视。1982年，被收录于贵州名老中医学术思想及经验汇编委员会编辑的《医林拔萃》。此书在全国发行。

1972年病逝，享年83岁。

张　玲

张玲，贵州省毕节县（今七星关区）人，女，1964年9月出生于毕节县海子街八寨，中共党员，贵州省教育学院汉语言文学专业毕业。特级教师，享受国务院特殊津贴。

1985年参加教育工作，在毕节县何官屯中心校任教。1987年调毕节九小任教。1992年调毕节八小任教，提任八小教导主任。1999年调毕节市实验学校任教，被任命为教导处副主任，2015年被任命为毕节市实验学校副校长。

在30多年的小学教育实践中，张玲忠诚党的教育事业，把教书育人当成自己的终生职业。全身心地投入教育教学工作，积极参加各项教育教学改革，不断更新教育观念，推行素质教育。关爱学生，努力培养学生的实践能力和创新精神。获得广大师生、教育教学主管部门领导、社会各界的好评。在教学实践中，她撰写出教学论文10余篇，先后在《毕节教苑》《毕节教育》《贵州教育》《新世纪教育论坛》《广东教育学院学报》等刊物上发表，得到业内人士的充分肯定。她曾多次被推荐参加全国、全省及毕节市教育行政主管部门组织的各种专业培训，使自己的教育教学水平得到不断提高，教育教学业绩突出，曾被中共毕节市委、市人民政府授予“三十佳知识分子”，十余次被评为“优秀教师”“优秀班主任”，多次被毕节市教育局、毕节地区教育局评为“优秀园丁”、被共青团贵州省委授予“优秀辅导员”称号。2003年被评为省级骨干教师和国家级骨干教师培训对象。2005年获毕节地区教育局等六家单位联合颁发的“伯乐奖”。2007年3月，获贵州省人民政府授予的“特级教师”称号，同年被评为小学中高级教师，享受国务院津贴。

张玲曾多次组织教师、学生与美国、日本、新加坡等国名校和国内各大城市名校开展校级交流，让教师和学生走出贵州，走出国门与国内外各校交流教育教学经验，让教师和学生既开了眼界，又增长了知识，为培养新时期合格人才作出积极贡献。

自参加教育工作以来，张玲与全国千千万万教育工作者一道，在教书育人的园地里辛勤地耕耘着。不图名、不图利、不求回报，默默无闻地教书育人，诲人不倦地培养人才，甘为人梯，让一批又一批的学生从自己的肩上更上一层楼，走入知识的海洋。

张玲是一位认认真真教书育人，兢兢业业培养人才的优秀教师。

张仁铎

张仁铎，贵州省毕节县（今七星关区）人，1950年出生于毕节城区箱子街。中共党员，教授。

从小在家乡读书。1962年考入毕节一中。1978年，高中毕业考入武汉水利电力大学。1982年，以全系第一的成绩毕业，获学士学位，被教育部选派美国留学。1983年加入中国共产党。1984年赴美国留学，分别于1986年至1990年在亚利桑那大学获硕士学位、博士学位。后在美国农业部国家实验室和加州大学作研究工作。1993年，在怀俄明大学任教，破格提为终身教授。2000年，被教育部聘为“长江奖励计划特聘教授”，在武汉大学兼职。

2005年，辞去美国正教授职位，作中山大学“百人计划”第一类引进人才博士生导师，广东省环境污染控制与修复技术重点实验室副主任。主研自然资源的最佳管理；污染物质在各种水利环境中的物理、化学、生物迁移转化过程研究；环境问题中的时空变异性和尺度效应；流水在饱和非饱和介质中的运移；污染水土环境的生物和微生物治理研究；水资源可持续开发利用研究；流域非点源污染研究；地方水的监测、保持及污染治理；计算机数值模拟和地质统计方法在农业和环境问题中的运用。先后发表学术论文100多篇，出版学术专著5部，会议论文和论文稿200多篇。从美国自然科学基金会、农业部、能源部、大学等有关单位申请到500多万美元的科研经费（30项科研项目）作研究开支。

他在国内主持9项国家级项目。其项目有自然科学基金课题4项、863项目、国际合作项目等。资助和培养了18名硕士、24名博士，接待了来自美国、俄罗斯、以色列、乌克兰、德国、新西兰等国家10多名访问学者。

在学术职务上担任“美国土壤学会杂志”（SSSAJ）编委、国际“环境质量杂志”（JEO）编委，同时任美国怀俄明大学自然环境资源学院、中国农业大学、武汉大学、西北农林科技大学、南京师范大学、国家农业信息技术研究中心、毕节学院客座教授；国家自然科学基金评委（海外专家）；曾在美国两个区域性科学研究委员会任秘书和主席，在世界区域、州、大学及系的20多个学术委员会任委员，为20多家科技刊物评审文章和为10多家基金组织和政府部门评审科技项目报告。在美国期间，获得教育部“春晖计划”的资助，回国到有关科研部门、院校讲学和进行合作交流。被特邀参加科技部、农业部等主办的“二十一世纪华人科学家关于农业和环境可持续发展研讨会”等。

所获荣誉有优秀研究生奖（美国亚利桑那大学，1985、1986），美国名人录（1995），世界名人录（1997、1999、2001、2002），科学进步奖（理论一等奖，武汉水利电力大学，1997），优秀导师奖（美国怀俄明大学，1997、1998），卓越教授奖（美国怀俄明大学，1999），“先锋号”奖（美国怀俄明大学，2003）。科学进步二等奖（湖北省，2003），美国农业科学学会Fellow奖（2004，该科学学会的最高奖励）等。获得美国农业科学学会Fellow奖和美国土壤科学学会Fellow奖后，美国怀俄明州的报纸作了专题报道：“一位学者能在学术生涯中获得一项Fellow奖就是一份殊荣，一生能获得两项Feellow奖那是非常卓越的，而同时获得两项Feellow奖的学者就凤毛麟角。张仁铎教授就属于这类少有的佼佼者”。

张从忠

张从忠，祖籍贵州黔西，长期居住在毕节城区。早在读初中时，就接受进步思想的熏陶。参加工作后，确立跟着中国共产党干革命的宗旨。

1950年2月，上级为彻底消灭匪患，将金沙县委、县政府撤至黔西。张从忠暗中了解情况，向部队和公安局反映土匪动向。同年6月，因在对敌侦察工作中表现勇敢，被批准加入中国新民主主义青年团为候补团员，参加公安局团小组活动。9月，学校开学，回到中学继续读书，并积极参加社会活动，被批准提前转为正式团员。他在学校建立团组织，发展团员，任组长，被选为首届学生会主席，并作为学生代表参加金沙县第一届各族各界人民代表大会。1951年2月，被吸收为金沙公安局侦察员，同年9月调毕节专署机要科工作。1955年，调云南省冶金厅监察室工作。1957年，调回毕节，仍在地区公安处工作。1965年，调郭家湾农场管理劳教人员。

张从忠喜好诗词、书法，其作品时常在报刊上发表。任中华诗词学会会员、中国书画艺术委员会常委、中国青年书法家协会会员、中国老年书画艺术委员会委员，毕节地区及七星关区书法协会、诗词楹联学会会员、乌蒙诗社社员。退休后，以极大的兴趣倾注在诗词、书法上。2007年出版《水西一滴》诗集。

张志国

张志国，贵州省毕节县(今七星关区)人，1958年出生于毕节。1977年高考制度恢复后，考入贵州农学院学习。1981年毕业，分配到毕节农校从事作物遗传育种教学工作。在教学工作的同时，潜心科研。他曾担任省种子公司安排的小黑麦品种比较试验，农校学生实验和生产实习指导。

1983年，调到毕节地区农科所从事玉米育种及栽培研究工作。从此，他潜心研究玉米栽培，被称为“陪伴玉米度春秋”的人。在农科所从事科研20多年，他参与两个自交系和八个杂交种的育种工作，玉米获成倍增长。1983年至1984年，主要参加玉米的地方资料调查研究和玉米材料的引种鉴定工作。1985年至1995的10年间，主持玉米自交系的选育项目，育成了174、342等几个配合率高、适应性强的玉米自交系，为高产、优质、适应山区生态条件的玉米杂交种打下基础。174、342号参与组配的玉米杂交种毕单6、7、8号和毕单3号通过审定应用于生产。其特点为产量高、品质好、抗逆性强、耐病抗寒，适宜旱坡地和高海拔生态区种植。他参加研究的优良玉米自交系49和411号获毕节地区1993年科技进步一等奖；优质玉米自交系获1993年省科技进步二等奖；优良玉米自交系获1996年省科技进步四等奖。

为加快科技成果向现代化生产力的转化，他一直在地区开展南繁工作。冬季把种子搬到海南岛去育种，每年增加一季，一个新品种的产生进程缩短一半，三至四年即可完成。张志国还参与农业部和省的“七五”“八五”玉米育种攻关及毕节地区玉米杂交种选育研究项目，并承担攻关区的试验研究。经鉴定筛选出的毕单4号、3号、5号、6号、1号、2号等优质高产品种参加全省优质玉米区试验，提高了制种产量，降低了成本。如今，毕单4号作为优质高产玉米杂交种，已推广种植达33.33万多公顷，在助农增收中发挥了重要作用。1996年至2000年又参加全省玉米育种攻关及毕节地区玉米杂交种选育研究项目。他育成了毕单7号、毕单8号、毕单3号玉米杂交种，并参加毕节9号、10号、11号、12号的部分研究工作。他研究的几个玉米种子在黔西北高海拔生态区的全面推广，经济效益特别显著，为解决毕节高寒地区人民的吃饭问题，作出了很大贡献。

在进行玉米育种的同时，撰写的《黔西北山区玉米的育种目标及育种实践》，被选入《中国农业文库》；《黔西北山区玉米生态型及生态育种》，入选《中国“九五”科学研究成果选》，并得到了中国生产力学会高级科技专家委员会的高度评价，一致认为这是高质量的论文。1995年晋升为副研究员；1998年被评为毕节地区科技拔尖人才；1999年评为贵州省优秀科技工作者，2001年享受省政府特殊津贴，同时晋升为研究员。2003年获贵州省“五一劳动奖章”，同时中国农学会授予“优秀农业科技工作者称号”，这一称号，全国只有78名，贵州仅3名，他是全省三名之一。

为了大地的丰收，张志国探索的脚步永不停留。他接受了“省长基金项目”——高海拔山区玉米种植与杂交模式的研究项目后，夜以继日地工作着。

张述康

张述康（1929—2008），贵州省毕节县（今七星关区）人。自幼酷爱书法，13岁就拜师学习刻字，习练诸家古字帖。经历了50余载书法、篆刻技艺的磨砺，学有成就。

在毕节地区印刷厂工作期间，传授学工和子女刻字技艺，均有成效。1986年退休后，仍不间断地努力创作，成果颇多。他的作品在参加地、省、全国、国际性的各项书画印展、赛、典、集征评活动中均获金、银、铜及优秀佳作奖励。其参加展、赛、典、集征评活动的作品被各地图书馆收藏。有的入《国际当代书法篆刻大观》《国际现代书法集》《世界美术家辞典》《中国当代名人录》《中国当代艺术界名人录》《20世纪国际现代书画篆刻家作品荟萃》《20世纪国际书法精作博览》《中国美国书法界名人名作博览》《海峡两岸书画家作品大观》《世界书画家经典》等20多家书刊刊载。张述康的书法成果贯穿于全国各地以及世界一些国家和地区，名声斐然。

据不完全统计，张述康任有许多艺术性职务，如：毕节地区老年书画研究会理事、副秘书长；中国书画家协会常务理事、研究员；中国国际名人研究院书历名人委员会委员；中央书画院院士兼篆刻委员会委员；三级艺术大师；世界书法家华北协会理事；中原书画研究院高级书画师、研究员；中外书画鉴赏家等。他的名字已被收入《辞海》。张述康是自学成才典范，是毕节人的骄傲。

于2008年逝世，终年79岁。

张茂森

张茂森，贵州省毕节县（今七星关区）人，1952年9月出生于毕节县解放路120号（大东门），高中文化程度，高级工艺师。

1974年毕业于贵州省毕节第一中学；1976年至1979年在毕节二小初中部任教；1979年至1982年在毕节杂技艺术团任文化教员、乐队队长、剧团团委会成员；1984年创办毕节飞达瓷釉化工塑料厂任厂长；1990年起专注于“中国根艺书画”的研究并创建毕节市飞达根雕工艺品厂，任厂长；2006年重新登记注册了毕节市茂森民间工艺品发展有限公司，任总经理。

1990年春，一次偶然机会，张茂森在昆明文化市场地摊上，发现一个树根天然形成的草书“山”字，其形态自然，韵味十足，感觉新奇，顿生灵感：在毕节，废弃树根在农村可以说是遍地皆是，何不将其收集起来，制作成根书、根画作品，既能将农村或林区废弃的资源化腐朽为神奇，变废为宝，又能开发出一种新颖别致的根艺产品。回来后与爱人一说，二人一拍即合，接着开始收集树根材料，字画内容，不分白天黑夜，一头扎进根雕与书画相结合的研究当中。其间多次请教于贵州省和毕节地区多位书画名家，如原贵州省工艺美术学会会长、国家特级工艺美术大师申敏，国家二级画师杨小吾，国家二级画师、文化馆研究员刘继贤，民间艺术大师颜亨通，书画界名人曾永利等亲临指导帮助。1990年年底，第一件根雕书法作品“知难而进”和根艺画“关帝诗竹”问世以来，引起了各界的关注，1994年6月，《贵州日报》以《莫嫌孤叶淡》为题，作了专题报道，1992年7月贵州电视台、中央电视台以“一种根雕书画的艺术在贵州问世”作了专访报道；毕节试验区杂志以《一张亮丽的试验区片名》《护根使者》为题连续刊发相关照片和介绍。省、地、县媒体都曾多次予以报道张茂森的根雕画艺术。1996年被毕节地区群艺馆、贵州省文化厅推荐参加了北京文化部举办的"中国民间艺术一绝大展"。2012年被省推荐参加了"贵州民族民间手工艺品走进北京专展"。

2013年，张茂森和爱人廖龙英共同研究的《一种根雕立体书法的制作方法》(专利号：CN20130464114.7)和《一种根雕立体画的制作方法》(专利号：CN201310446690.9)两项发明创造获得专利，通过国家知识产权局审核予以公示，并颁发发明专利证书。

张茂森的根艺书画、技术发明，其意义和独特之处主要有几项：

1. 填补了中国根艺界的一项空白，为中国根艺界增添了一个新的流派"根艺书画源"(详见：中国出版集团、世界图书出版公司"根艺纵横"一书73页、74页、75页、173页、184页)。

2. 将中华民族传统的书画艺术与根雕艺术巧妙的糅合，为文化界新添了一种立体的、独特的、高雅的艺术产品。

3. 化解了以往根雕艺术与生态保护之间的矛盾冲突，在保护生态资源的原则下，将农村、林区废弃的树根资源收集起来，变废为宝，大大减小因焚烧和遍地乱扔造成的空气污染和环境脏乱。

《根艺纵横》一书还以一副对联对张茂森的根艺书画作了高度概括。"是书是画非纸非笔不润墨突木三分；塑景塑物写诗写意用树根堪称一绝"。

张秦峰

张秦峰，祖籍江苏丰县，1954年6月生于毕节县城关镇清毕北路。

他在毕节第三中学毕业后，于1970年在六盘水供电所(局)工作。1973年在重庆大学发电厂及电力系统专业学习，于1977年分配到贵州电力试验研究院工作。1990年起，历任贵州电力试验研究院高压室副主任、主任，院副总工程师。1987年获工程师职称，1993年获高级工程师职称；2003年获教授级高级工程师职称，就职于中电投贵州金元集团公司生产营运部。曾先后任贵州省电机工程学会高压专委会副主任、安全专委会副主任、国家电力公司技术专家、全国电力系统高电压专业网过电压专家组成员，全国直流输电标准化委员会委员，贵州省科委科技进步奖评审委员会委员，贵州省科委科技进步奖(地质组)初评专家、贵州省科委科技进步奖(电力组)初评专家、贵州省质量检测协会电器专业委员会副会长，全国工业产品生产许可证注册审查员、国家计量考评员、贵州省司法鉴定执业人、贵州省计量认证/审查认可评审员；国家注册质量管理体系审核员、国家注册安全工程师，贵州省安全生产专家组电力安全组副组长、南方电监局南方区域电力安全生产专家委员会发电机专业组专家。

他在40余年的工作中，从1984年起担任法国阿尔斯通公司在伊拉克聘任的调试工程师，主持一座、参加了二座110千伏、180兆伏安变电站的电气高、低压设备的调试工作，均一次带电成功。1989年至1990年，在贵州省(西南地区)第一条500千伏贵输变电工程中，借调贵州省电力局500千伏办公室工作，参加一次设备国外招标工作，承担变压器、开关、互感器、避雷器、电抗器标书的编制、审查任务，负责武汉天贵、天广输变电工程技术评标、北京商务评标工作。同时由贵州省电力局委派，赴瑞典ABB公司进行避雷器监造，并担任翻译。1993年，主持500千伏贵阳变元件调试和系统调试，荣获贵州省电力局500千伏天贵输变电工程二等功臣称号。1998年，负责贵州省首台300兆瓦机组安顺电厂的高压专业调试，主持50千伏安贵输变电工程的系统调试。2002年，任500千伏天广三回输变电工程天生桥至百色段(罗平)调试总工程师，负责换流站元件调试、系统调试。

陈文毕

陈文毕，贵州省毕节县（今七星关区）人，1963年出身于毕节城关一个市民家庭，大学文化，副总工程师。

1981年高中毕业考上大学，到红林机械厂当工人。期间，深知自己的知识不够，迫使他边上班边学习。1986年至1988年，组织上派他到电大进修班读书，知识有了一定的增长。他从计划员、调度员等干起，直到后来担任调度室主任，生产处副处长、处长。1997年被聘任为红林机械厂副总工程师。1998年，通过自学考试获郑州航空工业学院本科毕业文凭。在工作实践中感受到文凭与水平在很多时候是两码事，要将专业知识运用于实践，必须下功夫到实践中去磨炼自己，去艰苦奋斗才能出成果。2002年，组织上根据他的实际才华，将他从红林机械有限公司副总经理的位置上调到贵阳航空机电有限公司任董事长。这个公司主要是从事战斗机电源产品的生产，后来又生产汽车马达、洗衣机电机等产品，是国内外有知名度的品牌。由于管理等方面的原因，公司从2000年开始亏损，到2001年已亏损1000多万元。组织上要他在三年内扭亏增盈。2002年到职后，狠抓一年，经盘点核算，亏损630万元，实际减亏450万元。2003年，他很有信心地说:“三年内扭亏增盈的目标可以达到。”经过三年的努力实现扭亏增盈，受到上级的表彰和职工的赞扬。

他是个敢于创新，勇于实践的实干家。在20多年的工作中，军用产品、民用产品都管理过。尤其是民用产品，必须紧紧跟着市场转，要把企业做大、做强，必须下苦功夫。于是，他在艰苦的环境中成为管理专家。他成名后，时刻没有忘记毕节家乡建设。他对毕节民营企业的发展，不断向地区党政领导提出许多好建议。对促进毕节社会经济的发展发挥了一定作用。

陈世忠

陈世忠，贵州省毕节县（今七星关区）人，1935年生于毕节。1957年7月，毕业于贵阳师范学院地理专业，被分在织金县三中任教，获高级教师职称。

陈世忠曾编写《中学地理题解》《我们必须学好历史》《怎样评议课堂教学》等文章。1983年7月国家科协给他颁发“在少数民族地区长期从事科技工作”荣誉证书。1987年9月获贵州省人民政府发给“从事教育工作逾30年”荣誉证书。1990年3月到1992年9月，编写《织金乡土教材》。个人曾入编《中国专家名人辞典》

陈和平

陈和平，贵州省毕节县（今七星关区）人，1962年生于毕节城区，硕士研究生，高级工程师。

他读完小学和初中后考入毕节三中，高中毕业考取贵州工学院。毕业后分配到贵阳九化公司工作，虽单位的效益不错，但他感到不适应自己所学专业，便立下雄心壮志，想闯一条路子，于是专心温习功课，考取西南理工大学金属材料热处理专业攻读研究生。

读研毕业后，决心到空间较大的广州工作。到广州后，开始联系的是一个规模不大的弹簧厂，先做搬运工作，后当技工。其间，不管领导安排什么工作都认真完成，不懂的东西从头学。由于他具备这样良好的心态，能够正确对待工作，对待上司和下属，为人诚恳，平易近人，得到同事们的拥护，工作效率显著提高。加之自有的知识水平，不久被调任广州汽车集团零部件公司副总经理，被评聘为高级工程师，分工负责总务、人事和财务。该公司下属19家大公司，他兼任广州骏马汽车零部件公司董事长、提爱思汽车内饰系统公司副总经理。2001年，他代表中方与日方签订合同，投资772万美元，注册资本385万美元，年上缴税金3000万元至6000万元，为社会解决大批无业人员的就业问题，为国家增加财政收入。他兼管两个公司的工作，有时一天来回跑200多公里，虽十分劳累，但他有敬业刻苦的精神，一不怕苦，二不怕烦，常代表中方与提爱思公司合资控股的日方洽谈工作，使本田汽车内部项目稳步发展，逐步参与国际竞争，不断发展壮大。

他兼任提爱思公司党支部书记，凡招工选干都经自己之手。为了回应公司，在众多的工作面前，每做一事都要经过周密的思索，特别在维护员工的利益上考虑得多。员工的养老保险、医疗保险、商业保险、工资待遇等都得到统筹安排，使之高于当地员工的工资平均水平20%—30%，使员工兢兢业业地工作，做出更多更好的成绩。

为了公司的发展、国家的富强，他的足迹踏遍德、法、瑞、英、美、意、日等国，探讨先进企业的成功之路，为企业的兴旺发达作出贡献。

陈雪涛

陈雪涛，笔名荒流，贵州省毕节县（今七星关区）人，1973年生。作家，高级策划师。

1990年10月参加中国人民解放军，服役于西藏部队。入伍三年，写了近百篇文章发表于军内外的各类报刊上，小有名气。1993年12月转业到地方，从事商业并专门写作。1999年，毕业于毛泽东文学院作家班。其间，接触了许多作家和学者，虚心学习，潜心创作，撰写出许多有价值的专业文章。1998年12月，在第三届“东方杯”全国诗歌大赛上，他创作的诗歌《神女峰》获得了银奖，入编《中国当代诗人作家大辞典》《中国诗典》两部大型图书。2000年3月，他编著的《青藏高原》一书，荣获第二届全国青年文学优秀作品奖。是年5月，“东方杯”全国诗歌大赛评奖委员会，授予他2000年度“中国当代诗星”称号。其填词的歌曲《西藏人家》获2006年全国“五个一”工程奖。

2000年后，他前往北京参加系列培训学习，改行转向策划。从头学习策划的基础定位到广告、营销、文化、旅游、国际商务等相关知识。再通过学习国际经典管理理论和对市场文化的理解，在策划实践中形成自己的独特风格和理念。2002年，从外地返回拉萨“阳光天堂”，开始他的策划生涯。2004年，成功策划了“齐母藏喷灵”、拉萨样板市场开发的“雪顿”等民族传统节庆日的构想方案。2005年，与青年军旅作家凌仕江策划编辑《天蓝蓝》丛书。同时参与策划全国青少年冰心文学奖，负责西藏片区的活动实施。对《拉萨河》杂志的办刊方向重新定位。2006年，策划并组织实施了由西藏人民广播电台、拉萨市文学艺术界联合会共同主办的“建党85周年暨青藏铁路通车西藏当代中青年作家作品邀请展”。是年7月，雪涛通过人事部全国人才流动中心、高级商务策划师资质考试，获“站得最高”的高级商务策划师称谓。

他在空气稀薄的高原上，努力累积人生的厚度。《毕节日报》2007年11月3日以《雪域高原的诗意人生》为题，报道了陈雪涛的事迹。他在许多社团中任职，成为中华诗词学会会员、中国诗歌学会会员、中国国际文学艺术家协会人员、西藏作家协会会员、《拉萨河》杂志副主编，成为积极进取的热血青年。

陈雪涛在他的军旅和策划生涯中，从一个彼岸摆渡到另一个彼岸，一跃而为西藏第一位高级策划师，不仅为西藏人民的经济开发作出了贡献，而且对发展社会主义文化，构建佛地和谐社会作出贡献，可钦可佩。

沈德纯

沈德纯，贵州省毕节县（今七星关区）人，1943年生于毕节县海子街小箐沟，1962年在毕节城关诊所参加工作，1979年调毕节地区医院中医科工作，地方名医，中国中医学会会员。

少年时因右眼被误诊失明，治病期间迷上中医并从此走上习医之路。曾师从贵州省名中医李道生和毕节名医杨备武、何中明，并多次外出进修学习。他博采众师之长，努力探索，勇于创新，其撰写的《关于阳气的重要作用》《麻黄汤药方浅析》《中西药联用浅谈》等多篇论文，分别刊载于《青年中医》《医学理论与实践》等医学刊物上。他在实践中经过多年的研究，逐渐形成自己一套独特的中医诊疗方式——因时、因地、因人而调配，编制不同的方剂，治愈过多种疑难杂症。20世纪80年代，一肾病综合症患者，个别专家断言只能维持5年的生命，沈德纯反复研究其病情，翻阅大量资料，为其设计特殊的治疗方案，经诊治后，此患者完全康复，仍活跃在工作岗位上。他不仅潜心钻研业务，努力提高自身医术，更从老师身上学到治病救人的医德，以患者康复为己任，对患者感同身受，一视同仁，经常受邀去患者家里就诊医治。对一些传染病患者，他不顾个人安危，为其细心诊治，使不少患者顺利康复。其对医学的敬业以及对患者的关怀，深得患者及家属的赞赏，慕名而来就医的近有云南、四川等地的患者，远有港、澳、台同胞。退休后，登门求医者仍络绎不绝，比比皆是。

沈德纯父母早逝，由兄嫂抚养长大。兄嫂清廉朴实、乐于助人的精神，影响了他的一生，使他成为一个轻利重义、孝道重情、正直善良的人。曾协助兄嫂出钱出力，为家乡修桥筑路、修筑田地保坎及饮水工程，为家乡的发展贡献力量。族中续谱，他协助兄嫂收集、整理，挖掘族中各种史料。《沈氏族谱》完成后，成为贵州省家族族谱编写中的一亮点，对于研究川渝滇黔沈氏历史沿革，乃至研究贵州明洪武以来的政治、经济、文化历史，都有一定的史料参考价值。该族谱被南京历史博物馆收藏。

老师李道生在“文化大革命”中错受批判。他冒着受牵连的危险，一直守候到批斗结束，将老师背回家，精心照料。亲朋好友遇到困难，他总是仗义相助。他师从名家，在多年的探索与实践中，对祖国传统中医学说的继承和发展作出了积极贡献，他独特的诊疗方式具有很多创新。古稀之年，仍不遗余力地探索与研究，奔走于各地治病救人，积累了大量资料。他热衷于家乡的发展，可谓“烈士暮年，壮心不已”。为家乡的建设和发展继续发挥余热。

八 画

苑贵毕

苑贵毕，祖籍山东，1959年5月生于贵州毕节城区。主任医师，皮肤病专家。童年时，苑贵毕体质较弱，常生病。每次都由父亲带去找老中医诊治，于是立志长大后当个医生，解除人民的疾苦。

1977年从毕节一中高中毕业，随即上山下乡当知青，对农民疾苦有很深的了解，曾把学到的医术用于农民身上。是年10月恢复高考制度，他考入了遵义医学院医疗系，圆了想当医生的梦。进入学院时，因创建阶段，条件艰苦，食堂内生活满足不了绝大多数学生的要求，苑贵毕浑然不觉，把自己的全部精力都投入学习。从基础课到解剖学、病理学等课程的知识结构，由于他在小学时爱绘画，对人体结构有所了解，所以学起来很好理解。但他深知理论上的弄通并不等于就是好医生，因而在毕业实习中，他常常熬夜研究病历的细节，实习圆满结束后，分到毕节地区医院从事临床工作，从儿科调到皮肤科。1985年5月到贵阳医学院皮肤科进修一年，在这一年里，从基础知识到临床治疗都认真学习，对皮肤病给人体造成的危害有极为深刻的研究，结业考试获第一名。1989年又到重庆医科大学进修临床科研与方法。在进修中，他深刻体会到把民间验方系统化、科学化，并逐渐用于临床为患者解除痛苦的重要性。1993年，他再次到武汉环亚美容学校学习一个月，解决他专业知识需要补充的部分，成为全面的皮肤科专家。

为了攻克疑难皮肤病，他没有上班和休息之分，时常背着背篓从医院到图书馆借阅书籍，然后利用下班时间认真阅读，作了十多万字的《读书笔记》。同时收集了大量的民间治疗皮肤病的验方、单方等，结合自己的临床实践，研制了几种疗效较好的皮肤外用药，对于治疗痤疮、神经性皮炎、带状疱疹等疾病具有显著疗效，1989年获毕节地区科技进步四等奖。1991年，苑贵毕任地区医院综合科副主任；1993年晋升为副主任医师，同时任门诊部主持工作副主任兼皮肤科负责人。在此期间，他大胆引进新技术，开展真菌检查、黑光治疗、激光治疗、多功能手术电离子机治疗、梅花针治疗、穴位注射治疗等治疗项目，不断扩大业务范围。还创建了美容室，收效很好，得到病者的赞扬。1999年10月，在得到上级领导同意后，苑贵毕又利用外商设备与资金建成了毕节地区医院皮肤性病诊疗中心，取得了较好的经济效益和社会效益。在与皮肤病魔作斗争中，苑贵毕每攻克一个难点，都细心地进行总结。10多年来，他撰写皮肤病治疗方面的论文55篇，其中《穴位注射治疗痤疮临床疗效观察》等29篇，在国家级刊物发表。

范厚明

范厚明，于1959年9月出生于毕节市七星关区何官屯镇，中共党员，贵州大学农学本科文化，现任贵州省毕节市农业科学研究所工会副主席、植物保护研究室主任、研究员。

从1983年7月参加工作以来，一直在毕节市从事农业科研和科技推广，在农科战线上辛勤耕耘了33个春秋。33年来，认真履行农业科技工作者的职责和使命，勤勤恳恳，任劳任怨，始终坚持“潜心科研，致力推广，增产增收，务求实效”的工作作风，在其奋斗的道路上，洒下了辛勤汗水，收获了金色果实。一是针对市农业生产存在的主要问题，先后撰写科研项目可行性研究报告近200个。二是主持实施完成贵州省重点成果推广计划《杂交玉米新品种毕单15号大面积推广》、贵州省农作物育种专项《玉米杂交种毕单15号大面积示范及栽培技术研究》、贵州省农业丰收计划《黔西北玉米新品种及配套技术推广》等科技推广项目，通过选择适合黔西北山区复杂生态环境种植的对路品种进行大面积推广，取得新增粮食总产量14005.51万公斤，新增总产值18487.27万元的经济效益。三是主要参与实施国家星火计划《高海拔山区玉米新品种毕单15号开发及推广》、国家农业科技成果转化资金项目《毕单13号大面积示范及产业化技术研究》《杂交玉米毕单14、15号试验示范》《杂交玉米新品种毕单13号试验示范》等40多个重大农业科技项目，潜心研究和推广农作物高产高效栽培技术，在黔西县钟山乡、赫章县双坪乡、毕节市何官屯镇等地蹲点创办了一个个标准化、规范化的农业科技示范样板，成为全市科技兴农的一道道亮丽风景线，并按照有关部门的要求及时撰写了项目实施方案、试验研究总结、项目工作总结、技术总结、经济效益分析报告等项目实施和结题验收材料300多份，确保各项科研项目实施进度快，效果好。四是主要参与选育出杂交玉米毕单10号、毕单11号、毕单13号、毕单15号、毕单17号、毕单18号和毕糯1号7个优良品种，为毕节市玉米品种更新换代和促进农民增粮增收作出了积极的贡献。五是针对毕节市地处边远贫困，农业生产耕作较粗放，农民科技素质较低的实际，先后承担了国家星火计划《毕节试验区新农村建设农民人才科技培训》、威宁县农业科技人才培训等科技培训任务，组织编写了《岩溶山区旱地高产农业技术培训教材》《何官屯试点农业实用技术课本》等农业实用技术培训资料，多次深入到较边远贫困的赫章县双坪乡、纳雍县董地乡等地举办了农业实用技术培训班100多期，向当地干部群众详细讲解了玉米育苗移栽等先进的农业科学实用技术，培训了近万名扎根山乡的农业实用技术推广骨干，提高了贫困乡村的农民科技素质，为乌蒙大地的农业科技进步和农民增收致富作出了积极贡献。六是积极撰写科研论文和专著，先后在《农业工程学报》《中国农学通报》《作物杂志》《中国种业》《玉米科学》《贵州农业科学》《农业科技通讯》《湖南农业科学》《世界农业》《河北农业科学》《中国农村小康科技》《中国马铃薯》等国内外公开发行的刊物上发表科研论文80多篇，有10多篇被国家重要文献收录，特别是撰写的《贵州省岩溶山区旱坡耕地梯化的环境效应研究》《试论“单株定植”在玉米生产中的地位和作用》《地膜覆盖在大蒜生产中的地位和作用》《试论反坡梯土在水土保持中的地位和作用》等科研论文多次荣获市级以上优秀论文奖；撰写16.3万字的《毕节地区实用农业技术课本》经贵州科技出版社出版发行，在全区广泛推广应用。七是荣获先进农业科技工作者奖、科技进步成果奖、优秀论文奖等表彰奖励60多次。特别是1996年2月荣获毕节市“三十佳”知识分子的光荣称号；1999年2月荣获毕节地委组织部颁发的“党建扶贫优秀队员”称号；1999年9月荣获贵州省人民政府颁发的贵州省第四届科技兴农人才奖；2006年分别荣获贵州省科技进步成果三等奖、毕节地区科技进步成果一等奖、省农业丰收计划二等奖；2007年4月29日荣获贵州省五一劳动奖章；2008年当选为贵州省工会十二大代表；2009年3月荣获贵州省农业丰收一等奖，2012年1月荣获毕节市科技进步成果一等奖，2012年11月被推选为中国农学会农业科技园区分会第三届理事会理事，并荣获第十二届中国农业园区论坛优秀论文奖。2013年和2015年分别荣获贵州省农业丰收二等奖和三等奖，2014年和2016年分别荣获中国农学会农业科技园区分会先进个人奖。

罗世荣

罗世荣，贵州省毕节县(今七星关区)人，女，彝族，1962年5月出生于今毕节市七星关区朱昌镇哈郎村，中共党员，大学文化。1983年4月在西南民族大学加入中国共产党，1984年7月参加工作，现任贵州省少数民族语言文字办公室主任。小学、初中、高中分别就读于毕节县朱昌区朱昌小学和朱昌中学。1980年考取西南民族大学，就读语言文学专业，1984年本科毕业，获文学学士学位。因酷爱民族文化并长期从事之，故受聘为贵州民族大学文学院客座教授，毕节工程应用技术学院彝学研究院兼职研究员，贵州出版集团公司专家学术委员会委员等职，系贵州省少数民族语言文字学会第三届理事会常务副会长。

自踏入社会以来，长期在贵州民族工作战线工作，先后在贵州省民族研究院、贵州省民族事务委员会人事处、贵州省民族古籍整理办公室、贵州省少数民族语言文字办公室工作。工作历经的34个春秋，与贵州的山山水水和各民族同胞结下了深厚的友情，特别是11年的人事工作经历和17年的民族古籍工作经历，积累了较好的为人处世经验，体验了畅游书海的极大乐趣，为我省少数民族古籍的搜集、整理、翻译、出版、研究事业做出了应有的贡献。

近年来主编出版了苗族古籍《贾》《祭鼓辞》，布依族古籍《王玉连》《布依民歌荟萃》，侗族古籍《吉金列美》《侗族童话故事选》《侗族河歌》，水族古籍《水书·阴阳五行卷》《水书常用词译注》，彝族古籍《彝族元文化典论》、彝文经典文献系列《诺素咪谷则》《彝族婚嫁礼俗经》等30多部少数民族古籍文献。

罗成忠

罗成忠，贵州省毕节县(今七星关区)人，1944年5月出生于毕节县城关永兴桥。大专文化，中华诗词学会会员。

其祖父罗春台，云南讲武堂一期毕业；父罗学艺，黄埔十七期毕业。因受家庭背景影响，1958年小学毕业即到农村小学任教，时年14岁，从儿童一步跳入成人行列。此后数十年间，当过工人，开过相馆，做过会计，任过厂长。期间，曾任中国人民政治协商会议毕节市（县级）第二届政协委员。1986年参加统考，被录取到贵州省中华会计学校财务会计专业学习（三年制成人中专），同时参加贵州省高等教育中文专业的自学考试（主考院校为贵州师范大学），经刻苦学习，自强不息，于1989年取得中专文凭，1991年取得大专文凭，后获聘经济师职称，2004年退休。

1982年初开始文学创作，初期作品以散文，小说、新诗为主，也有少量传统诗词。1989年春节，首次参加《毕节报》毕节地区诗词楹联学会举办的春节征联活动，获三等奖。1990、1996年相继参与此项活动，均获三等奖。从此便专注传统诗词楹联创作。2004年加入毕节地区诗词楹联学会，并担任理事；2007年加入贵州省诗词楹联学会；2008年加入中华诗词学会。在《乌蒙诗刊》《灵峰诗刊》《毕节诗词》《乌蒙文艺》《毕节日报》和云南镇雄《鸡鸣诗刊》等刊物上发表诗、词、联二百余首（副），参加省、市及有关部门举办的各类征诗，征联活动，多次获得奖项。其中《七律·奢香故里感怀》入围由中华诗词学会举办的《华夏杯》第四届全国诗词大赛，并被编入该获奖作品集。另有部分作品被编入中华诗词学会主编的《中华诗词文库·贵州卷》《中华诗词集成·贵州毕节卷》、毕节市七星关区党史办主编的《鸡鸣三省文史资料辑》、贵州省诗词楹联学会主编的《纪念贵州建省六百周年》等大型专集。

罗成忠作为诗人，自有其诗人之情怀。睹落叶而悲秋，对江流以言志，登高山而抒怀，假松柏而颂高风，读史籍而发感叹，观现实而兴赞颂，赤子之心，发自肺腑。其作品选题严谨，情趣高雅，平仄谐调，对仗工稳，转合自如，意旨深远。凡写政史，皆用七律，庄重大气；短词小令多表离愁，隽永婉约；造句多用比兴，选题少见谀奉。个性鲜明，风格特异，且长于组诗组词，其《长相思·调寄虞美人》（十二阙）及以友人情感经历为题材所创作的《七律·长相忆并序》（十二首）深得诗友及读者称道，被《鸡鸣诗刊》《纳雍诗词》等刊物转发。对于家乡，则别具深厚情感。以家乡之自然风光、历史人文、新风新貌、和谐社会等为题材，多角度多层面地写了大量的抒发乡情乡恋，缅怀先烈先贤，颂扬时代精神的诗词，发表于《乌蒙文艺》之《桑梓情深》专辑，共选七律39首，也深得各界好评。罗成忠通乐理，曾以自己的诗词十余首谱曲或与人合作创作歌曲传唱，深受音乐爱好者推崇。

罗成忠常以其警语："余因多蹇而成为诗人，因诗人而立志高远。出淤泥而不染，知落后而奋发，故君子自强，虽苦犹乐。"激励、鞭策自己，进而奋发有为。

罗安鹄

罗安鹄，贵州省毕节县（今七星关区）人，生于贵州毕节城区水东门罗家龙门。知名文物考古专家，研究员。

小学就读于毕节六小，1962年毕节一中毕业，考入四川大学历史系考古专业。大学毕业后分配到柳州博物馆工作。在大学里，罗安鹄一专多能。当20世纪70年代文博系统的工作处于低谷的时候，他从事戏剧、音乐、创作、导演工作，居然成了专家，写出话剧、歌剧、戏曲等8部30多万字，大型彩调剧《夫妻情》等获广西壮族自治区创作奖和演出奖。80年代，他顺应人们对通俗文学的渴望，写了20多部中短篇小说发表于全国和省市级以上刊物，中篇小说集《险途迷踪》由国家广播出版社出版发行。

1974年他被任命为柳州艺术馆副馆长兼管文物工作。当时由于"文化大革命"后，文博系统无机构、无钱、无人，面对三无的困难，他用3年时间抓落实，建起了所属12个县市的博物馆。其种类有侗族、苗族、瑶族、土司博物馆、孔庙博物馆。不仅工作创新立意，随即培养了一批文物战线的骨干，工作成效显著，升任柳州市博物馆馆长兼白莲洞洞穴科学博物馆馆长。他还通过由人大立法形式把整个柳州市划成古遗址区、古墓葬区等9大块，囊括了整个市区版图，对有效保护地上、地下文物起到了重要作用。他最早在全国地学旅游及后来成册的论文中提出：不能只看到有形文化遗产及物质文化景观。具有开拓思想的罗安鹄，研究出文物最大的用途就是旅游，人们只看到有形文化遗产和物质文化景观，看不到非物质历史文化景观的见解，得到学术界的赞同。

他从事文物管理和考古学研究造诣很深，从文物考古视觉，用边缘交叉学科分析论证，否定原北京专家认为曲艺产生于唐代的说法，认定曲艺产生于石器时代晚期，得到业内专家的认同，代表作《曲艺探源》获广西社科成果一等奖。他从历史考古材料入手研究市场发展的论文《坡会文化·古楼文化与现代化》，被多家杂志采用并收入论文集《建国五十年市场文论集》（北京出版社）。柳州考古论文《柳州石器文化探讨》《柳州青铜文化》《铜鼓社会功能的永恒与变迁》等先后获奖，并在国家及东亚国际铜鼓学术研究会上发表，被贵州人民出版社收入论文集。

毕生从事考古研究，其特点就是敢于坚持自己的观点。他曾以文物考古工作者的身份参加长江古典文化研讨会，讨论长江文明和黄河文明哪一个更优秀，他提出“长江文明和黄河文明都是中华文化的重要组成部分，没有比较谁优谁劣的必要，只是对长江文明的研究要少得多，要加大力度深入研究”。其观点得到与会专家、学者的赞同。在全国史前遗址博物馆学术研究会上，他提出文物的利用保护要脱离苏联模式和计划经济，又不能全部用市场价值和经济杠杆简单评价历史文明遗产。他的观点被联会主席肯定为健康方向而写入总结。罗安鹄还成功地组织和主持了柳宗元“国际学术研究会”“中日史前文化渊源研讨会”“柳江人发现三十周年国际学术研讨会”等国际学术会议。

鉴于罗安鹄的成就和贡献，中央电视台对他进行专访，分撰为9集，于2002年在四频道播出，次年又在西部频道重播。因为他对柳州市的文物保护作出了巨大贡献，多次受到表彰，成为该市有突出贡献的专家，并获政府津贴。在数十年的考古生涯中，不仅善于工作，而且善于思考和研究，在全国和省级刊物发表40余篇论文，到美国、法国、俄罗斯、马来西亚、新加坡、越南等国专访和讲学，并参加长江三峡的考古发掘。曾为江泽民、乔石、杨尚昆、杨成武等中央领导人作过解说和向导，是知名文物考古专家、研究员。他时常对家乡持以关爱，建议倒天河畔的规划不搞山庄、别墅，应以自然生态为本，成为人民休闲的好地方；建议要以土司文化、民族文化、宗教文化（灵峰寺）打造毕节的城市软实力，从而拉动硬实力的发展。

周　云

周云，贵州省毕节县（今七星关区）人。1964年12月出生于毕节县长春堡区张官大队，大学本科文化，中共党员，高级园艺师。

1982年9月 至1985年7月，周云在毕节农校农学全日制中专专业学习，1985年9月毕业即参加工作；1985年9月至1985年12月，在毕节县龙场营区农技站工作，任技术员；1986年1月至1988年2月，在毕节县经济作物工作站工作，任技术员；1988年3月至1989年3月在毕节县海子街区小坝镇挂任助理镇长；1989年4月至1995年8月，在原县级毕节市经济作物工作站工作，任助理农艺师；1995年9月至2001年11月，在原县级毕节市蚕桑办（多经办）工作，任助理农艺师；2001年12月至2006年8月（其间2000年8月至2002年7月在中央农业广播电视学校函授大专学习农业推广专业学习）在原县级毕节市果蔬站工作，任副站长、农艺师；2003年11月参加全国成人高考，录取于贵州大学，于2004年3月至2007年1月在贵州大学农学院农学专业学习；2006年9月至2013年11月在七星关区农牧局蚕桑办工作，任负责人（主持蚕桑办工作）、农艺师；2013年12月，在七星关区农牧蚕桑办任负责人（主持蚕桑办工作）；2013年12月被省人社厅任命为高级园艺师。

周云是一名普通的农业科技工作者，他虽没有做出惊天动地的壮举，但他将广大农民群众当作自己的衣食父母，用自己的青春、自己的知识铺就农民坎坷的致富路，做了一枚小小的雨花石。他从事农业技术推广工作31个年头，主要从事经济作物技术推广工作，经常深入基层，奔赴生产第一线，兢兢业业，无私奉献。尤其是开展驻村指导蔬菜产业发展方面，与时俱进，忘我工作，以拼搏的精神和精湛的技术，为七星关区农业科技推广和蔬菜产业发展，做出了应有的贡献。

自1985年工作以来，周云作为单位的主要技术业务骨干和果蔬站副站长，以及蚕桑办负责人，是制定本市经济作物技术推广计划、实施方案、技术方案、试验示范及配合市（区）级领导抓点带面的主要完成人。三十一年来累计推广农业常规技术，新技术八十多项，推广面积达200万亩次，科学技术普及率达95%以上。累计引进各类经济作物新品种100余种，为区果树、蚕桑、茶叶、蔬菜无公害标准化高效栽培，柑橘高接换种，果树、蚕桑、蔬菜新品种引进及脱毒种苗生产、示范、推广，病虫草鼠综合防治，良种更新换代，农业结构调整做出了重大贡献，是区、镇（乡）、村和农民公认的农业技术推广科普惠农带头人。1990年至1994年主持“蔬菜丰产栽培示范技术推广”累计10万亩，共增产蔬菜2.5万吨，增加经济效益1000万元，为此1994年获贵州省毕节地区科学技术进步三等奖、毕节地区农业优秀科技工作者称号；2004年至2006年参与完成的“毕节市蔬菜优质高产示范”项目，由于在项目实施中起技术骨干带头作用，成绩突出，为此2007年荣获毕节市科技进步二等奖；2010年荣获贵州省丰收计划奖。2002年至2007年主持实施相关村（青场镇新沟村、梨树镇平乡村和水牛屯村、鸭池镇下坝村、石桥村和岩头村等）的“高山反季节蔬菜栽培示范基地项目”，累计推广面积1.5万亩，平均产量达3021公斤，总产量达到45315吨，平均亩产值达2114.7元，总产值达到3172.05万元，投产比为1:3.8。1994年至2001年主持实施毕节市柑橘低产果园改造示范项目，为使区赤水河流域柑橘品种能适应市场需求，现场指导果农将原来品质差的一些品种高接换种为椪橘和脐橙。累计指导面积2000亩，增产柑橘1200吨，增加经济效益288万元；带动面积8000亩，增产柑橘3920吨，增加经济效益940.8万元。同时指导并培训果农进行柑橘低产果园改造3000亩，通过加强土壤管理、科学肥水管理、合理整形修剪、综合防治病虫害等技术改造，使原来亩产950公斤的低产果园增加到亩产1513公斤，增产幅度为59.3%，共增产柑橘1689吨，增加经济效益405.4万元。多年来，周云共撰写农业科普推广文章100余篇，有10余篇被省市刊物发表。由于工作突出，多次被市和区评为农业推广科技先进工作者。

周文波

周文波，贵州省毕节县（今七星关区）人，1978年3月27日出生于今毕节市七星关区撒拉溪镇龙场村，中共党员，大专文化。

1996年12月入伍服役于武警四川省总队雅安市支队，先后任战士、班长、电影放映员、新闻报道员、俱乐部主任，代理新闻干事。2008年12月转业，先后在七星关区新闻宣传中心、《毕节晚报》、七星关区民政局、七星关区组织部等单位工作，现为毕节市第一人民医院宣传科副科长、《院报》执行总编辑。

1996年征兵工作开始后，他参加体检，其他各项体检都合格，却因视力不合格被“刷”下。抱着试一试的心态，他将刊发在《毕节日报》的十几篇新闻稿件和几篇“豆腐块”的副刊稿件递到接兵干部面前。接兵干部上下打量着这个乌蒙小伙，问他：“都是你自己写的？”他说：“是的！”“虽然视力有问题，但就凭着你发表的这些新闻稿件，我就破例把你带走，但是到了部队后，要好好学习写新闻。”那时，激动的他不知道说些什么，只得憨头憨脑地说“要得，要得。”同年12

月，他和同村的伙伴入伍到了部队。紧张的新兵训练后，他丝毫不敢倦怠，有时通宵达旦地赶写稿子，他的名字也在军内外的报刊（电视台）上频频亮相，先后在中央电视台、《解放军报》《中国青年报》《人民武警报》《四川日报》《贵州日报》《毕节日报》等军内外50余家报刊（电视台）刊发（播送）新闻、文学作品1500余篇（条、幅），10余篇稿被媒体评为好新闻奖。也因此入了党、立了功，先后1次被全军表彰为“影视技术兵先进个人”，1次被武警部队表彰为“士官优秀人才二等奖”。但他对自己取得的成绩并不满意，甚至怀疑自己在部队期间曾发表的那些稿件，也会因自己并不广博的知识而成为废稿一堆。2008年转业时，他毅然放弃了服役所在地的十多家媒体留用的机会，毅然回到了生他养他的故乡——毕节。

文字虽然给他带来了快乐，但直至现在，却一直没有想过自己要成为一名记者或者编辑什么的。实话说，自1997年正式与宣传工作结缘以来，文字工作给他最大的感受就是，很苦、很累。曾经听人说过：记者，不是一张身份的王牌，不是一副风光无比的面具。记者，是历史年轮的追逐者，是社会发展的透视者，是时代乐章的谱写者，是惩恶扬善的挥剑者。虽然他一直未真正涉足记者这个行列，但他却慢慢地发现自己越来越欣赏并喜欢这个职业。尤其是2012年6月份经他策划创办并亲手编辑出刊一份医疗卫生保健机构的内部刊物——《毕节市第一人民医院报》以来，对每一期报纸的编辑出刊，他一直重复着每期报纸从收集新闻线索、分配新闻线索、指定采访人员、约定采访时间、实地采访拍摄、整理文字稿件、上传采访稿件、进行线索报题、召开编前会议、编辑检查稿件、编辑修改稿件、划定版式设计、校对检查稿件、美编美化图片、总编定稿签版、发送印刷版样、印刷成品报纸、分发阅读报纸等过程，且一直执着地耕耘在这块“责任田”里。他亲手策划、编辑、校对出刊共计100多期。回首四年多来的编辑之路，对周文波来说，真可谓是酸、甜、苦、辣、咸五味俱全，每期的报纸编辑除基本上都保持着同一姿势一直坐在电脑前外，还有随着时间的延长随之而来的腰椎、颈椎和肩周炎的疼痛难忍，有时，感觉腰都直不起来。但只要看到每期的报纸出来后，心中又涌起了作为一名编辑工作者的快乐。

转业回地方后，周文波坚守新闻宣传工作阵地，在《健康报》《中国人口报》《中国卫生》《贵州日报》、贵州电视台、《毕节日报》《昭通日报》等报刊（电台、杂志）刊稿2000余篇，1次被健康报社表彰为优秀通讯员，连续两年被《医院管理论坛报》表彰为卫生宣传先进个人，连续3年被毕节日报社表彰为优秀通讯员，1次获毕节日报好新闻稿件二等奖，多次被医院表彰为优秀个人、优秀共产党员。

周光顺

周光顺，贵州省毕节县（今七星关区）人，1941年8月生于贵州省毕节县海子街，函授大专文化，中共党员，中国楹联学会会员。

周光顺1960年参加教育工作，1986年加入中国共产党。曾先后在海子街小学、牧朗小学、新爱小学、八寨小学任教。1983年调入海子街中心校任教，1992年提任海子街中心校副校长，1995年升任海子街中心校党支部书记（主持全镇教育工作），1998年经组织批准退休。

在39年的教学工作中，用辛勤的汗水，谱写了教书育人的篇章。20世纪70年代末和80年代初，为适应当时教育事业的发展，各公社小学都办起了初中戴帽班。根据当时的师资条件，周光顺理所当然地成了初中政治、语文老师。在八寨小学任教期间，他身兼数职，既是小学戴帽初中班的班主任、语文课教师，又是学校会计，还要兼管学校校舍的修建，无暇顾及家事，甚至连家中遭遇严重洪涝灾害，也没有请假回家，为此还受到妻子和儿女们的责怪和埋怨。但值得欣慰的是，他所教初中毕业班，教学效果获得社会和广大师生的一致好评。1983年被毕节县教育局、毕节县教育工会评为“为人师表”先进个人。1983年调入海子街中心校任教后，担任一个有98名学生初中班班主任，仍然任语文课教师。由于周光顺与其他任课教师沟通配合得好，教学效果十分显著，1986年中考成绩突出，考入中专和毕节一中高中的学生所占比例名列全县前茅，当年他被毕节县教育局评为“教书育人”的优秀教师，并载入《毕节县教育志》。

1992年，任海子街中心校副校长，分管海子街小学。当年，该校的体育、卫生工作和毕节二中一起被毕节县教育局授予一等奖。1994年，光顺又被中共毕节市委评为优秀共产党员，1995年被毕节地区教育局、毕节地区人事局评为优秀教育工作者，并出席颁奖大会，受到表彰和奖励。1994年至1996年，光顺连续三年被评为优秀，破格晋升一级工资。1997年海子街中心校获毕节市教育教育局学校管理一等奖，时任校长、党支部书记的周光顺，出席了颁奖大会，领回了奖品和奖金。1997年和1998年，周光顺再次被海子街镇党委授予优秀共产党员称号。

受父辈影响，从小酷爱古典诗词和楹联。退休后，致力于论文、诗词、楹联的创作。被中国诗书画研究会聘为研究员，是中国楹联学会和毕节市诗词楹联学会会员，著有《毕海诗草》二部。作品多次在国家（地方）各级书报上发表。教育论文发表在《中国教育科研与实践》一书上。2005年获贵州省教育厅颁发的“入典荣誉证书”，同年《中国专家人名词典》又收录了他的业绩。

周启江

周启江，贵州省毕节县（今七星关区）人，1970年8月出生于毕节，1993年12月参加工作，1991年7月加入中国共产党，大学学历，农学学士，正高级农艺师。

1989年9月至1993年7月，在贵州农学院农学系农学专业学习；1993年12月至1999年3月，在毕节县土肥站工作，先后任助理农艺师、农艺师〔其间：1994年6月至1996年6月，在原毕节市（县级市，下同）朱昌镇挂职科技副镇长〕；1999年3月至2009年5月，任原毕节市植保站长、农艺师、高级农艺师；2009年5月至2012年12月，任原毕节市农产品检测中心主任、高级农艺师；2012年12月至今，任毕节市七星关区果蔬技术推广站长、农业技术推广研究员。政协第一届毕节市委员会人资环委会委员。

周启江根据多年积累的土肥、植保、农产品质量安全、园艺等多专业理论和实践，将园艺专业与相关专业融会贯通，集成平衡配方施肥技术、肥水一体化、绿色控害技术、质量安全控制、集约化育苗等生态化栽培新技术，推进区园艺作物标准化建设，累计推广园艺作物标准化建设1万余亩。主持省级农业科技项目6个，2008年任原毕节市农业科技入户示范工程首席专家，参与实施国家级、省级及市级项目15个，发表论文11篇。个人获得农业部推广成果二等奖1次、省农委丰收计划一等奖1次、二等奖2次、三等奖3次，市政府科技进步三等奖2次等奖励。在参与毕节市农委“毕节樱桃良种选育与优质栽培示范”项目实施中，负责七星关区“玛瑙红”樱桃优质高产配套技术试验、示范及推广工作。2013年再获农业部推广成果二等奖。

周济民

周济民（1909—1989），贵州省毕节县（今七星关区）人，原名周济伦，1956年参加工作，主任医师。

1926年进入寿世堂，师从刘云清老中医，边学边实践。1930年出师后在寿世堂行医。1945年到永和春药房应诊。此时，正值抗日战争末期，北方疏散人员陆续进入毕节，传染病时有流行。他诊断仔细，用药恰当，治愈了许多危急病人。特别是麻疹病，他力反当时习用散发透诊的川麻葛根为主的治疗方法，针对麻毒为患的特点，采用以清热解毒、清肺透诊的方法，治疗效果大大提高，死亡率大大降低。他因此而名声大振，成为毕节地区的儿科名医。

1956年，进入毕节地区医院，更能发挥专长，每日到门诊就诊人数达100余人次。在家里除吃饭时间外，应诊病人不少。云南的镇雄县、四川的叙永县等周边地区也常有病人前来向周济民老医师求医，因此，他不仅在毕节地区赫赫有名，就是在云、贵、川三省结合部地区也是享有盛名的。

1959年毕节地区中医院建立，被任命为副院长。担负领导职务之后，行政事务较多，但仍坚持上午在病房查房，下午在门诊看病，以满足群众的需要。他没有节假日，就是吃饭时也是有病人在等他。尽管如此，他仍是认真地看病，平易近人，关心病人。他常说："行医之人就是和病魔作斗争，放下病人不管，就是放下和病魔作斗争的武器。"因此，病人越多他工作越努力，越是任劳任怨。

1963年省卫生厅行文授予周济民"贵州省名老中医"称号，并配备继承人。1983年省卫生厅授予他中医主任医师高级职称。他在儿科上的成就，就是抓住"小儿生机勃勃，脏腑齐全，气血未充，易虚易实，易寒易热"的特点，对症下药，治疗中用药清灵，强调理脾胃，疗效特佳。他不仅是毕节的儿科专家，而且在全省也颇有名气。是毕节地区中医和儿科方面的名医。

于1989年逝世，享年80岁。

周祖尧

周祖尧（1920—1977），贵州省毕节县（今七星关区）人，生于海子街，1946年毕业于重庆中央大学土木系。中共党员，贵州大学著名教授。

重庆中央大学毕业后，周祖尧回到毕节，曾任毕节私立弘毅中学教导主任，毕节中学副教导主任，毕节师范教导主任。1955年调贵阳师范学院数学系任教兼应用数学教研室副主任。1956年7月加入中国共产党。1959年至1982年，任贵州大学数学系方程力学教研室主任，参与系重大问题的决策，讲授过《数学教学法》《理论力学》等多门基础课。

他是贵州大学和省数学界有威望的老师。他一生治学严谨，传授知识一丝不苟，授课深入浅出，逻辑性强，教学效果好。他忠厚朴实，为人正直，对人和气，深受广大师生的敬佩。他从教40余年，桃李满天下。他的学生中，有的是世界名人，有的是国家级专家、贵州数学界名人，大多成为高等、中等学校教学骨干。"一支粉笔育桃李，两袖清风度一生"，这副对联充分表达了学生、同仁对他的敬重和思念之情。周祖尧是德高望重的著名教授，一生热爱党、热爱社会主义祖国，忠诚党的教育事业，勤奋学习，刻苦工作，品德高尚，鞠躬尽瘁，死而后已，其崇高精神值得敬佩。

于1977年逝世，终年57岁。

周建宏

周建宏，贵州省纳雍县人，1956年12月20日生于纳雍县寨乐乡革新村山林脚。中共党员，大专文化，昆明军区战地新闻报道二等奖获得者。

1975年，周建宏于毕节一中高中毕业，便积极响应上山下乡号召，到原毕节县长春堡区（现长春堡镇）戈座公社新营盘大队第五生产队当知青。因生产队需要为小学教育适龄儿童办一所学校，便让他利用生产队公房创办了新营盘民校，共三十余名学生，分一二年级在一个教室，作为复式班教学。由于工作负责，教学质量较好，受到家长普遍好评和上级的肯定，因而仅教了一年，公社要他去创办一所民办初中，于是把他调到戈座龙场，同样利用公房办起了一所民中，全部初一新生共三十多人，由两名老师任教，周建宏负责语文政治等科目教学。他原教的小学生班级便转由另一名知青接任继续教学。不论是教小学，还是教初中，周建宏都是尽职尽责，做到绝不辜负学生及家长的期望，绝不辜负上级的信任和重托。由于工作负责，教学认真，表现突出，并通过自己的积极努力争取，于1976年7月他光荣地加入了中国共产党。

在1976年的冬季征兵工作中，周建宏响应祖国号召，光荣地穿上了绿军装，成为一名驻西南边陲某地的第11军32师95团战士。

在解放军这所大学校里，周建宏不甘示弱，时时处处警醒自己，要在练好枪杆子的同时，不忘练好笔杆子，做到文武并进，全面提高。部队领导发现他喜欢学习，喜欢写作，就派他到师和军参加新闻报道学习班培训，他的习作陆陆续续不断在《解放军报》，原昆明军区《国防战士》报，《云南日报》，云南人民广播电台，《保山报》等新闻单位采用。

1978年，针对一段时间部队的生活管理和随便浪费比较突出的实际，周建宏采写了一篇《支部当家，干部管家，战士勤俭持家》的新闻报道，很快被《解放军报》《国防战士》《云南日报》等新闻单位采用，收到较好的效果，并被《国防战士》评为年度好新闻二等奖。针对党组织生活会比较松散的普遍情况，他采写了一篇《某部队党委民主生活会不护短》的新闻，同样被上述几家新闻单位采用，《解放军报》还加编后语进行评论，在部队传递了正能量，引起了良好反应。

在弘扬主旋律，传递正能量的同时，周建宏也善于抓一些社会关注部队关心的热点难点问题进行宣传报道。比如他写了一篇《党代会滥发纪念品》，很快被中央级及大军区级的报刊采用，并引起军队纪检监察部门的重视，派出工作组调查处理，及时清退滥发的纪念品，同样引起了强烈的反响，对纠正不正之风起到了促进作用。

1979年，南疆保卫战打响，周建宏随部队积极投入到这场保家卫国的战争中，决心为保卫祖国的安宁祥和书写美丽的青春华章，在3月5日攻占越南沙巴的时候，正在火线中采访的周建宏和几位战友，被躲藏在猫耳洞里的越军用手榴弹炸伤。周建宏失去了宝贵的右眼，身背的照相机也被炸烂，所有拍摄的胶片全部损失。

身残志坚，永不停步。付出辛勤汗水，必有丰硕回报。他荣立了三等功，被评为三等甲级残疾军人。在新闻报道工作中，他被国防战士报社评为年度优秀通讯员二等奖、昆明军区政治部授予他“优秀战地通讯员”荣誉称号，并授予他战地新闻报道二等奖奖励。1980年至1981年，他笔耕不辍，又连续两年被《国防战士》评为优秀通讯员受到奖励。

1982年11月，周建宏从部队转业到毕节县委宣传部工作，直至1999年10月调离宣传部，改任全民国防教育办公室主任，但他改行不改笔耕志，从来没有停止过业余写作的爱好。

在宣传部时他还参与创办了《毕节晚报》，担任副主编，并且一边办报，一边采写新闻发表在中央及省地各级的新闻媒体上。

在国教办期间，他结合工作写报道，多侧面多角度的反映军民融合共建文明、国防教育齐抓共管、国防与民生、国防与安全、国防连着你我他、国防建设与国家地位、经济建设与国防建设并重等等方面的新闻稿件和言论文章，并注重稿件质量，每年都要被《中国国防报》《国防》杂志，原成都军区《战旗报》《西南民兵》杂志，贵州《法治生活报》，以及贵州省军区《国防大视野》杂志，乃至省地市多家地方报刊采用百余篇，起到了宣传和普及国防教育法规的积极作用。

不论写什么文章，他都注重传递正能量，弘扬主旋律，注重政策性，知识性，趣味性，可读性，指导性的传播。

一分汗水一分成果。在转业回到地方的这段时间，周建宏先后被采用各类稿件两千余篇，并有百余件作品被各级新闻单位评为一、二、三等奖，三十多次被《贵州日报》《贵州经济报》《贵州科技报》，贵州人民广播电台，《毕节日报》等新闻单位评为优秀通讯员。其中《毕节奇特的四鳃鱼》一文还被《人民日报》海外版刊用，并被多家文摘报摘登。

周建宏的不懈努力和执着追求，对宣传党的方针政策，对宣传毕节，鼓舞群众，提高毕节的知名度起到了积极作用。

辛勤耕耘结硕果，不懈努力出精品。为了资料不受散失，周建宏还把多年来的作品进行精选，汇集成册，公开出版了散文集《往事并非如烟》和诗集《行吟杂咏》。这成了他多年来的汗水结晶，可喜可贺。

周遵鹏

周遵鹏，字凯碑，别号凯碑山人，又号北镇居士、祖明、沙(纱)山月，贵州省毕节县(今七星关区)人。1964年3月生于毕节县青场区大河公社官方村凯碑。1983年9月参加工作，大专文化，中共党员，中华诗词学会会员。

周遵鹏曾在毕节县青场区、杨家湾区农推(技)站从事农业技术推广工作。1991年12月起，在毕节市(县级)撒拉溪镇、观音桥办事处土管所从事国土资源管理工作。1996年3月，考调毕节市公安局，先后从事治安巡逻、交通管理工作。2012年7月，调入七星关区党史地方志办公室，从事地方史志研究工作。中国人民政治协商会议毕节县第九届、毕节市(县级)第一届政协委员。任毕节市七星关区党史地方志办公室党组成员、副主任。

周遵鹏爱岗敬业，吃苦耐劳。在从事史志研究工作中，积极发挥个人特长，为“鸡鸣三省会议”会址考证、七星关三国蜀汉文化研究、毕节古城历史挖掘和翰林山庄路氏文化世家研究等工作做出了突出成绩，为七星关区文物保护和打造人文旅游景观做出了一定贡献，受到各级领导的赞誉和好评，获得“最美七星关区人”美誉，事迹被载入中共毕节市七星关区委宣传部文明办编辑出版的《盛开的白玉兰》一书中。

周遵鹏兴趣广泛，爱好易学、佛学、民俗学、收藏、史志、新闻、摄影、谱牒学、姓氏学等文化艺术，尤其酷爱中华诗、词、曲、联、赋等传统文化。常在国家及省、地(市)、县(区)级报纸杂志发表诗、词、曲、联、赋、散文、理论文章及新闻、摄影等作品，全国各大网络媒体也曾转载过相关诗词和理论文章，至今已发表各类作品2000余件。作品曾获得“唐寅艺术奖”“首届中国文艺‘金爵奖·文学最佳奖’”“中华诗词发展杰出贡献奖”等国家级及20余项省、地、(市)级奖励，2003年被中华传统文化艺术研究会和北京古典文化艺术研究所授予“桂冠诗词艺术家”荣誉称号。代表作被收入《中华诗词文库·贵州卷》《中华对联文库·贵州卷》《中国当代诗词艺术家大辞典》《中华经典诗编》《吟苑英华》《世纪龙吟》和《新时期公安基层基础建设研究与实践》等大型辞书。周遵鹏词条及作品评介已载入《世界名人录(中文版)》中，有诗作被编入《黔西北文学史》里，市(地)、县(区)两级报刊、电视曾对周遵鹏工作事迹进行过报道。

周遵鹏原创的一些诗词联作品被国内一些旅游胜地、游览景区和单位收入旅游册、写入书画作品或勒石观览，有的还被一些专家、学者在撰写文章时引用。2004年加入中华诗词学会，现任贵州省诗词楹联学会理事，毕节市诗词楹联学会常务理事、副秘书长，七星关区诗词楹联学会常务副会长。《中国共产党毕节市七星关区历史大事记》《中国共产党毕节市组织史资料》《毕节市七星关区年鉴》副主编，清代《毕节县志》(乾隆、同治、光绪)点校本副主编，《毕节市七星关区文史资料丛书》编委、编辑，《乌蒙诗刊》编辑，原《毕节诗词》改名、改版的《灵峰》诗词季刊执行主编，云南省镇雄县《鸡鸣诗苑》诗刊副主编，《交通安全周刊》《贵州法制生活报》特约记者，《毕节日报》《毕节晚报》通讯员。参与中共贵州省委党史研究室编撰纪念中国工农红军长征胜利80周年《伟大转折丛书》，已出版《凯碑山人集》《七星关区蜀汉简史》《凯碑镌文》《翰林山庄路氏文化世家》《红色七星关》《革命烈士林青》《爱国民主人士周素园》等个人诗集、历史专著和综合文集等著作，曾搜集、整理、注解、编辑出版《毕节市前贤遗韵》《七星关区文史资料辑》《七星关区前贤遗韵》等，参与有关部门、单位和社会团体组织编辑各种图书近百余册。个人著作已被国家图书馆、陕西图书馆、贵州图书馆、贵州文史馆、南京大学图书馆、贵州工程应用技术学院图书馆和毕节市、七星关区两级图书馆、党校图书馆、档案馆等收藏。2017年被推荐为贵州省新型智库专家。

周遵鹏诗词作品，《世界名人录（中文版）》评价其为“注重深入实际，感悟人生。以凝练的笔墨，烘托深邃的意境和宽广的情韵。文字对仗工整，情娴淡雅幽香；语言质朴简明，刻画细致真切”。“个性风格已具，兼唐音而不越襄阳流派（著名诗人、评论家盛郁文先生语）”。作品典雅，语句欢快流畅，佳什迭出，慨叹人生富含哲理，抒情言志情感动人，爱国爱民思想真切，吟诵田园山水渲染活泼。如《警魂颂》《响水轰雷》《灵峰仙境》《大河乡口占》《满江红·反腐倡廉》《蜀道》《踏莎行·归故里》《瑜儿入伍，示勉》《乌蒙颂》《怀念鲁迅》《过宋伍新村》《[中吕]山坡羊·斥贪官》《同心阁记》《七星关区检察赋》等许多优秀代表作，在诗词界受到了许多诗家的好评、赞赏。

“为人不逐名利，行世不求闻达，老死不图芳名。平凡人做平凡事，只让平凡的人生、平凡的生命、平凡的命运在人生旅途及所处的时代留下些许勤劳和上进的意义，为儿孙留点感动而已。”“为人可把操行见，处世能将风雨兼。”这是周遵鹏原创的警语、警联，也是其秉承的座右铭！

郑　卫

郑卫，贵州省毕节县（今七星关区）人，1967年生于贵州毕节撒拉溪永兴。美国华人“中国人才专业协会”副会长。

郑卫从小天资聪颖，在乡里启蒙入学转到毕节城里六街民校读完小学。进入初中，在慈父的严格管教下，郑卫把聪明用在学习上，学业大进，当上了班长、学习委员，顺利地考上了毕节一中。

1984年，从毕节一中毕业考入厦门大学数学系。然而母亲多病，家境比较困难。父亲从毕节把他送到厦门时，购车票都产生困难，家里这一幕幕的困境给郑卫记忆犹新，是他发奋读书的根本所在。

进入厦门大学学习一年后，他深感学习数学与自己活泼开朗的性格不协调而产生矛盾。他开始重新考虑学习专业，争得家里的同意，于是转系学习经济学。1989年大学毕业，被分在厦门市计委对外经济计划处工作，其间被选派到下属外商投资经贸发展公司任总经理助理。1993年，随在加拿大读博士研究生的爱人到加拿大，在国际贸易公司工作。后考入美国南伊州大学，攻读计算机信息系统专业，同时辅修市场调研专业，获得双硕士学位，毕业时，被全球100强大企业——美国西南贝尔电信公司招聘录用，安排在拥有20万人的大公司的分析师位置上。郑卫兢兢业业地工作，在计算机应用程序中，他改进了“顾客发展程序”，不仅提高了市场营销效率，而且为公司每年节省20万美元，获得2004年个人（首席信息官）奖，被安排在公司电子邮件信息管理的重要岗位上。工作带来了生活的富裕，产生了热爱祖国和思乡之情。2003年，在美国华人中牵头成立了“中国人才专业协会”，担任副会长。每年组织一次留学人员交流活动，旨在推动多元文化，让更多的人了解祖国。同时还担任“北美中国学人国际交流中心”密苏里州负责人，参与并组织一年一度的北美留学人员招聘大会，凡对祖国经济建设有利的都积极引进和推荐。对家乡毕节的建设更为关注，提了许多可行性的建议，要求转变观念，对外宣传，让更多的人了解毕节。

郑玉元

郑玉元，贵州省毕节县（今七星关区）人，1952年生于贵州毕节城区，地质科研科学家，教授。

郑玉元中学毕业后到六盘水当知青，1973年在六枝矿务局当掘进工，后调机关搞地质测量工作。此间虽对地质工作一窍不通，但他有自强不息的精神，自学成才，能完成领导分配的任务。1975年被选送到贵州工业大学地质系读书，毕业后以优异的成绩留校任教，成为研究地下水、地表水、工程地质科研的科学家。

他结合当工人的实践经验、高校理论指导于一体，对贵州喀斯特山区地质情况极为复杂给建筑施工带来的难度进行研究。他的主攻方向是埋土工程，常利用假期带领学生深入工地探索和研究。亲临毕节烟厂帮助指导，为家乡的建设奉献一分力量。所获成果在《中国矿务学报》《中国岩溶》《贵州科学》等报刊上发表百篇学术论文和专业论文。其埋土工程的研究成果获国家资助。在硕果累累面前迎来了名副其实的政治地位：1993年担任贵工地质系党总支副书记、系副主任，1994年任系党总支书记，1997年到学生处任处长，1999年被评为教授。

在繁忙的工作面前，不仅管人管业务，更重要的是认识到过去的高校管理内涵有不适应经济社会发展的地方，必须建立科学、合理、有效的综合素质评价体系。于是，他和同事们一起，经过调查、研究、探讨，终于研究出德育测评、智商测评、体育测评三部分，最终得出综合管理体系，体现以人为本的办学思想，受到广大学生的欢迎。

在鼎力解决学生的科学化、制度化、规范化、系统化管理之后，又考虑另一主题：深感贫困学生在大学读书的困难越来越突出，将自身的体会站到了学生一边。他提出“决不让一名勤奋好学的贫困生为经济困难而辍学”的口号，愿承担大量的工作，与银行、与企业、与基金会多方协调，请求帮助解决困难，并建立以“奖、贷、助、补、减、免、缓”的资助渠道，形成贵工大具有特色的帮扶网络，解决了1600多名学生面临的辍学问题，扬起学子精英的风帆。

郑玉元在贵工大无论是学科研究，或是教学管理中所起的点滴作用，都被学生家长关注，特别是身为教授，不忘初心，与平民学生打成一片的高尚情操，记入家乡史册，在漫长的人生中永放光芒。

孟昭宜

孟昭宜，贵州省贵阳市人，女，1939年出生在贵阳市一个教育世家，中共党员，1963年参加工作，高级讲师。

孟昭宜父亲是一位忠厚的中学教师。弟兄姊妹共10人，她是家中的“幺妹”。1958年，19岁的她考入了五年制贵阳医学院医疗系，1963年，学满毕业的她带着“哪里需要到哪里，哪里艰苦哪安家”的理想和愿望，与丈夫一道，选择了远离贵阳的毕节地区，十年时间，先后在毕节地区人民医院，毕节县龙场区卫生院、撒拉溪医院等医疗部门从事儿科医疗工作。

由于受教育世家的熏陶，她在医院工作的十年间，总是有一种理想，像家里的哥哥姐姐一样，像在讲坛上站了一辈子的父亲一样，把自己的知识带到校园内，带到讲坛上，然后教授给学生，为缺医少药的毕节地区培养更多合格的医疗人才。1973年，梦想当教师的愿望实现了，她被从医疗单位调到毕节地区卫校从事教学工作，终于走上了向往已久的讲坛。实现临床经验和理论知识的融汇，使她的教学受到了学生及校领导的好评。1983年和1984年的两年中，被评为“地直卫生系统先进职工”，1984年4月，被组织上任命为毕节地区卫校副校长，主抓学校教学和学生管理工作。

从她踏入卫校校门到任副校长直至1997年退休，这期间几十年如一日，勤勤恳恳地在教师的岗位上耕耘。在校园内、课堂上、学生寝室中，常常有她匆匆的身影。

在卫校的二十多年的时间里，她先后担任了《儿科学》《生理学》《药理学》《共产主义思想品德教育》等十一门课的教学任务，这些课程涵盖了她的大学理论知识和药疗临床经验，同时还涵盖了她的人生理想与追求。

她走上了负责学校管理的领导岗位，教学中首先强调按规律办事，要有严格的教师、教学管理制度，以制度管人、管教，要求教师上课前必须详细写出“课时授课计划”，上完课后立即填写“课后分析”，并将其送教务科存档，每周组织一次检查、评比；对要求调入的教师，必须有“试讲”“听课”的过程，达不到要求的不能调入教师队伍。

她在教学上对教师严，在学习上对学生严，她把学生德育工作看作必不可少的一课。1985年在学校开设“思想品德教育课”，自己任上课教师，没有大纲，没有教材，自己找资料，编教材，用生动的事例和身边的典型教育引导学生树立理想、信念。这门课的开设，当时在全区中等专业学校中尚属首创。通过思想品德教育，校风校纪明显改善，学生的思想觉悟大为提高。言传身教，一分耕耘，一分收获，孟老师善待学生，学生们都在为“老妈”争气。她担任班主任的两个班，年年获得学校“先进班集体”的称号。她主抓教学质量，毕节卫校在全省卫校四次统考中取得“四连冠”的好成绩。1991年，被地区教育局、教育工会、地区劳动局评为“优秀教师”，1992年又被省人事厅、省教委评为“贵州省优秀教育工作者”，1997年被地直机关党委评为“优秀共产党员”，她用这个光荣的称号，为自己的医疗事业、教育事业画上了一个圆满的句号。

九　画

柳　涛

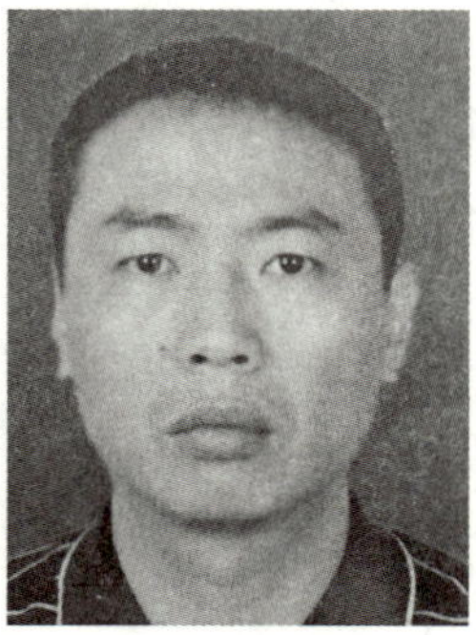

柳涛，贵州省毕节县（今七星关区）人，1970年10月30日生于毕节城关，大学文化，1994年参加工作，高级工程师。

柳涛自幼聪明好学。由于父母长期在农村工作，他从小就养成了吃苦耐劳的习惯和自立自强的精神。在大学读书期间，无论是基础理论、专业知识，还是技术技能的学习和实践，成绩都名列前茅。大学毕业后，被分配到铁道部第四勘察设计院从事建筑工程、铁路建设的勘察设计和管理工作。

柳涛参加工作以来，先后参加武汉市建华大厦、金三角商贸大厦、新世纪大酒店、丝宝国际大厦、湖北省邮电大楼、武汉市奥信大厦、长盛大厦、蓝天嬉水乐园等项目的深基坑封水、支护、地基加固工程的勘察、设计和施工管理工作。经过实践，表现出其良好的专业素质和能力。其后，柳涛参与了长荆铁路、淮南铁路、京沪高速铁路、洛湛铁路、宜万铁路、宜杭铁路、梅汕铁路、武桂客运专线铁路、石怀铁路、沪汉蓉快速通道汉丹铁路、浙赣铁路、广珠铁路、贵广铁路、郑徐客运专线铁路、石长增建二线铁路、长株潭城际铁路等十几条铁路干线的勘察、设计工作。在铁路跨越式发展阶段，作为主要技术人员的柳涛，参加了国家四纵四横高速铁路干线中的京沪高速铁路、武桂客运专线、宜万铁路和郑徐客运专线等重大干线的技术工作，并出色完成了任务。

柳涛作为专业设计负责人，在郑徐客运专线勘察设计中提出了绕避采空区的地质选线方案，改变了郑徐客运专线引入徐州东站长近70公里的线路走向，为郑徐客运专线安全选线做出了重大贡献，为工程项目的顺利开展、项目评审的顺利通过和开工建设创造了必要的条件。在“郑徐客运专线徐州地区煤矿采空区稳定性评价报告专家评审”中，得到多名国家级专家一致好评，在项目审查中获得铁道部鉴定中心的一致好评。

柳涛作为主要技术人员，参加了我国在建的最复杂、最困难铁路——宜万铁路不同阶段、多个测段的勘察、设计工作。在项目立项初期，柳涛参与了沿着长江方案和清江入川方案的地质选线工作，对线路走向的确定作出了一定的贡献。宜万铁路途经的绝大部分地域是喀斯特地貌山区，遍布岩溶、暗河、岩堆等不良地质，工程及地质界的多位院士都认为这是世界上最复杂的铁路。全线有34座高风险的岩溶隧道，为全球之最。柳涛参与了其中主要的齐跃山隧道、云雾山隧道、野三关隧道、龙鳞宫隧道等多座控制性工程、高风险隧道以及多座高坎岸坡、高墩大跨铁路桥梁的勘察、设计工作。他还主持和参加了该铁路多个标段的岩溶注浆、碎石柱、SNS主—被动拦石网、喷混植生等铁路路基的地基处理和边坡防护等铁路工程项目的设计和施工管理工作。工作中注重新技术、新工艺的应用，通过对多项技术和施工工艺的改进，较好地处理了施工中遇到的各种复杂问题。

柳涛还参与了多条铁路干线和市政工程建设的施工管理和科学研究工作。在“武汉新区梅子路软土路基试验段工程”项目中，作为项目常务副经理，全面主持该项目的试验研究和施工管理工作。该项目获得2006年武汉市科技进步三等奖、2007年度武汉市市政工程金奖；是年被武汉市科学技术局鉴定为“武汉市重大科学技术成果”。项目评审结论表明，该项研究成果经济效益、社会效益显著；对该项技术开展如此全面系统的试验研究国内尚属首次，具有开拓性，对于推进真空预压、真实—堆载联合预压技术研究和发展具有积极意义。研究成果可在市政道路、高速公路、高速铁路等软基处理中应用，前景广阔。其中，在膜下砂垫层、塑料排水板及地基土中同时观测到真空度的传递情况在国内尚属首次，该项目成果达到国内领先水平。

柳涛在学术方面，独著、合著多篇论文分别发表于《资源环境与工程》《山西建筑》及有关刊物上，其中《武汉枢纽江岸西编组站峰下线排水泵站地基加固及封水工程》的论文收录在“第六届全国地基处理学术讨论会”论文集。

柳涛参加工作10多年来，跑遍了大江南北。他热爱家乡，时时惦记着家乡的建设和发展。在参加四纵四横高速铁路的建设中，他亲自参加路经毕节的铁路建设，为家乡建设作出了积极贡献。

胡大舜

胡大舜，贵州省毕节县（七星关区）人，生于毕节城区珠市路，国家一级演员。

幼年在家乡启蒙读书，富有艺术天资。1952年于弘毅中学毕业后，考入贵阳师范学院艺术专科学习。毕业时作为毕业班的第一名被分配到贵州省歌舞团工作，在省美术工作室的音乐工作组任音乐初审编辑，参加编辑出版《贵州独山花苗曲集》《贵州花苗曲集》等。是省花苗团7人建团小组之一，负责招聘演员和编辑声曲工作。当时，歌唱演员演唱的歌曲能录制成唱片是很了不起的事，贵州只有三人能有这种技术，他是其中之一。1956年到北京参加第一届全国音乐周，与王菊合唱了一首《货郎担》，受到京城音乐界名家的好评，被中央人民广播电台的每周一歌播放了一个星期。之后，又被中国唱片公司录制成唱片。曾被调到中央组织的演唱团到柳州、桂林等地巡回演唱。此时，正值共青团中央在全国征集歌曲，参加在拉萨举办的世界青年联欢会，在全国选了5首歌曲，胡大舜的歌被选入其中。之后，贵州人民广播电台聘他为教唱老师，并任省歌舞团音乐教研组组长，培养了数十名知名歌唱家，倍受尊崇。他的歌曲曾在《贵州日报》一版发表。

自1964年开始担任独唱演员，在贵州省文化厅组织的全省第一场音乐会上演唱，赢得声誉。事后演唱《我们走在大路上》《北京颂歌》等民歌和《十五的月亮》《打靶归来》等军歌，受到广大观众的欢迎。一次，朝鲜代表团到贵州访问，临时安排他用朝语演唱《金日成将军之歌》，他请来一个在贵阳的东北朝鲜族的同胞教唱，到台上演唱时，代表团的客人全部起立，非常激动。时任省委书记周林等亲切接见了他，由此引起了领导的重视。由于业绩突出，多次被派送到北京进修，在中央音乐学院和北京歌剧院，受教于全国第一流的音乐教育家。结业后担任歌剧演员，创作剧本《一本存折》，1964年在全省演出获一等奖。他先后担任25部歌剧的主角或主要配角，多次评奖中列前三名。“文化大革命”中，因扮演《红岩》里叛徒甫志高，在全国出了名，受到批斗。党的十一届三中全会后，党中央重视艺术，他被任命为贵州省歌舞团歌剧大队大队长，带领队员一年演出300多场，实现社会效益和经济效益双丰收。《人民日报》《光明日报》《贵州日报》等新闻媒体进行报道，予以高度评价。曾与时任副省长王振江带领的贵州慰问团到老山前线慰问贵州籍战士，他的演出博得战士们的高度评价。

在几十年的歌唱生涯中，感受最深的是流行歌曲一度占领舞台的那段时间。他学的是美声唱法不受欢迎，离开舞台，感觉空虚。几年后，一鼓作气上北京举办了个人音乐会，打开局面，重新开始声乐的教学工作，教出了一大批有成就的高材生。不少学生进了中央音乐学院、四川音乐学院，有的出国留学，有的学生担任了总政合唱队的队长和艺术室的主任。在全国青年歌手大赛贵州赛区，所教学生有8人参赛，表现突出，获前一二名。在全省教师歌唱比赛中，他所教的学生有5人获得金、银奖。一部分学生被评为国家一级演员。他为国家培养出一批高级专业人才，真可谓桃李满天下，可尊可敬。

他对解决专业中风格和歌曲发声的矛盾问题，曾写了许多文章在刊物上发表，其论点受到业内人士的好评。他创作的10多首乐曲在《苗家歌声》上发表，不断展示自己的艺术成就。

退休后，被贵州师范大学音乐学院、贵州民族学院艺术系、毕节学院等聘为客座教授。他一生谦逊好学，平易近人，令学生容易学到东西，赢得了音乐界人士的广泛尊重。50年的歌唱生涯，被业内人士称为五代红人。新中国成立初期三次参加过全国的国庆演唱会，曾被毛泽东、周恩来等党和国家领导人接见。是贵州省歌舞团著名男高音歌唱家、国家一级演员。

胡高林

胡高林，贵州省毕节县（今七星关区）人，1946年生于毕节城关，大专文化，中教高级美术教师，自学成材的国画家。先后参加中国建设书法家协会、贵州书法家协会、六盘水美术协会，任书法家协会理事、诗书画院院士和北京海天艺术中心特聘书画家。

其书画作品多次参加国家级、省市级展览并有获奖或被收藏作品。书法作品曾东渡日本参加中日书艺交流展，并被日方收藏。工笔画《猫趣》在贵州省“新长征”职工文艺创作评奖活动中获奖，并在贵州省电视台新闻栏目作为特镜播出。其作品与简历被收入《当代著名书画家精品集》《当代著名书画辞典》《当代艺术界名人录》。

其自入门书画以来，集多年的工笔书法上千条，从1983年起，曾先后选送参加贵州赴东北三省书法作品展，十省市《长征颂》书法作品展，并在全国各大城市巡回展览。在贵州省“新长征”职工文艺创作评奖和中国首届建设建材职工书法大赛中，其作品先后获得二、三等奖，被20多家单位收藏并发给证书。数百幅国画曾先后在各地展出。国画《葡萄》《秋韵》《秋实图》《硕果累累》《光辉历程》《金丝莲》等作品分别收入《贵州省老年书画选集》《贵州六盘水市迎接香港回归诗书画选》等著名画册，具有收藏价值，其书画内涵丰富多彩，继承和发展了祖国的传统文化。所教学生成材者众多，受到学生的尊重，社会的赞扬，家长的爱戴。

胡齐益

胡齐益，贵州省毕节县（今七星关区）人，1940年生于毕节县海子街王张胡家院，中共党员，大学文化，贵州大学农学院副教授，农艺专家。

于1965年毕业于贵州农学院农学系果树蔬菜专业，分配到贵州省农业厅工作。1967年志愿到水城特区支援三线建设。1973年调到贵州农学院植保园艺系，负责蔬菜教学和科研工作，2000年2月退休。

他从事园艺工作相关前沿课题的研究，培育出的三个豆类新品种，有极高的推广应用价值。为促进科研成果的转化和省内各地区农业经济的协调发展作了积极的努力，曾被聘参加省政府举办的土地集约经营研讨，受民盟中央、省民主党派和有关单位的邀请，到毕节等二十多个县（市）开展扶贫、智力支边和讲学。对全省不同海拔、不同气候条件、不同地区蔬菜的生长发育、产量、上市时间等有全面的认识和见解；对名、特、优、新蔬菜的引种试种和“两高一优”生产做了卓有成效的工作。先后参加中国园艺学会、中国科学技术协会、中国农业工程学会、贵州省和贵阳市园艺学会，发表学术论文数篇。1991年，在厦门市召开的南方六省农业工程学会第三次《创汇与山区农业工程》学术研讨会上，交流的《对贵州省蔬菜周年均衡供应及解决途径的浅析》，获大会发给的证书。1996年10月，在避暑山庄承德召开的第二届全国“两高一优”农业学术交流会上，其论文被评为优秀论文。培育的早、中、晚熟配套栽培豆类品种79041、79031、79033，获1995年省科技进步三等奖；其栽培技术录像，获国家教委电教中心优秀奖；由中国农业出版社1994年9月出版的高等农业院校电视片脚本精选“群星闪烁”一书列在科普篇。从第六个五年计划起至第九个五年计划，参加贵阳市的蔬菜攻关和农业部长江流域蔬菜高产技术协作的工作，2002年5月，在湖北十堰市召开的协作会上荣获突出贡献奖。又因为贵州蔬菜的发展作出了大量的具体工作，取得了明显的社会效益和经济效益，荣获1997年8月贵州省第三次智力支边表彰大会特邀个人称号。1998年被评为贵州大学先进教师。

退休前曾任贵州大学农学院园艺系蔬菜教研室主任和教工党支部书记。退休后任贵州大学南区退休第二党支部宣传委员，连续两次被评为贵州大学2000—2002年度和2002—2004年度优秀共产党员。

2000年2月退休，离开了工作岗位，但没脱离自己的业务工作，仍继续学习业务知识。2000年，参加贵州省技术创新联合会专业学科组农业组开展工作。技联会接受贵州省科学技术厅和贵州省民政厅的管理、监督和指导，以市场为导向，求实创新，组织开展技术开发、技术转让、技术咨询、技术培训、技术中介等技术服务活动。继续进行智力支边、扶贫、讲学、编写教材等。2003年2月参加编写贵州科技出版社出版发行的贵州省农业广播电视学校教材和2006年7月贵州教育出版社出版的贵州省农村初中实用技术教材。2005年11月，被清镇市人民政府聘请为清镇市“三农”科技专家服务中心专家。

胡昌鑫

胡昌鑫，贵州省毕节县（今七星关区）人，1928年出生于贵州毕节城区一个平民家庭。高级工程师。

小学毕业后，于1938年考入毕节中学读书。由于勤奋好学，各科成绩均名列前茅，因而被推选为学校学生自治会主席。其间在学校进步青年秦心诚、吴应杰等人的影响下，曾参加中共毕节地下党领导的外围组织，积极宣传抗日活动和抵制日货运动。抗日战争结束后，得到广西大学教授葛天回和毕节中学校长李仲群的资助，胡昌鑫赴上海读书。先在上海一家外国人办的学校学习英文，很快就能读懂19世纪法国著名作家大仲马（AzeranDnmzg-Pire，1802～1870）安东列的英文译本，并能以流畅的英语同外国人对话。

解放初，他以优异的成绩考入国立南京大学航空工程系学习。毕业后，先后被分配到青岛、沈阳等科研部门工作，后调沈阳飞机制造厂。其间对祖国的飞机制造业作出卓越的贡献，被评为高级工程师，享受科学家待遇，成为毕节籍学子佼佼者之一。

胡家勋

胡家勋，贵州省毕节县（今七星关区）人，1938年生于贵州毕节海子街胡家院村，中共党员。毕节地区文化局业务科长，文艺创作室研究员，中国音乐家协会会员、中国少数民族音乐学会理事、毕节市（地级）人大代表。

长期从事音乐创作及民族音乐研究，创作作品千余件。发表广播、唱片磁带录制共300余件，在全国、全省获奖30多次。电视文学《高原彝家》由中央电视台播出，在全国兄弟民族节目评比中获二等奖，并由国际电视部译成英、法、日文对外播放。歌曲《老水牛角弯弯》在全国少儿歌曲评比奖中获二等奖。在《中国大百科全书》《中国音乐学》《音乐研究》等刊物上发表论文70余篇。11次参加全国学术会议，宣读论文《三的结构特征探源》《古彝文文献中的乐舞史资料钩沉》《黔西北苗族芦笙语现象探析》等，其中两篇由美国《音乐中国》英译发表。主编的国家重点科研项目《中国民歌曲集成贵州彝族卷》获全国编纂成果二等奖。主持编辑毕节地区文艺集成志。1987年、1994年先后被评为全区专业技术拔尖人才。2004年退休。先后被中国音乐学院聘为研究员、贵州大学艺术学院硕士研究生客座教授、毕节学院艺术系客座教授、黔西北民族艺术研究所所长。

费济华

费济华，加拿大人，原毕节麻风医院院长。清光绪六年（1880）生，卒时不详。

费济华从医科大学毕业后，于20世纪30年代来华从医，先后在贵阳、安顺等地筹办医院。1947年，受国际红十字会的派遣，接管了德籍传教士苏宽仁女士办的毕节撒拉溪麻风医院。

解放前，由于医学不发达和世俗偏见，人们对麻风病畏惧可怕，称为“不治之症”，患者往往遭受非人待遇，甚至被活埋或烧死。费接管之前，病院只是把病人收容起来，以免遭到残害和传染他人。

费济华接管医院后，迅即整顿院务，组织医疗班子，聘请美籍病菌学家黎明道（译音）女士为主治医师，其妻韦氏与澳大利亚医院魏文芳（译音）为护理，将“毕节撒拉溪麻风病院”改为“贵州省麻风医院”，并在威宁石门坎设置分院。

费济华为配合治疗麻风疾病，还在城郊大水口建立了保育院，将患者的子女收容起来，保吃、保教、保抚养，使之与病患者隔离，病者也安心治疗；又办起了几十亩田土的农场，生产粮食作为补充患者及子女的口粮。由于措施得力，医疗有方，治疗效果较好。各地麻风病患者相继前往求医，收治病人从几十人到112人，最多达174人（不包括石门坎分院），医护员工增加到56人；保育院收容的34名儿童，也受到良好的教育和保护。在费济华等医师的精心治理下，病人陆续痊愈出院。至1951年1月统计，共治愈麻风病患者89人，其余在院患者的病情也大有好转。他除办好麻风医院外，还在县城和撒拉溪分别开设了两个门诊部（所），对穷苦病人和地方的多发病、常见病进行免费医治，治愈病患者难以计数。

费济华为办好医院，在经费开支上，除接受上海内地会和国际红十字总会的捐款外，还出面向地方当局交涉，陈述利弊，迫使省卫生署作出按人每年拨给法币1200元的决定，粮食也由地方财政和粮仓按人定量支出。

毕节解放后，费济华遵守中国政府的政策法令，及时向人民政府登记了麻风医院人员、财产、住院病人、经费留存等情况。人民政府接收麻风医院后，由于国际国内形势的需要，他于1951年4月回到加拿大。1989年国际麻风节期间，毕节撒拉溪医院（原麻风医院）为费济华等人出了壁报，表彰他为治疗麻风病人所作出的贡献。

赵人达

赵人达，贵州省毕节县（今七星关区）人，白族，1961年11月15日生于毕节县朱昌区双华。博士生导师，教授。

1975年高中毕业后在双华小学任教，担任初中部的数学、英语、物理教学。1977年恢复高考后，作为“文化大革命”后的首批大学生，于1978年2月赴重庆建筑工程学院就读道桥专业。1982年毕业，获工学学士学位。毕业后，于1982年2月就读于西南交通大学桥梁工程专业，攻读硕士学位。师从著名桥梁与结构工程专家、预应力混凝土结构研究的先驱——车惠民教授，1984年9月毕业，获工学硕士学位，留校任教。1985年在职攻读博士学位。1990年，以优异的论文成绩通过博士论文答辩，获工学博士学位，破格晋升为年轻的副教授，1994年晋升为正教授。1997年受聘为博士导师，历任西南交通大学结构工程研究所副所长、所长兼党支部书记等职，成为西南交通大学茅以升桥梁研究所常务副所长、桥梁工程系主任、结构工程试验中心主任、土木工程实验教学示范中心主任等职，是国家级重点学科——桥梁与隧洞工程的学科带头人之一、西南交通大学第五届学术委员会委员、西南交通大学研究生教学指导委员会委员。

作为工程科学家，赵仁达注重国际学术交流。1993年2月至8月，受国家教委委派，赴德国斯图加斯大学作高级访问学者，与德专家Eligehausen（艾利格豪森）教授合作开展钢筋混凝土结构非线性分析理论研究。他的专业知识给德国专家留下了深刻的印象。赵人达回国半年后，Eligehausen教授致函，特邀再次开展合作研究，又于1994年10月再度赴德国斯图加特大学，作为期两年的客座研究，1996年12月回国。

他刻苦努力和勤奋工作，1991年被四川省教委表彰为“做出突出贡献的中国博士学位获得者”；1994年被中共成都市委宣传部、成都市教育工会表彰为“成都市第二届高校、中专校优秀青年教师”；1997年被铁道部评为青年科技拔尖人才；1998年获西南交通大学“宏宇优秀教师奖”，2000年被评为1998—1999年度教书育人先进工作者，2000年被铁道部评为“中青年有突出贡献的专家”；2001—2005连续三次被评为西南交通大学优秀共产党员，并于2005年7月被中共四川省委教育工作委员会表彰为全省高校优秀共产党员；2004年8月被科学技术部高新技术发展及产业化司聘任为国家高技术研究发展计划（“八六三”计划）“高速磁悬浮交通技术研究”重大专项中的线路轨道专业专家，2005年8月被评为四川省学术技术带头人。其成就有：“大跨组合体系拱桥设计施工关键技术试验研究”，通过四川省交通厅科技成果鉴定，具有重大创新和突破，达到同类技术的国际领先水平，2007年获四川省科技进步一等奖。铁路混凝土梁桥斜截面抗剪强度和疲劳抗剪强度的可靠度设计方法研究，通过铁道部部级鉴定，“移动荷载对RC、PPC梁抗剪强度的影响试验研究达到国际先进水平”。“高墩V撑大跨PPC铁路连续梁桥建造技术”，于1998年3月在成都通过铁道部部级鉴定，整体技术达到国际先进水平，其中高墩V撑技术为国际领先水平。“大中跨度部分预应力混凝土（PPC）铁路连续梁的研究”，通过铁道部部级鉴定，“成果属国内领先水平”，于1999年获铁道部科技进步二等奖。国家自然科学基金重点项目“现代预应力钢筋混凝土结构体系与计算理论”，通过国家自然基金委员会的验收，其成果达到国际先进水平，于2000年获教育部科技进步二等奖。土建类专业人才培养方案及教学内容和课程体系改革的研究与实践，荣获2000年度西南交通大学教学成果一等奖、2001年四川省教学成果一等奖、国家级教学成果一等奖。新世纪教改项目“土建类专业复合型人才培养的研究与实践”，2004年获得四川省教学成果一等奖。“体外预应力高强混凝土桥梁新技术的开发与应用研究”，于2004年荣获成都市科技进步三等奖。

他从事科研数十年，由于刻苦钻研，辛勤笔耕，硕果累累，先后任国际桥梁及结构工程协会

（IABSE）会员，中国土木工程学会计算机应用分会理事，中国建筑学会建筑结构分会结构计算理论与工程应用专业委员会委员，中国土木工程学会纤维混凝土委员会委员，中国建筑学会建筑结构分会计算机应用专业委员会委员，中国钢结构协会——钢混凝土组合结构协会桥梁委员会委员等职。

赵仁方

赵仁方，贵州省毕节县（今七星关区）人，白族，1955年4月3日生于贵州毕节朱昌双华。作家，国际知名记者。

1975年，就读四川外语学院英语系。1978年，以优异的成绩毕业后在贵州工学院任教。在教学中勇于创新。其间，参与全国工科学生英语试点班教学工作，所教学生前两年专门学习英语，后两年用英语学习专业课。赵仁方除教学外，曾发表许多文章和译作，成为中国外语学会、翻译家协会、外国文学学会贵州分会会员。

1984年，经过激烈的竞争考试，从二百多名考生中脱颖而出，成为22名获胜者之一，进入中国社会科学院研究生院学习新闻，被授予硕士学位。1987年毕业后，分配到国家新华通讯社工作，曾任国际部欧美新闻编辑室编辑与发稿人、驻联合国记者和国际部英文编辑室副主任。后旅居美国，在一家新闻机构继续从事新闻工作，任财经新闻副主任与专栏作家，继续为促进中美两国之间的友好关系、特别是经贸关系而努力工作。

他曾在世界最大广告、公关公司之一的奥美公司任公共关系高级客户主任，为包括IBM、摩根士丹利、安联保险与宝马等公司，提供深入中国市场的服务，并负责奥美旗下企业新闻中心的日常运转。其间，作为主要团队成员，曾参与安排德国安联公司总裁与时任国家副主席荣毅仁、副总理朱镕基会面，开创奥美在中国高层公关先河，受到奥美亚太区总裁提名通电表扬。

他作为记者参与许多重要新闻报道，在联合国与纽约工作期间，负责报道国际政治与经济新闻。凡有关全球经济与美中经贸关系的新闻，以中英文报道国家领导人在联合国的活动，为祖国的经贸事业和促进与各国和谐相处做了许多有利于人民的工作。

他除报道官方新闻外，还报道普通人生活、工作和学习情况。1999年，贵州家乡10多岁的女孩刘沛在美国接受心脏手术之际，他出面组织贵州在美国的老乡前往看望及捐款活动。其活动事迹在《贵州都市报》等进行连续报道，让家乡的父老乡亲了解刘沛的情况，事后，通过电子邮件让有关单位将款捐给刘沛。

在20多年的记者生涯中，赵仁方撰写了数不清的文章与新闻稿件，被《人民日报》《中国日报》《新华每日电讯》《经济参考报》《文汇报》《中国贸促报》《中国环境报》《南方日报》《大众摄影》《环球》《瞭望》等数十家报纸与杂志登载，稿件涉及政治、经济、商业、科技与文化等广泛内容。

其旅居全球金融中心纽约期间，除报道新浪、搜狐、网易与中石油等在纽约上市挂牌外，还报道过江泽民、温家宝以及胡锦涛等领导人访美活动。作为财经专栏作家，开有“商经脉搏”专栏，介绍有关财经、投资、股市以及高科技等方面最新发展，重点是美中经贸关系、中国在美股市的上市公司与全美大企业等，许多文章被国内媒体与网站转载。

曾参与翻译并出版了多部译作，如《汽车大王福特》《挑战与机会》《世界史简明辞典》《超越客观主义和相对主义》《西蒙、波娃回忆录》《世界名著鉴赏大辞典》与《四世同堂电视系列片》等。论文包括《中外新闻特稿写作比较》与《威尔斯与他的时间机器》及诗歌散文等作品。

赵兴秀

赵兴秀，贵州省大方县人，女，1935年12月18日生于大方县城关。中共党员，中师文化，1952年参加工作，全国少年儿童先进工作者，中学高级教师。

赵兴秀1941年9月在大方县标准中心小学就读小学毕业，升入大方县中学就读初中肄业。1950年7月在毕节师范学校就读中师毕业。1952年8月被分配在水城县小学任教。1955年2月调毕节，先后在毕节七小、四小、毕节县师范学校任教。1961年3月提任海子街学区学办教导主任。是年9月调任毕节一小教导主任，1980年3月升副校长，1983年任校长。1988年被评为中学高级教师。

1956年至1979年，所任或兼任的学科，全城关镇升学统考均获第一名。1980年在一小任职后，该校连续七年均获城关镇和全县统考第一名，学校多次被评为先进单位。她擅长于数学教学。1981年在毕节城关小学教师进修班上讲授数学教材教法，同时在毕节地区中小学行政干部培训班作教导工作经验介绍。1982年，在地区教育学院行政干部培训班作学校管理及教材教法介绍。1984年，以县政协委员身份，受县教育局派遣，到边远地区支边讲学，并多次承办地、县、镇组织的公开教学。在《贵州教育》杂志上发表了题为《在传授知识中培养能力》一文。1985年，在毕节地区《教研园地》上发表题为《在应用题教学中注意能力的培养》一文。

从1959年起至1983年，她先后被评为毕节县优秀团员，城关镇先进工作者，毕节县先进工作者、优秀共产党员，全国儿童少年先进工作者，省“五讲四美、为人师表”先进工作者。1983年起，连续两届被选为毕节县人大代表、县人大常委会委员。

在任职期间，全面贯彻党的教育方针，关心热爱学生。五十年代，一位学生在过“六一”节时因衣服破烂，不愿参加活动，她就给他做了一件衣服，让他高兴地参加活动。1981年，她去昆明参观学习时，该生已是部队的领导干部，亲自到火车站接送赵兴秀。有一位学生因冬天冷，衣服单薄，不能到校学习，赵兴秀知道后，立即给她送去一件棉衣，才得以完成学业。1983年在毕节县召开的“五讲四美、为人师表”表彰大会上，该生和赵兴秀相遇了，便激动地说：“老师，我之所以有今天，与您的关心帮助分不开。”赵兴秀的良好师德师风在毕节城乡传为佳话，退休后仍受到学生和家长的赞扬和爱戴。

赵凤普

赵凤普，山东省莘县人，1947年农历十一月十八日生于山东省莘县徐庄乡北周庄。作家、寓言学家。

1957年，只有10岁的赵凤普随南下西进的父母迁居到贵州毕节县城区箱子街居住，在二小读书，1966年在毕节一中高中毕业，1968年参军，1989年转业在毕节地区人大工作。

赵凤普从小热爱文学艺术，40年如一日，坚持业余文学创作，先后创作了2000多万字的文学作品，如长篇历史小说《人祖》等；寓言30000多则，诗3000多首，电视系列剧本3个，其他剧本30多个，是云、贵、川知名的作家。

赵凤普1979年在《战旗报》发表处女作，此后在《解放军文艺》《中国通俗文艺》《中国儿童》《故事大王》《中国文化报》《少年儿童故事报》《大众文艺》等文学刊物和报纸杂志发表了500余篇文学作品。这些作品主要有两大类：一是小说，如长篇小说《人祖》已被中华文化出版社出版，125万字。《人祖》介绍了中华古文明的形成和发展，时间夸度从炎黄出世到大禹治水，横贯了整个原始社会，全面讴歌了中华古文明。此书已被录入《黔西北文学史》。二是寓言，先后创作寓言

30000多则，已出寓言集5本。其中寓言《武大郎上梁山》，于1995年被中国现代诗编辑部、诗探索编辑部评为二等奖；寓言集《熊将军守门》，于2002年被文化部评为蒲公英奖优秀奖；寓言《驴子与神像》，于2002年获第五届金江寓言文学奖，这是当时寓言最高奖；寓言集《老鼠自杀》，于2012年获中国寓言文学研究会三等奖。

赵凤普还为毕节古文化建设做出了积极贡献。一是为毕节发现两处古人类遗址，即七星关区何关屯镇扒耳崖；大方响水韦家坡穿洞。二是为毕节找到十多万块化石，其中有古人类的、古脊椎动物的、恐龙的、植物的、无脊椎动物的。脊椎动物的有鸟、鱼、剑齿象、剑齿虎、大熊猫小种、二齿兽、犀、熊、羚等30多种。中科院和法国国家自然博物馆的专家多次到毕节考察，与赵凤普共同研究。三是为毕节找到200万年前的巨猿(巨型猿人)化石，使毕节冠上贵州省巨猿(巨型猿人)之乡的称号。四是为毕节找到上千块甲骨文，部分文字可用彝文破译。这些甲骨文是中国南方独有，使毕节冠上中国南方甲骨文之乡的称号。五是专家论文中称赵凤普找到的剑齿象、剑齿虎、大熊猫小种、二齿兽等三十多种古脊椎哺乳动物化石属贵州最早。因此，又使毕节冠上贵州哺乳动物之乡的称号。这些化石已于2013年，由华夏出版社编辑出版为《毕节化石》。

退休后，赵凤普仍然继续钻研和创作。他每天从早上5点便开始工作，直至深夜，从不间断，每天至少工作12个小时。天天都创作新寓言，并修改已编写的寓言，他要把30000多篇寓言分门别类的编成寓言大全，然后献给社会。化石方面，他找化石时都是早晨天亮出门，晚上天黑回家，中午在山上啃几个馒头，双肩经常被背篼勒出血迹，但他觉得其乐融融。他说："只要能在伟大的时代，在这个繁花似锦的大花园里迸放自己的独艳，再苦再累也心甘。"

赵凤普的事迹分别在《科学时报》《贵州日报》《毕节日报》《毕节晚报》《乌蒙新报》、贵州电视台、毕节电视台、七星关电视台作过报道和专题采访。为表彰赵凤普的自学精神和拼搏精神，贵州省总工会于2002年授予赵凤普"贵州省职工读书自学活动积极分子"称号。

赵欣黔

赵欣黔，贵州省毕节县(今七星关区)人，白族，1972年出生于毕节县，大学文化，主任医师。2016年在贵州省"百优医生"推荐评选活动中，获全省"妇儿卫士"荣誉称号。

1995年，赵欣黔医科大学毕业后，放弃留校和留在大城市工作的机会，回到毕节，进入毕节地区医院(今毕节市第一人民医院)。20多年来一直从事儿科临床工作，任儿科主任。

说起职业生涯里让自己开心的事，赵欣黔说："作为儿科重症重学科的医生，面对的都是家长呵护备至的孩子，孩子的病情不但牵动父母的心，对医生来说也是如此，只要能把危重患儿抢救回来，就是我们最高兴的事。"

在医院，儿科是最忙的，医护人员有限。为保证安全及治疗效果，加班加点是常事。因为工作的特殊性，20多年来，赵欣黔的手机24小时从未关过机，半夜被急促的手机铃声惊醒，匆匆赶到医院更是常事，有时遇到重症病人，他索性晚上就住在科室里。

"宁看十大人，不看一小儿"。儿科被称为"哑科"，因为患儿小，病情变化快，不会诉说及描述，家属焦虑，孩子娇贵，因此，儿科医生是一个又苦又累的高风险行业。赵欣黔说："遇到那些不愉快的事，我们只能尽量疏导，多做劝说工作。"

2015年，一名生命垂危的4岁患儿，由于家属的漠视和疏于照顾，全身皮下脂肪几乎完全消失，裸露的皮肤可以看到多处伤痕，背部、臀部患有严重褥疮，伴颅内出血及严重脓毒症，许多医院都拒绝收治。看着奄奄一息的患儿，赵欣黔只有一个念头，那就是全力救治，让患儿尽快康复。

在家属无钱缴纳住院费的情况下，赵欣黔及时请示院领导，获得院领导的支持后，将患儿收治进了儿科重症监护室，立即展开了积极的抢救。全科医务人员在赵欣黔的带领下，经过38个昼夜的精心救治和护理，患儿生命体征趋于平稳，恢复了语言及行动能力。患儿出院时，赵欣黔耐心地给家属交代出院的注意事项，详细写下书面护理要点，还购买书包、牛奶、衣服捐给患儿。

像这样的事对于赵欣黔来说，多得数不胜数。

在赵欣黔眼里，生命是平等的，对患儿的救治更多体现的是一种社会责任。

“有时治愈，常常帮助，总是安慰”这是美国著名医生特鲁多的墓志铭。赵欣黔用此不断地鞭策自己，他常说：“专业水平和人文关怀，两者缺一不可。因为医疗技术再先进、再发达，也不可能解决所有的疾患。对某些疾病，病人视医生为生命的最后一根稻草，医生的一个手势、一个微笑、一声问候，都会对病人产生很大的影响。医者在心理上与患者建立良好的合作关系，给予真诚的帮助和慰藉，也是医生应该关注的问题。”

2012年，赵欣黔被评为“百优医生”。面对荣誉，他平静地说：“让所有的宝宝健康成长，不能让孩子输在起跑线上，这是我从医以来一直的心愿。既然选择做医生，就是一辈子的事情，我将会一如既往地‘以病人为中心’，努力为患者提供优质的服务，不愧于这个荣誉。”

十　画

秦伟宏

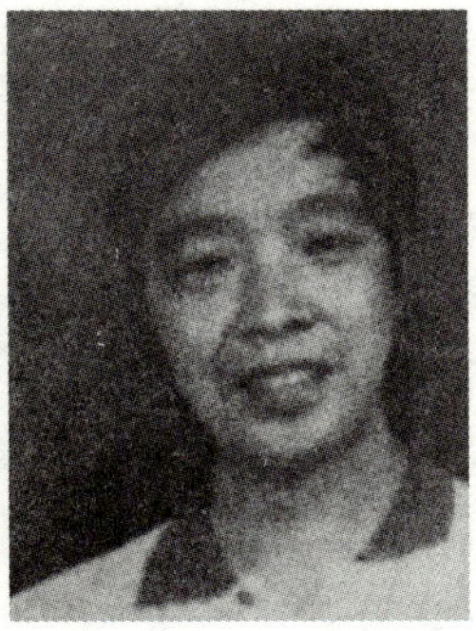

秦伟宏，曾用名郭凤翔，贵州省毕节县（今七星关区）人，1952年生于贵州毕节城关。作家，高级编辑。

毕节三中毕业，就读于北京师范学院美术系、贵州省委党校党政管理专业，大学本科。是国家一级美术师，中国新闻漫画研究会常务理事，多次被中国记协、中国新闻漫画研究会聘请为中国新闻奖美术、版面评委，首届中国报刊优秀漫画编辑，应文化部邀请作为中国代表参加了第六届世界漫画大会。他是贵州省第三届优秀新闻工作者，贵州日报报业集团高级编辑、贵州日报总编室主编，兼任该报《喀斯特》美术专刊主编、贵州省美术家协会理事。其间创作的画以及编发的画多次受到中宣部、省委宣传部的奖励；这些作品被全国和海外46家报刊刊载300多件次，有的还配发编者按或评论文章，有6家报刊用一个或两个整版篇幅转载他的作品和《喀斯》专刊的漫画。多年来，先后获全国和全省奖项200多个，其中银奖13个，铜奖13个，一、二等奖2个。

他从事新闻工作36年，作为《贵州日报》夜班版面主编，主要工作是协助值班总编处理一版见报稿件，主持一版的版面设计、协助值班总编审看一至八版的大样。在工作中，他一是认真领会中央和省委、省政府的精神，遵从报业集团党委的编辑意图，精心处理好重大决策、重要工作部署的稿件。二是根据一版稿件政治性、政策性强等特点，先要掂量稿件分量，再全盘考虑版面的编排。对重大典型、鲜活新闻、好的图片新闻，浓墨重彩地突出处理。三是注意抓好专题组合和办好专栏。四是把图片当成新闻主特产品之一，甚至在头条突出编发，版面处理有策划意识，体现了“三贴近”的编辑思想。

1987年11月30日，其采访报道的《贵州草喂肥云南羊》、1996年12月28日的《引进种羊富了农家》和2008年12月24日的《青草满江肥羊满山希望满山》等，就是以新闻促经济的例证。1988年他自筹资金、引进种羊，与农民联营，风险、服务一人承担。8年间建立联营户800多户，销售收入逾400万元，存栏羊1万只，80%以上的联营户脱贫致富。对此，秦伟宏则以《引进种羊富了农家》为题作了报道。在黔西南布依族苗族自治州召开的畜牧工作会议上，把《引进种羊富了农家》与《贵州的草喂肥云南的羊》印发全州进行讨论，引起了晴隆县决策层的高度重视。从此，草地畜牧业掀开了新的一页。

1995年1月16日，他在《贵州日报》发表《保护好历史遗迹——遵义名城见闻》一文，提出了因城市改造建设，开发者没有和文物部门协商，违背了国家文物保护法，拆除部分百年公祠，特别是红军时期的迴山乡革委会旧址、遵义县革委会旧址、红军之友社、中央领导的部分住址等，保而不护，使遵义城文物景观和历史风貌遭到了损害。《见闻》发表后，引起各界人士的重视，政府主持，纠正不良做法，重新规划，保护了一批革命文物和旧址。

他策划的“全国著名漫画家赴黔采风暨喀斯特研究会”，全国20多家新闻媒体刊登了此次活动的消息，产生了大量赞美贵州的文章和漫画作品。他和徐学廉创作专版漫画《人间仙境在贵州》《热血正涌动阳光更灿烂》分别获得贵州省新闻一、二等奖；2000年，他策划了《我爱西部》专题漫画创作活动，组织了20多个省市自治区漫画家创作，作品在十多家报刊刊登；2001—2002年，中国美协、西部漫画学会与他策划了《西部在召唤》大型联展。联展在西安、成都产生了很好的社会效果，收到了上千条意见和建议，得到全国美术界和新闻界的好评。他还策划了香港回归、澳门回归、深入揭批邪教“法轮功”、反对“台独”、下岗再就业、抗震、抗洪救灾、贵州风情、贵州真奇妙、生态与生存、反腐倡廉、抗击“非典”、医改、房改、入托难、安全与生产等上百个专题报道。

这些主题性的专栏、专版漫画《喀斯特》，获得全国新闻界、美术界的肯定和赞誉，被称为漫画界的“贵州现象”。他创作和编辑的漫画、文章被《人民日报》《人民日报(海外版)》《人民日报(讽刺与幽默)》《光明日报》《经济日报》《中国漫画》《中国青年报》《中华新闻报》以及香港的《大公报》《文汇报》和美国的《国际日报》等46家海内外报刊相继转载和刊登了300多件次。

中国记协主办的《中华新闻报》和专版主编采访了他，在刊登他的一幅漫画的同时刊登了主编采写的文章《漫谈“喀斯特”》。可见，秦伟宏是毕节籍在新闻界有较大影响的高级记者和喀斯特漫画专家。

聂少国

聂少国，又名聂绍国，笔名苏醒。贵州省毕节县(今七星关区)人，1945年1月生于毕节县小吉场大吉，本科文化，中共党员，中华诗词学会会员。

1970年8月至1971年8月在毕节县普宜区新庄生产队劳动锻炼。1971年9月至1972年11月在毕节县龙场营区及县轻工系统参加社教运动。1972年12月至1980年在毕节县农技站工作。1980年3月至1984年5月任农技站副站长。1984年6月至1986年5月任毕节县农业局科教股副股长，1986年5月至1989年5月任股长。1989年5月至1992年3月任毕节县经济体制改革委员会副主任。1992年3月至1993年8月在毕节地区科学技术委员会工作。1993年8月至1996年7月任毕节地区科委党总支副书记兼局机关支部书记。1996年8月至2005年2月任毕节地区科学技术局党总支副书记兼局机关支部书记。2003年1月加入毕节地区诗词学会。2006年2月加入贵州省诗词学会。2009年5月加入中国诗书画研究会。2011年12月加入中华诗词学会。2005年退休。曾是中国作物学会会员、贵州省菌蕈协会会员、贵州省科学与科技管理研究会会员、毕节地区农学会会员、中华诗词学会会员、中国诗书画研究会研究员、贵州省诗词学会会员、毕节市诗词楹联学会理事、《黔西北诗词》编辑。

曾在省、地及国家刊物上发表多篇论文，如《试论种植业在振兴毕节经济中的地位和作用》《发展旱稻是毕节县增产细粮的途径》《发展旱稻生产大有可为》《党政工团齐努力，企业面貌一片新》《依靠科技，振兴企业》《选准市场扎稳根，抓住管理求生存》等。1985年毕节地区行署授予聂少国“发展旱稻生产科技成果四等奖”，次年地区行署授予“贵州省毕节地区第二次土壤普查先进工作者”称号，1993年毕节地委、行署授予“地直单位驻农村工作队优秀队员”称号，1995年毕节地区人事局授予“九四年度优秀公务员”称号、中共毕节地直机关工委授予“优秀党务工作者”称号、贵州省科委颁发“科技统计工作成绩显著”奖。

2003年加入毕节地区诗联学会至2015年共创作格律诗305首（其中获奖36首），词55阕（其中获奖7阕），楹联134副（其中获奖24副）。如“游夜郎文化休闲都”获毕节诗社2004年“甲申端阳诗赛”老年组三等奖，“2008北京奥运会·中国奥运冠军题赠嵌名活动大赛”十首诗获创作一等奖，2010年参与“海峡两岸诗词创作交流活动”六首诗获百优作品奖，“激情盛会·和谐亚洲”获“中华国粹题赠艺术创作活动”铜奖。“钗头凤·水与泪”获2011年首届国际华人环保艺术奖，“忆秦娥·悼周恩来总理”在毕节地区举办的“红色诗稿征集评选活动”中获三等奖，“一剪梅·国庆六十周年大阅兵”和“西江月·六秩国庆大阅兵”在“新中国六十周年大阅兵全国题贺艺术大赛”中获二等奖，“鹊桥仙·贺天宫一号发射成功”在“中华国粹题贺艺术创作活动”中获创作一等奖。楹联“两岸心声”获毕节地区诗社2007年“丁亥端阳沙龙活动”一等奖，“国庆六秩大阅兵”三副联获“新中国六十年大阅兵全国题贺艺术大赛”二等奖，中华人民共和国文史研究院、国际诗词协会以中国史联〔2010〕第23号文件授予他“中国当代最具影响实力派诗人”荣誉称号。

2015年年底，已将305首诗、55阕词和134副联辑为一册，是为《红叶逸韵》，由中华古籍出版社出版。

聂宗伦

聂宗伦，贵州省毕节县（今金海湖新区）人，1933年1月生于毕节岔河，中共党员，大学文化，1958年参加工作，中学高级教师。

聂宗伦曾任燕子口中学校长、毕节三中党支部书记兼校长，毕节县第六至第八届政协委员。（1993年获县政协颁发的“为我县人民政协工作做出积极贡献”荣誉证书），毕节地区历史教研会秘书长，毕节地区教育学会理事及毕节县中学、进校教师初级职务评审委员会委员等职。

自幼勤学，是一名优秀学生。1947年考入毕节县中读初中，1951年考入毕节师范学校中师部学习，因学习成绩优异和道德表现优良，加入了共青团。1954年中师毕业，学校推荐他赴筑参加全国高校首届统考，被录取进入贵阳师范学院历史系学习。在此期间，先后任团支部、团总支宣教委员，全院学代会代表和师院赴遵义实习生大队公开教学执教者。1958年，于贵阳师院毕业，被分配到黔东南州锦屏中学任教，担任初中一个班语文和高中四个班历史课。

1962年，调毕节县燕子口中学任教，由于农村中学教师缺乏，教学不能专业对口，在此后十余年里，除外语、音乐、图画三科外，其余学科全都教过。对所任教的非自己所学专业的学科付出了超常的精力。在教学中认真备课，灵活讲授，热情辅导，抓住关键环节，收到良好效果。1983年所任高中语文课，高考成绩名列全县第三名，被评为县表彰的优秀教师。他从教三十余年，一贯热爱关心学生，以身作则，言传身教，受到学生和家长的真诚赞誉。1984年任燕子口中学校长后，他与党支部密切配合，团结全校教职员工，针对学校的现状拟订了以教学为中心的学校工作计划，采取集体领导，分工负责，定期检查的方式，推动学校工作正常运转。自己以身作则，事事带头，随时深入班级听课，了解各科教学情况和学生学习动态，发现问题，及时同教师交流讨论，以求取长补短，共同提高。经过两年多的努力，教学环境和职工生活条件逐步得到改善，校风校纪有了明显好转，教学质量大为提高，为高校输送了40多名新生。1986年被评为县表彰的先进教育工作者。

1986年秋，调毕节二中任教，由于业绩突出，1988年被中共毕节县委评为优秀共产党员，同年被评聘为中学高级教师。

1989年，调任毕节三中党支部书记兼校长。到任后，他发现这个学校学生主流是好的，学校有利因素颇多，原领导班子内有魄力、有工作能力的同志，都是抓教学的能手，是值得信赖的，但也有很多待解决的问题，他及时解决了最迫切的两个难题：

第一，排除外来的严重干扰。解决了校园地界多与农民菜园连接，经常发生矛盾纠纷的问题和社会上无业人员常进入学校玩耍、斗鸡遛狗、谈情说爱，甚至窜入教室，致使课堂无法进行正常教学等问题。他组织修建了围墙，划定了学校的占地范围，校园不再受“蚕食”，排除了外来干扰，保证师生在良好的环境中工作和学习。

第二，解决体育课无教学场地的问题。在梓桐树坡上开出一处平地作为小操场。共挖土运石1000多立方米，平整土地1700多平方米，购置了体育器材，终于解决了上体育课难的问题。过了几年，操场土坪又改建成水泥地面。

随着毕节三中教学环境的改善，学校领导班子团结一致，学校管理进一步加强，激发了学生的学习积极性，教学质量明显提高。

于1995年退休。之后，撰写了《自传》和《历史教学心得》，作为人生经历和从教30余年的总结。他参与一些社会活动和家族修谱工作，晚年生活充实而有意义，使之老有所乐，老有所为。

聂宗荣

聂宗荣，贵州省毕节县（今七星关区）人，1951年8月生于贵州毕节，毕业于贵州民族学院行政管理专业。1985年至1986年参加首届中国摄影函授学院学习。曾任《毕节日报》摄影部主任，现为中国地州市盟报新闻摄影研究会会员、贵州省艺术摄影协会理事、贵州省摄影家协会会员，毕节地区摄影家协会副主席、毕节地区艺术摄影协会副主席和毕节地区老年大学摄影班教师。

受当教师的父母亲的影响，从小就喜欢绘画。1968年初中毕业后，1968年年底至1970年在毕节县鸭池区松林公社平乡八队插队落户。1971年年初被生产队推荐参加到煤炭部建筑安装公司六十九处工作，曾当过采石工、抹灰工、电影放映员，随同六十九工程处转战大江南北、长城内外，参与了三线建设和六盘水煤炭基地、邯郸煤炭基地等中国大型煤田的建设。1976年7月28日唐山大地震发生后，他又与六十九工程处奔赴抗震救灾第一线，参与了唐山林西矿、范各庄矿、煤矿医学院等重点项目的恢复重建。后因有绘画的基础，被调到六十九处工会任摄影干事，专职从事摄影，记录了大量六十九处重建唐山的工作和职工学习生活的照片。1985年，调毕节毛纺厂工作，并任设计室主任，主持并设计了毛纺厂部分毛毯商标、图案、包装。1988年毕节试验区成立后调毕节日报社工作，曾任毕节日报印刷厂副厂长、广告部主任、摄影部主任等职。在《毕节日报》工作20多年的时间里，用镜头记录了20多年毕节试验区政治、经济、社会、文化等发生的巨大变化，拍摄了大量的党和国家领导人到毕节考察的珍贵照片，成为毕节试验区摄影资料库。

1980年，他开始学习摄影后，作品曾多次获奖。1985年10月，《晨霜》被选送参加河北摄影艺术进京展，并在中国美术馆展出，1991年获贵州省第二届黑白摄影展优秀奖；1995年，此作又参加香港艺群摄影学会“镜头下的触角II”在香港荃湾大会堂展鉴馆展出，并被选编入中国摄影家光盘向国内外发行。《夕照归程》参加了毕节地区职工摄影展，贵州职工摄影展后参加西南三省一市职工艺术摄影展获二等奖，并入选《中国摄影家作品集》《本该读书的儿郎在煤矿》获2002年度全国地州市盟报新闻摄影二等奖。《织锦》《万紫千红总是春》《寂静的山林》等作品采用数码技术进行再创作，并在2004年参加首届贵州省数码摄影比赛入选，《织锦》获优秀奖。《聆听认郎》参加贵州省新闻界纪念邓小平诞辰100周年书画摄影展获二等奖。《乌江明珠——洪家渡》参加纪念中国工农红军长征胜利70周年摄影展，在北京人民大会堂展出。《五子登科》获贵州省“绿色贵州”林业生态摄影大赛二等奖。

曾参与《毕节试验区十周年》《毕节试验区科学发展二十年》《迈向跨越式发展的毕节试验区》《乌蒙飞虹》等画册的拍摄编辑工作。以他为主拍摄编辑设计制作了《走进毕节》《地球的彩带世界的花园—中国百里杜鹃》《绿野青山》《再造秀丽毕节》《生态文明之光—五园新村之路》等画册。

其二十多年来，曾有数百幅摄影作品被《华人世界报》《黔人》《中国区域经济研究》《中华百业名流》《贵州年鉴》《毕节年鉴》《中国城市》《毕节地区志》《当代贵州》《今日贵州》等二十余种报纸杂志、书藉登载。被贵州摄影家协会评为2004年年度贵州省摄影十佳。2005年和2008年曾分别获毕节地区文艺成果二等奖和一等奖。2011年8月，被评为“为毕节试验区添光彩”百名劳模之一。

聂宗简

聂宗简，贵州省毕节县（今七星关区）人，1933年10月生于贵州省毕节城区。高级编辑、新闻专职高级评委。

1953年冬从贵阳一中高中毕业后，被安排在《新黔日报》做编辑工作。先后任编辑、记者站站长、编辑组组长、总编室负责人、农业版主任记者、编辑部副主任、总编室版面主任等职。1986年新闻系统首次评定职称时，被评聘为主任编辑。1993年，经全国新闻高级专业职务资格评委会评定为高级编辑（教授级），曾任贵州日报新闻专业职务评委会委员、贵州省新闻专业职务高级评委会委员、贵州省新闻奖（全省新闻专业综合性作品最高奖）评委会委员等学术职务。1994年6月退休，受聘任《贵州政协报》新闻业务专职顾问。

在长期的报业编辑工作中，聂宗简多次被评为先进工作者、优秀共产党员，被选为省委直属机关党代会代表。被聘任《当代中国贵州》《当代中国》丛书（地方卷）、《中国农业全书·贵州卷》《中国新时期农村变革·贵州卷》《贵州农业区划丛书分册》《贵州农村合作经济简史》《贵州农村合作经济史料》《贵州经济地图集》卷（套）图书的编辑和总纂工作。其中《当代中国贵州》《贵州农业区划丛书》《贵州农村合作经济史料》获得贵州省哲学社会科学优秀成果一等奖，《中国农业全书·贵州卷》获得二等奖。1992年贵州省首次新闻系统优秀编辑评选中，获得贵州省优秀新闻编辑称号。享受贵州省人民政府特殊津贴，是毕节籍在外长期从事新闻工作有贡献的专家。

聂绍方

聂绍方，贵州省毕节县（今七星关区）人，1944年1月17日生于毕节县德沟聂家脑，中共党员，大学文化，1968年参加工作。贵州省科技进步奖获得者。

聂绍方三岁丧母，从小入学读书，聪明好学，成绩拔尖，在毕节一中高中毕业后，考取贵州农学院畜牧专业学习。1968年毕业，被分配在龙场区龙场公社作秘书工作。后调农业系统从事区社畜牧兽医工作。1975年，调县畜牧局工作，先后任副站长、站长，发挥其专业特长。其间，举办四期畜禽品种改良人工冻精配种培训班，为全县培训技术人员240余人，具体承担授课和实践操作指导。所做的超低温冷冻精液生产，不仅解决了本县的需要，且为周边的威宁、纳雍等县服务，被邻省云南镇雄、四川古蔺等县引用，对三省结合部经济发展起到了带动作用。获得中华人民共和国农业部“先进生产工作者”称号，发给奖状和奖金。1981年，光荣地加入了中国共产党。是年，获贵州省人民政府科技进步奖，毕节地区科学技术成果二等奖。1982年，被省职称评委会评为畜牧师。1984年，提任阴底区区委副书记、区长，区委书记。连续三届被选为县、市(县级，下同)人大代表。在阴底工作期间，他深入实际，调查研究，跑遍所有社、队，发展大农业生产，取得较好成绩，受到县委表彰。1987年，因工作需要，调回县畜牧局任党组成员、纪检组长。1990年调县人大财经工作委员会任主任，认真履行职责，监督财经实施和耕牛改良等，直至2004年退休。

在从事专业和行政工作的30多年中，业务上刻苦钻研，精益求精，行政上忠于职守，尽职尽责；工作上兢兢业业，任劳任怨，作风上深入实际，求真务实；纪律上清正廉洁，克己奉公，生活上艰苦朴素，勤俭持家。受到群众的赞扬和好评，得到领导的肯定和认可。

聂绍科

聂绍科，又名聂绍轲，别号乌蒙一尘、逸尘，贵州省毕节县（今七星关区）人。1973年11月出生于贵州省毕节县德厚公社。1993年8月参加工作，大学本科文化，中共党员，系中华诗词学会、贵州省诗词学会和贵州省楹联学会会员。

1998年3月至2000年2月挂任贵州省赫章县平山乡科技副乡长，期间因工作表现突出，被毕节地委组织部、毕节地区农办、毕节地区扶贫办、毕节地区科技局等部门授予“优秀科技副职”称号。2000年3月回贵州省毕节地区农业科学研究所（现改为毕节市农业科学研究所）工作，参与《高产优质马铃薯新品种毕薯2号选育及应用》科研项目，荣获2015毕节市（地级市）科学技术进步一等奖。现任毕节市农业科学研究所农艺师技术职务。

自1997年加入毕节市诗词楹联学会（原毕节地区诗词楹联学会）以来，累计在国家、省、地、县级诗词刊物及报刊上发表诗联作品共200余件，作品曾收录由中华诗词学会编写、中国文联出版社出版的《吟苑英华》以及《诗文吟咏织金洞》《中华诗词文库·贵州诗词卷》《中国对联集成·贵州卷》《中国对联集成·贵州毕节卷》《乌蒙诗词楹联选》等书。2004年在毕节地区精神文明建设委员会、毕节地区关心下一代工作委员会等部门组织的毕节城区诗词楹联大赛上获青年组一等奖。任毕节市（地级市）诗词楹联学会常务理事、副秘书长及《毕节诗词》（原《乌蒙诗刊》）编辑。系毕节市音乐家协会会员。

夏铭祖

夏铭祖，贵州省赫章县人，1928年生，中共党员，高级工程师。从小在毕节读书，1950年毕节一中毕业，考入贵州大学。

1953年毕业，服从国家统一分配到中国和苏联合营的有色及稀有金属股份公司（亦称中苏金属公司）所属的阿勒泰矿工作。曾担任过中苏金属公司、新疆有色金属公司、新疆维吾尔自治区冶金局、新疆维吾尔自治区黄金局的矿山技师、工程师、高级工程师、生产技术科科长、副矿长、矿务局副局长、党总支书记、矿务局党委常委，地质大队大队长，新疆有色冶金地质公司会战指挥部总指挥及指挥部核心组副组长，新疆有色金属工业公司专家组成员，新疆伊犁地区经济专家顾问团顾问，新疆有色金属工业（集团）公司荣誉顾问，中国管理科学研究院学术委员会特约研究员等职，并兼任过新疆有色金属学会科普副主任。

他在矿山企业工作期间，主管企业的生产管理和生产技术工作。主持过企业发展规划、矿山采掘技术计量、矿山生产计划的编制和审定工作。由于企业每年均完成和超额完成任务，成绩显著，被新疆维吾尔自治区人民政府命为先进企业并同时颁发了先进企业锦旗。阿勒泰矿的矿区，地处深山，风雪很大，气候严寒，冬季气温一般均在零下30° 左右，最低时达到零下40° ，天寒地冻的矿山作业，较之气候温暖地区难度大、问题多。矿区均处于边疆，工作和生活环境十分艰苦，要使事业有成，需要付出相应多的智力和劳力。时逢国家国民经济建设第一个五年计划开局之年，夏铭祖感到光荣。为了国家早日繁荣富强，为了国家的航天、高科技和国防事业发展的需要，他怀着满腔热情，努力工作，多作奉献，以之报答祖国和人民的培养和教育。工作进展中，在阿勒泰高寒矿区曾亲自开创性地解决了地下采掘作业湿式凿岩的防尘技术，此项技术，后来被广泛采用。在地质工作中，参与和主持过一批矿山的地质探矿设计、工程施工和地质报告的编审工作，为国家提交了一批矿产资源储量报告，有的曾成为一些矿山企业持续生产的矿产资源依据。1981年年初，接上级及有色金属公司调令，夏铭祖调乌鲁木齐有色金属公司机关工作。在新疆维吾尔自治区黄金局工作期间，全程参与了新疆黄金工业管理机构初创时的筹建工作。就新疆黄金工业发展的策划、管理制度和管理措施的拟订、黄金生产技术的实施和完善以及新疆历史上第一座机械化黄金生产的采、选、冶联合配套的黄金矿山企业的建成投产等方面，作了大量的工作，为新疆黄金工业的快速发展（全疆年产量由不到100两在几年时间发到10万两的产量水平，年产量全国排名由倒数第二位上升到1990年正数的第九名），做出了贡献。由于工作一贯努力，成绩突出，曾荣获新疆维吾尔自治区颁发的奖状、奖章和印有劳动模范的证书。还荣获过人事部、国家民委和中国科协联合签发的在少数民族地区长期从事科学技术工作的荣誉证书。多次被评为公司（局）机关和公司（局）的优秀党员。其业绩被中华魂杂志社载入《中华魂·中国百业领导英才大典》的大型文献中。

他在工作中写过多篇文章和论文，其中，多数作为内部文件存档；有的收入汇编资料发往全国相关部门，如《加速新疆黄金工业发展的探讨》文，登载国家冶金部黄金局工业分析汇编资料第五册；有的登载相关的《学术论文集》，如《抓住西部大开发的机遇，促进新疆有色金属工业发展》文，《坚持科学发展观，不断开创新疆有色金属工业新局面——应对方略（思考和建言）》文；有的发表在全国性刊物上，如《对提高矿山经济效益问题的探讨》文，发表于中国有色金属总公司主编的《有色金属工业》刊物1984年总第015期上。

徐世平

徐世平，贵州省毕节县（今七星关区）人，1957年生于毕节城区珠市街，大学文化，1982年参加工作，化学、农技、计算机专家，从小在毕节读书。在老三中毕业后在三小戴帽初中代课，恢复高考后考入中山大学。1982年毕业分配到中科院贵阳地球化学研究所工作。1989年随单位迁至广州。1986年至1987年，赴法国斯特拉斯保·路易·巴斯德大学化学系从事含硫化合物合成研究。1992年至1993年，赴香港浸会大学化学系从事不对称有机合成研究。

他所从事的科研是有机分析与有机合成、有机地球化学、生物学与生物化学的研究。先后负责和参与4项科研项目：碳酸盐有机化学研究、新生物标志化合物合成与鉴定、海藻生物活性物质研究、水稻高压生物学研究等国家攻关、国家自然科学基金、中国科学院重点基金、广东省自然科学基金和国家重点实验室基金项目的研究工作。参加国家攻关课题“塔里木盆地成烃地球化学研究”，进行大量实验地球化学研究。主编国家攻关二级和三级课题结果各一册。他与中科院华南植物研究所、广东农科院等单位合作，对水稻、小麦、玉米、兰花、青蛙、泥鳅、鲤鱼在内的动植物进行各种试验，所研学科获得了重大成就。对毕节农科所的毕粳38号进行高压诱导变异的成果进行研究，对家乡的农业发展作出贡献。

他一专多能，除所学专业而外，还喜欢“机器类的修理”。他从自装自修收音机起，能修与自己业务有关的大型仪器。为教研室、中山大学化学系、广东商检局等单位义务维修、调试各种仪器数十台次。单位向日本购买的一台仪器坏了，日本专家每天要2000元的报酬方能修，徐世平检查加修理只几分钟就解决问题。因此，中山大学化学系或其他单位购进的12台仪器都由他兼职管理。他还为重点实验室及研究单位培养了一批操作仪器研究人员。

他是国内较早掌握三维动画的技术人才。利用业余时间为建筑、装修公司绘制效果图。1996年，独立承担国家邮政总局13张大型海报的设计制作任务。同时应邀到多家设计单位讲授三维动画技术，为计算机辅助设计和计算机平面广告制作技术在广州地区的普及作出了重要贡献。他所从事的研究专业不断进取，是家乡一位保持对科学、对祖国具有崇高理想和高尚情操的科学家，值得家乡人的尊敬和崇拜。

郭兴顺

郭兴顺，贵州省大方县人，1939年出生，中共党员，高级农艺师。

1963年，毕业于贵州农学院农学专业，是年分配到毕节县撒拉溪区农业技术推广站工作，1966年撤销撒拉溪区建青场区，随之到青场区农业技术推广站任站长。1980年调县良种场任副场长，1984年参加组建环城区任区委副书记、区长，1986年调县计委任副主任（主持工作）兼任区划办工作，1990年区划办单独成立后，任区划办主任，于1999年退休。

他在撒拉溪区和青场区农业技术推广站工作期间，于1964年抽调毕节地区样板工作队汉屯公社样板工作组工作。其间开展了大量的试验和示范活动，对后来各县区的样板及农业科技推广工作起到了示范作用，特别是水稻“三粳”和小麦良种在全区的大面积推广，促进全区粮食产量大幅度增长。1966年，郭兴顺抽调参加贵州省南繁工作队赴海南岛，1967年回县到鸭池区十八公社进行玉米杂交制种，后又对1970年前去南繁工作队人员进行培训。1978年再次被抽调参加南繁工作队任副队长。他所取得的科技成果，对后来毕节市杂交制种和杂交玉米的推广起到促进作用。

他在区站工作期间，在田间地头作了大量的试验示范工作，改变了当地的一些落后的生产方式，推广了较先进的农业生产技术。在青场区青场公社青坝大队梭子队蹲点期间，使这个处于半山坡的生产队，用石灰改良酸性土壤，用阴沟泥、塘泥及种植绿肥改良瘦土，将坡地进行坡改梯，几年间全队坡地基本实现梯田化，土壤酸性得到改良，土壤肥力提高，粮食大幅度增产，使该队多年成为地县的先进生产队。在农业学大寨运动中，郭兴顺在青场区农田基本建设指挥部任副指挥长，负责技术工作，实行“山水田林路”综合治理，走坡地梯田化、平坝田园化、沿河水利化的农田基本建设模式。他身先士卒，带领农口各站人员到各地进行规划和检查，特别对从新沟到青坝千亩连片的农田基本建设，亲自规划放线，使这一线基本上实现了田园化，成为第二年海子街刘华公社田园化建设的示范。

1980年，调县良种场后，参加毕节地区第二次土壤普查毕节县试点工作，先在龙场区工作队任队长，负责清水工作队的技术指导，成绩显著，获得地区和省农业厅、省土管局“土壤普查先进工作者”称号。随着参加毕节县农业资源调查和区划，任土地资源组副组长，先后任团结公社工作队、清水区工作队、鸭池区工作队队长，进行资源调查后集中进行对全县土地利用方面资料汇总，其《土地资源调查和区划》获得地区三等奖。抽调县水土保持办公室工作后，任办公室副主任，带领办公室人员对全县水土流失情况进行实地调查，完成全县水土保持规划和水箐公社、黄泥公社、层台公社等17个小流域治理规划，并对这些地方进行了水土流失治理。同时还补充完成了《毕节县水土保持区划》，该区划仍获地区三等奖。1984年2月，他参加贵州省水土流失综合治理学术讨论会，所带两篇论文，有《毕节县土地利用探讨》在会上发言，被贵州省水土流失综合治理学术讨论会资料选编。

1986年，调县计委任副主任兼任区划办工作，1990年区划办单独成立任区划办主任。期间于1987年和1988年的上年计划执行情况和当年计划向县人民代表大会作报告，除完成县计委应完成的工作外，同时组织和完成了毕节县大蒜、刺梨、柑橘、魔芋、猕猴桃等小资源调查。在从事毕节县烤烟区划的同时，还承担贵州省农业资源经济信息动态监测毕节县试点(网点布置)工作，并进行了几年的网点动态测试，以及毕节县土地后备资源的调查和研究工作等。在省区划办安排下，组织人员并亲自参加完成贵州省区划丛书毕节地区卷《毕节县综合农业区划》编写工作，由省人民出版社出版。县成立的矿产办设在计委，任办公室主任，做了大量的工作，组织参加完成的《毕节县烤烟区划》《毕节县柑橘资源调查及研究》和《毕节县农业综合开发后备资源调查评价》获地区和省区划委科技进步四等奖，参加完成的《毕节地区农村经济开发试验规划研究》《贵州省农业资源的农村经济信息动态监测研究》分别获省区划委科技成果三、四等奖。

1988年，全国水土保持重点防治区金沙江上游及毕节地区重点防治片区毕节县水土保持规划小组成立，任副组长，并组织有关人员对王张、星秀田、野角、黄泥和燕子口五个典型乡镇进行调查研究、规划。他通过这些典型乡镇获得的资料及规划，对全县的资料进行整理汇总后，主持编写了“长江中上游水土保持防治区毕节县水土保持规划”，该规划为地区各县的典范，获省区划委优秀科技成果三等奖。规划工作完成后，他又兼任水保办公室副主任，参加小流域规划及治理工作，并亲自参加官屯和青场等乡镇的治理工作。

从1991年开始，区划办接受建设基本农田的工作任务，市成立指挥部，办公室设在区划办，他任副指挥长兼办公室主任，带领区划办和抽调的工作人员，以身作则，身先士卒，亲自参加各镇乡农建规划的实施，经常下乡镇对此项工作进行督促和检查指导，每年获地区奖励。本人获省人民政府先进工作者称号。

1994年，在省区划办安排下，与桂林岩溶研究所一道参加毕节地区“毕节市农业资源及土地利用遥感监测信息系统研究”，获地区科学技术进步四等奖。当年，获贵州省人民政府颁发的在农业技术有突出贡献的特殊津贴。

1999年退休后，还继续参加农建工作直到2002年，后被市烟草公司聘请参加毕节地区烤烟区划工作，全面完成了“毕节地区烤烟区划”整个编写任务。2010年，该区划由贵州省人民出版社出版。

高君儒

高君儒，贵州省毕节县（今七星关区）人，1953年1月生于毕节县海子街区沙部乡。作家，中华诗词学会会员。

自幼随父在大方县读书，因父亲系中学教师，便从小及长都以校为家，耳濡目染校园文化，受其家学熏陶。从小便临习书法，吟诵诗词，热爱文学。寒暑两假期便回毕节乡间感受农村生活，儿时放牛割草，长大栽秧割谷。受过饥荒，苦渡难关；做过手艺，艰难谋生；坐过冤狱，终得平反。

中学毕业后，两度深造于毕节教育学院、毕节学院中文系。曾任教于小学、初中、高中、师范学校、老年大学。当过教导主任及校长。一生酷爱书法、诗词及写作，书法作品连获两次省展后，于2006年被吸收为贵州省书法家协会会员。以后常参加书法公益活动，书写过高速公路隧道，题写过庙宇祠堂及景点牌坊。2005年加入中华诗词学会，从事老年诗词教育10年整。总结出一套运用平仄，识别入声的方法，对诗词入门大有裨益。

花甲之后，整理数十年发表于报刊的诗文，集成诗文集，撰写60年回忆录，于2012年由贵州大学出版社出版个人专著《一生都付笑谈中》上、下集。退休后除继续兼任老年大学课程外，年年出国旅游，已写有游历欧亚20国的域外见闻，集成《趣事录》出版。任毕节市七星关区书法家协会副主席、诗词楹联学会副会长。

唐诗伟

唐诗伟，贵州省毕节县（今七星关区）人，1948年2月生于贵州省毕节县城关。1968年参加工作。九三学社社员。历任毕节地区医院医师和遵义医学院医师、主治医师、讲师、副主任医师、副教授、主任医师、教授、硕士研究生导师等职。被聘遵义医学院特殊贵宾门诊工作。

1961年8月在毕节二小毕业升入朱昌中学学习。1964年8月从朱昌中学考入毕节卫校学习，后因“文化大革命”延长分配时间，于1968年分到毕节地区医院从事医务工作。1980年在职考取贵州省心血管病研究所学习三年。1983年毕业后分配到遵义医学院附院任内科医师。1985年又考取成都华西医院进修内分泌课题一年，结业后于1986年返回遵义医学院任内分泌科主任。1987年被聘为主治医师兼讲师。1993年被聘为副主任医师兼副教授。1998年11月被中华医学会糖尿病分会选为第三届委员。1999年被聘为主任医师兼教授。2002年10月被聘为硕士研究生指导教师。2003年10月被选为中华医学会糖尿病分会第四届委员。2001年至2004年被遵义医学院附院评为“年度医疗安全先进个人”。2004年6月，国家卫生部疾病控制司、中华医学会聘请为“健康新长征”全国基层糖尿病防治教育项目特邀讲师。之后，国家卫生部《医学参考糖尿病频道》聘请为特约编委及评论员。《糖尿病之友》杂志聘请为《糖尿病天地》杂志编委委员，《中华实用医药》杂志聘请为常务编委。贵州医学会特聘为医疗事故技术鉴定专家、贵州省骨质疏松学会聘请为常委、贵州省糖尿病学会选为副主席。

十一画

黄文远

黄文远，贵州省毕节县（今七星关区）人，1949年10月生于毕节县海子街田坝桥小寨。1980年参加工作，2009年退休。毕节二中高级教师、中华诗词学会会员、贵州省作家协会会员、毕节市作家协会会员。

曾任毕节市（地级）诗词楹联学会理事、毕节市七星关区诗词楹联学会副会长、《灵峰》诗词季刊副主编。现任市（地级）国土资源局主办的《毕节国土资源》双月刊特约编辑。主要担任“国土艺苑”“国土人风采”和“探索与实践”等栏目的审稿签发及各期全本文字的审定工作，已参与编辑本期刊30期。

黄文远少年就读于本村民办小学、毕节七街民办小学，1964年考入毕节一中读初中，1966年由学校安排跳级读本校高中一年级，随即因“文化大革命”开始，学校停课，回乡参加农业生产劳动十年，其间在田坝桥小学断断续续任初中语文、数学等学科代课教师。1978年参加全国统一高考，进入原毕节师专（现贵州省工程技术学院）就读汉语言文学专业。1980年分配到燕子口中学任初中语文课。1982年调海子街中学任高中语文课老师。1987年参加毕节县高中语文优质课竞赛获二等奖；即被推为毕节县唯一代表参加毕节地区高中语文优质课竞赛，获一等奖；被毕节地区推选为代表参加全省首届高中语文优质课竞赛，获三等奖。1997年调毕节二中任高中语文课老师，其间曾创立校级诗词组织“文峰诗社”，创办并主编《文峰》诗词季刊，出刊八期。从2006年起在毕节“山城补习学校”任语文课老师十年，受教学生数千人。

喜欢诗词、散文及朗诵诗歌的创作，在《毕节日报》《毕节晚报》《毕节学院报》《乌蒙诗刊》《灵峰诗刊》《高原》等报刊发表诗文作品数百篇。有多篇作品被编入全国及省市有关部门编辑出版的多部书籍。2013年由华南国际出版社出版散文集《蜜蜂兰的芳香》，收散文近百篇，30余万字。

曾多次参加省作家协会举办的赴黑龙江、吉林、辽宁、安徽、江西、西藏等地的采风活动，与延边朝鲜族自治州作家协会、安徽省作家协会、重庆市作家协会和西藏自治区作家协会的作家们进行创作交流。

1996年参加《王黄氏族谱》修撰，针对民间家谱修撰的弊端，提出关于家谱修撰的新观念和新思路。

他早年经历过偏僻农村的贫苦，困难时期吃过谷糠野菜，亲历“文化大革命”时期失学的酸楚，品味过回乡知青的况味。在回乡的十年农民生活期间学过木匠，做过裁缝，背过柴卖，挖过煤炭，背过背箩，做过小生意。后来勤力教坛的艰辛，漫步文苑的亭廊，操作欣赏电脑科技的先进和快捷，晚年亦不辍笔耕。

黄兴华

黄兴华，贵州省毕节县（今七星关区）人，1946年10月生于毕节小吉场，中共党员，高级政工师。

1968年1月参加工作，1969年5月加入中国共产党，1996年7月从昆明陆军学院政治理论专业毕业。历任中国人民解放军陆军13军37师炮团1连战士、班长、排长和四川省江津军分区政治部干部科干事、毕节地区卫校团委书记，毕节地区卫生局团工委书记、人秘科副科长、科长和毕节第二卫校副校长、党支部书记，毕节地区卫校副校长、党委委员兼工会主席，高级政工师。

从1970年6月任中国人民解放军四川省江津军分区政治部干部科干事主管专职武装干部考察任免、工资福利、档案管理和科里的日常事务开始，就认真攻读了党的政治工作条例、条令和政治书籍，并经常为本科及本政治部拟草文件和政治工作报告。1980年10月转业到毕节地区卫校后，先是从事卫校人事、组织、工资、职称、档案、保卫等工作，1981年5月任卫校团委书记后，重点是整顿学校团的组织，大力宣传党的“五讲四美三热爱”，做好思想政治工作，保障党的路线贯彻执行。1985年1月，调到毕节地区卫生局人秘科工作后，又分管人事、组织、工资、职称和档案等工作，还兼任卫生局团工委书记，直接管理局机关团组织工作。1989年2月调任毕节第二卫校副校长兼工会主席，分管学校办公室、总务、保卫、计财和主持工会的日常工作。1995年5月任第二卫校党支部书记，当时未配校长，被指定主持该校党政工作。1997年8月后，任毕节地区卫校党委委员、副校长、工会主席，主持工会工作，分管后勤、保卫和离退休党支部工作。

从1970年6月起，直至2007年4月退休，在政治工作专业岗位上，整整34年。特别是1991年后，他多次被毕节地直机关党委、毕节地区人事局、毕节地区卫生局和毕节地区工会评为优秀共产党员、优秀工作者、先进教育工作者、卫生文明先进工作者、优秀工会工作者。1995年12月《贵州工资通讯》发表了他的《变繁为简，提高工资改革中整改和审批工作效率》一文，1996年被选为贵州工资学会理事，同年12月获得毕节地区行署“优秀社科成果证书”。1997年在《贵州工资通讯》又表了《全额拨款事业单位工资分配中存在的主要问题及对策》一文，1998年被选为毕节地区工资学会常务理事。此外，撰写的《实行按劳分配原则的一点体会》《现在学生为何难管》《学校食堂改革初探》和《浅谈中学生心理健康教育》等文章分别在《贵州省中等医学教育简讯》《贵州省中学医学研究会》和《毕节日报》发表。1994年撰写的《工改授课提纲》在毕节地区工改培训班上宣讲，所拟制的《机关、事业单位各级各类人员工资整改对照表》载入《毕节地区工改重要文件汇编》。

常 瑜

常瑜，祖籍河南，1964年6月生于毕节，大学文化，1986年参加工作，高级工程师，曾任毕节地区勘测设计研究院院长。

常瑜的父亲是河南人，母亲是江西人，大学毕业后他们一起分配到毕节，并在毕节安家落户。常瑜出生于1964年6月，小学、初中、高中都是在毕节城区读。1982年，他从毕节一中考入贵州工学院土建系水利水电工程建筑专业，1986年毕业后分配到毕节地区计委基建科工作。11月派到大纳公路毕节境内施工处锻炼，次年2月回到计委。尽管在许多人眼里计委是个好部门，但常瑜却认为自己所学非所用，要求改分至地区水电局下属的勘测设计队工作。时任地区水电局业务副局长的父亲不理解儿子的选择，许多知道和认识常瑜的人也劝他不要要求改分配，他对父亲说了一句很让父亲生气而又深感安慰的话："我只是想来搞设计，学以致用，不是想来依托你谋求什么。"

常瑜到地区水电局的水电勘测设计队。报到的第一天，就被派到时任地委书记禄文斌抓的点毕节县清丰乡蹬点扶贫。作为水利辅导员，常瑜更多时间花在了清丰乡所在地和大坡坪村两个人饮工程上，从勘测设计到施工指导都全程参与。1988年3月，他结束扶贫工作回到勘测队设计室。1990年，水电勘测设计队改为毕节地区水利水电勘测设计院。1993年6月，常瑜担任副院长主管业务，1994年4月，被任命为院长。

摆在他面前的是几十万元的欠债和将来"事改企"后100多号人的生存发展问题。经过思考和研究，他提出了"一业为主，两头延伸，多种经营"的治院主政方略。他组织申报水文水资源调查评价证书，结合专长发挥优势，取得了乙级水文水资源调查评价资格，承揽了许多原为其他单位的工程项目。1995年，院里申办丙级工程设计证书，每年都设计几十个项目，几年来此项总收入近200万元。1996年，院里向国家计委申办乙级工程咨询证书，1997年又申办丙级工程咨询证书，作为有偿服务为全区水利水电工程提供咨询意见。1995年他们向建设部申办工程总承包获得成功。

他还根据ASO9000国际标准制定院里业务管理的办法和程序，分配上向勘测设计等第一线人员倾斜。从1996年开始，研究院实施以工效挂钩为特征的内部技术经济承包责任制，定岗定员，一专多能，极大地调动了职工的积极性，有的一线工程技术人员除工资外，年奖金可以拿到万元以上。1998年，毕节地区行署授予研究院改革先进单位称号。他特别重视人才的培养和引进，1999年，他从贵州工学院物色了6名与他非亲非故的区外籍大学本科生，到办具体手续时，有人说："我们本地区的都不能解决，你还要到外地区去要。"常瑜依然故我，他从省教育厅、省人事厅，省计委一直到行署专员申请，终于将6名大学生吸收进了研究院。体现了他尊重知识、尊重人才的远见卓识。

激活研究院的科研热情是他的唯一得意之作。他采取奖励措施，鼓励职工积极参加社会上举办的各项科研活动，撰写学术论文交流发表。自己带头，在全国性的《中国水利水电》等刊物上发表论文4篇，其中有3篇参加了全国性学术交流会并获奖。一篇是《推广一种简易的双曲拱坝》，一篇是《毕节山区的旱地浇灌》，最引起轰动的是《毕节地区勘测设计研究院勘测设计体制改革总体方案设想》，被收入全国第七届水利水电研究会论文集并获奖，以一个地区的方案而能在全国获奖打响，实属不易。在他的带动下，仅几年间，全院发表的论文就有百余篇。

尽管他当了多年的院长，可每年下基层的时

间都在100天左右。1998年，常瑜获得了高级工程师职称。

十二画

彭　澎

彭澎，贵州省毕节县（今七星关区）人，1969年9月生于毕节县海子街彭家寨。系中国作家协会会员、贵州省作家协会主席团委员、毕节市作家协会副主席、《高原》文学双月刊副主编。鲁迅文学院十一届中青年作家高研班学员。

彭澎著有诗集《你的右手我的左手》《西南以西》。散文集《酒中舍曲》，评论集《西黔诗话：黔西北八〇后诗人群像》等。

彭澎是毕节市文联《高原》文学双月刊副主编，编辑部主任。作为一份有着36年刊龄的文学期刊，《高原》能在如今的商品时代里，保持着自身的品性，朝着一条高贵，却也寂寥的路途前进，在文学圈内有着上好的知名度。这些的取得，更多的浸透着主编禄琴，副主编彭澎的心血。

读书，作为彭澎生活的重要成分，相伴着他，已经走过30多年，彭澎说，这得感激他做乡村医生的父亲。他父亲年轻时也是一个不折不扣的文学青年，直到现在，不时会写上些古体诗词，还写得一手好字。其父亲爱书，从小学二年级起，就给彭澎订阅了《中国少年报》《儿童文学》一类的报刊，还托人在城里买下了几十本课外书籍。这些，对彭澎之后的文学生涯，无疑是一个最好的启蒙。

真正开始和文学有关是1985年，中考结束，他一个人躲在自己家的阁楼里，写下了好几万字。也就是这一年，他考入师范学校，从此，他从故乡海子街出发，一步一步，走了出来。

师范二年级，也就是1987年，彭澎已经写下几十首诗，终于在8月20日的《贵阳晚报》副刊上版中央位置发出表了他的诗。让彭澎高兴的是，他的这一“处女作”，没作过改动，这让他十分激动。

师范毕业时，彭澎已经在好几家报刊发表了十来首诗。按照分配方案，他被分到了阴底小学，当了语文教师。就在阴底，他静静地读书，写作，还办了一份油印的诗歌小报。直到1992年，他考上了贵州教育学院历史系，才离开这个让他此生不能忘怀的地方。

1994年，彭澎回到毕节，到刚刚创建的《毕节晚报》做了编辑。草创之期，规模也小，四个人的编辑部里，只能采编合一，一整天采访，写稿，编辑，忙里偷闲之间，还得写一些自己的诗歌，散文。在《毕节晚报》的10年里，报纸规模一天一天壮大，而在他主持的副刊版面上，一批文学青年也脱颖而出，有了更好的发展。好多人还因此换了环境，成为目前黔西北文学的中坚力量。

与此同时，彭澎自身的写作也有了一个较好的提升，期间，贵州省文联与毕节地区文联在贵州师范大学学术交流中心，为他和其他几位黔西北诗人禄琴、张培立、空空、刘馨泉、张永光共同举办了作品研讨会，之后，《贵州日报》《毕节日报》《今日文坛》《高原》还专版推出研讨会实况及相关作品。

出于对文学的钟爱，2004年，彭澎申请调到毕节地区文联，负责《高原》的编辑工作。第二年，在文联领导的支持下，由他具体操作，将已办了24年的季刊变为双月刊。做文学期刊，对于彭澎而言，可谓如鱼得水。就在整个贵州，以至全国的文学期刊界，他也当是最优秀的编辑。

几年来，他前瞻性地策划了多个选题：“黔西北诗歌专辑”“黔西北小说专辑”“黔西北八零后作家专辑（四期）”“黔西北乡村作家专辑”以及“全国文学期刊编辑专辑”“贵州省文学期刊编辑专辑”，此外约请云南省昭通市《乌蒙山》、六盘水市《新都市文学》一道，组织策划了“乌蒙散文联展”。就一个地区而言，《高原》的这些选题，在贵州，以至全国，好多都是前无先例的。而《高原》的“黔地作家”，作为一个跨区域的品牌栏目，对介绍和推介贵州作家作品，也作了较好的梳理，推出贵州作家120余人。凡是知名的贵州作家，都在这个栏目里有所展示，它是学者们研究当前贵州作家创作的一个较为完整的蓝本。

他先后出版了诗集《你的右手我的左手》《西南以西》，散文集《酒中舍曲》，评论集《西黔诗话：黔西北八0后诗人群像》等。在《诗刊》《光明日报》《诗选刊》《羊城晚报》等发表了多件诗歌、散文作品近百万字。并于2008年加入中国作家协会，之后，被选为贵州省作家协会主席团委员；2009年，作为贵州作家代表，在北京参加了为期四个月的鲁迅文学院第十一届中青年作家高研班的学习。

自2005年他接手毕节市（地区）作家协会相关工作时，整个毕节地区有贵州省作家协会会员30来人，十余年中，经他推荐加入贵州省作家协会者，已有120多人，其中，青年作家有四五十人之众，经他推荐参加鲁迅文学院西南班、少数民族班的学员及其他文学门类培训者，数十人。这些年来，除了在《高原》上重点推介外，零星向省内外有关期刊荐稿，约请有关评论家推介黔西北作家。此外，还为《贵州日报》组织了整版“贵州省八零后诗歌专辑”以及“黔西北八零后诗歌专辑”“乌蒙青年作家整装待发”三个专版。在《毕节日报》上，组织了近50个作家专版，向省内外各文学报刊物推荐发表作品200件以上。在由他担任执行副主编的百万字作品集《黔西北文学诗歌卷》《黔西北文学散文卷》中，80后作家的作品也占着较大的比重。

彭澎喜欢说的一句话，文学是世道人心最后的温暖。他还爱说，文学是千秋万代的事，马虎不得，需要一代一代的人薪火相传。他这样做，就是为着一份源于骨髓里的真，一份对文学发自内心的爱。

葛　真

葛真，贵州省毕节县（今七星关区）人，生于1927年9月，教授，民主同盟盟员。

大学毕业后，任贵州工学院教授。任教中率先招收硕士研究生，为硕士生导师。教学成绩显著，国家教委聘为“全国工科电工课程教学指导委员会”委员。治学严谨，知识渊博。他对贵州和西南的发展极为关注，潜心研究贵州经济的发展，贵州省人民政府聘为“经济社会咨询委员会”委员，并在高等学校“西南开发研究协作社”中成为骨干。从事天文学的研究，正确地、科学地解释了古书“周懿王元年（公元前1060年）天在旦于郑”的奇异天象为“日全食”，并荣获贵州省科技成果二等奖。他还文、理结合地研究《红楼梦》中大观园的平面图，并获省优秀成果二等奖。他研究的新兴学科《混沌学》获四等奖二次。所著《非线性电路及混沌》、译著的《图论》享誉全国同行。他是省市知名教授，社会上兼职甚多，年过六旬尚未退休的老教授。1991年，被评为参政党中国民主同盟的先进盟员，贵阳市题赠“教育世家”的匾额悬挂于家中。同时，他还是“中国电子学会”“中国电机学会”会员，又被两会评为高级委员。葛真的学术思想和学术地位，在国内外很有影响。

傅卫鸿

傅卫鸿，又名付卫红，贵州省毕节县（今七星关区）人，1967年12月12日出生于毕节青场，大学文化，中共党员。传媒记者、知名策划师、深圳报业集团主编。

1973年9月至1983年7月，就读于毕节县青场中心校；1983年9月至1984年7月，就读于毕节一中；1984年9月至1988年7月，就读于贵州师范大学中文系；1988

年8月至1998年6月，在贵州省毕节市第四中学任教；1998年6月至2010年12月，任职深圳报业集团，先后在深圳商报、深圳特区报策划部、地产部任职，担任过策划、编辑、记者、主编、区域总监等职务；2011年1月至2012年6月，任职深圳报业集团地产中心龙岗区域副总监；2012年6月，任职深圳商报地产部总监、新闻主编。

傅卫鸿自大学开始就进行文学创作，先后在《贵州日报》《贵阳晚报》《山花》《花溪》杂志上发表过评论、诗歌、散文等数十篇。

20世纪末，他带着梦想来到深圳，在深圳报业集团任职18年。组织过各种策划活动上百次，撰写并发表过各类文章数百篇，上百万字。荣获过深圳报业集团奖励多次，并荣获过“深圳知名文化人”“知名地产评论员”“深圳十大地产传媒记者”“珠三角优秀策划师”等称号。

他运营的个人公众号《老傅说事》被评为“深圳楼市十佳媒体”，并成为全国地产自媒联盟、深圳自媒体联盟成员。

傅卫鸿系深圳地产公益联盟成员，曾组织捐助过贵州遵义、毕节大方、河南邓县、江西宜春等地多所希望小学建设。参与组织的“小书有爱”公益活动，为贵州毕节、金沙、安顺及全国各地贫困小学捐赠了少年儿童读物、衣物和图书馆建设。

曾兴祥

曾兴祥，贵州省毕节县(今七星关区)人，1951年生于贵州省毕节县龙场营区大屯乡，从小受父亲医德的熏陶，相信中医、中药能治疾病。他不仅经常跟着父亲上山采药，而且在房前房后种植中草药。同时喜欢独立思考，研究各种中药材的治疗性能。有时，为了掌握某种具有特效的中草药，不耻下问，精心琢磨，登门拜访老中医，耐心等待回复，取得了一定的行医经验。

1974年，曾兴祥参军到西藏服役，因有行医的功底，分给部队首长当保健医生，而后任部队药剂员、医助、技术员、医士、医师、科长、主任医师等职，成为专家。曾兴祥入伍前，曾在家乡运用所学知识，采用芡实、茨仁等混合粮食酿酒制成补酒。入伍后将藏红花、冬虫、夏草等药材研制补酒，功效独特，治愈很多战友和民众，深受部队官兵喜爱。经过不断的探索与实践，曾兴祥研制的系列高级补酒获首届中国国际名优医疗保健精品展示会金奖和多项奖励，所撰论文《顺经点穴疗法》《虫草太极酒》，分别在1991年中华自然疗法国际学术交流大会及1998年中国中医学会主办的国际学术交流会上交流并评为优秀论文。

其一生最大的乐趣，是为了解除他人的疾苦，给广大人民群众带来健康。在部队期间钻研独特诊治药技，免费为官兵、藏胞治愈各种疑难杂症10多万例，深受社会各界的欢迎，被称为“军中神医”“雪域雷锋”，因而受到国家领导人江泽民、胡锦涛和军队领导人迟浩田等人的接见，表扬他勤奋学习的精神。

1990年，其从部队调到成都新科中医药学研究所工作。在环境条件改善的情况下，曾兴祥在医术上阔步前进。1995年起，经过长时间的筹备与策划，与成都军区九里春酒厂达成协议，共建兴祥保健品有限责任公司，由曾兴祥任董事长兼高级工程师，将自己的“秘方”发展成产业化品牌。公司用他命名的“虫草太极酒、虫草太极液”等系列产品获得国家医保单位认证推荐，产品年销售额8000多万元。在辉煌的成果面前，他被任命为中国民间中医药研究开发协会主任、中国医疗保健国际交流促进会会长助理兼副秘书长、中国民间疗法研究会外联部部长、国家卫生部国际交流中心医药专家等职，其名收入《现代名人大典》等书，他成为毕节籍在外知名度较高的中医药专家，边穷山区飞出的“金凤凰”，公司产品印有其头像，知名度遍及海内外。

曾开举

曾开举，贵州省毕节县(今七星关区)人，女，

1952年5月8日出生于贵州省毕节县清水区太平村曾家坪。大专文化，中共党员。高级护师(医技四级)，享受正团级待遇。

曾开举1969年3月在贵州省毕节县人民武装部应征入伍，1969年5月入团，1990年4月入党，1971年7月提干，在部队工作几十年中，获上级各类嘉奖22次。

1969年3月至1971年7月任云南省澜沧县中国人民解放军陆军第61医院内科卫生员，班长，被评为五好战士。

1971年7月至1983年3月任中国人民解放军第61医院护士(正排)。1976年副连职，1979年正连职。1983年3月至1985年6月任中国人民解放军昆明军区军医卫生学校学员，副营职。1985年3月调入云南省曲靖市中国人民解放军陆军第69医院。1986年8月调任中国人民解放军第69医院内二科护师，正营职。1991年6月至1997年任中国人民解放军第69医院内二科护士长，副团职。1997年7月，整编纳入中国人民解放军成都军区昆明总医院曲靖分院。1997年至2000年9月任中国人民解放军成都军区昆明总医院曲靖分院门诊部高级护师，技术四级，护士长，正团职。

曾开举2000年9月退休，居住云南昆明市。

曾鸣众

曾鸣众(1944—2016)，原名曾明仲，贵州省毕节县(今七星关区)人，1944年生于毕节县清水铺生机谢家村一富裕家庭，中共党员，大专文化。

曾鸣众11岁始入学，小学时跳级。17岁毕业于普宜中学。后在谢家小学当民办教师。1977年加入中国共产党，1979年转为公办教师，1981年调入清水中学任教，后自修取得大专文凭，1987年任中共清水铺区职中党支部书记，1998年退休。

曾鸣众爱好文艺，常在家乡组织业余文艺宣传队到区各地演出，编曲艺和戏剧节目上百个，1975年参加贵州省文艺编辑部在六盘水召开的戏剧创作会议。1972年被派往海南岛培育优良良种，在海南协办《南繁简报》，1974年与文友合办《野草》文艺小刊物，1984年主办《教改通讯》，1987年参与编辑《中国民间文学三套集成·贵州毕节卷》，1989年与文友李锡虎、杨启孝等发起并创办《清溪》文苑，共合伙捐资创办七期《清溪》文苑出刊至1993年。1994年在参加毕节地区诗词楹联学会年会上，与李锡虎、聂宗文、靳河润、靳松、吴学泮等发起成立毕节市(县级，下同)诗词楹联学会，得到与会毕节市诗友和有关领导一致赞同。1995年毕节市诗词楹联学会成立，曾鸣众被推选为副会长；同年底，会刊《灵峰》诗刊正式以内部交流刊物出刊，曾鸣众任该刊副主编。

自1973年开始，曾鸣众先后在毕节地(市)、县(市、区)和川、滇、琼、鄂、桂、晋、新、鲁、宁等省级刊物发表诗词、小说、散文、曲艺、对联等作品400余篇。1995年始，他专注于诗词楹联创作。曾鸣众为中华诗词学会会员，贵州省诗词楹联学会会员，毕节市诗词楹联学会理事，七星关区诗词楹联学会副会长，《毕节诗词》副主编。1998年，赴京参加中国作家笔会，作品获三等奖。2008年在“中国奥运冠军冠名题赠嵌名活动”中，作品获一等奖。事迹载入《中国当代艺术界名人录》《中国诗词家大词典》《世界名人录》等文化典籍。

曾鸣众十分热爱祖国大好河山，创造条件游览了20个省(自治区、直辖市)，全国十大景区游览了九个。每到一地，他都留有诗作。因为边走边看边写，便有了《北京行》《特区行》《海南行》《四川行》《云南行》《中原行》《省内行》《区内行》《县内行》《乡内行》等诗词作品883首。2007年出版了《行吟集》，是其行走神州大地的记录，践行了其诗句“有志男儿天下走”的心愿。

2009年，出版《酬世楹联集》，这是曾鸣众在工作和生活中为亲朋邻里写的对联，多是结合具体实际来写的，突出了实用性，具有创新性，而且门类齐全。这些对联，伴随着曾鸣众几十年的生活历程而产生和存在，某些联句闪耀着当时思想理念的火花，历史的足迹凝驻在短短的只言片语中。

2012年出版《世吟集》，收录诗词1144首，主要是时事、咏物抒情、题赠吟赋等，尽展曾鸣众一生所历、所交、所想，也反映了中国社会的变迁。

曾鸣众编辑了30余万字的《古今惯用语词典》和《毕节民间故事》两书。

十三画

靳　松

靳松，贵州省毕节县（今金海湖新区）人，原名靳明，笔名劲松，1963年10月14日生于毕节县海子街区刘华公社小坝大仲。现任毕节市七星关区诗词楹联学会副会长，《灵峰》诗词季刊副主编，毕节市《黔西北诗词》编辑。

靳松少年聪慧，勤于读书，在其父靳河润的指导下，尤爱诗文。1993年获海南大学文学院作家专业合格证书。自从在吉林省《作家的摇篮》发表处女作《七律·悼胡耀邦同志》后，他更加热爱中华诗词。1984年在海子街参加财政工作，他除完成本职工作外，业余时间都投入诗词创作中，陆续在本地区《高原》杂志、《乌蒙诗刊》和《灵峰》诗刊、《毕节报》上发表诗词、楹联。在1995年毕节市（县级）诗词学会发起人中，靳松是年龄最小的一个，由于勤学好问，他曾得到盛郁文教授等毕节诗词界名宿的嘉许。自此，靳松便活跃在毕节诗坛艺苑上，期间，他的组诗《高原魂》曾获“首届艾青杯全国当代文学艺术写作大赛”优秀奖，登上领奖台，荣幸恭听诗坛泰斗艾青、李英、牛汉等专家的讲课，得瞻春风化雨，此乐何极。

“地裂山崩未足奇，沧桑变幻志焉移。鱼逢雷电方烧尾，龙遇风飚更奋鳍。不信成功天注定，但知伟业人谋为。雄诗写到心狂处，笔吐烟云卷风池。”这首七律的标题是《接攻读硕士学位通知后》，是靳松发表在贵州省《爱晚诗刊》（现改为《贵州诗联》）上的早期作品。当时因家遭火灾，无钱赴北京鲁迅文学院攻读硕士学位，写下此诗以激发不畏挫折，迎难而上的人生斗志。靳松的诗词风格曾得到诗评家盛郁文、徐正云导师的评句：“赤子心何赤，编蒲三卷成。骚坛因托足，槐市几传经。句吐豪狂句，情抒委婉情。天机工匠巧，不枉领诗名。”靳松已出版第一部诗集《赤子心声》，第二部《靳松诗文选》，第三部《赤心三部曲》。后来因执教多年，所以徐正云引“槐市传经”作借代语。靳松曾经教书近三十年，从乡下到城里，从小学到中学，他都没有离开过诗教工作，到处传播中华诗词的种子。他的学生靳旭红（清华大学在读博士）、徐健（已毕业于东北师范大学）、张山、徐雨洁、徐江艳、刘仕飞，曾现洪、郑方红、杨义、陈洪举、吴旭、李余等数十名，常在国内诗刊诗报公开发表诗词作品，有的获校园诗词大赛各种不同档次的奖励。他们大部分都在七星关区《灵峰》诗刊发表过诗作。

“诗声有影，德韵无涯”“真诚的友谊，纯洁的感情，平等的地位，共同的心声。”这是晨松老师在第十二届天籁杯中华诗词大赛颁奖大会上鼓励靳松的赠言。晨松是著名诗人，诗教专家，现为中华诗词学会顾问，中华诗教委员会副主任，中华当代文学学会会长。他鼓励靳松要为中华诗词的传承与发展，以及中华诗词的普及与提升做出贡献，要经常深入群众、深入基层采风，体验生活，发现好人好事即兴挥笔赋诗，争取做诗坛鼓励先进的一面旗手。

由于在骚坛表现出色，靳松光荣加入贵州诗词学会、中华诗词学会和中国文学学会，获北京《文学世界》专栏作家证。词条及作品已收入《中国文学艺术家与文房四宝专家传集》（中国物资出版社）等书。靳松对毕节精神文明建设做出贡献，可算乡村人才中的佼佼者。

靳松获文学创作奖近50次，有中共贵州省委宣传部、贵州省文学艺术界联合会、贵州省作家协会颁发的第二届“弘扬我们的价值观，家家户户贴春联”征集活动优秀奖；有中国国际书画艺术家联合会、世界华人文艺家联合会授予“世界华人文艺先锋人物”荣誉称号。

路朝銮

路朝銮（1880—1954），别名金波，贵州省毕节县（今七星关区）人，于清光绪六年（1880）生于毕节县德沟，清末举人，著名国画家、书法家、诗人。

1913年路朝銮任北京教育部秘书；1927年北伐胜利后，离开北京去奉天（沈阳）同泽中学任教；“九一八”前一年（约1930年），任青岛市政府秘书。1937年“八一三”事变后，在四川大学任教，并任四川通志馆副总纂；后又任东北大学教授。1953年6月，由当时任上海市市长的陈毅亲签聘书，为新中国成立后的上海文史馆最早的36名馆员之一。

路朝銮一生中约1/3的时间都在大学任教。抗战后期，路朝銮又回到四川大学任教。为躲避战火，川大的一些教室曾搬到峨眉山上的报国寺。当时山河破碎，前方吃紧，国库空虚，教育经费奇缺，教师薪金无法正常领取，很长时间只领生活费，有时连生活费也不能按时领到。当时管教育的上峰要求教师们，理解国民政府的难处，以民族大业为重，希望他们坚持岗位，但一些教师还是为了全家生计及其他原因离开了学校。在这极端艰苦的情况下，路朝銮始终以民族复兴、教书育人为己任，毅然决然地留了下来。

路朝銮学识渊博，兴趣广泛，许多方面都有很深的造诣。在诗词方面：路朝銮是一位著名的诗人，有《瓠盦先生诗抄》问世。他常和友人唱和，抒发自己的心志。历史人物，时局变化，会饮晏游，山光水色，风土人情，无不激起他的情思，甚至欣赏友人画作，也会在他心里掀起波澜。路朝銮在攻诗的同时，尤致力于填词，并有很深的造诣。他和二十世纪五十年代上海最负盛名的词学专家龙榆生有往来，并著有《与龙榆生言〈词通〉》等作品。他的作品有的收入清及近代曲选《诗词曲》，有的收入《铜官感旧图题咏》，有的收入《鱼雁集》丛札。总之，路朝銮在诗词界是一位有影响的文人。

在画作方面：路朝銮是前清时期贵州籍著名画家，他的许多画作，由于种种原因现已大多不存，但留下的作品，仍被人们视为珍宝，竞相收藏。他亲笔绘画的竹制山水人物笔筒，是一件精致的工艺品，也是一幅绝妙的山水人物图。画面有远山、近树、对弈者、观书者，笔法简洁洗练，人物栩栩如生，工艺采用烙制手法，是文房四宝中难能可贵的雅器，现仍被人收藏。他和金城、梁鸿志合作的《米家云山》扇面镜心图，群山耸立，水面宽阔，江花如火，远山隐隐，水岸悠长，用墨简练泼辣，极富神韵，加之画绸质地轻薄细软，造型美观大方，是一幅不可多得的工艺美术品。同样，他的《秋溪钓艇》成扇，以高价拍卖，和梁启超共同创作的山水书法成扇以34000元成交。

在音乐方面：路朝銮非常喜欢音乐，尤其喜欢箫、笛和用古琴弹奏昆曲。他晚年丧偶，住在居于上海的六女路宝芬家。据他的外孙李耀华回忆，二十世纪五十年代初，李大约八九岁，见外公路朝銮弹古琴，先把琴安放在长几上，琴的两端下方各放一只绸布缝的小长袋，里面装细沙或是小米粒，用来固定琴身，然后焚上印度奇南香，于是优美的琴声和袅袅香烟在屋子里弥漫开来。弹到兴酣时，情不自禁地摇着头，扭动着身子，完全沉醉在美妙的音乐世界里。如今他的那张清康熙年间的长117厘米的黑漆“环佩”琴仍被人收藏。路朝銮背诵诗词，也像他弹奏古琴一样，感情十分投入，半闭着眼，摇头晃脑，极有抑扬顿挫，简直是在演唱优美动人的乐曲，惹得在旁边傻傻地看得入神的小外孙哈哈大笑起来。在他的熏陶和教诲下，路朝銮的六个女儿都会吹笛、弹奏、唱昆曲，俨然像一个梨园世家。

路朝銮是曲学大师吴梅的好友，1938年他们又在成都的一个曲会上偶遇，他乡遇故知，自然欢喜。有人请路朝銮在册页中题字，路朝銮将他当时所唱的《惨睹》（建文帝被永乐帝篡位后，削发为僧，逃亡襄阳时路上所见）中的曲词抄录："收拾大地山河一担装，四大皆空相……但见那寒云惨雾和愁织，受不尽苦雨凄风带怨长……谁识我，一瓢一笠到襄阳。"词曲形象地展示了路朝銮等知识分子遭遇战乱，无地安身，到处为家的心态，可见在当时的历史条件下，演唱、题字也成为他们表达时艰、寻求知音、相互抚慰的方式。所以，路朝銮弹琴挥毫，决不仅仅是文人的一种雅兴。

在书法方面：路朝銮是一位著名的书法家。他的字体端庄秀丽，小楷尤为工整，多题扇面。行书则笔墨酣畅，潇洒自如，布局匀称，有极强的可观性。他的行书百字立轴"早悟耆山善"和"甲申告客成都书"都充分体现了这一特点。他经常应邀为人题画、题诗，许多人都为获得他的"墨宝"而引以为荣。他留下的至今为人收藏的为数不多的书法作品，也成了一些拍卖公司的亮丽风景。他还为民国书局1949年的绝版书线装全一册的《蜀人选粹》题签等等。

于1954年逝世，享年74岁。

十五画

黎建平

黎建平，原名黎万春，贵州省毕节县（今七星关区）人，1946年生于毕节海子街蚂蝗井，中共党员，1966年参加工作，小学高级教师。毕节地区诗词楹联学会会员、中国文海诗词文化研究中心会员、中国奥林匹克杰出诗词家、世界华文诗词学会名誉会长。

自幼勤学，成绩优异，曾立志做一个数学家。14岁时，因父亲病逝而辍学，在家务农，兼习木工，常在深夜苦读古典诗文。1964年后，在老师和亲戚帮助下，先后在豪沟民中、烂泥民中学习。1966年，在毕节县耕读师范学习时，被评为县优秀青年，同年参加教育工作，立志为农村教育事业作出贡献。

1967年，在长春区沙坝小学任教。为了创办沙坝初中班，他利用业余时间亲手钩檩子、钉椽皮、做篮球架，不要报酬。1969年，沙坝初中开班，他首任班主任，担任多门课程。到1973年，送出两届初中毕业生，改变了沙坝及10个村的文化落后面貌。他所教的学生有的回乡担任小学教师，经过深造后成为沙坝的骨干教师，解决偏僻山区的师资问题；有的回乡成为乡村干部、国家干部、专家学者。

1973年，调任长春区青丰小学负责人。1977年，青丰小学被评为毕节县先进集体。1978年，任长春区教育辅导员。1979年，到沙坝小学担任教导主任，并兼教数学。1982年，要求调海子街沙邵小学任教。1984年后担任沙邵小学教导主任。1988年后，因患哮喘病，身体较差。于2000年退休。

退休后，从事诗词写作。多次参加全国诗词联大赛，获两次一等奖，两次二等奖，多次优秀奖。其作品入编《奥运颂诗词书画大典》《情系海峡两岸和平诗词联大典》《神舟颂诗词联大典》《新视野经典文集》《中国诗学获奖作品文选》《中国获奖诗词宝典》《中国古今词曲辞典》《世界华文诗词博览》等。本人被授予"中国奥林匹克杰出诗词家""华文实力派作家""一级实力派诗词专家"等荣誉称号。被"世界华文诗词学会"特聘为名誉会长。

他的诗词，既浪漫又幽默，如他所作的《全国免收农业税感赋》：

前朝徭赋后朝捐，千古皇粮一笔圈。
华北棉桃堆雪浪，江南稻谷拥金山。
植林种草牛羊舞，普教哺农人马欢。
历史别开新画面，神州万里尽桃源。

其诗体现了黎建平深厚的诗词底蕴。

十七画

糜崇蓉

糜崇蓉，贵州省毕节县（今七星关区）人，女，1937年4月12日生于毕节城区。中共党员，高级工程师。

从小在家乡读书，1956年于毕节一中高中毕业后，考入四川省成都地质学院（理工大学）水文地质及工程地质专业学习。1960年9月大学毕业，被组织分配到北京中央直属军工单位第三机械工业部勘察公司（后为航空航天工业部勘察设计院、中航勘察设计研究院）工作。在党组织和领导的培养下，思想不断进步，工作积极，努力奋斗，业务知识不断提高。在实际工作中，注重理论与实际相结合，研究新技术的开拓与应用，业绩突出，从技术员先后任工程师、高级工程师、研究员、教授级高工，光荣地加入了中国共产党。在高工的工作岗位上，通过中华人民共和国人事部、建设部统一考试、考核合格，于2003年3月19日颁发给国家注册土木工程师(岩土)执业证书。

她参加工作后，一直战斗在航空航天工业战线上，从事工程勘察和岩土工程工作，先后担任审核生产工程和科研项目千余项，其中为国家级、部级、院校级重点项目有：610火箭滑轨试验场，航空部档案馆人工洞室，172飞机制造厂，厦门中航大厦，航空部深圳上海宾馆，首都机场四机位机库，国防科工委地面卫生站，贵州011系统的143厂等8个航空企业的搬迁工程和北京超高层建筑渔阳饭店及多个高层建筑工程岩土工程的勘察。

她在担任审核工程中，有20余项工程荣获国家级、部级、院校级优秀工程奖。个人曾获国家级优秀工程勘察金质奖；北京外资项目柏林顿深基坑支护工程获核工业部优秀工程奖。

她一向重视科学研究，不断探索，勇于实践，承担多项重点科研项目。在特殊类土、黄土、膨胀土、软土及花岗岩残积土工程性质、高层建筑地基沉降研究等工作中，取得丰硕成果。其成果在全国相关学术会上介绍交流，且广泛应用于生产实践。另对高层建筑基地及各类桩基础、复合地基、深基坑支护的设计施工等也有研究。其成果中，深圳花岗岩残积土工程性质和科研成果，获得航空部科技进步二等奖。在学术方面：独著、合著论文20余篇，分别在国家专业杂志《建筑科学》《工程勘察》及有关刊物发表。其中《对深圳花岗岩残土工程性质的研究》一文，被选参加在阿根廷召开的第五届国际工程地质大会上宣读，收入国际大会论文集。其项目在技术创新上填补了国家规范的空白，为深圳的基础设计试行规程提供了宝贵的资料，获得了显著的经济和社会效益，其工程勘察获国家优秀工程金质奖。她的业绩载入《中国工程师名人大全》《世界名人录》中国卷。

1993年退休后，她仍继续发挥余热，先后被聘为核工业部所属中核大地工程总公司副总工程师，北京陆海岩土工程科技开发公司总经理、总工程师，中国地质大学客座教授和博士生、硕士研究生校外导师，中国建筑科学院建研基础工程有限责任公司副总工、研究员，国家注册岩土工程师。任职世界杰出华裔协会教育培训商会会长、北京启明宏大技术培训中心董事长，从事出国教育培训工作，为社会再作贡献。糜崇蓉是毕节籍60年代受高等教育、在外工作有突出业绩的女专家、教授之一。

七星关区史志人物选

QI XING GUAN QU SHI ZHI REN WU XUAN

八　清华北大学生　博士生

四 画

王 川

王川，贵州省毕节县(今七星关区)人，1961年生于毕节城区，博士学位。

其父系水利专家，其母为人民教师。他在父母的影响下，从小勤奋好学。1978年，以优异的成绩考入北京大学。在北大完成四年本科学业之后，又继续攻读硕士、博士学位。1988年取得博士学位，北大以王川成绩优异留校，安排在北大产业部工作。所学专业是化学的王川，要去开发和管理现代计算机技术的应用，又要在北大方正集团任职，深感担子很重。该集团拥有中国第二大电脑市场，享有亚太地区销量排列前十名的声誉。一位刚从学校毕业的化学博士与电脑技术走在一起，不能不说是一件难事。但王川对这一难事的态度是“攻下难关”获得成就。

他在攻读博士学位时，对国际上的一种高新技术产品——人工合成麝香产生了浓厚的兴趣。在北大时，他孜孜以求攻克的这道难题，已出成果。他深知这项技术经过国际上一些发达国家发明之后，一直垄断了几十年，而且过去合成使用的硝基类麝香，已不适应现代技术发展的需求，这是国际垄断市场出现的一个裂变。王川抓住这一裂变，坚持不懈地努力研制，终于使人工合成麝香这项实验技术成功地转化运用于国家工业生产。总投资额为3800万元人民币的天津方正香料公司，利用王川的技术，成功地生产出新型的合成麝香产品，使该公司在生产规模与产品质量上，一直处于世界领先地位，仅1996年国际订货就达1000万美元，当年创收3000万元人民币，这一技术的研制成功与投产，使方正集团在高科技领域又添一翼。继方正电脑技术之后，又有了“方正麝香”，使王川成了北大方正不可多得的科技人才，又从产业部调到北大方正新技术公司并被任命为方正集团公司副总裁。

他经过12年的创新与发展，北大方正集团公司已成为国家重点扶持的120家大中型国有企业，并准备跻身于世界500强之列。有两个公司分别在香港和内地上市，上市产值达80亿港币和50亿元人民币。致使北大方正一直被人们视为中国电脑排版技术的排头兵。

他虽已是中国有作为的年轻科学家，但在生活上仍然保持着家乡毕节的口味，一是爱吃辣椒，二是爱吃洋芋。王川说：我与公司员工出差外地，走进餐馆他们为我点的第一个菜就是炒土豆，并声明是“王总的专用菜”。并对家乡充满自豪感。他说：“从毕节走出来的人，百分之百的不比贵阳和其他地方来的差，仅就在京的毕节人来讲，大家都做得很优秀……毕节这块地方很养人。”他对家乡感情深厚，他四处宣传毕节的自然风光、毕节的旅游资源。他对国家、对人民的贡献也启迪了家乡人奋发向上的信心和决心。

王洪琦

王洪琦，贵州省毕节县(今七星关区)朱昌人，1957年生于大方羊场坝师范学校，博士学位。

王洪琦幼年随父母到威宁读书，从小学到高中毕业。高中毕业后到草海知青队当分队长。大学毕业后，被分回毕节地区中医院任住院医师两年，边工作边学习，1984年考入陕西中医学院内经专业攻读硕士学位，毕业后又考上广州中医药大学内经专业读博士研究生，获学位留校任教，长期从事中医基础理论研究，已为国家培养了10多名研究生。

其历任中医大学教务处长兼中国高等中医药教育管理研究会副理事长、教育部高等医学院校现代教育技术与计算机教学指导委员会委员、全国高等医学教育学会第三届理事会副秘书长、全国高校教育技术协会学术委员会委员、国家构建临床专业本科教学新体系教学成果现场鉴定委员会委员、国家中医药管理局科技评审专家、国家自然科学基金评委、国家高校同行评议专家、教育部教育评估专家。享受国务院特殊津贴。

他在医学著述成果方面，参编的《中医大辞

典》获国家科技进步三等奖、国家教学成果二等奖、国家中医药管理一等奖、广东省教学成果和本校教学成果一等奖。曾赴新加坡中医学院讲授内经及内科，边带边教；考察美国中西部东方医学院、马来西亚中医学院等海外医学院校，参加美国举行的国际替代会议，并作特邀代表在大会上作学术报告；在国家举行的首届医药博士论坛大会上作题为《中医基础研究发展战略的思考》等学术报告。同时受教育部和国家中医药管理局的委托，组织全国农林医药院校管理研讨班、全国中医药院校教学管理培训班、中医药院校临床骨干教师培训班、院校教务处长培训班等，成为国家有名望的教授。他还主持国家级、省部级10多项科研和教学研究课题，在《中医教育》《中国医学报》《国外医学》《医学与哲学》《华佗中医》《中华肿瘤临床年鉴》《中华综合医学》等全国及国外多家学术刊物上发表论文80多篇；主编《跨入21世纪中医基础理论研究的现状和未来》《中医基础理论研究进展》等书，由军事科学出版社出版发行。

他发表论文近百篇，对一些尖端的中医学研究提出了个人见解。在从事肿瘤里的基因表达和中医热证关系的研究及国外的研究中，提出了一种热休克蛋白的有关论题。

尹宏俊

尹宏俊，贵州省毕节县（今七星关区）人。于1976年1月出生在贵州省毕节市县对坡公社对坡大队。博士学位。

尹宏俊1987年9月至1989年7月，在毕节一中就读初中；1989年9月至1993年7月，在毕节一中就读高中；1993年9月至1997年7月，在中国医科大学就读本科；1997年9月至2000年7月，在中国医科大学就读硕士研究生；2000年9月至2005年8月，在美国芝加哥伊利罗伊州就读博士，在美国亚特兰大工作。

尹宏俊出生在对坡一个普通农民家庭，从小受到良好的教育，懂得长大后要有出息，就得刻苦学习的道理。小学升初中考试获对坡第一名，被全省重点中学毕节一中录取。在中学就读期间，他奋发努力，科科成绩一直保持优良。高考以高分被中国医科大学录取，成为一中的佼佼者。在医科大学就读的4年中，他深知为供养他读书，父母在农村挣钱不容易，自己十多年寒窗苦读也不容易，国家培养一个大学生特别是专业技术人才更不容易。尹宏俊惜时如金，认真听好每一节课，抓好分分秒秒的自学时间，用功学习；向老师学，向同学学，向书本学，实习中在实践中学。功夫不负有心人，大学毕业，即被美国芝加哥伊利罗伊州医科大学录取就读博士。2005年博士生毕业后，在亚特兰大工作。

六　画

成建国

成建国，贵州毕节县（今七星关区）人。博士学位，1978年8月出生于贵州省毕节县鸭池区草堤公社。

成建国1996年考入清华大学攻读本科，2003年参加工作。2009年获得中国水利水电科学研究院工学博士学位，2011年担任水利部水利数据中心副主任。

在科技研究和实际工作中，成建国先后获得省部级科技奖励特等奖1次、一等奖2次、二等奖1次；出版学术专著9部（其中副主编1部），参与编制国家行业标准5项，获国家发明专利1项，发表科学论文近20篇，在国际学术会议上作报告1次。此外，成建国还担任河海大学硕士生导师，担任《生态学杂志》《水利信息化》等科技期刊审稿专家。

作为技术负责人，成建国主持国家自然资源和地理空间基础信息库水利分中心、科技支撑计划“部门应急平台技术研发与示范（水利部）”“863”计划“面向水利信息化的高性能计算与网格应用”、部级行业科研项目“卫星遥感水利应用机理及数据处理技术研究”等近10项。作为主要完成人，成建国参与国家重大科技专项“高分辨率对地观测系统重大专项(民用部分)高分水利应用示范系统(一期)”、科技支撑平台“水文水资源科学数据共享中心”等近10项科研项目。担任安全生产监管信息化工程(一期)水利部建设部分设计组组长、生态环境保护信息化工程(水利部)设计组组长、国家防汛抗旱指挥系统二期工程专题设计组组长、水利财务管理信息系统设计组副组长；参与《国家民用空间基础设施中长期建设规划》《“十二五”国家政务信息化工程建设规划》《水利信息化发展“十二五”规划》等国家和部级规划，以及国家水资源管理系统、水利安全生产信息化工程等重大信息化工程建设。

在长期的科技研究和开发中，成建国以爱国之心，为民之诚，兢兢业业，勤勤恳恳。在科学研究上，脚踏实地，刻苦奋发。虚心向导师学习，向同行学习，向书本学习，求真务实，为祖国科技腾飞，为祖国经济发展，作出了卓越的贡献。

刘 俊

刘俊，贵州省毕节县(今七星关区)人。1974年8月出生于毕节县鸭池区头步桥庙脚村。中共党员、博士、教授。

刘俊自幼学习刻苦，聪慧诚实。大学毕业后，留重庆大学继续深造，获博士学位，在重庆邮电大学理学院任教授。刘俊政治思想强，积极要求进步，企望能为祖国、为人民多做奉献，2002年5月加入了中国共产党。他是重庆市物理学会理事、重庆市侨界青年联合会理事、新加坡国立大学访问学者、硕士生导师；刘俊在指导学科，有一级学科“物理学”和二级学科“电工理论与新技术”。已在Applied Physics Letter，Solid state ionics，Solid state communication等国际国内知名期刊上，发表SCI收录论文30余篇。

刘俊在科研工作中，获合作主持国家级自然科学基金1项，主持并完成省部级项目5项。主研国家级、省部级项目10余项。长期为Solid state communication，物理学报，中国物理等国内外多种杂志的审稿人。获重庆市自然科学奖三等奖1项。目前研究方向和兴趣为自旋电子材料、超导材料等的研究。

刘玉孝

刘玉孝，贵州毕节县(今七星关区)人，1977年9月生于贵州省毕节县吉场区梨子大队南箐生产队，博士研究生导师，中共党员。

2005年6月加入中国共产党，2006年7月参加工作。现任兰州大学物理科学与技术学院三级教授、博士研究生导师，校党委委员。教育部“新世纪优秀人才支持计划”入选者，国家自然科学基金“优秀青年基金”(优青)获得者。

1997年6月，刘玉孝毕业于贵州省毕节市二中；2001年6月毕业于兰州大学物理科学与技术学院，获学士学位；2006年6月毕业于兰州大学物理科学与技术学院，获博士学位；2006年7月留兰州大学工作，讲师；2008年6月被兰州大学破格聘为教授；2009年3月被兰州大学聘为博士研究生导师。

刘玉孝主要从事高维时空引力和黑洞物理等领域的研究工作，在《物理评论快报》(Physical Review Letters)、《物理评论D》(Physical Review D)和《高能物理杂志》(The Journal of High Energy Physics)等国际权威刊物上发表了110余篇SCI学术论文，被引用2000多次。得到了国家自然科学基金委和教育部及甘肃省的资助。承担了5项国家自然科学基金、1项高校博士点新教师基金项目、1项高校博士点博导类基金项目、1项教育部科学技术重点项目、1项霍英东基金项目、1项甘肃省自然科学基金项目。

多年来，刘玉孝获多项奖励：2005年获宝钢优秀学生奖；2006年获第三届中国青少年科技创新奖；2008年获全国优秀博士学位论文提名奖；2008年入选教育部“新世纪优秀人才支持计划”；2009年获第九届“甘肃省十大杰出青年”

称号；2010年和2014年两次入选甘肃省领军人才；2015年获国家自然科学基金“优秀青年基金”资助。

刘叔仪

刘叔仪，字世通，贵州省毕节县(今七星关区)人，1918年冬月18日生于贵州毕节城关，博士学位。

刘叔仪在毕节读完初中，到贵阳读高中，高中毕业考上了国立武汉大学。他放弃武汉大学就读机会，选定四川乐山冶金学专业，立志学成以实业报国。1944年在家乡富商刘熙乙的资助下，于11月踏上了去美国留学的行程。几经周折，1945年才到达匹慈保大学攻读硕士学位。仅一年时间就以设计平炉的优秀论文获得了冶金学硕士学位。1946年又到美国克城凯斯理工学院攻读博士学位。1949年获克城凯斯理工学院物理冶金学博士学位，之后，又在美国费城斯瓦斯莫负责指导船钢板的低温脆化现象专题研究，这项研究对于当时世界军事工业来说，是一项极为重要的军事科研课题。

获得博士学位这一年，中国共产党在美国的地下组织，动员和组织在美留学的理、工、农、医等方面的专家、学者回国参加即将成立的新中国建设。在地下党的薛宝鼎、侯祥麟两位负责人的推荐下，于1949年5月在美国参加了“留美科学工作协会并成为工作的主要骨干”，动员别人回国，自己要带头回国。新中国成立的消息，使他听到召唤，于是他找他所在系的主任说自己想家，要回去探望父母。当造船当局得知刘叔仪要回国的消息，就对他许以许多的优厚条件，还说“美国什么地方都好，要回共产党中国去干什么”。刘叔仪又说：“我的未婚妻在家乡等了我5年，我得回去结婚”，使海军造船当局无法拒绝。1950年6月26日，刘叔仪终于登上东归的帆船。经过无数曲折反复，1950年9月8日登上了天津的塘沽口岸，很快就被聘为“北洋大学”教授，带4名硕士研究生。后因院系调整先后执教于北洋大学、清华大学、北京理工大学、北京科技大学。

1951年，他与复旦大学的苏步青、中国科学院的华罗庚、清华大学的钱伟长4人被高教部任命为首届部聘博士研究生导师。1956年夏升为二级教授，1960年调中国科技大学。他执教的学生许多后来成为共和国的高级干部和著名的专家学者，一些已成为名扬海内外的跨世纪的学科带头人。1997年，时任中国科技大学校长的汤洪高在庆祝刘叔仪80华诞的信中写道：“刘叔仪不仅在科技前沿取得重大突破，而且培养出一批具有高科技水平的学术栋梁。本固枝荣，桃李芬芳，为国家的科技事业做出了重要贡献。学校能拥有您这样的教授而感到荣幸与自豪。”

他创立的学派即非经典热力学状态物学派，主编有《物理化学力学进卫》刊物。这个学派包括有老、中、青三代科学家研究出的能源科学的“刘—亥准周期定律”三项成果，这三项成果不低于诺贝尔奖的水平。他所创的热力学第二定律“耦合律”这条否定性的律文包罗了自然界的一切可以探寻的宏观过程的规律。他创立的“刘氏耗散方程”、生命科学的“刘一玄长寿论”等对人类社会的发展都是极为重要的贡献。

七　画

杨　洪

杨洪，贵州省毕节县(今七星关区)人，1962年生于毕节县中山路。中共党员，博士。

杨洪曾就读于毕节一小、一中、毕节师专以及贵州省教育学院。1989年从毕节考进北京师范大学，师从我国著名教育学家顾明远攻读比较教育硕士。1992年获得学位后任教于贵州师院，1998年至1999年，杨洪受国家教委派遣，赴印度得里大学留学一年。回国后，2003年又师从顾明远老师攻读比较教育博士。2006年获博士学位后，任教于贵州财经大学。曾任实验教学部副主任，教育管理学院党委副书记（主持工作）。代表作品有《我国比较教育研究的立足点》《印度弱势群体：教育与政策》等著述。

李　龙

李龙，贵州省毕节县（今七星关区）人，1966年生于贵州毕节县朱昌区，博士学位。

李龙1984年毕业于朱昌中学，考入贵阳医学院。毕业留校工作，任附院内科住院医师。1993年考入广州中山医科大学血液病专业，攻读硕士学位。硕士学位毕业后再考中山医科大学肾脏和风湿内科博士研究生。1999年获博士学位后，回到母校贵阳医学院。

回贵州后，任母校硕士研究生导师和附属医院肾脏风湿科副主任，贵阳医学院图书馆副馆长，中华风湿病学会委员，中华风湿病学杂志编委。带12个硕士研究生，学有成就，于是很快组建了中华风湿病学会贵州省分会，并任主任委员，同时被选为贵州省肾脏病学会常委。通过学术活动，培养了一支专业队伍，为常见的100多种风湿病人根治。2000年，李龙在贵阳主持召开了全国性的骨关节病学术会议，举办一期全国性风湿病治疗培训班，对贵州的学术研究起了推动作用。继后参加了多次全国性的学术会议，把学术界最新的信息带回贵州。在科研上获得省长、省委组织部、卫生厅、教育厅基金的资助项目。同时参与国家自然科学基金的研究工作。参编《风湿病》《中毒性肾病》等书，所撰论文在《中国中西医结合杂志》《中国病理生理理杂志》《贵阳医院学报》《贵州医药》等省级以上刊物发表20多篇。率先组织成立全省第一个风湿病研究室，开展抗体等项检查，使贵医的检查项目与发达省市接轨；指导主治医师、研究生成功治愈肾病和风湿病人。

2002年，他到镇远县医院挂任副院长半年，重点培养3名主治医生，为该县群众治风湿和颈腰背病痛等症。回贵医后身负双重任务：一是带好研究生；二是上好本科班的功课和专家门诊。

李　淞

李淞，贵州毕节县（今七星关区）人，1989年出生于毕节市七星关区撒拉溪镇，硕士研究生，清华大学毕业。

自小随父母到杨家湾镇度过了最愉快的小学时光。由于父亲调到大屯乡工作，李淞转学到城区逸夫学校就读。

进校前，学校就让签了保证书，如果拖学校的后腿，就自动离校。这对其幼小的心灵是一种震动。所以从那以后，他暗自打定主意，一定要发奋，不能让这些城里人看扁了。于是起早贪黑，整个生活中除了学习还是学习。艰辛的努力也没有白费，从进学校的第一学期就是年级第一，并且一直保持到初中结束。当然在初中期间吃了不少小灶，经常缠着数学和物理老师问问题。通过中考顺利进入毕节的省级示范高中毕节一中，高中更是除了学习还是学习。虽然每一年都依旧很努力，但是高中毕竟不像初中那样轻松。在高三上学期第一次统考的时候，只才考了全校二百多名，那时就很着急了，整天为自己以后到底能上什么学校而睡不着觉。后来在家人和老师的鼓励下，变换思维，放下心里的包袱。自己觉得怎样学习效率高就怎样来，而不要去模仿那些成绩更好的同学的做法。后来成绩慢慢有了起色，在统考中成绩逐步上升，在最后一次全省统一考试的时候终于追上班上一直考第一名的那个同学。

在高考中，李淞以总分675分的优异成绩，被清华大学工程物理系核能定向班录取。进了清华以后，觉得以前多少年的努力都值得。清华里面有各种各样的教授，更重要的是有来自全国各地的学子，他们为了各自的理想在知识的海洋里打拼。在清华，李淞即便尽了最大努力，最后，其成绩也只能达到班级中等水平，但是他觉得更重要的是在同学和老师的身上学到了更多学习之外做人做事的道理。进校那天，为清华而骄傲；毕业后，知道需要付出怎样的努力，才能让清华为大家而自豪！

大学毕业后，李淞被保送进入中国原子能科学院读硕士。理想都是很丰满的，但现实就是现实。两个地方都在北京，但一个是在大都市，另外一个则像是在农村。虽然生活中物质条件比较匮乏，但是他从不能忘却曾经为国家原子能事业做出贡献的先辈，在新的形势下，他坚信要传承核工业人的精神，终身为国家的国防事业做出新的贡献。

李　颖

李颖，贵州省毕节县（今七星关区）人，1977年5月生于贵州省毕节县长春堡区下伍村，中国中医科学院医学博士学位，九三学社社员，世界中医药学会联合会呼吸病专业委员会委员、中华中医药学会肺系病分会青年委员、中华中医药学会急诊分会青年委员，任卫生部中日友好医院副主任医师。

1995年7月毕节一中高中毕业高考，获北京针灸骨伤学院（今北京中医药大学东区）录取，同年9月进入北京针灸骨伤学院学习，2000年7月毕业，获医学学士学位；2001年9月至2004年7月就读于中国中医科学院，获医学硕士学位；2004年9月至2007年7月继续就读于中国中医科学院，获医学博士学位；2007年8月参加工作，在卫生部中日友好医院工作。

李颖博士，在大学及研究生期间，多次获得奖学金及三好学生称号。攻读硕士及博士期间，共参加国家“97.3(国家重点基础研究发展计划）”、国家自然基金、科技部及国家中医药管理局等科研项目6项；参与编写专业书籍2部，其中《方剂气味配伍理论及临床应用》（中国中医药出版社出版）是与中国中医科学院王永炎院士合作编写，《脑健康》一书获得中华中医药学会科普著作奖二等奖；期间还发表了专业论文数篇，其中《高血压临床治疗体会》获得中国现代实用医学杂志优秀论文奖。

参加工作后，以主要研究者身份参加了“疏风解痉法治疗风咳临床疗效研究”（首都发展基金）、“肺痿冲剂对特发性肺间质纤维化的干预作用及疗效评价研究”（中医药行业科研专项）等多项科研课题；参与编写了《慢性支气管炎临床用药》（中国医药科技出版社，副主编）、《晁恩祥临证方药心得》（科学出版社，编委）、《实用血瘀证学》（人民卫生出版社，编委）等多部专业书籍。

李颖博士工作以来，普遍获得病患者一致好评，并多次受到医院表彰，工作中不顾自身安危，积极参加了甲型H1N1流感及禽流感等传染病的抢救工作，努力参与了医学专家下基层等活动。同时发表了专业论文近20篇，其代表作有《麻杏石甘汤治疗社区获得性肺炎肺热型疗效评价及对血清降钙素原的影响》（中华中医药杂志）、《肺痿冲剂方治疗肺间质纤维化61例疗效观察》（中医杂志）、《风咳方治疗咳嗽变异性哮喘疗效评价及对血清嗜酸细胞和免疫球蛋白E的影响》（中国中医药信息杂志）、《不明原因发热中医诊疗新思路》（世界中医药）、《肺痿冲剂治疗肺间质纤维化疗效观察及对肿瘤标记物CA19-9的影响》（世界中医药）、《从晁恩祥“风盛挛急”理论谈哮病病机学进展》（北京中医药）、《晁恩祥教授治疗慢性阻塞性肺病稳定期经验介绍》（中医药学报）、《经方在流行性出血热治疗中的应用》（中国中医急症）、《中西医结合治疗慢性阻塞性肺病急性加重期疗效观察》（实用中医药杂志）、《小议东垣甘温除热法》（贵阳中医学院学报）等。

李颖博士出生于普通之家，幼时体弱，体会

患病之苦，遂立志学医；学医之路漫漫，甘于寂寞，历经十余载，终毕业入医院。攻读硕士博士期间，受王永炎院士、恩师程昭寰、高普指点颇多，受益匪浅；而幼时遵循父母“自尊自强自爱”家训立志至今，铭记于心，不敢或忘。

李伟兴

李伟兴，字政星，贵州省毕节县（今七星关区）人，1974年4月生于贵州省金沙县城关镇（籍贯：今毕节市七星关区长春堡镇下伍溪人），中共党员，同济大学结构工程博士，教授级高级工程师，国家一级注册结构工程师，国家一级注册建造师，2002年3月参加工作。

他从小在家乡入学读书，一向认真学习，成绩名列前茅。1991年7月毕业于贵州省贵阳市劳改局联合中学，当年高考获同济大学录取，进入土木工程学院建筑工程系学习，1995年7月毕业，获工学学士学位；1995年9月继续在同济大学土木工程学院深造攻读硕士研究生，1998年3月毕业，获工学硕士学位；1998年3月继续在同济大学土木工程学院深造攻读博士研究生，2002年3月毕业，获工学博士学位。2002年3月至2011年4月期间，就职于同济大学建筑设计研究院，任结构工程师、副主任工程师；2011年4月起，就职于上海天华建筑设计有限公司，任副总工程师、科技发展委员会主任。

李伟兴博士在攻读同济大学学士、硕士、博士学位期间，品行端正，刻苦认真，成绩优异，被学校誉为品学兼优的好学生，多次获得校级奖学金，获“上海市优秀毕业生”称号。1994年度，在学校举行的结构力学大赛中获二等奖；1995年，被评选为上海市优秀学生，是年毕业，获工学学士学位，考取该校研究生，攻读结构工程专业。1997年获同济大学“屠谢氏”奖学金、光华奖学金。1997年，被评为同济大学优秀毕业研究生，获硕士学位，光荣地加入了中国共产党。继读博士学位，1998年被选为建筑工程系98级博士班班长、十四届研究生会办公室主任。

他获得博士学位后留校工作。从学士学位到获得硕士学位，升读博士学位，每走一步都以优良的成绩展示于学校，从1996年起，他将书本知识与实践相结合，独立承担上海闸北八中逸夫教学大楼的结构设计。次年，参加华东师范大学大跨超长预应力框架的现场测试。主持上海申美饲料公司金桥新厂房54米长预应力框架的现场测试。负责上海立大企业冷库厂房、办公楼、宿舍楼的结构设计获得成功，受到许多同行的好评。1998年，负责阜阳国贸商厦结构粘网、外仓钢加固设计、现场施工管理；承担上海宁国中学教学楼屋面18米跨预应力框架设计、南汇中学艺术楼预应力专项技术负责；松江游泳健身中心大跨预应力井字梁结构设计、测试、管理综合型的科技工作。1999年，参加上海光大会展中心（西馆）102×69米超长大平面结构预应力、合肥金屯芜立交桥140米超长预应力箱形连续桥梁现场测试，取得许多成功经验，积累了丰富的应力知识，使他研究的项目在上海建科院进行的无黏结预应力扁梁—节柱点的低周反复试验成功，黏结预应力开洞板的静力试验研究取得突破。在实践与研究中，将所学的专业知识运用于祖国的建设事业，取得了丰硕的成果，受到老师和专家学者的称赞。他发表的论文《预和混凝土超土超静定结构的次内力简捷计算》《无黏结预应力扁梁——密肋板柱节点的低周板试验》《框架顶层边柱次弯矩的有效利用》《超长预应力束孔道摩擦的探讨及应用》等，分别发表在学术刊物《工业建筑》《世纪交的预应力新技术》《枫林学苑》等有关媒体，宣传所取得的成就。李伟兴不愧为有作为的年轻工程技术专家。

李伟兴因工作业绩突出荣获2008年第一季度上海2010年世博会“工程建设明星”称号；2010上海世博会主题馆项目获2011年度全国优秀工程勘察设计行业奖建筑结构一等奖；2010上海世博会英国国家馆获2011年度上海市优秀工程设计一等奖；2010年上海世博会世博村（B地块）项目获2011年度上海市优秀工程设计二等奖；上海市公安局刑侦经侦大楼2009年度全国优秀工程勘察设计行业奖建筑工程三等奖；《后张预应力混凝土

结构施工图表示方法及构造详图》荣获2009年度全国优秀工程勘察设计行业奖建筑工程标准设计一等奖；鄞州区投资创业中心II-1（A1）地块项目获2015年度宁波市建筑工程结构优质奖。“嵌入式外包U型钢－混凝土组合梁”获国家发明专利。李伟兴博士参与编制了多项国家标准、行业标准及图集：参编国家标准《建筑工程施工质量验收统一标准》（GB50300-2013）；参编上海市标准《装配整体式混凝土住宅体系设计规程》（DG/TJ08-2071-2010）；行业标准《钢筋灌浆套筒连接应用技术规程》审查专家（JGJ355-2015）；主编国标图集《预制装配式混凝土结构连接节点构造》（剪力墙）（15G310-2）；参编国标图集《预制装配式混凝土结构连接节点构造》（楼盖和楼梯）（15G310-1）；参编行业标准《预应力混凝土结构设计规范》（JGJ369-2016）；参编国标图集《后张预应力混凝土结构施工图表示方法及构造详图》（06SG429）；参编上海市标准图集《装配整体式混凝土构件图集》（DBJT08-121-2016）。

李伟兴博士兼任以下社会职务：上海市建筑工业化专家委员会委员；上海市建委科技委总体设计评审专家；上海市建筑玻璃幕墙结构安全性评审专家；CCPA 预制混凝土构件分会理事。

李飘飘

李飘飘，贵州省毕节县（今七星关区）人，女，苗族，1994年8月20日出生于贵州省毕节市大银镇保旺村，北大硕士研究生。

李飘飘随母姓。父亲，侯涛，苗族，贵州省毕节市七星关区大银镇保旺村人；母亲，李玉娥，穿青人，贵州省毕节市七星关区大银镇保旺村人。其族别随父亲，姓随母亲。2000年至2006年在生机小学学习，2006年至2009年在生机中学学习，2009年至2012年通过自主招生考试，以全省第三的成绩考入了中央民族大学附属中学，并荣获该校颁发的入学奖学金。在校期间德智体美劳全面发展，多次获得学业奖学金，并被评为2012年海淀区三好学生。在2012年高考中，以优异的成绩考入了北京大学医学部药学院本硕连读专业（6年制），在校期间获得了全国苗族高等教育奖学金、叔蘋医学奖、2015年国家奖学金、北京大学三好学生、北京大学三好学生标兵、北京大学药学院运动标兵等荣誉和奖励。除了学业，还积极投入到学生工作和志愿活动当中，曾任北京大学药学院学生会文艺部副部长、部长。在中国下一代教育基金会员计划、第九届国际园林博览会、北大爱心社等志愿活动中，都有其身影。在北大药学院药剂系进行研究生阶段的学习和研究中他希望能通过自己的努力，为人类医药卫生事业贡献自己的力量，除人类之病痛，助健康之完美。

严书翔

严书翔，贵州省毕节县（今金海湖新区）人，1966年3月生于贵州毕节县朱昌区岔河公社，管理学博士。

1972年在家乡就读小学和初中，1981年考入朱昌中学；1983年9月考入毕节师范高等专科学校，由化学系转入政教系学习。严书翔从小学到大学的学习成绩一直名列前茅，而且有较强的组织能力，历任班长、学生会主席等职。1985年参加中期选拔考试，录取上海华东师范大学哲学系。1987年回毕节师专任教，讲授哲学原理、经济学、西方哲学史、中国革命史等课程，任班主任、校刊编辑、思想政治教育研究会副会长。在此期间，发表学术论文多篇，首开学校学术讲座之先河，为全校学生举办全校性跨专业的文化学术讲座，被誉为青年教师中的学术带头人。

1989年，他考入广州中山大学哲学系，攻读中国文化与哲学专业硕士研究生，师从著名导师冯达文等教授，任系研究生会副主席。其间发表学术论文多篇，荣获中山大学最高级别一曾宪梓奖学金。1991年起任职于深圳市人事局人才交流服务中心副科长、科长、副处长，兼任局机关团委副书记等职，负责人才交流和下属企业的管理工作，多次被评为先进工作者，发表各类文章20余篇，写出中国第一部人才市场的专著《深圳人才市场》出版发行，受到社会各界的好评。根据组织安排，1998年起于深圳市国际人才劳务经济发展有限公司任董事总经理兼深圳市博才化工有限公司董事长、深才（香港）有限公司董事长、中国教育服务中心深圳分中心总经理。严书翔从此走向经济管理和企业管理的康庄大道。此间他利用任职公司的资源优势和条件，同贵州省政府合作，在深圳成立了贵州产品打入外界市场的深圳贵州特产总汇商场；最早开展出国留学咨询服务，开辟了中国学生赴国外自费留学通道，为几百名全国学子办理赴美国、加拿大、澳大利亚、新西兰等国的自费留学手续，为几百个家庭和学生解决了出国留学的难题；较早引进国外高校来中国联合办学，与美国檀香山大学、美国夏威夷大学、美国加州经济管理学院等国外大学合作，在国内开办工商管理硕士研究生和博士研究生班，自己作为在职学员攻读美国加州经济管理学院DBA，并成为该校客座教授。

2002年7月至2003年7月，他先后任职于深圳两家大型民营企业，担任CED助理、人力资源总监等高层管理职务，体验和实际探索中国民营企业的发展与管理问题。2003年11月发起创办深圳市中大企业管理顾问有限公司和深圳市华派圣王管理咨询有限公司，出任董事长兼总经理，利用多年积累的知识、经验和人际关系，与北京大学、清华大学、中山大学、美国加州经济管理学院等国外内外高校合作，开展国有企业改制、企业管理咨询、企业管理培训、财务审计、资产评估、投融资服务等业务，为上百家企业提供了咨询和培训服务。其间，主编“卓越企业丛书”和“执行力组织建设丛书”，出版《卓越公司的十大法则》和《超常执行：执行力全方位解决方案》两本企业管理专著。同时应香港、河南、浙江、广东、贵州、毕节地区等地企业界的邀请，为各地举办战略管理、执行力、人才资源管理，有效沟通高效团队建设等为主题的上百场专题讲座，深受企业界和媒体的好评。他提出的一系列管理方案和言论，被全国不少企业和媒体引为管理名典，为众多企业和社会组织解决了战略执行方面的诸多矛盾与困惑，被誉为既能为企业培训，又可为企业筹划和咨询的复合型管理专家。

2004年，他开始为深圳市政府立项改制的几大集团公司提供改制整体方案设计、员工安置补偿、历史遗留问题处理、引进战略投资者、改制后的战略与发展规划、管理体系完善与提升等方面的咨询与服务，同时为各地企业提供改制和国有企业整合等方面的策划与咨询。2006年起，受贵州金沙县人民政府委托，为金沙窖酒厂、贵州康星集团、金沙水泥厂等家乡企业提供系列咨询服务。

严书翔身为哲学硕士、管理学博士、经济师职称、著名企业管理专家、中国基业长青学第一人、执行力在中国的首批研究者和倡导员之一，发表文章40余篇，出版专著3部，参编书籍3部等，所有学术成就曾接受多家电台、政报、经济报等新闻媒体采访报道，誉满神州大地，成为年轻而知名度高的专家。集深圳市中大企业管理顾问有限公司董事长、深圳市华派圣王管理咨询有限公司董事长、中山大学中外管理研究中心深圳办事处主任、美国加州经济管理学院客座教授、北京视野咨询中心南方办事处主任、北京中天华正集团合伙人兼北京中天华正管理咨询公司副董事长、深圳亚太会计师事务所、天鹏会计师事务所等多家机构的合伙人于一身。致力于企业管理咨询与企业管理培训，其管理企业涉及过的领域有国际工程承包、国际劳务输出、化工、IT、印刷、房地产、人才经营、人力资源管理、猎头、人才培训、中外MBA教育、留学、移民服务、管理咨询等。在各行业的管理中又一直致力于政府顾问、国企改制、重组与并购、企业战略规划、组织与结构设计、执行力诊断与评价、人力资源管理、团队建设与管理、培训授课等。曾主持并亲自操作过多家大中小型企业的改制、重组与并购等工作，经常应邀到香港、广东、浙江、河南、贵州等地企业界、政界、教育界讲授管理知识，接受100余家企业的咨询和培训，誉满全国各地和家乡。

时宪民

时宪民，贵州省毕节县（今七星关区）人，1954年生于贵州毕节，社会学博士。

他当过知青，也当过工人，还当过工程兵，可以说“工农兵”都经历过了，退伍后，他被安排在毕节地区水电局工作。

1978年时宪民考入贵州大学，他希望有一个广阔的学习空间，于是把别人用在吃喝玩乐上的时间全部用在钻研学问上。1986年考入北京大学，在这所最高学府里，先是攻读哲学硕士，后又专攻社会学博士。在北大整整生活6年，他以这6年为荣。母校愿留他任教，国务院系统的国家机关要求他走学术和从政相结合的路子，还可以出国。然而，他却选择南下深圳。他认为，作为区域经济、区域发展、区域组织制度等，是社会学工作者的前沿阵地。

到了深圳，他在党校筹建社会发展研究所，朋友们称他为“社会学驻深圳的大使”。他担任深圳市社会发展研究所的所长以后，除致力于深圳的经济社会发展研究外，还担任中国经济体制改革研究会的特约研究员，全国聘请20人，他是20人之一。其经济体制改革的研究成果直接为中央高层提供决策依据。此外还担任深圳市外商投资企业协会的首席顾问，把社会学的研究直接与经济建设挂钩。他是美国加州大学的访问学者，香港大学亚洲研究中心的访问研究员。他很注重学问研究的质量，至今已出版5部学术专著，并在《中国社会科学》《中国社科季刊》《社会学研究》等刊物上发表了几十万字的文章。他撰写的《体制的突破》一书成为北京大学等校研究生和一些外国人士研究中国的必读书籍。哈佛大学将《体制的突破》译成英文出版。

吴　鹏

吴鹏，号介堂，别署薰风馆。贵州省毕节县（今七星关区）人，1973年10月出生在毕节县后箐公社，于1997年7月参加工作。文学博士，中共党员。中国书法家协会会员、贵州省书法家协会副主席兼学术委员会主任、中国国家画院沈鹏导师书法工作室精英班成员。现为贵州师范大学美术学院教授、书法研究与传播中心主任、硕士生研究生导师。

1992年7月在贵州省毕节四中高中毕业后考入贵州师范大学历史系历史教育专业，1997年7月毕业，获历史学学士学位。2002年9月至2005年7月考入贵州师范大学历史文献学专业攻读研究生，获历史学硕士学位，导师为张新民教授。2005年9月至2008年6月考入南京艺术学院美术学专业（书法）攻读，获文学博士学位，导师为黄惇教授。

吴鹏博士在《文艺研究》《中国书法》《文献》《中国书画》等刊物发表学术论文30余篇。曾获“第二届‘孤山证印’国际印学峰会”（杭州）优秀论文奖（2009），贵州省第八、九和十一次哲学社会科学优秀成果奖（2010—2015），全国第三届“康有为奖”优秀论文奖暨书法理论奖（2011）、第三届贵州省高校人文社会科学研究优秀成果奖一等奖（2011）、第四届中国书法“兰亭奖”理论类三等奖（2013），论文并入选“第二届中国书坛兰亭论坛”、第十届全国书学讨论会等多种学术论坛。

曾主持2009年度教育部人文社科规划一般课题《晚明士人生活中的书法世界》、2010年度贵州省优秀科技教育人才省长资金项目《明清至近代贵州书画史考论》等各类课题多项。执行主编《莫友芝书法篆刻集》（广西师范大学出版社，2015年），专著有《晚明士人生活中的书法世界》（中华书局）。

其书法作品曾应邀参加中韩书法交流展、“斐墨”中意书法展、中国国家画院十周年作品精粹展、第26届中日友好自作诗书展等若干展览。《中国书画》杂志“点击实力”专栏曾以6个版面专题报道，作品被国内外多家机构收藏。

余　韬

余韬，贵州省毕节县（今七星关区）人，1980年生于贵州省毕节县城关镇五街。博士后，高级工程师。

余韬于1998年毕业于毕节一中，考入西安建筑科技大学环境工程学院给排水专业，重点学习城市高层建筑给排水管道设计。那时，学校很多时间都是上大课，教室自习座位紧缺，为了复习熟悉所学课程，迎接考试，余韬和其他一些同学通常就在教室外边自习。夏天太阳当顶，晚上蚊虫叮咬，冬天天上下起鹅毛大雪，地上寒风袭来，为了背诵课文，熟记语句，余韬都顾不上这些，冬去春来，经过努力，2000年获得学校三等奖学金；2001年获二等奖学金。大学基础课学完，毕业获学士学位。由于大学四年总成绩排名在全校前11名（男生第二名），紧接着作为研究生进入本校市政工程膜生物反应器处理废水的学习研究。当时面临校舍修建，余韬和6位同学到附近租了一间十平方米小屋居住和学习。又窄又挤，他们坚持奋发学习。每天很早起床，骑自行车到学校上课，从不迟到。2005年获硕士学位；下半年考入中国科学院生态环境研究中心，进行环境科学膜生物反应器硝化性能及微生物群落结构研究。2007年获研究生三等奖学金，并被评为研究生三好学生。2010年又获研究生三等奖学金；2011年再获研究生特等奖学金。其间，余韬还带领其他同学分别到西藏、东北等地采集饮用水源标本集中化验研究。2011年获博士学位。接着又利用两年时间在该中心环境水质学国家重点实验室，对城市污水污泥膨胀的微生物生态机制与调控原理进行研究。2013年被评为博士后。

余韬在中科院学习期间，在国内外期刊上发表论文12篇，其中英文9篇，中文3篇。另外，在研究生期间，还参与导师科研课题和项目8个。取得博士后学位后，被分配到中国建设科技集团城市建设研究设计院工作，参与工程项目和科研课题3个，被建设部评为市政工程高级工程师。2015年，余韬作为博士后被贵州省人民政府以高级专业人才引进，到贵州工学院任教授，同时兼做城市环保项目设计、咨询等工作。

张卫星

张卫星，贵州省毕节县（今七星关区）人，于1979年8月出生在贵州省毕节县海子街区（今七星关区海子街镇），于1999年7月参加工作。博士研究生，中共党员。

1995年7月高中毕业于毕节市海子街中学；1999年7月大学毕业于贵州大学农学专业；1999年7月至2002年9月在贵州省盘县烟草专卖局（公司）工作；2002年9月至2005年7月在贵州大学攻读硕士学位（2003年加入中国共产党）；2005年7月至2008年7月在中国农业科学院攻读博士学位；2008年7月至今在中国水稻研究所、农业部稻米及制品质量监督检验测试中心工作（2012年2月至2013年2月在农业部农产品质量安全监管局工作）张卫星先后任中国水稻研究所助理研究员、副研究员和农业部稻米及制品质量监督检验测试中心办公室副主任，主要从事农产品质量安全研究与管理工作。曾主持国家自然科学基金、中央公益性科研院所专项等部省级以上课题6项，获贵州省科技进步一等奖1项，在国内外刊物发表研究论文40余篇，编写出版专著3部。申请专利20余项，获授权国家发明专利1项、实用新型专利12项，其中创建的水稻非损伤性源库调控方法获国家发明专利授权并申请国际专利2项。制定颁布农业行业标准5项，其中NY/T2410-2013《有机水稻生产质量控制技术规范》填补了我国缺少有机水稻专业性技术标准的空白。2014年获江苏省丹阳市人民政府授予“有突出贡献的中青年专家”。2015年被评为“全国农业系统有机产品认证优秀检查员”，受聘为“国家粮油作物产品质量安全风险评估创新团队二级岗位专家”。

张燕平

张燕平，贵州省毕节县（今七星关区）人，女，1971年6月出生于毕节县鸭池区鸭池镇青湾村，工学博士、副教授。

张燕平从小爱学习，肯钻研。大学毕业后，继续深造，先后获工学博士，副教授，硕士生导师学位。现任华中科技大学能源与动力工程学院热能动力工程系主任，湖北省电机工程学会新能源发电专业委员会副主任委员。

张燕平主要从事发电厂性能诊断与预测；汽轮机振动故障诊断；太阳能热发电系统设计优化等方面的研究。主持和参与的科研项目包括国家863计划项目、国家973计划项目、国家国际科技合作项目、国家自然科学基金项目等。已发表文章三十余篇，其中SCI/EI收录十余篇。主编十二五国家级规划教材《热力发电厂》，主编火力发电厂节能技术丛书《热力系统节能》分册，参加编写《能源与动力装置基础》“十一五”国家级规划教材及专著《太阳能热发电原理及技术》（中国电力出版社2012.8）。获得授权发明专利1项、实用新型专利4项。

陈　瑾

陈瑾，贵州省毕节县（今七星关区）人，女，1986年9月25日出生在毕节县城区。大学本科，博士研究生，中共党员。

陈瑾出生在一个知识分子家庭，从小勤奋好学。高中毕业，她看到毕节县广大农村缺医少药，群众看病难、治病难的实际，决心报考医科大学，学好医技，好为人民大众服务。她有这个决心，更有这个实力。高考以高分被成都医学院录取。陈瑾深知，考上重点大学不是目的，而是自己求知的起点。小学中学成绩好，那只是基础，真正要学到为人民服务的本领，还得靠在大学里刻苦认真的学习，向教授学，向书本学，向同学学，更要在实验实践中学。陈瑾抓住宝贵时间，不耻下问，刻苦钻研，四年中，每学期成绩都名列班级前茅。

本科大学毕业后，2010年，陈瑾考上重庆医科大学，攻读硕士研究生。在重庆医大，她主要攻克神经病学。这是一门复杂的医学学科，又是探索人体神经系统的基础学科。俗语说：“百病始于神经”，要知道病因，搞清神经病理学尤为重要。陈谨在导师引领下，向医学难题发起冲刺，登上了一个个高峰，取得执业医师资格证书。2013年，又以优异成绩被重庆医科大学录取，读博士研究生。在博士研究生学习期间，她的六篇医学论文在国内外刊物刊登，多次受到重庆医大表彰。

陈谨注重教室里书本上的学习，更重视实践中提高。在成都医大期间，她的节假日都在成都市第二人民医院度过，她全方位实习：内、外、妇、儿及心脑电图。在攻读重庆医科大学硕士期间，她把重庆医科大学附属第一医院作为课题研究实践基地；眼睛是心灵的窗户，是神经最为敏感和脆弱的区域，陈谨在附属第一医院眼科实习，在这里她获得了很多关键性的突破。2013年后，她又转向神经内科的攻关研究。

陈瑾是七星关区学子中的佼佼者，是重庆医

科大学在读的博士研究生。

陈晓毅

陈晓毅，贵州省毕节县（今七星关区）人，1971年出生于贵省州毕节县朱昌区朱昌公社小屯，博士学位。

陈晓毅在朱昌小学初中毕业。1985年在毕节县教师进修学校攻读中等师范。1988年毕业后在岔河镇中心学校任教。1992年在贵州教育学院中文系攻读专科，1994年在该校英语系攻读本科兼修二外法语。1998年在贵州大学中文系攻读汉语史专业语法方向的硕士学位。2001年在中山大学人类学系攻读文化人类学专业宗教人类学方向的博士学位。

他在学识上海纳百川，不择细流，广泛涉猎，博而专精。他就读师范期间坚持将语文、数学等主科与音乐、美术、体育等副科同等看待，全面发展；在贵州教育学院读大学的4年间，获聘担任学院播音员和《教育学院报》记者等职；在贵州大学攻读硕士学位时担任《贵州大学报》记者、研究生足球队队长等职；在中山大学攻读博士学位期间，成为中山大学民乐团团员，司职笛子演奏，成为多才多艺的优秀生。因此，他从小学起到就读初中毕业时以朱昌区最高分考读中师三年，均获“三好学生”称号；在省教院和贵大读书期间，均以成绩优秀先后获校级、系级“三好学生”“优秀研究生”“优秀队员”等称号；攻读博士学位期间，获中山大学“商承祚奖学金”。

他不仅聪明好学，而且具有较强的组织、协调能力。他读小学时担任少先队大队长；中师时任班长；到大学读专科时任班长、团支部书记；读本科时任英语系学生党支部书记；攻读硕士学位时任研究生足球队队长；攻读博士学位时任博士生会生活部、文体部部长；参加工作时，在广东省民族宗教研究所除了学术研究之外，还担任省民族宗教事务委员会（正厅级）机关刊物《民族宗教工作》的责任编辑。

他既是一个多才多艺、全面发展的人才，又是一个为党为人民的事业真诚奉献的人。1988年中师毕业时以成绩优异而解除定向分配到岔河镇中心校任教，与一批青年教师改写了岔河初中班出不了中专生的历史。

他1998年考上贵州大学中文系攻读硕士学位时，撰写的论文《贾谊〈新书〉述宾结研究》（9.2万余字），有独到见解。为古代汉语学界提供了一篇专攻语法研究的论文，受浙江大学方一新教授、广西师范大学刘村汉教授、贵州教院周复刚教授等专家的好评，于2001年6月获文学硕士学位。是年以优异的成绩同时被南京大学中文系、中山大学人类学系和安徽大学中文系录取为博士研究生。个人选择了中山大学，师从刘昭瑞教授，走上了人类学研究之路，研究方向为宗教人类学。除专业研究外，在中山大学任教“古代汉语”“大学语文”等课多年，师生评价俱佳。博士学位论文《交响与变奏：青岩宗教生态的人类学研究》（22万余言），以贵阳南郊青岩古镇为田野调查点，了解多元宗教现象的历史与现状，调动人类学、民族学、宗教学、史学等多种方法，对当地多元宗教现象进行描述、分析和研判，提出文化意义上的“宗教生态”这一核心理论，论述了“宗教生态平衡”及其标准、“宗教生态失衡”及其恢复学术前沿课题，受到北京大学高丙中教授，中国社会科学院何星亮、罗红光教授，中山大学周大鸣教授等人的高度评价。该论文入选中山大学人类学系“宗教人类学”博士论文系列丛书。2004年6月获法学博士学位。其后的研究成果在全国内外权威刊物《世界宗教研究》《民族研究》《国立民族学博教》《地域研究》《中山大学学报》《中国宗教》《贵州民族研究》《贵州大学学报》《贵州文史研究》等发表10余篇。其中《从花溪档案馆所藏之民国档案看抗战时期青岩佛教的六个特点》近1万字、《珠江三角洲城市外来少数民族的流动与适应》近4万字、《粤北山区瑶族的搬迁与适应》近2.7万字、《都市外来少数民族文化适应的三维分析模式——以深圳“中国民俗文化村”员工为例》近1.4万字、《“主”“祖”之争——青岩基督教与汉族民俗宗教互动的人类学研究》近1.6万字、《凝固的儒教“赞美诗”——青岩牌坊的宗教人类学研究》近1.3万字等论文均得到专家学者好评。参与主编《中国少数民族的移动与适应研究——以广东省为例》一书由民族出版社出版。陈晓毅将随其研究的学术成果、名篇论著扬名家乡。

陈建军

陈建军，贵州省毕节县(今七星关区)人，1983年10月出生在贵州省毕节县海子街区田坝桥镇，博士研究生，中共党员。

陈建军2003年9月至2007年7月在国防科学技术大学计算机科学与技术专业就读本科，并于2003年9月参军入伍(参加工作)，于2005年12月入党；2007年9月至2008年12月在国防科学技术大学微电子学与固体电子学专业就读硕士研究生，2008年被评为国防科技大学优秀学员(省部级奖励)；2009年3月至2012年12月在国防科学技术大学微电子学与固体电子学专业就读博士研究生，分别于2011年和2012年被评为国防科技大学优秀学员(省部级奖励)；2013年至今，在国防科学技术大学下属军用微电子与微处理器研究所工作，助理研究员，文职5级，专业技术9级。

陈建军作为项目负责人，主持国家自然科学基金青年基金项目1项，国防科学技术大学科研计划项目1项，作为技术骨干，参与研究国家自然科学基金重点项目2项，国家自然科学基金面上项目1项，国家核高基项目2项，国防型谱项目2项和国防预研项目2项；作为军用微处理器研究所存储类芯片项目负责人，主持完成了军用FT系列芯片中存储类电路的设计，主持完成了军用抗辐照存储器系列编译器的设计，主持完成了4Mb和20Mb大容量存储器的设计，主持完成了抗辐照PROM的设计。2013年评为国防科技大学十佳优秀博士毕业生，荣立三等功一次，2014年获湖南省专利进步三等奖1项。以第一作者或者通信作者共发表论文22篇，其中顶级学术会议收录论文2篇，顶级数据库检索论文—SCI检索论文17篇，EI检索论文3篇。申请国家发明专利12项，申请国家软件著作权2项。

八　画

武　华

武华，字璧休，笔名山翁，别名墅休居士，贵州省毕节县(今七星关区)人，1930年8月生于毕节县田坝桥新街，1958年参加工作，华文文学博士。

少时家贫，13岁方入学读书，18岁休学务农从医，自学成才。解放后，曾参加秋征防疫队任防疫员、土改工作队文书及教员。1958年，在“七一”铁厂任伙食团总务。1959年，调毕节县交通局工作，任海子街区交通运输管理站站长。1982年内退在家休养。

1994年，参加武氏族谱委员会编修西南族谱，任总编。从1996年起，先后参加毕节地区诗词楹联学会、毕节市诗词楹联学会、贵州省诗词楹联学会为会员。作品刊载于多种诗刊，曾有多篇作品获奖。为《世界人物》编委、特约顾问。黄果树杯“神州瀑韵”诗词大赛获入选奖。澳门回归时《大业辉煌》作品登载《中华当代楹联艺术大辞典》《新世纪优秀作品》上，并获二等奖；在《中国当代传统文学选集对联卷》《世界知名作家艺术家辞典》《新世界楹联精品怀历》《中国吟坛》《诗界两千年》《中国新人新作》《中华当代诗词家大典》中，均有其作品登载，部分作品获创作奖;《中国当代抒情诗词大典》《神州诗苑》《中华经典诗篇》曾登载其部分作品，并获“桂冠诗词艺术家”荣誉称号；参加《新世纪杯》世界汉诗大奖赛，其作品获一等奖，并获“世纪诗星”称号；部分作品入编《中华家训集锦》《二十世纪华人文学作品选·诗词》，并荣获“20世纪华人优秀诗词艺术家”荣誉称号；《中华当代吟友》登载的作品获“中华当代优秀吟友”荣誉称号；《中华当代对联文库》刊出的代表作，荣获“当代中华诗神”荣誉称号。2004年5月，荣获“当代诗坛楷模”荣誉称号；2008年4月，荣获“华文文学博士奖”和“华文文学博士”荣誉称号。2008年10月，荣获首届中华《大国民》文学成就奖。

武华学习勤奋，学识渊博，甘于清贫，两袖清风，可谓“华年服务一身正，皓首期迟两袖清。”体现了他的高尚风格。

岳　蓉

岳蓉，贵州省毕节县（今七星关区）人，女，1971年2月27日出生于贵州省毕节城区，1992年8月参加工作。博士研究生，中国共产党党员。

1992年至1994年，在毕节七中任教英语；1994年至1997年，考入云南师范大学历史系攻读历史学硕士学位（研究生）；1999至2002年在南京大学历史系攻读历史学博士学位（研究生）；1997年，在贵州师范大学任教（1998年评为讲师、2002年评为副教授、2007年晋升为教授）。

岳蓉博士1997年起一直在高校从事政治制度史、英国史和东南亚史方面的教学和研究工作。

在授课方面：本科生课程有《世界近代史》《西方文化史》《英国史专题讲座》《欧美社会史专题》《西方政治文化传统》《当代世界政治经济与国际关系》《当代国际问题研究》《西方社会史》等；研究生课程有《国际政治理论与实践》《民族社会学理论与实践》等。

在研究成果方面：在《世界民族》《史学月刊》《历史教学》等刊物发表20余篇学术论文；其中，多篇为人大复印资料《世界政治》《民族问题研究》《世界史》等全文转载。出版专著《英国民族国家研究》（贵州人民出版社，2004年版）、《法律规范与社会信任：泰国行政变革的个案研究》（第一署名，贵州人民出版社2007年）、《东南亚民族国家研究》（中国社会科学出版社2016年9月版）。曾主持国家社科基金项目2项、省部级基金项目5项课题研究。

周　琳

周琳，祖籍重庆，女，1973年4月10日生于贵州省毕节县（今七星关区）城区，哲学博士，现任贵州大学外国语学院英语系副教授、系副主任。

她于1994年毕业于北京语言学院英语系，获“英语语言文学”文学学士，后任贵州工业大学外语系助教，1997年曾参加南京大学外语教学部组织的大学英语师资资格培训班培训；1999年至2000年入美国奥克兰大学深造，获“阅读与语言技能教学”文学硕士。2000年至2005年任贵州大学外国语学院英语系讲师，2005年至2006年任泰国苏南拉里理工大学英语系英语教师、副教授。2006年回贵州大学外国语学院英语系任副教授、系副主任。2009年获泰国苏南拉里理工大学（英语语言教育）哲学博士。主要从事基础英语、高级英语两门课程的教学，也教授英语口语、听力、语法、语音、测试等课程。目前正在教授英语专业八级测试、统计学入门（英语专业硕士课程）两门课程。迄今为止，她已在国内外影响较大的《教育文化论坛》《教学改革理论及实践探索》《贵州大学学报》《贵州师范大学学报》等刊物上发表学术论文近20篇。主持完成了贵州省教育厅高校人文社科课题和贵州大学校级课题三项。著作《读写一体化教学模式：理论与实践》，于2010年9月由贵州大学出版社出版发行。

她是国家重点培养的外国语教学骨干教师，2008年曾获贵州大学师德师风优秀奖。

九 画

柳 波

柳波，贵州省毕节县（今七星关区）人，1968年2月4日生于今贵州省毕节七星关区城区，中共党员，博士研究生。

1979年毕业于毕节城关第六小学，中学就读于毕节老三中、毕节第一中学。1985年9月以优异成绩考入吉林工业大学，攻读流体传动与控制专业学士；1989年7月毕业后到长沙市液压件厂从事技术和生产管理工作；1997年考入中南大学机械设计及理论专业攻读硕士学位，同时边学习边担任本科教学工作，先后评为讲师、副教授、硕士生导师，2000年毕业后继续留校任教；2002年9月继续在中南大学在职攻读机械电子工程专业博士学位，2007年毕业后继续从事机械电子工程、机械设计及理论和车辆工程专业方面的教学和科研工作，主要研究方向有：流体传动与控制、机电液系统控制理论与技术、电液控制工程及节能技术、铁道装备与车辆，智能化机械与特种机器人、工程机械及其关键技术、工程装备智能检测、故障诊断与控制等。他先后发表论文20余篇，其中国际四大检索E1、SCI检索3篇，国家核心CSCD检索10余篇。获得发明专利2项，实用新型专利3项。同时为系学位委员会专家组成员，铁道学会会员，湖南省科委、发改委、财政厅科技项目与发展规划评审专家。

1989年7月本科毕业时，他坚持深入企业发挥所学专业作用和兴企强国的理念，到长沙液压件厂一线参加工作，从技术员、工程师到生产科长、副厂长，一步一个脚印向前进，25岁就担任企业技术厂长，与同事一起努力奋斗，开拓创新，研发了多项关键技术和产品，后成为常务副厂长，主持了企业的生产、技术、供应、质量管理等工作，全面主持厂的产品与技术转型工作，使企业在短短3年时间获得飞速发展。在职期间，每年都被评为企业优秀员工和职工喜爱的领导，也多次评为主管机械局优秀团委书记、优质企业领导。1995年，因为成绩突出，被长沙市经委选拔到市委党校培训，成为长沙市企业领导第三梯队后备人才培养对象。

1997年，他怀着继续深造提高自己各方面能力的理想，考入中南大学机械设计及理论专业攻读硕士学位，期间受到学校的青睐，被引进为讲师，边攻读学位边承担教学与科研工作，并担任液压实验室主任，为学科建设、实验室建设等做出突出贡献。2000年获硕士学位后继续留校任教，成为副教授、硕士生导师，参加和主持多项国家及省部级科研项目。在教学、科研等方面全面参与学科建设，成为青年骨干教师，多次获得学校的教学讲课比赛和实验室成果奖；参与和主持了铁道部科技攻关项目“机车车体称重调簧试验台”、湖南省科委攻关项目“YK2245螺旋锥轮铣齿机”、湖南省自然科学基金项目“齿轮径向自吸流体润滑新方法的关键研究”等项目的研究，其中，“机车车体称重调簧试验台”为铁道部南车集团的高铁机车重点项目，通过铁道部的鉴定，为高速机车的顺利研发和生产提供了装备保障；“YK2245螺旋锥轮铣齿机”以及后来的螺旋锥齿轮磨齿机项目都为填补国内空白产品，为国家轿车低噪声的环保要求提供了设备保障。

2002年，他本着向更高目标攀登和怀着实业强国的远大理想，继续在中南大学攻读机械电子工程专业博士学位。参与国家863科技攻关项目“液压挖掘机机电一体化关键技术研究”工作，该项目顺利通过了科技部鉴定；此间发表了十余篇科技论文，多篇被国际EI、SCI检索收录。在继续做教学科研工作和努力学习达到博士学位的水平要求的同时，积极参与导师新世纪高科技企业的建设；在山河智能股份公司研究院主持油压减震器、旋挖钻机等产品的研制工作和产品试制的生产组织工作，通过5年的努力，使油压减震器的减振技术达到世界先进水平，为我国的高铁发展提供了技术保障，掌握了旋挖钻机的电液比例智能控制技术、功率匹配节能技术、低碳控制与环保技术、虚拟样机与仪表技术等关键技术，打破了欧美国家在该领域的技术垄断，研发成功了国内首台大功率旋挖钻机，填补了国内在旋挖桩工程机械的空白，实现了产品的批量化、规模化生产，并远销到欧美及非洲等国家，为企业创造近50亿元以上的产值，帮助把企业建设成为国内高校学科性上市公司的代表，同时培养的硕士研究生也活跃在各行各业。

2007年博士毕业后，继续在中南大学担任教学与科研、研究生培养工作，并积极开拓研究领域，在港口散装物料气力装卸设备、多功能滑移装载机等工程机械、智能铁道装备，环保型垃圾处理设备等领域研发了多项世界领先，填补国内空白的产品和关键技术，开拓了环保节能关键技术的产业化应用实践，研发的环保型垃圾处理设备为美化人文环境作出了突出贡献；智能铁道装备为填补国内空白产品，为铁道施工的安全舒适可靠的人性化施工作出了保障，并完全超越国外同类产品；多功能滑移装载机的研发成功，填补了该产品在铁道施工领域应用的空白，为国家高铁建设走出国门，引领世界先进水平提供了装备保障；港口散装物料气力装卸设备产品具备了多级风机技术、除尘环保技术与低噪声技术等关键技术的自主知识产权，分别研发成功了气力卸船机等港口、粮食等装卸设备等多种应用设备，并都实现了批量化生产，并远销到世界各地，为企业和国家创造了很好经济效益、社会效益和节约了外汇。此间，参与湖南骏昇机械集团公司的组建和发展工作，担任公司总工程师和首席科学家，并为湖南省浏阳现代制造产业园特聘专家组成员和企业发展科技指导专家。

柳卓之

柳卓之，贵州省毕节县（今七星关区）人，1964年2月24日生于贵州省毕节城区，博士学位。

1975年毕业于毕节城关六小，中学就读于老三中。1979年考入长沙铁道学院机械制造及自动化专业学习。1983年毕业后留校任教。1985年考取国防科技大学CAD/CAM方向的研究生，1988年毕业后回长沙铁道学院任教，并先后被聘任为讲师、副教授、硕士生导师。1995年5月在职考入国防科大机电工程与仪器系攻读智能制造方向的博士学位，1999年获得博士学位。后到香港科技大学和香港理工大学任访问学者，从事先进制造技术的理论和应用研究。先后发表论文40多篇和出版著作一部。2000年10月受聘于加拿大HALL-MARK技术公司担任高级工程师。2006年3月起受聘为美国PROPER国际集团公司研究员、公司国际工模具部技术总监。同时还为美国塑料工程师协会（SPE）会员，底特律华人工程师协会会员。

他自幼学习认真，成绩优异。中学期间多次参加学校组织的数、理、化、英竞赛均获一等奖。1979年高一时（15岁）以年级成绩排名第一跳级参加高考，以超过当年重点院校录取分数线的分数被长沙铁道学院录取。在大学学习期间，虽然年龄为全年级最小，但各科学业成绩始终名列前茅。毕业时以40多门课平均成绩90多分的优异成绩被择优留校任教。随即参加汽车行业引进异型活塞加工工艺及工装设备的研制开发和产品质量控制等工作。1985年考入国防科大攻读硕士学位后，从事CAD/CAM技术的开发研究工作，在国内较早将人工智能技术和特征造型技术应用于制造工艺中，开发了计算机辅导工艺过程设计（CAPP）专家系统。

1988年，他在硕士毕业后返回长沙铁道学院机电工程学院任教，建立了CAD\CAM研究方向和实验室；组建了包括多名硕士和博士在内的课题组进行CAD/CAM技术的理论和应用研究，承担包括湖南省自然科学基金、铁道部科技攻关等众多项目的研究工作；开发了应用于大型冲压模具及冲压工艺CAD/CAPP系统，并获得了湖南科技成果二等奖。1984年作为主要研制人员参加了国家科委“八五”科技攻关项目、国家首台高速列车流线型车头及司机室钢结构的三维设计研制工作。由于工作出色，1996年被评为铁道部首批青年科技拔尖人才，并享受政府特殊津贴。所完成的工作也为在长沙铁道学院建立高速列车研究中心奠定了基础。在努力搞好科研工作的同时，也在积极做好教书育人工作，1995年曾被评为长沙铁道学院优秀教师，有多项教学成果获铁道部或长沙铁道学院的教学成果二、三等奖。同时多年坚持指导课外科技活动，培养了一批理论基础扎实、动手能力强的优秀硕士和本科毕业生。

1995年，他考入国防科大攻读博士学位，从事先进制造技术－智能制造的研究工作。首次系统地完成了将虚拟产品开发和虚拟制造技术应用于机械产品的设计和制造工艺的研究开发工作之中。期间作为项目负责人，承担并完成了“921”工程航天飞船“神舟一号”某关键零部件的加工工艺及仿真技术的研究。另外，还作为主要研制人员，参与了“轻型客车C4P系统的设计开发”，并获得国防科工委科技成果三等奖。

2000年10月，他应聘加拿大HALLMARK技术公司从事汽车内外饰件及模具设计工作。改进了多项模具结构和运动机构，作为核心研制人员开发了一项新的多料注塑工艺术和模具结构并获加拿大专利。该项技术为开发汽车新内外饰件产品提供一项新的工艺技术，并有效地帮助改善汽车内外饰件外观质量和降低产品成本。该项目于2005年获得江森控制（世界最大的汽车零部件供应商之一）所颁发的工业领先奖。目前该技术被广泛应用于美国通用、福特、克莱斯三大汽车厂商以及日本和欧洲的一些汽车生产厂家新车型的内外饰件生产中。

2006年，他应聘到美国PRORER国际集团公司任研究员，负责帮助公司开发应用于汽车内外饰件生产的多料和多色注塑工艺及模具，尤其是多色车灯模具的设计制造。同时帮助公司模具分部（美国最大的注塑模具设计制造企业）在深圳建立了模具设计和制造中心，并担任集团公司国际工模具部的技术总监，负责指导、管理和协调本部在美国和深圳的分支机构的技术工作；制定技术标准和规范并监督其实施；培训中国分部的技术工程师和项目管理人员；解决设计和制造中出现的问题，控制在中国生产的模具的设计和制造质量及进度等。此外，作为专利发明人之一，设计了一种新型的可广泛应用于汽车内部饰件的塑料扣件机构，并申报美国专利。

胡　红

胡红，又名胡洪，贵州省毕节县（今七星关区）人，1959年11月4日生于海子街区王张公社陈家院，民盟成员。任华东大学特聘教授、博士生导师、学术委员会负责人、国际科研课题中方主持人。法国工学博士学位。

1978年2月考入上海纺织工学院纺织工程系针织专业学习，1982年2月毕业，获学士学位，并考上出国留学预备研究生。1982年8月赴法国阿尔萨斯大学纺织工程学院研究生院攻读博士学位。1987年4月以优秀成绩通过博士论文答辩，获法国国家工学博士学位。1987年6月回国分配在中国纺织大学任教，不久被破格提升为副教授，是当时该校最年轻的副教授之一。1991年10月受法国阿尔萨斯大学的邀请，以访问学者的身份再次赴法国学习研究。1992年应葡萄牙明略大学工程学院之聘赴葡工作，任明略大学特邀外籍教授、博士生导师。2003年10月回国工作。

其主要从事纺织工程，特别对针织工程方面的教学与研究颇有建树。他重点从事纺织加强材料的研究，解决针织工艺中尺寸稳定性的问题，搞清了机理及解决的办法，获得国内外专家的好评，而且还获得中国纺织工业部陈维稷优秀论文奖。他承担了上海市优秀青年资金项目，把博士论文中取得的成果用于工业生产，所生产的产品通过专家鉴定，处于国内外领先水平。他成了十余名博士生的导师，承担着与欧盟合作的国际科研课题中方主持人，其研究内容是纺织新材料、纺织加强材料的开发与应用，在针织三维织物和三维成型织物方面，已取得了突出成果，在该领域处于世界领先水平，突破了传统纺织产品的应用领域，使纺织产品，特别是针织产品能用于航空、航天、医疗卫生、汽车制造、国防、民用工程、体育器材等。

他不仅在国内外有关杂志上发表过百余篇领先水平的学术论文，还参加过数十次国内外学术交流研讨会，在欧美许多国家讲过学，同时还主编了《新型模机构造与编织》。合编中国纺织工程统编教材《针织工艺与设备》《纺织产品字典》等若干著作，在国内外享有盛誉。

赵　鹰

赵鹰，贵州省毕节县（今七星关区）人，1976年8月生于贵州省毕节城区北门口，2001年7月参加工作，中国人民大学哲学博士。

1997年7月毕节一中高中毕业高考，获中国农业大学人文学院录取，同年9月进入中国农业大学人文学院学习，2001年6月毕业，获管理学士；2001年7月至2005年10月在《现代教育》报社工作，任记者、编辑；2005年11月至2009年5月任科学时报社《大学周刊》编辑、记者，科学新闻杂志社首席记者（其间：2005年9月至2007年6月就读于中国农业大学人文与发展学院，获哲学硕士学位）；2009年6月至2011年7月任科技中国杂志执行主编；2012年2月至2012年11月任中国产学研合作促进会理论研究部副主任，中国科技产业杂志总编室主任；并于2011年9月至2014年6月就读于中国人民大学哲学院，获哲学博士学位；2014年7月在北京汽车集团有限公司新能源汽车管理部工作。

赵鹰博士在攻读博士学位期间，2013年，获中国人民大学三好学生称号。参加工作后，因工作业绩突出获北京教育音像报刊总社2005年度好编辑好记者光荣称号；因发表《贫血的农村教育》获北京教育音像报刊总社2004年度新闻好作品一等奖；因《战争：让伊拉克教育走向衰落》获北京教育音像报刊总社2003年度新闻好作品一等奖。2005年因发表《乡村普九怪招迭出》获北京市新闻学会颁发的2004年好新闻获奖作品二等奖。2006年至2009年因编辑发表《研究生的漫漫论文路》《揭开民办高校招生迷雾》《高校教师暑期难休假》等分别获科学时报社月度好作品奖以及好版面奖20余次。因工作业绩突出，2008年获科学时报社优秀员工奖。因《欲读诗书奈何家遥路远》《为黄土地上的穷孩子们酿造希望》《西部地区教育面临两大缺口》等报道获现代教育报社月度、季度奖多次。

赵鹰博士还参与了很多课题研究和报告，主要有：《高校哲学社会科学研究评价指南》（教育部2014）、《高层次创新创业人才团队成长规律研究》（北京市科委2012）、《市场创新与创新能力测评》研究（2006）、《中国流通产业面临的问题分析》研究（2006）、“东北三省知识产权状况调研与政策分析”（国家知识产权局）、“农村科技发展战略”（科技部）、“卓越科学家的工作与创新方法系列研究”（科技部）、“中医药科研项目绩效评估与体系建设研究”（科技部）、《专业孵化基地实力测评报告（2004）》《现代农业科学和技术导论》（农业部、部分章节）、《专利商用化的策略与运用》（国家知识产权局。第一章）、《中国人文社会科学发展研究报告——文献支持与实践取向（2012—2013）》主旨报告、《何梁何利基金2011年度获奖科学技术工作者评价报告》等13项（类）。

赵鹰博士出生于一个三代贫苦农民之家，其有深刻感言：幼遵祖母训诫，顽劣而秉善心。年少随母劳作，知稼穑艰难，后随父酿酒八载，看商业冷暖；求学路上多遭不幸，得贵人相助，终在弱冠之年，出黔入京求学。本科四年，顽劣尤甚，学无所成。毕业入媒体，小有进步，于四年后攻读硕士。在硕导倾心指引下，向学海出发。后蒙恩师大椿收归门下，其间曲折，师之大惠，永铭心府。此生受大爱者，首数祖母，虽裹小脚，但于传统古训，恪守不怠，因之言传身教，而能于传统割裂之时，仍能粗知礼仪，尊老爱幼。其次父亲，勤劳持家，慎行慎独，无甚怨言，唯言：“此生赚血汗钱，用着安心！”此当为家训。再次母亲，生养大外，谋家之发展，身心俱疲，幸而身为子女者均成家立业，有所回报一二。

十二画

彭　刚

彭刚，贵州省毕节县（今七星关区）人，1969年生于贵州毕节县城关，博士学位。

1986年，从毕节一中高中毕业，并以545分的成绩夺得全省文科考试的前10名，被北京大学国际政治系录取。北大毕业后，又以此转而攻读清华大学思想文化研究所硕士研究生。1993年，顺利取得硕士学位的彭刚以优异成绩被清华留校任教。为了更好地为自己定位，决定向博士生的目标发起冲刺。

1995年，年仅26岁的彭刚，以顽强的拼搏精神，考取了中国社会科学院人文社会科学博士生。修业期满获博士学位，并留在清华大学思想文化研究所工作。他追求的不是物质的奢华，而是一种文化的品位，居住的只是一室一厅带卫生间的居室，人们说太小了，他却说：“室雅何须大，花香不在多”。他的案头上堆放着由他翻译出版的现代西方哲学论著：《法国革命史》《精神·自由与历史》《人类的家园》和由他专著的《克罗齐历史哲学研究》。他平时还抽出一些时间参加商务印书馆《中国学术》的编辑工作。他的两部翻译作品即《独立宣言》和《自然·历史》由三联（生活·读书·新知）付梓发行，仅这两部书就达100万字以上。他的成果中，翻译作品《法国革命史》由最具学术权威的“商务印书馆”出版发行后，被收入“汉译世界名著”丛书之列。《自然·权利与历史》已被“三联”书店收入《现代西方学术文库丛书》。彭刚感到最得意的工作是他那10余万字的博士毕业论文《克罗齐历史哲学研究》，由于研究深入，观点新颖，成为目前我国研究20世纪前半期意大利著名哲学家、历史学家和文艺批评家克罗齐的经典作品。彭刚因此常被邀请参加一些全国性的哲学社会科学研讨会，并在会上作学术交流，《人民政协报》即用整版的篇幅发表评论文章。丰硕成果已为家乡添光增彩，但他说：“这不算成功，只能说自己在做自己想做的事，并努力做好。”他还说：“在清华，你必须出成果，而且是好成果，除此而外无路可走。”彭刚对家乡毕节极为关切，每当看到毕节在报上有什么消息，都拿起电话给在京的毕节人相互通报。他对毕节的发展提出了先打开交通，掌握南下北上的主动权，才能缩短与外界的差距等许多好建议。

温春来

温春来，贵州省毕节县（今七星关区）人，1974年生于贵州毕节县清水铺区，博士学位。

温春来幼年在家乡启蒙入学，天资聪颖，勤奋学习、1993年高中毕业考入中山大学历史系，就读后续考研究生，获博士学位后在中山大学历史系、中山大学历史人类研究中心工作。研究中国社会经济史、西南民族史，为副教授、硕士生导师，是国家教育部人文社会科学重点研究基地——中山大学历史人类学研究中心专职研究人员、广东省高等学校“千百十工程”校级培养人选。

已取得的成果有历史小说《澳门传奇》，由广东经济出版社于1999年出版发行；学术专著《从“异域”到“旧疆”——宋元以降黔西北的土司制度、区域开发与文化认同》一书由北京三联书店出版，于2007年上半年出版发行；博士学位论文《彝威与汉威——明清黔西北的土司制度与则溪制度》在中国研究院历史语言研究所集刊，同时在《近代史研究》等海内外重要学术期刊上发表十余篇学术论文，有的已被《中国社会科学文摘》转载，或收入《2005年中国学术年鉴》等书。《彝威与汉威——明清黔西北的土司制度与则溪制度》获2006年全国优秀博士学位论文提名。

2003年起，主持国家社科基金项目一项，主持海外资助项目一项，主持校级项目一项。作为第一人参与项目有：国家社科基金项目、教育部重大项目、教育部“十五”教材规划项目等。在研究中，每一项目都凝聚了温春来心血和汗水，为祖国作出了应有的贡献！

他离家千里，身在南粤，仍然心系乡梓。为家乡现在和将来着想，正集中精力，结合社会经济史、文化人类学、民族史等不同学科的研究风格与取向，运用文献资料与实地调查相结合的办法，研究家乡的历史与文化，试图向海内外学术界说明黔西北历史对理解大一统中国特质以及中华民族形成的重要意义，并积极指导本科生、研究生参与这一工作，以学术研究提高家乡的品位。

曾晓玲

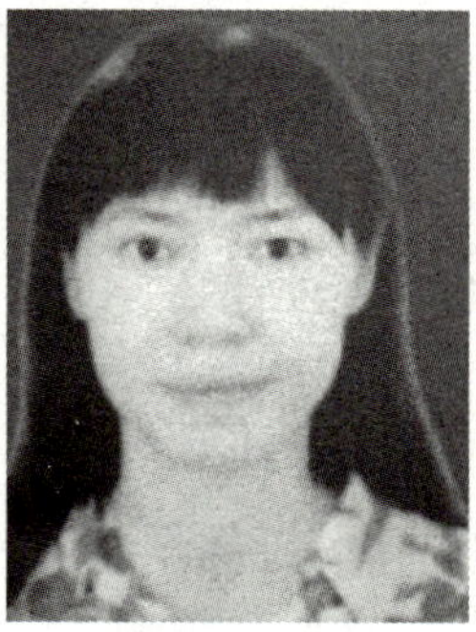

曾晓玲，贵州省毕节县（今七星关区）人，女，1974年11月生于贵州毕节县城区，毕节一中毕业后考入贵阳中医学院针灸专业。大学本科毕业后，顺利考入湖北中医学院，攻读硕士和博士学位，为其后的专业成就打下坚实的理论基础。

1999年在湖北中医学院就读硕士研究生时，她从事的课题是“针灸强壮穴对老年阳虚患者免疫功能影响和微量元素变化的相关性研究”。这是一项临床研究，需要较大的样本量，需要病人的配合。为了顺利完成研究任务，她在武汉市一医院针灸科工作了一年半，主动亲近病人，与病人耐心沟通，事事留心，采集了大量的数据，获得了第一手资料，佐之以系统理论，科学分析，圆满完成了该课题，并获得了2000年优秀硕士生毕业论文一等奖。

2003年，她参加了国家中医药管理局“针灸”“双固一通”法对老年心肌缺乏大鼠神经—内分泌—免疫网络的调控研究。在这一项目中，她是第二负责人，决定她的不只是要尽心于自我的专业研究，还得做好训练团队的管理和协调工作。苦寒之后，敬业的曾晓玲得到的自然是梅香一片，顺利完成了项目的研究，并在《中国针灸》杂志等国家权威期刊发表了研究性文章。

2006年，卫生部计划编写一部供来华留学生使用的英文针灸教材。由于她多年从事留学生的针灸英文授课而被选中，参加了教材的编写，2007年由人民卫生出版社出版发行作为教科书，为来华学习针灸的国外留学生提供了一本实用、简明、详细的教材，而且在全国各大中医院校使用，弥补了以前没有统编英文针灸教材的空白。

她在针灸研究领域渐有成效，得到国内众多专家的肯定，声名远播。2007年9月，应迈阿密大学疼痛研究中心AbdiSalahadin教授的邀请，前往美国佛罗里达州万阿密Miller医学院做访问学者。Abdi教授是全美从事针痛研究的知名教授，曾在哈佛大学医学院从事“针刺镇痛的相关机理研究”。曾晓玲到美国的前三个月，克服了文化的差异，语言的障碍，生活的节奏，以最快的速度适应美国的科研。其时，她所在的研究中心是一个来自不同国家、不同肤色组成的研究机构。让她意识到自己身上承载的分量，超越了在国内作为一个普通的医务工作者的简单蕴含。她的合作者是来自韩国的DrKim，这不仅仅是两个人的合作，而是两种文化背景的合作，经历的种种磨合与争辩，其间的配合付出的心力，成为曾晓玲一生中最为珍贵的财富。两年的合作，圆满完成任务；在SNL模型大鼠上完成针刺不同穴位对镇痛的影响，研究成果出来，得到Abdi教授的肯定。两年的访问学者即将结束，迈阿密大学疼痛研究中心强力挽留她留下来工作，曾晓玲谢绝了，2009年，她回到了湖北中医药大学。

她回国后，又开始了自己新的工作。2009年，参加国家自然科学基金项目，并担任主要研究人员，“电针对帕金森病模型大鼠多巴胺神经保护作用的研究”，取得显著进展，展现她的聪明才智和出众能力。她是毕节籍在外有作为的女专家之一。

十七画

糜祖斌

糜祖斌，贵州省毕节县（今七星关区）人，1968年8月4日生于贵州毕节县，毕业于华中科技大学，博士，高级工程师。

1988年考取中国科学院软件硕士研究生，1991年毕业后到联想集团公司工作。几年后回到中国科学院攻读博士学位，系科学院计算机信息技术专家，高级工程师，计算机软件博士。

他自幼聪颖勤学，在其父糜崇植的精心培育下，德才兼备。小学曾获得全县数学、语文竞赛第一名。中学阶段年年均是班上第一名，均被评为“三好”学生。16岁以优异的成绩考入重点大学计算机科学系。大学阶段成绩优异，在全市重点大学英语竞赛中获得第三名。20岁大学毕业后，以优异的成绩考取中国科学院研究生院，师从著名计算机科学家孙玉芳教授。20世纪80年代，中国计算机科学技术有所落后，国家迫切需要引进和研究开发先进的计算机技术。中科院作为国家权威科研机构，承担了研究开发基础和核心的计算机技术的重大科研任务。在攻读研究生及毕业后的工作中，他不仅系统地学习和掌握了计算机软件理论知识，而且以科技报国的精神在科研发展实践中边学习边动手，参加了计算机操作系统研制等国家重在科技攻关项目，逐步锻炼成长为合格的科技人才。由于成绩突出，曾被邀请到青岛大学等大专院校进行讲学。

20世纪90年代中后期，为把研究成果转化为生产力，以先进的计算机信息技术推动国家建设发展，中科院系统的联想集团公司协同有关计算机学科的研究所，参加了金融行业电子化等技术和产品开发。他先是参加广州保险公司信息化的技术开发工作，后参加联想集团金融软件平台（LXBS/ACE）的开发工作。金融软件平台的目标是支持金融行业大规模网络化联机交易服务的需求，彻底改变国内金融服务的落后面貌，在当时是一个国内领先的高难度的课题。在倪光南院士的指导下，糜祖斌和项目组同事们，发挥聪明才智，刻苦攻关，克服了无数的困难，度过许多不眠之夜，经过近3年的努力，终于开发成功。糜祖斌随后又积极参加该软件的试验推广，足迹遍布了大江南北，为保障系统的正常运行付出了艰苦劳动。该软件在国内领先并达到国际先进水平。被交通银行、建设银行、农业银行和其他多家商业银行大规模地应用推广。实现了全国联网，通存通兑，方便了人民大众，推动了经济发展。该软件得到了人民银行总行的赞扬，获得了软件博览大会的金奖。糜祖斌是该项技术负责人，为国家金融电子化、国家经济建设作出了重大贡献。因为成绩突出，除受到表彰和奖励外，被聘为联想集团软件中心总工程师，1999年他31岁时晋升为中国科学院高级工程师，成为同龄人中的佼佼者。

2000年后，随着互联网的大规模普及，计算机信息技术快速发展，他一直勤奋地学习和进行研究工作。先后参加了国家863高科技项目，国家中心企业创新基金支持项目等多项科研课题。他一方面努力追踪和掌握国际先进信息技术，一方面始终面对国内企业迫切和重大的应用需求，探索和研究开发信息技术的前沿技术，与有关的软件企业进行合作，组织领导软件开发团队，开发了许多项先进实用的信息技术和产品。这些技术和产品能够帮助企业进行流程优化产品创新和服务拓展，在银行行业、通信服务行业、传媒行业等得到了有效应用，取得了良好的社会效益和经济效益。在糜祖斌的帮助下，协作的软件企业获得了国家创新基金支持，或被评为北京市海淀区高科技园区的优秀成长型企业。糜祖斌依然活跃在信息技术研究开发前沿，为开发先进的高性能的、高可用的企业信息系统拼搏着。

在多年的科研活动中，他参加编写了多部技术专著，发表了多篇学术论文，带出了一批研究生。带领研究生参与具体的科研项目和技术开发，言传身教，使其不仅做出了合格的学位论文，而且具备掌握分析问题和解决问题的实践技能。他指导的研究生有的留学美国，有的被Google、Yahoo、中国移动等大公司录用。糜祖斌还带领过多个技术开发团队，热情的、无私的向年轻的工程师传授知识和经验，使其健康成长，他们中很多人成为软件业务骨干。

他还参加了国外高科技人员企业的学术、技术交流。2000年到美国访问了IBM公司和硅谷，2008年访问了英国剑桥。这些交流开阔了他的视野，为他今后对中国软件的设计和开发展现出美好前景。

糜漫天

糜漫天，贵州省毕节县（今七星关区）人，1964年10月11日出生于毕节城关，中共党员。博士生导师、教授。

1981年7月高中毕业，考入中国人民解放军第三军医大学。在三医大军医系，更加勤奋学习，刻苦钻研。1986年8月本科毕业，继续深造，攻读军队卫生学专业硕士。1989年8月获硕士学位后，留校任教。他从助教、讲师做起，一边工作一边学习，攻读免疫学专业博士。1994年12月获博士学位，晋升副教授、硕士生导师。1995年担任三医大军事营养研究室副主任（主持工作）。1997担任研究室主任。1999年晋升教授，次年任博士生导师。2002年曾到瑞典UPPLASA大学进修。

他是国家培养起来的军事预防医学和公共卫生学专家。他热爱部队，长期扎根军营为士兵服务，政治立场坚定，作风踏实，治学严谨，敬业精神强，成为本学科领域知名的专家，担任学科学术带头人，创造性开展工作，使学科短时间获得快速发展，博士授权学科和博士后流动站、重庆市重点学科和重庆市重点实验室等很快跻身国内同行业前列。他带领的学科总体处于国内先进水平；带领的学术团队被学校树为基层建设标兵单位，3次荣立集体三等功。本人2次被评为第三军医大学优秀基层主官。2003年被评为第三军医大学首届“十佳”科室主任，获首批军队“育才奖”，4次荣立个人三等功，军队“三星人才”，入选重庆市“322人才工程”一层次人员，享受军队特殊人才岗位津贴，获国家教育部首批骨干教师基金资助。又因指导的学生在2003年举办的第八届“挑战杯全国大学生课外学术科技作品竞争”中获一等奖，被共青团中央、中国科协、教育部等单位联合授予“优秀指导老师”称号。其先进事迹材料在军队《后勤政治工作》2003年第5期上、《重庆科协》2007年第1期上转发或刊载。

他长期坚持在军事预防医学教学和科研工作第一线。主要科研方向为“膳食、营养与疾病”“植物化学物生物学效应”“军事营养”和“分子营养学”。在包括“膳食、营养与肿瘤”“营养与心血管疾病”“军人特殊营养研究”和“特殊功能性营养食品研究”多个研究方向形成优势和特色。在国内率先开展了“分子营养学”和“植物化学物结构与生物学效应关系”的研究，取得了一系列重要的研究成果，多个研究领域处于国内领先地位。组织开展的军事营养研究成果，为提高军队后勤建设和增强军人军事作业效能做出了积极贡献，部分研究内容已被国家军用标准引用和编入《军事营养学》专著、《军事预防医学概论》和《军事预防医学》等多部专著或教材。多次受邀在全国性、全军性学术会议上作大会专题报告。先后主持包括国家科技支撑计划项目、国家自然科学基金重点项目、面上项目、国际合作项目以及军队、省部级科研项目等20余项。争取科研经费、实验室建设经费1200余万元。建成了国内第一流的营养与疾病、基础营养学与军事营养研究实验室和先进技术平台。该实验室成为重庆市营养研究与食品安全评价重点实验室。

他先后在国内外有影响学术期刊发表学术论著160余篇，其中国外SCI收录权威杂志发表学术论著12篇。获省部科技进步二等奖4项、科技进步三等奖2项。主编出版了100万字第一部《军事营养学》专著。主编教材1部、出版译著4部，副主编国家级培训教材4部，参编专著和教材7部。获得发明专利授权1项、实用新型专利授权3项，申请发明专利3项。担任了《国家公共营养师》国家标准主要起草人。招收硕士、博士研究生50余名，先后为全军各大单位、地方卫生部门培养输送高层次人才近40名。

他曾担任中国营养学会常务理事、重庆市营养学会理事长、全军医学营养委员会副主任委员等重要学术职务。2006年，当选中国科协七大代表；2007年，当选中共重庆市第三次党代会代表和重庆市政协第三届委员。受聘为重庆市第三届科技顾问团成员和重庆市首批学术技术带头人。担任重庆市科技青年联合会常委、军队特聘高级专业技术职务评审委员、重庆市职业资格培训专家委员会副主任委员。还担任国家食品药品监督管理局（SFDA）评审委员，教育部学位与研究生教育评估专家委员会评审专家，国家卫生部健康相关产品评审委员会评审专家，重庆市青年科技奖项评审专家、国家自然科学基金、军队科技成果、重庆市科技成果评审专家。《Molecular Nutrition and Food Res》国际审稿人。

他作为公共卫生与预防医学专家，在国内发起一系列大型营养与健康行动计划，率先启动国内职业营养师认证培训、健康管理师认证培训，积极倡导和大力推动了国内营养与健康产业的快速发展。

2008年5月，四川省汶川地区发生8.0级特大地震。作为一名公共卫生学专家，其深知疫情控制对抗震救灾以及灾后重建工作的重要性，主动请缨，率领全军第一支由30位公共卫生专业人员组成的卫生防疫队，第一时间赶赴重灾区北川、理县开展卫生防疫工作。在灾区的30个日日夜夜，多次冒着余震不断、山体滑坡、道路随时可能塌方的危险，投入抢险救灾。积极开展疾病防控。国内多家媒体对其先进事迹进行了广泛报道，赢得各级领导高度评价，被灾区群众誉为食品安全的“保护神”。本人被评为重庆市抗震救灾先进个人，受到重庆市委、市政府的表彰。

大屯彝族土司庄园

九　民营企业家

四　画

王维让

王维让（1906—1984）山东省牟平县人，生前系毕节县饮食服务公司职工，“王傻子烧鸡”的创制人。

王维让12岁到牟平一家餐馆当学徒，跟随师傅学会了加工山东“德州烧鸡”的技术。1937年抗日战争爆发，他为避战乱，随难民南迁，经武汉辗转到贵阳，在其姐夫的资助下，开办烧鸡店。他制作的烧鸡质优价廉，不仅北方人爱吃，南方人也很喜欢，其产品供不应求，由此而闻名贵阳及部分地区。

1939年，川滇公路通车，毕节已成为黔西北的交通枢纽，商业逐步发展，王维让应毕节“南京饭店”的聘请从贵阳到毕节。他根据毕节鸡的肉质特点，结合山东“德州烧鸡”、汉南“道口烧鸡”的制作方法，在选料和加工技术上进行仔细探索、创新，制作的烧鸡既有德州、道口的优点，又有毕节的独特风味而别具一格，毕节人都非常喜欢。

1949年，王维让在毕节成家定居，自办烧鸡店。他讲求信誉、注重效益，实行薄利多销，降低成本，努力提高质量，服务热情周到。有的山东老乡对他说：“你老王的烧鸡，质量好，价钱低，你不会赚钱，真是一个傻子！”他却认为只要买的人多，生意好就是赚钱。既然有人说我傻，我就把这个店取名为“王傻子烧鸡店”。从此，“王傻子烧鸡”由此而得名，产品不仅畅销云、贵、川三省的毗邻县份，还销往贵阳、重庆、成都等地。

解放后，他参加毕节县饮食服务公司工作。在党和政府的关怀下，他的技术得到充分发挥，不仅加工了大量烧鸡供应市场，还带了一批徒弟，使这一具有地方风味的名特产品后继有人。1977年，他在全省饮食服务工作会议上受到省委、省人民政府的表彰。省领导明确指出：要把“王傻子烧鸡”作为饮食服务行业的重点来抓，使它享誉全国。1978年以来，《中国烹饪》《中国食品科技》《中国食品百科》等书收录了王傻子烧鸡的技艺，《贵州日报》也曾作过报道，是毕节有名的小吃之一，众所周知。改革开放后，王维让把“王傻子烧鸡”办成民营企业，不仅把产品做成了品牌，而且解决了街道居民的就业，为政府分了忧。

于1984年逝世，享年78岁。王维让逝世后，他的家人和技术传人继承他的事业，使“王傻子烧鸡”一直享有盛名，其企业也越办越兴旺。

五　画

龙天来

龙天来，贵州省大方县人，彝族，1964年11月21日出生于大方县，中共党员，重庆大学工程项目管理专业毕业，研究生学历。

龙天来1980年参加全省人事厅招干考试，被录取分配到毕节地区建行工作；1983年至1986在贵州省电大就读；1986年至1992年在地区建行任投资科科长；1992年至1993年任地区实建公司总经理；1993年辞职经商，到毕节县创办非公有制企业，任毕节头步桥钢铁公司董事长；1997年起任贵州省毕节华联房地产开发有限责任公司董事长、总经理。1998年任贵州省毕节市（县级，下同）龙合民族旅游开发有限责任公司董事长；2001年创办毕节兰苑中学，任董事长；2002年至2005年在重庆大学工程项目管理专业读书；2009年任毕节市工商联副主席、毕节市民族文化促进会会长、毕节市房地产协会名誉会长、毕节市慈善总会副会长、毕节市彝学会副会长、毕节市光彩事业促进会常务副会长；2010年任贵州樽憬房地产开发有限公司董事长；2015年任毕节京师实验学校董事长。

龙天来在毕节市(今七星关区，下同)非公有制经济发展和乡镇企业发展中，起到了示范作用。1993年，他从地区建设银行辞职下海到毕节市创办乡镇企业。以其卓越的胆识，精确的市场分析，筹措资金，冒着巨大风险，投资400万元创建并建成投产了毕节市头步桥钢厂，年产值2000万元，解决当地富余劳力就业150人，为毕节市头步桥村民脱贫致富作出了贡献。毕节市钢厂每年都被评为毕节市“乡镇企业先进单位”和毕节市“十强企业”。

1998年，龙天来看准毕节的房地产业，大胆投资4000万元，开发省政府批准建设的毕节市最大的兰苑花园住宅小区，被省建设厅评为全省示范小区，被市政府评为毕节市精神文明小区。至2015年，兰苑花园30万平方米小区全部建成，已入住15000人，各项设施配套。2010年成立贵州樽憬房地产开发有限公司，投资10多亿元建设樽憬财富广场，打造高端集商业、住宅区，开发面积50万平方米。2012年为迎接毕节市第六届旅发大会的召开，共投资 1.5亿元修建小河风景区、会场、河道治理等项目，小河风景区被评为“国家级 AAA 级旅游景区”。被市委统战部、民委评委“扶贫示范项目”。

由于龙天来运畴维握，经营有方，公司效益不断提高，自创业以来，累计向国家缴纳税收6200多万元。在发展经济和个人致富的同时，龙天来不忘回报社会、为政府分忧，积极投资公益事业。一是2001年以来投资1亿元建成毕节兰苑中学，解决了毕节学子读书难的难题。现兰苑中学已有教职工300余人，学生4500余人，近百名高中毕业生被北大、清华、香港大学等国内一流大学录取。2008年和2001年两年度，兰苑中学被省教育厅评为“全省先进学校”；2011年被评为“全国先进民办学校”；2013年被省教育厅评为“全省法制教育示范校”。二是2002年至2009年与毕节团地委举办“华联之星希望班”，每年招收30名贫困高一学生，其三年的书学费、生活费、服装费等全由龙天来负责，累计资助280万元，资助学生220名。三是2008年汶川发生特大地震，龙天来以个人名誉向灾区捐赠21万元。四是2008年毕节抗雪凝灾害，龙天来除了亲临灾区慰问，还向灾民捐赠23万元，助其恢复生产。五是为发展毕节少数民族文化产业，捐赠毕节民族文化研究费用60万元。六是致富不忘党恩，向中央组织部交纳特殊党费11万元。七是牢记党的嘱托，把扶贫工作纳入企业行为，捐赠20万元为6户贫困户修建住房。八是2010至2015年捐赠900万元给慈善总会成立“龙天来扶贫助学基金”，已资助贫困学生1000多名，累计捐赠助贫困学生助学金 1600多万元。

龙天来积极参与社会公益事业的上述作为，得到了社会广泛赞誉，也多次受到省、地、市的表彰和表扬 。1982年被省建行授予全省建行系统“学雷锋标兵”。1993年至2002年每年被毕节市(县级)委、政府评为先进个人，公司被评为“先进企业”和“十强企业之一”。1997年时任中央政治局常委、中央书记处书记胡锦涛和全国人大常委会副委员长费孝通到毕节视察时，分别到龙天来公司视察并接见了龙天来。2002至2008年，他的企业(公司)每年都被评为“地区先进企业”。2003年他被评为毕节地区首届“十大杰出青年企业家”和贵州省首届“十大杰出青年企业家”。他开发的“兰苑花园”小区，被省建设厅评为全省住宅示范小区。2004年被贵州省委、省人民政府评为“全省民族团结先进集体”。同年他的事迹被毕节地委主办的“神州大地毕节人”名录收录入册。2008年公司被地区评为“抗雪凝先进集体”。2009年7月，龙天来光荣地出席全国慈善事业表彰大会，被授予“中国有突出贡献的慈善家”称号，在人民大会堂受到了全国人大常委会副委员长李建国、何鲁丽等领导人的接见。2010年中共贵州省委、省人民政府授予龙天来“贵州省慈善捐赠先进个人”和“毕节抗旱救灾先进个人”称号，被地委、行署评为“有中国特色的社会主义建设者”和“毕节地区劳动模范”称号。2011年，其公司被市委、市政府(地级)评为“毕节市十佳纳税大户”。2012年他被市委、市人民政府评为“毕节市抗震救灾先进个人”。2014年中国慈善总会授予“龙天来扶贫助学基金”为中国慈善突出贡献项目奖。2015年龙天来被毕节市七星关区地方税务局授予“最美纳税人”称号。

史　杰

史杰，贵州省毕节县（今七星关区）人，1967年生于毕节县海子街区五十亩公社，从小在海子街就读小学到中学毕业。1989年毕业于贵州商校会计专业，先后在毕节县副食品厂、“三查办”、水电局电力物资公司等单位工作。

1993年至1994年，史杰在人生的转折点上碰上两次机遇，一次机会被应聘到湛江，后转海口工作；另一次机会是到侨兴。那时的侨兴才开始起步，全公司400多人，后来发展到有下属公司19家，员工8000多人，成为有名的集团公司。史杰从记账员、主管会计、财务经理、下属公司的副总经理到集团公司董事兼财务总监，成为专家，分工负责公司的证券、财务、资金项目、审计等工作。通过多年来的工作，史杰有了从内地到沿海、国有企业到民营企业的经历，实现了企业观念的转变，当上了财务总监的要职。

史杰没有上过大学，能走出这样的路子，关键在于他勤奋学习，善于总结经验。他每天工作之余必须读书学习。1995年接受证券工作后，负责侨兴公司证券上市的策划和重组，他认真学习法律、金融知识和相关文件，成为金融专家。其间，他不仅搞分内的工作，还帮助中国香港地区、新加坡的电脑和通信产品上市，兼任几家国内公司的财务顾问，帮助开展融资工作。盛名之下，史杰仍有不满于现状的拼搏精神，孜孜不倦地学习新的知识，掌握电脑等多门学科。他一兼多职，每个周末都忙得不亦乐乎，多数时间在北京、上海等地来往，协助厂家取得许多工作成就。凤凰卫视、《南方周末》等多家媒体约请采访，他都婉言谢绝而脚踏实地干自己的分内工作，利用宝贵的时间从事学术研究，每做一件大事都要事先整体规划，然后对下属人员知人善任，发挥岗位作用，达到不误事而充分发挥效益的效果。他所安排的工作，既体现他的科学判断，又体现他高超的管理技能，成为有名的管理专家。

史杰经常挂念着毕节家乡的建设和父老乡亲，从家乡带有100多人到侨兴工作，有大专文凭的都成了部门经理，有一部分在惠州安家落户。对毕节的经济建设，他认为水电、畜牧、煤等的潜力很大，他建议从实际资源状况出发，把有发展前景的企业重组上市，推动毕节企业长足发展。

冯　萍

冯萍，贵州省毕节县（今七星关区）人，女，1930年7月生于毕节县城关。1950年参加工作，1984年退休后，带领粮食系统15个待业家属子女创办欣兴食品厂。

在乌蒙深处，倒天河畔，人们提起毕节欣兴食品厂，就会自然想到她的创始人，全国老有所为精英奖获得者、贵州省政府表彰的全省粮食系统唯一的优秀女厂长冯萍。

早在1980年，为解决待业人员就业，毕节县粮食局配合饲料厂成立了待业厂，由于经营不善，被迫关闭。厂垮了，待业人员的安置成了各级领导的一块心病，更为实际的是厂里的家属和子女们失业了，给社会增加了很重的负担。

这时，冯萍退休了。饲料厂的领导登门拜访，请她披挂出阵。她犹豫不决，多想过几天平静日子。胡耀邦总书记冒着风雪来毕节视察的消息令她振奋，她再也坐不住了。她决心按照党的教导，有一分热发一分光，做一个改革开放的弄潮儿。

冯萍出马了，她召集了六个待业人员。社会主义事业，改革开放的前景欣兴向荣。图个吉利，取欣兴为厂名。1984年4月8日，毕节县粮食局欣兴食品厂诞生了。全部家底就是待业厂遗留下来的一间40平方米的低矮偏棚，两口破铁锅，一挑旧水桶，困难明摆着；没有设备，没有资金，没有技术。她们向饲料厂借了1800元，解决了垫底资金；大家把平时节余的口粮指标拿来，集了550公斤粮票，解决了用粮问题。几个人一商量，生产蛋糕。不懂技术，她就到毕节地区体委食堂求教。师傅们把做蛋糕的技术毫不保留地教给了冯萍她们。没有设备，一切自力更生，因陋就简。销售打不开，冯萍把蛋糕装进背篓，背着大街小巷满城走，遇到熟人，请人家尝一点；遇到副食品门市，丢上几斤，请人家品味。

那时冯萍真可谓“独裁者”，集厂长、会计、采购员、推销员、生产工人于一身，没有原料，她去采购；没有资金，她去筹措；产品销不出去，她背起背篓推销。在毕节山城到处可见她忙碌的身影。

由于销路不断扩大，欣兴食品厂产量成倍增长，人员也增加了。偏棚不够用，又从外面加偏棚，但搅拌工序靠竹刷子已经施展不开。搅拌机，职工们想，冯萍更想。

好不容易积累了1000元钱。她去贵阳想买一台搅拌机。一打听，一台搅拌机定价2600元，她买不起。买不起就自己改造。冯萍回到厂里，到饲料厂机修班废料堆里找到一台报废的机器和一些边头角料，在饲料厂机修工人的帮助下，全厂职工连续作战，经过半个多月的反复试验，终于制造成功了一台搅拌机。虽然它的外观粗糙，但工效比人工搅拌提高了6倍，且质量匀，省力省时，比购买新的搅拌机节余开支2300元。

厂成立半年后，单一的品种已远远不能满足人民生活的需求。冯萍就带着职工们经反复实验，做出了桃酥和撒琪玛等花色品种，味道竟然比贵阳生产的好。第一锅产品投放市场，一会儿就被抢购一空。

冯萍靠着这种一分钱掰成两半花的精神，像滚雪球那样，使欣兴食品厂从无到有，很快发展起来。1986年建起了800平方米的新厂房。1987年冯萍又大胆开拓，贷款73万元，新建1600平方米的综合食品加工大楼。几年来购置了红外线烘烤机，蛋元机，饼干机等27套（件）机器设备。即使有了厚实的家底，冯萍仍保持建厂初期那种艰苦创业、勤俭办厂的作风。就在综合大楼竣工后，安装水、电设备等项工程，找外单位需要开支22000元。她一算，不行。带领职工靠着全厂厚实的技术力量，凭着两只肩膀一双手，硬是保质保量完成了安装工程。一结算，又为企业抠回9000元。在经营过程中，冯萍认识到，靠人管理，哪能管得过来？得靠制度，于是以她为首的制度订立小组成立了。在广泛听取职工和群众意见的基础上，形成条文。建立健全了11个制度。形成了靠制度管理人，约束人的制约机制。

1987年年初，她在经济信息报上获悉，辽宁某厂有蛋卷机销售。蛋卷生产在贵州还是个空白。冯萍去了一封信，请来了厂家，带来了机器。安装试产，蛋卷投放市场后，购货订货者纷至沓来。1988年，她参加北京食品展销会。看到北京某厂的饼干生产线很适合本厂使用，当即拍板购买全套饼干生产线。这套饼干生产线建成后，月产饼干2000箱，比她们厂原来旧式饼干机提高产量100倍。每公斤成品加工费下降一半。且外观美、口感佳，深受消费者欢迎。1989年，她又瞄准毕节干面条供不应求的实际，大胆决策，投资13万元，引进了当前较为先进的干面条生产线。从立项到基建，安装试产，整个工期只用了110天。生产的系列面条经地、县有关部门检验，属全优产品。创造了毕节县食品加工项目投资少、工期短、见效快的先例。她还十分注意发扬食品文化，恢复传统食品。“毕节汤圆”历史悠久，享有盛名。由于选料考究，做工精细，获利微薄，多年来毕节城乡均无货销售。试验区建设邀来了南来北往的客人，都想品一品正宗“毕节汤圆”的风味。冯萍看准了这一点，她组织技术人员，深入民间，向各界广泛追根溯源。购置了先进设备，经过多次试验，终于在羊年春节前夕，成功地制出了正宗“毕节汤圆粉”和心，深受消费者青睐。仅春节前后就销售汤圆粉30吨，汤圆心3吨，满足了群众吃“毕节汤圆”的要求。

在冯萍与全厂职工的艰苦拼搏下，欣兴食品

厂的产品不断获得省、地、县奖励。其中黔式火肘点心获贵州省“中秋月饼团圆奖”，蛋黄元获省“春蕾奖”。蛋卷、七香花生、桃酥、香草蛋糕、婴幼儿乐等产品荣获地区优质产品奖。系列面条、汤圆粉被地区消费者协会评定为全优产品。冯萍年年被评为毕节县粮食系统先进个人，六次受县政府嘉奖，四次被评为全区粮食系统先进个人。1987年被地区评为老有所为精英奖；1988年被中国商业部、贵州省商业厅、贵州省经委评为全国、全省老有所为精英奖。1989年她荣获贵州省人民政府授予的“优秀厂长”光荣称号。

六　画

吉学全

吉学全，贵州省毕节县（今七星关区）人，1964年12月出生于毕节县青场区海寨，现为贵州省清镇市建筑工程公司第二建筑处处长，是青场镇优秀的农民企业家。

吉学全出生在青场一个普通的农民家庭，从小聪明好学，勤劳善良。初中毕业后，因家庭负担过重，父母无力继续抚他求学。为帮助家庭摆脱贫困，少年的吉学全就外出务工。在打工的漫长岁月里，吉学全一边打工挣钱，一边刻苦学习文化知识和各种接触到的业务技术。靠勤奋、靠头脑、靠知识，几经周折，闯出了一条成功路，取得了丰实的成就。吉学全腰包里有了钱，乡愁永记心间。他没有忘记家乡，他牢记是青场的山水养育了他。若干年来，吉学全经常通过捐款、帮扶、转移劳动力等方式回报家乡，帮助家乡修建水池、修建通组水泥路、安装路灯等。出资为青场镇“老少共融之家”内部设施的添置等。尤其是为青场的特色小城镇建设出钱、出物、出力，做出了很大的贡献，受到家乡人民群众的交口称赞。

七　画

吴学文

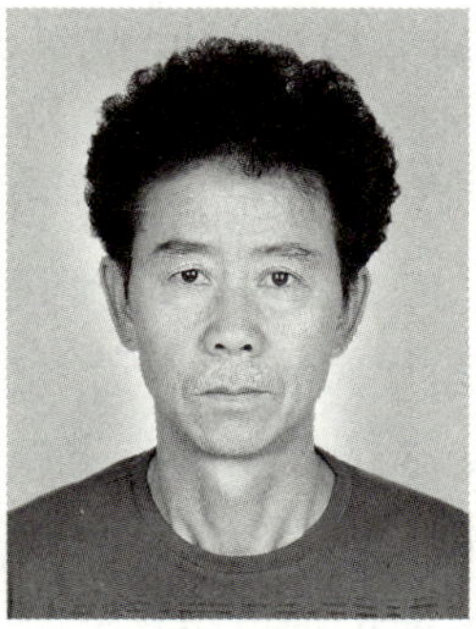

吴学文，贵州省毕节县（今七星关区）人，1954年3月18日出生在贵州省毕节县城区，中专文化，民营企业家。

1969年至1971年在贵州省毕节耕读师范学习。1972年至1980年主要是务农和打小工，1981年至2000年开始从事商业活动并涉猎做一些零星的土建工程，如1996年完成了原毕节市（县级市）劳动就业服务中心建设等。有了初步积累后，于2002年通过竞拍，得到原毕节市人民政府行政办公中心的项目置换建设，同时成立毕节地区三江房地产开发有限公司并担任法人代表。2002年至2007年建成三江城市花园。2007年毕节市新城区东升路地块（区政府旁）——开发依山雅苑项目；2009年竞拍得原毕节地区行署办公区地块，并成立贵州毕节大众房地产开发有限责任公司开发大众国际——一期项目；2010年取得东升路碧阳大桥旁地块——四海家园项目。

吴学文通过不断艰苦的努力，取得了一定成绩后，不忘对社会和对国家的支持和帮助，择其主要助益项目足见一斑。主要为：2007年初，捐助毕节市消防支队10万元支持消防安全工作；2007年7月捐助长春堡镇30万元改善教学设施（主要是换破旧的课桌及板凳），9月捐助田坝中心校1万元购买课桌，11月分别支助市国土所5000元和山泉弯工程4000元，2007年特别赞助首届中国贵州毕节橙满园生态旅游节60万元。2008年雪灾捐助50万元，资助满天星工程1万元，6月捐助汶川地震灾区5万元；11月资助赫章县野马川镇1.5万元；资助修建电视塔道路及运动设施18万元。2009年资助青海年发展基金会1.5万元，4月赞助花中西施选美活动12万元，资助在全地区

5个县（毕节、黔西、大方、赫章、威宁）新农村建设十个点230万元。2010年，一次性资助毕节慈善会（新档案馆建设）500万元；3月资助放珠小学及放珠镇贫困户20.9万元；5月再次资助毕节地区慈善总会用于抗旱救灾200万元；6月资助毕节地区慈善总会办公经费3万元，公益车辆6万元；8月资助市委宣传部新农村建设50万元；资助七星关区委宣传部用于乌蒙发展100万元；9月赞助拍摄电视剧《奢香夫人》60万元，赞助原毕节市老年运动会102万元；12月扶助玛瑙樱桃节3万元。2011年捐助见义勇为基金10万元；2月资助正月元宵晚会32万元；3月赞助毕节市旅发大会100万元；9月捐助抗震救灾1万元；10月毕节活动板房建设25.6万元；通过地区民政局资助大新桥办事处赵家寨解决500余人的饮水工程36万元。以上合计达1670余万元。

由此看出，吴学文在成功以后，回报社会、回报人民的大爱之心，有钱人多得是，但能在如此时间内能作出这么多奉献的企业家并不多，现今吴学文已经慢慢将其事业交由下辈打理，而自己则乐于安度晚年。

余　翔

余翔，又名余志翔，蒙古族，贵州省毕节县（今七星关区）人。1978年10月25日出生于云南省开远市中国人民解放军第59医院。大学文化，中共党员。

余翔出身于革命军人家庭，父亲给他取名志翔，意为立志向21世纪飞翔，向祖国实现四个现代化、实现世界强国之梦飞翔。他生在军营，长在军营，从小受到良好的政治教育和正统的思想教育，聪明伶俐，俭朴稳沉。5岁入学，7岁时随父母从部队转业回到毕节，在毕节五小，一中、四中读完小学、初中、高中。2000年从贵州大学企业管理系毕业。当时，行政事业单位正实行精简整编。在父母亲的支持下，余翔放弃国家安置，走自己发展、自主创业之路。

自主创业，说起来容易，做起来艰难。余翔的创业之路可谓千辛万苦，跌跌撞撞。他开始到正在新建的五里坪毕节水泥厂求职，在熊廷顺董事长领导下，从建厂、安装、试产，摸爬滚打，吃得苦，爱学习，很快掌握了水泥厂生产的部分流程操作，很受熊廷顺赏识。

2002年，毕节市（县）水泥厂正式投产，熊廷顺推荐余翔到市顺弘建筑公司工作，协助副总经理靳光宗负责规划拆迁，任总经理助理。他需心学习，刻苦钻研建筑业务和拆迁赔偿政策，对城建规划及拆迁业务有了初步的了解，成了靳光宗的得力助手。

替人打工，毕竟不能自主，也说不上是创业。2004年，余翔与王华二人向银行贷款和吸纳股东入股，创建了毕节地区翔华医药有限责任公司，任董事长。他靠着执着的学习精神，刻苦学习各种药理知识，多次参加省、地组织的医药知识培训，对各种药材的识别、进货、销售等业务从陌生到了解、到熟练操作。翔华医药有限公司获国家4S级证书，各项业务有序开展。由于国家放开医药行业，毕节城区医药公司、药店、药房密集兴起，市场走向饱和，造成医药行业无序发展，翔华医药有限公司受到严重冲击。

2006年，余翔退出医药行业，加入赫章县福星矿业股份有限公司（集团），从事矿产业开掘，被福星矿业集团任命为羊角厂矿区区长兼羊角厂铅锌矿矿长，行政事务、安全生产、市场营销一把抓。

2008年7月1日，余翔光荣地加入了中国共产党。

2009年，受世界金融危机的冲击，赫章铅锌矿业一蹶不振，福星矿业举步维艰。余翔正确分析形势，意识到铅锌矿业可能在十年之内都会处于低沉时期，而毕节地委、行署在加快城镇建设方面又有大规划、大发展、大动作，引领毕节的土建工程项目进入了腾飞的时代。他迅及作出决策，将矿区矿井移交给福星矿业集团，邀约了20多位自主创业成功人士，组建了建筑股份有限公司，任公司董事长兼总经理，转产建筑行业。

2011年，余翔所属建筑公司承建的大方县同心大道，经两年精心施工，保质保量完成建筑任务，被省、地、县建筑行业评为优质工程。公司被大方县评为“重合同守诚信”企业，企业的优质管理也受到地，县行业部门的高度评价。

余翔在企业管理中，注重：严、诚、责、精、亲、规。严，就是对企业严格管理，依章行事；诚，就是诚信。对工程点点滴滴，不偷工减料，不粗糙马虎；责，就是把责任落实在人头上，实行工程质量终身责任追究制。不论那个环节出现质量问题，责任人必须负责到底；精，就是把每项工程，不管规模大小，不论价值多少，都做成精品工程。他的公司在毕节市辖区内所承建的30多项建筑工程，多年来均没出现一项质量问题；亲，就是对员工亲近，不向农民工打白条，如实按月结算农民工工资，因而有了一支技术力量强，敢打硬拼的员工队伍；规，就是规规矩矩办企业，规规矩矩做人。一切依法办事，不越雷池半步。严格遵守行业规定，决不违反政策法令。

由于余翔公司牢牢把握了上述准则，公司靠诚信、靠质量、靠精品，赢得了社会广泛赞誉。因而公司的工程遍及全市各区县：如七星关区倒天河第二污水处理厂，大方县理化中学教工综合楼，黔西县水西教学楼，威宁县龙场公路白改黑工程，纳雍县乐治等6个乡镇小城镇建设周转房，金海湖新区职教城建设等等。

余翔在创业中，还十分注意广开门路，多行业并举。他将创业业务延伸到服装、食品、农产品开发、服务业等。他从国际国内市场经济规律得出结论：任何行业都不会永远兴旺的，就像自然规律，有炎热的夏天，也有冰天冻地的冬天。市场经济也有规律，行业也会有风险。多涉足一些行业，就能给创业多留一份发展的空间和出路。

余翔在创业拼搏路上，牢记乡愁，不忘回馈社会。他是个热心公益事业的有心人，他支助了两个贫困学生从中学到高中的费用；为家乡通村通组公路、修建小河桥、新农村建设等出资出力；为大方县、纳雍县、威宁县贫困老人和需要救助的人给予资助；捐资助学、美化乡村等各项加起来，几年间已为公益事业出资11万多元。

余翔创业十多年来，走了不少弯路，受过各种挫折，但他心中装着祖国，时刻不忘立志之梦，行动有正确方向，发展思路清晰，善于学习思考，善于因势利导，百折不挠，勇往直前，克服了一个个困难，闯过了一道道难关，在创业之路上迈出了坚实步伐，在奋斗中创造了人生价值。为毕节市经济发展和试验区建设，为七星关区和家乡贡献了自己微薄之力，作出了一定的贡献。

余昌龙

余昌龙，贵州省毕节县（今七星关区）人，1964年4月12日出生于毕节县鸭池甘堰塘。大学文化，康菱集团公司股东、销售总经理。

余昌龙1980年高中毕业，因当时家庭特别困难，放弃了向更高学历冲刺的机会，回乡务农。但他的心里一直有要改变家庭贫困面貌的强烈愿望，不堪沉沦，1985年至1992年，先后与志向相投者在织金、威宁等地从事铅矿、硫铁矿的开采工作。

1992年邓小平视察南方重要谈话后，深圳成为全国改革开放的前沿。余昌龙四处寻觅，终于赶上了这趟奔驰的列车。他于1999年来到深圳创业，跻身加入到广东名牌产品、著名商标且拥有重庆科克发动机有限公司、广东康菱动力科技有限公司、东莞市康菱机电安装有限公司的广东康菱集团的前身深圳康菱工程机电有限公司。那时的康菱公司旗下只要几十人，他如鱼得水，吃苦耐劳，废寝忘食的奔赴在公司的市场第一线，半年评比中就获得了公司的金牌火枪手第一名，年终被公司越级提拔为市场部销售经理。期间每年都为公司创造数千万的业绩，2008年至2009年公司出资数万元派他到中山大学参加了MBA高级经理研修班进行系统学习，于2010年正式任命他为集团公司销售总经理，并具体负责西南、华南大区的全部工作，成了康菱集团公司为数不多的股东之一。

余昌龙在个人家庭进入小康以后，不忘初衷，先后无偿支持兄弟们在家乡盖起了新房，并全部承担了赡养父母的责任，还在整个余氏家族中成立了慈善基金会，带头捐赠、筹集善款13万余元，救助了威宁、纳雍、大方和七星关区等地因天灾人祸不可抗力的家庭和贫困乡民；对族中考取一本的学子进行了资金奖励，春节期间号召族人对80岁以上的寿星进行探访看望，给老人们送去了温暖，很好地传承了中华民族尊老爱幼的传统文化。他身在异乡谋业，不忘家乡故土养育之恩。他每年都要抽出时间回七星关区二铺，与村两委共商家乡发展大计，为二铺的经济发展、土地流转、农业转行等建言献策。2000年初，地县对二铺进行规划，对全村土地流转作了统一安排。有的农民由于几千年的土地情怀和务农为本的思想，坚决不拿出土地，甚至与政府工作部门对抗。其中不乏有余昌龙的族人与亲戚。余昌龙闻讯后，立即从广东飞回毕节，一家家一户户做说服教育工作。他向村民们讲述深圳市的发展过程，讲深圳农民变大城市人的胸怀、奋斗经历和如今的幸福生活。他苦口婆心劝说村民们，要服从政府，服从规划，服从城市发展。他说："共产党是为人民服务的，统一规划使用土地，得益的是农民，得益的是我们的子孙后代。"有个余姓村民，是余昌龙的叔辈，在拆迁补偿上，就是不与政府合作。余昌龙买上礼品，亲自登门拜访，用家族苦难历史和现在的生活作比较，又用周边村寨发展成果作事例，动员这个族人支持发展，配合拆迁。在余昌龙的努力下，政府对二铺的规划，得到了全村人的支持，保证了毕节地市的扩建和发展。

余昌龙祖上是来自大草原的蒙古人。元末时期，朱元璋军队打败元朝军队，余昌龙祖上在四川泸州、内江一带隐姓埋名生存下来，四百年前迁徙到毕节。余昌龙酷爱蒙古族历史与文化，决心为弘扬成吉思汗精神，做各民族团结奋进工作而奋斗。他把这一理念在族人中广为宣传，得到族人和相关部门认可，被选为贵州省民族事物委员会蒙古族研究委员会副会长，贵州省民族事务委员会蒙古族研究委员会毕节分会会长。他说："研究蒙古族历史与文化，就是要做好各民族的团结工作，在共产党领导下，为实现伟大复兴的中国梦而努力奋斗。"

余德富

余德富，贵州省毕节县（今七星关区）人，蒙古族，1973年9月出生于毕节县长春堡区黄泥公社白龙大队（今野角乡白龙村田坝组），大专文化，乌蒙酒业总经理，董事长。

1992年9月，余德富在野角乡政府参加计划生育工作组工作并担任白龙村村主任职务至1994年6月。1997年7月，他放弃眼前的一切，到广东深圳市宝石厂务工至2000年6月，其间先后担任车间主任、厂长职务。2000年8月返乡创业，在毕节绿源果酒有限公司任销售经理至2002年10。2002年11月起再到毕节市三源喜酒业有限公司任销售副总经理至2004年6月。2004年8月被贵州省仁怀市台郎集团聘任为销售总经理至2010年6月。2010年8月回到毕节，创办贵州乌蒙酒业有限公司，任董事长，企业法人。企业选址建于七星关区经济开发区。

余德富在创业期间，不辞辛苦，以诚待人，多次在所工作的单位得到嘉奖，每离开一地，公司老总及员工均深表留恋之情。2015年任七星关区个私协会副会长。

余德富热心公益事业，对重大活动时有热心支持和赞助。2013年11月资助织金县黑土镇木利村修路1万元。2014年共同参与中小企业协会捐赠大方果瓦乡政府饮水工程10万元物资；2014年资助小坝贫困大学生吴丽生5000元；2015年捐赠织金后寨乡大炉塘村饮水工程10万元物资，赞助毕节市春节联欢晚会10万元物资。

宋　科

宋科，贵州省毕节县（今七星关区）人，高中文化，中共党员，1975年出生于毕节县普宜区普宜街上，1999年开始创业。

1994年12月，宋科参军入伍到驻河北27集团军514部队；1998年12月退伍在家待业；1999年在普宜经营百货批发部；2000年创建普宜新科砖厂；2014年参与投资普宜小城镇建设开发；2015年带领退伍战友，成立了毕节市友胜和投资有限责任公司、毕节市亿广源贸易有限责任公司；2016年参与承建普宜镇移民安置小区、普宜中学附属工程的建设。

宋科1994年入伍后，多次在部队得到嘉奖，曾被评为优秀士兵，优秀班长，优秀老兵；参加了1996年河北的抗洪抢险，为抗洪抢险出生入死；退伍后参与当地的各项建设和公益活动，所创建的新科砖厂，推动了普宜镇的城镇建设，大大减少了群众建筑材料从外地购买的运输成本，并解决了当地部分劳动就业问题。他办的砖厂多次被评为市、县级的重合同、守信用单位。2014年宋科参与投资开发的小城镇建设——普宜镇富民新区，直接改变了普宜镇的旧面貌，改善了群众的居住环境，提高了群众的生活水平，带动了农村经济发展。当年，宋科被评为毕节市十佳返乡创业带头人。创业的同时，宋科不忘回报社会，积极参与公益事业，多次捐助家乡贫困儿童、困难学生、留守儿童，过年过节到养老院看望孤寡老人等，在2008年的“5·12”汶川地震和南方冰凌灾害中、2011年旱灾中，他积极带头，组织和参与多次捐款、捐资、捐物等爱心活动，被评为七星关区十佳道德模范。

张万登

张万登，贵州毕节县（七星关区）人，返乡农民工，民营企业家。

张万登是亮岩镇青龙山人，自幼家境贫寒，20世纪90年代离家外出务工，是改革开放之初最早去沿海闯荡的人之一。1994年开始做工程，主要从事路桥基础设施建设等，使张万登成为亮岩镇少数几个成功人士之一，当问到其成功的秘诀时，张万登就一句话“立身以德为本”。对人厚道，乐于助人一直是他的生意经。

2013年元旦，创业成功的张万登作出了一个惊人的决定，准备在老家亮岩镇太极村投资1亿元建设太极生态农业有限公司，要把太极村打造为集水产养殖、休闲观光、度假为一体的生态农业园。1亿元的投资，这在亮岩镇招商引资的数目中是最大的一笔，在整个七星关区乡镇的招商引资工作中也是屈指可数。

太极村是亮岩镇比较偏远的一个村，离集镇所在地10公里左右，太极河从村的田坝中穿过，绕了一个S形，在河流冲积的“坝子”上形成了一个太极八卦图的奇观，太极村因此而得名。这里的经济来源全靠农民种庄稼和外出务工的收入，基本上是“靠天吃饭”的状态。村集体经济发展落后，生态环境恶劣。就是这样一个要经济没经济，要区位没区位，要优势没优势的小山村，张万登决定投资太极后，身边的朋友们都很不理解，甚至轮番劝他，有朋友说：“你要是投资太极，就是在给自己判十年的徒刑。”张万登索性说：“十年算是好的了，我打算把下半辈子也搭进去。”为此，妻子还和他闹过离婚，甚至花钱雇了说客想把他说服。可是，一切都无济于事。就是带着“把下半辈子搭进去”的决心，张万登来到了太极。

报社来了记者，对张万登进行采访。他饶有兴致地描绘了他的规划蓝图，一项一项地给记者介绍，“这边是鱼塘，可以投放近20个品种的鱼类，这边是引水沟，这边是排洪沟，那边是休闲区……”。娓娓道来，如数家珍，整个思路都体现了生态的理念和引入了“生态综合体”的概念，包括了生态养殖，生态种植，生态观光，休闲旅游，资源循环等，从水产品的生产加工到消费，再从消费到生产，每一个环节都在整个"生态综合体"的调节范围之内。项目建成后，将带来直接收益200万元/年，可显著改善太极村的生态环境，带动太极村全村人的就业，增加农民的直接收入，这对太极的百姓来说，是一个千百年来的福音。

如今的太极村，在村委的配合下，实现了土地的流转。目前总共在太极村和飞轮村种植了400亩葡萄，40个整齐排列的鱼塘已建成，建成的鱼塘已经投入生产。张万登还投资近100万元修建了太极便民桥、投资了近300万元治理了太极河的河道，目前工程进度已完成30%，投资额超过2000万元。当问到其是否后悔过时，他只是笑了笑，"这个项目能不能赚钱，我不在乎，重要的是，我做了，就要把它做好，我既然下了决心把下半辈子都搭在这儿了，就不在乎能赚多少钱，我在乎的，是给太极村的百姓能留下点东西，给子孙后代能留下点东西"。其实不仅是别人，即便是他自己，对这个项目的前景在心里边也是一个大大的问号，把工程做下去，是需要巨大的恒心和毅力的。"谁言寸草心，报得三春晖"，张万登就是这样一个有着高度社会责任感的企业家，他以自己的春晖行动，凝聚着强大的正能量，正在美丽的七星关大地上描绘着一幅漂亮的山水太极图。

张永学

张永学，贵州毕节县（今七星关区）人，女，1949年12月19日生于毕节杨家湾周驿站。其父张华于1936年参加红军，在红六军团警卫连任职。成年后，她在家庭革命思想的熏陶下，从小树立自强、自信、自立的思想品格。参加工作后，在毕节县针纺公司上班，自学成才，富有经营思想。

1980年，党中央改革开放的大政方针传达到毕节，张永学决定下海经商。在爱人顾尚朴的支持下，将多年积累的资金承包毕节地区邮政局鸿雁公司二门市，经营家电和五金业。在既无关系又无本钱的情况下，靠自信和决心，一步一个脚印走出来。经过数年的拼搏，在人生的道路上迈出了可喜的一步。在经营中，她兼营涂料业，深感进货缺货，而且成本高、利润低，于是产生就地办厂的念头，在多次进货中，认真观察厂家的配料，"偷师学艺"，请师傅在毕节办起了第一家涂料厂。经过细心研究，生产的涂料质量价廉物美，购者很多，几年间积累了数十万元资金。当时，一个意外的事情发生，毕节城市道路改造，需撤迁涂料厂，另行选址，损失太大。于是她又新生门路，决定另谋职业。1993年，在毕节城区修建"恒通汽车修理厂"。建厂之初，再三考虑，为不占基本田土，她选址在洪南路口至关门山一个陡坡上。其开发地段，一无电、二无水。为解决水的问题，只好花巨资，引用"母猪龙潭"的水源，工程艰巨。她不分白天黑夜同工人一起加班，经过一年多的日夜打磨，"恒通汽车修理厂"终于建设成功，如期开业，并业务很多，声誉渐好。地区邮电局看中了恒通汽车修理厂的开发环境与价值，以雄厚的资金购买，使她得一大笔钱。按理可坐下来享受清福。但她不愿坐下来，一心想为国家和人民谋利益，做个女强人。2000年，在办好相关手续后，成立毕节地区宏兰房地产开发有限责任公司，跻身于房地产开发行列，在城郊关门山一片荒凉之地建起了第一幢高楼。在房产事业上迈出了第一步，而且由外行变内行。经过近两年的努力，修建了一幢幢高楼，把一片荒凉之地变成人行街。2005年，由于市场价格不稳定，最终修建的几幢房子亏损千万元。她并没有因此而气馁，调整思路后，对民生市场作了充分的调查研究，觉得毕节地区缺少一个专业水果蔬菜市场和一个规范的农产品专业市场。便着手开发这一市场，集商品房销售、物业管理、市场开发为一体。选址于贵毕公路出口处。正是此时，机遇来临，地委、行署正把修建大型综合批发市场的地址定在母猪龙潭这一片土地上，与她的选址相同。双方进行考察、规划、指导，经过洽谈，经行署批准，地区工商局把修建、开发、创办的任务交给毕节地区宏兰房地产开发有限责任公司。接受这一艰巨任务后，她率领员工，不分白天黑夜在工地上操劳，和工人打成一片。一年之后，建成一个功能比较齐全、场地初具规模的大型综合批发市场。于2003年1月如期开业，举行盛大的剪彩仪式。市场不仅供应人民生活的必需品，而且为毕节的城市建设、缓解市区交通的拥堵做出了贡献。每天凌晨四、五点钟，前往市场批发蔬菜、水果的商贩、购物人群络绎不绝，热闹非凡，生意十分兴隆。

在经营中，常有风险发生。2007年至2008年，毕节遭受50年不遇的冰冻灾害，洪南市场因水管爆裂、电路冻断，造成经济损失24.8万多元。为让山城人民过上安乐祥和之年，她亲临现场解决问题，动员各个老板从周边乡镇运来各种蔬菜，每吨补贴200元供应市民。同时用自己的冷藏车从贵阳运来新鲜蔬菜供应市场，不赚一分钱。其奉献精神，体现了她为政府分忧、为群众解难的高尚品质。洪南市场的信誉不断提高，不仅取信于民，而且把市场做强做大，成为全地区响亮的品牌，让全地区及外地农产品从这里走上消费者餐桌、走进群众家中，她还配置了农药残留检验、检测设施人员，每天一次检测，发现不符合的产品，就地处理，不准销售。同时在场内建一座500吨冷库，配置4台厢式运输车和冷藏车，把毕节的名、优产品从场内运向各地，又把各地的产品运进场内供给，受到消费者的赞扬，被称为劳苦功高。

张永学20年的辛勤劳作，先后向社会各界捐款共20余万元，为贫困户王丽、周训珍、樊焕明等几户人的拆迁出资17万元修建平房，让其居住；收养两名孤儿，成长立家；资助20多名残疾人进场做生意，免收进场管理费，安置10余名残疾人就业；2006年，响应市妇联发起的“恒爱行动”倡议，购置210件毛衣送翠屏聋哑学校；向政府捐赠一套价值10万元的商品房，作为贫困户的廉租房。

张永学作为新时代的女企业家，在事业发展上，具有与时俱进的新思想、新思路，只要看准对国家、对社会有利的事都下大力气去奋斗。她被选为毕节市政协常务委员、贵州省女企业家协会副会长，先后荣获毕节地区“巾帼创业带头人”，贵州省“十佳”女优秀企业家，省第六届“巾帼企业带头人”“巾帼文明岗”、全国“杰出创业女性”、全国“三八红旗手”称号；所属企业，2004年被地区工商局个协评为“五心先进会员”；2005年、2006年被评为“优秀龙头企业”“农业产业化经营重点龙头企业”；2007年被评为先进企业，商务部列为“双百工程市场”；2008年被评为“五好”基层组织。

张永学在创业的大道上，走出了一条又一条成功之路。每走一步都付出心血和汗水。她放弃个人享受，至今没住豪华房子，没穿漂亮衣服，一心扑在事业上，使事业从无到有，从小到大，创建全地区独一无二的综合农贸市场，年成交额两亿元以上，为国家作贡献，为人民谋福祉，成为有名的女企业家，受到党和人民的赞扬。

张弘宗

张弘宗（1943～2015），贵州省毕节县（今七星关区）人1943年出生于毕节县八寨坪，中共党员，农民企业家。

15岁到煤厂当工人，1962年煤厂下马后，只身进城拜师学艺搞建筑。3年学习期间，勤奋努力，尊敬师长，团结同志，积累了丰富的经验，学会了整套操作技术。

1965年出师后，他把眼光盯在农村，带领农民兄弟队伍在毕节、赫章等地四处为生产队修建公房、农民住房等，所到之处，坚持诚实信守、质量第一、价格合理，取得了社会认同，在行业中享有信誉。一干数年，在极为艰苦的环境中锻炼成长，建筑水平不断提高，转战阴底承建区供销社、区公所大楼、卫生院等工程，在毕节建筑业占一席之地。

随着改革开放的深入和事业的发展，他又组织队伍承包海子街中学礼堂和医院的修建工程。在施工中，结识富有开拓精神的熊廷顺，两人在事业上志同道合，一起活跃于乡镇企业建筑行业的大潮中。1984年他与熊廷顺合资创办预制厂，1985年共同出资8万元，进城开办毕节县乡镇企业建筑公司，毕节地区首家私营建筑企业在县城诞生，熊廷顺任经理，他任副经理兼施工队队长。首次承包高五层、建筑面积2072平方米的乡企局办公大楼，顶住农二哥不能建高房的流言蜚语和来自方方面面的压力，精心管理，严格施工。凭着自己的才智和实干巧干的精神，建成一幢符合质量的高楼大厦，提前一个月交付，经质检部门检验合格，一炮打响。消息不胫而走，业主信服，基建部门登门拜访，与之签订建房合同，于是工程项目源源不断，公司景况蒸蒸日上，不断发展壮大。1985年起先后承建毕节烟厂仓库、车间、职工宿舍达10多万平方米，竣工验收，每项工程均评为优良，成为重合同、守信用的企业，得到党政部门的表扬。在建筑中成为懂经营、善管理、诚实守信的公司，技术力量不断充实，资金逐渐积累，声誉逐步提高，毕节县乡镇企业建筑公司成为毕节有影响的民营企业。

1994年，张弘宗与熊廷顺同赴东南亚各国进行实业考察，吸收国内外企业的经验，决定改组改制，成立股份制企业。经上级主管部门审批，将毕节县乡镇企业建筑公司改为毕节市顺弘建筑工程有限责任公司，张弘宗为法人代表，公司下属12个施工队，均拥有股份，注册资金3000多万元，流动资金6000多万元，固定资产5000多万元，企业资质从五级升为二级。员工从183人增到近千人，专业技术人员达180多人。仅10年间，公司完成工程项目400多个，建筑面积100多万平方米，工程合格率100%，优良率60%以上，创产值上亿元，上缴国家税收2000多万元，同时安排了一批又一批的农民工就业，带动了许多农民脱贫致富，声誉响遍毕节地区，成为上规模、上档次的大型民营企业，为毕节市城市建设和城乡经济发展作出了突出贡献。

张弘宗深知科技知识的重要，出资20余万元，聘用和选用各类专业技术人员30余人到省地有关院校学习深造，开阔眼界，提高文化素质。通过专业考试，评聘为工程师、助师、技术员等，整个职工队伍的素质不断提高，适应于市场和企业发展的需求。然后又投资2000多万元兴建打砂厂、采石场、机砖厂、水泥厂、运输队等配套成龙的服务体系，为毕节的企业作出示范。

1996年，张弘宗会同公司的领导成员从长远考虑，决定抓住毕节旧城改造、新区开发机会，在抓好公司经营管理的同时，同熊廷顺分开管理，成立毕节市弘宗房地产开发有限责任公司，任董事长、总经理，以房地产开发带动建筑业的发展，在全地区百个小城镇建设中，率先投入160万元，在普宜镇新建一条2000米长、25米宽的街道，两旁修建3万多平方米的商品房，为发展大纳公路川黔交界的繁荣地段作出奉献。他前后经过近10年的拼搏，使公司发生了可喜的变化：注册资金达到800万元，流动资金3000多万元，固定资产300多万元，安排城市下岗职工42名就业，解决300多农民工进城务工。

1999年，他站在创造未来的高度，决策正确，大刀阔斧地投入旧城改造。在中华路、中华南路、双井路等地段建起了一幢幢高楼大厦，设计新颖，造型美观，一举改变了毕节城区的面貌，而且优惠解决了部分市民的住房问题，受到过往行人的赞许。继后又投入大量的资金开发麻园小区，在五龙桥建21层大楼一幢，巍巍壮观；在三十米大道、麻园大道和环东路三叉路口建造“弘宗花园”住宅小区，面积2.8万平方米、绿化带3万平方米，修建1160米长、40米宽的主干道；由政府划拨30亩地与之作房地产开发，综合利用，总投资3000余万元建成规模合理、设计科学、环境优美，融花园、街道、住房、门面于一体的建筑群，实现旧城改造7.5万平方米，建造房屋39万平方米，完成总投资2.25亿元，创税1500多万元，受到毕节地、市党政领导的赞扬。

他是一位为人诚恳、待人宽厚的民营企业家。在事业的发展壮大中，时刻没有忘记党的好政策和政府的关怀；没有忘记对社会的回报。常说：“党有富民政策，我有报国之心。”20多年来，他以民营企业家的气派，一直热爱社会公益事业，捐资修缮长城5万元、修烂泥田公路7万元，维修海小校舍5万元；扶持弱势群体，建水电设施；资助困难学生，救助患者；支持学者著书立说，新年文体活动、关心文物建筑，尊师重教，每年出资慰问教师，关心企业职工等，有事必到，有求必应，先后捐资总计达百万元以上。

张弘宗几十年如一日，在艰苦的环境中步入社会，正正规规做人，体体面面办事。在公司的管理中，爱党爱国，遵纪守法，照章纳税，正确处理人际关系，遇事发扬民主，集思广益，采纳合理建议，正确决策，增强了企业的凝聚力和创造力，促进了企业的持续发展，被誉为乌蒙汉子、毕节的优秀儿女。总书记胡锦涛视察毕节时过问其业绩，时任省委副书记、省长吴亦侠关心过他的入党问题。1995年，光荣地加入中国共产党，在各级党组织的关怀下，他做出了立世之本，谱写了最普通而又不平凡的人生，成为省内、毕节市挂职最多的企业家之一：中国建筑业协会理事、贵州省企业家协会副会长、贵州省房地产协会理事、毕节市商会副会长、省乡镇企业协会副会长、市政协委员等职；并获得许多荣誉：1990年3月毕节地区行署授予他“农民企业家”称号；1991年7月中国集体建筑业协会授予他所领导的顺弘建筑公司为“全国先进集体企业”称号；同年9月中国名牌企业海内征联大赛活动组授予他“中国建筑业中华英才”称号。1998年11月，毕节地委、行署授予他的公司为发展非公有制经济的先进企业，荣获第三届“毕深奖”，单位被评为省非公有制先进单位；2002年2月，省人事厅、省乡镇企业局授予他“贵州省优秀企业家”称号；同年3月，毕节地区安全委员会授予他为2001年度毕节地区安全生产“先进工作者”；同年10月，他被省企业联合会、企业家协会、工商联、商会命名为“新世纪贵州省优秀企业家”；同年12月，毕节地、市地方税务局授牌弘宗房地产开发有限责任公司为“依法诚信纳税企业”；2003年至2005年，他领导的公司被省工商行政管理局授予“重合同守诚信企业”；2003年3月，他被推选为贵州省乡镇企业协会第一届理事会副会长。2004年4月，他被推选为“贵州省光彩事业促进会第二届常务理事”；同年7月，毕节地委授予“优秀党支部”称号。除此之外，他还在工作中出席许多大中小型表彰会，作过许多模范事迹的报告，多次受到胡锦涛、温家宝、卢嘉锡、彭珮云等党和国家领导人及省地领导的亲切接见，赞扬他在农村带头致富，鼓励他再接再厉搞好工作。他曾任毕节市顺弘建筑工程有限责任公司党支部书记，毕节市弘宗房地产开发责任有限公司总经理、董事长，毕节市《古今人物名录》编委副主任等职。2006年，中共毕节市委授予他“优秀党务工作者”称号，荣获全国诚信经营企业家、中国名优数据库荣誉证书、中国世纪大采风活动银奖、“中国管理创新杰出人物”称号，被聘为毕节市工商联名誉会长、毕节地区商会第三届理事会顾问。

2015年2月，张弘宗病逝，享年72岁。

张景升

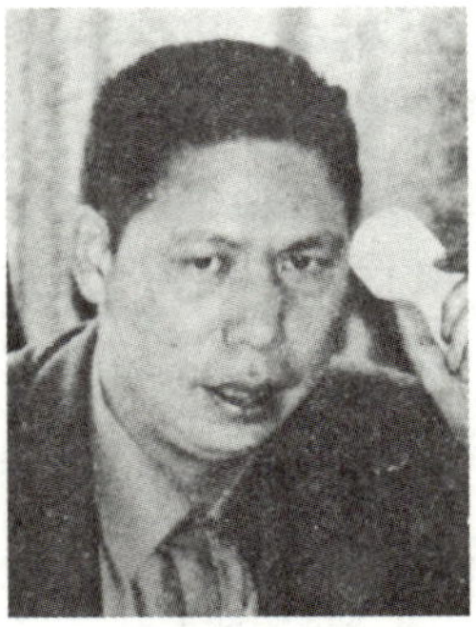

张景升，贵州省毕节县（今七星关区）人，1966年12月出生于毕节县海子街烂泥田。

1985年从事建筑业工作，在严父张弘宗教育下，热爱本职工作，专心致志，学有所成。是年，被公司选送贵州建筑专科学校学习二年。在校期间勤奋学习，取得良好的专业成绩。毕业后回公司工作，从事建筑施工和管理工作，把所学的知识运用于实践之中。在参加承建毕节地区烟厂仓库修建等多项工程中，分工承建宿舍部分，建筑面积1万多平方米，工程竣工时经质检部门验收均为优良，奠定了他从事建筑业的基础。继后，在清毕南路至县粮食局地段修建商住楼，一、二期工程占地面积2万多平方米，建成后容纳住户180余户，还原撤迁门市48个，使这些撤迁户富裕起来，深感公司诚信。从此，他在公司一直从事建筑施工和技术管理工作。他的工作得到工人的好评。在技术职称考核中，被评聘为工程师。在任职岗位上，尽职尽责，为公司的发展壮大献计献策。1994年公司改组改制，成立股份制企业，将毕节县乡镇企业建筑公司改为毕节市顺弘建筑工程有限责任公司。此时，他在业务上已经成熟，能独当一面，被任命为公司副总经理，长期分管施工技术，使公司的资质由五级升为二级，注册资金3000多万元，流动资金6000多万元，固定资产5000多万元，相对固定的技术工180多人，随时施工人员多达1000至3000人，成为毕节地区上规模、上档次的大型民营企业，为毕节市的城乡经济发展作出突出贡献。

2001年，在党支部和公司的统一领导下，他独立修建环东南面的“弘宗花园”，建筑面积2万多平方米，建成综合用房，融住房、车库、门市、人行花园于一体，可容纳上百户人家，为新迁的市（县级，下同）政府员工住房提供了方便。2003年又承建东北面的“雅居园”，建筑面积1.2万平方米，规格为商住楼。2004年自建“馨雅苑”，自投资金700余万元，建成8000多平方米的欧式挫层楼中楼，形式别具一格。2005年，承建麻园中段毕节地区国家税务局11层的综合办公大楼，建筑面积1.1万平方米，其规模雄伟壮观。

2005年，他开发创办了毕节市升腾房开公司，以开发带动建筑，以顺弘建筑工程有限责任公司承建“怡景新城”，以公司副总经理兼一队队长的身份负责承建施工。占地120亩（20万平方米），可持续开发6年，容纳1450左右住户。

2006年，毕节升腾房地产联合西南著名商业管理和策划公司进行全方位合作，由17位专家组成商业运营团队，对怡景新城进行一期规划，贯通两条老城区街道，规模近3万平方米，汇聚了一条商业大街和一条风情商业步行街的起点。他在开发承建北城大街的同时，还承建了世纪房开公司的“世纪新苑”，建筑面积1.6万平方米，投资900万元，建成综合用房8个单元、容80多家住户，设计新颖，美观大方，南北沟通，住户满意。

在从事建筑业的活动中，他一向善于学习和团结同志，有较强的组织能力和指挥能力，和总经理熊鹏一道搞活公司的各项工作。所做工程，享有信誉，先后受到毕节市政府表彰，贵州省企业家联合会授予“质量管理先进个人奖”。2001年参加省企业家联合会，任理事。2005年任毕节市（县级）工商联合会副会长，2006年被选为市政协委员，参政议政，建言献策，共谋发展。

张景升在严父的熏陶下，一直爱国爱民，自己走向富裕后一直没有忘记国家和人民。在每一项公益事业活动中，除由公司赞助而外，个人还要捐助。从2004年起，首捐1万元修建刘华小学，2005年多次捐资修建学校和购买办公用具、慰问教师，资助文化体育活动，扶持贫困学生入学，资助4名大学生直到大学毕业，资助受灾地区，开展助残扶贫，发放水泥修建乡村公路等等，是一位有作为、有影响的年轻企业家，深受社会各界的好评。

八　画

林玉坤

林玉坤，贵州省毕节县（今七星关区）人，1963年3月24日出生于普宜区柳湾公社陡岩，高中文化，七星关区恒宇生态农业综合开发公司总经理。

为带动家乡发展，带领群众致富，林玉坤积极为以发展脆红李产业为主的农业板块经济奔走，足迹遍及七星关区龙场营镇、大屯乡、阿市乡、普宜镇等周边乡镇。他是村民眼中的“林老板”，是农民专业合作社的“领头羊”，是脆红李产业发展的“舵手”。

在元岩村，大家热情地称呼林玉坤为“林老板”。为了脆红李产业的发展，林玉坤多次来元岩村参观和指导。他对当地的环境、气候等十分熟悉，说起种植脆红李来滔滔不绝，已成为元岩村的“主人”。

2013年，村民们到四川省泸州市古蔺县深入考察晚熟脆红李后，决心把脆红李引种到当地。村民们盼发展的愿望十分强烈，筹集资金100万元（村民自筹资金40万元，成立元岩村脆红李专业合作社向毕节市农商银行申请贷款60万元），订购了21.6万株两年生苗木，连片种植了2400亩，昔日贫困的山村因换了崭新的面貌而远近闻名。

如今，元岩村满山满岭栽满脆红李果树，正式投产。元岩村的脆红李种植基地，已经成为农业板块经济的一张亮丽名片，慕名前来参观和考察的村民络绎不绝。

在林玉坤的规划中，以元岩村2400亩脆红李为样板，以七星关区内扩大种植的1.86万亩脆红李为基础，把七星关区小吉场镇、普宜镇、龙场营镇一线建设成10万亩以上以脆红李为主的特色产业示范基地，逐步发展成几十万亩的种植基地，一年四季有果摘，一年四季有花香，让群众脱贫致富。

2016年，七星关区龙场营镇元岩村补种2000亩、黄泥村种植1200亩，大屯乡左泥青山村种植1400亩、大河村种植3500亩，普宜镇至阿市乡连片种植3000亩，层台镇种植1000亩，田坝桥镇种植500亩，海子街镇种植2000亩，田坎乡种植4000亩。

林玉坤指导下种植的脆红李3年投产，每亩可实现经济收入1.2万元以上，1万亩可产生1.2亿元的经济效益，提供6000多个就业岗位，带动1000多贫困户脱贫致富。

在林玉坤的规划里，他与返乡农民工牟启云、钟燚、王志权、袁坤映、王永忠等人共同组建恒宇生态农业综合开发公司。经过反复磋商，大家最终达成了一致共识：抱团发展，让山村“变脸”，让百姓致富。

周　琴

周琴，贵州贵州省毕节县（今七星关区）人，女，彝族，省十二届人大代表。

2007年，周琴不顾家人的反对，决定下海创业，经历了无数的辛酸与无奈之后，最终迎来了甜蜜与喜悦，当年的小作坊变成了有模有样的大公司，而周琴本人多次被评为“毕节地区百佳创业小老板”，她的公司也因为一直坚持“信誉第一”的理念，被评为“守合同重信用单位”。

在公司发展得如火如荼时，她没有忘记对社会的那份担当，多次帮助困难人群。2011年11月，身为彝姑娘食品有限公司总经理的周琴当选为七星关区第一届政协委员，2012年12月，当选为贵州省第十二届人大代表。

2007年的一天，40岁的周琴照例上街买菜，在一位张姓朋友的摊位前，她发现有豆腐卖。此时的周琴突然灵光一闪：“为什么不把这些豆腐做成豆腐乳来卖呢？”周琴不经意地问：“张姐，我可以做一点豆腐乳放在你这里一起卖吗？”“好呀！”张姐爽快答道。

得到张姐的同意后，她立即买了20斤豆腐提回去，开始忙着准备玻璃坛子、花椒面、胡椒面。凭借她对美食的“悟性”，经过她的细心调配，10天后，4坛豆腐乳终于摆在朋友的摊位上。

第一天就售了两坛。得到顾客的认可后，周琴一发不可收拾，加班加点制作豆腐乳，并一家家地亲自向摊主推荐。就这样，从一家、两家到三家地不断推广，她的豆腐乳在佳诚超市也有了自己的“位置”。“在佳诚超市，仅豆腐乳第一个月就卖了1万多元。”

豆腐乳的火爆销售，让周琴干劲十足，她想再弄点毕节的土特产到超市卖，于是她又想到了毕节的传统食品黄粑。

在做黄粑的同时，周琴又开始尝试做糍粑。当时没有钱买打糍粑的机子，只能手工打糍粑，每天要打四五十斤。

功夫不负有心人，周琴做的黄粑凭着甜软可口风味，深受消费者的青睐，在佳诚超市几度卖到断货，这也给周琴莫大的信心。很多消费者都把黄粑作为礼品送给外面的朋友。一次，一个热心的顾客向周琴建议：“这么好吃的特产，为何不起个名字？好多人都不知道它产于何处？”

周琴想了想觉得很有道理，“自己是彝族，自己又有个女儿，再加上彝族是毕节很有代表性的一个民族，不妨把名字定为‘彝姑娘’吧。”

2008年，“彝姑娘”注册商标成功，毕节彝姑娘特色食品开发有限公司诞生。之后，“彝姑娘”的名气越来越大，2010年年底，“彝姑娘”受邀入驻毛纺厂小微创业园。

在周琴的坚持下，通过努力，起初30平方米的家庭小作坊变成了如今总资产达550余万元的企业，当初一个人干变成了几十人一起干，原先摆摊销售变成了超市销售。

诚信是一块试金石，是否诚信决定着企业发展的成败。很多企业家都认可这样一句话：“诚信等于掘井。诚信越久，掘井越深，井水越多，取之不尽，用之不竭；反之，背弃诚信等于接天上雨，接一盆只一盆。”对于企业家来说，诚信经营关乎整个企业的发展命运。

在周琴看来，诚信是公司发展的基石。像这种做食品的公司，诚信尤为重要，只有做到诚信经营，公司才会发展得更好。彝姑娘食品开发有限公司自成立以来，一直秉承信誉第一的发展理念，力求为顾客提供安全、放心的食品。公司的产品，全部选用乌蒙山无污染的原料，用彝家传统工艺手工精制而成，不加任何防腐剂及色素，纯属绿色放心食品。

为了获取更多的利润，许多商家打起了“擦边球”，通过非法手段牟取暴利。因为黄粑的软度只能保持半个月，平时不能大批量生产，周琴身边的朋友告诉她，一些公司的黄粑保软时间很长，很可能是加了保软剂的效果，让她也试试。但是周琴却不为所动，始终坚持诚信经营。

她从不会想到放任何防腐剂，只想为顾客提供绿色、安全的食品，让他们买得放心、吃得放心。

正是周琴始终坚持诚信经营的理念，彝姑娘的产品才被推销到毕节各大超市及西南、华南地区等省会城市的超市。

在平时为各大超市提供产品时，她都会与他们签合同，他们要求周琴在某个时间段必须出多少件产品，她都会准时出货，绝不会拖延时间。自公司成立后，从来没有出现过失约的情况，不管加多少时间的班她都会准时出货。

彝姑娘食品开发有限公司销售的产品全都是在周琴的严格要求下生产出来的，产品的每一道工序，她都会安排专业人员把关，保证产品的安全性。她只想让大家吃到既安全又健康的产品，只要大家吃得开心，她就会觉得很幸福。这是周琴最简单、质朴的想法。周琴特别注重产品的质量，她的宗旨是为顾客提供安全放心的绿色食品。只要顾客提出产品质量有问题，她就会马上进行反思，找出问题的根源，对症下药。

有一次，一位80岁的老人到公司买黄粑，老人说：“我就只喜欢吃你家的黄粑，你家的黄粑很好吃，没有添加任何防腐剂，吃得放心。”得到老人的赞许，周琴非常感动。正因为她重质量、守诚信，彝姑娘的产品才会获得如此好的口碑。

信誉第一的信念一直伴随着周琴，她无时无刻不在提醒自己要诚信待客，正因为有这样的执着与坚持，公司产品得到广大消费者的青睐，公司被评为“守合同重信用”单位。

入驻创业园后，相关部门相继补助了周琴80万元，政策特别好。周琴很受感动，彝姑娘食品开发有限公司在得到一系列政策的扶持下，越发壮大起来。在公司不断发展壮大同时，周琴从没有忘记自己的社会责任。

在一次聊天中，周琴从在毕节二中教书的同学口中得知，一个叫陈建敏的学生家庭十分困难，家里有三姐妹，父亲和母亲无经济收入，她将面临辍学。周琴第一时间的想法是不能因为家庭困难，就让陈建敏放弃学业。通过同学的牵线搭桥，周琴找到陈建敏，每个月资助她200元生活费，并且经常和她通电话，询问其生活上的情况。如今，就读于武汉理工大学的陈建敏，只要假期回到毕节，都会到周琴的公司帮忙做事，周琴处处照顾她，把她当做亲生女儿一样对待。

鸭池、田坝桥、长春堡等地的敬老院，成为周琴每年的“必到之处”。每次去敬老院，周琴都会带着大米、粮油、黄粑、汤圆等生活用品去看望老人们。每次看到周琴来了，老人们都很高兴，把她当做自己的女儿一样看待。周琴认为，虽然自己不是特别富有，但是能够帮助老人们，尽自己的一份力，心里就感觉很踏实。2014年，她自愿拿出5万元给七星关区委统战部用于资助贫困大学生，她认为，这些青年，考上大学不容易，自己应该表达点心意，帮助他们完成学业。

一般来说，一个企业家最看重的事情，应该是公司的发展规模，但在周琴看来，让她最骄傲的不是公司创造了多少业绩，赚了多少钱，而是公司解决了几十名员工就业。这些员工在公司上班一年能赚2万多，使他们脱贫致了富。

谈起周琴的为人，公司里的员工个个都竖起大拇指，有说不完的好。工人们说：“周姐对我们都很照顾，她是一个热心肠的人，我们职工家有什么大事小事，只要她一听说，准会关心帮助。”在周琴看来，能帮助员工过上好的生活，是她最幸福的事。她用心经营事业，用爱传递关怀，用实际行动回报社会，不断演绎彝家儿女勤劳、善良、勇敢、坚强的人生。

九　画

胡家顺

胡家顺，贵州省毕节县（今七星关区）人。1979年3月出生于毕节县青场区火冲村。

胡家顺高中毕业后，就外出打工。在打工中，刻苦学习，参加函授，取得大学文凭。在实践中不断开拓进取，百折不挠。靠自己的勤奋与聪明才智，创办企业，发展企业，曾任香港毕卡国际梦玉有限公司董事长、重庆家顺和酒业有限公司董事长。

胡章群

胡章群，贵州省毕节县（七星关区）人，1945年1月15日生于毕节城小横街瓦家龙门，初中文化，民营企业家。

胡章群生于乱世，长在红旗下。父亲胡锦帆曾在毕节民国政府警察署工作，支持过林青等中共毕节地下党的活动，解放后长期从事教书育人事业。父亲正直、坦荡、正义的品德，潜移默化传承在胡章群身上，使他从小就坚定了跟着共产党走，为祖国建设，为家乡百姓致富做力所能及贡献的决心。

胡章群为了实现自己的夙愿，少年时期走过了曲折而坎坷的求学之路。1963年初中毕业后，他进入东风搬运合作社，成了一名集体企业的职工。先是搞财务工作，任出纳员。胡章群是个精细、诚实、勤奋的人。每天他都要将所收支账务搞得清清白白，分文不差。胡章群想：搬运社业务全靠员工们肩挑、背扛、手推，每分钱都是同志们的血汗钱，一分钱也不能出差错。他被搬运社同仁们称为红管家，也得到了领导们的赏识。随着社会的发展，集体经济的不断壮大，1967年，他被派到驾校学习汽车驾驶技术。学成取得驾照后，到商业运输储运站，当上了解放牌大车驾驶员。

六七十年代，能开个车，在别人眼里是很风光的事。而在胡章群心里，却是沉甸甸的责任。组织上能把这么宝贵的财富交给自己，是期望能创造优异的效益，为集体赚回更多的利润，责任大如天，担子重如山。胡章群全身心投入运输任务，上贵阳，下四川，去云南，赴两广，那里有任务，就奔向那里。那时的公路崎岖险峻，乌蒙路段坡陡弯急，每出一次车，都是一次艰巨的考验。

胡章群在商业储运公司工作做得相当出色，安全行车数万公里无事故，爱车护车学雷锋，脚踏实地作贡献，年年受到上级表彰。被调到县交通局开小车，以集体企业职工身份为交通局服务。

对于胡章群来说，1983年是他双喜临门之年。第一喜：时任中共中央总书记胡耀邦从四川到毕节视察工作，省、地选拔前往赤水河边界迎接耀邦总书记的驾驶员的条件，必须是政治思想好，有强烈责任心，驾驶技术精湛，安全系数最高，组织纪律性最强。作为先进工作者的胡章群，毫无争议被选中，并安全完成了最高等级的接送任务；第二喜：是年，组织上根据胡章群的一贯表现，将他从集体企业身份转为国营企业——毕节石油公司正式职工，任车队长。1988年被提拔为毕节地区石油经贸公司经理。

按理说，胡章群端上了铁饭碗，当上了经理，已算成功人士了。但，他想得更远、更深。改革开放到了深层次，必然触及每个人的切身利益。石油公司人事改革，使一些职工失去铁饭碗，同时也引起纷繁复杂的思想问题。胡章群想，国营企业庞大的职工队伍这个包袱，国家背了多年，不改革，企业就无法生存。他毅然下定决心：带头集资下海闯天下，自谋职业为党分忧。

干了几十年工作，都是在集体中生活。突然失去单位，自己白手起家创业，那是一段艰难的历程。胡章群从自己本行入手，贷款买了辆小客车跑毕节至小坝的客运。由于服务态度好，安全系数高，收费较合理，守时又诚信，他的客运经营如火如荼。接着他瞄准市场，1995年又创办了毕节市明磊汽车配件门市，组建黔金业物流公司。1998年将企业扩展为佰润集团，集运输、销售配件，代销东风日产、北京现代、别克、奥迪、宝马等名优汽车，将厂家售后服务融为一体。2007年又在田坝桥十二湾创办淞圣建材有限公司。2013年，响应政府环保要求，停止开山取石，将石材企业更变为“七星关区交通道路拌和站”，实行了绿色转产。

经过二十多年的打拼，胡章群已是身家数千万的成功企业家。在经营企业的同时，他心系人民，不忘回报社会。从2000年以来，他和他的孩子们，为田坝桥镇修建乡村公路、桥梁、建老年活动中心、青少年学习室、盛世文化苑、休闲观光台；帮扶区内困难群众、支助贫困学子；绿化荒山、美化乡村，为胡家院村架设输水管道等等公益事业，总共无偿投资1400多万元，为精准脱贫事业作出了应有的奉献。胡章群还为胡氏家族的文化传承、族谱、族祠、族中经济发展、集体经济的壮大，尽了自己的努力。原毕节地区行署副专员王明灯为他撰联“古月映七星一轮万代，兹心汇四海千载六合”；贵州省人大常委会副主任傅传耀亲笔书写王玥进为胡章群撰写的联：“彰显胡氏千秋业，群芳德惠万代根”，赞誉了胡章群的情操和为人典范。

赵贵东

赵贵东，贵州省毕节县(今七星关区)人，大学文化，贵州天利集团副总经理。

赵贵东生在毕节，长在织金，初中毕业后，因父亲工作调动而随父到贵阳读高中和中专，后考入中国人民大学经济管理系。他对家乡的山山水水怀有深厚感情。

大凡商界卓有成效的人们，多半都有为生计奔波，“苦其筋骨、劳其心志”的奋斗经历，最终练就一身本领，苦尽甘来成为佼佼者。赵贵东却没有这样一些经历，他本是贵阳市计委的一位副处长，可以同其他工薪阶层的人们一样上班下班，然后领着一份薪水四平八稳地过日子，不须为生计担忧。然而，随着国家改革开放政策的进一步深入，想寻找人生最有价值坐标点的他实在坐不住了，他想一试自己搏击商海的能量。照他的说法，“机关没多少事干，就主动申请出来领办乡镇企业”。在1989年，还没有这方面的政策，于是他请示省委组织部，部领导说：“这种举措应予支持！”此事向当时的省委副书记龙志毅汇报，得到赞同。时任省委副书记丁廷模批示，要求大力宣传这样的典型。在这个背景下，他到贵阳市小河领办乡镇企业、政府拨给他40.33亩土地，在一分钱都没有的情况下，他三年赚了几百万，把小河片区炒热了，成了全省破天荒利用市场和商品房同步开发而实现商品置换的成功典范，为全省城镇开发闯出了一条新路，为后来的小河开发区栽下了一块“奠基石”。《贵州日报》在显著位置对小河开发的经验进行深度报道。

在小河开发积累了一定经验后，怀着想干得更踏实一点的想法，赵贵东自己出来办公司。到1998年，完成了原始积累正进行第二步大发展的天利集团相中了他，天利老总“三顾茅庐”，他通过再三考虑后加盟了天利集团股份公司。在两年的天利集团合作创业中，他们从战略上考虑，先取得一定的土地存量，把连片而且具有地理优势的土地买下来作为储备，以同广州、遵义合作的汽车组装、修理、配件经营作基础产业，提高企业文化品位。后来，天利集团开发封家湾，只用8年时间建成了天利花园。

“企业的发展确实需要人才，需要有知识有水平的人做领导。家乡应采取一些优惠政策把有专业水平的人引到乡镇最需要人才的地方去，去办乡镇企业。”这是具有多年实践经验的赵贵东的经验之谈。赵贵东说，毕节地区和各县都应好好的定位，要搞清家底，选准项目，还要包装好项目，不要到关键时刻心中无数，那就要命了。项目的包装要符合国际惯例，才能让人找到感觉。他曾带商人去织金谈过项目，原定项目没谈成后问是否还有其他项目，结果拿不出包装好的项目。大开发先要开发思想，让思想观念改变过来，要提高工作效率还得解决机制上的问题，比如贵阳，最具体最现实的房地产这一块的手续，要盖许多章，至少要8个月到一年才能办下来，白白的放着资金等手续，外面的人谁愿干呢？赵贵东说：“在家乡，只要机会恰当，我也愿投入。在黔西南开发金矿时，我都做了一些社会福利方面的事，何况家乡的开发？我们的公司不能不考虑经济效益，但是项目的选择还是带一些感情色彩的，我曾到织金县考察过几次，想在家乡搞一点事，做一些天利的品牌。”

对于城市建设问题，赵贵东认为旧城改造的难度很大，要顾及许多历史遗留问题，所以不可能搞得非常完美。旧城改造要与新区建设结合起来，重点放在新区上，这就可以用新的城市规划的概念贯穿在实践中。城市建设要有超前意识，毕节市区的绿化率起码要达到25%以上，建筑物应具有文化含量，如欧洲的一些建筑，上千年都还很美观，不会过时，这就是文化含量的效应。

赵贵东说，贫困地区盼开发的心理太迫切，好多地方都有一种投资饥饿症，这会造成只要有人来投资，就不加考虑或考虑不周就乱签合同，这种盲目会给地方带来损失或贻误开发机会，有不少地方甚至还受骗上当。

赵贵东对开发、对企业发展有非常清晰的思路和丰富的经验，可算是名副其实的企业家。

十　画

顾怀礼

顾怀礼，贵州省毕节县（七星关区）人，1967年10月9日出生于贵州省毕节县杨家湾区放珠公社，高中文化，昆明市毕节商会常务副会长。

1974年至1982年就读于放珠中学；1982年至1985年毕节二中读高中；1986年至1990年在山东省济宁市务工；1991年创办昆明毕节市外出务工人员第一个便民超市，带领同乡大批人员走上创业致富路，至今已有1000余人在此道路上致富，一部分乡亲还在昆明安居乐业。1995年成立昆明颐德康中药材商行，主要经营冬虫夏草、燕窝、藏红花、天麻、三七等原生态名贵药材。商行秉承以人类健康为宗旨，以诚信经营为准则，以“一人致富不算富，开辟大众致富路”为使命，先后多次荣获昆明市工商联“先进会员单位”和昆明市消费者协会“消费者满意企业”光荣称号；2004年当选昆明市药材商会副会长；2008年当选云南省贵州商会副会长；2012年当选昆明市毕节商会常务副会长；2010年成立了贵州第一家以绿色健康为主题的洗浴休闲会所“地中海”，担任贵州省地中海洗浴有限公司董事长。公司坐落于金阳世纪城，占地12000余平方米，属公司自有产权。是一家集洗浴、休闲、餐饮、娱乐、住宿、超市为一体的大型豪华养生集散地。从而改写了国民对洗浴行业一贯的认知，至今一直被众多同行内企业效仿，引领大批同行业改变“无黄不桑拿”的传统经营理念，还民众一片绿色的休闲净土。2014年成立云南泓源股权投资基金管理有限公司；2015年5月泓源旗下“云南泉世纪大酒店”正式挂牌营业。该酒店位于昆明市老飞机场，属昆明市第二大商业中心，交通便捷，地势优越，场所占地面积22000余平方米，总投资额达7500多万元，是一家集酒店客房、温泉洗浴为一体的超级综合服务中心。浴场在坚持绿色健康的基础上更新观念，推出“以绿色健康为基准，生态养生为宗旨”。公司在昆明滇中产业园打造种植、养殖基地300余亩，餐厅80%的食物来自于自主农场，让客户吃得放心，玩得舒心……

在互联网普及时代，2015年，顾怀礼及其公司，紧跟时代步伐，响应“大众创业，万众创新”的理念，“云上泉世纪”商务平台应势而生。“云上泉世纪”：一个以分享经济红利为核心，把消费者转为消费商，让消费商成为合伙人，一个平台，无限股东、人人参与、共创共赢为宗旨的新型企业！自此，顾怀礼真正实现了“一人致富不算富，开辟大众致富路”的战略目标，实现了“大众创业，万众创新”的中国创业梦……

十三画

靳光宗

靳光宗，贵州省毕节县（今金海湖新区）人，1954年1月生于毕节县小坝刘华，初中文化，长虹公司董事长、总经理。

1970年，年仅16岁的靳光宗报名参加修建湘黔铁路，因工作出色，多次被评为先进。在修湘黔铁路期间学得手艺，从此与建筑业结下不解之缘。湘黔铁路会战结束后，参加毕节利民水库建设，任技术员，现场管理工程质量，统计工程进度。利民水库工程告捷后，进一步具备了技工知识，于1974年到水城从事建筑业，承担水城酱油厂厂房建筑，独立带领员工施工，事业有成。正当人们追求“万元户”的理想时，他已具有一定资本，为后来的事业发展打下了基础。

党的十一届三中全会号召全国人民以经济建设为中心。靳光宗毅然回到家乡毕节，抓住机遇，从事建筑业。1980年，在毕节承建农科所、农校、酒厂、蛋粉厂、农行等多项工程，合格率达100%，得到主管部门的好评，人民群众的称赞。1984年，顺应建筑业发展的形势，他与同行熊廷顺、张弘宗入股组建毕节县乡镇企业建筑公司，后更名为贵州省毕节市顺弘建筑工程有限责任公司。他出任副经理兼安全科科长、二队队长，共同领导该公司完成建筑工程500余项，建筑面积100多万平方米，创产值3亿多元，向国家纳税2000多万元，为社会公益事业捐资赠物300多万元。安排社会人员就业数百人，誉满毕节地区，数十次被国家、省、地、市评为先进建筑企业、守合同重信用企业、质量管理活动优秀企业、纳税先进单位、明星企业、百家诚信单位等，属国家二级建筑企业，带动毕节和周边一部分人富起来，企业享有声望，立于不败之地。

1996年，随着经济建设的发展，股份制企业的活力进一步体现，进入市场的人更多，他和张弘宗看到房地产开发在毕节是空白，于是出资45%，共同成立第一家房开公司——毕节市弘宗房地产开发公司，任副总经理。分别改造、开发清毕南路、中华南路、桂威路、麻园路、弘宗花苑等10多万平方米的建筑面积，为改善群众的居住环境及美化城市作出了重大贡献，为地方财政创税千万余元。历年为社会各界公益事业、贫困人员捐资送物100多万元，赢得社会的认可，业绩突出，口碑甚好，多次被省、地、市评为先进单位。

他以企业家的眼光，经常往返于大江南北，考察市场，不断总结经验，看准市场而为。他发现毕节的PVC型材市场还是空白，想就地办一家生产厂，生产一种以塑代木的新型节能环保产品，一旦成功，不但有广阔的市场前景，还可以保护国家天然林。于是，争取合作伙伴，经过艰苦的筹建，经上级有关部门批准，建厂成功。1999年7月，该厂初具规模，被评为毕节地区发展非公有制先进企业。其产品耐用长寿，供不应求，需要做大做强，最好的出路就是改制。他凭着多年从事房地产开发的经验，决定多方筹资，将PVC厂更名为贵州毕节长弘房地产开发有限公司，开始了他的第二次创业。带领团队经过几年的努力，拥有注册资金2000万元，固定资产8000余万元，管理人员60余人，其中：中高级职称9人，初级职称16人，就业人员500余人，为社会谋福祉做出了重大贡献。

2002年，他承担威宁路、桂花市场的旧城改造，仅一年时间完成地区农产公司、土产公司、日杂公司、燃料公司、石油公司、市土产公司、经贸局七家单位和100多户人的拆迁。历经两年半时间，迁回住户，带动130余户人富起来。完成2万余平方米的楼房销售、出租，取得显著的经济和社会效益。2005年，他主动承担了清朝时期修建的珠市街旧城改造。决定投资2亿元，连同其他地段一起开发。到2006年，已完成环东路长弘商住楼、砂石路地下通道、长弘综合大楼共3万多平方米的建设项目。业经质检部门验收，全面合格，于当年办完回迁户各种手续，还原户主的住房和门面。公司让利于民，使原来价值几万元或十多万元的住房房产增值得到30万元至50万元，甚至上百万元不等，让200多户人安居乐业，逐步富了起来，受到各级领导的好评，社会人士的赞扬。公司集开发、销售、物业管理于一体，除建筑税收外，完成产值6000余万元，每年为国家财政创造各项税收180多万元，赢得了职能部门的赞誉。公司先后多次被评为省、地级“守合同重信用”单位、“房产工作先进企业”。

随着国家西部大开发的实施，毕节开发扶贫、生态建设试验区的向前迈进，他于2006年接受开发清毕路的任务。这是毕节古往今来通往贵阳的主要通道、市区的中心，对城区起着骨架作用，意义深远。经过两年的努力，以清毕路命名的清毕北路“长弘花苑”商住小区，总投资2亿元、建筑面积14万平方米，一期工程已完成总量的70%，初具规模，将形成毕节主体城市功能，彻底改变旧城面貌，稳定人心，让过去只价值几千元至几万元的住户迁回原地，归还门面，享有几十万元乃至百万元的房产。其总体工程5年内可创销售额3.8亿元，为国家创税4000多万元，为企业的发展与社会的和谐起到积极作用。

他把诚实守信作为企业行为和行业自律的基本点，遵纪守法、照章纳税，为消费者提供可靠安全的住房，发扬“致富思进”的精神，表达对国家和社会的回报，出资500万元修建沙石路地下通道供群众行走。2005年，给小坝镇刘华小学捐款2万元，为刘华村水、电、路工程捐资1万元。2007年，先后为毕节千溪镇中心校捐资1万元，赢得“甘洒汗珠培赤子，乐为祖国育良才”的光荣称号；为大方县百纳民族乡改造茅草房工程捐资5000元；为毕节抗冰雪凝救灾捐款3万元，支援汶川震灾捐款1万元，参加支助社会公益活动10多万元，不断向社会各种公益事业献爱心。他对家庭严格要求，勤俭度日，读书为尚，子女均受大学教育，有硕士生三人。

靳光宗艰苦奋斗几十年，业绩辉煌，受到党政机关、人民群众的好评，系荣誉于一身，企业连年被评为“先进企业”，个人先后任毕节市商会常委，地区房地产协会副会长、毕节地区政协工委委员，参政议政，是毕节有名的企业家。

十四画

熊　亮

熊亮，贵州毕节县（今七星关区）人，女，于1970年10月出生在贵州省毕节县海子街区五里坪公社熊家院（今观音桥办事处）。大专文化，中共党员，民营企业家。

熊亮1985年9月至1988年7月，在毕节六中就读高中；1988年9月至1990年7月，在毕节市工业学校读中职；1990年9月至1992年7月，在贵阳建筑专科学校就读大专；1992年7月至1996年4月，在毕节市乡镇企业建筑公司工作；1996年5月起在毕节市水泥厂担任董事长；先后被评为毕节市水泥厂劳动模范、五好职工、优秀党员、优秀技能人才；2001年3月至2012年期间，先后获得全国、省、市、区劳动模范、先进工作者、优秀共产党员、创业之星等荣誉称号18次；2001年3月，荣获毕节市人民政府交通工作先进工作者；2003年荣获毕节市人民政府工业工作先进个人；2006年7月，荣获中共毕节地委优秀共产党员称号；2008年10月，荣获贵州省第三届创业之星称号；2009年荣获贵州省“五一劳动奖章”；2010年荣获“贵州省劳动模范称号”；2011年荣获全国“五一劳动奖章”；2012年5月被授予“贵州省创业之星”荣誉称号。

毕节市水泥厂董事长熊亮是原毕节市（县级）第四届政协常委，现毕节市和七星关区政协常委。毕节市、七星关区工商联副会长。在工作、学习和生活中，始终以一个共产党员的标准严格要求自己，坚定不移地执行党的路线、方针、政策，严格执行党规，党纪，严格执行国家的法律，法规，做遵纪守法的带头人。在水泥厂的发展和管理上，坚持以人为本，以质量、安全、绿色发展为己任，积极构建企业、社会效益，经济效益，和谐发展的理念，在国家实行产业结构调整的大环境、大气候下，按照“提高产品质量，提升产品的节能，减排，绿色生产”为目标，积极推动毕节市建材工业的发展，在整个企业的发展上确立重开发、重技改、重环保、重人才的现代企业发展和管理理念，使原来只有3万吨生产能力的水泥厂，成为生产规模达百万吨，固定资产达到2亿元的股份制企业，为当地经济和社会发展作出了突出的贡献。

熊亮是“构建和谐社会，践行科学发展观”的典型代表，她重视企业文化塑造，注重企业职工技术人员的培训，紧紧围绕“完善组织机构，强化职工安全生产，保证产品质量”的意识。多年来，水泥厂从未发生重大安全事故；在厂的建设和发展上，尊重客观规律，“重开发、重技改、重环保”，产品质量得到不断强化和提升，水泥厂的水泥质量是广大用户信得过的产品。自她任董事长以来，水泥厂已向国家缴纳税金2000余万元。由于她严格要求自己，对厂科学管理，从生产、质量到经营，严格遵纪守法，照章办事。因此，她多次受到国家、省、市、区等各级表彰。

熊亮在工作之余注重提高自身素质，把加强学习放在工作的第一位。作为一名毕节市政协常委，毕节市、七星关区工商联副会长，她积极参政议政，向政府提出了新农村建设应听取群众的意见，对土地转让户要注重他们的正当权益和企业发展要强化环保意识等意见和建议。这些意见和建议，均得到市政府及相关部门的重视和好评。值得一提的是，在举国上下“实现奔小康，共筑中国梦”的工作中，她在新农村建设中，主动支持当地新农村建设，帮助修路，危房改造，新建希望小学等公益事业，个人捐助资金30多万元。在雪凝灾害期间，组织职工看望受灾群众和贫困老党员，发放物品和慰问金近万元。积极缴纳特殊党费，向灾区人民献上一份爱心，她为七星关区乃至毕节市的社会和经济发展作出了积极的贡献。

熊　鹏

熊鹏，贵州省毕节县（今七星关区）人。于1965年10月出生在贵州省毕节县海子街区五里坪公社熊家院（今观音桥办事处）。大专文化，中共党员，民营企业家。

熊鹏于1986年7月在毕节市朱昌中学高中毕业；1986年9月至1989年7月，在北京建筑学院工民建专业毕业；1989年9月至1999年3月，在毕节县乡镇企业建筑公司工作（期间，在贵州财经学院工程管理班学习毕业）；1999年3月至2003年5月，任毕节市顺弘公司副总经理；2003年6月至2009年3月，任毕节市顺弘公司总经理；2009年4月起任毕节市水泥厂副总经理、工程师、毕节市建筑业协会会长。是原毕节市（县级）第二届、第三届政协常委，第四届人大代表、委员，七星关区第一届人大代表、常务委员，原毕节地、市（县级）工商联副会长。

熊鹏参加工作以来，对本职工作刻苦钻研，兢兢业业，累计完成工程项目40余项，总建筑面积10余万平方米，创产值几千万元，缴纳税收几百万元，发放工人工资近千万元，解决就业农民工400余人，并完成建安工程合格率达100%。熊鹏在抓经济效益的同时，也没有忘记社会效益。多年来，他甚是热心公益事业，致富不忘父老乡亲。从1995年起，他个人向社会赈灾，救灾，扶贫济困，支助失学儿童，贫困大学生，支持教育事业等捐资50多万元，支持新农村建设、道路、桥梁、水泥500多吨，捐款十多万元，两基教育10万元，缴纳特殊党费12000元。

熊鹏工作实在，领导有方，成绩突出，从1996年到2000年连续四年被评为“毕节市发展乡镇企业先进个人”，多次被评为“全市乡镇企业先进工作者”；1993年被团省委和省乡镇企业局联合授予“贵州省首届优秀青年企业家”称号；1999被评为“毕节地区首届十大杰出青年农民”；2000年至2001年被省建设厅评为“全省建筑企业优秀项目经理”；2000年获“毕节地区第三届青春献给实验区十佳青年”和“毕节市首届十大杰出青年”称号；2002年获“贵州省十大杰出青年候选人提名奖”，同年获省“五一劳动奖章”并出席全国农村青年创业致富带头人表彰大会，受到温家宝副总理亲切接见；2005年被评为“全国劳模”，受到国家领导人的接见。

熊鹏以一个普通党员的标准，严格要求自己，遵纪守法，注重所承接建筑项目的质量和安全，在自己发展的同时，具有较高的社会责任，热心公益事业，在前进的道路上不断努力，不断学习，不断创新，与时俱进，其言行举止均得到政府和老百姓的好评，他为毕节的经济和社会做出了应有的贡献。

熊廷顺

熊廷顺，贵州省毕节县（今七星关区）人，1943年6月出生于毕节县观音桥熊家寨，中共党员，农民企业家，全国劳动模范。

熊廷顺进入中学不久因家庭贫困，付不起学费只得回家务农，被选为生产队会计。尔后一直勤恳为人，先后学泥工、种药材、做小生意等，致力于劳动致富。党的十一届三中全会后，紧跟党的大政方针，勇于开拓，树立正气，取信于民，被选为村委会主任。熊廷顺认真学习党的方针政策，决心带领村民走上致富之路。

1981年，村委会将国家拨给熊家寨的1150元扶贫款，购买17马力的碎石机、打砂机、打砖机各一台，由熊廷顺带领30户人中的50个劳动力，在村寨附近开山碎石打砂，在院内办起水泥预制厂，在路旁建砖瓦窑，发展乡镇建材，销售四乡八里。同时在全村开展多种经营，实行农、工、商并举，当年全村人均收入比上年翻番。1982年又兴办一个打米磨面加工厂，全村经济收入显著提高，比上年增长30%。1983年，根据市场发展的需求，组建一个专业运输队，村里先后购置手扶式和盘式拖拉机7台。他带头学开拖拉机，引导男女青年学习科学技术，着力解决群众的温饱问题。1984年，村里开办烟酒食杂百货商店，把善于搞经营的人员安排进去发挥作用。同时组建一个石、木二匠及泥水工合成的施工队，在农村承建民房。申报组建建筑施工队，转向县城投标承包建房。得到有关部门的支持后，在队内实行按劳分配的原则，提高员工的积极性，效益逐步提高，事业不断发展壮大。当年，熊家寨村人均收入达500元，比1980年增92元。

1985年4月，熊廷顺权衡自己的实力，摸清建筑市场的情况，与张弘宗达成共识，决定正式申报组建建筑公司，名正言顺进城挂牌承包工程修建。获批准后，将两人原掌管的建筑施工队合编改建为毕节县乡镇企业建筑公司（后更名为顺弘建筑工程有限责任公司），挂靠县乡企局，任经理，张弘宗任副经理兼施工队长。两人齐心合力，公司由原来的183人增至703人，工程队由原来的3个发展到15个。公司的增员以熊家寨、兰泥田为基础，接纳十多个乡镇的能工巧匠，公司不断壮大，财力不断增强。所承包的工程由星星点点聚为一条龙的生产线。龙头摆在城内，龙尾摆在观音桥等村寨，综合利用产、供、销连接的机制，使这支农民建筑队伍立足于市场的激烈竞争之中，闯过一道道难关，建成县乡镇企业局2027平方米、高五层办公大楼，顶住“农二哥不能建高房”的奇谈怪论，率先建成一幢造价低、工期短、质量过关的示范楼，受到党政领导的表扬，人民的称赞，领取县政府6000元的奖金。从此，熊廷顺领导的农民建筑企业在毕节站稳了脚跟。在赞扬声中，向顺弘公司发包的单位接踵而来，在“活路多、生意旺、效益好”的形势下，熊廷顺决心建一流的企业，创一流的质量，要一流的效益。同时做到富了不能忘记政府的关怀，每年纳税从几千元增至50万余元，赢得政治经济双丰收，受到社会的好评。

1995年，在取得众多成绩面前，中共毕节市委行文，明确熊廷顺为乡镇企业局党组成员，毕节市人民政府任命廷顺为毕节市乡镇企业局副局长。政府另择新路，要熊廷顺领办一个股份制的龙头企业——毕节市水泥厂。他愉快地接受这一任务，与老友张弘宗一同计议，分工合作，熊廷顺任董事长、总经理。于当年很快办完手续，破土动工，在熊家寨旁的大山下建完厂房。次年安装设备，点火投产，一举解决了300多人的就业问题。经省地专家评审，称之为“深圳速度”。从此，熊廷顺誉满家乡，名声在外。该厂兴旺发达，以产品优质价低而深受用户的欢迎。建厂时借贷的500万元早已归还银行，当年上缴税金300万元。

在企业管理中，熊廷顺教育职工树立企业形象，参加社会公益活动，钻研业务，遵纪守法，文明施工。并规定从领导到工人不进酒吧、不搞歪门邪道、不聘用私人女秘书等。因而全厂树立正气，稳定发展，成为民营企业的典范，由一个普通农民发展成为一个享有盛名的农民企业家。中共中央总书记、国家主席、中央军委主席胡锦涛来毕视察时，曾多次接见他，并到他家里指导和鼓励他办好企业。

熊廷顺成为民营企业家后，清正廉洁，没有忘记自己是人民的儿子；富起来后经常关心父老乡亲的疾苦和全市人民的公益事业。1985年将自己积蓄的6000元钱购买150套课桌赠给当地小学，出资1万元修公路进学校；1991年投资15万元建海子街小学教学大楼；1994年拿出7.35万元慰问31所中小学教师，出资2814元购良种支援阿市乡安然村少数民族贫困户。

熊廷顺品德高尚，对组织忠心耿耿，每年除按规定交纳党费外，从1995年起自愿另交1000元至3000元不等的特殊党费。熊廷顺从1985年起，每年都被评为优秀共产党员，1995年被评为“全国劳动模范”，到北京出席表彰大会，受到中央领导人江泽民、李鹏等人的接见。贵州省人民政府及建设系统先后三次授予他“贵州省劳动模范称号”；全国政协授予他“九五企业之星”；中国集体建筑业协会授予他“全国优秀建筑企业家”等等荣誉称号。

熊黔滇

熊黔滇，贵州省毕节县（今七星关区）人。出生于青场镇青场村大寨组。任新加坡晋合控股有限公司总裁助理（湖南滨州），是七星关区青场镇外出打工成功人士。

熊黔滇在外拼搏成功后，没有忘记生他育他的家乡，没有忘记青场的父老乡亲。他每年都要回青场，看望和慰问有困难或还不富裕的亲戚，帮助家乡有识之士介绍创富门路，为村民脱贫致富出谋划策。他热心于青场镇公益事业，致富后不忘故土，2013年向家乡中小学捐款200万元，用于改善电教室和校门修建。青场镇人民政府聘任他为：青场镇经济社会发展顾问，使熊黔滇对故土的建设更有作为，更有用武之地。

响水滩

七星关区

史志人物选

QI XING GUAN QU
SHI ZHI REN WU XUAN

十　百岁老人

二　画

丁远乾

丁远乾，贵州省毕节县（今七星关区）人。生于1915年，居住在今毕节市七星关区朱昌镇双堰村。他的妻子胡齐珍2015年也是96岁高龄。两位老人这么大的年纪了，身体依然硬朗，耳不聋，眼不花，还能自食其力，在家洗碗抹盏，做些轻微家务活。

丁远乾这位世纪老人，出生在贫苦农民家庭。小时候帮地主家干农活，一天苦到晚就是混口饭吃。大集体的时候，在生产队做砂锅，他的劳力好，别人都做不赢他。改革开放后，他家6个人承包田地，他边种庄稼边织筛子、编簸箕，编竹篮卖，一年要杀一头大肥猪，过上了好日子。

老人这么大年纪，还经常坐在家门口削篾条。70多岁的儿子丁希贤说："父亲总是闲不住，只要有空，不是出去走走转转，就是坐起削篾条编簸箕等"。丁远乾的大儿媳翟群培说："那一年，村里村外的人们听说我公公满100岁、婆婆也是96岁高龄，都很羡慕，都要来家看望，说是沾点老人的福气，托老人的寿元"。

"老人为人友善"。翟群培还说，她的公公婆婆性格很好，她嫁到他家几十年来，从没见过两老拌过一次嘴，也没有和村里的人翻过一次脸，说话轻言细语，人们都说她找了个好婆家。

提到两老的饮食起居状况，翟群培说，两老都吃了不少苦头，一生都很勤劳节俭，日出而作，日落而息。每天早上天亮就起床，晚上天黑就睡觉，一日三餐不挑食，从不喝酒，也不抽烟，吃碗米酒都要醉。苞谷面煮酸菜稀饭是二老饮食的最爱。

问及老人的长寿得益于什么，丁远乾乐呵呵地说："生命是革命本钱，要能吃能喝，早上要吃好，中午要吃饱，晚上要吃少。还有，为人不要做亏心事，多修阴功多积德"。这就是长寿的秘诀，也是两老淳朴和善良的真实写照。

"家有一老，如同一宝"。儿女们都以俩老为荣，说俩老的益寿延年，是他们家的福气，对俩老百依百顺，精心照料。经常陪伴在俩老身边，老人想吃什么就做什么，一日三餐，荤素搭配，尽量满足老人的胃口。

三　画

马道伦

马道伦，贵州省毕节县（今七星关区）人。生于1916年1月，居住在七星关区田坎彝族乡茨竹村河边组。

马道伦一辈子生活在位于二道河北岸的山村里，很少走出大山。这里山高坡陡，生活条件相当艰苦。祖祖辈辈都是面朝黄土背朝天，与土地打交道的农民。

解放前，马道伦主要以为地主家当长工为生计。出门是大山，从河岸爬到山顶十多里，背一背粪，要走两三个小时。特别是遇天旱，人畜饮水都要靠人从河里背水上山，路陡坡长，汗滴如雨。好不容易熬到解放，马道伦有了属于自家的土地。他拼足力气在土地里耕耘，但因条件限制，也只能是填饱肚子。特别是大炼钢铁后，这里的青山变成了秃山，生态更加恶化。粮食亩产量不足百斤，加上割资本主义尾巴，老百姓吃饭基本上靠救济粮和国家返销粮。马道伦看着长不出好庄稼的陡坡地，心里难过极了。

党的十一届三中全会后，中国农村开始探索包产到户的路子，用以解放广大农村生产力。一生坎坷艰辛的马道伦看到了改变家乡穷困面貌的生机，他将承包责任地精耕细作，还带领子孙们广开门路，投资副业。家里收入一年翻番，生活开始有了起色。群众从实践中看到马道伦的能力，一致推选他为村民组长。

大家的信任，让马道伦焕发了活力。他精心谋划茨竹村河边组的发展蓝图：一是动员群众多植树，恢复过去山青水绿的家园，改善生态环境；二是发展多种经营，栽种经果林、种植早熟粮菜、依托二道河水养鱼、开展农副产品加工、发展中草药等；三是动员青壮年外出打工赚钱；四是好地精耕细作，差地退耕还林。马道伦这个村民组长一干就是20个年头，直到70多岁才卸下担子。

马道伦还是个爱好文艺的传承者。他是田坎这一带的花灯手，10多岁就开始跳花灯。闲时，他就组织花灯队，到附近村寨跳花灯，传承乡土文化，辅导年轻花灯爱好者。

马道伦100岁了，不仅面色红润，精神矍铄，身体健朗，记忆清晰，而且生活能自理，还能一口气将《二十四孝》花灯调子从正月唱到腊月。别看他年事已高，可唱起花灯曲调来，声音洪亮，曲调婉转，音调从低到高，荡气回肠，声情并茂，神情专注，令人称奇！

四　画

王中全

王中全，贵州省毕节县（今七星关区）人。出生于1915年6月26日。中共党员。

七星关区清水铺镇大地村，是一个山清水秀地处偏僻的自然村寨，百岁老人王中全就居住在这里。这位世纪老人，百岁时，身体依然硬朗，精神饱满，耳聪目明，记忆清晰，不用拄拐杖，还能在崎岖的山路上行走。

王中全出生在一个普通的农民家庭。10岁时就帮地主种田种地。解放后，他当过民兵队队长，任过10多年的村支书，是一名优秀的共产党员。

老人一生共生育两男两女。老伴赵丙珍于1983年去世，大儿子王德慧，在水钢工作；二儿子王德怀，是乡村里的民校教师，退休在家照顾老人。

老人心态好，常劝慰他人：在家中要尊敬老人，万事要与家人协商；要与人友善，邻里和睦，不能做违背道德的事情；要踏踏实实做事，清清白白做人。老人还是个热心肠的人，不管谁家有红白喜事，他总是积极给予帮助，从不与人争长争短，慈善好施，乐于助人，赢得了邻里的尊敬和爱戴。

2015年时，老人的记忆力还很好，对以前土改时期的人和事都记得一清二楚。“有钱有地不劳动，全部生活靠雇工，富裕中农剥削松，自耕自种正中农”。土地改革时的这句顺口溜，老人还能顺口说出来。老人说，他那时参加土改工作，对有钱有地，且全部是靠雇工劳动的人家，就定性为地主。那些自耕自种的人家，比地主剥削要松些，我们就将他定为中农。

老人晚年时，与儿子王德怀一家一起生活，虽身居深山，但晚年过得幸福。王中全老人说，他的儿子在城里工作买了房子，多次来接他到城里居住，可在乡下生活习惯了，不想进城了。全家人怎么劝导，他都不肯去。因此，儿子王德怀退休后，只好回到老家来照料老父亲了。

王中全老人到了期颐之年，不用拄拐杖，还能到田边地角走走。老人常说：“活到老，学到老。即使老了，也不会甘于享乐”，他经常会关注当地的事情，只要是有人请教，老人都会侃侃而谈，给人帮助。不管是谁，只要从老人家门口过，老人都要请到家里来喝茶聊天等。

王明秀

王明秀（1908～2009），贵州省大方县人，女，1908年出生于大方县八堡中箐，系贵州省毕节市七星关区小吉场镇中心村麻窝组村民。

王明秀生于1908年，正值清朝末年，社会动乱，匪盗猖獗。家中贫困，吃了上顿无下顿。好不容易熬到16岁，嫁到毕节县小吉场麻窝龙永和家。龙永和家也是上无片瓦，下无立锥之地，夫妻二人在一个岩脚搭个偏棚居住，晴天不能挡风，雨天不能挡雨。白天夫妻二人给富人家做工，晚上回到岩脚凄凉难忍，那日子真比黄莲还苦。王明秀和丈夫龙永和育有2子，大儿子龙华昌居住在小吉场镇中心村麻窝组，系低保户；二儿子龙华英已故多年。

问到王明秀如何能活过一百多岁，他大儿子龙华昌说“我母亲一辈子吃苦，没过上几天好日子。解放前那个苦，主要食物就是洋芋和野菜；解放后分了土地，我父亲多病，我母亲又要忙地里活，又要忙带我们，地里产不出好粮食；大集体时，我们家没劳力，一年分的粮食不够半年吃，年年吃政府救济粮；改革开放后，父亲病故，我们也成家立业了，但母亲为了给我们盖房子，还是勤俭节约，舍不得吃。她老人家这辈子是苦过来的，可以说没吃过一口好饭，没穿过一件好衣。她为人和达，从不和任何人争吵，就是对我们也从不打和骂。她乐于帮助人，哪怕家里很困难，遇到乞讨者，她都会尽力帮助；她心地善良，从不争强好胜。她随意而安，逆来顺受，过一天苦一天，没什么追求。”

当地村民证实，王明秀的一生确实很苦，丈夫死得早，两个儿子长得老实，又没文化，没什么经济头脑，可能是大集体时吃惯了救济，改革开放后两个儿子都不勤劳，家道不好，唯一的一间砖混结构房子都是国家给修的。王明秀能活一百多岁，大概是她要顶住这个家的精神支柱的支撑，也是生命的一个奇迹，否则无法解释。

2009年5月23日，王明秀老人走过了她一个多世纪的人生，与世长辞，享年102岁。

王树荣

王树荣，贵州省毕节县（今七星关区）人，女，1912年生于毕节县。

2015年，王树荣老人和小女儿居住在黔西，在小女儿家租住的房子里，王树荣老人的床铺干净整齐，小女儿说，这些都是母亲自己整理的。家有一老，如有一宝。104岁的王树荣老人，眼不花，耳不聋，生活基本还能自理。

据她小女儿说，母亲一生为人厚道，勤劳朴实。不仅养育了她和姐姐，更在姐姐因病去世后又抚养了姐姐的两个子女长大成人。因为父亲去世早，为了一家人的生计，母亲吃了很多苦。也许就是因为年轻时经常劳作，母亲的身体状况一直都比较好。

王树荣老人晚年时，生活很规律，每天三餐定时，每餐能吃半碗饭，还喜欢吃糯食和肥肉。平时看看电视，和孙儿们说说话。

老人是个十分善良的人，二十世纪九十年代，她领养了一个被人抛弃的女孩。靠着她的精心抚养，孩子茁壮成长，这个孩子在七星关区读中学，老人来到黔西后很挂念她。还经常念叨要回到七星关区家里，去帮帮这个女孩。她说：“为了能看到孩子健康成长，我的愿望还想多活几年”。

孔令秀

孔令秀，贵州省毕节县（今七星关区）人，女，1914年12月出生在毕节县北三甲石梁子。成年后嫁给歹构（燕子口镇新村村）余春焕为妻。

燕子口镇新村村，地处乌蒙山腹地，沔鱼河畔。这里山清水秀，溪水涓流，山崖奇秀，硐穴无数。2015年，时龄102岁的孔令秀女老人就居住在这里。

孔令秀虽说102岁了，但老人依然精神饱满，行动利索，耳聪目明，说话清楚，不仅能抬锅做饭，还能到田间地头去散步。村里的人们都说："老人一生不知经历了多少坎坷，能活这么大的岁数真是福!"

老人生育两子一女，大儿子余杨林，二儿子余扬顺，女儿30多岁时病逝。老人现在和大儿子余杨林家一起生活。

老人一生多坎坷。年轻时帮地主家干了20多年的活。提起帮地主当长年的日子，她回忆说："白天做活，晚上还要椿煤、扫地、洗衣服。好不容易熬到解放，才过上幸福生活"。可，到了晚年，老人又遭遇了许多不幸。90年代，她70多岁的老伴从悬崖上摔下来死了，她和子女们相依为命，走过了耄耋之年。

老人对吃的从不挑食，年轻时苞谷饭酸菜汤一顿要吃3大碗。老人活到100多岁，可饭量还很好。平时，年轻人吃什么，老人就吃什么，苞谷饭也能吃上一碗。老人常对年轻一辈说："人是铁，饭是钢，吃了三碗硬帮帮。"

孔令秀老人的大儿媳严光先介绍说："母亲善良，心态好得很，从不与人计较，在村里从没与谁理过口嘴打过架。如发生误会，别人骂她，她也不还嘴，地里的辣椒红了被别人偷摘了，她也不会骂一句。"每次村里评低保，年轻的要争低保吃，可老人总是阻止、劝导年轻人，说："以前每年还要缴农业税，现在政府不仅免了，还有这么多的惠民政策，要知足，要懂得报恩，不要为难政府。再说，你们好脚好手的，吃低保是丢脸的事。"正因如此，方圆十里的乡亲们都对老人很敬重，说这位老人家是一个圣德人。

"家有一老，如有一宝"，孔令秀老人年过百岁，虽然子女们的家庭并不富有，但子女们都以家中有这样一位年高的老人而感到荣耀。精心照料着老人的饮食起居，一日三餐依着老人的胃口安排，一家"四世同堂"，子孙孝顺，其乐融融!

五　画

叶绍友

叶绍友，贵州省毕节县（今七星关区）人，女，生于1914年1月1日，居住在撒拉溪镇杨柳村猫嘎寨。

这位世纪老人，出生于今撒拉溪镇龙场村，1935年出嫁到现在的撒拉溪镇杨柳村。老人有五个儿女，两个儿子和三个女儿，五个儿女中年龄最大的是大女儿，2015年时已80岁；年龄最小的是小儿子彭启伦。儿孙加起来共107人，一家五世同堂，其乐融融。

老人自幼在家务农，年幼时从未读过书，不识文字。但为人善良，勤俭持家，中年时辛勤劳动，吃苦耐劳。1958年时在威宁修铁路，在单位上是最吃得苦的同志。她艰苦朴素、任劳任怨，总是积极完成组织和领导安排的各项工作，多次得到上级组织和领导的表扬，赢得身边同事的好评。因丢不下家里的儿女，于1961年回家务农。

后因年岁渐高，儿女们都不忍心再让老人继续劳作，让老人在家里闲一闲，带带孙子。在老人的关心和抚育下，孙子们健康快乐成长，并渐渐懂事。老人时常教导他们："做人做事要诚实，咱农村人要多读书，将来才能知书达理、智慧聪颖，才会有出息。那些无理、犯法的事情千万做不得，有益之善事要多做，抛小怨才能积大德。"

叶绍友老人的子孙们平时都忙于生计，但每逢节日的时候，老人一定会收到子孙们孝敬的礼物，吃的穿的堆满了房间。平日里，子孙们给老人一些零用钱，不缺吃穿的老人怎么也用不完。不过老人自有妙用，那就是在过年的时候给重孙们发压岁钱，其他节日或平时犒赏听话一点的"小的们"。

付学英

付学英，贵州省毕节县(今七星关区)人，女，生于1916年2月，住七星关区长春堡镇水营村长洼组。

付学英满100岁时，五代同堂，膝下两儿三女，子孙孝顺，常帮老人洗澡、换衣服、剪指甲等。

问起老人的情况，老支书张祥玉说："老人眼睛好、耳朵好、还能自己照顾自己；从我记事起，我们就知道，付学英老人为人好，从没和邻居吵过架；很有爱心，经常帮忙处理村里发生的事，村里人很尊重她。"

付学英老人的大儿子说："母亲家那边的人都很长寿，母亲的母亲97岁才去世，母亲的妹妹97岁了，还健在。母亲喜欢运动，年轻时辛勤劳作，一天忙到晚。即使现在百岁了，还每天早上坚持在院子里走来走去，做些力所能及的锻炼"。

说到老人的日常生活习惯，她大儿子介绍说："我母亲心地善良，遇事冷静；饮食很有规律：早上吃一个鸡蛋，中午，米饭加肉，爱喝水，喜欢饮点米酒。"

一生经历过哪些艰辛的岁月？付学英老人还记得她自己的成分是贫农，她说："年轻时自己虽然吃过很多苦(吃过野菜、树皮)，受过很多累，但夫妻恩爱，家庭和睦，子孙孝顺，日子还是好过的。丈夫活81岁才去世，也算是高龄了。现在政府很关心百岁老人，有什么不如意的地方，政府都要照顾到。我的生活更好过了，儿孙又孝顺，满足了"。

付学英老人贤惠、善良、勤劳、冷静，喜欢运动，百岁高龄还每天坚持锻炼，饮食有规律，爱吃鸡蛋，米饭加肉，爱喝水，喜欢饮米酒。这些，恐怕就是百岁寿星长寿的秘诀。

六　画

吕仕明

吕仕明，贵州省毕节县(今七星关区)人，女，生于1915年3月，居住在七星关区层台镇东沟村。

层台镇东沟村，两边是大山，大山中间一条狭长的坝子。这里过去交通不便，开门见山，出门登山。除了山脚有点平地外，做活都在山上；这里青山绿水，生态环境历来都比较好，即使大炼钢铁时期，也保存了部分山林；这里是长寿之村，八九十岁的老人随处可见。吕仕明老人百岁时，虽满头银发，视力不好，可老人还是挺精神，生活能自理，能在家中室内外走走转转。

老人出生在旧社会贫苦雇农家庭，十岁就帮人做小工，吃尽了人间苦，受过牛马般累。挨过饥饿，吃过草根树皮等。老人一生共生育两男两女，大儿陈时永已年过七旬，二儿陈时贵也是60多岁。儿女个个成家，都早已见孙孙。算起来已是"四世同堂"了。

老人特别注重自己的饮食起居。无论寒冬还是酷暑，每天坚持早睡早起。饮食很清淡，也很有规律。每顿饭都要有一碗素汤，特别爱吃酸菜搅苞谷面稀饭；老人为人友善，从小就懂得心存孝心。她在一生的道路上，以孝为先，以善为根，以勤为本，从俭持家。有严谨的家规家训，要求子孙在家要尊老爱幼，孝敬父母；在外要与人友善，邻里和睦；不能做违背道德的事，要踏踏实实做事，清清白白做人。她还是个热心肠的人，不管谁家有事，她总是积极的上前帮忙，从不与人争长道短，赢得邻里的好评和后辈的尊重。老人由陈时永，陈时贵两兄弟共同赡养。

老人一辈子勤勤恳恳，上百岁年纪，还是闲不住，前门窜到后门，屋外窜到屋内，烧水、捡煤、扫地等，帮家里做些力所能及的事。老人还很健谈，只要有人和她坐在一起，她就摆谈开了，讲她少年吃过的苦，中年受过的累，晚年的好光景。她说："现在政策好，政府什么都想到了，缺什么，干部都会给这给那的。这是那个朝代都做不到的事，几百年、几千年都难遇的好世景"。她教育年轻人，"要知恩图报，要懂得满足。要不忘旧社会的苦，牢记今天幸福生活来之不易。想过去生活多么的艰难，看当下家家富裕，人人平安，托共产党的福，托人民政府的福，要好好跟着共产党走"。

朱克珍

朱克珍，贵州省毕节县（今七星关区）人，女，生于1908年。居住在七星关区撒拉溪镇西方村。

2015年，朱克珍108岁了，依然精神矍铄，身体硬朗。一手利索的好厨艺，一颗平易近人的不老心，让她得以延年益寿、颐养天年。

这位百多岁高龄老人，一生经历了世纪的沧桑和艰难的岁月。小时被包裹"小脚"，12岁时婚嫁。解放前，她丈夫为了躲避国民党抓壮丁，夫妇俩不得不四处帮人，到处躲藏。那个日子，今天不知明天事，吃了上顿无下顿。儿女出生无奶喂，长到六七岁还没衣服穿。好不容易熬到解放，才有个稳定的居所住下来。

朱克珍是个贤惠、善良、勤劳的人，土改后，自家有了土地，她与丈夫白天黑夜精心耕作，收成一年比一年好；大集体时期，她出工也出力，从不偷懒；朱克珍老人一生勤俭善良，在村子里有很好的口碑。集体伙食团那个年代，她宁愿自己饿着，经常匀饭给别人家的小孩吃，挽救了很多被饥饿摧残和折磨的孩子。改革开放实行土地承包，她虽上了年纪，还坚持与儿孙们一起劳作，为家兴业兴发挥余热。

朱克珍老人一家"五世同堂"，家庭和睦，其乐融融。子孙们都以家中有一位高龄老人而感到荣耀。老人106岁时，尽管生活还能自理，但子孙们都不让她再下地去劳动了，可老人就是闲不住。为了在外劳作一天的家人回家有可口的饭菜吃，老人经常拄着拐杖切肉、炒菜、打鸡蛋，为家人做饭炒菜，把身藏的好手艺一览无余展现出来。这是她对儿孙们的爱，也是她借以锻炼身体的办法。她常说："树挪动会死，人多挪动会长寿。"

晚年的朱克珍老人，喜欢吃零食，喜欢看电视；习惯早睡早起，从不睡懒觉；饮食上比较有规律，一日三餐，一天不少。她的生活始终要亲自动手做，她说，哪怕是简单的酸菜汤，自己做的就是最合胃口。只要老人高兴，子孙们都依着她。活这么大把年纪了，爱劳动，爱锻炼的朱克珍，一直身体都比较健康，很少生病。她告诉人们："长寿没秘诀，随意最重要"。

朱贵珍

朱贵珍，贵州省毕节县（七星关区）人，女，1911年3月26日出生在毕节县何官屯水箐黎树村庄垭口寨子。

朱贵珍出生在贫苦农民家中，自幼家景不好，吃不饱穿不暖。受封建社会的压力，两三岁就被裹小脚。长到18岁，出嫁到水箐流水村河边徐良友家。夫妻二人共生育9个子女，由于生活艰难，无医无药，8个子女都夭折了，只养活小儿子一个。夫妻二人没有向命运低头，相依为命，甘苦共尝。日出而作，日落而归，脸朝黄土背朝天，常常一年辛苦，交完租就所剩无几。野菜、草根、蕨根是家常便饭，生活真是苦如黄连。由于丈夫徐良友脾气性格好，对她百依百顺，关爱有加，朱贵珍再苦再累也心甜。

天有不测风云，人有旦夕祸福。1946年，朱贵珍的恩爱丈夫徐良友不幸病逝，一家人的生活重担全压在了她的肩上。上有老下有小，她要靠自己的力量去养活一家人，实在是不容易。有人劝她："你才35岁，早点找人嫁了，好有个男人为你撑起天"。朱贵珍看看老的，看看小的，怕再婚后男方对老对小不好，所以独自挑起维持全家人生计的重担。直到1952年，家里分了土地，朱贵珍一双小脚，背不了粪上山，粮食收成背不回屋，无力耕作十多亩土地。迫于无奈，经人撮合，才嫁给本寨的徐良太。老实本分的徐良太，与朱贵珍一起分担着养老抚小的责任。徐良太与朱贵珍生育两个女儿。因为家庭条件差，孩子们没有受到很好的教育，导致儿女没有什么大的作为。两个女儿远嫁他乡，儿孙们因为生计的需要，几乎都到外地去打工，但还是经常打电话回家询问老人的身体健康状况。

晚年，朱贵珍老人的生活很有规律。每天早上要吃一个鸡蛋、一碗面条；中午吃稀饭，晚上只吃半碗饭；老人家不太喜欢吃辛辣的食物，不吃牛肉、鱼肉等等，偶尔能吃一小点猪肉。老人晚年由儿子一家扶侍。

问起老人的长寿秘诀，老人在生时，总是说："没啥好说的，不怨人，不生气，能自己干的事情，不麻烦别人。至于饮食嘛，清淡些，少吃多餐，不要挑食，有什么就吃什么，还有，不能暴饮暴食等。"

刘延秀

刘延秀，贵州省毕节县（今七星关区）人，女，1913年出生，居住在田坝镇田坝村二组。

2015年，刘延秀老人已是102岁，视力还好，只是耳朵不太好使。都说老年人应该吃点清淡的，但刘延秀老人却是"无肉不欢"。

刘延秀老人年轻时，是田间地头劳作的能手，一辈子吃得苦，受得累。她有六个儿女，做完地里活，还要操持家务，抚育儿女，历尽艰辛。她又乐于助人，那家劳力不足，田间地头活路忙不过来，只要人家一说，她就有求必应；刘延秀心地善良，常常支助孤儿寡母、贫困人家。解放前，每次只要有人上门乞讨，她都很舍得。她说："人家也是过不下去了，才出来找生活，家里有就给人家，谁没过作难的时候"。

老人到了晚年，生活很有规律，很少生病。食欲一直很好，尤其喜爱吃肉油。没有肉、油，老人家就吃不香饭。刘延秀有三个儿女，她每一家住三个月，这样轮流着住。家家都知道她的生活习惯，轮到那家扶侍老人时，都要经常给她买肉、油。

刘延秀的大儿子王传迅和大儿媳沈庆菊说，老母亲最喜欢住他家，因为他家的饭菜最合老人的胃口。别看这一百多岁的老人家这么瘦弱，老人的饮食非常的好，儿媳沈庆菊笑言"年轻人都吃不过她"。如果是鸡蛋炒饭，两个鸡蛋炒满满的一碗饭，碗底得有一层油老人家才吃得香。都说高油高盐是老人家的大忌，可是刘延秀老人却是一个爱吃肥肉的长寿老人。

老人家的生活作息也极其有规律，每天早上十点左右儿媳便做好饭菜等待着母亲起床，吃完早饭后天气好的话，老人就自己在院子里逛逛，看看树、赏赏花。中午两点至三点，是老人的中午茶点时间，吃点甜酒、蛋糕什么的。晚上六点左右吃晚饭，九点钟就去睡觉。睡眠也好，一觉可睡到大天亮。老人说："吃好不如睡好。睡好觉，白天才有精神"。老人的身体一直不错，没什么大毛病。天气好的话，老人还坚持自己洗头洗澡，不要别人给她洗。

逢年过节的时候，刘延秀老人总能享受到天伦之乐，一家大大小小都来看她，好不热闹。也许，老人家平和的心态、规律的饮食起居、家庭的和谐，正是她长寿的秘诀。

孙罗氏

孙罗氏（1902—2004），贵州省毕节县（今七星关区）人，女，1902年农历冬月初六日出生于毕节县海子街沙邵龙滩土老冲。

毕节县青龙山，连绵百里，山清水秀，水土养人。是七星关区著名的长寿乐土。沙邵因有百岁老人李光海夫妇和百岁老人靳行会等而名扬四海，誉满神州。孙罗氏就出生在这个地方。

孙罗氏出生于龙滩罗姓贫寒之家，幼年就跟随父母一道帮地主家劳作，16岁时嫁与牌坊院陶其屯18岁青年孙其昌为妻。旧社会，女人是没有名字的，出生后，姊妹按排列序号被父母呼为老大老二老三；嫁人后，随夫姓，名就是自己的本姓。孙罗氏在家时是老大，人们直呼罗老大。嫁到孙家就成了孙罗氏，一辈子再没有其他名字。因孙其昌在兄弟中排行老四，孙罗氏进了孙家门，就被老人们呼为“老四家的”，被小的称为“四嫂”“四娘”等。后来随着年龄增长，称呼也逐渐升级：“四奶奶”“四祖母”“曾祖母”“高曾祖母”。解放后，当地干部们说给孙罗氏取个学名，她说：“都50多岁了，听习惯了，没必要取什么大名了。”所以，她一直就以孙罗氏为名。

孙罗氏嫁给孙其昌后，夫唱妇随，恩爱有佳。家庭穷困潦倒，夫妻二人靠给当地地主当长年为生计，也租些田土种，除交完租也所剩无几。为了赡养父母，抚育儿女，夫妻二人只得脸朝黄土背朝天地咬紧牙关，苦着、累着、挺着。1922年大女儿孙师芬出生（2015年时孙师芬94岁，生活还能自理，恐怕也是得益于母亲孙罗氏的长寿基因）。1924年长子孙师俊出生，1927年二女孙师文出生，1933年三女孙师飞出生。1941年次子孙师伟出生。正当一家人苦熬硬拼，生活有了点转机时，1943年，孙罗氏丈夫孙其昌因病无钱医治而亡故。

中年亡夫，对孙罗氏来说真是天倾地陷。但头上还有公婆，脚下还有五个年幼的儿女，她擦干眼泪，咽进悲痛，毅然挑起赡养公婆、抚育子女的重担。乡邻们劝她：“你还年轻，找个男人把家顶起来吧”。孙罗氏回答：“我家上有老下有小，我不会丢下这个家去嫁人，如果叫人家上门来，这么重的家庭负担，我也不忍心让人家来扛”。孙罗氏谢绝众多说媒者，坚持把二老生养死葬，尽完孝道。她起早贪黑，披星戴月，背负千万斤重担，把五个子女拉扯成人，使他（她）们成家立业。

解放后，孙罗氏一家有了自己的土地，也有了自己的房舍，女儿们相继出嫁，大儿子成了家。1958年她的二儿子孙师伟，被政府安排到水城观音山矿区当了工人，一家人的生活一天比一天好了起来。

据孙罗氏侄子孙师全（74岁）介绍：“四娘对人很和气，是个孝顺之人。四叔去世后，她一个人硬是挑起敬老育幼的担子，非常能吃苦。对乡邻之间的事爱帮忙，从不参与论人是非，议人长短。自从孙师伟参加工作后，她就随孙师伟一家生活。孙师伟在外面工作，她就与孙师伟妻子何贤秀一起，大集体时出工挣工分；包产到户后，又一起在自家承包地里劳作，还帮助何贤秀带孩子，从没闲过。到了晚年，适逢改革开放好时光，家里要啥有啥。但四娘过惯了苦日子，从不挑食，有什么吃什么。她爱吃新鲜蔬菜，烟、茶、酒、肉不断，特别是烧酒，每顿饭都要喝一二两。”

孙罗氏的孙子孙善宣说：“我祖母教育我们，从小要懂得勤劳，好好读书，不能做违法犯罪的事，凡是政府不让做的事，不要去做；凡是有利于他人的事，就要自觉去做。所以我们这个家庭，祖母的子孙有80多人，都是勤劳本分的。”孙善宣还说：“我祖母很孝顺我的曾祖父母，是人们传颂的贤德之人。她老人家和我母亲（何贤秀）几十年婆媳关系很好。我父亲孙师伟在水城当工人，一年才回家月把，都是祖母和我母亲商商量量经营这个家。她们从不吵架，从不红脸，做什么都是和和气气的。祖母对我母亲像亲女儿，我母亲对我祖母百依百顺。特别是祖母90岁后，我母亲就不准老人家干活了。祖母一日三餐全由我母亲安排。她老人家顿顿离不开苞谷酒，我妈妈就到龙场营等地去给老人家买纯苞谷酒；老人家喜欢吃肉，我母亲经常上街买五花肉，按祖母口味烹调。每天还要按时给祖母热水泡脚，给她包叶子烟，为她点火。祖母经常说，没有何贤秀的服侍，我咋能活这么大岁数?”

邻居七八十岁的老人回忆说：孙罗氏自嫁到孙家，体格健壮，能吃、能做，一生很少生病，即使到一百岁时，眼不瞎、耳不聋、腰不弯、背不驼。每天除在家照料重孙子女外，还做些力所能及的家务。有空就到田间地头转转，看见畜禽遭害庄稼，不管是谁家的地，她都要管。

常言说：“山中确有千年树，树上难逢百岁人”。又有人说，活上一百岁的人，都是仙人。孙罗氏102岁时，人人喊她“老祖宗”，都说她是“老神仙”。她逝世的过程，更是被人们传得神乎其神。

2004年农历腊月三十(除夕)，孙罗氏和自己的子孙们一起吃完年夜饭，还高高兴看寨里的人放完鞭炮、烟花，一家围坐在电视机旁看了一阵《春晚》节目。还好端端有说有笑的孙罗氏突然对儿子、媳妇说：“年饭也吃了，火炮也放了，我该休息了”。何贤秀说：“妈，还不到你睡觉的时间，多看会电视再去睡。”孙罗氏说：“我自己的事自己知道。”何贤秀就扶着老人，觉得老人越来越沉重，喊孩子们帮忙扶下老奶奶。孙师伟一看，说：“老妈像是有事，赶快扶到堂屋。”大家七手八脚将孙罗氏扶到堂屋，还没来得及安排停当，这个经历过清朝、民国和中华人民共和国三个朝代，受过各种苦难，晚年过上幸福生活的百余岁老寿星，就靠在儿媳何贤秀身上，带着满意的笑容，安详地与世长辞，走完了她102岁的人生。

当孙家传出“老祖宗归天”的消息后，村民们根本不相信。有的说，中午还见她在地里摘菜；有的说，刚才还见她看焰火升天，咋说走就走?孙师全回忆说：“我吃完年饭，正准备过去问候四娘，走到房角，就听说四娘走了。我硬是不相信。进堂屋一看，四娘真成神了。”

在万民欢庆的除夕之夜，孙罗氏驾鹤西去，留给人们的是很多回忆和赞叹。

七　画

杜连秀

杜连秀，贵州省毕节县(今七星关区)人，女，1916年1月生于毕节县撒拉溪，居住在今毕节市七星关区撒拉溪镇西方村凌角组。

杜连秀老人一生育有三男三女，膝下子孙56人。在老人高尚品德的引领下，56人中，参加国家行政、企事业工作的就有26人。

现在老人100岁了，身体依然硬朗，还健谈。问起老人长寿秘诀，老人这样说，一方水养育一方人；常锻炼；饮食有规律：早餐吃鸡蛋或吃苦荞面，午餐米饭加瘦肉，晚餐吃荞面或面条。

杨云武

杨云武，四川省泸州市人，生于1910年11月，居住在七星关区洪南路。

杨云武107岁高龄时。每天都要将自己浑身上下拾掇得清清爽爽，干干净净；他思维敏捷，头脑清醒；记忆力和视力都还好，几十年前的时间、地点、相关人物，都能记得一清二楚。只是听力不太好，说话时要凑近他的耳朵大声说，他才能听见。

杨云武是四川泸州人，72岁那年，在毕节县食品公司工作的大儿子为了照顾他，将一家人从四川迁移到毕节头步桥公社杨家塘队居住。

杨云武对人们说：“我年轻时苦得很，6岁的时候母亲就去世了，是跟着爷爷一起长大的.7岁时爷爷还送我读了两年私塾.后来爷爷支撑不起学费，我就没读书了，20岁以前都是帮地主家种田种地。战争年代，我被国民党抓壮丁，走到半路，我偷跑了出来，以挑盐卖为生，每天要走100多里的路，凌晨三四点就得出门，到晚上10

点才能回到家。解放后，我当过生产队队长、保管，大队农协主任；60岁以后，孩子们大了，我就在家里喂牲口，种点蔬菜来吃”。

在杨家塘居住的时候，老人还养猪、种菜。说起自己在杨家塘种的菜，老人可得意了，他兴奋地说：“我那时种的菜全是自己挑农家肥浇的，所以长出来的白菜又大又甜。”从老人的语气里，人们感受到他对过去农家生活的怀念。

当问及老人常看什么书时，杨云武时已70多岁的儿子杨长禄说，老人以前是阴阳先生，毕节好多人都来请他去做过事。老人收集的阴阳地理，八挂学说书籍就有一大摞。

年过百岁的杨云武老人，儿孙满堂，子女孝顺，晚年幸福，一家五代同堂，其乐融融。儿子杨长禄笑着说：“我父亲六七十岁的时候走路比我还要厉害，107岁了（2015年），行动还比较灵活，能独自去马路对面的超市买自己喜欢吃的东西，每天不是去逛公园，就到茶室里去喝茶。”

照顾老人的保姆申生云介绍说，老人只抽山烟，不饮酒，饮食很讲究，喜欢吃清淡的。每天早餐一定是麻油和蜂蜜蒸鸡蛋，而且鸡蛋不打散。午餐和晚餐就吃稀饭，稀饭是老人的主食，每天至少一餐是吃稀饭。作息也很有规律，每天晚上看完贵州、中央新闻联播和天气预报后，就会上床睡觉，早上8点以前就起床，洗漱之后就吃早餐。这是老人几十年不变的生活习惯。

“清淡的饮食、规律的作息、适量的运动，大概就是老人长寿的秘诀吧！”杨云武的大儿子杨长禄如是说。

杨燕飞

杨燕飞，贵州省毕节县（今七星关区）人，女，1909年10月出生于毕节县，居住在七星关区市西街道天河路28号附50号。

杨燕飞老人一生勤俭持家，辛勤劳作。解放前帮过人，解放后曾经在原毕节县滕竹社做过滕椅。她对年轻时的往事记忆犹新，她常对人说，她小时候帮一姓龙的大富家做农活，带小孩子，人家见她非常勤快，就收她为徒。解放后，1951年街道成立了毕节县滕竹社，她就在社里打滕椅。那时家住马家巷，滕竹社属毕节轻工业局管。为了养家湖口，她深更半夜的都在社里加班打绳子。后来，滕竹社倒闭后，她总共算得20000元，加上丈夫在机械厂工作积蓄的钱，便买了现在的住房。

百多岁高龄的老人杨燕飞，住在步梯楼五楼，106岁时，满头银发，红光满面，不仅能上下五楼，而且只要天气好，不下雨，都要步行到2公里处的新街上与老年人们坐坐，看上去简直才是七八十岁的人。

这位世纪老人，生育有一男两女。大女在遵义，小女在六盘水。丈夫任国良生于1903年8月，是原毕节机械厂工人。丈夫和儿子10年前相继去世。现杨燕飞和孙子任亮一家一起生活。

杨燕飞老人淳朴善良，常教导自己的儿孙，在家中要尊老爱幼，孝敬父母，在外，要与人友善，邻里和睦；不能做违背道德的事，要踏踏实实做事，清清白白做人。

杨燕飞老人生命也很顽强，几次大灾难她都百无大事。一次是被滚烫的油从头上淋下，是用自己配制的药擦好的，现在也没有留下疤痕；一次是被硫酸烧伤，医院都下了几次病危通知，结果还是扛了过来；2013年9月，她还从木楼梯上摔下来，造成脑部、腰部受伤，在毕节市第一人民医院重症监护室住了几天后，她回家自己调理了两个多月就好了。2014年2月，她又从土坎上摔倒，再次造成脑部受伤，结果还是奇迹般康复。

问及老人的生活习惯，家里的人说，老人每天总是闲不住，一有空，就喜欢到处走动，不会长时间的待在家里，经常搭着凳子给家里擦窗户、抹地板、晒衣服等等，把家里收拾得干干净净的；老人吃喝拉撒也从不让人帮忙，自己洗漱、穿衣、缝补，有时还自己洗衣服，身体素质一直很好。老人喜欢吃苞谷饭，喝酸菜汤，最爱吃回锅肉，但从不暴饮暴食、不偏食；适度饮酒和饮茶，肥甘厚味那些东西不多吃。过去生活条件不好，大家都是粗茶淡饭；后来条件好了，老人还是不改初衷，连牛奶都不喝，身子骨照样挺硬实。很多人热衷吃营养品、买保健品，可是老人从不吃保健品，甚至连零食都很少吃。

问及老人的长寿秘诀，老人答曰："我年纪大了，家里的孩子们起得早，要去上班，一直在家里坐着，怕瘫痪，早睡早起，做点家务，或者下楼去散散步，到河边走走，多锻炼多活动，少操心，心情好了，身体自然也好"。家里人说，老人从来都习惯早睡早起，休息时间很充足，平时喜欢吃苞谷饭，酸菜汤和回锅肉。

杨燕飞老人106岁时，不仅说话清楚，思维敏捷，而且生活还能自理，每天早上还要吃2个甜酒鸡蛋。

杨燕飞老人的家庭条件虽并不富有，但子孙特别有孝心。每天一日三餐孙媳都按时做好，给老人端送到手上。怕老人伤病发，还要给老人准备一瓶药酒放在老人床头柜上。老人要出去锻炼，孙子任亮和孙媳就陪伴在身边。时刻提醒着老人下楼时注意安全，走慢点等。老人逢人便说："活这么大的岁数，要不是孙儿、孙媳孝顺的话，活起简直就是受罪！"。

李世清

李世清，贵州省毕节县（今七星关区）人。生于1916年2月，家住毕节市七星关区三板桥办事处灵峰村长湾组。

李世清老人一生充满坎坷，在解放前受过大苦大难。为了生计，帮人家放过牛、喂过母猪等。如今，老人100岁了，自己还能提水、还能洗衣服、能做饭，儿子，孙子、女儿，外甥都很孝顺。老人享受着天伦之乐，过着心满意足的晚年生活。

问起老人长寿的秘诀，老人的孙子杨兴发（灵峰村村主任）说："老人爱锻炼、早睡早起、儿孙孝顺、喜欢吃蛋糕、喝水。"

李光海　王芳珍

李光海（1897—2004），贵州省毕节县（今七星关区）人，1897年生于毕节县海子街，于2004年病故。王芳珍（1896—2002），贵州省毕节县（今七星关区）人，女，1896年出生于毕节县海子街，于2002年病故。她们共有子孙后代142人，是一个五代同堂的大家庭。

李光海、王芳珍夫妇居住在贵州省毕节县海子街店子村，李光海107岁，王芳珍106岁，有84年婚龄。

一百多岁时，二老精神矍铄，思路清晰，记忆力好，耳聪目明，口齿清楚。花白的头发都很浓密，尚能操持一切家务，在房前屋后活动。

二位老人自幼以农为主，李光海老人勤劳种地，老伴操持家务，做好饭后，亲自送到地头，长期养成劳动习惯。平时无事也要到田边地角走走看看，四处逛逛，有时也走一里多路，跑到镇上赶场，直到百岁仍是如此。

他俩淡泊宁静，豁达乐观，性格开朗，忠厚善良，从不与人较高低输赢，遇事宽宏大量，淡忘悲喜，仗义厚道的品德，深得四乡邻里的敬重。

在生时，二老生活起居极有规律，讲究卫生。饮食一日三餐，早晨可吃三四个鸡蛋，或20个小汤圆，中、晚餐能吃一碗米饭和少许肥肉，特别喜欢红烧肉、糯米饭、糍粑、汤圆等食物，王芳珍有三、六、九日吃素的习惯，还特别喜欢喝浓茶。每天早7时起床，两小时的午睡是不可少的，一般晚9时睡觉，睡前还用温水泡脚。王芳珍睡前有喝一种自制药酒的嗜好，有抽当地一种叶子烟的习惯，但抽得不多，这习惯有80多年的历史。二老很爱卫生，坚持定时洗澡。

老两口恩恩爱爱，情意弥深，不论去哪里总是出双入对，谁也离不开谁。李光海、王芳珍夫妇共生育四子三女，枝繁叶茂，五世同堂，膝下子孙140多人。由于二老尊德重教，教子有方，全家有54人在企事业单位工作，有17人拥有高、中级技术职称，有大学生24名，高中生75名、初中生48名，堪称人才辈出。子孙们虽然在贵阳、青岛、哈尔滨等地工作，却不忘对老人的孝敬，常寄信捎物，使老人衣食无忧，安享天年。子孙后代虽然分布于工、农、商、学、兵各行各业，且分散在全国各地，但都有遵纪守法的良好家风，大家庭中的各个小家庭虽然自成一体，但过年过节都尽量赶回来拜望老人，赶不回来的就寄钱寄物以表敬意。平时由曾孙、曾孙媳妇照顾，日子过得十分舒心。曾孙媳妇多年来对老人关怀备至，任劳任怨。

一百多年来，二老的住所依偎在苍郁流翠的青龙山下。这里日照充足，降雨适中，冬无严寒，夏无酷暑，四季宜人。据说全村老少饮用的那口井，泡茶不生花，煮酒不变味，喝生水也不会拉肚子。

李光海、王芳珍两位老人生在农村、长在农村，二老自结婚以来，夫妻恩恩爱爱，相濡以沫，从未红过脸、拌过嘴，几十年平安度日，他们一辈子勤劳朴实，仁慈忠厚，对待子女循循善诱，耐心开导，从不打骂，与邻里相处更是相帮相助，团结和睦，据其长子介绍，二老脾气特别好，不会说话伤人，连牛马畜生也不骂一句，因此，一辈子未惹过是非，更未吃过官司。对任何事情都看得开，想得远。不计较名利得失，不争高低输赢，不斗、不暴、不怒，待人宽厚，忍让为先，坦荡为本，给子孙们作出了表率。

王芳珍有二、六、九月吃素的习惯，坚持60多年。每当吃饭，有专用碗、筷，任何人不得动她的，自做自吃，连洗涮也自理。

二老一日三餐、饮食起居极有规律，几十年来茶不断、新鲜蔬菜不断、酸菜豆汤不断。在漫长的岁月中，他们养成了勤劳动、爱活动的习惯，平时无事也要到田边地角走走看看，直到百岁仍如此。午休息是二老必不可少的，每天午睡两个小时，晚上9时睡觉，次日7时起床，倒床便睡，十分香甜。二老没患过什么大病，上百岁时他们的健康状况令许多年轻人都自叹不如。

二老的居所宽敞舒适，清洁卫生，小院坐南朝北，四周有围墙，周围林荫覆盖，鸟语花香，不失为颐养天年的好地方。当地虽然不像原始森林，但植被完好，交通便利，是个山清水秀，适合安居乐业的休养宝地，老龄委调查统计，“老寿星”所在店子村有1000多人，“花甲”以上的老人有130人，80岁以上的23人，先后有过十多位百岁老人。比例明显高于其他地方，堪称长寿之乡。

1998年7月，上海大世界基尼斯总部向李光海、王芳珍颁发了吉尼斯证书。颁证认定：李光海的家庭是世界罕见的第一大家庭。李光海于2004年逝世，享年107岁。其妻王芳珍于2002年病故，享年106岁。

李发昌

李发昌，贵州省毕节县（今七星关区）人，初中文化、1916年出生于毕节县小吉场吉坪村子。

李发昌1933年至1936年，在毕节一中读书。是年春，参加民国宪兵团。1937年在贵州宪兵第一团三营九连六排六班服役。

由于当时社会动荡，常有土匪强盗和日本不法分子盗抢百姓财物、杀人害命，破坏公益设施。因此作为宪兵团的一名战士，主要是参与维护当地社会治安。白天在交通要道设卡盘查，有时直接到各重要场所巡逻，晚上巡查旅馆。与日本特务发生重大冲突时，也要参与战斗。战斗时，主要使用的武器是冲锋枪和中正式步枪。在国民党部队服役期间，李发昌参加抗击日寇侵略的大小战斗上百次。由于在战斗中英勇善战，功勋卓著，曾获得民国政府颁发的“民族英雄勋章”一枚。

解放战争中，李发昌所在部队被改编为人民解放军。他参加过解放大西南，成都战役，西南剿匪等战役和战斗。全国解放后，他从部队退役回到地方，一直在家务农。几十年来默默地做一个朴实的农民，从未向党和政府提出任何要求，用辛勤劳动积极支持当地经济社会发展。直到2015年3月，由于年老体衰，生活无所依靠，小吉场镇吉坪村村委会，才向小吉场镇社会事务办报告了这位老兵的真实身份和实际情况，民政部门积极调查核实李发昌的相关资料，最终确认他确实是民国时期参加抗日战争的一位抗战老兵，后来又弃暗投明脱离国民党军队加入中国人民解放军的老战士，并在解放战争中，多次立功受奖。因而给了他所有应得享受的各种待遇，使李发昌能安度晚年。

李向明

李向明，贵州省毕节县（今七星关区）人，女，于1915年10月出生在毕节县龙场营大屯（今毕节市七星关区大屯乡）。

李向明一生以务农为业，其父母踏实本分的性格，以及严格的家风，一直影响着她，并最终把她塑造成为一名踏实本分的家庭主妇。她的母亲是一个长寿之人，活了110岁，这抑或是李向明长寿的秘诀之一。小时候，李向明家有五姊妹，一贫如洗的家，只能维持最基本的生活。父亲过世时，李向明还很小。家里的主要劳动力走了，原本贫困的家庭更捉襟见肘，年幼的李向明只能在家乖乖听话、帮母亲干农活。但母亲生性开朗，意志坚强，靠着勤劳的双手将儿女一个个拉扯长大。

李向明成人后，嫁给了龙场镇白岩脚王家。丈夫是一名土医生，长期行善救人却分文未收，偶尔病人家属给点实物或帮忙做点农活，但并未解决家庭存在的实际困难。丈夫的三叔骂他不务正业，堡长强势亦欺负于他。无奈之下，李向明毅然与丈夫迁到了普宜镇木窝村路边组，经当地地主同意，在梁榜贤的地里筑土墙、盖谷草，建起了属于她们的家，并生育了二子一女。

木窝村距离集镇10公里，这里山清水秀，气候宜人，自然环境似乎处于原始的状态。民风淳朴，人人和谐相处，一家有事百家帮忙，俨然世外桃源。土改后，丈夫依然采药行医，颇得人缘，而李向明则被安排到伙食团煮汤，生活也稍稍好转。夫妻俩用勤劳的双手和汗水撑起这个家，过着与世无争的生活，一家人艰难却幸福着。

李向明勤劳善良、热情好客、性格温和、平易近人。受尽苦难的她时常教育子女要勤劳苦干，努力读书，遵纪守法，做一个有用之人。在自己最困难的时候，幸得邻里照顾，决不能损人利己。正是有这朴实的认知与宽大的胸怀，使得她的一生没有太多的波折，归于平淡。

李向明的两个儿子都是勤勤恳恳、实实在在的农民，没有过高的收入；孙子们几乎都外出务工，收入一般。老人居住在儿子的小平房里，虽然并不宽敞但也算舒适。相濡以沫60余年的丈夫去世后，李向明看淡了生死离别，珍惜所拥有的每一天。李向明儿孙满堂，人人都尊敬于她，孝敬于她。五代人聚在一起时，李向明脸上总透着藏不住的喜悦和幸福。

过惯苦日子的李向明生活简单，有啥吃啥，从不挑食。随着年龄的增长，渐渐地习惯清淡的食物。现在已是百岁的她，生活已不能自理，全由子女悉心照料。吃饭细嚼慢咽，一顿饭差不多要2小时，听力较差，精神也较为恍惚。但李向明从不悲观，依然笑看日出日落、绿水青山。

李明珍

李明珍，贵州省毕节县（今七星关区）人，女，1913年出生，居住在毕节市七星关区对坡镇对坡村。

2015年，李明珍年已103岁高龄。可她依然精神矍铄，不仅身体硬朗、耳聪目明，思维敏捷，而且还是容光满面，谈笑风生，看上去简直不像是年过百岁的高龄老人。

李明珍老人出生在毕节城里的一户贫穷人家。成年后嫁到对坡吴家，居住对坡村营盘组83号。老人一生生育两男两女，大女儿吴万会，大儿子吴万银，二儿子吴万民，小女儿吴万杏。

李明珍老人10岁时，父母亲就告别了人世，留下孤苦无依的她。家中没有兄弟姐妹，她只得投亲靠友度日。稍长，她就出门帮人家缝缝补补，做些短工维持生活。16岁时经人介绍，她由城里嫁到乡下。她的丈夫吴祖佑家是地主，所以她嫁到吴家后，生活比离乡背井做短工要强。解放后，吴祖佑被划成地主成分，据老人回忆说，她们家不是大地主，也没恶行，所以就只是被派做点义务工。老人的二儿子还回忆说，她母亲少年时吃过许多苦，在没有饭吃的时候，不仅吃过野菜，还吃过猪草、树皮等。年轻时还参加修水库、修公路，即使手上磨破了皮也依旧不放弃，为了生活，任劳任怨，受尽了不少苦难。

也许因为老人是从艰苦环境中走过来、饿过来的，她才从不允许年轻人倒剩饭，搞铺张浪费。每当见到地上有颗粮食，她都要捡起来。老人节俭惯了，随着时代的发展，即使是现在过上了好的生活，也一直保持着这种节俭的好习惯。

问及老人的长寿秘诀时，老人笑着说："一个人要有良好的心态，饮食起居都要有规律才行，心态不好，那就什么都没有了。"

李朝星

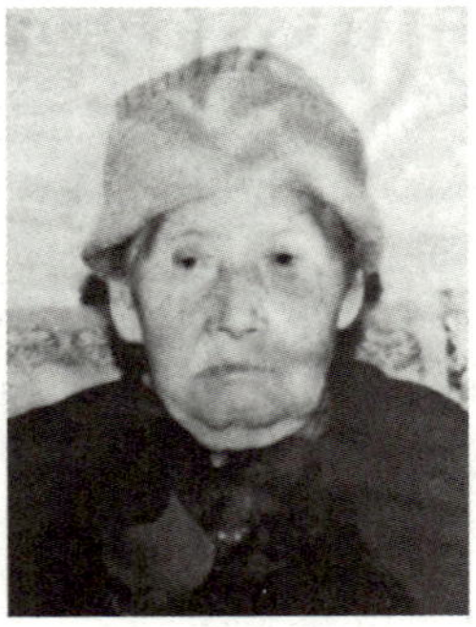

李朝星（1897～2000），贵州省毕节县（今七星关区）人，女，于1897年9月出生在贵州省毕节县燕子口（今毕节市七星关区燕子口镇）。

李朝星出身贫苦，少时过着饥寒交迫的生活。因生活所迫，少年时就嫁到对坡镇对坡村，曾做过小生意，解放后，在对坡镇参加过农协会，结婚后，共生育一男一女，勤俭持家，热心帮助他人，与邻里和睦相处，生活简朴，于2000年9月过世，过世时，是五世同堂的老寿星。享年103岁。

严少英

严少英，云南省镇雄县人，女，1915年9月20日生于云南省镇雄县黑树桩，成年后嫁到毕节县（今七星关区）何官屯。

1934年，严少英19岁时出阁到毕节县何官屯陈家，与陈姓丈夫生育有一男一女。由于丈夫早逝，于1968年再婚到何官屯镇关口村聂明文家，在聂家又生育一男一女。儿女们都早已男婚女嫁，孙子孙女也都成家立业。现在，晚年时老人还是习惯于独立生活，生活来源主要是子女给的赡养金和政府新型农村养老金及高龄补助。

越到老龄，严少英老人一日三餐很讲究生活规律。一般在晚9点入睡，上午8点钟起床。90岁时，每天吃完早餐就到自己种的菜地种菜除草；中午11点左右回家做午饭，吃完午饭，收拾一下家务，便到周围的邻居家拉家常。基本上要5点左右才回到家中，把晚饭做吃了，看一会儿电视，把火关好，洗脸洗脚便上床睡觉。

老人没有什么明显的兴趣和爱好，就是心里装不下烦心事，平时喜欢走东串西，喜欢去热闹的地方，爱管闲事。不管邻里大人孩子发生什么矛盾，她都会到场，只要一有机会就参与讨论，而且每次必定发表自己的意见。在家族中，严少英老人虽然是年龄最大的，也是辈分最高的，但侄子侄孙们都不惧怕她，都愿意和她讨论，最后总能把事情愉快地解决。

严少英所居住的环境，在群山环绕之中，前后左右青山绿水。后面是青石山，前面是百亩良田，中间有条河，几条小溪汇集而成，饮用水源是油砂山。此地春夏秋冬四季分明，每到春天，前后左右青山绿水。

包产到户后，原来的民俗逐渐淡化了，没有大集体生产队时的闹热。但有少部分的中老年人还会回忆以前的民间山歌和一些小曲子，每年正月间，大家都会组织一起来找严少英老人家对歌庆祝新年。

严少英老人不管吃好吃差，穿些什么，都是乐呵呵的。当人们问她长寿的秘诀时，她总觉得没那么难，估计就是我们常说的“知足常乐”吧。

吴学芳

吴学芳，贵州省毕节县（今七星关区）人，女，1915年生于毕节县，居住在七星关区天河路工商银行宿舍。

吴学芳是毕节地区农科所退休职工，一生勤俭持家，起早贪黑，不辞辛苦将四个儿女抚养成人。大女儿罗义琼，也是毕节地区农科所退休职工。二女儿司光先，家住农科所，同样也是地区农科所退休职工。三女儿司光玉，家住水城县，是水城师专退休职工。

据家人介绍，吴学芳老人性格温和，善于与人交谈，心态乐观，饮食很好，爱吃肉、喝牛奶、吃水果蔬菜，但从不暴饮暴食。

吴学芳老人晚年与大女儿罗义琼一起生活。一家已是“四世同堂”，子女个个有出息，子子孙孙加起来共有80余人。

全家人因有这样的一位百岁老人，引以为荣，孙子们争着孝敬老人，一有空就陪老人聊天，听老人讲故事。老人想吃什么都依着老人，经常用轮椅推着老人到街上去游逛。一家人和睦美满，老人晚年生活幸福愉快。

吴学芳谈及长寿秘诀。她说：“第一是心态要好，人一生难免会遇到坎坎坷坷。人嘛，总会遇白天黑夜的。不可能只过白天，不过黑夜吧？第二是要行善，要有道德，良心要好。别人有困难，你去帮一把，人家会永远记住你的；第三要勤劳。古言说，气力是个怪，今天用了明天还在。懒随的人活不长。第四是饮食不暴饮暴食，不挑食，不选食，有什么吃什么，不特意；第五是知恩图报。譬如今天社会这么好，人民这么幸福，这是共产党给的，天天想着党的关怀，教育儿孙永远跟党走，这样心情就舒畅，活起也有意思。”

肖培林

肖培林，贵州省毕节县（今七星关区）人，女，1913年生于毕节县。居住在毕节市七星关区市东办事处双井社区五组。

这位生于1913年4月的百岁老人，从小就是孤儿。很小就到地主家去干活了。随着新中国的成立，老人的日子一天天好了起来，所以老人对共产党是心怀感恩的。她爱唱歌，一提到唱歌，老人就激动不已。虽然不识字，但却能把《毛主席语录》全本背下来，把语录歌唱出来，让人惊讶于她超强的记忆力。“世界是你们的，也是我们的，但归根结底是你们的。你们青年人朝气蓬勃，正在兴旺时期，好像早晨八九点钟的太阳。希望寄托在你们身上！”103岁时老人一股脑儿地用抑扬顿挫的语调唱了出来，顿时赢得大家阵阵掌声。

这是一个多么可爱的老人啊！肖培林老人不仅热情，而且心地也非常善良，待人非常宽容。一生之中生活简朴、勤勤恳恳，还不忘随时帮助有需要帮助的人。解放前在街上看到要饭的人，她总会把乞讨者带到家里，拿出好吃的招待。

在饮食上，老人从来不挑食，家人做什么她就吃什么。除此之外，老人喜欢运动，以前经常去爬山、游玩等。老人的外孙女说：“老人90多岁的时候还能做些家务，每次几个孙女来看她，她都会做饭给她们吃。即使后来行动不是很方便了，老人还是坚持每天在附近走一走。”有几次老人独自出去摔倒了，回来后顶多休息几天就跟没事儿的一样，这让她们都很惊讶。

问及肖培林老人长寿的秘诀，她的女儿和外孙女异口同声地说：“老人主要是闲不住，喜欢运动。更重要的是她的性格好、心态好，对人热情、宽容，喜欢帮助别人。心态好，加上爱运动，身体自然就健康了！”

老人的儿女们，特别注意老人的生活起居。早餐通常给老人吃鸡蛋，或者吃汤圆。现在条件好了，儿女还偶尔给老人吃点鹅蛋。

别看肖培林老人年事高，但她还是个热心肠。心底无私天地宽，若能帮助别人，她便竭尽所能。如果人家没衣服穿，她便马上脱给人家穿。如果在外边，发现有人没鞋子穿，她就把自己的鞋子脱给人家，自己打光脚回家。她的善良慈心，街坊尽知。

何希进

何希进，安徽望江人。1910年10月1日出生在安徽省望江县。在毕节县人民公园退休，居住在毕节市七星关区松山路（市人民医院附近）。

1942年，抗日战争进入最艰难的阶段，何希进加入了为保卫中国西南大后方和抗战“输血线”，而出征滇、缅、印、抗击日军的英雄部队——中国远征军。

这支抗击日军的英雄部队，从入缅算起，抗击日寇历时3年零3个月。投入兵力总计40万人，伤亡接近20万人，取得了同古保卫战、斯瓦阻击战、仁安羌解围战、东枝收复战、反攻缅北等巨大胜利。

在抗日战争年代，何希进是一个有着双重身份的人。从身处险境的地下党员到浴血沙场的远征军团长、副师长，经受了风与雨、血与火的考验。何希进的一生，曾在祖国的热土上和日本鬼子拼过刺刀，在缅甸的深山丛林里洒过热血，也在“文化大革命”的浪潮中受过冤屈。

何希进106岁时，记忆力依然很好，能清晰回忆起他的战斗历程，能自己刷牙、洗脸和看电视等，邻居们都无不称奇。

何希进出生在穷苦人家，父母靠在长江边织渔网为生。1928年，何希进自修考入县师资讲习所读书，毕业后先后在城关小学、县女子初级小学任教。

1931年，何希进到安庆市一所中学参加培训，那段时间，他经常到安徽大学玩，后经朋友介绍，在安徽大学秘密加入中国共产党的地下组织，从事地下党工作。受训期满返回望江前，学校党支部的负责人俞昌淮给他发了代表地下党的一张纸条，并告诫他一定要保管好，一旦暴露了就会丢掉性命。何希进把纸条藏在鞋底内，安全躲过了一路的检查。回到家后，何希进从鞋底取出纸条，用油纸包上四层后藏入墙壁缝里，家人也不知。

1932年，安徽大学党支部被叛徒出卖，有10余名党员被抓捕，其中包括长江特委的俞昌淮等7名共产党员被杀害，被杀害的党员中有一位叫鲁宏图的还是何希进的同桌。事件发生后，党组织通知何希进，带好组织关系立即转移，离开望江。接党组织通知后，何希进乘船上九江，后抵达南昌，到了朱德创办的军官教导团受训。何希进刚离开家，父亲就被伪保安抓去关押了半年多。

1934年，何希进受训期满后，被党组织安排到庐山国民党设立的军官训练团任上尉区队长，搜集该团的训练情报。

1936年，西安事变，蒋介石被扣押，趁该训练团人员全部赴西安援救之际，何希进约集几个进步青年深夜离开了庐山，到九江乘木舟经过南京、武汉转到重庆，后到了重庆八路军办事处工作，在此期间多次受到周恩来的接见。

1938年，经周恩来介绍，何希进到延安抗日军政大学二期师团干部班学习一年，与邓颖超成为同学。1939年11月，根据党组织的安排，何希进等人被派到国民党杜聿明的部队搞地下组织情报工作。

在国民党内部，何希进一边跟随国民党部队对日作战，一边搜集了大量有关人事、武器弹药等情报寄往重庆八路军办事处，10天寄一次。1940年3月结束昆仑关战役后，第五军团解散，荣誉一师奉命扩编为新十一军，军长郑洞国，何希进也上升为上校团长。随后，他随着部队转战石家庄、台儿庄、徐州、武汉、广西、湖北、湖南长沙、贵州独山等地抗击日寇。

1941年9月，新十一军改编为第八军。1942年3月，第八军奉命调返广西成立远征军赴滇西参战，抗击日本侵略者，在多次战役中，何希进四次身负重伤。

1945年日本投降后，为了不暴露身份，党组织命令一直潜伏的何希进伺机离开杜部。1946年，何希进到了毕节。随后他寄信到重庆向周恩来请示工作，数日后，党组织复信："根据本人所长，找一个恰当的工作作掩护，接近进步人士、进步青年，扩大党的组织，迎接毕节解放的到来。"于是，何希进经人介绍到毕节东关坡弘毅中学任高中军事教官，1947年又到桂花桥县中任军事教官兼初中教员。由于与进步学生和进步教师的活动被察觉，何希进被学校辞退，并被伪政府押送到水城关押、提审。在狱中，何希进拒不承认与任何党派有往来，始终没有暴露自己的身份。经保释后，何希进进入国民党陆军第271师任军官，12月1日率部在水城参加起义。至此，在国民党内部潜伏了10余年的何希进终于回到了党组织的怀抱。

毕节解放后，何希进分到毕节军分区工作，直至1955年复员。从部队转业后，他又被安排在赫章铅锌矿工作。"文化大革命"期间，何希进也同样因"历史问题"没有逃过厄运，他被冤判发往黔西岔白农场。1975年12月，从农场"特赦"后，被安排到毕节县人民公园直至退休。

何希进(2015年)106岁时，在70多岁的儿子何声权和媳妇的精心照料下，精神矍铄，晚年幸福。

"我是孙立人的部下，属机械化部队，到印度去的时候走了很远的路，一天要行军100多里，在山野里，没有房子，我们将毛毯铺在地上睡。有时候睡觉，听到大炮和飞机的响声，便翻身爬起来四处躲藏。打仗的时候，副团长、团长、参谋长都不准休息，在前线指挥作战。日本人的坦克很多，打死了我们好多士兵，但我们的士兵不怕日本人！"何希进回忆起远征军的战斗历程，还激动不已。

何希进在抗日战争中，四次身负重伤。一次送弹药到前线时，阵地被敌人占领了，他就带领战士们将苞谷草打成捆捆架在树子上，用苞谷草堆放在车上进行掩蔽，他和战友们每人顶着一个苞谷草潜伏在树上。第二天一早，发现敌人只有一个排的兵力，就把敌人给歼灭了，立了一次大功，获得了一枚勋章。再一次，在行军的途中，何希进的部队遇到20多名日本兵，在激烈的刺刀拼杀中，何希进的左耳被鬼子削了一半，至今还是残缺的。在云南的一次战役中，敌机将他们临时搭建的棚炸垮，正在指挥战斗的何希进被弹片从后脑壳穿过，在医院昏迷了7天7夜。

何希进与邓颖超是同学，平反后，他给邓颖超写信，邓颖超在回信中说，在抗日战争中，何希进做出了很大贡献，望地方各级政府给予照顾。

何希进拿着信到民政部门后，被安排到人民公园里种植花草。之后，何希进两次收到邓颖超写来的信。信中，邓颖超对他嘘寒问暖，问他有什么困难和要求都说出来，组织上会尽量帮助。何希进只字不提自己所受的委屈，只是淡淡地说，什么困难也没有，只想和老同学叙叙旧。

何希进说，在战场上，许多战友都壮烈牺牲了，他能活下来就是最幸运的了！

何希进老人一家儿孙满堂，子孙孝顺，在70多岁的儿子何声权和媳妇的精心照料下，他精神矍铄，晚年幸福。儿子何声权说，老人很了不起，在抗日战争时期，耳朵曾经被炮弹震坏过，说话要凑近他的耳朵边他才能听见。老人的饮食非常简单清淡，而且从来不吃零食，很少吃肉，特别是肥肉，一日三餐非常有规律，每天早上喝一碗稀粥和吃两个荞馒头。

何福胜

何福胜（1915～2015），贵州省毕节县（今七星关区）人。生于1915年5月12日。住燕子口镇中沟村。

何福胜出生在大地主家庭，年幼时过着衣食无忧的生活。土改时期，他家虽是地主成分，但由于父母去世得早，所以他很早就从学校回来继承家业。他有文化，很开明，拥护共产党，拥护人民政权，积极协助土地改革；文化大革命那段时间，他在公社煤厂挖煤，也是因为有文化，不久便负责煤厂的管理和出纳等工作，生活有了保障。改革开放后，儿女们都相继成家立业了，何福胜老人更没有受过一天的苦。他的妻子叫余纯真，生育三男一女，已90多岁高龄，但看上去神清气爽，不时还能到田间地头转。“福胜”老人的名字取得真好，真是前世修来的好福气！

何福胜100岁时，依然额头光光，肥头大耳，嘴无须胡，走路虽拄着拐杖，但脸色红润，神采奕奕。老人面容慈祥，神志清醒，思维敏捷，谈吐文雅，对以前的往事，他都记得一清二楚。何福胜老人说，他于1915年5月12日出生，经历了10年国内革命战争、抗日战争、解放战争等艰苦岁月，参加了社会主义建设和改革开放新时代，100年的沧桑巨变，只有共产党才能救中国，只有人民政府才是真正为人民服务的。

问起老人的长寿秘诀，他说：“没什么，一个人要会过，吃什么都不重要，但心态要好，遇到困难要克服，决不能向困难低头，要顺其自然，只有这样才好过！”

老人不仅心态好，爱好也广泛，特别关心政治、时事和新闻，空闲时经常看电视，看杂志，看书，眼睛非常好，给人的感觉总是那么的精神饱满。而且生活还挺有规律，他每天早上6点钟就起床与老伴一起在房前房后走走转转，晚上8点钟就睡觉。老人生活从不挑食，百岁了，每天都要用两钱油、两钱糖蒸三个鸡蛋吃。

老人有五个儿子三个女儿。2015年时，大儿子何方强71岁，二儿子何方艺68岁，子孙重孙加起来共有100多人。

老人最爱说的是他的三个女儿都比儿子家好。大女儿何方玉家在城里居住，有一儿两女，儿子、儿媳，女儿、女婿都是大学生。二女儿何方莲家的一儿一女都是研究生，小女儿家只有一个男孩，现已大学毕业了。老人逢人便说，他的子孙们都很孝顺，只要有空都会回来看望他。

2015年10月，何福胜在家中安详辞世，享年101岁。

汪武氏

汪武氏，（1913～2014），贵州省毕节县（今七星关区）人，女，于1913年10月出生在毕节县普宜镇，本姓武，因幼时家贫，只有乳名，未取学名，后嫁于汪姓丈夫，改称汪武氏。

汪武氏可谓一生坎坷，生活艰难。但因她豁达开朗，与世无争，勤劳俭朴，不惧挫折而长寿。

汪武氏有四姐妹，她排行第二。在当时经济状况十分落后的中国，出生在贫民家庭的汪武氏生活十分艰苦，并在9岁时丧父，与母亲相依艰难度日。嫁到汪家后，育有一女，本以为生活会慢慢好转，不料在31岁时丈夫因饥荒，为了生计，迫于无奈，参与当地贫民去土豪家抢粮被活活打死。

屋漏恰逢连夜雨，汪武氏经历了人生第一次沉痛的打击。后来改嫁给丈夫的亲堂弟，生了一个儿子，日子虽艰难却幸福。怎奈天意弄人，在儿子12岁时，公社的伙食团派丈夫去苞谷林捉虫，儿子跟着去，不料儿子被毒蛇咬伤，经抢救无效身亡。这犹如晴天霹雳，悲痛欲绝的汪武氏精神一度失常，几次在家人埋葬儿子后，都刨回儿子尸体，死死地抱在怀里。家人只得搬来巨大石头压住坟墓，才制止其刨回儿子尸体的行为。随着时间的流逝，在家人的关心、劝解下，汪武氏精神才慢慢恢复正常。

儿子夭折不久，第二任丈夫又病故，汪武氏再次遭受了失去亲人的打击。但汪武氏这时已看淡了一切悲痛，不愿再让家人为自己担心，造成家人的负担。她把失去亲人的悲痛压在心底，带着唯一的女儿，起早贪黑，在街上做起浆粑生意，用以维持家计，照顾丈夫家老人，把家里打理得井井有条，用忙碌来治疗内心的伤痛。渐渐地，汪武氏用积极的态度面对生活、面对人生，用辛勤的汗水换来母女二人的天伦之乐。

勤劳善良的汪武氏，总是教育女儿汪世英要勤勤恳恳做事，踏踏实实做人，只有靠勤劳的双手得到的幸福才是永远的幸福。后来汪世英嫁与普宜龙洞湾廖清学，生育五子一女，汪武氏随女婿一家生活，帮助女儿抚育子女，传承家风。现在他的孙子们每家在街上都有门面一个，大多出租。勤劳的本性使他们踏上务工的征途，为建设美好家园不断地努力着，践行着汪武氏的谆谆教诲。汪武氏的大家庭有四十余人，五代同堂，可谓女贤孙孝，其乐融融。虽然住在街上但并不嘈杂，用今日的生活对比往昔，幸福而又美好。

汪武氏本人亦喜欢独居，自己料理生活，偶尔让子孙搭把手料理一些家务。从艰苦岁月走过来的汪武氏虽然喜欢甜食，但从不挑食，主要吃蔬菜水果，饭菜以清淡为主；不喝酒，不抽烟，早睡早起，保持着良好的习惯。一生忙碌的她随时在家走走动动，或到孙子家串门聊天，内心释然，日子过得不亦乐乎。虽然随着年龄的增长，器官的衰竭，听力下降了，行动迟缓了，但她始终微笑着看待每一天，就算是夕阳也透着无限的美好！

2014年，汪武氏无疾而终，享年102岁。

张田英

张田英，贵州省毕节县（今七星关区）人，女，生于1913年8月14日。居住在阿市乡木拉村。

2015年时，张田英老人虽年过百岁，但神志依然清醒，身体还硬朗。问起老人一生中最难忘的事情和最高兴的事情，老人回答说："都是平平淡淡的，没有什么特别的地方"。

张田英老人性格开朗、平易近人，遇事总能妥善处理，能处处为他人着想，虽年事已高，但一些家庭琐事能稳妥处置，使整个家庭处于和睦团结的氛围之中。

一生之中，张田英老人虽劳苦过，但对自己的身体，特别注意。她常说"身体是革命的本钱"，所以为了这革命的本钱，她每天坚持锻炼。早晨六点起床后，就拄着拐杖四处走动，茶余饭后也会散散步，或者和与自己差不多年龄的老人谈谈心，拉拉家常，晚上八点左右就开始睡觉。

生活上，老人的口味与年轻人有些不同，晚辈们就尽量依着老人的口味，安排一日三餐的伙食，有时还单独为老人开小灶，家人陪伴着老人一起吃饭，一家"四世同堂"，其乐融融。对于饮食习惯，老人从不挑剔，一日三餐很有规律。对肉食、蛋类有所偏好，偶尔还喜欢采食野菜；对于水果之类的东西，老人平生最爱吃香蕉、苹果、梨子等。

过去的一个世纪，离老人渐渐远去，那百年风雨飘摇的岁月，是老人曾经的记忆，人们可以透过老人的视角，窥探到那个时代的印迹。在那个不平凡的年代，生命就是这样精彩地呈现，生活就是这样平平淡淡的过去

老人晚年时，由儿子舒清敏、儿媳袁明秀赡养。正是在他们的精心照料下，老人得以安享晚年。

张金玉

张金玉，贵州省毕节县（七星关区）人，女，出生于1915年6月27日，居住在七星关区何官屯镇塘官村塘池组。

2015年时，张金玉老人尽管100多岁了，身体依然硬朗，生活还能自理，还能拄着拐杖到村里走走，看上去简直不像是年过百岁的高龄老人。

这位世纪老人，原是毕节县三板桥灵峰人。还未出阁时，父母为了让她以后能找个好的夫家，沿袭了包裹小脚的旧习。所以出阁之前，张金玉没有做过太多的农活。1934年婚嫁到何官屯塘官葛永福家。

出嫁以后，迫于生计，不得不参加劳动生产。由于小脚的缘故，她行走十分缓慢，同时老人家又是个慢性子的人，常常是家人在田地里做了很久的农活后，她才慢慢地走到地里。后来张金玉生育了一男一女。当子女长大成人以后，他们再也不让母亲下地干农活。于是，在张金玉四十岁以后，就一直在家里做家务。张金玉的丈夫性格十分温和，他们在一起生活几十年，很少吵闹。在张金玉中年，她的丈夫病逝，她独自抚养子女，后来大儿子也撒手离她而去。

现在老人一直独居，房屋就坐落在一座小山坡的山脚下。屋前500米左右就是公路，周围都是邻居，十分热闹。可是，一直以来，老人都不喜欢热闹，喜欢自己独处。不喜欢去街坊邻居家串门，也不爱去人多吵闹的地方。

张金玉老人一百多岁时，看起来安静慈祥。看着她的样子，无不让人想象出当初她的父母给她包裹小脚的祈望，无疑是期望女儿能找个好的夫家，能幸福快乐地过完一生。可是，事与愿违，包裹成小脚后给她的生活带来诸多不便，也没有因裹成小脚而得到幸福。

月有阴晴圆缺，人有旦夕祸福。张金玉老人中年时候丧夫丧子，这对一个女人来说无疑是十分沉重的打击。张金玉也哭过痛过，但是最终日子还是要过的。逝者已逝，活着的人只有认真的活着，好好地活着，才是对已故亲人的莫大安慰。张金玉没有因此倒下，而是挑起了抚育孩子，赡养老人的责任，把孩子扶养长大成人，才能苦尽甘来。

如今，老人一家已五世同堂，子孙们都很孝顺，都以老人为荣耀。虽然老人独居，但离子孙们都很近。为了让老人更加益寿延年，子孙辈一日三餐根据老人胃口安排好，送到老人屋中，有时还专为老人开“小灶”。长期以来，老人的饮食起居很有规律，每天早上6点过就起床，晚上9点过后就睡觉。胃口也好，每餐要吃一碗饭，早上还能吃10多个汤圆。

问及老人长寿的秘诀，老人微笑答曰：“没啥，只是我们这里环境好，空气清新，年轻时候吃的都是粗茶淡饭。改革开放后，日子好过了，年轻的子孙们对我的饮食掌握很有规律，每餐酸菜豆米汤都少不了。让我过得开心、快乐！”

张宗进

张宗进（1911～2012），贵州省毕节县（今七星关区）人，女，1911年8月30日出生在长春堡镇尖山营。

其父在她三岁时去世，她母亲邹氏改嫁到长春堡镇垭关村街上组彭家。彭家长子大她2岁，张宗进与彭老大从小青梅竹马，两小无猜长大。1928年她与彭老大结为夫妻，既是兄妹又是伴侣，俩人恩爱有加，毕生勤织苦耕务农为业，膝下生养三男四女。长子：彭传银，生于1930年3月2日，于1946年被国民党抓兵跟随到台湾，至四十余年后，时势好转，开放大陆探亲，先后携妻带子女返乡省亲多次，生二男二女；次子：彭传正，生于1934年3月11日，于1957年5月参加垭关煤矿工作三十余载，生四男三女；三子：彭传光，生于1940年2月25日，1958年在毕节客运中心工作，于1962年调往六盘水客运中心，曾担任客运中心站站长一职多年，生四男一女；长女：

彭传明，二女：彭传芬，三女：彭传训，四女：彭传运。

张宗进结婚时，正是中国社会处于动荡时期，民国政府实行的是抓兵制，彭老大被抓去当兵。押到贵阳。张宗进费尽了全部家产，好不容易才将丈夫赎回来。一家人脸朝黄土背朝天，为地主家当长年，还是衣不遮体，食不饱腹。1946年，才16岁的大儿子彭传银到长春堡街上赶场，被国民党抓兵。张宗进夫妻把仅有的房子和家什卖光，求保长顾某赎人。顾保长收了钱，去没去赎，只有天知道，反正彭传银没放回家。张宗进挂欠儿子，眼睛哭瞎了。后听说儿子彭传银去了台湾，天各一方，无念可想，内心伤痛，是他人难以体会到的。解放后，由于彭传银在台湾的事，张宗进一家受到很多不平待遇。在大跃进年间，丈夫丢下一家人辞世，张宗进痛上加痛。她在悲痛中坚强地活下来，把子女们一个个抚育成人，成家立业。适逢改革开放，两岸关系缓和。张宗进在古稀之年，大儿子彭传银获准从台湾回大陆探亲。当听到大儿子携妻、子、女回来，四十多年没见面，骨肉深情，张宗进与儿子抱头大哭，她深深感谢党的改革开放政策，使从没想过此生母子还能团圆的梦想成了现实。张宗进心情一下厂亮了，人活得更愉快、更舒心。之后彭传银一家一两年回来一次，给老人带来无限欢欣，她失明了多年的眼睛，居然慢慢复明了。晚年，张宗进与小儿子一家生活，饮食上从不挑剔，有什么吃什么。特别喜欢吃腊肉炒折耳根，酸菜煮洋芋。老人一辈子善良，积德，为人随和，从不和邻里论是非。她教育子孙，一定要尊老爱幼，不准欺负落难的人。她说："人在做，天在看，福是自己为，人有善心，天必佑之"。历经清朝末年，民国，中华人民共和国三个朝代，五代同堂。她逢人便赞颂："还是共产党好、人民政府好，什么都想着人民，为着老百姓。这真是好世道，从没听说过的盛世"。

2012年5月20日，张宗进在长春堡镇垭关村街上组家中安然逝世，享年101岁。

张孟祥

张孟祥，云南镇雄人。1906年2月出生。居住在毕节市七星关区司法路。

人活一世，不说长生不老，就连活到100岁，都是遥远的梦想。不信，你又见过几个百岁老人？然而，张孟祥老人不仅活到110多岁，且身体还硬朗，神志还清醒，思维还敏捷，饮食也好，每天早餐都能吃一碗面条，只是腿脚不太利索了。

这位世纪老人生于1906年2月，籍贯是云南省镇雄县人。父母生育他们两兄弟，大哥叫张孟辉。张孟祥年轻时当兵，退伍后安排在毕节县建筑公司工作，一直到退休。张孟祥30多岁才结婚，妻子叫李远珍。共生育一男两女，两个女儿都健在。妻子李远珍86岁时去世，儿子张翼红2010年也去世了，留下他一人在毕节，孤苦伶仃。他在毕节生活习惯了，又有点老封建思想，不愿到女儿家去住，便搬到司法路来和侄儿张红一起生活。因为张红是张孟祥夫妇二人一手拉扯长大的。

侄媳妇肖义飞说，她的婆婆死得早，当时她爱人张红才两岁，公爹讨了个小老婆后，便重新安家，没有管过张红，是叔叔张孟祥和婶娘李远珍将张红接过去抚养长大的。肖义飞还说，张孟祥老人很顾他们这个家，对人仁慈，婶娘的心又好，所以她的爱人张红从小到大没有吃过苦。为了一家人的生活，30年前，她的婶娘李远珍在二街豆腐厂做豆腐卖，起早摸黑，就是为了挣钱让张红读书。叔和婶是把张红当成自己的亲生儿子一样的看待。

2014年年底，张孟祥老人女儿为了尽尽孝，通过劝导和说服，张孟祥才跟随女儿到黔西马坎乡去一起生活。可是，住了一段时间，他还是回到七星关司法路与张红一家居住。

张孟祥老人活了110岁，究竟有什么长寿秘诀呢？侄媳肖义飞介绍说，老人的心态好，从不怨人、恨人，一说一个笑，心里从来没有烦心事。只是他唯一的儿子死后，痛苦了一段时间。过了一些时候，老人就平静下来，该玩就玩，该吃就吃，依然乐观。平时饮食起居也很讲究，早餐无论合不合胃口，他都要吃点；晚餐一般不会吃得太晚，大都在6点前进食；每天只喝一至二两白酒，不喝多；每天晚上睡觉不超过11点，早上6点钟就起床，坚持到河边活动活动。

这些，恐怕就是张孟祥老人益寿延年之秘诀吧！

陈开荣

陈开荣，贵州省毕节县（今七星关区）人，女，1910年8月8日生于大方县长石，成年后嫁到毕节县龙场营大屯官寨子。

105岁时，陈开荣老人仍红光满面，身体硬朗，耳聪目明，生活上还能自理，很少需要人搀扶。

陈开荣老人有3个同胞兄妹，她是老大。因此，在童年时代，她就自然而然挑起了做家务的重担。年满16岁那年，也就是1926年7月，青春年少的陈开荣，经媒人介绍，嫁给今大屯乡高坡村官寨组袁世昌为妻。到了袁家后，勤劳俭朴的陈开荣，把家务打理得井井有条，邻里乡亲们都夸袁家娶到了一个好儿媳。老人共生育12个子女，在那个战火纷飞的年代，有9个孩子饿的饿死，病的病死，至今仍健在的还有五女袁依芬、七女袁依文和第五子袁依德。

在曲折的人生道路中，老人经历了一个世纪的风风雨雨。她一生克勤克俭，尊老爱幼。1961年，丈夫袁世昌因病不幸去世后，痛失丈夫的她与儿子儿媳共同担起家庭重担，主动为儿女分忧，不论严寒还是酷暑，日出而作，日落而息，面朝黄土背朝天。在老人90多岁时，还依然操持着家务，帮助家里洗衣做饭等。

老人一生积德行善，从不悲观厌世。在寨子里，她从不说东家长道西家短，也不搬弄是非，凡是哪家有困难，她都会挺身而出，主动去帮助。她还经常对儿孙们说：“要多做好事，多做善事。”儿孙们也很听话，常常在别人有困难时伸出援助之手，替别人排忧解难，一家人都以助人为乐为家风。

陈开荣晚年与儿子袁依德家一起生活。袁依德家虽不富裕，但家庭和睦，儿孙们也很孝顺，有好吃好喝的，总忘不了先要孝敬奶奶。尽管陈开荣105岁了，老人一日三餐都很有规律，早餐一般都是吃点汤圆、米粉、面条之类的食品，中晚餐一般以米饭为主，外加一些普通的肉类、蔬菜等，从不挑食。老人一生不吸烟不喝酒，没有不良嗜好，这也许就是老人能健康长寿的秘诀吧。

陈少云

陈少云，贵州省毕节县（今七星关区）人，女，于1912年1月出生在毕节县龙场营。

陈少云4岁时，父亲过世。母亲拭泪，毅然扛起家庭的生活重担，含辛茹苦抚养着7个还幼小的孩子。在一个饥寒交迫的日子，3岁的小弟因病无钱医治夭折，给陈少云母亲创伤的心灵又洒了把盐。贫困潦倒的家庭，让陈少云从小就承受着不该承受的压力，与母亲分担着家庭的重任。一年的艰辛劳作并没有多少收获，一家人时时被饥饿、寒冷威胁着，饿了就吃草根啃树皮，冷了就织麻布缝衣裳。

在那个土匪猖獗的年代，原本捉襟见肘的家还时不时遭到土匪的掠夺。粮食、肉、被子等稍微有点值钱的东西，无一幸免。陈少云的家曾经被抢过几次。有一次，陈少云看着家里被土匪抢走的东西感到很心痛，就大着胆跑去抢回。娇小的她又怎会斗得过彪悍而且又多的土匪，遭到拳打脚踢，满身伤痕，直到没有力气才放手。眼前的凄凉刺痛着陈少云的心，但她却没有气馁，而是告诉自己，要快长大，靠自己去拼搏、去斗争才会有幸福。

后来陈少云嫁给了今普宜镇摆盖村张姓小伙。敦实的丈夫家境依然贫寒，没能给陈少云带来安逸的生活。但陈少云没有自怨自艾，踏实本分、勤劳肯干地和丈夫共同撑起这个家。哪怕是过着吃野菜、蕨根、草根这样的苦日子，还要天天带着孩子去劳作。在她心里，只要一家人平安在一起，就是满足、幸福。陈少云的贤淑、开朗，不斤斤计较的性格，使她与邻里关系融洽，从不发生纠纷。陈少云总是给子女讲：要得到他人的尊重，就要先尊重他人；要想心安理得的享受幸福，就要付出辛勤劳动的汗水；只有饱学知识，才能为社会作出更大的贡献。她用自己的行动践行着自己的话，只是在迫不得已的情况下，才让孩子辍学，这也是陈少云一生的遗憾。

摆盖村中干组距集镇3公里，春天鸟语花香，夏天树木郁郁葱葱，秋天洋溢着果香，冬天一片银装素裹，最适合居住养生。陈少云有四子一女，每个儿子家庭条件都一般，大儿子夫妻俩身患残疾，生活较为困难；孙子也都外出务工，竭力为养家糊口打拼。看着孩子有困难，陈少云也想帮忙，但也是心有余而力不足。为了减轻家人的负担，她索性放宽了心，照顾好自己。儿子、媳妇也很孝顺，知道陈少云眼睛不好，几次带着她去治疗，因为陈少云内脏器官衰竭，不敢动手术，只好作罢。当然，陈少云也不忍心让孩子们再为自己花钱了。

陈少云喜欢吃甜食、糯食，以前还要喝上一杯小酒。随着年龄的增长，酒戒了，饮食清淡了，生活也更为规律了。苦过了，累过了，挣扎过了，陈少云只想静静地享受剩下的每一天！

陈少英

陈少英，贵州省毕节县（今七星关区）人，女，1916年10月5日生于贵州省毕节县海子街八寨坪金银山，1944年与何官屯区后箐朱永安结为夫妻，育有长女朱祖飞、次女朱祖先、子朱祖银。

陈少英老人12岁丧母，少年艰辛；28岁出阁，中年持家；73岁丧子，老年心伤；82岁丧偶，晚年心碎！经历了一次次的打击，但老人还是坚强地站起来了，稳健的走上了100岁的高峰！

老人一生保持良好的生活习惯。饭菜取材适量，粗细搭配，以素为主。常以新鲜蔬菜入锅，当顿吃完，既不浪费粮食，又可确保不吃过夜饭菜；早睡早起，尽量不熬夜；讲究卫生，衣着整洁，屋里屋外始终收拾得干干净净。

老人一生以和为贵，善良担当。善待老小，和睦邻亲，教子勤劳，劝恶行善；遇事不推责，在劳动和生活中，总是率先垂范，勤劳而不过度。

老人用平凡的一生，见证了国家和地方100年的发展，也用普通群众一生的情怀和方式，为地方的发展作出了力所能及的贡献，赢得了子孙们的爱戴和地方民众的赞誉！

陈应先

陈应先（1913～2014），贵州省毕节县（今七星关区）人，女，彝族，1913年4月1日出生于毕节县对坡正西场，2014年10月15日在七星关区对坡镇建华村家中去世，享受春光一百零一年。

陈应先出生时，正是民国初年，国家动荡，人民穷困。七八岁时，陈应先患了场大病，因家贫无钱医治，好不容易死里逃生，却留下终身后遗症。既不能像健康人那样成长，更不能下地干活。其母只得教她做些针线活，寄希望用以能维持她一生生计。陈应先知道自己终身残疾，没一门手艺是不行的。因此，她认真向母亲和寨中的能者学习裁缝技艺。功夫不负有心人，到了十四五岁，陈应先就能做得一手好针线活：剪裁的衣裤得体、合适，针线布局严密、精致，十里八乡人们闻其名、知其艺，纷纷将买的布料送上门来，求她裁缝，当然也付给适当的报酬。

陈应先长到十七八岁，该谈婚论嫁。由于她有门好手艺，求婚者众多。陈应先知道自己的病况，对说媒者言："我不能嫁人，更不能害了人家”，婉拒了一切求婚者。

陈应先就这样随父母生活。她心地善良，和达待人。对前来裁缝的乡邻，尽量给人家精打细算，不浪费分寸布料。无论贫富，无论老幼，一视同仁，一样精裁细做。父母去世后，她随弟陈应贤一家生活，由陈应贤一家照料。

人民公社的时候，按人七劳三分钱分粮。陈世贤一家人多劳力少，工分少，每年粮食都不够吃，加上当时的环境条件，来找陈应先做针线活的人少了。陈应先有时也拖着病体出工，做些轻巧活计，挣上几分工分。社员们很体谅她、照顾她、关心她；生产队总把最轻的活分给她，给她多记工分。后来干脆上报政府将她作为五保户养起来。陈应贤对乡亲们和政府对姐姐的照顾表示感谢，但绝不接受将姐姐陈应先作五保户让政府和社员供养。陈应贤说：“我姐有我们一家亲人，她不属于五保户，不应占这个名额。我们有能力供养他，我家有吃她就有吃，绝不把她当包袱甩给政府。”

队里尊重陈应贤的意见，把陈应先从五保户中剔出，但作出决定：凡本队社员，购买了布料就必须拿给陈应先做，由队里给陈应先记工分。哪家不同意，就不给哪家发布票。这样，既解决了陈应先下地劳动难的实际，又为群众办了实事。

改革开放后，陈应先已进入古稀之年。她的责任田土，由其弟一家耕作，她也闲不住，尽力做些家务，照看晚辈，让陈应贤一家能安心生产，多创丰收。看着家家户户丰衣足食，生活富裕，洋房幢幢，陈应先高兴地说：“我活这么大年纪，看过那么多光景，还是现在好。感谢共产党，感谢人民政府”。

陈应贤夫妇相继在陈应先之前去世，之后，陈应贤的儿子陈寿松一家负责起照料陈应先的责任。陈应先到85岁后，出现了老年痴呆症，生活不能自理，头脑昏糊，脚手不灵，大小便也只能在床边方便，这给陈寿松一家增添了服侍难度。试想：面对每天都要为其喂水、喂饭，端屎抬尿的耄耋老人，莫说侄儿侄孙，就是自己亲生儿子，又有几个能长相守？陈寿松这样说：“我姑妈这辈子不容易，能活到八九十岁更不容易。改革开放后，生活一天比一天好，日子芝麻开花节节高，我们要尽量多给她孝心，多给她关爱，让她多活几年，多享受盛世好光景”。政府也给陈应先老人的生活和保健提供必要的关怀和支助，按月发放养老金，经常派干部去慰问，派医务人员去关心，使陈应先老人度过百岁大关。

2015年1月15日，陈应先老人安然辞世，享年101岁。

陈家英

陈家英，贵州省毕节县（今七星关区）人，女，生于1915年7月3日，居住在七星关区层台镇层台村砂锅厂组。

陈家英100岁时，身体依然硬朗，虽耳朵有点背，但神志清醒，生活还能自理。

这位百岁老人，出生在旧社会贫苦农民家庭，经历过战争、饥饿、动荡的岁月和新旧社会历史的变迁。少年时代，陈家英几岁就开始帮父母做农活、割猪草、带弟妹。饥一顿、饱一顿。长到八九岁，就要上山砍柴，割草，为地主家放牛。十多岁就嫁到郑家，郑家也是贫苦农民。

陈家英老人嫁到郑家后，夫唱妇随，孝敬公婆，历经艰辛，夫妻二人逃过荒，躲过难。那时社会动荡，土匪猖獗，陈家英家虽是穷困潦倒，仍多次被土匪抢过，可谓度日如年。

夫妻二人生育有三个儿子，四个女儿。大儿子郑光美1936年生，（2014年去世）；二儿子郑光文生于1941年，现居住在湖南；三儿子郑光银，生于1955年，现居住在层台。

解放后，贫苦农民翻了身，陈家英一家的生活也慢慢地好起来。儿女一个个成家立业，生活越过越亮堂。

陈家英的小儿子郑光银介绍说：“老人一辈子

生活在农村，背挑下苦力样样都行。饮食从不挑食，为人友善，心态很好，常教育子女们，要懂得心存孝心，与人友善，邻里和睦；不能做违背道德和良心的事情，要踏踏实实做事，清清白白做人。”

陈家英老人年过百岁，家里的人都以有一位百岁老人为荣。儿孙精心照料老人起居，一日三餐尽量满足老人意愿，老人想吃什么，就做什么，老人想走亲串戚，就由年轻人陪同。老人逢人便说：“赶上了好时光，世景清平，人民富足，要吃有吃，要穿有穿；儿孙们对我都很孝顺，我过得很幸福！”

邵德辅

邵德辅（1897～2003），贵州省毕节县（今七星关区）人，于1897年9月出生在毕节县海子街观音桥（今贵州省毕节市七星关区观音桥街道办事处红堰村）。

1950年至1956年，邵德辅在人民解放军47师担任兽医员；1956年至1961年，先后在毕节县粮食局、商业局、海子街供销社担任兽医员。

邵德辅出身于农民家庭，读书不多，从小就喜欢养马，四处拜名兽医，潜心研究医马术。年长学会了一门兽医医术，能治骡马的各种疑难杂症。平时以赶马帮维持全家人的生活。1910年，朱德援川护国，邵德辅随军运送军火。

1938年，日本侵略者侵犯中缅边境，邵德辅组织马帮亲自上前线运送军火。运送途中，天上有日军飞机轰炸，地上步履艰难。邵德辅不顾个人安危，源源不断地向前线运送弹药等军用物资，受到抗日部队长官的褒奖、地方政府的赞扬。抗日战争胜利后，国民党军队将邵德辅马帮强行征收。在失去马帮的情况下，邵德辅又回到家乡带头种植烤烟（当时叫美烟），主动帮助乡邻四舍培育烟苗，指导移栽，推动所在乡村的经济发展，促使人民生活改善。

毕节解放后，邵德辅拥护共产党，拥护人民政府，主动将自己的水碾为人民解放军无偿碾米两个月，支援解放大西南。1950年，人民解放军47师运输连娄排长亲自上门聘邵德辅为部队的马队兽医。1956年回毕节，先后在毕节县粮食局、商业局、海子街供销社担任兽医员。1961年因精简人员，被下放回家。回家后，邵德辅一面从事农业生产，一面从事兽医工作。由于医术精湛，享有盛名，毕节军分区、毕节独立营和毕节城乡养马户，经常请他为马治病。从20世纪50年代到70年代，邵德辅救治的骡马无计其数。海子街有一张姓，全家七口，以驮马维持生活。马突然“发水”（生病），邵德辅前往治之，驮马起死回生，全家为之感激。

邵德辅对家庭子孙注重道德教育。1997年他年满百岁时，毕节市人民政府、毕节地区计生局、毕节地市老龄委都为之祝寿，赠送匾额，上书：“德寿双高，行医济人，不图回报”。在生日宴会上被称为“农民中的模范，兽医中的良医”。

2003年12月逝世，享年106岁。

八　画

青发玉

青发玉（1910～2009），贵州省毕节县（今七星关区）人，白族，1910年7月出生于毕节县对坡大寨（今七星关区对坡镇中心村上寨组）一个贫苦农民家庭。

青发玉出身贫寒，童年时期靠乞讨度日，少年时代，帮盐商下四川叙永背盐巴到毕节交货，吃尽千辛万苦。很多时，老板开不起工资，就用盐巴顶工钱。

青发玉的青少年是在国民党蒋介石反动集团统治下熬过来，那时国家混乱不堪，人民贫困潦倒。盗贼出没，豺狼当道。他从16岁起，十多次被抓兵。一次，趁夜深人静，当地保甲长带领国民党官兵将他家房屋包围，他在睡梦中被惊醒。由于他家房子是依山石砌墙，他从后山石缝中窜出，躲进一个石洞里。国民党官兵抓不住他，就将他的茅草房烧毁，他连一件破衣服都没带出。待国民党官兵撤走，村寨里有人上山放牛，由别人施舍衣裤，他才走出山洞。

青发玉知道，如果待在家中，保甲长时刻盯着，逃不脱他们的魔爪。于是他浪迹天涯，以打短工为生计，一人吃饱，全家不饿。但，即使这样，还是逃不脱国民党反动派抓兵。他在正西场帮工时，被抓了兵，在送往毕节城的途中，在火石坳他滚下悬崖逃身。

青发玉在帮工中，与同时帮人的谢家女孩结为夫妻。1922年生育长子青大全；之后又生育三个子女，终因家无定居，吃了上顿没下顿，这三个子女都幺折了；1932年，次子青大才出生。他给儿子取名大才，是希望儿子将来有所作为。谁知青大才长到七八岁，一场大病，高烧不退，家贫无钱医治，导致青大才大脑烧坏，成了傻儿，眼睛烧瞎，终身残疾。

据74岁的邻居詹绍友介绍：青发玉长得壮实魁伟，一米七八的个子。詹绍友说，自他知事时起，青发玉就是一条硬汉，干活很吃得苦，一背能背三百多斤。1949年底，对坡解放，青发玉从流浪打工被武工队召回到老家，参加土地改革运动，分了土地、房屋和财产，从此在大寨定居下来。

由于青发玉苦大仇深，解放初期被选为村贫协委员。青发玉还把大儿子青大全送到剿匪支前队，协助解放军剿匪。剿匪结束后，青大全参加工作，历任乡、公社干部，后任毕节县何官屯区杉寨公社党委书记。撤销公社改为杉寨乡党委书记。撤小乡建大镇(乡)时，青大全退休回到老家生活，照顾和孝敬其父的晚年生活。

青发玉的老伴青谢氏于1980年初去世，时年74岁的青发玉就由大儿子青大全家照料。青大全80岁时去世，年近100岁的青发玉就由青大全三个儿子供给，后又由青大全的孙孙们轮流赡养。

青发玉同寨家族中的曾孙青成正回忆说："老人家对人和蔼，心胸广阔，一辈子没和寨邻理过事，红过脸。他常对当书记的大儿子青大全说，当官要有良心，要公正、公平，要敬畏国家和人民，不可盘剥老百姓，不准吃老百姓一分冤枉钱，清清白白做个好官；他关心国家大事，教育子孙要听共产党的话，诚实做人，诚实做事；要遵纪守法，不做违法乱纪之事。老人家对子孙管教严格，对公益事情很热心。寨邻中，不管那家有红白喜事，他都主动站上前。那家有困难，他都会伸出援助之手，给予钱财、实物支助。"

当谈到青发玉生活习惯时，青成正说："改革开放前，青发玉生活都很艰苦，过得紧巴巴的。他是最简朴精细的，就是农村人说的有点抠，他死时还从床头地窖里起出他背盐巴时存下的盐巴。改革开放后，生活越来越好。青发玉老人同青大全家一起生活，有什么，吃什么，从不挑食。他90多岁时牙不掉、耳不聋、眼不花、背不扛、腰不弯。走路总是挺胸抬头，从不拄拐杖，甩着手大步走。晚年时，他生活很有规律，每天早上7点起床，吃点早支，然后沿着沔鱼河岸游走，或爬山，串寨，在田坝中看庄稼。中午、晚支都喜欢喝点苞谷酒，爱吃点肥肉。一辈子抽土烟，喝冷水，不吃零食。他一生很少生病，从没住过医院。就是临逝世那天，他都还精神爽爽的在河边走。回到家说头有点昏，说着就笑着闭上了双眼。大家都说，老祖公是成仙了"。

度过清朝末年、民国反动统治和新中国三个朝代的青发玉，人生的酸、咸、苦、辣、甜各种生活滋味，他都尝到过。2009年4月，青发玉在家中无疾而终，享受了四世同堂的百年春秋。

罗永翠

罗永翠，贵州省毕节县(今七星关区)人，女，于1916年生于毕节县阴底田坝(今田坝镇先进村)。

罗永翠膝下4女，子嗣20余人。罗老100岁高龄，虽耳朵背，但能走能动，一直由大女儿杨晋书和三女儿杨晋毕照顾。邻居们说，老人善良，热情好客，村里人都很敬重她。老人一生不挑食，有啥吃啥，一日三餐很有规律。她心地坦然，与世无争。对家人、对邻居，总是轻言细语，从不发火生气。她勤俭朴素，教育孙辈要知足，要懂得报共产党的恩情，报人民政府的恩情。她常说："旧社会，做梦都想不到会有今天这样的幸福生活，真要世世代代感谢共产党。"

周元娥

周元娥，贵州省毕节县（今七星关区）人，女，1915年2月12日生于毕节县杨家湾（今杨家湾镇营盘村）的一个普通农村家庭，家住毕节市七星关区杨家湾镇杨家湾村十二组。

周元娥童年生活艰辛和坎坷，少年嫁入闵家。在闵家育有一女，生活虽然不富裕，但她每天起早贪黑、忙里忙外，和丈夫一起维持下了整个家庭的开支，日子总算还过得下去。但好景不长，命运就是如此磨砺人，1940年，她丈夫在一场事故中不幸去世，留下周元娥和年幼的女儿。为求生活，养育女儿，周元娥除了照顾好家里，还要四处去给人家打零工赚钱。加上当时处于战乱时期，求生更加艰难。

终于，一次机缘，周元娥认识了金大摆。老金为人诚恳、踏实能干，周元娥再结佳缘，嫁入今杨家湾镇杨家湾村十二组的金大摆家。婚后周元娥与金大摆育有一儿两女，夫妻俩每天忙忙碌碌，一晃几十年就过去了。

现在老人和她最小的也是唯一的儿子金先勇在一起生活。金大摆已去世十年了，三个女儿都在本地生活，周元娥的女儿们现在都已是家里的老人，孙子的奶奶。小儿子金先勇除了在家务农，偶尔也出外面打打零工。老人的四个子孙大都在外地，有的在外务工，有的在外求学，只有最小的孙子还在镇上上学。老人晚年时，每天最开心的事就是傍晚面对夕阳，看着放学回到家的小孙子。周元娥家四处环山，房屋周围种满了樱桃树，鸟语花香的生活环境，这是很多城市人梦寐以求的。周元娥家中子孙孝顺、妯娌亲和、家风温良，在村里传为美谈。

周元娥老人为什么如此长寿？一是居住环境好，二是爱劳动，三是生活有规律，四是心态平常，五是子孙孝顺等等。她儿媳每天都要给老人洗脚、热水泡脚。儿媳说，每天为老人烫脚的习惯已经有25年了，从来没有间断过。看似平凡的一件事，体现了周元娥儿女的孝顺。为了方便老人看电视，儿子儿媳把电视摆在了老人的屋里，每天老人想看电视的时候，儿媳都会陪有老人身边。尽管老人没有什么文化，但很关心国家大事，最喜欢看的是新闻联播和文艺节目。

老人说："现在每月都有国家给的生活补贴，儿子也经常给我一些，我已经很知足了。"老人还说，解放前的日子很苦，特别是中国被日本侵略时的惨状，至今想起来还胆战心惊。也许是因为经历过战争时期的贫苦与磨难，老人非常珍惜今天的幸福生活。

儿子金先勇非常体贴母亲，"我母亲一生不容易，年轻时父亲常在外面做事，母亲一个人在家，即要种地还要照顾上代老人和四个子女，吃了很多苦。"周元娥老人心态很平和，从来与世无争，虽然年过百岁，但是生活都能自理。老人的四个子女都在本地，所以每逢过年过节或老人生日，全家老老少少都要团聚在一起，和老人一起度过。几十年来，老人生活规律，每天早上6点起床，7点吃饭，老人想吃什么，儿媳都会尽量满足她。老人喜欢吃肉，儿媳就每天把肉炖得烂烂乎乎的给老人吃。随着年龄的增长，老人有时会闹些小情绪，但儿子、儿媳总能体谅老人，从不和老人顶嘴，尽量顺着老人。老人一生对儿女没什么特别的要求，唯一愿望就是家庭和睦。她常教导儿孙们，家庭要团结、人人要勤劳。

由于周元娥子孙们的行动是朴实的，他们的情感是真实的，他们的做法是平常的、点滴的，给老人带了无限的幸福，百岁老人每天都笑眯眯，说："我能活到100岁呀，因为我的身体都调理好了。好多老人把我羡慕得不得了。"

周光祥

周光祥，贵州省毕节县（今七星关区）人。生于1915年，现居住在毕节市七星关区市西办事处环城路居委会水巷子。

周光祥出生在一个贫穷人家，从小家境不好，少年时期很艰辛。16岁时眼睛患病，无钱医治，导致在21岁时，双眼失明。这对于周光祥来说，简直是雪上加霜。

老天不公，老天又总是对所有人给予顾盼。双目失明的周光祥，靠着坚韧不拔的精神，克服重重困难，能自食其力，也赢得了一位姑娘的爱。他们结婚后，周光祥日常起居由妻子照顾。生育一子。在周光祥47岁时，老伴去世，这对他是天倾般的打击。好道此时已是新社会，街坊邻里对他给予力所能及的帮助，政府和居委会也给周光祥这个残疾人予以关爱，从各方面优待照顾他。周光祥在共产党的光辉照耀下，在邻居的帮衬下，在儿子的陪伴下，过着常人的生活。周光祥85岁时，儿子也去世离开了他。从此，照顾他的担子落在了儿媳廖润英的肩上。政府、残疾人组织、街道、居委会、群众也给予周光祥应有的帮助。

周光祥100周岁时，眼睛虽看不见亮，但身体硬朗，思维清晰，还能摸着做些家务。他的子孙12个，都能自食其力。特别值得赞扬的，是他的儿媳廖润英十多年如一日，不离不弃对他的精心照料。

周光祥能活一百多岁，不能不说是社会主义制度优越的体现，不能不说是亲人关爱的硕果，不能不说是周光祥创造了生命奇迹。

郑齐全

郑齐全，贵州省毕节县（今七星关区）人。1913年9月4日生于毕节县小吉场层台官厢薛家坪。（今毕节市七星关区层台镇官厢村薛家坪组）。

郑齐全老人100多岁时，除双眼模糊，看不清物体外，身体较为健康，无其他疾病，一日三餐胃口还好。

这位世纪老人，家中自幼贫困，从未上过学堂，中年成婚，先后生育三女两男，分别为大女郑远珍，二女郑明书，三子郑明华，四女郑明菊，幺子郑明荣。其中，老三郑明华18岁参军，次年参加对越自卫反击战，担任先锋军35104部队某连排长，英勇作战，不幸牺牲，为国捐躯。

老人晚年虽然双眼模糊，但神志清晰，对往事还记得一清二楚。说他年轻时候背盐巴，要背100多斤，每天走100多里路。背砂锅卖，到过小吉场、普宜、龙场营等地方。家里人介绍说：老人一生从事贩运生计，在层台官厢古城通往四川的茶盐古道上，到处都留下了老人贩运商盐的身影和脚印。

老人一生乐于助人，平安顺利。只要周围邻里有困难，老人都会伸出援手，对周围亲朋好友、村里村外的红白喜事都乐于帮忙，是远近闻名的热心人。比如，1990年时，一位吉林人被不法人员骗到本地做苦役，逃到官厢村后，郑齐全收留了他，让其在家居住了将近2个月，而后又想办法凑齐车旅费赠予吉林来的朋友送其回家。

老人很注意自己的饮食起居。年轻时饮食特别好，每顿要吃三大碗饭或一大钵面条，每天辛勤劳作，日出而作，日落而归。年纪大了后，每天早餐以面食、甜酒鸡蛋或稀饭为主。午餐或晚餐，虽不挑食，但每顿都必须有素汤素菜。

老人年过百岁后，与儿子郑明荣一起生活。郑明荣一家靠在家里开小超市维持家里开支用度，家庭虽不算富有，但一家“五世同堂”，子孙孝顺，其乐融融。

问及老人的长寿秘诀，老人答曰“能吃的就吃，平时多吃蔬菜水果，心态要好，多积德行善！”

孟启珍

孟启珍，贵州省毕节县（今七星关区）人，女，生于1915年11月19日，居住在清水铺镇宁家村。

2015年时，百岁有余的女老人孟启珍，身体硬朗，布满皱纹的脸颊还泛着红晕。她神志清醒，记忆还好，为人和善，只要有人有客到家里来，老人总是乐呵呵地笑着招招手或点点头。不过，老人近些年来，视力明显下降，已看不清东西了。

这位经历一个多世纪风雨沧桑的百岁老人，出生在一个贫困农民家庭。婚后，家境也不太好。她一共生育了6个孩子，三男三女，其中两个儿子早已去世。

老人喜欢唱歌，山上唱到山下，黑发唱到白发。即使到了晚年，一说到唱歌，老人就会情不自禁哼唱起来，虽然人们听不清楚她唱的是什么歌，可总感觉得到她声音里洋溢着欢快热烈的气息。

2015年春，笔者来到孟启珍老人家，见老人正坐在床上。听家人说有客人来看望她，老人满面笑容地示意着“欢迎”，嘴里不停地念着：“老了，走不动咯，眼睛也看不清了，谢谢你们还来看我”。言谈举止中，老人的思路仍然清晰。

孟启珍儿子孙二娘介绍说：“母亲是近几年才失明的，之前还能自己走动，生活也能自理。失明后，虽然行走不太方便，但拄着拐杖还能帮忙做家务，不过，她的记性还特别好，只要见过面、听说过话的人她都记得。”

孙二娘还说，老人热情好客，从小到大，没和人产生过隔阂，发生过矛盾。听到这里，老人便乐呵呵地笑着说：“没你说得那么好，旧社会那个年代，盗贼太多了，太猖狂了。平时一点小事不要与人斤斤计较，要和寨里的人们搞好关系，有盗贼来才有人帮你嘛！”。

据了解，孟启珍老人一辈子都保持着勤劳、节俭的生活习惯，19岁时结婚，婚后和丈夫一起在外面打长工，什么庄稼活都干过。由于家境贫寒，生活艰苦，她省下自己的粮食给丈夫和孩子吃，还到处找短工做贴补家用，对家庭实在是贡献不小。

如今，孟启珍老人虽年过百岁，但还是一身干劲，最怕给晚辈添麻烦。双目失明前，老人每天都把自己和屋子收拾得干净利落，儿子对老人十分佩服，说老人不仅心胸豁达，心态也很平和，并且总是怀着一副热心肠，以前，谁家有困难她都尽力相帮。孟启珍老人满堂儿孙，个个孝顺，一直陪伴在老人身旁的儿子孙二娘虽年过六旬，但身体十分硬朗，照顾起母亲来有条有理。老人也逢人便说：“苦日子早过去了，现在儿孙们对我都很孝顺，我每月还能领300元高龄补贴金，这都托共产党的福！”

问起老人的饮食起居方面，儿子孙二娘说，老人胃口好，一日三餐都要吃青菜。偶尔一天要吃四餐饭，“饮食以清淡为主，不吃猪油，很少吃味精。”老人的作息很有规律，每天早上7点半起床，晚上9点休息。

问老人活这么大的岁数，有什么长寿秘诀？老人笑容满面地答曰：“没啥，只是平时不暴饮暴食，喜欢吃水果和蔬菜，平时也不喜欢和别人吵闹。”

九　画

胡茂启

胡茂启（1915～2015），又名胡绍珍，贵州省毕节县（今七星关区）人，1915年1月19日生于毕节管辖东里北三甲桥地湾（今毕节市七星关区燕子口镇小河村桥地湾村民组），2015年1月26日仙逝于小河村桥地

湾家中，享年一百岁零八天。

洒鱼河有条支流叫小河，从洒鱼河新桥往大田走，过瓦窑田即进入小河村．小河村桥地湾寨落依山傍水，风光秀丽。1915年1月19日（民国四年），胡茂启出生在这个小山村一户农民家庭里。父亲胡忠昌，母亲陈氏生有5个子女，无能力送子女上学读书，子女5人都是文盲。

解放前，国家处于战乱之中，民国政府无力顾及民生，匪患、盗贼猖獗，民不聊生。土地集中在极少数人手里，有土地的富人无劳动力耕种，有劳动力的穷人又无土地可耕，这种现象到处都是。胡茂启和妻子徐厚珍为养家糊口，只得离开桥地塆到孙家铺沙地头吴姓地主家帮工（租土地种），在野外住窝棚，挖野菜充饥，所生3个子女在贫病交加中长大。

为了一家人能够活命，在遇天灾走投无路的年份，胡茂启就去四川泸州背盐巴到安顺。一路晓行夜宿，风雨兼程，吃尽苦头。去来将近一个月时间，所挣得的脚力钱还买不到一件衣服。一次，他的同伴胡XX，不慎摔了一跤，把脚擦掉一大块皮，用来歇气的拐耙笆（背东西时用来撑住背篓底部歇气）也摔断，当场昏了过去。醒来同行人劝他去看医生，他说“看什么！擦掉的肉皮会长好，可惜的是把我的拐耙笆摔断了”。在那个时代，“要钱不要命”是穷人的选择啊。

解放初期，胡茂启和妻子带领全家人从孙家铺沙地头回到桥地塆，参加轰轰烈烈的土改运动，当选为村农会主席，组织农民分田分地，分得了自己名下的田、地和吴姓地主家一张四方桌（如今还尚存）。在渴望已久属于自己的土地上，他和妻子早出晚归，不辞辛劳，粮食年连增产，生活就像“芝麻开花节节高”，过上了有饭吃、有衣穿、能供子女上学校的富裕生活。

胡茂启一生身体都很壮实，源于他艰辛的劳动，长年攀山越岭耕作。一生很少生病，在1963年的某天，他和大哥胡茂钊到袁树奎大姑爹家去作客，吃了被毒蜂蛰过的梨而发生急病肚子胀（胰腺炎）。在多方医治无效后，用民间单方，一只蟾蜍，不去内脏整只煮熟吃下，半个月后死里逃生。这是他去世前生过的最后一场大病。

从70岁以后，胡茂启曾多次去昆明市、安宁温泉、兴义市和儿子胡南岳一家一起生活。终因城市交通复杂，生活不习惯，“故土难离，落叶归根”，执意要回到农村老家生活。在万般无奈下，他还上着班且在领导岗位上的儿子胡南岳，只得把他送回桥地湾，出钱请人照顾他的生活。回乡后，胡茂启心情舒畅，生活很有规律。几十年如一日，每天半斤肉、半斤酒、半斤米，烟、茶富足。生活上从不暴饮暴食，很少素食。习惯早睡早起，作适当活动。与邻里和睦相处，善良好客，性格开朗，为人正直，喜言谈，重感情，受到家族老幼和相邻族人的尊敬。从70岁到100岁30年间，在儿子胡南岳、儿媳王家琳的孝敬下，过着不愁吃、不愁穿、不愁钱，杯酒筷肉，赛过神仙般的幸福生活。

2015年1月19日，胡茂启迎来了100岁生日，为纪念他百岁寿辰，他儿子胡南岳出资4万元，在桥地湾香椿树包包上修建了一座长寿亭。

2015年1月26日，在过完百岁大典后的第8天，胡茂启心满意足，无病无疾，在七星关区燕子口镇小河村桥地塆家中正寝寿终，享受春光壹百岁零八天，安葬在桥地塆青岗林并竖有石碑。

纵观胡茂启的百年人生，走过了穷困潦倒，吃尽苦头的青年；经历了吃得饱，穿得暖的中年；享受了幸福安逸，生活美满的晚年；他的百年之路告诉人们，追求长寿，是每个人的愿望。排除遗传基因因素，只要有坚定的信念，平和的心态，强壮的身体，把“要我活的愿望变成我要活的行动”，变被动为主动，活到百岁不是梦。

赵吉银

赵吉银，贵州省毕节县（今七星关区）人，女，1916年生于毕节县阴底田坝，（今毕节市七星关区田坝镇新民村）。

赵吉银一生勤劳俭朴，50岁时，丈夫去世，之后，她一人把儿女拉扯大。年过百岁，虽背有点驼，拄着拐杖，但身体硬朗，还能穿针引线缝补衣服。

老人朴实厚道，一生勤劳俭朴，在村子里为人好，威望高，全村人都非常敬重她。

问起老人的长寿秘诀，老人的大儿媳赵荣英介绍说："老人每天早餐一碗芝麻糊、中餐米饭加肉、晚餐米饭蔬菜水果。除此外，老人还每天抽叶子烟，喝用金银花泡制的酒。闲不住时，拄着拐杖哼着小曲，去儿女家串串，去村边走走"。

家待着。2015年，他96岁的老伴生病了，老人很是担心，特别吩咐儿子去找医生，自己也不停地悉心问候着、照顾着。老伴一个人病了，全家人都倾心关怀，无微不至。

当问及老人如何面对生死时，他表现得非常的坦然。说："一切随天意"这，也许就是赵尚贵老人长寿的秘诀。

赵尚贵

赵尚贵，贵州省毕节县（今七星关区）人，生于1913年，居住在毕节市七星关区龙场营镇南坡村。

赵尚贵103岁时，不但行走自如，还能下地干些简单的农活，很少需要人照顾。老人上街买菜煮饭，坚持照顾94岁的老伴，由于天性乐观善良，爱说爱笑，因此被邻居们称为"老顽童"。

南坡村的大山上，视野非常开阔，空气清新，老人在自家的院坝里用竹竿撑起一个葫芦，非常的有趣。老人说这是他喂猫的法宝，是怕猫走远了回不来。

老人是这个家族来到贵州之后最长寿的一位，90岁时，每到赶场，老人总是要走一个来回，坚持买自己需要的东西，坚持将买好的东西自己背到家。不仅如此，老人还自己做饭，从不麻烦自己的儿女，这样既能活动身体，又能吃到自己喜欢的饭菜。

老人年轻的时候是个农活专家，什么活都难不倒他，村里的很多人犁地耙田都是他教的。他很和达善良，乡邻那家有事，他都愿帮忙；他是勤劳一生，担当一生，不到万不得已，从不轻易麻烦别人，包括自己的儿女。三个儿子只留一个在他身边，鼓励其他子女，孙子都出门打工赚钱养家。

到100多岁高龄，老人的身体照样硬朗，只要天气暖和，老人不是上街就是串门，很少在

赵桂英

赵桂英，山东莘县人，女，1915年农历十一月二十七日生于山东省莘县徐庄乡北周庄。1953年随夫南下，1962年迁到毕节县城箱子街居住，后搬迁至桂花路地区人大宿舍。

赵桂英出生在贫寒之家，幼年常以瘪枣、野菜为食，吃玉米干粮已属改善伙食。其父赵锦堂甚善，被晋冀鲁豫边区选为乡议员。父常励女行善，所以赵桂英从小以善为美。1933年嫁与同乡纸坊村孙战领为妻，夫妻恩爱，辛勤务农。为改变乡亲们的痛苦生活和反对日本帝国主义的侵华战争，1942年赵桂英支持丈夫孙战领参加八路军。丈夫参军后8年没有音讯，大家都说丈夫死了，但她坚信丈夫活着，四处寻找，可是把脚走大都没找到，不得不请算命先生算，算命先生说敛千家布给丈夫做成鞋，才能保丈夫平安。她走村串户，找到千家布，给丈夫做成鞋，无数次到部队寻找，依然没有找到。原来孙战领经常打仗，没有固定住所，即使住下也没邮局，而且部队怕暴露目标，不允许写信。

丈夫南下到贵州后，全国解放了，立即写信回家。1953年赵桂英作为随军家属到了贵州，曾先后住都匀、贵阳、黔西，1962年定居毕节，一直居住在毕节城区箱子街。

赵桂英此生可用"勤奋、俭朴、善良"概括。丈夫孙战领是南下干部，五六十年代工资已120

多元，当时属高工资。赵桂英一家三口吃喝无忧，但赵桂英以俭朴为本，以浪费为耻，成了勤俭节约典型。

赵桂英几十年如一日，把吃穿住的标准定在大众标准以下。她和孩子穿的衣裤鞋袜大部分是自己缝制，衣裤鞋袜常常烂了补，补了烂，烂了又补，新三年、旧三年、缝缝补补又三年。她的饮食很简单，经常吃稀饭和煮的很软的面条，较少吃肉，从不沾烟酒，更不暴饮暴食。

六十年代人少地多，所居住院内有许多闲地，赵桂英第一个拿起锄头，挖地种菜，为解决当时国家经济困难尽了绵薄之力。地区供销社成立招待所后，所里有锅炉，每天倒掉不少炉渣，赵桂英见渣里有碳核，觉得可惜，天天捡碳核。家里买了一车煤，十年过后还是那些煤，一点不少，捡的碳核都烧不完。

赵桂英爱锻炼，但不是单纯的为锻炼而锻炼，而是把做事作为锻炼，寓锻炼于做事之中，一天到晚不停地做事，98岁时还用毛线给孩子织围巾、织沙发罩。这种锻炼增强了身体素质，一百岁了还买菜做饭，她的孙子孙女住在七星关区翠屏路，她基本上住在那儿，但经常步行回箱子街老屋，来回就是六七里。

赵桂英的身体之所以这么好，医生说主要得益于勤奋和俭朴。勤奋使她肢体得到运动，饮食简单不增加肠胃负担，使内脏功能能够正常运作。

赵桂英的丈夫是离休干部，看病实报实销，不少人劝赵桂英用丈夫的名义看病开药。她不同意，不愿意沾国家的光。她的做法是，小病不看，大病自己花钱。由于很少吃药，体内没产生抗体，患了病吃点药就好。她很少生病，一辈子没住过院，没打过针，没输过液。

赵桂英非常节俭，却孝顺有加。50年代，5分钱一根的油条她没舍得吃过，但1955年回山东探亲，花170多元给父亲买了件皮衣。她父亲勤俭一生，哪里舍得穿那么贵的衣服，一直不穿。1956年她父亲去世后，她哥哥赵广学更舍不得穿，把那件皮衣还给了她，至今那件皮衣还在。

2014年7月26日，她买水果时，一个边骑摩托边打电话的人没控制住车，把她左小腿的双骨撞断。她为了不增加那人经济负担，医院都没住，自己在家疗养。她不愿让孩子日夜守着侍候，为了尽快康复努力锻炼，半个月就下地坐在坐垫上搓行，一个多月就拄着双拐在屋里行走，两个月后恢复如初，没留后遗症。

赵桂英对邻居非常好，经常帮助邻居，不少邻居的孩子是她带大的，至今那些孩子已五六十岁，依然对她尊重有加。

赵桂英的勤奋、俭朴、善良得到邻居好评，六十年代被邻居选为居民组长。其间，她带领院内住户，不管打扫环境卫生、从事文明活动，还是完成居委会交办的其他事务，处处搞得有声有色，经常被评为先进个人。后来年纪大了，想把工作交给年轻人，但邻居们非叫她干不可，一干就是30多年。

赵桂英把勤奋、俭朴、善良的作风传给了子孙。儿子、儿媳，孙子、孙女，都以赵桂英为楷模，工作上勤勤恳恳，生活中艰苦奋斗，处事上以德为先，努力为国家、社会作出贡献：儿子赵凤普副调研员退休；儿媳巩兰菊是副高级、毕节市文化馆副馆长退休；孙子孙贵川现为毕节市文化馆馆员；大孙女孙海燕自由职业，小孙女孙曼君现为毕节市文化馆助理馆长。这是赵桂英老人引以为自豪的事，也是她能活到一百多岁的精神支撑。

查才珍

查才珍，贵州省毕节县（今七星关区）人，女，1915年2月生于毕节县朱昌山脚贯尧。

在当地，一提到百岁女老人查才珍，可谓无人不知无人不晓。因为老人为人友善，并且有一手好针线活计，多年来，方圆十里八乡的老人过世，都要来找她做寿衣。

笔者来到老人居住的村寨，村民们听说是来访百岁老人的，便围了上来。62岁的村民陈少兴主动上前带路，并向笔者讲述了老人的艰苦岁月和不平凡的人生。

这位生于1915年2月的世纪老人，在旧社会的那个年头，娘家是雇农，她幼年时就帮大地主家洗碗抹盏做针线活。她爱做针线活，从小就学到了一手的好针线手艺。18岁嫁到陈家，在陈家，她孝敬公婆，夫唱妇随，日子过得甜甜美美。他们夫妻，生育了两男一女。国内革命战争时期，丈夫被国民党拉了壮丁去，后在逃回的途中被迫害身亡。29岁起，她就带着儿女们过，从未改嫁。

到了查才珍老人家门口，见老人坐在新房子门槛旁边，正与儿孙们有说有笑，老人红光满面，精神矍铄。看上去一点都不像100岁的老年人。老人见客人到家里来，便赶忙吩咐子女们端板凳出来请客人坐下，并给客人倒茶水。

“我的丈夫死得早，过去我帮地主家做针线，绣花鞋。大集体的时候，我经常帮寨子里的人缝缝补补，做寿衣，因此没有受到别人那样的苦。虽说也饿过，但比起别的人家，我们家算是好的了。现托共产党、人民政府的福，我们过上了好日子，晚年也很幸福！”交谈中，老人很健谈，思维敏捷，神志清晰，对过去的事情记得一清二楚。

问及老人一生的爱好，家里人说，老人爱看电视，爱听人说唱《大孝记》《安安送米》等古书，记性很好，唱书的人唱了一遍，她便能将内容记下来。更让人敬佩的是，老人编簸箕，织筛子等手艺活样样都会，特别是有一手针线绝活，92岁时还给村里的老年人做寿衣。

如今，老人儿孙绕膝，家庭和睦美满。大女儿陈孝淑80多岁，儿子陈孝堂和陈孝梁也有73岁，家家都儿孙满堂，查才珍子子孙孙一共有60多人。

查才珍老人的子孙们都以有这样年高的老人而感到荣耀。按老人意愿，每天都给她安排三餐，尽量满足老人的胃口。老人逢人便说：“现在党的政策真好，每月要领300元的高龄补贴，儿孙们也有了钱，衣食足，礼义兴，自然就很孝敬老人了。没想到我的晚年过得这样开心、幸福！”

问及老人的长寿秘诀，查才珍的儿子陈孝梁说，他的母亲一直都居住在农村，一方面是环境气候好，常喝的山泉水，清澈、无污染。另一方面是老人的身体和饮食都很好，老人年轻时粗茶淡饭要吃两三碗，晚年后，他们子女又特别注意对老人的饮食调节。第三是老人善良，心态好，言高语低从不与人斤斤计较。他们从小到大，没有见过母亲与寨子里的人吵闹过。拼搏，善良，随和，调养，环境等，是查才珍老人的长寿秘诀。

姜德先

姜德先，贵州省毕节县（今七星关区）人，女，居住在七星关区普宜镇摆盖村，一生经历了不少苦难，能活100多岁，真算是奇迹。

姜德先生于1915年8月20日。年轻时嫁到今普宜镇沙田村窝子组周家，过着相夫教子的生活。好景不长，夫妻生活不满三年，丈夫不幸病逝，她便带着不足1岁的儿子周怀仁，在艰苦的岁月中坚强地生活着。后来与摆盖村纯朴勤劳、埋头苦干的朱先财结婚，相濡以沫了70年。儿子朱宗科说：“我妈年轻时吃了不少苦，受了不少折磨，旧社会时被土匪抢了三次，家里什么都被抢得精光，还把她架在柴火上烧，衣服裤子扒光后扔到山野里，能活到今天，真是老天爷保佑。”

姜德先对子女教育非常严格，常讲“做人要知情达理，知恩图报，做子女要尽孝道。”当时，在农村经常有说书演讲的人，虽然她没有文化，但只要有机会，姜德先不管有多累，总是要去听听。到了百岁时，姜德先老人还是红光满面，行动敏捷，耳聪目明，身体也非常硬朗。其家庭和睦，儿女个个事业有成，全家过上幸福生活。

姜德先一生经历过许许多多的人生挫折，1941年前夫离世，2005年二儿子朱宗平因病去世，那年连陪伴姜德先70余载的人生伴侣朱先财老人也离她而去。这些都是人生的大悲伤，极大的不幸。虽然每每思及，老人眼中满是泪水，但她确有非常良好的心态和对生活充满无限的热爱，以冷静和稳定的情绪，平和的心态，面对现实。依然振作精神，以顽强的毅力面对生活。姜德先总是给子女们讲“多看看世景每一天，每一年，都是有不一样的故事在发生。”同时，姜德先有着良好的生活规律，爱清洁，讲卫生，总是把一个农村的家里收拾得井井有条。年轻时候，非常勤劳，虽年过百岁，每天都要拄着拐杖，在家中慢慢活动。姜德先不吸烟，每餐一两酒，一日三餐，定时定量，粗细搭配，饮食清淡，爱甜食、糯食。姜德先从来不悲观厌世，不管遇到什么艰难困苦，她总是以一颗平常心坦然对待。

姜德先是从旧社会走过来的人，知道什么是苦，什么是甜。解放后，贫苦人民翻身做了主人，姜德先老人毅然将三个儿子全部送部队当兵，为国效力。当人们质疑姜德先老人为什么不把儿子留在家里帮她干活，反而将儿子全部送去当兵，万一打仗牺牲了，不是白白养了吗？姜德先只是说：“我们今天能够自由、幸福生活，感谢共产党！感谢毛主席！把孩子留在家不也就是做做农活，送给国家去管，他们会更有出息”。因为她坚信，儿子们到部队，定能做出一番事业！大儿子周怀仁，二儿子朱宗平，三儿子朱宗科都没有辜负母亲老人的希望。三个儿子都在部队提了军官，转业到地方政府当了干部，为国为党为民作出奉献。周怀仁退伍到贵州省机械厅，朱宗平退伍转业在贵州省机要局工作，朱宗科从部队转业来毕节市七星关区公安局工作，为维护毕节的社会稳定做出突出的贡献，多次受过嘉奖，立过功。每逢空闲，一家人团聚时，姜德先很是高兴，脸上总显示出满意幸福的喜悦。儿子和媳妇们都非常孝顺，孙子孙女、曾孙都非常孝敬老人。

期颐之年不觉老，晚年生活乐无穷。姜德先老人一生勤勤恳恳，勤俭持家，在曲折的人生道路中，经历了一个世纪的风风雨雨。她以乐观的人生态度，豁达的胸襟，向世人诠释了自己的长寿秘诀。

十　画

秦永珍

秦永珍，贵州省毕节县（今七星关区）人，女，生于1913年，家住在穷乡僻壤的七星关区八寨镇罗汉山。

秦永珍103岁时，依然面色红润、身体健康，能自行走动，像是没受过苦，年龄只有七八十岁的老年人。

老人膝下一男二女，儿子、媳妇、女儿都是七十古稀老人，有40多个儿孙，小孙子李观兴45岁，也当上三岁小孩的外公了，一家“五世同堂”，其乐融融。秦永珍自老伴、儿子去世后，孙媳妇张艳不离不弃精心照料着。

秦永珍老人心地善良，乐于助人，为人开朗，一生坎坷，但她从未向逆境弯过腰、低过头。

秦秀珍

秦秀珍，贵州省毕节县（今七星关区）人，女，1914年4月1日出生于贵州省毕节县鸭池。

老人一生坎坷，为人开朗，心地善良，乐于助人。已过百岁，依然耳聪目明，身体健康，行动方便，生活有规律。几岁时，秦秀珍就跟随母亲逃荒躲难到今八寨镇罗汉山村李家居住。十七岁时，与该村李朝喜结为夫妻。三十年前，丈夫李朝喜逝世。十年前，几个儿子相继逝世。勤劳的老人，依然坦然面对生活，照常料理家务，照常关心帮助邻居。

秦秀珍老人的事迹，中国网、贵州都市报、毕节日报、毕节晚报等多家网络媒体争相报道过。她不仅是七星关区的百岁名人，还是整个罗汉山村人民最敬重的老人。

秦秀珍老人乐善好施，在四五十年代，看到村里李思全无依无靠、生活困难，她就像照顾亲儿子一样，把他抚养长大。在生活艰难的“大锅饭”人人吃不饱年代，看到邻里困难，她毫不吝啬地伸出援助之手。老人膝下有四十多个儿孙，儿孙们都很孝顺，村里人也很敬重她。在几十年里，只要老人身体不好时，乡村医生申开卫就会免费为老人治疗。全村人都把秦秀诊当做自己的老人，敬爱有佳。

聂绍斩　刘志群

聂绍斩，刘志群（女），均系贵州省纳雍县人，这对世纪夫妇都生于1913年1月，同是毕节地区纳雍县八区人。解放后一直居住在毕节县朱昌区发启村（今毕节市七星关区朱昌镇发启村）。

这对百岁高龄夫妇，丈夫聂绍斩，妻子刘志群，2015年都已满103岁了。不仅如此，俩老还是同年同月生的，这真是世间少有。

聂绍斩出生在大地主家庭，与刘志群成婚后，夫妻恩爱，夫唱妇随，家庭美满，过着衣食无忧的生活，并生育了3男5女。红军在毕节成立苏维埃政权，“打土豪、分田地”，聂绍斩家因是地主，夫妻二人不明真相，被国民党反动派宣传欺骗和恐吓，便携带着家眷，到安顺市关岭县安索区爬子乡板陇村投亲靠友，在那里居住了十二个年头。期间，两老挖蕨根、采野菜，吃树皮，饱经风霜，但始终不离不弃，共同抚养儿女长大成人。

解放后，一家人又搬到了毕节县朱昌区发启村生活。来到发启村，土地已经分到户了。但，当地政府还是妥善安置了聂绍斩一家。给了他们土地，一家人暂在岩硐里建房居住。大跃进结束后，政府给住岩洞的家庭新修了平顶房，聂绍斩一家人总算过上了好日子，在毕节县一住就是几十个年头。

回忆百年来的点点滴滴，两位百岁老人更多的是相知相惜，相敬如宾。晚年，他们与二儿子聂宗福一家共同生活。聂宗福的两个儿子事业有成，对爷爷奶奶也很孝顺，2014年在威宁安家后，便将两位老人接到威宁赡养。

当人们问起这对百岁夫妇的长寿秘诀得益于什么时，老寿星聂绍斩笑着答曰：“没什么秘诀，一生的苦日子过习惯了，年轻时，身体强健，能吃能做。老了嘛，儿孙们特别孝顺，一日三餐都吃得好”。刘志群老人接着说：“能过上好日子，是现在共产党的政策好，儿孙们都富裕了，我们每月还有300元的高龄补贴，想要什么都有。可现在吃不了多少了，每天早餐，孙媳不是熬稀饭就是煮甜鸡蛋吃，我们很满足了！”

顾大先

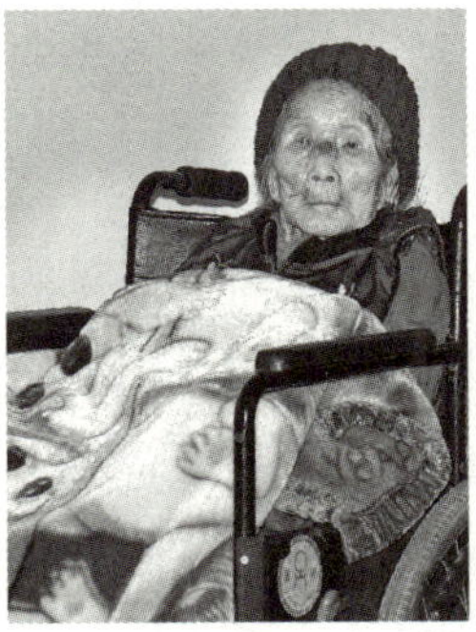

顾大先，又名顾大珍（1915～2015）云南省镇雄县人，女，居住在八寨镇八寨村桥边组。

顾大先于1915年5月5日（农历三月二十二日），出生在云南省镇雄县母享黑树桩尾嘴一个富农家庭里，少时随父母搬迁至贵州省毕节县对坡田边村居住。1932年嫁给毕节县八寨桥边贫苦农民杨福林为妻。从此，两人相濡以沫，相依相扶，恩爱如初，百头到老。

土改时期，顾大先丈夫杨福林是土改工作队员，贫协主席。杨福林1959年入党，先是任桥边青年大队农协会主任，后一直担任生产大队队长到80年代。杨福林1999年去世，享年86岁。有了丈夫的“庇护”，顾大先没有受过饥饿折磨。

据了解，顾大先老人一生育有五男四女，时值20世纪40年代，国家贫穷，荒年战乱，医疗条件和生活条件极差，顾大珍所生子女中的一子二女不幸早夭。活过来的四子二女，个个都很争气。大女杨延先2015年（下同）时（82岁），大儿子杨延绍，在中建一公司工作，（80岁）早已退休；二儿子杨延祥，（78岁）在遵义0六一厂工作，1994年退休；三儿子杨延平，在毕节水利局工作；二女儿杨延凤，（65岁）在成都工作，是高级教师、副处级干部；小女儿杨延慧（62岁），在家务农，家庭条件也很好。

顾大先与杨福林携手人生67年，1999年，82岁高龄的杨福林去世，悲伤中的顾大先坚强地继续朝百岁冲刺。在家人的精心照护下，顾大先老人百岁梦变成现实。年过百岁时，她仍神志清醒，思维敏捷。但因不慎跌伤，瘫痪在床6年。六年来，老人的衣食起居由三个儿子家人轮流照顾，每家每年四个月。

问及老人的饮食情况，79岁的大儿媳陈克珍介绍说，老人自从跌伤卧床后，饮食没以前好了，连续三年吃不了饭，靠人喂食。家人把肉末剁细放在冰箱，每天煮面条、粉等给老人吃。早上用开水搅蜂糖给老人喝，中午吃麦片，晚上吃面条或藕粉，每天轮换，一日三餐尽量满足老人的胃口。

问及老人的长寿秘诀，大儿子杨延绍说，一方面儿女对老人孝敬是关键，另一方面是老人的饮食以清淡为主，能喝点白酒，年轻时喜欢喝酒；心脏好，没有大病，从来不会着凉，也不会咳嗽。最关键的是友善待人，心态好。年轻的时候儿女们在外面工作，她不但没有抱怨，更没有提过要求，邻里都喜欢她，夸她心好、善良。

顾大先老人在有生之年，儿孙满堂，家庭和睦，子孙孝顺，晚年幸福。大儿子杨延绍家老大杨大昌，三男三女都考取大学，毕业有了工作。二儿子杨大富的大女儿也是大学毕业了。子孙100多个，个个都争着孝敬老人。母慈儿孝，其乐也融融。

2015年10月7日，顾大先逝世，享年101岁。

顾荣芳

顾荣芳，贵州省毕节县（今七星关区）人，女，居住在七星关区双井社区台子路烟厂宿舍。

顾荣芳100岁时，仍面色红润、双目微阖，身体依然硬朗，还能做饭洗碗、打扫卫生。从外表上来判断，顾荣芳看上去更像年过七旬的老人。

顾荣芳晚年与小儿子周志伦家一起生活。虽说居住的是一栋普通的老式居民楼，但室内干净整洁。家庭虽不富裕，但一家“四代同堂”，其乐融融。2015年时63岁的儿子周志伦说，老人身体还好，腿脚也还利索。只要天气晴朗，每天老人都一个人下5楼去天河路河边游玩，和别的老人聊聊天、说说话，最远能走到南关桥，然后再走回来。2014年的一天，老人摔了一跤，现在腿脚不灵活，只能在家中慢慢地拄着拐棍游游走走，年轻人不在家中，她要么找针线活做，要么去擦洗锅碗，总是闲不住的。

据了解，顾荣芳老人的父亲是清朝举人，她是典型的大家闺秀、传统女性，她的绣花技艺高超，能在衣服上绣花。谈到这里，儿子周志伦赶紧找出几双绣花鞋，那都是老人90多岁时绣的，一针一线平整紧密、花色式样清晰。周志伦还介绍，他的母亲90岁时还在帮别人做寿衣。老人在儿女们的印象中，一直是模范型的贤妻良母，她是慢性子，脾气好、性格温和，心理承受能力很强，能经受得起挫折、打击。顾荣芳老人的丈夫周光德出生于地主家庭，20世纪50年代在银行工作的他被打成“右派分子”，在贵阳中坝农场进行了10个多月的“劳动改造”。在周光德“劳动改造”期间，顾荣芳一个人承担起家庭重担，通过绣花、做衣服等针线活供3个子女生活、读书，经常忙碌到半夜一二点。后来周光德恢复了工作，但工资不高，顾荣芳的收入依然是这个家庭主要支撑。

老人的儿子周志明、周志伦说，在那个年代

和背景下，经受家庭的变故时，母亲依然沉得住气，抗得住外界的压力，不在乎外界的眼光，含辛茹苦地抚养他们。

顾荣芳老人100岁时听力、视力都大不如从前，可是记忆力依然很好、心如明镜，小辈们来看望她时，她都能准确地叫出他们的名字。

问及老人的饮食起居状况，儿子周志伦说，老人一直生活都很有规律，早上六点左右钟起床，晚上睡觉不超过十二点，一日三餐，从不挑食，饭量较好，苞谷饭酸菜汤也能吃两三碗。年过百岁，老人每天早上还能吃一小碗稀饭和3个小笼包，中餐、晚餐吃小半碗米饭不成问题。

顾荣芳老人的小儿子周志伦为了照顾母亲，携妻子和母亲住在一起，负责母亲的日常起居，大儿周志明也隔三岔五来探望，儿媳妇也经常为母亲擦洗身体。

徐方弟

徐方弟，贵州省毕节县（今七星关区）人。1916年2月生于毕节县阴底（今毕节市七星关区阴底乡大丰村大地组），一直居住在这里。

徐方弟出生在旧社会，阴底又是偏僻山区，生活极其艰苦。少年时代，没有吃过一顿饱饭，没有穿过一件好衣裳；青年时代，天天面朝黄土背朝天，到秋收交了租子家中就所剩无几，一家人靠挖野菜、打救兵粮度时日；中年时期，遇到了好时光，过上了好日子；老年，正是盛世光景，生活幸福。

徐方弟满100周岁时，一家“五代同堂”，他有两个儿子，一个女儿，子子孙孙40多人。老人虽腿脚不便，但精神矍铄，耳不聋，眼不花，还能抽汉烟。

问起老人长寿的秘诀，二儿媳妇继顺兰告诉说，以前生活条件不好的时候，吃粗粮，现在条件好了，老人想吃什么就吃什么，老人饮食好，早餐三个鸡蛋，中餐一碗米饭、一盘肉，晚餐和中餐一样。

徐国绪

徐国绪，贵州省毕节县（今七星关区）人，女，生于1916年1月。住七星关区市东办事处文峰路。

百岁了，老人能说出自己现在住哪里，还能说出七星关区城区的很多地名如：五龙桥、双树湾、北门口等等，徐国绪住在毕节市七星关区市东办事处文峰路211–6号，老人育有一个儿子，一个女儿。其子孙13人。

走进老人的家，看见老人正坐在凳子上在抓粮食喂鸡，脸上露出开心的笑容，那气质，那五官，一看年轻时准是个大美女。

邻居说，别看她今年100岁，除了行走不太方便外，记忆力好，精神矍铄，经常和我们摆龙门阵。怕她孤独，她的女儿还专门请人照顾她。

老人的经历像一本书。吃过两家饭（年轻时先嫁给盖家，丈夫死后带着儿子盖永刚嫁给吉家），在城里帮过人，当过奶妈，做过苦力。

老人思维敏捷，喜欢说话。看见有人来串门，老人极开心，边笑边说：“想不到还能得这样的好日子过。以前过的那叫什么日子啊？吃不饱，穿不暖——强盗偷弱家。一次，大白天土匪来抢，自己就躲在屋后眼睁睁看着土匪把自家被子、锅碗全部拿光。记得另有一晚，非常惊险：邻居得到消息，叫我注意，今晚要来要命的了.那晚土匪准备来抢我家，明是抢实际是要我的命来，刚好那晚毛主席的队伍来了，驻扎在一条五街（五龙桥），要不然我这老命早就没有了，这条老命是捡到的，现在条件那么好，子女孝顺，知足了。”

“人活着就要有个好心态，国家政策好，儿女孝顺，要珍惜今天来之不易的幸福生活，当然要好好活着，再活20年”。老人如此说。

高忠芬

高忠芬，贵州省毕节县（今七星关区）人，

女，生于1916年9月，居住在七星关区市西办事处。

高忠芬的丈夫刘哼权（民国政府驾二团开车过来修川滇公路）是四川重庆河州人。高忠芬老人年轻时在川滇黔公路上做过小工，挖过土方、修过路，因而认识了民国政府派来指导修路的刘哼权，二人在施工接触中有了感情，发展到相爱结婚。婚后生育两男六女，子女们早已成家立业，子嗣共47人。

高忠芬老人是个十分勤劳而又爱护居住环境的人。居住在七星关区南门口时，南门口的一条小沟，住户都把脏水、臭水、废水往沟里倒。两天不清扫，就臭气熏人。为了大家有个好的居住环境，高忠芬每天都对臭水沟进行清扫、冲洗。一打扫，就坚持了几十年。过去建住房，整幢楼都没厕所，厕所是在宿舍群周边修一个供居民共同使用。那时，公厕没人管理，高忠芬也坚持对公厕清扫了三十多年，从没怨言。女儿刘息平对她长期义务清理臭水沟、打扫公厕卫生，不取分文报酬，不求组织表扬，很不理解，劝她少管闲事。高忠芬总是说：“年轻时多做点好事，老来会有福报的”。

高忠芬老人就是这样，劳苦一生，默默奉献一生，友善待人一生，如今，老人虽过百岁，可身体依然硬朗，精神尚佳，子孙孝顺，一家人其乐融融。

探寻高忠芬老人长寿秘诀，老人除勤劳、善良外，生活上也有讲究。她最爱吃毕节的酸菜豆汤、蔬菜，不喜欢吃牛羊肉，偶尔喝点鸡汤，以素食为主。饮食很有规律，不暴饮暴食；作息也很守时，早睡早起，不熬夜，不贪睡。爱运动，勤锻炼。

唐秀芳

唐秀芳，贵州省毕节县（今七星关区）人，女，生于1916年8月，居住在毕节城区松山路一幢老居民楼房的三楼。

别看唐秀芳老人100岁了，可她依然耳聪目明，身体健朗，每天早上9点左右，就已穿戴整齐，开始了她一天的生活，抹桌子、拖地等，每天还能做这些家务活，在三层的楼梯间上上下下走动。

唐秀芳老人说，她5年前曾卧病，连大小便都需要人照料。但周围的人却知道，老人能“重获新生”，全是她的孝顺儿子米荣烈精心照料的结果。

2009年，时年94岁的唐秀芳因摔伤，每日卧病在床。儿子米荣烈除了心痛，也用实际行动来改变这一切。为了救治卧病老母，米荣烈自学中医术，通过按摩、针灸等，给母亲做护理。在米荣烈的精心治疗和护理下，2010年，唐老竟能重新站立起来，不仅能自己下床走动，还能做些简单的家务，在三层的楼梯间上上下下锻炼。

“我的老婆、孩子都在贵阳上班，只有逢年过节，他们才过来与我们团聚。”说起这些，米荣烈不免落寞。虽为儿子，事实上他也已年近七旬。这个年岁，本也是安享晚年的时候，但因为上有老母，米荣烈把自己的晚年“延后”了。

在母亲面前，米荣烈说他永远都是一个孩子，虽然妻子儿女都不在身边，但能每日守在母亲跟前，就觉得安心。米荣烈用这样的言语阐释他对“孝”的理解，淳朴而真诚，他说：“我们一辈子，能伺候老人的时间并不多，我算是幸运的，能和母亲在一起这么久。”

在街坊邻里间，米荣烈孝顺的故事家喻户晓，尽管别人很难知悉他照顾母亲时的细节，但大家都知道，“老米外出，从不超过下午五点就回家”。因为每天下午五点，是他给母亲做饭、伺候其晚间休息的时间，苞谷饭加酸菜豆米汤，这是唐秀芳老人历来都爱的晚饭。米荣烈并不会“变着戏法”给母亲换口味，因为他知道，母亲吃不惯那些“乱七八糟”的东西。吃完晚饭，他还要给母亲准备一杯热乎乎的蜂蜜水喝下，这东西养生。

遇到晴天，米荣烈会用轮椅推着老母亲，到公园、到湖边、到城市建设新区游玩，绕着毕节城区游上一大圈，让老人享受温暖阳光，感受社会的进步和幸福的生活。

十一画

黄明珍

黄明珍，贵州省毕节县（今七星关区）人，女，生于1913年，居住在七星关区朱昌镇发店村。

102岁高龄时的女老人黄明珍，身体硬朗，眼不花，耳不聋，思维敏捷，也很健谈，还在家里饲养着100多只鸡呢！

去拜访这位百岁寿星，正巧碰上黄明珍老人在院坝抛洒苞谷喂鸡。老人见有客人到家来，便赶忙吩咐儿媳聂琼抬板凳出来给大家坐。

“老人家，您好！我们来看望你，沾沾你的长寿之福！”。

“老了，不中用了，谢谢你们，要不是党的好政策，我也活不到今天！”

这位世纪老人生于1913年5月，小时候父母就将她包办婚姻安放出去。可她不甘心，抗拒父母包办，便跑出了家门，后嫁到陈家。前夫死后，带着年幼的儿女又改嫁到了黎家。

黄明珍老人在陈家生育了一男一女。男孩陈启才是哑巴，2015年时70多岁了，一直没有成家。女儿陈启英，出嫁到尖子山丁家，60多岁，有7个儿女。在黎家，黄明珍只生一子，叫黎维俊，因本分老实，30来岁才成家。

在与老人的交谈中，提及往事，老人表情忧伤，双唇紧闭，变得更加沉默。问及现在的饮食情况，老人说，她有钱什么都想吃，只是儿子黎维俊手长衣袖短，拿不出来。老人还说，这些年来能吃饱饭，是党的政策好，她和哑巴儿子都有低保吃。每月还能领取300元的高龄补助金，生活比以前好多了。

儿子黎维俊介绍说，他的母亲命很苦，黎维俊小时候，爹爹就不管这个家，与大妈生的孩子一起去过了。他母亲是个能干的人，小时候将他抱在怀里背煤卖，做粑粑到朱昌花厂卖。谈到这里，黎维俊眼睛红润，显得忧伤，说他母亲真不容易，这么大的年纪了，还在为他们操劳。

问及老人的长寿秘诀，老人笑呵呵说：“有什么秘诀，从小到大都是粗茶淡饭，以前爱吃肉，现在怕伤坏身体，吃点瘦肉，有吃无吃想开些。”

老人晚年和70多岁的哑巴儿子陈启才，与儿子黎维俊一家共同生活在一起。家庭虽贫寒，但儿子黎维俊和儿媳妇都很孝顺，一日三餐都依着老人的胃口安排，有时还为老人另开小灶，让老人安度晚年。

十二画

谢小二

谢小二，贵州省毕节县（今七星关区）人，女，1915年出生于毕节县阴底马场湾子头（今七星关区阴底乡马场村湾子组），晚年生活由其子女赡养。

据其家人介绍，以前谢小二家曾是地主成分，在1950年，谢小二的丈夫去世，撇下了她和年幼的孩子们。

由于谢小二平时为人平和、与人为善，在“斗地主”的时候没有吃苦头，也得以安心抚养孩子。那段时间，她一个人抚养3个孩子，日子过得非常艰辛。但是凭借她的勤劳和节俭，终于将3个孩子顺利抚养长大。

“我们小时候的日子很苦。”提及过去，谢小二的儿子眼中噙满泪水。

人们去谢小二家探望她，总见到老人爱用双手整理自己的头发，并将两个帽子换来换去的戴。“她年轻的时候很漂亮，很爱干净，也很注意穿着，即使打补丁也会缝的很细致。”她的儿媳妇说。

上百岁时，老人腿脚不便，行走已经很困难，但是家人很注意老人的饮食，多以好消化、有营养的食物为主，保持老人的身体健康。

“晚年时，老人每个月享受高龄补贴，平时乡里乡亲的也会惦记着她，这都与老人年轻时为人善良分不开啊！”谢小二的儿媳感慨地说。

十三画

靳行会

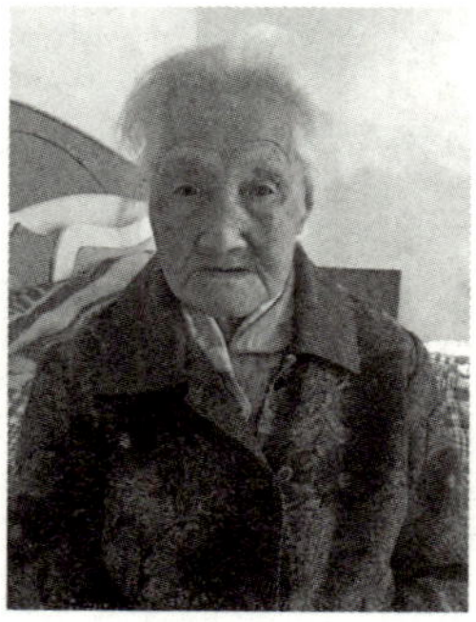

靳行会，贵州省毕节县（今七星关区）人，女，出生于1911年3月8日，居住在今七星关区碧海街道邵关村张家院子。

张家院子过去是很出名的，因为这里曾经出过三个举人，一个进士。一座高大的牌坊记载着张姓族人曾经的辉煌。105岁高龄的女老人靳行会就居住在院里。

这位世纪老人，耳聪目明，思维敏捷，很少生病，身体依然硬朗，还能洗衣服，浑身上下拾掇得清清爽爽、干干练练。除腿有点不方便以外，饮食起居都非常有规律。每天三顿饭要喝二两家人为她泡制的药酒，如果不是孙子们控制量的话，每天都要抽一包烟，并且还能洗衣服。村里的人们无不说：老人这么大年纪了，一家“五世同堂”，和和睦睦，子孙孝顺，其乐融融，真是福气！

靳行会是1925年嫁到邵关村张家的，那时她只有14岁。丈夫张从建在当时也是知识分子，在大方县教书。靳行会的婆家和夫家都特别重视文化教育，强调道德立身，行善积德。因此靳行会老人嫁到张家后，勤劳善良，在家相夫教子，孝敬公婆。夫妻二人先后育有2个儿子，夫妻恩爱，家和业兴。谁知天有不测风云，1932年，靳行会的丈夫张从建不幸因病去世，当时靳行会才21岁。丈夫张从建去世后，靳行会悲痛欲绝、悲伤万分。但面对两个嗷嗷待哺的孩子，她默默收起泪水，独自一人撑起了一个家，把两个孩子抚养长大，一直没有改嫁。如今，两个儿子都已经去世了。

老人性情开朗，待人热情，左邻右舍到家里来坐，她都要晚辈们泡茶给人家喝，要摆她的故事给人家听。对在生产队几口人一天只有二两米的“苦日子”还记忆犹新。回忆起那个时代的生活，老人眼里总会含着泪花。“现在国家的政策太好了，种田种地都不缴纳公余粮和农业税，逢年过节政府和村里人都会来看望我们！”谈起现在的生活，老人更是一脸的喜悦。老人对现在生活也很满足，逢人便说：“生活好得很，想吃什么晚辈们就买什么”。

家人对老人照顾无微不至，只要老人想吃什么都会按她要求做给她吃。老人的家人说：老人一般晚上9点左右休息，早上9点多钟起床，白天便在院子里、村里走动。老人的饮食以素菜为主，每顿一小碗米饭，喜欢吃点酸菜豆汤、青菜豆腐、偶尔也吃点肉，一日三餐从不间断，每顿饭还会喝二两养生酒，主要以泡酒为主，经常泡的有枸杞、何首乌、红枣、红花等。老人特别爱干净，每天都会起来自己洗脸、刷牙、经常把自己房间整理得干干净净。

雷德昌

雷德昌（1909～2010），贵州省毕节县（今七星关区）人。1909年农历5月21日出生于贵州省毕节县小吉场雷家坪。

雷德昌祖上贫寒，父母早逝。为求生存，从8岁起，他就背井离乡，到王家坝、海子街、大湾、小坝、瓢儿井、斯栗等地当童工、打短工，用以谋生。

1930年，雷德昌经亲戚介绍，在斯栗娶贫寒女王瑞秀为妻。夫妻二人白天给富户打工，夜间在田间地头搭窝棚而宿。1931年，王瑞秀生一女。无医无食，女儿未满月就夭折了。王瑞秀精神上受到打击，患了重病，无钱医治，产后三个月便撒手人寰。

悲痛欲绝的雷德昌，擦干眼泪，还得为生存往前走。1935年初，雷德昌续娶王开宪为妻。经人引荐、担保，夫妇俩来到大方县瓢儿井，向大地主孔家讨了几亩地种，有了较为固定的居所。1936年5月15日生长子雷万华；1940年2月16日生次子雷万明；1942年生女儿雷万珍；1946年1月22日生小儿子雷万祥。

本来就十分贫穷的家，一下添了几张口，这无疑给雷德昌夫妇增加了沉重的负担。夫妻二人没日没夜在租佃土地中耕耘，还是填不饱一家人的肚子。雷德昌只得农忙时和妻子一道打理农活，农闲时就去四川叙永背盐巴到贵阳，用以挣钱养家糊口。为了一家人能熬出来，他和王开宪拼着命为生活奔波，好不容易才把一家人拉扯过来。

1950年，雷德昌携一家人返回小吉场雷家坪老家，被选为贫协委员。参加清匪反霸、土地改革、三反五反、以钢为纲、人民公社化等运动。当选为朝阳、工农、后槽三个生产队合并的朝阳生产队（相当于现在中心村一半的辖地）队长。任队长10年间，他当选为县人民代表、贫协组组长，带领群众大干苦干，兴修水利、蓄水排水、改良土壤、土坡改梯、瘦地增肥、科技兴农，发展生产，努力改变朝阳穷困面貌。即使在“文化大革命”中，他都响亮地提出：“发展生产，多产粮食，让老百姓吃上饱饭才是目的。”他的事迹被中央新闻纪录片采访拍成电影，在全国播放。

改革开放后，雷德昌进入古稀之年，他的老伴王开宪76岁时辞世，他也卸下了群众“带头人”的担子，由三个儿子赡养，和小儿子雷万祥、儿媳成永先一家生活，享受着苦尽甘来的天伦之乐。年岁虽高，他为人民服务、为村民造福的理念依然如旧，还亲自担任调水员，为靠天吃饭的朝阳群众脱贫致富奔小康，尽自己一份责任。

总结雷德昌一生，74岁的寨邻张国中概括为七个字：苦、勤、善、德、和、乐、寿。

苦：雷德昌在解放前吃过千辛万苦，铸造了他坚韧不拔的精神和热爱新社会的情怀；

勤：雷德昌勤劳一辈子，为改变朝阳面貌奋斗了一辈子。

善：雷德昌为人善良，一辈子做好事，行善事。1937年，他开始学医，自此，他把行医救命为己任，自己上山采药，遇到病人就主动行医，挽救了无数生命。十里八乡那家有病人，他是不分春夏秋冬或白天黑夜，不论烈日如火还是冰天雪地，随请随到，不请自到。热情医病，精心治疗，从不收取求医者一分钱，甚至还要贴钱、贴粮帮助有困难的人。他在接骨治伤，去热退烧，止泻排毒，儿科内科，都有独到之医术。他行医救人无数，群众称雷德昌为“雷大善人”。

德：有德者昌。雷德昌的为人就像他的名字一样，德为之贵。他以德为纲，处处彰显中华传统美德的文化传承，尊长爱幼，助人为乐；帮助他人，不图回报；救人于难，有求必应；团结乡邻，诚信为本。誉满乡村，村民直呼其为“雷道德”。

和：雷德昌崇信和能昌盛、和能消灾、和能生财、和能团聚、和能生万物。他走到那里，对人和和气气，对事和和缓缓；不论男女老少，亲朋寨邻，他都是以和为贵，笑脸相迎，和蔼可亲；他办事公道，光明磊落；对自己严格，对他人宽容；处事随和，以人为本。

乐：雷德昌能长寿，是他胸怀坦荡，平淡人生的诠释。他经历过无数艰辛，却能坚强面对。他对人对事，乐观豁达，从不和人争多论少，从不计较个人得失。政府每次来人看望慰问，他总是十分高兴，乐得满面春风。“共产党好，人民政府好”是他老年时期常挂在嘴边的心里话。

寿：雷德昌把长寿视为自然赐福、盛世赐福、群众赐福、子孙积福。他以平和心态顺天应地，顺其自然，没有半分做作。生活上有啥吃啥，土烟、烧酒、油肉，有就吃，没有也不强求。他懂医，常进深山采些草药，泡些养生药酒，自己吃也送给别人饮；他晚年注重规律生活，早睡、早起、深山采药、田间地头看庄稼，优哉乐哉，逍遥自在。几十年来雷德昌没生过重病，连小感冒都很少。即使上了一百岁，仍腰不弯，腿不疼；眼不花，耳不聋；齿再生，脑清醒；走路两脚生风，上床睡下即眠。精神矍铄，颜面生光；活得自在、乐观、开心，活得心满意足。他高寿百岁，五世同堂，儿女高龄全在世，几辈妯娌皆和睦；子孙绕膝尽孝道，长寿老人乐无边。

2010年2月26日上午，雷德昌照样起床，照样串寨，照样到田间地头巡顾。中午，三儿子雷万祥煮腊肉，他还有滋有味吃了几片。下午，他对时年74岁的大儿媳妇吕敬英说，他想休息。吕敬英摸了摸老人的脚，有些冰凉，意识到有些不对劲，喊来了二弟雷万明妻子许光会，及在家的子女们扶着老人。雷德昌面带笑容，慢慢闭上双眼，溘然辞世，无疾而终，享年101岁。为他苦、勤、善、德、和、乐、寿的精彩人生，画上了圆满句号，为后人树立了光辉榜样和道德典范。

路翠支

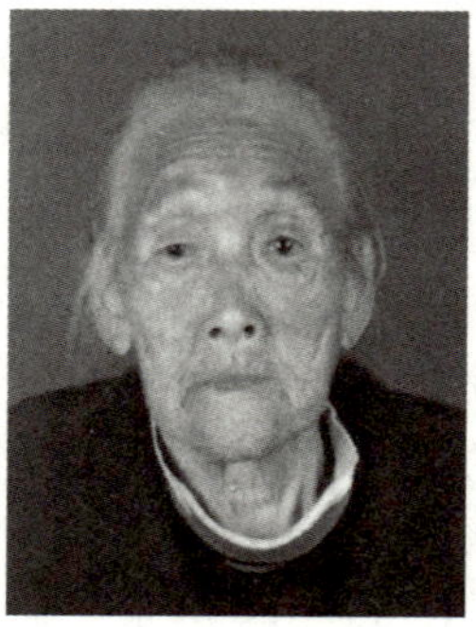

路翠支，贵州省毕节县（今七星关区）人，女，1916年7月出生于毕节县杨家湾撒拉溪永丰，现居住在毕节城区洪山路三菱酒店旁。

路翠支生在民国初年，社会动荡，匪患猖獗，军阀混战，民不聊生。路翠支成年婚后，与丈夫生育一个儿子，一家人过着欢乐的生活。不料，老天不睁眼，她丈夫早早去世。路翠支只好带着儿子，含辛恕苦生活。受的罪比天上星星多，吃的苦比黄连还苦。一生艰辛，为生存吃过树根、树皮、野菜、蕨根，房子被火烧，家被匪盗抢过。面对艰辛，为了儿子，她咬着牙，忍受着常人难以忍受的苦难。

路翠支经历了千辛万苦，经过了千难万险，终于熬到了解放，儿子也长大成人，并参加了革命工作，一家人从永丰迁到毕节城居住。

“我家住5楼，婆婆身体好，天气好的时候，每天下楼来，自己一个人从院子里，走到毕节市电视台那里，坐一会儿，又走回来；眼睛好，记性好，只是耳朵有点背；而且老人爱干净，每天早上坚持自己擦身洗澡；看见家里那里不规整，常帮忙打理”。2015年，路翠支70多岁的儿媳周珍会介绍说。

现老人一家人丁兴旺，子子孙孙33个，有在政府部门工作的，有在部队当兵的，也有做生意的。

老人100岁时，还保养得红光满面，腰不弯、背不驼，很少生病，身体依然硬朗，浑身上下拾掇得清清爽爽。

探寻百岁寿星长寿秘诀，路翠珍孙媳曾家群说：“老人心态好，没把生死放在眼里；老人性格好，不记仇，即使和别人吵了架，要不多久就好了；老人饮食也有规律，爱吃肉、长年都吃猪油，老人好动，每天坚持早睡早起。”

十四画

廖少英

廖少英，贵州省毕节县（今七星关区）人，女，居住在今毕节市七星关区山清水秀的阿市乡头庄村。

廖少英老人生于1914年4月18日，102岁了。她幼年失母，中年丧偶，一生经历，尝尽了世间酸甜苦辣。如今，老人虽双目失眠，但精神饱满，听力极好，家中的儿孙或熟悉的人，她只要听声音，就能辨别出是谁。

问起老人一生中最难忘的事情和最高兴的事情，老人笑容满面地答道："我的命很苦，5岁时母亲去世，6岁时父亲另娶后娘，我带着弟弟与后娘一起生活，经常挨打受骂。17岁就嫁到徐家，生育四男四女，四个女儿先后夭折。丈夫40岁时也撒手人寰。大跃进时期，炼过钢铁，吃过树皮、树根。改革开放后，背粮到小坝卖，背矿石到小沟销售。每天起早摸黑，艰辛跋涉。现在党的政策太好了，农业税不用缴，公余粮不用交，我现在每月还能领300元的高龄补贴。"说到这里，老人脸上露出了幸福的笑容。

70多岁的大儿媳余应秀说："老人平时也很爱卫生，经常把房前房后、屋里屋外收拾得干干净净的，眼睛看得见的时候，衣服脏了还不让别人给她洗。老人身体特别好，90多岁时，还到地里去干农活。晚辈们阻止，可她却说在家闷得慌，山里的空气清新，到地里透透气，要好过些"。

老人心地善良，寨子里哪家夫妻吵架，她都要去劝解，劝说夫妻间要互相尊重，男的不要动不动就拿女方来出气，女方也不要因一点事就大吵大闹。

老人饮食起居很有规律，饮食从不讲究，什么食物都吃，年轻时苞谷饭酸菜汤一顿要吃两三碗，但从不饮酒，不吸烟，还常对年轻人说："要早睡早起，一年之计在于春，一天之计在于晨"。

现老人和大儿子家一起生活。儿媳余应秀，虽满头白发，但照顾老人细心周到，每隔几天都要给老人洗一次澡，从不厌烦。对于饮食，尽量依着老人的口味，安排一日三餐的伙食，有时还单独为老人开小灶。为了让老人每天都吃好，还专门从城里买来一台打浆机，将五谷杂粮打成面浆做给老人吃。老人最爱吃肥肉，余应秀每顿饭都要将肉片切细，放在老人碗里和着饭吃。

生活中，儿孙们都争着孝顺老人，经常陪老人聊天、吃饭、听老人讲她的故事，给老人梳理头发，修剪指甲等，一家人其乐融融。

熊应祥

熊应祥，贵州省毕节县（今七星关区）人，1914年9月出生在毕节县阴底。

熊应祥早年生活艰辛，凭着自己的勤劳和努力，他度过了一个又一个难关。

2015年时，熊应祥老人已102岁了，虽然满头银丝，长长的胡须也全白了，在阳光的照射下还闪着银光，但仍神采奕奕，精神矍铄。他儿媳赵银飞说："老人年轻时生活非常艰苦，能到百岁实属不易，现在全家人都把他像菩萨一样供着、养着，就是希望他能够再多活几年，多享福"。

熊应祥9岁的时候，由于当时战乱未休，生活极度贫困，其父撒手人寰。家庭的重担随之落到母亲和他的身上。年仅9岁，他便开始跟着下地干活，帮人做事，尽自己所能帮助母亲补贴家用。但是当时物质匮乏，战乱连连，家家闹饥荒，处处有饿殍，熊应祥也差点在当时被饿死。为了能够生存，他也吃过树根、树皮、白泥等，随着年龄的增长，他学会了如何让自己和家人度过那饱受饥饿折磨的岁月。

熊应祥的生活开始好转得益于解放后，土地

革命的开展，当时“打土豪、分田地”让他开始有了自耕、自种、自收的土地，他用自己勤劳的双手在这片土地上播种一家人的幸福，日子也渐渐有了起色。之后，熊应祥开始制作陶土坛子，每逢赶场天便让家人拿到集市上卖。他制作的陶土坛子质量好，得到了周边群众的喜爱，他家的收入渐渐多了，生活也越来越好。

改革开放后，随着经济的发展，人们对容器的选择越来越广，生产厂家越来越多，市场花色品种也更为丰富。由于熊应祥年事已高，便停了坛子的生产。

晚年，熊应祥儿孙满堂，子孙们非常孝顺，他每天的饮食都很规律，身体也很健康。“我们每天都会按时让他吃饭，他也会每天在院坝中走动、锻炼、晒太阳。”赵银飞说。

熊祥秀

熊祥秀（1911～2014），贵州省毕节县（今七星关区）人，女，出生于1911年6月1日，家住七星关区海子街镇安山村三组，于2014年5月31日逝世，享年104岁。

老人一生只育两个儿子，丈夫英年早逝，在巨大的打击下，熊祥秀挑起了敬老育小的重担。那时国家混乱，农村贫穷，老人背负沉重的担子，艰难地苦熬着。直到解放，熊祥秀才得以见天日。她带着两个儿子，在大家帮助下，历经农业合作社，人民公社，起早贪黑，为生计奔波，一直守望两个儿子长大并为其成家立业。

老人一生勤俭持家，重家庭文化素质提高，教育晚辈有方，生活简朴，饮食荤素均匀，无不良嗜好，思想乐观。这些，铸就了熊祥秀的健康长寿。

熊祥珍

熊祥珍（1914～2014），贵州省毕节县（今七星关区）人，女，1914年7月27日生于毕节县海子街钻天坡。

熊祥珍老人出生在清朝垮台、民国初建时期。那时国家贫困，人民潦倒。老百姓的孩子不要说读书，就是吃饱肚子也艰难。熊祥珍18岁成家后，孝敬父母，善待乡邻，勤劳持家，自食其力，相夫教子，忍辱负重，对一家人挑起了维持生计的担子。

解放后，在中国共产党的领导下，熊祥珍老人和同时代的人一样，经历土改，农业合作化，人民公社运动。不管生活多么艰难，她都始终如一，积极投身于社会变改中。她十分注重教育家人，要永远跟定中国共产党，支持各级人民政府的工作，靠自己的劳动，创造丰衣足食。她以善良的心，对待每一个人；以优良的德行，博取乡亲的爱戴；以祖宗的传统家风，教育子女。随着社会不断地发展，特别是改革开放后，家庭生活条件越来越好，老人十分满足。虽说自己的年龄越来越大，只能靠儿女供养，老人还是过得快快乐乐，有滋有味。2014年10月19日，熊祥珍老人于海子街镇钻天坡村高土坎组家中病逝。享年101岁。

十六画

薛占林

薛占林，贵州省毕节（今七星关区）人，女，1915年12月出生在节节县清水铺区高山铺，居住在现七星关区清水铺镇晓沟村大山组。虽年过百岁，可她身体还比较硬朗，耳聪目明，红光满面。

薛占林老人出生在一个普通农民家庭，姐妹一共九人，无兄与弟。她嫁到晓沟后，与丈夫李明青恩爱有加，共生育了三男三女，而今已是“五世同堂”。现老人与大儿子家一起生活，饮食起居由大媳妇照顾。虽非富裕之家，但老老少少十分融洽，家族十分和睦，子孙也较为孝顺。

老人经历过国内革命战争、抗日战争、解放战争、土地改革、农业合作化、人民公社运动、大炼钢铁、文化大革命及改革开放年代，饱经沧桑，一生都在为生计奔波。

老人生在旧社会，从小就吃尽了苦头。十岁帮人做小工，吃了上顿无下顿，苦难生活无尽头。好不容易熬到解放，刚过上几天好日子，1960年，丈夫李明青，大女儿李青华，小儿子李青国相继死亡。使她处于极度的悲痛之中。为了活着的家人，薛占林擦干眼泪，坚强地活了下来。

薛占林老人从小就懂得心存孝心，她在一生的道路上，始终不忘对子孙谆谆教诲。要求子孙们在家中要尊老爱幼，孝敬父母；在外，要与人友善，邻里和睦；不能做违背道德的事，要踏踏实实做事，清清白白做人；老人还是个热心肠人，不管谁家有事，她总是积极的上前帮忙，从不与人争长道短，赢得邻里的好评和后辈的尊重。

如今，老人虽年过百岁，也许是勤劳的缘故，她始终坐闲不住，经常前门窜到后门，屋外窜到屋内，烧水、捡煤、扫地等，总要寻找点事情来做：老人还很健谈，只要有人和她坐到一起，就摆谈开了。说现在政策好，政府想得很周到，每月发钱，年头节日还送这送那的。想当年生活的艰苦，吃饭都困难，她时时教育年轻人：“现在时光好了，要啥有啥，但是仍然要勤俭节约，不要浪费，这个老辈人的传统丢不得”。

在曲折的人生道路上，薛占林老人经历了世纪的风雨。问起老人的长寿得益于什么，老人笑着说：“饮食要吃得起，凡事要想得开，平时多做善事，老天爷会保佑长命百岁的！”

灵峰雪景

中共毕节市七星关区委办公室发电

发往：见报头　　　　　　　　　　　　签发人：孔维平　姜　勇

等级：特提　密级：明电　　　　　　　七星党办发电〔2016〕70号

中共毕节市七星关区委办公室
毕节市七星关区人民政府办公室
关于做好《七星关区名人录》资料征编工作的
通　知

各乡镇、街道，区直有关部门：

根据七星关区党史地方志工作“十三五”规划安排，经区委、区政府领导同意，决定征编出版《七星关区名人录》一书，为做好该书资料的征集编撰工作，请相关部门积极配合。现将有关事项通知如下：

一、征集时限、范围及类别

（一）征集时限：自毕节解放（1949年11月28日）至2015年12月31日。（有特殊说明的除外，详见“征集类别及条件”的说明）

（二）征集范围：籍贯是七星关区（含原毕节县、市[下同]）的人员（包括在本区和区外工作或居住的），外籍但在七星关区工作过的和出生的人员。（注：征集类别及条件的十类人员）

（三）征集类别及条件

1. 中共毕节地下党重要党史人物和爱国民主人士。时间自1934年1月中共毕节地下党第一个党支部建立以来，资料由区史志办负责征集编撰。

2. 老红军、八路军、南下干部。时间自

1934年1月以来。资料由征集对象所在的镇乡街道办事处和区直相关部门负责征集编撰。由区离退干局和区民政局等部门核实。

3. 革命烈士、战斗英雄、立二等功及以上人员。时间自1934年1月以来。1949年11月28日之前的资料由区史志办负责征撰，之后的资料由征集对象所在的镇乡街道办事处和区直相关部门负责征集编撰，由区人武部、区公安分局、区民政局核实。

4. 副县（处、团）级及以上政治、军事类人员。含七星关籍的在本区及区外工作和离退休的、外籍在七星关区工作过的、外籍在七星关区出生的人员（任职级别为实职，享受级别待遇和挂职的不列入征集范围）。在本区工作和离退休的人员的资料由所在单位负责征编；在区外（含在本市、本省和中央及国家机关工作或离退休的人员）的资料，由最后调出的单位负责征编。离休人员的信息由区离退干局提供，资料由所在单位撰写。由于区委、区人大、区政府、区政协几大班子的副县级以上实职领导干部较多，可将部分征集对象的征集撰稿任务分解给征集对象所在的镇乡街道办事处负责征编，任务是否分解，由几大办公室自行决定。

5. 省级以上党代表、人大代表和政协委员。资料由征集对象所在的镇乡街道办事处和区直部门负责征集编撰，在外地工作、离退休或居住的，由籍贯所在的镇乡街道办事处负责征集编撰。资料分别送区委办、人大办、政协办审核（需提供代表证或相关证件复印件）。

6. 受表彰人员。受省委、省政府及国家部委及以上表彰的劳模、优秀共产党员（党务工作者）、先进工作者、道德模范等人员。在本区工作、离退休和居住的人员，资料由所在单位（镇乡街道办事处和区直部门简称单位[下同]）负责征集编撰，在外地工作、离退休或居住的人员由原所在镇乡街道办事处负责征集编撰。

7. 各类专业人才。享受国务院、省政府特殊津贴的专家，正教授，正高级工程师，正高级农艺师，主任医师（含同级其他职称），省级及以上的作家、艺术家，其作品得到省委省政府、中央宣传部、文化部、新闻出版总局的奖项，体育健将必须是在国家级及以上的重大比赛中获铜牌及以上奖的人员。资料由所在的镇乡街道办事处和区直相关部门负责征集编撰，经区人事局、科技办、文体广电局、文联等单位核实，需提供相关证件复印件。

8. 历届考取清华大学、北京大学的学生，获得国内、国外博士学位的人员。资料由所在镇乡街道负责征集编撰，由区教育局审核，需提供录取通知书或毕业证书、学位证书等复印件。

9. 优秀民营企业家。爱党爱国、遵纪守法、照章纳税、积极参与公益事业、对社会有突出贡献的企业家，省级商会会长、副会长、秘书长（女企业家缴税数额等条件可适当放宽）资料由各镇乡街道核实上报，区史志办会同工商、税务、统计部门核实后报编委会和顾问组审定。

10. 百岁老人。资料由所在镇乡街道办事处负责征集编撰（需提供相关有效证件）。

二、征集内容

（一）人物简历。按姓名、性别、民族、文化程度、出生年月、出生地、参加工作时间或就业创业起止时间、党派类别、加入党派的时间、已故的要注明去世时间和地点、主要简历、主要业绩的顺序编写。文字一般在500—1000字左右，有重大影响的人物可放宽到1500字左右。基本情况要准确无误，不错不漏。主要业绩实事求是、客观真实。

（二）获奖情况。必须是省部级以上表彰的，即省委、省政府、中央和国家正部级以上机关表彰的，属于表彰奖励性质的。在同一系统工作达到一定年限后所发的荣誉证书、获奖作品等类型不属征集范畴。需提供奖状、奖证、奖章、表彰文件等相关有效证件复印件。

三、征集方法

（一）按照“征集类别及条件”十大类别中明确的责任分解说明，具体组织实施。

（二）负责资料征集和撰稿的人员，由各单位根据实际情况具体落实。原则上由征集对象所在单位明确专人负责，也可由征集对象本人自行撰稿，由单位审核把关。若征集对象已故或自己无法撰稿的，可由其亲属代为撰稿，由单位审核交区史志办。

四、精心组织 周密部署 科学安排 兼顾全盘

征编名人录是一项系统、庞大、精细的文字工程，要在本年6月底前完成征编任务，时间紧，任务重，各单位务必精心组织，周密部署。同时要科学安排，全盘兼顾，把此项工作与其他各项工作有机结合起来，一并安排部署，一并检查督促，一并考核评比。

五、统一思想 提高认识 加强领导 落实责任

征编出版名人录，是一件功在当代、利在千秋的大事，是用党的光辉历史和中华优秀文明成果启迪人、教育人、激励人、鼓舞人的重要途径，要充分发挥存史修志、传承文明、资政育人、服务现实的作用。要深刻认识征编出版名人录的重大意义。征编出版名人录，涉及面广，工作量大，时间紧、任务重、要求高，各单位要高度重视。主要领导要亲自过问，分管领导要具体抓，作好安排部署和检查督促。各单位要安排政治素质好、政策水平高、业务能力强、文字功底深的同志担任撰稿员。具体负责业务的人员要集中精力，专心致志，认真负责，一丝不苟，保质保量按时完成征编任务。将此项工作纳入全区年终目标考核。为切实加强对征编工作的领导和指导，区成立《七星关区名人录》顾问委员会、编委会、编辑部等相关机构。聘请七星关区籍的资深老领导担任顾问；请区四大班子的主要领导担任编委会名誉主任，分管领导担任编委会主任，有关领导任副主任，有关部门负责人为成员；编委会下设编辑部，明确主编、副主编、责编、编辑等，做到各司其职、各负其责。各镇乡街道办事处和区直部门，可根据本单位的实际情况，进行具体安排。

征编出版《七星关区名人录》是区委、区政府安排的工作，各单位必须不折不扣地完成任务。全体征编人员要树立使命感，增强事业心，强化大局意识、责任意识和服务意识。要热心、安心、静心、专心、细心、用心做好编撰工作。把工作做实、做细、做好，保质保量按时完成征集编撰任务。

六、相关事项

（一）注重实效，确保质量。征编资料，必须坚持实事求是、客观公正的原则，特别是“主要业绩”这个部分，要客观、真实、准确，不得弄虚作假、夸大成绩，力求内容翔实，文风清新，中心明确，主题突出，层次清楚，详略得当，语言朴实，文字精练，做到全面、完整、真实、准确、系统、规范，不重、不漏、不错，真正经得起历史的检验。

（二）责任追究。征编工作必须严格按要求开展。对有对象不征集、应报资料不报或漏报的、不按时完成任务的，后果自负，并对相关责任人实行问责。

（三）时间要求。各镇乡街道和区直各部门接此通知后，要立即召开专题会议，对所辖范围内的征集对象进行认真摸底统计，于2016年6月5日前将摸底出来的征集对象初步人员名单电子邮箱报区史志办。资料交送时间，总体要求是2016年6月30日前交稿，逾期不交，责任自负。由于各单位征集对象人数不等，工作量有大有小，征编进度有快有慢。为了加快征编进度，特对交稿时间作如下明确。征集对象为1-10人的，要求在2016年6月15日前交稿；征集对象在10人以上的，要求在2016年6月30日前交稿。

（四）在征集资料时，对虽然符合征集条件，但因违法乱纪曾受到双开(开除党籍、开除工作)和被依法追究刑事责任的人员(因冤假错案获平反昭雪的除外)，受撤职或降职处分、降职降级后职级低于副县级的不列入征集范围。

（五）资料报送要求。报送的资料必须是电子文档和纸质材料各1套。交本人半身标准照片1张，照片背面注明征集对象的姓名。提供身份证及相关资质和资格证书复印件。因年代久远或其他特殊原因不能提供上述证件的，要作说明。

（六）每份资料末尾应注明征集对象本人和撰稿人的姓名及联系电话，资料标题的右上角注明稿件类别。征集对象已故的，要明确一名亲属作为代理人，同样注明其姓名和联系电话。

（七）各镇乡街道办事处和区直各部门提供的稿件，需经主要领导审定、加盖公章后方可报送。

（八）电子文档和所有稿件均交七星关区史志办编研科

联系人：孔维勇
电话：0857--8288189
QQ：632506906
2016年5月26日

后 记

《七星关区史志人物选》在中共七星关区委、区人民政府的统一部署和区委、区政府分管领导的直接组织下，在各乡镇、街道办事处和区直各部门的通力合作下，经区党史地方志办公室全体人员以及特邀编撰人员共同努力下，圆满成书问世。

此书根据七星关区党史地方志工作“十三五”规划的安排征撰成书并出版发行。

此项工作由区史志办于2016年年初拟出方案初稿，经区委、区政府分管领导原则同意后，5月8日召开顾问委员会成员及相关人员会议，讨论审核并通过《关于做好“七星关区名人录”资料征编工作的通知》，(2017年9月13日审稿会议，与会人员建议，定名《七星关区史志人物选》)，对此项工作作出详细部署，提出具体要求，经区委、区政府领导同意，以区委办、区政府办正式文件印发各乡镇、街道办事处和区直各部门，并在市、区主流媒体公布。

文稿由入选者所在单位指定专人收集撰写，经单位领导同意后以电子文档和纸质材料一并于2016年12月30日前报送区史志办，转特邀编审人员审改或重撰，其中部分书稿则由陈国才、余泽江直接征集撰写。

谢正发、陈国才、余泽江、李佑唐四位特邀编审人员在区史志办主任唐光启、分管副主任张正禄同志的领导下分工合作，对收到的初稿进行认真审阅、修改或重撰，由李佑堂完成电子版编排。三审汇集后，又经陈国才、余泽江、谢正发分别将全部书稿审读一遍，再由陈国才、孔维勇、胡妍娟核对标注照片。余泽江最后统编统审为审定稿，交由出版社编辑，形成送审稿，由区史志办印呈区四大班子领导成员、有关部门和顾问委员会老领导审阅并提出修改意见。于2017年9月13日召开有21人参加的审稿会审议，在认真梳理审稿会议提出的修改意见，再经修改、审核、校对、定稿后，由方志出版社出版发行。

此书编写过程中，参阅了大量相关书籍、刊物和资料(见参考书目一览表)，承蒙相关领导、专家、学者(见参加审稿会议人员名单)关心、支持和指导。在此，特向提供稿件和支持、关心本书编写工作的单位、部门及个人一并表示衷心致谢。

本书的资料征集，主要由各镇、乡、办和区直部门或入编者提供。一部分符合入编条件而未入编者，一是可能没有联系到本人；二是本人不愿意入编，故造成遗漏，除表示遗憾外，在今后有条件续编时再作弥补。同时，由于编写时间紧，收录范围广，入编人物多，加之编辑水平有限，错误难免，恳请相关当事人和广大读者见谅。

编 者

2017年9月18日